歷代名臣奏議

（六）

歷代名臣奏議卷之二百九十二

近習

宋仁宗皇祐元年知制誥胡宿上奏曰臣聞昔者葛懷敏先任入內內侍省副都知管幹皇城司公事宿衛不謹致逆徒竊發震驚宮闈非宗廟社稷之重陛下乘輿幾殆及逆徒既獲又不生致規滅姦人之口天下之議罪在懷敏楊景宗二人而已臣每念此事痛心扼腕陛下仁聖不忍加重誅止解內職令居外任今因奏事忽有此命若再復內侍名職且赴本任是不久將復入內侍省之職也若再居內省則宿衛之變復未可知無條制內臣都知副都知之職有過降充外任更不許再居舊職所以防一切之微誠源遠之法制也伏望陛下令有司檢詳舊制追寢今命法制一壞復之良難有此違礙臣不敢草制其中書送到詞頭一道臣輒封還

五年權御史中丞孫抃上奏曰臣伏聞內降詔旨付中書除授入內都知王守忠充節度使臣初聆此言驚駭未信何也自陛下臨御以來三十年矣其聖意卓然高邁前古者有三焉家之親頗循法度中宮近戚亦自欽職內侍貴人不敢踰越此皆前世所難之事而陛下誠飭訓勵鮮有妄干天下大賢正人歌頌寖衰皆謂周成康漢文景不能如是是故雖夷狄外强蝗旱內作而元元晏然不失太平乃陛下數事感天地信生靈使之然今一旦以統帥之官付中貴豈陛下之心哉臣謹按唐制大總管大都督之職帶使持節則謂之節度使所以尊嚴將領專制軍事安危成敗一以繫焉豈宜中官得處其任太宗朝王繼恩平劍南有大功朝廷議其賞止進順州防禦使乃別立宣政之號以寵之陛下若以守忠勤舊歲久則富祿之安佚之獎慰之可也獨不當假大官秩以踰祖宗典法以損陛下聖明臣謂此議必不可行外取天下四夷之笑伏乞聖斷於制敕未降已前特賜寢罷

至和元年知制誥劉敞奏曰臣今月二十二日當制送到詞頭內園使綿州防禦使入內內侍省押班石全彬除利州觀察使充入內內侍省副都知者臣伏見今月十九日已有制旨除全彬宮苑使利州觀察使既出聖衷又參廟論未能三日復換此命朝令夕改古人所非若因全彬自陳探其不滿之意曲徇所求以悅其心使是朝廷恩典本無定制唯繫官臣臨時徼乞宣布天下必以為盛傳示後世必以為笑何則陛下賞罰當信天下當歎後世不知全彬功勤凡有幾何昨者嶺外之行已曾受賞今來溫成葬畢賞又不薄不知饜足愈求遷進朝廷亦當愛惜事體無宜輕改成命全彬閹闥之臣尚如此姑息萬一復有權勢重於全彬者如何待之臣雖鄙賤實惜此體不敢撰詞恐累聖德其元送到詞頭臣已封還中書

知諫院范鎮上奏曰臣九月中上言外議皆謂石全彬等緣溫成葬事妄冀恩澤陛下上顧月入南斗之戒重謹爵祿不可輕授是時陛下面諭臣本無此議又云若與此輩轉官是辜朝廷之禍也臣退而竊喜陛下之言至明至聖又以為外議不足聽也比自臣接伴回至雄莫聞道路傳聞石全彬自作坊使轉宮苑使自綿州防禦使轉利州觀察使其餘幹當使臣例轉兩資臣惟天子之言豈有不信臣下者如此必全彬等日以求請陛下重違拒之大臣又不為陛下執奏使天下之人有以議陛下者章獻皇太后輔佐陛下章惠皇后保護陛下三太后皆有母道於陛下其葬之日監護之臣遷拜未嘗如此之寵也賜與未嘗如此之多也使天下之人議陛下為溫成之愛而有輕三后之心實由全彬輩之冒

濫也雖大臣之不執奏也本朝觀察使未有緣護葬而輕授者臣爲諫官若不論奏是臣負陛下責任之意乞以臣章下中書樞密參詳以臣言爲非乞罷臣職放歸田里使免尸素之咎以臣言爲是乞追還全彬誥敕以塞衆議

二年殿中侍御史趙抃等上奏曰臣等竊聞內臣閻士良已得旨揮帶御器械伏覩前年中鄧申錫上言內臣舊制須經邊任五年又帶御器械五年仍限五十歲已上及歷任無贓私罪方預選充押班等尋聞陛下聽納中外傳播以爲得宜蓋欲得老成謹畏無過之人在陛下左右聞下樞密院常令執守施行今來詔墨未乾已聞除士良帶御器械竊以御帶職名將來多是承例敘遷押班須是自御帶之任使須選老成謹畏無過之人況士良爲性狡獪自來與中外大臣交相結托久在河北張皇事勢天下具知及歷任嘗有贓罪至徒今來密院殊無執守前條著令所有士良新命乞賜寢罷別擇善良以懲勸陛下左右之人

嘉祐三年殿中侍御史呂誨上奏曰臣伏自設官制祿以待其合用爲賞勸過是則非所以公於天下也竊見近日除晉幹御藥院入內供奉劉保臣王保寧鄧保壽王世寧四人遙郡團練刺史傳聞中外駭動人聽臣輒以國朝故事言之高品黃門三十年供奉官十年一轉蓋不使此輩坐而竊祿如咸平中洛苑使入內內都知秦翰與雷有終討王均之亂既而有功授以內園使恩州刺史即不知保臣等立何勞效與秦翰恩賞一同只是攀援暗轉無名之例伏乞追還成命特與平轉屬邊疆多事之際恐因此內臣無功進秩掌兵授律者不肯用命鶴有乘軒衛人無戰意斯有國者爲之深誡惟聖斷無以私昵害天下之至公乃臣拳拳之望也

五年誨又上奏曰臣伏聞寶元前諸閤分內品之類不過一二十人比來增及數倍除身分俸外更請本閤料錢四時衣服又破三司折食價錢冗賞甚多雖此歷天章閣後苑內東御藥院最爲優厚或因監督工作一切小勞便理績效得聖旨盡下則超資躐等謂之暗轉自內品供奉不數年間授諸司使遙領刺史防團之任尚時石全育何承用盧昭序張茂則馮承用之類其名甚多不可殫舉既與之暗轉則俸祿隨而增洽如此濫恩非特亂先朝之典制較之前古亦未之聞也如前班武臣更歷外任及沿邊立顯功著效者未有酬賞若是之速爲竊以國家設爵均祿砥礪才能顯其進用以成大業豈特爲內官假貸而貫天下之怨言謂主上恩厚於私昵甚爲朝廷惜之臣即不知祖宗之制度何緣而廢至當陛下即位之初大后臨朝制命出於帷幄威福假於內官斜封墨敕授之匪人故外廷鮮得聞知疑暗

轉之例自茲而始暨明道而後陛下躬覽萬機比司之弊未聞剗革奈何復使盛於前也然宣命降於內省遷擢誥敕亦關於兩府蓋自來上下循持蔽而不言以陛下爵祿植爲私恩交結貴倖因緣致身於近輔者比比有之以是積弊寖久陛下無由而知蠹公害政莫甚於此都城之下高門大第寶貨充積富貴窮極皆倖臣之所有也傾府庫之貨財竭生靈之膏血以資無功何所取益臣恐神人怒怨非朝廷之福也設若保臣等出居外任薄立勞效陛下復以何官待之臣竊謂先帝賞秦翰討賊之功宜守之爲例則小人覬覦之心自息伏乞旨揮入內內侍省檢會諸閤分寶元以前人數比類今日如員數過多即行減省及管幹天章閣後苑內東門御藥院各限定人數或與三年一替並令入內內侍省將印紙曆子具有無公過事件批書如因勞效得旨酬賞格即時與敘遷送中書出給誥敕所貴內侍

省與樞密院中書相關不敢蔽欺得以盡公其暗轉俸給一切非例伏乞裁罷仍追寢劉保信前命止與平轉俾中外臣寮陞進均一賞有所勸天下大幸

六年知諫院司馬光上奏曰臣等伏以祖宗開基之始人心未安恐有大姦陰謀無狀所以躬自選擇左右親信之人使之司察民間密行伺察當是之時萬一有挾私誣枉者則鈇鉞隨之是以此屬皆知畏莫敢為非今海內承平已踰百年上下相安固無異望世變風移宜有釐革而因循舊貫更成大弊乃至帝室姻親諸司倉庫悉被此屬量其過失廣作威福私受貨賂所愛則雖有大惡掩而不問所憎則舉動言語皆被捃摭臣等嘗病國家擇天下英材以為公卿大夫而猶不可信顧任此廝役小人以為耳目豈足恃哉今乃妄執平民加之死罪使之幽繫囹圄橫罹楚毒卒而不自誣服僅能辨明若更

不聽有司詰問元初巡察之人小加懲誡臣恐此屬無復畏憚愈加恣橫使京師吏民無所措手足豈合祖宗意哉

光又論押班須年五十疏曰臣伏見朝廷近除帶御器械蘇安靜充內侍省押班臣竊聞國家舊制兩省押班須年五十以上方得為之安靜年未五十特蒙擢用臣恐今後內臣求進者援以為例廼有年齒極少遂居衆首國之舊章因此隳壞竊為朝廷重之伏望陛下追寢安靜前命以存典法

仁宗時監察御史裏行包拯論內臣奏曰臣伏覩先朝實錄竊見真宗皇帝因對輔臣言及前代內臣恃恩恣橫蠹政害物朕常深以為戒至於班秩賜與不使過分有過未嘗矜貸此輩常亦畏懼王旦等對曰先代事跡昭然是以為龜鑑而聖慮言及於此實社稷之福也竊見近年內臣祿秩權任優崇稍過恐非所以保全之也以陛下英明神斷有罪必罰此輩或不敢為大過然在制之於漸庶免貽患於後伏願陛下佩服先帝之言以為格訓凡事更加裁抑則天下幸甚

監察御史傅堯俞上奏曰竊聞近日內降指揮樞密院除何誠用帶御器械尋有臣僚上言遂罷誠用事有不便諫臣納忠天高聽卑遂行追寢上下之分交得中外之心相慶然臣猶有所未諭者伏以內降之名古今以為非是陛下不窒其源乃制防檢付之有司既而輒復違之須人言而後止在納諫之美則曠古無並於剛一之德未為增益伏望自此凡左右敢以私事干陛下者乞徑睿斷根逐嚴加貶責果陛下所欲進用者不必徑中降旨於視朝之際與大臣公議可則行之不可則罷之不使如誠用事數暴於人聽則陛下日月之明無毫分之累矣臣孤拙無狀荷陛下任使思以塵露粗裨海嶽幸不以人廢其言深留聖慮則不勝幸甚

堯俞彈李允恭不合補孫永言為入內黃門奏曰伏聞入內都知李允恭奏男供備庫副使堯佐之子永言為入內黃門竊聞內臣許養子一人而初補入內都知亦無恩典允恭既不合薦孫堯佐亦未當養子一旦破條越例事出非次此命一行必有相援而進者則陛下之成法遂廢大凡因事以啓僥倖為易置防以限恩澤則難官賞之弊近方粗革徼倖之塗膠固拘礙未能剗除者甚多其已行之法惟陛下持之如金石勿遽轉移則天下幸甚永言新命乞行追寢允恭久侍左右條例非不詳知公違制敕亦望特行勘責見內侍省條例甚明而永言違礙非一不敢俱陳以煩聖聽伏乞指揮子細勘會允致蒙蔽

堯俞又上奏曰今月二十日有奏狀二封一狀論列入內都知李允恭不合奏孫永言充入內黃門一狀論列朱穎士不合干求內降內

侍省不合不執奏取勘顏士。都水監不合迎合權要保舉顏士。至今未蒙降出施行。臣排徊顧思。駭歎累日。方今內外百司。涵濡慈恕。盡誠以報陛下者尠。阿私以負陛下者多。事不公當而能達於憲官者纔十之一二。理或隱微。不敢以煩陛下者又十有八九。如允恭之公違制勑。顏士等徼求私徇。罪甚明白。公議不容。臣忠憤所激。不顧權倖。謂陛下欣然收採。朝奏暮出。議法於繩墨之外。以整齊綱紀。而方留中不下。殊未垂納。此非陛下至公之道。且何以風厲百僚。臣官為法吏。職有言責。守官舉職。豈敢顧望中止。伏冀陛下憐臣愚戇。并前狀付外施行。儻臣狂妄可誅。雖百死無憾。

堯俞又上奏曰。臣近累狀奏彈句當汴口朱顏士。雖蒙追罷差遣。其顏士不合干求內降。內侍省且不依條執奏取勘顏士。都水監附阿權倖保舉顏士。尚未曾勘責。及入內副都知李允恭不合奏男堯佐

之子永言充入內黃門。緣內侍只許養子一人。而初授都知。別無恩典。有堯佐則允恭不合薦孫。允恭在則堯佐未當養子。已蒙寢罷。進退違戾。事狀明白。御史中丞王疇亦有劄子論列。皆不蒙降出。臣愚賤之狀。未能感動天聽。慚懼之極。不知所處。獨念陛下造為法令以維持綱紀。倖臣壞之。執政既徇而曲從。法官論之。陛下又寢而中止。是法令伸於四海。而屈於朝廷。請求禁於疎外。而行於近密。上之所為必有甚焉者。將何以揭示後來。取信天下。陛下之法。初未動搖。無狀者尚敢干犯。儻犯而容之。則誰與共守。臣恐綱紀之紊。或基於此。絕其綿綿。不可不慮。臣雖孤外。竊料陛下至公之心。但慈恕有不忍耳。人言既切。必將施行。然悠悠之語。謂臣與王疇劄子奏狀。皆不經睿覽。雖此事決無。而物聽已駭。伏望陛下以臣三狀并王疇劄子並付所司。依法行遣。庶幾少塞疑議。以正刑典。

堯俞又上奏曰。臣近三狀論列李允恭朱顏士等。皆蒙留中。遂於今月初五日具劄子乞以臣前狀并御史中丞王疇劄子付外。尋於垂拱殿進呈。臣親奉德音。未以臣言為非。是樞密院輒復不行。衆口籍籍。皆謂李允恭管押張昇入樞密院視事。昇深德之。力為保庇。仍風聞樞密院勘會李永言係條貫前遵舉入數。以此上惑聖聰。且條貫前私身甚衆。何獨永言。特被收採。權倖阿私。共壞成法。此而不治。使臣何言。况陛下左右使令非一。其供奉勤勞。未當更有覬覦非分之恩。獨行於允恭。今殿前都帥李璋內侍何誠用俱以因緣內降曾經勘責。已著之令。獨移於顏士。陛下知不忍於數人。而不知失天下均平之望。臣實區區為陛下痛惜。陛下累以臣言為是。則乞施行。倘以為非。則何惜一介之賤。不加竄逐。以快權倖之心。臣亦無顏出入外廷。以視朝列。此狀不出。臣且再趨軒陛。重煩天聽。脅重誅而後已。

堯俞再乞追李永言恩命奏曰。臣近具劄子乞罷內侍押班李允恭孫永言恩命。崇政殿進呈。曰蒙宣諭。已行追奪。既而傳聞有指揮不與請受。及他人不得援例。臣雖至愚。實所未曉。豈有近倖恃恩破條干法。天子俯從公議。許令追削。而樞密必循人情。曲為庇護。此事浸行。害政非細。臣非不知頻瀆聖聰。當速罪戾。又與允恭素無嫌隙。但愛惜陛下成憲。為國家久遠計耳。臣未知不支請受是何等法。臣言不已。豈但為月費數千錢哉。設百官有未合任子者。間或陳請濫膺官賞。而臺臣諫列。相繼奏論。權罷俸給。可得已乎。今條格具存。允恭力能破之。方復區區使他人不得援例。何遽知後日無力如允恭者。臣未信其能守也。借能守之。是勑可破而例不可援。於上下重輕之分。得無悖哉。况押班乃內侍長。當堅守法令。以表省內。而身犯之。樞密院因執政大臣。當整齊綱紀。以刑天下。而公壞之。伏望陛下先奪

永言之官。然後譏允恭與樞密院之責。則天下洗然無有蒙蔽。此事一行萬務皆理。儻如是。孤賤臣雖百死猶生也。干冒天威。無任戰汗之至。

堯俞又上奏曰。臣近有狀乞追李允恭孫永言恩命。及奪供奉官趙繼寵差遣。皆不蒙降出。事權膠固。孤力難移。早夜顧思。措身無所。臣伏念倖人微寵。破壞常法。樞密院茍徇人情。恣其求請。致臣區區屢煩睿聽。然臣所以不避誅遣而喋喋不已者。冀陛下矜憐。特加收採。防杜微漸。維正綱紀。臣若顧避便不復言。日往月來。浸以增甚。不知於朝廷損失益多。凡事止於纖芥差易為力。謂小無害。積悔將深。昨李永言若即正典刑。繼寵若豈敢妄有覬倖。今此二人儻不追奪。則兩省內侍攀援起競。各生意於繩墨之外矣。美官重祿。輦帷私謁。明勅著令。舉為空文。惟陛下留神念之。此豈為政之體。今朝廷闕失。獨

頼臺諫官數人。故陛下時有所聞。望此一途聰明何寄。臣謂其言可聽。願陛下奮然行之。有不能容。未若明加竄黜。忠義之士。猶有不顧而言。若如其是非置而不辨。章奏入而不下。使默默以食息。悠悠於固守。則有志者豈肯為陛下安職業而久當然。是不使孤臣之蠢固亦非陛下之福。至於今後依先降條貫。餘人不得援例。如此指揮最為深弊。臣雖亡狀。未頗數聞陛下豈不思之。但未之思耳。伏乞將臣前後論列李永言文字及趙繼寵兩狀付外。早賜盡法施行。

堯俞又上奏曰。臣近累狀乞追李允恭孫永言恩命。奪供奉官趙繼寵差遣。皆不蒙降出。忠義之言日切。而陛下不究。權倖之交日深。而陛下不察。臣發疾以思。感憤無極。自夏涉冬。僅踰百日。如朱穎士而壞條干法者三事。況其間又有臣所不知者乎。若惟務因循。則內侍省條貫將盡廢矣。不徒紊亂綱紀。且起不均之怨。日以增多。為害非小。穎士以赦令原免。猶復有名。繼寵永言須當辨正。夫用孤危攻近倖。昔以為難。矧二人者挾中外之助乎。臣所以屢沮而不休者。無他。以為古人之誠。可貫金石。而臣以懇確之心。干公徹之主。豈慮於終不見亮者哉。且前置利劍沸鼎。猶有延首奮身而不顧以犯天子之顏者。今陛下至明至恕。容納直言。雖甚震怒。勢不過斥逐。臣何憚何惜。敢顧望以負陛下。輒再煩天聽。以期必賜採聽。伏望以臣前後文字付外。盡法施行。臣不勝懇倒之至。

堯俞又上奏曰。臣累狀乞追李永言恩澤。奪趙繼寵差遣。終未蒙降出。近聞鄭貽緒者將十數年前事援繼寵例。又勾當後苑。人言未已。倖進相仍。事聞搢紳。莫不驚駭。因緣攀引。殊無已時。豈有為法馭下。而執政不用。設官使言。而陛下不聽。如此是條禁不須置。而御史可以廢也。臣非不知掇拾細微。聊以供職。上不違陛下。下不忤貴臣。可

以無患害而速富貴。恐臣今日所得未多。陛下異時為悔已甚。故獨區區願思。而不能自已者也。張昇廢陛下之法。恃倖臣之援。蔑視言者。謂如無人。且昇者嘗任御史。歷知雜事。遂為中執法。當日謂陛下者云何。而今乃所為如是。陛下略加省察。可以見其心矣。伏望聖慈出臣前後論列文字。依條施行。不然。誅臣以快權倖。臣忠憤所激。言不能文。惟陛下留神裁處。

英宗即位。殿中侍御史司馬光等論張茂則劄子曰。臣等竊聞祖宗舊制。內臣年未五十。不得充內侍省押班。近除張茂則。年方四十八。今陛下踐祚之初。尤宜謹守祖宗法度。以御左右之臣。示天下至公。若茂則果有才幹可用。雖更留此闕二年。俟其年至。然後授之。又何晚也。臣恐茂則一開此例。則內臣攀援求進者多。畫一之法。從此隳壞。人人相效。不可禁止。不若正之於事初也。臣等區區所為國家重

惜在此而已

治平元年光知諫院論任守忠疏曰臣竊聞入內內侍省都都知任守忠擅取奉宸庫金珠數萬兩獻遺中宮自以為功仍受中宮賞賜外議籍籍無不駭愕伏以守忠從來罪惡極多不可遽數陛下體元繼統聖政方新守忠曾無畏憚益恣巧諂公取官物自眩私恩贊導樹房首為侈靡既求權寵又分厚利姦邪之臣無大於此伏望陛下特發神斷以守忠付所司窮治所犯明正典刑以示天下

光又論任守忠疏曰臣近嘗上言任守忠姦邪事迹乞正典刑未聞施行臣案守忠懷姦罔上諂佞貪惏竊弄權柄固非一日專為讒慝交構兩宮狡詐反覆陛下所知若非先帝聖明皇太后仁慈則社稷可憂天位不安今又盜取庫物曲求容媚教中宮為不順陷陛下為不義此而不誅典刑安用據守忠罪惡臣久合奏陳但以陛下踐祚

之初天威未振欲望陛下親發英斷戮此大姦使內外之臣莫不震肅今聖恩容貸已及歲餘外議皆言守忠以諂佞之故受陛下寵遇過於先帝之時臣備位諫官不敢塞默守忠職在宮禁久專威福若不早除恐別生事伏望陛下如臣前奏速以守忠付所司窮治所犯肆之市朝以副天下之望

光又論任守忠第三疏曰臣近者兩次上言任守忠姦邪事迹乞正典刑至今未聞施行臣迫於忠懇不能自已竊見守忠早以小臣獲事先帝幸蒙獎拔榮祿俱極日侍左右不能以忠言正道裨益萬分專以詖諂諛苟求悅媚其罪一也總領近侍委之差遣而陵忽同列與奪自恣附己則愛悅逆意則憎疾援引親黨排抑孤寒任情徇私曾無顧避其罪二也從來所受俸祿賞賜亦為不少而資性貪惏老而益甚盜竊官物受納貨賂金帛珍玩溢於私家第宅產業甲於京師聚斂之心曾無紀極其罪三也交結朋儻專權據勢縱逞胸臆妄行威福所愛者雖有大罪掩蓋不言所惡者小有瑕疵糾擿成事使宮禁之內側足屏息畏憚守忠無以為比其罪四也濮王之薨守忠監護葬事賣弄國恩輕蔑皇族乘其有喪巧奪財物所得甚多終不滿意遂誣長子宗懿以為不孝使被譴謫感憤成疾以至沒身不能自雪其罪五也先帝以春秋寖高未有繼嗣深思宗廟生民之重斷意聖明固非一日而守忠陰蓄姦心沮壞大策深忌國家立長立賢自欲於倉猝之際居中建議擇幼弱昏懦之君以邀大利如有唐之季定策國老門生天子賴先帝聰明卓然遠覽斷志不疑不然則太平之業幾墜於地其罪六也及陛下既為皇子守忠內懷憂懼日於先帝之前離間百端隔絕內外進對甚希使先帝為陛下之父不得施為父之恩陛下為先帝之子不得展為子之親其罪七也及先

帝晏駕陛下纘統未幾遇疾皇太后權同聽政守忠乘此之際大逞姦謀闚伺語言撰造事迹往來革面進退異辭使皇太后以文母之慈不免投杼之疑陛下以曾閔之孝豈有負恩之謗交構兩宮遂成深隙計其陰謀無所不至賴皇太后聰明確堅執義不可傾移不然禍變之興豈可具道其罪八也及聖體既安皇太后恭還大政守忠不勸導陛下以勤修子道承顏順意報答盛德恢廣令譽而相時隨勢翻異炎涼欲詐輸新忠以巧遮舊惡用昔時讒陛下之計為今日讒皇太后之辭雖陛下未必聽受而使皇太后聞之不能不以介意終日涕泣悒怏成疾守忠但欲左右反覆自為身謀並不顧天下之人議陛下之善惡其罪九也皇后正位尚新天下傾觀令德守忠輒為皇后畫策並不稟問皇太后矯傳教旨開祖宗寶藏擅取金珠數萬兩以獻皇后既取悅一時又坐享厚賜逆婦姑之禮開驕侈之源

使皇后受其惡名，而已身收其重利，為臣姦邪，孰甚於此，其罪十也。守忠有大罪十，皆陛下所親見，衆人所共知，其餘欺謾為姦，恣橫不法，事類繁多，不可勝言，誠國之大賊，人之巨蠹。伏望陛下盡發守忠之罪，明示四方，斬於都市，以懲姦慝。

光論內侍差遣疏曰：臣鄉時上殿，伏見陛下宣諭以內臣差遣並一切委之都知司，臣當時已曾奏陳，以為非便。今入內內侍省都[illegible]知任守忠恃此權勢，背公立私，奉之者坐獲進擢，忤之者立致擯[illegible]福之柄，盡在其手，遂使宮禁之中[illegible]憚其人，過於人主，罪盈惡[illegible]賴陛下神斷，已斥而去之，然[illegible]威福之柄，則是去一守忠，生一守忠，終無益也。臣愚伏望陛下自今日已後，除內臣常程差遣，依舊令都知司定差外，其勾當[illegible]內東門、龍圖天章閣、後苑、化成殿、延福宮等處，及非時差管勾事外，要切公事之人，並乞陛下親加選擢，試之以事，觀其為人，忠謹有功者，則加賞拔，姦邪不職者，則加貶退，不必一一勘會資序，檢尋體例，如此則誰不懷德畏威，輸忠竭力。豈獨內臣而已，雖外朝之臣，亦可用此道而治也。

侍御史呂誨上奏曰：臣恭以聖朝承五代凋弊之餘，祖宗外平諸國，珠寶委積，皆歸於內府，非國有大事，旌賞勳勞，未嘗有一毫輕費。其籍秘嚴，雖大臣及主計者，莫得知其詳，實有以知神武英謀，所存之深遠也。先帝恭儉節用，聞于天下，然自至和中服藥，而後府庫不嚴，宦官專恣，用之一分，而攘取百倍，中外聞之，莫不痛惜。臣近聞外議，內臣任守忠以奉宸庫明珠三萬兩、黃金一萬兩奉於中宮，守忠自邀酬獎，仍固恩寵，果如是，陛下得不念祖宗艱難貯積之意哉。矧亮陰中玩好侈靡，有損而無益，議論如此，甚玷中宮之盛德，是見宦者之狡計，姦惡斯露，衆所不容矣。設使小人得計，窺伺陛下之間隙，勸為容悅，則何所不至。臣欲乞今後奉宸諸庫宜謹其出入，不使小人窺覘，將備國家緩急，以濟大事，惟聖明留念。

神宗即位，御史中丞司馬光論御藥院王中正乞盡罷寄資令補外官狀曰：臣伏見陛下前者盡罷寄資內臣高居簡等令補外官，中外欣然，無不稱頌聖德。尋聞復留陳承禮、劉有方二人，又以王中正幹當御藥院，衆頗失望。臣竊惟祖宗之意，以御藥一職，最為親密，過供奉官以上輒令罷去者，適以防微杜漸，詒謀萬世，憂深思遠，誠自古帝王之所不及，子孫所宜謹守不可失墜者也。近歲以來，左右之臣，頗戀權勢，又貪祿位，遂求閤理資序，豫支俸給，名曰寄支，以欺誑外人，此豈祖宗之意耶。今陛下欲振舉紀綱，一新治道，必當革去久弊，一遵正法。夫法如隄防，常應今因適得無患，一有蟻壞，泄之則漸致潰敗，不可復救。近習之臣，朝夕在側，因緣析恩，無有窮極，不以祖宗舊法制之，恐陛下他日亦將厭之也。況王中正素聞姦猾，頗好招權，令處之要職，是生一居簡也。伏望陛下依前降旨揮，盡罷寄資者，令補外官，以成聖德之美，別擇內供奉以下樸直廉謹者，使幹當御藥院，以存祖宗之法。

光又論王中正及不當令內臣采訪外事狀曰：臣竊聞陛下好令內臣采訪外事，及問以羣臣能否，臣愚竊以為非宜。陛下內有兩府兩制臺諫，外有提轉牧守，皆腹心耳目股肱之臣也。陛下誠能精擇其人，使之各舉其職，薦舉賢能，糾按姦慝，論政事得失，述民間利害，皆令列於奏牘，明白啓陳，其有尸祿偷安，及挾欺罔者，小則罪黜，大則誅竄，誰敢不盡公竭誠，以承休德。如此，則天下之事，猶一堂之上，陛下何患於不知哉。今若深處九重之內，詢於近習之臣，采道聽塗說之言，納曲躬附耳之奏，不驗虛實，即行賞罰，臣恐讒邪得以逞其愛僭而陛下為之受其譏謗也近聞王中正差往陝西幹當公事有知涇州劉渙等曲加諂奉鄜延路鈐轄呉舜臣違失其意俄而渙等進擢舜臣降黜衆人皆言中正所為審或如此則是中正弄權已有其驗令陛下又置之肘腋委以腹心臣恐天下之人將重足接迹而畏之與金輦璧而奉之矣外議又言山陵禮畢韓琦必求引退兩府當有遷臣竊慮兩制以上萬一有無廉恥之人或陰結此屬以求進用者夫以堯之聰明咨于四岳衆言僉同然後用人猶失之於鯀況可決於近習之口乎凡公忠正直之士必不肯借譽左右以求自售齊威王所以賞即墨大夫而烹阿大夫正謂此也昔漢唐之衰宦官所以壞亂紀綱傾覆國家者皆由人主與之謀議帷幄進退羣臣故也此乃治亂安危之本不可不察伏望聖慈評思臣言凡欲知天下之事當詢訪外廷之臣其王中正不可令幹當御藥院或姦佞之臣豫

設機謀以經營兩府者必不可用則天下幸甚

光又論高居簡狀曰臣聞古人有言堂上不糞則郊草不贍曠芸言近者不治則不暇及遠也竊見幹當御藥院高居簡性資姦回工讒善佞久處近職罪惡甚多臣謹按祖宗舊制幹當御藥院官至內殿崇班以上即須出外蓋以日月寖久官資稍高則防其憑恃威靈竊弄權柄遠監漢唐之禍深為子孫之慮故也陛下即位之初內臣以覃恩遷官者盡補外職獨留御藥院四人天下皆以此一事譏陛下之失況居簡於衆人之中最為狡猾而陛下特加寵信待以腹心中外指目大玷聖德臣職在繩糾不敢不言伏望聖慈遵祖宗令典應幹當御藥院官至崇班以上者盡授以向外差遣其高居簡乞遠加竄逐以解天下之惑

光又論高居簡狀曰臣近曾上言幹當御藥院高居簡工讒善佞乞遠加竄逐未蒙施行昔周公以立政戒成王至虎賁綴衣趣馬小尹左右攜僕百司庶府亦皆擇人穆王命伯冏為太僕正曰昔在文武侍御僕從罔匪正人又曰簡乃僚無以巧言令色便辟側媚其惟吉士僕臣正厥后克正僕臣諛厥后自聖自古聖帝明王雖左右小臣未嘗不謹擇端良之人以自防逸豫之生也況陛下嗣膺寶命聖德惟新善惡興衰於此乎分而使讒佞如居簡旦夕常在左右又寵信之此乃異日禍亂之根腹心之疾也臣職在去邪不敢不再三上言伏望聖明依祖宗舊制應幹當御藥院官崇班以上者並令出外其高居簡仍乞遠加竄逐

光又論曰臣昨日前上殿言幹當御藥院高居簡自先帝時竊弄權柄陛下復寵而信之大為聖德之累乞治其罪陛下許臣送樞密院施行至今未聞有旨揮不知居簡以何道結陛下能如此之深也居

簡所能止於讒佞佞者不過巧言令色希意迎合快人主之欲以市其權使人主溺於宴安而不自知也讒者不過離人君臣間人骨肉惑人主之心以固其恩使人主陷於顛危而不自悟也有是二者不可不察向使陛下即位歲久功業已成而有讒佞之臣始得弄權天下有識者猶當寒心何則知其必為禍亂之階也況今初承大統當銳精求治之時而遽留居簡於左右仍加寵信根蔕已牢則異日之憂可勝道哉此臣所以不避死亡而必當力爭者也或聞陛下欲待居簡自求引退然後遣去臣誠戇愚未曉所謂若國之大臣耆年有德聞望素高一旦偶有小失未為外人所知陛下務存終始使自引去以全其名則可矣其挾姦作慝者猶宜明正刑書況居簡閹闥小臣罪惡盈積所宜肆諸市朝宣示四方以戒憸人而尚足為之隱乎且居簡姦邪播聞遠近陛下今日雖為之隱天下耳目庸可蔽乎凡

居簡所以能為惡者。以其自託宮禁。辟如狐鼠依憑城社。彼唯恐離去左右。豈肯自陳求退乎。伏望陛下盡出羣臣前後所言居簡事狀。送居簡赴所司明治其罪。以彰至公之道。

知諫院楊繪論不當差王中正等往外幹事狀曰。臣謹按春秋君之始年。變一年而謂之元年者。欲其善於始也。變一月而謂之正月者。欲其正於始也。恭惟陛下肇升大寶。新布大令。天下之民傾耳拭目以觀聽乎聖功睿業。實所謂善之於始。正之於始之時也。凡百注措可不謹諸。近聞差幹當御藥院王中正往陝西幹事。續又差幹當御藥院李舜舉繼往。未幾又差押班王昭明繼往。御藥院押班最為親近之職。祖宗已來差出甚少。外之官吏苟奉上所親近之人。不唯擾民。抑甚駭物。今乃旬日之中差御藥院二人。押班者一人。接跡而行。陛下以此輩為腹心乎。則館閣臺省之臣乃朝廷所養以待用者。豈

無一人可為腹心。而必用此輩乎。臣近又聞冬至節假。百官頗循舊例遊相國寺。聞有小黃門隨而抄劄姓名。臣不審陛下以之為耳目而使之然乎。抑此輩自欲以媚於上乎。如陛下使之然。則非前旒蔽明。人主不窺私之義也。若其自媚於上。則蔽陛下之聰明。其可量哉。臣切意陛下之所為慕居堯舜之上。而反有不鑑漢唐之季。臣竊惑之。伏乞委腹心耳目之任於世之賢者。無俾宦者之權從此漸盛。乃所以為善之於始。正之於始之術也。

熙寧元年。右正言孫覺乞定著內臣員數。年未四十不得入諸閹閽狀曰。臣風聞日近行遣內臣白茂先事。始茂先所坐宜在誅戮之科。貸以不死。聖恩甚厚。然內臣出入宮闈。宜在防限。臣聞[illegible]帝時後宮甚肅。內臣出入。皆更相戒飭。凜凜祗畏。在仁宗朝入內內臣。亦嘗限年。年未四十者。不得入諸閹閽。臣謂因此事定著員數。以年為限

隨使使重為保任。自非通詔令之處。一切減損。蓋宮省之內。不可以不清。而防微杜漸。亦宜及其未然。

九年。侍御史周尹等論遣李憲措置邊事狀曰。臣等伏見朝廷以熙河路鬼章為寇。遣內侍省押班李憲往。以秦鳳熙河路計議措置邊事司為名。中外之論。皆謂憲雖名計議措置邊事。而軍前諸將皆受憲節制。其實大帥。然自詩書已降。迄于秦漢魏晉周隋上下數千載間。不聞有以中人為將帥者。此其故何也。勢有所未便也。蓋有功則負恃驕恣。陵轢公卿。何所忌憚。無功則挫損國威。傳笑四夷。非細事也。唐自睿宗以前。未嘗以將帥屬中人。至明皇承平日久。志大事奢。稍委近習。曾安南蠻渠梅叔鸞叛。而楊思勗請行。遂許之。然猶以宗楚客為大都護。及覃行章亂黔中。始以思勗為招討使。雖有擒滅醜虜之功。而唐之禍萌於此矣。及代宗用魚朝恩拒史思明。討僕固瑒。

而恃功擅命。幾危社稷。倚元載除之。寒心者數月。以程元振為元帥行軍司馬。權震天下。元勳故老皆見斥逐。洎犬戎內侵。集天下兵。無隻輪入關者。此皆已然之效也。至憲宗時。王承宗叛。以吐突承璀為行營招討處置使。諫官李鄘許孟容呂元膺段平仲白居易等衆對延英。謂古無中人位大帥。恐為四方笑。乃更為招討宣慰使。而承璀卒以無功。輕誅弊賦得罪。及後世區區踵其故迹。而唐之禍有不可勝言者。其源蓋起於開元也。今陛下更易百度。未嘗不以先王為法。忽式駕馭豪傑。雖憲百輩。臣等知其無能為也。然陛下獨不長念卻慮為萬世計乎。使後世襲沿故迹。狃以為常。進用中人。常據兵柄。則天下之患。又將有不可勝言者矣。陛下其忍襲開元故迹。而忘天下之患乎。方今雖乏人。然文武之士布滿中外。豈無一人可以任陛下邊

事悉出入近密荷國寵榮詔下之日大臣不敢言小臣不敢議臣等代匱憲府以言為職故敢盡其狂愚

尹等又論遣李憲狀曰臣等於十九日奏為用李憲專措置熙河事宜乞寢成命至今未蒙施行臣等重念古者奄人以典司內事而已雖漢唐之始亦未聞任事至後世始以政機兵柄假於所私而漢唐自是衰矣陛下議事造法遠取於三代以漢唐之盛為不足道而肯安襲已敝之法重回既成之命臣等備數憲府終未敢安也惟奄人柔媚非深長計慮也左右便辟以逆人君之嗜好作為陛下既數假寵於憲則其類莫不畏向而服從之而其情日自侈大憲功益高賞不可不進及其盛而抑之則其中必不自滿矣以柔媚之性日習於侈大狹不自厭滿之心得所信向服從之類以事陛下於中此不可不戒也臣等知陛下聖智神武以犬馬用憲驕縱銜勒必無狂逸奔

踶之憂而臣等區區誠為過計然反復思念自古未有以兵寄奄人而不亂者夫天下之事忽於其始則其終也必有害陛下以一方事宜屬之憲後執以為例則兵權必歸焉陛下以薛昌朝役於憲人習以為常則士大夫必見摧傷矣此必然之效也惟陛下深念之故臣等以謂鬼章之患小用憲之患大憲功不成其禍小有成其禍大昔漢唐及藝祖皆以兵定天下方其初中國瓜析為八九世方乏才人不知學而祖宗震起於攙搶擾攘之中所以安寧者亦自多士而已未聞此屬有與焉今鬼章狗偷鼠竊非可畏之與國也不宗恩德庇覆之久陛下作成人才之盛非無可用之忠臣也陛下何重於憲而忽忘天下之士怠功臣之心兆後世之患哉陛下神明淵奧非群臣所能窺測然臣等於此日夜念之至熟而無疑者也陛下謀于心臣等謀於衆人陛下欲權一時臣等為萬世計惟少屈意聽納早賜旨

揮寢罷以安物論

監察御史裏行蔡承禧論遣李憲措置邊事狀曰臣伏觀詔除內侍省押班李憲充秦鳳路計議措置邊事其一路將領皆取憲約束臣等伏見藝祖之朝中官不過給使太宗使以黃衫給事禁中方是之時四方可謂多事不以不稱之才而天下士民因不服從以之與大統傳後世逮唐之晚乃以吐突承璀為招討處置而侍從之官論奏不已憲宗屈天下之議而用之終以無功而罷盡一方之警欲以擾一路為難以天下之力治一小警為至易此理順故也理順則無遠而不從理屈則雖近而不服熙州小警大不過覬幸朝廷之爵祿歲時之賜與小不過欲以劫掠本界倉廩牛馬況封疆之臣所聚者一路之勇所用者一路之智也彼夙夜砥礪欲以捐軀命而承德音乃使潛氣屏息以順邊奄尹之指令乎臣等又聞名言茲在茲苟有茲事

必在茲義今雖委曲傳就更為計議措置之名其實使一路將領出於指麾乃是行招討經畧之職欲以摩詆議者安可得乎況今天下之廣士民之衆豈無一憲輩而顧必用之何示天下以不廣哉伏望朝廷鑒藝祖太宗之所以裁抑中人業成若此念唐憲宗所以崇用之而功卒無成之若彼明所與以稱所施天下幸甚

承禧又論遣李憲措置邊事狀曰臣近章疏論列李憲不合充秦鳳路計議措置邊事悉陳區區之愚陛下赦其狂瞽開納聽受至今未奉旨揮寢罷臣自度智謀愚下訥於辭説不足上回宸慮此事實繫國體重輕貽訓將來不可遂已臣語直辭拙言不達意而憲以敏給辯慧能當陛下之意臣進見開陳有時不能盡事情萬一而憲朝夕得侍清光詳復巧説臣孤立無蜉蝣蟻子之助而憲內外之人窺望稱羨以為才能勢不均敵而臣獨冒萬死拂上旨惓惓若此者豈為

臣一身之計重念祖宗基業之難而臣荷陛下識擢獎憐使之盡言不忍緘默自同衆人惟陛下留神而熟思之

承禧又論遣李憲措置邊事第三狀曰臣自聞詔除內侍省押班李憲充秦鳳熙河計議措置邊事臣兩有論列未奉聖旨指揮臣竊以陛下通知古今明曉治體非不知中人之出為害政中人之柄兵不可示後世而必欲使之者非以其便敏能遵於旨令歟非捷給能有以應對歟非以在熙河嘗經行伍之間乎此聖意孜孜果於用之欲以救生民一時之患而忘其可慮之遠者臣故仰服陛下垂意於一世之功矣然而便捷似才捷給似智又嘗經行伍必以為有功臣請言便捷之害於政者夫中人之出務於集事而不度事之深淺一繫以束下為能既居兩路經畧使之間則必以陛下之威氣使兩路經畧使不敢議其可否縱事有未便則無敢言者矣無敢言者則雖有害於邊防陛下無由而聞矣臣請言捷給之害於事者陛下深居法宮之中羣臣進見以時而憲以親侍陛下言之親莫如憲日侍左右莫如憲其為固已易於信從而又嘗歷熙河其性慧巧必能有以投陛下之意其所言邊防有害則陛下雖聖明悉知之乎憲之處熙河謂之有功也豈憲之獨能然哉上有大帥下有偏裨熙河軍吏以陛下俾親信之出也有功必推憲其無功敢議憲以聞上乎故憲能累積以至此豈憲之必能然哉而以陛下之明聖必有以照亮而未肯遽易者豈非出此乎臣有一言望陛下少垂清慮復之熟之陛下令命諸路之帥都副總管以為可以任邊以令差將官正副七十餘人以為可以將領矣至於小郡列堡而以才武名者不可勝數小有事宜豈無一人可任者至以中人為專帥而臨制兩路雖曰計議又帶措置之名四夷聞之豈不輕視中國乎況今秦鳳熙河之凋弊常倖自已難給而又一二十旨揮之兵以食之鬼章者如聞潛已遁去臣恐憲慮無功又別生邊事以邀覬伏望聖慮特回德音以慰安中外天下幸甚凡今得侍左右皆有以將順而臣獨仰拂宸旨豈臣之所欲哉惟陛下思之干冒宸旒不勝[illegible]之至

十年監察御史裏行彭汝礪奏曰臣昔者論不當付寺人以兵陛下以為非是及李憲師出果獲鬼章自洮以西遂至無事而臣言絀矣臣之言非以憲為不是以成功其慮亦不在憲故臣言曰絀於疑猶信天下之事固有趣時而為之者然其大綱亦不可以一繫言也令以周官觀之考其數蓋不及百人而所事亦畧可見以令視之其多少輕重何如也蓋古者因民之有是疾故擇而任焉非以使令之故刑無罪之人而為之也彼其類非無聰明賢智無故使以刑徒其身廢絕其類至踰千百焉此非先王以仁愛人之道也古人惟酒漿醯醢司服守祧而已其它莫與焉今以一道之權與之此非先王以義制事之意也憲辟薛昌朝不聽切齒扼腕以為腐儒所賣自是不復回顧士人矣張茂則以河事頗頗作氣官屬罕見其面雖達官大吏俛首不敢與抗而姦詐之人稍復趨附以僥倖萬一之利陛下以是觀之使其有可以輕士人之勢其心如何且朝廷比年之役其最貽陛下憂者洮西關蜀其最繫議論者惟濬川之役今日之役最為大者洮河之役數者皆在寺人是陛下所愛養尊寵之士大夫無一可屬任者也且彼其初非無敏健精悍可用之力及稍任事者則窺覦玩弄藉蹈士大夫矣詩曰商鑒不遠在夏后之世陛下試取漢唐以來宦官之事觀之亦是以知矣自古人君方其無事之時未見其害則士大夫之言為不足信亦莫之聽也及其禍亂並作本末顛沛至於無可奈何而後已自古及今蓋非一二也惟陛下為宗社計之不

勝言哉

哲宗元祐五年御史中丞梁燾論陳衍採訪外事狀曰臣風聞中貴陳衍採訪外事密奏兩宮衍近來頗自來異凌押羣輩氣岸不遜臣以謂兩宮聖明輔陛下施為有宰執論事得失有臺諫百司各守其職循名責實則事無廢弛豈可使閹尹賤隸上玷聰明若此人言為可信有傷聖德漸不可長

八年十一月翰林學士兼侍講范祖禹論宦官劄子曰臣聞書曰與治同道罔不興與亂同事罔不亡漢有天下四百年唐有天下三百年及其亡也皆由宦官相去五百餘年如循一軌蓋與亂同事未有不亡者也漢自元帝任用石顯委以政事殺蕭望之周堪而廢劉向等漢之基業壞於元帝東漢鄧后臨朝中官用事手握王爵口含天憲順帝以後五侯專朝桓帝靈帝之時十常侍擅天下子弟親黨割

剝百姓毒流四海附之者寵及三族違之者滅及五宗大考黨獄美戮天下名士於是黃巾賊起朝野崩離及袁紹誅宦官獻帝奔播因餓而曹操因之以篡漢唐自明皇使高力士省決章奏宦官始盛李林甫楊國忠等皆因力士以進唐亡之禍基於開元肅宗任李輔國末年寢疾輔國以兵劫遷明皇於西內殺張皇后及二王明皇以憂崩肅宗以駿從貴為天子上不保其父中不保其身下不保其妻子由用輔國一人而已代宗用程元振功臣畏讒吐蕃寇陷京師播遷于陝德宗用宦官分領神策禁兵其後天子由其所立唐室終以此亡憲宗服金丹躁怒為陳弘志所弒敬宗為劉克明所弒文宗欲討憲宗之賊謀泄仇士良終四宰相及朝臣滅其族流血成渠朝廷半空文宗憂憤以至于沒武宗以後皆由宦官所立僖宗呼田令孜為父天下大亂黃巢賊起播遷于蜀又卒與元楊復恭自稱定策國老

呼昭宗為負心門生天子劉季述等廢昭宗於東內韓全誨等劫昭宗幸鳳翔於是崔胤誅中官而朱全忠劫遷昭宗遂弒之因以篡唐觀漢唐亡國之禍其酷如此後之人主豈可不以為刻肌刻骨之戒哉太宗時王繼恩有平蜀之功中書欲除宣徽使太宗曰朕讀前代書史不欲宦官預政事宣徽使執政之漸也宰相懇言繼恩有大功非此不足為賞太宗切責宰相等乃命學士別立宣政使之目以授繼恩布衣韓拱辰詣檢院上言繼恩功大賞薄太宗大怒以拱辰妖言惑衆杖脊黥面配流崖州太宗可謂深鑒前古而塞禍亂之源矣英宗服藥任守忠往來交構兩宮致慈聖太后與英宗不相悅言者劾奏其罪貶蘄州安置盡逐其黨然後慈聖英宗母子如初宮省清肅至熙寧元豐間內臣之中李憲王中正宋用臣三人者最為魁傑憲總兵熙河兼領三路中正總兵河東兼領四路其權勢震動內外

自陝以西人不敢斥言憲名中正口敕募兵州郡不敢違師徒凍餒奔潰死亡最甚憲陳再舉之策以誘夏賊致永洛陷沒在熙河僭擬不法用臣興土木之役無時休息擁舟船置堆垛網市井之微利奪細民之衣食專事刻剝為國斂怨此三人者雖加誅戮未足以謝萬姓朝廷止從寬典量加廢黜惟憲獨死中正用臣猶存陛下近召內臣十人續又召數人而李憲王中正之子皆在其中又除押班二人帶御器械一人中外無不駭愕既而聞二人以執政言其有過先罷三人以舍人繳詞頭且輟然前來指揮皆違故事又李憲王中正之子既得入侍則中正用臣亦將進用人心不得不憂故臣敢極言之陛下與太皇太后同聽政之初外逐蔡確章惇呂惠卿等及羣小人故朝廷肅清內逐李憲王中正宋用臣等及羣小人故宮禁肅清內外皆無凶人故天下安靜臣歷觀近古內外肅清未有如今日也詛

宗法度所以維持後世不可輕變陛下奈何先自壞之陛下所以享南面之尊蒙已成之業四方萬里奔走而聽命者以朝廷公正天下心服也陛下何不慎守法度規矩增修德政使過於無藥之時然後不失天下之望今未及進一賢行一善先驟用中官如此之盛四方聞之必以為政出宮掖無復綱紀如衰季之世豈不大失人心哉夫人心一失欲復收之甚難陛下若作一二事使中外悅服四方竦動則他日所為有順流之易人心先信故也若作一二事使中外憂疑四方解體他日雖有美意人已不信在前豈得便心服乎如此而望德業之光名譽之隆非臣之所知也今中官止是陛下左右給事使令臣雖至愚亦知其必未有害政之事然欲治外者必先治內欲治遠者必先治近是以明王慎選左右壬人堯舜畏之佞人孔子遠之恐其有損而不自覺也昔唐之時仇士良教其黨曰天子不可令閒

常宜以奢靡娛其耳目使日新月盛無暇更及他事則吾輩可以得志慎勿使之讀書親近儒生彼見前代興亡心知憂懼則吾輩疎斥矣士良以此固其權寵故能專恣二十餘年夫漢唐之事當今必無然以先帝天資英睿聖學高明可謂不世出之主而內外為小人所誤外興師旅內興百役先帝未嘗享太平之樂終以憂勤損壽凡不便民之事皆羣小所為而使先帝受天下之謗臣常痛之故不願陛下復近小人蓋以此也陛下誠能聽臣之言悉追罷除用內臣指揮未到者別與差遣已入者復換外官則中外之人稱誦聖德萬口一辭以為至美乃可以解衆庶之惑洗陛下之謗此如反掌之易何難而不為哉自聞近日兩次指揮以來外議洶洶皆云大臣不能爭執陷陛下於過舉臺諫之臣又皆畏避中人莫敢一言但恐陛下未之知耳若使知之必不為也臣侍經筵八年日望一日歲望一歲期陛下為令德之主唯恐有纖毫之失故不避違拂聖意數進苦切之言陛下每留睿聽以臣愚直見知臣亦不量微力竊以獻納自任今茲事體實繫朝政汙隆人情去就臣義均休戚榮辱不忍默默坐視敢冒萬死而獻其忠唯陛下裁察

歷代名臣奏議卷之二百九十二

歷代名臣奏議卷之二百九十三

近習

宋徽宗時陳次升彈裴彥臣疏曰臣竊惟人之無禮於君者臣子惡之如鷹鸇之逐鳥雀況身居言責其可默乎臣訪聞今月十三日御藥閣守懃在御前呈進文字內臣裴彥臣對君上用手敲守懃幞頭高聲道莫錯斬人莫錯斬人顯是不敬無人臣之禮罪不可赦安可置而不問陛下縱不以身之安危為念其如社稷何其如天下何其如公議何昔漢唐之間閹官秉國柄制國命者其始於陵慢其終至於跋扈而不可制今日彥臣悖悍如此豈可忽之而不慮後日之患乎伏望聖慈特出睿斷明正典刑以為宮禁之戒

次升又奏曰臣伏見本臺今月十四日據御藥閻守懃狀論內臣裴彥臣對君上高聲等事已上申奏乞行根治未聞施行者竊以宮殿之中理當恭肅敢有聲徹御所者在法不容況對君上高聲肆忿而無人臣之禮者乎夫人主之尊如堂堂高則難攀庳則易陵彥臣果於陛下之前如守懃所陳顯屬不敬而有凌上之心若不明正典刑以懲其惡益無畏憚何所為而不可易曰履霜堅冰至蓋言漸也詩曰肇允彼桃虫拚飛維鳥言事起於至微儻不防閑及其成也終至於不可制陛下當以古人之言為戒社稷之重為念除惡於未萌消患於未然毋使滋蔓以至於難圖後悔無及矣伏望聖慈特降守懃狀詞付有司考究虛實因依施行

次升論劉瑗疏曰臣訪聞陛下在潛邸日察知都門親事官有勞遂援故例奏留占役使此事之小者也非有犯分難行之理干忝朝廷而管勾官劉瑗怒其恩非己出乃誣奏都監使臣為之干請置之於罪又朝旨嚴宗室門令限都監出入瑗乃揭牓府第扃鑰中門過為防守若疎揞宗親友之恩視萬乘之貴介弟如無有也按瑗乃本府之管勾官耳牽一府之人奉事陛下反敢挾令作威若疎其所親用情作悻以較其所事途人聞之莫不扼腕憤懣逮陛下誕受天命入奉累神宗廟瑗宜自知罪咎恐懼引去尚敢偃然無所忌憚握要務受恩施行彷徉於陛下之左右雖陛下天地德量容忍不誅其如社稷何其如公議何昔晉文公為公子過曹衛鄭三國之君皆不為禮焉及文公既入而主夏盟伐曹與衛春秋謂其伐無禮而不議其修舊怨夫伐不失刑禮以立政此文公所以霸也今瑗以平昔悖悍陵轢之迹猶朝夕親近而領方藥之政臣未敢謂其無包藏姦惡之心也臣聞而不言使陛下之失刑政此臣之大戮也又聞英宗之立非內侍都知任守忠意因循遲久未加斥逐交構百端幾間兩宮大隙當時諫臣論奏以節度副使安置由是光獻得以脩其慈英宗得以全其孝觀瑗前日之迹陛下之立豈瑗所欲既懷疑忌心不自安焉能保其無它耶雖今日聖德巍巍宮殿清肅必無可開之隙然小人姦險操心之危慮患之深造事非一端可料安得不思患而豫防之也伏望聖慈特正瑗之典刑以慰中外

次升又奏曰臣近彈奏劉瑗充潛邸管勾官日誣奏都監干乞留親事官及扃鑰府門過為防守頗有凌轢之迹乞正典刑未蒙施行瀆至再瀆天聽者竊惟陛下聖德淵懿出於天縱頃居潛邸御下以公事上以信中外之人莫不傳聞瑗為本府管勾官知之尤為至詳輙敢陵轢不存上下之分且如奏留親事官為其有勞也瑗怒其恩不自己出乃誣奏以受都監干請之私例而奏之非有欺也瑗以謂不當罰是誣所奏以欺朝廷頗玷聖德又府門啓閉自有時限瑗乃揭牓府第過為扃鑰待陛下如何人耶瑗之悍悖不忠所事如此宜即

誅夷今陛下入承大統延厚投恩施寘左右恬不防閑雖聖度包荒憫璦昔為宮僚之舊不忍加誅陛下恩德如此何負於璦璦之負陛下實多亦當以社稷為念較其孰輕孰重斷以大義不可徇以私恩孔子曰小不忍以致大亂此言宜以為戒無聞璦自懷疑懼屢嘗請去小人之心疑懼既生防患之慮何所不至竊恐別至生事若不早正典刑是陛下為璦屈公義而撓法也法者天下之所公共天子不得而私昔漢昭平君隆慮公主之子也醉殺主傅廷尉請論武帝曰吾弟有是一子以死屬我為之涕泣良久曰法令先帝所造也用弟故誣先帝之法吾何面而入高廟乎又下負萬民夫昭平君帝者之親尚不敢以私撓法璦雖係隨龍之人其待遇之恩豈宜過於帝者之親乎無聞當時更有内臣一名同璦誣奏都監千請留親事官臣不記姓名亦乞勘會詣實一就重行黜責

次升論内侍李偁疏曰臣竊聞陛下頃居潛邸指宗厚天倫之愛恩遇甚渥陛下忠信恭敬未嘗以毫髮之私上干朝廷實以本府都門親事官晨昏啓閉甚勞援例奏留實占役使非有它也其事至微有何犯分臣寮之家尚許指名奏人隨行況天子之貴介弟豈有不可者乎御藥李偁輒敢凌侮悖慢誣奏都監千請但不明言陛下受請求耳今陛下續承祖宗之業位乎天位豈偁所欲偁猶領職禁中給事左右忠臣良士莫不扼腕日夕為憂竊謂古之刑人不在君側者蓋防患於未然慮禍於不測今日安可恬然不以為慮況偁凌侮之迹甚著疑忌之心必生心既不安慮患必審若不早正典刑宮禁之中恐開釁端如前日任守忠之事亦伏望聖慈體英宗之果斷早賜施行以清宮禁以防後患實天下之福也

次升又奏曰臣近彈劾御藥李偁誣奏陛下潛邸都監千請乞留都門親事官事乞正典刑不蒙施行臣竊惟陛下之意必以偁給事宮禁日在左右不忍加罪所以示恩私也雖然恩固可行亦有時而不可行恩重於義則恩不可以廢義義重於恩則當捨恩而從義偁前日既有凌侮之迹今日必生疑忌之心前日已嘗犯分今日寧保其無反側乎陛下宜察其姦謀酌其情犯斷之以義不可牽於私恩乃可以為宗廟無窮之計孔子曰小不忍以致大亂此言當以為戒伏望聖慈檢會臣前奏早賜施行無貽後日之悔

左司諫江公望乞遠便嬖疏曰臣讀孟軻之書至戴不勝曰子謂薛居州善士也使之居於王所在王所者長幼尊卑皆薛居州也王誰與為不善在王所者長幼尊卑皆非薛居州也王誰與為善一薛居州獨如宋王何迺知成人君之善非一人之力也周公作立政戒成王雖綴衣趣馬左右攜僕必以吉士乃知左右前後雖便嬖近習亦

惟其人也人君位尊勢隆惟左右大臣日一見有事則公言之諫官御史月對不過三四有事則昌言之天下之士獲登文陛以望清光者萬無一二焉戰栗惶怖言氣不出諸口孰能劇談天下利病哉與陛下朝暮起居從事莫非左右前後便嬖近習之人一不審所擇則憸佞柔媚乘進於君側承風順指悅意便情有所不欲無不得有所不聞聞無不盡朝餌夕啗日浸月潤切於身則蠱性命之情延於外則移朝廷之政唐宦者仇士良嘗語其輩人君不可令閒暇暇必觀書見儒臣而又納諫智深慮遠減玩好省游幸吾屬恩且薄矣若以財貨鷹馬毬獵聲色蠱其心極侈靡使悅不得息則必斥經術闇外事萬機在於我矣此尤見便嬖近習其不擇之害有至於士良臣望陛下誦思孟軻之言以求多士之助佩周公之訓戒雖攜僕必惟其人觀士良與其輩計慮驗朝夕從事便嬖近習之憸佞如是則

貨財鷹馬懿獵聲色之欲遽萌於心左右前後既無進迎之人朝夕從事莫匪端人善士雖欲為之不可得已夫言不及大而論小事不該遠而涉邇非所以及也然小者大之基邇者遠之積知微之君尤所當戒陛下思之毋忽

欽宗靖康元年邇英殿說書楊時論不可復近奄人狀曰臣竊考自古奄人用事未有無後患者漢唐之末是也漢之竇武何進以肺腑之親因天下怨怒收攬英豪如李膺陳蕃輩共起而除之卒不勝皆駢頸受戮唐之昭宗信狎宦者至有東宮之幽其為歷世之禍大矣國家用童貫握兵為國生事二十餘年覆軍殺將朝廷不得開中外耗竭而貫之私藏厚積不可以千萬計人怨神怒馴致今日陛下之所親見也臨御之初謂宜屏去此曹使與輿臺皁隸服掃除之役而已不可復近比聞防城所仍用奄人提舉授以兵柄此覆車之轍不可蹈也使氣焰一熾則後不可制矣恩倖持權貪饕得志上皇晚雖悔悟而追救不及不可不鑒也

時又上疏曰臣竊見自古奄人用事未有無禍者漢唐之末是也比年以來此曹氣焰尤盛皆緣蔡京王黼輩育為亂階開通交結假以重權使相應援僥倖之門一開至不可遏童貫握兵權於外梁師成擅大柄於內陶鑄搢紳垂二十年其餘恩倖持權肆為貪暴故人怨神怒幾致喪邦原其禍根皆蔡京王黼輩為之也陛下即位天下響應異時之為惡者碎於國人之手援哀請命乞寄官資不煩芟夷而陰自消伏似非人為實出天意此宗社之福生靈之幸也人無賢愚莫不稱慶比聞外廷之臣有懷姦患失務為身謀而不為國家遠慮者復効京黼輩所為陰謀交結漸令用事以陛下之英明剛斷又嘗親見其弊宜無有此然臣竊有疑焉伏見梁平李穀之徒皆持權自若氣焰復熾未識陛下亦嘗察其所以然否乎臣謹按梁平嘗為大理寺開封府承受結為陰獄殺無罪之人不可數計罪盈惡貫人所切齒陛下之所知今復處之御藥院果何意邪李穀嘗管幹京城監造軍器姦欺侵蠹無所不至近與復濠之役調夫數萬減尅口食殘害百端役夫至於殍踣逃亡亦不可勝計近在國門之外陛下其亦聞之乎至於直下元豐庫取珠子及送親事官於開封府處所之類並不經由三省外議亦以為皆宦官為之故態漸長使陛下受疑於天下所繫豈小哉臣謂省臺寺監百執事者初不乏人何啻信用此曹駕覆車而履其轍也如邵成章輩人或稱之以為稍賢於其徒然此曹縱賢亦不可用使之服掃除通詔令可也蓋外廷姦臣一見其用事則向風觀望陰以為肘腋腹心之託內外相應馴致禍災非特不利於國亦非所以利此曹也大抵此類善伺人意巧為便佞浸

潤膚受尤難隄防自非監古視今以為深戒日多漸漬未有不為所惑者禍亂之機發於至微漸不可長拳石之多積而為丘山不可不謹也宦女之禍古人所戒著在方冊非臣私言謹取五代史書宦者傳繕寫進呈伏望燕閒之際一賜覽觀永為龜鑑天下幸甚

右司諫陳公輔論宦人蠱惑人主狀曰臣聞宦寺之亡人國家其來已久漢自和帝後中官始盛至靈獻之時極矣故袁紹誅常侍以逞志然曹操因之漢遂以亡唐自明皇後中官始盛至僖昭宗時極矣故崔胤血軍容以甘心然朱溫因之唐遂以亡大抵假威柄于外以內擁姦人則大臣愈專主權愈卑辟灼火攻蠹蠹盡木燒漢唐之亡皆由此輩豈不哀哉恭惟本朝祖宗積德深厚其歷年之長固非漢唐可比比年以來國家承平宮廷使令自益增廣加以財用富足而横恩濫賞皁及閹寺故宦官由之而盛竊弄威權恣為姦狀雖朝士

大夫憤疾之甚曾無以處之乃緣士庶伏闕獻書因而誼譁遂逞積
年之忿殺害宦官二三十人不由朝廷命令不假威柄于人使此曹
無所肆怨而氣勢稍衰與漢唐異矣此何以致其然耶實天祐我宋
以延宗社無疆之福也陛下今日固當上承天意下順人欲因而摧
抑此輩不使復振臣竊聞近來稍稍復用事如盧公裔王若沖邵成
章之徒是已臣仰惟陛下臨御以來崇尚儉約聲色狗馬畋游玩好
一切屏絕此曹將無所肆其巧然大率宦人蠱惑人主決非一端唐
仇士良謂人主不可使閒暇閒暇則觀書近儒臣故我曹不得進用
而恩澤始衰本朝楊戩亦戒其徒曰汝輩不可令天子罷修造我所
得恩澤及財物皆緣修造陛下觀此輩用心果可不防哉臣區區之
心望陛下鑒唐之亡因今日之天意專以此輩為戒無使其乘閒伺
隙以移陛下聰明也至於進退人才尤不宜與之謀孔子不主癰疽

孟子不畏臧倉賢人君子決不肯因嬖倖以圖富貴其所以附麗以
進者貪饕無恥巇險逞欲之小人故前日蔡京王黼王安中等專倚
此曹為重此天下所共知伏惟陛下留神於此日夜念之無忘小臣
之言實宗廟社稷之福而天下之幸也
御史中丞許翰上言曰臣竊考觀載籍自春秋以來國家昌大世祚
綿永者惟漢與唐至於我宋方建萬世之統此近古之三代也漢唐
亂亡皆坐內侍為我宋鑑可謂明矣是以不可不察漢唐之季世其
積久人主不憂敵國外患而安於佚樂不親法家拂士而昵於近習
於是奸宄得乘其間興宮室池苑壯麗之觀致妖冶靡曼傾惑之色
以蔽其明為讒諂導諛險詖之辭奏靡曼淫放鄭衛之音以亂其聰
諱避危亡之言緣飾隆平之事使之燕安豫怠廣侈無憂以壞其志
而後扶輿觀戲以導之喜忿懟恥辱以導之怒祈求要請以導之施

私相竊語一顰一笑皆能陰陽人主之意使國家威福潛移於是太
阿之柄始倒持於下矣其漸至此則各隨其世事勢之流相激生變
為亂不同同歸於亡東漢祖尚名節士大夫各持清議以爭之故其
季竇武陳蕃忠良禁錮賢儁袁紹乘天下之忿起而誅之而後漢亡唐北
司本兵權重東漢而士大夫莫與之敵是以世無黨錮之禍而惟閹
之隸勢陵人主幽辱廢置無不如意朱溫乘天下之忿起而誅之而
後唐亡本朝北司之盛殆過漢唐學士大夫凜凜久矣前日緣太學
生伏闕論事數萬之衆不約而從發憤讙呼若天導之使北司之勢
不誅而自折則袁紹不復施其謀而朱溫無所加其暴此所謂宗廟
之靈社稷之福也書曰天視自我民視天聽自我民聽民之所欲天
必從之是故上酌民言則下天上施陛下於何容心赤憲天而已矣
凡泛聽者無所歸怨而國制大定是乘一時之變而建萬世之利也

而[illegible][illegible]備或非之矣前日但緣務專國是不酌民言讐其怨怒以至
於此是唐之季變生豪傑其禍至於不可復救今國家徒以赤子啼
號趣訴其枉一言撫之而萬姓返室懷仁歸德豈不賢於前世萬萬
也哉此臣之所以為陛下賀也臣竊過計但慮事定之後邪說搖奪
宸衷祈感動法不終守是以敢申言之謹按周官宦寺皆隸冢宰惟內
小臣上士四人鄭康成以為與其賢者餘不過僅數十人未有登于
下士者也是以內侍之禍不產於三代之前使國家能按今日之法
而世守之則內侍得以保身延祀不罹誅族於下而國家因之垂化定
治不憂禍亂於上內外休寧不亦懿乎故願下臣章於內揭示成
憲永戒前非天下幸甚
李光乞不用內臣管軍劄子曰臣歷觀自古進用奄人未有不致危
亂者而兵權尤甚夙沙衛殿齊師殺絳鄭衆以子臧圍師齊之等也

區區諸侯之師使奄人戮之猶以為辱況天子之師乎自童貫秉軍政二十年將士零落殆盡開邊生事取笑四夷旋致今日之禍陛下躬履憂危亦可以鑒矣而譚稹梁方平輩皆久握兵柄喪師辱國臣謂陛下更易弊事當如拯救焚溺訪聞二人復管勾城壁事豈倉猝之際士大夫果無足委任者乎雖差傳墨卿王寓等提領緣此曹用事日久將士習熟但知中官不畏從官況虜人壓境朝廷舉措細大必關非所以壯軍威而增士氣也伏望陛下出自睿斷早賜斥逐所有四城壁等事乞下行營使司專委從官添差文武臣寮同共管勾

光論梁師成劄子曰臣伏覩虜騎內寇需索犒軍金銀陛下以宗社生靈為重屈意求和上自乘輿服御宗廟器皿下至民間首飾之物拘收殆盡大臣戚里之家不免直取獨未聞宦官能體陛下憂勞之意者近年以來宦官用事或殖貨利或治宮室或開拓邊境或進退

臣寮皆能竊弄威權以厚自封殖此陛下耳目所及不復縷陳其專權擅勢桀黠尤甚者莫如梁師成師成用事日久餘作威福計其家貲無與為比當此危急之時獨不在直取之數臣切惑之臣謹按師成出入禁掖踰二十年罪惡貫盈不可悉數方蔡京王黼相繼用事朝綱隳壞賄賂公行姦邪朋附而為之用忠賢擯斥而不得進師成與之締交關通表裏蒙蔽引用浮薄布滿中外依憑城社玷辱聖朝以至海內怨嗟養成今日之患迹其罪惡久合誅夷方陛下踐祚之初聖政日新一時憸人咸知退縮而師成偃然居中執政大臣憚其狡獪多計恐一旦復得進用莫敢動搖伏望陛下斷自淵衷以師成付有司籍其家貲窮究姦慝以正刑典因以風厲黨類庶有懲革實天下幸甚

高宗時左正言鄧肅上疏曰臣近准尚書省劄子奉聖旨令送臣僚所論二章付門下後省其一章論臺諫之職不可觀望其二章論宦官之盛不可不戒臣竊鼓舞以為中興之道正在此也恭惟陛下臨御以來所用黃門比之上皇僅百之一比之淵聖僅十之一是陛下於比司蓋未嘗不戒也然小人無知尚有敢循舊轍者陛下既責臣以言臣敢默默乎臣於初十日侍班殿下有肩輿而至橫門者羣臣吐舌莫敢誰何嘗試遣人詢之曰內臣陳良弼也臣切謂百官下馬外門徒步而入雖雨作泥淖滅足沒脛未嘗敢以為勞蓋君臣之分不敢廢也良弼何人敢尒驕傲雖宣和以前宦官最盛不聞童貫梁師成等敢用肩輿輒入橫門者今良弼之寵方之童貫等無萬分之一便敢輕視朝廷失禮如此傳之天下有損聖德臣竊痛之或曰良弼病矣不能徒步臣以為不然豈有不能徒步於橫門之外而能徒步於橫門之內者乎又曰汴河久涸運漕不至良弼一出則黃流瀰

漫一時之功不可闕也臣又以為不然若恃微功便忘分義則趙普之流當乘肩輿以登太祖之庭矣或者又曰恐得聖旨然後敢尒臣又對之曰此決無是理也朝廷之儀定於太祖陛下孝德上追虞舜豈忍以一黃門之故輕變祖宗之法乎臣愚伏望聖慈明正典刑以示懲戒不惟消患於未然亦所以弭天下之謗也惟陛下留神

趙元鎮乞抑內侍奏曰臣前日奏事殿中伏奉聖訓以言官張致遠論列士大夫有陰結內侍者陛下既駭且怒以謂此風寖不可長宣政之禍流毒至今不可不戒宜降詔開諭且令有司立法禁止臣待罪宰輔親承玉音仰見陛下不惑於甘言無狃於近習洞鑒覆車之迹灼知滋蔓之端好惡一分邪正自辨帝王盛德事也雖然小人無他志在進取不復顧藉至於壞風俗紊紀綱唱讒佞之風塞公正之路以及於喪國亡家之禍皆所不卹茲宜可畏歟今雖有所斥逐而

潛形秘跡人莫得知物論所譏聖心未晤者臣不知其有無而亦不能保其必無也臣願陛下力懲而亟革之與其沮遏波流孰若絕去根本之為愈臣嘗見齊威王封即墨大夫故事及本朝歐陽脩奏跡仁宗皇帝其議論事跡皆可稽考謹錄在前用見臣區區將順之意亦因以獻規於陛下伏幸寬仁察斯忠懇

孝宗時吏部侍郎李椿乞裁抑中貴奏曰臣聞憂先於事故能無憂事至而憂無救於事臣私憂過計願先事而憂之庶幾乎無憂也宦者論曰宦者四星在皇位之側蓋中門之禁女宮之戒審門閽謹房室不可無也故宦人之在王朝其來舊矣臣伏覩熙寧五年詔書節文前後省內臣轉至承制崇班內常侍許進一子與下班殿侍三班差使內侍省東西頭供奉官殿頭許進一子與下班殿侍諸班內品吏不許進入內內侍省所管諸班內品每年通許進五人餘悉仍舊

內供奉官已下至黃門如願進外官者比內侍省遞加一等推恩其內臣諸司使副合該奏兒男充前班者今後更不進內臣時上諭樞密院曰方今宦者數已多而隸省者又不入內空絕人之世仁政所不取且獨不可用三班使臣以代其職事乎臣以此仰見祖宗好生之德不惜加等推恩以全人之生世德至渥也臣不識今尚守此法與否但見中官比之陛下初即位時人數漸多其勢頗盛臣又見近年有中官失火者蠶室中燒死小兒可見宮刑之室宦官之家皆有之臣又聞蠶室中小兒十不得四五少得生全者豈稱祖宗好生之德臣慮陛下所未聞也切緣自古宦官之盛衰繫有國之興亡臣不敢遠引漢唐之禍切見宣和之末童貫等罪惡貫盈軍民怨入骨髓京師百姓羣起而攻宦官殺之者不可勝數旋致靖康之禍建炎間王淵交結宦官不卹軍士遂激成苗劉之悖逆軍士求康履殺之併

及其黨遂致明受之變前轍不遠言之痛心蓋宦者陰險既毀性情柔忍猜疑驕妒不期然而然其間雖有忠直之人亦多衆所不容所以互相視效憑恃浸潤交結受賄以資相高專用過度承陛厭飫侵漁百姓興建第宅連亘街陌始則人畏之極則人惡之畏且惡以致羣起而攻之上貽國家之憂仰惟陛下神聖在上宦者雖漸盛人雖畏之未甚惡也於此時有以裁制之不至于極則永無前日之患於宦者亦保富貴與國長久此臣所以欲先事而憂者也裁制之道臣願出於聖斷官置蠶室選精於其事者掌之應進子者申奏并保明入之侯平復賜其家如或不育願再進者聽之再進不育是上天不許也即聽進外官以為後以絕陰閹傷生之害其委付差使門禁宮戒之外毋使干預人材政事嚴禁士大夫及兵將官與之交通者稍違太祖皇帝之制官品高則外補易曰君子思不出其位謂艮為閽

寺也閽者止於門寺者止於巷聖人之戒深切著明不可不察也臣非不知言出禍生臣自念荷陛下恩遇特異不知所報故惟有忘身徇國庶幾萬分之一如臣言可採乞出於睿旨施行

祕書少監趙汝愚乞罷陳源添差總管奏曰臣先準中書門下省送到錄黃一道承樞密院關十一月十八日奉聖旨恭奉太上皇帝聖旨提舉德壽宮陳源為應奉有勞可特與遥郡上轉行兩官臣伏覩陛下天性仁孝欽承太上慈訓兢兢業業惟恐不至故臣仰遵聖旨即已書讀了當然當時實不知陳源別有兼職令再準錄到告後擬稱陳源可特授永州防禦使依前右武大夫特添差兩浙西馬步軍副總管臨安府駐劄提舉德壽宮臣竊惟陳源係武侍而但參預一路軍政臣不知其始自何年除授然其事體甚害漸不可長要非太上建炎詔書之意臣請為陛下誦之臣嘗讀建炎三年詔書

自崇寧以來內侍用事循習至今理宜痛革自今內侍不許與主管兵官交通假貸饋遺借役禁兵當是時內侍與兵官交通借役禁兵且猶不可今乃假以一路總戎之任臣恐非太上所以防微杜漸之意也臣伏思神宗皇帝時始令王中正李憲稍預邊事是時朝廷法度峻整若無甚害而卒之貫緣攀援竟成童貫開邊之禍靖康之變至今言之使人心折陛下安可視今日若無甚害而遂忘前日之戒耶臣愚欲望聖慈特降指揮除遵依太上皇帝聖旨與轉行兩官外所有添差兩浙西路馬步軍副總管職事特與解罷以為萬世子孫無窮之法以成太上建炎詔書之意宗社幸甚

光宗即位楊萬里召為秘書監入對曰古之帝王固有知以一己攬其權不知臣下竊其權大臣竊之則權在大臣大將竊之則權在大將外戚竊之則權在外戚近習竊之則權在近習竊權之最難防者其惟近習乎非敢公竊也私竊之也始於私竊其終必至於公竊而後已可不懼哉

寧宗慶元元年大府寺丞呂祖儉奏曰臣恭惟本朝立國之規模所以上接乎唐虞三代之統紀而遠過漢唐者非假夫強大威力也非資夫權謀術數也獨恃夫君子以為國而已然君子之能為國豈有他哉亦以其議論氣節可以培根本而支變故也國家中興遠追慶曆元祐之言論風旨固有以開紹興之正論然自秦檜用事導諛成俗近歲安靜和平之說復壞人心議論氣節或幾乎息而立國規模終不可忘紹熙五載夏秋之交海內皇皇天未悔禍小大之臣盡誠勠力大明繼照危而復安則陛下固已親見所恃以為國者而下改元之詔矣始政清明登用忠直天下之心蓋將日望維新之政今日月曾幾何而人之觀聽則有異焉講席之臣或閔其耆艾而使之歸

或因其論事而許之去臺諫之官或以舊學有勞而使遂致以樂關守而補外中批屢下旨意難明恐謂陛下之心祗欲昭示獨斷以防蔽欺而不知我之操柄則已潛有所移矣夫外廷與內庭之勢殊而君子與小人之情異左右前後之人地近情親巧於伺候外示畏謹陽若無他默陟廢置陰得關預時獻微說或可施行雖威福權柄如自上出而盜竊賣弄則益難知彼外廷之欲盡言者則共指為矯激外廷之欲論事者則共指為過當由是列于庶位者類多遠嫌避事鮮克分明斟酌調娛務為得體議論氣節日就消衰常時既難盡其心緩急必將失所恃天下大物也設官分職所以維持也聽外朝以為公恃君子以為固然後能守而無失若迺嬖近暬御所知不遠尊危循私非使人主不信外廷則無由可以擅寵翊今國勢甫定人心猶搖邊寧有釁隙之憂夷狄有窺伺之迹信任君子猶懼弗濟儻或失職又將疇依伏望陛下監觀本朝立國之規模惟念總攬權綱之要道外廷情實固宜致察內廷姦欺尤當深防絕去私邪之門使得自保寵祿闢開公正之路使得展布腹心夫然後朝廷尊安君子遂志議論氣節足以圖回實政強壯本朝而可馴致慶曆元祐之治矣臣志在愛君不遑他恤惟陛下裁赦

理宗即位國子祭酒喬行簡上疏曰向者陛下內廷舉動皆有稟承小人縱有蠱惑干求之心猶有所忌憚而不敢發今者安能保小人之不萌是心陛下又安能保聖心之不無少肆陛下為天下君當懋建皇極一循大公不應私徇小人為其所誤凡為此者皆感曉肺肝之親與近習貴幸之臣假之使令之華外取貨財內壞綱紀上以罔人君之聰明來天下之怨謗下以撓官府之公道亂民間之曲直縱而不已其勢必至於假乘聽之言而傷動善類設眾人之譽而進拔憸

人借納忠效勤之意而售其陰險巧佞之姦日積月累氣勢益張人主之威權將爲所竊弄而不自知矣陛下衰絰在身愈當敬戒宮庭之間旣無所嚴憚嬪御之人又視昔衆多以春秋方富之年居聲色易縱之地萬一於此不能自制必於盛德大有虧損願陛下常加警省

景定四年禮部侍郎牟子才論董宋臣不當除押班奏曰臣十年憂患分老山林蒙陛下收召復寘諸禁近之列常恨縻捐未足補報今既數月矣未敢出位有所敷陳者蓋以陛下自更化瑟內撫外寧衆正咸集群慝悉除而又穡事告登文治具舉靖共尔位臣之分也邇日以來在廷之臣學校之士乃以內臣之復用連章公車紛紛未止臣竊意陛下之用此人不過念其平日給事之勞拔拭而用之耳而諸臣深憂恐慮則以其前轍之可監而慮其舊態之復作謂今寵以押

班之任而日在陛下左右譬如木之有蠹蠹在中而木不覺其腐禾之有虫虫在心而禾不覺其槁雖陛下諄諄開諭而學士大夫之惑終不可解也臣靜觀數日間諸臣或以此而決去就者陛下宣召而復留之大臣爲國家大體計爲保固局面計爲憂惜諸賢計所以扶持而安全之者無不盡心爲竊意一堂都俞之際必有深長之思果斷之決使天下無可復議朝廷庶可安安而老臣又何所容其喙然紆乎有聞而猶未也但聞諸臣欲去者猶未肯留已留者猶未忘去而輿議之偏責於在位者略不少恕爲臣謂陛下昭昭聖明如此大臣孜孜啓沃如此其於此事轉旋關閣蓋亦甚易微臣愚見不無望於陛下早有以處此庶幾一秤全安而無奕子動搖之虞風休雨止而有安恬泰定之勢此宗社之幸生靈之福也臣所出擯棄非不欲懲羹吹齏保全末路深恐上負明主下負夙心用敢冒昧一言惟陛下幸赦

五年牟子才爲給事中繳李忠輔奏曰臣伏覩臺臣論列閤長李忠輔奉御筆李忠輔降兩官降職臣有以見聖慮深遠天斷奮發蓋將昭天公而戒後患也臣惟成周之制閽人守中門之禁寺人掌女宮之戒未嘗假以事權所以遏其蠹政害事之漸自漢以來恭顯之用事專恣朝臣之側目畏憚亦旣任以機要又何以禁其長惡流毒之慘此防微杜漸者之所當深慮蓋內轄一司自來止以小璫爲之取其服勤恭謹易以禁制又以三年爲任不使之日增月益益生氣長以貽害無窮惟董宋臣以小璫至於大官二十年間皆兼領此職權傾中外恣爲姦利至今得罪公論故每有除授人言交攻忠輔乃其所爲根株此局以爲依憑凡其奸犯科條誣上行私之事皆出其所教而忠輔新進氣焰爲術轉深爲害愈烈大作威福動稱聖旨帥漕兩

司奉行惟謹其安生羅織使人破家蕩產往往死於非命權則歸己怨則歸君而甚者窺覘中詷揣摩密報幽爲恩倖之地陛下灼見其奸奪其內轄職事遂降旨揮內轄以三年爲任立爲定制又以臺臣之言降官放職天下莫不仰陛下之明斷但觀臺臣所論則忠輔處心積慮傾險反覆可畏又有甚於前之所陳使罰止於此安知其不復出爲惡耶且宋臣未嘗不罷也而又復用未嘗不退也而又復進使其不死禍且不歇抑亦可以爲監矣比者城中鬱攸旣始於宋臣之屋城外煙焰亦發於忠輔之家今陛下旣行忠輔而宋臣遂死於數日之間意者惟天惟祖宗望陛下盡取二十年禍根亂本一掃而空之雖宋臣死灰無復然之慮而忠輔則虎兕有出柙之憂倘陛下寵行臺臣所乞屏斥之言以絕其根實惟天惟祖宗之意而陛下子孫萬世無疆之福也所有錄黃係繳臣書讀用敢冒昧先具奏

聞

金哀宗時近侍干預朝政翰林直學士兼左司郎中斜卯愛實諫曰今近侍權太重將相大臣不敢與之相抗自古僕御之臣不過供給指使而已雖名僕臣亦必選擇正人今不論賢否惟以世冑或吏員爲之夫給使令之材使預社稷大計此輩果何所知乎

歷代名臣奏議卷之二百九十三

歷代名臣奏議卷之二百九十四

封禪

齊桓公既霸會諸侯於葵丘而欲封禪管仲曰古者封泰山禪梁父者七十二家而夷吾所記者十有二焉昔無懷氏(古之王者在伏羲之前)封泰山禪云云(云云山名在梁父東)虙羲封泰山禪云云神農封泰山禪云云炎帝封泰山禪云云黃帝封泰山禪亭亭(亭亭山名在牟平又曰在牟陰)顓頊封泰山禪云云帝俈封泰山禪云云堯封泰山禪云云舜封泰山禪云云禹封泰山禪會稽湯封泰山禪云云周成王封泰山禪社首(社首山名在博縣又曰在鉅平南十三里)皆受命然後得封禪桓公曰寡人北伐山戎過孤竹西伐大夏涉流沙束馬懸車上卑耳之山(謂將上山縣其馬鉤其車也卑耳即齊語所謂辟耳)南伐至召陵登熊耳山以望江漢兵車之會三乘車之會六九合諸侯一匡天下諸侯莫違我昔三代受命亦何以異乎於是管仲睹桓公不可窮以辭因設之以事曰古之封禪鄗上之黍(鄗音臛鄗上山也又曰鄗上北里皆地名)北里之禾所以為盛江淮之間一茅三脊(所謂靈茅也)所以為藉也東海致比目之魚(魚各有一目不比不行其名曰鰈)西海致比翼之鳥(鳥各有一翼不比不飛其名曰鶼鶼)然後物有不召而自至者十有五焉今鳳皇麒麟不來嘉穀不生而蓬蒿藜莠茂鴟梟數至而欲封禪毋乃不可乎於是桓公乃止

漢武帝時議欲放古巡狩封禪之事諸儒對者五十餘人未能有所定先是司馬相如病死有遺書頌功德言符瑞足以封泰山上奇其書以問兒寬寬對曰陛下躬發聖德統楫(楫與輯同)羣元宗祀天地薦禮百神精神所鄉徵兆必報天地並應符瑞昭明其封泰山禪梁父昭姓考瑞帝王之盛節也然享薦之義不著

于經以為封禪告成合祛於天地神祇祇戒精專以[illegible]惑
百官之職各稱事宜而為之節文惟聖主所由制定其[illegible]非群
臣之所能列今將舉大事優游數年使群臣得人自盡終莫能
成惟天子建中和之極兼總條貫金聲而玉振之以順成天慶
垂萬世之基上然之
東漢光武建武三十年張純上奏曰自古受命而帝治世之隆
必有封禪以告成功焉樂動聲儀曰以雅治之風成於頌有周
之盛成康之間郊配封禪皆可見也書曰歲二月東巡狩至于
岱宗則封禪之義也臣伏見陛下受中興之命平海內之亂脩
復祖宗撫存萬姓天下曠然咸蒙更生恩德雲行惠澤雨施黎
元安寧夷狄慕義詩云受天之祜四方來賀今攝提之歲倉龍
甲寅德在東宮宜及嘉時遵唐帝之典繼孝武之業以二月東

巡狩封于岱宗明中興勒功勳復祖統報天神禪梁父祀地祇
傳祚子孫萬世之基也中元元年帝乃東巡岱宗以純視御史
大夫從并上元封舊儀及刻石文
太尉趙憙上奏曰自古帝王每世之隆未嘗不封禪陛下聖德
洋溢順天行誅撥亂中興作民父母脩復宗廟救萬姓命黎庶
賴福海內清平功成治定群司禮官咸以為宜登封告成為民
報德百王所同當仁不讓宜登封岱宗正三雍之禮以明靈契
望秩群神以承天心也
中元元年上至泰山有司校奏河雒圖讖表章赤漢九世尤著明者
前後凡三十六事與博士李充等議以為殷統未絕黎庶繼命高宗
久勞猶為中興武王因父受命之列據三代郊天因孔子甚美其功
後世謂之聖王漢統中絕王莽盜位一民莫非其臣尺土靡不其有

宗廟不祀千有八年陛下無十室之資奮振於匹夫除殘去賊興復
祖宗集就天下海內治平夷狄慕義功德盛於高宗宣王宜封禪為
百姓祈福請親定刻石紀號文太常奏儀制
魏明帝時中護軍蔣濟奏曰夫帝王大禮巡狩為先昭祖揚禰封禪
為首是以自古革命受符未有不蹈梁父登泰山刊無竟之名紀天
人之際者也故司馬相如謂有文以來七十二君或從所繇於前謹
遺跡於後太史公曰主上有聖明而不宣布有司之過也然則元功
懿德不刊山梁之石無以顯帝王之功布生民不朽之觀也語曰當
君而嘆堯舜之美譬猶人子對厥所生譽他人之父今大魏振百王
之弊亂拯流遁之艱危接千載之衰繼百世之廢治自武文至于聖
躬所以參成天地之道綱維人神之化上天報應嘉瑞顯祥以比往
古其優衍豐隆無所取喻至於歷世迄今未發大禮雖志在掃盡殘

盜蕩滌餘穢未遑斯事若爾三苗堀彊於江海大舜當廢東巡之儀
徐夷跳梁於淮泗周成當止岱嶽之禮也且昔歲破吳虜於江漢今
茲屠蜀賊於隴右其震蕩內潰在不復淹就當探其窟穴無累於封
禪之事也此儀久廢非倉卒所定宜下公卿廣纂其禮卜年考時昭
告上帝以副天下之望臣待罪軍旅不勝大願冒死以聞詔曰聞濟
斯言使吾汗出流足自開闢以來封禪者七十餘君爾故太史公曰
雖有受命之君而功有不洽是以中間曠遠者千有餘年近數百載
其儀闕不可得記吾何德之修敢庶茲乎濟豈謂世無管仲以吾有
桓公登泰山之志乎吾不敢欺天也濟之所言華則華矣非助我者
也公卿侍中尚書常侍省之而已勿復有所議亦不須答詔也
晉武帝平吳混一區宇太康元年九月庚寅尚書令衛瓘左僕射山
濤魏舒尚書劉寔張華等上奏曰聖德隆茂光被四表諸夏乂清幽

荒率從神策廟筭席捲吳越孫皓稽顙六合為家巍巍之功格于天
地宜同古典勸封岱嶽告三府太常為儀制瓘等又奏臣聞肇自生
民則有后辟載祀之數莫之能紀立德濟世揮揚仁風以登封泰山
者七十有四家其謚號可知者十有四焉沈淪寂寞曾無遺聲者不
可勝記自黃帝以前古傳昧畧唐虞以來典謨炳著三王代興體業
繼襲周道既沒秦氏承之至于漢魏而質文未復大晉之德始自重
黎實佐顓頊至于夏商世序天地其在于周不失其緒金德將升世
濟明聖外平蜀漢海內歸心武功之盛實由文德至于陛下受命踐
祚弘建大業羣生仰流唯獨江湖沅湘之表凶桀負固歷代不賓神
謀獨斷命將出討兵威暫加數旬蕩定擒其鯨鯢赦其罪逆雲覆雨
施八方來同聲教所被達于四極雖黃軒之征大禹遠畧周之奕世
何以尚今若夫玄石素文底號前載象以姓表言以事告河圖洛書

之徵不是過也加以騶虞麟趾衆瑞並臻昔夏殷以丕崇為祥周武
以烏魚為美咸曰休哉然符瑞之應備物之盛未有若今之富者也
宜宣大典禮中嶽封泰山禪梁父發德號明至尊享天休篤黎庶勤
千載之表播流後之聲俾百代之下莫不興起斯帝王之盛業天人
之至望也詔曰今逋寇雖殄外則障塞有警內則民黎未康此盛德
之事所未議也瓘等又奏今東漸于海西被流沙大漢之陰日南北
戶莫不通屬茫茫禹迹今實過之則天人之道已周巍巍之功已著
宜有事梁父修禮地祇登封泰山致誠上帝以答人神之願乞如前
奏詔曰今陰陽未和政刑未當百姓未得其所豈可以勸功告成邪
瓘又奏臣聞處帝王之位者必有曆運之期天命之應濟生民之大
功者必有盛德之容告成之典無不可誣有不可讓自古道也而明
詔謙沖屢辭其禮雖盛德攸在推而未居夫三公職典天地實掌民

物國之大事取議於此　封禪　也不在其事臣等前奏盖
陳祖考之功天命又應陛下之德合　博述古考今宜循此禮至
於尅定咸月須五府上議然後奏聞請　詔及奏如前下議詔曰雖
蕩清江表皆臨事者之勞何足以告成方望羣后思隆大化以寧區
夏百姓獲乂與之休息斯朕日夜之望無所復下諸府矣勿復為煩
瓘等又奏臣聞唐虞二代濟世弘力之君莫不仰答天心俯協民志
登介丘履梁父未有辭焉者蓋二可讓也今陛下勳高百王德無與
二茂績宏規巍巍之業固非臣等所能究論而聖旨勞謙屢自抑損
時至弗應推美不居闕皇代之上儀塞神祇之款望使大晉之典謨
不同風於三五臣等誠不敢奉詔請如前奏施行詔曰方當共弘治
道以康庶績且俟他年無復紛紜也
宋孝武帝大明元年十一月戊申太宰江夏王義恭上表曰惟皇天

崇稱大道始行揖讓迄于有晉雖事修前緒而跡淪言廢茂記於竹
帛者焉可單書紹乾維建徽號流風聲被絲管自無懷以來可傳而
不朽者七十有四君固仁厚而道滅鮮義薨而德宣鍾律之先曠世
綿絕難得而聞丘索著明前志有遺炳哉易稱先天弗違後天奉時
蓋陶唐姚姒商姬之主莫不由斯道也是以風化大洽光熙于後矣
漢二帝亦踵曩則因百姓之心聽輿人之頌龍駕帝服鏤玉梁甫昌
言明稱告成上靈況大宋表祥唐虞受終素德山龍啓符金玉顯瑞
異采騰於軫墟紫烟藹於邦甸錫冕兆九五之徵文豹赴天曆之會
誠二祖之幽慶聖后之冥休道登軒堯惠深亭毒而猶執沖約未言
封禪之事四海竊以惑焉臣聞惟皇配極惟帝祀天故能上稽乾式
照臨黔首協和穹昊膺茲多福高祖武皇帝明並日月光振八區拯已
溺之晉濟橫流之世撥亂寧民應天受命瀛微洽于海表威稜震乎

沙外。太祖文皇帝體聖履仁。述業興禮。正樂頌。作象曆。明達通於神
祇。玄澤被乎上下。仁壽命世。敵武英挺。道運屯否。三才湮滅。廼龍飛
五洲。鳳翔九江。身先八百之期。斷出入鬼之表。慶烟應高牙之建。風
耀符發迹之辰。親翦凶逆。躬清昏壒。天地革始。夫婦更造。豈與彼承
業繼緒。拓復禹迹。車一其軌。書同異文。者同年而議哉。令龍麟已至。
鳳皇已儀。比李已實。靈茅已茂。雕氣降霧於宮榭。珍露呈味於禁林。
嘉禾積穗於殿甍。連理合幹於園籞。皆耀質離宮。植根蘭圃。至夫霜
毫玄文。素翮赬羽。泉河山岳之瑞。草木金石之禎。方織縹塗之謌。抗
驛細祖之舞。彪炳雜沓。與不可勝言。太平之應。於焉富矣。宜其從天
人之誠。遵先王之則。備萬乘。整法駕。修封泰山。瘞玉岱趾。迺喬松於
東序。詔韓岐於西廂。麾天閽使啟關。謁紫宮。朝太乙。奏鈞天。詠雲門。
贊撫幽與。超聲前古。豈不盛哉。伏願時命宗伯。具茲典度。詔曰。太宰
表如此。昔之盛王。永保鴻名。常為稱首。由斯道矣。朕遺家多難。入纂
絕孝。德薄勳淺。鑒寐崩愧。頃麟鳳表禎。茅禾兼瑞。雖符祥顯見。悉手
猶深。庶仰述先志。拓清中寓。禮祇謁神。朕將試哉
四年丙月辛亥。有司奏曰。臣聞崇號建極。必觀俗以樹教。正位居體。
必採世以立言。是以重代列聖。咸由廣道。玄勳上烈。疇章未分。鴻光
委緒。敗而罔識。若其顯謚騰軌。則系綴聲采。徽習聞聽。爰洎姬漢。風
流尚存。遺芬餘榮。綿映紀緯。雖年絕世祀。代革精華。可得騰金縧。奏
玉潤。鏤迹以燻今。鐫德以麗遠。而四望埋禋。歌之禮曰。觀弛修封之
容。豈非神明之業。難崇功基之迹。易泯。自茲以降。訖于季末。莫不欲
英弘徽位。詳圖洪聲。豈徒深默修文。淵幽取世而已。諒以勝非虛奏。
書非妄埋。擊雨怒神。淳歷復樹。安得紫壇肅祇。竹宮載竚。散大捉郊。
流星奔座。寶緯初基。歒靈命歷。德振弛維。功濟淪象。玄渙紛流。華滋

幽潤。規存永馭。思詳樹遠。太祖文皇帝以啟遘泰運。景望震凝。來樂
調風。集禮宣度。祖宗相映。軌迹重暉。聖上韞籙蕃河。竚翔衡漢。金波
掩照。華耀停明。運動時來。躍飛風舉。澄氛海岱。開景中區。歆神還靈。
纈天重耀。儲正凝位。於兼明。袞嶽蕃華。於元列。故以祥映昌基。繁發
篆素。重以班朝待典。飾令詳儀。纂綜淪蕪。搜騰委逸。奏玉郊宮。禋珪
元時。景集天廟。脈壤禪農。節至昕陽。川丘夙禮。綱維巡駐。來綏中甸。
史流其詠。民挹其風。於是涵迹視陰。振聲感響。歷代之渠沈。(缺)望內。
安侯之張。賢王入侍。祭生詭氣。奉俗還鄉。羽族卉儀。懷音革狀。遣帛
絕書。權光弛燭。天岱發靈。河開寶。崇丘淪鼎。振采泗淵。雲皇王嶽。
禱藻。(缺)漢。并角即音。栖翔禁籞。袞甲霜味。翾舞川肆。榮泉流鏡。後昭
河源。啟以波沸外關。雲蒸內澤。若其雪趾青毳。玄文朱綵。日月郊甸。
撑木弄音。望以榮露騰軒。藹雲掩閣。鏑穎孳萌。移華淵禁。山興竚衡。
雲鶴竦翼。海鱗泳流。江茅吐蔭。挾菖之列。仰筭以飾辭。濟代之蕃獻
邑以待禮。豈非神貺氣昌。物瑞雲照。蒲軒龜軫。(缺)泉淳芳。太宰江夏
王臣義恭。咀道遵英。栖奇麗古。該潤圖史。施詳闕載。表以功懋往初。
德耀炎昊。升文中岱。登牒天關。耀冠榮名。搖振聲號。而道謙稱首。禮
以虛挹。將使玄祇缺觀幽瑞。乖則梁甫無盛德之容。介丘離升聞之
響。加窮泉之野。獻八代之馴。交木之鄉。頁絕金之楛。爾靈重表。珍符
無既。伏惟陛下謨詳淵載。行黼体章。依徽聖靈。潤色聲業。諏辰稽古。
肅齋警列。儒倲展采。禮官相儀。懸旌動音。洪鍾悚節。陽路整衛。正途
清禁。於是績環珮。端玉藻。鳴鳳竚律。騰駕流文。闕綷比象之容。昭明
紀歎之服。徽焯天陣。容藻神行。翠蓋懷陰。羽華列照。乃詔聯事。賈祭
實容。贊儀叡支。宿縣鏞石。潤響命五神以祠。列門九關以集靈。警衛
兵而闢雲。光雨祇以洒路。霞蜓生。瀾烟起。成宮臺。冠丹光。壇浮素靄。

爾乃臨中壇備盛禮天休祥錫壽固皇根谷動神音山傳稱響然後辨年問老陳詩觀俗歸薦告神奉遺清廟光美之盛彰乎萬古淵祥之烈溢乎無窮豈不盛歟臣等生接昌辰肅懋明世東教管闚未足言道且章志湮微代往淪絕搉採遺文辯明訓詁

梁武帝天監八年時有請封會稽禪國山者帝命諸儒草封禪儀欲行之著作佐郎許懋建議曰舜柴岱宗是為巡狩而鄭引孝經鉤命決云封于泰山考績柴燎禪乎梁父刻石紀號此緯書之曲說非正經之通議也如管夷吾所說七十二君燧人之前世質民淳安得泥金檢玉結繩而治安得鐫文告成妄亦甚矣若聖主不須封禪若凡主不應封禪秦始皇嘗封泰山孫皓嘗封國山皆由主好名於上而臣阿旨於下非盛德之事不足為法也上嘉納之

北齊文宣帝天保五年正月制詔問升中紀號秀州長史樊孝謙對曰臣聞巡嶽之禮勒在虞書省方之義著於易象往帝前王匪唯一姓封金刊玉億有餘人仲尼之觀梁甫不能盡識夷吾之對齊桓所存未幾然盛德之事必待太平苟非其人更貽靈譴秦皇無道致雨風之災漢武奢淫有奉車之害及文叔受命炎精更輝四海安流天下輯睦始賜騎士馬駕鼓車乃用張純之文始從伯陽之說至於魏晉雖各有君量德而處莫能擬議蔣濟上言於前徒穢紙墨袁准發論於後終未施行世歷三朝年將十祀啓聖之期茲為昌會然自水德不競函谷封塗天馬息歌苞茅絕貢我太祖收寶雞之瑞握鳳皇之書體一德以匡朝屈三分而事主蕩此妖寇易如沃雪但昌既受命發乃行誅雖太白出高中國宜戰置之度外望其遷善伏惟陛下以神武之姿天然之略馬多冀北將異山西涼風至白露下北上太行東臨碣石方欲吞巴蜀而掃崤函苑長洲而池江漢復恐迎風從火之艾共焚按此六軍未申九伐夫周發牙璋漢馳竹使義在濟民非聞好戰至如投鼠忌器之說蓋是常談文德懷遠之言豈識權道令三臺令子六郡良家蓄銳須時裹糧待詔未若龍驤虎服先收隴右之民電轉雷驚因取荊南之地昔秦舉長平金精食昴楚攻鉅鹿枉矢霄流況我威靈能無協讚但使彼之百姓〻一觀六軍似見周王若逢司隸然後除其苛令與其約法振旅而還止戈為武標金南海勒石東山紀天地之奇功被風聲於千載若令馬兒不死子陽尚存便欲案明堂之圖草射牛之禮比德論功多慙往列升中告禪臣用有疑

唐太宗貞觀初羣臣表請封禪上曰卿輩皆以封禪為帝王盛事朕意不然若天下乂安家給人足雖不封禪庸何傷乎昔秦始皇封禪而漢文帝不封禪後世豈以文帝不及始皇邪且事天掃地而祭何

必登泰山之巔封數尺之土然後可以展其誠敬乎

太宗謂房玄齡等曰封禪是帝王盛事比來請者不絕公等以為何如魏徵對曰帝王在德不在封禪自喪亂已來近泰山州縣彫殘最甚若車駕既行不能全無使役此便是因封禪而勞役百姓太宗曰封禪之事不自取功績歸之於天辟如玄齡等功臣雖有益於國能自謙讓歸之於朕豈似不言而欲自取今向泰山功歸於天有似於此然朕意常以嵩高既是中岳何謝泰山公等評議

六年匈奴克平遠夷入貢符瑞日至年穀頻登岳牧等屢請封禪羣臣又稱述功德以為時不可失今日行之臣等猶謂其晚惟魏徵以為不可帝曰朕欲得卿直言之勿有所隱朕功不高耶曰功高矣德未厚耶曰德厚矣華夏未理耶曰理矣遠夷不慕義耶曰慕義矣嘉瑞不至耶曰至矣年穀不登耶曰登矣然則何為不可徵對曰陛下

功高矣入未懷惠德厚矣澤未滂流華夏安矣未足以供事遠夷慕矣無以供其求符瑞雖臻而罻羅猶密積歲豐稔而倉廩尚虛此臣所以竊為未可臣未能遠譬且借近喻於人今有人十年長患疼痛不能任持療理且愈皮骨僅存便欲負米一石日行百里必不可得隋氏之亂非只十年陛下為之良醫除其疾苦雖已乂安未甚充實告成天地臣竊有疑且陛下東封萬國咸萃要荒之外莫不奔馳今自伊洛之東暨乎海岱萑莽巨澤茫茫千里人煙斷絕雞犬不聞道路蕭條進退艱阻寧可引彼戎狄示以虛弱竭財以賞未厭遠人之望加年給復不償百姓之勞或遇水旱之災風雨之變庸夫邪議悔不可追豈獨臣之誠懇亦有輿人之論帝稱善於是乃止

太宗已平突厥年穀屢豐羣臣請封泰山太宗初頗非之已而遣中書侍郎杜正倫行泰山上七十二君壇迹以是歲兩河大水而止其

後羣臣言封禪者多乃命秘書少監顏師古諫議大夫朱子奢等集當時名儒博士雜議不能決於是左僕射房玄齡特進魏徵中書令楊師道博採衆議奏上之其議曰為壇於泰山下祀昊天上帝壇之廣十二丈高丈二尺玉牒長一尺三寸廣厚五寸玉檢如之厚減三寸其印齒如璽纏以金繩五周玉策四皆長一尺三寸廣寸五分厚五分每策皆五簡聯以金昊天上帝配以太祖皇地祇配以高祖已祀而歸格于廟盛以金匱匱高六寸廣足容之制如表函纏以金繩封以金泥印以受命之璽而玉牒藏于山上以方石三枚為再累纏以金繩封以石泥印以受命之璽其山上之圓壇土以五色高九尺廣五丈四面為一階天子升自南階而封玉牒已封而加以土築為封高一丈二尺廣二丈其禪社首亦如之其石檢封以受命璽而玉檢別製璽方一寸二分文如受命璽以石距非繇不用又為告至壇方八十一尺高三尺四出陛以燔柴告至望秩羣神遂著于禮

高宗將封嵩山詔諸儒議射牲事太常博士裴守真奏古者郊祀天地天子自射牲漢武帝封泰山令侍中儒者射之帝不親也今按禮前明十五刻宰人鸞刀割牲質明行事毛血已具天子至奠玉酌獻而已今若前祀一日射牲則早於事及日則晚不逮事漢又天子不親古今異宜恐不可行是時破陣慶善二樂舞入帝常立以視須樂闋乃坐守真并言二舞誠祖宗盛德然古無天子立觀者化育詒庇孰非廢功不應鼓舞別中嚴奏詔可

玄宗開元中將封禪詔有司講求典儀舊制盥手洗爵皆侍中主之詔祀天神太祝主之四門助教施敬本上言曰周制太宗伯鬱人下士二掌裸事漢無鬱人用近臣漢世侍中微甚籍孺閎孺等幸臣為之後漢郎闓自侍中遷步兵校尉秩千石其職省起居執虎子蓋褻

臣也今侍中位宰相非鬱人比祝者薦主人意於神非賤職也古二君相見卿為上儐況天人之祭歟周太祝下大夫二上士四下大夫今郎中太常丞之比上士員外郎博士之比漢太祝令秩六百石今太祝乃下士以下士接天以大臣奉天子輕重不倫非禮也舊制謁者引太尉升壇謁者位下升壇禮重漢尚書御史屬有謁者僕射一秩六百石銅印青綬謁者三十五以郎中滿歲稱給事中未滿歲稱謁者光祿勳屬有謁者掌賓贊員七十秩比六百石則古謁者名秩差異等今謁者班微著空名忘賓事非所以事天也帝詔中書令張說引敬本疏悉其議

十三年十一月封泰山上備法駕至山足御馬登山與宰相及祠官俱登問禮部侍郎賀知章曰前代玉牒之文何故秘之對曰或密求神仙故不欲人見上曰朕為蒼生祈福耳乃出玉牒宣示羣臣

宋太祖時孫堪上書曰聖宋受天眷命皇帝保綏萬邦治定德隆道
治遠同由是聖時耆艾及公卿臣庶僉與拜章稽顙伸道封禪而皇
帝過謙厚損罔迪俞允詔聞率土而神人胥懊草莽賤臣堪謹俯酌
庶懇上稽古訓昧死作封禪書一篇雖不足以敷衍洪烈啓迪盛猷
庶發揮下誠贊揚能事臣之志也其文曰邈乎天地穰與絪緼混茫
分蒼判黄品物用章於是庶類之宗膠轕旁充嗜欲之氓布濩交爭
充不已必荒爭不息必傷荒則懲伏作而顯氣亡傷則狂暴嫡而生
類殃惟大地也能品物之生罔克異類之底寧能黔庶之昌罔克彝
倫之自章越乃歷選列辟輔其宏綱易曰后以財成天地之道輔相
天地之宜裁成之猷罔弗然後命無忝也輔相之範克蕆然後功聿
成也丕命元功允著既從於是有登封以助高焉有封禪以報厚焉
稽厥靡他所以告駿命也所以告懋功也所以鑒後嗣也所以答靈

祉也苟非至德庬鴻淳化沕潏同符天休合䛒地宜奚擬議之敢乎
惟皇上帝庥寵孔燦匪諄諄其令而晰晰其符故當命者儲嘉瑞遠
心者極妖究深自生民君宇內以敷治者雖皇王殊厥識邈邇異厥
軫稽所以克符景命允簡帝心者罔不曰仁義禮樂而已是以二帝
之懿三王之烈雖禪代有殊質文相貿罔不恢淳仁以懷物廓正義
以幹邦貫大猷以條上下之宜盈至樂以結士民之愛然後風聲踵
武獲參兩儀逖邈心之妖萃當命之瑞延周既逝又駭古昔握圖啓
極者鮮不峻慘酷以繩猥瀆威武以懾遠奮煩譎以立憲任巧鋭以
周行故仁義之休禮樂之澍稍芽於兩漢驟委於魏晉凋落於齊梁
枯槁於周隋暨斷於臣唐寖剝於五代其末醇而復也如是然猶有
未小康而衰越禮據淺惠而冒洪威相如頌於前班固贊於後呼壽
之徽慶于世宗宮闈之祉燿于光武稽其所以克勤濟艰闡憲執物

垂諸聖世胡其相萬歟大宋之道昭晰前古盛德宏功春庶日獻始
則伸九伐平多壘建王業也後則緝庶政諧萬邦舉彝倫也是故黄
鉞初指則獷者革悍者沈龍厥所以昭武王也洪恩漸被則狂斯起
昧斯禪惟天所以穆唐堯也洎皇帝誕纘丕圖繼陟元后雨露之所
豐濡日月之所委燭靡不偃息休光孫綸至澤曄曄煌煌雖幽必彰
汪汪洋洋無遠弗滂猶復懼古典之未敷叔弊之未祛由是訓罰戮
於古刑爽慘酷也偃鐵戟於靈臺蕩武威也篤憲章於簡易滌煩譎
也起俊乂於鄉遂刻巧僞也於是刑清而民和兵偃而道益隆憲簡
而俗益醇賢進而官益舉至則樹仁義之根而復植之振禮樂之緒
而再暢之俾九有之黎庶飲乎淳仁之濡栖遲于正義之紀條暢乎
大禮之緒郁穆乎正樂之統至若泉瞷鞮給之俗裸袒文身之羣雖
古昔之所不臣舟車之所罕通相與稽首闕庭執贄請吏故大化流

也浸灧乎郊甸汗漫乎要荒滌蕩乎戎狄浮沈乎寰載遐考在昔舜
之堯禹之舜相讓也湯之禹文之湯未百世也前憲赫曦易馴也餘
德渺漭易沿也遺氓敦惠易綏也然而流殛之罰勞於舜拜言之屈
勤於禹昧爽之坐役於湯日昃之遑瘁於文然後舜啓無爲之治禹
成無間之譽湯闡來蘇之望武致盡美之聲曷若聖宋宅千古之下
風提千古之弛網使淳源清流解紐復繼化一變而仁義醇道一反
而禮樂同乃俾帝之淳王之方民乎翱翔前之慘往之禎民乎逝遷
由是上帝時諶祥符屢彰既而乾之精坤之形相與絡繹八區薦珎
郊靈故在上則星緯儲休慶雲覃輝甘露榮光霧散雨霏在下則靈
芝林峙醴泉波委羽毛鱗介更誕厥美咸瑞牒之所闕諜前史之所
罕聞炳爍簡編卓出古議則陟岱宗之崇高展勒成之呈儀時乎時
乎斯厥時乎而皇帝茂謙德之遐芳損盛業之景炎稽于衆誠求之

果行。微諸冊牘。非謨明之所存者也。古語曰。昃德以錫符。奉符以行事。是故績勳參舉歟之大也。德至弗圖。慢之甚也。聖王罔從欲而動。靡甘慢而守。宜乎柳厚壞之瑣節。奉皇穹之龍靈。蒇事庶僚。詳禮宗伯。鳴鸞五輅。揚旆九旗。寅亮遐躅。崇配黃軒。俾嘉聲隆震於萬世。王猷翕鑠於一時。其不休哉。臣生長蓬茨。無位朝廷。不宜越次僭瀆。疑議文思。然以惠迪典謨。沐浴大賚。仰酌遠古。參倫聖世。知有未作爲。是敢首陳列辟受命之猷。次敘二帝三王雍容之盛。繼漢道晉隋唐因循之治。然後知鼓祥風。振頹基。裁成輔相。非睿聖疇能煥發闡揚。格斯文之昭著乎。恭以頌聲之聞。本諸木鐸。先民遺範。詢于芻蕘。則常竭之間。有其志者。諒可伸也。故敢奮扶愚忠。述贊助符。然後蹈舜遐方。俯伏俟罪。惟聖人不以人廢言。臣之愿也。

歷代名臣奏議卷之二百九十四

歷代名臣奏議卷之二百九十五

灾祥

殷帝太戊立。伊陟爲相。(陟，伊尹之子。)亳有祥桑穀共生於朝。一暮大拱。(祥，妖怪也。二木合生。不恭之罰。鄭玄曰。兩手搤之曰拱。)帝懼。問伊陟。陟曰。臣聞妖不勝德。帝之政其有闕與。帝其修德。太戊從之。是時史請卜之湯廟。卜者曰。吾聞之。祥者福之先者也。見祥而爲不善則福不生。殃者禍之先者也。見殃而能爲善則禍不至。於是乃早朝而晏退。問疾弔喪。三日而桑穀自亡。

周幽王二年。西周三川皆震。(涇渭洛也。)伯陽甫曰。周將亡矣。(伯陽父，周柱下史老子也。)夫天地之氣。不失其序。若過其序。民亂之也。(過，失也。言民不敢斥王者也。)陽伏而不能出。陰迫而不能蒸。(蒸，升也。)於是有地震。今三川實震。是陽失其所而填陰也。(爲陰所鎮笮也。)陽失而在陰。(在陰下也。)原必塞。原塞國必亡。夫水土演而民用也。(水土氣通爲演。演，猶潤也。演則生物，民得用之。)土無所演。民乏財用。不亡何待。昔伊洛竭而夏亡。河竭而商亡。今周德若二代之季矣。其川原又塞。塞必竭。夫國必依山川。山崩川竭。亡國之徵也。川竭必山崩。若國亡不過十年。數之紀也。天之所棄。不過其紀。是歲三川竭。岐山崩。十一年幽王乃滅。周乃東遷。

晉平公問於士文伯曰。詩所謂彼日而食。于何不臧者。何也。對曰。不善政之謂也。國無政。不用善。則自取謫于日月之災。故政不可不慎也。務三而已。一曰擇人。二曰因民。三曰從時。

晉平公以石言于魏榆。問於師曠曰。石何故言。對曰。石不能言。或馮焉。不然。民聽濫也。抑臣又聞之曰。作事不時。怨讟動于民。則有非言之物而言。今宮室崇侈。民力彫盡。怨讟並作。莫保其性。石言不亦宜乎。

齊景公時。彗星見。景公坐柏寢。嘆曰。堂堂誰有此乎。(服虔曰。景公自恐德薄不能久享齊國故曰惟有此也群臣皆泣晏子笑公怒晏子曰臣笑群臣諛甚景公曰彗星出東北當齊分野寡人以為憂晏子曰君高臺深池賦斂如弗得刑罰恐弗勝茀星將出彗星何懼乎公曰可禳否晏子曰使神可祝而來亦可禳而去也百姓苦怨以萬數而君令一人禳之安能勝衆口乎是時景公好治宮室聚狗馬奢侈厚賦重刑故晏子以此諫之公使祝禳之晏子曰無益也祇取誣焉天道不諂不貳其命若之何禳之也且天之有彗以除穢也君無穢德又何禳焉若德之穢禳之何損詩云惟此文王小心翼翼昭事上帝聿懷多福厥德不回以受方國君無違德方國將至何患於彗詩曰我無所監夏后及商用亂之故民卒流亡若德之回亂民將流亡祝史之為無能補也公說乃止

齊大旱景公召群臣問曰天不雨久矣民且有飢色吾使人卜之祟

在高山廣水寡人欲少賦斂以祠靈山可乎群臣莫對晏子進曰不可祠此無益也夫靈山固以石為身以草木為髮天久不雨髮將焦身將熱彼獨不欲雨乎祠之無益景公曰不然吾欲祠河伯可乎晏子曰不可祠此無益也夫河伯以水為國以魚鼈為民天久不雨水泉將下百川將竭國將亡民將滅矣彼獨不欲雨乎祠之何益景公曰今為之柰何晏子曰君誠避宮殿暴露與靈山河伯共憂其幸而雨乎於是景公出野暴露三日天果大雨民盡得種樹景公曰善哉晏子之言可無用乎其惟有德也

宋景公時熒惑在心懼召子韋而問曰熒惑在心何也子韋曰熒惑天罰也心宋分野也禍當君身雖然可移於宰相公曰宰相所使治國也而移死焉不祥寡人請自當也子韋曰可移於民公曰民死將誰君乎寧獨死耳子韋曰可移於歲公曰歲饑民餓必死為人君欲殺其民以自活其誰以我為君乎是寡人之命固盡矣子無復言矣子韋還走北面再拜曰臣敢賀君天之處高而聽卑君有仁人之言三天必三賞君今夕星必徙舍君延壽二十一歲公曰子何以知之對曰君有三善故三賞星必三舍舍行七星星當一年三七二十一故曰延壽二十一年臣請伏於陛下以司之星不徙臣請死之公曰可是夕也星三徙舍

魏文侯御廩災文侯素服辟正殿五日群臣皆素服而弔公子成父獨不弔文侯復殿公子成父趨而入賀曰甚大善矣夫御廩之災也文侯作色不悅曰夫御廩者寡人寶之所藏也今火災寡人素服辟正殿群臣皆素服而弔至於子大夫而不弔今已復殿矣猶入賀何為公子成父曰臣聞之天子藏於四海之內諸侯藏於境內大夫藏於其家士庶人藏於篋櫝非其所藏者不有天災必有人患今幸無

人患乃有天災不亦善乎文侯喟然嘆曰善

漢武帝建元六年六月丁酉遼東高廟災四月壬子高園便殿火董仲舒對曰春秋之道舉往以明來是故天下有物視春秋所舉與同比者精微眇以存其意通倫類以貫其理天地之變國家之事粲然皆見亡所疑矣按春秋魯定公哀公時季氏之惡已孰孰成而孔子之聖方盛夫以盛聖而易孰惡季孫雖重魯君雖輕其勢可成也故定公二年五月兩觀災兩觀僭禮之物天災之者若曰僭禮之臣可以去已見罪徵而後告可去此天意也定公不知省至哀公三年五月桓宮釐宮災二者同事所為一也若曰燔貴而去不義云爾哀公未能見故四年六月亳社災兩觀桓釐廟亳社四者皆不當立天皆燔其不當立者以示魯欲其去亂臣而用聖人也季氏亡道久矣前是天不見災者魯未有賢聖臣雖欲去季孫其力不能昭公是也至

定哀迺見之其時可也不時不見夫之道也今高廟不當居遼東高園殿不當居陵旁於禮亦不當立與魯所災同其不當立久矣至於陛下時天迺災之者殆亦其時可也昔秦受亡周之敝而亡以化之漢受亡秦之敝又亡以化之夫繼二敝之後承其下流兼受其猥難治甚矣又多兄弟親戚骨肉之連驕揚奢侈恣睢者衆所謂重難之時者也陛下正當大敝之後又遭重難之時甚可憂也故天災若語陛下當今之世雖敝而重難非以大平至公不能治也視親戚貴屬在諸侯遠正最甚者忍而誅之如吾燔遼東高廟迺可視近臣在國中處旁仄及貴而不正者忍而誅之如吾燔高園殿迺可云爾在外而不正者雖貴如高廟猶災燔之況諸侯乎在內而不正者雖貴如高園殿猶燔災之況大臣乎此天意也辠在外者天災外辠在內者天災內燔甚辠當重燔簡罪當輕承天意之道也

宣帝時大將軍霍光薨兄子山領尚書親屬皆宿衛內侍地節三年夏京師雨雹東海蕭望之上疏願賜清閒之宴口陳災異之意帝下少府宋畸問狀無有所諱望之奏曰臣以爲春秋昭公三年大雨雹是時季氏專權卒逐昭公鄉(音向)使魯君察於天變宜亡此害今陛下以聖德居位思政求賢堯舜之用心也然而善祥未臻陰陽不和是大臣任政一姓擅勢之所致也附枝大者賊本心私家盛者公室危唯明主躬萬機選同姓舉賢材以爲腹心與參政謀令公卿大臣朝見奏事明陳其職以考功能如是則庶事理公道立姦邪塞私權廢矣奏對天子拜望之爲謁者

元帝時地震弘恭石顯許史子弟侍中諸曹皆側目於蕭望之等劉向懼焉乃使其外親上變事言竊聞故前將軍蕭望之等皆忠正無私欲致大治忤於貴戚尚書今道路人聞望之等復進以爲且復見毀譖必曰嘗有過之臣不宜復用是大不然臣聞春秋地震爲在位執政太盛也不爲三獨夫動亦已明矣(謂蕭望之周堪及向獨夫猶言匹夫也)且往者高皇帝時季布有罪至於夷滅後赦以爲將軍高后孝文之間卒爲名臣孝武帝時兒寬有重罪繫按道侯韓說諫曰(說讀曰悅)前吾丘壽王死陛下至今恨之今殺寬後將復大恨矣上感其言遂貰寬復用之位至御史大夫御史大夫未有及寬者也又董仲舒坐私爲災異書主父偃取奏之下吏罪至不道幸蒙不誅復爲太中大夫膠西相以老病免歸漢有所欲興常有詔問仲舒爲世儒宗定議有益天下孝宣皇帝時夏侯勝坐誹謗繫獄三年免爲庶人宣帝復用勝至長信少府太子太傅名敢直言天下美之若乃群臣多此比類難一二記有過之臣無負國家有益天下此四臣者足以觀矣前弘恭奏望之等獄決三月地大震恭移病出後復視事天陰雨雪由是言之地動

殆爲恭等臣愚以爲宜退恭顯以章蔽善之罰進望之等以通賢者之路如此太平之門開災異之源塞矣

永光元年劉向見周堪張猛在位幾(音冀)已得復進懼其傾危乃上封事曰臣前幸得以骨肉備九卿奉法不謹乃復蒙恩竊見災異並起天地失常徵表爲國欲終不言念忠臣雖在甽畝猶不忘君惓惓之義也況重以骨肉之親又加以舊恩未報乎欲竭愚誠又恐越職然惟二恩未報忠臣之義一攄愚意退就農畝死無所恨臣聞舜命九官濟濟相讓和之至也衆賢和於朝則萬物和於野故簫韶九成而鳳皇來儀擊石拊石而百獸率舞四海之內靡不和寧及至周文開基西郊雜遝衆賢罔不肅和崇推讓之風以銷分爭之訟文王既沒周公思慕歌詠文王之德其詩曰於穆清廟肅雍顯相濟濟多士秉文之德當此之時武王周公繼政朝臣和於內萬國驩於外故盡得

其驩心以事其先祖其詩曰有來雍雍至止肅肅相維辟公天子穆穆言四方皆以和來也諸侯和於下天應報於上故周頌曰降福穰穰又曰飴我釐麰釐麰麥也始自天降此皆以和致和獲天助也下至幽厲之際朝廷不和轉相非怨詩人疾而憂之曰民之無良相怨一方衆小在位而從邪議歙歙相是而背君子故其詩曰歙歙訿訿亦孔之哀謀之既臧則具是違謀之不臧則具是依君子獨處守正不橈衆枉勉彊以從王事則見憎毒讒愬故其詩曰密勿從事不敢告勞無罪無辜讒口嗸嗸當是之時日月薄蝕而無光其詩曰朔日辛卯日有蝕之亦孔之醜又曰彼月而微此日而微今此下民亦孔之哀又曰日月鞠凶不用其行四國無政不用其良天變見於上地變動於下水泉沸騰山谷易處其詩曰百川沸騰山冢崒崩高岸為谷深谷為陵哀今之人胡憯莫懲霜降失節不以其時其詩曰正月

繁霜我心憂傷民之訛言亦孔之將言民以是為非甚衆大也此皆不和賢不肖易位之所致也自此之後天下大亂篡殺殃禍並作厲王奔彘幽王見殺至乎平王末年魯隱之始即位也周大夫祭伯乖離不和出奔於魯而春秋為諱不言來奔傷其禍殃自此始也是後尹氏世卿而專恣諸侯背叛而不朝周室卑微二百四十二年之間日食三十六地震五山陵崩弛二彗星三見夜常星不見夜中星隕如雨一火災十四長狄入三國五石隕墜六鶂退飛多麋有蜮蜚鸜鵒來巢者皆一見晝冥晦雨木冰李梅冬實七月霜降草木死八月殺菽大雨雹雨雪雷霆失序相乘水旱饑蝝螽螟蠭午並起當是時禍亂輒應弑君三十六亡國五十二諸侯奔走不得保其社稷者不可勝數也周室多禍晉敗其師於貿戎伐其郊鄭傷桓王戎執其使衛侯朔召不往齊逆命而助朔五大夫爭權三君更立莫能正理遂

至陵夷不能復興由此觀之和氣致祥乖氣致異祥多者其國安異衆者其國危天地之常經古今之通義也今陛下開三代之業招文學之士優游寬容使得並進今賢不肖渾殽白黑不分邪正雜糅忠讒並進章交公車人滿北軍朝臣舛午膠戾乖剌更相讒愬轉相是非傳授增加文書紛糾前後錯繆毀譽混亂所以營惑耳目感移心意不可勝載分曹為黨往往群朋將同心以陷正臣正臣進者治之表也正臣陷者亂之機也乖治亂之機未知孰任而災異數見此臣所以寒心者也夫乘權藉勢之人子弟鱗集於朝羽翼陰附者衆輻湊於前毀譽將必用以終乖離之咎是 日月無光雪霜夏隕海水沸出陵谷易處列星失行皆怨氣之所致也夫遵衰周之軌迹循詩人之所刺而欲以成太平致雅頌猶卻行而求及前人也初元以來六年矣案春秋六年之中災異未有稠如今者也夫有春秋之異無

孔子之救猶不能解紛況甚於春秋乎原其所以然者讒邪並進也讒邪之所以並進者由上多疑心既已用賢人而行善政如或譖之則賢人退而善政還夫執狐疑之心者來讒賊之口持不斷之意者開群枉之門讒邪進則衆賢退群枉盛則正士消故易有否泰小人道長君子道消君子道消則政日亂故為否否者閉而亂也君子道長小人道消小人道消則政日治故為泰泰者通而治也詩又云雨雪麃麃見晛聿消與易同義昔者鯀共工驩兜與舜禹雜處堯朝周公與管蔡並居周位當是時迭進相毀流言相謗豈可勝道哉帝堯成王能賢舜禹周公而誚共工管蔡故以大治榮華至今孔子與季孟偕仕於魯李斯與叔孫俱宦於秦定公始皇賢季孟李斯而誚孔子叔孫故以大亂汙辱至今故治亂榮辱之端在所信任信任既賢在於堅固而不移詩云我心匪石不可轉也言守善篤也易曰渙汗

其大號言號令如汗汗出而不反者也今出善令未能踰時而反是反汗也用賢未能三旬而退是轉石也論語曰見不善如探湯今二府奏佞讇不當在位歷年而不去故出令則如反汗用賢則如轉石去佞則如拔山如此望陰陽之調不亦難乎是以群小窺見間隙緣飾文字巧言醜詆流言飛文譁於民間故詩云憂心悄悄慍于群小小人成群誠足慍也昔孔子與顏淵子貢更相稱譽不為朋黨禹稷與皋陶傳相汲引不為比周何則忠於為國無邪心也故賢人在上位則引其類而聚之於朝易曰飛龍在天大人聚也在下位則思與其類俱進易曰拔茅連茹以其彙征吉在上則引其類在下則推其類故湯用伊尹不仁者遠而眾賢至類相致也今佞邪與賢臣並在交戟之內合黨共謀違善依惡歙歙訿訿數設危險之言欲以傾移主上如忽然用之此天地之所以先戒災異之所以重至者也自古

明聖未有無誅而治者也故舜有四放之罰而孔子有兩觀之誅然後聖化可得而行也今以陛下明知誠深思天地之心迹察兩觀之誅覽否泰之卦觀雨雪之詩歷周唐之所進以為法原秦魯之所消以為戒考祥應之福省災異之禍以揆當世之變放遠邪佞之黨壞散險詖之聚杜閉群枉之門廣開眾正之路決斷狐疑分別猶豫使是非炳然可知則百異消滅而眾祥並至太平之基萬世之利也臣幸得託肺附誠見陰陽不調不敢不通所聞竊推春秋災異以救今事一二條其所以不宜宣洩

元帝因日蝕地震之變問匡衡以政治得失衡上疏曰臣聞五帝不同樂三王各異教民俗殊務所遇之時異也陛下躬聖德開太平之路閔愚吏民觸法抵禁比年大赦使百姓得改行自新天下幸甚臣竊見大赦之後奸邪不為衰止今日大赦明日犯法相隨入獄此殆導之未得其務也蓋保民者陳之以德義示之以好惡觀其失而制其宜故動之而和綏之而安今天下俗貪財賤義好聲色上侈靡廉恥之節薄淫辟之意縱綱紀失序疏者踰內親戚之恩薄婚姻之黨隆苟合徼幸以身設利不改其原雖歲赦之刑猶難使錯而不用也臣愚以為宜壹曠然大變其俗孔子曰能以禮讓為國乎何有朝廷者天下之楨幹也公卿大夫相與循禮恭讓則民不爭好仁樂施則下不暴上義高節則民興行寬柔和惠則眾相愛四者明王之所以不嚴而成化也何者朝有變色之言則下有爭鬭之患上有自專之士則下有不讓之人上有克勝之佐則下有傷害之心上有好利之臣則下有盜竊之民此其本也今俗吏之治皆不本禮讓而上克暴或忮害好陷人於罪貪財而慕勢故犯法者眾奸邪不止雖嚴刑峻法猶不為變此非其天性有由然也臣竊考國風之詩周南召南被

賢聖之化深故篤於行而廉於色鄭伯好勇而國人暴虎秦穆貴信而士多從死陳夫人好巫而民淫祀晉侯好儉而民畜聚太王躬仁邠國貴恕由此觀之治天下者審所上而已今之偽薄忮害不讓極矣臣聞教化之流非家至而人說之也賢者在位能者布職朝廷崇禮百僚敬讓道德之行由內及外自近者始然後民知所法遷善日進而不自知是以百姓安而陰陽和神靈應而嘉祥見詩曰商邑翼翼四方之極壽考且寧以保我後生此成湯所以建至治保子孫化異俗而懷鬼方也今長安天子之都親承聖化然其習俗無以異於遠方郡國來者無所法則或見侈靡而放效之此教化之原本風俗之樞機宜先正者也臣聞天人之際精祲有以相盪善惡有以相推事作乎下者象動乎上陰陽之理各應其感陰變則靜者動陽蔽則明者晻水旱之災隨類而至今關東連年飢饉百姓困乏或至相食

此皆生於賦斂多，民所共者大，而吏安集之不稱之效也。陛下祗畏天戒，哀閔元元，大自減損，省甘泉建章宮衛，罷珠厓，偃武行文，將欲度唐虞之隆，絕殷周之衰也。諸見罷珠厓詔書者，莫不欣欣，人自以將見太平也。宜遂減宮室之度，省靡麗之飾，考制度，脩外內，近忠正，遠巧佞，放鄭衛，進雅頌，舉異材，開直言，任溫良之人，退刻薄之吏，顯絜白之士，昭無欲之路，覽六藝之意，察上世之務，明自然之道，博和睦之化，以崇至仁，匡失俗，易民視，令海內昭然咸見本朝之所貴，道德弘於京師，淑問揚乎疆外，然後大化可成，禮讓可興也。上說其言，遷衡為光祿大夫、太子太傅。

初元元年，翼奉上封事曰：臣聞之於師曰：天地設位，懸日月，布星辰，分陰陽，定四時，列五行，以視聖人，名之曰道。聖人見道，然後知王治之象，故畫州土，建君臣，立律歷，陳成敗，以視賢者，名之曰經。賢者見經，然後知人道之務，則詩書易春秋禮樂是也。易有陰陽，詩有五際，春秋有災異，皆列終始，推得失，考天心，以言王道之安危。至秦乃不說，傷之以法，是以大道不通，至於滅亡。今陛下明聖，深懷要道，燭臨萬方，布德流惠，靡有闕遺，罷省不急之用，振救困貧，賦醫藥，賜棺錢，恩澤甚厚。又舉直言，求過失，盛德純備，天下幸甚。臣奉竊學齊詩，聞五際之要十月之交篇，　蝕地震之效，昭然可明，猶巢居知風，穴處知雨，亦不足多，適所習耳。臣聞人氣內逆，則感動天地；天變見於星氣日蝕，地變見於奇物震動。所以然者，陽用其精，陰用其形，猶人之有五藏六體，五藏象天，六體象地。故藏病則氣色發於面，體病則欠伸動於貌。今年太陰建於甲戌，律以庚寅初用事，曆以甲午從春。曆中甲庚，律得參陽，性中仁義，情得公正貞廉，百年之精歲也。正以精歲本首王位日臨中時接律，而地大震，其後連月久陰，雖有大令，

猶不能復，陰氣盛矣。古者朝廷必有同姓以明親親，必有異姓以明賢賢，此聖王之所以大通天下也。同姓親而易進，異姓疏而難通，故同姓一，異姓五，乃為平均。今左右亡同姓，獨以舅后之家為親，異姓之臣又疏。二后之黨滿朝，非特處位，勢尤奢僭過度，呂霍上官足以卜之，甚非愛人之道，又非後嗣之長策也。陰氣之盛，不亦宜乎？臣又聞未央建章甘泉宮才人各以百數，皆不得天性。若杜陵園，其已御見者，臣子不敢有言，雖然，太皇太后之事也。及諸侯王園，與其後宮，宜為設員，出其過制者，此損陰氣應天救邪之道也。今異至不應，災將隨之。其法大水，極陰生陽，反為大旱，甚則有火災，春秋宋伯姬是矣。唯陛下財察。明年夏四月，孝武園白鶴館災。奉自以為中，又上疏曰：臣前上五際地震之效，曰極陰生陽，恐有火災。不合明聽，未見省荅。臣竊內不自信。今白鶴館以四月乙未，時加於卯，月宿亢災，與前地震同法。臣奉迺深知道之可信也。不勝拳拳，願復賜閒，卒其終始。上復延問以得失。奉以為祭天地於雲陽汾陰，及諸寢廟不以親疏迭毀，皆煩費，違古制。又宮室苑囿，奢泰難供，以故民困國虛，亡累年之畜。所繇來久，不改其本，難以末正。迺上疏曰：臣聞昔者盤庚改邑以興殷道，聖人美之。竊聞漢德隆盛，在於孝文皇帝躬行節儉，外省繇役。其時未有甘泉建章及上林中諸離宮館也。未央宮又無高門、武臺、麒麟、鳳皇、白虎、玉堂、金華之殿，獨有前殿、曲臺、漸臺、宣室、溫室、承明耳。孝文欲作一臺，度用百金，重民之財，廢而不為，其積土基至今猶存。又下遺詔，不起山墳。故其時天下大和，百姓洽足，德流後嗣。如令處於當今，因此制度，必不能成功名。天道有常，王道亡常，亡常者所以應有常也。必有非常之主，然後能立非常之功。臣願陛下徙都於成周，左據成皋，右阻黽池，前鄉崧高，後介大河，建滎陽，扶河東，南

北千里以為關而入敖倉地方百里者八九足以自娛東厭諸侯之權西遠羌胡之難陛下共己亡為按成周之居兼盤庚之德萬歲之後長為高宗漢家郊兆寢廟祭祀之禮多不應古臣奉誠難亶居而改作故願陛下遷都正本眾制皆定亡復繕治宮館不急之費歲可餘一年之畜臣聞三代之祖積德以王然皆不過數百年而絕周至成王有上賢之材因文武之業以周召為輔有司各敬其事在位莫非其人天下甫二世耳然周公猶作詩書深戒成王以恐失天下書則曰王毋若殷王紂其詩則曰殷之未喪師克配上帝宜監于殷駿命不易今漢初取天下起於豐沛以兵征伐德化未洽後世奢侈國家之費當數代之用非直費財又乃費士孝武之世暴骨四夷不可勝數有天下雖未久至於陛下八世九主矣雖有成王之明然亡周召之佐今東方連年飢饉加之以疾疫百姓菜色或至相食地比震

動天氣溷濁日光侵奪繇此言之執國政者豈可以不懷怵惕而戒萬分之一乎故臣願陛下因天變而徙都所謂與天下更始者也天道終而復始窮則反本故能延長而亡窮也今漢道未終陛下本而始之於以永世延祚不亦優乎如因丙子之孟夏順太陰以東行到後七年之明歲必有五年之餘蓄然後大行考室之禮雖周之隆盛亡以加此唯陛下留神詳察萬世之策書奏天子異其意

成帝建始三年冬日食地震同日俱發詔舉方正直言極諫之士太常陽城侯劉慶忌舉太常丞谷永待詔公車永對曰陛下秉至聖之純德懼天地之戒異飭身脩政納問公卿又下明詔帥舉直言燕見紬繹以求咎愆使臣等得造明朝承聖問臣材朽學淺不通政事竊聞明王即位正五事建大中以承天心則庶徵序於下日月理於上如人君淫溺後宮盤樂游田五事失於躬大中之道不立則咎徵降而六極至凡災異之發各象過失以類告人乃十二月朔戊申日食婺女之分地震蕭墻之內二者同日俱發以丁寧陛下厥咎不遠宜厚求諸身意豈陛下志在閨門未卹政事不慎舉錯婁失中與內寵大盛女不遵道嫉妒專寵上妨繼嗣與古之王者廢五事之中失夫婦之紀妻妾得意謁行於內勢行於外至覆傾國家或亂陰陽昔褒姒用國宗周以喪閻妻驕扇日以不臧此其効也經曰皇極皇建其有極傳曰皇之不極是謂不建時則有日月亂行陛下踐至尊之祚為天下主奉帝王之職以統群生方內之治亂在陛下所執誠留意於正身勉強於力行損燕私之閒以勞天下放去淫溺之樂罷歸倡優之笑絕却不享之義慎節游田之虞起居有常循禮而動躬親政事致行無倦安服若性經曰繼自今嗣王其毋淫于酒毋逸于游田惟正之共未有身治正而臣下邪者也夫妻之際王事綱紀安危之機

聖王所致慎也昔舜飭正二女以崇至德楚莊忍絕丹姬以成伯功幽王惑於褒姒周德降亡魯桓脅於齊女社稷以傾誠修後宮之政明尊卑之序貴者不得嫉妒專寵以絕驕嫚之端抑褒閻之亂賤者咸得秩進各得厥職以廣繼嗣之統息白華之怨後宮親屬饒之以財勿與政事以遠皇父之類損妻黨之權未有閨門治而天下亂者也治遠自近始習善在左右昔龍筦納言而帝命惟允四輔既備成王靡有過事誠敕正左右齊栗之臣戴金貂之飾執常伯之職者皆使學先王之道知君臣之義濟濟謹孚無敖戲驕恣之過則左右肅艾群僚仰法化流四方經曰亦惟先正克左右未有左右正而百官枉者也治天下者尊賢考功則治簡賢違功則亂誠審思治人之術歡樂得賢之福論材選士必試於職明度量以程能考功實以定德無用比周之虛譽毋聽浸潤之譖愬則抱功修職之吏無蔽傷之憂

比周邪偽之徒不得即工小人日銷俊乂日隆經曰三載考績三考黜陟幽明又曰九德咸事俊乂在官未有功賞得於前衆賢布於官而不治者也堯遭洪水之灾天下分絶為十二州制遠之道微而無乖畔之難者德厚恩深無怨於下也秦居平土一夫大呼而海内崩析者刑罰深酷吏行殘賊也夫違天害德為上取怨於下莫甚乎殘賊之吏誠放退殘賊酷暴之吏錮廢勿用益用温良上德之士以親萬姓平刑釋寃以理民命務省繇役毋奪民時薄收賦稅毋殫民財使天下黎元咸安家樂業不苦踰時之役不患苛暴之政不疾酷烈之吏雖有唐堯之大災民無離上之心經曰懷保小人惠于鰥寡未有德厚吏良而民畔者也臣聞災異皇天所以譴告人君過失猶嚴父之明誡畏懼敬改則禍銷福降忽然簡易則咎罰不除經曰饗用五福畏用六極傳曰六沴作見若不共御六罰既侵六極其下今三年之間災異鋒起小大畢具所行不享上帝上帝不豫炳然甚著不求之身無所改正疏舉廣謀又不用其言是循不享之迹無謝過之實也天責愈深此五者王事之綱紀南面之急務唯陛下留神對奏天子異焉特召見永又奏曰臣前幸得條對災異之效禍亂所極言關於聖聰書陳於前陛下委棄不納而更使方正對策背可懼之大異問不急之常論廢承天之至言角無用之虛文欲末殺災異謾讕誣天是故皇天勃然發怒甲乙之間暴風三臻拔樹折木此天至明不可欺之效也上復問永永對曰日食婺女九度占在皇后地震蕭牆之内咎在貴妾二者俱發明同事異人共掩制陽將害繼嗣也亶日食則妾不見亶地震則后不見異日而發則似殊事亡故動變則恐不知是月后妾當有失節之郵故天因此兩見其變若曰違失婦道隔遠衆妾妨絶繼嗣者此二人也

永始二年二月晦日有食之永以京房易占對曰元年九月日蝕酒亡節之所致也獨使京師知之四國不見者若曰湛湎于酒君臣不別禍在内也今年日食賦歛不得度民愁怨之所致也所以使四方皆見京師陰蔽者若曰人君好治宮室大營墳墓賦歛茲重而百姓屈竭禍在外也

永遷涼州刺史奏事京師訖當之部時有黑龍見東萊上使尚書問永受所欲言永對曰臣聞王天下有國家者患在上有危亡之事而危亡之言不得上聞如使危亡之言輒上聞則商周不易姓而迭興三正不變改而更用夏商之將亡也行道之人皆知之晏然自以若天有日莫能危是故惡日廣而不自知大命傾而不寤易曰危者有其安者也亡者保其存者也陛下誠垂寬明之聽無忌諱之誅使芻蕘之臣得盡所聞於前不懼於後患直言之路開則四方衆賢不遠千里輻湊陳忠群臣之上願社稷之長福也漢家衔夏正夏正色黑黑龍同姓之象也龍陽德由小之大故為王者瑞應未知同姓有見本朝無繼嗣之慶多危殆之際欲因擾亂舉兵而起者邪將動心冀為後者殘賊不仁若廣陵昌邑之類臣愚不能處也元年九月黑龍見其晦日有食之今年二月己未夜星隕乙酉日有食之六月之間大異四發二而同月三代之末春秋之亂未嘗有也臣聞三代所以隕社稷喪宗廟者皆由婦人與群惡沈湎於酒書曰乃用婦人之言自絶于天四方之逋逃多罪是崇是長是信是使詩云燎之方陽寧或滅之赫赫宗周褒姒威之易曰濡其首有孚失是秦所以二世十六年而亡者養生泰奢奉終泰厚也二者陛下兼而有之臣請略陳其効易曰在中饋無攸遂言婦人不得與事也詩曰懿厥哲婦為梟為鴟匪降自天生自婦人建始河平之際許班之貴傾動前朝熏灼

四方賞賜無量空虛內藏女寵至極不可上矣今之後起天所不饗
什倍于前廢先帝法度聽用其言官秩不當縱釋王誅驕其親屬假
之威權縱橫亂政刺舉之吏莫敢奉憲又以掖庭獄大為亂阱榜箠
瘠於炮烙絕滅人命主為趙李報德復怨反除白罪建治正吏多繫
無辜掠立迫恐至為人起責分利受謝生入死出者不可勝數是以
日食再既以昭其辜王者必先自絕然後天絕之陛下棄萬乘之至
貴樂家人之賤事厭高美之尊號好匹夫之卑字崇聚僄輕無義小
人以為私客數離深宮之固挺身晨夜與群小相隨烏集雜會飲醉
吏民之家亂服共坐流湎媟嫚溷殽無別閔免遁樂晝夜在路典門
戶奉宿衛之臣執干戈而守空宮公卿百僚不知陛下所在積數年
矣王者以民為基民以財為本財竭則下畔下畔則上亡是以明王
愛養基本不敢窮極使民如承大祭今陛下輕奪民財不愛民力聽

邪臣之計去高敞初陵捐十年功緒改作昌陵反天地之性因下為
高積土為山發徒起邑並治宮館大興繇役重增賦斂徵發如雨役
百乾谿費疑（音擬）驪山靡敝天下五年不成而後反故又廣盱（大也）營表
發人冢墓斷截骸骨暴揚尸柩百姓財竭力盡愁恨感天災異屢降
饑饉仍臻流散冗食餧死於道以百萬數公家無一年之畜百姓無
旬日之儲上下俱匱無以相救詩云殷監不遠在夏后之世願陛下
追觀夏商周秦所以失之以鏡考已行有不合者臣當伏妄言之誅
漢興九世百九十餘載繼體之主七皆承天順道遵先祖法度或以
中興或以治安至於陛下獨違道縱欲輕身妄行當盛壯之隆無繼
嗣之福有危亡之憂積失君道不合天意亦已多矣為人後嗣守人
功業如此豈不負哉方今社稷宗廟禍福安危之機在於陛下陛下
誠宜發明聖之德昭然遠寤畏此上天之威怒深懼危亡之徵兆蕩

滌邪辟之惡志厲精致政專心反道絕群小之私客免不正之詔除
悉罷北宮私奴車馬媠出之具克己復禮毋貳微行出飲之過以防
迫切之禍深惟日食再既之意抑損椒房玉堂之盛寵毋聽後宮之
請謁除掖庭之亂獄出炮烙之陷穽誅戮佞邪之臣及左右執左道
以事上者以塞天下之望且寢初陵之作止諸繕治宮室闕更減賦
盡休力役存卹振救困乏之人以弭遠方厲崇忠直放退殘賊無使
素餐之吏久尸厚祿以次貫行固執無違夙夜孳孳婁省無怠舊愆
畢改新德既章纖介之邪不復載心則赫赫大異庶幾可銷天命去
就庶幾可復社稷宗廟庶幾可保唯陛下留神反覆熟省臣言臣幸
得備邊部之吏不知本朝失得瞽言觸忌諱罪當萬死
元延元年永為北地太守時災異尤數當之官上使衛尉淳于長受
永所欲言永對曰臣永幸得以愚朽之材為太中大夫備拾遺之臣

從朝者之後進不能盡思納忠輔宣聖德退無被堅執銳討不義之
功猥蒙厚恩仍遷至北地太守絕命隕首身膏野草不足以報塞萬
分陛下聖德寬仁不遺易忘之臣垂周文之聽下及芻蕘之愚有詔
使衛尉受臣永所欲言臣聞事君之義有言責者盡其忠有官守者
修其職臣永幸得免於言責之辜有官守之任當畢力遵職養綏百
姓而已不宜復關得失之辭忠臣之於上志在過厚是故遠不違君
死不忘國昔史魚既沒餘忠未訖委柩後寢以屍達誠汲黯身外思
內發憤舒憂遺言李息經曰雖爾身在外乃心無不在王室臣永幸
得給事中出入三年雖執干戈守邊陲思慕之心常存于省闥是以
敢越郡吏之職陳累年之憂臣聞天生烝民不能相治為立王者以
統理之方制海內非為天子列土封疆非為諸侯皆以為民也垂三
統列三正去無道開有德不私一姓明天下廼天下之天下非一人

之天下也。王者躬行道德。承順天地。博愛仁恕。恩及行葦。籍稅取民。不過常法。宮室車服。不踰制度。事節財足。黎庶和睦。則卦氣理效。五徵時序。百姓壽考。庶草蕃滋。符瑞並降。以昭保右。失道妄行。逆天暴物。窮奢極欲。湛湎荒淫。婦言是從。誅逐仁賢。離逖骨肉。群小用事。峻刑重賦。百姓愁怨。則卦氣悖亂。咎徵著郵。上天震怒。災異屢降。日月薄食。五星失行。山崩川潰。水泉踊出。妖孽並見。茀星耀光。饑饉荐臻。百姓短折。萬物夭傷。終不改寤。惡洽變備。不復譴告。更命有德。詩云。乃眷西顧。此惟予宅。夫去惡奪弱。遷命賢聖。天地之常經。百王之所同也。加以功德有厚薄。期質有脩短。時世有中季。天道有盛衰。陛下承八世之功業。當陽數之標季。涉三七之節紀。遭無妄之卦運。直百六之灾阸。三難異科。雜焉同會。建始元年以來。二十載間。群災大異。交錯鋒起。多於春秋所書。八世著紀。久不塞除。重以今年正月己亥朔日有食之。三朝之會。四月丁酉。四方衆星白晝流隕。七月辛未。彗星横天。乘三難之際會。畜衆多之災異。因之以饑饉。接之以不贍。彗星極異也。土精所生。流隕之應。出於饑變之後。兵亂作矣。厥期不久。隆德積善。懼不克濟。內則為深宮後庭。將有驕臣悍妾醉酒狂悖卒起之敗。北宮苑囿街巷之中。平安之家。幽閒之處。徵舒崔杼之亂。外則為諸夏下土。將有樊並蘇令休勝項梁奮臂之禍。內亂朝暮。日戒諸夏舉兵以火角為期。安危之分界。宗廟之至憂。臣永所以破膽寒心。豫言之累年。下有其萌。然後變見于上。可不致慎。禍起細微。姦生所易。願陛下正君臣之義。無復與群小媟黷燕飲。中黃門後庭素驕慢不謹。嘗以醉酒失臣禮者。悉出勿留。勤三綱之嚴。修後宮之政。抑遠驕妒之寵。崇近婉順之行。加惠失志之人。懷柔怨恨之心。保至尊之重。秉帝王之威。朝覲法出而後駕。陳兵清道而後行。無復輕身獨出。飲食臣妾之家。三者既除。內亂之路塞矣。諸夏舉兵。萌在民饑饉而吏不卹。興於百姓困而賦斂重。發於下怨離而上不知。易曰。屯其膏。小貞吉。大貞凶。傳曰。飢而不損茲謂泰。厥災水。厥咎亡。訞辭曰。關動牡飛。辟為無道。臣為非。厥咎亂臣謀篡。王者遭衰難之世。有饑饉之災。不損用而大自潤。故凶。百姓困貧無以共求。愁悲怨恨。故水。城關守國之固。固將去焉。故牡飛。往年郡國二十一傷於水災。禾黍不入。今年蠶麥咸惡。百川沸騰。江河溢決。大水泛濫郡國五十有餘。比年喪稼。時過無宿麥。百姓失業流散。群輩守關。大異較炳如彼。水災浩浩。黎庶窮困如此。宜損常稅小自潤之時。而有司奏請加賦。甚繆經義。逆於民心。布怨趨禍之道也。牡飛之狀。殆為此發。古者穀不登虧膳。災屢至損服。凶年不塈塗。明王之制也。詩云。凡民有喪。扶服救之。論語曰。百姓不足。君孰予足。臣願陛下勿許加賦之奏。益減大官導官中御府均官掌畜廩犧用度。止尚方織室京師郡國工服官發輸造作。以助大司農。流恩廣施。振贍困乏。開關梁內流民。恣所欲之以救其急。立春遣使者循行風俗。宣布聖德。存卹孤寡。問民所苦。勞二千石。敕勸耕桑。毋奪農時。以慰綏元元之心。防塞大姦之隙。諸夏之亂。庶幾可息。臣聞上主可與為善而不可與為惡。下主可與為惡而不可與為善。陛下天然之性。疏通聰敏。上主之姿也。少省愚臣之言。感寤三難。深畏大異。定心為善。捐忘邪志。毋貳舊愆。厲精致政。至誠應天。則積異塞於上。禍亂伏於下。何憂患之有。竊恐陛下公志未專。私好頗存。尚愛群小。不肯為耳。對奏。天子甚感其言。

成帝因日蝕地震之變。詔舉賢良方正能直言士。合陽侯梁放舉武庫令杜欽。欽上對曰。陛下畏天命。悼變異。延見公卿。舉直言之士。將以求天心。迹得失也。臣愚不足以奉大對。臣聞日蝕地震。陽微陰盛也臣者君之陰也子者父之陰也妻者夫之陰也夷狄者中國之陰也春秋日蝕三十六地震五或夷狄侵中國或政權在臣下或婦乘夫或臣子背君父事雖不同其類一也臣竊觀之事以考變異則本朝大臣無不自安之人外戚親屬無乖剌之心關東諸侯無彊大之國三垂蠻夷無逆理之節殆為後宮何以言之日以戊申蝕時加未戊未土也土者中宮之部也其夜地震未央宮殿中此必適妾將有爭寵相害而為患者唯陛下深戒之變感以類相應人事失於下變象見於上能應之以德則異咎消亡不能應之以善則禍敗至高宗遭雊雉之戒飭己正事享百年之壽殷道復興要在所以應之應之非誠不立非信不行宋景公小國之諸侯耳有不忍移禍之誠出人君之言三熒惑為之退舍以陛下聖明內推至誠深思天變何應而不感何搖而不動孔子曰仁遠乎哉唯陛下正后妾抑女寵防奢泰去佚游躬節儉親萬事數御安車由輦道親二宮之饔饍致晨昏之定省如此即堯舜不足與比隆咎異何足消滅如不留聽於庶事不論材而授位殫天下之財以奉淫侈匱萬姓之力以從耳目近諂諛之人而遠公方信讒賊之臣以誅忠良賢俊失在巖穴大臣怨於不以雖無變異社稷之憂也天下至大萬事至衆祖業至重誠不可以逸豫為不可以奢泰持也唯陛下忍無益之欲以全衆庶之命

鴻嘉二年三月博士行大射禮有飛雉集于庭歷階登堂而雊又集大常宗正丞相御史大夫大司馬車騎將軍之府又集未央宮承明殿屋上時大司馬車騎將軍王音待詔寵等上言天地之氣以類相應（師古曰以經術待詔其人名寵不記姓也）譴告人君甚微而著雉者聽察先聞雷聲故月令以紀氣經載高宗雊雉之異以明轉禍為福之驗今雉以博士行禮之日大衆聚會飛集於庭歷階登堂萬衆睢睢（呼惟反）驚怪連日經歷三公之府太常宗正典宗廟骨肉之官然後入宮其宿留告曉人具備深切（宿先就反留力救反）雖人道相戒何以過是後帝使中常侍鼂閎詔音曰聞捕得雉毛羽頗摧折類拘執者得無人為之音復對曰陛下安得亡國之語不知誰主為佞諂之計誣亂聖德如此者左右阿諛甚衆不待臣音復諂而足公卿以下保位自守莫有正言如令陛下覺寤懼大禍且至身深責臣下繩以聖法臣音當先受誅豈有以自解哉今即位十五年繼嗣不立日日駕車而出泆行流聞海內傳之甚於京師外有微行之害內有疾病之憂皇天數見災異欲人變更終已不改天尚不能感動陛下臣子何望獨有極言待死命在朝暮而已如有不然老母安得處所尚何皇太后之有高祖天下當以誰屬乎（師古曰不然者謂不如所諫而自修改也老母帝之母即太后也言帝不自修改國家危亡太后不知處所高祖天下誰所付屬也屬之欲反）宜謀於賢知克己復禮以求天意繼嗣可立災變尚可銷也

定陶共王來朝太后與上承先帝意遇王甚厚大將軍王鳳心不便共王在京師會日蝕鳳因言日食陰盛之象為非常異定陶王雖親於禮當奉藩在國今留侍京師詭正非常故天見戒宜遣王之國上不得已而許之京兆尹王章素剛直敢言乃奏封事言日蝕之咎天子召見章延問以事章對曰天道聰明佑善而災惡以瑞異為符效今陛下以未有繼嗣引近定陶王所以承宗廟重社稷上順天心下安百姓此正義善事當有祥瑞何故致災異災異之發為大臣顓政者也今聞大將軍猥歸日蝕之咎於定陶王建遣之國苟欲使天子孤立於上顓擅朝事以便其私非忠臣也且日蝕陰侵陽臣顓君之咎今政事大小皆自鳳出天子曾不壹舉手鳳不內省責反歸咎善人推遠定陶王且鳳誣罔不忠非一事也前丞相樂昌侯商本以先

帝外屬內行篤有威重位歷將相國家柱石臣也其人守正不肯詘節隨鳳委曲卒用閨門之事爲鳳所罷身以憂死衆庶愍之又鳳知其小婦弟張美人已嘗適人於禮不宜配御至尊託以爲宜子內之後宮茍以私其妻弟聞張美人未嘗任身就館也且羌胡尚殺首子以盪腸正世況於天子而近已出之女也此三者皆大事陛下所自見足以知其餘及他所不見者鳳不可令久典事宜退使就第選忠賢以代之自鳳之白罷商遣定陶王也上不能平及聞章言乃感寤納之詔章曰繼京兆尹直言吾不聞社稷計

王鳳專政災異寖甚中壘校尉劉向上奏曰臣聞伯禹戒帝舜毋若丹朱傲周公戒成王毋若殷王紂詩曰殷監不遠在夏后之世亦言湯以桀爲戒也聖帝明王常以敗亂自戒不諱廢興故臣敢極陳其愚唯陛下留神察焉謹按春秋二百四十二年日蝕三十六襄公尤

數率三歲五月有奇而一食漢興訖竟寧孝景帝尤數率三歲一月而一食臣向嘗數言日當食今當三年比食自建始以來二十歲間而食率二歲六月而一發古今罕有異有小大希稠占有舒疾緩急而聖人所以斷疑也易曰觀乎天文以察時變昔孔子對魯哀公並言夏桀殷紂暴虐天下故歷失則攝提失方孟陬無紀此皆易姓之變也秦始皇之末至二世時日月薄食山陵淪亡辰星出於四孟太白經天而行無雲而雷枉矢天夜光熒惑襲月孼火燒宮野禽戲廷都門內崩長人見臨洮石隕于東郡星孛大角以亡觀孔子之言考暴秦之異天命信可畏也及項籍之敗亦孛大角漢之入秦五星聚于東井得天下之象也孝惠時有雨血日食於衝滅光星見之異孝昭時有泰山臥石自立上林僵柳復起大星如月西行衆星隨之此爲特異孝宣興起之表天狗夾漢而西久陰不雨者二十餘日昌邑不終之異也皆著於漢紀觀秦漢之易世覽惠昭之無後察昌邑之不終視孝宣之紹起天之去就豈不昭昭然哉高宗成王亦有雊雉拔木之變能思其故故高宗有百年之福成王有復風之報神明之應應若景嚮世所同聞也臣幸得託末屬誠見陛下有寬明之德冀銷大異而興高宗成王之聲以崇劉氏故貇貇數奸死亡之誅今日食尤屢星孛東井攝提炎及紫宮有識長老莫不震動此變之大者也其事難一二記故易曰書不盡言言不盡意是以設卦指爻而復說義書曰伻來以圖天文難以相曉臣雖圖上猶須口說然後可知願賜清燕之閒指圖陳狀上輒入之然終不能用也

哀帝即位召李尋待詔黃門使侍中衛尉傅喜問尋曰閒者水出地動日月失度星辰亂行災異仍重極言無有所諱尋對曰陛下聖德尊天敬地畏命重民悼懼變異不忘疏賤之臣幸使重臣臨問竊見

陛下新即位開大明除忌諱博延名士靡不並進臣尋位卑術淺過隨衆賢待詔食大官衣御府久汙玉堂之署比得召見亡以自効復特見延問至誠自以逢不世出之命願竭愚心不敢有所避庶幾萬分有一可采唯棄須臾之閒宿留瞽言考之文理稽之五經揆之聖意以參天心夫變異之來各應象而至謹條陳所聞易曰縣象著明莫大乎日夫日者衆陽之長煇光所燭萬里同晷人君之表也故日將旦清風發群陰伏君以臨朝不牽於色日初出炎以陽君登朝佞不行忠直進不蔽障日中輝光君德盛明大臣奉公日將入專以一君就房有常節君不修道則日失其度晻昧亡光各有云爲其於東方作日初出時陰雲邪氣起者法爲牽於女謁有所畏難日出後爲近臣亂政日中爲大臣欺誣日且入爲妻妾役使所營閒者日尤不精光明侵奪失色邪氣珥蜺數作本起於晨相連至昏其日出後至

日中間差𧗠小臣不知內事竊以日視陛下志操衰於始初多矣其咎恐有以守正直言而得罪者傷嗣害世不可不慎也惟陛下執乾剛之德強志守度毋聽女謁邪臣之態諸保阿乳母甘言悲詞之託斷而勿聽勉強大誼絕小不忍良有不得已可賜以貨財不可私以官位誠皇天之禁也日失其光則星辰放流陽不能制陰陰桀得作間者太白正晝經天宜隆德克躬以執不軌臣聞月者衆陰之長消息見伏百里為品千里立表萬里連紀妃后大臣諸侯之象也朔晦正終始弦為繩墨望成君德春夏南秋冬北間者月數以春夏與日同道過軒轅上后受氣入太微帝廷揚光犯上將近臣列星皆失色厭厭如滅此為母后預政亂朝陰陽俱傷兩不相便外臣不知朝事竊信天文即如此近臣已不足仗矣屋大柱小可為寒心唯陛下親求賢士無強所惡以崇社稷尊強本朝臣聞五星者五行之精

五帝司命應王者號令為之節度歲星主歲事為統首號令所紀今失度而盛此君指意欲有所為未得其節也又填星不避歲星者后帝亦政相留於奎婁當以義斷之熒惑往來無常周歷兩宮作態低卬音昂入天門上明堂貫尾亂宮太白發越犯庫兵寇之應也貫黃龍入帝庭當門而出隨熒惑入天門至房而分欲與熒惑為患不敢當明堂之精此陛下神靈故禍亂不成也熒惑厥弛佞巧依勢微言毀譽進類蔽善太白出端門臣有不臣者火入室金上堂不以時解其憂凶填歲相守又主內亂宜察蕭牆之內毋忽親疏之微誅放佞人防絕萌芽以蕩滌濁穢消散積惡毋使得成禍亂辰星主正四時當效於四仲四時失序則辰星作異今出於歲首之孟天所以譴告陛下也政急則出早政緩則出晚政絕不行則伏不見而為彗茀四孟皆出為易王命四季皆出星家所諱今章獨出寅孟之月蓋皇天所

以篤右陛下也宜深自改治國故不可以咸咸欲速則不達經曰三載考績三考黜陟加以號令不順四時既往不咎來事之師也間者春三月治大獄時賊陰立逆恐歲小收季夏舉兵法時寒氣應恐後有霜雹之災秋月行封爵其月土溼奧恐後有雷雹之變夫以喜怒賞罰而不顧時禁雖有堯舜之心猶不能致和善言天者必有效於人設上農夫而欲冬田肉袒深耕汗出種之然猶不生者非人心不至天時不得也易曰時止則止時行則行動靜不失其時其道光明書曰敬授民時故古之王者尊天地重陰陽敬四時嚴月令順之以善政則和氣可立致猶枹鼓之相應也今朝廷忽於時月之令諸侍中尚書近臣宜皆令通知月令之意設群下請事若陛下出令有謬於時者當知爭之以順時氣臣聞五行以水為本其星玄武婺女天地所紀終始所生水為準平王道公正脩明則百川理落脈通落謂經絡

奏議纂卷之三十九上

偏黨失綱則涌溢為敗書云水曰潤下陰動而卑不失其道天下有道則河出圖洛出書故河洛決溢所為最大今汝潁畎澮皆川水漂涌與雨水並為民害此詩所謂爗爗震電不寧不令百川沸騰者也其咎在於皇甫卿士之屬唯陛下留意詩人之言少抑外親大臣臣聞地道柔靜陰之常義也地有上中下其上位震應妃后不順中位應大臣作亂下位應庶民離畔震或於其國國君之咎也四方中央連國歷州俱動者其異最大間者關東地數震五星作異亦未大逆宜務崇陽抑陰以救其咎固志建威閉絕私路拔進英雋退不任職以強本朝夫本強則精神折衝本弱則招殃致凶為邪謀所陵間往者淮南王作謀之時其所難者獨有汲黯以為公孫弘不足言也弘漢之名相於今無比而尚見輕何況亡弘之屬乎故曰朝廷無人則為賊亂所輕其道自然也天下未聞陛下奇策固守之臣也語曰何

以知朝廷之衰。人人自賢。不務於通人。故世陵夷。馬不伏櫪。不可以趨道。士不素養。不可以重國。詩曰。濟濟多士。文王以寧。孔子曰。十室之邑。必有忠信。非虛言也。陛下秉四海之衆。曾亡柱幹之固。守關於四境。殆開之不廣。取之不明。勸之不篤。傳曰。士之美者善養禾。君之明者善養士。中人皆可使為君子。詔書進賢良。赦小過。無求備。以博聚英儁。如近世貢禹。以言事忠切蒙尊榮。當此之時。士厲身立名者多。禹死之後。日日以衰。及京兆尹王章坐言事誅滅。智者結舌。邪偽並興。外戚顓命。君臣隔塞。至絶繼嗣。女宮作亂。此行事之敗。誠可畏而悲也。本在積任母后之家。非一日之漸。往者不可及。來者猶可追也。先帝大聖。深見天意昭然。使陛下奉承天統。欲矯正之也。宜少抑外親。選練左右。舉有德行道術通明之士。充備天官。然後可以輔聖德。保帝位。承太宗。下至郎吏從官。行能亡以異。又不通一藝。及博士無文雅者。宜皆使就南畝。以視天下。明朝廷皆賢材君子。於以重朝尊君。滅凶致安。此其本也。臣自知所言害身不辟死亡之誅。唯財留神反覆愚臣之言。

哀帝與宜陵侯息夫躬議事。躬因言往年熒惑守心。太白高而芒光。角星茀於河鼓。其法為有兵亂。是後訛言行詔籌。經歷郡國。天下騷動。恐有非常之變。可遣大將軍行邊兵。敕武備。斬一郡守。以立威震四夷。因以厭應變異。上然之。以問丞相。丞相王嘉對曰。臣聞動民以行不以言。應天以實不以文。下民微細。猶不可詐。況於上天神明而可欺哉。天之見異。所以敕戒人君。欲令覺悟反正。推誠行善。民心說而天意得矣。辯士見一端。或妄以意。傅著星歷。（傅音附著治畧反）虛造匈奴烏孫西羌之難。謀動干戈。設為權變。非應天之道也。守相有罪。車馳詣闕。交臂就死。恐懼如此。而談說者云動安之危。辯口快耳。其實未可從。夫議政者苦其諂諛傾險辯慧深刻也。諂諛則主德毀。傾險則下怨恨。辯慧則破正道。深刻則傷恩惠。昔秦穆公不從百里奚蹇叔之言。以敗其師。悔過自責。疾詿誤之臣。思黃髮之言。名垂於後世。唯陛下觀覽古戒。反覆參考。無以先入之語為主。上不聽。

哀帝以郡國地震。民訛言行籌。又正月朔日蝕。乃徵孔光。免孫寵息夫躬。罷侍中諸曹黃門郎。鮑宣上書言。陛下父事天。母事地。子養黎民。即位已來。父虧明。母震動。子訛言相驚恐。今日蝕於三始。誠可畏懼。小民正月朔日尚恐毀敗器物。何況於日虧乎。陛下深內自責。避正殿。舉直言。求過失。罷退外親及旁仄素餐之人。徵拜孔光為光祿大夫。發覺孫寵息夫躬過惡。免官遣就國。衆庶歙然。莫不說喜。天人同心。人心說則天意解矣。乃二月丙戌。白虹虷日。連陰不雨。此天有憂結未解。民有怨望未塞者也。侍中駙馬都尉董賢本無葭莩之親。但以令色諛言自進。賞賜亡度。竭盡府臧。并合三第。尚以為小。復壞暴室。賢父子坐使天子使者將作治第。行夜吏卒皆得賞賜。上冢有會。輒太官為供。海內貢獻當養一君。今反盡之賢家。豈天意與民意邪。天不可久負。厚之如此。反所以害之也。誠欲哀賢。宜為謝過天地。解讎海內。免遣就國。收乘輿器物。還之縣官。如此可以父子終其性命。不者。海內之所仇。未有得久安者也。孫寵息夫躬不宜居國。可皆免以視天下。復徵何武師丹彭宣傅喜。曠然使民易視。以應天心。建立大政。以興太平之端。高門去省戶數十步。求見出入。二年未省。欲使海瀕仄陋自通。遠矣。願賜數刻之閒。極竭毣毣之思。退入三泉。死亡所恨。上感大異。納宣言。徵何武彭宣。旬月皆復為三公。

元壽元年。正月朔。上以皇后父孔鄉侯傅晏為大司馬衛將軍。而帝舅陽安侯丁明為大司馬驃騎將軍。臨拜。日食。詔舉方正直言。扶陽侯韋育舉杜鄴方正鄴對曰臣聞禽息憂國碎首不恨卞和獻寶刖足願之臣韋得奉直言之詔無二者之危敢不盡陳臣聞陽尊陰卑卑者隨尊尊者無卑天之道也是以男雖賤各為其家陽女雖貴猶為其國陰故禮明三從之義雖有文母之德必繫於子春秋不書紀侯之母陰義殺也昔鄭伯從姜氏之欲終有叔段篡國之禍周襄王內迫惠后之難而遭居鄭之危漢興呂太后權私親屬又以外孫為孝惠后是時繼嗣不明凡事多晻晝昏冬雷之變不可勝載竊見陛下行不偏之政每事約儉非禮不動誠欲正身與天下更始也然嘉瑞未應而日食地震民訛言行籌傳相驚恐案春秋災異以指象為言語故在於得一類而達之也日食明陽為陰所臨坤卦乘離明夷之象也坤以法地為土為母以安靜為德震不陰之効也占象甚明臣敢不直言其事昔曾子問從令之義孔子曰是何言與善閔子騫守禮不苟從親所行無非理者故無可間也前大司馬新都侯莽退伏弟家以詔策決復遣就國高昌侯宏去蕃自絕猶受封土制書侍中駙馬都尉遷不忠巧佞免歸故郡間未旬月則有詔還大臣奏正其罰卒不得遣而反兼官奉使顯寵過故及陽信侯業皆緣私君國非功義所止諸外家昆弟無賢不肖並侍帷幄布在列位或典兵衛或將軍屯寵意并於一家積貴之埶世所希見所希聞也至乃並置大司馬將軍之官皇甫雖盛三桓雖隆魯為作三軍無以甚此當拜之日晻然日食不在前後臨事而發者明陛下謙遜無專承指非一所言輒聽所欲輒隨有罪惡者不坐辜罰無功能者畢受官爵流漸積猥正尤在是欲令昭昭以覺聖朝昔詩人所刺春秋所譏指象如此殆不在它由後視前忿邑非之逮身所行不自鏡見則以為可計之過者疏賤獨偏見疑內亦有此類天變不空保右世主如此之至

柰何不應臣聞野雞著怪高宗深動大風暴過成王怛然願陛下加致精神思承始初事稽諸古以厥下心則黎庶群生無不說喜上帝百神收還威怒禎祥福祿何嫌不報

哀帝以日蝕後十餘日傅太后崩乃徵孔光詣公車問日蝕事光對曰臣聞日者衆陽之宗人君之表至尊之象君德衰微陰道盛彊侵蔽陽明則日蝕應之書曰羞用五事建用皇極如貌言視聽思失大中之道不立則咎徵荐臻六極屢降皇之不極是為大中不立其傳曰時則有日月亂行謂朓側匿甚則薄蝕是也又曰六沴之作歲之朝曰三朝其應至重廼正月辛丑朔日有蝕之變見三朝之會上天聰明苟無其事變不虛生書曰惟先假王正厥事言異變之來起事有不正也臣聞師曰天右與王者故災異數見以譴告之欲其改更若不畏懼有以塞除而輕忽簡誣則凶罰加焉其至可必詩曰敬之敬之天惟顯思命不易哉又曰畏天之威于時保之皆謂不懼者凶懼之則吉也陛下聖德聰明兢兢業業承順天戒敬畏變異勤心虛已延見群臣思求其故然後敕躬自約總正萬事放遠讒說之黨援納斷斷之介退去貪殘之徒進用賢良之吏平刑罰薄賦斂恩澤加於百姓誠為政之大本應變之至務也天下幸甚書曰天既付命正厥德言正德以順天也又曰天棐諶辭言有誠道天輔之也明承順天道在於崇德博施加精致誠孳孳而已俗之祈禳小數終無益於應天塞異銷禍興福較然甚明無可疑惑書奏上說賜光束帛拜為光祿大夫秩中二千石給事中位次

歷代名臣奏議卷之二百九十五

災祥

東漢光武以二千石長吏多不勝任。有纖微之過者。必見斥罷。交易紛擾。百姓不寧。六年有日食之異。父城侯朱浮上疏曰。臣聞日者衆陽之所宗。君上之位也。凡居官治民。據郡典縣。皆為陽為上。為尊為長。若陽上不明。尊長不足。則干動三光。垂示王者。五典紀國家之政。鴻範別災異之文。皆宣明天道。以徵來事者也。陛下哀愍海內新離禍毒。保育生人。使得蘇息。而今牧人之吏。多未稱職。小違理實。輒見斥罷。豈不粲然黑白分明哉。然以堯舜之盛。猶加三考。大漢之興。亦累功効。吏皆積久。養老於官。至名子孫。因為氏姓。當時吏職。何能悉理。論議之徒。豈不諠譁。蓋以為天地之功。不可倉卒。艱難之業。當累日也。而間者守宰數見換易。迎新相代。疲勞道路。尋其視事日淺。未足昭見其職。既加嚴切。人不自保。各相顧望。無自安之心。有司或因睚眦以騁私怨。苟求長短。求媚上意。二千石及長吏迫於舉劾。懼於譏刺。故爭飾詐偽。以希虛譽。斯皆群陽騷動。日月失行之應。夫物暴長者必夭折。功卒成者必亟壞。如摧長久之業。而造速成之功。非陛下之福也。天下非一時之用也。海內非一旦之功也。願陛下遊意於經年之外。望化於一世之後。天下幸甚。

建武六年。徵鄭興為太中大夫。明年三月晦日食。興因上疏曰。春秋以天反時為災。地反物為妖。人反德為亂。亂則妖災生。往年以來。謫咎連見。意者執事頗有缺焉。案春秋昭公十七年夏六月甲戌朔。日有食之。傳曰。日過分而未至。三辰有災。於是百官降物。君不舉。避移時。樂用鼓。祝用幣。史用辭。今孟夏純乾用事。陰氣未作。其災尤重。夫國無善政。則謫見日月。變咎之來。不可不慎。其要在因人之心。擇人處位也。堯知鯀不可用而用之者。屈己之明。因人之心也。齊桓反政而相管仲。晉文歸國而任郤縠者。是不私其私。擇人處位也。今公卿大夫多舉漁陽太守郭伋可大司空者。而不以時定。道路流言。咸曰朝廷欲用功臣。功臣用則人位謬矣。願陛下上思唐虞。下覽齊晉。以成屈己從衆之德。以濟群臣讓善之功。夫日月交會。數應在朔。而頃年日食。每多在晦。先時而合。皆月行疾也。日君象而月臣象。君亢急則臣下促迫。故行疾也。今年正月繁霜。自爾以來。率多寒日。此亦急咎之罰。天於賢聖之君。猶慈父之於孝子也。丁寧申戒。欲其反政。故災變仍見。此乃國之福也。今陛下高明而群臣惶促。宜留思柔克之政。垂意洪範之法。博採廣謀。納群下之策。書奏。多有所納。

八年。郡國大水。杜林上疏曰。臣聞先王無二道。明聖用而治。見惡如農夫之務去草焉。芟夷蘊崇之。絕其本根。勿使能殖。畏其易也。古今通道。傳其法於有根。狼子野心。奔馬善驚。成王深知其終卒之患。故以殷氏六族分伯禽。七族分康叔。懷姓九宗分唐叔。檢押其姦宄。又遷其餘於成周。舊地雜俗。旦夕拘錄。所以挫其強御之力。詘其驕恣之節也。及漢初興。上稽舊章。合符重規。徙齊諸田。楚昭屈景。燕趙韓魏之後。以稍弱六國強宗。邑里無管利之家。野澤無兼并之民。萬里之統。海內賴安。後輒因衰麤之痛。脅以送終之義。故遂相率而陪園陵。無反顧之心。追即往法。政皆神道設教。強幹弱枝。本支百世之要也。是皆以永享康寧之福。無怵惕之憂。繼嗣承業。恭己而治。蓋此助也。其被災害民輕薄無累重者。兩府遣吏護送饒穀之郡。或懼死亡。卒為傭賃。亦所以消散其口。救贍全其性命也。昔魯隱有賢行。將致國於桓公。乃留連貪位。不能早退。況草創兵長。卒無德能。直以擾亂。乘時擅權。作威玉食。狃猱之意。徼幸之望。曼延無足。張步之計是也。

小民負縣官不過身死負兵家滅門殄世陛下昭然獨見成敗之端或屬諸侯官府元元少得舉首仰視而尚遺脫二千石失制御之道令得復昌熾從橫比年大雨水潦暴長涌泉盈溢災壞城郭官寺吏民廬舍潰從離處潰成坑坎臣聞水陰類也易卦地上有水比言性不用害故曰樂也而猥相毀墊淪失常敗百姓安居殆陰下相為蠹賊有小大勝負不齊均不得其所侵陵之象也詩云畏天之威于時保之唯陛下留神明察往來懼思天下幸甚

明帝性褊察好以耳目隱發為明朝廷莫不悚慄爭為嚴切以避誅責會連有變異尚書僕射鍾離意上疏曰伏惟陛下躬行孝道修明經術郊祀天地畏敬鬼神憂恤黎元勞心不怠而天氣未和日月不明水泉湧溢寒暑違節者咎在群臣不能宣化理職而以苛刻為俗吏殺良人繼踵不絕百官無相親之心吏人無雍雍之志至於骨肉相

殘毒害彌深感逆和氣以致天災百姓可以德勝難以力服先王要道民用和睦故能致天下和平災害不生禍亂不作鹿鳴之詩必言宴樂者以人神之心洽然後天氣和也願陛下垂聖德揆萬機詔有司慎人命緩刑罰順時氣以調陰陽垂之無極帝雖不能用然知其至誠亦以此故不得久留出為魯相

章帝即位徵馬嚴拜御史中丞其冬有日蝕之災嚴上封事曰臣聞日者衆陽之長食者陰侵之徵書曰無曠庶官天工人其代之言王者代天官人也故考績黜陟以明褒貶無功不黜則陰盛陵陽臣伏見方今刺史太守專州典郡不務奉事盡心為國而司察偏阿取與自己同則舉為尤異異則中以刑法不即垂頭塞耳採求財賂今益州刺史朱酺揚州刺史倪說涼州刺史尹業等每行考事輒有物故又選舉不實曾無貶坐是使臣下得作威福也故事州部所舉上奏

司直察能否以懲虛實今宜加防檢式遵前制舊丞相御史親治職事唯丙吉以年老優游不案吏罪於是宰相習為常俗吏共罔養以崇虛名或未曉其職便復遷徙誠非建官賦祿之意宜勅正百司各責以事州郡所舉必得其人若不如言裁以法令傳曰上德以寬服民其次莫如猛故火烈則人望而畏之水懦則人狎而翫之為政者寬以濟猛猛以濟寬如此緩御有體災眚消矣

建初元年大旱穀貴帝召鮑昱問曰旱既太甚將何以消復災眚對曰臣聞聖人理國三年有成今陛下始踐天位刑政未著如有失得何能致異但臣前在汝南典理楚事繫者千餘人恐未能盡當其罪先帝詔言大獄一起冤者過半又諸徙者骨肉離分孤魂不祀一人呼嗟王政為虧宜一切還諸徙家屬蠲除禁錮興滅繼絕死生獲所如此和氣可致帝納其言

時校書郎楊終亦上疏曰臣聞善善及子孫惡惡止其身百王常典不易之道也秦政酷烈違牾天心一人有罪延及三族高祖平亂約法三章太宗至仁除去收孥萬姓廓然蒙被更生澤及昆蟲功垂萬世陛下聖明德被四表今以比年久旱災疫未息躬自菲薄廣訪失得三代之隆無以加焉臣竊按春秋水旱之變皆應暴急惠不下流自永平以來仍連大獄有司窮考轉相牽引掠考冤濫家屬徙邊加以北征匈奴西開三十六國頻年服役轉輸煩費又遠屯伊吾樓蘭車師戊己民懷土思怨結邊域傳曰安土重居謂之衆庶昔殷民近遷洛邑且猶怨望何況去中土之肥饒寄不毛之荒極乎且南方暑濕瘴毒互生愁困之民足以感動天地移變陰陽矣陛下留念省察以濟元元

和帝永元四年丁鴻代袁安為司徒是時竇太后臨政竇憲兄弟各

擅威權濁因日食上封事曰臣聞日者陽精守實不虧君之象也月者陰精盈毀有常臣之表也故日食者臣乘君陰陵陽月滿不虧下驕盈也昔周室衰季皇甫之屬專權於外黨類強盛侵奪主勢則日月薄食故詩曰十月之交朔日辛卯日有食之亦孔之醜春秋日食三十六弒君三十二變不空生各以類應夫威柄不以放下利器不以假人覽觀往古近察漢興傾危之禍靡不由之是以三桓專魯田氏擅齊六卿分晉諸呂握權統嗣幾移哀平之末廟不血食故雖有周公之親而無其德不得行其勢也今大將軍雖欲勅身自約不敢僭差而天下遠近惶怖承旨刺史二千石初除謁辭求通待報雖奉符璽受臺勅不敢便去久者至十數日背王室而向私門此乃上威損下權盛也人道悖於下效驗見於天雖有隱謀神照其情垂象見戒以告人君間者月滿先節過望不虧此臣驕溢背君專功獨行也陛下未深覺悟故天重見戒誠宜畏懼以防其禍詩云敬天之怒不敢戲豫若勅政責躬杜漸防萌則凶妖銷滅害除福湊矣夫壞崖破巖之水源自涓涓干雲蔽日之木起於葱青禁微則易救末者難人莫不忽於微細以致其大恩不忍誨義不忍割去事之後未然之明鏡也臣愚以為左官外附之臣依托權門傾覆諂諛以求容媚者宜行一切之誅間者大將軍再出威振州郡莫不賦斂吏人遣使貢獻大將軍雖不受而物不還主部署之吏無所畏憚縱行非法不伏罪辜故海內貪猾競為姦吏小民吁嗟怨氣滿腹臣聞天不可以不剛不剛則三光不明王不可以不彊不彊則宰牧縱橫宜因大變改政匡失以塞天意

六年旱久祈雨不應司空張奮上表曰比年不登人用飢匱今復久旱秋稼未立陽氣垂盡歲月迫促夫國以民為本以穀為命政之急

務憂之重者也臣蒙恩尤深受職過任夙夜憂懼章奏不能叙心所對中常侍蹏奏即時引見復口陳時政之宜明日帝召太尉司徒幸洛陽獄録囚徒收洛陽令陳歆即大雨三日

和帝時策問陰陽不和或水或旱方正鬱林養奮對曰天有陰陽陰陽有四時四時有政令春夏則予惠布施寬仁秋冬則剛猛盛威行刑賞罰殺生各應其時則陰陽和四時調風雨時五穀升今則不然長吏多不奉行時令為政舉事干逆天氣上不卹下下不忠上百姓困乏而不卹哀鰥怨鬱積故陰陽不和風雨不時災害緣類水者陰盛小人居位依公營私讒言誦上雨漫溢者五穀有不升而賦稅不為減百姓虛竭家有愁心也

安帝永初初連年水旱災異郡國多被飢困尚書郎樊準上疏曰臣聞傳曰飢而不損茲曰大厥災水春秋穀梁傳曰五穀不登謂之大侵大侵之禮備而不製群臣禱而不祠由是言之調和陰陽實在節儉朝廷雖勞心元元事從省約而在職之吏尚未奉承夫建化致理由近及遠故詩曰京師翼翼四方是則今可先令太官尚方考功上林池籞諸官實減無事之物五府調省中都官吏京師作者如此則化及四方人勞省息伏見被災之郡百姓凋殘恐非賑給所能勝贍雖有其名終無其實可依征和元年故事遣使持節慰安尤困乏者徙置荊揚熟郡既省轉運之費且令百姓各安其所今雖有西屯之役宜先東州之急如遣使者與二千石隨事消息悉留富人守其舊土轉尤貧者過所衣食誠父母之計也願以臣言下公卿平議

元初六年司空李郃上書曰陛下祗畏天威懼天變克己責躬博訪群下咎皆在臣力小任重招致咎徵去二月京師地震今月戊午日蝕夫至尊莫過乎天天之變莫大乎日蝕地之戒莫重乎震動今一

歲之中。大異兩見。日蝕之變。既為尤深。地動之戒。搖宮最醜。日者陽精。君之象也。戊者土主。位在中宮。午者火德。漢之所承。地道必靜。法當坤陽。今乃專恣。搖動宮闕。禍在蕭墻之內。臣恐宮中必有陰謀其陽。下圖其上。造為逆也。災變終不虛生。推原二異。日辰行度。甚為較明。譬猶指掌。宜察宮闕之內。如有所疑。急摧破其謀。無令得成。修政恐懼。以荅天意。十月辛卯。日有蝕之。周家所忌。乃為亡徵。是時妃后用事。七子朝令。戊午之災。近相似類。宜貶退諸后兄弟群從內外之寵。求賢良。徵逸士。下德令。施恩惠。澤及山海。上深納其言。

延光元年。河西大雨雹。大者如斗。詔有道術之士。極陳變眚。帝召孔季彥親問其故。對曰。此皆陰乘陽之徵也。今貴臣擅權。母后黨盛。陛下宜修聖德。慮此二者。帝默然。左右皆惡之。

四年。馬融上書曰。伏讀詔書。陛下深惟禹湯罪己之義。歸咎自責。寅畏天戒。詳延百僚。博問公卿。知變所自。審得厥故。修復往術。以荅天命。臣子遠近。莫不延頸企踵。苟有隙空一介之知。事頗自效。貢納聖聽。臣伏見日蝕之占。自昔典籍。十月之交。春秋傳記。漢注所載。史官占候。群臣密對。陛下所觀覽。左右所諷誦。可謂詳悉備矣。雖復廣問限在前志。無以復加。乃者蕭氣干參。臣前得敦朴之人。後三年二月。對策北宮端門。以為參者西方之位。其於分野。并州是也。殆謂西戎北狄。其後種羌叛戾。烏桓犯上郡。并涼動兵。驗略效。今復見大異。申誡重諱於此二城。海內莫見。三月一日。合辰在婁。婁又西方之宿。累占顯明者。羌及烏桓有悔過之辭。將吏策勳之名。臣恐受任典牧者苟脫目前。皆粗圖身一時之權。不顧為國百世之利。論者美近功。忽其遠則。各相不大疢病。伏惟天象不虛。老子曰。圖難於其易也。為大於其細也。消災復異。止在於今日。詩曰。日月告凶。不用其行。四國無政。不用其良。傳曰。國無政。不用善。則自取讁于日月之災。故政不可不慎也。務三而已。一曰擇人。二曰安民。三曰從時。臣融伏惟方今有道之世。漢典設張。侯甸采衛。司民之吏。案繩循墨。雖有殿最。所差無幾。其陷罪辟。身自取禍。百姓未被其大傷。至邊郡牧御失和。吉之與凶。敗之與成。優劣相懸。不誠不可審擇其人。上以應天變。下以安民隸。竊見列將子孫。生長京師。食仰租奉。不知稼穡之艱。又希遭阨困。故能果毅輕財。施與不羇。以獲死生之用。此其所長也。不拘法禁。奢泰無度。功勞足以宣威。踰濫足以傷化。此其所短也。州郡之士。出自貧苦。長於檢押。雖專賞罰。不敢越濫。此其所長也。拘文守法。遭遇非常。猶疑無斷。畏首畏尾。威恩纖薄。外內離心。士卒不附。此其所短也。必得將兼有二長之才。無二短之累。參以吏事。任以兵法。有此數姿然後能折衝厭難。致其功實。轉災為福。孔子曰。十室之邑。必有忠信

如丘者焉。以天下之大。四海之衆。云無若人。臣以為誣矣。宜特選詳舉。審得其真。鎮守二方。以應用良擇人之義。以塞大異也。

安帝嘗數遣黃門常侍及中使伯榮。往來甘陵。伯榮負寵驕蹇。所經郡國。莫不迎為禮謁。又霖雨積時。河水涌溢。百姓騷動。尚書僕射陳忠上疏曰。臣聞位非其人。則庶事不叙。庶事不叙。則政有得失。政有得失。則感動陰陽。妖變為應。陛下每引災自厚。不責臣司。臣司狃恩莫以為負。故天心未得。隔并屢臻。青冀之域。淫雨漏河。徐岱之濱。海水盆溢。兗豫蝗蝝滋生。荊揚稻收儉薄。并涼二州。羌戎叛戾。加以百姓不足。府帑虛匱。自西徂東。杼柚將空。臣聞洪範五事。一曰貌。貌以恭。恭作肅。貌傷則狂而致常雨。春秋大水。皆以君上威儀不穆。臨莅不嚴。臣下輕慢。貴倖擅權。陰氣盛彊。陽不能禁。故為淫雨。陛下以不得親奉孝德皇園廟。比遣中使。致敬甘陵。朱軒軿馬。相望道路。可謂

寿至矣然臣竊聞使者所過威權翕赫震動郡縣王侯二千石至爲伯榮獨拜車下儀體上僭侔於人主長吏惶怖譴責或邪諂自媚發人修道繕理亭傳多設儲跱徵役無度老弱相隨動有萬計賂遺僕從人數百匹頓踣呼嗟莫不叩心河間託叔父之屬清河有陵廟之尊及剖符大臣皆猥爲伯榮屈節車下不問必以陛下欲其然也伯榮之威重於陛下陛下之柄在於臣妾水災之發必起於此昔韓嫣託副車之乘受馳視之使江都誤爲一拜而嫣受歐刀之誅臣願明主嚴天元之尊正乾剛之位職事巨細皆任賢能不宜復令女使干錯萬機重察左右得無石顯泄漏之姦尚書納言得無趙昌譖崇之詐公卿大臣得無朱博阿傅之援外屬近戚得無王鳳害商之謀若國政一由帝命王事每決於己則下不得偪上臣不得干君常雨大水必當霽止四方衆異不能爲害書奏不省

中常侍樊豐侍中謝惲等詐作詔書調發司農錢穀大匠見徒材木各起家舍園池廬觀役費無數太尉楊震因地震上疏曰臣蒙恩備台輔不能奉宣政化調和陰陽去年十二月京師地動臣聞師言地者陰精當安靜承陽而今動搖者陰道盛也其日戊辰三者皆土位在中宮此中臣近官盛於持權用事之象也臣伏惟陛下以邊境未寧躬自菲薄宮殿垣屋傾倚支柱而已無所興造欲令遠近咸知政化之清流商邑之翼翼也而親近倖臣未崇斷金驕溢踰法多請徒士盛修第舍賣弄威福道路讙譁衆所聞見地動之變近在城郭殆爲此發又冬無宿雪春節未雨百僚燋心而繕修不止誠致旱之徵也書曰僭恒暘若臣無作威作福玉食惟陛下奮乾剛之德棄驕奢之臣以掩訞言之口奉承皇天之戒無令威福久移於下

延光四年冬京都大疫明年太史令張衡上封事曰臣竊見京師爲害無所及民多病死死有滅戶人人恐懼朝廷燋心以爲至憂臣官在於考變禳災思任防救未知所由夙夜征營臣聞國之大事在祀祀莫大於郊天奉祖方今道路流言僉曰孝安皇帝南巡路崩從駕左右行慝之臣欲徵諸國王子故不發喪衣車還宮僞遣大臣並禱請命臣處外官不知其審然尊靈見罔豈能無怨且凡夫私小有不蠲猶爲譴謫況以大穢用禮郊廟孔子曰曾謂泰山不如林放乎天地明察降禍見災乃其理也又間者有司正以冬至之後奏開恭陵神道陛下至孝不忍距逆或發冢移尸月令仲冬土事無作慎無發蓋及起大衆以固而閉地氣上泄是謂發天地之房諸蟄則死民必疾疫又隨以喪厲氣未息恐其殆此二年欲使知過改悔五行傳曰六沴作見若時共禦帝用不差神則不怒萬福乃降用章于下臣愚以爲可使公卿處議所以陳術改過取媚神祇自求多福也

順帝陽嘉二年有地動山崩火災之異公卿舉李固對策詔又特問當世之敝爲政所宜固對曰臣聞王者父天母地寶有山川王道得則陰陽和穆政化乖則崩震爲災斯皆關之天心效於成事者也夫化以職成官由能理古之進者有德有命今之進者唯財與力伏聞詔書務求寬博疾惡嚴暴而今長吏多殺伐致聲名者必加遷賞其存寬和無黨援者輒見斥逐是以淳厚之風不宣彫薄之俗未革雖繁刑重禁何能有益前孝安皇帝變亂舊典封爵阿母因造妖孽使樊豐之徒乘權放恣侵奪主威改亂嫡嗣至令聖躬狼狽親遇其艱旣拔自困殆龍興即位天下喁喁屬望風政積敝之後易致中興誠當沛然思惟善道而論者猶云方今之事復同於前臣伏從山草痛心傷膽實以漢興以來三百餘年賢聖相繼十有八主豈無阿乳之恩豈忘貴爵之寵然上畏天威俯案經典知義不可故不封也今之阿母

雖有大功勤謹之德但加賞賜足以酬其勞苦至於列土開國實乖舊典聞阿母體性謙虛必有遜讓陛下宜許其辭國之高使成萬安之福夫后妃之家所以少完全者豈天性當然但以爵位尊顯專總權柄天道惡盈不知自損故至顛仆先帝寵遇閻氏位號太疾故其受禍曾不旋時老子曰其進銳者其退速也今梁氏戚為椒房禮所不臣尊以高爵尚可然也而子弟群從榮顯兼加永平建初故事殆不如此宜令步兵校尉冀及諸侍中還居黃門之官使權去外戚政歸國家豈不休乎又詔書所以禁侍中尚書中臣子弟不得為吏察孝廉者以其秉威權容請託故也而中常侍在日月之側聲勢振天下子弟祿任曾無限極雖外託謙默不干州郡而諂偽之徒望風振舉今可為設常禁同之中臣昔館陶公主為子求郎明帝不許賜錢千萬所以輕厚賜重薄位者為官人失才害及百姓也竊聞長水司馬武宣開陽城門候羊迪等無他功德初拜便真此雖小失而漸壞舊章先聖法度所宜堅守政教一跌百年不復詩云上帝板板下民卒癉刺周王變祖法度故使下民將盡病也今陛下之有尚書猶天之有北斗也斗為天喉舌尚書亦為陛下喉舌斗斟酌元氣運乎四時尚書出納王命賦政四海權尊勢重責之所歸若不平心災眚必至誠宜審擇其人以毗聖政今與陛下共理天下者外則公卿尚書內則常侍黃門譬猶一門之內一家之事安則共其福慶危則通其禍敗刺史二千石外統職事內受法則夫表曲者景必邪源清者流必潔猶叩樹本百枝皆動也周頌曰薄言振之莫不震疊此言動之於內而應之於外者也由此言之本朝號令豈可蹉跌閒隙一開則邪人動心利競暫啓則仁義道塞刑罰不能復禁化導以之寖壞此天下之紀綱當今之急務陛下宜開石室陳圖書招會群儒引問失得

指擿變象以求天意其言有中理即時施行顯拔其人以表能者則聖聽日有所聞忠臣盡其所知又宜罷退宦官去其權重裁置常侍二人方直有德者省事左右小黃門五人才智閑雅者給事殿中如此則論者厭塞升平可致也臣所以敢陳愚瞽冒昧自聞者儻或皇天欲令微臣覺悟陛下陛下宜熟察臣言憐赦臣死

順帝以災異公車徵郎顗顗乃詣闕拜章曰臣聞天垂妖象地見災符所以譴告人主責躬修德使正機平衡流化興政也易內傳曰凡災異所生各以其政變之則除消之亦除伏惟陛下躬日昊之聽溫三省之勤思過念咎務消祇悔方今時俗奢佚淺恩薄義夫救奢必於儉約拯薄無若敦厚安上理人莫善於禮修禮遵約蓋惟上興革文變薄事不在下故周南之德關雎政本本立道生風行草從澄其源者流清溷其本者末濁天地之道其猶鼓籥以虛為德自近及遠者也伏見往年以來園陵數災炎光熾猛驚動神靈易天人應曰君子不思遵利茲謂無澤厥災孽火燒其宮又曰君高臺府犯陰侵陽厥災火又曰上不儉下不節炎火並作燒君室自頃繕理西苑修復太學宮殿官府多所構飾昔盤庚遷殷去奢即儉夏后卑室盡力致美又魯人為長府閔子曰仍舊貫何必改作臣愚以為諸所繕修事可省減稟卹貧人賑贍孤寡此天之意也人之慶也仁之本也儉之要也焉有應天養人為仁為儉而不降福者哉土者地祇陰性沉靜宜以施化之時敬而勿擾竊見正月以來陰闇連日易內傳曰久陰不雨亂氣也蒙之比也蒙者君臣上下相冒亂也又曰欲德不用厥異常陰夫賢者化之本雲者雨之具也得賢而不用猶久陰而不雨也又頃前數日寒過其節冰既解釋還復凝合夫寒往則暑來暑往則寒來此言日月相推寒暑相避以成物也今立春之後火卦用事

當溫而寒違反時節由功賞不至而刑罰必加也宜行立秋順氣行
罰臣伏案飛候參察衆政以為立夏之後當有震裂涌水之害又比
熒惑失度盈縮往來涉歷輿鬼環繞軒轅火精南方夏之政也政有
失禮不從夏令則熒惑失行正月三日至乎九日三公卦三公上應
台階下同元首政失其道則寒陰反節節彼南山詠自周詩股肱良
哉著於虞典而今之在位競託高虛納累鍾之奉忘天下之憂棲遲
偃仰寢疾自逸被策文得賜錢即復起矣何疾之易而愈之速以此
消伏災眚興致升平其可得乎今選舉牧守委任三府長吏不良既
咎州郡州郡有失豈得不歸責舉者而陛下崇之彌優自下慢事愈
甚所謂大網疏小網數三公非臣之仇臣非狂夫之作所以發憤忘
食懇懇不已者誠念朝廷欲致興平非不能面譽也臣生長草野不
曉禁忌披露肝膽書不擇言伏鑕鼎鑊死不敢恨謹詣闕奉章伏待

重誅書奏帝復使對尚書顗對曰臣聞明王聖主好聞其過忠臣孝
子言無隱情臣備生人倫視聽之類而稟性愚慤不識忌諱故出忘
命懇懇重言誠欲陛下修乾坤之德開日月之明披圖籍案經典覽
帝王之務識先後之政如有闕遺退而自改本文武之業擬堯舜之
道攘災延慶號令天下此誠臣顗區區之願夙夜夢寤盡心所計謹
條序前章暢其旨趣條便宜七事且如狀對其一曰陵園至重聖神
攸馮而災火炎赫迫近寢殿魂而有靈猶將驚動尋宮殿官府近始
永平歲時未即便更修造又西苑之設禽畜是處離房別觀本不常
居而皆當務精土木營建無已消功單賄巨億為計易內傳曰人君
者奢侈多飾宮室其時旱其災火是故魯僖遭旱修政自勑下鍾鼓
之縣休繕治之官雖則不寤而時雨自降由此言之天之應人敏於
景響今月十七日戊午徵日也日加申風從寅來丑時而止丑寅申

皆徵也不有火災必當為旱願陛下校計繕修之費永念百姓之勞
罷將作之官減彫文之飾損庖廚之饌退宴私之樂易中孚傳曰陽
感天不旋日如是則景雲降集眚沴息矣其二曰去年已來兌卦用
事類多不効易傳曰有貌無實佞人也有實無貌道人也寒溫為實
清濁為貌今三公皆令色足恭外厲內荏以虛事上無佐國之實故
清濁效而寒溫不效也是以陰寒侵犯消息占曰日乘則有妖風日
蒙則有地裂如是三年則致日食陰侵其陽漸積所致立春前後溫
氣應節者詔令寬也其後復寒者無寬之實也夫十室之邑必有忠
信率土之人豈無貞賢未聞朝廷有所賞拔非所以求善贊務弘濟
元元宜採納良臣以助聖化其三曰臣聞天道不遠三五復反今年
少陽之歲法當乘起恐後年已往將遂驚動涉歷天門災成戊己今
春當旱夏必有水臣以六日七分候之可知夫災眚之來緣類而應

行有玷缺則氣逆于天精感變出以戒人君王者之義時有不登則
損樂徹膳數年以來穀收稍減家貧戶饉歲不如昔百姓不足君誰
與足水旱之災雖尚未至然君子遠覽防微慮萌老子曰人之飢也
以其上食稅之多也故孝文皇帝綈袍革舄木器無文約身薄賦時
致升平今陛下聖德中興宜遵前典惟節惟約天下幸甚易曰天道
無親常與善人是故高宗以享福宋景以延年其四曰臣竊見皇子
未立儲宮無主仰觀天文太子不明熒惑以去年春分後十六日在
婁五度推步三統熒惑今當在翼九度今反在柳三度則不及五十
餘度去年八月二十四日戊辰熒惑歷輿鬼東入軒轅出后星北東
去四度北旋復還軒轅者後宮也熒惑者至陽之精也天之使也而
出入軒轅繞還往來易曰天垂象見吉凶其意昭然可見矣禮天子
一娶九女嫡媵畢具今宮人侍御動以千計或生而幽隔人道不通

鬱積之氣上感皇天故遣熒惑入軒轅理人倫垂象見異以悟主上昔武王下車出傾宮之女表商容之閭以理人倫以表賢德故天授以聖子成王是也今陛下多積宮人以違天意故皇胤多夭嗣體莫寄詩云敬天之怒不敢戲豫方今之福莫若廣嗣廣嗣之術可不深思宜簡出宮女恣其姻嫁則天自降福子孫千億惟陛下丁寧再三留神於此左右貴倖亦宜惟臣之言以悟陛下蓋善言古者合於今善言天者合於人願訪問百僚有違臣言者臣當受苟言之罪其五曰臣竊見去年閏十月十七日己丑夜有白氣從西方天苑趨左足入玉井數日乃滅春秋曰有星孛于大辰大辰者何大火也大火為大辰罰又為大辰北極亦為大辰所以孛一宿而連三宿者言北辰王者之宮也凡中宮無節政教亂逆威武衰微則此三星以應之也罰者白虎其宿主兵其國趙魏變見西方亦應三輔凡金氣為變發

在秋節臣恐立秋以後趙魏關西將有羌寇畔戾之患宜豫宣告諸郡使敬授人時輕徭役薄賦斂勿妄繕起堅倉獄備守衛回選賢能以鎮撫之金精之變責歸上司宜以五月丙午遣太尉服干戚建井旟書玉板之策引白氣之異於西郊責躬求愆謝咎皇天消滅妖氣蓋以火勝金轉禍為福也其六曰臣竊見今月十四日乙卯巳時白虹貫日凡日傍氣色白而純者名為虹貫日中者侵太陽也見於春者政變常也方今中官外司各各考事其所考者或非急務又恭陵火災主名未立多所收捕備經考毒尋火為天戒以悟人君可順而不可違可敬而不可慢陛下宜恭己內省以備後災凡諸考案并須立秋又易傳曰公能其事序賢進士後必有喜反之則白虹貫日以甲乙見者則譴在中台自司徒居位陰陽多謬久無虛已進賢之策天下興議異人同咨且立春以來金氣再見金能勝木必有兵氣宜

黜司徒以應天意陛下不早攘之將負臣言遺患百姓其七曰臣伏惟漢興以來三百三十九歲於詩三基高祖起亥仲二年今在戌仲十年詩氾歷樞曰卯酉為革政午亥為革命神在天門出入候聽言神在戌亥司候帝王興衰得失厥善則昌厥惡則亡於易雄雌祕歷今值困乏凡九二困者眾小人欲共困害君子也經曰困而不失其所其唯君子乎唯獨賢聖之君遭困遇險能致命遂志不去其道陛下乃者潛龍養德幽隱屈厄即位之元紫宮驚動歷運之會時氣已應然猶恐妖祥未盡君子思患而豫防之臣以為戌仲已竟來年入季文帝改法除肉刑之罪至今適三百載宜因斯際大蠲法令官名稱號輿服器械事有所更變大為小去奢就儉機衡之政除煩為簡改元更始招來幽隱舉方正徵有道博採異謀開不諱之路臣陳引際會恐犯忌諱書不盡言未敢究暢臺詰顗曰對云白虹貫日政變

常也朝廷率由舊章何所變易而言變常又言當大蠲法令革易官號或云變常以致災或改舊以除異何也又陽嘉初建復欲改元據何經典其以實對顗對曰方春東作布德之元陽氣開發養導萬物王者因天視聽奉順時氣宜務崇溫柔遵其行令而今立春之後考事不息秋冬之政行乎春夏故白虹春見掩蔽日曜凡邪氣乘陽則虹蜺在日皆臣下執事刻急所致殆非朝廷優寬之本此其變常之咎也又今選舉皆歸三司非有周召之才而當則哲之重每有選用輒參之掾屬公府門巷賓客填集送去迎來財貨無已其當遷者競相薦謁各遣子弟充塞道路開長姦門興致浮偽非所謂率由舊章也尚書職在機衡宮禁嚴密私曲之意羌不得通偏黨之恩或無所用選舉之任不如還在機密臣誠愚戇不知折中斯固遠近之論當今之宜又孔氏曰漢三百載計歷改憲三百四歲為一德五德千五

百二十歲。五行更用。王者隨天。譬猶自春徂夏。改青服絳者也。自文帝省刑。適三百年。而輕微之禁。漸已殷積。王者之法。譬猶江河。當使易避而難犯也。故易曰。易則易知。簡則易從。易簡而天下之理得矣。今去奢即儉。以先天下。改易名號。隨事稱謂。易曰。君子之道。或出或處。同歸殊塗。一致百慮。是知變常而善。可以除災。變常而惡。必致於異。今年仲竟來年入季。仲終季始。歷運變改。故可改元。所以順天道也。臣顗愚蔽。不足以荅聖問。顗又上書薦黃瓊李固。幷陳消災之術曰。臣前對七事。要政急務。宜於今者。所當施用。誠知愚淺。不合聖聽。人賤言廢。當受誅罰。征營惶怖。靡知厝身。臣聞刳舟剡楫。將欲濟江海也。聘賢選佐。將以安天下也。昔唐堯在上。羣龍爲用。文武創德。周召作輔。是以能建天地之功。增日月之耀者也。詩云。赫赫王命。仲山甫將之。邦國若否。仲山甫明之。宣王是賴。以致雍熙。陛下踐祚以來。勤心衆政。而三九之位。未見其人。是以災害屢臻。四國未寧。臣考之國典。驗之闕見。莫不以得賢爲功。失士爲敗。且賢者出處。翔而後集。爵以德進。則其情不苟。然後使君子恥貧賤而樂富貴矣。若有德不報。有言不醻。來無所樂。進無所趨。則皆懷歸藪澤。修其故志矣。夫求賢者。上以承天。下以爲人。不用之。則逆天統。違人望。逆天統則災眚降。違人望則化不行。災眚降則下呼嗟。化不行則君道虧。四始之缺。五際之厄。其咎如此。豈可不剛健篤實。矜慄慄。以守天功盛德大業乎。臣見光祿大夫江夏黃瓊。耽道樂術。清亮自然。被褐懷寶。含味經籍。又果於從政。明達變復。朝廷前加優寵。賓于上位。瓊入朝日淺。謀謨未就。因以喪病。致命遂志。老子曰。大音希聲。大器晚成。善人爲國。三年乃立。天下莫不嘉朝廷有此良人。而復怪其不時還任。陛下宜隆崇之恩。極養賢之禮。徵反京師。以慰天下。又處士漢中李固年

四十。通游夏之藝。履顏閔之仁。絜白之節。情同皦日。忠貞之操。好是正直。卓冠古人。當世莫及。元精所生。王之佐臣。天之生固。必爲聖漢宜蒙特徵。以示四方。夫有出倫之才。不應限以官次。昔顏子十八。天下歸仁。子奇穉齒。化阿有聲。若還瓊徵固。任以時政。伊尹傅說。不足爲比。則可垂景光。致休祥矣。臣顗明不知人。伏聽衆言。百姓所歸。臧否共歎。顗汎問百僚。覈其名行。有一不合。則臣爲欺國。惟留聖神。不以人廢言。謹復條便宜四事。附奏於左。其一曰。孔子作春秋。書正月者敬歲之始也。王者則天之象。因時之序。宜開發德號。爵賢命士。流寬大之澤。垂仁厚之德。順助元氣。含養庶類。如此則天文昭爛。星辰顯列。五緯循軌。四時和睦。不則太陽不光。天地溷濁。時氣錯逆。霾霧蔽日。自立春以來。累經旬朔。未見仁德有所施布。但聞罪罰考掠之聲。夫天之應人。疾於景響。而自從入歲。常有蒙氣。月不舒光。日不宣曜。日者太陽。以象人君。政變於下。日應於天。清濁之占。隨政抑揚。天之見異。事無虛作。豈獨陛下倦於萬機。帷幄之政。有所闕歟。何天戒之數見也。臣願陛下發揚乾剛。援引賢能。勤求機衡之寄。以獲斷金之利。臣之所陳。輒以太陽爲先者。明其不可久闇。急當改正。其異雖微。其事甚重。臣言雖約。其旨甚廣。惟陛下乃眷臣章。深留明思。其二曰。孔子曰。雷之始發大壯始。君弱臣彊從解起。今月九日至十四日。大壯用事。消息之卦也。於此六日之中。雷當發聲。發聲則歲氣和。王道興也。易曰。雷出地奮豫。先王以作樂崇德。殷薦之上帝。雷者所以開發萌芽。辟陰除害。萬物須雷而解。資雨而潤。故經曰。雷以動之。雨以潤之。王者崇寬大。順春令。則雷應節。不則發動於冬。當震反潛。故易傳曰。當雷不雷。太陽弱也。今蒙氣不除。日月變色。則其效也。天網恢恢。疏而不失。隨時進退。應政得失。夫人者與天地合其德。與日月合

其明旋機動作與天相應雷者號令其德生養號令殆廢當生而殺
則雷反作其時無歲陛下若欲除災昭祉順天致和宜察臣下尤酷
害者亟加斥黜以安黎元則大皓悅和雷聲乃發其三曰去年十月
二十日癸亥太白與歲星合於房心太白在北歲星在南相離數寸
光芒交接房心者天帝明堂布政之宮孝經鉤命決曰歲星守心年
穀豐尚書洪範記曰月行中道移節應期德厚受福重華留之重華
者謂歲星在心也今太白從之交合明堂金木相賊而反同合此以
陰陵陽臣下專權之異也房心東方其國主宋石氏經曰歲星出左
有年出右無年今金木俱東歲星在南是為出右恐年穀不成宋人
飢也陛下宜審詳明堂布政之務然後妖異可消五緯順序矣其四
曰易傳曰陽無德則旱陰僭陽亦旱陽無德者人君恩澤不施於人
也陰僭陽者祿去公室臣下專權也自冬涉春訖無嘉澤數有西風

反逆時節朝廷勞心廣為禱祈薦祭山川暴龍移市臣聞皇天感物
不為偽動災變應人要在責己若令雨可請降水可禳止則歲無隔
并太平可待然而災害不息者患不在此也立春以來未見朝廷賞
録有功表顯有德存問孤寡賑恤貧弱而但見洛陽都官奔車東西
收繫纖介牢獄充盈臣聞恭陵火處比有光曜明此天災非人之咎
丁丑大風掩蔽天地風者號令天之威怒皆所以感悟人君忠厚之
戒又連月無雨將害秋麥若一穀不登則飢者十三四矣陛下誠宜
廣被恩澤貸贍元元昔堯遭九年之水人有十年之蓄者簡稅防災
為其方也願陛下早宣德澤以應天功若臣言不用朝政不改立夏
之後乃有澍雨於今之際未可望也若政變於朝而天不雨則臣為
誣上愚不知量分當鼎鑊書奏特詔拜郎中辭病不就
陽嘉三年河南三輔大旱五穀災傷天子親自露坐請雨又禱祀名

山大澤以尚書周舉才學優深特下策問曰朕以不德仰承三統夙
興夜寐思協大中頃年以來旱災屢應稼穡焦枯民食困乏五品不
訓王澤未流群司素餐據非其位審所貶黜變復之徵厥效何由分
別具對勿有所諱舉對曰臣聞天尊地卑乾坤以定易稱二儀交構
乃生萬物萬物之中以人為貴故聖人養之以君成之以化順四時
之宜適陰陽之和使男女婚娶不過其時包之以仁恩導之以德教
示之以災異訓之以嘉祥此先聖承乾養物之始也夫陰陽閉隔則
二氣否塞二氣否塞則人物不昌人物不昌則風雨不時風雨不時
則水旱成災陛下處唐虞之位未行堯舜之政近廢文帝光武之法
而循亡秦奢侈之欲內積怨女外有曠夫今皇嗣不興東宮未立傷
和逆理斷絕人倫之所致也非但陛下行此而已豎宦之人亦復虛
以形埶威侮良家取女閉之至有白首歿無配偶逆於天心昔武王

入殷出傾宮之女成湯遭災以六事尅己魯僖遇旱而自責祈雨皆
以精誠轉禍為福自枯旱以來彌歷年歲未聞陛下改過之效徒勞
至尊暴露風塵誠無益也又下州郡祈神致請昔齊有大旱景公欲
祀河伯晏子諫曰不可夫河伯以水為城國魚鼈為民庶水盡魚枯
豈不欲雨自是不能致也陛下所行但務其華不尋其實猶緣木求
魚卻行求前誠宜推信革政崇道變惑出後宮不御之女理天下冤
枉之獄除大官重膳之費夫五品不訓責在司徒有非其位宜急黜
斥臣自藩外擢典納言學薄智淺不足以對易傳曰陽感天不旋日
惟陛下留神裁察因召見舉及尚書令成翊世僕射黃瓊問以得失
舉等並對以為宜慎官人去斥貪汙離遠佞邪循文帝之儉尊孝明
之教則時雨必應帝曰百官貪汙佞邪者為誰乎舉獨對曰臣從下
州超備機密不足以別群臣然公卿大臣數有直言者忠貞也阿諛

茍容者佞邪也司徒視事六年未聞有忠言異謀愚心在此其後以事免司徒劉崎遷舉司隸校尉

舉為諫議大夫時帝召於顯親殿問以變眚舉對曰陛下初立遵脩舊典興化致政遠近肅然頃年以來稍違於前朝多寵倖祿不序德觀天察人準令方古誠可危懼書曰僭恒暘若夫僭差無度則言不從而下不正陽無制則上擾下竭宜密嚴勅州郡察強宗大姦以時禽討

順帝時大旱尚書僕射黃瓊上疏曰昔魯僖遇旱以六事自讓躬節儉閉女謁放讒佞者十三人誅稅民受貨者九人退舍南郊天立大雨今亦宜顧省政事有所損闕務存質儉以易民聽尚方御府息除煩費明勅近臣使遵法度如有不移示以好惡數見公卿引納儒士訪以政化使陳得失又因徒尚積多致死亡亦足以感傷和氣招降災旱若改敝從善擇用嘉謀則災消福至矣

太史令張衡以政事漸損權移於下因上疏陳事曰伏惟陛下宣哲克明繼體承天中遭傾覆龍德泥蟠今乘雲高躋磐桓天位誠所謂將隆大位必先倥傯之也親履艱難者知下情備經險易者達物偽故能一貫萬機靡所疑惑百揆允當庶績咸熙宜獲福祉神祇受譽黎庶而陰陽未和災眚屢見神明幽遠冥鑒在茲福仁禍淫景響而應因德降休乘失致咎天道雖遠吉凶可見近世鄭蔡江樊周廣王聖皆為效矣故恭儉畏忌必蒙祉祚奢淫諂慢鮮不夷戮前事不忘後事之師也夫情勝其性流遯忘反豈唯不肖中才皆然苟非大賢不能見得思義故積惡成釁罪不可解也向使能瞻前顧後援鏡自戒則何陷於凶患乎貴寵之臣眾所屬仰其有愆尤上下知之褒美譏惡有心皆同故怨讟溢乎四海神明降其禍辟也頃年雨常不足思求所失則洪範所謂僭恒暘若者也懼群臣奢侈昏踰典式自下逼上用速咎徵又前年京師地震土裂裂者威分震者人擾也君以靜唱臣以動和威自上出不趣於下禮之政也竊懼聖思厭倦制不專己恩不忍割與眾共威威不可分德不可共洪範曰臣有作威作福玉食害于而家凶于而國天鑒孔明雖疏不失災異示人前後數矣而未見所革以復往悔自非聖人不能無過願陛下思惟所以稽古率舊勿令刑德八柄不由天子若恩從上下事依禮制禮制脩則奢僭息事合宜則無凶咎然後神望允塞災消不至矣

桓帝延熹閒火災陳蕃劉智茂上疏諫曰古之火皆君弱臣強極陰之變也前始春而獄刑慘故火不炎上前入春節連寒木冰暴風折樹又八九州郡並言隕霜殺菽春秋晉執季孫行父木為之冰夫氣弘則景星見化錯則五星開日月蝕災為已然異為方來恐卒有變必於三朝唯善政可以已之願察臣前言不棄愚忠則元元幸甚書奏不省

太史令上言客星經帝坐帝密以問侍中爰延延因上封事曰臣聞天子尊無為上故天以為子位臨臣庶威重四海動靜以禮則星辰順序意有邪僻則晷度錯違陛下以河南尹鄧萬有龍潛之舊封為通侯恩重公卿惠豐宗室加頃引見與之對博上下媟黷有虧尊嚴臣聞之帝左右者所以咨政德也故周公戒成王曰其朋其朋言慎所與也昔宋閔公與強臣共博列婦人於側積此無禮以致大災武帝與幸臣李延年韓嫣同臥起尊爵重賜情欲無厭遂生驕淫之心行不義之事卒延年被戮嫣伏其辜夫愛之則不覺其過惡之則不知其善所以事多放濫物情生怨故王者賞人必酬其功爵人以甄其德善人同處則日聞嘉訓惡人從游則日生邪情孔子曰益者三

友損者三友邪臣惑君亂妾危主以非所言則悅於耳以非所行則翫於目故令人君不能遠之仲尼曰唯女子與小人為難養近之則不遜遠之則怨蓋聖人之明戒也昔光武皇帝與嚴光俱寢上天之異其夕即見夫以光武之聖德嚴光之高賢君臣合道尚降此變豈況陛下今所親幸以賤為貴以卑為尊哉惟陛下遠讒諛之人納謇謇之士除左右之權寤宦官之敝使積善日熙佞惡消殄則乾災可除帝省其奏

時宦官專朝政刑暴濫又比失皇子災異尤數延熹九年襄楷自家詣闕上疏曰臣聞皇天不言以文象設教堯舜雖聖必歷象日月星辰察五緯所在故能享百年之壽為萬世之法臣切見去歲五月熒惑入太微犯帝座出端門不軌常道其閏月庚辰太白入房犯心小星震動中耀中耀天王也傍小星者天王子也夫太微天廷五帝之坐而金火罰星揚光其中於占天子凶又俱入房心法無繼嗣今年歲星久守太微逆行西至掖門還切執法歲為木精好生惡殺而淹留不去者咎在仁德不修誅罰太酷前七年十二月熒惑與歲星俱入軒轅逆行四十餘日而鄧皇后誅其冬大寒殺鳥獸害魚鼈城傍竹柏之葉有傷枯者臣聞於師曰柏傷竹枯不出三年天子當之今洛陽城中人夜無故叫呼云有火光人聲正讙於占亦與竹柏枯同自春夏以來連有霜雹及大雨雷而臣作威作福刑罰急刻之所感也太原太守劉瓆南陽太守成瑨志除姦邪其所誅翦皆合人望而陛下受閹豎之譖乃遠加考逮三公上書乞哀瓆等不見採察而嚴被譴讓憂國之臣將遂杜口矣臣聞殺無罪誅賢者禍及三世自陛下即位以來頻行誅罰梁寇孫鄧並見族滅其從坐者又非其數李雲上書明主所不當諱杜衆乞死諒以感悟聖朝曾無赦宥而并被

殘戮天下之人咸知其冤漢興以來未有拒諫誅賢用刑太深如今者也永平舊典諸當重論皆須冬獄先請後刑所以重人命也頃數十歲以來州郡翫習又欲避請讞之煩輒託疾病多死牢獄長吏殺生自已死者多非其罪魂神冤結無所歸訴淫厲疾疫自此而起昔文王一妻誕致十子今宮女數千未聞慶育宜修德省刑以廣螽斯之祚又七年六月十三日河內野王山上有龍死長可數十丈扶風有星隕為石聲聞三郡夫龍形狀不一小大無常故周易況之大人帝王以為符瑞或聞河內龍死諱以為蛇夫龍能變化蛇亦有神皆不當死昔秦之將衰華山神操璧以授鄭客曰今年祖龍死始皇逃之死於沙丘王莽天鳳二年訛言黃山宮有死龍之異後漢誅莽光武復興虛言猶然況於實邪夫星辰麗天猶萬國之附王者也下將畔上故星亦畔天石者安類墜者失埶春秋五石隕宋其後襄公為楚所執秦之亡也石隕東郡今隕扶風與先帝園陵相近不有大喪必有畔逆案春秋以來及古帝王未有河清及學門自壞者也臣以河者諸侯位也清者屬陽濁者屬陰河當濁而反清者陰欲為陽諸侯欲為帝也太學天子教化之宮其門無故自壞者言文德將喪教化廢也京房易傳曰河水清天下平今天垂異地吐妖人癘疫三者並時而有河清猶春秋麟不當見而見孔子書之以為異也臣前上琅邪宮崇受干吉神書不合明聽臣聞布穀鳴於孟夏蟋蟀吟於始秋物有微而志信人有賤而言忠臣雖至賤誠願賜清閒極盡所言書奏不省十餘日復上書曰臣伏見太白北入數日復出東方其占當有大兵中國弱四夷彊臣又推步熒惑今當出而潛必有陰謀皆由獄多冤結忠臣被戮德星所以久守執法亦為此也陛下宜承天意理察冤獄為劉瓆成瑨虧除罪辟追錄李雲杜衆等子孫夫天子

事天不孝，則日食星鬬。比年日食於正朔，三光不明，五緯錯戾。前者宮崇所獻神書，專以奉天地順五行為本，亦有興國廣嗣之術。其文易曉，參同經典。而順帝不行，故國胤不興，孝沖孝質頻世短祚。臣又聞之，得主所好，自非正道，神為生虐。故周衰，諸侯以力征相尚，於是夏育申休宋萬彭生任鄙之徒生於其時。殷紂好色，妲己是出。葉公好龍，真龍游廷。今黃門常侍，天刑之人，陛下愛待，兼倍常寵，係嗣未兆，豈不為此。天官宦者星不在紫宮而在天市，明當給使主市里也。今乃反處常伯之位，實非天意。又聞宮中立黃老浮屠之祠。此道清虛，貴尚無為，好生惡殺，省慾去奢。今陛下嗜欲不去，殺罰過理，既乖其道，豈獲其祚哉。或言老子入夷狄為浮屠。浮屠不三宿桑下，不欲久生恩愛，精之至也。天神遺以好女，浮屠曰：此但革囊盛血。遂不眄之。其守一如此，乃能成道。今陛下婬女豔婦，極天下之麗，甘肥飲美，殫天下之味，柰何欲如黃老乎。書上，即召詔尚書問狀。楷曰：臣聞古者本無宦臣，武帝末春秋高，數遊後宮，始置之耳。後稍見任，至於順帝，遂益繁熾。今陛下爵之十倍於前，至今無繼嗣者，豈獨好之而使之然乎。尚書上其對，詔下有司處正。

楊秉為侍中尚書，帝時微行，私過幸河南尹梁胤府舍。是日大風拔樹晝昏。秉因上疏諫曰：臣聞瑞由德至，災應事生。傳曰：禍福無門，唯人所召。天不言語，以災異譴告。是以孔子迅雷風烈必有變動。詩云：敬天之威，不敢驅馳。王者至尊，出入有常，警蹕而行，靜室而止，自非郊廟之事，則鑾旗不駕。故詩稱自郊徂宮。易曰：王假有廟，致孝享也。諸侯如臣之家，春秋尚列其誡，況以先王法服而私出槃遊，降亂尊卑，等威無序，侍衛守空宮，紱璽委女妾。設有非常之變，任章之謀，上負先帝，下悔靡及。臣弈世受恩，得備納言，又以薄學充在講勸，特蒙

哀識，見照日月，恩重命輕，義使士死，敢憚摧折，略陳其愚。

時連歲饑荒，災異數見。劉陶時游太學，上疏曰：臣聞人非天地無以生，天地非人無以為靈。是故帝非人不立，人非帝不寧。夫天之與帝，帝之與人，猶頭之與足，相須而行也。伏惟陛下年隆德茂，中天稱號，襲常存之慶，循不易之制，目不視鳴條之事，耳不聞檀車之聲，天災不有痛於肌膚，震食不即損於聖體，故蔑三光之謬，輕上天之怒。伏念高祖之起，始自布衣，拾暴秦之敝，追亡周之鹿，合散扶傷，克成帝業。功既顯矣，勤亦至矣。流福遺祚，至於陛下。陛下既不能增明烈考之軌，而忽高祖之勤，妄假利器，委授國柄，使群醜刑隸，芟刈小民，彫敝諸夏，虐流遠近。故天降衆異，以戒陛下。陛下不悟，而競令虎豹窟於麑場，豺狼乳於春囿。斯豈唐咨禹稷益典朕虞議物賦土蒸民之意哉。又令牧守長吏上下交競，封豕長蛇吞食天下，貨殖者為窮冤之魂，貧餒者為飢寒之鬼。高門獲東觀之辜，豐室羅妖叛之罪。死者悲於窀穸，生者戚於朝野。是愚臣所為咨嗟長懷歎息也。且秦之將亡，正諫者誅，諛進者賞，嘉言結於忠舌，國命出於讒口，擅閻樂於咸陽，授趙高以車府，權去已而不知，威離身而不顧。古今一揆，成敗同埶。願陛下遠覽強秦之傾，近察哀平之變，得失昭然，禍福可見。臣又聞危非仁不扶，亂非智不救。故武丁得傅說以消鼎雉之災，周宣用申甫以濟夷厲之荒。竊見故冀州刺史南陽朱穆、前烏桓校尉臣同郡李膺，皆履正清平，貞高絕俗。穆前在冀州，奉憲操平，摧破奸黨，掃清萬里。膺歷典牧守，正身率下。及掌戎馬，威揚朔北。斯實中興之良佐，國家之柱臣也。宜還本朝，挾輔王室，上齊七曜，下鎮萬國。臣敢吐不時之義於諱言之朝，猶冰霜見日，必至消滅。臣始悲天下之可悲，今天下亦悲臣之愚惑也。

永康元年徵皇甫規為尚書其夏日食詔公卿舉賢良方正下問得失規對曰天之於王者如君之於臣父之於子也誡以災妖使從福祥陛下八年之中三斷大獄一除內嬖再誅外臣而災猶見人情未安者殆賢愚進退威刑所加有非其理也前太尉陳蕃劉矩忠謀高世廢在里巷劉祐馮緄趙典尹勳正直多怨流放家門李膺王暢孔翊絜身守禮終無宰相之階至於鉤黨之釁事起無端虐賢傷善哀及無辜今興改善政易於覆手而群臣杜口鑒畏前害互相瞻顧莫肯正言伏願陛下暫留聖明容受謇直則前責可弭後福必降對奏不省

歷代名臣奏議卷之二百九十六

歷代名臣奏議卷之二百九十七

災祥

漢靈帝建寧二年青蛇見御坐軒前又大風雨雹霹靂拔樹詔使百僚各言災應大司農張奐上疏曰臣聞風為號令動物通氣木生於火相須乃明蛇能屈伸配龍騰蟄順至為休徵逆來為殃咎陰氣專用則凝精為雹故大將軍竇武太傅陳蕃或志寧社稷或方直不回前以讒勝並伏誅戮海內默默人懷震憤昔周公葬不如禮天乃動威今武蕃忠貞未被明宥災眚之來皆為此也宜急為改葬徙還家屬其從坐禁錮一切蠲除又皇太后雖居南宮而恩禮不接朝臣莫言遠近失望宜思大義顧復之報天子深納奐言

謝弼亦上封事曰臣聞和氣應於有德妖異生乎失政上天告譴則王者思其愆政道或虧則姦臣當其罰夫蛇者陰氣所生鱗者甲兵之符也鴻範傳曰厥極弱時則有蛇龍之孽又熒惑守亢裴回不去法有近臣謀亂發於左右不知陛下所與從容帷幄之內親信者為誰宜急斥黜以消天戒臣又聞惟虺惟蛇女子之祥伏惟皇太后定策宮闈援立聖明書云父子兄弟罪不相及竇氏之誅豈宜咎延太后幽隔空宮愁感天心如有霧露之疾陛下當何面目以見天下昔周襄不能敬事其母戎狄遂至交侵孝和皇帝不絕竇后之恩前世以為美談禮為人後者為之子今以桓帝為父豈得不以太后為母哉援神契曰天子行孝四夷和平方今邊境日蹙兵革蜂起自非孝道何以濟之願陛下仰慕有虞烝烝之化俯思凱風慰母之念臣又聞爵賞之設必酬庸勳開國承家小人勿用功臣久外未蒙爵秩阿母寵私乃享大封大風雨雹亦由於茲又故太傅陳蕃輔相陛下勤身王室夙夜匪懈而見陷群邪一旦誅滅其為酷濫駭動天下而門

生故吏。並離徙錮。蓄身已往。人百。何贖。宜還其家屬。解除禁網。夫台宰重器。國命所寄。今之四公。惟司空劉寵斷斷守善。餘皆素飡致寇之人。四公謂劉矩爲太尉。許訓爲司徒。胡廣爲太傅。及寵也。必有折足覆餗之凶。可因災異並加罷黜。徵故司空王暢長樂少府李膺並居政事。庶災變可消。國祚惟永。臣山藪頑闇。未達國典。策曰。無有所隱。敢不盡愚。用忘忌諱。伏惟陛下裁其誅罰。

熹平元年。青蛇見御坐。帝以問少府光祿勳楊賜。賜上封事曰。臣聞和氣致祥。乖氣致災。休徵則五福應。咎徵則六極至。夫善不妄來。災不空發。王者心有所惟。意有所想。雖未形顏色。而五星以之推移。陰陽爲其變度。以此而觀。天之與人。豈不符哉。尚書曰。天齊乎人。假我一日。是其明徵也。夫皇極不建。則有蛇龍之孽。詩云。惟虺惟蛇。女子之祥。故春秋兩蛇鬬於鄭門。昭公殆以女敗。康王一朝晏起。關雎見

譏而作。夫女謁行。則讒夫昌。讒夫昌。則苞苴通。故殷湯以之自戒。終濟亢旱之災。惟陛下思乾剛之道。別內外之宜。崇帝乙之制。受元吉之祉。抑皇甫之權。割豔妻之愛。則蛇變可消。禎祥立應。殷戊宋景其事甚明。

光和元年。虹蜺晝降嘉德殿前。帝惡之。引賜及議郎蔡邕等入金商門崇德署。使中常侍曹節王甫問以祥異禍福所在。賜仰天歎。謂節等曰。吾每讀張禹傳。未嘗不憤恚歎息。既不能竭忠盡情。極言其要。而反留意少子。乞還女壻。朱雲欲得尚方斬馬劍以理之。固其宜也。吾以微薄之學。充先師之末。累世見寵。無以報國。猥當大問。死而後已。乃書對曰。臣聞之經傳。或得神以昌。或得神以亡。國家休明。則鑒其德。邪辟昏亂。則視其禍。今殿前之氣。應爲虹蜺。皆妖邪所生。不正之象。詩人所謂蝃蝀者也。於中孚經曰。蜺之比無德。以色親。方今內

多嬖倖。外任小臣。上下並怨。諠譁盈路。是以災異屢見。前後丁寧。今復投蜺。可謂孰矣。案春秋讖曰。天投蜺。天下怨。海內亂。加四百之期亦復垂及。昔虹貫牛山。管仲諫桓公無近妃宮。易曰。天垂象。見吉凶。聖人則之。今妾媵嬖人閹尹之徒。共專國政。欺罔日月。又鴻都門下。招會群小。造作賦說。以蟲篆小技見寵於時。如驩兜共工更相薦說。旬月之閒。並各拔擢。樂松處常伯。任芝居納言。郄儉梁鵠俱以便辟之性。佞辯之心。各受封爵。不次之寵。而令搢紳之徒。委伏畎畝。口誦堯舜之言。身蹈絕俗之行。棄捐溝壑。不見逮及。冠履倒易。陵谷代處。從小人之邪意。順無知之私欲。不念板蕩之作。虺蜴之誡。殆哉之危。莫過於今。幸賴皇天垂象譴告。周書曰。天子見怪則修德。諸侯見怪則修政。卿大夫見怪則修職。士庶人見怪則修身。惟陛下慎經典之誡。圖變復之道。斥遠佞巧之臣。速徵鶴鳴之士。內親張仲。外任山甫。

斷絕尺一。抑止槃遊。留思庶政。無敢怠遑。冀上天還威。衆變可弭。老臣過受師傅之任。數蒙寵異之恩。豈敢愛惜垂沒之年。而不盡其懷懷之心哉。

張文上論災異疏曰。春秋義曰。蝗者貪擾之氣所生。天意若曰。貪狼之人。蠶食百姓。若蝗食禾稼而擾萬民。獸齧人者。象暴政若獸而齧人。京房易傳曰。小人不義而反尊榮。則虎食人。辟歷殺人。亦象暴政妄有喜怒。政以賄成。刑放於寵。推類叙意。探指求原。皆象群下貪狼感教安施。或苦蝗蟲。宜敕正衆邪。清審選舉。退屏貪暴。魯僖公小國諸侯。敕政脩己。斥退邪臣。尚獲其報。六月甚雨之應。豈況萬乘之主。脩善求賢。宜舉敦朴。以輔善政。陛下體堯舜之聖。秉獨見之明。恢太平之業。敦經好學。流布遠近。可留須臾神慮。則可致太平。招休徵矣。

靈帝特詔問曰。比災變互生。未知厥咎。朝廷焦心。載懷恐懼。每訪群

公卿士庶闔忠言而各存括囊莫肯盡心議郎蔡邕經學深奧故密特稽問宜披露失得指陳政要勿有依違自生疑諱具對經術以皂囊封上邕對曰臣伏惟陛下聖德允明深悼災咎褒臣末學特垂訪及非臣螻蟻所能堪副斯誠輸寫肝膽出命之秋豈可以顧患避害使陛下不聞至戒哉臣伏思諸異皆亡國之怪也天於大漢殷勤不已故屢出祅變以當譴責欲令人君感悟改危即安今災眚之發不於他所遠則門垣近在寺署其為監戒可謂至切蜺墮雞化皆婦人干政之所致也前者乳母趙嬈貴重天下生則貲藏侔於天府死則丘墓踰於園陵兩子受封兄弟典郡續以永樂門史霍玉依阻城社又為姦邪今者道路紛紛復云有程大人者察其風聲將為國患宜高為隄防明設禁令深惟趙霍以為至戒今聖意勤勤思明邪正而聞太尉張顥為玉所進光祿勳姓璋有名貪濁又長水校尉趙玹屯騎校尉蓋升並叨時幸榮富優足宜念小人在位之咎退思引身避賢之福伏見廷尉郭禧純厚老成光祿大夫橋玄聰達方直故太尉劉寵忠實守正並宜為謀主數見訪問夫宰相大臣君之四體委任責成優劣已分不宜聽納小吏雕琢大臣也又尚方工技之作鴻都篇賦之文可且消息以示惟憂詩云畏天之怒不敢戲豫天戒誠不可戲也宰府孝廉士之高選近者以辟召不慎切責三公而今並以小文超取選舉開請託之門違明王之典衆心不厭莫之敢言臣願陛下忍而絕之思惟萬機以荅天望聖朝既自約厲左右近臣亦宜從化人自抑損以塞咎戒則天道虧滿鬼神福謙矣臣以愚贛感激忘身敢觸忌諱手書具對夫君臣不密上有漏言之戒下有失身之禍願寢臣表無使盡忠之吏受怨姦仇章奏帝覽而歎息。

邕又應詔上災異疏曰詔問踐祚以來災眚屢見頃歲日蝕地動風雨不時疫癘流行勁風折樹河雒盛溢臣聞陽微則日蝕陰盛則地震思亂則風貌失則雨視闇則疾簡宗廟水不潤下川流滿溢明君臣正上下抑陰尊陽脩五事於聖躬致精慮於共御其救之也

是年六月丁丑有黑氣墮北宮溫明殿東庭中黑如車蓋起奮訊身五色有頭體長十餘丈形貌似龍上問邕邕對曰所謂天投蜺者也不見足尾不得稱龍易傳曰蜺之比無德以色親也潛潭巴曰虹出后妃陰脅王者又曰五色迭至照于宮殿有兵革之事演孔圖曰天子外苦兵威內奪臣無忠則天投蜺變不空生占不空言意者陛下樞機之內衽席之上獨有以色見進陵尊踰制以招變象若群臣有所毀譽聖意低迴未知誰是兵戎未息威權漸移忠言不聞則虹蜺所在生也抑內寵任中正決毀譽分直邪各得其所勤守衛整武備威權之機不以假人則其救也

時頻有雷霆疾風傷樹拔木地震隕雹蝗蟲之害又鮮卑犯境役賦及民六年七月制書引咎誥群臣各陳政要所當施行邕上封事曰臣伏讀聖旨雖周成遇風訊諸執事宣王遭旱密勿祇畏無以或加臣聞天降災異緣象而至辟歷數發殆刑誅繁多之所生也風者天之號令所以教人也夫昭事上帝則自懷多福宗廟致敬則鬼神以著國之大事實先祀典天子聖躬所當恭事臣自在宰府及備朱衣迎氣五郊而車駕稀出四時致敬屢委有司雖有解除猶為疏廢故皇天不悅顯此諸異鴻範傳曰政悖德隱厥風發屋折木坤為地道易稱安貞陰氣憤盛則當靜反動法為下叛夫權不在上則雹傷物政有苛暴則虎狼食人貪利傷民則蝗蟲損稼去六月二十八日太白與月相迫兵事惡之鮮卑犯塞所從來遠今之出師未見其利上違天文下逆人事誠當博覽衆議從其安者臣不勝憤懣謹條宜所

施行七事表左。

一。明堂月令。天子以四立及季夏之節。迎五帝於郊。所以導致神氣。祈福豐年。清廟祭祀。追往孝敬。養老辟雍。示人禮化。皆帝者之大業。祖宗所祗奉也。而有司數以蕃國疏喪。宮內產生。及吏卒小汙。屢生忌故。竊見南郊齋戒。未嘗有廢。至於他祀。輙興異議。豈南郊卑而他祀尊哉。孝元皇帝策書曰。禮之至敬。莫重於祭。所以竭心親奉。以致肅祗者也。又元和故事。復申先典。前後制書。推心懇惻。而近者以來。更任太史。忘禮敬之大。任禁忌之書。拘信小故。以虧大典。禮。妻妾產者。齋則不入側室之門。無廢祭之文也。所謂宮中有卒。三月不祭者。謂士庶人數堵之室。共處其中耳。豈謂皇居之曠。臣妾之衆哉。自今齋制宜如故典。庶答風霆災妖之異。

一。臣聞國之將興。至言數聞。內知己政。外見人情。是故先帝雖有聖明之姿。而猶廣求得失。又因災異。援引幽隱。重賢良方正敦朴有道之選。危言極諫。不絕於朝。陛下親政以來。頻年災異。而未聞特舉選博之旨。誠當思省述脩舊事。使抱忠之臣展其狂直。以解易傳政悖德隱之言。

一。夫求賢之道。未必一塗。或以德顯。或以言揚。頃者立朝之士。曾不以忠信見賞。恒被謗訕之誅。遂使羣下結口。莫圖正辭。郎中張文前獨盡狂言。聖聽納受。以責三司。臣子曠然。衆庶解悅。臣愚以為宜擢文右職。以勸忠謇。宣聲海內。博開政路。

一。夫司隸校尉。諸州刺史所以督察姦枉。分別白黑者也。伏見幽州刺史楊憙。益州刺史龐芝。涼州刺史劉虔。各有奉公疾姦之心。憙等所糾。其効尤多。餘皆枉橈。不能稱職。或有抱罪懷瑕。與

下同疾。綱網弛縱。[illegible]
遣八使。又命三公謠言奏事。是時奉公者欣然得志。邪[illegible]皆憂悸失色。未詳斯議。所因寢息。昔劉向奏曰。夫執狐疑之計者。開群枉之門。養不斷之慮者。來讒邪之口。今始聞善政。旋復變易。足令海內測度朝政。宜追定八使。糾舉非法。更選忠清。平章賞罰。三公歲盡。差其殿最。使吏知奉公之福。營私之禍。則衆災之原。庶可塞矣。

一。臣聞古者取士。必使諸侯歲貢。孝武之世。郡舉孝廉。又有賢良文學之選。於是名臣輩出。文武並興。漢之得人。數路而已。夫書畫辭賦。才之小者。匡國理政。未有其能。陛下即位之初。先涉經術。聽政餘日。觀省篇章。聊以游意。當代博弈。非以教化取士之本。而諸生競利。作者鼎沸。其高者頗引經訓風喩之言。下則連偶俗語。有類俳優。或竊成文。虛冒名氏。臣每受詔於盛化門。差次錄第。其未及者。亦復隨輩皆見拜擢。既加之恩。難復收改。但守奉祿。於義已弘。不可復使理人。及仕州郡。昔孝宣會諸儒於石渠。章帝集學士於白虎。通經釋義。其事優大。文武之道。所宜從之。若乃小能小善。雖有可觀。孔子以為致遠則泥。君子故當志其大者。

一。墨綬長吏。職典理人。皆當以惠利為績。日月為勞。褒責之科。所宜分明。而今在任無復能省。及其還者。多召拜議郎郎中。若器用優美。不宜處之冗散。如有釁故。自當極其刑誅。豈有伏罪懼考。反求遷轉。更相放效。臧否無章。先帝舊典。未嘗有此。可皆斷絕。以覈真偽。

一。伏見前一切以宣陵孝子者為太子舍人。臣聞孝文皇帝制喪

服三十六日。雖繼體之君。父子至親。公卿列臣受恩之重。皆屈情從制。不敢踰越。今虛偽小人。本非骨肉。既無幸私之恩。又無祿仕之實。惻隱思慕。情何緣生。而群聚山陵。假名稱孝。行不隱心。義無所依。至有姦軌之人。通容其中。恒思皇后祖載之時。東郡有盜人妻者。亡在孝中。本縣追捕。乃伏其辜。虛偽雜穢。難得勝言。又前至得拜。後輩被遺。或經年陵次。以暫歸見漏。或以人自代。亦蒙寵榮。爭訟怨恨。凶凶道路。太子官屬。宜搜選令德。豈有但取丘墓凶醜之人。其為不祥。莫與大焉。宜遣歸田里。以明詐偽。

光和元年。有日食之異。尚書盧植上封事諫曰。臣聞五行傳日晦而月見謂之朓。王侯其舒。此謂君政舒緩。故日食晦也。春秋傳曰。天子避位移時。言其相掩。不過移時。而聞者日食自巳過午。既食之後。雲

霧晻曖。比年地震。彗孛互見。臣聞漢以火德。化當寬明。近色信讒。忌之甚者。如火畏水故也。案今年之變。皆陽失陰侵。消禦災凶。宜有其道。謹略陳八事。一曰用良。二曰原禁。三曰禦癘。四曰備寇。五曰修禮。六曰遵堯。七曰御下。八曰散利。用良者。宜使州郡覈舉賢良。隨方委用。責求選舉。原禁者。凡諸黨錮。多非其罪。可加赦恕。申宥回枉。禦癘者。宋后家屬。並以無辜委骸橫尸。不得收葬。疫癘之來。皆由於此。宜勑收拾。以安遊魂。備寇者。侯王之家。賦稅減削。愁窮思亂。必致非常。宜使給足。以防未然。修禮者。應徵有道之人。若鄭玄之徒。陳明洪範。攘服災咎。遵堯者。今郡守刺史一月數遷。宜依黜陟。以章能否。縱不九載。可滿三歲。御下者。請謁希爵。一宜禁塞。遷舉之事。責成主者。散利者。天子之體。理無私積。宜弘大務。蠲略細微。

時連有災異。郎中梁人審忠以為朱瑀等罪惡所感。乃上書曰。臣聞理國得賢則安。失賢則危。故舜有臣五人而天下理。湯舉伊尹。不仁者遠。陛下即位之初。未能萬機。皇太后念在撫育。權時攝政。故中常侍蘇康管霸應時誅殄。太傅陳蕃大將軍竇武考其黨與。志清朝政。華容侯朱瑀知事覺露。禍及其身。遂興造逆謀。作亂王室。撞蹋省闥。執奪璽綬。迫脅陛下。聚會群臣。離間骨肉母子之恩。遂誅蕃武及尹勳等。因共割裂城社。自相封賞。父子兄弟被蒙尊榮。素所親厚布在州郡。或登九列。或據三司。不惟祿重位尊之責。而苟營私門。多蓄財貨。繕修第舍。連里竟巷。盜取御水。以作魚釣。車馬服玩。擬於天家。群公卿士杜口吞聲。莫敢有言。州牧郡守承順風旨。辟召選舉。釋賢取愚。故蟲蝗為之生。夷寇為之起。天意憤盈。積十餘年。故頻歲日食於上。地震於下。所以勸戒人主。欲令覺悟。誅鉏無狀。昔高宗以雉雊之變。故獲中興之功。近者神祇啓悟陛下。發赫斯之怒。故王甫父子應

時誅戮。路人士女莫不稱善。若除父母之讎。誠怪陛下復忍孽臣之類。不悉殄滅。昔秦信趙高。以危其國。吳使刑人。身遘其禍。虞公抱寶牽馬。魯昭見逐乾侯。以不用宮之奇子家駒。以至滅辱。今以不忍之恩。赦夷族之罪。姦謀一成。悔亦何及。臣為郎十五年。皆耳目聞見。瑀之所為。誠皇天所不復赦。願陛下留漏刻之聽。裁省臣表。掃滅醜類。以答天怒。與瑀考驗。有不如言。願受湯鑊之誅。妻子并徙。以絕妄言之路。

魏明帝太和中。散騎常侍高堂隆奏。時風不至。而有休廢之氣。必有司不勤職事。以失天常也。詔書謙虛引咎。博諮異同。光祿勳和洽上奏。以為民稀耕少。入食者多。國以民為本。民以穀為命。故費一時之農。則失育命之本。是以先王務蠲煩費。以專耕農。自春夏以來。民窮於役。農業有廢。百姓囂然。時風不至。未必不由此也。消復之術。莫大

於節儉。太祖建立洪業，奉師徒之費，供軍賞之用，吏士豐於資食，倉府衍於穀帛，由不飾無用之宮，絕浮華之費。方今之要，固在息省勞煩之役，損除他餘之務，以爲軍戎之儲。三邊守禦，宜在備豫。料賊虛實，蓄士養衆，筭廟勝之策，明攻取之謀，詳詢衆庶，以求厥中。若謀不素定，輕弱小敵，軍人數舉，舉而無庸，所謂悅武無震，古人之誡也。

青龍中，崇華殿災，詔問侍中高堂隆：「此何咎？於禮寧有祈禳之義乎？」隆對曰：「夫災變之發，皆所以明教誡也。惟率禮脩德，可以勝之。易傳曰：『上不儉，下不節，孽火燒其室。』又曰：『君高其臺，天火爲災。』此人君苟飾宮室，不知百姓空竭，故天應之以旱，火從高殿起也。上天降鑒，故譴告陛下，陛下宜增崇人道，以答天意。昔大戊有桑穀生於朝，武丁有雊雉登於鼎，皆聞災恐懼，側身脩德，三年之後，遠夷朝貢，故號曰中宗、高宗。此則前代之明鑒也。今案舊占，災火之發，皆以臺榭宮室爲誡。然今宮室之所以充廣者，實由宮人猥多之故。宜簡擇留其淑懿，如周之制，罷省其餘。此則祖己之所以訓高宗，高宗之所以享遠號也。」詔又問隆：「吾聞漢武帝時柏梁災，而大起宮殿以厭之，其義云何？」隆對曰：「臣聞西京柏梁既災，越巫陳方，建章是經，以厭火祥。乃夷越之巫所爲，非聖賢之明訓也。五行志曰：『柏梁災，其後有江充巫蠱衛太子事。』如志之言，越巫建章無所厭也。孔子曰：『災者脩類應行，精祲相感，以戒人君。』是以聖主覩災責躬，退而脩德，以消復之。今宜罷散民役，宮室之制，務從約節，內足以待風雨，外足以講禮儀。清掃所災之處，不敢於此有所立作，萐莆嘉禾，必生此地，以報陛下虔恭之德。豈可疲民之力，竭民之財，實非所以致符瑞而懷遠人也。」

凌霄闕成，鵲巢其上，帝以問隆，隆對曰：「詩云：『維鵲有巢，維鳩居之。』今興宮室，起凌霄闕，而鵲巢之，此宮室未成，身不得居之象也。天意若

曰：宮室未成，將有他姓制御之，斯乃上天之戒也。夫天道無親，惟與善人，不可不深防，不可不深慮。夏商之季，皆繼體也，不欽承上天之明命，惟讒諂是從，廢德適欲，故其亡也忽焉。太戊、武丁覩災竦懼，祗承天戒，故其興也勃焉。今若休罷百役，儉以足用，增崇德政，動遵帝則，除普天之所患，興兆民之所利，三王可四，五帝可六，豈惟殷宗轉禍爲福而已哉！臣備腹心，苟可以繁祉聖躬，安社稷，臣雖灰身破族，猶生之年也，豈憚忤逆之災，而令陛下不聞至言乎？」於是帝改容動色。

時有星孛于大辰，隆又上疏曰：凡帝王徙都立邑，皆先定天地社稷之位，敬恭以奉之。將營宮室，則宗廟爲先，廐庫爲次，居室爲後。今圜丘、方澤、南北郊、明堂、社稷神位未定，宗廟之制又未如禮，而崇飾居室，士民失業。外人咸云宮人之用，與興戎軍國之費，所盡略齊，民不堪命，皆有怨怒。書曰：「天聰明自我民聰明，天明畏自我民明威。」與人作頌，則嚮以五福；民怒吁嗟，則威以六極。言天之賞罰，隨民言，順民心也。是以臨政務在安民爲先，然後稽古之化，格于上下。自古及今，未嘗不然也。夫采椽卑宮，唐虞、大禹之所以垂皇風也；玉臺瓊室，夏癸、商辛之所以犯昊天也。今之宮室，實違禮度，乃更建立九龍，華飾過前。天彗章灼，始起於房心，犯帝坐而干紫微，此乃皇天子愛陛下，是以發教戒之象，始卒皆於尊位，殷勤鄭重，欲必覺寤陛下。斯乃慈父懇切之訓，宜崇孝子祇聳之禮，以率先天下，以昭示後昆，不宜有忽，以重天怒。

帝初治宮室，發美女以充後庭，數出入弋獵。秋，大雨震電，多殺鳥雀。將作大匠楊阜上疏曰：臣聞明主在上，群下盡辭。堯舜聖德，求非索諫；大禹勤功，務卑宮室；成湯遭旱，歸咎責己；周文刑於寡妻，以御家

邦漢文躬行節儉身衣弋綈此皆能昭令問貽厥孫謀者也伏惟陛
下奉武皇帝開拓之大業守文皇帝克終之元緒誠宜思齊往古聖
賢之善治總觀季世放溢之惡政所謂善治者務儉約重民力也所
謂惡政者從心恣欲觸情而發也惟陛下稽古世代之初所以明赫
及季世所以衰弱至于泯滅近覽漢末之變足以動心誡懼矣曩使
桓靈不廢高祖之法文景之恭儉太祖雖有神武於何所施其能邪
而陛下何由處斯尊哉今吳蜀未定軍旅在外願陛下動則三思慮
而後行重慎出入以往鑒來言之若輕戒敗甚重頃者天雨又多卒
暴雷電非常至殺鳥雀天地神明以王者爲子也政有不當則見災
譴克己內訟聖人所記惟陛下慮患無形之外慎明纖微之初法漢
孝文出惠帝宮人令得自嫁頃所調送小女遠聞不令宜爲後圖諸
所繕治務從約節書曰九族既睦協和萬國事思厥宜以從中道精

心計謀省息費用吳蜀既定爾乃上安下樂九親熙熙如此以往祖
考心歡堯舜其猶病諸今宜開大信於天下以安衆庶以示遠人
齊王即位曹爽專政會有日食之變詔羣臣問得失太尉蔣濟上疏
曰昔大舜佐治戒在比周周公輔政慎於其朋齊侯問災晏嬰對以
布惠魯君問異臧孫答以緩役應天塞變乃實人事今二賊未滅將
士暴露已數十年男女怨曠百姓貧苦夫爲國法度惟命世大才乃
能張其綱維以垂于後豈中下之吏所宜改易哉終無益於治適足
傷民望宜使文武之臣各守其職率以清平則和氣祥瑞可感而致
也
吳大帝時步騭上疏曰天子父天母地故宮室百官動法列宿若施
政令欽順時節官得其人則陰陽和平七曜循度至於今日官寮多
闕雖有大臣復不信任如此天地焉得無變故頻年枯旱亢陽之應

也又嘉禾六年五月十四日赤烏二年正月一日及二十七日地皆
震動地陰類臣之象陰氣盛故動臣下專政之故也夫天地見異所
以警悟人主可不深思其意哉
西晉武帝泰始四年以傅玄爲御史中丞時頗有水旱之災玄上疏
曰臣聞聖帝明王受命天時未必無災是以堯有九年之水湯有七
年之旱惟能濟之以人事耳故洪水滔天而免沉溺野無生草而不
困匱伏惟陛下聖德欽明時小水旱人未大饑下祇畏之詔求極諫
之言同禹湯之罪己侔周文之夕惕臣伏懽喜上便宜五事其一曰
耕夫務多種而旱暵不熟徒喪功力而無收又舊兵持官牛者官得
六分士得四分自持私牛者與官中分施行來久衆心安之今一朝
減持官牛者官得八分士得二分持私牛及無牛者官得七分士得
三分人失其所必不懽樂臣愚以爲宜佃兵持官牛者與四分持私

牛與官中分則天下兵作懽然悅樂愛惜成穀無有損棄之憂其二
曰以二千石雖奉務農之詔猶不勤心以盡地利昔漢氏以墾田不
實徵殺二千石以十數臣愚以爲宜申漢氏舊典以警戒天下郡縣
皆以死刑督之其三曰以魏初未留意於水事先帝統百揆分河堤
爲四部并本凡五謁者以水功至大與農事並興非一人所周故也
今謁者一人之力行天下諸水無時得徧伏見河堤謁者車誼不知
水勢轉爲他職更選知水者代之可分爲五部使各精其方宜其四
曰古以步百爲畝今以二百四十步爲一畝所覺過倍近魏初課田
不務多其頃畝但務脩其功力故白田收至十餘斛水田收數十斛
自頃以來日增田頃畝之課而田兵益甚功不能脩理至畝數斛已
還或不足以償種非與曩時異天地橫遇災害也其病正在於務多
頃畝而功不脩耳竊見河堤謁者石恢甚精練水事及田事知其利害乞中

書召恢委曲問其得失必有所補益其五曰臣以為胡夷獸心不與華同鮮卑最甚本鄧艾苟欲取一時之利不慮後患使鮮卑數萬散居人間此必為害之勢也秦州刺史胡烈素有恩信於西方今烈往諸胡雖已無惡必且消弭然獸心難保不必其可久安也若後有動釁烈計能制之惟恐胡虜適困於討擊便能東入安定西赴武威外名為降可動復動此二郡非烈所制則惡胡東西有窟穴浮游之地故復為患無以禁之也宜更置一郡於高平川因安定西州都尉募樂徙民重其復除以充之以通北道漸以實邊詳議此二郡及新置郡皆使并屬秦州令烈得專御邊之宜詔曰得所陳便宜言得失及水官興廢又安邊御胡政事寬猛之宜申省周備一二具之此誠為國大本當今急務也如所論皆善深知乃心廣思諸宜動靜以聞也

太康五年正月癸卯二龍見於武庫井中帝見龍有喜色百僚將賀劉毅獨表曰昔龍漦夏庭禍發周室龍見鄭門子產不賀武帝荅曰朕德政未修未有以膺受嘉祥遂不賀也衛將軍司馬孫楚亦上言曰頃聞武庫井中有二龍群臣或有謂之禎祥而稱賀者或有謂之非祥無所賀者可謂蔽既失之而論亦未為得也夫龍或俯潛于重泉或仰攀于雲漢游乎蒼昊而今蟠于坎井同於蛙蝦者豈獨管庫之士或有隱伏廝役之賢沒於行伍故龍見先景有所感悟願陛下敦小過舉賢才垂夢於傅巖望想於渭濱修學官起淹滯申命公卿舉獨行君子可惇風厲俗者又舉亮拔秀異之才可以撥煩理難矯世抗言者無繫世族必先逸賤夫戰勝攻取之勢并兼混一之威五伯之事韓白之功耳至於制禮作樂闡揚道化甫是士人出筋力之秋也伏願陛下擇狂夫之言

帝詔賢良方正直言於東堂策問曰頃日食正陽水旱為災將何所脩以變大眚及法令有不宜於今為公私所患苦者皆何事凡平世在於得才得才者亦借耳目以聽察若有文武器能有益於時務而未見申敘者各舉其人及有負俗謗議宜先洗濯者亦各言之摯虞上荅曰臣聞古之聖明原始以要終體本以正末故憂法度之不當而不憂人物之失所憂人物之失所而不憂災害之流行誠以法得於此則物理於彼人和於下則災消於上其有日月之眚水旱之災則反聽內視求其所由遠觀諸物近驗諸身耳目聽察豈或有蔽其聰明者乎動心出令豈或有傾其常正者乎大官大職豈或有授非其人者乎賞罰黜陟豈或有不得其所者乎河濱山巖豈或有懷道釣築而未感於夢兆者乎方外遐裔豈或有命世傑出而未蒙膏澤者乎若此類也以求其故詢事考言以盡其實則天人之情可得而見

咎徵之至可得而救也若推之於物則無忤求之於身則無尤萬物理順內外咸宜祝史正辭言不負誠而日月錯行夭癘不戒此則陰陽之事非吉凶所在也期運度數自然之分固非人事所能供御其亦振廩散滯貶食省用而已矣是故誠遇期運則雖陶唐殷湯有所不變苟非期運則宋衛之君諸侯之相猶能有感唯陛下審其所由以盡其理則天下幸甚臣生長蓽門不逮異物雖有賢才所未接識不敢瞽言妄舉無以疇荅聖問

東晉元帝即位時陰陽錯繆刑獄繁興著作佐郎郭璞上疏曰臣聞春秋之義貴元慎始故分至啓閉以觀雲物所以顯天人之統存休咎之徵臣不揆淺見輒依歲首粗有所占卦得解之既濟按文論思方涉春木王龍德之時而為廢水之氣來見乘加升陽未布隆陰仍積坎為法象刑獄所麗變坎加離厥象不燭以義推之皆為刑獄殷

繁。理有壅滋。又去年十二月二十九日。太白蝕月。月者屬坎。羣陰之府。所以照察幽情以佐太陽者也。太白金行之星而來犯之。天意若曰。刑理失中。自壞其所以爲法者也。臣術學膚近。不練內事。卦理所及。敢不盡言。又去秋以來。沉雨跨年。雖爲金家涉火之祥。然亦是刑獄充溢。怨歎之氣所致。往建興四年十二月中。行丞相令史淳于伯刑於市。而血逆流長摽。伯者小人。雖罪在未允。何足感動靈變。致若斯之怪邪。明皇天所以保祐金家。子愛陛下。屢見災異。殷勤無已。陛下宜側身思懼。以應靈譴。皇極之謫。事不虛降。不然。恐將來必有愆陽苦雨之災。崩震薄蝕之變。狂狡蠢戾之妖。以益陛下旰食之勞也。臣謹尋按舊經。尚書有五事供禦之術。京房易傳有消復之救。所以緣咎而致慶。因異而邁政。故木不生庭。太戊無以隆。雉不鳴鼎。武丁不爲宗。夫寅畏者。所以饗福。怠傲者。所以招患。此自然之符應。不可

不察也。按解卦繇云。君子以赦過宥罪。既濟云。思患而豫防之。臣愚以爲宜發哀矜之詔。引在予之責。蕩除瑕釁。贊陽布惠。使幽縶之人應蒼生以悅育。否滯之氣隨谷風而紓散。此亦寄時事以制用。藉開塞而曲成者也。臣竊觀陛下貞明仁恕。體之自然。天假其祚。奄有區夏。啓重光於已昧。廓四祖之遐武。祥靈表瑞。人鬼獻謀。應天順時。殆不尚此。然陛下即位以來。中興之化未闡。雖躬綜萬機。勞逾日昃。玄澤未加於群生。聲教未被乎宇宙。臣主未寧於上。黔細未輯於下。鴻鴈之詠不興。康哉之歌不作者。何也。伏道之情未著。而任刑之風先彰。經國之略未振。而執物之迹屢遷。夫法令不一。則人情惑。職次數改。則覬覦生。官方不審。則秕政作。懲勸不明。則善惡渾。此有國者之所慎也。臣竊爲陛下惜之。夫以區區之曹參。猶能遵蓋公之一言。倚清靖以鎮俗。寄市獄以容非。德音不忘。流詠于今。漢之中宗聰悟獨

斷。可謂令主。然厲意刑名。用虧純德。老子以禮爲忠信之薄。況刑又是禮之糟粕者乎。夫無爲而爲之。不宰以宰之。固陛下之所體者也。恥其君不爲堯舜者。亦豈惟古人。是以敢肆狂瞽。不隱其懷。若臣言可採。或所以爲塵露之益。若不足採。所以廣聽納之門。願陛下少留神鑒。賜察臣言。疏奏。優詔報之。其後日有黑氣。璞復上疏曰。臣以頑昧。近者冒陳所見。陛下不遺狂言。事蒙御省。伏讀聖詔。歡懼交戰。臣前云。升陽未布。隆陰仍積。坎爲法家。刑獄所麗。變坎加離。厥象不燭。疑將來必有薄蝕之變也。此月四日。日出山六七丈。精光潛暗。而色都赤。中有異物。大如雞子。又有青黑之氣。共相薄擊。良久乃解。按時在歲首純陽之月。日在癸亥全陰之位。而有此異。殆元首供禦之義不顯。消復之理不著之所致也。計去臣所陳。未及一月。而便有此變。益明皇天留情陛下懇懇之至也。往年歲末。太白蝕月。今在歲始。日

有咎謫。曾未數旬。大眚再見。日月告釁。見懼時人。無曰天高。其鑒不遠。故宋景言善。熒惑退次。光武寧亂。呼沱結冰。此明天人之懸符。有若形影之相應。應之以德。則休祥臻。酬之以怠。則咎徵作。陛下宜恭承靈譴。敬天之怒。施沛然之恩。諧玄同之化。上所以允塞天意。下所以弭息群謗。臣聞人之多幸。國之不幸。赦不宜數。實如聖旨。臣愚以爲子產知鑄刑書非政之善。然不得不作者。須以救弊故也。今之宜赦。理亦如之。隨時之宜。亦聖人所善者。此國家大信之要。誠非微臣所得干豫。今聖朝明哲。思弘謀猷。方闢四門以亮采。訪輿誦於群心。況臣蒙珥筆朝末。而可不竭誠盡規哉。

太興二年大旱。詔求讜言直諫之士。著作佐郎虞預上書曰。大晉受命。于今五十餘載。自元康以來。王德始闕。戎狄及於中國。宗廟焚爲灰燼。千里無烟爨之氣。華夏無冠帶之人。自天地開闢。書籍所載。大

亂之極未有若茲者也陛下以聖德先覺超然遠鑒作鎮東南聲教遐被上天眷顧人神贊謀雖云中興其實受命少康宣王誠未足喻南風之歌可著而陵遲之俗未改者何也臣愚謂爲國之要在於得才得才之術在於抽引苟其可用讎賤必舉高宗文王思佐發夢拔巖徒以爲相載釣老而師之下至列國亦有斯事故燕重郭隗而三士競至魏式干木而秦兵退舍今天下雖弊人士雖寡十室之邑必有忠信世不乏驥求則可致而束帛未賁於丘園蒲輪頻轂而不駕所以大化不洽而雍熙有闕者也

成帝咸和初夏旱詔衆官各陳致雨之意虞預上議曰臣聞天道貴信地道貴誠誠信者蓋二儀所以生植萬物人君所以保乂黎蒸是以殺伐擬於震雷推恩象於雲雨刑罰在於必信慶賞貴於平均臣聞閭者以來刑獄轉繁多力者則廣牽連逮以稽年月無援者則嚴其獷楚期於入重是以百姓嗷然感傷和氣臣愚以爲輕刑耐罪宜速決遣殊死重囚重加以請寬徭息役務遵節儉砥礪朝臣使各知禁蓋老牛不犧禮有常制而自頃衆官拜授祖贈轉相夸尚屠殺牛犢動有十數醉酒流湎無復限度傷財敗俗所虧不少昔殷宗脩德以消桑穀之異宋景善言以退熒惑之變楚國無災莊王是懼盛德之君未嘗無眚應以信順天祐乃隆臣學見淺闇言不足採

哀帝隆和元年詔曰天文失度太史雖有禳祈之事猶釁眚屢彰今欲依鴻祀之制於太極殿前庭親執虔肅尚書左丞孔嚴諫曰鴻祀雖出尚書大傳先儒所不究歷代莫之興承天接神豈可以疑殆行事乎天道無親唯德是輔陛下祗順恭敬留心兆庶可以消災復異皆已蹈而行之德合神明丘禱久矣豈須屈萬乘之尊修雜祀之事君舉必書可不愼歟太常江逌亦上疏諫曰臣尋史漢舊事藝文志

劉向五行傳洪祀出於其中然自前代以來莫有用者又其文惟說爲祀而不載儀注此蓋久遠不行之事非常人所參校案漢儀天子所親之祠惟宗廟而已祭天於雲陽祭地於汾陰在於別宮遙拜不詣壇所其餘群祀之所必在幽靜是以圜丘方澤列於郊野今若於承明之庭正殿之前設群神之坐行躬親之禮準之舊典有乖常式臣聞妖眚之發所以鑒悟時主故寅畏上通則宋災退度德禮增脩則殷道以隆此往代之成驗不易之定理頃者星辰頗有變異陛下祗戒之誠達於天人在予之懼忘寢與食仰慮玄象俯凝庶政嘉祥之應實在今日而猶乾乾夕惕思廣茲道誠實聖懷殷勤之至然洪祀有書無儀不行於世詢訪時學莫識其禮且其文曰洪祀大祀也陽曰神陰曰靈舉國相率而行祀順四時之序無令過差今案文而言皆漫而無適不可得詳若不詳而修其失不小帝不納逌又上疏曰臣謹更思尋參之時事今强戎據於關雍桀狄縱於河朔封豕四逸虔劉神州長旌不卷鉦鼓日戒兵疲人困歲無休已人事弊於下則七曜錯於上災沴之作固其宜然又頃者以來無乃大異彼月之蝕義見詩人星辰莫同載於五行故洪範不以爲沴陛下今以晷度之失同之六沴引其輕變方之重眚求己篤於禹湯憂勤踰乎日昃將修大祀以禮神祇傳曰外順天地時氣而祭其鬼神然則神必有號祀必有義案洪祀之文惟神靈大略而無所祭之名稱舉國行祀而無貴賤之阻有赤黍之盛而無牲醴之奠儀法所用闕略非一若率文而行則舉義皆闕有所施補則不統其源漢侍中盧植時之達學受法不究則不敢厝心誠以五行深遠神道幽昧探賾之求難以常思錯綜之理不可一數臣非至精孰能與此

漢主劉聰時東宮鬼哭赤虹經天南有一岐三日並照各有兩珥五

色甚鮮。客星歷紫宮。入於天獄而滅。太史令康相言於聰曰。蚍虹見彌天。一岐南徹。三日並照。客星入紫宮。此皆大異。其徵不遠也。今虹達東西者。許洛以南未可圖也。一岐南徹者。李氏當仍跨巴蜀。司馬叡終據全吳之象。天下其三分乎。月為胡王。皇漢雖苞括二京。龍騰九五。然世雄燕代。肇基北朔。太陰之變。其在漢域乎。漢既據中原。歷命所屬。紫宮之異。亦不在他。此之深重。胡可盡言。石勒鴟視趙魏。曹嶷狼顧東齊。鮮卑之衆。星布燕代。齊代燕趙。皆有將大之氣。願陛下以東夏為慮。勿顧西南。吳蜀之不能北侵。猶大漢之不能南向也。今京師寡弱。勒衆精盛。若盡趙魏之銳。率燕代之突騎。自上黨而來。曹嶷率三齊之衆以繼之。陛下將何以抗之。紫宮之變。何必不在此乎。願陛下早為之所。無使兆人生心。陛下誠能發詔。外以遠追秦皇漢武循海之事。內為高帝圖楚之計。無不剋矣。聰覽之不悅。

劉曜夜夢三人。金面丹脣。東向逡巡。不言而退。曜拜而履其跡。旦召公卿已下議之。朝臣咸賀以為吉祥。惟太史令任義進曰。三者歷運統之極也。東為震位。王者之始次也。金為兌位。物衰落也。脣丹不言。事之畢也。逡巡揖讓。退舍之道也。為之拜者。屈伏於人也。履跡而行。慎不出疆也。東井。秦分也。五車。趙分也。秦兵必暴起。亡主喪師。留敗趙地。遠至三年。近七百日。其應不遠。願陛下思而防之。

時終南山崩。長安人劉終於崩所得白玉。獻於劉曜。方一尺。有文字曰。皇亡皇亡敗趙昌。井水竭。構五梁。咢酉小衰困囂喪。嗚呼嗚呼。赤牛奮靷其盡乎。時群臣咸賀以為勒滅之徵。曜大悅。齋七日而後受之太廟。大赦境內。以終為奉瑞大夫。中書監劉均進曰。臣聞國主山川。故山崩川竭。君為之不舉。終南。京師之鎮。國之所瞻。無故而崩。其凶焉可極言。昔三代之季。其災也如是。今朝臣皆言祥瑞。臣獨言其非。誠上忤聖旨。下違衆議。然臣不達大理。竊所未同。何則。玉之於山石也。猶君之於臣下。山崩石壞。象國傾人亂。皇亡皇亡敗趙昌者。此言皇室將為趙所敗。趙因之而昌。今大趙都於秦雍。而勒跨全趙之地。趙昌之應。當在石勒。不在我也。井水竭。構五梁者。井謂東井。秦之分也。五謂五車。梁謂大梁。五車大梁。趙之分也。此言秦將竭滅。以構成趙也。咢者。歲之次名。作咢也。言歲馭作咢酉之年。當有敗軍殺將之事。困謂困敦。歲在子之年名。玄囂亦在子之次。言歲馭於子。國當喪亡。赤牛奮靷。謂赤奮若。在丑之歲名也。牛謂牽牛。東北維之宿。丑之分也。言歲在於丑。當滅亡盡。無復遺也。此其誠悟蒸蒸。欲陛下脩德化以禳之。縱為嘉祥。尚願陛下夕惕以答之。書曰。雖休勿休。願陛下追蹤周旦盟津之美。捐鄗虢公夢廟之凶。謹歸沐浴以待妖言之誅。曜憮然改容。御史劾均狂言瞽說。誣罔祥瑞。請依大不敬論。曜曰。

此之災瑞。誠不可知。深戒朕之不德。朕收其忠惠多矣。何罪之有乎。

秦主苻堅時。太史令張孟言於堅曰。彗起尾箕而埽東井。此燕滅秦之象。勸堅誅慕容暐及其子弟。堅不納。更以暐為尚書。苻融聞之。上疏諫曰。臣聞東胡在燕。歷數彌久。逮于石亂。遂據華夏。跨有六州。南面稱帝。陛下爰命六師。大舉征討。勞卒頻年。勤而後獲。本非慕義懷德歸化。而今父子兄弟列官滿朝。執權履職。勢傾勞舊。陛下親而幸之。臣愚以為猛獸不可養。狼子野心。往年星異。災起於燕。願少留意以思天戒。臣據可言之地。不容默已。詩曰。兄弟急難。朋友好合。昔劉向以肺腑之親。尚能極言。況於臣乎。堅報之曰。汝為德未充。而懷是非。立善未稱。而名過其實。詩云。德輶如毛。人鮮克舉。君子處高。戒懼傾敗。可不務乎。今四海事曠。兆庶未寧。黎元應撫。夷狄應和。方將混六合以一家。同有形於赤子。汝其息之。勿懷耿介。夫天道助順。脩德

則禳災省求諸己何懼外患焉

符生時長安大風發屋拔樹行人顛頓宮中奔擾或稱賊至宮門晝閉五日乃止生推告賊者殺之刳而出其心左光禄大夫強平諫曰元正盛旦日有蝕之正陽神朔昏風大起兼水旱不時獸災未息此皆由陛下不勉強於政事乖戾和氣所致也願陛下務養元元平章百姓棄纖介之嫌含山嶽之過致敬宗廟愛禮公卿去秋霜之威垂三春之澤則姦回寢止妖孽自消乾靈祇祐皇家永保無窮之美矣

宋文帝元嘉二年范泰表賀元正并陳旱災曰元正改律品物惟新陛下藉日新以畜德仰乾元以履祚吉祥集室百福來庭頃旱魃為虐亢陽愆度通川燥流異井同竭老弱不堪遠汲貧寡單於負水租輸既重賦稅無降百姓怨咨臣年過七十未見此旱陰陽并隔則和氣不交豈惟凶荒必生疾疫其為憂虞不可備序雩禜之典以誠會事巫祝常祈罕能有感上天之譴不可不察漢東海枉殺孝婦亢旱三年及祭其墓澍雨立降歲以有年是以衛人伐邢師興而雨伏願陛下式遵遠猷思隆高構推忠恕之愛矜寃枉之獄游心下民之瘼留思幽冥之紀令謗木豎闕諫鼓鳴朝察芻牧之言總統御之要如此則苞桑可繫危幾無兆斯而災害不消未之有也故夏禹引百姓之罪殷湯甘萬方之過太戊資桑穀以進德宋景藉熒惑以脩善斯皆因敗以轉成往事之昭晰也循末俗者難為風就正路者易為雅臣疾患日篤夕不謀朝會及歲慶得一聞達微誠少亮無恨泉壤永違聖顏拜表悲咽

三年秋旱蝗泰又上表曰陛下昧旦丕顯求民之瘼明斷庶獄無倦政事理出群心澤謠民口百姓翕然皆自以為遇其時也災變雖小要有以致之守宰之失臣所不能究上天之譴臣所不敢誣有蝗之處縣官多課民捕之無益於枯苗有傷於殺害臣聞桑穀時亡無假斤斧楚昭仁愛不禁自瘳卓茂去無知之蟲宋均囚有異之虎蝗生有由非所宜殺石不能言星不自隕春秋之旨所宜詳察禮婦人有三從之義而無自專之道周書父子兄弟罪不相及女人被宥由來上矣謝晦婦女猶在尚方始貴後賤物情之所甚苦匹婦一室亦能有所感激臣於謝氏不容有情蒙國重恩寢處思報伏度聖心已當有在禮春夏教詩無一而闕也臣近侍坐聞立學當在入年陛下經略粗建意存民食入年則農功興農功興則田野闢入秋治庠序入冬集遠生二塗並行事不相害夫事多以淹稽為戒不遠為患任臣學官竟無微績徒墜天施無情自處臣之區區不望目覩盛化竊慕子囊城郢之心庶免荀偃不瞑之恨臣比陳愚見便是都無可採徒煩天聽愧怍反側書奏上乃原謝晦婦女

時旱災未已加以疾疫泰又上表曰頃亢旱歷時疾疫未已方之常災實為過差古以為王澤不流之徵陛下昧旦臨朝無懈治道躬自菲薄勞心民庶以理而言不應致此意以為上天之於賢君正自殷懃無已陛下同規禹湯引百姓之過言動于心道敷自遠桑穀生朝而隕熒惑犯心而退非唯消災弭患乃所以大啓聖明靈雨立降百姓改瞻應感之來有同影響陛下近當仰推天意俯察人謀升平之化尚存舊典顧思與不思行與不行耳大宋雖揖讓受終未積有虞之道先帝登遐之日便是道消之初至乃嗣主被殺哲藩嬰禍九服徘徊有心喪氣佐命託孤之臣俄為戎首天下蕩蕩王道已淪自非神英撥亂反正則宗社非復宋有革命之與隨時其義尤大是以古今異用循方必壅大道隱於小成欲速或未必達深根固蔕之術未洽於愚心是用猖狂妄作而不能緘默者也臣既頑且鄙不達治宜

加之以篤疾重之以惛耄言或非言而復不能無言陛下録其一
之誠則臣不知厝身之所

歷代名臣奏議卷之二百九十七

歷代名臣奏議卷之二百九十八

災祥

齊武帝始親政水旱不時車騎將軍竟陵王子良密啓曰臣思水潦成患良田沃壤變為汙澤農政告祥因高肆務播植既周繼以旱蝗黔庶呼嗟相視褫氣夫國資於民民資於食匪食匪民何以能政臣每一念此寢不便席本始中郡國大旱宣帝下詔除民租今聞所在逋餘尚多守宰嚴期兼夜課切新稅力尚無從故調於何取給政當相驅為盜耳愚謂逋租宜皆原除少降停恩微紓民命自宋道無章王風陵替竊官假號騈門連室今左民所檢動以萬數漸漬之來非復始適一朝洗正理致沸騰小人之心罔思前咎申之以威反怨後罰獸窮則觸事在匪輕齊有天下日淺恩洽未布一方或飢當加優養愚謂自可依源削除未宜便充猥役且部曹檢校誠存精密令史

好黠鮮不容情情既有私理或枉謬耳目有限群狡無極變易是非居然可見詳而後取於事未遲明詔深矜獄圄恩文累墜今科網嚴重稱為峻察負罪離營充積窂户暑時鬱蒸加以金鐵聚憂之氣足感天和民之多怨非國福矣頃土木之務甚為殷廣雖役未及民勤費已積炎旱致災或由於此皇明載遠書軌未一緣淮帶江數州地耳以魏方漢猶一郡之譬以今比古復為遠矣何得不愛其民緩其政救其危存其命哉湘區奥密蠻寇熾彊如聞南師未能挫戮百姓齊民積年塗炭疽食侵淫邊虞方重交州敻絕一垂寔惟荒服恃遠後賓固亦恒事自青德啓運款關受職置之度外不足紓言今縣軍遠伐經途萬里衆寡事殊客主勢異以逸待勞全勝難必又緣道調兵以足軍力民丁烏合事乖習銳廣州積歲無年越州兵糧素乏加以發借必致恇擾愚謂叔獻所請不宜聽從取亂侮亡更俟後會雖

綫歲凡必有可食之理。差息發動費役之勞。劉楷見申以助湘中。戚力既舉。蟻寇自服。

後魏孝文帝太和二十年七月。以久旱不雨。輟膳三旦。百寮詣闕引在中書省。帝在崇虛樓。遣舍人問曰。朕知卿等至。不獲相見。卿何為而來。揚州大中正王肅對曰。伏承陛下輟膳已經三旦。群臣焦怖。不敢自寧。臣聞堯水湯旱。自然之數。須聖人以濟世。不由聖以致災。是以國儲九年。以禦九年之變。臣又聞至於八月不雨。然後君不舉膳。昨四郊之外。已蒙滂澍。唯京城之內。微為少澤。蒸民未闕一餐。陛下輟膳三日。臣庶惶惶。無復情地。帝遣舍人答曰。昔堯水湯旱。賴聖人以濟民。朕雖居群黎之上。道謝前王。今日之旱。無以救恤。應待立秋。克躬自咎。但此月十日已來。炎熱焦酷。人物同悴。而連雲蔽日。高風蕭條。雖不食數朝。猶自無感。朕誠心未至之所致也。肅曰。臣聞聖人與凡同者五常。異者神明。昔姑射之神。不食五穀。臣常謂矯。今見陛下。始知其驗。且陛下自輟膳以來。若天全無應。臣亦謂上天無知。陛下無感。一昨之前。外有滂澤。此有密雲。臣即謂天有知。陛下有感矣。復遣舍人答曰。昨內外貴賤咸云四郊有雨。朕恐此輩皆勉勸之辭。三覆之慎。必欲使信而有徵。比當遣人往行。若果雨也。便命太官欣然進膳。豈可以近郊之內而慷慨要天乎。若其無也。朕之無感。安用朕身以擾民庶。朕志確然。死而後已。是夜澍雨大降。

宣武帝正始元年夏五月。有典事史元顯獻四足四翼雞。詔散騎侍郎趙邕以問太常卿崔光。光表答曰。臣謹按漢書五行志。宣帝黃龍元年。未央殿路軨中。雌雞化為雄。毛變而不鳴。不將無距。元帝初元中。丞相府史家雌雞伏子。漸化為雄。冠距鳴將。永光中。有獻雄雞生角。劉向以為雞者小畜。主司時起居。小臣執事為政之象也。言小臣將秉君之威以害政事。猶石顯也。竟寧元年。石顯伏辜。此其效也。靈帝光和元年。南宮寺雌雞欲化為雄。一身毛皆似雄。但頭冠尚未變。詔以問議郎蔡邕。邕對曰。貌之不恭。則有雞禍。臣竊推之。頭為元首。人君之象也。今雞一身已變。未至於頭。而上知之。是將有其事而不遂成之象也。若應之不精。政無所改。頭冠或成。為患滋大。是後張角作亂。稱黃巾賊。遂破壞四方。疲於賦役。民多叛者。上不改政。遂至天下大亂。今之雞狀雖與漢不同。而其應頗相類矣。向邕並博達之士。考物驗事。信而有證。誠可畏也。臣以邕言推之。翅足眾多。亦群下相扇助之象。雛而未大。腳羽差小。亦其勢尚微。易制御也。臣聞災異之見。皆所以示吉凶。明君覩之而懼。乃能招福。闇主視之彌慢。所用致禍。詩書春秋秦漢之事多矣。此陛下所觀者也。今或有自賤而貴。關預政事。殆亦前代君房之匹比者。南境死亡千計。白骨橫野。存有酷恨之痛。歿為怨傷之魂。義陽屯師。盛夏未返。荊蠻狡猾。征人淹次。東州轉輸。往多無還。百姓困窮。絞縊以殞。北方霜降。蠶婦輟事。群生憔悴。莫甚於今。此亦賈誼哭歎。谷永切諫之時。司寇行戮。君為之不舉。陛下為民父母。所宜矜恤。國重戎戰。用兵猶火。內外怨弊。易以亂離。陛下縱欲忽天下。豈不仰念太祖取之艱難。先帝經營劬勞也。誠願陛下留聰明之鑒。警天地之意。禮處左右。節其貴越。往者鄧通董賢之盛。愛之正所以害之。又躬饗加罕。宴宗或闕。時應親肅郊廟。延敬諸父。檢訪四方。務加休息。爰發慈旨。撫賑貧瘼。簡費山池。減撤聲飲。晝存政道。夜以安身。博采芻蕘。進賢黜佞。則兆庶幸甚。妖弭慶進。禎祥集矣。帝覽之大悅。

光為撫軍將軍時。又上奏曰。去二十八日。有物出于太極之西序。敕以示臣。臣按其形。即莊子所謂蒸成菌者也。又云。朝菌不終晦朔。雍門周所稱磨蕭斧而伐朝菌皆指言蒸氣鬱長非有根種柔脆之質凋殞速易不延旬月無擬斧斤又多生墟落穢濕之地罕起殿堂高華之所今棟宇崇麗墻築工密糞朽弗加沾濡不及而茲菌歘構厥狀扶踈誠足異也夫野木生朝野鳥入廟古人以為敗亡之象然懼災修德者咸致休慶所謂家利而恠先國興而妖豫是故桑穀拱庭太戊以昌雊雉集鼎武丁用熙自比鵂鶹巢于廟殿梟鵩鳴於宮寢菌生賓階軒坐之正準諸往記信可為誠且南西未靜兵革不息郊甸之內大旱踰時民勞物悴莫此之甚承天子育者所宜矜恤伏願陛下追殷二宗感變之意側躬聳誠惟新聖道節夜飲之忻彊朝御之膳養方富之年保金玉之性則魏祚可以永隆皇壽等於山岳矣

孝明帝正光二年崔光為司徒侍中時獲禿鶖鳥於宮內詔以示光光表曰蒙示所得大鳥此即詩所謂有鶖在梁解云禿鶖也貪惡之

鳥野澤所育不應入殿庭昔魏氏黃初中有鵜鶘集于靈芝池文帝下詔以曹恭公遠君子近小人博求賢俊太尉華歆由此遜位而讓管寧者也臣聞野物入舍古人以為不善是以張猗惡鵂賈誼忌鵩鵜鶘暫集而去前王猶為至誠況今親入宮禁為人所獲方被畜養晏然不以為懼準諸往義信有殊矣且饕餮之禽必資魚肉菽麥稻粱時或餐啄一食之費容過斤鎰今春夏陽旱穀糴稍貴窮窘之家時有菜色陛下為民父母撫之如傷豈可棄人養鳥留意於醜形惡聲哉衛侯好鶴曹伯愛鴈身死國滅可為寒心陛下學通春秋親覽前事何得口詠其言行違其道誠願遠師殷宗近法魏祖修德延賢消災集慶放無用之物委之川澤取樂琴書頤養神性帝覽之大悅

孝武帝永熙中有風雹之變詔訪讜言瀛州刺史王椿上疏曰伏奉詔書以風雹厲威上動天聽訪讜辭於百辟詔輿誦於四海宸衷懇

切備在絲綸祇承兢感心焉靡啚伏惟陛下啓錄應期馭育萬物承綴旒之艱運纍纖絲之危緒忘餐日昃求衣未明俾上帝下臨愍茲蒸黎永濟溝壑而滄浪降戾作害中秋上帝照臨義不虛變竊惟風為號令皇天所以示威雹者氣激陰陽有所交爭殆行令殊節舒急失中之所致也昔澍雨千里寔緣敦杞之誠炎精三舍寧非善言之力謹不空發徵豈謬應誰謂蓋高實符人事伏願陛下留心曲覽垂神遠察禮賢登士博舉審官權中滯怨振窮蠲役使夫滋水沒川之秀畢居朝右儀表丹青之位未或虛加圜土絕五毒之民揆日息千門之費巖巖廊署無不遇之士忪忪悍獨荷酒帛之恩則物見昭蘇人知休泰徐奏薰風之曲無論鴻鴈之歌豈不天人幸甚鬼神咸忭

唐太宗貞觀六年帝謂侍臣曰朕比見衆議以祥瑞為美事頻有賀表如朕本心但使天下太平家給人足雖無祥瑞亦可比德於堯舜若百姓不足夷

狄內侵縱有芝草遍街衢鳳凰棲苑囿亦何異於桀紂常聞石勒時有郡吏燃連理木煮白雉肉喫豈得稱為明主邪又隋文帝深愛祥瑞遣秘書監王劭著衣冠在朝堂對考使焚香以讀皇隋感瑞經舊嘗見傳說此事實以為可笑夫為人君當須至公理天下以得萬國之歡心昔堯舜在上百姓敬之如天地愛之如父母動作興事人皆樂之發號施令人皆悅之此是大祥瑞也自此以後諸州所有祥瑞並不用申奏群臣皆曰誠如聖旨

八年隴右山崩大蛇屢見山東及江淮多大水太宗問侍臣秘書監虞世南對曰春秋時梁山崩晉侯召伯宗而問焉對曰國主山川故山崩川竭君為之不舉樂降服乘縵而祝幣以禮焉梁山晉所主也晉侯從之故得無害漢文帝元年齊楚地二十九山同日崩大水出令郡國無來獻施惠於天下遠近歡洽亦不為災後漢靈帝時青蛇見御坐晉惠帝時大蛇長三百步見齊地經市入朝中案

蛇宜在草野。而入市朝。所以爲怪耳。今蛇見山澤。蓋深山大澤必有龍蛇。亦不足怪。又山東足雨。雖則其常。然陰潛過久。恐有冤獄。宜斷滯繫囚。庶或當天意。且妖不勝德。唯脩德可以銷變。太宗以爲然。因遣使者賑恤饑餒。申理獄訟。多所原宥。

時有彗星見于南方。長六尺。經百餘日乃滅。太宗謂侍臣曰。天見彗星。由朕之不德。政有虧失。是何妖也。世南對曰。昔齊景公時有彗星見。公問晏子。晏子對曰。公穿池沼畏不深。起臺榭畏不高。行刑罰畏不重。是以天見彗星爲公誡耳。景公懼而脩德。後十三日而星沒。陛下若德政不脩。雖麟鳳數見。終是無益。但使朝無闕政。百姓安樂。雖有災變。何損於德。願陛下勿以功高古人而自矜大。勿以太平漸久而自驕逸。若能慎終如始。彗星雖見。未足爲憂。太宗曰。吾之理國。良無景公之過。但朕年十八。便爲經綸王業。北剪劉武周。西平薛舉。東

擒竇建德王世充。二十四而天下定。二十九而居大位。四夷降服。海內乂安。自謂古來英雄撥亂之主無見及者。頗有自矜之意。此吾之過也。上天見變。良爲是乎。秦始皇平六國。隋煬帝富有四海。既驕且逸。一朝而敗。吾亦何得自驕也。言念於此。不覺惕惕而震懼。魏徵進曰。臣聞自古帝王未有無災變者。但能脩德。災變自消。陛下因有天變。遂能誡懼。反覆思量。深自尅責。雖有此變。必不爲災也。

十一年。大雨。穀水溢。衝洛城門。入洛陽宮。平地五尺。毀宮寺十九所。漂七百餘家。太宗謂侍臣曰。朕之不德。皇天降災。將由視聽弗明。刑罰失度。遂使陰陽舛謬。雨水乖常。矜物罪己。載懷憂惕。朕又何情獨甘滋味。可令尚食斷肉。進蔬食。文武百官各上封事。極言得失。中書侍郎岑文本上封事曰。臣聞開撥亂之業。其功既難。守已成之基。其道不易。故居安思危。所以定其業也。有始有卒。所以崇其基也。今雖

億兆乂安。邊隅寧謐。既承喪亂之後。又接凋弊之餘。戶口減損尚多。田疇墾闢猶少。覆燾之恩著矣。而瘡痍未復。德教之風被矣。而資產屢空。是以古人譬之種樹。年紀綿遠。則枝葉扶疎。若種之日淺。根本未固。雖壅之以黑壤。暖之以春日。一人搖之。必致槁枯。今日之百姓。頗類於此。常加含養。則日就滋息。暫有征役。則隨日凋耗。凋耗既甚。則人不聊生。人不聊生。則怨氣充塞。怨氣充塞。則離叛之心生矣。故帝舜曰。可愛非君。可畏非民。孔安國曰。人以君爲命。故可愛。君失道。人叛之。故可畏。仲尼曰。君猶舟也。人猶水也。水所以載舟。亦所以覆舟。是以古人云。哲王雖休勿休。日慎一日。良爲此也。伏惟陛下覽古今之事。察安危之機。上以社稷爲重。下以億兆爲念。明選舉。慎罰賞。進賢才。退不肖。聞過既改。從諫如流。爲善在於不疑。出令期於必信。頤神養性。省畋獵之娛。去奢從儉。減工役之費。務靜方內。而不求闢

土。載櫜弓矢。而無忘武備。凡此數者。雖爲國之常道。陛下所常行。臣之愚昧。唯願陛下思而不怠。則至道之美與三五比隆。億載之祚隨天地長久。雖使桑穀爲妖。龍蛇作孽。雉雊於鼎耳。石言於晉地。猶當轉禍爲福。變災爲祥。況雨水之患。陰陽常理。豈可謂天譴之而繫聖心哉。臣聞古人有言。農夫勞而君子養焉。愚者言而知者擇焉。輒陳狂瞽。伏待斧鉞。帝深納其言。

太宗時。飛雉數集宮中。帝問是何祥也。褚遂良曰。昔秦文公時有侲子化爲雉。雌鳴陳倉。雄鳴南陽。侲子曰。得雄者王。得雌者霸。文公遂雄諸侯。始爲寶雞祠。漢光武得其雄。起南陽。有四海。陛下本封秦。故雄雌並見。以告明德。帝悅曰。人之立身。不可以無學。遂良所謂多識君子哉。

高宗時。晉州地震不息。帝問侍中張行成。對曰。天。陽也。君象。地。陰也。

臣象君宜動臣宜靜今靜者顧動恐女謁用事大臣陰謀又諸王公
主黍承起居或伺間隙宜明設防閑且晉陛下本封應不虛發伏願
深思以杜未萌帝然之
時隕石十八于馮翊高宗問曰此何祥也朕欲悔往脩來以自戒若
何太傅于志寧對曰春秋隕石于宋五內史過曰是陰陽之事非吉
凶所生物固有自然非一繫人事雖然陛下無災而戒不害為福也
武后延載元年以杜景佺為撿校鳳閣侍郎同鳳閣鸞臺平章事時
后嘗季秋出棃華示宰相以為祥衆賀曰陛下德被草木故秋再華
周家仁及行葦之比景佺獨曰陰陽不相奪倫瀆即為災故曰冬無
愆陽夏無伏陰春無淒風秋無苦雨今草木黃落而木復華瀆陰陽
也竊恐陛下布德施令有所虧紊臣位宰相助天治物治而不和臣
之咎也頓首請罪后曰真宰相

久視二年三月大雨雪鳳閣侍郎蘇味道等以為瑞率群臣入賀監
察御史王求禮讓曰宰相燮和陰陽而季春雨雪乃災也果以為瑞
則冬月雷渠為瑞雷邪味道不從既賀者入求禮即厲言于朝曰今
陽氣僨升而陰冰激射此天災也且荒臣佞寒暑失序戎狄亂華盜
賊繁興正官少偽官多百司非賄不入使天有瑞何感而來哉群臣
震恐后為罷朝
中宗神龍元年大水詔文武九品以[illegible]官直言極諫右衛騎曹參軍宋
務光上書曰后王樂聞過罔不興拒諫罔不亂樂聞過則下情通下情
通則政無缺此所以興也拒諫則群議壅群議壅則上孤立此所以亂
也臣嘗觀天人相與之際有感必應其間甚密是以教失於此變生於
彼易曰天垂象見吉凶聖人象之竊見[illegible]以來水氣勃戾天下多罹
其災洛水暴漲漂損百姓傳曰簡宗廟廢祠祀則水不潤下夫主者即

位必郊祀天地嚴配祖宗自陛下御極郊廟山川不時薦見又水者
陰類臣妾之道氣盛則水泉溢湧虹蜺紛錯暑雨滯霪陰勝之診也
後廷近習或有離中饋之職以干外政願深思天變杜絕其萌又自
春及夏牛多病死疫氣浸淫傳曰思之不睿時則有牛禍意者萬機
之事陛下未躬親乎鼂錯曰五帝其臣不及則自親之今朝廷賢佐
雖多然莫能仰陛下清光願勤思法宮凝就大化以萬方為念不以
聲色為娛以百姓為憂不以犬馬為樂臣聞三五之君不能免淫亢
顧備禦有其人耳災興細微安之不怍及禍變已成駭而圖之猶水
決治防病困求藥雖復僶俛尚何救哉夫寒變應天實繫人事今霖
雨即閉坊門豈一坊一市能感發天道哉必不然矣故里人呼坊門
為宰相謂能節宣風雨天工人代乃為虛設又數年以來公私乏竭
戶口減耗家無接新之儲國乏俟荒之蓄陛下近觀朝市則以為既

庶且富試踐閭陌則百姓衣馬牛之衣食犬彘之食十室而九丁壯
盡於邊塞孀孤轉於溝壑猛吏奮毒急政破資馬困斯佚人窮斯詐
起為姦盜從而刑之良可歎也今人貧而奢不息法設而偽不止長
吏貪冒選舉以私稼穡之人少商旅之人衆願坦然更化以身先之
凋殘之後緩其力役久弊之極訓以敦厖十年之外生聚方足臣聞
太子者君之貳國之本所以守器承祧養民贊業願擇賢能早建儲
副安社稷慰黎元姻戚之間謗議所集積疑成患憑寵生災變之適
以害之也如武三思等誠不宜任以機要國家利器庸可久假於人
祕書監鄭普思國子祭酒葉靜能挾小道淺術列朱紫餌銀黃虧國
經悖天道書曰制治於未亂保邦於未危此誠治亂安危之秋也願
陛下遠佞人親有德乳保之母妃主之家以時接見無令媟黷
景龍二年武平一上表曰臣緣脩起居注太史監每季有牒臣伏見

從去歲以來屢有災異熒惑入羽林太白再經天太陽虧月犯大角臣伏按舊史文志咸非休吉之感或為咎徵之兆臣聞災不妄生變不虛設象見於上人應於下其理昭彰有如影響陛下嗣膺鴻業寅畏上玄故皇天不言以災眚譴誡詩曰敬天之怒不敢驅馳又曰惟此文王小心翼翼昭事上帝聿懷多福臣伏見陛下孝愛因心敦崇戚族澤濡后氏恩洽外家位以慈周榮因惠假臣當宗親階越三等家有數侯既忝國姻復叨枝屬朱輪華轂金牓瑤軿過東漢之梁鄧邁西京之許史光輝焜煌古今所絕誠陛下莊於親寵降於慈貸臣未息讒謗深近嚚黷恩彌崇而議彌積位逾厚而釁逾擁臣又聞月滿必虧日盈則蝕春秋有交謝之理星律有輪環之次時不再來榮難久藉昔永淳之後藩維搆孽王室多難先聖考運從權時居寶曆臣諸房等地惟宗子爵列扞城竊祿疏封屢迴星紀今皇明復辟聖

政惟新自合恭守園廬遠承雨露庇影樹房之裔階親槐里之餘今乃再假寵靈驟貽獎渥婣從日茂爵封如初但見昇崇無聞損降萬班厚位遂超涯極以此或陰氣僭陽乾文告變且頃年以來河洛泛溢東都西京俱有水潦蓋以陰氣太盛所致昔王家驕貴樓福上書竇氏專權丁鴻進諫臣伏思古來后妃之始自呂霍上官閻董之氏皆以恩寵過深驕盈過溢一朝傾覆竟無噍類易曰不遠而復又曰鼎折足覆公餗伏願恩抑損之宜運長遠之策或令安車就第剖符臨州遠之以機權錫之以閑逸上恭乾乾之惕下全親親之道則肅彰國圖殷鑒後葉臣豐招酷罰待斃苦壤聖心不棄窮纖備官史所哀緒莫申餘陰無幾精魂屢竭昭恤未流如將有補明時不勝荒殆伏乞假名外郡遂禮私庭冀存識契少訓靦冒臣瞻光視漏豈復支久既因災眚誠忝宗國俯探殘骸退深殞越

玄宗開元初大旱關中飢詔求直言禮部侍郎張廷珪上疏曰古有多難興國殷憂啓聖蓋事危則志銳情苦則慮深故能轉禍為福也景龍先天間凶黨構亂陛下神武汎掃氛垢日月所燭無不濡澤明明上帝宜錫介福而頃陰陽愆候九穀失稔關輔尤劇臣思天意殆以陛下春秋鼎盛不崇朝有大功輕堯舜而不法思秦漢以自高故昭見咎異欲日慎一日永保大和是皇天於陛下眷顧深矣陛下得不奉若休旨而寅畏哉誠願約心削志考前王之書敦素樸之道登端士放佞人屏後宮減外廐場無蹴鞠之玩野絕從禽之樂促遠境罷縣戍矜惠惸獨蠲薄徭賦去淫巧捐珠璧不見可欲使心不亂或謂天戒不足畏而上帝馮怒風雨迷錯荒饉日甚則無以濟下矣或謂人窮不足恤而億兆攜離愁苦昏墊則無以奉上矣斯安危所繫禍福之原奈何不察今受命伊始華夷百姓清耳以聽刮目以視冀

有聞見何遽孤其望哉

開元四年山東大蝗民祭且拜坐視食苗不敢捕紫微令姚崇奏曰詩云秉彼蟊賊付畀炎火漢光武詔曰勉順時政勸督農桑去彼螟蜮以及蟊賊此除蝗誼也且蝗畏人易驅又田皆有主使自救其地必不憚勤請夜設火坎其旁且焚且瘞乃可盡古有討除不勝者特人不用命耳乃出御史為捕蝗使分道殺蝗汴州刺史倪若水上言除天災者當以德昔劉聰除蝗不克而害愈甚拒御史不應命崇移書誚之曰聰偽主德不勝妖今妖不勝德古者良守蝗避其境謂修德可免彼將無德致然乎今坐視食苗忍而不救因以無年刺史其謂何若水懼乃縱捕得蝗十四萬石時議者喧譁帝復以問崇對曰庸儒泥文不變事固有違經而合道反道而適權者昔魏世山東蝗小忍不除至人相食後秦有蝗草木皆盡牛馬至相噉毛今飛蝗所

在充滿。加復蓄息。且河南河北家無宿藏。一不獲則流離安危繫之。且討蝗縱不能盡。不愈於養以遺患乎。帝然之。

宰相姚崇遣使分道捕蝗。諫議大夫韓思復上言曰。夾河州縣飛蝗所至苗輒盡。今游食至洛。使者往來不敢顯言。且天災流行。庸可盡瘞。望陛下悔過責躬。損不急之務。任至公之人。持此誠實。以荅譴咎。其驅蝗使一切宜罷。玄宗然之。

五年。帝將幸東都而太廟壞。姚崇建言。廟本苻堅故殿。不宜罷行。國子祭酒舒國公褚無量鄙其言以為不足聽。乃上疏曰。王者陰盛陽微。則先祖見變。今後宮非御幸者。宜悉出之。以應變異。舉畯良。擯奢靡。輕賦慎刑。納諫爭。察諂諛。繼絕世。則天人和會。災異訖息。帝是崇語。卒駕遂東。

七年。日食。帝素服俟變。錄囚多所貸。遣賑卹災患。罷不急之務。侍中

宋璟曰。陛下降德音。卹人隱。未有輕繫。惟流死不免。此古所以慎赦也。恐議者直以月蝕修刑。日蝕修德。或言分野之變。妖異有揣合。臣以謂君子道長。小人道銷。止女謁。放讒夫。此所謂脩德也。囹圄不擾。兵甲不瀆。官不苟治。軍不輕進。此所謂脩刑也。陛下常以為念。雖有讁食。將轉而為福。又何患乎。且君子恥言浮於行。願動天以誠。無事空文。帝嘉納。

十四年六月。大風。詔群臣陳得失。太子左庶子吳兢上疏曰。自春以來。亢陽不雨。乃六月戊午。大風拔樹。壞居人廬舍。傳曰。敬德不用。厥災旱。上下蔽隔。庶位踰節。陰侵於陽。則旱災應。又曰。政悖德隱。厥風發屋壞木。風。陰類。大臣之象。恐陛下左右有姦臣擅權。懷謀上之心。臣聞百王之失。皆由權移於下。故曰。人主與人權。猶倒持太阿。授之以柄。夫天降災異。欲人主感悟。願深察天變。杜絕其萌。且陛下承天

后和帝之亂。府庫未充。冗員尚繁。戶口流散。法出多門。賕謁大行。趨競彌廣。此弊未革。實陛下庶政之闕也。臣不勝惓惓。願斥屏群小。不為慢游。出不御之女。減不急之馬。明選舉。慎刑罰。杜僥倖。存至公。雖有旱風之變。不足累聖德矣。

代宗時。朱泚軍中猫鼠同乳。表其瑞。詔示宰相。常袞率群臣賀。中書舍人崔祐甫獨曰。可弔不可賀。詔使問狀。對曰。臣聞禮迎猫為其食田鼠。以其為人去害。雖細必錄。今猫受畜於人。不能食鼠而反乳之。無乃失其性耶。猫職不脩。其應若曰。法吏有不觸邪。疆吏有不扞敵。臣愚以為當命有司察貪吏。戒邊候。勤徼巡。則猫能致功。鼠不為害。帝異其言。

德宗貞元十九年。大旱。中書舍人權德輿因陳闕政曰。陛下齋心減膳。閔惻元元。告于宗廟。禱諸天地。一物可祈。必致其禮。一士有請。必

聽其言。憂人之心。可謂至已。臣聞銷天災者脩政術。感人心者流惠澤。和氣洽則祥應至矣。畿甸之內。大率赤地而無所望。轉徙之人。斃踣道路。慮種麥時種不得下。宜詔在所裁留經用。以種貸民。今茲租賦。及宿逋遠貸。一切蠲除。脫不蠲除。亦無可斂之理。不如先事圖之。則恩歸於上矣。

給事中許孟容亦因旱上疏曰。陛下齋居損膳。具牲玉。走群望。而天意未荅。豈豐歉有定。陰陽適然乎。竊惟天人交感之際。繫教令順民與否。今戶部錢非度支歲計。本備緩急。若取一百萬緡代京兆一歲賦。則京圻無流亡。振災為福。又應省察流移征防。當還未還。役作禁錮。當釋未釋。負逋饋送。當免免之。沉滯鬱抑。當伸伸之。以順人奉天。若是而神弗祐。歲弗稔。未之聞也。

穆宗嘗問禮部尚書韋綬所以振災邀福者。綬對曰。宋景公以善言

退法星三舍。漢文除秘祝。敕有司祭而不祈。此二君皆受自至之福。書美前史。如失德以卻災。媚神以丐助。神而有知。且因以譴也。時帝不德。故託諷焉。

文宗太和六年大旱。詔詢所以致雨者。司門員外郎李中敏上言曰。雨不時降。夏陽驕亢。苗欲槁枯。陛下憂勤降德音。俾下得盡言。臣聞昔東海誤殺一孝婦。大旱三年。臣頃爲御史臺推囚。華封儒殺良家子三人。陛下赦封儒死。然三人者。亦陛下赤子也。神策士李秀殺平民。法當死。以禁衞刑止流。宋申錫位宰相。生平饋致一不受。其道勁正。姦人忌之。陷不測之辜。獄不參驗。銜恨而沒。天下士皆指目鄭注。臣知數冤必列訴上帝。天之降災。殆有由然。漢武帝國用空竭。桑弘羊興筦榷之利。然卜式請烹以致雨。況申錫之枉。天下知之。何惜斬一注以快忠臣之冤。則天且雨矣。帝不省。

懿宗時。羅隱上疏曰。歲貢賤臣隱。既以文不得意。且抱犬馬之疾于長安。夏五月。京畿旱。癸巳日。聞詔大京兆用器水。鑪香。蒲蕭。絳幡幢蓋。致於坊市門。將所以用舊法而召雨也。臣蹶起病榻間。以爲明天子憂人。雖舜禹不如是之勤。幸甚幸甚。臣又聞水旱與天地同出。苟時或然。不可以倉卒除去。今秦地旱已逾月矣。而陛下禱祠亦已頻矣。天之高。地之厚。五嶽之綿亘。四瀆之宏遠。陛下命百執事啓祈外。何嘗不以心祝之。雖莖槁苗乾。而百姓不怨嗟者。其感陛下之誠深也。今以蒲蕭輩爲請者。豈陛下謂其靈於嶽瀆者乎。夫嶽瀆視陛下之公輔。裂陛下之土田。苟陛下憂則嶽瀆亦宜憂矣。受祭禮封者尚未能爲陛下出力。彼蒲蕭輩復何以動天。臣爲陛下不取也。臣又聞天之有雨澤。猶陛下有渥恩。雨澤可以委曲干之。則陛下渥恩亦可以委曲干之矣。臣聞天子有左右史。將所以記事記言。然後付太史氏。臣必恐其得以容易編牘。今冒死請退癸巳日詔。苟若陛下落十六聖之教訓。雖五種栖野而百姓不暇擬。豈蒲蕭輩之所及乎。昔殷湯之代。民不以旱爲災。仁聖之君在上也。今旱未及殷代而陛下憂已過矣。臣請因旱以賀萬姓。俾其知陛下心。

蜀主王建時。李安道上災異疏曰。倉廩者國之本。糧食者人之命。固其本則邦寧。重其命則人富。今粒食中皆生蜂蠆。切疑在位貪鄙奪民農時。戕害人命。故天生災異以爲警告。又蟲皆曳米而行。恐邊鄙不寧干戈忽起。饋挽相繼。人不堪命。伏願少精聖慮。與大臣恐懼修省以消災異。

後漢隱帝時。宮中大風。發屋拔木。吹鄭門扉起十餘步而落。帝召司天監趙延義問以禳祈之術。對曰。臣之職在天文時日。祈禳非所習也。然王者欲弭災異。莫如修德。帝曰何謂修德。對曰。請讀貞觀政要而法之。

宋太宗雍熙六年。右補闕知睦州田錫應詔論火災疏曰。臣伏念臣才謀不迨於古人。職次忝居於諫省。敢不常思補報。用荅休明。六年九月十三日。詣閤上書。昧死言事。陛下於是下御札。俾人直諫。降敕書獎臣敢言。七年十二月十二日。又再上奏疏入遞。而不知達與未達。直言雖求用。而不知行與未行。今日陛下有所因方渴聞至言。有所爲方切待直諫。引咎自戒。修德彌新。臣謂責在近臣而不在聖躬。罪在臣輩而不在陛下。日近陛下有朝令夕改之事。由制敕所行時有未當。而無人封駁者。給事中之過也。給事中若任得其人。制敕若許之封駁。則所下之敕無不當。所行之事無不精。事無不精則垂爲典彝。敕無不當則編爲格式。豈有朝令夕改之弊。豈有不精不當之虞也。臣所以謂責在近臣而不在聖躬也。臣又見陛下有捨近謀遠

之事由古動所為未合至理而無人敢諫諍者是左右拾遺補闕之
過也今遺補是侍從之臣而不得在左右職分當獻替之事而未有
上封章自此國家舉事有不便於時遺補不敢諫朝廷法令有不合
於道遺補不敢言加以時久昇平天下混一致陛下謂昇平自得資
陛下以功業自多日還月移浸成聖性左取右奉無非睿謀所以陛
下出一言乃以謂湯武可偕陛下行一事乃以謂堯舜可繼自纘大
位于今九年四方未寧萬國雖靜然刑罰未甚措水旱未堪調陛下
謂之太平誰敢不謂之太平陛下謂之至理誰敢不謂之至理方欲
為民求福報天之功有事於太山展禮於上帝人謀雖克天意未從
伏于禁中將覺悟於英主詔下海內遂布告於與人近臣聞陛下感
悟之言寧不惕厲諫官閔陛下憂勤之詔誰不彷徨臣所以謂過在
近臣不在聖躬罪在諫官不在陛下臣死罪死罪然臣兩度上疏而

陛下不用一二今臣在外而陛下委之以分憂碌碌隨衆憂曠瘝之
靡暇皇皇有志思諫諍之未能今幸天啓聖心神贊皇運感陛下虛
佇待犯顏之諫致陛下專精求逆耳之言臣是以再罄愚衷復伸鄙
見臣所謂陛下有朝令夕改者試舉其一二以明之置不壽廢者農
師禁而不嚴者車服也臣所謂陛下有捨近謀遠者試舉其一二以
明之宰相不得用人而委員郎差遣近臣專受責而求令錄封章也
自此章奏必多聽用必廣聽用既廣則條制必繁條制既繁則依從
者少既依從者少則是法令不行法令不行則由規畫不當有如前
年赦下令鄰近州府互差司理判官至今年赦下却令本州仍舊差
置又如前年赦下應征科官吏限前得了即與超陞限外未了即當
降黜即不以縣有大小之分稅有難易之征土田沃瘠之不同歲時
豐歉之不等風俗勤惰之各異官吏能否之各殊而一槩以程限所

拘一例以陞降為定自後未聞限外欠者降一官限前了者陞一人
此無乃垂之空言示之寡信乞今後凡有所奏或有所陳幸陛下察
而審之令大臣議而行之蓋臣下言之則謂封章陛下行之則出為
法令法令可簡而不可使繁制度可永而不可屢變變易不定是彰
思慮之不精繁多難依是令手足之無措也尚書曰臨下以簡又曰
得師者王今宰臣若賢願陛下信而用之宰臣非賢願陛下擇可用
而任之何以置之為具臣而疑之若衆人也百官若舉其職願陛下
聽而用之百官未稱其職願陛下量其才而用之何以置之為備員
而待之若冗秩也臣謂百職若舉則萬事從而自理百官未備則萬
務從而亦隳必若任而疑之則上下非一心疑而用之則君臣非一
體何則疑能生謗謗能生疑疑從謗生則父子之道或偶虧於慈孝
謗因疑起則君臣之際或變成於怨尤魏文侯焚謗書陛下固當知

之令狐楚有辨謗論陛下時宜覽之若然則保得臣下始終全得君
上恩信方謂君為元首臣作股肱

端拱二年錫知制誥論旱災疏曰臣今來敕差在太一宮用青詞文
設醮行祈雨者竊以時雨愆亢聖慮焦勞自秋涉冬諸寺及廟雖徧
祠禱未彰感通以至陛下親降乘輿躬詣諸廟寺觀有以見仁主憂
民之旨聖人卹物之心雖災沴流行何代蔑有而帑廩儲積可備不
虞然自今歲以來天見星袄秋深雷震繼以旱暵之沴可虞饉飢之
災此實陰陽失和調燮倒置上侵下之職而燭理未盡下知上之失
而規過未能所以成茲咎證彰乎降鑒或天文示變或沴氣生袄昨
陛下以天垂譴告之文御樓行赦德音朝發袄星夕消天不言而感
報昭彰神幽贊而應荅遄速今以粟麥未種甘雨未降人心不寧農
望已失或聞小小寇盜聚散靡常嗷嗷蒸黎憂畏實甚愆陽既盭於

寒沍。厥疾乃生於癘疵。民或流亡。穀必翔貴。尚賴陛下聖德。宗廟慶
靈。蠢尒獯戎。騷邊稍息。惠然諸國。底貢交修。不然。人心一搖。盜計斯
得。何以靜潢池弄兵之嘯聚。何以禦胡馬南牧之奔衝。惟是秋冬久
無雪雨。此乃天意尚欲垂戒。聖心諒亦深思。豈刑繫之間尚未平允。
法令之設尚爾煩苛。或力役未悉矜蠲。或奢靡未盡撙節。言路雖啓。
蹇諤若未必一一聽從。王道雖行。孤苦者未必人人受賜。或刑賞過
於常理。或喜怒失於厥中。嘉言納忠。見破於橫議。任賢待下。或難於
至誠。若然則雖旰食勞懷。宵衣軫念。致孜萬務。適足勞於聖躬。翼翼
小心。尚未臻於至化。今舉大略。上犯宸嚴。禮曰。王言如絲。其出如綸。
書曰。謹乃出令。令出惟行。今朝廷所言或異於是。謀始稍虧於審謹。
令出無愧於改更。以是知急速機務。寧無錯行。臣之愚衷。豈敢進於
誅戮。臣之遭遇。安忍負於聖明。是以因事上言。庶裨萬一。伏望陛下

因此時旱。更降詔書。引咎責躬。以答天戒。進德單慶。以安民心。蠲減
征徭。簡約科禁。搜察淹滯。登進才良。猛士守方。無使黷賢召怨。朝臣
典郡。正宜選廉任能。或旌別勤勞。或省閱游泛。振廩通貨。以救饑殍。
加估收儲。以備闕乏。蕃戎蹂踐之處。士庶陷歿之家。哀亡卹存。憫其
餘苦。掩骼置奠。慰彼沉寃。閭里再命於復除。孤寡量優其給賜。儉約
奉己。以合禮謹。靜息民以安邊。詳延忠鯁之臣。詢究災祥之理。弭災
求理。正在此時。變沴致祥。屬當今日。若旱沴不已。歲歉相仍。盜聚萑
蒲。伺隙而動。狄乘饑寒。輦災為虞。是則國家之慮實深。朝廷之憂非
淺也。
太保兼侍中趙普上奏曰。臣昨覩御批。劉子云。所謂彗星謫見。引證
古今。莫知所措。自旦及暮。實不遑寧。每以恤寡矜孤。卿等應知朕意。
又云。千思萬慮。莫測其由者。臣等伏捧直蹤。同承聖旨。兢惶戰懼。各

不勝任。其間老臣最負深過。三十年之重位。但愧叨塵。一千載之明
君。將何輔弼。謬列三台之首。慙無一日之長。自知政術踈遺。寧免祅
星謫見。撓至尊之懷抱。皆臣下之作為。都緣蒙蔽聰明。隱藏苦疾。被
虐者無由披訴。偷安者不敢指陳。雖衆議以明知。柰皇情而莫測。隱
蔽之咎。惟臣最多。甘俟嚴誅。仰期得罪。今則人心頗欝。上象仍差。起
狂夫思亂之謀。生醜虜犯邊之計。天時人事。不比尋常。惟有今年倍
須保護。伏審陛下。初知妖異。親諭德音。便欲徧與覃恩。優加賞賜。發
此一言之善。須增萬福之祥。全由惠物之心。必有變災之望。纔經旬
朔。似有改移。竊聞司天臺內。妄陳邪佞之言。深惑聖明之德。猥云妖
異。合滅契丹。臣竊慮俱是諂諛。未明真偽。乞加詢問。須見實情。乞問
司天臺內所有前件奏陳。未委按何經典。臣今將所按經典。逐件進
呈。伏望陛下。親賜看詳。便知可否。臣聞五星二十八宿。至於五嶽四

瀆。皆居中國。不在四夷。而又尚書萬方有罪。罪在朕躬。豈可謂契丹
封疆。不屬萬方之數。臣今老邁。豈會陰陽。惟將正理參詳。復以前書
證驗。三墳五典。必可依憑。今錄到故事五件。謹具分析如後。
一。按漢書天文志及諸書云。歲星辰見東方。行疾則不見。遲則變
為祅星。石氏云。為攙搶。為棓音棒。又曰。彗星者。所謂掃星也。其本
類星。其末類彗也。小者數寸。長者或竟尺。彗狀如箒。亦為孛。孛
然或如紛絮。形狀雖異。其殃一也。皆是逆亂凶悖。非常惡氣之
所生也。見則為兵。為喪。除舊布新之狀。不有大亂。必有大兵。天
下合謀。暗閉不明。破軍流血。死人如麻。哭聲徧天下。干戈並出。
四夷來侵。餘災不盡。為水旱饑疫。凶惡之事。不可具載。又云。凡
關天象變異。下方必災殃。如人臟腑生疾。必先形於面色。象不
虛發。惟聖德可以消除。

一。按左傳云。齊有彗星。齊侯使禳之。晏子曰。無益也。祇取誣焉。天道不諂。不貳其命。若之何禳之。且天之有彗。以除穢也。君無穢德。又何禳焉。若德之穢。禳之無益。詩曰。惟此文王。小心翼翼。昭事上帝。聿懷多福。厥德不回。以受方國。君無違德。方國將至。何患於彗。詩曰。我無所監。夏后及商。用亂之故。民卒流亡。若德回亂。民將流亡。祝史之為。無能補也。公說。乃止。其後齊國果有田氏篡奪之禍。

一。按晉書天文志。魏文帝黃初六年。五月壬戌。熒惑入太微。又按蜀志先主傳。明帝問黃權曰。天下三分鼎立。何地為正。對曰。當驗天文。即可知也。往者熒惑守心。而魏文帝殂。吳蜀無事。此其驗也。

一。按梁書武帝大通元年。熒惑犯南斗。武帝跣足下殿走以厭之。

是年後魏孝明帝殂。武帝嘆曰。索虜亦應天道。

一。按唐書云。高宗總章元年。四月。有彗見於五車。上避正殿。減常膳。令內外五品已上上封事。及言得失。許敬宗上言。雖孛而光芒小。此非國眚。不足上勞聖慮。請御正殿。復常膳。高宗不從。敬宗又曰。星孛而東北。王師問罪。此高麗將滅之證。上曰。我為萬國之主。豈得推過於小蕃哉。二十日而星滅。

臣今撿尋故事。閱達宸聰。抑將師古之文。聊證順情之說。伏望陛下勤求理道。獨出前王。雖然彗星呈祆。自有皇天輔德。臣所願者。除舊布新之事。尊乞陛下親行。變災為福之祥。乃為陛下已有。如此則商高宗之桑楮。遂至中興。周武王之資財。須行大賚。伏望陛下恭承天戒。大慰物情。明施曠蕩之恩。更保延長之祚。蓋緣允關世事。否泰相隨。倚伏盈虛。豈能常定。聖朝開國。已三十年。國富兵強。近古無比。諸方僭偽。並受驅除。無一國不亡。無一人敢敵。可謂鞭撻宇宙。震懾華夷。若非聖德神功。何以當茲盛事。又聞物忌太盛。前聖不欲恣情。今則垂象頻差。兆民未泰。爭戰勞役。寧有了期。雖哲后修仁。本意固無於虧闕。而群生造業。隨緣應有於感招。儻時運以相逢。於聖賢而不免。堯水湯旱。乃是明時。臣又竊聞陛下自觀星文。焦勞帝念。轉積動天之德。思覃及物之恩。則知多難興王。但傳聞於往昔。殷憂啓聖。方式見於見今。可謂何福不生。何災不滅。臣今更有誠懇。思達冕旒。仍須面具敷陳。不敢形于翰墨。伏恨言詞蹇澁。氣力衰羸。步履猶艱。未任拜跪。自從發動。多有風涎。如或一息不來。便憂一詞難措。以茲情抱。惟有感傷。乞於閑暇之時。伏望略賜宣喚。貴將微細。皆具奏聞。無緣臣自知久負過愆。因此合專陳首。伏以臣謬將鄙陋。虛受恩榮。既不能致主安民。又不能除姦殄寇。叨據秉鈞之任。忽招如彗之祆。方

抱恥於朝廷。實難安於祿位。伏見前代。每逢天變。必先冊免三公。今遇盛時。乞行嚴憲。明加黜責。用激忠良。

真宗咸平二年。陝西轉運副使朱台符應詔論慧星旱災疏曰。臣伏准詔令。內外文武臣並直言極諫。密疏以聞。此乃陛下祗畏上穹。憂勤庶政。懼一物之失所。俾下情之盡達。廣視遠聽。求治深切之旨也。臣雖不佞。奉明詔。承德音。有所蘊蓄。豈敢緘默而不言乎。臣聞皇天無親。王者無私。上下合符。有如影響。若王政缺於下。則天譴見於上。自然之理也。切惟陛下受先帝之顧命。膺兆民之樂推。大孝彰聞。小心畏謹。動遵禮法。不愆舊章。所宜得天。必獲嘉應。而踐阼以來。三年之內。彗星一見。時雨再愆者。豈非凶醜未盡服。政令未盡順天。所以示茲警戒也。夫災變之來。必以類應。故彗星見者。兵之象也。時雨愆者。澤未流也。何以知其然。今北虜未賓。西羌作梗。荊蠻有猖狂之寇。

江浙多飢饉之民慮其來犯邊陲變爲賊盜蜂屯蟻聚之衆猶使討平鼠竊狗偷之群亦勞逮捕此彗星之所以見也陛下即位肆赦臨潮聽政覃恩而宥罪施恵而及物然未蠲免殘租許行榷利山海之貨悉歸於上酒税之饒不流于下元元之民未盡蒙渥澤此時雨之所以愆也陛下宜深惟二者之所以然設備以禦之修政以厭之不然則事有可慮者琴瑟不調者必更絃而改張之聖朝享國四十年括地一萬里經啓非不久統御非不衆而治或未至政或有闕意者法術制度尚有可改而更張者乎臣雖不敏輒敢條奏其事陛下垂意而覽焉臣聞農者國之本也其利在粟多兵者國之命也其功在戰勝此二者存亡所繫也方今之患在農少而粟不多兵多而戰未勝農少則田或未墾兵多則用常不足故儲蓄空虚而聚斂煩急矣民財盡歸於國國用盡入於軍所以民困而國貧也夫周公之制用積

九年此堯舜水旱而民所以無飢色也今郡國闕三月之糧貧民無終歲之食稼不一熟則有飢死之者軍儲自贍不足何暇賑貸之乎且地方百里每畝取粟一斛歲計得粟五百四十萬斛今甸服之內凡方百里者百所猶不能供足軍食而區區運粮於江淮間終歲所得不過百里之出者由是而論有以見農政之不修也臣愚以謂陛下宜詔三事大臣輔相天地燮和陰陽使風雨弗迷水旱不作省徭役以寬其力勸游惰以增其衆男悉心於畎畝女盡力於蠶桑種必刈穫養必紡績不出數年自然家有餘食而人有兼衣賈誼有言曰積貯者天下之大命也苟粟多而財有餘何爲而不成以攻則克以守則固以戰則勝懷敵附遠何招而不至今驅民而歸之農皆著於本土使天下各食其力末技游手之民轉而歸南畝則人樂其所矣此農政之修也國家養兵百萬士馬精强器甲堅利可謂無敵於天

下矣然自距馬失律以還夏廷逆命之後軍聲不震廟勝無聞一紀于茲蒙恥未雪何者將帥弗用命而委任不專也卒旣驕惰而不習知邊事也有以見軍政之不修也夫將帥者主之爪牙登壇授鉞鑿門推轂閫外之事將軍裁之所以克敵而制勝也近代動相牽制不許便宜兵以奇勝而節制於陣圖事惟變適而指蹤以宣命勇敢無所施智謀無所用是以動而奔北也孫武曰不知軍之可以進而謂之進不知軍之可以退而謂之退是曰縻軍此之謂也臣愚以謂疑則勿用用則勿疑謹擇其人專委其任有功者寵以爵位有罪者威以斧鉞明示刑賞斷在必行孰敢不用命哉古者井田之法兵則民也民則兵也出則戰入則耕人各自供官無所費今農人不知戰戰士不知農離爲二途絕不相用臣愚以爲古制不可全取宜參驗當今便利酌中而漸制之况江浙舊有義軍秦隴見屯强壯執柯取則其

事可行以天下土地之饒士民之衆各于郡縣置義軍本戶略與復除歲時少加賞賜動則就便召發靜則任從營養陛下於王畿千里之內畜兵十萬以制之天下孰敢動搖哉州縣本城隨宜定額溢剩者不令招置老病者盡放歸休果行此道則天下之兵減太半矣緣邊人物氣禀崆峒便於弓馬勇於鬭戰蓋天性也措置之術始上所陳妙選有文武才略之士爲吏以統之仍以厚利召募願爲正軍者隨郡大小差厥數以備城守止於趙魏之間少屯王師以策其後亦足減戍卒之太半矣且耕且戰足食足兵削調斂之煩苛免飛輓之勞苦此軍政之修也臣愚以爲不任人無以安邊不安邊無以省兵無以惜費不惜費無以寬民不寬民無以致治捨此數事雖有智者不能爲陛下計之矣刺史縣令親民之官有民人焉有社稷焉蓋三代之諸侯也故漢宣帝曰與我共治者其惟良二千石乎光武亦

曰郎官上應列宿出宰百里苟非其人民受其弊誠重之也頃皆不除刺史止以知州代之其差委也上自僕射尚書下至京官奉職率多輕受未盡當任權不足以威吏民祿不足以惠貧乏政皆苟且事出因循意者國家以刺史之官為武夫之任有支賜公使之費奏薦僧尼之例重難其事而不以授人乎孔子曰名不正則言不順言不順則事不成今文武登朝官諸司使副不啻千餘員代不乏才豈無循吏但未選任之耳臣愚以謂宜詔執事精練名實明揚俊賢各以檢校官出為刺史但不得支賜公使奏薦僧尼其縣令乃子男之任與民最親切者也邇來除授率多冗徒諸司吏人分擾大邑識暗則莫能燭理祿微則鮮克持廉州縣之職大抵相類欲其盡誠於奉上極力於字民其可得乎臣愚以謂宜詔有位舉爾所知申命銓司惟才是擇諸司吏人不得擬大縣不得為長吏凡牧宰者復俸戶增其

月入受空土為其職田俾其衣食足以卹家車服足以示衆專其任以勸效委其權以行事漸崇教導專務勸課每歲久用令文考課之法以戶口增減墾田多少定其殿最而黜陟焉如是則人民受利矣簡易者事不黷節儉者財有餘今建置之過也官吏森羅於郡邑差命之煩也使者旁午於道路廩祿之費耗驛券之供給何可勝數無名之賞賜不急之造作亦無限量土木窮其麗工巧極其滛他費百端動計千萬故兩稅之外悉取山海之貨酒榷之饒而用猶不足也加以教化未甚明租賦未甚均刑獄未甚簡藩籬之倚未甚固帷幄之謀未甚臧法有滋章之條吏無惻隱之實其餘背理傷道便文自營非為公家忠計者不可一二徧舉也陛下亟宜詔問大臣以當世之務如上所陳湯沐而櫛治之瞑眩而針砭之使百度正彝倫敘生靈泰社稷安上下協和章程明密建皇極之道立太平之基陛下坐

九重負斧扆南面而聽斷端拱而無為垂子孫之貽謀光祖宗之大業豈不休哉臣愚以為當今之急莫若修兵農之政擇牧宰之官節軍國之用弛籠榷之利稽古以行道隨時而立法易權宜之制定久長之策陛下撫一統之運居萬方之尊號令必行禁止必舉茲數者易如反掌耳傳曰雖有鎡基不如待時雖有智慧不如乘勢今誠陛下立聖功之時興王道之勢矧陛下躬臨大寶已三年矣今之天下古之天下也今之人民古之人民也歷代陳跡簡冊具存三王已前遠而難見魏晉而下陋不足數陛下自視當今事勢何如漢唐之盛時哉有土者不可以言貧有民者不可以言弱以陛下神聖聰明資之以天下之大而未能比隆於漢唐竊為陛下惜之伏惟陛下全王業之艱難握帝圖之宏遠敷布惟新之政博求無隱之言臣備位周行宣風外計管穴之見篙窺於高明芻蕘之言願預於詢採臣又念

御札云善者必加甄賞短者亦為優容臣不閑忌諱輒進狂瞽理誠短矣幸陛下優容之

是年知黃州王禹偁上奏曰臣際會昌辰忝冒通籍況在分憂之任豈忘報祿之心凡有見聞皆合論奏然而言關災異事涉機宜苟非不諱之朝即恐犯時之忌今者不避逆耳用明匪躬仰冀聖恩稍寬死罪臣本州去年十一月城南長圻村兩虎夜鬭一虎死食之殆半當時即欲密奏便值鑾駕北征既非吉祥嫌聞行在臣但只隄防盜賊撫恤軍民而已又今年八月十三日十四日夜羣雞忽鳴至今時復夜鳴未止又十月十三日雷聲自西北起與盛夏無殊臣伏讀洪範五行傳及春秋災異史記天官書兩漢五行天文志等以此詳校虎者毛蟲屬金金失其性則有毛蟲之祅又云虎相食者其地當大饑雞者羽蟲屬火火失其性則有羽蟲之祅又云雞夜鳴主兵革昔

人聞雞夜鳴是矣。雷者震也，屬木。木失其性，則有冬雷之祆。又云：發雷之地饑饉。此皆得於儒學，不在禁書。然事有數年而後應，若未有終不應者。要在臣下無隱，帝王盡知，或修德以答天心，或設備以防時難。故詩曰：畏天之怒，不敢戲豫。易曰：觀乎天文，以察時變。只如咸平元年彗星出，呂端等請臣作避位表。臣具言星見虛危，齊分，請於青齊間設備以應天戒。端等俱以為然。不知自後作何措置。臣緣不在司言之地，不敢侵官。去年胡虜犯邊，果入齊地，是天以文象告人，人不自知備也。端雖物故，李沆已下皆見臣言。今黃州有此災祥，不能依前寢默。雖祆不勝德，終無累於聖明，而遇事敢言，亦粗申於忠鯁。今年禾小稔，日下無虞，然恐應在他時，即合先有制置。伏望陛下念臣拙直，察臣愚衷，于淮甸之間防饑荒之事。假令災祥不驗，猶勝臨事無備矣。臣又念古之循吏政感神靈，宋均猛虎渡江，臣則有虎相食啗；魯恭雉馴桑下，臣則有群雞夜鳴；百里嵩甘雨隨車，臣則有冬雷暴作。此皆臣化人無狀，布政失和，合寘常刑，亦當自劾。又慮他人陳奏，臣則有昧黷之愆，冒犯聖慈，無任僭越。

六年，侍御史知雜事田錫上奏曰：臣伏覩去秋以來霖雨作沴，近畿諸處水潦為災。雖聞檢覆蠲免租稅，又聞相度低下開決溝渠，雖憂恤之心似有所濟，而利害之半莫知適從。古者不奪農時，慮妨營種，或遇歉歲，即念困窮，故有賑貸糧儲，除放徭役，免令凋瘵，不至流亡。今國家為少闕軍兵防備邊戍，遂於曹單宋亳陳蔡汝潁之間點集鄉村，揀選強壯，得五七萬人。訪聞始降宣命指揮，只令在本城防守，及至奏聞都數，即並抽赴京師。昨近臣何以商量，如此失信，令下民皆懷怨望，豈得無詞。況陛下常好讀書，有儒臣時得侍講。春秋謂君命無二。又曰：信不由中。諒在聖聰，盡達微旨，豈有命令既宣於群下，

而誠信不由於衷中。若外國差人在京探事，事無鉅細，境外既必盡知。知而圖謀邊上，未得安靜。其所謀者，謂古者以民為邦本，食為民天。今國家取丁壯為兵，以失邦本；以災傷去食，寧有民天。糇儲何止無餘，邊備亦恐不濟。以此得計，以此乘時，此外國所謀之小者也。其所謀之大者，以關西去年秋稼不登，京東今歲春種已失，國家營救之不暇，廟堂圖慮之未精，欲以新集未慣之兵，授非材無勇之將，僥倖求勝，輕敵寡謀，此外國所謀之大者也。加以自春以來多陰少晴，每遇朔風其來，數日不定，變陽春和平之令，為邊塞動靜之占。臣不曉古書，不知兵略，但以經史所言之事，求災祥可見之證，以愚意裁量，望聖慈採納。雖兵者凶器，不得已而用之；民為邦本，不得已而取之。今五七萬人並離農畝，日近更差使臣揀點，豈無物議憂虞。以災沴之餘，寇盜若起，適足為戎狄之利，有勞宵旰之懷。檢災傷乃是盡名，行賑貸且非寶事，斯乃今日之務最急，而非時之患可憂也。臣謂非十年不足以聚蓄財貨，非十年不足以生育黎元。二十年間治之得其宜，則無慮；治之失其宜，則有患。非二十年尚未能蓄聚財貨，生育黎元，況臨事欲制置乎。望陛下思今日之急務，慮非時之所憂，示信以結之，善謀以成之。若信不由中，事出慮外，必恐國家多難。自今日始，臣受先朝抜擢，不敢不言；臣受陛下指揮，不敢不奏。

景德三年，右正言京東轉運使張知白上奏曰：臣伏覩司天監奏周伯星現，請宣付史館，群臣詣闕稱賀者。臣聞人君之德可以動天，至仁積於中，則休氣應於外，祥瑞之出，皆有所因，誠感應之攸致，非徒然爾。故天人相與之際，其道甚大。頃者河朔之間連年地震，陛下知上天之垂戒，考前王之格言，以為陰氣過盛，則積而當然。地者其道卑柔，其體安靜，今動而不止，誠有所謂。且念國家開剏已來，基業洪

大干戈之役皆不得已而用之然而太平興國至咸平而來二十年內遏防多虞華戎之人幾殞百萬兵者其義主殺殺者其事屬陰陰氣之盛不亦宜乎復念致治之源惟息兵為大務前年北胡之來議欲通好陛下不務兵力之强不恃邦威之盛姑以安民在念惡殺為事不阻其誠許以盟約由是動植遂其生全億兆知其休息然後發德音施恩澤賑貧民省寃獄敷求時病精選良吏飭身思道引咎於已益兢兢焉翼翼焉思荅天譴得不感群心招和氣哉故未踰朞年有是福應所謂德動於天而辰象昭瑞也昔桑楮共生於朝七日大拱大戊修仁桑楮遂枯祅不勝德見驗久矣今陛下修德可謂至矣非獨弭祅災復能致瑞應斯實我朝之盛美邁前代遠矣然而皇王之道在乎戒謹休祥荐至而講德愈隆不恃太平之基而驕盈不矜大寶之位而荒怠懼亂者治必興焉思危者安必久焉斯前代之明鑒也古之君天下也患不恤黎元之疾苦患不知軍旅之勤勞患奢侈畋遊之無度患聲樂之不節患政事之不勤患壅蔽之不除患諫諍之不納今陛下薄賦斂省徭役勸農桑務稼穡恤黎元之疾苦矣優恩撫士厚賞懋功解衣哺食推心置腹知軍旅之勤勞矣宮室臺榭不以奇衺害工服御器輿不以雕飾過制所貴惟穀帛所寶惟賢才絕侈靡之風矣弋獵之娛弃捐而不顧禽荒之戒祗畏而無忘澤被蟲魚仁及鳥獸去畋遊之暴矣樂府新聲國伶妙伎存而勿廢用之有時善遠於聲樂矣觀書乙夜求衣未明躬決萬機將周十稔雖隆暑沍寒無從於一日雖飄風暴雨不廢於崇朝克勤於政事矣明四目達四聰辯讒邪杜權倖使下情上達決壅蔽之方已流聞於天下矣延直臣啓言路詢求讜議樂聞上失納諫之規固超絕於百代矣斯不亦天下幸甚陛下誠能寶茲數事雖休勿休則瑞星不出臣

亦賀鴻祚無窮而青史有光矣苟異於是則瑞星雖出臣亦不敢同衆人之賀矣夫善言古者必有證於今善言天者必有證於人自古以還伏冨强之基居隆盛之運怠於政事以啓危亂者不可勝紀況今西北兩隅雖罷征戰之役然而比夫古者屈膝稱臣款塞內附則亦事異而體殊矣得不虞哉臣以謂一星為瑞善則善矣若倚之而責承平之效則慮群心小弛而警備之方因而不謹矣恭惟聖德之大無不周知臣聞三才者人居其中乃天地之和氣人心和則陰陽和陰陽和則日月星辰咸順其晷雪霜風雨不失其時則知陛下一言之善必上動於天心一事之美必上關於天道人君言動視聽必上法於天法天之義誠深矣大矣臣雖懵昧然稽之於大易粗知之矣夫乾之體六陽備焉乾之用萬物生焉人君之象也非聖人孰能行之孔子稱其象曰天行健君子以自强不息蓋天之運行其道不已終古如一未常懈倦苟息於一息差於一刻則六氣大紊萬物咸病王者之道亦當如是今陛下法天之義亦已至矣行健之德無不備矣復能念此乾元終始不易則萬方受無疆之賜萬乘享無窮之休臣愚陋無取涉道誠淺然佩名教服儒素考之方策得之師傅知君親之義至重諂諛之要至大故不敢避刑辟愛身名默而自守狂夫之詞聖人擇之或足以輔朝廷之謀開諫諍之路伏冀天慈收一益於萬分之中則臣不勝至幸

大中祥符元年龍圖閣待制戚綸上奏曰臣伏覩詔書受天書者臣謹按稽載籍歷考祕文仰惟帝德之庬鴻握乾符而臨御見天人之相接驗靈鑒之垂祥然未覩昭晰炳煥若今之明著者也伏惟陛下道掩百王功高三古躅二聖之丕業啓萬世之鴻基烝烝之孝日躋翼翼之心無怠勤行企道恭默思元寬仁為布政之規慈儉示固身

之寶巍巍盛德不可形容亹亹令猷固難擬議武王齋戒忠見丹書
之言漢武虔祈遂啓竹宮之拜繇是上天即鑒瑞牒爰臻遐畬奕葉
之祥昭示臨民之戒於鑠景命冀九齡之足稱赫奕鴻休伊七百之
何筭臣叨逢景運獲睹嘉祥為太平之民已知大幸遇希世之事實
繫前聞敢戴伸言誠由過慮萬一有補是為愛君竊以流俗之人古
今一揆恐託國朝之嘉瑞寖生幻惑之狂圖或詐託於神靈或偽形
於木石妄陳符瑞述機祥以人鬼之妖詞亂天書之真旨少君欒
大之事往往有之伏望陛下端守元符凝神正道察內境修身之要
資五千致治之言建皇極以御人褒寶大和而延聖筭仰荅天貺俯
惠蒸黎

三年龍圖閣待制孫奭上奏曰臣聞五載巡狩虞書常典觀民設教
羲易明文何須紫氣黃雲始能封嶽嘉禾異草然後省方今乃野鵰
山鹿並形奏簡秋旱冬雷率皆稱賀將以欺上天則上天不可欺將
以愚下民則下民不可愚將以惑後世則後世必不信腹非竊笑有
識盡然上玷皇明不為細也

天禧三年奭知河陽上奏曰臣伏見朱能者姦險小人偶塵驅使驟
為侯伯皆由妄言祥瑞而陛下崇信之以至屈至尊以迎拜歸祕殿
以奉安中外臣僚及黎庶靡不痛心疾首不敢直言臣所以不避死
亡之誅敢言之者誠以佩荷國恩思報萬一聽之罪之惟在聖斷昔
漢文成將軍以帛書飯牛陽言牛腹有奇書殺視得書天子識其手
跡而斬之後有五利將軍妄言方多不讎坐誅漢武以能誅文成五
利前史謂之雄才先帝時有侯莫陳利用者始以方術暴得寵用一
旦發其姦誅于鄭州至今輿誦謂之英斷唐明皇得靈寶符上清護
國經寶勝等皆王鉷田同秀所為明皇不能顯戮怵于邪說自謂德
實動天神必福我夫老君聖人也儻實降語應不妄言今按唐史自
安史亂離乘輿播越兩都盪覆四海沸騰豈天下太平乎明皇雖僅
得歸闕復為李輔國劫遷西內卒以餒終此豈聖壽無疆長生久視
乎夫明皇以睿哲之資處高明之位禍患猥至曾不聞知良由在位
多年驕亢成性謂人莫已若謂諫不足聽心玩居常之安耳熟導諛
之說復又內惑寵嬖外任姦回曲奉鬼神過崇妖妄今日見老君于
閣上明日見老君于山中大臣尸祿以將迎端士畏威而緘默既惑
左道即紊政經民心用離寖不復振及至祿山兆亂輔國劫遷老君
寧肯禦兵寶符安能排難身危名辱負愧包羞大命既傾前功併棄
今朱能所為頗似王鉷等事願陛下遠思漢武之雄才近法先帝之
英斷中鑒明皇之召禍庶幾災害不生禍亂不作享萬世無疆之休

時宮禁火災左僕射王旦馳入帝曰兩朝所積朕不妄費一朝殆盡
誠可惜也旦對曰陛下富有天下財帛不足憂所慮者政令賞罰之
不當臣備位宰府天災如此臣當罷免

歷代名臣奏議卷之二百九十八

災祥

宋仁宗天聖五年右司諫劉隨上奏曰臣聞天地定位陰陽運行二氣至和萬物資始且上天不言不能自治遂生聖人以治之聖人至尊不能獨治遂求賢明以佐之苟聖人推誠以御下賢臣盡忠以事上刑罰當其罪爵賞合其宜賦役均平暴横不作天地之間無一夫不獲無一物失所則至和之氣為豐年為祥瑞為安寧為壽考其或刑不當罪賞不當功勞役不時賦斂繁重君子在下而未見進用小人在位而未聞屏黜侵壞綱紀怨讟並興有一於兹是傷和氣氣或繆戾則為凶年為水旱為災沴為疾疫自古常然甚猶影響今則兩宫明聖信任大臣一日萬幾宵衣旰食刑必審謹恩無偏私誠宜歲必豐穰物無疵癘而乃去年大水包山襄陵墊溺居民傷害未稼今年經夏時雨甚愆旱苗欲乾晚田未種兼聞磁州大水損壞城池仍知河北數州蟲蝗作孽繆戾若此必有其由竊慮執政大臣措置失所選除之際或異至公聽受之間或容獻佞或崇不急之務或縱詭隨之情循默自安彌縫或爽又慮允闕百執官守因循事有依違或公行請託侵剥及於苛細喜怒由於愛憎刑獄之中不無寃枉賦役之内豈盡公平或慮諸路使東州郡守長縱侵漁之吏刻剥下民聽狡獪之胥蠹耗事實或支移折變有所不均或配率科須不從出產以容姦為大體以受欺為吉人贓濫之徒善承迎而無失清廉之士踈取奉以致嫌則有互掩瑕疵指為和睦巧詞詭詐自為能官詢求若訪於吏人善惡遂乖於審實是以紀綱失序寃訴不伸如此之徒十常五六積其湮鬱有傷至和水旱蟲螟殆因此作臣賦性愚昧備位諫官參校古書比方時事上塵聽覽伏竊惶伏乞將臣此章宣

示兩地究其事類何者改更拾遺補闕臣之職業

六年隨又論星變疏曰臣聞在天成象在地成形上自帝王降及輔相宰制萬物感應天文是以政教紊於下則躔次變於上自古聖帝明王兢兢業業不敢私縱者畏天命也若政有失而不改天垂戒而不懼者危亡之道也近者天象變異驚駭群情避殿曲赦深叶古典臣雖不知星緯之術備觀史策之文諭見於天警誡人主伏自兩宫臨御于兹七年體貌大臣延納直亮觸鱗犯諱者未嘗加罪巧言令色者必察其非恭儉仁慈動遵典禮故得上下無壅華夷乂安闕政無聞咎將安在臣晝夜思慮疑者二焉切慮邪佞小人急圖富貴顧其資望未得陞遷致有潛結姦雄密為表裏謀傾陷於端士期進用於明時不思撓敗國家且務致身榮達稍萌凶慝亦動星辰前史稱太白食昴白虹貫日者皆古人精思密謀之驗也惟望聖慈深加審察邪謀不入災異自消竊慮三聖在天子孫繁衍定王之外封册未行雜於庶寮之間班在附馬之下北使每至無以威示遠方聖祖貽謀實欲本支茂盛因循歲久未舉典章百官因有嗟嘆三聖豈無動念伏望聖慈於皇族中選其賢明依唐朝故事封嗣王郡王三五人以應祖宗之意用固盤石之基其次選用大臣必從公議古者詢於卿士謀及庶民審重之至也至於才高位下公議所歸或因例合遷久未陞奬者亦乞申命兩府次第舉行昔者宋景善言祅星乃退商湯自責化為豐年而况太后聖明皇帝慈儉上天變異不足憂虞臣職在諫垣殊無器識敢陳狂瞽不避靈誅

貼黄臣伏見唐堯至聖有四凶在朝大舜繼明方乃誅逐是知小人君子自古並生君子多則小人衰而天下治小人多則君子衰而天下危自古離亂甚多太平甚少其故何也蓋佞言似忠

謀身巧計。是以小人多獲進用。直言正色。邪佞憎嫉。是以君子多遇讒謗。此乃邪正各異。故相憎也。失於防察。禁制漸難。故書曰。為君難。為臣不易也。今兩宮明聖。君子道行。小人之心。皆不遂志。多方求進。或受貨財。保證姦邪。上惑天聽。伏乞聖慈特加防察。

七年。玉清昭應宮災。太廟齋郎蘇舜欽上疏曰。臣聞烈士不避鈇鉞而進諫。明君不諱過失而納忠。是以懷策者必吐上前。蓄冤者無至腹誹。則上下之情不鬱。教令之出悅隨。然言之之難。不如容之之難。容之之難。不如行之之難。有能言之。則必容之。容之則必行之。如此則欲治之主。三代之迹也。頃陛下留意焉。臣伏覩今歲自春徂夏。霖雨陰晦。未嘗少止。農田被菑者。幾於十九。民情嗷嗷。如昏墊焉。臣以謂近位之失人。政令之多過。賞罰弗公之所速也。天之降災。欲悟陛下。陛下返謂刑獄濫冤之致。故肆赦天下以救之。殊不念如此則殺人者不死。傷人者不抵罪。其為濫冤。則又加甚。古者決斷滯訟。以平水旱。不用赦也。故赦下之後。陰霾及今。前志曰。積冤生陰。積陰生陽。陽生則火災見焉。乘夏之氣。發洩於玉清宮。震雨雜下。烈熖四起。樓觀萬疊。數刻而盡。誠非慢於禦備。乃上天之深戒也。陛下當降服減膳。避正寢。責躬罪已。下哀痛之詔。罷非業之作。拯失職之民。在輔弼無裨國體者去之。居左右竊弄威權者去之。精心念政刑之失。虛懷收芻蕘之言。庶幾變災。以答天意。辰浹之間。不聞有此告諭。竊知陛下將計工役。弄謀興修。都下之人。聞者駭惑。往往聚首橫議。咸謂非宜。皆曰章聖皇帝勤儉十餘年。天下富庶。帑府流衍。無所貯藏。乃作斯宮。及其畢功。而海內為之虛竭。陛下即位未及十年。數歲連遭水潦。雖征賦咸入。而百姓頗甚困乏。若大興土木之功。則費用不知紀極。財貨耗于內。徭役勞于下。內耗下勞。何以濟矣。況天災之。已為之。是欲競天。無省已之意。逆天不祥。安已難任。欲祈厚貺。其可得乎。豈天譴告而陛下弗寤邪。豈知而固為之邪。豈弄造祈天之祐邪。臣不得反覆而量也。今為陛下計者。莫若采吉士。去佞人。姑務修德以勤至治。使百姓足給而寬其征稅。則可以謝天意而安民情矣。夫賢君見變。能修道以除凶。亂君無象。天不譴告。今幸得天見之變。是陛下修道之日。豈宜忽哉。昔漢宣帝三年。茂陵白鶴館災。下詔曰。迺者火災降於孝武園館。朕戰栗恐懼。不燭變異。罪在朕躬。群有司又不肎極言朕過。以至于斯。將何寤焉。夫茂陵不及上都也。鶴館不大此宮也。彼尚降詔四方以求己過。是知古帝王急治如此。夫火不炎上之罰。正為是焉。臣謹按前漢五行志云。賢佞分別。官人有敘。帥由舊章。禮重功勳。如此則火得其性矣。若信道不篤。或耀虛偽。讒夫昌邪。勝正則火失其性矣。自上而降。及濫炎妄起。燔宗廟。燒宮室。雖興師而不能救。故魯成公三年。新宮災。劉向謂成公信三桓子孫之讒。逐父臣之應。襄公九年春。宋災。劉向謂宋公聽讒。逐其大夫華弱奔魯之應也。今宮災豈得亦有是乎。願陛下共默而內省之。省而既知之。願陛下悔過而追革之。罷弄造之勞役。行古先之典法。非惟大光基構。亦天下之幸甚也。臣愚妄之言。未足益國體之萬一。陛下苟容而行之。三代兩漢之風。指顧而可致也。

景祐五年。河東地震。舜欽詣匭上疏曰。臣昨初到京師。聞河東地大震裂。涌水壞屋廬城堞。殺民畜幾十萬。歷旬不止。臣始聞惶駭疑惑。竊思自編策所紀。前代衰微喪亂之世。亦未嘗有此大變。方今四聖接統。內外平寧。戎夷交歡。兵革偃息。固與夫衰微喪亂之際頗異。是何災變之作。返過之耶。且妖祥之興。神實尸之。各以類告。未嘗妄也。

臣以謂必無是事是亦傳言之濫耳歷問一二朝士皆曰有之因退思念天人之應古今之鑒大可恐懼凡朝廷政教昏迷下受其弊積陰鬱不和之氣上動於天天於是為下變異以警戒之使君人者回心省脩翻然向道則民安而災息是故古之王者逢天地之變則必避正寢徹樂省饌詢訪正議考求失德而更去之蓋以上帝聰明所作必驗苟弗知懼則非常之孽隨之今此異既告豈徒然哉則王者宜常安於逸豫信任近狎而不省政事乎廟堂之上執事者豈有非賢才或專威福而侵君者乎其所施設之政豈有不便於民者乎深宮之中豈有陰教不謹或以媚道濫進者乎西北之夷豈有竊萌背盟犯順之心者乎念自從遠方來未知近事心雖疑而口不敢道宮禁夷狄之事固未可知朝廷已然之失則聽輿論而有聞焉又謂朝廷知此大異殊不脩補闕政以厭天戒而安民心默然不恠如平常

無事時諫官御史亦不聞進牘白見鋪陳災害之端以開上心然民情洶洶聚首橫議咸有憂悸之色豈時與古不同今朝不宜倣古以為事耶又念有天下者未有監古而亂棄古而治也豈上位者務在鎮靜未須與民同憂耶則又民為邦本未有本搖而枝葉不動者豈民愚暗不當憂而憂耶則地之震天之所為也民雖愚夫豈愚哉又復思之不覺驚怛流汗自以世受君祿身齒國命涵濡惠澤以長此軀便欲盡吐肝膽以拜封奏又昨見范仲淹以剛直忤姦臣果罹中傷言不用而身竄謫甚可悲也是時降詔天下未許越職言事臣今苟務激切不避權右必恐橫遭傷害無補於時因自悲嗟未知所措既而孟春之初雷電暴作臣以謂國家之失衆臣無有為陛下言者唯天丁寧以告陛下也陛下極聖至明其肯忽之果能霈發明詔許臣寮皆得獻言臣初聞之踴躍欣抃又謂雖有災異陛下能講求嘉

言革去時弊故可變化而召善祥也旬餘日來聞頗有言事者其間豈無切中時病而絕不聞朝廷從而行之是亦示虛言而不根實効也臣聞唯誠可以應上天唯實可以安下民今應天不以誠安民不以實徒布空文增人太息耳將何以謝神靈而救弊亂也豈大臣蒙塞天聽不為陛下行之豈言事者迂闊無所取不足行也此則未可知今臣竊見綱紀隳敗政化闕失其事甚衆不可槩舉謹條大者二事詣匭以聞伏望陛下少賜觀覽苟有所采乞斷自睿意即時行焉言或狂瞽乞付臣斧鑕以非所宜言罪之一曰正心夫治國如治家治家者先脩於己脩己者先正於心心正則神明集而萬務理也今則民間喧傳陛下數年已來多引俳優賤人於深宮之中燕樂無節賜予過度燕樂無節則志荒蕩賜予過度則心侈泰志荒蕩則政事不親心侈泰則用度不足臣竊觀國史見祖宗逐日視朝旰昃方罷

猶坐於後苑門上有白事者並得召對委曲詢訪少善必納真宗末年不豫始間日視事今陛下春秋鼎盛實宵衣旰食求治之秋而乃隔日御殿此政事不親之効也今又府庫匱竭民鮮蓋藏誅斂科率殆無虛日三司計度經費二十倍於祖宗時此用度不足明矣政事不親而用度不足斯大可憂也伏望陛下脩己以御人洗心而鑒物勤於聽斷舍其燕安放棄優諧近習之纖人親近剛明敏正之良士因此災變以思永圖効祖宗之勤勞惜社稷之廣大則天下之幸甚也二曰擇賢夫明主勞於求賢而逸於任使然盈庭之士不須盡擇在擇一二輔臣及御史諫官而已今陛下用人似不慎擇昨王隨自吏部侍郎轉門下侍郎平章事超越十資復為上相此乃非常之恩必待非常之才而王隨虛庸邪諂非輔相之器降麻之後物論沸騰故疾纏其身災仍於國此亦天意愛惜我朝陛下必鑒之又石中立

須在朝行以詼諧自任士人或有宴集必置席間聽其言語以資笑噱今處之近輔不聞嘉謀物望甚輕人情所忽使災害屢降而朝廷不尊蓋近臣多非才者陛下左右尚如此天下官吏可知也實恐匈奴輕笑中國伏望即時罷免別建賢才臣又竊見方今以張觀爲御史中丞高若訥爲司諫此二人者皆登高第本望以詞華進用素復溫和軟懦無剛鯁敢言之才斯皆執政引援建置欲其緘默不敢舉揚其私時有所言必暗相關說旁人窺之甚可笑也故御史諫官之任臣欲陛下親擇之不令出執政門下臺諫官既得其人則近臣不敢爲過乃馭下之策也臣以謂陛下身既勤儉輔弼臺諫又皆得人則天下何憂不治而災異何由而生伏望陛下少留意焉非有難也臣不勝區區之至

時玉淸昭應宮災繫守衛者御史獄御史中丞王曙恐朝廷議修復

上言昔魯桓僖宮災孔子以爲桓僖親盡當毀者也遼東高廟及高園便殿災董仲舒以爲高廟不當居陵旁故災魏崇華殿災高堂隆以臺榭宮室爲戒宜罷之勿治文帝不聽明年復災今所建宮非應經義災變之來若有警者願除其地罷諸祠以應天變仁宗感悟遂減守衛者罪已而詔以不復繕脩諭天下

滕宗諒遷殿中丞嘗禁中火詔劾火所從起宗諒上疏諫曰伏見掖庭遺燼延爇宮闈雖沿人事實繫天時詔書亟下有司鞫劾中外莫不感動然而詔獄未釋鞫訊尚嚴恐違上天垂戒之意累兩宮好生之德且婦人柔弱箠楚之下何求不可萬一懷冤足累和氣祥符中宮掖火先帝嘗索其類寘之法矣若防患以刑而止豈復有今日之虞哉況變警之來近在禁掖誠願修政以禳之思患以防之凡逮繫者特從原免庶災變可銷而福祥來格也疏奏仁宗爲罷詔獄

知諫院包拯戒興作疏曰臣伏見十一月初二日夜上淸宮火謹按春秋傳例曰人火曰火天火曰災漢書五行志曰人火天火同爲災異皆以朝廷政令參驗得失而勸戒焉說者曰賢佞分別官人有序則火得其性若信道不篤惑耀虛僞則火失其性自上而降濫焰妄起是爲火不炎上今上淸宮者乃祖宗修建以崇無爲之德今火燔之者豈焚修之人不務精潔以副陛下嚴奉之旨乎不然其天意垂誡於陛下乎固宜勵精治道謹修人事以荅天變可也風聞道路云陛下存留道衆似有繕脩之意未辨虛實咸懷危懼況天下多事調發旁午邊鄙未寧豈可先不急之務重無名之率哉且宮觀之興自於唐室非古制也若謂先聖眞容理當欽奉則景靈宮會靈觀殿宇宏壯可以奉安願陛下推仁慈之德念疲敝之俗且務安之之理豈忍重困之也然外議紛紜頗甚惑衆欲乞特降詔告諭以

安衆心

拯又論日食疏曰臣伏見四月旦日當薄蝕陛下特降德音疏決庶獄飭身修政以應天變此誠古之聖后明辟克謹天戒之至意也臣聞漢書云夫至尊莫大乎天天之變莫大乎日蝕蓋日者陽之精人君之象也君道虧爲陰所乘故蝕日者德也月者刑也故聖王日蝕修德月蝕修刑詩云彼月而蝕則惟其常此日而蝕于何不臧說者云月蝕非常比之日蝕固常也日蝕則不臧矣然正陽之月法尤忌之由是有伐鼓用幣之事故人君或遭茲變必避殿徹膳克己責躬明君臣正上下延納衆議以輔不逮如是之至也今正陽之月晦然日蝕而又亢陽益甚火災繼作害孰大焉得非上天有以丁寧垂誡於陛下耶伏望陛下奮乾剛之至意畏天地之大異發號施令審思乎刑賞德罰罪無間於疎昵聽斷不惑勤儉爲先抑陰尊陽防微

杜漸。然後日御便殿。博延公卿。詢訪直言。講求古道。勵精為治。以荅天戒。如此則積異消於上。厲階絕於下。足以導迎善氣。馴致太平。惟陛下留神省察。

拯又論星變疏曰。臣竊見歲星逆犯房宿。近鉤鈐之位。于今月餘未順。按天官云。房四宿為明堂。天子布政之宮。亦曰四輔。股肱將相位也。北二小星曰鉤鈐。房之鈐鍵。天之管籥。主閉鍵天心。其房心於辰在卯。主豫州。宋之分野。夫五星者。五帝司命。應王者號令。為之節度。歲主歲事。為其統首。好生惡殺。安靜中度則吉。變色亂行則不為福。或有淩犯淹留不去。咎在仁德未修。誅罰未當。若犯房宿。亦責在將相之不稱職者。伏況國家盛德在火。歲火二曜俱為福星。房心又是宋之分野。今歲德失度。逆守于房。復近鉤鍵之次。徘徊未退。本意亦謂人君指意欲有所為而未得其節也。乃上天之意。所以篤佑聖宋。

丁寧陛下如是之至。夫變異之來。各象過失。以譴告人主。猶嚴父之明戒。可不貪畏恐懼乎。古之明王。必正五事。建大中以承天心。能應以德則咎息。不能應以善則災至。要在所以應之。應之之速。非誠不立。非信不行。伏望陛下奮精剛之德。挺獨斷之明。內推至誠。深思天戒。以天下至大。祖業至重。不可謂承平無事而可以佚豫為治。外則邊防之大。戎狄可憂。內則機務之煩。紀律不振。況今政失於寬。而救在姑息。官弛於簡。近下詔命。澄汰流品。而才者未之進。不才者未之退。蓋有司務在因循。憚於甄選爾。且方內治亂。在陛下所任。經曰。亦惟先正克左右。未有左右匪正而百官枉者也。中外臣僚。其有老儒貪殘苛刻姦佞不當居職者。宜以時廢退。益選溫良惇厚之士寘之於位。令海內昭然知本朝之所貴尚不休哉。然後掖庭之中。簡去幽賤。宦豎之內。裁抑重任。發號施令。在乎必行。賞德罰罪。在乎不濫。振

舉綱目。杜絕萌漸。如此則災異消於上。禍難息於下。五緯循軌。四時和順。合天地之協氣。致邦家於永寧。願陛下力行而已。臣本以孤危。不知忌諱。惟陛下不以位疎言賤。留神省察。則天下蒙幸。

拯又上謹天誡疏曰。臣竊見近者太白犯月於箕尾之分。熒惑犯鎮星於虛危之分。而又冬雷震發。雨木成冰。博詢前聞。固不虛發。臣謹按歷代五行志曰。太白犯月。月犯太白。熒惑犯鎮星。皆外寇之兆。雨木成冰者。說者謂上陽施不下通。下陰施不上達。故雨木為之冰。冰者陰之盛。木者少陽貴神。卿大夫之象。亦曰木冰為木介。介者甲兵之象。又曰。冬雷者。所發之地主兵。謂雷以二月出。八月入也。今季冬而震雷雨雹者。陽不閉藏而發泄。皆失節之異。夫月者太陰之長。后妃大臣諸侯之象。亦主夷狄。鎮星所管宋衛陳鄭之分。若金火淩犯。固不為福。況又箕尾屬燕。虛危屬齊。設或內非其應。則北虜之患。山

東之憂。亦須大為之防。且頃歲有星孛之異。近復有巨嶠之震。不可忽也。今四方災旱。流亡未復。雖遣使綏撫。貸粟賑給。而上下困竭。濟卹攸艱。此乃天意篤右聖宋。丁寧陛下如是之至也。書曰。曆象日月星辰。此言王者當仰視天文。俯察地理。觀日月消息。候星辰躔次。揆山川變動。參人民謠俗。以考休咎。若見災異則退而責躬。恐懼修德以應之。有不可救者則蓄備以待之。故宗社享無疆之福。伏望陛下。省災異之來。驗休祥之應。謹奉上天之戒。以救當時之務。外則幅員之廣。戎狄寇盜之可虞。內則機政之繁。號令賞罰之未信。固宜進擢賢傑。振張紀律。廣闢眾正之路。屏絕群枉之門。斥遠姦纖。審重聽納。近自宮禁。遠及邊陲。杜漸防微。中外協濟。如此則庶幾後患可弭。惟聖度裁處。

拯又論地震疏曰。臣近聞登州地震山摧。今又鎮陽雄州五月朔日

山震北京貝州諸處蝗蝻蟲生皆天地先意示變必不虛發也謹按漢五行志曰地之戒莫重於震動謂地者陰也法當安靜今乃越陰之職專陽之政其異孰甚焉又夷狄者中國之陰也今震於陰長之月臣恐四夷有謀中國者臣雄州控扼北鄙登州密邇東夷今繼以地震山摧不可不深思而預備之也頃歲并代地震尋以昊賊拒命近者廣南英遠等州亦震而蠻寇內侵皆必然已應之兆耳臣近曾上言沿邊將帥尤在得人乞委執政大臣精選素習邊事之人以為守將俾訓練卒伍廣為積聚以大警備之不然懼貽陛下之深憂也謂災變之作未有無其應者惟陛下特留聖意

拯為戶部判官時上疏曰臣竊見冬春以來天下旱乾為虐而陛下避殿徹膳累下詔書勤求直言疏理刑獄寬省民力雖古之聖帝明王責躬罪己無此之甚焉故詔音所至甘澤隨降和氣應於上民心悅

於下天意聖德若合符契當上穹眷佑之如是則陛下尤宜勵精求治以答殊貺臣聞法令者人主之大柄而國家治亂安危之所繫焉不可不慎緣近歲以來賞罰之典或尚因循且人知法令之不足信則賞罰何以沮勸乎昔唐文宗問宰臣李石天下何以易治李石對以朝廷法令行則易治誠哉治道之要無大於此伏望陛下臨決大政信任正人賞者必當其功不可以恩進罰者必當其罪不可以幸免邪佞若雖近必黜忠直若雖遠必收法令既行紀律自正則無不治之國無不化之民在陛下力行而已况旱之災天之常數固不足貽陛下深慮惟陛下留神省察

天聖中天下水旱蝗起河決滑州通判常州謝絳上疏曰去年京師大水敗民廬舍河渠暴溢幾冒城郭今年苦旱百姓疫死田穀焦槁秋成絕望此皆天異也按洪範京房易傳皆以為簡祭祀逆天時則水不潤下政令逆時水失其性則壞國邑傷稼穡顓事有知誅罰絕理則大水殺人欲德不用茲謂張厥災荒上下皆蔽茲謂隔其咎旱天道指類示戒大要如此陛下夙夜勤苦思有以上塞時變固宜策告殃咎變更理化下罪己之詔脩順時之令宣群言以導壅斥近倖以損陰而聖心優柔重在改作號令所發未聞有以當天心者夫風雨寒暑之於天時為大信也信不及於物澤不究於下則水旱為沴近日制命有信宿輒改適行遽止而欲風雨以信其可得乎天下之廣萬幾之衆不出房闥豈能盡知而在廷之臣未聞被數刻之召吐片言之善朝夕左右非恩澤即僥倖上下皆蔽其應不虛昔兩漢日食地震水旱之變則策免三公以示戒懼陛下進用丞弼極一時之選而政道未茂天時未順豈大臣輔佐不明邪陛下信任不篤邪必若使之宜推心責成以極其效謂之不然則更選賢者比來奸邪者

易進守道者數窮政出多門俗喜由徑聖心固欲盡得天下之賢能分職受業而宰相方考資進吏無敢建白欲德不用之應又可驗矣今陽驕莫解蝗孽漸熾河水妄行循依違之迹行尋常之政臣恐不足回靈意塞至戒古者穀不登則虧膳災屢至則降服凶年不塗塈願下詔引咎損太官之膳避路寢之朝許士大夫斥諱上闕讖切時病罷不急之役省無名之斂勿崇私恩更進直道宣德流化以休息天下至誠動乎上大惠浹乎下豈有時澤之艱哉仁宗嘉納之

絳又上言蝗亘田野坌入郭郛跳擲官寺井堰皆滿魯三書螟穀梁以為哀公用田賦虐取於民朝廷斂弛之法近於廉平以臣愚所聞似吏不甚稱而召其變凡今典城牧民有顯方面之勢才者掠功取名以嚴急為術或辯偽無實數蒙獎錄愚者期會簿書畏首與尾二者致殊而同歸於弊夫為國在養民養民在擇吏吏循則民安氣

而災息頤先取大州邑數十百詔公卿以下舉任州守者使得自辟
屬縣令長務求術略不限資考然後寬以約束許便宜從事期年條
上理狀或徙或留必有功化風迹異乎有司以資而任之者焉漢時
詔問京房災異可息之術房對以考功課吏臣頤陛下博訪理官除
煩苛之命申敕計臣損聚斂之役勿起大獄勿用躁人務靜安守淵
默傳曰大侵之禮百官備而不制言省事也如此而沴氣不弭嘉休
不至是靈意謫譴而聖言罔惑歟
景祐四年太安殿柱生芝草召群臣就觀監察御史鞠詠上言曰陛
下新即位河決未塞霖雨害稼宜思所以應災變臣願陛下以拔進
忠良退斥邪佞為國寶以訓勸兵農豐積倉廩為天瑞草木之怪何
足尚哉
右司諫韓琦上奏曰臣近聞西京南京及畿內諸縣遣使疏決刑獄金

明池等亦設齋醮此必司曆者陳垂象之變以獻于上使陛下聖懷
欽翼勤懇如是雖古先哲王覩之感悟飭身正事無以過也臣去歲
中不曉禁忌嘗進狂瞽以謂上穹譴告惟增修德政可以除患而致
福若禮神宥過即伸禳謝殆非方冊所載消伏災眚之義前奏粗悉
不敢煩述今又聞金芝產於化成殿柱率詔近列咸覩嘉事臣竊以
春秋之法但紀災異至于祥瑞略而不書豈不以君人者閱瑞牒則
意安覩災符則心懼意之安則其政怠心之懼則其德修聖人垂誡
之深其旨斯在臣愚伏望陛下開發聖慮特以天戒為重於政教之
閒思所未至隨其變以應之亦猶日食修德月食修刑之理是也至
如珍祥奇瑞雖陛下仁聖所感亦望日謹一日以雖休勿休為念則
穹昊垂貺答陛下寅畏之心生靈遂宜浸陛下慈惠之澤自然家給
人足時和年豐永獲上瑞之報豈不盛歟

琦又上奏曰臣聞動民以行不以言應天以實不以文先儒之讜論
也故宋景公以熒惑守心不忍移臣庶之咎子韋稱君有至德之言
熒惑必徙三舍此則以實應天之效也唐明皇以太陽虧蝕悉令赦
徒隸之人宋璟謂可以至誠動天不在德音頻降此則以文應天之
弊也載籍所記前範至詳不敢煩陳粗此槩舉臣伏覩近者興國寺
災延及開先祖殿不踰數刻但有遺燼伏覩垂象或失經行蓋人事
之已形致天災之嗣發其猶影響謀非徒然當是時臣謂陛下宜虛
宁以求讜言側身以修庶政有功則賞以絕其僥倖之路有罪則罰
以清其姦慝之原旌別賢愚撙節財用抑宴私過度之樂休營造不
急之務決獄使之無濫出令斷於必行斯以念祖業之艱難答天意
之警悟也而陛下眷三京以肆赦宥走群望以罄詞祝中自禁掖外
及觀寺並設齋醮逮越晦朔今北道數郡繼以地震上聞即命使輕

就崇法供矧茲近塞備接殊邦豈無間諜之人往還祈禳之事徒彰
向恐或誚無稽雖陛下欽順皇天之誠可謂至矣其於銷伏災眚之
道則猶未焉夫弛刑網以貸頑悖之民損國貨以奉游惰之輩將欲
召丕貺感靈心是猶卻行以求前揚湯而止沸無益之驗信昭然矣
臣苟隱情惜己不能獻忠盡言使陛下常以禮緇黃為牲幣為脩德
除患之本則臣豈不上負陛下懼災思政之意哉謹按五行傳曰火
南方揚光輝為明者也其於王者南面鄉明而治賢佞分明官人有
序率由舊章愛重功勳則火得其性若乃信道不篤或惑虛僞讒夫
昌邪勝正則火失其性自上而降乃濫炎妄起焚宗廟燒宮館雖興
師眾不能救也此臣前所謂宜辨賢諂明賞罰謹命令戒奢逸者由
此而言也曷有流化興政之若是而天不降福者哉且地震者說者
以謂天陽也地陰也陽君象陰臣象君宜輔動臣宜安靜今女謁用

事。臣下專政之應。此乃飭宮壼稟教。臣鄰奉法。以當斯變。又夷狄者亦中國之陰也。今震在北。或恐上天孜孜譴告。俾思孽虜之為患乎。亦望自今而後。務在嚴勵守臣。密修兵備。審擇才謀之帥。黜去懦弱之士。明軍法以懲驕惰之卒。豐廩實以增儲峙之具。或曰。今夷狄守盟誓約甚固。奉朝廷有禮。紛無釁隙。保不驟動。未可生事以疑戎心。此寬陛下宵旰之憂可也。為國計則疏矣。臣辭意狂鄙。不識禁忌。儻陛下聽斷之暇。一紆睿覽。采而行之。少助萬分之一。則臣退就鈇鑕死無所恨

琦又論星變疏曰。臣近者竊聞星變數見。輒貢瞽見。備言禳謝之理。殆將百日。不賜妄言之誅。是陛下知臣所陳歸於朴忠。而非惑上好訕也。然臣意有所未盡。更思竭愚。區區鄙誠。萬一開悟。臣近日又聞大慶殿及諸處復建道場。及分遣中使徧詣名山福地。以致精禱。臣以謂陛下俯從常禮。不得已而為之。是亦達寅亮之深旨也。臣竊以天垂祆象。地見災異。前世之君。覩之感悟。以為祈禳之法。則必徹樂減膳。修德理刑。大則至有下詔以求讜言。側身以避正寢。是以天意悅穆。轉禍為福。臣願陛下法而行之。復恐此後宮中或有宴飲之事。欲望比於常時。稍用減節。不獨仰奉於天戒。斯實上安於聖躬。臣子之心。所以昧萬死而獻言者。正為是也。且大慶殿者。國之路寢。朝之法宮。陛下非行大禮被法服。則未嘗臨御。臣下非大慶會。則不緣一至於庭。豈容僧道凡庸之人。繼日累月。喧雜于上。非所謂正法度而尊威神也。昔高宗立皇太子。將會命婦於宣政殿。博士袁利諫曰。前殿正寢。非命婦宴會之地。望詔命婦會于別殿。旬可備極恩私。帝納之。即命移于麟德殿。臣亦望今後凡有道場設醮之類。並於別所安置。臣親逢求諫之朝。復在可言之職。宜推無隱。此所為報。願陛下特

霽天威。一加詳納。天下幸甚。

琦又論星變地震冬無積雪疏曰。臣旬日前竊聞民間傳言星躔示變。及京師曾有地震之異。亦聞朝廷建置道場。臣自忝諫職。數因災變陳事。意謂陛下粗記臣言。故遷延未敢更獻愚瞽。數日來又聞河東忻州地震連日。大壞官私舍宇。傷損人命。臣慮陛下近歲以來。頻有災異。而常事待之。即未是多掛聖念。但齋醮道場而已。臣是以不敢無言。更思云補。臣聞以實應天。則天必報以德。勝妖則妖自息。今上穹頻頻譴見以感陛下。蓋欲觀變而懼。修德政。則將轉禍而為福。豈其虛發哉。若陛下以為無足可驗。不思警悟之理。或上天倦而且怒。則默而為禍矣。今躔次之變。知星者必具言其事。至于地震之理。稽于舊史。則大臣專政。後宮用事。陽不足而陰有餘之應也。今朝廷凡百行事。皆由政府。陛下雖知其是非。而不加聖斷。亦大臣專政之應。後宮之事。非外臣所知。亦望禁其太盛。以荅天變。臣願陛下每覩災異。先詳其理而應之。然後省身之所未思而思。政之所未至。夫崇儉約以訓九族。而純德變於天下。節宴游以謹萬機。而勤政率於天下。亦修身之大略也。輔弼得人。而庶務協其序。賞罰得中。而二柄歸於上。遴選廣備。而將帥擇其材。亦修政之大略也。陛下若舉其要而行之。則上天豈不降福。而何災沴乎。況陛下首相久病。高臥私室。備禮上章。無堅退之意。安祿固位。上下分壁愛。下不畏人言。假令病愈而出。則中書之事。必更無倫理。蓋才短識暗而然也。陛下豈不思求才而代之。使修正紀綱。亦禳謝之一端也。又今冬以來。尚無積雪。旬浹之間。將及春序。不惟已覺愆旱。兼恐人民疾疫。欲望陛下躬行精禱。庶獲嘉應。今舉朝之人。皆以不言為利。無一人為陛下切直而言者。臣非不知直言為患。然選任之恩。不欲碌碌雷同衆人。故昧死

諭列不顧鼎鑊之罪惟望少矜狂愚天下幸甚

琦又論衆星流散月入南斗疏曰臣竊聞近日司天監上言占見衆星流散又奏月入南斗中臣職在諫列得於風聞不敢隱情惜已容默於任賢頗輸盡愚瞽有補萬分之一焉臣聞人事失于下則天變發于上惟明聖之君覩之感悟責躬修德所以除患而福至是猶影響相應之速也而朝廷自去年秋熒惑失度及太平興國寺災乃命疏理繫囚自大慶殿至諸寺觀並集僧道以爲禳謝之法繼之以地震北郡遣使興建道場近者又聞太陰失行復詔三京減降罪人於金明池等處亦設齋醮臣屢上封奏極言無益所期膚妄之說少閒聖聰而前月中杭州又奏有大風雨悉壞官司廬舍復有獻謀于陛下者乃降敕本郡崇佛事以禳之外方有識之士必有非笑者焉陛下若以災異數見非政教之失但可竭財以奉僧道寬禁以貸罪惡是謂天戒可吞靈心必回則今日之譴見又何從而致哉今天之譴告孜孜不已者得非陛下未達警悟之意耶夫赦者前賢以爲偏枯之物非明世之所行也苟行之則小人之幸而君子不幸矣又金銀錢帛出自蒼生膏血取之以供國之用尚宜撙節又況枉費以資游惰之僧道乎以陛下之聰明睿智諒久知其不可今若再舉禳災之術復踵前轍適足誤陛下也臣不敢妄究星緯但取前史所載開陳其端夫月爲太陰之精刑罰之義列之朝廷諸侯大臣之象也故大臣用事兵刑失理則月行乍南乍北又南斗者丞相太宰之位主褒賢進士選授爵祿若小流星百數四面行衆庶流移之象也今天之所戒者恐宰輔之任未副聖心褒賢授祿或失其宜故太陰罰斗以應之夫代天當軸之臣未副聖心則政教浸隳矣政教浸隳則陰陽失和而水旱移時水旱移時則衆庶流移之患亦從而至矣漢史曰宰相上佐天子燮理陰陽載記曰近臣守和言近臣調和君事者也今聞政府議事未甚和協至執所見或有違之者即如近斷一大刑名此特有司之事又復別旨議定於理明白而猶固執紛競上煩聖斷豈大臣之體哉廟堂之上論道之際必有甚於此者固非下臣所知矣如此而望陰陽調君事和政不失于下變不形于上其可得乎方今之宜莫若注意賢宰協輔朝政使其同心一意推用所長然後賞罰二柄更思其中謂名器不可輕授也則賞不可加於無功謂紀綱不可寖弛也則刑必行於有罪知財貨之有限也則量用度而裁減之知軍旅之久惰也則明號令而約束之一令之出必信於人一言可嘉必用其計盡平僥倖之路精辨愛憎之言準此以斷天下之務則陛下高居穆清垂拱而治太平之基既隆且固矣雖有參緯之變流行之災自當易而爲嘉祥散而爲和氣矣芻蕘賤言不曉禁忌恩有報君父顯擢之遇非敢訐上而取直也唯陛下熟察之

琦又論石龜疏曰臣聞通利軍奏衛縣民得石龜一其上鐫刻讖文略云道士趙永昌於顯慶元年鐫記後至三百六十五年出現時有聖君治世皇后劉氏今有聖子紹位觀其文字鄙俗固不能上惑天聽臣竊計唐高宗顯慶元年至國朝天禧四年方及三百六十五年蓋是當年造僞人妄求恩倖有此刊刻後恐事迹彰敗是故隱而不言至今又經一十八年方爲縣民所獲即於讖文自已乖謬陛下至明至聖固已洞鑒其妄即緣却降下本處軍資庫收附乃是未辯真僞猶示秘藏臣恐中外聞知有以來欺詐之漸欲乞特降聖旨下本軍令知軍當面毀弃訖奏所貴僞端不起群聽無疑臣以其事雖小而於體大故敢上言

琦答詔論地震春雷之異疏曰臣伏聞陛下以災變頻數已降詔敕數求讜言此乃陛下警悟天戒憂勞聖心普率之間不勝至幸臣備

位諫列。近因災變之發。累上密封。既愚且忠。無敢畏避。事頗明白。未
見裁納。臣慮應詔而言者雖不即加之罪。而言者亦不用其說。則是
與詔意相戾。而於朝政何益哉。臣欲望陛下應有臣寮應詔上言。一
一親垂聖覽。事如可行。即望早加聖斷。或所見非長。及辭涉詆訐。亦
望寬而不問。庶成陛下引咎思政之德。以期上穹順道為福之應。臣
前數有所陳。伏惟陛下以一臣之言所見褊淺。未能符合聖意。臣愚
不勝忠憤。并貢狂直。更不敢廣有引援。煩瀆上聽。但直述當今未便
陛下可行者凡十事。具別狀實封進納。又詔書以謂或政教未臻於
理。刑獄靡恊于中。在位有壅蔽之人。從官有貪墨之吏。仰諫官御史
搢紳百寮密疏以言。臣竊以四海至廣。非一人耳目所能徧接。若只
許在朝臣寮論奏。實恐言路未廣。臣欲乞頒示天下。亦許所在官吏
依詔言事。附遞聞奏。

琦又上別狀曰。臣伏覩降御札。求讜言。輒有狂鄙之見。不敢文飾。上
瀆聖覽。謹直述其事。條列如右。

一。政府大臣乞選用忠正有才識之人。則紀綱自正。陛下仰成而
無憂。如有不堪其任者。望早加聖斷。皆從免罷。使時政日新。天
下咸悅。

一。賞罰二柄。本君上執之以馭天下。若無功者受賞。有罪者不罰。
是猶寒暑相違。而望歲功之可成也。臣欲乞凡行賞罰。務恊中
道。或陛下聽斷之際。知其可賞則賞之。知其可罪則罪之。使畏
愛出於宸衷。無令國之二柄專為臣下所持。而任其威福。

一。近日戚里之家。多因入內之際。或無功而望遷轉。或無能而求
錫賚。唯圖僥倖。殊無厭足。況莊獻太后朝。尚曾懲戒。豈陛下廉
明當宁而不抑其奔競。欲望特降詔諭。嚴行止絕。如有違犯。重
加貶責。

一。今之國用不足者。殺在於浮費不節。所入者有限。而所出者無
涯。遂令內外帑廩皆未充贍。臣欲望凡百用度。務令儉約。及乞
差公正才識近臣與三司詳定減省冗費。

一。自茶法改更以來。連年將銀絹配率。河北人戶。坐此困竭。明出
却內庫物帛。暗虧却舊額課利。欲望選差公正近臣參定酌中
之法。以濟經用。

一。朝廷備禦之急。唯在西北二邊。其如牧守將帥。多非其材。而士
卒訓練。未至修整。亦望密諭兩府大臣。常切體量二邊牧守將
帥。不堪其任者易之。更用才畧武幹之人。以壯國威。御兵之法。
務從嚴整。無令益其驕惰。

一。竊以陛下萬機之暇。當有宴飲之樂。所以寬憂勞而慰游豫也。

然頻數。則有妨政事。無益聖躬。亦望節之有度。則天下幸甚。

一。宮掖之間。安御之衆。豈無繁冗。徒在幽閑。望選其無用之人。放
令出外。以消陰盛之變。

一。臣寮中有以言獲罪貶責者。必本獻忠。非挾邪近詐之人。欲
望復其職任。使言路彌廣。人思盡誠。

一。消變之法。惟修德以禳之。則天道感應。自古皆然。若齋醮道場。
實不可恃以求福。亦望特賜開悟。更思節減。

大常丞同修起居注判三司鹽鐵勾院直史館葉清臣以京師地震
上䟽曰。天以陽動。君之道也。地以陰靜。臣之道也。天動地靜。主尊臣卑。
易此則亂。地為之震。乃十二月二日丙夜。京師地震。移刻而止。定襄
同日震。至五日不止。壞廬寺。殺人畜凡十之六。大河之東。彌千五百
里而及都下。誠大異也。屬者熒惑犯南斗。治曆者相顧而駭。陛下憂

勤庶政。方夏泰寧。而一歲之中。災變仍見。必有下失民望。上戾天意者。誠垂戒以啓迪清衷。而陛下泰然不以為異。徒使內侍走四方。治佛事。修道科。非所謂消復之實也。頃范仲淹余靖以言事被黜。天下之人齰舌不敢議朝政者行將二年。願陛下深自咎責。詳延忠直敢言之士。庶幾明威降鑒。而善應來集也。

康定元年。請臣為右正言知制誥。上奏曰。臣聞王者上承天之所為。而下以正其所為。君政有治亂。天應有災祥。蓋天人相與之際。繫君德之感通。奉天子民。義實一體。昌治之世。未必無災。欲治之主。能以德應。則變災為福。衰亂之世。未必無祥。庸暗之主。德不能堪。則反祥為妖。故治亂災祥不可常。在德之厚薄耳。仲尼脩春秋。記災異之大者。日食地震為先。班固述漢史。記日食之對。則變見三朝。為尤異者。今月正元日。日有食之。不幸昌治之辰。遂有尤異之變。豈合朔之會適當然耶。意上天譴告有所屬耶。伏惟陛下纘隆慶基。謹守先訓。兢兢業業十八年于茲。四方底寧。萬物咸遂。百工僃輔。衆績咸熙。信治世矣。然而天變如是之大。必有申警以啓聖神。臣嘗學舊史。歷考前志。日陽德也。君道也。月陰德也。臣道也。薄食必於朔望。日月之交會也。會而不食。陽勝陰也。其在詩曰。彼月而食。則惟其常。此日而食。于何不臧。是則陽德君道或有所虧。則日為之食。又曰。敬天之怒。毋敢戲豫。敬天之渝。毋敢馳驅。是則天變於上。君變於下。怡不為變。其禍滋甚。豈謂推筴之初。逆知當食。陛下宜出次撤膳。伐鼓用幣。百官守司。為[illegible]救之禮。庶幾天悔其咎。陰不為害。今謫已見。救不可追。則當[illegible]下責躬之詔。開敢諫之路。使講求陰所以勝陽。所以虧之理。後增其所虧。損其所勝。猶冀萬一可厭天戒。其在易曰。君子終日乾乾。夕惕若厲無咎。凡言無咎者。言本有咎。以能補過。故得無咎。然習常[illegible]

人必曰此常數也。不足以為盛德之累。若內朝左右之臣以此安聖慮。外廷進對之臣以此紓官責。臣恐非敬天之怒而失補過之義。前歲河東地震。頻年太白晝見。考占辨應。稍稍著驗。今為此變。豈妄發耶。伏惟陛下深思災異之大。博咨政教之闕。舉賢良方正能直言極諫之士。待以無諱。使之極言。言或切至。采而行之。此之謂能以德勝妖。變災為福者。臣幸以譾薄。親逢盛旦。職在詞掖。官居諫省。闕嘗有得。敢不罄竭。明者之擇。庶可錄焉。天下幸甚。

景祐四年。侍御史知雜事龐籍上奏曰。臣聞應天以實不以文。動人以行不以言。所以天意順感而人心悅隨也。伏惟陛下躬仁聖之至德。紹積累之慶基。剪嘉式應。文武並用。邊隅不聳。年穀屢登。然而秋冬以來。雷雪不時。流星為異。今又地震并忻之郡。傷殞人命。甚可駭也。推本天戒。必有厥由。以陛下恭儉寅畏。動遵軌範。宜不當招致災眚。臣竊思之。恐在時政有所差失。人情有所壅蔽也。將欲應乎天而動乎人。必當求其實而篤其行。誠在陛下與執政之臣力行之也。力行之道。莫若先正其綱紀。恭以祖宗垂業。典刑具在。守而勿失。可臻至治。將外制四海。當首自京師。故三聖以來。因事立制。凡百司務。皆著條教。所以禁踰越塞僥倖也。向來或因一時為例而破之。或因臣下營私而廢之。法既動搖。政或隳紊。而欲訓齊諸司。規表天下。難矣。故要在執政大臣持守之也。持守之者。要在以身律人。先國後家。以求賢之意為急。以子孫之計為末。至公既立。誰敢為私。然後可以守畫一之法。使無踰越。塞私謁之路。使無僥倖。施恩必平。不以勢地為異。罰罪必當。不以惠姦為寬。國之紀綱。此實至要。在力行之而已。至於前代因天地之異。莫不廣求厥理而消復之。下罪己之詔。開直言之路。人情暢於下。則天理順於上。此誠今之切務。未聞朝廷行之。恐

但用釋道齋醮之文無所益也臣迹孤地寒材駑識闇上賴陛下天
地父母之恩獲立忠義之地敢冒天威輒陳愚悃者亦犬馬之思報
也惟陛下矜憐而察之

寶元元年守尚書刑部員外郎直史館同知太常禮院宋祁上疏曰
臣聞王者父事天明母事地察政合而祥至道失而咎臻自然之應
也然至亂之世不能絶祥甚治之代不能無咎僻君以祥自泰故益
修而遽亡賢主以咎脩德故愈畏而蒙祉則祥無必慶咎無固凶視
銷伏之如何耳臣伏見頃歲以來災眚數見依類託寓異占同符天
本視法而尊乃有驪離流星之變地當安固而靜乃有都國震動之
占陛下奉承郊丘歲豐月潔當蒙介福翻致大異何哉得非事有召
奸法有階隙天於宋室諄諄存顧先幾豫慮以啓聖心欲陛下據易
圖難緣微警著奮揚剛德固執主威厭銷未萌以光丕業也臣伏讀
前史五行志以驗于今衆咸重譴不可不察若乃群星流散則民人
蕩析之象也月行黄道地震州邑則邊戎窺閫臣下擅恣后妃將盛
年穀且飢之兆也去年火焚興國寺浮屠延燔藝祖神殿已而盗壞
宗廟釦器者再則神不昭格之意也自昔災異之發遠者十數年近
者三四年隨方輒應類無虚已陛下何不暫緊清慮推求其端方今
典刑設張上下褆穆而臣便論危事必難取信然陛下試一念之假
有蕩析以何策固安假有飢空以何理振救脱致窺閫可任之將謂
誰儻令擅恣可防之奸有幾災異不驗國之福也苟使遂驗則陛下
禦之之慮得不素具於彀中哉然請先言其要臣聞君以操柄為重
臣以奉命為恭柄捨之則重者反輕命竊之則恭者更僭伏惟陛下
念爵賞之典刑罰之權雖覽群言一決宸慮無委戚假借以闢貴近
牽制之私書稱惟辟作福惟辟作威夫威福者天子之所以固大寶

制兆人之術臣有作福作威則害于而家凶于而國古之王者亦何
能使刑悉當罪賞皆值功恐要之事出于主則納忠者有歸政出於
臣則樹私者必搆傳曰倒持太阿言柄之不可失也又曰吐珠必舍
言失之不可收也若夫後宮戚里祈恩丐賞者日月不乏陛下且當
斷而不聽以示至公內省黄門給事左右亦宜數加訓戒使思不出
位此皆助陽抑陰之術也臣聞伯禹三王之長逢辜引慝宣王成周
之良思患側身故能感徹神祇收還威怒回沴氣為太和化已衰為
中興陛下覽照今古至詳至熟今變眚日著中外暴聞而罪已之問
不形於詔書思患之謀不留於詢逮委遠天戒虚而未荅踰時越月
群下默然間者但引緇黄晨齋夕唄脩不經之細祀塞可懼之大變
人且未信天胡可欺臣誠至愚竊恐銷伏之閒未為得計也伏望陛
下不以災之未應遂為宴安不以歲之屢豐便忘荒饉普詔百執各
貢所懷庶幾天下條貫粲然先見臣無任瞽狂待罪之至

祕書省著作佐郎通判睦州張方平上疏曰臣伏覩丙午詔書以星
文流變坤載震搖先春而雷衆異間作陛下惕然戒懼思所以當天
意爰下明詔誕告庶官凡上躬之闕遺政刑之闕失阿枉之當蒙罔
為姦咸使密疏以言悉心無隱約之親覽靡及有司臣伏覩詔書悵
然感慨遠惟祖宗造基立法之勤先帝持盈垂裕之意勑天之命撫
此下人無疆惟休亦無疆惟恤陛下天資神智英叡聰明紹隆基圖
恭承帝事治民祗畏罔自暇逸嚮若僕臣皆正股肱惟良協心弼違
將順其失陛下可以高揖成康之上徐步唐虞之域惜乎人主有仁
明之德人臣乏輔翼之材因循蔽欺偷取一切治而無法弊不謀救
沴氣成象變咎荐臻遑遑焉獨貽憂於陛下也臣愚孤遠學識疎陋
綴逢詔音諏于芻蕘謹稽採天人之情參合古今之論上原災罰之

本下陳致治之方黨日月之明照此心之忠義斧鑕之下免報讎於
權強是由陛下至明豈獨徼臣受賜惟陛下留神察臣狂言臣伏思
詔書曰星文流變者臣鄙儒不通天官之學謹按前志說春秋星隕
如雨為王者失勢臣下專恣之應況紫垣太微上帝之座天子之庭
列星布位近臣之象流移失次乃邇臣不恭其職相朋附下懷貳苟
容不忠主室之咎也坤載震搖者臣竊考載籍歷世以還地震之異
未有若今茲之甚者謹按前志陽伏而不能出陰迫而不能升於是
有地震茲謂不陰夫坤為陰體臣道也妻道也夷狄之道也陽薄於
陰而不能勝相乘而震且定襄之地直五城西北正在乾位君德所
在天之警告夫豈虛發方春雷震者臣謹按前志雷當以二月出其
卦曰豫言萬物因雷出地皆悅豫也以八月入其卦曰歸妹言雷復
入地則孕育根荄保藏蟄虫雷本陽氣有人君之象故先時而聲猶

陽不閉藏發泄無度也又正月以來白蒙少光輒或數日不解臣謹
按前志蒙如塵其蒙先大温已蒙日不見行善不請於上茲謂作福
蒙微而風解復蒙下專刑茲謂分威蒙濁奪日光公不任職茲謂不
出蒙一温一寒風揚塵知佞厚之茲謂蔽此蒙大略也臣聞上天無
言示人以象人君省躬應天以實是故考政者必求於天瑞弭災者
必推於人事天人之際其應甚明臣謹按春秋之義舉往以明來觀
著而恩微天地之變國家之事粲然皆見無所疑矣故夫星流而隕
地震而裂先春而雷日蒙不解其咎皆由乎陽德舒緩陰道專縱下
為阿比以蔽聰明者也臣愚不達道敢因四變推明七事臣聞之書
曰無敢伏小人之攸箴蓋言明王求理不遺下言也臣識雖鄙竊以
為今世之切務治道之至要雖尚此矣陛下幸加意不以臣之疏遠
而廢其言天下幸甚何謂七事其一曰密機事二曰用威斷三曰廣

言路四曰重圖任五曰正有司六曰信命令七曰示戒懼何謂密機
事臣聞之易曰君不密則失臣臣不密則失身機事不密則害成故
春秋之義譏君之漏言是以人臣造辟而對詭辭而出人君明以察
之斷以行之慎之至也韓子云事以密成語以泄敗臣比見群下之
言事者深言切論陛下或播之於左右囊章密疏陛下多付之於有
司凡國之庶政得失之跡莫不繫乎二府者故諸臣下之言其有指
摘時病及諸治亂者則用事之臣必所不悅而陛下更暴其言而露
其章緣是而蒙譴者有之矣此蓋陛下體貌大臣篤其誠於勿貳踈
外群下忽其言之未然大臣固不可以忌疑下言固未可以輕信然
亦在深思其意旨徐察其情偽參諸理道辨其臧否言苟可行自當
聽納言之未善置而勿揚使下竭其忠効所見則姦謀僻行不萌于
下嘉猷正論日聞于上致理之要何以先此今清問之對封奏之事

闢言為怨府瀝翰為禍胎沮忠義之言成忌克之俗人悼後害孰敢
獻納下情壅隔國之大禍也臣深願陛下先務此道以為立政之本
凡臣下入告之議宜斷在聖心清問之言姑慎於外泄念大易失臣
之誡防春秋漏言之譏則天下有心之人皆為陛下用也其二曰用
威斷何謂也臣聞書洪範曰惟辟作福惟辟作威臣無有作福作威
臣之有作福作威害于而家凶于而國故春秋之義譏鄭忽之弱以
其挈於權臣也君人之柄惟賞與罰信賞必罰惟斷而已故乾體以
剛天行以健故能中正無邪運用不息人君之德配[illegible]而法天者蓋
取乎剛且健也以陛下之英明温獻而濟之以斷天下不足治也往
年莊獻晏駕陛下親政革弊去蠹拔材賞忠斷自淵衷不撓于下典
刑立正區極一新天下翕然皆謂陛下天機如藝祖神略如太宗萬
世一時無窮之福也今者道路之言皆謂陛下寬厚敦恕徽柔廣容

事存大體。動循然例。臣竊惑之。此蓋怙權之臣。攘取邦柄。故說陛下以為人主之孝莫大於奉先志。守成規。夫祖宗之所以建基圖垂謨訓。炳如日星。信如四時。雖百世其可易諸。至于操紀律。明賞刑。用正人。去邪慝。治不忘亂。安不忘危。以和其民人。而保其宗廟。此孝之大也。且政由俗革。彼此一時。事體權宜。各有云設。或迹存而理異。或法久而姦生。必踐而行。以為無改於祖宗之道。尚安足以為孝乎。易曰。窮則變。變則通。通則久。故復而不厭。久而不弊之謂道。遵常守故。非聖人之事。因時損益。乃建治之理。昔先王之作為爵祿賞罰。臨事而制宜。是以為天下之主。見勞授賞。則衆譽不能進無功。見惡行誅。則衆讒不能退無罪。若政無大小。人無大小。弛張用捨。一取諸例。是爵祿賞罰不在人主而在簿書也。予奪之柄。於陛下何有。一吏持簿書按例而足矣。此蓋用事之臣。自謀之慮。不才而例進。者收恩在己。才

而例退者歸怨于君。人主欲賞拔忠良。擢用才俊。而用事之臣不悅者輒曰。於例不可。用事之臣。猥引親舊。妄援謬庸。而人主欲詰其故。輒曰。於例宜然。以致今茲臺閣混淆。賢愚糅雜。典刑都弛。名器益輕。于後執時柄者。便於引例之說。終無發明之言。臣嘗讀漢書至晁錯之事。惟錯謀策宏遠。達於權義。有致主經世之志。戮於姦讒之口。而史氏不能褒其忠。更譏以變古易常之說。臣竊憤厲痛忠臣之難為也。臣又讀晉書至何曾之事。譏其子曰。吾每進見。未嘗聞經國遠圖。但道平生常語。此非貽謀之道。及身而已。且曾為上公。圖之不建。誰任其咎。而史氏不能疑其罪。更美以知幾先識之善。臣竊悅悼痛諫臣之誤國也。嗟乎。忠諫之無報。淑慝之不顯。其已久矣。又可獨長嘆於茲乎。臣愚伏願陛下奮乾威。發天斷。裁正無不忍之愛。采拔罔辣賤之隅。大稽諸古。小度于今。使天下之耳目常新。萬務之本原必正。

無曰引例合義而已。帝王之制。不亦光大乎。其三曰。廣言路。何謂也。臣聞書美堯之德曰。詢于衆。春秋之義大君命。譏大夫之專者。今天下之士。不思結知於人主。思見知於貴臣。願歸恩於強臣。不願受恩於人主。何歟。得強貴之心者。身不涉危。而長保富貴。蒙陛下之遇者立未及安而已罹禍咎。今夫大臣有所薦論。陛下重違其意。或勉從之。陛下之有眷遇者。而大臣獨不能以陛下之故。姑收其用。必排而去之。何陛下之待貴臣厚。而貴臣之待陛下薄也。而又多逐善人。指為鉤黨。使陛下腹心無所寄。耳目無所託。姦無所發。惡無所彰。九重之深。漸成孤立。陛下天縱將聖。知幾其神。此理甚明。豈其不悟。昔漢魏相白去尚書副封。以防壅蔽。而宣帝得以知禍變之微。為漢明主。唐太宗躬勤政理。明於聽受。著司馬式。云其無門籍人有論奏者。皆令監門司馬引對。不許關礙。又制大臣入論事。輒令諫官隨入。或對

問之。言有觸理道。即從而靜之。此唐文皇致太平之跡也。至代宗時元載為相。邪慝不法。懼為人言。因議凡群臣奏事。皆先聞諸司長官。關白宰相。而後得上聞。時顏真卿奏疏曰。往日李林甫欺君擅權。姦驕用事。群下指言者。率皆因事陰中傷之。猶不敢顯為條約以絕言路。以為元載之惡過於林甫也。惟在陛下開延讜直。虛心接納。無限卑遠。苟遺膝而有益。雖犯顏而必恕。以通天下之志。以成天下之務。其惟廣言路乎。其四曰。重圖任。何謂也。臣聞書曰。鄰哉臣哉。此帝堯所歎。以為與己密近之臣。必有德也。又曰。欽四鄰。此帝舜所歎以為在己左右前後之臣。必正人也。故春秋之義。以為天子之宰。通乎天下。重之至也。夫國之所謂大臣者。莫尊乎宰相。君為元首。宰相乃其股肱。動靜休戚。義猶一體。宰相之職。朝夕王所。論道官材。圖議天下之政者也。安有居宰相之位。而足不至王庭。面不見旒扆。不聞君

聽者乎。大臣疾病。君為之憂軫。上醫治療。內使臨問。數賜告加恩意禮厚矣。若其偃息臥家。遂廢其朝謁。曠時彌歲。則未之有也。伏以台司為具瞻之地。廟堂非養疾之所。朝廷之儀不可慢。社稷之重不可輕。況今災釁荐作。人心恟懼。安危所繫。實在柄臣。伏願陛下為宗社之大計。畧恩禮之小節。高選德望。考慎厥相。應譴告於上穹。示大公於天下。且自災異之作。陛下憂勞謙畏。誕降德音。舉諸闕政。致誠罪己。而元臣當國。莫肯任咎。苟安寵祿。以妨賢路。禮義廉恥。何以訓下。自餘三事任政之臣。志行忠邪。材智深淺。必料陛下知臣之明。悉存乎聖慮矣。其五曰正有司。何謂也。臣聞夫子曰。必也正名乎。春秋之義。君不尸小事。臣不專大名。故尊者主要。卑者位勞。所以正位分。明堂陛也。人君逸於任使。垂拱而治。三公論政。九卿分職。群有司各事其事。故端本而影直。振領而襟整。衆務百職。各安其局。今夫津官亭吏。一命之微。米鹽貨利。毫杪之細。莫不關決衡石。煩黷天扆。三公不脩其職。而猥侵群有司之事。群有司苟謀期課。莫安所守。上下姑息。習以為常。偷慢懷安。風俗益弊。臣愚以為方今國體所繫。政府而下。分職之重。臺省備矣。所務冠之匪躬之士。蒲規鮮替否之言。當衡鑑者。循資格而無賢愚之別。絕勸賞澄清之義。運計籌者。張空薄而責錐刀之末。無斂散輕重之權。政失其本。事忘其舊。其所召弊。由來漸矣。臣愚伏願陛下少運神智。詳思世務。諸如此弊。宜有興改。撮其機要。謹其闗柅。莫若擇任三吏。切摩治本。使夫總百揆者。則謀用庶官之長。列庶長者。則各選衆職之任。付之柄而責其効。盡其才而要其成。官守典司。無相侵奪。有廢厥職。必正于罰。如此。則陛下優游太紫之上。執賞罰之柄。而群下莫敢不奔走其職。庶務肅然而[illegible]矣。其六曰信命令。何謂也。臣聞書曰。慎乃出令。令出惟行。夫命令[illegible]以簡為

重。以信為本。簡則易從。信則必行。易從則不犯。必行則可久。此之謂為國之要。為政之經。臣比見朝廷出令。或尋即衙改。或俄復停廢。吏易之而奉行不固。民忽之而苟慢多違。揆大體而論之。此害政之深矣。夫滋彰召乎巧詆。文煩所以法輕。今條令重累。盈乎几閣。目明習者。不能偏覩。況郡縣承用者乎。隋愚惷於止辜。羅元元之不逮。其咎由乎格令之煩多而不信。故姦吏因緣而為市也。臣請今後凡諸臣有請改釐條制。審覆勘會。益加詳慎。無稽之言勿聽。弗詢之謀勿庸。俾萬姓咸曰。大哉王言。又曰。一哉王心。自然民無起詐之端。吏息侮文之巧。祥刑善制。咸中有慶矣。其七曰示戒懼。何謂也。臣聞書曰。惟天降災祥在德。而吉凶不僭在人。是故或無災以傾其邦。或有災以興其國。無災者驕怠所以起。有災者戒懼所由生。故堯湯遭水旱之期。中高有桑雉之異。一則以有備而無患。一則以脩德而弭妖。今茲之變。亦在陛下惟德之脩而已。承弼之臣。戒其權重者。侍從之臣。戒其阿諛者。帷幄密近之任。戒其用事之勢。掖庭嬪御之嬖。戒其燕溺之惑。服羞戒其過制。優戲戒其蕩心。嗇用無小。侈費無微。念四方惟正之供。憫小人作業之勞。至于邊防之守。兵食之備。器乘之用。將帥之材。臣謂宜皆存乎聖慮矣。故臣曰。惟備之戒。此其槩矣。夫脩省之方。惕厲之意。雖陛下兢兢夙夜。不忘于懷。然天下之人。莫之知也。按春秋左氏傳。晉梁山崩。晉侯召伯宗而問焉。對曰。山崩川竭。君為之不舉。降服乘縵。徹樂出次。祝幣史辭以禮焉。今震譎之異。衆變重累。何啻乎山川之災。臣愚以謂陛下宜於常禮有所降損。齋居澄慮。深思天意。揆陰陽之道。察政教之闕。其在陛下者。臣願陛下勿恡其失。必易其度。其在臣下者。臣願陛下內斷於心。明正其罰。俾彝倫咸敘。以邀天之福。則七世之廟。傳裕於無窮。烝民之生。舉同於慶賴矣。臣

位卑而言高有陵越之尤迹跡而意忠有激訐之咎但使臣言一經
聖覽覺悟主心幸以消塵於國家而有補則雖鼎鑊前軀命而不辭干冒天威臣無任激切待罪之至

方平請因郊廟致誠以謝災異疏曰伏以禮行于郊乃陛下所以恭事天地嚴配祖宗而對越百神者也故非多儀備物之為貴在乎外致精虔內盡誠心而已自景祐五年郊禮之後災異數作三辰失次于上五行作沴于下水旱流災于內夷狄侵寇于外臣伏思陛下自攬寶圖其難其慎恭儉之德率已無懈愷悌之化視民如傷宜乎三靈降休萬國戴仰而天人之際未為順敘者蓋由左右中外百司庶職不能協心將救輸誠徇公上承聖猷以臻至治臣聞禹湯罪已其興也勃焉禮曰陽感天不旋日陽者君也言人君若發心致誠上感於天其為響荅速不逾日臣願陛下惟災異之來其必有以因時郊

祀齋居穆清上思祖宗付授基業之重下思生民託命賴慶之意遠思前代邦家興亡之故近思朝廷紀綱得失之體內思宮禁帷幄左右之蔽外思戎狄邊疆侵軼之患總此六思深存遠念晝則思之於七筯夜則思之於几席至于入廟與祖宗相見登壇與神祇相接因蠲潔之薦致精虔之誠引咎在躬祈天永命以示陛下知上天告戒丁寧之意庶乎上天知陛下寅畏脩省之心則感應之來必不旋日勃興之福不獨在乎禹湯竊惟宸衷明發攸憲愚陋所見豈能忖度緣臣職在規諫志存裨益近慮所及期必上達而已

慶曆六年方平為翰林學士權御史中丞又上奏曰臣伏見諸路地震自荊湖川峽山東河北陝西至于嶺表相繼未已比者忻州地震之後兵難及今適當此際登萊山崖摧圮災異所示恐不徒然歷考前志之言蓋地主陰陰者臣道也民也夷狄也推之今日凡在內外

之重即無權強之臣則今事之可憂者外備蠻夷而內撫民爾西北二虜朝廷以為大患故於守禦素為用心至如湖湘之間蠻獠作梗一方塗炭七年未解近日衝突稍及嶺外如或不即平殄事亦不可輕忽而又南海交阯氣燄漸張踏撲邕容頗連溪峒南方之事理須經畧昔唐室之盛屢有中原之難蕃戎再入京城而王室尋復寧定至懿宗時安南都護李琢失於撫御蠻寇侵擾遂致用兵度支困於饋食方鎮疲於更戍因而有徐州龐勛倒戈之變天下緣此以至危亂則知事常起於細微禍常成於所忽也至如京東西兩路中國根幹畿甸屏蔽緩急所資常須安靜以鎮天下然每患寇賊淵藪其中所幸歲得豐穰必不大至連結若因之以邊警加之以飢饉法不勝於姦宄亂必始於鄉閭何以言之自慶曆初遣朝臣分往京東西路等招刺強壯弓手宣毅軍俄又聽其傭人自代于時臣知諫院固爭

此事朝議已行不為停罷今民力所以大困國用所以一空蓋由此一舉之失也其諸州宣毅悉聚游惰不逞之民非有材力技勇之所程選也後緣光化軍賊竊發朝廷條約失體姑息過當如養驕子轉生忍慝臣比在審刑諸州奏到宣毅兵士文案無月不有大則謀官吏劫倉庫小則謀欲劫民户入山林多至三五十人少亦一二十數以告賞之科重故有謀輒被告發間雖敗闕乃同兒戲無益軍器坐竭官私不徂不後居惟念亂脫乘釁間必有應響之勢此其亂階一也初定強壯已屢經教閱槍刀弓弩各常學習及後招刺之時既聽傭人充代而其強壯本身並無身力例各不勤農業遂樂惰游攪擾里閭儇凌細弱趨坑冶以逐末販鹽茶而冒禁憸緣凶歉撲扇流民結為盜賊必先此類唐之黃巢由此起者此其亂階二也又京東西之民多信妖術凡小村落輒立祆祠蚩蚩之氓惑於禍福往往奔湊翕

從聚散。逃捐赦匿官。不得知。惟知畏神。不復憚法。寖使滋蔓。恐益成俗。漢中平元年。黃巾賊天下同日起。凡三十六萬。衆各有部帥。由積妖而成也。晉盧循輩。乃歷代常有此事。此其亂階三也。所謂地震之異。儻在民與蠻夷。此其最可慮者。潭州劉夔清素士也。恐非應務之才。邕桂長吏。尤宜推擇才畧。宣毅充兵。漸謀消汰之術。民之先在强壯籍者。其干法冒禁。謂須別立峻防。頗聞民間猶多。當時所教兵仗。亦合嚴降約束。收納入官。村落神堂。今所在毀拆。客加察捕民之習妖者。此亦思患豫防之大畧。伏冀採納施行。

劉敞上奏曰。臣竊聞朝議以元旦合朔。欲自二十一日避正殿。臣以謂天明雖有可畏之道。然亦當稽古率禮。然後爲允。按三代之典。日食無預避之事。左氏傳稱避移時。曾子問諸侯入門不得行禮者。日食居其一。此皆覩有變而戒。非豫備也。先王制禮。過之者猶不及。其

制法。先時者與不及時者。均貴得中而已。漢唐素服寖兵。却朝會。不視事。及求直言。大率皆在合朔之辰。未有先時旬日者也。兆憂太過。春秋所譏。今虜使入朝。遠方觀禮。舉指失中。或輕爲所覘。伏乞詳求舊典。折衷於禮。

災祥

宋仁宗皇祐四年。劉敞論天久不雨疏曰。臣伏以古今之通義。主逸而臣勞。陛下靜聽萬機。日昃不倦。與群臣等勤矣。今又聞以天久不雨之故。降服徹膳。躬自暴露。夜輒升壇禱祠。達旦不寐。此則聖躬之勞過於群臣。群臣實未有及陛下者也。臣竊聞之。不勝其憂。且水旱之數。未可前測。設復彌月連旬不如聖意。陛下何能專以萬乘之體爲群臣代勞哉。如令萬一冒風寒霜霧之苦。有所不怡。陛下當使誰受其責。而宗廟社稷之憂。獨在陛下。陛下不可不自愛也。詩書百家聖賢精論。皆曰人者天地之心。人和則天地之和至矣。近者大赦恩及四海。解宿逋。蠲常稅。宥過除罪。與之自新。德厚如此。和氣宜應而愆亢甚者。臣之愚竊意今日政事所褒進。所刑罰。所施舍。所廢

置。猶有未合人心。不當天意者。故令陰陽否隔也。陛下誠少加聖思延問正直。日新其德。則和氣可致。時雨可望。何必降服徹膳。躬自暴露。涉風寒霜霧之險。增宗廟社稷之憂。非計之安者也。陛下視群臣百姓如子。群臣百姓望陛下如父。父以子將失所之故。深自克責。不避災疾。而子方晏然自若。不可謂孝。臣雖賤。切不勝犬馬之心。又以謂救旱之術。在彼不在此。故敢冒昧陳聞。惟陛下裁幸。

至和元年。敞知制誥。又上奏曰。臣前月十一日延和殿奏公事。因論吳充馮京謫官本末。而蒙宣諭云。中書怒其太直。不與含容。臣其時曾奏言若如是。則大臣蔽君之明。專君之權。而擅作威福也。必恐感動陰陽。有地震日食風霧之異。今臣竊聞鎮戎軍地震。一夕三發。去臣所言五日之內爾。又京師雪後。昏霧累日。復多風埃。太陽黃濁。此皆變異之可戒懼者也。臣所以先知必然者。按五行志云。事雖正。專

之必震況其不亟乎又尚書洪範蒙恒風若而京房易傳臣之蔽君則蒙氣起以此數者合之必知有異也然皇天保祐陛下至深至厚以災異隨事輒應欲望陛下覩變自戒永綏四方也不可不思不可不憂今陛下推誠委信大臣而大臣依勢作威政事不平如此甚衆在外畏憚已非常時陛下宜深究天地之意收攬威權無使聰明蔽塞法令不行則足以消伏災異矣臣前已奏陳故敢再述所聞特乞留中詳加省覽

二年敞論水旱之本疏曰臣伏見城中近日流民衆多皆扶老攜幼無復生意問其所從來或云久旱耕種失業或云河溢田廬蕩盡竊聞聖慈憫其如此多方救濟此誠陛下為民父母之意足以感動群心臣猶謂但可寬目前之急而已非救本之術也譬如良醫療病必先審其病源病源不除饘食無益今百姓之病已可見矣父子兄弟

不能相保鰥寡孤獨不能自存彊者流轉弱者死亡所以致此者其源在水旱也所以致水旱者其本在陰陽不和也所以致陰陽不和者其端在人事不修也然則三公之職主和陰陽而議臣之任主明天人陛下何不責三公以其職使之陳陰陽不和之理詢議臣以其學使之述天人相與之際參之聖心以觀今日政事若陛下所委任皆已得人所施為皆已應天則水旱者蓋無妄之災不足憂矣若天人之際少有不合豈得安然坐視其病心知其源不思救之哉臣言似迂其理實切今群臣為陛下謀者不過責糶糴米名為救濟其實亦欲欺聰明自解免而已非謀國之體也又今天氣當暑反寒率多常風雨澤愆候秋成不可必願陛下速思所以救其本者召致和氣無令聖心重增焦勞則天下幸甚

嘉祐四年敞又上奏曰臣伏以聖王所甚畏事者莫如天所甚聽用者莫如民是故觀天意於災祥察民情於謠俗因災祥以求治之得失原謠俗以知政之善否誠少留意則皆粲然矣前古賢智之君莫不循此以導其下忠信之臣莫不緣此以諷其上上下相飭而自天祐之竊見朝廷每有吉應佳瑞則公卿稱賀至於災異非常可怪之事則寂然莫有言者雖歸美將順臣子之常操而於儆戒吁俞理似未盡陛下復不自延問以求天意恐非所謂小心翼翼昭事上帝聿懷多福者也臣愚以謂五經災異之說最深最切設四方所上奇物怪變妖孽沴疹有非常可疑者宜使儒學之臣據經義傳時事以言若其言是可以當天意若其言非足以廣聖聰如近日雨雪驟寒人有凍死者此亦災變之一端矣唯聰明睿智憂深思遠順時慎微不可不慮也臣忝近列愚不能通古今竊觀前世商高宗周成王畏天威享福祚之益誠願陛下留意於此不勝區區

康定元年知諫院富弼上奏曰臣學術空疏才識庸懦謬蒙獎擢充職諫垣苟有見聞安敢緘默伏以日者君之象日食則人君恐懼脩省損饍徹樂衣素服避正殿求萬務所失許百寮上封事食於常時已謂非吉況在歲旦尤為深災今月一日午後伏覩太陽虧蝕衆所觀仰稽諸前籍可謂大異臣竊聞戎使在館欲取今日御宴若用常禮盛饌作樂是重夷狄而忽天譴殊無恐懼之心臣甚為陛下不取也假令臣子有過陛下未欲加責且示戒勵而絕無憂恤怠惰如故怒之之意當何如也天之留意於陛下亦猶是焉伏望陛下出自聖慮罷此宴會或恐定制不可遽已即宜令戎使就館別日遣近臣押賜御筵更慮戎使已入難於中輟即今之會秖且徹樂亦無所妨不可謂之張皇亦不謂之輕易天文謫見萬姓皆覩衆會徹樂不出內庭非張皇也救天之災惟恐不速感天之意不可不深觀變側身宜

不旋踵非輕易也如此則上可以祇警天戒下可以慰說人心亦使戎人見陛下脩德禳災俾聞外夷是為鉅美僧道法事一切不用此外更乞陛下夙夜戒懼以塞變異則聖躬無疆之慶亦宗社無疆之休臣不勝大願昨日申未時臣赴館宿於街衢間見此虧食遇夜投進文字不及伏望聖慈恕此忽迫之罪

龍圖閣直學士知耀州趙師民上疏曰近觀太陽食于正朔此雖陰陽之事亦慮是天意欲以感動聖心臣非瞽史不知天道但率愚意言之其月在亥亥為水水為正陰其日在丙丙為正陽月掩日陰侵陽下蔽上之象也詩曰十月之交朔日辛卯又曰彼月而微此日而微謂以陰奸陽失其叙也又曰百川沸騰山冢崒崩高岸為谷深谷為陵謂下陵上侵其權也又曰皇父卿士番維司徒家伯維宰仲允膳夫棸子內史蹶維趣馬楀維師氏謂大小之臣有不得其人者也

宗周之間時王失德今而引喻蓋事有所譬固當不諱凡天之示象由人君有失不然則下蔽其上古人君之失不過暴虐怠慢奢侈縱放不師古始捨是倘失道之有今聖心慈仁恭勤儉約自檢動循典禮如此自非下蒙上邪撓正使主恩不下究而誰之咎歟望陛下朝夕咨于丞弼心膂之臣洎左右近侍耳目之官其忠而純者與之慎柬內外百執事及州縣牧宰使主恩究于下不為群邪所蔽塞則億兆之幸也

慶曆元年右正言直諫院孫沔上奏曰臣竊見經春已來時令失序沉陰不雨蒙氣連宵日景青昏天光慘翳按漢書所述洪範云皇之不極厥咎常陰必有下人竊議上者臣晝夜思之莫知所以天道雖遠災祥不欺人心至微氣志必應豈有變異昭著而終久無患者也伏惟陛下至明至聖察之謹之臣職當言事心所有疑不敢自隱冀

愚者之盡慮也臣又聞臣者君之陰婦者夫之陰邪者正之陰若臣迫於君婦陵於夫邪害於正則有陰蒙之眚蓋人事動於下則天變見于上矣今氣象如是在陛下專精勵意察事求端思所以致感之因行所以消復之道以答上穹降鑒之兆則天下幸甚伏諒陛下以喪子感傷宸心悲欝又將廣嗣是念仇淑為意每於庭墀之下頗聞珠玉之音是冲和未融而結畜未解也伏望全神省思養器加膳優游適性燕靜端居節嗜欲之情戒寵嬖之盛罇俎之間袵席之上無俾過度冀盡防微保聖德於康寧發純剛之斷決察姦謀於臣下嚴左右於禁中若百事先覺則萬福來同庶可以克謹天戒永綏國家者也

二年右正言歐陽脩論澧州瑞木疏曰臣近聞澧州進瑞木成文有太平之道四字其知州馮載本是武人不識事體便為祥瑞以媚朝

廷臣謂前世號稱太平者須是四海晏然萬物得所方今西羌叛逆未平之患在前北虜驕悖藏伏之禍在後一患未滅一患已萌加以西則瀘戎南則湖嶺凡與四夷連接無一處無事而又內則百姓困弊盜賊縱橫昨京西陝西出兵八九千人捕數百之盜不能一時翦滅只是僅能潰散然卻於別處結集今張海雖死而達州軍賊已劫百人又殺使臣其勢不小興州又奏八九十人州縣惶惶何以存濟以臣視之乃是四海騷然萬物失所實未見太平之象臣聞天道貴信示人不欺臣不敢遠引他事只以今年內事驗之昨夏秋之間太白經天累月不滅金木相掩近在端門考於星占皆是天下大兵將起之象豈有纔出大兵之象又出太平之字一歲之內前後頓殊豈非星象嚴袄異不虛出凡於戒懼常合修省而草木萬類變化無常不可信憑漸生懈怠臣又思若使木文不偽實是天生則亦有深意

蓋其文必曰太平之道者其意可推也夫自古帝王致太平皆自有道得其道則太平失其道則危亂臣覩方今但見其失未見其得也頤陛下憂勤萬務舉賢納善常如近日不生逸豫則三二歲間漸期修理若以前賊張海等少衰便謂後賊不足憂以近京得雪便謂天下大豐熟見北虜未來便謂必無事見西賊通使便謂可罷兵指望太平漸漸安逸則此瑞木乃悞人事之妖木耳臣見今年曾進芝草者今又進瑞木竊慮四海相傚爭造妖妄其所進瑞木伏乞更不宣示臣寮仍乞速詔天下州軍告以興兵累年四海困弊方當責己憂勞之際凡有奇禽異獸草木之類並不得進獻所以彰示聖德感勵臣民

至和三年脩為翰林學士上奏曰臣伏覩近降詔書以雨水為災許中外臣寮上封言事有以見陛下畏天愛人恐懼修省之意也竊以雨水為患自古有之然未有水入國門大臣奔走淹浸社稷破壞都城者此蓋天地之大變也至於五城京邑浩如陂湖衝溺奔逃號呼晝夜人畜死者不知其數其幸免者屋宇摧塌無以容身縛栰露居上雨下水纍纍老幼狼藉于天街之中又聞城外墳冢亦被浸注棺槨浮出骸骨漂流此皆聞之可傷見之可憫生者不安其室死者又不得其藏此亦近世水災未有若斯之甚者此外四方奏報無日不來或云閉塞城門或云衝破市邑或云河口決千百步闊或云水頭高三四丈餘道路隔絶田苗蕩盡是則大川小水皆出為災遠方近畿無不被害此陛下所以警懼隱惻至仁之心廣為諮詢冀以消復竊以天人之際影響不差未有不召而自至之災亦未有已出而無應之變其變既大則其憂亦深臣愚謂非小小有為可以塞此大異也必當思宗廟社稷之重察安危禍福之機追已往之闕失防未萌

之患害如此等事不過一二而已自古人君必有儲嗣所以承宗社之重而不可闕者也陛下臨御三十餘年而儲嗣未立此久闕之典也近聞臣寮多以此事為言大臣亦嘗進議陛下聖意久而未決而庸臣愚士知小忠而不知大體者因以為異事遂生嫌疑之論此不思之甚也且自古帝王有子至三二十人者其材高年長羅列於朝者亦衆而為其君父莫不皆享無窮之安豈有所嫌而斥其子耶若陛下鄂王豫王皆在至今則儲宮之建久矣世之庸人偶見陛下久無皇子忽聞此議遂以云爾且禮曰一人元良萬國以正蓋謂定天下之根本上承宗廟之重亦所以絶臣下之邪謀自古儲嗣所以安人主也若果如庸人嫌疑之論是常無儲嗣則人主安有儲嗣則人主危此臣所謂不思之甚也臣又見自古帝王建立儲嗣既以承宗廟之重又以為國家美慶之事故每立太子則不敢專享其美必大赦天下凡為人父後者皆被恩澤所以與天下同其慶喜然則非惡事也漢文帝初即位之明年羣臣再三請立太子文帝再三謙遜而後從之當時羣臣不自疑而敢請漢文帝亦不疑其臣有二心者臣主之情通故也五代之君或出武人或出夷狄如後唐明宗尤惡人言太子事羣臣莫敢正言有何澤者嘗上書乞立太子明宗大怒謂其子從榮曰羣臣欲以汝為天子我將歸老於河東由是臣下更不敢言然而漢文帝立太子之後享國長久為漢太宗是則何害為明主也後唐明宗儲嗣不早定而秦王從榮後以舉兵窺覬陷于大禍後唐遂亂此前世之事也況聞臣寮所請但欲擇宗室為皇子爾未即以為儲貳也伏惟陛下仁聖聰明洞鑒今古必謂此事國家大計當謹重而不可輕發所以遲之耳非惡人言而不欲為也然朝廷大議中外已聞不宜久而不決昨自春首以來陛下服藥于内大臣早

夜不敢歸家飲食醫藥侍于左右如人子之侍父自古君臣未有若
此之親者也下至群臣士庶婦女嬰孩晝夜禱祈塡咽道路發於至
誠未可禁止以此見臣民盡忠蒙陛下之德厚受陛下之恩深故屬
陛下之慮遠也今之所請天下臣民所以為愛君計也陛下何疑而
不從乎中外之臣既喜陛下聖躬康復又見皇子出入宮中朝夕問
安侍膳于左右然後文武群臣奉表章為陛下賀辭人墨客稱述本
支之盛為陛下歌之頌之豈不美哉伏願陛下出於聖斷擇宗室之
賢者依古禮文且以為子未用立為儲也既可以徐察其賢否亦可
以係皇子之生臣又見樞密使狄青出自行伍遂掌樞密始初議者
以為不可今三四年間外未見過失而不幸有得軍情之名且武臣
掌國機密而得軍情豈是國家之利臣前有封奏其說甚詳具述青
未是奇材但於今世將率中稍可稱耳雖其心不為惡不幸為軍士
所喜深恐因此陷青以禍而為國家生事欲乞且罷青樞密務任以
一州既以保全青亦為國家消未萌之患蓋緣軍中士卒及閭巷人
民以至士大夫間未有不以此事為言者惟陛下未知之耳臣之前
奏乞留中而出自聖斷若陛下猶以臣言為疑乞出臣前奏使執政
大臣公議此二者當今之急務也凡所謂五行災異之學臣雖不能
知然其大意可推而見也五行傳曰簡宗廟則水為災陛下嚴奉祭
祀可謂至矣惟未立儲貳易曰主器莫若長子殆此之警戒乎至於
水者陰也兵亦陰也武臣亦陰也此推類而易見者天之譴告苟不
虛發惟陛下深思而早決庶幾可以消弭災患而轉為福應也臣伏
覩詔書曰悉心以陳無有所諱故臣敢及之若其他時政之失必有
群臣應詔為陛下言臣言狂計愚惟陛下裁擇

嘉祐元年脩又上奏曰臣伏覩近降手詔以水災為變上軫聖憂既

一人形罪己之言宜百辟無遑安之意而應詔言事者猶少亦未聞
有所施行豈言者不足採歟將遂無人言也豈有言不能用歟然則
上有詔而下不言下有言而上不用皆空文也臣聞語曰應天以實
不以文動民以行不以言臣近有實封應詔竊謂水入國門大臣奔
走淹浸社稷破壞都城此天地之大變也恐非小有所為可以消弭
因為陛下陳一二大計而言狂計愚未足以感動聽覽臣日夜思惟
方今之弊紀綱之壞非一日政事之失非一端水災至大天譴至深
亦非一事之所致災譴如此而禍患所應于後者又非一言而可測
是則已往而當救之弊甚衆未來而可憂之患無涯亦非獨責二三
大臣所能取濟況自古天下之治必與衆賢共之也詩曰濟濟多士
文王以寧書載堯舜之朝一時同列者夔龍稷契之徒二十餘人此
特其大者耳其百工在位莫不皆賢也今欲救大弊弭大患如臣前
所陳一二大計既未果為而又不思衆賢以濟庶務則天變何以塞
人事何以修故臣復敢進用賢之說也臣材識愚暗不能知人然衆
人所知者臣亦知之伏見龍圖閣直學士知池州包拯清節美行著
自貧賤讜言正論聞于朝廷自列侍從良多補益方今天災人事非
賢罔乂之時拯以小故棄之遐遠此議者之所惜也祠部員外郎直
史館知襄州張瓌靜默端直外柔內剛學問通達似不能言者至其
見義必為可謂仁者之勇此朝廷之臣非州郡之才也祠部員外郎
崇文院檢討呂公著故相夷簡之子清靜寡欲生長富貴而淡於榮
利識慮深遠文學優長皆可過人而喜自晦默此左右顧問之臣也
太常博士群牧判官王安石學問文章知名當世守道不苟自重其
身論議通明兼時才之用所謂無施不可者凡此四臣皆難得之士
也拯以小過棄之其三人者進退與衆人無異此皆為世所知者猶

如此。臣故知天下之廣，賢材淪沒於無聞者不少也。此四臣者，名迹已著，伏乞更廣詢採，亟加進擢，置之左右，必有裨補。凡臣所言者，乃冀陛下聽其言，用其才，以濟時艱爾，非為其人私計也。若量霈恩澤稍陞差遣之類，適足以為其人累耳，亦非臣薦賢報國之本心也。臣伏見近年變異，非止水災，譴告丁寧，無所不有。董仲舒曰：國家將有失道之敗，而天乃先出災害以譴告之；不知自省，又出怪異以警懼之；尚不知變，而傷敗乃至。斯言極矣。伏惟陛下切詔大臣，深圖治亂，廣引賢俊，與共謀議，未有衆賢並進而天下不治者。此亦救災弭患一端之大者。臣又竊見京東、京西皆有災傷，並當存䘏，而獨河北遣使安撫，兩路遂不差人。或云就委轉運使，此則但虛為行遣爾。兩路運司只見河北遣使，便認朝廷之意有所輕重，以謂不遣使路分，非朝廷優䘏之急者，兼又放稅賑救皆耗運司用物，於彼不便，兼又運使未必皆得人，其材未必能救災䘏患。又其一司自有常行職事，又豈能專意撫綏？故臣以為虛作行遣爾。伏乞各差一使，於此兩路安撫，雖未能大段有物賑濟，至於興利除害，臨時措置，更分官吏，詢求疾苦，事既專一，必有所得，與就委運司，其利百倍也。又照兩浙大旱，赤地千里。國家運米，仰在東南，今年災傷，若不賑濟，則來年不惟民饑，國家之物自亦闕供，此不可不留心也。竊以三司今歲京師糧米，已有二年準備，外有三百五十萬餘碩未漕之物，今年東南既旱，則來年少納上供。此未漕之米，誠不可不惜，然少輟以濟[illegible]，亦未有所闕。欲下三司勘會，若實如臣所聞，則乞量輟五七十萬，給與兩浙一路，令及時賑救一十三州，只作借貸，他時歲熟，不妨[illegible]官。然所利甚大，此非弭災之術，亦救災之一端也。臣愚狂妄，伏望[illegible]心特賜裁擇。

慶曆三年，知制誥田況上奏曰：臣竊以比來災咎頻仍，蝗潦繼作，陛下責躬引咎，不遑寧處，以至躬祈道佛，並走群望，熏祓之意可謂至矣。求當世之弊，驗致災之由，其實役歛重而民愁，和氣傷而為沴。役歛之重由國計之窘，國計之窘由冗兵之日蕃。今天下兵已踰百萬，比先朝幾三倍矣。自古以來，坐費衣食養兵之冗，未有如今日者。雖欲歛不重，民不愁，和氣不傷，災沴不作，不可得也。昔董仲舒、劉向以謂春秋所書螽螟之災，皆政貪賦重之所致。今陝西、河北、河東三路民力凋弊，人共知之，臣不復言矣。且以江淮之間言之，今江淮菽麥已登矣，而責民輸錢，數㪷之費，未供一㪷之價，物遂大賤而農傷。絹已輸矣，民間貿易無餘，而暴令復下，又配市之，織紝之家寒不庇體，而利盡歸于富賈。累年已來，刻剝不已，民間泉貨已匱竭，其凡百科調，峻法爭利，不可勝計。便聞東南之民，大率中產已下，往往絕食。民之愁窘致傷和氣如此，而未聞陛下與兩府大臣議所以救之之術，乃欲以一爐香、數祝版上塞譴咎，此臣所以不得已而言也。夫國之所養之兵，其上者戰，其下者役，苟不能堪此，則為冗食。今諸路宣毅、廣捷等軍，其間孱弱者甚衆，大不堪戰，小不堪役，遞處唯欲廣募，遂其賞格，豈復顧國家之利害哉？宜分遣幹臣，選揀諸路宣毅、廣捷等軍，其不堪戰者並降為廂軍，廂軍之不堪役者並放停。議者必曰兵驕日久，一旦遽加澄汰，則恐立致亂。此慮事者之疏也。且孱弱之兵，既不堪戰，則勇強者恥與為伍。去年韓琦汰邊兵萬餘人，豈聞有為亂者？今天下財用不足，以贍冗食之兵，尚或顧惜細故而不思救弊之原，臣切憂之。惟陛下裁擇。

諫官孫甫論赤雪地震疏曰：臣聞洪範五行及前代變驗曰：赤雪者赤眚也。人君舒緩之應，舒緩則政事弛，賞罰差，百官廢職，所以召亂也。晉太康中河陰降赤雪。時武帝怠於政事。荒宴後宮。每見臣下多道常事。不及經國遠圖。故招赤眚之怪。終致晉亂。地震者陰之盛也。陰之象臣也。后宮也。戎狄也。三者不可過盛。則陰為變而動矣。忻州趙分。地震六七年。每震則有聲如雷。前代地震未有如此者也。惟唐高宗本封于晉。及即位。晉州經歲地震。宰相張行成言恐女謁用事。大臣陰謀。宜制於未萌。其後武昭儀專恣。幾移唐祚。夫地災變。罔不虛應。陛下救舒緩之失。莫若自主威福。時出英斷。以懾　邪。以肅天下。救陰盛之變。莫若外謹戎備。內制後宮。謹戎備則切責大臣使之預圖兵防。熟計成敗。制後宮則凡掖庭非典掌御幸。盡出之。以省浮費。且裁節其恩。使無過分。此應天之實也。

甫又上奏曰。臣竊見景福內宮。祖宗積經費之餘。以備非常之用。近歲諸路物帛多入內庫。中外盡疑宮中之私費。唐置瓊林大盈二庫繹供燕。後楊炎陸贄請罷之。今日景福之積頗類唐之二庫。後宮之數臣雖不知。但聞三司計內侍省千餘人。又有私身當不啻數千人矣。臣近聞染院計置染綾羅甚急。以備宮中支用。言至藏庫所積紅羅去冬已絕。他物稱此。則浮費可知也。陛下省之。亦可感動人心。以消災譴。張修媛寵恣市恩。禍漸以萌。夫后者正嫡也。其餘婢妾爾。貴賤有等。用物不宜過僭。但古寵女色。初不制而後不能制者。其禍不可悔

知諫院蔡襄余靖上奏曰。臣等伏見自春至今。四方亢旱。日蝕地震。變異相仍。有以見上天垂意於陛下至深至厚。臣不知陛下何以報天戒之既乎。臣聞古之人君。遇一災異。循省修德。或以六事自責。或避正殿不居。或減膳徹樂。或遣使四察。求直言於朝。究愁苦於下。於是轉災為福者有之矣。若天之戒告而不惕。民之冤隱而不救。乘凱

旱之會。其變不可量也。伏望陛下避殿減膳。以自修省。仍降詔書。戒敕百官。各舉厥職。遣使天下。求訪闕失。或有官吏貪殘而不糾。刑獄冤枉而不治。賦斂繁數而不均。徭役頻仍而不息。孤獨無所養。流散無所歸。朝廷之惠不逮於下。下民之情不達於上。皆得條奏而施行之。伏惟陛下鑒前王戒畏之理。觀當世安危之勢。留意而行。天下幸甚。

襄等又奏曰。臣等近以亢旱。請行自古帝王消弭災譴之術。避殿減膳。發詔書。遣使者。上以荅天戒。下以慰民心。數日顒然。德音未降。臣聞天地之氣與人相通。陰陽不和。本自人召。今若不修人事。則無以回天意而召至和。伏自兵興累年。天下困弊。外有三邊百萬仰給之卒。內有四海億兆愁苦之人。方此公私匱乏之時。必無拯救災傷之力。將來流亡必眾。盜賊必多。患至後思。恐無所及。況朝夕以來。祈禱未應。人心如涸。天意益高。陛下為蒼生憂念。非不勤。臣等為國思慮無不至。凡人有可為者。皆勉而為之。以救災害。況避殿減膳。發詔遣使。此乃典冊常行之故事。帝王修省之盛美。伏望陛下早賜施行。苟能下悅人心。自可上消天譴。

四年。襄等又奏曰。臣等伏覩陛下以災變屢見。飛蝗為殃。責躬引過。祈于天地宗廟社稷。不令殃及萬方。臣伏念災變之來。寔由人事政治闕失。感動天地。故古之人君。或遇災異。則避正殿。徹常膳。潔自刻責。思所以致之之咎。改之之理。以至冊免三公者有之。詔求直言者有之。此皆消災異召和氣之道也。方今天下之勢至危矣。夷狄驕暴。凌脅中國。盜賊縱橫。驚劫郡縣。養兵至冗。擇將不精。配率頻繁。公私匱乏。內外之官。務為辦事而少矜恤之心。天下之民急於供應而有流離之苦。治道如此。未聞救之之術。臣等伏見數年以來。天戒屢至。

朝廷雖有警懼之意然而因循舊弊未甚改更今日災變頻數蓋天
意必欲朝廷大修人事以救其患乃可變危為安也救患之方莫若
原其致災之本致災之本由君臣上下之闕失也闕失之事臣等敢
次第而言之陛下不專聽斷不攬威權使號令不信於人恩澤不及
於下此陛下之失也持天下之柄司生民之命無嘉謀異議以救時
弊不盡忠竭節以副任用此大臣之過也朝有闕失而不能救民有
疾苦而不能達陛下寬仁少斷而不能規大臣循默避事而不能斥
百官邪正並進而不能辨四夷交構內侵而不能謀有顧避之心無
力諍之節此臣等之罪也今陛下既有引過之言達於天地神祇矣
伏乞陛下必踐其言必行其實踐言行實之要莫若專聽斷攬威權
號令信於人恩澤及於下則災異消而和氣應矣其大臣不舉職之
過伏乞陛下以致變之由赫然督責之若督責之又無近効則用災

異冊免三公故事而去之別求能賢以救大患如臣等蒙陛下非次
選擢不能稱職尚致陛下有如此之失大臣有如是之過臣等負罪
至深伏乞朝廷遠加竄逐求方正材識之人俾居諫職必能裨贊朝
綱上副聖選臣等謹具狀待罪以聞

襄等又奏曰臣等伏見陛下以災變屢見飛蝗為孽引咎責躬告于
天地廟社臣等伏念致災之本由君臣上下之闕失列其事而言之
終以自劾乞朝廷遠加竄逐別求方正才識之士俾居諫職臣等待
罪于今七日曾不得報憂媿益深不知所措竊以今天下之勢外有
羌戎結連侵脅之憂內有邊陲守禦戰爭之苦兵冗財竭賦斂暴興
生民膏血掊取無極譬如投石入井到底乃止不幸有旱澇飢荒之
變盜賊乘時而起將何以禦今日視前一二年國用民力固不如矣
後且因循無有更改救弊之術後一二年還視今日又可知矣非獨

不如今日其患至大縱有知者不能為謀臣等以諫名官見天下之
勢至危如此既不能開廣陛下恩信以固民心又不能糾正大臣闕
失以救時弊是致災異頻數中外恐懼臣等上負陛下選擇之恩下
負生靈困苦之望憂慮終日譏責滿身尚何顏面入出朝中臣等罪
咎實深伏乞朝廷必加竄逐以謝天下

京師旱知諫院王素請帝禱於郊帝曰太史言月二日當雨今將以
旦日出禱素曰臣非太史然度是日必不雨帝問故曰陛下知其且
雨而禱之應天不以誠故臣知不雨帝曰然則明日詣醴泉觀素曰
醴泉之近猶外朝耳豈憚暑不遠出邪帝悚然更詔詣西太一宮諫
官故不在屬車閒廼命素扈從日甚熾埃氣翳空比輿駕還未薄城
天大雷電而雨

參知政事范仲淹奏災異後合行四事疏曰臣近日屢聞德音以災

異數見畏天罪己此實聖帝明王至仁之體也天下幸甚幸甚昨日
宰臣等再奉聖旨不須謝過但自行事此又濟時責實之要也臣等
敢不惶恐思竭誠志以副宵旰之意臣觀自古國家皆有災異但盛
德善政及於天下人不敢怨叛則雖有災異而無禍變也如其德衰
政暴兆民怨叛故災異之出多成禍變也陛下今既畏天之戒上憂
宗社下憂生靈固已得堯湯之心矣如更行堯湯之事使天下受賜
其有災異適足增陛下之盛德臣待罪輔臣經年無狀四方多事未
敢引退恐負君親擢用之意臣竊覩自祥符年後以至今日火不炎
上之災已十數度又累有地震之異今夏蝗秋潦人多妖言雖陛下
修德罪己自可以動天地感鬼神而念及生民若不遑處臣請行此
數事少助陛下救生民之萬一惟聖心裁擇

一委天下按察使省視官吏老耄者罷之貪濁者劾之昏懦者逐

之是能去謬吏而糺慢政也至於激勸善政之術即未著明其
官吏中有畏上位之威希意望進或矯修廉節而爭為猛政求
集事之名者務為暴斂求盡公之稱者專用深文政尚虛聲人
受實弊資產竭於科率爨動觸於刑憲生民困苦善人嗟痛此
天下怨叛之本也秦以天下怨叛而亡漢以救秦之弊而興臣
請詔諸路按察官除常程糺察舉薦外於轄下知州知縣縣令
中別選潔己愛民顯有善政得百姓心如倚父母者各具有的
實事狀舉三兩人特與改官再任或陞陟委用如此則天下官
吏知陛下憂赤子之心各務愛民求理不為苛政足以息生民
之怨叛也如所舉不實仰御史臺彈奏當議重行貶黜今別進
呈唐時選刺史縣令條目便乞約附施行
一天下官吏明賢者絕少愚暗者至多民訟不能辯吏姦不能防
聽斷十事差失者五六轉運使提點刑獄但采其虛聲豈能遍
閱其實故刑罰不中日有枉濫其奏按于朝廷者千百事中一
二事耳其奏到按牘下審刑大理寺又只據案文不察情實惟
務盡法豈恤非辜或無正條則引謬例一斷之後雖冤莫伸或
能理雪百無一二其間死生榮辱傷人之情實損和氣者多矣
古者一刑不當而三年大旱著於史策以戒來代非虛言也況
天下枉濫之法寧不召災沴之應耶臣請詔天下按察官專切
體量州縣長吏及刑獄法官有用法枉曲侵害良善者具事狀
奏聞候到朝廷詳其情理別行降黜其審刑大理寺乞選輔臣
一員兼領以慎重天下之法令檢尋自來斷案及舊例削其謬
誤可存留者著為例冊
一今諸道常平倉司農寺管轄官小權輕主張不逮逐處提點刑

獄多不舉職盡被州府借出常平倉錢本使用致不能及時聚
糴每有災沴及其遣使安撫雖民委溝壑而倉廩空虛無所振
發徒有安撫之名且無救恤之實又國家養民之政本尚務農
因民之利而利之則朝廷不勞心而民自養之矣臣請選輔臣
一員兼領司農寺力主天下常平倉使時聚糴以防災沴并詔
諸路提點刑獄今後得替上殿並先進呈本路常平倉斛㪷數
目方得別奏公事移任者亦須依此發奏後方得起離仰司農
寺常切糺舉及委輔臣等速定勸農賞罰條約頒行天下
一天下茶鹽出於山海是天地之利以養萬民也近古以來官禁
其源人多犯法今又絕商旅之路官自行販困于運置其民庶
私販者徒流兵稍盜取者絞配歲有千萬人罹此刑禍是有司
與民爭利作為此制皆非先王之法也及以官販之利較其商
旅則增息非多而回護之弊未能革者候陛下之睿斷爾臣請
詔天下茶鹽之法盡使行商以去苛刻之刑以息運置之勞以
取長久之利此亦助陛下修德省刑之萬一也
仲淹奏乞災異後合行疎決刑獄等六事疏曰臣今早親聞德音謂
復有災異當修德以及民并詔臣等謹省刑法此實見聖人憂畏之
心合於天意臣今條奏數事皆陛下增修明德之要一齋誠發誠特
降詔命明言災變屢見敢不罪己祗畏以告中外群臣同心修省二
遣使四方疎決刑獄非害人者悉從減降三詔天下州縣長吏訪問
民間孤獨不能存活者特行賑恤四詔逐處籍出陣亡之家察其寡
弱別加存養五邊陲之民被戎狄驅虜者董支官物贖還本家六詔
諸處欠負已該赦恩除放者官司更不得催理違者官吏科違制之
罪遇赦不原仍差近臣置司與奪陛下力行此數事下悅民心上荅

天戒昔商中宗桑穀共生於朝懼而修德撫綏百姓三年而歸者十六國號為中興陛下今日因災修德則福及兆人道光千載天下幸甚

五年御史李京上奏曰臣伏以陛下因天之戒恐懼修省避正殿減常膳故精意感格日當食而陰雲蔽虧雖商大戊之桑楮並生宋景公之熒惑退舍無以異也然臣區區竊有疑者自寶元初定襄地震壞城郭覆廬舍壓死者數萬人殆今十年震動不已豈非西北二虜有窺中國之意乎二月雷發聲在易為豫言萬物出地皆悅豫也八月收聲在易為歸妹言雷復入地避群陰之害也今孟夏雷未發聲豈非號令之不信乎願陛下敕邊臣備夷狄戒輔臣謹出命以厭禍於未形又尚美人棄外館多年比聞復召入必有假媚道以蠱惑天意者宜亟絕之苗繼宗嬪御子弟乃緣恩私為府界提點宜割帷薄之愛重名器之分庶幾不累聖政

六年京東兩河地震登萊尤甚胡宿通陰陽五行災異之學廼上疏曰明年丁亥歲之刑德皆在北宮陰生於午而極於亥然陰猶強而未即伏陽猶微而不能勝此所以震也是謂龍戰之會其位在乾若西北二邊不動恐有內盜起於河朔又登萊視京師為東北少陽之位今二州置金坑多聚民鑿山谷陽氣耗洩故陰乘而動宜即禁止以寧地道

七年知潤州錢彥遠上奏曰臣伏覩兩浙轉運司謄錄三月十九日詔敕節文以今春大旱應中外文武臣寮並許實封言當世切務者竊念臣近以直言極諫登科恩擢不次敢自緘默苟養資格謹條方今急政要事水旱原本少盡千慮之得臣聞天地有常數陰陽有常度當進退盈虛之際兩適均等則氣和氣和則風雨時風雨時則萬

物育矣然陰盛則水陽盛則旱二者自然之理故陽主德陰主刑德不可以獨任德過則弛刑不可以專任刑過則慘天之愛物甚矣春夏生之必秋冬以節之所以相為表裏而成歲功求其端正其本繫人之事故在易之泰曰后以裁成天地之道輔相天地之宜言泰極則安而無節無節則過其害猶不及也惟元后輔相而裁成之在春秋魯僖公之三年春王三月夏四月兩書不雨者以僖公能克己求過放佞臣理寃獄精神感天不雩而雨故顯書不雨以旌之此聖人精微極致謂天人相與應如影響俾人君戒之謹之之旨也伏自陛下即位二十餘載內無聲色之娛外無畋漁之逸外戚近侍循循守法未有專權之失前歲地震趙雄霸滄登萊及荊湖幅員數千里雖往時定襄之異未有大於此者今復大旱以臣愚料之非他也蓋天警陛下爾誠以國家備寇之術未盡要牧民之吏未盡良天下之民未盡安上天垂意陛下欲因而大治故先出災異告焉陛下知天戒所在因而修之則宗廟社稷之鉅福苟簡忽大事覬覬求亡用之言唯減常膳避正殿臣愚謂非應天以實不以文之意臣願為陛下別白明之臣前所謂禦寇之術未盡要者夫西北二虜者我之堅敵天性驁悍以戰為生業非可與以首爭首校一旦之命且古之所謂夷狄言語衣服殊於華夏其來不過驅略老弱畜產故詩曰薄伐獫狁至于太原逐去則止今北戎據幽燕山後諸鎮元昊盜靈武銀夏皆我之州郡其衣冠車服子女玉帛與漢同欲加以日夜伺我間隙收我亡叛迹其深心非止毆略畜產而已往時元昊負固不服朝廷責戰甚速出入五載邊臣未有斬首虜者而天下已騷然困矣下及牛馬諸畜皆殘劬羸極他物可知暨納款錫命亦朝廷不得已而為之紓一時之患可也我當按甲蓄威節財嗇用講過救失論長短利害以

困虜而臣見自元昊之叛上下安然器械城壁治葺稍緩主兵之官
備邊長吏皆以次補用不復銓擇士大夫高冠侈服恥言軍旅臣懼
一旦北虜負恩棄利送死西結元昊兩道並來則國家之力未易支
也臣嘗中夜以思寒心疾首臣懼如景祐康定中待元昊之謀則殆
矣此虜土地廣甲兵壯凶黨多非元昊比也臣願陛下無輕待馬事
不預備不可應猝此陛下宜深留意而又湖廣一道蠻獠繹騷聞其
戕害劫掠生民流離調發督歛軍須百出而置之不問但責一二儒
生非有奇蘊秘略但能治文書辦期會深可歎也亦用兵三年未聞
尺寸之效歲月持久其憂不細惟陛下以此三方之急因天戒之明
命大臣講長久之計以安元元性命天下幸甚臣前所謂牧民之吏
未盡良者凡生民之命舒慘休戚繫之刺史縣令雖遠近閑要有
郡縣大小然耕田鑿井出租稅皆陛下赤子苟守吏之失則一方受
弊旦夕利害切於身飢寒偪於內彼不起為盜賊則當危苦愁厄而
死危苦愁厄之氣所以致水旱臣伏見江淮諸郡地近京輔皆國家
之外府而守吏年七十者十率三四往往耳目昏惑神用耗竭罷癃
俯傴唯以圭田稍食為意縱有心力克壯者則倚其年齒陵轢吏民
夫長吏執千里之柄而昏惑耗竭則必輸其柄於下吏下吏操刺史
之威而敺良民亡所不至甚於長吏之自貪也江淮一方計之尚或
如此況天下僻左之地乎況縣令之猥衆乎臣願陛下悉按其門閥
功狀命之納祿致仕優賜子弟官秩俾之自養精擇天下長吏此根
本之論也議者將云國家惠養老臣不當如此謂之曰古之養老蓋
賜珍膳財帛豈任之以政事且陛下胡忍此老耗百十輩而不忍天
下千萬人受其弊願陛下思之臣前所謂天下之民未盡安者臣聞
隋唐之制有賦租庸調四者之入自楊炎變兩稅法天下稱便自五

代迄今歛名雜出兩稅之法漸弊民已竭力供矣加以非時配率和
市舉放利盡歸官而主計之司不復該輕重均輸之法乘用兵之急
唯督取諸路緡錢之用速濟經費至專遣內使四出趣迫郡國承望
風旨竭取乃已殊不知錢者以通流移用則利入公上民得資販今
四方之錢月取歲輸一去不復故天下之民嗸嗸商賈失業酒榷商
筭課入益虧此蓋專取緡錢之過平日已囂囂苦不足況能禦水旱
在先朝時常患其若此有三說之法俾商人入粟邊郡而受鹽茗雜
物於內郡邊食不復給緡錢則天下之貨通矣其三說之法副在有
司朝廷逮事先帝諸臣皆能言之陛下舉而行之然後詔主計者講
利害輕重之術不許專取緡錢於諸路俾百姓息肩易曰何以聚人
曰財所以感人心而天下和平矣再念臣身遠慮淺貫緣陛下詔旨
而言之故安危之語無所隱避伏願陛下不以人廢言不以治忘亂
降意才慊謹明賞罰庶幾災異消釋導迎善氣天下幸甚
宋庠上奏曰臣伏覩聖旨以星文垂見特開寺觀三日令臣僚為民
祈福仍許士庶燒香者伏玩沖旨頗見聖心因星次之匪常答神理
之申戒特使祈請以示禳除然珍宇大門都人駢集群優雜伎列肆
賈區遂移清靜之場翻為遊玩之所閭里喧會旦暮奔馳甚不副陛
下側身修德之本意也臣聞詩曰恭天之怒不敢戲豫恭天之渝不
敢馳驅今都下以燒香為名士女填咽可謂戲豫矣百司以祈福為
名車馬遨遊可謂馳驅矣若令鑾觀在下氣燄為災以此應天恐
不雖臣伏乞今後或祇若天意只令宰臣以下恭款祠庭齋心祈祝
更不令士庶喧譁寺觀庶可銷除後咎申達至誠
殿中侍御史梅摯以時有災異引洪範上變戒曰王省惟歲謂王總
群吏如歲四時有不順則省其職今日食于春地震于夏雨水于秋

一歲而變及三時此天意以陛下省職未至而丁寧戒告也伊洛暴漲漂廬舍海水入台州殺人民浙江潰防黃河泛埽所謂水不潤下陛下宜責躬脩德以回上帝之眷佑陰不勝陽則災異衰亡而盛德日起矣

皇祐元年昭文館大學士中書門下平章事文彥博等上奏曰臣等各以非才忝居大任不能裨補聖政燮和陰陽以致星文屢有變異下飭人事上貽聖憂陛下曲示包容未賜罷免責以來效使之極言詔旨丁寧曆恩寬大跪受伏讀皝懟失圖恭以陛下堯舜用心禹湯罪己欽若天戒增修聖政弭災召和宜集休應聖詔曰德政闕修刑賞差濫臣以謂刑不為貴近而屈賞不可僥倖而求則無差濫矣刑賞不濫則德政自脩又曰人有冤滯而無控雪之路民已匱困而無寬恤之實臣以謂人有冤滯必由郡縣及按察之司節級陳訴若猶未伸又許撾鼓檛訴固無壅遏之理然更須州縣官吏常得其人為之伸理則民絕冤滯矣今冗費無藝國用窘乏故歲一不登下民艱食雖欲恤之而力不足也若減不急之務罷無功之賞及兵籍官吏之淨冗者稍澄汰之則庶幾國用不乏則可以有恤民之實矣又曰官局具設而職務或弛典章備存而紀綱不振臣以謂為官擇人不使僥倖者求而得之久於其任考其殿最而升黜之無使屢遷速易不為苟簡之政則職務曷敢廢弛祖宗之法備在典冊舉而行之似若甚易但不為權倖所撓則為至難苟上下一意守茲典章堅如金石行此號令信如四時則綱紀振矣又曰科役煩重肆成暴刻軍政簡惰而莫為經制臣以謂前之所陳減不急之務罷無功之賞澄汰兵吏之冗則國用不乏國用不乏則可以省科役之煩重州郡官吏常得其人雖有科役亦不至於暴刻矣慎擇將帥稍假威權撫馭士卒不務姑息勿使貴臣驕將撓於其間則軍政自肅而有經制矣又曰教令輕出有所未安賢智在下遺而弗舉臣以謂令出惟行慎乎始出出而不慎故行之未安近歲以來茲弊頗甚由議臣輕建言而須必行行之無効而終無責或雖有嘉謀而事無近効人人之多言橫為沮議朝廷不能持之故多中變條其事狀此類尤繁舉賢任官宰相之職宰相不能悉知其人但當慎擇臺省長官及州縣大吏使如近制各舉所知庶幾無遺才矣又曰姦倖妄求而不抑此正今之所患臣等繼曰議之矣又曰惠澤旋壅而不流臣以謂朝廷推恩靡不下究然恐郡縣之吏不稱朝廷之意或逋負之物合除而未除流竄之人奇釋而不釋如此類者更宜申明聖詔曰將此十二條於軍國庶務中推求實事有合更張振舉者竅具條上朕當悉心詳究即議施行有以見陛下求治之心勤切之至所恨臣等空疎不能上副好問雖然敢不罄竭愚短粗有所裨然今所陳乃其大略蓋慮繁詞終成虛語徒煩睿覽無補大猷臣等欲將十二條事目舉一兩條細述合更張振舉事件逐時面奏委曲敷陳所冀言之必行行之必當斯亦舜禹皐陶吁謨都俞之義也臣等不勝區區聖詔曰德政闕修刑賞差濫臣等近奏以謂刑不為貴近所屈賞不為僥倖所求則無濫矣臣等請略舉一端如往年蘇舜欽劉巽以進奏院賽神輒用官錢即皆坐除名去年曾興宋永宗賽神亦用官錢其罰當與舜欽輩均而曾興等止停見任近日史昭文等以不覺察手下人吏取受稍場錢物衝替未得與差遣尋有監積場官閻經隆等却為昭文所發亦是不覺察事典取受一例衝替而昭文即時卻令與差遣其同事馮經等亦違茹牽復而繼隆等衝替如故此蓋昭文曾與輩以親近而從輕[illegible]繼隆等以疎遠而受重責又去年親事官作過皇城司官吏嘗[illegible]

責然皆是近臣貴戚止於降秩補外才逾年即皆復職或更遷官往
年張沔以保州及李敭事降黜數經大赦至今未復舊職言體則皇
城司事為重議罪則張沔等輩為輕升擢廢弃理似未均不惟刑罰
失平實恐貴倖壞法臣等以謂今後用法理當振舉吏務均平賞典
之濫則如近日司天監周琮專用瞻止以選課日辰便乞轉官任子
醫官別無勞績妄乞額外轉遷如馮琦潘象蘇惟和沈遇明之輩賴
陛下聖斷皆與裁抑然未悉如先朝之制及前後條貫更欲申明遵
守聖詔曰人有冤滯而無控雪之路臣等謂人有冤滯必由郡縣按
察之官節級陳訴若未申雪又許檢鼓院撾訴訐無壅遏之理今欲
更敕約轉運司提刑司凡有理訴並令子細究詳如事理稍涉冤枉
即選官就近覆勘勿令煩擾淹延免致貧窮無資不能詣闕者抑而
無告聖詔曰民已困匱而無寬恤之實又曰科役煩重肆成暴刻臣

等以謂國用窘則科役煩科役煩則民困匱民力既困國用自乏雖
欲恤民不可得已臣等請言其國用窘乏之由恭惟祖宗以來置兵
與夷及賞賚賜予皆有定制量入以出故財不屈乏自康定用兵之
後添募新兵幾四十萬數年以來雖逃亡減廢之後猶不減三十餘
萬每歲所費衣糧錢物等共約三千萬貫匹兩石束賞賚之數不在
焉兼自慶曆二年後來添給二虜金帛每歲共四十餘萬匹兩加以
頻遭水旱復除租賦則國用不得不窘故國用窘則科役煩科役煩
則民力困今將恤民之困窮寬民之科役正在省冗費而已省冗費
之大者在減冗兵臣等已嘗奏述欲於今冬別立揀兵之格密降付
逐路轉運使候至春首依常年例計會帥臣同共依新格揀選老弱
以減冗費其次則罷不急之土木停無功之賜予抑僥倖之求請省
員外之冗官衣服用度務從敦質多方節約諸事簡儉年歲之間漸

期足用國用既足則科役不煩則是恤民之實矣聖詔曰官局具設
而職務或弛典章備存而綱紀不振臣等以謂官得其人職務自舉
選才任官正是臣等之責若官須擇人不甚拘以資他事須責實當
時校其殿最三載考績必行黜陟百官脩飭孰敢懈弛臣等請略舉
其弊只如省府之官及外計之任近歲以來遷改頻速有如假道豈
暇舉職所以務為一切苟簡之政而職業不得不弛臣等欲乞更頒
詔敕約束中外之官必須二年之外方許遷替考其殿最而升降之
若特敕擢才則不在茲限所謂典章者朝廷之大法祖宗之舊制舉
而行之孰而用之豈有綱紀不振哉蓋近歲已來緣貴倖之臣墮大
法壞舊制者多矣臣等略舉其尤者祖宗之制官有定員今員外而
置官者多矣如勾當皇城軍頭司及醫官使副之比是矣又俸祿之
法各有定制等級賦與固不可差今則有任觀察使而請留後俸者

如此之類其徒寔繁臣等欲乞今後更不溢舊額而置官適本官而
受俸一守祖宗舊制不為貴倖所侵則綱紀振矣乞特頒一詔敕處
分聖詔曰軍政簡墮而莫爲經制臣等嘗謂慎擇將帥不務姑息勿
使貴臣驕將害之軍政自肅矣聖詔曰教令輕出有所未安臣等嘗
謂慎乃出令令出惟行若輕出之必有未允則數易屢改此為政之
大弊若近日錢令鹽法為弊不細而建言者誅之不臧未嘗有責此
所以致輕改作而易受弊也往年建言諸州招刺義軍去歲却揀配
諸軍人心騷然其始不能詳慎致不數年便有改易臣略舉此數條
蓋事之稍大者聖詔曰賢智在下遺而弗舉臣等嘗謂舉賢擇才輔
臣之職輔臣不能悉知衆才惟當慎擇臺省長官州郡大吏使如近
制各舉所知庶幾無遺才矣然臣等敢不益勵恭愚博求才智將期
得士之美上副任賢之心聖詔曰姦倖妄求而不抑臣等以謂近臣

貴戚醫工卜祝及諸司人吏因緣請託妄述微勞希求內降如此之類盡守條制一切裁抑則官邪之蹊可以漸塞璽詔曰惠澤旋壅而不流臣等嘗謂凡有推恩雍不下究猶恐州郡之吏不稱朝廷之意或逋負之物當除而未除流竄之人可釋而不釋臣等欲乞應經前年大赦合放負欠物色如省司以未見保明文字州郡以未受朝省指揮至今尚行催理者速令勘會依赦蠲除編配之人除屬揀選路分外有已經量移情理輕者令具元犯奏聞看詳依赦釋放

三年知諫院吳奎上奏曰臣竊見近歲以來水不潤下盜賊橫起皆陰盛所致陛下寅畏天命宜格善祥而反應以災沴其故何哉夫帝王之美莫大乎進賢退不肖賢者進則君子各以類升而陽勝陽勝而善祥可致也不肖者退則小人各以類伏而陰衰陰衰而災沴可銷也今天下之人皆謂之賢陛下亦知其賢然不能進天下之人皆謂之不肖陛下亦知其不肖然不能退重以內寵驕恣近習回撓夷狄桀驁奸邪交傷陰盛如此寧不致大異哉且朝廷之過常在乎無事之時因循而不為有事之後顛沛而失錯中外臣僚平時建一策舉一官雖有可取皆沮抑而不行又從而媒蘖謂之生事如河北河東盜賊行路之人皆已傳布大臣不以為事至執通判傷巡檢然後倉皇於數路之間移易官守立重賞以募之不亦晚乎事將有大於此者將如之何幸陛下留意

歷代名臣奏議卷之三百一

災祥

宋仁宗至和二年侍御史趙抃上言曰臣伏見自去年五月已來妖星遂見僅及周歲至今光耀未退此谷永所謂馳騁驟步芒炎長短所歷奸犯其為譴變甚可畏也又去冬連今春京東西路及陝右川蜀諸郡旱暵不雨麥苗焦死民既艱食寇攘必興此京房所謂欲德不用茲謂張厥災荒其為災沴復可懼也邇來岷嶓山谷驚裂有聲他郡數處地亦震動此伯陽所謂陽伏而不能出陰迫而不能升蓋土失其性其為災異益可駭也夫燮調陰陽者三公之職天戒若曰陛下左右輔弼當得忠賢剛正之人為之乃可以召至和之氣消未萌之亂不然何以妖星譴變也旱暵災沴也地震祥異也三者咎應粲明如是之著耶臣愚伏望陛下謹天之戒應天以實取天下公議與天下瞻望之所謂賢人君子者陟之使居廟堂之上以三公四輔之事業委注而仰成之若然則陰陽以和災異以消朝廷清明夷狄畏服太平之風可翹足引領而待之也臣朝夕思慮載惟擇賢命相繫國家休戚治亂之本伏願陛下慎重之然後發聖斷力行而不疑則宗廟社稷之福天下生靈之幸

起居舍人知諫院范鎮上奏曰臣伏見去冬多南風今春多西北風乍寒乍暑欲雨不雨又有黑氣蔽日此皆人事之所感動也黑氣陰也小人也日陽也君象也黑氣蔽日者陰侵陽小人惑君也欲雨不雨者政事不決也陳執中為相不病而家居者百日矣陛下以御史之言決一婢死而欲退宰相為是耶即乞速退執中以解天意以御史之言為非耶亦乞勅執中起視事無使天意久不決也寒暑者賞罰也乍寒乍暑者不當賞而賞當罰而不罰也鄧保吉有過於法不當為

內侍都知。鄧宣言不歷邊任。於法不當為內侍押班。未幾而又改官。石全斌不當為觀察使。未幾而又為內侍副都知。其餘攀緣改遷皆不應法律。是不當賞而賞也。陛下有旨未應法律賞罰聽中書樞密大臣執奏。而中書樞密大臣不執奏。是當罰而不罰也。冬而多南風。春而多西北風。皆逆氣也。風主號令。主思慮。陛下思慮若有為小人所惑。而號令數變易也。天變之發。或發於未然之前。或發於已然之後。皆所以覺悟人君也。人君修人事以應天變。則災異可為福祥也。陛下如欲應黑氣蔽日之變。莫若遠小人而近君子。莫若黜小人之[illegible]而用君子之言。陛下如欲應乍寒乍暑之變。莫若速還鄧保吉等過恩。而明正中書樞密大臣之罪也。陛下如欲應欲雨不雨之變。莫若速定陳執中進退之勢。以決中外之惑也。陛下如欲應冬多南風春多西北風之變。莫若精其思慮而不數號令也。凡此皆古聖賢通天人之術。著乎經史。使後世為人君者覩之以奉天。為人臣者法之以事君者也。非臣之臆說也。陛下無以臣非才。廢臣所陳先聖賢之言。則臣之幸也。非特臣之幸也。天下之幸也。社稷之福也。惟妖星之變。及今一年。臣消息所未至也。今春諸路無麥苗。禾種不入。而山東尤甚。山東盜所起處。萬一盜起。陛下將何以待之。妖星之變。殆恐為此。臣所以居言責之地而不得默默也。臣四歲而亡父。七歲而亡母。今食陛下之祿。父母之養為不及也。所可為者。合忠孝一意以事陛下耳。若於此時畏避而不盡言。則臣負不忠不孝之罪於陛下也。

鎮又上奏曰。今月二十三日秋分。雷乃收聲。二十四日雷大震。大雨雹。雷當收聲而反大震者。號令之不時也。雹不和之氣。自上而下。下而害物者也。以況上興不急之務以用於下。如雹之害物也。近歲以來。修集禧觀醴泉觀開先殿。公主第。糜費以鉅萬計。尚未訖役。又聞垂拱殿一棟折。太廟一柱損。有司建議舉欲新之。夫一棟折。修一棟。一柱損。修一柱。事理然也。若緣一棟而易一殿。一柱而更一廟。非惟人情不厭。兼恐甚傷天理。近者陝西旱飢。河東薄稔。科檏材木。不勝其勞。此所謂號令不時。自上而下害物之政也。天變所以作也。古人於承平無事時。尚猶戒土木之費。況今國用不足。民力凋弊。豈可為此不急以重困之。臣竊惟念以一棟易一殿。一柱易一廟。似非恭儉之主所為。蓋左右近習計此以圖僥倖。大臣不略建一言。誤陛下至此耳。伏乞差官重檢計。合修換處量加功役。其餘一切停罷。上以應天變。中以惜國用。下以愛民力。顧不益聖德耶。昔漢文帝惜十家之產罷露臺。史冊書之。至今為美。陛下如能愛數萬家之產以罷此兩役。則其美過漢文帝遠甚。臣不勝大幸。

金君卿上奏曰。臣伏讀六月三十日詔書節文。以大水為沴。應中外臣寮上實封言時政闕失。無有所諱。遠方小臣。不能詳知國體。惟陛下赦臣進越之罪。留神財擇。幸甚幸甚。臣謹按五行傳。宗廟廢祭祀。則水不潤下。伏惟皇帝陛下。仁孝之心。格于神明。時享月薦。曾靡有懈。咎譴之來。不應緣此。然臣之愚慮。參考經傳。殆宗廟主器。社稷本根之重。陛下或未之思爾。竊惟古先哲王。雖已大治之後。不能無災異。惟恐懼脩省。思所未至。為所未為。以應天心。則災異自然而消弭。臣不敢遠引他說。試取兩漢近事以明之。若孝景孝成光武孝章之世。冬雷靁雨。日蝕星隕。地震川竭之變。而能早定封建。固國根本。然後災變消復。享國長久。陛下睿謀英斷。夐高前古。豈特周旋孝景孝章之間哉。然比歲已來。日月薄蝕。地震河決。天之告戒。不為不至。陛下惻然引咎歸已。故嘗避正殿。損常膳。節服御。釋繫囚。以圖消伏天鑒不回。水沴仍作。故臣愚以為宜詢訪故事。惠宗廟主器社稷根本之重以謹天戒臣又聞漢書五行志曰地上有水比吉性不相害故曰比比也而相毀墊淪失之象又易曰君不密則失臣臣不密則失身幾事不密則害成今朝廷大政言未出口則已喧傳于道上矣願陛下超然遠慮奮乾剛之斷詔股肱大臣早定封建之議群小之人無得預聞不然臣恐陰下相為蠹賊侵陵之禍萌於今日矣詩曰畏天之威于時保之惟陛下垂精留意天下幸甚幸甚

嘉祐二年齊唐論麒麟疏曰臣竊見交趾所進麒麟二頭臣得之道路圖寫其形大抵牛身象耳狗足魚鱗臣謹按爾雅釋獸麐身牛尾一角郭璞注謂春秋所獲麟也又云麠大麃牛尾一角即漢武郊雍所獲麟也又云驨如馬一角不角者麒即元康中九真郡所貢也又唐龍朔三年麟見于介山又聖朝太平興國九年嵐州獻獸一角似鹿無班角端有肉性甚馴善當時以為祥麟上表稱賀臣以前典觀

之則麒如馬狀麟似鹿形況麟鳳四靈國家大瑞天下稱賀青史具書故唐改元年漢名書閣太平之瑞莫大於斯臣切聞此獸頗與書史所聞不同閉以檻車與象相觸所食草木皆中國所無萬一非是祥麟海外別有名目即朝廷殆為蠻夷所詐又交趾以進麟為名私齎行貨不少經過州縣津送之役動數千人以至京師民間之費不下百萬嶺表之民例皆貧弱典賣產業以給公費儻憑圖合驗為瑞聖朝則固不憚民勞以成一代之盛事果非瑞物則豈可以無名之怪獸而困一路之生靈哉伏惟陛下居尊御極垂四十年焦勞萬機愛惜黔首誠願日謹一日雖休勿休勿以所役細微則武王有旅獒之戒勿以綏懷遠俗則文帝有却馬之言昔西漢因鶡雀飛入府舍遂為瑞鳥隋文帝好祥瑞有野雀集于宮掖因改儀鸞之殿取笑當世貽羞史策以斯為鑒固宜審詳伏乞陛下延訪博物之臣編考瑞圖所載確有符驗方可進呈事果非真即宜罷黜以寬一方百姓之弊臣素以寡聞昧於通識進言不用默守常職儻一辭有補於毫釐一舉少全於疲瘵則退甘鼎鑊萬死無逃臣不勝區區越職言事俯伏待罪

四年日食三朝秘閣校理吳及上言曰日食者陰侵陽之戒在人事則臣陵君妻乘夫四夷侵中國今大臣無姑息之政非所謂臣陵君失在陛下淵嘿臨朝使陰邪未盡屏也后妃無權橫之家非所謂妻乘夫失在左右親倖驕縱亡節也疆場無虞非所謂四夷侵中國失在將帥非其人為敵所輕也

六年京師大水知諫院楊畋上言洪範五行傳簡宗廟則水不潤下又曰聽之不聰厥罰常水去年夏秋之交久雨傷稼澶州河決東南數路大水為沴陛下臨御以來容受直諫非聽之不聰也以孝事親

非簡於宗廟也然而災異數見臣愚殆以為萬幾之聽必有失於審者七廟之享必有失於順者惟陛下積思而矯正之乃下其章禮官并兩制考議

判禮部司馬光論日食遇陰雲不見乞不稱賀狀曰臣伏覩近世以來每有日食之變曆官皆先具月日時刻及所食分數奏聞至日或為陰雲所蔽或所食不滿分數公卿百官皆奉表稱賀以為大慶臣愚以為日之所照周徧華夷雲之所蔽至為近狹今若太陽實虧而有浮雲翳塞雖京師不見四方必有見者此迺天戒至深不可不察臣聞漢成帝永始元年九月日有食之四方不見京師見谷永以為沈湎于酒禍在內也二年二月日有食之四方見京師不見谷永以為百姓屈竭禍在外也臣愚以為永之所言似未協天意夫四方不見京師見者禍尚淺也四方見京師不見者禍浸深也日者人君之象

天意若曰人君爲陰邪所蔽災應明著天下皆知其憂危而朝廷獨不知也由是言之人主尤宜側身戒懼憂念社稷而群臣乃始相率稱賀豈得不謂之上下相蒙誣罔天譴哉又所食不滿分數者曆官術數之不精當治其罪亦非所以爲賀也伏望陛下明勅有司若六月一日更有日食之異或四方見京師不見或所食不滿分數皆不得奉表稱賀以重皇天之怒則天下幸甚臣職在禮部掌群臣慶賀章表不敢不言

英宗即位光爲殿中侍御史乞體量京西陝西災傷疏曰臣竊聞京西陝西兩路自夏末以來殊少雨澤秋田豐稔者所收不過五分枯旱之處所得尤薄而官司或務爲聚歛民有訴旱者不肯受接道塗嗷嗷頗多怨讟已有流移就食他方者況此兩路昨來供應山陵百姓最爲勞苦朝廷尤宜優恤伏望特降詔旨下兩路體量應有災傷之處倍加存撫寬其租稅敢有抑塞旱狀不爲收接者嚴加譴責庶使困窮之民有所赴訴

治平元年光知諫院乞車駕早出祈雨劄子曰臣伏見權御史中丞王疇等建言乞陛下循真宗故事幸諸寺觀祈雨朝廷雖從其所請而講議選日已踰旬浹至今車駕未出衆論狐疑皆云事恐中輟臣愚竊以陛下踐祚已踰朞年京城百姓未聞屬車之音重以鄉者聖體不安遠方之人妄造事端訛言未息若聞車駕一出則遠近釋然莫不悅喜況今春少雨麥田枯旱禾種未入倉廩虛竭閭里飢愁陛下爲民父母當與之同其憂勞祈禱群神豈可晏然視之不以疚懷況詔命已降流聞四方若復遷延久而不出則道路之人愈增猜惑不若鄉時初無此議也且王者以四海爲家故稱乘輿或稱行在今車駕暫出近在京城之內亦何必拘瞽史之言選揀時日而忘萬民朝夕之急殆非成湯桑林周宣雲漢之意也臣愚伏望陛下斷自聖志於一兩日之間車駕早出爲民祈雨以副中外喁喁之望

二年二月知磁州程珦上奏曰臣伏覩詔敕以年來水潦爲沴八月庚寅大雨應中外臣寮並許上實封言時政闕失及當世利病此蓋皇帝陛下承祖宗大業嚴恭天命祗畏警懼之深也天下士民欽聞德音苟有知見孰不願披忠瀝懇上達天聽臣雖至愚官忝省郎職分郡寄敢不竭其區區之誠以應明詔惟陛下寬其狂易之誅賜之省覽則天下幸甚臣聞水旱之沴由陰陽之不和陰陽不和繫政事之所致是以自昔明王或遇災變則必警懼以省躬之過思政之闕廣延衆論求所以當天心致和氣故能消弭變異長保隆平昔在商王中宗之時有桑楮之祥高宗之時有鳴雉之異二王以爲懼而修政行德遂致王道復興皆爲商宗百世之下頌其聖明今陛下嗣位

之初比年陰沴聖心驚畏特下明詔以求政之闕誠聖明之爲也然臣觀近古以來引咎之詔自新之言亦世有之其如人君不由於至誠天下徒以爲虛語豈復有如商之二宗興王道於既衰者乎臣願陛下因此天戒奮興善治思商宗之休實鑒後代之虛飾不獨消復災沴於今日將永保丕基於無窮伏覩詔旨時政闕失當世利病可以佐元元者悉心以陳毋有所諱臣竊惟天下之勢所甚急者在安危治亂之機若夫指一政之闕失陳一事之利病徒爲小補不足以救當世之弊而副陛下勤求之意也所謂安危治亂之機臣請條其大端所謂安且治者朝廷有綱紀權持總攝百職庶務天下之治如網之有綱裘之有領舉之而有條委之而不紊也郡縣之官得人而職修惠養有道朝廷政化宣達于下也百姓安業衣食足而有常心知孝悌忠信之教率之易從勞之不怨心附於上固而不可搖也化

行政爾無姦宄盜賊之患設有之不足為慮蓋有殲滅之備而無響應之虞也民心和而陰陽順無水旱虫蝗之人有之不能為害蓋倉廩實府庫充官用給於上民食足於下也武備修而威靈振蠻夷戎狄無敢不服雖有之不足為憂蓋甲兵利而儲備豐將善謀而士素練也此六者所謂安且治者今之事一皆反是朝廷紀綱汗漫離散莫可總攝本原如此將安出郡縣之官選不以道更易之數雖時謂才者尚莫能稱其職況庸常者乎猶常苟安浸以成俗舉世以為當然故治廢亂生民困苦朝廷雖有惠澤孰能宣布以達於下所與共理者如此天下可知矣百姓窮蹙日以加甚而繇繁賦重刻削之不息天下戶口雖衆而自足者益寡司牧者治其事爾非有師保左右之也其善惡勤惰趨利避害或昧而反之不從其自然而困之陷之之道又非一塗人用無聊為度歲月驅之於治則難格率之於惡則易撫民惟邦本本根如是邦國奈何民無生業擾困則亂生民不漸善教息利則志動乘間隙則萌姦宄迫凍餒則為盜賊今茲幸無大故尚爾苟安設或遇大饑饉有大勞役雖一呼所在必應以今無事之時尚恐力不能制況勞擾多事之際乎天下安危實繫於此保民之道以食為本今自京師至乎天下計平時之用率無三年之蓄民困空匱竭又甚焉以萬室之邑觀之有厚蓄者百無二三困衣食者十居六七總而較之天下虛竭可知矣豐年纔歲饑寒見於道路一穀不稔便致流轉卒有方數千里連數年之水旱不知何以待之姦盜鋒起於內夷狄乘隙於外雖欲為之末如何矣戎狄疆域古未有此歲輸金帛以脩好而好不可恃窮天下之力以養兵而兵不足用尚幸二虜無謀徇小欲而忘大利故我得以紓朝夕之急若其連衡而來則必興數十萬之衆宿於邊境饋餉不繼財用不充將何

以濟乎驕惰之兵縱無奔潰之患曠日持久終有消窮之虞又況征斂興廢而民人轉亡饑饉愁怨而姦雄競起事至於此興衰可知以此觀之天下之勢安乎危乎凡此數端皆有危亡之釁而未至於是者不識朝廷制置能使之然耶抑大幸而偶然耶幸然之事其可常乎先皇帝至仁格天地保持之以至於今歷時既久言者既已多朝廷遂以為果不足憂也可以常然姑維持之而已雖聞至深至切之言不為動也嗚呼貽天下之患必由於是乎今天下尚無事朝廷宜急思所以救時之道不然臣恐因循歲月前之所陳者一事至則為之晚矣中人之家有百金之產子孫保守不敢不念陛下承祖宗大業可不懼乎今言當世之務者必曰所先寬賦役也勸農桑也實倉廩也備災害也修武備也明教化也此誠要務然猶未知其本也臣以為所尤先者有三焉請為陛下陳之一曰立志二曰責任三曰求賢今雖納嘉謀陳善策非君志先定其能聽而用之乎君欲用之非責任宰輔其孰承而行之乎君相協心非賢者任職其能施於天下乎三者本也制於事者用也有本不患無其用三者之中復以立志為本君志立而天下治矣所謂立志者至誠一心以道自任以聖人之訓為可必信以先王之治為可必行不狃滯於近規不遷惑於衆口必期致天下三代之世此之謂也若以一夫之身立志不篤則不能自修況天下之大非體乾剛健其能治乎自昔人君孰不欲天下之治然而或欲為而不知所措或始銳而不克其終或安於積久之弊而不能改為或惑於衆多之論而莫知適用此皆立志不堅故也臣觀朝廷每有善政鮮克堅守或行之而天下不從請舉近年一二事以明之朝廷以今之任人未嘗選擇一用薦舉之定式患所舉不得其人也故詔以飭之非不丁寧然而當任者如沸聞也陛下以為

自後所舉果得其人乎。曾少異於舊乎。又以爲令數易之害治也。詔廉察之官舉其有善政者俾之再任。于今未聞應詔者。豈天下守令無一人有善政耶。苟誠無之。朝廷負生民不已甚乎。且以爲善政行之。何不使天下奉承以見其效。若曰非不欲必行也。柰天下不從何。如此。則是政令不行矣。將如天下何。此亦在陛下而已。苟陛下之志先立。奮其英斷以必行之。雖彊大諸侯。跋扈藩鎮。亦將震慴莫敢違也。況郡縣之吏乎。故臣願陛下以立志爲先。如臣前所陳法先王之治。稽經典之訓。篤信而力行之。救天下深沉固結之弊。爲生民長久治安之計。勿以變舊爲難。勿以衆口爲惑。則三代之治可望於今日也。若曰人君所爲不可以易。易而或失。其害則大。臣以爲不然。稽古而行。非爲易也。歷觀前史自古以來。豈有法先王。稽訓典。將大有爲而致敗亂者乎。惟動不師古。苟安廢弊。卒至危亡者則多矣。事機昭

然無可疑也。願陛下不以臣之疏賤而易其言。則天下幸甚。所謂責任者。夫以海宇之廣。億兆之衆。一人不可以獨治。必賴輔弼之賢。然後能成天下之務。自古聖王未有不以求任輔相爲先者也。在商王高宗之初。未得其人。則恭默不言。蓋事無當先者也。及其得說而命之。則曰濟川作舟楫。歲旱作霖雨。和羹爲鹽梅。其相須倚之如是。此聖人任輔相之道也。夫圖任之道以謹擇爲本。擇之謹故知之明。知之明故信之篤。信之篤故任之專。任之專故禮之厚而責之重。擇之謹。則必得其賢。知之明。則仰成而不疑。信之篤。則人致其誠。任之專則得盡其才。禮之厚則體貌尊而其勢重。責之重則自任切而功有成。是故推誠任之。待以師傅之禮。坐而論道。責之以天下治。陰陽和。故當之者自知禮尊而任專。責深而勢重。則挺然以天下爲己任。故能稱其職也。雖有姦諛巧佞。知其交深而不可間。勢重而不可搖。亦將見忌其邪謀。歸附於正矣。後之任相者異於是。其始也擇之不謹。故知之不明。知之不明。故信之不篤。信之不篤。故任之不專。任之不專。故禮之不厚。而責之不重矣。擇不謹。則不得其人。知不明。則用之猶豫。信不篤。則人懷疑慮。任不專。則不得盡其能。禮不厚。則其勢輕而易搖。責不重。則不稱其職。是故任之不盡其誠。待之不以其禮。僕僕趨走。若吏史然。文案紛冗。下行有司之事。當之者自知□不深□其勢輕。動懷顧忌。不肯自盡。上懼□心之疑。下虞群議之□。故畜縮而不敢有爲。苟循常以圖自安。爾君子弗願處也。故□人亦知其易搖。日伺間隙。如是。其能自任以天下之重乎。□曰非任之難。知之惟難。且何以知其賢而任之。或失其人。治亂所繫。甚人君所以難之也。臣以爲知人誠難。亦繫取之之道如何爾。皋陶爲帝謨曰在知人。禹吁而難之。及其陳九德。載采采。則曰底可績。蓋詢行考實人焉廋

哉。歷觀前史自古已來。豈有履道之士。立於家。行著於鄉。德推於朝廷。節見於事。爲其言合聖人之道。其履蹈經典之訓。及用之於朝反致敗亂者乎。用是而求。其有差乎。若乃人君以爲賢而用之。卒敗於事者。古亦多矣。稽迹其由。蓋取之不以其道也。大率一言一事合於己心。則謂之才而用之。曾不循核本末。稽考名實。如前之云。傷民害政。不亦宜乎。四海之大。未始乏賢。誠能廣揚側陋。至誠降禮求之以道。雖皋夔伊周之比。亦可必有。賢德志道之士。皆可得而用也。願陛下如臣前所陳。既堅求治之志。則以責任宰輔爲先。待之盡其禮。任之盡其誠。責之盡其職。不患其不爲。患其不能爲。不患其不能爲。患其不得爲。蓋不爲者可責之必爲。不能爲者可勉而能爲。惟不得爲。則已矣。所謂不得爲者。君臣之志不通。懷顧忌而不肯自盡。此由失待任之道也。今執政大臣皆先朝之選。天下重望。陛下責任之而

巳臣願陛下延召宰執從容訪問今天下之事爲安爲危爲治爲亂當維持以度歲月乎當有爲以救其弊乎如曰當爲則願示之以必爲之意詢之以所爲之政審慮之力行之時不可後事不可緩也如曰非不爲也患不能也則天下之廣豈無賢德可以禮問朝廷之上豈無英疑可以討論有先王之政可以考觀有經典之訓可以取則道豈遠哉不求爾在君相協心勤求力爲之而已如曰無妄爲也姑守常而已則在陛下深思而明辨之唐文宗之時大權漸奪天下將亂而牛僧孺欺以爲治矣史冊書之可爲明鑒今陛下聖明執政忠良無是事也伏願陛下不以臣之疎賤而易其言則天下幸甚所謂求賢者夫古之聖王所以能致天下之治無他術也朝廷至於天下公卿大夫百職群寮皆稱其任而已何以得稱其任賢者在位能者在職而已何以得賢能而任之求之有道而已雖天下常用易得之

物未有不求而得者也金生於山木生於林非匠者採伐不登於用況賢能之士傑出群類非若山林之物廣生而無極也非人君搜擇之有道其可得而用乎自昔邦家張官置吏未嘗不取士也顧取之之道如何爾今取士之弊議者亦多矣臣不暇條析而言大槩按名自薦記誦聲律非求賢之道爾求不以道則得非其賢間或得其才適由偶幸非知其才而取之也朝廷選任盡自其中曾不虞賢俊之棄遺于下也果天下無遺賢耶抑雖有之吾姑守法於上不足以爲意耶將科舉所得之賢已足自治而不足耶臣以爲致天下今日之弊蓋由此也以今選舉之科用今進任之法而欲得天下之賢興天下之治其猶北轅適越不亦遠乎臣願陛下如臣前所陳既立求治之志又思責任之道則以求賢爲先苟不先得賢則雖陛下焦心勞思將安所施誠得天下之賢置之朝廷則端拱無爲而天下治矣此

所謂勞於求賢逸於得人也歷觀前史自古以來稱治之君有不以求賢爲事者乎有規規守常以資任人而能致大治者乎有國家之興不由得人者乎由此言之用賢之驗亦其甚明若曰非不欲賢也病求之之難也臣以爲不然夫以人主之勢心有所嚮天下風靡景從設若珍禽異獸瓌寶奇玩之物雖遐方殊域之所有深山大海之所生志所欲者無不可致蓋上心所好奉之以天下之力也若使存好賢之心如是則何巖穴之幽不可求何山林之深不可致所患好之不篤爾夫人君用賢亦賴公卿大臣推擇薦達之力今朝廷未嘗求賢公卿大臣亦不以求賢取士爲意相先引譽世所罕聞訪道求師貴達所恥夫寧以爲任已可也士將安補今世無賢求之何益夫以周公之聖其自任是矣尚汲汲求賢以自輔也以其聖且好賢與知人之明宜天下之賢皆爲之用莫有遺也尚乃日不暇給恐失天下之士後之人其才不及周公

而自謂足矣不求賢以自輔也以其不求且知之不明豈賢者在下之多也乃曰天下無賢矣噫何其用意與周公異也欲其助皇明燭幽隱不可得也然亦係上之所爲而已陛下誠能專心致志孜孜不倦以求賢爲事常恐天下有遺棄之才朝廷之上推賢援能者登進之蔽賢自任者疎遠之自然天下嚮風自下及上孰不以相先爲善行薦達爲急務搜援既廣雖小才片善無所隱晦如此則士益貴而守益堅廉恥格而風教厚矣得天下之賢則天下之治不足道也今世人情淺近積習成俗朝廷進人苟循常法則雖千百而取群伍而用庸惡混雜曾不以爲非設或拔一賢一善出於不次則求摭小差衆議囂沸如眞廟擢种放先朝擢范仲淹是也設非君心篤信寧免疑惑反自爲過此所以非常之舉曠久不行也伏見近日陛下不由言薦擢范純仁置之言路在今世爲非常之舉純仁名臣之子有才名在位多言

其能陛下擢之當也然臣願陛下自信勿疑純仁果賢則陛下知人之明也如用之而無顯效則亦曰吾勞心任人雖未得其效亦無愧於天下矣設或大敗厥職則亦曰吾之失也當益務選擇期於得人爾蓋拔十得五才不可勝用求賢而失尚愈於不求誠持是心何患不得賢也方陛下用純仁識者皆喜臣獨憂之何者陛下始奮英斷拔一人誠恐或有差失遂抑聖心以為專守常規可以無過不復以簡擢為意則天下將何望焉此在陛下自信勿疑而已願陛下不以臣之疏賤而易其言天下幸甚臣前所陳三者治天下之本也臣非不知有興利除害之方安國濟民之術邊境備禦之策教化根本之論可以為陛下陳之顧三者不先徒虛言爾三者既行不患為無術也願陛下以社稷為心生民為念鑒苟安之弊思永世之策賜之省覽察其深誠萬一有毫髮之補於聖日臣雖被妄言之誅無所悔恨

昔賈誼為漢文言治亂漢文不能用者百世之下為譏病陛下勿使後之視今猶今之視昔則天下不勝幸甚狂瞽之言惟聖明裁恕

知諫院兼侍御史知雜事呂誨上奏曰臣伏覩詔音責躬引咎博訪群臣有以見聖德之至矣臣聞陰陽和則風雨時王道正則百川理五事不修則物不遂性災沴緜茲而生矣斯政化通於天地見效可信者天以變異告戒人君者欲恐懼修省振起頹弛如其怠著不新厥德外無保民之慮中無應變之實則咎罰荐臻危亡及之甚可畏也方秋令向深氛潦當息而霖雨驚驟泉源湧溢蕩覆廬舍墊溺民命京師訛言幾至生亂誠異常之變矣陛下即位之初事無過舉災沴遽作殆人情久鬱怨愁之氣積陰而成天意愛陛下之深以是譴告不可不求其原也臣謹按洪範曰肅時雨若狂常雨若肅者貌之恭狂者事之妄居上則言動必諧謀慮必審號令必信賞罰必當一有其妄咎證斯應五行志曰簡宗廟廢祭祀水不潤下水者北方萬物終藏之地神道居陰尚乎安靜虔恭廟祭所以昭孝道也近者濮安懿王一事始議或將與仁廟比崇終罷追封不及燕王之例禮失中而孝不足是亦幾乎慢也京房傳曰飢而不損謂泰厥災水謂下民饑饉上宜減損去冬及春許潁等郡大荒上方多不急之用後苑有淫巧之工宜裁減以崇儉約量入制用正在今日也又曰避道有德厥災水蓋以有德之人壅遏而不用也今則官不試職名不副實賢不肖溷淆於下而況前席詳延無非藩邸之舊請塗進用皆出權臣之門忠良之人寧無解體古者以功舉賢則萬化成而瑞應著以毀譽取人故功業廢而災異至斯皆前世已驗之明者陛下當翼翼循思進據其失庶幾消復之理也然陛下側身恐懼祇悔誠深方注意輔臣代天理物陰陽不順風雨不時災變於下致時政之闕失咎

將安歸臣備員風憲無補聰明朝綱之頹弛時政之闕失職臣之辭罪在不赦詔命既下著位之臣莫不輸忠畢慮仰副諮詢惟陛下省覽無倦言或可用克己行之日謹一日惟新盛德更張治具隱卹民病感召和氣以塞災變如曰休咎數也治亂勢也四輔俱賢百工皆舉不責人事委之天理臣恐天心未應沴氣還復人情動搖邦國傾矣愚臣之言不識忌諱惟聖明加察焉

監察御史裏行呂大防應詔論水災疏曰臣伏覩乙未詔書以水潦之變責躬恤物延問得失禹湯之引咎漢文之恭己不過是也臣伏覩自古人君之失德必皆有嗜好偏篤難改之行以害政事或好征伐或好田獵或好聲名或好行幸或好治宮室故臣下之言不可入而君上之過終莫能改則天為出變異以警懼之如漢文帝之賢唐太宗之明皆不免此累伏惟陛下纂承大統三年于茲勤修虜好屏

棄物玩減後宮之冗罷不急之費早朝晏罷日謹一日於前數者曾無一焉而天變之大如此之甚臣竊思殆非出於陛下之聖躬而率由政事之失臣得為陛下詳布其說蓋以天之告人不能諄諄然而常以象類示人今雨水之患至入宮城壞廬舍殺人而害物此陰勝陽之診也以人事而言君弱臣彊陰勝也夷狄謀中國盜賊害平民亦陰勝也臣雖愚昧蒙陛下非次拔擢日夕為陛下講求思慮當今之務與今日之所宜無出八事之大一曰主恩不立二曰臣權太盛三曰邪議干正四曰私恩害公五曰夷狄連謀六曰盜賊恣行七曰群情失職八曰刑法失平何謂主恩不立陛下自即位以來所與日相見者兩府之臣七八人時與之相見少接其語言者兩制主判之臣經筵侍從諫官御史輩又數十人陛下之臣五日一謁於廷下四五百人而所與相見接其語言者纔一二如此則何以通君臣之情哉至如館閣省府之官皆陛下選擇養育以進用之人而有平生未嘗識陛下之龍顏者此臣所未諭也竊料陛下非憚其勞而不見特以故事如此不能遽改而已唐之制有待制本朝建隆乾德咸平天聖皆常行之又祖宗臨御往往非次宣召臣寮訪以政事或行幸書林接見儒臣臣愚以為宜復轉對之制及許轉運判官辭見昇擢發遣三司判官授差遣及委審官擇大郡自來選差知州人並令上殿仍乞非時宣召臣寮以問政事群臣之情達則主恩立矣何謂臣權太盛進退百執事皆由宰司進擬而陛下直可其奏者十則十百則百故中外之臣有被任使當進擢惟知出執政之門而罕有歸恩於陛下士大夫相語以得官為經營有力以失職為某人不喜如此則望言力盡忠之臣豈易得哉臣愚以為小官冗職未必煩陛下揀擇至於修起居注集賢史館修撰天章閣侍講三司副使此四五職名僅

及十員皆進用兩制之門陛下苟不以留意則庸人下才假託干請從此而進遂為陛下侍從之臣一旦有緩急須將帥之才則常患乏人退之則無名進之則無補置而不用則位高祿重陛下試觀今日兩制之臣如此者有幾即可見其所從來者不謹選也陛下何不徧接識凡今館閣省府之臣陰察其可用者記之于籍間復參問近輔左右之臣以驗其實乃與大臣議某人堪某官任某事候如修注修撰侍講副使共須十員則采察二十人以待之遇一官闕陛下召而接之則恩自陛下出矣無經營馳騁之患矣至如其他進擬有不合陛下意者當退而改之如此則臣權不盛矣何謂邪議干正昨者新廷參議濮安懿王典禮衣冠草茅之士無賢不肖上至陛下左右侍從素所取信之臣皆以為出繼帝統大義甚重不宜復顧私親追崇之禮當據禮經而兩漢衰世故事不可援用然一二姦人內希陛下追懷之意外協大臣不正之議而復結濮宮諸貴人之歡遂不顧公議妄進邪說以白為黑以是為非惑亂聖聽中外切齒臣愚以為應因濮安懿王論奏文字一切付外委未嘗預議近臣覆定可否宣示四方則陰邪之人不敢干正矣何謂私恩害公自古人君即倖無不有攀附故舊之臣然賢智之君待故舊之意恩寵甚重而至於議政事論國體則必與天下之才共之漢文帝不訪宋昌而用賈誼袁盎以議當世之政不屬景帝以張武而謂周亞夫為可用唐太宗之論人物薄高士廉唐儉而引重劉洎馬周其用王珪魏證也皆仇敵之餘豈嘗計其新舊親疎哉陛下比日以來數引見藩邸之臣恩禮甚厚外人不知皆以為陛下與之議政事論人物識如此則害聖德多矣緣此等人材至下止可待以恩厚不宜置之顯路則私恩雖厚未害公議矣何謂夷狄連謀元昊晚年君臣相疑而父子結隙謀臣壯

士。往往被誅。又累爲唃氏所敗。遂有休兵願和之意。而彊臣急於進取。邀其成功。議和之初。許與大原歲遺金帛之直盖三十萬。繒戍邊之兵。不能大減。比之寶元以前。戍兵增五六萬。而歲費約二百餘萬。故關中民力之困。而內帑泄於二虜。而益虛。今諒祚少年繼襲。多招亡命。與之爲謀。有窺關輔劒南之意。不獲其意。則又邀朝廷乞增賜予而後已。頗聞近歲與北虜交通。人使旁午。狄人則利羌之賂。羌則恃狄之援。脣齒相依。犄角爲寇。其可不早爲計耶。臣愚以爲擇將帥。增參佐。則邊備可講。置都護。結唃氏。則分諒祚之勢。絕劒南之患。寬禁約。撫屬羌。則防落漸備。久任堡障之戍。得自爲政。則夷狄見畏矣。何謂盜賊恣行。今京東之民。日夕爲盜之家。往往不敢申舉者。盖官不能得盜。復能爲害於申舉之家。是盜之威勢。嘗大於官司矣。久而不禁。則屯聚嘯集。以覆州縣。如反掌耳。臣愚以爲多盜之邑。令監司

舉縣尉別爲政官之格。以激勸之。以捕盜殿最。以課監司守令。則盜賊消矣。何謂群情失職。今審官所差知州通判。得替而赴闕。久而後差。常在一年半之後。而待次者又常及一百人。知縣監當者。畧同其比。是常參之官不釐務。而請俸者常及其半。其弊盖由每歲流內轉官之類。僅及百人。其上簿而待選者又數百人。凡諸銓未選者。常及三年而後得此。盖法之敝也。臣愚以爲改磨勘之法。量入流之數。則群情不失矣。何謂刑罰失所。今大理審刑部。乃天下所觀定法之地。用法不當。立比不一。莫甚於此。盖法官銓擇殊爲滅裂。臣愚以爲更法官之法。則刑罰得中矣。

鄭獬論臣寮極言得失疏曰。臣伏見詔書以京師大雨爲沴。廢溺者衆。許中外臣寮極言得失。者茲實陛下側身求過。思有以消復之。天衷懇惻。至於魚虫草木。莫不感動。況於能言者哉。臣竊伏思今陛下發詔以求忠言。將欲用之耶。將欲因災異舉故事而藻飾之耶。苟欲藻飾之。則固無可議者。必欲用之。則臣願陳其方。臣觀前世之君。因災變而求諫者甚衆。書之史冊。張以爲美事。及考其實。則能用其言而載於行事者。盖亦鮮矣。徒使後世襃謟以爲帝王之值災異者。於此空言而足矣。曷足謂之罪己修德者耶。今詔旨一發。天下忠義之士。必有極其所蘊以薦諸朝者。此當有益於治道。不爲妄作。然而疊章累疏。繁委而並集。則陛下果能環復而究覽之耶。計陛下一日萬機。必未能然爾。而將欲如平時章疏事關深密者。則留中不出。事繫政體者。則下中書。事屬兵要者。則下樞密院。兩府覆奏。則又下群有司及郡邑。至於無所行而后止。如此。則是有求諫之名。而無求諫之實。與前世之爲空言者等耳。臣竊謂陛下萬機之繁。既未能徧覽。則宜選置宮屬。令專掌今之群臣所上章疏。日許兩府及近臣番休更

直。便殿賜坐。與之從容條陳講貫。其可者。則熟究而行之。不可。則罷之。有疑焉。則廣詢而后決之。群言得而衆事舉。此應天之實也。夫下之爲言也甚難。而上之聽者常忽焉。自非忠憤激於心。則孰肯瀝肝膽而冒忌諱者哉。古之能建立功業者。未嘗不好諫也。好之者。蘇其能褒進而招徠之也。太祖太宗時。言事者多被甄賞。自近年以來。茲事寥闊。仁宗寬仁。最能容直言。而亦不能甄賞也。願陛下采群臣之章疏。如其宏謀偉論可施於當世者。則召見之。與之共議。不惟質其言。且以觀其材。大者擢之以職任。次者加賜金帛。無取焉。報罷之。如此。則陛下下詔有實言。得言有實用。且使史冊書之。以爲某年大水。下詔求直言。用某人言。行某事。此絀夫前世之爲空言者。則無令陛下下詔書藏於有司。復爲數幅空紙而已。惟乞陛下斷而行之。則臣不勝大願。

時大雨霖災異數見論者歸咎濮議李清臣廷對奏曰天地之大譬如人一身腹心肺腑有所攻塞則五官為之不寧民人生聚天地之腹心肺腑也日月星辰天地之五官也善止天地之異者不止其異止民之疾痛而已

進士范百祿對策曰簡宗廟廢祭祀則水不潤下昔漢哀尊共皇河南潁川大水孝安尊德皇京師郡國二十九大水蓋大宗隆小宗殺宗廟重私祀輕今宜殺而隆宜輕而重是悖先王之禮禮一悖則人心失而天意睽變異所由起也

龍圖閣直學士呂公著上奏曰臣聞水旱之災雖聖人在上不能免也然聖人在上雖有水旱而終不為害者遇災而恐懼見異而脩德夙夜自省以荅天戒故災可以轉而為福危可以從而為安後世人君不知禍福無常而謂天命為已有不知人情可畏而謂力可以制之災害既作矣猶不自知其非也乃引堯湯水旱以為比而不知疇咨自責之獲終吉也故人心不從天命不祐災害不已怪異隨之怪異不已傷敗隨之由是觀之水旱之災未能使必無於世而其終所以安危存亡者在懼與不懼耳伏惟陛下莅政已來日孳孳於庶事然累歲旱潦人多疫疾又近者大雨為沴下民昏墊陛下徹宴損膳下毋諱之詔闢直言之路將克己自新以求天意然臣愚獨以為此皆常事猶未足以弭大災也唯當兢兢業業以求己過自奉先養親以至於任官使人求賢納諫愛民節用無不物物而思之行所未行補其闕誤以謝天心以順人意則社稷幸甚

三年翰林學士承旨張方平上言曰臣自到闕伏見陛下以垂象之變避正殿減膳降服恤刑罷宴徹聲樂弛力役所以脩省荅天戒者甚至竊聞退就宮閤尤為憂勞至以聖躬為民祈請臣深惟陛下以上聖之資自在藩邸其稽古好德令聞夙著於四方纘天纂統越今四年始初清明屬精求治然未聞有以脩明紀律震耀威靈以究安危治亂根本之議也前史推彗星之占率以為除舊布新之象中外之因循久矣官失其守事忘其舊綱目頹紊憲章隳弛天其或者儻將以是為告先賢以為政譬之鼓琴瑟不調甚者必當解而更張之竊觀朝政殊未遑及此晉書紀何曾侍武帝退而告其子曰吾每對見未嘗聞經國遠圖惟說平生常事非貽厥孫謀之兆也及身而已後嗣其殆乎後天下亂危果如其言今夫萬機庶政屬在兩府願陛下以燕暇之時就清閒之處延召執政之臣從容賜坐垂意訪逮各使悉心陳治道之要以陛下之明而參擇其言舉其可施行者以興救舉廢捄時急務匪惟脩人事抑以承天意又比來災眚間作率由陰沴夫陰也者臣道也妻道也夷狄之道也庶民之象也陛下推是而求之則天意可見而消復之道得矣惟陛下留神幸察

知諫院傅堯俞上奏曰臣伏讀舊史見前世已然之效國家將有失道之敗而天迺先出災害以譴告之不知自省又出怪異以警懼之尚不知變而傷敗乃至今陛下操有為之心以恭儉求治而大雨壞廬舍殺人極衆水入宗廟冒宮闕其譴告警懼丁寧切至之如是者何哉臣伏思其所以然之故蓋有所得傳曰簡宗廟逆天時則水不潤下昔至和大水當時議者亦以為簡宗廟之罰先帝納諫事即施行今陛下受天下於先帝而昭陵之土未乾執政之臣導陛下以非義將以濮安懿王為皇考於仁宗之廟簡孰甚焉是以大失人心上干天譴事重於昔故害亦過之陛下儻不感悟臣恐大異仍至更有甚於此者陛下縱不能盡逐執政猶當黜首議之人以謝上下此固天道抑又有人事焉夫兩日之雨京師之患如此陛下謂人事修乎

廢乎賴天之靈而始為謹懼儻更一日未止者豈無傷敗之憂陛下得不為之寒心哉臣愚願陛下取禮官兩制之議遂定濮王封冊黜歐陽修以暴其所以誤陛下者使天下較然知此意不出於陛下然後進修子道通廣言路切責三公以圖後效重黜水官以懲不職庶幾可以厭塞人情消弭他變此所謂應天以實不以文動民以行不以言者也若謂降詔責躬許有位粗陳得失便為於事已足患至則惕然知畏事緩則置而不思讜正之言一切不入於天人之際適足有所徼耳求福則未之聞也況公議鬱而不伸乃復區區以求直言臣恐天下不以朝廷為至誠也方今佞邪之臣衆將有以天時常數上惑聖聰甚者又將有堯湯水旱之說願陛下深拒絕之勿使此曹重誤天下此繫國家安危成敗幸陛下留神毋忽

堯俞為右司諫上奏曰臣伏見霖雨踰月漸愆秋望郡國奏報水害已多都下細民艱窘尤甚陛下臨朝咨訪屢軫睿慈臣雖甚愚官有言責既不能通天下之志以闢廣聰明又不能博貫六經求消弭時災之術辜負廩祿罪在無赦雖然輒效愚悃惟陛下留意臣聞和氣致祥乖氣致異祥異之至罔不從然陛下自親擥萬機恭儉求治宜享慶雲醴泉之應乃適得旱虐雨淫之沴天人之際不得乖刺至此臣謂天當大有之世其所以責望於陛下者至深至重故於即位已來再三為異以警動之又懼度隱微僻之奧有所忽者故用災譴以告戒陛下不然遠方之人冤失職者衆愁痛憤疾聚為乖氣至於夷狄中國之陰也陰盛頻劇良可為虞大河之防亦宜預慮伏願亟降德音引過自予極懇惻惜怛之語以感動人心致恐懼修省之誠以祗答天意然後虛懷採納特詔百官言事庶幾朝廷闕失與四方幽隱悉獲上達陛下詳擇於其間將有所得況因災異以求直言蓋古盛德之所為也

堯俞又上奏曰臣伏見今歲已來既旱而水災異仍發臣竊憂之臣頃嘗有狀乞陛下下罪已之詔令百官言事求所以消弭之術逮今未蒙收採誠恐陛下歸之數而已矣夫天人相與之際戒懼禳復之說豈為欺於後世就使為欺不猶愈於為數者哉伏望以臣前狀速賜施行必有為陛下道其所以然者雖然臣亦嘗有所言矣今復有得不敢自默數干天聽實冀粗有裨補然後雖誅死竄殛無所憾焉臣竊謂今乾剛未奮陽明未融蓋亦致異之一端也天之譴告懇懇者其殆以此臣謹以見事明之臣近言審刑院大理寺違法以罔上此豈區區彈劾事臣前奏所謂方今事體無大於此何則陛下高居深念使人不敢欺則萬事自舉苟可欺也何所不至臣謂陛下朝得臣言暮行威罰而還延浸久煩若常務權大理少卿賈壽雖非罪首實有關通未聞劾問遽擢為提點刑獄是豈嫉惡姦猾闢廣言路之旨乎臣雖至愚豈不知撫拾小碎可以取容倖進觸犯衆怒非安身之術其盡悃愊以深言者欲上副陛下求治之意以整齊權綱陛下儻不以為然臣亦安事於貽患招悔者乎臣又聞法官復有事狀之說竊恐此語亦曾上聞蓋重為欺耳凡斷案微有情節不圓乃以事狀改正安有出入人罪已經奏斷可用事狀修改苟如是何用不許舉覺條貫若果有此說乞陛下取許入事狀改正段不在舉覺兩道全條特賜親覽則是非即判臣與盧士宗輩素無嫌隙誠嫉其舞文挾詐而虧損陛下德聲陛下儻亮臣孤忠奮然獨斷則天日剛明可以變積陰之沴朝廷肅正可以杜群枉之萌

災祥

宋神宗熙寧元年。翰林學士呂公著論淫雨地震疏曰。臣伏見夏秋之交。淫雨為沴。逮甲申地震京師。天威不遠。譴告甚明。此誠陛下抑畏修省之時也。臣竊考自昔人君每有變異。或因恐懼而致福。或以簡誣而致敗。蓋古之王者知禍福無不自己。故側身修行以求消復。則天之應也。敏若影響。此所謂恐懼以致福者也。至於後世乃以為天地災眚皆有常數。或專修外事。或歸過於下。則是坐視天災無復自飭。此所謂簡誣以致敗者也。恭惟陛下以聖德在位。將興太平。然而災害重仍。殆有以警懼陛下。臣愚以為必須歷考庶事。正所未正。則災可轉而為福。書曰。惟德動天。無遠弗屆。言至誠之道修於己。則是以感神人也。又曰。天聰明自我民聰明。君能感人。然後可以動天

也。蓋人之情偽最為難知。上雖以至誠待下。猶恐有不應者。是以古之王者臨朝接物。莫不以此為大務。故衆多之臣皆思盡誠以應之。而不敢挾機以事其君。國耳忘家。至耳忘身。上下如一。至誠無間。如此而天意弗豫。變異不消者。未之有也。在易之咸曰。君子以虛受人。夫衆人之言不一。而至當之論難見。君子者能不自用而欲令天下之公議。猶恐未能盡天下之善也。然而論議者固有其言不正而可喜。其理似是而實非者。不幸而先入之。則後雖有至當之論。亦難於必受也。是以古之王者去偏聽獨任之弊。而不主先入之語。故能慮無遺策。而不為邪說所亂。昔顏淵問為邦。孔子曰。遠佞人。蓋佞人之在君側也。先意承旨。惟恐不合於君。則其勢必久而愈親。賢者之在君側也。直言正行。惟恐不合於義。則其勢必久而愈踈。此孔子所以欲遠之。書曰。常厥德。保厥位。厥德靡常。九有以亡。言天子者。臣下所

稟令。不常其德。則人無所錯手足。是以古之王者。思為可久之德。事不輕發。方其令之未出也。無所不謹。則令之既出也。無所不行。書曰。三載考績。三考黜陟幽明。夫以堯舜之聰明。其於群臣之能否。必至於三考九載而後黜之者。蓋以知人至難。而功用復不可遽見。若徒以一事之得失。一人之毀譽。不待乎久。不究其他。因以定臣之賢不肖而進退之。則所黜未必盡當。所黜未當。則復有更易。更易既多。則人懷苟且之心。而世無安治之實矣。昔商宗遭鼎雉之異。而祖己訓諸王曰。惟先格王。正厥事。夫災變之來。固不虛發。而天意所指。蓋亦難知。惟王者能因事修飭以答明戒。則精祲之交。安有不達。然自漢儒以來。言災異者。殆穿鑿經意。附會時政。人君若聽其所言。專備一事。幾非災變所為起。則得不違天心乎。臣是以竊慕祖己之義。不敢為漢臣之說。伏望陛下省留聖意。未行者勉而行之。既行者勉而

終之。則天下幸甚。

八年。公著提舉太乙宮。論彗星疏曰。臣伏覩今月十三日詔書。許中外臣寮直言朝政闕失者。臣世受國厚恩。陛下涖政之初首被選擢。自外藩召入翰林。致在左右。日口陳手奏。數進愚忠。煩黷採納。今雖散處閑外。其於愛君憂國。惓惓之心。未嘗敢忘。伏見陛下祗畏天戒。焦勞惻怛。實天下幸甚。臣聞晏子曰。天之有彗。以除穢也。考之傳記。皆為除舊布新之象。是天動威。固不虛發。意者陛下之仁恩德澤。猶未布於天下。而政令施設所以厲民者衆乎。何其譴告之明也。陛下既有恐懼修省之言。必當有除穢布新之實。然後可以應天動民。消伏變異。伏惟陛下留神幸察。臣竊觀陛下自即位以來。早朝晏罷。勵精庶務。其規模蓋亦遠矣。固將致堯舜三代之治。以光太祖之業。豈特區區守文之主哉。然臨朝願治。為日已久。在廷之士。益承厥而不

和中立敢言者惟讒而放逐阿諛附勢者引類而升進其外則郡縣煩擾民不安業畎畝愁歎上干和氣攜老挈幼流離道路官倉庫廩所在闕乏又無以賑濟至於骨肉相食轉死於溝壑者多矣上下相蒙左右前後莫敢正言者陛下有欲治之心而無致治之實者何哉殆任事之臣負陛下之高志也何以言之邪正賢不肖蓋素定也今則不然前日舉之以為天下之至賢後日逐之以為天下之極惡前後紛紛玷黷聖慮者蓋不一矣其於人才既反覆而不常則於政事亦乖戾而不審斷可知也陛下獨不察乎況如一二人者方其未進用之前[illegible]下固知其姦邪小人也但取其一時附會故極力推進此所以終累陛下則哲之明者也自昔人君委任而責成者蓋有之矣如齊之桓公是也為其勞於求賢而逸於任使也今則不然水旱不時人民困乏則無以分陛下焦勞戎狄桀驁疆埸有事則陛下不

免於旰食又況加之以天變地震之異乎未見陛下任人之得也古之為政而初不順於民者亦有之矣鄭之子產是也子產之為政也一年而輿人誦之曰孰殺子產吾其與之三年又誦之曰子產而死誰其嗣之今陛下垂拱仰成七年于茲矣輿人之誦亦未異於七年之前也陛下雖慮亦及此而終未憮然者殆左右之臣蒙蔽陛下使天下之事不得聞也臣伏思陛下自即尊位以來上奉兩宮仁孝篤至下逮諸王累朝貴主無不極於恩禮春秋方富而無聲色之過孝友恭儉發自天性宮中之事人無間言而德澤獨不被於民者何哉臣聞安危在出令治亂在所任故皐陶戒舜曰在知人在安民願陛下以知人安民為先除穢布新以答天戒則轉災為福不旋踵而應矣臣昨者朝廷嘗蒙訪逮當時議者謂祖宗制度不可少變朝廷用人必循資級臣固曰不然何則興滯補弊者乃人主之先務任賢使

能亦不宜專較歲月但一出於至公當則可爾臣今[illegible]言亦非謂今日法令皆不可行也陛下誠能開廣聰明延納正直[illegible]聽並盡天下之議事之善者固當存之其未善者則當損之苟為[illegible]便不為已行而憚改言有可取不以異議而見廢如此則不勞陛下神明不驚衆人耳目而庶事條理百姓安定然後可以足兵食禦外侮矣臣伏自去國六年未嘗有一言仰達聖聰至於私居接人亦未嘗輕議時政今日所以輒進愚悃者誠恐陛下不於此時感悟則後日雖欲改為非奇謀高策亦未易為也

程頤代呂公著應詔疏曰伏覩今月十二日詔敕以彗出東方許中外臣寮直言朝廷闕失臣自言事得罪久去朝廷無所補報迎就閑冗尚敢區區以言自進者誠見陛下寅畏天命有恐懼修省之意草萊之人尚思效其忠懇況臣世荷國恩久叅侍從雖罪釁之餘敢不

竭其愚誠以應明詔臣伏覩前史所載彗之為變多矣鮮有無其應者蓋上天之意非徒然也今陛下既有警畏之心當思消弭之道且以今日之變孰為而來書曰天視自我民視天聽自我民聽豈非政之所致歟如曰非政之由則經為誣矣臣復何言詔之所求亦為虛設若以為政之所致則改以順天在陛下而已晏子所謂可祝而來亦可禳而去也傳曰天之有彗以除穢也又曰所以除舊布新臣願陛下祗若天戒思當除者何事而當新者何道如曰舊政既善無所可除則天為誣矣臣復何言若以為當求自新則在陛下思之而自非大無道之世何嘗不遇災而懼然而能自新者蓋寡大率蔽才所欲惑於所任明不足以自辨也視是而為非以邪而為正敗亡至而不寤天亦不能戒也豈其惡存而好亡憎治而喜亂哉亦惑而不能辨爾臣以為辨之非艱顧不得其道也誠能省己之存心考己之

任人察己之為政思己之自處然後質之人言何惑之不可辨哉能
辨其惑則知所以應天自新之道矣臣請為陛下辨之所謂思己之
存心者人君因億兆以為尊其撫之治之之道當盡其至誠惻怛之
心視之如傷動敢不慎兢兢然惟懼一政之不順於天一事之不合
於理如此王者之公心也若乃恃所據之勢肆求欲之心以嚴法令
舉條綱為可喜以富國家強兵甲為自得銳於作為快於自任貪惑
至於如此迷錯豈能自知若是者以天下徇其私欲者也勤身勞力
適足以致貪敗夙興夜寐適足以招後悔以是心而致善治者未之
聞也願陛下內省於心有近於是者乎茍有之則天之所戒也當改
而自新者也所謂考己之任人者謂夫王者之取人以天下之公而
不以己求其見正而不求其從欲逆心者求諸道巽志者察其非尚
孜孜焉懼或失也此王者任人之公也若乃喜同而惡異偏信以害

明謂彼所言者吾之所大欲也悅而望之信而惑之至於甚惡而不
察慾欺而不悟推是而往鹿可以為馬矣願陛下考己之任人有近
於是者乎茍有之則天之所戒也當改而自新者也方陛下思治之
初未有所偏主好惡取舍一以公議天下謂之賢陛下從而賢之者
眾矣進之於朝亦多矣及乎既有為也皆以不合而去之更用後來
之人皆昔未嘗以為賢者也然後議論無違始之所賢者皆愚始之
未嘗賢者皆賢此為天下之公乎己意之私乎自論議無違之後逆
耳拂心之言亦罕聞矣夫以居至尊之位負出世之資而不聞拂逆
之言可懼之大者也知人之難雖至明不能無失然至於朝食則為
不世之賢暮隙則有無窮之罪顛錯亦已甚矣在任人之道當改亦
明矣所謂察己之為政者為政之道以順民心為本以厚民生為本
以安而不擾為本陛下以今日之事方於即位之初民心為歡悅乎

為愁怨乎民生為阜足乎為窮蹙乎政令為安之乎為擾之乎億兆
之口非不能言也顧恐察之不審爾茍有不察則天之所戒也當改
而自新者也所謂思己之自處者聖人謂亡者保其存者也亂者有
其治者也陛下必不以斯言為妄自古以來何嘗有以危亡為憂而
至危亡者乎惟其自謂治安而危亡卒至者則多矣不識陛下平日
自處以天下為如何聖心所自知也茍有憂危恐懼之心常慮所任
者非其人所由者非其道唯恐不聞天下之言如此則聖王保天下
之心也上帝其鑒之矣或以為已安且治所任者當矣所為者至矣
天下之言不足恤矣如此則天之所戒也當改而自新者也所謂質
之人言者當有其方欲詢之於眾人乎眾人之言可使同也欲訪之
下民乎下民之言亦可為也察之以一人之心而斷之以眾人之智
其可勝乎是不足以辨惑而足以固其蔽爾臣以為在外一二老臣

事先朝數十年久當大任天下共知其非欺安人也知其非覆敗邦
家者也臣願陛下禮而問之宜可信也及天下所謂賢人君子陛下
聞之於有為之前而不在今日利害之間者亦可訪也以是數者參
攷之則所當改者何事所當新者何道固可見矣天下之人一聞詔
音莫不鼓舞相慶謂陛下必能上應天心召迎和氣臣以為唯至誠
可以動天在陛下誠意而已昔在商王中宗之時有桑穀之祥高宗
之時有雊雉之異二王以為懼而修政遂致王道復興皆為商宗百
世之下頌其聖明近世已來引咎之詔自新之言亦常有之儻人君
不由於至誠則天下徒以為虛語其能感天心弭災變乎臣願陛下
因此天戒奮然改為思商宗之休實鑑後代之虛飾不獨消復災沴
於今日將永保丕基於無窮天下幸甚
熙寧元年殿中侍御史裏行錢顗上奏曰臣伏以今月甲申至辛卯

京師連日地震者五竊觀人事以考變異皆陰盛陽微之象也故易傳曰凡災異所生各以其政變之則除消之亦除古之王者或因天地譴告則必責躬修德祗畏省懼思所以致之之咎務所以改之之理日新庶政以答天變故詩曰惟此文王小心翼翼昭事上帝聿懷多福此之謂矣臣竊思國家以來災變不一日月薄食星辰陵犯天雨毛雹害稼始則蝗旱作孽終則秋霖為沴河北諸郡大河決潰地復震裂廬舍摧塌人民壓溺幾以萬數其餘百川涌溢天下被水患者十有五六殊可駭愕雖春秋所記災異未有若此之甚也陛下臨御未久精心萬機以至德深仁愛育元元躬有日昃之勞而無暇豫之樂然猶嘉氣尚凝陰陽繆盩豈廟堂之燮理有非其人乎天下郡縣刑獄有所冤濫者乎深宮之中女謁有過盛者乎左右近習有心尚弄威權者乎三陲蠻夷兵革有所陰謀者乎中外姦臣有潛懷不順者乎讒人昌而下情有不通者乎土木盛而興不急之役者乎號令數易而賞罰有所不當者乎賦役重困而民心有所愁嘆者乎水災地震二者應驗尤急豈非陰盛陽微之極也伏望陛下深思遠慮以杜未萌陛下無謂堯湯水旱為天數也日月之食為三辰之行也彼箕子之陳洪範劉向之傳五行皆非空言也要在應之以誠感之以德宋景公小國之諸侯爾有不忍移過之言熒惑為之退舍況陛下之聖明其肯忽之哉臣願陛下詢求至言矯革前弊審推至誠以應天變何災之不除何福之不至也臣叨居言職不敢緘默

翰林學士鄭獬上奏曰去歲自京師而至于海隅地皆震今歲自京師而北至于朔方又大震迄今不已城郭陷入地民廬悉摧仆長河決溢灌深冀間茲豈細故哉地震者陰盛而迫於陽其發必有所肇而不為虛應考之古而驗于今似可究其涯略漢和帝永元二年郡

國十三震說者謂竇太后由房闥而制天下今二宮非竇氏之比則不為宮闈發也建光元年郡國三十五震或地拆裂壞城郭說者謂中常侍江京樊豐擅天子權今內省非江京樊豐之比則不為寺人發也晉元帝太興元年震說者謂王敦擁兵陵上哀帝興寧二年震說者謂桓溫跋扈顓朝今大臣非王敦桓溫之比則不為執政者發也是數者無所當則殆將有兵禍乎光武時郡國四十二震而武溪蠻反晉成帝時豫州震而蘇峻亂近者仁宗時忻代間大震而元昊不庭用此以較之則非兵而何臣之所憂不在河北而在陝西何者河北雖被災而南方大稔流離之民相攜而南亦可就穀此惟煩朝廷戒敕所在務為存恤不令餓死於草莽則無慮矣至於陝西則自城綏以來至今兩議不決首尾一年凡自京師所餉緡金已費四百萬至於發卒乘器甲轉芻糧雜出於民者尚不在此數即不知國家以四百萬緡金而與羌人爭何事耶雖得一綏州而所費如此其利害亦緊可見矣事不早決何止於此則將見國力殫于內民財屈於外怨讟並起姦人搖之其將柰何此不可不深慮也如聞羌人率其螻蟻之衆窺我境上料其裹糧畜牧必未能久駐殆將遁矣然而數出兵而無所攻取者此所以困我彼來則我不可不應兵師既發糧芻既集彼復解而去異時則又來使我犇走為備之不暇此正墮其術內也則朝廷亦宜破其姦謀以靜自守不為之動彼無所得而退我無所失而守若是者彼來雖數而我備有餘也夫世之治久而之亂不過百年世之亂久而之治亦不過百年此大勢也本朝自藝祖平定四方已來將百年矣治亂之際正在陛下臣以為治今之難難於祖宗之時何則自安史之亂至於五代之末四方之強諸侯已沒其立者皆孱子弱孫勢與數俱窮故太祖太宗一起而掃刈之若去

菅草然易於力也至于真宗仁宗之初民已離兵革喜見太平故收功報成垂拱而天下治亦其易也今陛下非開基之日過已盛之時萬事浸以衰弊此所以難於為力而甚於祖宗之時也則豈得不深思遠慮講求所以致治之術乃欲以玩夷狄取武功苟有差跌則遂成衰亂之勢可不慎哉如羌人引衆而遁則陛下斷之正論卓與遁好涵養生靈俾之安處則天災自息雖曰有震撼亦不能以勝我矣

宰相富弼上奏曰臣伏見近歲以來災異頻數天文變於上地理示於下人情恐懼物論紛紜臣被詔至都復用為相雖蒙給假治疾未遑朝見而坐於私室如在冰淵況蒙累遣使臣促令陛對驚惶隕越寢食不安然偶於災異之間或聞有說者不近正道臣甚憂之比候入見日面具開陳又恐差緩蓋救患不可不急施惠不可後時臣夙夜揣摩事無大於此者今遽以狂瞽上瀆冕旒切望聖慈更賜裁擇

伏聞陛下自始即位躬親萬機每有凶災憂形玉色孜孜詢訪以求闕失此真得修講朝政荅謝天譴之道也然臣竊知累有人奏請凡百災變皆繫時數不由人事者不知有之乎若誠有之此乃姦人諂佞之說上惑聖聰臣所謂不近正道者也陛下明睿英哲必不信納又慮姦人口才捷給能以甘辭致陛下或時信之信則卹災救患荅謝天譴之意有時而怠怠則虧陛下之德損陛下之政不為宗社生民之福無甚於此焉臣上所云天變地震此天下皆知之皆見之大可懼者也昔仲尼作春秋不書祥瑞而獨書災異者蓋欲以警戒人君使恐懼修德以應天地之變不聞以災異歸之於時數也至西漢董仲舒傳仲尼春秋之學對武帝策曰臣觀天人相與之際甚可畏也國家將有失道之敗天乃出災害以譴告之不知自省又出怪異以警懼之尚不知變而傷敗乃至董仲舒為西漢群儒之首所陳災異謂盡由朝政而致豈虛語哉亦不聞以災害怪異歸之於時數也夫上天之變幽眇高邈下民或有不見而不知者若數路地震之異河北特甚則人皆見之而親被其害不可悔也因而人民流散捨棄墳墓骨肉而適他土去如鳥獸茫茫不知所止飢凍病疾死於道路者不少甚可痛惜也孟子對梁惠王曰塗有餓莩而不知發人死則曰非我也歲也是何異於刺人而殺之曰非我也兵也王無罪歲斯天下之民至焉孟子獨得聖人之道為最深而勸梁惠王專尚仁政不可罪歲是亦足以為後世法陛下宜深信而行之可以回災異為嘉祥變禍患為綏綴致宗社生民之福豈有窮也其姦人虧德損政諂佞不正之語必不可令眩惑於其間也又臣少時讀書嘗探尋天人之理竊怪有唐韓愈柳宗元劉禹錫三子談天皆不得其要臣今試陳其梗槩夫太極既判遂生兩儀形而上者曰天形而下者曰

地天地之間蓋載者曰萬物萬物至衆不出乎動與植而已植物不靈不能有所運用造作惟動物惟有命比植物為靈然亦未能為善惡知喜怒獨夫人又動而有靈者也可以為善可以為惡者是人人自為者也自為善自為惡者皆小焉天地亦隨而應之以禍以福故書曰作善降之百祥作不善降之百殃易曰作善之家必有餘慶作不善之家必有餘殃蓋祥與殃祗及其人與家者也抑所謂可以喜可以怒者非人之喜怒也天下人之喜怒天下人之喜怒實繫乎帝王之所為而然也帝王所為之政和則天下人喜人喜則其心亦和和氣既生充于上下天地自然以和氣應之天地氣和則陰陽順百穀成衣食自豐夭橫不作故民躋富壽常懷樂康雖欲使之為亂而叛去必不可得也若帝王之政不和則天下之人不喜不喜則悲愁怨怒心亦不和不和之氣既生天地自然以不和之氣應之天地之

氣不和則陰陽不順百穀不成衣食不豐夭橫並作故民皆窮困離散父母兄弟妻子不能相保其不思為亂而叛去者未之有也天下之喜怒所以能感動天地致禍於國家如此之可必者何也本緣天地萬物通是一氣所生無有纖間惟是氣之清者為天氣之濁者為地清濁之餘氣散於天地之間是為萬物萬物之最靈者為人以此觀之天地萬物同為一類則最靈之人豈不能以衆善衆怒之氣感動天地而致福致禍於國家者乎是故先聖以萬物中獨以人配天地謂之三才是知人者與天地本同而末異體均而氣通不可輕視處用之也為帝王者宜先以仁政調和人心使之安樂自固而不叛去以為國家永永之福捨此而望天地順成天下無事決不可得也尚書洪範九疇八曰庶徵謂人君行肅乂哲謀聖五善道則雨暘燠寒風五氣時而為其休徵乃百穀用成俊民用章家用平康也人君

行狂僭豫急蒙五惡道則雨暘燠寒風五氣常而為其咎徵乃百穀用不成俊民用微家用不寧也夫雨暘燠寒風雖先後說之實則一也然而可以為休可以為咎者只繫乎人君為善為惡而遂分也洪範者二帝三王所行之常道也後之君人者常信而師尚之不可謂陳迹不信用也信之則為福不信則為禍書又曰天視自我民視天聽自我民聽又曰天聰明自我民聰明天明畏自我民明威夫天本無心無耳目亦無喜怒愛威作書者假視聽聰明以為之說故易曰聖人以神道設教者是也其實只緣天地人本是一氣善惡動靜必然相應合若符契間不容髮無謂天人形體隔絕至遠便謂兩不相干而不以為信也氣既相貫氣動則應人有喜怒天應如響亦猶冬至一陽生夏至一陰生其氣眇然人不可得而見惟以葭灰驗之無不刻期以應天下人喜怒之氣能感動天地之氣亦皆刻期而應也是

故治天下者直宜以仁政悅民心和民氣使其氣自通於天地日星山澤又皆有神靈主之則必能默察於人者所為善惡及人之善惡助其自然之氣降福降禍豈不尤遠耶豈不尤可懼耶以此益見天地災變不可盡歸之於時數而不修人事以應之然可以歸之時數者故時亦有焉獨堯水湯旱是也夫堯湯之為君必不使人心有不和之氣以感動天地而致其水旱也蓋堯湯大聖人其佐亦賢上下協心戮力無一夫不獲無一物失所故其水旱不得已可以歸之於時數也然雖有水旱之災而不聞有重役橫斂勞民驚衆之事亦不聞有流移播散凍餒死亡於道之人惟聞常有九年之蓄民無菜色而天下奉堯湯亦如無水旱之時愛之如父母敬之如神明人心熙熙和氣不減乃是雖遭水旱而民不被其害國不憂其危也自秦漢以降則不然凡有災變恠異皆由時君世主不能舉直錯枉用賢退

不肖復有不能行善道施仁政悅民心和民氣此其以人事致天地災異必然之理也必不可歸之於時數也災異既作又不能恐懼修省行消復之道坐視蒼生赤子弃墳墓離鄉土父母妻子兄弟奔逃播徙不能相保守往往君自君臣自臣民自民不相為恤而不加救拯民既如此被其害而不悲愁怨怒以思為亂者鮮矣民既怨怒思亂而國不危者又鮮矣彼既上下乖戾不能同心協力以致災變害民而危亡其國乃妄欲比堯湯水旱以己之所致災異歸於時數是欺天欺民之甚也胡可信耶天地者至大至厚至靜不可動搖之物也古今固亦有震動之時隨其所震大小遠近必災患以應之然未嘗聞數路皆震也震且不一有日或十數震者也又不一日而止有至今踰半年尚震而未止者也是豈不為大災害耶大恠異耶此陛下正當窮究致震之由推至誠行至德思所以厭塞其變以謝天之

譴告焉不然則恐董仲舒所謂傷敗乃至者必將不能免也陛下即
位未久而天下但聞聖德勤儉恭孝不聞有過此變非由陛下而致
然陛下若不爲祖宗任其事則天地之變誰復可以任之哉陛下既
任其事則固宜兢兢業業夙夜憂勤登用正人興行正道思與天地
合其德而濟之以不懈使天下皆知陛下恐懼修省視民如傷悅其
心和其氣則天地之氣亦和而應之苟如此何患災異之不息人民
之不安乎其姦人謀身害國罪在殺無赦其所說頓陛下絕之不復
留於心術而稍有所惑其爲宗社之福邦家之慶必不出乎此也若
陛下萬一惑其所說以災異歸於時數而聖懷坦然不以爲懼有司
之不職者不加擇政事之不平者不加治萬民窮困失所者不加卹
天下人心必益愁怨而不喜則陰陽之氣何由而和天地之變何由
而息也大凡姦佞之人阿諛巧詐善移人主之意其說雖目前可喜

而終無益於世其大指已達者不過欲持身固祿未達者不過欲希
進厚己而都不以生靈禍福國家安危爲念也是可謂大忍人也大
姦邪也夫違天賊民背公弃理臣故曰罪在殺者也此須陛下詳觀
其語熟察其意復以其人前後所爲而參考之則邪正自見必不能
逃聖鑒矣臣蒙陛下召作宰相以疾尚未能一對天表而不避忤犯
輒敢懇懇如此之切者何哉蓋觀今災變不與常等實恐姦人以諂
諛善柔之說移陛下憂勞之志安陛下克責之心而致陛下不專心
於救患卹災以悞陛下至大之事也惟聖慈深賜裁察非臣之幸乃
天下之幸宗廟社稷之幸
二年弼又上奏曰臣於今月一日率百寮拜第二表上陛下尊號及
請聽樂今日早蒙降第二批答所上尊號不允已斷來章在庭數千
人無不相顧稱歎謂古之帝王雖甚盛德者無以過之陛下即位未

久萬方歌頌治不可勝道今又作此一事人益悅服苟義利之德相
繼不絕自中及外由士大夫以至黔庶轉相告報則何憂乎天地災
變不息臣竊內極欣抃賀陛下非常之美也然聽樂批答不許而未
有斷章指揮臣切慮聖慈未欲遽拂群情更容上一二表而止又慮
陛下用服除常典不得已且從衆請此臣所以更竭愚管有所陳
也初二日臣與曾公亮已下共聞宣諭以久旱未雨尚欲避殿自責
臣退而慚惕無地容身然臣雖萬千其數憂懼以及於死終不若陛
下一人內發至誠側身修省則立可以感動上下神祇也昔周成王
不知周公之聖天大雷電以風拔木偃禾王悟出郊即時天雨反風
歲則大熟宋景公時熒惑守心公有三善辭熒惑亦即時退度是知
人君修德消變天應如響只恐誠意有所未至耳伏自去秋以來災
變特異人情恐駭乎今不寧在於尋常譴告尚須損膳徹樂豈於今

來反欲於降聖節日令百寮稱觴上壽而有聽樂作歡之理哉聖意
以北使在館且欲循用常禮臣謂當此之際正是陛下以中國之大
天子之尊推行至德以彰示夷狄之時也臣見仁廟康定元年日食
正旦在日者之說最爲不祥臣時作諫官亦上章乞避殿撤樂以應
天變其賀正北使只令就館宴設而參知政事宋庠力勸仁宗不納
臣議臣別日面奏云聯朝廷已却遣人使虜恐虜庭舉行此禮則大
爲中國之羞也久之奉使者回果云是日虜主傳宣日蝕皇帝不聽
樂只令就館宴南使仁宗思臣前奏深以爲悔然事已不及矣今來
聽樂之請伏望陛下亦如尊號拒而不從并聖節上壽亦乞權罷則
上可以答復天譴下可以慰悅人望陛下至誠至德孰曰不能感動
天地亦所以使夷狄知中國天子所爲與尋常相遠萬萬也
弼又上奏曰臣今日與曾公亮以下議於十五日拜表陛下御正殿

聽樂復膳此實臣子之至意也臣等不可不請陛下不可不從然竊觀陛下近日戒懼謙損深自刻責雖古之聖帝明王無以過此陛下荅上天不可謂不至上天報應陛下不可謂不速矣避殿減膳徹樂此三大事誠合典禮然陛下濬發之至惟於誕日特罷稱觴最為至切者蓋此事諂佞易為進說上下易為取惑而陛下聰哲英悟斷然不疑促降詔書即日宣布獨此一事所以遽能感動天地當日得雨幽靈降格如在目前聖意天心合如影響人情欣悅和氣頓生矧今戎使目覩中國異事尤為陛下非常之慶也然臣之極為喜者又甚於此何哉緣累年災變實為至多地震河決益可驚駭時覽奏報至今未已天有常道必不虛發臣大為朝廷憂之今陛下一發至誠行所難行之事上天立有報荅明白卓越昭示天下遍知天意譴責未厭宋德更俟陛下恐懼修省常若不及遠離奸佞親近忠良恭畏上

天始終不改即災異可弭而太平可致也此臣所以為極喜又甚者也伏願陛下未以今日雨澤為喜當以累年災變為懼兢兢業業日謹一日凡百舉動常為義理之所裁對越上天近若咫尺祗畏惕厲夙夜無怠如誕日甘澤之應者自此必常有焉苟異於斯漸生逸豫則天意人事實未可知蓋修德致雨其速如此萬一於德有損其災應豈有緩耶惟陛下念之不忘遍天下之幸也今上表所請或令再三而允所貴始末相應也

獅又上奏曰臣於今月十四日因具劄子奏欲上表請陛下聽樂復膳還御正寢因進愚慮乞陛下未以今日感應為喜而當以累年災變為懼益脩聖德以荅天意十五日晚夜漏上後伏蒙陛下特賜內降一封親灑宸翰密布淵旨捧讀之次驚喜交極其略曰置之枕席銘諸肺腑終老是戒夫狂瞽之見尚足當聖意如此之厚昔漢文帝集上書囊為殿帷唐明皇寫無逸圖置於內殿憲宗以自古君臣善惡事迹畫於屏風施諸便殿臣校之今日陛下過於三主遠甚何也上書囊乃天下議論所貯無逸篇乃周公之辭屏風皆君臣事迹遍古先衆戒所聚今陛下只以臣一妄庸人所說而遽已置之枕席是所謂市骨始隗之意若果有真賢出而為朝廷謀謨天下之事則陛下待之將如何耶臣故曰陛下過三主遠甚者以此也又曰更須允不替今日之志則天災不難弭太平可立俟也此臣尤所惕懼戰汗達旦不寐終日不食臣本何人徒荷陛下誤聽得以大柄臣前在政府氣壯志銳尚何所補今者耳病氣志凋耗陛下復何望焉然臣不敢不勉惟曰力疾少副陛下所以用之之意第恐才業空疎尚不驅逐目前之務況營致治乎又況弭天災立太平乎惟是圖報之心死而後已豈有替於今日哉然臣向者已嘗為陛下粗陳其一二臣只

能舉朝廷得失告諸陛下而止矣必欲變禍為福反災為祥須在陛下信納主張而力行修至德而盡至誠則方能感動天地招來善應書曰皇天無親惟德是輔民心無常惟惠之懷又曰民罔常懷懷于有仁鬼神無常享享于克誠陛下上事天下安民修至德推至誠此皆必然日行之事未可斯須而離也離之則弭天災致太平也遠矣又不必於遠董仲舒所謂天出災害而不知省出怪異而不知變傷敗遍至者臣恐必將有焉更望陛下憂勤厲翼夙夜不懈皇天監于上生民應於下則陛下可真枕而臥垂衣而治矣犬馬之懇筆舌難盡

八年獅為使相致仕應詔論彗星疏曰臣伏念向緣衰疾加之年已及格不能奔走職事遂求致政伏蒙聖慈俯從愚懇退處衡茅之下杜門自守屏絕私務朝夕待盡而已近日忽聞特宣大赦出於非常

又聞別降手詔許中外臣寮直言朝政闕失洛城士庶歡呼鼓舞喧于道路聲徹幽遠推是而往則天下之人無不感動矣臣伏覽赦詔二文始以彗星東出昭示譴告陛下仰觀天變恐懼疚懷渙發德音恩霈寰海臣固知一出聖斷必無左右之助也臣再詳陛下手詔乃陛下親筆非學士所作以至比年災異如山摧地震旱蝗之類前後包括一一歸咎於己辭旨哀痛深切明白忠義之士讀之莫不感泣而又避正殿減常膳設齋醮屏侍御前代帝王禳災弭患責躬罪己之法陛下盡行之矣所以上天降鑒知陛下發於至誠故星變不旋踵而滅臣溫衣飽食坐享安佚災禍之至殊無干及一見聖詔驟發即日感動天地譴異消伏速如影響臣尚能踴躍欣蹈不知紀極彼天下之人身被災害家罹荼毒流落破散不能相保者其為歡喜感戴當何如也人心既喜和氣充塞則天意不得不早回天災不得不

遄息此理固然也臣竊知去年久旱陛下曾降手詔許臣寮上封論事人方喜悅自候朝廷施設而不知何人者上累聖德遽成反汗於是天下大失所望臣近於三月中仰荅聖問略曾引及今天變益大詔命益切陛下萬必不復蹈前車之誤況云朝政闕失朕將虛心以改此足見聖意畏天愛民其已至矣然臣竊聞外議皆云天下弊病甚衆官家多應不知人人咸願條列達于天聽冀幸有所剗革適已大發聖詔許其開陳忠憤者必能不避誅戮仰竭肝膈悉以上聞也臣願陛下盡取群奏不遺疏賤萬機之暇一一親閱詳其衆說所合者斷在不惑力賜施行踐虛心以改之辭應天文尤大之變使澤及普率悉若置郵則人心悅天道順天人相應豈致和平國家享無窮之休者正在此時也豈復有災眚出見而上駭聖慮哉萬一姦詐互入宸聽少惑俾夫忠告為妄說恩詔為空文利澤不出於上人心復

愁于下則天將曰是以虛辭荅我遂無實效必回今日之喜為異日之怒災變之作當又甚於前日之彗者矣但以近事證之此乃必然之理非臣輒敢狂率也惟望陛下深賜裁察為宗廟社稷生靈之計不勝天下大幸

弼又上奏曰臣未致仕前雖有舊病筋力粗可驅策尚不能從官今致仕已數年衰老益甚退伏草野未嘗與人相接榮辱禍福都不干預而輒敢以狂瞽之說妄陳天聽者實見陛下仰觀星變恐懼修省若不自容也又聞天下生民窮困已甚無所伸訴恐成嘯聚為腹心之患也亦慮手詔或致中廢天譴未息則後來別生災害也臣所以不顧身之老病而彊作此奏庶幾有所補助而報陛下大恩之萬一也緣臣閑居終日與野老相見民間弊病盈塞耳目皆是實事然所說者尚未盡一二伏乞聖慈略賜省鑒而少留聖意焉臣又輒敢煩

陛下親閱群奏者若委臣寮置局必恐不能上體聖意憂勞之切群奏中利害有所不盡亦恐所委臣寮更存顧望尚或隱蔽或陳巧說妄有沮難則誤聖君畏天愛民不吝改悔之意也臣固無他腸所憂者如此惟望陛下特賜矜察幸甚

熙寧二年右正言供諫職孫覺上奏曰臣竊見朝廷自今歲以來西方有年大河北流二邊不警上下驩焉相慶以為陛下側躬修德任賢去邪興滯補弊於萬事之先故上天報之以德而動如聖意發祥薦祉皇子誕生此固宗社無窮之休朝廷莫大之福然臣竊聞楚莊王天不見妖地不出孽則禱於山川曰天其忘余歟此能求過於天安不忘危故能成霸功臣觀朝廷之上未可謂皆賢四方幽隱未可謂無事號令施為未可謂盡當北狄西羌未可謂受賜鰥寡孤獨未可謂有養陛下中天地而立盡有四海之廣治教政刑粗略如此天

之報既乃如極治之時此豈所謂飢者易為食渴者易為飲歟以情既爾天意亦猶是耶恐諂諛之人進容悅之論淺聞之士伐太平之功陛下如信而矜之則臣憂天幸不可以為常禍故多蔵於隱微而發於人之所忽也伏願陛下安不忘危存不忘亡日新盛德而勤倹過於平時損宴游畜浮費不迩聲色不殖貨利若楚莊無災以為戒懼垂法後嗣傳之無窮則華夷蠻貊草木昆虫莫不幸甚。

昭文相曾公亮上奏曰臣准降到建州崇安縣草澤楊緯進狀稱今年三月所居之西空中有黄龍蜿蜒於晦冥之間於其下獲一瑞木駁狀猶龍至七月風雨晦冥如初復有飛龍騰驤見木龍之尾翼連足在焉畫到圖一面乞宣取奉聖旨可指揮福建轉運使令指揮建州於楊緯本家取索上件所陳木龍看驗若實非偽造如所圖樣即差齎驛赴闕進呈并圖樣降下臣等竊詳南方山木偶類鳥獸狀者頗多不足以異伏覩真宗至道三年詔書節文以刑清俗阜為嘉祥以歲稔時和為上瑞至於毛羽表異草木效靈豈涼德之所堪亦前聖之不取諸州今後不得以珎禽奇獸及諸瑞物等來獻又覩仁宗慶曆四年詔曰諸珎禽奇獸及諸瑞物等不得進獻臣等欲望戢行累詔更不宣取。

知華州呂大防上奏曰臣今月某日中使馮宗道至伏奉聖旨令臣照管山摧處見存人户以次存恤施行次第聞奏訖臣累日以來伏思聖慮深遠憂及遠民以致疲病矜寡皆有恩意雖堯舜用心宜不過此然臣之愚忠有私憂者三過計者一輒敢條列如左。

一山變之地當谷起嶺山高者五十餘步臣謹按十月之詩曰燁燁震電不寧不令百川沸騰山冢崒崩高岸為谷深谷為陵哀今之人胡憯莫懲水之為患至於懷襄而山之傾摧固亦其理

然詩人猶以為大變哀其時人不懲其禍今不震電而驚不因水而摧不圯於其下而徙之於遠岸之高者不止於為谷谷之深者不止於為陵方之詩人所紀尤為奇怪唐世亦有新豐忝水山阜移涌之變方武氏僭亂固不足論方今聖治日新厲精庶政災沴之作尤為可駭此臣所憂者一也。

一山變之地有大石自立高四丈周一百七十餘尺臣謹按漢昭帝時泰山有大石自立高丈五尺大四十八圍說者以為石陰類小人特起之象觀今之變則過於前史所載此臣所以私憂者二也。

一數年以來人情洶洶皆言有陽九之會臣謹按班固曆志所述経歲四千五百六十災歲五十七推數者取以為據臣以為天命難知孔子罕言固非衆人之所能知然閭巷之民無所忌憚竊語相傳謂之必有竊恐姦猾小人乘此天地之變人情不安之際狂圖妄作儌倖萬一此臣之所私憂者三也。

一三路京東人情豪悍最宜防備臣伏覩三路緣邊則有城池兵械作可恃之具至於内地州郡守具素隳將帥之臣未至選擇三路京東守臣密付方略以備戎狄為名令葺治城池講葺守備其州縣政事但涉撓動人情者一切緩之以待他日庶使姦猾好亂之人無所窺其隙萬一如有緩急亦吾有以待其變矣此臣之所過計者四也。

右謹具如前臣伏聞畏天之威于時保之此先王之所以興也我生不有命在天此後王之所以壞也太戊有桑楮之祥其書曰伊陟贊于巫咸作咸乂四篇太戊贊于伊陟作伊陟原命高宗有鼎雉之異其書曰惟先格王正厥事桑楮共生飛鳥之集未為大異然君臣相

勸戒至於數四原天命修政事以應之豈古明王祗畏之道當如此乎伏惟聖神昭鑒洞察古今不待瞽狂之言乃極事理之要惟乞仰承天戒俯酌時變為社稷至計天下幸甚

七年司馬光應詔言朝政闕失狀曰右臣准西京牒准三月三十日詔敕朕涉道日淺晻于致治政失厥中以干陰陽之和乃自冬迄春旱暵為虐四海之內被災者廣間詔有司損常膳避正殿冀以塞責消變歷日滋久未蒙休應嗷嗷下民大命近止中夜以興震悸靡寧永惟其咎未知攸出意者朕之聽納不得於理歟獄訟非其情歟賦斂失其節歟忠謀讜言鬱於上聞而阿諛壅蔽以成其私者衆歟何嘉氣之久不效也應中外文武臣寮並許實封直言朝政闕失朕將親覽考求其當以輔政理三事大夫務悉心交儆成朕志焉臣伏讀詔書喜極以泣昔成湯以六事自責今陛下以四事求諫聖人所為

異世同符凡詔書所言皆即日之深患陛下既已知之群臣夫復何云曾子曰尊其所聞則高明矣行其所知則光大矣陛下誠知其如是復能斷志無疑不為左右所移則安知今日之災沴不如大戊之桑穀高宗之雊雉成王之雷風宣王之旱魃更為宗廟生民之福乎然自詔下以來臣不知中外之臣亦有以當今之急務生民之疾苦力為陛下別白言之者乎蓋必有之矣而臣未得聞也臣竊不自揆伏念父子受國厚恩備位侍從歸在朝廷屢以狂瞽塵瀆聖聰間以衰疾自求閑官不敢復預國家之議四年於茲矣幸遇陛下發不世之詔問以朝政闕失斯實千載一時古人雖在畎畝猶不忘君況居位食祿者乎是以不敢畏當塗避衆怨愛微軀保妻子忘知時事之可憂而塞嘿不言也竊觀陛下英睿之性希世少倫即位以來銳精求治恥為繼體守文之常主高欲慕堯舜之隆下不失漢唐之盛擢

俊傑之才使之執政言無不聽計無不從所譽者超遷所毀者斥退垂衣拱手聽其所為推心置腹人莫能間雖齊桓公之任管仲蜀先主之任諸葛亮殆不及也執政者亦委心竭力以副陛下之欲恥為碌碌守法循故事之臣每以周公自任是宜百度交正四民豐樂頌聲旁洽嘉瑞沓至乃其效也然六年之間百度紛擾四民失業怨憤之聲所不忍聞災異之大古今罕比其故何哉豈非執政之臣所以輔陛下者未得其道歟所謂未得其道者在於好人同己而惡人異己是也陛下既全以威福之柄授之使之制作新法以利天下是宜與衆共之捨短取長以求盡善而獨任己意惡人攻難群臣有與之同者則擢用不次與之異者則禍辱隨之人之情誰肯棄福而取禍去榮而就辱於是天下之士躁於富貴者翕然附之爭勸陛下益加委信順從其言嚴斷刑罰以絕異議如是者往往立取美官比年以

來中外執事權者皆此屬矣其懷忠直守廉恥者皆擯斥廢棄或罹罪譴無所容立至於臺諫之臣天子耳目所以規朝政之闕失糾大臣之專恣此陛下所當自擇而亦使執政擇之彼專用其所親愛之人或小有違忤即加貶逐以懲後來必得佞諛之尤者然後使為之如是則政事之愆謬群臣之姦詐下民之疾苦遠方之冤抑陛下何從得聞見之乎又奉使詢訪利害於四方者亦其所親愛之人皆先禀其意指懲其氣勢以驅迫州縣之吏善惡繫其筆端升黜由其脣吻州縣之吏承迎奉順之不暇何暇與之講利害立同異哉其入奏則云州縣守宰咸以為便經久可行陛下但見其文書粲然可觀以謂法之至善詢謀僉同豈知其在外之所為哉或者更增為條目務求新巧互陳利病各事改張使畫一之法日殊月異久而不定吏民莫知所從蓋由襲故則無功出奇則有賞彼皆進身之私計非有益

國便民之言也又令使者督責所在監司監司督責州縣上下相驅競為苛刻奉行新法稍不盡力則謂之非才不職及沮壞新法立行停替或未熟新法誤有違犯皆不理赦降去官與犯贓者罪同而重於犯私罪者州縣之吏唯奉行文書救免罪戾之不暇民事不復留心矣又潛遣邏卒聽市道之人謗議者執而刑之又出牓立賞募人告捕誹謗朝政者臣不知自古聖帝明王之政固如是耶昔堯稽于衆舍己從人舜戒群臣予違汝弼汝無面從退有後言此其所以為帝王稱首者也秦惡聞其過殺直諫之士禁偶語之人及其禍敗行道之人皆知之而已獨不知此所以為萬世戒者也子產相鄭鄭人游于鄉校以論執政然明請毀之子產曰何為夫人朝夕退而游焉以議執政之善否其所善者吾則行之其所惡者吾則改之是吾師也若之何毀之我聞忠善以損怨不聞作威以防怨豈不遽止然猶

防川大決所犯傷人必多吾不克救也不如小決使道不如吾聞而藥之也何今之執政異於古之執政乎齊景公謂梁丘據曰惟據與我和夫晏子對曰據亦同也焉得為和和如羹焉水火醯醢鹽梅以烹魚肉宰夫和之齊之以味濟其不及以洩其過君子食之以平其心君臣亦然君所謂可而有否焉臣獻其否以成其可君所謂否而有可焉臣獻其可以去其否是以政平而不干民無爭心今據不然君所謂可據亦曰可君所謂否據亦曰否若以水濟水誰能食之今朝廷之臣對揚啓沃亦有異於梁丘據者乎衛君言計非是而群臣和者如出一口子思曰以吾觀衛所謂君不君臣不臣者也人主自臧則衆謀不進事是而臧之猶却衆謀況和非以長惡乎夫不察事之是非而悅人贊己闇莫甚焉不度理之所在而阿諛求容諂莫甚焉君闇臣諂以在民上民不與也若此不已國無類矣子思言於衛

侯曰君之國事將日非矣君出言自以為是而卿大夫莫敢矯其非卿大夫出言自以為是而士庶人莫敢矯其非君臣既自賢矣而群下同聲賢之賢之則順而有福矯之則逆而有禍如此則善安從生今執政主新法群下同聲賢之有以異於衛國之政乎是以士大夫憤懣鬱結視屋竊歎而口不敢言庶人飢寒憔悴怨嗟號泣而無所控告此則陛下所謂忠謀讜言鬱於上聞而阿諛壅蔽以成其私者也苟忠讜退伏阿諛滿側而望百度之正四民之樂頌聲之洽嘉瑞之臻固亦難矣方今朝之闕政其大者有六而已一曰廣散青苗錢使民負債日重而縣官實無所得二曰免上戶之役斂下戶之錢以養浮浪之人三曰置市易與細民爭利而實耗散四曰中國未治而侵擾四夷得少失多五曰結保甲教習凶器以疲擾農民六曰信狂狡之人妄興水利勞民費財若其他瑣瑣米鹽之事皆不足為陛下

道也捨其大而言其細捨其急而言其緩外有獻替之迹內懷附會之心是姦邪之尤者臣不敢為也凡此六者之為害人無貴賤愚智莫不知之乃至陛下左右前後之臣日譽新法之善者其心亦知其不可但欲希合聖心附會執政盜貴富耳一旦陛下之意移則彼之所言亦異矣臣今不敢復費簡札敘利害以煩聖聽但願陛下勿詢阿諛之黨勿徇權臣之意斷志罷之必有能為陛下言其詳者矣此六者之中青苗免役錢為害尤大夫力者民之所生而有也穀帛者民可耕桑而得也至於錢者縣官之所鑄民不得私為也自來行新法之時民間之錢固已少矣富商大賈藏鏹者或有之彼農民之富者不過占田稍廣積穀稍多室屋修完耕牛不假而已未嘗有積錢巨萬於家者也其貧者藍縷不蔽形糟糠不充腹秋指夏熟夏望秋成或為人耕種資采拾以為生亦有未嘗識錢者矣是以古之用民

各因其所有而取之。農民之役，不過出力；稅不過穀帛。及唐末兵興，始有稅錢者，故白居易譏之曰：私家無錢鑪，平地無銅山，言責民以所無也。今有司為法則不然，無問市井田野之民，由中及外，自朝至暮，唯錢是求。農民值豐歲，賤糶其所收之穀以輸官，比常歲之價或三分減二，於斗斛之數或十分加一，以求售於人。若值凶年無穀可糶，吏責其錢不已，欲賣田則家家賣田，欲賣屋則家家賣屋，欲賣牛則家家賣牛。無由可售，不免伐桑棗、撤屋材賣其薪，或殺牛賣其肉，得錢以輸官。一年如此，明年將何以為生乎？故自行新法以來，農民尤被其患。農者天下之本，農既失業，餘民安所取食哉？今貨益重，物益輕，年雖饑，穀不甚貴，而民倍困，為國計者豈可不少思其故哉？此皆斂錢之咎也。北盡塞表，東被海涯，南踰江淮，西及邛蜀，自去歲秋冬絕少雨雪，井泉溪澗往往涸竭，二麥無收，民已絕望。孟夏過半，秋種未入，中戶

以下，大抵乏食，採木實草根以延朝夕。若又如是數月，將如何哉？當此之際，而州縣之吏督迫青苗助役錢，不敢少緩，鞭笞縲紲，唯恐不迨。婦子皇皇，如在湯火之中，號泣呼天，無復生望。臣恐鳥窮則啄，獸窮則攫，民困窮已極而無人救恤，羸者不轉死溝壑，壯者不聚為盜賊，將何之矣？若東西南北所在嘯聚，連群結黨，日滋月蔓，彌漫山澤，蹈藉城邑，州縣不能禁，官軍不能討，當是時方議除去新法，將奚益哉？綠林、赤眉、黃巾、黑山之徒，自何而有？皆疲於賦斂，復值饑饉，窮困無聊之民耳。此乃宗廟社稷之憂，而廟堂之上方晏然自得，以為太平之業八九已成，此臣所為痛心疾首，晝則忘食，夜則忘寢，不避死亡，欲默不能者也。易復之初六曰：不遠復，無祇悔，元吉。言過而能改，雖悔不大也。其上九曰：迷復凶，有災眚，用行師終有大敗，以其國君凶，至于十年不克征。言迷而不復，凶且有災，於君道尤不利也。昔秦

穆公敗於殽，作秦誓曰：唯古之謀人，則曰未就予忌；唯今之謀人，姑將以為親。雖則云然，尚猷詢茲黃髮，則罔所愆。蓋悔棄老成之遠慮，用利口之淺謀，以取覆敗，而思補其過也，故能終雪前恥，霸西戎。漢武帝征伐四夷，中國虛耗，賊盜群起。及喪貳師之軍，乃下哀痛之詔曰：迺者以縛馬書徧示丞相御史二千石諸大夫郎為文學者，皆以虜自縛其馬，不祥甚哉。公車方士太史太卜皆以為吉。今計謀卦兆皆反謬。蓋始辭公卿方士之諂諛，對不以誠，致誤國事，有悔于心也。故禁苛暴，止擅賦，力本農，天下復安。自國家行新法以來，天下之人心忻口禱，唯冀陛下之覺悟而拯救其失，以蘇疲民，如望上天之膏澤，冀復一日，以至于今。及今改之，猶可救也；過是則民力屈竭，一旦渙然離散，乃始勞心安集，豈不難哉？竊觀陛下詔書，寅畏天災，深自咎責，丁寧懇惻，以求至言，是陛下已知前日之失，而欲有所改為

也。若徒著之空文，而於新法無所變更，是猶臨鼎哀魚之爛而益薪不已，將何補哉？陛下誠能垂日月之明，奮乾剛之斷，放遠阿諛，勿使壅蔽，自擇忠讜為臺諫官，收還威福之柄，悉從己出，詔天下青苗錢勿復散，其見在民間逋欠者，許從初官本分作數年催納，更不收利息。其免役錢盡除放，差役並依舊法。罷市易務，其所積貨物依元買價出賣，所欠官錢亦除利催本。罷拓土闢境之兵，先早安中國，然後征伐四夷。罷保甲教閱，使力田服穡。所興修水利，委州縣相度，凡利少害多者悉罷之。如此則中外讙呼，上下感悅，和氣薰蒸，雨必霑洽矣。彼阿諛之人附會執政者，皆緣新法以得富貴，若陛下以為非而捨之，彼如魚之失水，必力爭固執而不肯移，願陛下勿問之也。臣竊聞陛下以旱暵之故，避殿撤膳，其焦勞至矣，而民終不預其澤，不若罷此六者，立有滂博之德及於四海也。又聞京師近雖獲雨，而畿甸

之外旱氣如故王者以四海為家無有遠近皆陛下之赤子願陛下雖徇群臣之請御正殿復常膳猶應兢兢業業憂勞四方不遽自寬以為無復災也又諸州縣奏雨往往止欲解陛下之焦勞一寸則云三寸三寸則云一尺多不以其實不可不察也又聞青苗之法災傷及分則倚閣其間官吏不仁者至有抑遏百姓止放四分以下税此尤可罪者也臣在冗散之地若朝廷小小得失臣固不敢預聞今坐視百姓困於新法如此將為朝廷深憂而陛下曾不知之又今年以來臣衰疾寖增恐萬一遽先朝露齎懷忠不盡之情長抱恨於黃泉是以冒死一為陛下言之儻陛下猶棄忽而不之信此則天也臣不敢復言矣干冒宸扆臣無任懇切惶懼之至

歷代名臣奏議卷之三百二

歷代名臣奏議卷之三百三

災祥

宋神宗元豐三年直舍人院呂大防上奏曰臣伏覩七月二十六日手詔以彗出西方責躬引咎敷求讜言以正厥事臣伏讀感歎以為天道難知不可隱度今聖心恐畏退託損抑有以見不諱之朝度越前古臣愚不肖雖吏守外藩不敢不布肝鬲少裨萬一伏惟神明幸察臣竊以為方今政事之急謾為三說先宜上冒天聽一曰治本二曰緩末三曰納言治本之宜有三一宜養民漢之傳國至昭帝而六世藩臣之變外戚之禍數矣唐之傳國至明皇而六世如漢之變而又有巨盜之患今大宋之臨御而陛下之繼統世數與漢唐同而曾無一方之患其得人心可見矣苟非累聖德澤涵養深厚視之如傷愛之如子則何以固結其心若此伏自陛下布行新政以來參酌古今著為良法便民者為不少矣而民情戚戚不以為安推原其端蓋緣朝廷措置大率急於公家而後於民事竊觀先王之政上之憂下也深則下之報上也厚故其詩曰駿發爾私終三十里上憂下之詩也雨我公田遂及我私下報上之詩也上下之情其相親如此則怨惡不順何由生乎其間哉故馬周之對太宗以為貞觀初匹絹易斗米而人不怨者知陛下憂之也五六年來比絹易穀十數斛而民怨者知陛下不憂之也此言極要頗同今日之意臣試舉其一二免役錢本率衆以給庸公家無所利其入今所在猥積至有一縣之入出者半贏者半而取之不已遇水旱未嘗有所蠲減貧下未嘗有所貸免此民情戚戚之一也市易本以抑兼并便衆業而公利在其間民有艱急匱乏之期方之他取於富室則無倍稱之息然吏或不良乘民之急而掊刻無已徒欲收贏取賞而不顧事體之宜與法令之

本意誘陷無賴子弟以隳産者有之乎民者高其物估以巧取息者有之一物朝貴賣而夕賤買者有之此民情戚戚之一也保甲者先王什伍教民之法也不專為兵而已今有司惟以坐作進退射藝精粗為急而不問推行考察姦盜去惡獎善之意而又富者逸而貧者勞或遇饑饉則將有流散不可號召之虞此民情戚戚之一也凡此特法令之未備或吏奉法不謹之過以陛下之聖明而修正之宜無難者二宜教士舜九德文王作人周公三物皆為先王教士之實今聞以才選者矣未聞以德進也聞以文詞選者矣未聞以行進也臣竊以非大變其法則終不能得教士之實其變法謂何責之郡縣監司保任其才行以升於尚書各試其所知而命之則士勸於善而不專以文辭設科則士業崇本凡此一改法令則天下從之矣以陛下之聖明而修正之不五六年必收其效三宜重穀自古國家之患未

有不緣民飢而起也今縣官積錢所在貫朽而倉廩至無半歲之實誠可憂也蓋自常平之法行而群司各計其利故轉運司唯有租稅征科之入而已其歲入既不足以充費故於儲蓄之計雖欲賤糴而不暇為也常平雖有折納斂糴之法而吏多不能推行萬一水旱方千里則積鏹之饒將無用而民之強者聚而為盜弱者流離溝壑而無以救矣臣近嘗上乘歲豐積穀之議頗合事機而亦可行於久遠伏望財察凡此特法令之未備或吏奉法不謹之過以陛下之聖明而修正之宜無難者緩末之宜有二一宜緩治夷狄中國本也夷狄末也先王之政內諸夏而外夷狄夷狄之國聲教所暨故舜之命官猾夏者治之然則不為中國患者王者不治也或者謂夷狄之地可闢而郡縣之夷狄之人可冠帶而賦役之竊謂過矣以四海九州之廣而欲沙漠不毛之地以為富以兆民多士之盛而欲左衽鴃舌之人以

為衆徒見有糜敝所重而未見其可也雖有前代喪失之地苟非民情來附未足以用衆二宜緩治兵兵者先王所治而非所以為先也衛君問陳於孔子而孔子荅以俎豆之事蓋禮教有所未修而先之以軍旅之事則語道非其序也今刑政雖講而未可謂盡中禮樂雖修而未可謂盡善教化雖布而未可謂盡行然則今日之政宜有急於兵者焉凡此非可廢之事特在陛下施為之有先後而已以陛下之聖明留意而條別之宜無不得其序者納言之宜有四一宜廣言路古者群臣人人得諫故曰工執藝事以諫工尚諫則餘可知矣所謂爭臣七人者在位皆諫諫而又當必爭者有七人而後可今陛下虛心待下未嘗大聲以色而諫者未始有聞於天下諫而必爭者未始見其人方唐太宗之時當亡隋之後人物寡少而諫者滿朝今陛下承累世文明之盛而遂使史筆無書諫諍之事亦可謂闕典矣二

宜寬侵官之罰凡人臣之居外見不便於民有害於政者大者闕諸朝小者以其職而行之是也今一切禁止勿使相侵則朝廷必有不聞之事而民庶必有失職之苦矣三宜恕誹謗之罪自古有為之君更制天下之事求有不被毀訾於世者以盤庚之明周公之聖而不免況其下者哉蓋衆人皆常情不達義理樂因循而憚改作改作之始未見其利而翕然非之聖人於此特恕其無知而寬之可也豈足以與之較量長短是非哉故漢文深知其意首除其罪以容之而已苟設峻令以防之非不遽止然愚庸之情不自知語言之過而非其上矣四宜容異同之論古者袞服之飾必以黼者取其兩已相背而能成政也兩已相背至銘諸觚而日服之以為戒有以見人君御臣之深戒在於喜同而惡異也舜伐三苗禹以為可益以為不可然不害並為九官周公相成王召公不悅然不害同為十亂洪範謀及卿

士則三公之論有不用焉周官詢及萬民則卿士之謀有不取焉夫然後可以通達衆志輔成大業苟取其所同而捨其所異則晏子所謂以水濟水孰能食之者也非特如此而已苟欲其同則必有詭譎詐欺以附同者矣苟惡其異則必有詭隨面從以免異者矣使人臣皆懷詭譎詭隨以事上殆非朝廷之利也竊聞議者必使廷臣無異論乃謂之一道德為此說者似不思也夫一道德以同俗者蓋謂典常之教不可不同也今以政之殊有可有不可有宜有不宜有損有益而必一而同之恐非聖人之意也所惡異論者豈非以其沮議害事而惡之邪苟導之使言而擇之在我則雖有沮議害事之言在吾所棄固不能為患也凡此無難改之勢而有速應之實蓋在陛下為之而已如前所陳蓋陛下政事之形容於外者臣得以揣度而陳之至如陛下聖性之淵微君德之崇厚惟幾以成天下之務惟深以達天

下之志臣之愚陋莫得而測焉伏惟仰觀天心旁考古義詘奇論而用中道則天下幸甚

宮耶教授呂大鈞上奏曰臣伏讀詔書寅畏天變引過罪己數求美言以新盛德誠意惻怛發於心畫自足以消變除沴況謀行言聽膏澤逮下必將感召和氣溢為嘉祥臣愚恨無精識與學啓竊天聽徒有淺聞近見二事或可以少裨萬一伏惟聖主留神財察幸甚臣聞詩書所稱古先哲王雖清明在躬俊乂在官猶孳孳不倦延禮臣下講求至道之要而推行之夫至道之要莫切於堯舜之　其言曰人心惟危道心惟微此言至簡至要古之人君莫能盡行故常為中材之所忽而獨上聖能勤行者也然則人心者人君之所日用時出以應萬務者也其神恍惚其出入無時其作於中而見於外也邪正紛紛頃刻萬變其危如是安得不日夜存養寧息使之感物應變無所

差失乎道心者人心之癈默識躬行以立大本者也凡有生之民無衆寡小大無彼我莫不體之以為吾心就其間涵容存養以生吾誠其道浸昧難以言諭唯忠信默會庶幾近之稍或不明則離而不一其微如是安得不閑暇燕處求索推明克己體物常使純一則仁義禮智油然根於中睟然見於外然後為得乎故言動之所發政令之所加始出於善而其終常流為不善凡此者皆人心不安而易變故也誠意之所存得義之所履始若充盡其終常至於天下不為一家中國不為一人凡此者皆道心不明而易失故也由是言之　此二心者非有二物也特體用之殊耳使人心一於道心則自不危矣使道心一於人心則自不微矣今乘陛下勵精反己之時謂宜博延德義之士儲精垂思相與講求至道之實使浩然之氣充塞天地則何患濬哲不生而明德不暢乎此臣之所謂淺聞者此也臣又聞天下衆

人言謂陛下躬勤庶政日不遑暇而有司奉行多不盡理陛下遠略方外軍政修舉而將帥出征多不諭旨陛下獎勸人材束拔倚注而或不得其人陛下優假言事之臣未嘗深譴而近日內外望風畏怯莫敢有言青苗免役所以寬民力而下戶凋瘵日甚常平儲峙錢穀所以足國用而有司經費日窘訓齊保甲所以禁暴而盜賊如故增置官局所以革弊而文書益煩異時歲饑糴貴小民常取倍息之債亦能自給今年豐官出輕貸而求手受困異時富商大賈豪奪細民而不甚為苦今市易於輸平準而負益深凡此皆臣之近見者也然推見無本而求之豈有他哉唯知道心之實則見此時之弊矣傳曰唯道集虛陛下既明發德音盡心待物則道豈難知哉古人謂顧力行何如耳在陛下一動心之間耳可不深念之乎

殿閣校勘邢恕亦上奏曰臣恭惟皇帝陛下寅天祚宋誕生明聖有

超卓絶異之姿。爰自毓德宮闈。仁心仁聞。載在群口。及初嗣位。動率禮法。承順兩宮。左右就養。發於誠孝。遠近內外。凡厥臣庶。莫不務式。太皇太后厭世。陛下號慟泣血。百僚在位。不覺隕涕。入臨而出。轉以相告。有識咨嗟。長老嘆息。山陵復土。外雖變禮從吉。而陛下悲哀未息。宮中實服三年。夙夜念治。躬親政事。小大之臣。咸各率職。十有四年。未嘗一日少懈。後宮燕遊聲色嗜好無所聞。園囿弋獵與馬馳騁無所幸。方且闢闔乎乾坤。而步驟乎帝皇。其視天下如一家。中國如一人。其設心操術。豈待問哉。仍年以來。威福自出。惟所指頤。莫不服從。胷未謦欬。莫不響應。赫赫巍巍。朝廷益尊。四方萬里。盜賊消戢。閭里安堵。陛下誠因此美。即此善。據此勢。籍此時。以之上當天心。則可使寒暑平。風雨時。三光軌度。以之下順地理。則可使五穀熟。庶草茂。山川晏寧。至于景星出。卿雲見。甘露降。醴泉涌。鳳凰麒麟可使皆在

郊藪。天人之際。其形氣有以相通。其變動有以相感。格之以誠。應之以實。密與道俱。則其恭猶影響。其合猶符節也。如此則何災不可消。何異不可去。若夫祈禳小數。豈足道哉。昔宋景公一諸侯耳。出君人之言三。熒惑為之退舍。況於陛下之仁聖智勇。履席南面之勢。不出殿堂之上。而廣制海內。尺地莫非其有。一民莫非其臣者哉。以誠感天。曾不移刻。以德退星。曾不旋踵。此臣所以殫志畢慮。不量其愚。不避見嫉之嫌。而願畢其惓惓也。伏惟陛下留神加察焉。疎遠小臣未嘗得日望清光。奉承德音也。然而聞從公卿大夫之後。竊聽於進見下風者。皆以謂陛下才高天下。智出物表。既妙思六經。而多識前載。旁羅百氏。典章制度。律令勅式。靡不淹洽。工作器械。筭數米鹽。無不精密。神機天辯。變化無窮。退而鮮不自失。夫人必畏怯。則智勇皆廢。雖朝暮禁闥。陪降殿陛。密近親習之臣。猶且踧踖愧恐。唯諾聽從之

不暇。無能有所開發建明以補助萬一。況于單賤疏遠之人乎。雖天之高。不可階而升。日月之可仰。無得而踰。性與天道。不可得而聞。然匹夫匹婦之於聖人。有所與知。一有不獲。自盡民主罔與成功。以大舜之智。而自耕稼陶漁以至於為帝。無非取人以為善。以孔子之聖。而獄訟文辭可與人共之者。不獨有焉。則所謂聖智者。曷嘗掩衆人之所能。而咸蓋群心之所知哉。衆人所見而有以處之。使各效其長。群心所知而有以擇之。使必從其是。竭天下之力。盡天下之思慮。然猶有所不及。而後聖人奮其智能。則所以待之者盡矣。其所得者博矣。其所守者約矣。已而有迹其長。緣其是。則天下之人莫不興起。為之於其才力之所不給。計之於其思慮之所不獲。則天下之人莫不厭服。何必耗血氣。疲精神。一切親事於法宮之中。然後為得哉。臣竊仰陛下之天德。常若太高而或不下接。朝廷之舉事。常若太遠而謀

之常患不博。雖陛下之聰明睿知。百舉百中。而愚者千慮之一。猶恐有所遺也。或纖芥闕漏。略於彌縫。而汗渙已施。機張已發。則誰敢出身試陁不測。而輕議於既往哉。且夫履四海之盛位。嚴五世之極治。又有冠古之稱。絶俗之事。此乃全盛光大之時。君子之所以尚消息盈虛也。愚者陛下或有而矜之。所謂日中則昃。月盈則食。盛衰損益之機。其在是矣。故易之明夷以涖衆。既濟思患而預防。此古先哲王所以安而不忘危。存而不忘亡。治而不忘亂。日新厥德。以祈天永命也。昔唐太宗自負其文武材略。以為實兼將相。然不知帝王自有體。下兼將相。不足為能。不若漢高祖豁達。面諭群臣吾不如子房蕭何韓信也。方是時。彗星亦嘗變見。而太宗悟焉。曰。吾自謂三王以來撥亂之主。莫吾若。故負而矜之。輕天下士。上天見變。其謂是乎。夫謂古人為莫吾若而輕時人。則上下之情不通。而無所不至。惟太宗為

能知懼而又有魏徵王珪劉洎馬周之徒更戒迭諫然後貞觀之治庶幾三代之風而彗亦不能為災何況陛下盛德至誠避殿損膳深自引咎以求讜言放出宮女以防隔塞虛心克己效於事實豈特太宗之比哉于以收視反聽澹然與神明俱而默與造化為友端拱無營優游自得付物以能委任責成情偽之變事物之有道以揆肯節以察不勞而成不動而化蔬事堯舜之名永保喬松之壽上以奉寧七廟慰釋皇太后之心以幸恵群臣而錫為蒼生福則何變異之足憂哉抑臣又聞惟德動天無遠勿屆而天地之大德曰生董仲舒亦曰刑主殺德主生則脩德者莫若好生也朝廷近歲屢起詔獄深識遠見之士竊量陛下聖意之過欲大畏民志究盡事實及至便殿親決時亦有所縱舍郡府奏讞大辟類率從生非必專欲求殺也然而治獄之吏與法之官但見追逮不絕恐不能無妄意朝廷便私自

營冀徼盡力首公之名而規闊略縱出之責則必至於滋蔓刻核失出蓋鮮則失入有之及至上奏請決鍛鍊已成文致已白囚人雖有懷犢抑而不得伸朝廷雖欲加寬厚而無所施則是豈國家之意哉臺寺深嚴自非事守相關焉知其詳然法者設於有罪而使惡人知畏也人無罪者或不自保而善人亦懼矣此臣所以疑也臣知京師玩習久安大抵解弛而爵者貴近狃於恩幸未知畏法方陛下勵精為治有以懲過訓齊之誠是也然而矯枉者貴直矯枉過直則是曲而已孟子曰今之與楊墨議者如追放豚既入其苙又從而招之誠使百司自此莫不飭厲而貴近益遵約束然且求之不已則是亦過直而招之之類也書曰寬而有制從容以和在易之節曰苦節不可貞先王之所以繩檢群下未嘗無制也然必寬之使赴功有餘地從容而不迫遽故和樂而無憔悴節之為卦君子所以制數度議德行

然至於已甚過中苦而不甘不可以通行持久失其所以為正是故先王議道自己制法以民也誠以陛下天縱之才日躋之德靡不周而志固或倦舉以程能課事而厚望之於群臣磨以歲月則鮮不破漏傾覆失其所操持行義有跌於繩墨之間而譴訶有軼於度量之表矣易曰窮則變變則通詩曰四牡騑騑六轡如馳臣意陛下洞達事機時措之宜必有以變而通之如王良造父御馬緩急控縱而歸和平固已得之於精神之會心術之微然臣直以耳目所接言之刃能無過計也獄吏法官制在陛下視以好惡惟所寬恤易若覆手至于興甲兵之大投民於鋒鏑之間措之矢石之下以其死爭一跌而不振則雖有仁智之心不能救患於已然而消禍於既往是故帝王之師必出於萬全攻不必取不苟勞衆戰不必勝不苟接刃蓋以養國威全人命也近者瀘南之舉師出不為無名以陛下之威武將

吏鼓勇軍士思奮校之以討若老成人之策孺子角其有餘不足若孟賁拉侏儒擲馳鋒接萬全必勝而獨克然臣得之傳聞不知是否以謂蠻徼山林阻險道路狹隘溪澗隔絕吏士羊腸魚貫不輕得進地饒瘴疫令人頭痛身熱嘔泄霍亂而中州之人不服習其水土使蠻稍集黠闌大兵將至則逃遁而不出旅距而不可入曠日引久留而不決士卒暴露疾病死亡者衆而餽餉或不給師老械敝浸成遷延不然逆類醜徒上下救死為首尾之勢旁近種落相與唱和有脣齒之援舉熊羆之士而輕用其鋒以與獲狙之民角逐於崎嶇偪束淳淖翳薈之間以幸頃刻之勝厮養下卒有一不備於行間雖能梟馘其首領繫纍其徒黨猶不若多算遠御以全制其弊也如師倦而歸蠻或連結諸種呼嘯並出蜀地狹而人稠雖遇大熟食猶不足比歲錢積於官市用少而益貴米不加多而益賤則衆人困矣蜀之所

州以界限蠻夷者山林也今承平日久而虞衡之屬弛禁不講上之民私相交易往來往往有微徑潛通道路故號為險狹者今率行斬林木故可以為障塞者今皆盡行斤斧不幸而歲饑食不足又不可以多得本末俱困山林之阻故不設備屬有姦民鄉導外寇表裏俱發郡縣又闕守備則唐之南詔前世之均順豈可以其無能哉苟有言兵者凶器一方有急焉而皆從矣蜀雖號富饒為朝廷外府以內外輕重較之則手足標末也五路天下之腹心根本也河北陝西河東又皆控帶戎虜率討義勇保甲籍勝兵不減七八十萬則三路尤為天下之捍蔽祖宗寬假邊民稅或不及分河北特弛鹽禁誠知天下有急三路宜恃其重三路不可動搖則天下之勢常安而他皆坐受其利故切封疆捍壁壘輓芻奉饟數履危難之地者則急其力而緩其財守墳墓安鄉里不識戰鬬之事未知死亡之憂者則急

其財而緩其力利害之相權勞逸之相均勇怯強弱之相資多寡有無之相濟蓋未有兼責而獨得者也祖宗初定天下所以任戰者皆黥面之兵固未有義勇保甲也猶且恤之若此況今日乎誠宜先擇三路之守令優為勸獎之法稍稱職者且使任俾得以拊循其民即安田里因其暇日肄習戰守捐其逋負寬其力役平居無追須勞苦之歎則緩急可責其效死果得民兵之實則西北之虜且畏威矣民誠效死虜誠畏威則邊鄙不聳兵刃不頓不過几席之上樽俎之間可以挫四夷因其亂亡之時踐其機投其隙鼓之以道德征之以仁義誘之以恩信則可簞食壺漿以迎王師扶老攜幼以歸聖德鞭撻不施況血刃乎方天變之來陛下過意抑損即有以反求諸身又有以固結其民酌輕重之宜謹先後之施則夏遼異黨蠻貊荒忽可使歸命向化矧惟宮殿之內左右密勿常從宿衛之臣乎至若推廣象

類而脩舉恩澤之政以導迎善氣唯陛下所擇非小臣所得一二言也臣屬近在輦轂之下首聞詔旨猥先衆人而言陛下赦憐不誅使狂言之士得以繼進則四海九州之博內外臣民之衆方九德咸事之時安知不有指陳世故極於天人之分達於古今之宜足以上啓聖心抑塞星變者哉則是臣於國猶為有補也

神宗時承議郎王安禮上奏曰臣聞和氣致祥乖氣致異人事失於下變象見於上能應之以德則咎異消忽而不戒則禍敗至蓋天以君為子愛之顧之可謂至矣政一弗迪則垂象譴告將欲人君悔過遠非慎微省事以自全安也自昔言災異者皆不出此廼者彗出西方異之甚者陛下恐懼祗畏避宮省膳亟下明詔敷求直言乾道昭然今則消復臣聞無災而懼禍亦不萌患至而思今將誰執當陛下思變責躬之日臣實不敢懷未信謗己之嫌共惟陛下即位以來憂

勤庶政興起救廢總持權綱可謂欲治之主不世出矣夫仁民愛物之心而澤不下究有溫恭好問之實而壅於上聞廣土衆民未躋既富萬方黎獻罔或彙征在位多素餐之譏比屋無囹空之頌是非雜糅賢不肖混淆民勞於室謫見於天臣竊思其由未知其實意者左右之臣未均不直謂忠者為不忠謂不賢者為賢朋黨比周讒忌蔽塞以惑陛下之聰明歟任職言事之臣附勢以亂情偽倚法以徇愛憎賞不及功罰不當罪而政事不得其平歟乘權附利之臣未察惠養閔仁之意用力殫於溝瀆取利究於閭夫兵民嗷嗷或致愁歎人不得安而失職歟凡此數者足以干陰陽之和致乖沴之氣天象之差幾在於此陛下慈仁孝友格于皇天外無狗馬玩好之求內無險詖私謁之事是陛下修之於上正之於朝廷而群臣隳之於私室伏願陛下察親近之行使無以濟其私杜群枉之門使得以歸於直省

不急之役作紓弗勝之力役凡可弛以利民者一切罷之則善言可以退舍美意可以延年復見於今日矣若夫貶損之舊章祈禳之小數臣竊恐皆非陛下所以昭事上帝之意臣羈孤惷愚旁無佽助獨蒙陛下拔擢幸得待罪從臣常懼無以報稱故敢冒昧不避斧鉞之誅以先衆臣唯陛下留神裁擇不勝幸甚干冒天威臣俯伏俟命之至

張方平上論曰臣蒙恩在朝備員經歲無施補益每為深愧今被命守藩旦夕出國門適值陛下以垂象之變降御札發德音勑宰司率在廷之臣直言過失改修政事之未協于民者當陛下憂勞之際是臣不為陛下開一言則忠義之語無復至於天聽上負知眷沒有餘責敢以聞見少報重恩臣聞天尊地卑而君臣之分定君君臣臣而後國體正天下安故惟辟作福惟辟作威臣無有作福作威臣而有

作福作威其害于而家凶于而國蓋為國之體猶權衡勢不可使有所偏重偏重之勢必成傾覆歷代成敗何不由此伏自近歲以來災異之作率由陰侵於陽陛下天縱聰明前言往事無不洞鑑不待臣說也今聖心所以咎天戒責躬變禮可謂精誠之至詩天蓋高其聽孔卑故不旋日而星變以隱感通昭答是以明皇天眷佑我有宋之意至矣陛下應之以實固當踐所言今夫政事之未協于民者固有之矣大抵新法行已六年事之利害非一二可悉就中役法一事為天下害實深累經更變竟無長策可以定其法議論日以紛擾公私日以勞敝夫人為天地之心天地之變人心實為之故和氣不應災害荐作蓋下令如流水之原取其順流之易也經六年而事功莫效願其事必有未協于民者矣法既未協事貴必改若猶憚改人將不堪憂患一成噬臍安及陛下承六世之業上有二宮家國大事願陛下憂深而思遠寧忍於人情不可忍於社稷也憂患既成人臣各有去就之分家國之憂獨在聖人所以終日不離其輕重謂此也此臣所以為陛下痛心疾首一夕而九興也況今習俗奔競偷敝成風交黨相傾勢利相軋攻訐起於廟堂獄訟興於臺閣非所以昭聖化也毀譽移於好惡賞罰偏於愛憎非所以正王度也士大夫習尚如此有為國家死節伏義臨難處而不易其操者歟昔堯舜之為君選于衆舉十六官而與皋夔稷契共治天下猶且明四目達四聰而後能協和萬邦雖大聖賢未有一人之心力而可以成天下之務也陛下臨御九年中外臣庶皆照臨之下其間必有知忠義不二心之臣簡在聖衷者矣願陛下召之左右從容訪逮譬之金石叩之則鳴人各有心激之則發吉人之辭寡吉人訥於言外若不足其中誠也利口捷給外若有餘其中偽也惟聖鑑精察之若夫導之以言而不能盡

者使陳之簡牘必有所効者矣前代明君莫不以是考于下故能廣視聽於扶同之外究得失於纖微之先攬其權綱執其柄鑰慮所以藏身之固思所以置器於安此惟獨決於神斷而後可非所以謀于人者也夫事有失於前者不可不悔患有在於後者不可不懼如救焚溺勢不可緩緩則無及於救矣魚不可脫於淵國之利器不可以假人涓涓可以潰堤熒熒至於燎原釁端厲階不可忽也臣之心惟願國家之善政美事陛下之盛德鴻烈高越百王之上流光萬世之下天之福祥休嘉之象生而咎證之象不生民之愁歎怨咨之聲不作而頌聲作使兆民樂事勸功尊君親上欣戴安樂臣退就田里以至瞑目泉下猶知懷此幸願也老臣無狀為陛下慮不敢不精為陛下言不敢不盡亦惟陛下察此至誠俯垂省納實天下幸甚

監察御史裏行彭汝礪上奏曰臣竊惟書叙休咎之證時雨以肅常

則以狂時寒以謀常則以蒙蓋各以類焉然天難諶命不可知故先
王亦正厥事而已今年春旡陽秋苦雨陰陽之沴各至其後復大水
冒郡邑殺人畜淹禾稼流蕩廬舍陛下咨嗟嘆息憂形於色爲出使
勞徠安集之則陛下之仁愛可謂至矣然古以醫諭治國欲知其身
緩急焉病發於手足而治於手足其力雖勞疾終不加損求其本而
治之七年之病可朝暮而定陛下寬慈恭儉仁孝宮闈嬪御非有過
溢之寵池臺林籞非有不時之游幸母家后族畏法循理非有僭侈
如漢之外戚也內外百官承流聽命非有擅威作福如唐之藩鎮也
蠻夷畏威非有飛揚跋扈不可制者也而天災仍重宜必有在臣知
不足以知天變言不足以中民病願陛下財察之夫豈刑政有不中
歟讒慝奇衺之吏或未遠歟陰邪之人用歟亦其臣有所不稱歟不
然何災傷之如此也左右皆曰禍福數也爲此言者非偷則諛今人

君之事天猶人臣之事君其君有所與則附之有所恐則畏之威福
之至皆以爲命焉則人事幾廢矣書曰洚水儆予又曰王司敬民此
先王所以恐懼修省之意陛下察之五經之學皆陛下所自得亦何
庸臣言哉

明州通判梁燾以久旱上書論時政曰陛下日者閔雨靖惟政事之闕惕
然自責丁卯發詔癸酉而雨是上天顧聽陛下之德言而喜其有及
民之意也當四方仰雨十月之久民刻於新法嗷嗷如焦而京師尤
甚閭閻細民罔不失職智愚相視日有大變之憂陛下既惠以詔音
又施之行事講除刻文蠲損緡筭一日之間歡聲四起距誕節三日
而膏澤降是天以雨壽陛下之萬年感聖心於大寤有以還其仁政
也然法令乖戾爲毒於民者所變纔能萬一人心之不解故天意亦
未釋而雨不再施陛下亦以此爲戒而夙夜慮之乎今陛下之所知
者市易事耳法之爲害豈特此耶曰青苗錢也助役錢也方田也保
甲也淤田也兼是數者而天下之民被其害青苗之錢未及償而責
以免役免役之錢未暇入而重以淤田淤田方下而復有方田方田
未息而迫以保甲是徒擾百姓使不得少休於聖澤其爲害之實雖
一有言之者必以下主吏主吏妄報以無是則從而信之恬不復問
而反坐言者雖間遣使循行而苟且寵祿巧爲妄誕成就其事至請
遍行其法上下相隱習以成風臣謂天下之患不患禍亂之不可去
患朋黨蔽蒙之俗成使上不得聞所當聞故政日以敝而禍亂卒至
也陛下可不深思其故乎

哲宗元祐元年梁燾爲右諫議大夫上奏曰臣竊聞華州奏鄭縣界
小敷谷山摧損覆居民者臣按春秋傳曰國主山川故山川之變聖
人以爲至戒而深懼然變之來也或考之人事而相符或稽諸君德

而不類要之皆有天意顧世主所以應天意者何如耳應之得其道
則轉禍而爲福失其道則反安而爲危詩曰百川沸騰山冢崒崩高
岸爲谷深谷爲陵此人事相符之變也然幽王曾不以爲卹故詩人
哀之曰胡憯莫懲書曰湯湯洪水方割蕩蕩懷山襄陵浩浩滔天此
君德不類之變也然帝堯自以爲戒故命禹之辭曰洚水儆予臣竊
伏思陛下即位以來尊用耆哲登崇雋良納天下之善常若不及華
天下之弊惟恐不至以百姓之心爲心撫而念之不啻父母之於赤
子也四海內外物情人意和樂而舒徐巍乎太平之象矣宜乎美祥
嘉瑞交至而迭應今反有山摧之異者何也臣見天心之仁愛陛下
欲以萬佑聖治日新又新以盛無疆之休故於未然深示警告願陛
下仰思天心而內自勵曰予臨兆民凜凜乎無不懼矣豈尚有言
動之際怠而不恭者乎公言直道固無間而上下交矣豈尚有詖辭

邪說及易是非汨吾之明者乎正人君子固並進而朝廷清矣豈尚
有不肖渾淆其間亂吾之真者乎天下固安矣豈尚有宿蠹深弊遠
而難燭隱而不知或欲改而復存或已除而又作動人之憂者乎四
疆固靜矣豈尚有惜虛名而甘實弊以養後患未為至計者乎爵賞
不為不謹也姑息以害公僭差而紊正者一能絕歟刑賞不為不平
也當罪而縱宜直而枉者有不察歟政令不為不明也煩而寡要輕
出而易反以惑民之聽者審於思歟力役不為不省也用而不切偏
而弗均者究之至歟郡邑之治不為不飭也任非其人過王澤而不
流病吾民者知之盡歟仰願陛下因天之戒凡此類者益加意焉臣
愚不勝惓惓昔梁山崩晉侯以傳召伯宗伯宗以重人之言告而晉
侯從之以自責春秋賢之夫晉侯列國之君而梁山一國之望耳其
變也猶能亟召賢者而謀之況陛下有天下之大華山又五嶽之崇

乎其可不畏天之威思所以應其變也伏惟陛下鑒周之失體堯之
言采晉之善博資賢人之謀修飭政事以荅天戒社稷幸甚天下幸
甚

六年熹知鄭州上奏曰臣聞日者衆陽之長人君之象也以清明博
照為德而不容蔽虧侵掩之為患一有此變則君德傷矣乃今春以
來蒙濁霧翳不見清明之景者踰六十日閒得一仰暘潔則欣欣然
物榮而人喜今又食于五月之朔為變亦已甚矣詩曰彼月而食則
維其常此日而食于何不臧傳曰月食非常也比之日食猶為常也
日食則不善矣惡其主君之占非太平之象也臣竊為陛下憂之亦
以為陛下之賀也自古衰亂之國必有日食星辰之變而日食為之
冣此臣所以憂也自古明昌之君逢災遇變飭躬畏應天以誠終
以荅譴不損為聖此臣所以賀也恭惟陛下以上帝眷命早有天下

並明文母臨制四方退託謙恭無所專斷言動中禮不聞過舉何其
天鑒昭昭示戒如警失道敗度之君甚可畏也或者陛下以盛妙之
年居崇高富貴之位養心之道猶未加焉故天心垂以譴告欲陛下
飭躬責畏應之以誠則除災而集福矣臣願陛下思所以銷變之理
而上悅天心夫銷變之道莫如修德修德之要莫如進學進學之效
莫如專志志專於為善則氣定性復聰明日開真積力久為聖益聖
夫如是可以迎天地之貺揚祖宗之休災害不生禍亂不作濬然高
拱坐擁吉隆之符矣董仲舒有言曰天之仁愛人君欲止其亂自非
大亡道之世天盡欲扶持而全安之事在彊勉而已彊勉學問則聞
見博而智益明彊勉行道則德日起而大有功此皆可使還至而有
效者也詩曰夙夜匪懈書曰懋哉懋哉皆彊勉之謂也陛下以堯舜
之資聖敬日躋加以好學之志當為太平有道之主天之顧諟感應

純佑豈止仲舒之所稱者亦在陛下勉之不懈而已夫帝王之學當
知其大者遠者不在辯章析句總攬纖微蔑雖文章滂沛議論屑屑
若儒臣之為也所謂遠大者豈無要耶臣謹獻其略夫明主可以靈
承上帝者莫如敬臣願陛下事天以敬明主可以得四海之歡心者
莫如孝臣願陛下奉親以孝使群臣之喜樂盡忠者莫如信臣願陛
下御臣以信使百姓之家給人足者莫如仁臣願陛下養民以仁使
政事惟醇不令而行者莫如勤儉臣願陛下治已以勤儉使左右安
寧中外附豫者莫如寬宏臣願陛下容下以寬宏敬天之事蓋多端
也非學無以究至誠之實孝親之事蓋多端也非學無以盡愛敬之
力信臣之事蓋多端也非學無以辨邪正之情仁民之事蓋多端也
非學無以達富壽之術勤儉之事蓋多端也非學無以適中道之用
寬宏之事蓋多端也非學無以識敦大之體惟其進學則盡之矣伏

惟陛下屏遠聲色。親近書史。宮中清燕。日深記誦。退朝之餘。經筵之外。間召講讀侍臣。咨訪講議。不必務求多遠。常使日力有餘。暇而致精。樂而忘倦。日就月將。自成廣博。克勤于學。則德明而君道彊。不勤于學。則德微而君道弱。君道之弱。雖無災異。是為懼畏。君道之彊。雖有災異。可以銷伏。陛下誠能存畏天之心。發進學之志。天心聽之。悅然降福。蒙濁之咎。終無辰月之驗。薄食之變。必有雲雨之應。精意所感。吉符是隨。上寬太母憂勞保護之慈。下副中外欣戴瞻望之願。享國永年。比隆仁祖。此宗社之慶。臣民之幸也。臣天與朴忠。尚亦自竭。今不敢以在外踈遠。少息愛君之誠。狂直之言。惟陛下財赦。

元祐二年。右司諫王覿上奏曰。臣聞書曰。惟吉凶不僭在人。惟天降災祥在德。夫人君之德。配乎天地。而協乎陰陽者也。故災祥之來。皆隨其德。古之人君每見災異。則退而自省。以修德焉。乃可以變災為

祥。轉禍為福。伏見去歲以來旱災屢作。今春涉夏。亢陽尤甚。陛下焦勞惻怛。精意祈禱。靡神不舉。而又傾倉廩之積以賑飢。省土木之工以寬役。親錄囚徒。赦過宥罪。宜可以致雨矣。而雨猶未也。然則天意亦必有在矣。謹按洪範之五事。一曰貌。貌曰恭。恭作肅。見於休證。則曰肅時雨若也。夫人君外既有恭莊以著於貌。內必有肅欽以生於心。然後施於政事。一皆主於肅欽。則百官群吏。四方萬里。莫敢不肅。而天應之以時雨。此天人相與之際。如影響也。恭惟陛下春夏以來。凡可以致雨者。無所不講。而雨猶未應。意者肅欽之道。或有所未備乎。陛下起居語默。多在深宮之中。非愚臣所得而見。其見於政事者。臣得以言之也。夫中都之官。雍容養望者多。而紀綱浸隳。諸司之吏。驕慢玩法者衆。而鞭笞罕及。此京師官吏之不肅也。監司安意朝廷厭於督責者。以苟簡為適時。郡縣安意朝廷主於寬大者。以縱弛為得計。此監司郡縣之不肅也。國之凶人可誅竄以明國之刑者。或沮格於大臣之言。民之巨蠹可黜削以釋民之怨者。或稽留於典吏之手。此刑罰之不肅也。令出惟行弗惟反。今發號出令或數日而追。或累月而變者。此號令之不肅也。廣西新州之役。以兵將邀功。無事受戮者千餘人。遠方之民。銜冤無訴矣。而久不正其罪。此軍政之不肅也。河北塘泊之險。以大河橫流漲為平陸者數百里。胡騎之來。將通行而無礙矣。而莫有任其責者。此邊吏之不肅也。凡政事之不肅者類如此。而求所謂時雨順之。不亦難哉。夫仁恩豈不可致雨。而肅欽乃可以致雨者何耶。蓋肅然後仁恩可行也。朝廷不肅。則小人肆而下有受其弊者矣。政事不肅。則萬事隳而民不保其生矣。夫如是。且將亂之不暇。尚何仁恩之有。況可以感天心而致雨乎。惟肅欽然後政事修而仁恩行。乃所以致雨之道也。然則言動之不可以不肅者。臣

願躬行之。政事之不可以不肅者。臣願深圖之。庶幾乎雨可致也。

三年。御史中丞蘇轍乞罷五月朔朝會劄子曰。臣伏見去冬無雪。今歲春夏時雨絕少。二麥不收。秋種未入。旱勢闊遠。歲事可慮。伏惟皇帝陛下。聖心焦勞。禱請備至。發倉粟。留上供米以救饑饉。苟可利民。無所愛惜。而天意未回。旱氣日甚。臣實憂之。竊惟古之明君。遇災恐懼。內既竭其誠心。畜用勸分以濟民死。外必避殿減膳。廣求直言以荅天意。今二聖既勤其內。而外事未修。五月之朔。將御文德朝群臣。臣恐九重之愁憂懼之實。民莫得知。徒見陛下晏然坐朝。臨御大衆。民愚無知。或謂陛下不畏天災。不卹民瘼。人心一疑。天意弗順。以此救旱。所損大矣。臣愚伏願陛下舉行祖宗故事。明詔有司罷朔會。避正殿。損常膳。令百官吏民皆得上封事。指陳時政闕失。如此施行。雖未得雨。而人知陛下寅畏天戒。不吝改過。群情悅服。神亦將助。以此

故旱。非小補也。近日執政大臣雖曾奏乞解罷職任以荅天變。而所請未允。無益於事。今若陛下旣自引咎。則大臣勢難獨止。雖未可遽從。若且例降一官。庶得雨而復君臣協心。災庶可止。臣備位禁林。心有所見。不敢緘嘿。或加采納。乞不出臣此章。只作聖意行下。於體尤便。

轍為戶部侍郎。論陰雪劄子曰。臣伏見自去冬至今。陰雪繼作。罷民凍餒。困斃道路。聖心憂勞。何所不至。蓋嘗命有司發內庫之錢。出司農之粟。竭大府之炭以濟其急矣。猶以為未也。則釋犴獄。罷夫役。凡可以惠民之事無不為矣。而天意不順。雨雪如故。臣竊惑之。臣嘗觀先儒論五行之說。以為聽之不聰。是謂不謀。厥咎急。厥罰常寒。故周之末世。舒緩微弱。政在臣下。則天應之以燠煖。秦之末世。峻刑暴斂。海內重足而立。則天應之以寒慄。是以周亡無寒歲。秦滅無燠年。信

如此言。則朝廷之政。今豈失於急歟。竊惟二聖臨御以來。革斂去煩。施惠已責。凡所措置雖未盡得。而民獲其所欲者多矣。茍以為急。雖三尺童子不信也。然則陰雪之應。其咎安在。臣聞商高宗雉雊於鼎。其臣祖己告之曰。惟先格王正厥事。夫所謂正厥事者無常事也。惟因其非而正之耳。故臣竊推之古事。以為天大雷電以風。而成王應之以逆周公。衛國大旱。而文公應之以伐邢。夫親任三公。非所以止風。而興師伐人。非所以致雨。彼既為之不疑。而天亦報之如響者。誠得其時。當其事耳。臣竊惟近者天地之變。常半歲苦旱。半歲苦陰。陰陽之氣。一有過差。浸淫爛熳而不能反。今雨雪既甚。久而不止。則春夏之際。又將復旱。此其類似有以致之者。古之為政。德刑並用。寬猛相濟。使天下懷其惠而畏其威。民氣充塞。而天地從之。故陽不過而陰不忒。自頃以來。朝廷之政。專以容恱為先務。上下觀望。化而為一。監司之臣以不執有罪為賢。郡縣之官以寬弛租賦。縱釋酒稅為優。至於省臺寺監亦不聞有正身治事以辦集聞者也。何者。朝廷方兼容是非。以不事事為安靜。以不別白黑為寬大。是以至此極也。臣竊惟朝廷之意。其始蓋欲以寬治民耳。而不知姦臣猾吏乘其間以侵虐細民。其弊不可勝數。名雖近寬。而其實則虐也。陛下誠欲消復此變。宜訓敕大臣使之守法度。立綱紀。信賞必罰。使群下凜然知有所畏。茍朝廷無偏甚不舉之政。則陰陽過差浸淫爛熳往而不反之氣宜可得而止也。不然。雖空府庫。竭倉廩以賑貧窮。破囹圄焚鞭朴以縱罪戾。臣恐天地之意未易回也。臣待罪地官。以簿書米鹽為職。出位而言。罪在不赦。然陛下頃自疎外擢臣而用之。二年之間。致位於此。豈欲責臣齪齪以吏事自效而已哉。是以冒萬死獻言。惟陛下裁擇。

四年。御史中丞李常上奏曰。臣聞漢策曰。善言天者。必有證於人。善言古者。必有驗於今。臣學荒識淺。智慮不明。豈足以知天。烏足以考古。又況所謂善言者耶。雖然。誦詩書之文。服師友之訓。稽夫往昔。驗諸當今。以觀天人之際。若有可以言者。輒妄陳一二。干鈇鉞之誅。惟陛下裁擇。臣伏見今歲已來。日色無光。雷不時震。怒風屢發。甘澤弗降。上天示變。殆非偶然。質之前書。甚可畏也。易曰。縣象著明莫大乎日。日者君象也。照臨下土。暉曜所燭。無有不及。不容有所掩翳而光烈弗舒者也。震迅以時。發揚隱伏者雷也。刑威之象也。不容於發生之辰。寂然收聲。使人無所懼憚也。鼓動萬物。幽微必達者風也。號令之象也。不容狂怒輒發。蕩然無時。以抑止甘雨者也。雨之所及。膏潤恱懌。長養嘉穀。惠澤之象也。不容更越時序。枯槁百生。若無意於京務者也。臣自不雨以來。博行訪問。雨澤愆少。唯王畿獨甚。雖請禱備

至而嘉應未臻沉陰欲雨輒復隨起霡霂微溥尋復收霽夭其或者將以此警懼陛下乎且古之聖王不以災譴為患患政刑有所不至耳苟能恐懼省察修明政刑而災譴不弭者未之有也臣夙夜伏思陛下臨御以來發政施仁莫不本之先王法乎至德唯恐一物或失其所樂言納善從之如流惟恐設施未當害及元元宜乎和氣感召風雨順理以佐百穀以寬疲瘵矣又自闕雨至今陛下焦勞惻怛憂形言色奔走幣祝致誠乎天地山川及群小祀親臨軒陛以寬宥獄命官四出以察冤滯然而終未獲應者將政令之大者有所未盡歟先儒謂心和則氣和氣和則形和形和則聲和聲和則天地之和應矣臣伏見今日政令之最大而設施未安致人情不和者役法是也役法之大溥及四海窮邊遠徼山農野叟無不繫其利害休戚今自改更以來目見未便戶部雖巧為損益以求可行猶朽木糞牆本根

不善終不能必當四海之人形聲靡和磬磬莫訴而陛下曾未之察也執政大臣曾未之卹也觀望百執事鉗口奉行曾未之告也然則陛下之明有所蔽而不徧照乎四國矣威刑見玩而有所拂矣號令差忒而設施失當矣德澤不及乎黔黎而欲時雨之應期何可得耶臣請詳言力役之為平民患差與雇利病重輕之不同夫耕農之人儻身常在野而不見官府入城市天下之情所同願也自租庸調法廢版籍不明差役寖弊國朝因仍前代雖加損益不免就版籍隨重輕等第差科然破家產廢農業非一日之積矣熙寧中講知差法之弊天下州鎮凡因色役害民之事例皆裁減如衙前主管廚庫承符散從手力充場庫子接送之類也就其不可減者悉使召而賦錢平民平民隨力出錢無事於公家遂得以身常在野不見官府入城市孰便於是耶維然方是時奉令之臣取民過多務於贏積遂有輸錢不逮之歎農民命貧之憂而

不聞其免徭役而事農業於家為病也陛下即位之初采納群言念歲歲輸錢為非農人之事又不供力役以為非古遂一切罷之復行差法方詔旨初下愚民未知被差之為害臣於是時亦不能盡知如此四遠之人蓋嘗呼而相慶矣行之既久始覺其患有加於嚮日何也蓋差法之廢十有餘年版籍愈更不明當重役者輒輕宜輕役者反重交相糾決獄訟紛然因緣為姦公行賕賂鄉寬戶多者僅有休息之期鄉狹戶窄者頻年在役況今無限田之制上等極力之人昔輸錢有歲百貫者今止差為弓手歲雇弓手一名以代身役不過用錢三四十貫中下人戶舊出錢不過三貫至二貫而雇承符散從手力之類不下三十貫以是校之勞逸苦樂殊為不均至相倍蓰矣然則今所改法徒能使上等人戶優便安閑而第三第四等困苦日甚詩云哿矣富人哀此惸獨正謂是也昔臣待罪戶部嘗獻議曰法無

新陳便民者良法也論無彼己可久者確論也既而典司邦憲亦屢以此干冒聖聰有司收格曾莫之省以臣料之人情豈甚相遠哉不過謂業已施行憚於改易殊不知茫茫四國仰訴無由蚩蚩微命相顧受斃聚為不和之氣上動天鑒豈國家之盛事耶臣前所奏尚欲令富者輸錢貧者出力折衷二法而為書今也博訪輿言詳究民瘼在上者既無寬剩之求則下戶皆願出錢矣而又四方風俗或不同利害或不一當差而願雇者有之誠能使四方隨俗以為法不以一偏之好惡示四方官吏不得觀上所好惡而講法其歸主於寬民便俗上下均一無有偏重而已今示以一偏之意而為法使四海沸騰細民窮困朝廷晏然不知慮鄉士大夫畏忌不敢言況希合之人為監司與夫守令哉持之不以介諸懷使陛下致天怒於上人怨於下豈國家社稷計耶臣謬司典憲陛下許其察利害言得失復有所顧

避而不言則臣上負朝廷下孤百姓罪不容誅矣伏望聖慈察天意之甚微特詔一二詳練民事臣寮使與賤臣就差官二法取便百姓者修正之無牽新書無執舊說吾民以為善矣庶乎災變可消和氣可格天下幸甚天下幸甚

劉安世為愆亢乞徹樂損膳精誠祈禱狀曰臣伏見去冬以來頻愆時雪今春踰月驕亢愈甚詢之四方率多旱暵二麥已損荐飢可憂然而南畝之間苗未至槁近日得雨猶有可救方二聖子育黎庶垂意民事謂宜責躬修政以召和氣而禱祀之禮有所未舉賑救之目有所未行臣雖甚愚竊以為過昔堯有九年之水湯遇七年之旱而國無捐瘠之民者蓋備之有素而已宣王遇災而懼側身修行欲銷去之故雲漢之詩曰不殄禋祀自郊徂宮上下奠瘞靡神不宗此前代聖帝明王所行之事陛下之所宜取法也伏望聖慈祗畏天變徹

樂損膳精誠祈禱明敕大臣講求闕政申命中外審決留獄諸路監司謹視所部凶荒州縣廣為賑濟之備或官廩有不充之處仍令勸誘富民納粟以助公上擇其尤者寵以閑官不急工役悉俾停罷庶幾人神和悅早致膏澤事有備豫民無流散

安世又乞舉禋祀荒政及求言卹刑狀曰臣近以時雨愆候旱勢闊遠嘗進狂瞽粗陳銷復之理又舉前代聖帝明王側身修行救災備患之事條列以聞乞賜採擇今已累日未覩施行臣聞田家之言以謂三冬得雪而中春無雨則猶不免於歲歉今內自畿縣外逮諸路率皆旱暵二麥已損磬磬下民將罹饑饉凡可以為之救助者安可緩也臣聞聖王為國必有九年之蓄故雖遇旱乾水溢之災民無菜色今歲一不登人且狼顧若有司不度事勢拘執故常必俟春夏之交方行祈禱之禮民已艱食旋為賑貸之計所謂大寒而後索衣裘

亦無及矣伏望聖慈特垂軫惻禋祀之典救荒之政先事而講不必待時責躬求言恤刑省役庶召和氣以致膏澤

安世為右正言上奏曰臣伏見陛下即位以來于今五載承天順地仁民愛物德澤洋溢施乎方外元元鼓舞歌頌不暇固宜陰陽順序風雨時若諸福協應百嘉蕃昌而歲比不登和氣湮鬱饑饉流徙災害叢衆今春及夏旱暵為虐京畿西路二麥失望農民嗷嗷且有菜色雖陛下惻然軫念靡神不宗疎決繫囚降從寬典而沛然之澤終未告足又陝西河北屢聞地震大星晝隕其光燭地旬月之間巨異仍出臣聞天人之際精祲有以相盪善惡有以相推事作乎下象動乎上陰陽之理各應其感陰變則靜者動陽蔽則明者晦水旱之災隨類而至此皆天心之仁愛人君而先出災異譴告警懼使之兢慎修省而不至失道之敗也臣竊謂上天之體雖高而聽卑明主所應

惡文而尚實與其為祈禳之小數不若圖銷復之大方臣願陛下夙夜祗畏側身修行特下明詔以示罪己又許中外臣民極言政事之闕失專委近臣考求其當以施有政庶幾下情不至壅塞其諸路災傷州縣流民所至並委守令多方賑濟無俾捐瘠申勑緣邊帥臣及捕盜官吏常切警備以戒不虞今日已前內外營造土木之役苟非要切並乞停罷分命監司按視留獄公卿輔弼同寅協恭以思天變闢衆正之路塞群枉之門誠備災之善經應變之至務也昔宋景公小國之諸侯爾有不忍移禍之誠出人君之言三熒惑為之退舍陛下之明聖發於誠心精意感通何求弗獲臣待罪諫列日聞焦勞輒效愚忠庶裨萬一惟冀聖慈少賜採納不勝幸甚

中書舍人曾肇上奏曰臣伏見去年諸路災歉京西陝西人至相食冬間僅得嘉雪粟麥甚茂飢民嗷嗷待此以濟而雨不時應旱氣已

盛麥苗萎黃勢將槁死雖有收成之望所得固已無多若飢饉荐臻公私受弊有不可言者此正君臣側身畏懼憂恤百姓之時而恬然莫以為意此非臣之所諭也皇帝陛下太皇太后陛下畏天愛民海内所知豈忍生靈轉徙溝壑恐是上下蒙蔽苟寬聖心但云雨澤小愆未至害事九重深遠何由盡知臣等承乏從官不敢雷同隱默敢効小補仰裨萬一伏見已定今月十七日春宴臣愚切謂天菑方作民食未充乃於此時君臣相與飲食燕樂恐無以消伏天災導迎和氣伏望特賜德音為罷春宴使百姓咸知陛下之意人心既悅天意亦順必有膏澤應聲而至猶足以救垂死之苗獲豐登之望蓋輟一日之適而成終歲之功在於聖心宜無難者惟留神無忽天下幸甚

歷代名臣奏議卷之三百三

歷代名臣奏議卷之三百四

災祥

宋哲宗元祐四年御史中丞傅堯俞上奏曰臣伏覩旱勢太甚為害非輕聖心焦勞和氣未應臣聞應天以實不以文又聞萬方有罪在予一人自古聖帝明王莫不引咎自責故以誠感格者多矣是以凡有災異或減膳不御正殿思譴責躬以消弭其變不惟民被其福而上德益光臣願陛下講尋故事以致憂勤之意擇日親出為人祈請及選朝臣謹重嚴恪者分詣五嶽四瀆名山大川精加祠禱仍詔所撰祝詞深自刻責務在感動人神庶幾必有顯應

右諫議大夫范純仁論消復陰沴踈曰臣竊見去冬以來寒雪過常今已中春陰沴未解商賈束手不能營生貧困之民死者甚衆聖心憂勞修德禳變賑卹備至祈禱精虔尚猶未有消復之應臣竊思之君子為陽小人為陰或慮朝廷之士君子少而小人多因致陰氣過盛而陽不能勝也伏望深詔三省選用正人在外者使復歸朝廷在京者核居要近俾得聚會精神講求政要以裨聖治所謂舉直措枉庶使民心悅服自然協氣應誠災異不作

七年簽書樞密院事王巖叟上奏曰臣伏見去歲日食五月朔今歲月食三月望且食之既按十月之交詩曰日月告凶不用其行四國無政不用其良傳曰國無政不用善則自取謫于日月之災故政不可不謹也又曰彼月而食則維其常此日而食于何不臧考吉凶之言則日月之食以為戒考維常之語則若專戒日食而不以月食為可畏蓋詩人之時事異於今今方兩宮同聽天下之政實日月並明之道俱不當有薄食之變也臣竊惟皇帝陛下以光明純粹之德淵默臨朝太皇太后陛下以仁義公恕之行發而為政蓋無一不當天

心者。然則何為謫見于月食之災。臣殆恐陰邪道長。有以熒惑聰明。而聖心不以為疑。故天見變異以示警戒。此天心之仁愛陛下。而欲全聖德之美也。消復之應。宜在此時。願陛下用人之際。則審邪正。使必得其真。聽言之際。則察是非。使必歸於當。斥遠陰類。深防蒙蔽之害。以荅天意。臣愚不勝幸甚。

八年春多雪。刑部侍郎豐稷上言曰。今嘉祥未臻。沴氣交作。豈應天之實未充。事天之禮未備。畏天之誠未孚歟。宮掖之臣有關預政事。如天聖之羅崇勳。江德明。治平之任守忠者歟。願陛下昭聖德。祗天戒。總正萬事。以消災變。

右正言鄒浩以京東大水上言曰。今頻年水異繼作。雖原虛之數所不可逃。而消復之方尤宜致謹。書曰。惟先格王正厥事。不以為數之當然。此消復之實也。

紹聖元年翰林學士范祖禹上畏天劄子曰。臣伏見今月一日日食不盡如鉤。見者駭懼。以為數十年來日食之異。未有如此之甚者也。臣聞日食者陰侵陽。臣侵君也。自古陰盛陽微。小人浸長。虧損人君之明。則謫見于天。日為之食。陛下初御前殿。聽政月朔之日。皇天見異以儆聖心。雖言語丁寧。不過於此矣。陛下所宜恐懼修省。以荅天戒。深思變異之來。殆由人事有以感致之。務在安靜以寧人心。夫天人之際。相去不遠。應如影響。不可不畏。能應之以德。則災變而為福。異變而為祥。不能應之以德。則重違天意。何由消弭。臣恐邪人佞臣欲寬陛下聖慮。或言日食自有定數。又云天道遠而難知。此乃小人誤國之言。非聖人畏天之意也。惟陛下留神省察。臣不勝灼怛憂國之至。

四年陳并上奏曰。臣伏承詔書以彗星西見。大赦天下。許中外臣寮直言朝廷闕失。此陛下敬天愛民。罪己好諫之至也。臣聞主聖臣直。臣備員江外山縣窮僻之地。心念朝廷。不敢隨衆唯唯。輒陳愚見。商書曰。惟吉凶不僭在人。惟天降災祥在德。天下之治安。常以聽直言。近正人。公喜怒。消朋黨。明法度。節財用。謹興兵。不事游觀。不邇聲色。不急功利。不惑佛老。非獨治安也。榮莫大焉。天下之危亂。常在於逆忠直。近纖佞。私好惡。縱朋黨。紊法度。費財用。好攻戰。事游觀。惑聲色。急功利。尚佛老。非特危亂也。辱莫甚焉。陛下稟堯舜聰明之資。聖德學問。日益光明。求賢納諫。聲聞中外。然進用之人。或緣不用已而執仇。或觀望大臣而陰助。或元祐持兩端竊位幸用之人。伺意希合。豈免偏私。臣昨聞牓朝堂。不得附會言事。其熙寧元豐無問賢不肖。其所行無問是不是。則目為同心。稍言非是。便相語以指斥先帝。則為乖背。中書舍人葉濤謂觀文殿學士安燾為無甚過。則以濤為非。奪

職知光州。權中書舍人沈銖以戶部侍郎吳居厚為聚斂掊刻之人。繳還詞頭。則以銖為躁。罷職。罰金。夫詞臣以言而被責。臣下又不得越職言事。臺諫為陛下耳目官。可以言而不言。則是言路壅塞。下情不通。利害不達。非太平之道也。乃者彗星見于西。按漢曆志。有掃除之象。又云其災或短或長。內為後宮之害。外為諸夏之禍。又記齊景公彗星見而泣。晏子曰。君無德於國。穿池沼則欲深以廣也。為臺榭則欲高且大也。賦斂如攘奪。誅戮如仇讎。彗星之出。庸可懼也。是時孟皇后廢。天意驗於上。必當以人事驗於下。聖心恐懼。徹膳避殿。赦宥辜罪。求言悔過。中外聞之。率皆鼓舞。知陛下因變而增修其德。如周宣之側身修行而弭災。宋景公出人君之言而星退舍。真皇咸平間有妖星見營室北。詔令臣下極言得失。仁皇以彗出亦嘗下詔求諫。陛下今日所行以周宣宋景為不足學。而稽祖宗之盛。言路開闢。

聖政日新忠臣義士將接迹而出遭際有道誰惜危言然臣聞諂諛軟熟之言易於聽無益於治忠鯁法度之言逆於耳有補於時譬如良藥雖苦口而利於病焉臣不避斧鉞之誅竊謂鉄失其大有四中宮廢居瑤華姬妾寵盛一也逐臣未見牽復臣下互立朋黨二也百官趨時而迎合臺諫觀望而不言三也廷臣好談兵邊將喜攻戰四也所謂中宮廢居瑤華姬妾寵盛者臣試言之陛下日象也皇后月象也日之與月天地陰陽相資之理而坤無以承乾則無以母儀天下一旦置之瑤華宮中外駭聞且舜使堯女能盡婦道文王以御始于寡妻今閭巷賤夫尚以出妻為恥況陛下為天地神明之主言而為天下後世法行而為天下後世則朝行乎一堂之上暮傳之四方萬里之遠夫婦之道體合乾坤理千風化豈可容易廢黜臣聞有過則誅若無過惡不過詰責詰責不已不過放之別館誘掖誨諭使之

改悔設有忤旨不過猜妬乃婦人之常情今幽置瑤華外宮以為罪大也則不實之死以為罪小也則不應終廢且未聞別降詔選后天下疑之臣亦切以為疑慶曆中仁皇欲廢郭皇后為庶人司諫范仲淹諫曰后者所以長陰教而母萬國不宜以過失輕廢且人孰無過陛下當論后之失放之別館擇嬪妃老者侍之俟其悔而復宮書奏不納明日又率其屬伏閤論列上遣中貴人押往中書商量宰相順旨以漢唐有廢后故事仲淹曰上天資堯舜相公柰何以前世弊法累盛德御史中丞亦與宰相廷辯其非仲淹以言事出后廢瑤華宮其後上嘗密召郭后后欲宰相召百官立班受冊方拜命今陛下覩摹所期直欲在堯舜之上豈宜復用漢唐下衰之時已弊之故事耶后決無大過也自可再冊后令復宮以協天人之願以正乾坤之倍以着日月之象諒陛下非不知此遲遲未肯召者必左右毀之也必

寵愛蔽之也內則閹官嬖倖助言其非外則百執事之人順以為是下不能躋上於唐虞之盛而致陛下於有過之地以漢唐之弊法同其稱臣切為陛下不取也願陛下俯回天鑒復正中宮之位使後日史冊全美天下幸甚所謂逐臣未見牽復臣下互立朋黨者臣試言之陛下以妖星譴告深自戒懼大施曠蕩之恩有罪之人咸得自新至於殺人情輕尚獲全宥滌濯洗召和氣柰何放逐之臣尚未牽復此情未順天意亦乖元祐名曰垂簾其實陛下自總機務事皆奏可然後得行一時大臣念嘗為陛下左右輔相雖趨嚮乖背不為無過古人言投鼠忌器元祐之改更為形比先帝則今日有所行亦不無形比陛下理宜顧惜國體乘此大霈應遠竄舊臣召還近地漸復其職天下皆知其過陛下容而貸之是增益陛下天德之大內外諸臣不復分黨此一舉而數善得也臣元豐中擢進士第元

祐中實不蒙召用今日亦不敢干進故言之無嫌蔡確之死當時士大夫私曰此太皇太后之意也臣下無復敢言今劉摯蘇軾之徒放之嶺表瘴癘之地呂大防死於半塗范純仁置之遠地其他棄逐紛紛不可勝數士大夫又曰上意也臣下又無復敢言是過則稱君善則稱己非所謂忠也夫人所學所守各自有趨嚮不能齊也在朝廷用不用如何爾舜之命禹欲征有苗益以為不可周公之東征群臣異議獨十夫以為可王恢韓安國之論征伐張湯汲黯之同朝封倫魏證之論法度皆各有所見今擇其可而用之未聞加罪於異見之人陛下天容地受父生母育無一民非王民也無一臣非王臣也雷霆之怒不當於臣下計較如天地之於萬物溥施無報父母之於子有教無棄此天下陛下之天下陛下之天下乃祖宗之天下前後用事大臣乃藉利勢利器恃為己私公肆喜怒以得勝為快訩訩紛擾

自為朋黨非天下福也臣願陛下召還逐臣選用正人改法行事姑
務安靜朋黨既消則朝廷日尊人心既協則和氣日生天下幸甚所
謂百官趨時而迎合臺諫觀望而不言者臣試言之唐太宗有房杜
為相有王魏善諫近世如仁宗朝容納諫諍其甚切直者量行貶謫
近不過三兩月遠不過半年例行牽復或遂召用如此則忠臣肯言
義士感激無所顧忌所以得聞缺失保守太平陛下繼人主守成之
大業堯父舜子重規疊矩文經武緯聖作明述可謂已盛已盈矣已
盛者必善守已盈者必善持宜其憂勤兢畏以保無彊之休幸天誘
陛下之清衷輔養聖資有不言之敏德不怒之神威終之以禮樂無
以復加矣傳曰治天下之要莫若靜今用事言事之臣不求安靜以
酬恩怨為急百官之中少識廉恥貪愛爵禄務肥妻子者紛紛如也
其間尊君愛國以忠義名節自期千百之中無二三人且以近事言

之王安石為相門下客常不下數百人安石罷相則移之呂惠卿之
門惠卿貶黜則移之吳充王珪蔡確之門逮元祐則移之司馬光之
門光死則移之呂大防之門大防出則又移今日執政之門宰相意
在東則東意在西則西欲財利則財利欲邊事則邊事隨事變轉隨
口上落今之人材卑汙如此甚可恐也能言元祐之非能順執政之
意者薦之登對其次堂除不能言元祐之非不能順執政之意者送
歸吏部雖有忠臣義士無因得言無路得進近者所用言事官非執
政門人則其親故同里之人言人之善必視君相意旨之所必喜言
人之惡必視君相意旨之所必惡助恩助仇至有章疏屢上不報而
不決去就或以不敢言而求他職或以親老不可言而求外補臺諫
削弱風憲不振良以所用非其人之所致也如侍御史董敦逸司諫
郭知章乃是元祐用事之人在元祐則不言元祐之非所以能安其

身逮紹聖之後爭言元祐所用所行無一事是乃獲安其身此兩面
之人擽兩可之說非所謂一心事上者也鄉原之徒君子切齒而二
人偃然居之不自羞愧使陛下不聞過失助百官以報恩仇敦逸知
章負天下甚矣如皇后廢而未復逐臣久而未還聚斂之臣復進閹
官用事內降妨公臺榭侈費民力殫窮選帥生事士無廉恥釋老害
教朝綱未正法度未清役法未均水旱頻仍略不聞力言縱言之不
聽未見緣言事而出者低回苟祿以要大用今所力言者不過暴斥
垂簾之事多形瑣碎之言一切迎合亦未容全是也仁皇初即位嘗
詔內外不許言太后垂簾日事詔之大略曰太后保佑沖人十餘年
間四海安靜紀綱不亂今言事者多挾情迎合罔識遠圖靡循理體
今後不得輒有上言庶求先猷式敦教本此詔最為近厚紹聖以後
臣嘗觀陛下有詔謂垂簾時事及元祐大臣有一切勿問之語與仁

皇詔書意合然而進用之人既盛日與仇人為敵欲其必死而後已
又希進干祿求媚取悅之人不言元祐之失則為背馳陛下雖有此
詔其實臣下不行陛下之詔意中書樞密今所謂執政官有六人而
閩人居其五先王之時取賢無方或取於漁鹽或取於耕築或取於
仇讎未聞止於取一路也中書侍郎許將元祐為翰林學士一日獨
班宣見明日除尚書右丞蔡確南行之日也今尚書右丞黃履在元
祐為御史中丞凡涉數年不知所救何失所爭何事設言之不行則
亦不可已尋以己事為他人所攻罷職不知履何以自處或以先朝
嘗以善財利稱而今復用或以詞詰善罵而擢之要近如昨裨貴閹
官不唯牽復更加寵用此輩只宜備使令不當使預中書政事願陛
下察視多士惟賢是用潛消朋黨悉為王臣招致直言虛心悔省法
度求當無問新舊天下幸甚所謂廷臣好談兵邊帥喜攻戰者臣試

言之今急功利之人多無遠慮但務以雪恥為名挑釁起事徑入蕃城士卒不得休息轉輸絡繹於道臣恐勤兵勞眾雖得所侵舊境遂田無所用之所可憂者在乎內地也莫易於取之莫難於守之芻糧器械積之府庫適為其所資也以臣所見不若謹備自治以待之其太盛不軌之甚則戰戰之有名無有不勝其次俟其少衰當自歸服如趙充國之屯田以不戰勝之也陛下自免西顧之憂有榮無辱然後選忠厚政事習敏老成之人為之帥則得民之心一可當百兵慊馬飽用無紀律雖驅而使之戰百不當一今鍾傳江外書生始為閭人李憲門客因緣得官素號輕浮今以一方重事委之又以館職誘之可攻可戰有進有退不能臨事而懼好謀而成不唯無功恐辱國命熙寧初富弼議事不合罷相去之日告先帝曰陛下二十年莫說用兵王安石五事書一曰和戎是皆天下安靖肥富而後可以言兵

也所謂莫說用兵者非不為兵備其意謂先帝熙寧初即位未久歷事未多天下未富未可輕用其民遂元豐間陝右五路進兵有靈武之不利永洛築城有徐禧之敗事先帝謂在廷輔臣曰作事如此之難邊奏至屢為泣下信乎邊事不可容易民之死生國之安危君之榮辱　不可不知也臣前謂太盛不軌則戰戰之有名無有不勝此自俟機也故取之易其次俟其少衰自當歸服此前世驗也凡言禦西戎之策多以斷西北交結之勢漢武帝命衛霍屢空其巢穴列為張掖酒泉武威燉煌郡魏晉以下赫連等互據西河涼州之地奄有靈夏唐開西域始復其地置都護節度僖宗以後例授功臣五代擾攘封李仁福為西平王我太祖經略四方未暇遠略故彝興尚世襲領節鉞至四世外繼遷叛盡據夏宥銀綏之地淳化中始納欵歸服太宗易姓改名籍于宗正至道中復叛景德中又叛其子德明

尚孤幼又值契丹北和無以為援懼我朝廷併取乃堅上表以示臣服真宗慈仁寬量不惜靈夏數州之地遂以為定難軍賜以西平王號使當時乘其勢衰力敗有攻必取建州邑置靈武安西都護府擇帥之賢者且制且撫則沿邊鄜延環慶不復有今日之患其間元昊僭號遣楊守素入朝納旌節犯延州執劉平石元孫又入渭州界好水川殺葛懷敏輩臣以所見戎虜叛服往來不常正如虎豹之性不足怪也德明之衰弱可以攻取而不取元昊之僭可以問罪而不問所以養成其惡也今西戎謂之盛則有罪謂之衰則不臣宜選帥訓兵謹備斥堠俟之歲月彼當自屈服歸疆然後置都護府廣開營田足食足兵攻守兩得以永國家之利天下幸甚臣所陳四說願陛下稍霽天威容納而行之負薪之賤或有廊廟之語陛下自視孰與成王賢且成王有周公旦為師召公奭為保又有閎散之徒朝夕講道

明義為欲致其君於堯舜之上身不比嬖倖纖巧之小人耳不聞近習小利之邪說目不覩爭地兵戰之危事聲色者不得惑游畋者不得作貨利者不得萌德已進矣尚猶有訪落之謀廟小毖之求助七月之陳王業公劉之戒民事無逸之戒盤游無諫不從無言不聽而召公尚有不悅憂王之意如此乃能君臣相濟上下維持以成太平今近臣則爭曰陛下聖德已成群臣皆所不及無用諫諍言事之臣又不過指斥一二差除小事與今日不得志之人於國家大利害天下之大本末未聞議論今左右倚為廟堂之柱石者為誰賴以為醫工之藥石者為誰為陛下之股肱耳目者為誰恭惟先皇帝德業茂盛播在四海陛下當思所以繼之之難不宜輕信偏聽容易持守詩書之所責備成王者謂文武之業難繼也仁宗皇帝所以享國四十餘年內外無事以能聽諫諍也唐陸贄好諫自謂上不負天子下不

負所學言之竒利於國有補於君臣雖死不恨晉靈公冬寒鑿池宛春諫之左右謂鑿池天寒以春言罷役則是怨歸於公恩歸於春靈公曰宛春有善寡人能用之春之善則寡人之善也遂罷役裴延齡佞人帝欲相之陽城等詣延英門論爭伏閤不去帝怒左右懼不測金吾將軍張萬福大言曰國家有直臣天下無憂矣吾年今八十與見盛事臣學術蹇淺言無文釆發於孤忠言無忌諱願陛下萬機之暇少賜睿鑒幸而采擇念祖宗艱難之業除去四說之患若稽先王之道以措之當時非獨臣幸實天下之幸

元符中刑部侍郎王覿上奏曰臣聞之詩曰畏天之威于時保之故成湯以旱災而彰罪已之德大戊以桑穀而享中宗之名鼎雉致高宗之興風禾致成王之聖皆此道也董仲舒對策漢廷亦曰國家將有失道之敗天乃出災害以譴告之不知自省又出怪異以警懼之

尚不知變傷敗乃至此天心之仁愛人君而欲止其亂也比者日官預言將有日食之異陛下損常珍避正殿畏災之意見於政事以邀功黷貨之闒吏投之遠方以勞民蠹國之邊壘付之番將而又赦過宥罪與民更始斯足以慰人情而感天意矣故正陽之朔陰雲四布初無日蝕之象及有司觀準儀驗晷刻之際雲稍開而有覩焉疑陛下之所以正厥事者雖已留神而猶有闕歟不然何變異之未盡消耶夫應天以實不以文臣伏望陛下敬用五事念休咎之所因延見群臣訪安危之所繫進端方直諒之士抑讒佞傾邪之言文德來遠以久四夷之安脩德率下以廣九年之畜矜民力之彫弊而與之休息懲風俗之澆薄而化以忠厚如此類者陛下深圖而力行之則何止於消伏變異而已哉太平之效無疆之休可以坐致也干冒冕旒退俟誅戮

哲宗時侍御史劉摯上奏曰臣伏見自入冬以來並無雨雪亢陽為厲被災甚廣群情嗸嗸鷩憂四顧考原經典可謂大異夫人之氣與天地陰陽之氣相為出入流通而往來者也人情和於下則天道順於上人事乖於此則天變効於彼是謂天人相與之際也故聖人之事天也知其在上不遠應以類至則凡祈禳消伏以為末節小數而專修政事以應之竊以陛下委國仰成與之均休戚同榮辱者不在三省樞密院執政之臣乎今廟堂之上大臣八人情志乖睽謀謨不一無同心同德之節有分曹懷貳之意故議政之際排抵依違相激相閑其語往往播在中外所以政令壅隔而不下文書稽滯而不行官爵濫於無名而不應於典故公道屈於貴近而獨施於踈遠私邪朋比上下隔并況當皇帝陛下淵嘿諒闇之日太皇太后陛下制出房闥之時朝廷政權盡在大臣而大臣不弍如此故天下但聞頗僻

之事而不見和善之政政不和則人情不和人情不和則天地之氣繆沴而生此變也書曰肅時雨若五行傳以謂冬旱政舒緩之所致也今上下可謂不肅朝廷之政可謂驕慢廢弛號令可謂二三不振矣古者災異水旱咎在燮理陰陽之官故策免三公以塞其譴今來歲以窮盡旱暵如此宿麥在野無潤澤之入春氣相乘於疾癘之變生民一歲之大命豈可不念之哉又一月已來日青無光風霾昏翳考之占驗皆非小變而上之人恬不以為怪此中外之所以恐懼而不寧也伏望聖慈深省上天儆告之意俯察朝廷乖戾之變特詔大臣修飾政事凡賦斂之害人者法令之未安者大解而更張之至於決獄訟之私枉邀諸司之稽違進忠良退阿諛通壅蔽去疑貳務以至誠實奉上塞天譴下救生民則和氣之應將不旋日而得之矣臣不勝惓惓之心

諫議大夫陳次升上奏曰臣聞易曰天垂象見吉凶聖人象之又曰
觀乎天文以察時變則知古之聖王嚴恭寅畏以順承天天示之以
異則反身修行下責躬之詔求直言者有之冊免三公者有之恭惟
陛下近因星變徹常膳遠聲色罷游宴此盛德之舉雖堯帝之惟幾
文王之小心何以加諸然而責躬之詔未下無以顯聖德天下直言
未求無以裨聖政臣竊觀經史所載以災異之來必緣人事人事正
於下天意應於上書曰惟先格王正厥事蓋謂此也伏願陛下頒尺
一之詔求天下直言上以昭聖明之聽納下以盡臣庶之愚忠如此
則朝政闕失得達於冕旒之前人事何患乎不修人事修則天意得
天意得則災異自消矣
次升又上奏曰臣觀書曰皇天無親惟德是輔詩曰皇天親有德享
有道以此知有道德之君天必愛佑之時出災異以警戒之恭惟陛

下聖德隆盛朝廷清明今有此變異者豈非天之所愛佑以此警戒
乎竊聞陛下謙沖退托下詔損常膳避正殿罷秋宴求直言此盛德
之舉社稷之福也然考之故事先朝有遇星變必須恩以滌幽枉臣
欲乞斷自聖衷施行庶使變異自消福祥日至不勝幸甚
徽宗即位鴻臚寺丞韓宗武上奏曰臣伏觀詔書以日食正陽之月
天下臣庶得以實封言事臣退而伏思以謂人君敬畏天象法古盛
德夫日食星變山崩涌泉天地所以警戒宜以人事察其幾微自古
危亂之國當其未危未亂必有事之先見者忠臣義士未嘗不發憤流
涕道于當世之君事之微漸則人情所忽亂之既生又悔無所及臣
竊惟近日之事亦有微漸而不可不察者夫大臣不畏公議私結朋
黨小臣邀利附下遺忘朝廷國可危也人主怠於政事言路壅絕威
柄下移怨讟上歸國可危也左右謀議無儒學輔拂之士守邊捍敵
無扞城禦侮之臣國可危也開大境土外連邊患財用耗匱民力凋
弊國可危也歲穀不登倉廩空虛民人流亡盜賊數起國可危也先
帝践祚之初母后共朝政出房闥委任大臣紹聖之後神考法度未
及盡舉而根治朋黨追復私怨中外觀望言者同罪追貶竄逐流離
道路正士廢黜耆老殲亡附下罔上相排擯以為進身捷徑縱有特
立之士一二敢言者一身流放旋起大獄害及善類歸咎先帝虧損
至德自侍從官至百執事非執政親黨不得進每一官闕輒闕不補
豈以四海士人之富朝廷百官之衆空乏如是耶侍從官職在獻納
頃年以來未嘗有一敢言事者畏大臣為身謀耳竊受重祿被服冠
帶出入禁省朝廷何賴焉文章號令衰於前朝制滯重邊多非其人
狂士獻說驟冠三軍進築生事不計國費盡擲前級妄邀賞獵稱
招降隨沒驍將羌人所過供帳犒設道路騷然自陝以西斗米數百

金泉法低昂無術以救重加困擾戍落不顧士馬疲弊夫關西天下
之形勝也使民力內虛外遭邊患朝廷何以禦之邊境一搖陝右危
矣河北山東天下之腹心也大河決溢飢饉相仍老幼扶攜散而之
四方者不可勝數其餓殍填委溝壑者以百萬計或至父子相食州
縣無以賑給坐視其死亡或以郡守非其人朝廷罷去後來者率皆
以私意除用或不及前人尚何賴其拊百姓為朝廷究陳利害河事
雖廢責之水官至今未見圖利安之策堪受其任者執政大臣無憂
國忘家為萬世之慮豈人有腹心之疾得高枕而卧耶所恃以為安
者北虜數困盟好邊鄙不聳此豈中國可亡備耶易曰其亡其亡繫
于包桑自商虢至伊陽六七百里山巖重複林木蔽塞中間無郡縣
城郭逃亡所聚不啻數千人萬一有桀惡者相扇而起其患豈小哉
臣每見朝廷更革政令但人懷異意排去舊怨以立新黨徒為紛紛

未有講究治具建不拔之基為國家者也國是未定殆為此也誠願明天子躬攬乾綱收還威柄公卿大臣圖畫政體當今所宜施行因求賢知足以濟務者隨才録用無間新舊敷言奏功考察名實中外之任更番迭處使勳業著見朝廷尊光君臣同福海內被澤太平之烈豈不偉哉聖人以天下為度聰明恵澤如日月雨露願不以小恵小察而自足也安不忘危治不忘亂不以天位崇高幸天下無事而宴安也以四海之內一夫失所為憂不以侍御之好鍾鼓之娛為樂也大約人情泰然無患久則放佚生焉願陛下思大禹寸陰之戒慕漢文惜百金之費儲思留神日謹一日如太陽朝升至於豐融以照天下誦帝堯知人之哲稽洪範威福之正仁祖惻怛至誠以結天下之心神考勵精不息以舉天下之事此陛下之所宜法也臣在神宗皇帝時屢蒙清問未嘗敢獻一言今至白髮非以僥倖美官厚禄特以世受厚恩誠惜當平治之世不慮安危之機而徒為此紛紛也小臣誅國大體罪當砧鑕昧死以聞

殿中侍御史陳師錫上奏曰臣恭聞今月六日駕幸懿親宅蔡王位觀芝草於龍德宮聖人所居明神相之德氣覆之發為禎祥以表休應宜屈萬乘以注清視臣伏見祖宗詔有司不得奏祥瑞蓋慮道未備德未盛雖祥圖瑞牒溢于史館可以為美終未為善唯賢者在位能者在職朝廷之祥瑞也陰陽氣和風雨時若日月光華星辰順度天地之祥瑞也百穀順成萬民和樂郡縣之祥瑞也四夷安靖五兵不試邊境之祥瑞也格此四瑞仰賴陛下以道治心以德為政而已心以道治則明政以德為則仁故能感人心而天下和平甘露降醴泉出麟鳳至朱草生理之自然物之遂性耳倖人乃謂之祥瑞也稱頌歸美以驕帝王之心祖宗所以戒之臣愚狂妄或有小補不避斧

鉞之誅冒聞天聽伏乞政事之暇曲賜睿聽臣不勝拳拳之至

右正言陳瓘論熒惑在房心之間狀曰臣近聞衆論火星之行頗失常度歷氐犯房今乃在房心之間臣竊考歷代天文志熒惑犯房將相惡之若房心之間則天子之明堂也臣雖不曉天文然而房心兩位最為易見恐太史占知有所隱避不敢盡奏臣不可以無言也臣伏聞仁宗之訓曰國家雖無大異亦當常自修警况因謫見乎自陛下即位以來正陽之月日有食之肆赦求言所以圖消復也而星變繼作厥異甚大安可以不思其故哉董仲舒曰國家將有失道之敗而天乃先出災害以譴告之不知自省又出怪異以警懼之尚不知變而傷敗乃至以此見天心之仁愛人君而欲止其亂也陛下聖德日躋切於致治上法祖宗內稟慈訓孜孜勉勉不敢遑暇而日星之變重有譴告非天心仁愛之深何以得此革否為泰轉災為祥在陛下一念之頃耳臣聞應天消變不在文來非祝禳之所能除也非末術之所能去也宋景公有仁人之言而能使熒惑退舍者非空言而已也根於誠心而發於言也咸平元年二月彗出營室北真宗謂宰相曰其祥安在呂端等言變在齊魯之分真宗曰朕以天下為憂豈獨一方邪其年十月遂用李沆為宰相王旦為參知政事此二人者天下之所謂賢也舉天下之賢而用之則可以解天下之憂真宗消變之術如此而已臣願陛下用真宗消災之術察朝廷未正之事勿牽衆論取決聖心躬攬之初大正厥事當使所用所棄皆合人心則合天心矣漢元之時蕭望之周堪張猛等與石顯許史之徒議論交戰邪正未決當此之時有夏寒日青之變而許史之徒以為堪猛用事之咎於是勢孤者危有力者勝臣嘗以謂天下大器也譬如一舟舟平則安舟偏則危自紹聖以來宰舟之人實右而虛左舟勢不平幾於傾覆觀者膽落

亦已久矣自陛下即位以來好平惡偏損諸右而遷于左十損一二
舟勢尚偏臣願陛下察用偏同濟之人採傍觀聽落之語廣諏博訪
而審其所以然也且星文之變昭示天下已數日矣唯京師陰雨見
之寂晚則是遠方之所已知而陛下有未知也幸而蒙蔽忽開陰雲
披剝垂象粲然警示陛下天心仁愛可見於此傳曰人之所欲天必
從之決去姦佞改用忠良以合人心之所欲天意得矣臣故曰革否
為泰轉災為祥在陛下一念之頃耳臣愚不知忌諱唯陛下裁赦幸
甚

貼黃淳化二年熒惑犯房其年宰相呂蒙正樞密使王顯參知政
事王沔陳恕皆罷而改用寇準等太宗以是年大旱延近臣問
時政得失樞密直學士寇準對曰天人之際應若影響大旱之
證蓋刑有所不平頃者祖吉王淮皆侮法受賍吉既伏誅家且

籍沒而淮參知政事沔之弟止杖于私室仍領濠州定遠主簿
沔重輕如此亢暵之咎殆不虛發也太宗大悟明日見沔切
責之是歲擢準樞密副使從同知樞密院事今陛下左右之臣
在紹聖中負誣神考詆毀宣仁而不能奉承哲宗繼述之意同
心合謀非一人也願陛下躬攬之初速正其罪且無使有僥倖
苟免之人則用法輕重不至於不平矣消弭天變莫大乎此臣
願陛下以臣此語深加聖慮晉書天文志曰熒惑司天下群臣
之過臣竊聞仁祖嘗采前世災異有應者編次為十二卷御製
序引名曰洪範政鑒遇有天變則考其所因以為修省之資今
其書必在禁中臣願陛下法仁祖之寅畏留意修省以福天下

瓘又進仁祖故事曰帝謂輔臣曰比臣僚有言星變者且國家雖無
天異亦當常自脩警況因謫見乎夫天之譴告人君使懼而脩德亦

猶人主知臣下之過先以戒飭使得自新則不陷於咎惡此天心之仁也

臣瓘曰仁祖於臣下之過先以戒飭而許其自新此天德也故天
所譴告終亦消復書曰惟先格王正厥事如斯而已矣

瓘又論衛州進瑞麥狀曰臣訪聞衛州近進瑞麥有一莖數穗者仁
祖之時眉州彭山縣嘗貢獻此瑞仁祖曰可謂真瑞矣於是賜田夫
束帛以勸賞之臣竊見近年以來天下之俗爭言祥瑞而農夫憔悴
南畝空虛大兵之後邊民相食河北流亡至今未復衛州亦河北之
地而有秀麥之瑞是天以豐年之祥慰陛下之焦勞也乞於所進呈
之日出於聖意依仁祖故事特降睿旨庶使天下之民知陛下務農
之意益助和氣以為永久生靈之福

知成都路昌衛應詔上奏曰頻年以來西方用兵致興大役利源害
政倖臣蔽主四者皆陰之過盛自陝以西民力傷殘人不聊生災異

之變生於天地之不和起於人心之怨望故妖星出見大河橫決秋
雨霖淫諸路饑饉殍死道路妻子棄捐破析貲儲以應星火之令勤
勞憔悴多不生還人心如此而欲其無怨難矣

筠州推官崔鶠應詔上書曰臣聞諫爭之道不激切不足以起人主
意激切則近訕謗夫為人臣而有訕謗之名此讒邪之論所以易乘
而世主所以不悟天下所以卷舌吞聲而以言為戒也臣嘗讀史見
漢劉陶曹鸞唐李少良之事未嘗不掩卷興嗟矯然有山林不反之
意比聞國家以日食之異詢求直言伏讀詔書至所謂言之失中朕
不加罪蓋陛下披至情廓聖度以來天下之言如此而私祕所聞不
敢一吐是臣子負陛下也方今政令煩苛民不堪擾風俗險薄法不
能勝未暇一二陳之而特以判左右之忠邪為本臣生於草萊不識
朝廷之士特怪左右之人有指元祐之臣為姦黨者必邪人也使漢

之黨錮唐之牛李之禍將復見于今日甚可駭也夫毀譽者朝廷之公議故責授朱崖軍司户司馬光左右以為姦而天下皆曰忠今宰相章惇左右以為忠而天下皆曰姦此何理也臣請略言姦人之迹夫乘時抵巇以盜富貴探微揣端以固權寵謂之姦可也包苴滿門私謁踵路陰交不逞密結禁廷謂之姦可也以奇伎淫巧蕩上心以倡優女色敗君德獨操賞刑自報恩怨謂之姦可也蔽遮主聽排斥正人微言者坐以刺譏直諫者陷以指斥以杜天下之言掩滔天之罪謂之姦可也凡此數者光有之乎惇有之乎夫有其實者名隨之無其實而有其名誰肯信之傳曰謂狐為狸非特不知狐又不知狸是故以佞為忠必以忠為佞於是乎有繆賞濫罰賞繆罰濫佞人徜徉如此而國不亂未之有也光忠信直諒聞於華夷雖古名臣未能遠過而謂之姦是欺天下也至如惇狙詐凶險天下士大夫呼曰惇賊貴極宰相人所具瞻以名呼之又指為賊豈非以其孤負主恩玩竊國柄忠臣痛憤義士不服故賊而名之指其實而號之以賊邪京師語曰大惇小惇殃及子孫謂惇與御史中丞安惇也小人譬之蝮蝎其兇忍害人根乎天性隨遇必發天下無事不過賊陷忠良破碎善類至緩急危疑之際必有反覆賣國跋扈不臣之心比年以來諫官不論得失御史不劾姦邪門下不駁詔令共持喑默以為得計昔李林甫竊相位十有九年海內怨痛而人主不知頃鄒浩以言事得罪大臣拱而觀之同列無一語者又從而擠之夫以股肱耳目治亂安危所係而一切若此陛下雖有堯舜之聰明將誰使言之誰使行之夫日者陽也食之者陰也四月正陽之月陽極盛陰極衰之時而陰干陽故其變為大惟陛下畏天威聽明命大運乾剛大明邪正毋違經義毋鬱民心則天意解矣若夫伐鼓用幣素服徹樂而無脩德

善政之實非所以應天也帝覽而善之

右正言任伯雨上奏曰臣伏覩陛下自臨御已來德澤屢下和氣充塞曰雨而雨曰暘而暘四海九州罔不豐年天心人意如合符節固宜乖氣異象消伏不作然去年四月朔今年正月朔暮夜赤氣起於北方光焰亘天又有黑氣在下漸衝西方散而為白咎證之來其異如此天心之愛陛下欲陛下有所恐懼戒慎也且正歲之始建寅之月其卦為泰年方改元時方孟春月居正首日為壬戌是陛下本命而赤氣起於暮夜之幽以一日言之日為陽夜為陰以四方言之東南為陽西北為陰以五色推之赤為陽黑與白為陰以事推之朝廷為陽宮禁為陰中國為陽夷狄為陰君子為陽小人為陰德為陽兵為陰今赤氣起於至陰之方又有黑氣下起此宮禁陰謀下干上之證也漸衝正西散而為白而白主兵此夷狄竊發之證也臣謹按前漢五行志云視之不明是為不哲時則有赤眚赤祥又曰不明善惡親昵近習無功者受賞有罪者不殺時則有赤祥其說蓋出於洪範五事故唐世自大曆貞元寶曆間屢有赤氣之異唯文宗大和中為多是時宦官用事朋黨交結今日陛下以堯舜之資當千載盛明之時固非季世衰末之比然天心愛陛下以災異為警戒不可不深思遠慮也臣伏願陛下收主柄抑臣下嚴勑宮禁以防慮幾微訓飭將帥以遏絕生事用忠良黜邪佞正名分殛姦惡事至必斷無以寬仁傷大義使陰邪小人無得生犯上之心則變異之起可轉為休祥矣臣疎賤小臣誤蒙陛下拔擢於衆人之後付以言責常恨殺身碎首未有補報若見災異畏罪不言不唯虛陛下聖神知遇孤負大恩抑恐有佞臣指為祥光瑞氣以欺聖聽使陛下畏天小心不得即日恐懼消變則臣之大罪膏斧鉞不足以謝言責伏惟陛下留神采聽天

下幸甚。

貼黃稱臣所奏爲言赤氣事按前漢五行志謂之赤眚乃災異之變唐世屢有此異史臣具載其狀亦謂之赤祥臣推考象類乃陽不制陰下干上之證。

伯雨又上奏曰臣聞天人之交不啻影響災祥之來必有象類故格王先正厥事而聖人惟能畏天嘗聞修德以弭災未有祈禳而消變六經所載百世可知臣風聞近日內臣打疊太一宮側欲建火星觀以禳赤氣之異臣始聞之深所不信亦既累日傳者益衆臣爲諫官當救其源聞雖未詳敢不先事犬馬之心懷不能已竊以陛下躬道德生知之資膺天人共與之運然即位已來災異屢降蓋天之於人君猶父之於其子愛之深則教之至數有災異或者欲陛下戒懼以愼厥初歟陛下固宜小心修德克已正事謹按洪範以五事配五行

而說者謂視之不明是謂不哲時則有赤眚赤祥陛下當益廣聰明判別賢佞攬權綱以信賞罰專威福以殊功罪使皇明赫赫事至必斷則乖氣異象轉爲休祥昔太戊有桑穀之妖高宗有鼎雉之異皆能寅畏克正厥事成中興之功延過歷之年蓋未聞勞人費財留心土木也若使修德之効不及祈禳則聖人六經何獨不載又若祈禳有感修德不應則無私上天乃可私禱人之所欲天必從之天豈厲民以求報哉陛下必若建此臣切妄計其費不下百萬矣陛下取之有司耶則帑藏空虛經費不足取之有司必且不辦取之內庭耶則括刷內庭亦已迫矣河北一路物貴人饑前年至今流移滿道朝廷熟視無力可救與其捐所急以事無用孰若回所用以恤所急如此則所費有名所惠成德人人鼓舞天下相慶皆以陛下損已便民道光前古人心說而天意得矣赤氣之異豈不轉而爲祥哉臣伏願陛下遠稽格王仰測天意畏之以心愼之於事不泥世俗之論罷去祈禳之役則人情自孚上穹昭荅矣

伯雨又上奏曰臣伏見今月初一日夜赤氣未半月果有皇太后上僊之禍其爲災變亦已明矣今來亳州兗州河中府奏言因建置道場獲此祥應且赤氣所起天下皆見如何敢移易方位增添景象公肆欺誕以愚群聽竊以天人之際道固幽遠災祥之出殆不虛示豈佞夫纖人敗壞大體詭詞異說指災爲祥以輕侮天命幻惑人主若縱而不治則姦誕相師此風不可滋長伏願陛下嚴賜黜責以戒百官。

翰林學士曾肇論日食赤氣之變疏曰臣伏見陛下即位之初首罷後苑工巧之技放免京城未作之人數百家使得衣食其業又罷皇城司探報公事以省刑獄滋彰之敝又罷遠方收買明珠翠羽之類

宮室服玩逸侈過甚者屏而弗御數日之間內外歡呼震動都邑既又振拔滯淹申理無告流放竄逐皆得生還增耳目之官以廣視聽下不諱之詔以開言路仁心仁聞洋溢方外遠夷聞風咸知敬慕宜其上應天心和氣充塞災害消弭符瑞日臻而乃連年日食皆在正陽之月今歲正旦赤氣亘天變不虛生必有所自意者陛下簡儉清靜之化或衰於前而宮室服玩之侈聲色技巧之好或萌於心歟抑刑獄滋彰之敝復生而閭里有不安者歟不然則朝廷上下忠邪賢不肖未辨而政令賞罰有未當歟抑左右前後有阿諛壅蔽竊弄威福之人而四方萬里衛兗失職之民有不得伸者歟此宜陛下反復循察一日三省萬一有纖毫之失固當痛自克責改過不吝使皆無之猶須戒謹乎其所不覩恐懼乎其所不聞博延忠良使之交儆庶以荅塞天變轉災爲祥至於備邊鄙之虞防姦宄之發在於今日皆

不可緩。然蕭墻之內。則所當先。未有腹心和而四支有疾。朝廷正而四遠不治者也。在昔太戊以桑拱。武丁以鼎雉。中興商邦。宣王以旱暵中興周室。天人相與之際。敏於影響。災異之來。未必不為福也。董仲舒所謂天心仁愛人君。欲止其亂。迺出災害以譴告之。不知自省。又出怪異以警懼之。尚不知變。而傷敗迺至。推此言之。今日之變。豈非天意欲以覺悟陛下。增益聖德。以為宗廟社稷無疆之福哉。此誠陛下正心誠意。恐懼修省之時也。若夫避殿損膳。寬宥縲繫。此特歷世相承以為文爾。非應天之實也。惟陛下不以臣言為狂妄。深思而力行之。天下幸甚。

左司諫江公望乞因日食命百官轉對狀曰。臣伏見神宗皇帝即位三月。即詔內外文武群臣直言時政。至十一月再下詔書。每遇起居日輪百寮轉對。當是時。日食來年正旦。故神宗寅畏天威。諮詢闕失。

以圖消伏。以廣聰明。甚盛之舉也。今連年日食。皆在正陽之月。考之前志。殆非小變。陛下去歲已嘗下詔求言。獨轉對之制。闕而未講。臣愚伏望因茲薄蝕。特降德音。每遇起居日。輪百寮轉對。庶幾上處天戒之丁寧。下通人情之壅塞。以追先志。以廣聖德。因之修舉故事。正在此時。伏乞留神詳察。速賜施行。

御史中丞王覿上奏曰。臣伏見今月十三日集禧觀災。是日雖大雨。久而後滅。其災頗異。陛下夜不俟旦。申敕攸司。於延福宮設醮謝咎。足見聖心欲以修人事謹天變之盛意也。臣聞之漢史曰。賢佞分別。官人有序。則火性得。讒夫昌。邪勝正。則火失其性。濫炎妄起。雖有師衆弗能救也。是謂火不炎上。又京房易傳曰。上下僭。下不節。盛火數起。故古先哲王見災而懼。則正厥事。今陛下既知天變之可畏。必行所以應天之實也。伏望更留聖意而審慮之。賢佞果已分別乎。官人果不失序乎。讒夫果不昌乎。佞果不勝正乎。不僭不節者果已節僭乎。天變緣類而至。恐不虛發。惟有以正厥事。則變異可消。而美祥可召矣。

大觀四年。侍御史毛注上奏曰。臣恭覩陛下恐懼修省。小心翼翼。雖夏后之謹天戒。周王之畏天威。不能過也。以陛下憂勞若此。臣誤任言責。未知所以誅身之地。遂不自揆。仰瀆天聽。敢罄區區之愚。臣聞應天以實不以文。惟善政修於下。則天心應於上。如文飾浮言。非敢上進。謹列政事之為當今急務者四。冒昧以聞。一曰省邊事。二曰足財用。三曰收士心。四曰禁技巧。古人備邊之策。不過來則禦。去則守。以謂得地不足以耕。得人不足以用。近年以來。邊臣貪功生事。不顧朝廷之害。惟僥倖一時之苟得。昔所入貢者。今必城為郡縣。昔所羈縻者。今盡納其土疆。進築之勞。轉輸之擾。殫內地之金帛。以事窮荒

不可計之費。士卒傷殘。不可勝數。而官吏冒賞。莫知等級。今黔南已有處分。如夔路新邊之役。宜在裁省。廟堂謀謨。當亦先定。此省邊事宜在所先也。天下財賦無甚於今日。方平居無事之時。官軍俸廩多或不給。或倉卒以備不虞。則計將安出。執政大臣恬不為慮。此臣所未諭也。臣謂運鹽昔主於漕計。以助歲給。今則移於他司。則漕計如之何而不匱。常平昔積於郡縣。以備凶荒。今則直便而盡輸於京師。則緩急以何移用。鈔法不更。則邊儲糴入終莫能平其價。臣願陛下亟詔二三大臣選知財用之官。盡講復元豐舊制。若利柄昔主於漕司。錢物昔積於州縣者。宜悉還復。罷科買之擾。蠲不急之貢。使外計稍足。則朝廷泰然亡憂矣。古人禱雨有以士失職為辭。蓋天之視聽在民。而士特為民之秀。士或失職。宜其有招於天譴也。陛下修崇學校。迥絕前古。應士有三年之淹。而歲為之貢。可謂盡善盡美。士生斯

時實為千載之遇。宜失職非所患者。然學校養士。州有常額。則額外之士。無復預教養矣。天下州郡士人之多者有至三五千人。預教養者惟百之一。歲之入貢多不過三四十人。少止三五人。補闕以備數者歲惟止此。則自餘無可進之地。其失職疑已甚矣。始留貢餘三二分暫存科舉以待學外之士。則士心翕然有歸而終不為棄物。和氣可致而至。是亦應天之一也。古人以用漆器為之力諫者。蓋防工技淫巧之漸也。近年以來更增造作。置局累年。後苑工匠亦無虛日。以至花石綱舡綿亘不絕。作局則所需百出。數郡為之搔擾。花石則虛張事勢。一路莫敢誰何。驅迫保伍牽挽舟舡。道路怨嘆。有傷和氣。伏蒙已降睿旨。造作罷局。花石停運。臣慮監作董造之官利於自私。夤緣奏請。尚或循舊。臣願陛下斷以必行。速賜禁止。敢有違詔。重行放黜。以至後苑工匠製作與京城土木營造有不急之務者。並宜權暫住罷。息勞喜逸。人情之常。抑末敦本。亦聖政之所先。人心悅則天意解矣。臣夙夜自勵。思所以圖稱任使之萬一。而智識淺暗。終莫能深達政事之原。惟陛下赦其狂而加擇焉。

政和七年。尚書右丞許翰上奏曰。謹攷諸經傳。神降而明出。則其數為五。其象為火。火象在天。經星二。緯星一。所謂熒惑。緯星也。東方之心。南方之味。經星也。熒惑遲疾逆順伏見之不常。故不可以紀時。若心與味。則有定次。有常時。是以帝王取節焉。然堯典所謂日永星火。以正仲夏。豳詩所謂七月流火。九月授衣。凡稱火者皆心星也。昔蓋自陶唐以來。以心為火政之君矣。何則。均是火也。而心為大辰。是以味為鶉火。心為大火。大火之所以為大者。天以心為明堂故也。昔陶唐氏之火正閼伯居商丘。祀大火。故辰為商星。而我宋以珍光醇耀天明地德受命主之。則明堂之政。不可不謹於此。大火以三月昏見於辰。以九月伏於戌。先王之火政視焉。鄭以三月作火鑄刑器。而士文伯知其將災。周之三月。今正月也。大火未出而人作之。則與天拂。是以火出而災報之。然則所謂出內火者。謂大陶冶非常火也。又火之變於天地之間。能革物氣以日新。其在易。象木上有火曰鼎。鼎者取新之卦也。明堂之頌曰。我將我享。維羊維牛。維天其右之。羊牛之享。蓋鼎實也。是故明堂與鼎相因而成象。相待而成禮。相須而為國鎮矣。鼎象木上有火。是以先王四時以木變火焉。而時各有所宜。春所謂榆柳木之木也。棗杏夏之木也。桑柘土之木也。柞楢金之木也。槐檀水之木也。火之變各以其時。則物之新皆得天地之正氣。而人食飲焉。此疾厲之所以不作也。昔晉之遷。有持洛陽火渡江者。世世傳之。其火不滅。火色變青。至唐氣不復熱。則知火之新舊。氣性必異審矣。此火不可不變之驗也。師曠侍食於晉平公。曰飯勞薪所炊。平公使人視之。果車輞也。則是木實變火之氣性。火實變物之臭味。亦審矣。此木不可不擇所宜之效也。伏願明詔有司四時必放古法。各變其所宜木以為國火。而傳之臣庶。若國有大陶冶則皆作於三月建辰之後。而止於建戌。以奉大辰之政。而協景炎之運。輔成明堂調鼎之治。天下幸甚。

翰又上奏曰。臣聞天人之際。精祲相蕩。象類相取。無定方體。惟所感變。是以古先格王。深觀乎天道。而均調以人事。在易之復曰。先王以至日閉關。商旅不行。后不省方。商旅者陰也。后者陽也。日之始至。陰壯陽微。故使閉關商旅不行。以遏陰氣。而后不省方。以存而致養。其一以定陽德。冬至者。一歲之始也。先王終歲之事。輔相此。而易不可以徧舉。故於復首一見之。而世得以類推焉。凡陰陽行之變。本原於易。而降在洪範。散在太元。惟臣[illegible]侍從使通為一。其嘗竊原天地之數，考諸洪範而為之說曰：形凝於西而觀生於東，故木為貌；聲動於東而節成於西，故金為言。木生火，故貌可視也；金生水，故言可聽也。二之照也，麗乎有方，比視遠之明也；一之虛也，通乎無方，比聽德之聰也。其證諸天也，一潛而寒，水氣之精也；二軌而燠，火氣之變也；三和而雨，木以水滋，仁之愛也，父子之道也；四辨而暘，金以火燥，義之制也，君臣之保也。肅以欽恭，乂以制從，哲以正厥明，謀以審厥聰。不恭以肅則從行而狂，不從以乂則陵節而僭，不明以哲則豫而無稽。是故肅乂哲謀能使雨暘寒燠從時而不愆，狂僭豫急能使雨暘寒燠常久而無節也。思者風也。思土五行為土，而風以木氣在中。蓋地以五五相守數之窮也，而天三變而通之土，是以鼓舞之風發於大塊也。變五以三，故睿而通妙三於一，故聖而化。聖人精一入乎無思，故能無不思也。思而正勝則脩而為而上其風時，思而妄雜則亂而成蒙，其風常。思者君也，四德之所恃以成者也。土氣之濕，水或使之也，水潛於土，故聖以一妙而御中也。金氣之燥，火或使之也，火縕於金，故乂者慶賞刑威唯二，折天下而成方者也。木之恭者，水本之也；火之明者，木資之也；水之聰者，金瑩之也：皆因而用之者也。恭之作肅，金斂之也；明之作哲，水澈之也；聰之作謀，土稽之也：皆制而成之者也。金土異此，天地之數所以成五位之節者也。是以其德重閑，其道制而用之而成於自用。火克金而從，木克土而睿，金凝而作乂，土化而成聖也。是以聖人之相天也，木不足則用恭，木太過則撝肅；金太過則用從，金不足則撝乂；火不足則用明，火太過則撝哲；水不足則用聰，水太過則撝謀；土太過則用睿，土不足則撝聖。木沴則制天下之狂，金沴則禁天下之僭，火沴則飭諸豫，水沴則抑諸急，土沴則袪諸蒙也。其在周官有敘事、有救政。敘事所以

治常也，救政所以御變也。何謂敘事？月令所載是也。又如春正月，泰卦御之，太元之氣，其首為差、為重、為𡶶、為銳、為交，聖人脩其畫贊之德以道其化；如秋七月，否卦御之，太元之氣，其首為常、為廖、為玄、為昆、為減、為唫、為守，聖人修其畫贊之德以受其福也。何謂救政？庶證所驗是也。又如木不足，則聲尚角，色尚青，政尚仁，毋殺鱗虫，毋傷新物，赦小過，解久禁，以扶木氣，木在太元，其類為觧、為斵、為赦、為解故也；如金太過，則聲尚徵，色尚赤，政尚禮，息巫風，戒猛政，警邊城之變，飭寇賊之防，以抑金氣，金在太元，其類為巫祝、為猛、為邊、為城、為寇、為賊故也。歲時適平，則有敘事無救政；歲時有過不及，而敘事救政兼舉焉。古者王公坐而論道，燮理陰陽，寅亮天地，必有以深達乎此。其妙難知，而其麤則有司可得而陳者也。按易之傳，戊戌之歲，泰卦御之，而正月又泰所御。皇帝作興明堂，以儀式刑文王之典，曰靖四方之義，紹脩古道，資取化源，肇自來歲戊戌正月之吉，號詔天下，以大振顯祖宗之烈光，是謂裁成天地之道，輔相天地之宜，以左右民，與泰合符。謂宜因此盡舉洪範、太元之說，兼諸易象，與時損益，定著月令，為萬世法。有司前期既具敘事，又具一氣救政義類所宜，告諸朝廷，朝廷以時相觀庶政，致合師言，或創建新令，或申勅舊法，審則宜類，參乎元精，條列以上，誕布而下，使民由之以安以利，而由其所以然，必有以感移至神，導迎和氣，天下幸甚。

政和末，歲旱，帝以為念，侍御史黃葆光上疏曰：陛下德足以動天，恩足以感人，撫其治事，常若不及，而不能感召和氣，臣所以不能無疑也。蓋人君有屈己逮下之心，而人臣無歸美報上之意者，能致陰陽之變；人君有慈惠惻怛之心，而人臣無將順欽承之意者，亦致陰陽之變。陛下恭儉敦朴以先天下，而太師蔡京侈大過制，非所以明君

臣之分。陛下以紹述為心。而京所行乃背元豐之法。彊悍自專。不肯
上承德意。太宰居中。少宰余深依違畏避。不能任天下之責。此天
氣下而地不應。大臣不能尚德以應陛下之所求者如此。

歷代名臣奏議卷之三百四

歷代名臣奏議卷之三百五

災祥

宋徽宗宣和元年。起居郎李綱論水災狀曰。臣伏覩陛下以積水暴集。浸淫民居。迫近都城。累降御筆。分遣官吏。固護隄防。拯救漂溺。仰見陛下聖慮焦勞。曲盡防患之理。然臣竊謂國家都汴。百有六十餘載。未嘗少有變故。今事起倉卒。遠邇驚懼。誠大異也。臣嘗躬詣郊外。竊見積水之來。自都城以西。漫為巨浸。東距汴堤。停蓄深廣。湍悍峻激。東南而流。其勢未艾。以宗廟社稷之靈。雖堤防守之固。萬無他虞。然或淹綫旬時。因以風雨。有不可不慮者。此誠陛下寅畏天戒。博詢衆謀之時。而群臣竭智効力。捐軀報國之秋也。累日以來。傾耳以聽。缺然未聞。臣竊怪之。夫變異不虛發。必有感召之因。災害未易禦。必有消弭之策。周官於國危則有大詢之禮。祖宗每遇災變。亦降詔求言。臣愚伏望陛下斷自淵衷。特詔在廷之臣。各具所見以聞。擇其可採者。非時賜對。特加驅策。施行其說。因衆智。協衆力。濟危圖安。上以荅天地之戒。下以慰億兆之心。天下不勝幸甚。臣仰荷陛下天地父母之恩。親加識擢。得侍清光。常思奮不顧身。以徇國家之急。儻有己見。急切利害事須面奏。伏望聖慈降旨閤門。許臣來日因侍立次。直前奏陳。庶幾得盡狂瞽。仰裨聖慮之萬一。

綱又論水災便宜六事狀曰。臣近嘗奏請以水潦為患。乞賜燕閒數陳利害。今月十四日崇政殿侍立。閤門傳旨令臣先退。惶懼戰慄。居家待罪。不敢供職。聖恩寬厚。未奉誅責。日夕惴恐。踧踖無地。伏念臣愚憃謏聞。孤立無與。惟知仰事陛下。以國家為心。比見積水暴集。逼通都城。私憂過計。輒貢狂瞽。情迫意切。言皆不倫。觸感意犯隆旨。自干雷霆之威。死有餘罪。自非陛下恕其愚直。天地父母矜而憐之。誰

復爲臣言者臣竊以水旱之災雖堯湯有所不免惟聖人爲能遇災而懼側身脩行博詢衆謀以銷去之故堯於洪水方割之時有疇咨之言湯於旱既太甚之日有六事之責皆能轉災以爲福易危以爲和此古聖人之明驗也今者水患之來起於倉卒人心惶懼遠邇震驚幸賴宗社之靈陛下睿筭之審屢降御筆處分疏導通流勢漸退落雖畿甸旁近皆罹其災而都城無虞人意漸定然臣竊以謂水災既退之後朝廷未可以謂無事正宜講究利害增固隄防以備天戒爲以備者不可忽也臣思慮不揆輒復妄發昧死上便宜六事一曰治其源二曰弱其勢三曰固河防四曰恤民隱五曰省煩費六曰廣儲蓄惟陛下留神幸察臣恭惟國家卜世定鼎眷都大梁平原沃野彌望千里非有高山峻嶺爲之阻而都城以西京索交流隄壍相接自西徂東地勢傾下加以雨潦不能吞納則決溢東注而灌都城其

勢然也爲今之計莫若相視陂塘疏導京索增卑培薄固以隄防節以斗門旱則水有所泄雖經霖雨其勢不得接連而下可以爲萬世之利此則治其源之策也臣竊觀自昔善捍水患者必爲長隄以制其衝其意以謂以數仞之城而拒方至之水風濤之所鼓蕩亦已危矣限以長隄殺其怒勢然後人力可施而城益堅今積水之來自都城之西浩如江湖東抵汴岸南阻新隄雖停蓄深廣而卒不能至城下者有隄以爲之阻也由隄而行散漫湍激至都城之南則徑抵護龍河者無隄以爲之阻也爲今之計莫若距城數里之外因高地勢緣以長隄使雖有積水決溢之患循隄四瀉不能薄城可以禦一時之急此則弱其勢之策也國家都汴據大河之下流其所恃以爲固者埽岸堅而法制嚴也比年以來玩習苟簡設衛之卒散於捕盜備禦之儲耗於轉易河埽隄防日朘月削恬不加恤如廣武埽其距濬

汴纔百餘步去冬危殆屢矣其不決溢者特幸耳使夏秋之交霖雨湍暴之勢果能保其無虞乎夫以陂澤積水纂集之患猶可驚駭況大河之勢又可不爲之深慮哉臣愚願擇深知河事者相地形回清汴使與大河相遠仍詔有司遵守法制存留兵卒儲積材料敢有抽差轉易者必正典刑此則固河防之策也今茲積水之來衝白沙蕩中牟迫都城散漫畿甸之邑淹浸屋廬漂溺民畜損傷苗稼不可以數計今又決其南以注於陳蔡之郊決其北以注於相衛之境疏汴渠之下流於陳留則數千里之內悉被其患矣陛下惻怛憂勞降詔拯濟德意甚厚臣猶竊慮州縣監司未能悉意奉行也願詔諸路應被災傷地分今年秋苗與蠲免水過之後安集民居借貸賑濟務令復業無使失所以副陛下之意此則恤民隱之策也臣竊惟去歲江淮泛溢東南之民悉皆流移賴陛下聖慈以六路上供米斛廣加

賑濟民得無死德至渥也然州縣蕭條帑廩匱乏迨今未復今畿甸旁近又有積水之患矣何以堪之臣愚願陛下斷自宸衷凡營繕之役花石綱運有可省者權令減罷數年之間民力漸寬國用以足然後惟陛下之所命耳裕民豐財莫是爲大臣所謂罷不急之務者此也臣又惟古者九年之蓄然後無旱乾水溢之患教化行習俗美而頌聲興是爲太平治之至也祖宗以來舊有封樁米斛以千萬計所以爲兵民之天宗社之本也比年以來工役寖多仰食者衆歲以侵耗遂致殫竭今國計所仰者獨東南六路轉輸歲額耳假使一方水旱歲額不登將胡以自給靜以思之可爲寒心臣愚願陛下明詔有司裁冗食者幸歲豐登自朝廷多降糴本委彊幹官吏廣行收糴別項上供以充封樁之數歲歲如此及祖宗舊額而後止此朝廷之所宜先焉何不留意而獨爲懍懍也養兵足國莫是爲急臣所謂廣國計

之儆者此也凡此六者皆當今之要務顧臣智識淺陋文字荒疎言不足以達意惟陛下財幸下臣章寀執議其可否如可採錄望賜施行臣比者嘗獻愚計伏蒙聖慈寬假未賜斧鉞之誅輒復自竭冒瀆天聽冀芻蕘之言有補萬一仰報盛德

又奏臣伏以水患暴至失於隄防憑陵都城久未退息厭異甚大誠不可忽伏望陛下畏天戒固民心收士用嚴守衛以弭寧災害夫慰天下之望避殿損膳告于天地宗廟社稷所以畏天戒也法禹湯之罪己以詔萬方親御六龍率群臣負土石以先士卒所以固民心也誅水官之不勝任者以正典刑擇材智而驅策之與共患難所以收士用也轂營繕花石之不急者倂卒伍而部分之以備不虞所以嚴守衛也四者既舉又在陛下脩省中之誠感動天心如此而災害不弭和氣不臻未之聞也臣不勝惓惓惟陛下財察

徽宗次南都綱時爲尚書右丞因召對曰臣昨任左史以狂妄論列水災蒙恩寬斧鉞之誅然臣當時所言以謂天地之變各以類應正爲今日攻圍之兆夫災異變故譬猶一人之身病在五臟則發於氣色形於脉息善醫者能知之所以聖人觀變於天地而修其在我者故能制治保邦而無危亂之憂徽宗稱善

欽宗靖康元年左司諫陳公輔上奏曰臣聞陰盛則陽衰陰消則陽長此天地自然之理也四月純陽用事陰氣退聽之時又陛下誕生之月宜乎陽德方升昭明盛大陰所不能揜者自數日來天氣清寒日色微薄濃雲不開霪雨繼作其故何哉蓋陰有以蔽之也臣嘗原其所由謂夷狄之強耶然前日賊兵在外圍迫京城而日景晏溫晴明自若今既欲議和好稍稍遁去恐咎不在夷狄也謂女謁之盛耶

然陛下即位不邇聲色後宮嬪御不過三二百人亦無位號陞重者此中外所共知恐咎不在女謁也以臣料之姦邪去之未盡而大臣不和百司苟玩皆陰盛之象此不可不知也自崇觀以來諛臣佞士務爲夸淫之說媚悅人主未嘗有敢言災異者往往以臘月雷爲瑞雷三月雪爲瑞雪拜表稱賀作詩詠讚者有之矣夫災異雖治世不免此天所以警懼人君欲其修德以銷天變也豈[illegible]諱而不言哉臣今日區區首論及此蓋不敢復效諛佞之徒以欺陛下聰明也臣聞蔡京王黼童貫朱勔數輩其爲姦邪有不可勝言者天下之民思食其肉今雖各曾行遣然或處善地或全腰領其子孫親戚尚有未曾盡行竄殛田宅物產尚有未曾盡行籍沒若是豈非姦邪去之未盡耶陛下謙虛退託以待臣寮而宰執忿爭上前無所畏避或[illegible]毀同列或中傷善良豈非大臣不和耶陛下勤儉祗恪留心萬機雖臣尚仍舊態不能服勤職事至有人主假日猶御便殿引對臣下而百官有司卻作休務豈非百司苟玩耶臣願陛下將蔡京王黼童貫朱勔等數輩重行誅戮其子孫親戚並當流竄田宅物產當籍沒以快天下之心則四海歡欣鼓舞自足以召和氣而陰沴寒濕之咎無有不殄矣然後下臣此章告諭大臣各務協心盡力以輔聖明絕其私心平其宿憾而百司庶府亦當察其姦邪怠惰不切奉公者特與懲戒如此則不至於君弱臣強君勞臣逸是以使陽德行乎陰氣消伏矣然此雖小變未足深憂臣必以是爲言恐陛下忽此而不以爲戒也又況蠶麥適時若陰雨不止不能無損亦不可不[illegible]之變伏惟陛下少留神焉臣不勝幸甚

御史中丞呂好問上奏曰臣聞民間多言近日彗出寅卯臣雖未[illegible]親覩要之天垂象所以示警戒于下也彗者除舊布新之謂若能恐

務修德防革弊政退斥小人引用君子不惟可以弭災變轉禍爲福亦在於此矣昨崇寧大觀間彗星兩見太上皇恐懼改革之意見於當時詔令赦文可覆視也然而群小滿朝門官內助正人終不得用政事終不得改蔡京大惡也遂之未久而復召況肯遂小惡者乎張商英未爲甚賢也用之未久而已貶況肯用大賢乎黨籍雖毁而禁錮益牢言路雖開而箝塞益急罷諫官置講筵使太上皇不聞刻之過差不念古之治亂是以天意震怒大戎深冦黎庶驚惶遂傳位陛下陛下亦念之乎臣竊思之陛下即位以來躬行節儉視民如傷非有過咎形于多方而天變復見者陛下欲行善政多爲左右牽改蓋今所用之人乃昔日之人也所施之政猶昔日之政也名爲進用賢者而賢者之言未得盡行名爲踈遠小人而小人之欲率皆如志又況陰害正道顯倡邪論欲復祖宗百年之成法而至今未能復欲去

蔡京紹述之姦謀而至今未能去致使陛下仁政不得施于朝廷仁澤不得流于宗宇故上天昭告如是以此見天之愛陛下之深也言曰惟先格王正厥事幸陛下體天之意除舊布新以正其事則天下之願望陛下留意

王襄論彗星疏曰臣伏讀八月三日星文者初詔書節文念將循舉故事而率皆已行深惟虛文不能應譴告之實臣愚無識竊所未諭臣聞天子父天而母地兄日而姊月皇天之愛聖主如慈父之愛賢子凡有譴見未虛發意者欲警悟陛下而增益其所未至者乎臣伏思陛下即位以來綿歷三時天下之民戴日傾耳如旱苗之得甘澤饑夫之望羹食雖祖宗法度日形於詔旨而京貫規模未改於章程詔旨以謂循舉故事率皆已行臣恐皇天照臨在上有所未孚也京貫用事二十餘年京變法度於內貫壞邊鄙於外天下騷益之以至于今日今日之法度非祖宗之法度亦非熙豐之法度乃蔡京之規模也今日之邊鄙非祖宗之邊鄙亦非熙豐之邊鄙乃童貫之施設也陛下守蔡京之規模而不改遵童貫之施設而不除在廷之臣懷畏避而不敢輕言疎遠之人希榮利而不敢輒議而欲致休祥召和氣豈易能哉蔡京爲相悠悠爲紛更祖宗熙豐之法無一事不遭變改者凡所變改者未有不爲害者也若悉舉而具陳之雖窮年閱月有所未徧況於尺牘之間而能盡其萬分臣願試以今日之急務國家之大政四事言之夫養兵之制祖宗所以威天下者也東南運漕當武因之以爲帝都者也財用之出所恃以爲國者也陝西五路今日以爲根本者也臣聞五代不綱兵疲將弱凡一遇敵無不奔潰故五十年間離亂相尋周世宗自斬宿將樊愛能等而藝祖神武佯治軍政藝祖悉汰老弱坐食之人選練精銳無前之衆當時中原不過數十

州禁旅之卒不過數萬人六七年間南取淮甸北定三關誅叛者有歸遠有天下因襲前代之迹建京師於平土以謂非兵不足以制四海也故皇城之內有諸班之兵京城之內有禁衛之兵京城之外列營猶數十里中夜則造朝入則奔趨營居西有必給東倉之米以遠其途負糧兩石不得雇代以閱其力諸班娶妻則太祖引視之諸軍支糧則太祖臨幸之諸班之妻盡取女子之長者欲其子孫皆傑世爲禁衛而不絕也太祖嘗謂雖京師有精兵數萬況天下乎其養之教之親之愛之然後嚴治以整齊之厚賞以激勸之加之深思遠慮爲後世子孫無窮之計至於府界諸邑輔郡縣鎮但係河路易致糧餉者無不屯兵三數千人重內制外如此其周密也及王安石爲相思復三代民兵故創教保甲而潛消禁旅臣元豐間往來京師道中京南自延嘉以北廢營壞壘三十餘里當時禁衛精兵不知幾千

萬人也。其後蔡京枉費軍儲闕乏。較種不充。則教閱之法弛。人無顧惜則姑息之心生。故弱者需富食於市。强者負擔於路。高俅壞之於內。童貫敗之於外。數十年間。不知其銷折幾何人。皇城諸班之地。今爲殿閣池臺矣。京城廢營之地。今爲苑囿甲第矣。郡縣之民佃空營地以自給者。蓋千百計。富室大家。尚養徒僕數十以待暴客。陛下以萬乘之尊。威儀四海。而皇城之內。無諸班以宿衛。京城之中。少禁旅以鎮守近畿。輔郡兵將備禦殆同戲事。一有邊警。則遠追閩越之人。盡舉淮浙之衆。此輩飲食異好。風土異宜。往來萬里。觸冒寒暑。雖未遇敵而疾病勞憊者十已四五。萬一南方鼠竊狗偷。如異日之警。則何以待之。借使無警。全然得歸。萬里之勞。豈可再致。是動天下之兵。而困天下之衆也。此臣略言養兵非祖宗之法者也。臣聞王公設險以守其國。自古帝王之都。皆可考矣。唯靈武之爲都。獨自朱梁而始。晉天福來。就糧而遷焉。祖宗以謂非重兵不足以制天下也。故宿重兵以制之。以重兵非漕運不足以給餉也。故仰東南之漕以養之。東南運漕。取於六路。年額六百餘萬石。其貨以爲本者三。船也。倉也。鹽也。造船之法。六路之船以供江外之綱。淮南之船以供入汴之綱。常六千隻。以六千船運六百萬石。則一舟之運。歲常千石。人船之力有餘故不勞而能辦。其後漸廢。至章惇爲相。船秪四千。而發東河之船運西河之石。每大石升船。一舟輒壞。此及運畢。壞者過半。蔡京更改法度。廢爲直達。此船法壞也。祖宗置眞揚泗倉。名曰轉般。六路綱還。冬月不止。江水低下。運河高淺。冬月潮小。水不登應。則閉閘而不通。故眞州　倉以卸之。潮大放閘。則揚泗以次卸之。六路未至。則發運司收糴儲於倉中。加息充代。而責其直。汴綱六千。支近者而運之。故一年歲課應期而數。倉木。鉅萬皆美材也。京悉取之以供京師之營造

中間雖復興。起曾不足以庇風雨。而發運司糴本。又盡於無益之求矣。此倉法之壞也。臣竊觀蔡京之姦謀。困民之大者。無甚於鹽法矣祖宗河北之鹽不榷。以利河北之民。河東自置鹽監以便河東。東南收稅上供委鹽六路。以暗爲六百萬石之本。又發運司因之以制諸綱。優重賞罰焉。故三邊充足。不資朝廷之應副。東南運漕。常足六百萬石之歲額。蔡京欲取善治財物之功。且以供無益之費也。故盡取鹽利歸之中都。祖宗飛錢於三邊。蔡京收利於榷貨。故中都豐足而三邊匱矣。西北之糧由是而空。西北之兵由是而不繕治。而河北之民驅其車牛。役其人丁。搬輦鹽貨。不得耕織者。不知其幾千百家。天下縣鎮趨賞避罪。巡門散鹽。以及茶蔡吏緣誅求。擾擾百出者。殆不可勝言。況有六路轉運司直供運漕之歲額。取之於民。今亦罄矣。天下章疏鉅萬。山積其間。果無一人言及此者。豈非國家遺害未息。尚資鹽利以爲用。未敢遽言之哉。然而祖宗熙豐之時。以至建中靖國之初。當時未收鹽利也。國用緣何而足。府庫緣何而充。豈非祖宗之經入法度有所未復。冗員浮費有所未減。於今日者。講求興復之。裁省抑免之。以代鹽利可也。必欲守鹽法不變。而求東南運漕如祖宗之盛。運漕不繼。而求內外兵馬如祖宗之强。臣恐未可以歲月冀。此臣畧言運漕非祖宗之法者也。祖宗之時。外置轉運司以漕一路之賦。內置三司使以總天下之財。委任而責其成功耳。神宗皇帝聖文神武。將大有爲。用財有式。節財有政。始分天下之財以爲二司。轉運司獨用民常賦與州縣酒稅之課。其餘財利悉收於常平司。掌其發斂儲之以待非常之用。罷三司而爲戶部。轉運之財。則左曹隸焉。常平之財。則右曹隸焉。當是時。雖一鎭一縣。無不貫朽粟陳者。及蔡京用事。舉天下之財而盡用。諸路漕臣靡然從風。本路無以周給。而追羨

餘百姓常稅不納而急橫賦諸縣歲終無以塞責則令民取常平錢
斛轉易而為二稅州郡視之而不敢禁常平知之而不敢劾上下蒙
蔽以姑息苟且取急於一時貪污之吏竄名詭冒猾胥頑民亦中分
而有之斂取之時辭訴紛委常平之政殆將廢矣常平之才殆將竭
矣雖欲求明健之吏為振舉之職天下詭冒之獄亦不勝其罰也
編戶民財不勝其斂取也如此則常平之政雖云不廢而其實廢常
平之財雖云未竭而其實竭天下貨財不知其失陷者幾千萬億尚
何區區於青苗助役是非利害之辨此臣略言財用非祖宗熙豐之
法者也陝西秦鳳路祖宗開拓鞏州矣熙豐之時又闢熙河蘭會州
以為熙河路阻河為界設為三關平土豐草可以耕牧甚美功也神
宗皇帝特有獻青唐之策者神宗以為國家之外廐而不取也神宗
皇帝得疊宕等州盡空三百里地而漢蕃兩不居之也蓋青唐之馬

最良而藉食肉酥必得蜀茶而後生故熙豐時置茶馬司大率以茶
一籠計費三千而易百千之馬歲以蜀茶易馬二萬匹以三十年為
率則國用馬常四十萬矣中國之兵安得不強夷狄之勢安得不弱
自湟鄯廓州之入中朝而茶司之本又盡於市珠玉國馬至今盡無
幾矣神宗皇帝之不建疊宕等州豈不以城之無利守之實難又且
以賜忠順之蕃使耕牧於其間也疊宕之地既皆不毛而湟鄯諸州
萬山墝瘠蹤絶人跡之所涉童貫仰國家之財悉兵民之力收復三
州增築城寨又於熙豐所空之地建城而自以為功分屯兵將轉輸
糧食并弓箭手民兵五路之根本也每差戍守三月一易則必人市
頭口負載糧器械所需之物而趨焉路逢蕃寇則多致殺掠或得成
滿三歲則謂以當復往如此勞費無有已時而熙河包氏之兵最為
忠順神宗皇帝特寵異之心一不滿勢必不為吾用此熙河之兵所

以寡弱而不振也　之兵恐亦復然今之士夫見邊兵之驕弱則以
謂未必勝於東兵見西馬之疲瘠則謂未必及於東馬蓋不見其
強盛之時而獨見其衰弊之後耳陝西之財百萬為率常以七十萬
獨供熙河而以三十萬供秦鳳涇原環慶鄜延永興軍路也熙河之
財十常七八以供新邊之費則是童貫之新邊常困竭陝西之諸路
陝西之諸路常煩朝廷之應副而貽患於天下之諸路矣自宣武之
為京師恃河北河東陝西以為根本故祖宗之時優恤河北民則不
橫以兵則不出戍鹽則不拘榷也自蔡京竭其財攘其鹽困其民疲
其兵加以中間盜賊之蜂起今歲邊事之未寧河東河北之民方仰
朝廷之援救不足恃之以為強而陝西兵將尚為朝廷緩急之用則
陝西之為根本明矣陛下安得不顧惜其根本而封殖之臣料廷臣
慮非不及於此自見兩貴黨人棄地之罪畏懼嘗蹈前轍而不敢

言耳此臣略言邊防非祖宗之法度者也臣願陛下考驗臣言而詳
思之則陛下今日政事果悉舉祖宗之故事乎果因循京貫之變擾
乎京貫之惡天下無不欲殺之者蓋以其姦賊生靈蠹害國家以至
於今日也借使京之鹽法不改貫尚有功於國行之數十年而不可
易臣恐其大不然矣雖然常平之政不可廢存修弊起廢興之以守
制新邊之地不可棄在因事制宜轉敗而為成若夫養兵之制運漕
之法又在謹審而力行之夫祖宗之法犬牙相制不可偏廢也如論
養兵則于運漕如論運漕則于鹽法如論財賦則于常平如論邊防
則于茶馬千條萬目豈易遽言廟堂之股肱朝廷之肺腑必有奇材
大略能為陛下處之者非臣疏遠之敢竊議也昔仲山甫周之賢相
耳詩人歌詠其功德以謂愛莫助之況聖君巍巍在上恭儉畏責
所憂勞減珍味者七十品放宮女者六十人常御便坐不奏音樂雖

堯舜茅茨土階。夏禹卑宮菲食。不是過也。而既御三時。治功未進。豈非有合周雅愛莫助之者乎。恭惟陛下以繼體守文之時。應創業垂統之運。當以太祖之神武英斷。戡定禍亂。仁宗之仁慈納諫。安養蒼生。神宗之聰明剛健。修舉百度。不可優游退託。日復一日。以緩事機也。天下之事已逾三時矣。昔禹惜寸陰。況當救焚拯溺之時。而可以坐閱二十七旬乎。且自古君臣。必有道合德契。披肝膽以相照。雖骨肉之親。不可間也。故商高宗以傅說為旱歲之雨。劉先主以諸葛亮為如魚得水。蓋不如是。不足以有為也。書傳所載。少有能兼將相之任者。漢高祖相蕭何而將韓信。則西楚不足滅矣。然薦韓信者蕭何也。唐太宗相房杜而將英衛。則天下不足平矣。然薦英衛者房杜也。陛下體此以觀之。則將相之任定。將相之任定。則廟堂敢措議於軍旅。將帥得注意於功名。廟堂之上。運用天下。如身使臂。如臂使指。若杜

黃裳之平西蜀。李德裕之平河北。指縱發策。不離於樽俎而兩路平。今朝廷人材。豈無杜黃裳李德裕輩。至於條令之未便。官吏之貪污斂求之違法。奉行之未善。此皆毛舉小小監司郡守斥言可除之弊何足以多繁聖慮哉。臣年老多病。待盡朝夕。祈欲一言而首丘耳。干冒冕旒。惟陛下留神。

侍御史李光論彗星劄子曰。臣聞易曰。天垂象見吉凶。聖人象之。蓋觀乎天文以驗得失者。誠聖主之先務也。臣伏見近者彗出寅艮間。躔度甚速。此變易之大者。或傳朝廷用陰陽家說。以分野言之。為虜人滅亡之證。此恐進諛之人以甘言諂辭媚悅陛下。陛下輕信其說無復咎謝天譴之意。則虧損盛德。非宗廟生靈之福。臣聞孔子作春秋。不書祥瑞而書災異者。蓋欲警戒人君。使知恐懼脩省以應天變不聞以災異歸之夷狄也。二百四十二年之間。彗星三見。禍亂類應。周室微弱。上下交怨。此皆人事之所感動也。天心仁愛人君。故出災異以譴告之。不聞天心仁愛夷狄。欲其脩省也。陛下萬一惑於邪說。凡天地變動。各以分野言之。則陛下之失。自今以往。誰復敢言。蓋天變之發。或發於未然之前。或發於已然之後。皆所以覺悟人君也。所謂應天變之術。豈有他哉。在於修人事而已。臣伏見陛下即位以來。凡所施為。無非仰合天心。下當人意者。勤儉憂勞。不聞有過。然舉措之間。安得每事皆當。亦當窮究徵異之由。推至誠。行直道。政事之不中不平者。或未加治。萬民之失業窮困者。或未加卹。忠邪之疑惑主聽者。或未加察。言路壅塞。復有壅蔽之患。則陰陽之和何時而致。天地之變何時而息乎。臣所以居言責之地而不能默默。亡冒犯天威。臣無任激切恐懼之至。

高宗建炎二年。中書舍人聽康上奏曰。去歲郊祀前日。晨而日官不

以聞。近臣不以告。使陛下所以應天者未至。故逆臣敢萌不軌者。無先事之戒也。陛下即位再歲矣。惻怛愛民之政。徒為空言。而百姓不被其恩。哀痛責躬之詔。不著事實。四方不以為信。總使並緣而多士解體。刑賞失當。而三軍沮氣。臣願陛下取建炎初元以來。所下詔書所舉政事。熟思審度。得無一二不類臣言者乎。望參稽得失而罷行之。上再三褒諭。稱其有諍臣風。

三年六月淫雨。詔求直言。中書舍人季陵上言曰。金人累歲侵軼生靈塗炭。怨氣所積。災異之來。固不足怪。惟先格王正厥事。則在我者其可忽邪。臣觀廟堂無擅命之臣。惟將帥之權太盛。宮闈無女謁之私。惟宦寺之習未革。今將帥擁兵自衛。浸成跋扈。苗劉竊發。動三之師。一至凌轢官吏。莫敢誰何。此將帥之權太盛有以干陽也。宦寺縱橫。上下共憤。卒碎賊手。可為戒矣。比聞復召藍珪黨與相賀。聞者切

哉。此宦寺之習未革。有以干陽也。洪範休徵曰肅時雨若。謀時寒若。咎徵曰狂恒雨若。急恒寒若。自古天子之出。必載廟主。行示有尊也。前日倉卒迎奉不能如禮。既至錢塘。寘太廟於道宮。薦享有闕。留神御於河滸。安奉後時。不肅之咎。臣意宗廟當之。比年盜賊例許招安。未幾再叛。反墮其計。忠臣之憤不雪。赤子之冤莫報。不謀之咎。臣意盜賊當之。道路之言。謂鑾輿不久居此。自臣聽處決無是事。假或有之。不幾於狂乎。軍興以來。既結保甲。又改巡社。既招弓手。又募民兵。民力竭矣。而猶誅求焉。不幾於急乎。此皆陰道太盛。所致。帝嘉納之。

御史中丞張守論災異所自劄子曰。臣伏准詔旨。以孟夏之月。常寒久陰。災異之來。必有所自。令侍從郎官以及臺諫條具闕失。欲以應天變。收人心。召和氣。仰見陛下畏天之威。遇災而懼。古帝王之用心也。臣待罪憲府。清問所及。敢不竭愚慮。臣聞天心之愛人君。自非大

無道之世。則必出災變以譴告警懼之。及其至誠修省。則轉禍爲福。捷於影響。傳曰。禹湯罪己。其興也勃焉。蓋不特有罪己之言。而有責己之實也。陛下罪己之詔。嘗數下矣。而天未悔禍。恐實有所未至焉。倘能應天以實。不以文。則安知譴告警懼。非誘掖陛下以啓中興之基乎。臣於去秋嘗奏疏。願陛下居處飲食動作享用。每以二聖母后爲念。詞頗煩悉。頗簡聖聽。冀不以一日南面之樂。而忘萬里北狩之戚也。勿謂九重之邃。外莫得而聞也。正心誠意。日慎一日。則何患天變之不弭。人心之不固。和氣之不至乎。雖然高宗有鼎雉之祥。祖己訓之曰。惟先格王正厥事。則事事欲其正也。臣請爲陛下畢其說。常寒久陰。陽微陰盛之證也。臣者君之陰也。夷狄者中國之陰也。盜賊者。民之陰也。方今朝廷不能制將。將不能制兵。強者怙寵有跋扈之風。庸者擁衆爲偷安之計。遣師而出。則必廣求官爵金幣而後啓行。無功而還。則又泛第首級勳勞。而邀上賞。虛張軍數。而冒請給使。轢州縣而取犒賜。小不如意。肆爲殺攘。凡此則臣強也。夷狄累年憑陵中夏。連陷郡邑。劇於破竹。深入淮甸。易於探囊。止于山東。儼然自肆。涉此夏暑。未有退期。使吾選將厲兵。固可襲取。今則上下畏怯。莫敢誰何。凡此則夷狄強也。狂寇潰卒。蟻聚蜂屯。大者數萬。小者數千。遠則星布于京西。而不勝討。近則鴟張於淮甸。而無所憚。或陰懷窺伺。而邀求要地。或陽就招納。而公肆剽劫。凡此則盜賊強也。陽微陰盛。斷可見矣。是以紀綱未立。號令不行。人心動搖。國勢危蹙。而當長養之時。積雨彌月。寒氣不收。宿麥壞於垂成。禾稼傷於方茂。物價翔貴。商旅斷絕。秋冬之間。夷狄內嚮。盜賊乘之。於飢饉之餘。其禍可勝言哉。天時人事。至此極矣。陛下觀今日之勢。與去年孰愈。而朝廷之措置施設。蓋與前日未有異也。俟其如今春維揚之變而後言之。則

雖斥逐大臣。無救於既。臣又聞漢制災異策免三公。故陳平曰。宰相上佐天子。理陰陽。順四時。下遂萬物之宜。而御史大夫蕭望之謂日月少光。咎在臣等。宣帝以爲意輕丞相。天變之來。宰相預任其責。竊見某雖有勤王之功。初無王佐之畧。論其材能。則辦一職而有餘。論其器識。則斡萬機而不足。筭計見效。曾未及於前日。豈不殆哉。唐張守珪破可突干有功。明皇欲相之。張九齡曰。宰相代天理物。不可以賞功。乃止。今某蓋以勤王入相。不幾於賞功乎。吳起與田文論功。文不及者三。朱買臣難公孫弘十策。弘不得其一。終之田文相魏。公孫佐漢。言宰相自有體也。故黃霸長於治民。及爲丞相。則功名損於治郡。以人之才各有所極故也。某人固未有顯過。但經濟之畧。未聞著以防秋在邇。未宜罷免。則臣愚以謂不若更擇文武全材。海內推服公頤以爲相者。親擢而並用之。庶幾叶謀共討。各效所長。彌縫其咎。

而正救其災則天變亦可收和氣亦可召也昔汲黯在朝而淮南寢謀杜黄裳爲相而兩河䂓復蓋其威望鎭物精神折衝亦不必事事更張而臣下爲之稟畏夷狄爲之竦讋盜賊爲之退聽矣伏願陛下內極嚴恭寅畏以修其德外更選用輔弼以修其政人事旣盡天心必歸古人有云未至而言而嘗爲虛及其已至又無所及今日之事實繫存亡顧畏避不言之罪清議不容而觸近權要之罪聖明必貸惟陛下留神不以爲虛言則天下幸甚

守爲殿中侍御史乞捕飛蝗劄子曰臣訪聞京西京東飛蝗爲災上至京師下及淮甸遠邇憂懼恐失有秋蓋以軍旅之後必有凶年言其殺傷之怨薄陰陽之和也昔周宣王遇烖而懼側身修行以致中興天意若警陛下以隆中興之政恭聞淳化三年六月飛蝗蔽天徑西南而去太宗皇帝謂宰相曰必恐害及田稼朕憂心如擣蝨食人馳詣所集處視之是夕大雨尺餘蝗盡殪慶曆四年六月仁宗皇帝謂輔臣曰方歲旱而飛蝗滋甚百姓何罪朕默禱上帝願歸咎于朕躬章得象對曰臣不能輔理宣化以致災孽而貽陛下憂今聖言及此必有上通天意之應伏望聖慈仰體祖宗之德下憫元元之災勝妖以德以弭天變仍敕逐處監司守令檢詳條令併力鏟除儻不失有年庶幾軍興之時國用民食不至甚闕天下幸甚

四年張浚乞修德選賢以消天變疏曰臣竊惟國家不競患難荐臻夷虜憑陵海宇騰沸二聖久征於遠塞皇輿未復於中原而敵國交兵方興未艾郡邑半陷於賊手黎元悉困於塗泥自古禍亂所鍾罕有若此之比必欲昊穹悔禍庶獲安非君臣之間更相勉厲齋心嘗膽修德著誠以誅姦邪鏟革風俗親君子遠小人去讒佞屏聲色簡嗜欲崇節儉則可以上應天變下懷民心四海黔黎殊有休息之日若昔黄帝遭蚩尤之亂大禹罹洪水之災然而卒能誅夷絲踐平治者正以君臣上下苦心勞形杜邪枉之門開公正之道天人響應遐邇協謀故能平難化之寇成不世之績是知應非常之變必當得非常之人重念臣自叨殊遇深荷眷知雖事不辭難而功無可紀自知力小而任重徒能志大以心勞而況臣濫居政府以來天文失軌風雨不時夷狄交侵盜賊多起蚤夜自省畏懼彌深欲隆希世之大勳必非微臣之可致伏願皇帝陛下念宗廟社稷之重憫邊陲黎庶之災救已清心畏天念咎然後選求賢哲委付事功假以歲月之期漸圖興復之業俾臣乞身而去以畢餘生庶免顚隮仰負天地生成之賜不勝至願

浚爲觀文殿學士上奏曰臣聞太史推測天象以來年正月之旦日有蝕之臣竊惟天之愛人君必示以災變使之畏懼修省勉求爲治人君脩德畏天則天心眷祐享國無窮如其怠忽不省禍之將數禍有不可勝言者矣然而應天之道在實不在文當求之於心考之於行心有未至者勉之行有不善者改之如天心無不公如天之無不容如天之至誠無私而不失其信則何憂乎治道之不興何患乎賢才之不至哉惟陛下留神毋忽

紹興三十二年浚奏飛蝗爲災狀曰臣今月十一日午後有行在國門有飛蝗自北而南其長數里臣竊惟災異之起必有所因恭惟陛下即位之初厲精求治憂勞庶政豈容有此臣愚伏望聖慈益加欽畏以答天心抑天之變陛下殆將有以警勉于初助成聖德恢張皇業更乞延見近臣講以請問咨問時政必使澤惠實及軍民臣愚不勝拳拳

紹興元年臨安火延燒數千家獻說者謂非災異殿中侍御史魏矼

上言曰：春秋定哀間數言火災，說者謂孔子有德而智不能用，季孫有惡而不能去，故天降之咎。今朝廷之上有姦慝邪佞之人未逐乎？百執事之間有朋附奔競之徒未汰乎？搢紳有公忠宿望及抱道懷藝有猷有守之士未用乎？在位之人畏人軋己，方且蔽賢求闕，推誠盡公，旁招俊乂，宜鑒定哀之失，甄別邪正，亟加進用。

三年，天旱地震，詔群臣言事。知溫州洪擬上奏曰：法行公則人樂而氣和，行之偏則人怨而氣乖。試以小事論之：比者監司守臣獻羨餘則黜之，宣撫司獻則受之，是行法止及疏遠也。有自庶僚為侍從者，郡家視職未嘗入謝，遂得美職而去；若鼓院官移疾廢朝謁，則斥罷之，是行法止及冗賤也。榷酤立法甚嚴，犯者籍家財充賞，大官勢家連營列障，公行酤賣，則不敢問，是行法止及孤弱也。小事如此，推而極之，則怨多而和氣傷矣。

侍御史張大經以旱應詔上奏曰：人心不和有以致旱。民力竭而愁歎多，軍士貧而怨嗟眾。二者當今大弊。州縣之間，縮節多折，莫詰求粟過收其贏，關市苛征，榷酤峻禁，中外兵帥多出貴倖之門，營利自豐，妻名眾怨，教閱滅裂，軍容不整。宜近習甲第名園，越法踰制，列墅列肆在在有之，非賂遺何以濟欲？願陛下疎斥憸腐，抑絕倖門[illegible]意。人主之職，責成宰輔，一提其綱，則天下事有能辦之者。

吏部侍郎廖剛論救旱劄子曰：臣聞金穰水毀，木饑火旱，天數也。雖堯湯在上，水旱所不能免。聖人惟不以天廢人，故恐懼脩省，必謂己德之愆所致。如湯以六事自責是也。夫以湯之為君，制事以義，制心以禮，檢身若不及，而不吝於改過，寧復有如是之闕失者哉？凡以畏天之威，罔敢怠豫，而應之以誠。如此，是以雖有七年之旱，後世不以為天譴，而皆歸之於數，為其所以應之者無不盡耳。不然，後世何稱秋於湯哉？比者連月不雨，宸衷憂惻，食息不忘，中外所共知也。臣竊願陛下嘗試隱之於心，如湯所慮六事之失者，儻有之乎？有之而未能改，則是應天之實未至。雖禱祠無事之備，亦曰文而已矣，非所以動天也。誠則至矣，過則改矣，將無遠之不格，無災之不弭。斯須之旱，又奚患焉？亦取法於湯而已。區區狂瞽之說，惟陛下裁擇。

剛為御史中丞，又上奏曰：臣竊惟旱暵之久，聖心焦勞，如臣輩備位言責，固當有藥石之言，上裨聖政之萬一，而寡陋淺暗，曾無以效其區區，曷勝惶懼愧負之至。然臣竊意陛下朝夕省念，求所以致旱之由，殆將無所不至。臣亦安敢默默自已？臣聞先儒之論曰：五行之制，水土功興，則水氣壅閼，其證為旱。邇來營造宮殿，土木之役亦既經時，然將以奉吾太母，所不可已者，行且訖工。臣不復敢言。若乃運河淤澱二十餘年，今者遽欲濬治，自杭至秀凡百餘里，工力以數十萬

計，乃欲取辦於殘零瘠兵與道路之游手，限以半月，可不謂之使民疾乎？奇鍤之事，若責游手，決不能辦，其勢必科夫於人戶，名為和顧游手，因以救飢，其實皆南畝之民也。方茲久旱，農夫嗷嗷，日待浸灌之澤，有如時雨適至，身拘於官，不得反顧其私，豈不害事而致怨乎？臣謂天降災譴，正當恐懼修省，靜以待之，而更興大役，重擾吾民，恐非所以應天也。臣非不知開河之為利，今正非其時耳。又有嚇人心者數事，請遂言之。劉光世賜第，漕司收買材植，凡數十里外有以木植至者，不問大小長短，盡數劄下，不許賣外人。已買者或留之而未償其直，未售者或抑之而日積其價，簰筏鱗次，蔽塞河道，其所使令倚勢搔擾，為民害。如此不急之役，獨不可少緩乎？此一事也。參選冗員充溢，郎肆類遭疑文首端沮抑。且如沿海巡尉透漏私鹽滿三十斤，並擬差遣，雖已參部，必須下元任州縣再取保明，此留滯者

皆是紛然選人極多如縣丞司法雖多不許破格差注然如廣南州軍多是土人權攝動經年歲蓋內地經任人往往不肯屑就以謂兼其員濫權攝歟若期以一年或三季討較格注授庶使寒士無滯留之歎此二事也近日諸營寨強刺百姓充軍已蒙聖旨禁戢今稍革矣然已刺者多鄉村良民或負販小商或單丁養父母之人雖多與衣糧非其所願臣願特降睿旨明敕將校等人強刺之罪聽其放出給據得歸農本則鼓舞者多矣此三事也恭以陛下憂勞之極至於不御葷肉則凡可以順人心合天意以召和氣而消災沴者豈無不為況此數事頗關休戚近在目前惟聖慈加省察甚。

中書舍人洪遵論禱雨思所當戒劄子曰臣竊見涉冬至今累月不雨人情嗷嗷無以為命陛下夕惕為治孳孳在民閔雨之心形于夢寐縉黃祈禱靡神不宗以至賑飢窮決犴獄止屠宰出廩粟大官供

膳蠲素羹旬每對公卿大臣焦勞憂嗟見於晬表左右從御瞻顧動色上天孔昭若響若答三月之霖應誠濟至中外相慶歡喜欲舞天下幸甚昔成湯遭旱以六事自責蓋至七年而後已春秋穀梁傳公書三時不雨以見其憂民之切今陛下不忍百日之旱諄諄誠求之於飲食言動之間魯不淹辰而至應如此視成湯之七年魯僖之三時超然遠過有盛德而無愧辭人生實難萬世而遇六聖乎其偉哉方立朝日淺蒙陛下恩顧寂厚不敢作為頌詩以飾大澤獨有惓惓之意願陛下日慎一日雖休勿休念萬機之間其所當戒有在賑飢決獄四端之外者永思所以上當天心下愜民情如今日禱雨之誠則治道光明可以耀千古尚何成湯魯僖之足云哉臣愚無識惟陛下留神。

遵為秘書省正字乞禁奏祥瑞疏曰臣聞春秋之作以示萬世觀戒上之日食彗孛隕星震電下至多麋有蜚螟螽之類纖悉必載獨祥瑞之事闕然不錄蓋二百四十二年間皆無可書之實聖人垂教以為無益故也秦漢以來世主往往恁藉以文太平故此說浸盛至若黃龍見于劉聰蒼麟白鹿見于石虎鳳凰騶虞見于王建之世是秦時僭竊何瑞之有而其導諛之臣曾罔聞知史冊班班蓋有春秋深意惟元魏世宗時見生太極殿崔光舉莊周所謂氣蒸成菌指為不祥其言忠切可為後世龜鑑恭惟陛下聖謨天造光啓中興歲屢登穰可謂上瑞紹興初蜀郡有以符瑞來上者亟行劾秩四方聞之莫不歌誦聖德十餘年以來權臣擅朝矯誣瑞應邪諂之徒迎合朋附藉此為進身計臣不敢縷陳如獨州之寶碑坐設心獻綵於符命贛州之木成天下太平字錢刻甚明識者唱笑福州之竹實則傳記所載初非吉證據是三者類可見矣臣愚欲望聖慈專下明詔

自今州縣無得輒奏祥瑞其卓卓顯異不可泯者上之禮部庶幾洗滌浇風化為忠厚以稱陛下謙慎之本意誠非小補臣愚無識惟陛下留聽。

歷代名臣奏議卷之三百五

災祥

宋高宗紹興六年地震秘書正字張嵲上奏曰比年以來賦歛繁重征求百出流移者擠溝壑土著者失常業地震之異殆或為此願深思變異之由修政之闕致民之安

黄次山上奏曰臣聞日食地震陽微陰盛也陰盛則靜者動陽微則明者晦推類言之則妻者夫之陰也子者父之陰也四夷者中國之陰也小人者君子之陰也陛下春秋富盛嬪嬙稀簡幃幄之私行義未過二年之間大異重至意者夷狄伺隙而君子小人之際尚煩聖慮乎今承板蕩之餘履顛沛之勢財不足自富兵不足自強天下喁喁未絕望於中興者徒以陛下克己自強大臣同心事國悔過求言而善類稍進也近日士論頗謂朝廷甘受佞人而外欽正士聲音之

拒禮貌之衰有得之於言意之表者此非陛下之福也自古求治之君當軸之臣夫豈惡治安而樂危殆薄君子而厚小人然多不免焉者何也君子難親小人易狎也願陛下以父兄為意大臣為人主愛言厲諤諤之風恢蕩蕩之德遠諛諂近端方搢紳之間議不可盡其有公忠自奮嶽嶽異同不可抑而親者宜隆寬褒直俾充本朝不宜盡聽其求高舉遠引不留自助也人主父天母地子養元元父覆明毋震動子訛言相恐古人猶懼況食於三朝震其國都元元飢餓自相魚肉而不思消伏之計乎惟陛下奮乾剛之威大臣擴包荒之度拔進英俊以強本朝此抑陰崇陽應變之至權也震食之異庶幾可銷標季之運庶幾可復夷狄之憂庶幾可弭陛下君臣千里誠冀有補萬分廢承天之至言指米鹽之細故求殺災異熒惑聖聰則非臣之忠也故不敢不盡愚

江西安撫制置大使李綱以地震應詔條陳八事狀曰臣伏覩近降詔書以地震求言雖蒭蕘之微亦得上達況臣嘗備近司荷恩隆厚受知特深苟有所見其敢隱默輒罄狂瞽冒塵天聽伏望聖慈特賜睿覽謹條具奏聞

一臣聞地道積陰以靜為德理不當動動必有變春秋二百四十二年間地震五聖人必謹而書之者志變也漢唐以來或頻年震或一年數震變不虛發其感召之因皆有所自可考而知乃者六月乙巳地震于駐蹕之所陛下克謹天戒降詔求言誠得警懼修省之道然臣聞應天以實不以文天人一道初無殊致唯以至誠可相感格臨變而懼變已則忘有畏天之言無畏天之實皆不足以銷弭變故導迎吉祥凡以無至誠惻怛之意故也夫夷狄兵革女子小人皆為陰類願陛下致察於數者之間

每事致戒則化災為祥何難之有昔成湯遇旱禱于桑林以六事自警而雨澤時至天人之際應若影響不可誣也臣願陛下以應詔上封事者特加省覽其言可採降旨亟推行之不必加賞夫忠義之士有愛君憂國之心者但以言聽計行為志豈待賞而後勸哉至於草茅疏遠不識忌諱論議激訐亦望容貸以來直言日慎一日不以天地之變為出於偶然如日月之蝕既過則忘於修省此乃所以為應天之實也天下不勝幸甚

一臣竊聞諸道塗車駕將有建康之幸既降旨以趣營繕又具例以勅百司此誠甚盛之舉然日俟一日未聞下戒行之詔豈猶有所疑而未決邪夫建康在東南為形勝之地在今日為不可不駐蹕之所臣嘗條具奏聞屢矣天時地利人事皆當捨臨安而幸建康比者地震不在諸郡而在臨安不在他所而在宮禁

此無他。天意欲陛下有所遷動。避危以趨吉而已。夫懷與安實敗名。昔公子重耳安於齊。子犯謀醉而遣之。自齊適秦。秦伯納諸晉。遂成霸業。今陛下久駐蹕臨安。躊躇未還。無乃有安之之意邪。不然。天意何以丁寧告戒之若此。此天時之不可不幸建康者一也。臨安褊迫。偏霸之地。非用武之國。又有海道不測之虞。曷若建康襟帶江湖。控引淮浙。龍蟠虎踞。自古稱為帝王天子之宅。此地利之不可不幸建康者二也。諸將重兵。已皆分屯淮泗。陛下時乘六龍。躬率六師。進臨建康。則將士之氣百倍其勇。號令賞罰。皆出睿斷。人人願戰。前無堅敵。與夫深居而遙制豈可同日而語哉。此人事之不可不幸建康者三也。臣願陛下斷自宸衷。不貳不疑。投龜而決。早降詔旨。以慰士民之心。庶幾中興之運。不日可致。伏望留神幸察。

一。臣竊觀古之善治兵者。必多其將之員數而少給之兵。所以為臂指聯屬。易相運動之術。漢光武之二十八將是也。又必重內輕外。以為強本弱枝。表裏相濟之術。唐府衛之兵是也。祖宗制兵。每將不過五千人。其不隸將者。每指揮不過五百人。有事則臨行陣。無事則歸營壘。此得所謂多將員而少給兵之法。蓋屯天下重兵於京畿。足以制四方州郡之兵。又設禁旅。拱衛王室。此得所謂重內輕外之意。海內平定幾二百年。靡有兵革。職此之故。今陛下震皇武以圖恢復之烈。蓋以重兵分隸諸大將。多者至十數萬人。平居已不能運掉。而況於倉卒擾攘之際乎。宿衛單弱。初無正兵。緩急何以衛宸極而禦外侮。此臣之所以夙夜寒心者也。雖陛下恩信足以結之。威德足以服之。手攜指顧莫不從令。然立國之道。當為長久之策。恐不應如此。臣愚伏願陛下常留聖意。偏裨中有可用者。親加識擢。漸付以兵。使自成頭項。以備緩急驅策。或收召舊人。或選擇將士。廣置禁旅。更番宿衛。使為天子正兵。考漢唐之舊制。遵祖宗之成憲。稍復前規。銷弭後患。以早致中興之功。天下不勝幸甚。

一。臣聞兵法欲致人而不致於人。此猶奕家之爭先法耳。故善碁者之置子。必能制於數路。善兵者之禦敵。必能禁其四出。今諸將大兵列屯淮泗。又以宰相督之。可謂重矣。敵人之勢亦必聚其犬羊以抗王師。則京西一帶必有力不暇及之處。頃詔劉光世專事陳蔡。岳飛專事唐潁。使敵人分兵以拒我。則淮泗之力紓。使不能分兵。則乘間擣虛。吾無遺策矣。今劉光世軍已進合淝。而岳飛大軍尚留武昌未進。誠恐緩不及事。望因錢糧未見其可。伏望聖慈特降詔旨。督促其行。庶幾不失機會。今冬可無

衝突之虞。願加睿察。

一。臣聞行師用衆。糧餉為先。雖有堅甲利兵。非粟無以戰。雖有高城深池。非粟無以守。有國有家者。無三年之蓄曰不足。而況於月支日給。乃旋為之計乎。去歲旱災之廣。綿地數千里。[illegible]至千餘錢者。常賦損於減放。漕計困於轉輸。常平義倉匱乏無儲。公私窘然。皆無儲蓄。使今秋復繼之以水旱。其何以堪。所[illegible]天道佑順。雨暘時若。遂成有年。江浙閩廣悉皆登豐。目今米[illegible]已減。將來穡事告成。糧米定須狼戾。此誠朝廷廣糴滿[illegible]也。昔趙充國討先零。嘗謂塞下糴四十萬斛。虜豈敢動哉。[illegible]觀之國以兵為命。兵以食為天。何可少緩。夫穀太賤則傷農。乘登豐之歲。以善價廣糴。官有儲蓄而農不告病。是行一事而兩利也。朝廷近降糴本付轉運司。限數收糴。固為得策。然轉運司

不過分降諸州諸州不過分降諸縣諸縣不過分配人户强委
之直而責其槩則是有和糴之名無和糴之實非計之得也臣
愚伏望聖慈特降睿旨令諸路州郡以轉運司所分糴本專委
官吏置場收糴其初即以善價取之民間毋增分數嚴立約束
使無邀阻糜費則人户商旅自然樂輸數百萬斛未難辦也始
時民間唯患交子恐難行用今朝廷既改交子之法以為關子
即與見錢無異自可通行唯官告勑牒須勸誘上户使之入納
亦乞令州縣以勸誘到見錢付之糴場使之收糴庶幾革近年
科糴之弊公私兩濟天下不勝幸甚
一臣竊見朝廷近年以來委辦州縣或製造器用或收買物色期
限太嚴督責太峻州縣官吏未敢申明如期應命但欲塞責而
不為長久之計遂使公私皆受其弊而卒無補於實用如福建

奏議卷之三百六　五

之捌海舟製造滅裂率多即損壞廣南之置耕牛道里遼遠率多
斃踣此皆所費不貲無益於事不可不察也夫創造不精曷若
買舟之可久遠致多斃曷若厚價以招來雖有所費蓋不得已
如其不然所傷實多方朝廷用兵之際財賦窘迫豈可不計較
愛惜而耗蠹於無用之地哉臣愚伏望聖慈特降睿旨今後朝
廷抛降製造收買物色或期限太迫或土產非宜並許州縣申
陳利害從長相度以聞朝廷更加審察而施行之庶幾公私兩
便無虛費而有實利天下不勝幸甚
一臣竊見朝廷前此數年專以退避為策亦不責州郡以捍守又
降詔旨許令保據山澤以自固城壁守具率皆不治循習既久
往往以修城壁為生事建議官吏反受罪責如連南夫以守泉
州城委官體究非衮廪以修德州城重加貶黜州郡望風畏縮無

敢復議修城者夫以偷惰苟且之習而重之以朝廷[illegible]
敢復冒罪責而建長久之計乎臣恐自此州郡城壁蕩墮頹毀
湮塞不復修矣今與備邊之處壤地相接無數百里之遠而沿
江表裏數千州郡朝廷所恃以為藩籬者蕩無城池可恃以守
卒然賊馬驚近邊陲封疆不知何以禦之此臣之所不能曉也
臣愚伏望聖慈特降睿旨令朝廷熟議如捍禦之計非城池不
可即乞降旨明告中外以昨來罪責官吏自緣搔擾非以修城
之故應沿江州郡候今冬農隙許之漸次修築城池建置樓櫓
之類朝廷特與應副庶幾自保之計既備進討之策可行天下
不勝幸甚
一臣竊觀近降指揮禪林僧徒貧病不能貼納者先以常住代支
續令拘收還納自非出自聖慈曲加矜恤何以及此然臣竊謂

奏議卷之三百六　六

僧徒中有財利者多是律僧營生與俗無異雖重取之何所不
可其禪林中僧真實學道之人一鉢一錫隨時粥飯往往無餘
今使之貼納非唯貧病無自而出亦有害其學道之心聖慈既
加矜恤許令常住代納固已深慰物情伏望特降指揮委州縣
體究實係貧病無可貼納之人令本寺常住代支更不拘收還
納庶幾學道之流得以安心淨業此亦仁政之一端也伏乞睿
察
綱又上奏曰臣聞和氣致祥乖氣致沴天人之際應若影響不可誣
也政令和平合於民心天應以福雨暘時若而為豐歲此和氣致祥
之符也政令乖戾拂於民心天應以災水旱極備而為凶年此乖氣
致沴之符也豐凶之本乃在人主心術朝廷注措之間宗社安危
生靈之休戚繫焉可不懼乎前年江湖閩浙皆苦大旱流移失業殍

巴相望。陛下軫慮之深。不遑暇食。親灑宸翰。勸誘賑濟。六所全活。不知其幾千萬人。至誠動天。彰以休應。曰雨而雨。曰暘而暘。歲大豐穰。民以安樂。自經一稔之後。上下恬嬉。不復勤恤民隱。朝廷意民間之有蓄積。百色誅求。上供不以實數而以虛額。和糴不以本錢而以關子。絲蠶未生。已督供輸。禾穀未秀。已催裝發。州縣困於轉輸。文移急於星火。官吏愁歎。閭里怨咨。感動天心。旱災復作。江湖淮浙所被甚廣。歲且艱食。人情驚疑。如居風濤洶洶靡定。然則陛下欲消弭災異。導迎吉祥。不必他求。但如前日之用心。自然感召和氣。休應立臻。則旱暵必復為豐年矣。昔周宣遇災而懼。側身脩行。欲銷去之。而王化復行。雲漢之詩是也。安知旱暵之災。不為中興之資乎。願詔朝廷益脩政事。凡所以賑救民災給足軍食者。早正素備。無待倉猝取具於臨時也。方今彊虜憑陵。僭竊窺伺。屯兵淮游。以為控扼。欲進則未能。欲退則不可。開口待哺於縣官者數十萬人。平時運餉。已極勞費。歲一不稔。將何以給之。夫今日之患。欲民力寬。則軍食闕矣。欲軍儲裕。則民財匱矣。二者如鐵炭之低昂。此首重則彼尾輕。非有術以權之。使斂不及民而軍食足。不可得而均也。孟子曰。無政事則財用不足。今也兵之數不多於前時。而養兵之費十倍於往日。死生去來。無籍可稽。上功行賞。無實可考。轉資遷秩者。動以萬計。廩祿之費。又不知其幾何也。開端者不可復斂。放行者不可復收。日益月加。無時而已。天地之生財有時。人力之理財有限。而度量不立於其間。養兵之費有增無減。坐致耗屈。竭取於民。謂之有政事可乎。此臣之所以日夜為陛下寒心者也。夫政事立。然後財用足。財用足。然後軍食給。軍食給。然後民力寬。民力寬。然後天心格。天心格。然後和氣可召。而為豐年。此臣所以願陛下救今日之弊。必以脩政事為先也。臣仰察天時。俯揆人事。今日誠為危急存亡之秋。惟陛下念宗社生靈之重。圖為善後長久之策。留神邦本。天下幸甚。臣以衰病屢乞閒散。將歸山林。不勝憂國之情。輒復自竭。陳其大畧。以瀆天聽。如聖心尚有所疑。願賜清閒。得以屢盡底蘊。為陛下詳言之。誓罄狂瞽。仰酬大恩。

高宗時。左正言鄧肅上奏曰。臣伏覩十三日赤氣夜起。橫貫斗柄。士大夫驚嘆。莫知所自。況職在言路者。又當如何。竊考自古天變。人主所以謝之者。不過避正殿減常膳而已。陛下自登寶位。未嘗輒居正殿。而飲食菲薄。幾同臣下。其所以事天者。蓋亦無所不至矣。而天變若未息焉。其故何也。蓋嘗考康定元年春三月。京師大風。晝冥經刻。是夜東南有黑氣。橫亘數丈。赤。兵氣也。黑。殺氣也。用兵之時。豈免兵氣。延於殺氣。則為變尤大矣。然仁宗之時。朝廷無事。人物繁庶。其致治之道。過於成康。是天變不足慮乎。蓋仁宗皇帝應天以實而不以文。此天變所以不能為災也。陛下切切願治之心。固無愧於祖宗矣。然風俗頹壞為日滋久。雖欲正之。未能遽革。故今日綱紀未肅。賞罰未信。叛臣未去。姦贓未戢。比之仁廟猶有愧焉。此臣愚所以痛心疾首而不能自已也。臣愚欲望陛下下責己之詔。來切直之言。號令必行。無使壅遏。所以肅綱紀。功過並錄。以稽邪正。所以信賞罰。挾偽籍以考張楚之臣。不使輒居侍從臺諫。則叛臣遠矣。懸刑書以責貪污之吏。不使分布內外要職。則姦贓滅矣。如是則陛下應天之實。亦無愧於仁廟。雖有殺氣。亦不害四十餘年之治。況止於兵氣而已耶。蓋天心不遠。人心是已。有德於人。則無愧於天。不必於人心之外更求天也。五季之末。康澄嘗有言曰。為國家者。有不足懼者五。有深可畏者六。陰陽不調不足懼。三辰失行不　懼。小人訛言不足懼。山崩川涸不足懼。蟊賊傷稼不足懼。賢人藏匿深可畏。四民遷業深可畏。

上下相循深可畏蠹耗道喪深可畏毀譽亂真深可畏直言蔑聞深
可畏蓋天變不常所以戒人君倘能自慎何足懼邪人事不修所以
兆禍亂苟不知戒斯不亦可畏哉陛下於其所可畏者日加慎焉則
所謂不足懼者又何能為陛下累乎惟陛下察之
陳長方代人上殿劄子曰臣觀自古中興之君未嘗不有災祥以警
戒之豈天之獨私於是耶蓋飭變之深耳在商高宗則有鼎雉之異
在周宣王則有旱暵之虐然二君遇災修省故其功德由是以興恭
惟陛下念雨澤愆期至誠惻怛形于詔令下至閭巷垂髫戴白之民
莫不歌詠盛德謂陛下焦勞閔雨之心商宗周宣蔑有加矣然而方
今斗米不啻千錢尚且踊貴未已萬一雨至後時饑饉之患有所不
免流離之民聚為盜賊勢不得不慮臣愚欲望先勅有司經畫邦計
逆為之備使儲蓄素定無至乏絕近降詔書之外凡一毫末未便於

民者並令罷去以成陛下中興之政雖聖心焦勞格于上下必無雨
澤後時之患臣妄言之蓋亦為國先慮不勝區區而已
監察御史龔茂良應詔上奏曰水至陰也其占為女寵為嬖倖為小
人專制崇觀政和小人道長內則閹宦竊弄外則姦回充斥於是京
城大水以至金人犯闕今進退一人施行一事命由中出人心讙然
指為此輩臣願先去腹心之疾然後政事闕失可次第言矣
樞密檢正尤袤上奏曰天地之氣宣通則和壅遏則乖人心舒暢則
悅抑鬱則憤催科峻急而農民怨關征苛察而商旅怨差役留滯而
士大夫有失職之怨廩給朘削而士卒有不足之怨奏讞不時報而
久繫囚者怨幽枉不獲伸而負累者怨強暴殺人多特貸命使已死
者怨有司買納不即酬價負販者怨人心抑鬱所以感傷天和者豈
特一事而已方今救荒之策莫急於勸分輸納既多朝廷吝於推賞

乞詔有司檢舉行之
高宗以彗星見詔求直言吏部侍郎晏敦復上奏曰昔康澄以賢士
藏匿四民遷業上下相徇廉恥道消毀譽亂真直言不聞為深可畏
臣嘗即其言考已然之事多本於近習及姦邪以巧佞轉移人主之
意其惡直醜正則能使賢士藏匿其造為事端則能使四民遷業其
委曲彌縫則能使上下相徇其假寵竊權簧鼓流俗則能使廉恥道
消其誣人功罪則能使毀譽亂真其壅蔽聰明則能使直言不聞臣
願防微杜漸以昭應天之實
起居郎胡寅上奏曰臣竊以雨暘順序係乎政事故漢明親決冤獄
則甘雨應期東海殺一孝婦則三年大旱此其大略也不修人事而
祈禱求福非聖人之道先王之政也宣諭官以敷君德求民瘼為職
乃以龍母五子求加封爵其陋甚矣又況封為夫人爵稱侯伯施之

於人然後相稱龍母五子是何物哉今彼介鱗襲我冠裳無乃反常
失禮為後世笑乎伏望聖斷特賜寢罷仍降指揮監司郡縣當以愛
民為急若政平訟理民無愁嘆和氣所召必有豐年更不得陳乞廟
額崇修淫祀以為不先勤民獨致力於神者之戒所有龍母五子封
爵詞命臣未敢撰行
孝宗隆興中起居郎胡銓應詔上奏曰臣聞位卑而言高罪也立乎
人之本朝而道不行恥也臣近奉聖旨以秋陽亢旱飛蝗在野星變
數見朕心懼焉意者政令多有所闕賞罰或至不當朕雖側身求應
以實卿等各思革正積弊勿徇倖私務塞災異之原稱朕寅畏之意欽
臣伏奉聖訓中夜以興思所以對欲遂言之則懼位卑言高之罪欲
嘿而已則又恐立乎人之本朝而道不行之恥退自惟念與其忍
以[illegible]孰若獲罪以死況聖明在上容受狂直萬無獲譴之

何忌而不言。伏讀聖訓曰。秋陽亢旱。飛蝗在野。星變數見。朕心懼焉。臣有以見陛下遇災而懼。畏天戒之切也。謹按春秋書不雨。書旱。夫旱亦不雨。奚又書旱。得非旱比不雨加甚乎。且春秋書旱。必於夏秋。不雨皆於春冬。周之夏秋。則建午建未建申皆其月也。是時天或不雨。則威炎曝物。立致枯槁。故詩云。旱既大甚。赫赫炎炎。不雨雖無是酷。然甚者亦兼旱焉。如文二年。自十二月不雨。至于秋七月。十年十三年。自正月不雨。至于秋七月是也。雖皆歷夏秋而不言旱者。蓋事起春冬。未可書旱。已書不雨。則不可中變言旱。故但提其月而總言之。欲人觀文則知旱居其間。且見其災之久也。若不為災。經自不書。故經無書一時不雨者。不為災也。雖莊三十一年書冬不雨者。蓋譏莊公冬不雨。猶不恤民力。明年春又城小穀也。其他不雨必踰時而後書。為災之深淺。觀文則辨焉。云冬十月不雨。正月不雨。夏四

月不雨。六月雨者。則見夏無麥而秋猶有秋也。(僖公二年)云自十有二月不雨。至于秋七月。(文公二年)自正月不雨。至于秋七月者。(文公十年十三年)是一歲之望盡失也。八月雖雨。已後時而無益。故略而不書。不為災者但書時。(莊三十一年)為災輕者書首月。(僖二年三年)重者總始末而言。(文二年十年十三年)書法如此。正欲別為災之輕重。而傳云不雨不為災。夫萬物須雨而生。須雨而成。一時愆亢。猶有所損。即不雨有幾彌年者三。(文公二年十年十三年)安可謂不為災乎。穀梁謂一時不雨為閔雨。歷時不雨為不閔雨。且僖公果有志於民。則必不愛牲幣。懇請禱祈。經亦必書。如詩之雲漢以著其善。今但云不雨。則憂民之意於何見乎。陛下深閔秋陽亢旱。誠得春秋書不雨之微旨。然宣王憂旱之誠。不過禱于先祖。以及山川羣神。蓋祀典之正。非若今徼福于佛老氏為異端之教也。臣願陛下熟觀春秋不雨之旨。躬行周宣憂旱之誠。以應天可也。飛蝗在

野。臣又請以春秋明之。謹按隱五年書螟。釋蟲云。食苗心曰螟。食葉曰螣。食節曰賊。食根曰蟊。李巡曰。食禾心曰螟。言其姦冥冥難知也。食禾葉者。言其假貸無厭。故曰螣也。食節者。言其貪狼。故曰賊也。食根者。言稅取民貨財。故曰蟊也。孫炎曰。皆政貪所致。因以為名。郭璞以食處為名。陸機疏云。舊說螟螣賊蟊。一種蟲也。如言寇賊姦宄。內外言之耳。會義曰。穀民之司命也。春秋書災異。雖螟之為害。必詳而錄之。此亦重民命之至也。漢平帝時。天下大蝗。河南二十餘縣皆被其災。獨不入密縣界。建初七年。郡國螟傷稼。犬牙緣界。獨不入中牟。今州縣吏貪墨殘民。去朝廷遠者萬里。近亦數百里。陛下不得而見也。怨嗟之聲。陛下不得而聞也。故天出災異。自淮以南。蝗飛蔽天。以告陛下爾守令之間。豈無一人如密縣中牟者乎。臣願陛下嚴戒監司守令。有貪墨殘民者。必罰無赦。是應天以實也。星變數見。臣

又請以春秋明之。謹按魯文十四年。有星孛入于北斗。劉向以為君臣亂於朝。政令虧於外。則上濁三光之精。五星贏縮。變色逆行。甚則為孛。北斗人君象。孛星亂臣類也。時中國既亂。夷狄並侵。兵革縱橫之應也。魯昭十七年。有星孛于大辰。劉向以為時楚彊。宋衛陳鄭皆附之。此皆孛彗流炎所及之效也。魯哀十三年冬十一月。有星孛于東方。董仲舒劉向以為其後楚滅陳之應。是春秋星變。皆以夷狄陵中國也。今年正月壬辰。其日歲旦。風從乾位來。風為號令。通號令不時之沴。戊午雲。陰盛陽微之沴。三月丙申。日有背氣。如仰兎。其夜大雨雹。癸卯夜。月入太微。己酉日復有背氣。丁巳立夏。其日風從艮位來。五月癸卯。夏至。風亦從艮位來。皆與正月壬辰同占。七月丙申。太白經天。法曰。晝見午上。星家謂去日四十七度。差遠。故見。臣謂不然。易曰。日中見斗。豈亦謂去日遠也。其夜月入氐。壬寅夜。月掩壘壁陣

星又流星出天市癸卯夜月入羽林軍乙巳日左有珥丙午夜流星出天市己巳星癸丑夜流星出織女又月犯井丙辰夜流星出輦道此皆春秋之所畏也又如六月庚寅朔日有食之此又變之大者臣謹案隱三年二月己巳日有食之其後戎執天子之使莊二十五年六月辛未朔日有食之宿在畢主邊兵夷狄象後狄滅邢衛二十六年十二月癸亥朔日有食之時戎侵曹三十年九月庚午朔日有食之後狄滅邢徐取舒楚滅弦僖五年九月戊申朔日有食之後楚伐鄭狄滅溫楚伐黃十二年三月庚午朔日有食之時楚滅黃狄侵衛鄭十五年五月日有食之後秦獲晉侯楚敗徐于婁林文元年二月癸亥日有食之晉滅江楚滅六文十五年六月辛丑朔日又食之楚滅舒蓼宣八年七月甲子日有食之既楚莊遂彊諸夏觀兵周室十年四月丙辰日有食之後楚滅蕭成十七年十二月丁巳朔日有食之後

楚滅舒庸襄二十四年八月癸巳朔日有食之既食又既象陽將絕夷狄主上國之象也予楚果從諸侯伐鄭二十七年十二月乙亥朔日有食之八年之間日食七作禍亂將重起昭七年四月甲辰朔日有食之後楚滅陳滅蔡三十一年十二月辛亥朔日有食之時吳滅徐楚圍蔡定十二年十一月丙寅朔日有食之後楚滅頓胡敗吳定十五年八月庚辰朔日有食之周室大壞夷狄主諸夏之象也明年中國諸侯從楚圍蔡以楚為京師由是推之日食皆為夷狄侵中國之應也臣願陛下熟觀春秋書日食星變之旨躬行宋景一言之善以應天可也臣伏讀聖訓曰意者政令多有所闕賞罰或至不當乎又有以見陛下遇災而懼畏天戒之切而修政事以恭聽厥罰也臣又請以春秋明之謹按昭七年四月甲辰朔日有食之晉士文伯謂晉侯曰不善政之謂也國無政不用善則自取謫于日月之災故

政不可不謹也是天變繫於政令之闕也明矣魯莊二年王使榮叔來錫桓公命啖氏云莊王寵篡逆以瀆三綱不能法天正道故去天字以貶之斯言當矣夫聖王礪世之術惟賞罰而已賞當功則錫命一人而萬邦懷若師之九二是也罪宜罰而賞則寵一篡弒而亂臣賊子迹接而起矣然則去天字以貶之以明賞罰天之公理也是天變繫於賞之不當也明矣今政令之闕有十監司牧守數易一也州縣差役不公二也孤寒困於舉將三也吏員太冗四也任子太濫五也朝令夕改六也衣服無章七也獄訟多冤八也酷吏殘民九也晉阨塞衣冠十也至如賞罰不當殆有甚焉如近日宿州諸將臣竊謂賞太重罰太輕昔太祖皇帝親征晉陽北戎來援太祖令何繼筠分精騎數千拒之石嶺關斬首千餘級其後遂平并州其功可謂大矣止拜建武軍節度而已李漢超從太祖平李重進關南之功亦大

矣及卒太宗皇帝止贈太尉忠武軍節度而已宿州之役比之晉陽關南之功未嘗九牛之一毛而諸將超拜官爵加繼筠漢超數等有如平北虜恢復中原不知何以賞之昔周世宗嘗為劉旻所敗遂大誅將士斬敗將何徽樊愛能等七十餘人軍威大震眾敗旻于高平取淮南定三關夫一日戮將七十豈復有將可用而世宗終能恢復如此得非畏懦者去則勇敢者出耶太祖初有天下嘗謂唐莊宗姑息將士朕則不然惟有劍耳諸將股栗削平僭亂捷如破竹自靖康板蕩將四十年國勢不競日就委靡豈有他哉罰不必行將不用命近者宿州之敗士死于敵及為庸將所誤而死者數千人積屍如丘暴骨滿野而誤國敗軍之將方以宿州所得之貨厚賂權貴巧為游說以自解偃然安處善地而戮不加焉籍沒不行誅戮不加上天見變昭然明甚臣願陛下信賞必罰以太祖為法號令將士以王代為

戒。斷然必行。正心誠意以應天可也。臣伏讀聖訓曰。朕雖側身求應
以實。卿等各思華正積弊。勿徇倖私。務塞災異之原。稱朕寅畏之意。
臣又有以見陛下遇災而懼。畏天戒之切。而去華務實。求直言以自
警也。臣又請以春秋明之。謹案魯莊七年四月辛卯夜。恒星不見。夜
中星隕如雨。劉向以為天垂象以視下。將欲人君防惡遠非以自全
安也。如人君有賢明之材。畏天威命。若高宗謀祖己。成王泣金縢。改
過修正。立信布德。存亡繼絕。修廢舉逸。裁什一之稅。復三日之役。節
用儉服以惠百姓。則諸侯懷德。士民歸仁。災消而福興矣。嗚呼。向之
言可謂深切著明。求應以實者也。人君如堂。人臣如陛。堂危乎其高
其情與下遠。絕固難以喻。陛隤乎其卑。其情與上遠。絕固難以通。豈
上下之情不可合也。其患有十焉。上之患七。下之患三。護諱以拒人。
飾辭以文過。作威以臨下。恃智以衒物。務慧以取勝。自廣以狹人。恥

過而作非。君之患也。便僻善柔。便佞臣之患也。護諱以拒人。晉惠是
也。飾辭以文過。文皇是也。作威以臨下。漢宣是也。恃智以衒物。德宗
是也。務慧以取勝。顯宗是也。自廣以狹人。漢武是也。恥過而作非。靈
帝是也。人主有一于此。則便僻之臣進矣。善柔之臣進矣。便佞之臣
奮矣。如此而欲臣下各思華正積弊。勿徇倖私。是猶植曲木而望其
影之直也。不亦難乎。自古聽言納諫。莫如堯舜。惡直醜正。莫如桀紂。
堯舜闢四門。明四目。達四聰。雖有共鯀不能塞也。桀紂醢諫臣梅伯。
剖直臣比干。雖有關龍逢三人。不能救也。秦二世以趙高為腹心。劉
項橫行而不得聞。漢成帝殺王章。王氏移鼎而不得聞。靈帝殺陳蕃。
天下橫潰而不得聞。梁武信朱异。賊臣斬關而不得聞。隋煬帝信虞
世基。李密稱帝而不得聞。唐明皇逐張九齡。安史胎禍而不得聞。陛
下自即位以來。號召逐客。時與臣同召者張蘊辛次膺王大寶王十

朋。今蘊已去矣。次膺去矣。十朋去矣。大寶行又將去。惟臣在爾。今臣
復以瞽言妄發。是臣又將去也。人臣上書不激切不能起人主意。激
切即近訕訐。昔辛甲七十五諫。劉安世論胡宗愈至二十四章。諫者
不厭其瀆而聽者不厭其煩。今言一出而亟遭嚴斥。朝奏而夕罷。言者
不得盡其意。聞者莫不駭其遷張震王十朋之去。朝士莫不扼腕結
舌以言為諱。而欲塞災異之源。稱寅畏之意。臣知其必不能也。臣願
陛下熟觀春秋之旨。亟改前日之弊。推誠務實以應天可也。臣伏讀
聖訓曰。劉與侍從臺諫兩省官照會。仍依今月十二日已降指揮。各
條具時政闕失。聞奏。臣終有以見陛下至誠憂災。思聞時政闕失。而
惕厲以自改也。臣聞之詩曰。衮職有闕。惟仲山甫補之。傳曰。命百官
官箴王闕。若古之聖帝明王。衮職不云無闕而欲補其闕。王政不云
無闕而欲箴其闕。大哉言虖。此亦陛下欲聞闕失之意也。臣終請以

春秋明之。謹案魯莊三十年九月庚午朔。日有食之。明年三築臺。聖
人書以惡之。謂其不畏天戒而勞民也。今天變屢見而土木之役踵
相躡。怨讟嗷嗷。口衆我寡。臺諫不敢指陳。侍從不敢睥睨。陛下廣燗
蝺蠖濩之中。必不能盡知也。陛下天資仁孝。寧肯知而不戒耶。臣又
聞道路之言。諸軍陰遣悍卒白晝於市井挺人手執所籮以度人長
短。有及則者。即三數卒擁入一軍中。謂之拖單。怨憤之聲。所不忍聞。村
民相戒。不敢入市。輦轂之下。有此冤抑。況千萬里之外乎。臣又聞陛
下即位之初大赦天下。文臣自承務郎以上各轉一官。斯言一傳。天
下鼓舞。今乃以一人之言格二百員朝請大夫轉行之命。夫赦之
日。知其太濫削之可也。勿許轉行可也。大赦既行。始以為濫而格之。
失大信於天下。復有大於此者乎。傳曰。主聖臣直。語曰。邦有道危言
危行。邦無道危行言遜。夫非主之聖。則臣不容直。非邦有道。則言不

致危。惟陛下上法堯舜留神財擇

乾道間銓以災異應詔上奏曰臣聞主聖臣直。非主聖則臣何敢直。邦有道危言危行非邦有道則言安敢危。臣八月一日伏准省劄七月三十日三省同奉聖旨政事不修災異數見江浙水潦有害秋成。朕自八月一日避殿減膳思所以應天之實。可令侍從臺諫卿監郎官館職疏陳闕失及當今急務。毋有所隱。臣伏讀聖訓見陛下畏天憂民。聞過思治之切也。夫謂政事不修災異數見是畏天之切也。謂江浙水潦有害秋成是憂民之切也。令臣等疏陳闕失是聞過之切也。又及當今急務是思治之切也。臣幸蒙大問敢不上體陛下懇惻之意而索言之。臣聞春秋書雨雪水災皆謂之大何也。雨雪常也。以大然後為害。水災常也。以大然後為災。今江浙水潦遠及襄漢與春秋大水何異。推原厥咎豈無所自哉。臣嘗攷漢董仲舒劉向鮑宣谷

永之疏皆歸於宦官女寵小人夷狄之盛此四者在廷之士類能言之。臣不暇遠引以瀆天聽。然聖明在上。必無此等借曰有之安得不致陰沴。臣願陛下監鍾離意之奏。如商湯之自責覽仍叔之語。如周宣之側身以恭禦厥罰可也。謹案食貨志禹有九年之水而國無捐瘠。墨子七患亦云禹有七年之水而民不凍餓。何也。備先具也。今數路水潦曾不踰時而穀已翔踊。民已流殍國之無備甚矣。臣願亟詔遭水州軍多方賑卹。使民被實惠。無至流移。亦救災憂民之先務也。臣聞袞職有闕惟仲山甫補之說詩者謂袞指君也。君職有闕惟山甫能彌縫而補之。則補君職之闕者。大臣之事。今陛下不以責大臣。而令臣等疏陳闕失。是欲聞過之切也。臣嘗學詩至小雅六月論闕詳矣。其大略云。小雅盡廢則四夷交侵。臣每讀至此未嘗不掩卷太息也。臣願陛下監鹿鳴和樂之缺而待遇臣下盡誠。監四牡君臣之缺而進退大臣以禮。監皇華忠信之缺而遴擇専使。監常　兄弟之缺而敦睦大倫。監伐木朋友之缺而肇脩人紀。監天保福祿之缺而寅畏天命。監采薇征伐之缺而精選將帥。監出車功力之缺而愛惜名器。監杕杜師衆之缺而撫覈軍實。監魚麗法度之缺而謹守成憲。監南陔孝友之缺而訓厲風俗。監白華廉恥之缺而旌表孝廉。監華黍蓄積之缺而撙節浮靡。陛下所謂缺失者尚有大於此者乎。當今急務莫急於備邊。北有醜虜之患西有川蜀之虞。醜虜之患宜詔兩淮宣諭嚴為守備。如趙充國圖先零之策。川蜀之慮宜擇大臣有威望素為吳璘信服者以逆之。臣聞道路之言皆謂今之大臣有威望素為吳璘信服者。無出張浚宜起浚帥長沙或鎮荊襄以遙制川蜀。臣聞沈介前在成都為吳璘斬侮。五十四州之人岌岌然有是乎。借曰有之。陛下亦安得高枕而卧也。臣竊聞虜人恐喝我求索無厭。臣

謂今日和議有可為痛哭者十。臣請為陛下極言之。今日之患兵費太廣養兵之外又增歲幣。民力益屈何以堪之。可為痛哭者一也。海泗唐鄧之人不下數十百萬。一旦與之是陛下無故驅數十百萬生靈置之死地。可為痛哭者二也。海泗今日之藩籬咽喉也。彼得海泗且決吾藩籬以瞰吾室。絕吾咽喉以制吾命。則兩淮決不可保。兩淮不保則大江決不可守。大江不守則江湖決不可安。可為痛哭者三也。中原謳吟思歸之人日夜引領陛下拯溺救焚。如赤子之望慈父母也。一與虜和則中原絕望後悔無及。可為痛哭者四也。自頃秦檜用事力主和議。生民膏血竭於虜廷之供億。朝廷威勢屈於犬羊之詭譎。民愁盜起蔣述一變殺數萬、郡國二十四同時大水。今和議雖未必成。民皆曰又將竭吾膏血以肥虜矣。歸正人嗷嗷然曰又將如秦檜時執我北還以膏虜人之鈇鑕矣。兩淮之人嗷嗷然

又將如前日疲於虜使之往來而奔命不暇矣可為痛哭者五也秦檜力排不附和議之士九十餘人賢士大夫國之元老相踵引去檜末年遣張常先汪君錫綢羅張浚胡寅等三十七人欲竄海島賴上天悔禍檜即隕命而三十七人者幸脫虎口然趙鼎王庶李光鄭剛中曾開李彌遜常同魏矼高登吳元美楊煒吳師古等或死嶺海或死罪籍冤憤之氣徹天今日和議萬一或成則不附時議之士復蹈前日之禍必矣此可為痛哭者六也紹興戊午和議既成檜建遣路允迪等二三大臣往南京等州交割歸地一旦叛盟劫執允迪等遂下親征之詔虜復請和其反復如此檜猶不悟卒有逆亮之變驚動輦轂行朝居民一空覆轍不遠陛下不戒臣恐後車又將覆也此可為痛哭者七也頃者虜人移書盡取歸正之人檜一切還之如江西程師回趙良嗣等聚族數百人幾至誅變今虜必復如前日盡索

歸正人與之則必反側生變不與則虜決不肯但已夫反側生變則蕭墻之禍深虜決不肯但已則必別啓釁端卒有逆亮之謀陛下何以待之此可為痛哭者八也自檜當國二十年空竭國力海內乾耗迄今府庫無旬月之儲自此復和蠹國害民殆有甚焉者矣此可為痛哭者九也真宗皇帝時宰相李文靖公沆賢相也嘗謂王旦云我死公必為相切勿與北虜講和吾聞出則無敵國外患如是者國常亡若與虜和中國自此必多事矣旦殊不以為然既而遂和十餘年間祥瑞天書土木之役不息東封西祀海內乾耗旦始悔不用李文靖之言夫祖宗全盛之時尚以和議為不可況今日國勢委靡如此而復唱此議使上下解體士氣情怯溺於懷安之說誤國之老成如張浚張闡王大寶王十朋金安節黃中陳良翰相躡黜逐詩云雖無老成人尚有典刑韓愈云言老成人重於典刑也是可輕乎此可為痛哭者十也陛下乾剛獨斷如太祖皇帝臣願堅守和不可成之說力行其志自彊不息則醜虜何足患哉天變水災亦當消縮不勞聖慮矣臣又聞真宗皇帝咸平元年正月甲申彗出營室北避殿減膳彗十有四日而滅夫真宗皇帝所以致彗滅之速其應天之實蓋在於心之精微而不止於避殿減膳而已也陛下聖訓謂避殿減膳恐所以應天之實臣願以咸平應天之實事事而思之懇懇而行之則民心悅而天意解矣

洪适以水災應詔上奏曰臣聞災變之發率多緣類而起漢儒一一牽合則有附會不經之失然理之當者亦不可因噎廢食而曲為之說臣謹按漢書五行傳云陰氣勝故其罰常雨水傷百穀姦軌並作魯莊公十一年秋大水董仲舒以為魯宋比年為乘丘鄑之戰百姓愁怨陰氣盛故二國俱水厥後水災皆歸之軍興民怨所致國家自

數載以來兵民死于戎事肝腦塗地者不鮮父母妻子啼號之聲未絕也陛下有兼愛南北之心而獷狄變詐干戈未可得而戢今水不潤下江湖逆溢田疇瀦滀與河渠連而為一已秀之禾亦不得而穫下民嗸嗸未有生意官無積藏安得人人而飽之霖潦彌月勢猶未已陰氣可謂盛矣陛下畏天愛民至誠惻怛明詔廷臣俾之盡言堯舜之用心也臣愚以謂陰勝陽之沴夷狄闖于外姦軌蟄于內也今外之所以待夷狄者朝廷有潛筭小臣不敢輕議而區區愚慮竊恐季孫之憂不在顓臾臣入對之始及輪進故事皆以歸正人為憂繼因晚及亦嘗奏陳仰勤天聞矣數旬以來漸已萌芽臣幸因奉詔敢復詳言向之為美談者皆曰中原遺黎望王師之來則簞食壺漿願削左衽所以襁負而至又其思慕聖德之切者臣在江淮之間二年所聞殊異於是蓋山東仍年旱蝗耕者無所得食故扶老攜幼南來偷

生。又聞趙王世隆之徒聚衆攻剽彼國指名蹤捕亦以荒歲故牽連親戚相率來歸其意蓋欲王師恢復因得乘勢横行逞其所欲上可以得官爵次可以得金帛子女不失歸其故鄉既來之後大失素望更相嘆恨而猘帥所部又役使罵辱無以得其歡心去夏賈和仲以督府之令驅其孥累數萬口冒暑而來絶海遇風已葬魚腹而婦人老稚數百同舟蒸欝相摶疾病枕籍死者不暇瘞埋既抵所屯雖計口給粟不能充飢愁怨之氣上干陰陽之和實在於此初到京口則掘山中草根以代蔬茹數月之後三五成群掇拾棄菜敗蘆于市壘之間其計無聊何以久處此臣目擊耳聞者如此其人之在山東皆有室廬南畝生生之具自若也今父子數口雜于方丈之舍上雨旁風無以蔽障甚者寢處于泥潦之中以他人視之不可一朝居也雖使禽鳥豈不思歸欲歸無計則姦軌之謀不得已而作今日誅甲明

日誅乙必草薙獸獮然後已況邇來北方已有招納之榜又有誅誘之人其黨聚於江浙兩城散於淮甸諸郡去帝城不遠亦復有之一呼相應殊未艾也或曰叛者已治是大不然譬之急湍奔流勢必赴壑於其中間築土以扞之終於衝決横潰而止耳臣之管見以謂其人赳赳可用大勝江浙所募若使人給家足無飢寒逃走之患籍補軍籍之缺誠爲大利若其懷土不忘則宜優其歸費送以舟艦使之踰淮而去則可以窒患於未萌施恩於不報怨氣可弭天災可消或曰縱之使去不若遷之別壤以離其黨是又不然此輩捐生業棄墳墓遠來歸我亦招誘者誤之今遷之別壤居上者雖有仁民之心官又無以贍之客居窮處速其死爾是無罪而殺之也可不念哉當今陰盛之患在外者猶可隨機而應在内者莫急於此蓋浙西非盜賊盜穴雖流徙困踣必無弄兵之事臣私憂過計伏望聖聰留賜采擇而區處之至於譏切時政毛擧小事言而難行徒以沽名賣直則臣所不敢冒犯天威臣不勝戰汗

知湖州王十朋上奏曰臣聞聖人以無難而畏賢君以無災而懼國多難而天有災異天心仁愛人君以災異而警懼之欲其恐懼脩省舉天下而措之安也昔堯有九年之水湯有七年之旱周宣王外有四夷之交侵内有太甚之旱魃天災國難有若不可支持者然堯以帝湯以王宣王以中興者豈非天以災難啓之二三帝王能脩德以應之耶恭惟陛下即位以來六年于茲矣躬攬權綱勵精政事雖漢宣帝光武無以加然天災流行無歲無有旱于夏澇于秋饑饉荐臻疾疫繼作去八月海溢于温死者以數萬計今歲川蜀荆南赤地千里近者天作滛雨害于粢盛江浙之間被害尤甚陛下遇災而懼遣官分禱疏決滯獄減放房緡詔咨大臣歸過於己可謂能恐懼脩省

矣臣來自遠求知左右前後論思獻納之臣亦嘗有以脩德之說獻忠于陛下否乎書曰惟德動天無遠弗屆詩曰皇天親有德饗有道堯湯宣王之所以應天者蓋在乎是臣竊謂陛下宜法堯之盡道湯之自責宣王之側身脩行早夜孜孜惕然自念曰天道不遠災異胡爲而來哉豈吾心有所未正意有所未誠欲明明德於天下者有所未至乎忠直者未用諂諛者未去有以害吾之治乎聚斂之臣未屏姦贓之吏未除有以蠹吾之民乎議法或失之深用刑或失之過有以傷吾之仁乎旨酒之嗜聲色之邇畋馬馳騁之娛有以累吾脩身之德乎責己以誠應天以實而無事乎虛文孔子曰丘之禱久矣蓋言出入起居之間罔不欽顛沛造次之際必於是不在乎區區禱祈祭祀也如是求禳可以弭災難於一時古先帝王之治勳功業當復見於今日孰謂災異非天所以開陛下耶臣學識淺陋惟陛下採擇

汪應辰論災異劄子曰。臣伏見去歲冬溫無雪。近方立春而震雷雨雹。不三日間繼以大雪。謹按春秋魯隱公九年三月癸酉大雨震電。庚辰大雨雪。說者謂雷未可以出。電未可以見。雷電既已出見。則雪不當復降。八日之間再有大變。蓋儆甚也。春秋二百四十二年變異書。仍唯此一事不復再見。況今者當冬溫無雪之後。既震雷又雨雹。又未及三日再有大變。則非特春秋所書之比也。詩曰。敬天之渝。又曰。畏天之威。伏望陛下精思熟慮。詢訪正論。脩實庶事。以盡敬畏之實。臣不勝惓惓。

歷代名臣奏議卷之三百六

災祥

宋孝宗淳熙四年。吏部侍郎周必大上奏曰。臣竊見陰雨已踰兩旬。甚妨收刈。陛下焦心勞思。德音屢下。決遣囚繫。蠲免房緡。申詔有司精加祈禱。而雨意未止。愈勤宸念。臣職在論思。恨無愚者之慮。少裨萬一。輒以三事冒昧陳獻。伏聞太祖朝以久雨謂左右曰。後宮止三百餘人。當更放數十人。今禁中給使雖少。未知可用太祖故事否。此一事也。近歲員多闕少。到堂及到部官發洩艱滯。不知可詔三省及吏部刷具人數。隨宜措置擬遣否。此二事也。陛下裕民之心甚切。而州縣奉行多有不至。聞浙中諸郡見催積欠頗急。不知可降指揮少寬期限否。其餘更有寬恤事件。望令三省及戶部日下條具取旨施行。此三事也。臣誠迂陋。然懷不自已。親書奏聞。或有可採。乞賜裁擇。庶幾人心懽悅。指期晴霽。

八年。朱熹上奏曰。臣竊惟皇帝陛下臨御以來。夙興夜寐。畏天恤民。誠敬寬仁。格于上下。宜其天心克享。民物阜安。而二十年之間。水旱盜賊。畧無寧歲。邇者垂象差忒。識者寒心。饑饉連年。民多流殍。陛下側席興嘆。進賢退奸。分命朝臣。振廩出粟。凡所以奉承天意。憂恤人心者。無所不至。又宜若可以少回災沴。召致和平矣。而聞者冬氣太溫。雷電震激。嗣歲之計。尚有可憂。臣誠愚昧。有不識其所以然者。嘗竊推迹前事以深求之。意者德之崇者有未至於天歟。業之廣者有未及於地歟。政之大者有未舉。而其小者無所繫歟。刑之遠者或不當。而其近者或幸免歟。君子或有未用。而小人或有未去歟。大臣或失其職。而賤者或竊其柄歟。直諒之言罕聞。而諂諛者衆歟。德義之風未著。而汙賤者騁歟。貨賂或上流。而恩澤不下究歟。責人或已詳畜反躬有未至歟。夫必有是數者然後足以召災而致異。今以陛下之明聖，則豈有是哉。然而天心未豫，邦本動搖，宸慮雖深，旱氣未究，意者則必有說矣。臣竊不自量，敢冒萬死，伏願陛下聽斷之餘，虛心靜慮，試以前數條者反之於身，驗之於事，而深自省焉，則淵默之中，無不照。而凡此得失之端，孰有孰無，孰存孰改，皆無所遁其情矣。若猶以為未也，則願濬發德音，布告中外。反躬引咎，以圖自新，內自臣下外及吏庶，有能開寤聖心，指陳闕政者，無問疏賤，使咸得以自通。然後差擇近臣之通明正直者一二人，使各引其所知有識敢言之士三數人，富直殿門，凡四方之言有來上者，悉令省閱，撮其盡忠不隱者，日以聞于聰聽，則夫天人之際，讜告所繇，將有粲然畢陳於前者。然後兼總條貫，稱制臨決，畫為科品，以次施行，使一日之間，雲消霧散，堯天舜日，廓然清明，則上帝鬼神，收還威怒，群黎百姓，無不蒙休矣。臣以孤遠，受恩過深，圖報無階，抵冒至此，惟陛下寬其斧鑕，留神財幸。

熹提舉浙東常平茶鹽公事，乞備德政以弭天變狀曰：臣昨為本路旱傷祈禱不應，累曾具奏，及申尚書省，乞為敷奏，早作防備，近準省劄，已蒙聖慈特從所請，支錢於明州置場糴米。而又伏覩陛下發自宸衷，特遣中使降香祈禱，臣有以見陛下畏天恤民之心至深至切。不勝感激，類效愚忠，顧恨官有常守，無由瞻望清光，罄竭血誠，庶裨萬一。不勝犬馬螻蟻區區之情。竊謂累年之旱，譴告已深，今日之災，地分尤廣，非惟官府民間儲備已竭，而大農之積亦已無餘。又當大禮之年，分戶部催督州縣積年欠負官物，其勢不容少緩，民所以為施發賑恤之恩者，竊恐又必不能如去年之厚。臣竊不勝大懼，以為此實安危治亂之機，非尋常小小災傷之比也。為今之計，獨有斷自聖心，沛然發號，深以側身悔過之誠，解謝高穹，又以責躬求言之意，敷告下土，然後君臣相戒，痛自省改，以承皇天仁愛之心，庶幾精誠感通，轉禍為福。其次則唯有盡出內庫之錢，以供大禮之費，為收糴之本，而詔戶部無得催理舊欠，詔諸路漕臣遵依條限，檢放稅租，詔宰臣沙汰被災路分州軍監司守臣之無狀者，遴選賢能，責以荒政，庶幾猶足以下結民心，消其乘時作亂之意。如其不然，臣恐所當憂者不止於饑殍，而在於盜賊；蒙其害者不止於官吏，而上及於國家也。臣蒙恩至深，不知死所，敢冒鈇鉞為陛下言之，觸犯天威，恭俟夷戮。

十二年，地震，尚書吏部員外郎楊萬里應詔上奏曰：臣聞言有事於無事之時，不害其為忠也；言無事於有事之時，其為奸也大矣。昔者賈誼陳治安之策，有厝火積薪之喻，此文帝最盛時也。蘇洵獻審敵之篇，有弊船深淵之喻，此仁宗最盛時也。西漢之文帝，本朝之仁宗，

何君也？後世堯舜之君也。以後世堯舜之君，而二子有積薪弊船之喻，何也？臣故曰言有事於無事之時，不害其為忠也。今則不然，南北和好踰二十年，一旦絕使，虜情不測，而或者曰：彼有五單于爭立之禍。又曰：彼有匈奴困於東胡，復困於柔然之禍。既而皆不驗。或者曰：彼將畏我。或者曰：彼不敢畜。使果畏我而不敢畜乎？道塗相傳，繕汴京之城池，開海州之漕渠，又於河南北簽民兵，增驛騎，製馬櫪，籍井泉，又收彼之海舟入彼之內地，葺而新之。其意甚秘，其禁甚嚴，而吾之間諜不得以入。此何為者耶？今夫千金之家，有巨盜焉，日夜摩厲以圖行劫而奪之貨，為千金之子者，方且外戶不閉，般樂飲酒，處之以坦然。夫有其備而樂之以坦然可也，無其備而處之以坦然可乎？而說者以為畏我，畏我不敢畜我也。臣所謂言無事於有事之時者一也。或以謂虜用我歸，可以為中國之賀；臣以為中國之憂，正在此

也。何也。昔者逆亮之南侵也，空國而盡銳於一舉，不知夫此胡乘其虛而奪之國。今此胡之北歸，蓋創於逆亮之空國而南侵也。是胡將欲南之，必固北之。北之者何？或者以身填撫其巢，而以[illegible]雖與壻絓營其南也。而說者以謂可以為中國賀。臣所謂言無事於有事之時者二也。臣竊聞論者或謂緩急淮不可守，則棄淮而守江，殊不然。有淮南以有江也。淮苟無兵，安得而有江哉。吾果棄淮乎，虜以兵居之，居之而不去。近則通泰之鹽利為彼所擄，將無以給吾之財用；遠則吳蜀之形勢為彼所裂，將無以通吾之脈絡。蓋昔者吳與魏力爭而得合肥，然後吳始安；李煜失滁揚二州，自此南唐始蹙。今一旦棄淮而保江，既無淮矣，江可得而保乎。臣所謂言無事於有事之時者三也。陛下近日之舉，亦可觀矣，如曰舉邊帥，如曰舉都統，其[illegible]定也，其意未也。何也？今淮之東西凡十五郡，所謂守帥，不知陛下將使宰相擇之乎，抑將使樞廷擇之乎。使宰相擇之，宰相未必為樞廷屬也；使樞廷擇之，則除授不自己出也。一則不為之慮，一則不自己出，緩急敗事，則皆曰非我也，陛下將責之誰乎。至於都統，則令侍從刃以見任，而必曰未顯者，是求他日之將才，而非求今日之將才也。舉者得以塞今日之責，受舉者得以逃今日之責，是上下相與為欺而已。臣所謂言無事於有事之時者四也。且南北各有長技，若騎若射，北之長技也；若舟若步，南之長技也。今為北之計者，尚收其海舟而繕治之，至於南之海舟，則不聞繕治焉。或曰吾舟素具也，或曰吾之舟雖未具而憚於擾也。自紹興辛巳南北之戰，今幾年矣。當時山東之功，采石之功，不以騎也，不以射也，不以步也，舟焉而已。當時之舟勝則勝矣，今幾年矣，素具之舟其可復用乎。且夫斯民一日之擾，與社稷百世之安危，孰輕孰重也。易曰：除戎器，戒不虞。聖人豈不知其擾哉。夫

固有大於擾者也。而曰素具，又曰憚於擾，臣所謂言無事於有事之時者五也。大抵天下之事有緩急。當周公相成王之時，其急在於膺戎狄；當宣王中興之時，其急在於伐玁狁。當今之時，陛下以為何等時耶。金虜日逼，疆埸日憂，而未聞防金虜者何策，保疆埸者何道，但聞其日修其禮文也，其日進其書史也，是以鄉飲理軍，以干羽解圍也。臣所謂言無事於有事之時者六也。臣聞古者人君不能悟之，則天地能悟之。今也國家之事，虜情不測如此，而君臣上下狃之如太平無事之時，是人不能悟之矣。故上天見異，相傳異時熒惑犯南斗，迩日鎮星犯端門，熒惑守羽林。臣書生不曉天文，未敢以為必然也。至於王春正月，日青無光，若有兩日相摩者，茲不曰大異乎。然天猶恐陛下不信也，至於春日載陽，和氣播物，復有雨雪殺物者，茲不曰大異乎。然天猶恐陛下又不信也，迺五月庚寅，又有戊夜地震者，茲又不曰大異乎。且夫天變在遠，臣子不敢奏也，不信可也；地震在外，州郡不敢聞也，不信可也。今也天變頻仍，地震輦轂，陛下豈得不信乎。信之矣，豈得不懼乎。臣聞匡衡云：陰變則靜者動，陽蔽則明者晦。曷謂陽？曰君也，德也，中國也，君子也。曷謂陰？曰臣也，兵刑也，夷狄也，女謁近習也。今也日而無光，春而雪寒，地而動搖，其為陰之咎徵也昭昭矣，而君臣不聞警懼，朝廷不聞咨訪，人不能悟之，則天地能悟之。臣不知陛下於此悟乎否乎。臣謹按國史，本朝宣和五年十月，京師地震，未幾有粘罕寇汴京之役；紹興三年八月，行在所地震，未幾有金虜寇淮甸之役。宣和遇變而恬不知懼，我是以有靖康之禍；光堯知變而詔求直言，我是以有韓世忠、劉光世之捷。此近事之驗也，不必遠稽之上古也。今或者謂天變不足畏，地震不足畏，陛下胡不引宣和、紹興之事而觀之乎。臣所謂言無事於有事之時者七也。自頻年以[illegible][illegible]

畿寂近則先旱。江淮則又旱。下湖廣則又旱。一方有旱則民之流徙者相續。道殣者相枕。常平之積名存而實亡。入粟之令上行而下不應。靜而無事尚未知所以振之救之。動而有事將何仰以為資耶。昔者漢之伐匈奴必實塞下之粟。伐先零必糴湟中之粟。今也倉廩府庫非徒無餘也。且不足也。而或者以為無足慮。臣所謂言無事於有事之時者八也。古者足國裕民。惟食與貨。所謂貨者。今之錢幣是也。今之所謂錢者。富商巨賈。近習閹宦。權貴將相。皆盈室以藏之。列屋以居之。積而不識。滯而不流。至於百姓三軍之用。則惟破楮券爾。一旦錢急。破楮券可用乎。當是之時。萬一如唐涇原之師。因怒糲食。蹴而覆之。出不遜語。遂起朱泚之亂。可不為寒心哉。臣之大憂。實在於此。而或者曰楮券可以富國。臣所謂言無事於有事之時者九也。臣聞善為備者。備兵不若備糧。備糧不若備人。古者立國。必有可畏。非畏

其國也。畏其人也。故苻堅欲圖晉。而王猛以為不可。謂謝安桓沖江左之望。是存晉者二人而已矣。異時名相如趙鼎張浚。名將如岳飛韓世忠。此金虜所憚也。近時劉珙可用則蚤死。張栻可用則沮死。萬一有緩急。不知可以督諸軍者何人。可以當一面者何人。而金人之所素憚者又何人耶。而或者謂今日文武之才皆有其人。人之有才。用而後見。臣聞之記曰。苟有車必見其式。苟有言必聞其聲。今曰有其人而未聞其人如古之名將。其人如古之名相。是有車而無式。有言而無聲也。且夫用而後見。非臨之以大安危。試之以大勝負。則莫見其用也。平居無以知其人之能否。必待大安危大勝負而後見焉。見其成事幸矣。萬一見其敗事。悔何及耶。昔者謝玄之北禦苻堅。而郗超知其必勝。桓溫之西伐李勢。而劉惔知其必敗。蓋玄於履屐之間無不當其任。溫於蒱博不必得則不為。二子於平居無事之日。蓋必

有以察其小而後信其大也。豈必待用而後見也哉。而今之議者曰文武之才皆有其人。人之有才。用而後見。臣所謂言有事於無事之時者十也。願陛下超然遠覽。昭然遠悟。勿矜聖德之崇高而遺其所未能。勿恃中國之生聚而嚴其所未備。勿以天地之變異為適然而法宣王之懼哉。勿以臣下之苦言為逆耳而體太宗之導諫。勿以女謁近習之害政為細故而監漢唐季世致亂之由。勿以夷狄仇讎之包藏為無他而鑒宣政晚年受禍之酷。責大臣以通知邊事[illegible]年務如富弼之請。勿以東西二府異其心。委大臣以薦進謀臣良將如蕭何所奇。勿以文武兩途而殊其轍。勿使賂宦者而得旄節如唐大曆之弊。勿使貨近幸而得招討如梁段凝之敗。以重蜀之心而重荊襄。使東西形勢之相接。以保江之心而保兩淮。使表裏脣齒之相依。勿以海道為無虞。勿以大江為可恃。增屯聚糧。治艦扼險。君臣之所咨諏

朝夕之所講求。姑置不急之務。專精備敵之策。平居無事。常若敵至。庶幾上可消於天變。下不墮於戎心。詩云。迨天之未陰雨。徹彼桑土。綢繆牖戶。若曰陰雨既至而後徹桑土。則伊尹周公孫武穰苴亦不能為矣。雖然。天下之事有本根有枝葉。始臣前之所陳者皆枝葉而已。所謂本根。臣請誦之。臣嘗讀三國志。見杜恕上疏於魏明帝。臣以為源有當於人心者。如曰陛下憂勞萬機。或親燈火。而庶事不康。又曰。今朝臣不自以為不能。以陛下為不任也。不自以為不知。以陛下為不問也。又曰。每有軍事詔書。常曰誰當憂此者耶。吾當自憂耳。又曰。知其不盡力也。而代之憂其職。知其不能也。而教之治其事。恕之意蓋謂人主不可以自用。而人臣之不忠者幸於人主之自用。人臣不可以不任責。而人臣之無能者患於己之任責。細故小物而人主自用。人臣不任責。若未害也。至於軍事而猶曰誰當憂此。吾當自憂

今日之事將無類此。臣聞之易曰。乾為君。乾之道何道也。代有終者坤也。行水火山澤雷風之用者六子也。乾何為哉。君道亦然。故孔子曰。天何言哉。四時行焉。百物生焉。自堯舜至於文武。罔不行此道。自六經至於語孟。罔不講此言。惟漢之晁錯以為不然。尔其說曰。人主不可以不知術數。夫以孝景恭儉之資。去成康不能以寸。然德減於孝文。變生於七國。錯實誤之也。陛下之聖學。舍己如舜。從諫如湯。毋我如孔子。無可無不可如漢高帝。而太平未致。中興未闕。夷狄之讎若未有以備之者。得無有如晁錯者惑聖聽而誤聖心者乎。傳曰。求水有本源。陛下聖學高明。惟思其所以本源者。臣昧死上愚言。惟陛下裁擇。

萬里又因旱上疏曰。臣伏覩三省同奉聖旨。故事不修。旱暵為虐。可令侍從臺諫兩省卿監郎官館職。疏陳闕失及當今急務。無有所隱。

臣仰惟聖主在上。德政溥博。和氣昭格。頻年告豐。乃五月以來。上天不雨。聖心焦然。不遑朝夕。親御法駕。禱于群望。至惻怛也。而亢陽為虐。時雨未應。誕布明詔。疇咨在廷。臣職在宰掾。列在卿監。無以報國。徒有盡言。然臣久不聞聖世求言之詔。而驟當聖主下詢之勤。竊喜憂民之意。是以轉災而為祥。又竊歎求言之詔。無乃似遲而猶隘也。旱及兩月。然後求言。不曰遲乎。上自侍從下止館職。不曰隘乎。臣請為陛下歷言致旱之由。然後精講備旱之策。臣聞天地之氣與人之氣貫通而為一者也。是氣也。常通而不隔。則為豐穰。為治安。一有隔而不通。則為水旱。為危亂。今歲之所以旱者。何也。是必有隔而不通者也。易曰。天道下濟而光明。地道卑而上行。記曰。天氣下降。地氣上騰。皆言天地之氣相為升降。然後相為貫通也。今也陽亢於上而不下濟。陰伏於下而不上行。是必有戾氣隔於其間也。然則孰為戾氣。斯民歎息之聲。此至微也。而足以聞于皇天。斯民愁恨之念。此至隱也。而足以達于上帝。此戾氣之所從生。而天地之氣所從隔也。憂民如陛下。憂民如陛下。而安得愁恨歎息之事哉。蓋上澤一不下流。下情不上通而已矣。何謂上澤之不下流。上有薄賦歛之君。而民不被其深仁。此臣所謂上澤之不下流也。何謂下情之不上通。陛下之耳目。以寄之於臺諫。而臺諫之情有所不盡達。外寄之於監司。而監司之情有所不盡聞。此臣所謂下情之不上通也。臣請先言民不受實惠之說。陛下之於民。田租之課。所蠲者不知其幾。酒稅之課。所蠲者不知其幾。茶鹽之課。所蠲者不知其幾。可謂上有薄賦歛之君矣。然民之不受其實惠者。何也。陛下之人有以隔之也。陛下蠲之。版曹督之。監司督之。州縣督之。則是蠲之者言也。督之者意也。蠲之者名也。督之者實也。言不掩意。實不蓋名。是罔民也。或曰。此經常之賦也。不可得而

蠲也。若曰經常之費不可得而蠲。乃真宗之世。嘗因蠲民之租而出內藏之錢以賜三司。以代所蠲矣。大臣何不舉此故事以聞於陛下也。或曰。人主愛民。人臣愛官。故蠲之者未幾而督之者愈峻也。且陛下之愛民。令之則必行。禁之則必止。人臣安得以愛官之故而隔陛下及民之惠也。或曰。沈復之為秀州。蓋嘗以獻羨餘而進。自此而得樞密矣。錢良臣之為總領。蓋嘗以巧聚歛而進。自此而至參政矣。上之人設大官以誘之。故下之聚歛者奔而趨之。臣竊以為不然。陛下之用二臣。或以其才。或以其一能也。豈以其獻羨餘巧聚歛而用之哉。雖然。詩不云乎。人之多言。亦可畏也。願陛下謹其用人之際。而勿啓其愛官之源。庶幾斯民蒙陛下之實惠也。臣故曰。上有薄賦歛之君。而下不受其實惠者此也。臣請次言民不被深仁之說。陛下巡幸御殿。慮囚多從末減。非不欽恤。又推之於京畿[illegible]閒亦末減。非

不欽恤。又推之於天下。郡縣罔不欽恤。可謂上有省刑罰之君矣。然
民之不被其深仁者。何也。或曰。京畿縣令之獄。非有訟也。邏者興之
也。左帑監官之獄。亦非有訟也。邏者興之也。淮商鄭霧之獄。亦非有
訟也。中人興之也。且夫京畿縣令之罪。信有罪矣。怨之不可也。左帑
監臨之官。信有罪矣。怨之不可也。然下無吏民之訟。上無官長之劾。
而邏者興之。則不可也。天下之事。惟公可以服人。惟正可以治人。所
謂邏者。豈盡公正乎哉。周之監謗。秦之偶語。其端甚微。其禍甚大。皆
此曹為之也。宜其人之不服也。至於鄭霧之獄。其有罪無罪。臣不得
而知也。但聞其發於中人鄧璝之請。人已不服矣。幸而陛下付之於
淮西之監司。方有聞者。輸之衆以無罪告。陛下赫然震怒。貶鄧璝之
秩。此齊威王烹左右者之舉也。人已大服矣。今又有貴戚近習曰鄭
興裔者。為淮西之帥。再欲實鄭霧之罪。以快中人之憤。以結中人之

奏議卷之三百七　十

援。詔下再鞫。中外凛凛也。近日復聞鄭霧者詣登聞而乞付廷尉矣。
此蓋恃陛下之明而自歸於君父。然今之所謂廷尉者。其如張釋之
乎。其如徐有功乎。其能不諂附中人而昭洗無罪乎。中外凛凛也。漢
黨錮之獄。唐甘露之禍。皆此曹為之也。可不杜其漸乎。臣故曰。上有
省刑罰之君而下不被其深仁者此也。臣請復言臺諫之情有不盡
達之說。臣竊見臺臣蔣繼周言及軍中鞭死二婦之事。其一。軍婦也。
其一。民婦也。既而又聞繼周以言事失實求罷所職。使其果以軍婦
為民婦。是失實也。然臺諫言事。許以風聞。此祖宗之法。所以防姦雄
隱伏不測之變也。既曰風聞。則豈能事事盡實也哉。今也以言一事
失實而遽罷臺職。萬一他日有意外不測之姦。欲言則無其迹。不言
則養其患。而臺諫之臣。懲於失實之罪。是豈可不為寒心哉。且言一
軍婦而失實。其罪微矣。未至於罷職也。罪不至於罷職而遽罷之。中

外相顧。或曰繼周以觸天威而罷也。或曰繼周以言近習而罷也。或
曰繼周以彈權貴而罷也。是三說者。初無是事也。而天下不可以戶
曉也。無是事而有是說。皆非所以章陛下之聖德。而適以損聖德。非
所以重天朝之國體。而適以傷國體。陛下受其名。繼周受其榮也。繼
周受其榮。亦繼周受其屈也。陛下豈得而知之乎。臣故曰臺臣為陛
下之耳目。而臺臣之情有不盡達者此也。臣請復言監司之情有不
盡聞之說。臣竊見浙東監司[illegible]以言台州守臣唐仲友。[illegible]祠祿。
至今六年。朝廷藐然不[illegible]。亦廢然不用。天下屈之。或曰熹之經學上
祖孔孟。下師程顥程頤。舉而用之。必有可觀。臣未論也。或曰熹之才
器大用之則應變。小用之則撥煩。置之散地。深有可惜。臣亦未論也。
臣獨怪熹以監司而劾郡守。郡守廢而不用。監司亦廢而不用。以郡
守為是乎。猶當伸監司以養其直也。不當廢監司也。以監司為是乎。

奏議卷之三百七　十一

則當廢郡守矣。今也熹與仲友兩廢而兩不用。臣不知此為賞耶。為
罰耶。使仲友而無罪。仲友何不請詣廷尉以辨之。使熹而舉按之不
實。朝廷何不聲熹之罪以罰之。何直為此憒憒也。況於細民之冤而
求白乎。臣故曰監司為陛下之耳目。而監司之情有不盡聞者此也。
由前之二說而推之。則上澤之不下流者非一端。由後之二說而推
之。則下情之不上通者非一事。亦姑舉臣之所知者而已。抑又有可
言者。臣聞能節用而後能愛人。能不傷財而後能不害民。故韓昭侯
愛一敝袴以待有功。非愛弊袴也。一絲一縷皆自寒女出也。小民絲
粟十百之逋。官捕而督之。鞭之血流地。陛下不得而見也。號呼徹
天。陛下不得而聞也。然則財之在官者。豈可妄用哉。如往歲之雪寒。
如近日之大災。陛下皆發帑廩以賜軍民。誰不悅服者。至於史浩之
賜金至以千計焉。夏侯恪之賜錢以買宅至以萬計焉。望之人皆曰

此民之膏血也。是二人者何功而得此也。弱者媒焉。強者憤焉。此亦召戾氣之一端也。臣聞聖人擇狂夫之言。且狂夫者喪心無知之人也。其言果何足取。而聖人擇焉者。將以來天下之嘉言也。側聞諫諍讀貞觀政要至於太宗之導諫而悅從。陛下慕焉。讀陸贄奏議至於德宗恥屈於正論。陛下譏焉。誰不恃陛下之好諫而爭爲狂言者。然自近年以來。如賈偉以妄言兵將而貶。自此外之小臣相戒而不敢言事矣。然知新以妄引指揮而黜。自此內之群臣相戒而不敢言事矣。是二事者必不出於陛下之意也。而中外大惑也。此亦召戾氣之一端也。雖然臣前所言者皆非其大者也。臣聞洪範之五事其一曰貌。曰恭。又曰恭作肅。又曰肅時雨若。蓋恭肅者謙而不自暴卑而不自高之謂也。即易之天道下濟。記之天氣下降之理也。是以爲時雨之證。故堯之聖不過於允恭。舜之聖不過於溫恭。商之中宗享國五十九年而猶嚴恭以自度。衛之武公享壽百年而猶作抑之詩以自儆。皆肅時雨若之理也。陛下有睿聖不世之資。無聲色盤游之過。而又春秋浸高。享國愈久。閱天下之義理愈多。威德外洽而無疆場之虞。政教內修而有屢豐之應。是以大臣仰其清光而莫望其藩於將順而不敢於正救。臺諫知其無過之可指。事於悟言而無事於拂辭。是陛下有堯舜舍己從人之聖。而群臣無禹皋予違汝弼之忠。臣恐陛下忽心之易生。而驕心之易至也。何以望肅時雨若之速應哉。今日之旱。天意或者以是儆陛下之心而進陛下之德乎。成湯遇旱而禱。不在於以身爲犧而在於六事自責之一語。宣王遇旱而懼。不在於靡神不舉而在於側身修行之一事。臣之此言。聞者以爲甚迂。而知之者以爲甚大也。惟陛下毋忽。惟陛下毋忽。至於備旱之急務。則臣復有四說焉。曰寬州縣。曰核積藏。曰信勸分之賞。曰賞捄荒之臣。

所謂寬州縣者。非寬州縣也。所以寬吾民也。朝廷近時有拘催之官者。是代版曹而行督責之政也。此已失朝廷之體矣。古者錢穀之問不至廟堂。而陳平亦曰。陛下問錢穀當責治粟內史。蓋古之治粟內史。即今之版曹也。版曹有司也。有司峻急則朝廷或解而寬之。朝廷所以統有司也。有司急矣。朝廷復自急焉。何以紓有司之急哉。是上下俱行急政也。民何堪焉。況當旱歲而督逋益急。州縣將何出哉。出於旱荒之民而已。臣謂版曹逋欠之多如湖秀之類。因此大旱而蠲之以非常之恩可乎。拘催所逋欠之數。皆有名無實。無可催理之物。亦因此大旱而蠲之以非常之恩可乎。所謂核積藏者。常平之粟是也。今天下常平之粟。不許他用。其法至重也。然有至重之法而無不用之實。何也。州縣窮空。軍人待哺。不幸而省倉無粟。則不得不支常平之粟矣。故常平之粟。往往徒有其數耳。今核之者。核其虛盡多寡而朝廷預爲來歲救荒之備。未至於臨時而無一所錯手是也。所謂信勸分之賞者。朝廷非無賞格也。常患於不信而已。如淳熙十一年吉州之旱。守臣趙師羇設賞以募富民。有鍾其姓者出粟萬石以輸之官。州聞之朝廷。至今無一級之爵。今江西又告旱矣。來歲富民之粟肯從官司之勸分乎。此可慮也。所謂賞捄荒之官者。如乾道江西之旱。賞小官者四人。如淳熙浙西之旱。併賞常平使者。擢而登朝之類是也。是四說者。陛下皆嘗行之矣。而臣重及之者。所以望陛下之力行也。雖然備旱之四說抑末矣。請備其本。臣一介小臣。蒙陛下不鄙夷其愚陋而垂請問焉。臣空臆盡言。不知忌諱。席稾私室以待天誅。

校書郎兼國史院編脩官羅點。以天旱應詔上言曰。今時姦訣日甚。議論凡陋無所可否。則曰得體。與世浮沉。則曰有量。衆皆默。己獨言。則曰沽名。衆皆濁。己獨清。則曰立異。此風不革。陛下雖欲大有爲於

天下。未見其可也。自旱暵爲虐。陛下禱祠精禋。有罷。曾不足以感動
及朝求讜言。多得甘雨。天心所示。昭然不誣。獨不知陛下之求言果
欲用之否乎。如欲用之。則願以所上封事反覆詳熟。當者審而後行。
疑者咨而後決。如此。則治象日著。而亂萌自消矣。

寧宗時。虞允文奏西蜀草木之妖。措置水旱盜賊之備疏曰。臣竊惟
陛下四聰之聽。無遠不逹。四方之憂。雖微不置。盛德昭升。至誠默感。
固足以易妖而爲祥。變咎而致休矣。豈獨全蜀之幸。天下之幸矣。臣
照得今年二月間。成都府旁近一帶有李實如蓏瓜者。棗實如豆莢
者。杏株發葉如紫莧者。棗株挿花如牡丹狀者。皆木之孽也。或以爲
應在盜賊及大水。蓋未幾而邛蜀盜作。延及旁郡。比來嘉眉瀘敍果
有水災。事既小應。而亟定。但春中彭漢懷安三郡雨雹異常。禾稼有
傷。雖即已依條檢放。而今日之所當急者。諸郡倉庾多虛。未有備禦
之備。臣先日具奏乞制置司度牒已分給彭漢石泉等州。比又奏乞
成都府路經總制司年額外。餘剩錢欲於邛蜀等州並行措置和糴。
又下諸郡以常平司錢隨多寡之數糴義倉米。以爲一旦水旱不可
猝辦之用。而夏中積雨。成都路往往漂壞隄堰。臣之寸心日夜不勝
皇皇。今仰憑陛下格天之德。雨暘順序。秋田當大熟。儲積之計可遂。
而蜀憂寬矣。其次當略修兵備。日者臣與晁公武共議。截差一提舉
官鄧安國前去成都府拘收本路係將不係將弄行揀汰。團結隊伍。
依大軍格法教習武藝。臣亦已應副衣甲之類。使聲勢稍張。則盜賊
自息。人心亦安也。自古天災流行。治世有所不免。而盜賊之禍不作
於有備之國。臣之愚慮所以急急於此。至於積逋盡蠲之害。明知不
可徵取而存之於案籍。適所以長吏奸者。亦已令總領所逐一開具。
今別劃繳進。乞自睿斷施行。所有昔日之當積宿弊之當去。凡爲民

蠹者。見不任講求。須先經理餘財。使有贏剩。乃敢議及寬減以副陛
下軫念遠方之意。若守令不虞棄法害民。如邛州首亂之地。臣已即
按劾。亦已蒙聖斷施行。繼今有貪惡不悛之吏。臣敢不仰遵睿訓劾
奏以聞。伏乞睿照。

知長沙王師愈上奏曰。臣聞天人之際本無二致。究觀人事。則天意
可卜。辛巳之冬。逆亮敗盟。犬鼷入寇。自謂談笑可以渡江。未幾而天
怒人怨。變生肘腋。竟自覆隕。明年陛下誕膺景命。蔚有丕圖。因知否
巳之後。天所以眷顧陛下。光啓中興。延我宋萬世無疆之休。蓋昭昭
矣。而臣竊有疑焉。伏自陛下即位以來。災異之作。無歲無之。始則螽
蝗蝝天災見於昆蟲。可謂微矣。次則虜人復敗盟好。淮上流血。災生於
夷狄。亦云遠矣。既而連年輔郡大水大火。旱暵疾疫。死徙者不知其
幾。其爲災異也。駸駸乎大且近矣。又其甚者。雷震於郊祀之旦。禍及
於骨肉之親。益可懼矣。竊惟陛下脩己任德。未嘗少懈。何以上天眷顧
於前。而災異薦臻於後。或者以謂應天之實。恐有所未盡。著其不然。
何爲而若是也。昔商高宗因升鼎之雉。周宣王遭旱魃之虐。皆能側
身脩省。爲商周中興之賢君。以是知災異者。乃天心仁愛人君之際。
亦人君恐懼致福之本也。陛下天縱聰明。遠過高宗宣王。誠能舉其
弭災之由。盡其應天之實。則商周中興之功不患難致也。

衛涇上奏曰。臣觀董仲舒告漢武帝曰。天人相與之際甚可畏也。又
曰。國家將有失道之敗。迺先出災害以譴告之。又出怪異以警懼之。
尚不知變。而傷敗迺至。以此見天心之仁愛人君而欲止其亂也。是
知天人之際。其應若響。災異之變。豈不應驗。自昔帝王未嘗無災異。
惟睹變思懼。則災變自能轉禍爲福。未聞安於時數之適然而不思
所以應天者也。仰惟陛下嚴恭寅畏。恪體天戒。二十六年之間。兢業

之誠有同一日人君患不勤儉陛下宵衣旰食菲飲惡衣勤儉根於天性人君患不慈恕陛下動恤民隱謙恭接下慈恕本於至誠宮室苑囿無所增崇狗馬珍奇無所玩好游心典籍探賾道原凡君德之所宜有者陛下兼而全之矣每遇災害側身修行惟恐不至陛下畏天之誠眞得聖人之用心矣竊見五月以來恒暘為沴田苗就槁川澤多枯旱暵之災所及浸廣既踰秋序膏澤尚屯寬恵屢施禱祠兼徧而旱氣盤結卒未蠲除雲油然而復收雨將降而輒止陛下焦勞於上百姓嗷嗷於下群臣左右相顧駭愕莫知所為道路傳聞或云諸郡間亦得雨而畿甸之內獨爾愆期此尤足以見天心愛君之仁正陛下恐懼修省之日也傳曰君德全盡無有闕遺陛下亦妄可以是自喜也成湯至聖也政之不節使人之疾苞苴之行讒夫之昌女謁之盛宮室之營豈皆所無有也而桑林之禱必舉此六事以自責

蓋聖人畏天之深為民之切躬自貶損寧過乎厚出於此心之誠非有所勉強不得已而然也况夫庶事之間容有未正上澤壅格而不得下究下情抑鬱而不能上通天意人心不甚相遠以人求天上下不交則為否矣變異之見非為此乎頃者都城喧傳謂陛下內出詔音求言自輔人人踴躍莫不思奮側聽旬日始命都省降旨言事而責躬之詔尚遲回而未下陛下豈以是為虛文而所以應天者不在此耶如近日避殿減膳撤樂奏告天地宗廟社稷臣知陛下將次第而舉行之矣臣竊惟仁宗皇帝在位四十二年至烈誠意未易殫數求其所以致治之盛莫若盡敬天之誠信史昭垂燦然可觀慶曆四年旱謂輔臣曰方歲旱而飛蝗滋甚百姓何罪默禱上帝願移災於朕躬七年以久不雨避殿減膳下詔責躬求直言戒勵百官罷免輔臣以荅天戒仁祖敬天為民如此其切何災不弭何福不臻太平之

盛冠古莫及良有以也臣願陛下遠監成湯近法仁祖謹思天變發德音布宣罪己之辭益廣直言之路陛下所以應天者至矣盡矣為陛下之臣而不能輔宣主德實惠生民所以傷和氣而致乖異者宜如何自處也然後嚴敕大臣執政侍從以下及州縣之吏更相警懼思所以致旱之由為所以恤災之備封章來上虛心聽納庶幾下情盡達精意感通上天降康災沴銷釋天下幸甚臣充賦館職恩許言事既得而對拳拳愛君憂國之誠不能自已敢繇一言并以開廣陛下之心所有政事闕失及當今急務續具條奏臣冒犯天威罪當萬死

時集英殿修撰帥福建趙汝愚以地震乞降詔求言疏曰臣不量鄙陋輒有區區螻蟻之誠冒瀆天聽臣所治福州五月初九日丑時地震臣自夢中驚覺惕懼不知所以但覺所卧床榻動蕩如船在波浪

中窓户棟椽互相摩戛皆雜然有聲如是良久方定臣詢問此方父老皆言前此所未嘗有臣實憂懼因詢問得往來士大夫竊聞江浙閩廣數路皆然而本路漳州獨甚時動止經涉五日方定民居官舍頗多摧陷一時居民亦有被壓而致死者臣已行下本州委自知通多方賑救外臣竊惟坤厚載物本以安靜為義今耳目所接綿亘數千里同時俱震此其為變異非小臣不敢遠引諸儒之說繁瀆宸嚴姑以目前庶事論之今彊敵在外民力困窮盜賊滋多士卒貧悴有志之士無不深憂雖陛下盛德在躬動天以實然於政事之間委任之際亦豈無可議者臣嘗讀國朝會要伏見景祐熙寧及太上皇帝紹興中皆嘗以地震下詔許群臣言事豈非徇獨見之明者不如盡衆人之智方此弭災消變尤宜引咎責躬屈己從諫也若聖意勿欲張皇顯言其略則乞遵用祖宗故事繇以手詔詢問闕失或開天章

閤命輔臣僚屬或御迎陽門召侍從臺諫條對或令中書門下頒告
在廷之臣許直言過失或密札賜舊德名臣詢問機事所冀誠意昭
達群議畢陳惟捨短而用長斯轉禍而為福
汝愚又論客星出傳舍疏曰臣聞之知星者曰自今夏六月有客星
出傳舍之次三月矣臣謹按晉書天文志傳舍九星在華蓋之上
近河賓客之館主胡人入中國客星守之備姦使亦曰胡兵起臣竊
惟華蓋之上有傳舍又曰賓客之館若以人事參之即今擯門之外
閤門客省是其處也臣聞閤門中有用事者陛下委之招接北來人
士蹤跡甚秘其間真偽相雜固不可盡知然竊聞之道路之言或謂
亦有姦細之人反用之為間而其人臭之犯者臣始疑之不以為信
後徐以事考之然亦有可信者蓋西北豪傑之士其資性與南方不同
彼忠純者極其忠純其狡詐者亦極其狡詐恐非常識淺慮所能窺

測故雖墮其計中而未必寤也臣又聞陛下委以將帥之權付之[illegible]
幄之任奇謀祕畫世莫得聞然而不見其形當視其影使陛下用之其
人能為陛下選擇將帥訓齊士卒俾中國隱然有不拔之勢顧[illegible]未
孫勤以謹繫掃清塞北有識之士固自知其可任今數年以來將帥
屢易覩所居官有同客寄經營掊斂惟恐或後故軍職遷補類不以
公選真才實能之士皆屈沉於下無以自見士卒嗟怨盈於道路此
非陛下撫之不勤蓋為之主帥者無以素服其心故爾然則緩急之
際豈不深悟陛下委任之意哉今者不幸災異屢見人情動搖識者恐
一旦狂狡外興姦宄內應蕭牆之事可為深憂臣又伏思上天垂象
端不虛發今昭然示戒獨出於傳舍客館之間若明告陛下於其處
者蓋是天心仁愛陛下誠欲陛下聖心覺寤庶幾改為猶銷鑠於未
然也不然則楚莊王何以無災而致懼耶臣世受國恩義同休戚

望朝廷所行皆善政所用皆忠臣蓋決不敢肆為讒慝以陷害忠良
亦非敢賣直要名爭權取寵實以事關廟社理切安危故敢採諸輿
議瀝陳愚款惟陛下鑒察
袁說友應詔上言曰臣今月九日恭承明詔以雷震非時淫雨為災
陛下責己求言命臺諫侍從各以朕躬過失朝政闕違條疏以聞俾
之無有所隱臣仰見陛下祗畏奉天恐懼修省思欲培厚聖德講行
仁政上銷天變下慰人心雖湯以六事自責宣王遇災而懼殆不過
此誠宗廟社稷之休四海蒼生之幸臣叨綴從列身逢不諱之朝所
願披瀝肺肝盡言無隱惟陛下財赦臣聞之書曰皇天無親惟德是
輔又曰惟天降災祥在德又曰咸有一德克享天心故修德者聖王
應天之實未有德不脩而能格天者也又曰天明畏自我民明威又曰
天視自我民視天聽自我民聽又曰天佑下民作之君作之師故安

民者聖王奉天之本未有民不安而能事天者也陛下嗣服之初閱
時未久舉行初政務愜聖懷如五日一朝以隆孝治恪意講學以基
遠圖收召人才愛惜內帑坐朝不倦荒政修明其於修德安民次第
而舉宜若天意人事相為助順乃者天降災異人心憂疑方當十月
之交雷已歸地而震電交作大雨隨至浹三晝夜此蓋陽氣弗藏陰
出用事考之古占其在劉向五行傳則曰冬大雨水而雷電是陽不
閉陰出涉危難其在李尋所占則曰冬靁雷蓋喜怒賞罰不顧時禁
二人之占上係君臨下關民治其親切如此則今日之異蓋必有致
之者以至熒惑犯心宿弗循軌道天目峯斷裂山復移從中夜地震
都邑水災又皆迫近帝城恐非小異陛下其將隱之於心考之於事
豈無有上干和氣下拂眾情者乎豈無有施置未當而德意未孚者
乎臣不敢旁舉遠引以事空言敢以陛下所當修德而安民者摭其

今可舉行凡八條。伏惟聖慈垂聽焉。臣所謂脩德者有四。其一曰恭親太上皇帝安處壽康已逾三月。陛下定省之禮風雨靡渝。孝誠之專中外歎仰。而尚違膝下未浹親歡。父子之意未孚。軍民之情猶鬱。雖陛下自知親意未外庭所得盡聞。然而相見之期或更遷延不惟浸疑觀聽。亦恐別起猜端。要當力圖調護之方。宛轉之策。陛下內有慈母可以日達誠意。外有伯祖元舅可以時道聖衷。庶幾委曲既深。或可一旦感悟。然日來傳壽康聖體微爽節宣。雖未敢信。然陛下既未一見。則凡慈父之意皆所未知。至於壽康宮中左右執侍與凡供御舊物。果能日應所需否。今本宮月得俸料與內帑月所貢獻者總不下數萬緡。未知職掌為誰。支用應副果愜太上聖意否。一或不然。則慈抱愈鬱無以自娛。司馬光言於英宗皇帝曰。竊者皇太后聽政之時。左右侍衛之人不敢不恪。求須之物無敢不備。既委去政柄。臣竊慮有無知小人隨勢傾移。侍奉懈慢。供給有闕。則天下之責皆歸陛下。此不可不留意朝夕省察者也。臣願陛下於未得一見之前。先當日戒宮中官屬等。俾之加意供侍。凡有聖意委曲順承。惟欲上悅慈顏。益保康樂。少有怠隋或罰無赦。則兩宮安懽。親侍有期。孝道無闕矣。臣側聞已降指揮責以限日修整南內。陛下急欲還御正朝密侍慈極。此蓋孝念之切故為是圖。惟是大行之喪今既在殯。陛下久留重華。以侍喪几。今若於發引之前急還大內。則是三月侍喪一朝遽捨。進念皇祖。情若未安。況壽康今已安處。倦勤而陛下又數行問安之禮。若且留喪側以俟發引然後還內。情既可安。事亦為順。其二曰臣竊觀陛下布政之初倚任大臣。塞聰蔽明。不以自用。深得帝王用人之先務。垂拱仰成之要道也。仁宗皇帝嘗諭諫官韓絳曰。朕固不憚自有處分。所慮未中於理而有司奉行則其害已加於人。故每

欲先盡大臣之慮而後行之。大哉聖人之謨訓也。蓋人主處於深宮凡人才之高下事情之當否安得而盡知。故謙巳聽明任人以事。以朝廷為基本。以大臣為腹心。進退人才廢置機務寧屈獨斷。惟務循公。是以黜陟廢興動合衆望。其或慮權柄之下移。欲威福之自己。聽有偏闇。慮或不周。小有非宜。人情必惑。甚則左右乘間竊弄國權。主勢浸微。危亂立至。稽之方冊可證弗疑。臣願陛下念主勢之輕重實係於朝廷。而權柄之下移寔由於自用。上法仁皇之訓。深忌獨斷之難。凡命由中出。少留聖慮。則陛下盡為君之體。而朝廷無失職之憂矣。其三曰臺諫者天子之耳目。凡論思獻納箴規剴切而繫於人主之身者。則臺諫為尤重。故臺諫之一進一退實係於人主取捨之公。端不可以私意逆言而進退之也。唐介為殿中侍御史。以論事而去。仁宗皇帝念之。復畀舊官。時論者謂天子優容言事之臣近世未有。豈非臺諫者上則示人主之好惡下則係中外之觀瞻。一有少差。事關理亂。綱紀紊糾邪正混淆。誠不可忽。臣願陛下念朝廷之綱紀本於言責。而臺諫之用否切於治功。取舍進退重之難之勿輕勿易則紀綱立而邪正分。朝廷治而主勢重矣。其四曰今歲水旱為災民以饑饉流移。諸郡無不告歉。饑民流離浸以相望。陛下日議賑䘏。捐金發粟毫髮不靳。惟是朝廷樁管所積數目已少。版曹經常已乏無可更鐶。常平義倉支撥殆盡。楮幣度牒印賣已多。今去來歲麥熟之期尚踰半歲。接續賑濟已無長策。臣竊觀仁宗皇帝景祐元年以淮南歲饑出內藏紬絹二十萬代充上供。慶曆四年出內庫銀三萬下陝西糴穀麥以濟饑民。皇祐二年以河朔水災出內庫銀四十萬紬絹六十萬以助軍儲。是三者皆因歲歉及捐內帑。仁宗之意豈特以朝廷州縣之積已不足用而上軫飢荒之念蓋欲急以及民故與之[illegible]

而不惜也。陛下臨御以來。儉以是用。浮費盡蠲爲闕內帑之儲。今已百倍於前。中外聞之。無不感歎。惟是自今賑濟日月尚長。所幸江西湖南皆得上熟。可以運米東下。以及淮浙。臣願陛下念淮浙饑民之甚衆。知公家事力之已窮。特法仁宗故事。多捐內庫金帛付之朝廷措置。糴米百萬斛接續以充賑濟。陛下 仁心仁聞。浹于億兆。生靈格天之德。孰大於此。臣所謂安民者有四。其一曰。民戶歲輸夏稅。其間折錢者。總曰折帛。當時立價既高。州縣浸復增數。積歲既久。民困重輸。今中產之家。已爲希有。況於兼并者乎。比者臺臣嘗及蠲減折帛之價。側聞朝廷竟議施行。此誠損上益下也。臣不敢再述。惟是丁錢一項。尤切於農民。盡游手末作。不在科丁之數。獨民不得幸免。頃歲各因守臣之請。有蠲有減。今所存第五等身丁。丁鹽綿紬四色。皆有上供與州用之數。爲錢則當四十一萬餘緡。而上供者計一十一萬耳。餘皆州縣自得支用也。臣竊謂此錢。既切於農民。今水旱爲災。民方艱食。田家終歲不保朝暮。若復征以官賦。何止太山之壓也。今若未能盡以蠲放。臣願陛下深念農民饑饉之迫。將來年第五等身丁乎。丁鹽兩色錢共四十一萬一千餘貫。盡與除放。其今年未足之數。且令住催。上供者則戶部別議對補。州用者則州郡隨宜措置。庶幾農民田家人人各受實惠。是以感召和氣矣。其二曰。頃歲朝廷兩下蠲減房金之令。蓋欲取有餘以惠不足。細民受賜。誠爲弗輕。再減之後。今已八年。而有力之家。新創房廊。悉皆高定賃直。以備將來裁減。都城新屋。尤倍他州。臣願陛下特降詔旨。應內外房賃已經再減之後。其新造賃屋不曾經減者。並照前來指揮。三分減一。則閭閻細民。歡聲洋溢。立可召和。無不均受厚恩矣。其三曰。天下州縣稅場。雖各有定額。而州郡利於贏餘。歲歲增其數。間有祖額素重。旋辦實難。場務橫征。

商旅被害。貿易既艱。公私俱困。兩浙諸郡。其害尤甚。殆非細故也。嘉祐六年。仁宗皇帝詔三司取天下場務舊額裁減。別立新額。征稅既寬。商賈被惠。今兩浙稅額最重。而議者指爲常事。多不以言。臣願陛下明詔兩浙轉運司會本路各州。應干稅務之額。取其所收最少年分之數。別立新額。明示商賈。使之收趁。上無厚征之數。下無橫取之擾。庶幾商賈以寬。雖居者亦受其惠矣。其四曰。國家刑辟之制具存三尺。而近年監司郡守。多有違戾。棄法悉由己意。刺配之罪。出於臨時。謂之特配。畫一之法。視爲虛文。固有黥配相望于道。而以特配行者凡十五六。甚亡謂也。豈不重干和氣哉。臣願陛下申嚴見行條法。監司郡守毋得輒用特配之例。須情法相當。照條結錄而後可施行。內外臺常切覺察。亦足以全民生而召和氣也。臣仰惟陛下以天縱之資。膺付託之重。溫恭允塞。每以誠意爲先。寅畏嚴恭。不敢以位爲樂。中外愛戴。如出一辭。其於畏天之威。應天以實。必已躬行而身履之矣。然而自昔天災流行。固未嘗以絕夫人也。而況人主代天作子以牧斯民。天之默示徵愛之心。在人主尤不可忽。漢董仲舒之告武帝曰。國家將有失道之敗。而天乃先出災異以譴告之。不知自省。又出怪異以警懼之。尚不知變。而傷敗乃至。於此見天心之仁愛人君而欲止其亂也。自非大亡道之世者。天盡欲扶持而全安之。陛下試觀仲舒之言。則知天之所以眷念人主者。其委曲綢繆如此。陛下繼統御極甫閱一時。而天變甚於昔所少見。感召之由。雖未易知。然皇天譴告警懼之意。必冀陛下自省而知變者。其彰彰已如此。使陛下內發於畏心。外形於仁政。有闕必補。有善必遷。忠言必聽。不以切直而惡聞。長策必圖。不以難行而遽止。修德於己。而天變自銷。安民於下。而天意自悅。則仲舒謂天盡欲扶持而全安之者。真如桴鼓之應矣。臣願陛下終始惟一。不替厥初。凡臣之所謂修德者。日進而不已。臣之所謂安民者。日行而不怠。則受天之祜。而享鬼神之靈。宗社緜長。而端命于上帝。殆將與天無極矣。又何災異之可言哉。詩曰。維此文王。小心翼翼。昭事上帝。聿懷多福。厥德不回。以受方國。惟陛下深思而力行焉。天下幸甚。

歷代名臣奏議卷之三百七

歷代名臣奏議卷之三百八

災祥

宋光宗紹熙二年春。雷電交作。有旨訪時政闕失。殿中侍御史林大中以事多中出。上疏曰。仲春雷電。大雪繼作。以類求之。則陰勝陽之明驗也。蓋男為陽。而女為陰。君子為陽。而小人為陰。當辨邪正。毋使小人得以間君子。當思正始之道。毋使女謁之得行。

太學博士彭龜年論雷雪之異疏曰。臣伏覩尚書省劄子。備奉聖旨云云。臣官為博士。不當越思。然自二月庚辰。忽見此異。即嘗博考經史。推驗天人。徒積憂惶。不敢論奏。及見朝廷訪求讜直。已至錫識。啓沃之論。當亦不少。舉而行之。天意自回。及今旬日。沴氣未散。辛卯之夕。狂風大作。已復為雪。逮至壬辰。日光已見。暖氣已效。而雪猶不止。陰盛侵陽。一至於是。聖心憂惻。必倍於前。臣履陛下之朝。食陛下之祿。則安得不憂陛下之憂。憂而不告。是謂欺君。越職而言。乃為犯上。勿欺而犯。前訓具明。敢假便文之辭。以負事君之義。況秦置博士。掌通古今。遠及漢朝。亦承疑問。然則參據古今之事。以辨國家之闕。乃臣職分所當然也。臣謹先取經史所載雷雪之異。開列如后。下

一。按春秋隱公九年三月癸酉。大雨震電。庚辰。大雨雪。公羊傳曰。大雨震電何以書。記異也。何異爾。不時也。庚辰大雨雪何以書。記異也。何異爾。俶甚也。何休注曰。此桓將怒而弒隱之象。胡安國傳曰。震電者。陽精之發。雨雪者。陰氣之凝。周三月。夏之正月也。雷未可以出。電未可以見。而大震電。此陽失節也。雷已出。電已見。則雪不當復降。而大雨雪。此陰氣縱也。夫陰陽運動。有常而無忒。凡失其序。人為感之也。今陽失節而陰氣縱。公子翬之讒兆矣。鍾巫之難萌矣。

一。按西漢書五行志。隱公九年三月癸酉。大雨震電。庚辰。大雨雪。大雨。雨水也。震。雷也。劉歆以爲三月癸酉。於歷數春分後一日。始震電之時也。當雨而不當大雨。大雨。常雨之罰也。於始震電八日之間而大雨雪。常寒之罰也。劉向以爲周三月。今正月也。當雨水。雪雜雨。雷電未可以發也。既已發也。則雪不當復降。皆失節。故謂之異。

一。按晉書五行志。吳孫亮太平二年甲寅。大雨震雷。乙卯。雪。大寒。按劉向說。此時牙當大雨。常雨之罰也。於始震雷之明日而雪大寒。又常寒之罰也。劉向以爲既已震電。則雪不當復降。皆失時之異也。天戒若曰。爲君失時。賊臣將起。先震電而後雪者。陰見間隙。起而勝陽。弒逆之禍將成也。亮不悟。尋見廢。又元興三年正月甲申。霰雪又雷。雷霰同時。皆失節之應也。四月丙午。江陵雨雹。是時安帝蒙塵。

右臣開具在前。並是經史本文。別無刪潤。其中雖多忌諱之語。未當陳於盛大之時。然若不摭前世之機祥。何以助陛下之警懼。但天之降災。本各有證。而證之在人。亦復不齊。難執一條以盡天意。自春秋書魯隱公雷雪之變。說者以爲公子翬之應。繇茲以降。天變皆依據其說以驗其災。讖雖不盡意。則未廣質之聖訓。殆不如斯。書曰。天有顯道。厥類惟彰。故求天者必以類而推。又曰。惟先格王正厥事。故應天者必隨事而正。臣觀雷震而復雪。只由陰盛而侵陽。儻悉求陰盛之由。始可見陽微之變。臣嘗俯察近事。仰驗天災。得其大綱者有二。推其條目則有十三。何謂大綱有二。一曰陽德不修。二曰小人道長。三曰兵端有形。何謂陽德不修。臣聞天以剛。故能首出庶物。君以剛。故能宰制群動。而所謂剛者。非以獨擅威福不可沮撓之謂也。無所

牽制之謂剛。無所耽惑之謂剛。無所回枉之謂剛。無所縱弛之謂剛。陛下自登大寶二年于茲。寬仁如湯。懿恭如文。而裁制事物。似少剛斷。得非於前數者有不足乎。臣近聞群臣以剛斷之說勸陛下者矣。臣不知其說果知何也。臣但見陛下近日臨決機務。自任太過。未免其間有得有失。如斥逐李黼。不由人言。此剛斷之得者也。大臣有罪。臺臣一章而徑罷。降虜建節。全臺論之而不回。此剛斷之失者也。夫大有剛健。必本於明。中庸三德。知先於勇。必知其賢。然後可任之勿貳。必知其邪。然後可去之不疑。是以先正司馬光曰。聞人之言而能別其是非。故謂之聰。見人之行而能辨其邪正。故謂之明。是非既辨。邪正既分。姦不能惑。佞不能移。故謂之剛。取是而捨非。舍邪而用正。確然無所疑。故謂之斷。然則所謂剛斷者。豈以獨擅威福不可沮抑之謂哉。此臣所謂陽德不修之目一也。國家崇獎臺諫。以爲耳目。政恐人情下壅。姦執内萌。若非剛正之臣。必重仇怨之慮。責之以言。尚恐顧望。既言復沮。誰復訶摩。陛下優容直臣。固爲盛德。而諱忌鯁論。尚有疑形。臣觀近日臺諫之言。稍稍不効。雖聽用固亦不少。然或不行。或訓飭。或宣諭而止者。亦不一事也。至於全臺彈劾。近時罕聞。假使發之。之輕。尤當勉强以受。所以存朝廷之綱紀。植抗直之風聲。養裕之謀。莫便於此。豈可但欲令行不反。人不我違。深恐臺諫之輕甚非國家之福。此臣所謂陽德不修之目二也。竊惟經筵講讀之官。實任古者保傅之責。所以程頤謂天下之重任。惟宰相與經筵。天下治亂繫宰相。君德成就在經筵。然其輔養聖躬之方。豈止講論數刻之久。故輪夜直。欲侍禁閒。不獨共究義理之微。亦欲潛移逸豫之隙。竊聞近日宣召夜直多以免詔。輒臣不知燕閒靜息之時。何以爲存養夜氣之地。陽明升。則德性自明。私邪滅。則物欲必行。保護清明。孰如養

理。臣聞唐宦官仇士良嘗教其徒曰。天子不可令閑。常令以奢靡娛
其耳目。使日新月盛。無暇及他事。則吾輩可以得志。切勿使親近儒
生。彼見前代興亡。心知憂懼。則吾輩疏斥矣。要知小人陷君於惡。亦
自有術。然則人主欲遠小人。安可不知。昔者禹惡旨酒而好善言。旨
酒既疏。善言方進。深思大禹之策。政反士良之謀。蓋此重則彼輕。此
消則彼長。安可徒徇一日之樂。反易終身之憂。此臣所謂陽德不修
之目三也。臣聞賤貨貴德。然後可以為天下。昭德塞違。然後可以臨
百官。臣近得之道路。封樁下庫所藏寶器。陛下已宣取入內矣。藏之
內府與藏之外府。本亦何間。但前朝所以並寘於外者。蓋有說焉。以
聞象箠之類。則淪入之器也。四圭有邸。則祀天之器也。此豈容寘內
府哉。往者藏之外府。蓋崇貴德之義。賤塞違之訓。而陛下一旦納之
宮中。其為損豈細也耶。至如封樁庫錢。始創之法。非軍事不得支用。

奏議卷之三百八　四

壽皇聖帝在位之時。間有宣取。蓋以開武內庭。儲備犒
賞之數取之。非託以為名也。今陛下沿例以取。而人以為言者。蓋取
之惟有此名。用之則無是實。古者天子無私財。至漢雖有少府之藏
已不敢侵大司農之費。政如今日州郡有軍資公使之別。公使而用
軍資之錢。則為礙條法。陛下既為天下之主。豈可不以身率天下。內
帑之費。不加裁損。而但取是於封樁乎。陛下雖曲從近臣之請。更不
取撥。然前日陛下所以為此者。必以內帑錢乏故也。今若欲留封樁
之錢。必須痛節內帑之費。費儻不節。錢必不繼。則陛下能保後日之
不撥乎。萬一不免取撥。臣下又復執奏。則陛下能必從其請如今日
乎。此臣所謂陽德不修之目四也。天子禁衛。上應天象。所以周防譏
察。蓋示名分尊嚴。著以式律。言之夜闌宮殿及城門。啓閉皆須墨勅魚
符。其受勅入具錄所關之門。并出帳送中書門下。自監門衛士將軍

以下。俱詣閤覆奏。既聽即請合符開鑰。監門官司。先嚴門仗。所開之
門內外。並立隊燃炬火。對勘符合。然後開之。誠以王者所居。體當持
重。祖宗立法。自有遠謀。竊聞近日水門之禁。啓閉不時。此非常開之
門。尤當謹守其節。有何緩急。自弛隄防。臣聞仁宗朝兗國公主深夜
入宮。呂誨即奏劾公主宅使臣。及皇城司經歷門戶管當人。乞行取
勘。以謂宮鑰謹嚴。以時啓閉。蓋備非常。此而不禁。後有竊發。何以備
禦。先臣憂國深遠如此。以公主君父之至親。非時入內。猶被按劾。況
下於此者乎。況疏於此者乎。此臣所謂陽德不修之目五也。何謂小
人道長。臣觀今日之勢。正人與邪人較。則邪者必勝。朝臣與倖臣較
則倖臣必勝。士大夫與吏人較。則吏人必勝。臣請得別白言之。夫事
君當以道也。則曰不如隨俗。御事當以法也。則曰不如從例。士大夫
固知俗不可以違道。例不可以違法。然卒之守道者困。隨俗者顯。徇

奏議卷之三百八　五

法者閡。用例者行。以至議論有是非。則非常勝是。事理有義利。則利
常勝義。人情有公私。則私常勝公。細察閭閻之間。上至朝廷之際。往
往皆然。不知世變何以至此。是宜上感於天變。殆非一人之所為。然
陛下尊豫崇高。宗主神民。則不得不自任其責。故曰。正人與邪人較
則邪者必勝。此臣所謂小人道長之目一也。臣聞人君以法守天下。
士大夫以法守官職。人君所為少出乎法。則士大夫悉力爭之。非為
身也。為法也。非為法也。為國也。周貽一醫官耳。何致煩陛下破法而
令其臣曰。一切違礙並免。夫既謂之違礙。則是法不可也。給舍執而
爭之。是官當然也。而陛下不從其說。何周貽能使陛下屈法。而給舍
不能屈陛下守法。此門既啓。後孰窒之。故曰。朝臣與倖臣較。則倖臣
必勝。此臣所謂小人道長之目二也。吏道之盛。無如今日。州縣之吏
止能制百姓。中都之吏乃能制官員。臺省之吏至能制朝廷郡縣之

吏所以能制百姓者與監司之吏通也中都之吏所以能制官員者與臺省之吏通也臺省之吏所以能制朝廷者與權倖通也臣請得以近事明之陛下為會計錄所裁損者特毫末耳其間裁損之目緣及省吏事猶未行即倡言于外曰減諸軍雪寒錢蓋欲藉此以動搖軍情爾幸而事狀顯著不能惑衆卒之心怨謗之言上徹聖聰似聞陛下亦悔此舉不知今日困匱如此若不撙節何以理財小者如此大者不復可議矣故曰士大夫與吏人較則吏人必勝此臣所謂小人道長之目三也何謂兵端有形今日士大夫遊談族議特慮北虜耳北虜不足慮也所可慮者彼有邊鄙之警則或恐有豪傑從中起耳萬一有此不特為彼之禍亦將為我之禍也蓋為彼禍首者必假我以為詞當是之時我將何以處之受之則與北虜為敵而吾亦無以處彼攻之則是為寇讎除災而吾終不獲其利此臣所謂兵端有

形之目一也國家所以恃自固於東南者以有蜀耳蜀之所以能自固者以有劍外之兵耳今劍外之兵倘嘗如賈誼所謂股大於腰又苦跖盭然亦無如之何也為今之策止有寬兩蜀之民為彌奔之計而今日兩蜀事權四分五裂制置主民總領主財戎帥主兵茶司主馬兵不可闕食馬不可無本則總領不可無財而制置司不可不恤其民亦其勢然也聞之蜀士兩蜀之民貧至骨矣民貧既甚禍亂易興此臣所謂兵端有形之目二也二廣鹽筴其法屢更大要不過官搬客販兩說爾官搬則利於廣西客販則利於廣東廣東之鹽專靠販入西路今廣西既用官搬則廣東之鹽必發泄不行使朝廷催逼賣鈔任事者稍稍營財禍將起矣蓋廣東自來有私販之害神宗時江西客販未通官鹽少至贑上贑州諸縣並食廣東私鹽朝廷甚費區處今日淮鹽既通固無向者之害然而贑州併邊諸縣如龍南安

遠等處食廣東私鹽如故廣東推鋒一軍及大奚山一帶人皆以販鹽為活官鹽既不流通必歸罪於私販萬一禁防稍密盜賊便興此臣所謂兵端有形之目三也蜀之黎雅廣之宜融湖北之辰沅靖徑有戎獠之患唯蜀之黎雅朝廷留意鎮撫諸戎又經敗衂近頗安靖不足深憂如宜融南丹之族辰沅羅鬼之族皆嘗深入省地搖動邊陲而數州邊防闕甚苟簡至空有寨柵之名而無卒徒以守倉卒有變何以支吾唐李絳謂受降城兵籍舊四百人及天德交軍止二十五人器械止有一弓以今槩之往往如此是豈可不慮哉此臣所謂兵端有形之目四也近日會子流通勝於見錢官私便之似覺無弊然杞人慮竊嘗熟憂之夫會子不過數寸紙耳而乃與衆貨埒權者此無他官司許作見錢入納而市井兌使者稍衆也有如緩急罷入收兌使之鋪移下無換易之地則臣恐倉卒之際未必不發近日湖

北稍稍見矣緣湖北會子當來止於湖北京西界內行使襄漢戍卒月得料錢全靠客旅貿易然其會子止到郢州便著兌換而官司無以權之總司入納又止視市價不同見錢每一貫會子止可作五百左右會子既輕商旅不行商旅不行軍人所得會子愈難變轉而會子愈輕矣諸軍洶洶頗以為言特未有征行未敢發耳是豈可不預討哉此臣所謂兵端有形之目五也推是求之特不止此姑舉大者條列以上仰惟陛下踐臨天位以來五穀順成四方無虞仰觀乾象循察地理災異絕少而人情初不以為喜今忽有此異才數日耳而人情莫不以為憂不論賢愚不問貴賤各隨所見推步陰陽天動于上人憂乎下是何故也得非志不足以勝氣乎以臣觀今日之勢政如衰弱之人天和氣爍左右顧忌猶恐不免忽遇風寒雨濕之變使有所感觸其為疾疢豈不易耶當是之時猶不謹審服食精調起居

以為保養身體之策。臣不知其可也。臣愚欲望陛下脩身以德。脩德以人。親近儒生以講治原。奬進君子以御小人。大明公道以正風俗。增重臺諫以彊朝廷。節用愛人以厚天下。選擇守令以起內治。博求將帥以固疆圉。然後天變可塞。人情可紓。保國寧家。政在今日。臣之區區。猶有未盡。夫人君之道。莫先於修德。莫切於愛身。臣竊忠於君。亦莫如修德愛身之為急。恭惟壽皇聖帝。勤勞天下。二十餘年。精神未衰。志氣尚彊。即以大位付之陛下。蓋欲親見聖子。身致太平。陛下既即大阼。四方之人莫不延頸舉踵。望陛下繼業鼎新。名譽日隆。以御吾壽皇聖帝付託之重。而道塗流言。皆謂陛下宮中宴飲稍失節度。其事信否。固未可知。然萬一有此。則於修德愛身之道。無乃虧乎。夫酒之為物。傷性敗德。莫加於此。臣夫溺之。尚且足以殞身喪家。而況人主乎。側聞仁宗皇帝在御之日。災異屢臻。日食地震。江淮騰

溢。風雨害稼。司馬光奏疏以為燕飲過差所致。因乞悉罷宴飲。以解皇天譴告之威。夫日食地震江淮騰沸風雨害稼。以陰陽感應之理推之。何預乎燕飲。而光直指以為言。蓋人君之身。上與天通。光之所言。即洪範庶證之微旨。然則臣之所謂以類而推。每事而正者。非臆說也。唯陛下念上天警戒之切。念祖宗創造之艱。念壽皇委寄之隆。念天下屬望之深。側身應災。改過不吝。人情天意。本不相遠。陛下今日儻能釋一二過舉之事。繫人耳目者。先與改圖。然後命兩府大臣悉更敝政。內外聞之。孰不歡喜。如此。則何災不弭。何變不消。永保生民。至尊大福。臣命輕螻蟻。言涉乘輿。席藁待誅。不敢望赦。

龜年又上奏曰。臣伏讀詔書。喜至於泣。臣官為侍從。義則世臣。不能遇事而論思。致勤詔旨之訪問。退揣私分。甘受重誅。儻複略舉細微而言。尚以仰稱懇惻之意。謹昧萬死條列以上。唯陛下留神。臣聞雷者陽精之發。雪為陰氣之凝。雷震於驚蟄之前。陽已不固。雪作於震雷之後。陰又太彊。唯陰縱而不收。故陽微而受制。驗之古昔。具有證祥。春秋所書。晉漢所志。雖人事感召之類不一。而陰氣過盛之證則同。故自一家而言。則男為陽而女為陰。自一朝而言。則君為陽而臣為陰。自群臣而言。則君子為陽而小人為陰。自天下而言。則中國為陽而夷狄為陰。陰或侵陽。故為此變。志壹動氣。實在乎君。然欲弭災異之源。必致精微之察。儻惟人事少有不盡。是於天理猶未為純。宜殫聖心。廣求其類。故在內則陽教不可以不立。在外則君道不可以不明。言路不通。則小人或得以蔽欺。折衝無人。則夷狄必至於侮何謂陽教不可以不立。夫姤卦以五陽之盛。猶畏一柔之來。成湯無聲色之娛。尚有女謁之戒。私情難制。自古則然。儻有隙之可投。雖一毫而可畏。且如崇飲。尤懼傷和。若禁門啓閉之不時。有緩急憂虞之

當慮。莫因警戒。少屈皇明。何謂君道不可以不明。夫賞必有功。罰必有罪。操此二柄。是為大君。若賞罰無所勸懲。則善惡何由分別。臣如近日廷臣之補外。多因中旨而徑除。若以為有罪而可懲。何不明言其過。若以為有材而可任。何不因事而除。惟舉直錯枉之道不能昭明。故乘間抵巇之徒。竊以賣弄。遂使人各解體。士不盡心。苟且偷安。緩急難保。若臣之情。如此。天人之際昭然。可不明示過功。公行黜陟。庶免賞刑之過。可召陰陽之和。何謂言路不通。則小人得以蔽欺。蓋惟臺諫之官。乃寄耳目之責。儻無事之不達。雖有姦而莫容。陛下聽受直言。遠邁前古。質之近日之事。似有拒人之疑。蕭燧已節鉞之除全臺論之而不聽。周昭遠剌之命。給舍繳之而不回。雖能申令出不反之威。然殊非改過不吝之道。恐致姦軌遂輕朝廷。私託橫行。公議漸廢。欲令沴氣之消弭。當務奸慝之掃除。盡塞私門。大開正路。何謂

折衝無人則夷狄必致於侵侮近聞擊報之至狄有它族之兵雖啓攻人之謀未免懼我乘其後或於境上略示疑形可不審詳遽作煩擾有兵不練又復招兵兵多不精重以蠹國臣聞御敵之法莫若擇帥為先苟得其人付以統御之寄俾久其任自為攻守之謀一聽所為無從中制課之歲月必有成功豈比今日泛然之圖祇為諸將自潤之計如此等事殆非一條以次推求敢擇大者以瀆陳庶幾萬一之有補臣尚有管見上裨聖明嘗以今日之災考之五行之傳唯劉歆以為常寒之罰在洪範是為聽之不謀陛下既盡求言之誠乃得應天之道然嘗聞景祐之五載止因雷震於春初亟出明綸博求直諫昔及聖躬之闕失盡令百辟以箴規今雖故事之猶尚有未盡之旨止憂庶政未及反躬僅逮館臣未能盡下求之既已不廣用之豈可不識蓋言不難求其難在聽言不難聽難於必行若不能行徒文

無補陛下自丞遺補之後屢出言論之臣雖嘗假以它辭授之美職人終以其忤上而去故大率皆以盡言為懲況茲明詔之頒旋有渝古之責事雖中輟聲已四馳伏願亟取封章之言擇其剴切之論重加閱獎與之施行以開天下疑沮之心以答蒼穹仁愛之意反禍為福如響應聲臣識淺言狂命輕意切俯伏私室敬俟大刑

三年龜年為御史臺主簿又上奏曰臣聞四方有敗必先知之此之謂民之父母矣後世唯魏相精識此意每敕掾史按事郡國令白四方異聞或有逆賊風雨災變郡不以上相輒奏之相與趙充國議擊匈奴乃曰今年計子弟殺父兄妻殺夫者凡二百二十二人非小變也夫風雨變異天之災子弟惡逆人之變天人變動而朝廷不聞焉安足以圖治乎今之州縣每遇災異自非水旱例不以上頃年江湖閩浙同日地震唯建昌軍因言災火爲以上聞前年福建江西閩有地震去處唯漳州守臣上章自劾至於子弟惡逆時亦有之緣法中有守令量事貶降之文用是例不舉按是不可以為尋常而不問也夫至和之氣感於人事大順之治積於閨門若天示警戒而上不聞則德不修人反天常而上不治則政不舉如此而欲求天下之治未可得也臣愚欲望聖慈明詔州縣凡有災異而輒不以聞有惡逆而匿不舉按者令監司覺察又令御史臺察監司之不舉按者上之略加懲罰庶幾上下警懼各思有以消弭災變感召至和不勝幸甚

紹熙中監察御史虞儔上奏曰臣聞警懼謹告上天所以仁愛人君側身修行人君所以對越上天稽之往古驗之當今精祲之交殆若符契近者太白經天譎見垂象六月不雨咎證常暘人皆以為憂儀臣竊以為喜何者蓋知陛下道超象外識燭幾先必能謹言行以動天地之大修政事以導陰陽之和於是焉轉禍而為福散沴而為符

殆猶反手焉耳未幾太白漸復常度一雨遂蘇群槁人皆以為喜儀臣反以為憂倚者蓋以人之常情既得天時之助必忘人事之修謂天不怒乃敢戲豫謂天不渝乃敢馳驅於是焉患生於忽變起於不圖可不為寒心哉故明君見變能修道以除凶若其無象是不謹告傷敗所由而至也然則當憂而喜當喜而憂臣非求異於衆人抑亦具聞於往訓書曰惟上帝不常作善降之百祥作不善降之百殃又曰惟天無親克敬惟親又曰天難諶命靡常又曰皇天無親惟德是輔夫天不言所以昭然示人者不過日月星辰之象雨暘休咎之證而已人君承天意以從事必即此而觀之臣竊詳太白之應志在晉史雲漢之旱詠於周詩皆非小變也陛下銷變之道據所得盡況又自初即位曰雨而雨曰暘而暘年穀順成百姓和樂天之眷顧蓋不偶然其必有以致之者矣昔唐太宗既得天下元年關中饑二年

天下蝗。三年大水。方之陛下固不可同日而語。然太宗因天之戒勤
撫其民。變饑饉為豐穰。致貞觀之盛治。若陛下每存陟降左右之念。
愈加悠久不息之誠。夫其申命用休。當與堯舜比隆矣。大抵天之於
人君。其眷顧之既厚。則責望之必嚴。凡其念慮之萌。嚬笑之發。當宁
焦勞之際。退朝宴樂之時。鑒觀在上。莫顯乎微。一或不至。則非天意。
故天意所與。則三光全。寒暑平。風雨時。五穀熟。草木茂。天意所否。則
為災異。為凶年。為水旱。為繆盭。為疾疫。如響應聲。如影隨形。事之必
至。理之固然者也。臣伏願陛下仰順天意。脩修人事。庶幾我之所以
對越上天者。始終而無愧。天之所以仁愛我者。愈久而無窮。社稷之
福。生靈之幸也。詩曰。惟此文王。小心翼翼。昭事上帝。聿懷多福。在陛
下強勉之而已。

儔又應詔上封事曰。臣近奉聖旨。以陰陽不和。雷雪交作。可令侍從
臺諫兩省御監郎官館職各條具時政闕失聞奏。顧臣至愚。極隨待
罪臺寮。已逾一年。自惟無所補報。日負憂責。今陛下虛心求言。以答
天變。若猶有所隱避。臣罪大矣。謹條具昧死上獻。

一。臣聞陽蓄則為雷。為霆。陰凝則為雹。為霰。方陰陽之相薄。則雷
雹皆至。及陽為陰所勝。則雷止而雪作。魯隱公九年三月癸
酉大雨。震電。至庚辰大雨雪。凡八日。劉向以為周三月。今正月
也。雷電未可以發。既發則雪不當復降。皆失節也。故謂之異。吳
太平二年三月甲寅夜。雨。震電。至乙卯大雨雪。纔二日耳。史臣
以謂先震電而後雨雪。陰見間隙起而勝陽。其後禍亂之應。有
若符契。往牒具載。吁可畏也。今正歲之始。建寅之月。三陽用事。
於卦為泰。自戊寅至庚辰。雷電雪雹俱作於三日之間。視魯則
數。視吳則疎。臣願陛下以往事之驗。為方來之鑒。警懼修省。以

答上天仁愛之意。則災意塞於上。禍亂伏於下。在陛下一念之
頃耳。

一。臣聞朝廷者陽也。宮禁者陰也。日星乎晝。月星乎夜。而寒暑成。
天子理陽道。后治陰德。而後國家理。若宮禁之中。宴歡之不節。
則非所以崇懿躬。賜予之不省。則將至於空虛。內蠱女謁。行乎
內。則勢行乎外。尤不可不防其微而杜其漸也。有一于此。則雷
雪之變。乃上天之所以丁寧陛下之意也。不求之見。是無應天
之實。天怒愈深矣。至於勳戚貴近。時有排當。倡優伎藝。豪家宣
引。水門啓閉。多不以時。豈所謂嚴等威。肅宸居哉。臣願陛下畏
上天之威。謹正始之道。宗社幸甚。

一。臣聞君子者陽也。小人者陰也。自古君子小人。勢不兩立。君子
在內。小人在外。於卦則為泰。小人在內。君子在外。於卦則為否。
今朝廷清明。多士濟濟。有官守者脩其職。有言責者盡其忠。延
建寅之月。三陽在內。宜泰而否。何也。意者得無在外小人交結
黨與。潛謀進用。如某人輩者歟。且將源源而來矣。啓大姦之隱
動上天之威無足怪者。昔漢元即位之初。蕭望之周堪張猛等。
與夫恭顯許史之徒。雜然並立於朝。是非相攻。邪正相激。當時
日青之變。反以為堪猛用事之咎。未幾堪以病卒。猛自殺於公
車。無乃與天意戾乎。漢業之衰。自是基矣。臣願陛下觀拔茅連
茹之象。以進君子。戒履霜堅冰之漸。以防小人。毋使鷄鶩並棲。
薰蕕共器。則天意解矣。

一。臣聞中國者陽也。夷狄者陰也。自古夷狄之強。寖常係中國之
盛衰。今國家南渡。甲子已逾一周。胡運將終。虜酋咸意中原可
復。近者邊報傳聞。信否雖未可知。第講和日久。邊備廢弛。意

將有姦雄嶄萌不肖之心。窺伺間隙。或恐僣恥未復。而唇齒先寒矣。侯景之事。可為深慮。臣願陛下明詔大臣。遴選路帥。俾之先事經理。以備不虞。

一。臣聞人主進退臣下。必曉然示人以勸沮之意。故進一人而人皆以為當進。退一人而人皆以為當退。舜舉皋陶。不仁者遠。四罪而天下服。用此道也。若朝廷進一人焉而使人疑。暮逐一人焉而使人懼。此何為者哉。蓋自余端禮。趙彥逾。石宗昭。徐元德之去。而朝士大夫莫不疑且懼焉。何者。一旦遽然命從中出。去者閔默。莫測其端倪。居者彷徨。每憂於讒毀。日懷去計。莫有固志。臣恐自此無有為陛下興事造業者。無有為陛下以身任怨者。陛下孤立於上。將何利焉。臣願陛下守至正以照臨百官。有善則進。有過則退。明示之以好惡。以堅其事上之心。與之共天位。治天職以荅天變。

一。臣聞明主不惡切諫以博觀。忠臣不避重誅以直諫。言路之闢。社稷之福也。蓋自楊萬里。徐柟之徒去國之後。朝士大夫多不敢竊議時政。於心有所不然者。不過相視太息而已。此豈盛世氣象耶。如萬里之輕率妄發。瞎觸忌諱。柟之強聒不置。似不安靜。雖皆不免過然。其平日亦在能言之流。中道棄之。失古人市骨求駿之意矣。夫敢言之氣。作之尚不能起。況沮之耶。近又有狂妄庸人上書不實。陛下止令聽讀。可謂寬恩。但四方萬里不知其說云何。傳聞不審。將謂朝廷以言罪人。覆巢毀卵。鳳鳥不至。無乃與求言之旨戾乎。惟陛下赦之。漢世每有災異。必詔賢良文學之士直言得失。茲誠得應天之實也。

一。臣聞之書曰。天命有德。五服五章哉。又曰。官不及私昵。惟其能。爵罔及惡德。惟其賢。又傳曰。爵人於朝。與眾共之。此言人君爵賞之施。必賢與能。而後足以上當天心。下協人意。近者朝廷侍從之選。或以交結而得節鉞之重。或以無功而授。後省繳駁之職。間不經由臺諫論列之言。乃蒙宣諭。不唯名器既輕。遂使紀綱不立。豈爵人於朝之義。天命有德之意乎。上天至明。未嘗虛見異。臣願陛下奮發乾剛。收回渙汗。苟物論惟允。則天變可回矣。

一。臣聞淳化二年大旱。太宗延近臣問時政闕失。樞密直學士寇準對曰。天人之際。應若影響。大旱之證。蓋刑有所不平。頃者祖吉王淮皆侮法受贓。吉既伏誅。家且籍沒。而淮以參知政事沔之弟。止杖于私室。用法輕重如此。亢暵之咎。不虛發也。太宗大悟。明日召沔切責之。近者銓試代筆事覺。有司觀望。不時有官宗室不行推治。至於與之干涉者。則又故作遷延。止將餘人具

案奏斷。用刑如此。無乃不平。愁歎交興。有傷和氣。臣願陛下特降睿旨。令臨安府催追未到之人。速具奏案。一體施行。以荅天變。

起居舍人劉光祖上書曰。臣近奉聖旨。以陰陽繆盭。當霽非時。淫雨為災。朕心甚懼。推尋厥咎。未知其繇。凡朕躬有過失。朝政有闕遺。可令臺諫侍從各條疏以聞。無有所隱者。臣猥以虛庸。日侍左右。詔旨所及。敢不罄竭其愚誠。伏念國家遭值厄運。方昨者五六月之內。人情離阻。天理乖暌。其時社稷已是傾危。陛下之身危莫自保。萬姓塗炭。三宮受禍。揆以事勢。間不容髮。上賴祖宗德澤未泯。天命曆數有歸。大器既傳。中外遂定。此陛下目所親見。心所親憂。固無俟於臣言也。而陛下踐祚踰月。洪水發于近畿。天目之山湧裂而出者幾數百道。陂塘決溢。流屍千計。蕩析狼狽者不知其幾。陛下覩此災變。憂惶

儆戒亦嘗存於聖心否乎。明堂禮祀之前。自遏熾而氣蒸鬱。謂風霆
雨雹之兆已見。而陛下潔誠齋畏。將事之夕。雨僅濡塵。足昭上天響
答甚通。然羅點以股肱之良。前期一夕而卒。黃裳以保傅之忠。相踵
不幸。皆非細故也。陛下臨御未幾。併奪兩賢之助。此於天命。尤所當
思。何況禋祀之後。雨澇不已。稽夫告病。以為稍不傷於旱者。則敗於
水。不敗於水者。則害於雨。饑年愁苦。而半月以來。米價倍蓰。人不聊
生。愁咨之聲。遠近如一。剽盜漸起。流離已多。方且雷發非時。震電駭
異。雨既隨注。天復發聲。雷雨暴風。雨晝三夕。陛下詔旨責躬。求聞闕
失。僅得一日晴霽。而寒氣驟至。連雨重陰。勢不少解。日甚一日。上天
威怒。莫測端倪。陛下即是數事觀之。豈為憂惶儆戒。雖欲不存於聖
心。不可得也。臣竊意陛下憂惶儆戒之念。未甚勤切。言之以求言之初。
天色頗開。已而謂陛下姑應故事。陰雨復作。繼晝達夜。凡七八日而

未止也。漢大儒董仲舒嘗曰。國家將有失道之敗。而天乃先出災害
以譴告之。不知自省。又出怪異以警懼之。尚不知變。而傷敗乃至。以
此見天心之仁愛人君而欲止其亂也。古今言災異。最近理者。無若
仲舒。仲舒之學。純於經而切於理。陛下所宜深味其言。然後見天心
仁愛陛下之至。不可不因其譴告而自省也。臣不敢復引諸儒之說
及它占書以瀆聖聽。請質諸六經以言之。易震卦曰。洊雷震。君子以
恐懼修省。洊者其震不一也。言雷之震不一。必有其故。是以君子恐
懼而修省焉。無妄之卦曰。天下雷行。物與無妄。言聞雷而懼。物物皆
無妄念也。益卦曰。風雷益。君子以見善則遷。有過則改。言君子觀風
雷之象。遷善改過。以為己之益也。書洪範九疇論八庶徵。曰休徵者
五。謂肅時雨若。乂時暘若。晢時燠若。謀時寒若。聖時風若。曰咎徵者
五。謂狂常雨若。僭常暘若。豫常燠若。急常寒若。蒙常風若也。人君之

於貌言視聽思五者。苟惟能肅。能乂。能晢。能謀。能聖。則五氣和而為休
徵。其或反之。為狂。為僭。為豫。為急。為蒙。則五氣乖而為咎徵。其感應
之理。自然如此也。臣前所為謹始五箴。以諸陛下。蓋慮是也。人之一
身。本與天通。天人相與之際。可不畏哉。昔金縢之篇。又載成王周公
之事。王初惑於流言而疑公。時秋大熟未穫。天大雷電以風。禾盡偃
大木斯拔。邦人大恐。及王悔過。啟書以泣曰。今天動威。以彰周公之
德。不敢復有疑於公。天乃雨反風。偃禾盡起。歲仍大熟。是王之心疑
信周公。而天之所應。速於反掌。又以見天人之際。其感如此也。詩曰
天方薦瘥。喪亂孔多。民言無嘉。憯莫懲嗟。薦瘥謂疾[illegible]也。疾若
喪亂之多。而曾莫之懲。則可嗟也。又曰。爗爗震電。不寧不令。百川沸
騰。山冢崒崩。高岸為谷。深谷為陵。哀今之人。胡憯莫懲。言天地之變
異。乃爾胡為而曾莫之懲。是令人之可哀也。又曰。畏天疾威。弗慮弗

圖。言天降災疾威怒。而弗慮圖。則亦喪[illegible]而已矣。又曰。敬天之怒。無
敢戲豫。敬天之渝。無敢馳驅。渝變也。言天怒天變之不可不[illegible]
王厲王無道之君。故當時之卿士作詩以刺之。語多及於災[illegible]
睹災異而不戒。是以為幽厲也。春秋雖魯史。然實孔子之書[illegible]
食。地震。山崩。星隕。晝冥。晦雨木冰。夫雨雪。大雨震電。水旱。螽螟[illegible]
不一。而足。皆所以示儆戒之意。使後世之君考之。彼遇災而[illegible]
往往至於失國也。禮記曰。若有疾風迅雷甚雨。則必變。雖夜必興。衣
服冠而坐。皆所以敬天之怒也。周禮保章氏之職。志星辰日月之變
動。辨其吉凶。觀天下之妖祥與夫水旱豐荒之祲象。察天地之氣。或
和或乖。以詔救政。訪序事。詔救政者。謂預告其所當救之政。訪序事
者。謀其事之所施先後之序也。凡茲六籍之言。足為萬世之訓。今陛
下當法易之恐懼修省。是念無妄。遷善而改過。當思書之徵[illegible]

以致休徵。及勸成王因天變而信周公。當論周人災異之詩甚為屢
之失道。當選春秋災異之書懲衰世之失。國當如禮記中夜起而衣
冠以敬上天之威怒。當體周官覘祲祥則講修政事以救之。如此乃
可謂之應天以實而不以文也。本朝大儒歐陽脩曰。天人之際影響
不差。未有不召而自至之災。亦未有已出而不應之變。此名言也。陛
下可不念之乎。且陛下即位有大事三。父子之情久而猶未通。宮闈
之處久而猶未善。山陵之議久而猶未安。下多浮言。人鮮固志。然則
休徵協氣何自而生。況號令不常。群陰用事。風雷之變。所以見號
令之不常也。淫雨之災。所以見群陰之用事也。何則大臣之進退太
輕。臺諫之用捨無定。此非號令不常之大者乎。進退大臣用捨臺諫
事從中出。頗傷急遽。此非群陰用事之著者乎。宜其天人之相應寔
若影響之不差。陛下無謂外人之妄言。試反求之於陛下之心亦然

奏議卷之三百八　十八

自知其有所未安。但業已為之而欲遂其事。是以雖有言者一切拒
而不受。臣請因陛下遇災而懼。諮訪闕失。為陛下別白而言之。人退
留正某為非也。何必更易臺諫。擢黃度可謂善也。未幾而出之何歟。
其所以致陛下號令之不常者。實自群陰之用事故也。而陛下獨為
之感。謂以為大權當自己出。威柄不可下移。然則小人之謀其意將
以陰制今日之相臣而動搖之也。陛下所宜早悟。無使大臣懷疑畏之
心。大臣懷疑畏之心。則四體不展。群議易搖。朝綱日隳。政令錯出。而國
不可為矣。今陛下有獨斷之意。乃是小人陰竊主權之機。媒而陛下未
知恩也。且陛下以為前日登皇即位。為得已乎。為不得已乎。大臣不得
已而立陛下。為社稷計也。陛下不得已而從大臣之決。策亦為社稷計
也。君臣俱為社稷計。不知方今之社稷為已安乎。然乃獨未安乎。而陛
下與大臣不圖其始而善其後。使天災[illegible]此臣恐陛下之君臣[illegible]

無以辭天下後世之譏也。臣每謂方今當禍變憂危之後上下內外
庶能盡心相與扶持并造家國。乃今不然。人各異趣。事非始謀。身謀
則急。國謀則緩。良可恨也。陛下試因臣言而靜察之。且如陛下出令
苟見未可施行。大臣所當面奏。給舍所當封駁。臺諫所當論諍。侍從
所當救止。今皆畏避形迹。不敢少忤陛下左右之臣。則又何賴於公
卿大夫士哉。是非急身謀而緩國謀也哉。雖然。人臣肯以實告人主
者誠少。陛下試思上皇深居九重。終不盡知大統已傳。大號已正。自
太上皇后而下。皆務彌縫而蒙蔽之。至使陛下父子久不相見。是皆
起於彌縫蒙蔽之故也。陛下於庶事苟不加察。則內外之臣彌縫蒙
蔽陛下者亦如此爾。非人主聰明剛健。能主張正論。能親君子遠小
人。能別白是非。未易使人臣之盡言也。臣至愚之性。於事無所阿私。
苟有所懷。當其可言。未復更事形迹。願陛下察臣之赤心。納臣之苦

奏議卷之三百八　十九

口。勿忘天災。一切與大臣審修其政。至如陛下孝敬在心。宮庭之內。
屋漏之間。凡所躬行。有外人不得而知者。陛下毋使一毫有愧於天
可也。臣草奏之際。更為陛下反復思之。雷霆之怒。不人妄謂上皇前
日壽符之怨。然事既往矣。今日之責付於陛下矣。陛下今日之孝心。
恐亦有所未至。臣謂宜竭誠盡道。篤事於三宮。贖上皇既往之愆慝。
烈祖在天之望。若是則雷變可得而消也。至若淫雨為災。為是群陰
用事。陽氣微而君道弱之證。所宜專責之大臣。以朝廷之事勿以左
右近習參之。昭明紀綱。以正內治。選任牧守。以撫斯民。使陽長則
陰消。即能反剥而為泰。事理明白。可無疑。臣數日來。聞陛下戢出
寬恤之令。若軍若民。若刑獄之淹。若宿衛之暴露。無不介意。其間
如指內帑錢以代赤子和買身丁之重賦。此寔帝王盛德之舉。而曾
未足以消弭天災。則陛下不可不知其故也。既知其故。而陛下之重

亦未決。書曰。今天其命哲。命吉凶。命歷年。斯言蓋憂天命之未知所
終也。曰其者蓋未可必之辭也。人主或哲或愚。國家或吉或凶。運祚
或短或長。皆未可以前知。則所謂憂之至也。陛下毋信讖諱之言而
乃歸之於時數。以怠其敬天之心。有災無災。其敬如一。則天命之休
祥可得而必也。臣之拳拳請以是塞明詔。干冒宸聰。伏惟留神省察。
天下幸甚。
權戶部侍郎章誼友上奏曰。臣竊惟天人之際。自三代以來。已不勝
其說矣。至漢董仲舒則曰。災異譴告是天心之仁愛人君也。蓋天心
君德實同一體。災異譴告所以時示儆戒。非惟亂世而治世亦然。人
君每能因災而修省。觀變而兢懼。事合其宜。政得其理。則天心昭答
帝雖晝長有不待祈而自至者。考之古昔。成湯六事自責而遂霈宣
王側身修行而興周。其所感召昭然不誣。可不信哉。可不畏哉。恭惟

陛下神聖文武。有不世出之英姿。仁慈睿哲。有君天下之大德。俯視
漢唐。誠有餘矣。然而受列聖積累之祚。承先帝中興之業。膺高宗付
託之命。憂深遠慮。莫切於此。固有以奉天心答天貺也。邇者熒惑失
次。太白晝見。塡星掩心。火星行都。地震亦廣。甚者太陽中天而黑子
磨盪。黑祲亘天而赤氣乘之。旬月之間。變至五六。甚非所以安上而
全下也。遠于望日。陛下肅將乘輿。展禮慈極。都邑之內。耄老稚幼瞻
望翠華。無不鼓舞。變憂懼為和氣。易譁謗為歡聲。曾不信宿而瑞雪
時至。又不兩日而太陽復明。以至群陰消伏。星辰潛順。比以前日如
彼而今日如此。豈非災祥之機。關於陛下一舉動之頃哉。何其響應
之速如此也。臣懷不自已。輒盡愚衷。深惟天意之難諶。端係人主之
一念。蓋曰高高在上。靡所聽聞。常使兢兢在心。毋敢失墜。自今以往。
益願陛下脩省愆咎。愈愈篤聖志。詳慮細大。必謹勤兩宮定省之

來。念萬務安危之機。符信大臣。開廣言路。撙節財用。日積而歲蓄。著
覽章奏。朝入而暮報。皆君人之實德。治國之大本也。陛下天資英睿。
即是數者而加之意。則天心喜悅。帝命眷顧。和氣致祥。何事不立。豈
惟前日災異倏然無之。而天道好還。必有助大業。成大功者。豈不偉
歟。臣本疎庸。誤被簡擢。以論思為職。用敢盡言不隱。以答天地之造。
惟聖慈留神。苟臣言不忤於宸心。即聖德仰當於天意。干犯旒扆。瀆
越不勝。
寧宗即位。充金國弔祭接送伴使彭龜年上奏曰。臣伏覩詔書節文。
以雷霆非時。淫雨為災。推尋厥咎。未知其繇。豈朕躬有過失。朝政有
闕遺。令臺諫侍從各條疏以聞。臣官為侍從。職在論思。不待詔對而
可言。況有詔書之罪己。儻有所隱。寧不負恩。臣不知陛下此詔果實
事邪。抑止應文邪。果為實事。則陛下即位之初。嘗詔求直言矣。今四

方之言已交公車。其間及陛下之過失。朝政之闕遺者必多有之。未
聞略加採擇見之施行。則今日此詔。臣恐未免如前日之虛文爾。若
以虛文事天。豈可感乎。臣聞慶曆中災異數見。一時宰執皆謝過
上前。仁宗諭之曰。不須謝過。但自行事。時范仲淹為參知政事。退而
條與應災四事以上。皇祐中又以星變。內出手詔十二條。令中書門
下樞密院於軍國庶務中推求實事。有合更張振舉者。各具以聞。於
是文彥博等請日舉兩條。合更張振舉者。委曲面奏。所冀言之必行。
行之必當。祖宗應天以實如此。臣謂陛下今日先當博採應詔之言。
取其條上之事。責之大臣。以次施行。如皇祐故事。則自可應天而消
變。雖不為此舉。臣亦以為可也。劉敞嘗謂三公之職。主和陰陽。議臣
之任。主明天人。陛下當責三公以其職。使之陳陰陽不和之理。當責
議臣以其學。使之明天人相與之際。此識知治體之論也。陛下儻責

實如此則臣安敢以虛文應詔陛下慊徒事虛文則臣雖以實對亦無益爾是以臣先以責實望陛下而後敢言焉臣聞之宋祁曰災異之發政敎之本在朝廷君臣之間耳其他瑣瑣細故誠不足以當陰陽之不和議天人之相與今明詔所及止於上躬過失朝政闕遺盡知當務之爲急臣敢據是二者參之災變爲陛下陳之夫天之鼓舞萬物者雷風也君之鼓舞萬民者號令也天有雷風之變乃爲人君號令之應雷爲天地之動物最爲不測而難信者然發以二月收以八月人事候之以爲節未嘗爽也故萬物因之以動蟄而無病焉若當收而發則誤物多矣陛下亦嘗因雷之非時而反求之號令之間乎陛下與大臣恐不能辭其責陛下自即位以來好出御筆陞黜之間多爲不測若示人以聰明威斷者其慰人心者固時有之而動人心者亦不少矣陛下抑思人君擅天下之利勢一喜一怒繫萬物休

戚而使人不可得而測則人其能自安乎當人情求安之時而反使之有不自安之意殆非初政之美也司馬光嘗告神宗皇帝曰陛下好於禁中指揮外事非公卿所薦舉牧伯所糾劾或非次遷官或無故廢罷外人疑駭不知所從夫公卿牧伯所糾劾或謂之賢而不賢或謂之有罪而無罪皆有迹可見責有所歸故不敢大爲欺罔若姦臣密白陛下令陛下自爲聖意以行之則威福集於私門怨謗歸於陛下此光體要疏中語也陛下向在潛邸固嘗愛此疏豈今日乃忘之耶陛下誠以光之言平心熟誦反而思之則今日之舉爲是爲非可以坐決矣臣故以號令不測爲陛下之過者此也壽皇聖帝因山之舉國之大事也始卜稽山大臣以爲土薄復卜赤山太史又以爲不吉復令卜下宮又以下宮爲不可遷也日月已迫而神穴未定有司應辦茫知所向此非朝廷之過乎太上皇移御之所又國之大事

也至三易其處使天下聞之莫不疑惑此又非朝廷之過乎隨龍人推恩陛下即阼之二日固嘗有宣諭矣已而大臣擬進至于一再必欲施行陛下持之不下臣嘗親聞玉音謂朕尚未見父母而先推恩隨龍人孰爲重孰爲輕有識聞此訓也莫不感歎陛下聖明而大臣復請下之使陛下誠心實德不孚於天下此又非朝廷之過乎惟廟議無一定之規故出令有二三之惑臣故以號令不信爲二三大臣之責者此也雷震不時應或在是孟冬之月六陰過盛所謂之陽月者以陰盛則衰陽當生爾今乃淫雨爲災蓋陰勝也推之人事則君弱臣彊陰勝也內侵外治陰勝也小人害君子陰勝也盜賊病平民陰勝也蠻夷謀中國陰勝也陛下受天明命大臣雖有翊戴之勳而威福之柄實在陛下前日大臣蔽一大吏出一臺臣而陛下覺之罷大臣而進臺臣人已服陛下之英斷君弱臣彊之病宜無有也陛下

自在潛邸不近聲色及登大位親灑宸翰以聲色及酒爲戒既已無所耽溺則亦無所牽制內侵外治之患宜無有也唯是陛下思見太上朝夕不忘而中有間阻絕不得通求之愈切閟之愈固使陛下彷徨無策經營南內將有移御之意若果如此陛下念親可謂至矣然於宗廟社稷之計亦審思慮之否乎此恐未免動陰勝之應也天道雖遠固未易知人心匪遠氣到自見自古未有不召而自致之災亦未有已出而不應之變陛下固不可逆料以爲不然而不慮之也推之已事亦可監矣陳瓘嘗謂承顏養志當以大舜武王爲法入修家人之禮則恭順無缺出治朝廷之事則威柄不分此乃大舜武王之所謂孝也臣願陛下如瓘之言以事其親則內侵外治之患庶乎他日可以免矣陛下踐祚之日即以收召人物諭臣及召命之出莫非負天下物望者今在朝之士彬彬固多君子矣然臣嘗密察縉紳之

間則多猜防顧忌之心無安舒閑雅之意蓋君臣之情未洽而邪正之路未分陛下信重君子之意未孚於人而昵比小人之跡已見於外若子告陛下之言小人或得與聞而小人談陛下之意君子或不能知正道恐消邪道恐長此亦未免動陰勝之應也當六七月之間淮浙大旱剽掠之徒所至蝟集今雖小弭然飢寒漸迫雖朝廷多方軫䘏而州縣在在紛紛失今不圖向後盜賊安保其不作此亦未免動陰勝之應也湖南蠻獠今年侵擾內地已費調護粗得帖似聞廣人復求疵於言語文移之間我方內虞饑饉之迫豈可外有兵革之虞備禦之策近亦如捕風此亦未免動陰勝之應也霖雨爲災應或在是臣素無學術不善推步因災求類以薦所聞願陛下思所以致災之由求所以弭災之道事事責實不以虛文大要君臣之間各自反已則轉災爲福反沴爲祥直反掌之易耳唯陛下留神念之臣以

使事在塗輒因詔書驛置以聞言語狂妄昧冒顯戮

慶元中大旱下詔求言知贛州興國縣莊夏上封事曰君者陽也臣者君之陰也今威福下移此陰勝也積陰之極陽氣散亂而不收其弊爲火災爲旱蝗願陛下體陽剛之德使後宮戚里內省黃門思不出位此抑陰助陽之術也

權禮部侍郎兼侍講許奕亦應詔上言曰國家當以實意行實政活民于死不可責償于禱祠之間而已也蝗至都城然後下禮寺講酺祭孰非王土願及境而懼偶不至輦下則終不以爲災乎又曰權臣之誅也下至閭巷讙聲如雷蓋更化之初人有厚望久而無以相遠也此謗讟之所從生又曰內降非盛世事也王躐進狀不實而經營以求倖免裴伸何人驟爲帶御器械時應詔者甚衆奕言最爲剴切

國子博士張處亦應詔上疏曰上天之心即我祖宗之心數年以來蓋有爲祖宗所不敢爲者凡祖宗之時欲舉而不遂已行而復寢格以人言而從終以國體而回者今皆處之以不疑矣凡祖宗長慮卻顧所以銷惡運遏亂原銳銳相與守之者皆變於目前利便快意之謀矣議者惟知衰廢之俗未可不振起也圮壞之風不可不整刷也抑不知振起整刷之術最難施於衰廢圮壞之後何者元氣已傷而不可再擾人心方蘇而不可駭動也且造楮初欲便民朝廷脫以一切之政賦其聽復以一定之價迫之從郡縣之間遂騷然矣監司郡守老成遲鈍者悉屏而不用而取夫新進喜功名者爲之見事則風生臨事則痛快事未果集而根本已傷國未有益而民生已困矣凡此皆有累於祖宗仁厚之德此事勢之所以彌甚也

歷代名臣奏議卷之三百八

災祥

宋寧宗嘉泰中著作佐郎知徽州事袁甫上奏曰。臣將指外服。不當出位言朝廷事。傳聞今月三日京城火災。延及宗廟三省臺部百司庶府。以至民居太半灰燼。奔避而死者。數亦不少。此殆皇天震怒之極。國家殊常之災。四方聞者。莫不駭懼。臣子苟懷愛君之念。忍當度越拘攣。披瀝肝膽。感悟上心。挽回天意。今朝廷若止將兵火之人梟首示衆。而陛下又不過避殿減膳。僅舉一二典故。止作常事施行。乃欲轉災為福。此必無之理也。且乖氣致異。蓋有積漸。敬天之怒當謹幾微。陛下胡不思連年荒歉民窮無告。流離餓莩填委溝壑。天意怒矣。而陛下未悟。星行示變莫匪兵象。今夏水溢三月不退。天意怒矣而陛下又未悟。閩中江右寇暴相挻。章貢盱江叛卒繼擾。蠻兵犯蜀擾我襄漢。草寇竊起。逼迫我畿甸。天意怒矣。而陛下又未悟。董仲舒有言。天出災害以譴告之。又出怪異以警懼之。尚不知變。而傷敗乃至。陛下歷觀數年以來。災害譴告有之矣。怪異警懼有之矣。天之於陛下。其仁愛切至如此。而陛下猶未之悟。今京城大災。可謂傷敗之證。天意震怒至此已極。陛下不能惕懼深念致災之繇。亟思銷變之道。戁然悚悟痛自克責。臣恐天怒益烈。甚可憂也。甚可畏也。臣聞變不虛生。緣事乃起。臣請言其所由起者。宮壼既正。嬪御復增。眺禁是從。虧損聖德。不天意邪。臨御以來。群心顒望。求聞總攬。惟事仰成。衆天意邪。國有忠讜。塞為元氣。摧敗困沮。生意幾絕。累天意耶。上下不交。以言為諱。鉗口結舌。相習成風。累天意耶。其他如燕賦之吏。充斥州縣。椎剝膏血。苞苴賄行。私室之積過於公家。怨讟交興。災變遂作。天意人心實同一機。[illegible]禍之[illegible]此所以[illegible]禁扃之火。中外固已驚異。今乃災及太廟。陛下念列祖宗寧不哀痛。況迫近君門。是欲使陛下反躬修德也。延及三省。是欲使大臣戒懼悔過也。又及御史臺諫院。是欲使風憲之地昭明公論也。又次及六部寺監庫務。是欲使舉朝之士洗心滌慮也。上天震怒如是。猶未忍遽忘仁愛之意。故令陛下目擊心駭。改絃易轍。儻尚謂鎮靜可以應變。毋乃愈重天怒乎。今日下詔罪己。陛下必所不憚。但應天當有實事。空言何足動人。却恐詔令之出。稍涉泛常。施行之間。無所聳動。四方百姓。必謂陛下當如是之災。而實未嘗知懼。上天之仁愛陛下者。於是有大失望矣。事幾所在。間不容髮。上關宗社。臣實寒心。是用不量疏遠。瀝[illegible]衷。臣願陛下下哀痛之詔。盡革往愆。清心寡慾。躬親庶政。戒嬪御以肅宮壼。進忠賢以重朝廷。排斥憸諛。獎扶讜直。誅鋤貪虐之吏。杜塞苞苴之風。日與二三大臣。開示大公。屏絕私意。如此而天怒不回。災變復見。則雖碎臣之首以懲繆妄。臣不悔也。國家安危之機。正在今日。惟陛下亟圖之。

甫又上奏曰。臣仰惟陛下肆頒手札。繼發德音。以回祿為災。近在京邑。側身引咎。博求直言。深見陛下祇畏天威。悔過修德之心。臣恭奉詔之前。嘗於九月十九日首騰奏疏。上徹天聞。謂咎謝弭譴莫若下詔罪己。今求言之詔果下矣。臣尚愛身忘國。不復盡吐肝膈。少効懇款忠愛之義。以仰裨聖明之萬一。是臣大負陛下也。陛下縱不誅臣天亦將誅臣矣。謹上封事。惟陛下垂聽焉。臣伏讀明詔。至所謂為災流沴。倚以贖愆。不覺仰天流涕。知陛下真有此心。是以真有此言。唉非緣飾於辭令者所能為也。臣[illegible]嘗起都燬。天意何在。豈欲陛下因其所可見。察其所不可見乎。陛下深居纖邃之宮。四方纖言危急之事。君門萬里。焉得盡知。[illegible]之臣。[illegible]而不言。疏遠之臣。欲言而無路所賴以丁寧告戒一悟聖心者惟天而已矣天謂寇盜縱橫民罹殘虐室廬丘墓往往為墟以傷孝子慈孫之心此陛下所不見故使陛下親見延燎太室驚動神靈俄頃之間化為灰燼雖欲不痛哭流涕不可得也天謂所在州縣水溢為災江湖城市莽為巨浸生生之具漂沒殆盡此陛下所不見故使陛下親見公宇焚蕩居民荒殘聚大之區變為瓦礫雖欲不痛哭流涕不可得也天又謂頻年以來干戈滿眼老稚轉徙溝壑壯者流散四方亦陛下所不見故使陛下親見都人避逃號呼道路上及朝士廨舍為灰骨肉奔迸雖欲不痛哭流涕不可得也天又謂歲屢不登餓殍盈野公私之力耗於賑荒迄今饑民氣息尚存秋如兒贅此陛下所不見故使陛下親見都城被焚之家悉仰贍給錢粟易竭民飢無窮其間死傷之人卒致銜冤於地下雖欲不痛哭流涕不可得也夫內之形證即外之形證外之氣象即內之氣象盡邪道之說之人競欲以甘言佞辭蔽陛下之耳目而天心仁愛特以氣象形證之彰彰者開陛下之聰明使陛下雖不日接四方萬里之事而天威赫然曾不越乎咫尺之間嗚呼何其眷陛下之深而愛陛下之切也然則陛下思所以悔已過答天心者可無以踐痛哭流涕之言乎且臣聞之憤切之言激於事變脩省之實決於力行凡人一語之發尚當表裏相符況武王言誕告萬方不特人聞之天亦聞之而可不求所以實其言耶陛下所謂痛哭流涕者蓋一時憤激之辭已而息焉而忘之矣今日求言之本旨正欲以昭示修省之實共圖銷弭之道陛下對越上蒼而發斯言臣亦對越上蒼而為陛下盡吐之且陛下為宗廟社稷生靈之主必當以宗廟社稷生靈為心自臨御以迄于今凡八禩矣陛下所恃以乂安海內者蓋曰宰臣輔翼於下真魚水相得之歡也而宰臣所恃以鎮服人心者蓋亦曰陛下照臨於上真風

雲際會之辰也然而中外多事國步孔艱宰臣之勤勞赤已至矣三數年來積勞成疾猶不避事陛下正當深加體恤以全君臣之誼可也何為高拱無營自暇自逸而獨使宰輔以有限之筋力當無窮之憂責歟夫君相之間其合也甚難而其全也尤難書曰自周有終相亦惟終釋者曰忠信為周忠信云者不事形迹純全無偽之謂也陛下以忠信待宰臣宰臣以忠信事陛下向也謙冲退托而未建親政今也圖事明習而總攬萬幾在我初無私意而天下信其當然是之謂忠信是之謂全君臣之交若夫臣有所顧而不得以自遂君有所為而不果於自奮君臣苟避嫌疑不用其情而舉天下國家安危存亡之故泛泛焉付之無可柰何固已不能上當天心矣及其患生於所忽災起於非常僅欲以區區之空言掩天下之觀聽吾誰欺欺天乎且陛下先以習安玩常之見入乎胸中而或者從而附和之曰今日之災乃天數非人事也又曰直言不得不求非必盡聽也又曰他事不必改更惟汲汲於營繕可也暨乎土木畢興輪奐復舊陛下晏然安之不思改絃易轍今日素服避殿之心復轉而為平日荒[illegible]酒色之心今日減膳撤樂之心復轉而為平日般樂怠傲之心今日求言修政之心復轉而為平日不親庶務之心陛下既自處於無為乃朝夕督責大臣以有為而又適遭乎搶攘多故之秋寇賊之未息羽書之旁午東淮尚煩區畫西蜀更費隄防殫勞求和意猶叵測使命輕遣或貽後悔叢此責任憂慮萬端陛下盡欲以委宰輔耶臣恐非元首起股肱喜之義也天下之命寄於陛下陛下之明寄於宰輔宰輔又資於執政臺諫侍從百執事之人等級相承血脈相貫必也陛下以奮厲興起之意率先於上然後精神之所運用風采之所振發機括一轉群聽咸新雷動風行捷若影響又何患人心之不說天意

之不解手。陛下若徒謂一時憤切之言形於紙上者足以回天心。不知修省之實關於政事者乃所以消天譴。則所謂痛哭流涕亦空言而已。虞書曰。后克艱厥后。孔子曰。為君難。蓋謂夫尊居九五。事繫責躬。非可以易心處也。若如陛下盡諉其事於人。而憂懼不切於己。則為君者何其甚易而不難耶。臣願陛下澄心定慮深思痛省。今日之天下。乃祖宗之天下。立政當以天下而立。用人當以天下而用。行至公無私之大道。全保護寧謐之大體。率屬群工。大明黜陟。變委靡衰弱之陋習。為發揚振刷之宏規。斷自聖意。洒然與天下更新。如此則宗廟社稷可使久安。天下人心可使咸悅。而皇天威怒庶其可回矣。不然。乾剛不振。政事不親。國勢朝綱日就萎薾。天意謂陛下為如何。謂宰臣為如何。日監在茲。凛凛乎甚可懼也。陛下以直言求臣。臣發於忠愛。不容緘默。但卑言高。罪當誅殛。惟陛下財幸。

嘉定中。眞為秘書省正字上奏曰。臣猥以庸虛。誤蒙親擢。今茲召對。獲覯清光。臣竊惟陛下聖德淵靜。默與天契。念慮純一。上與天通。自臨御以至于今。凡幾更變故矣。而隨即消弭。轉危為安。人以為天數之適然。而不知皆聖德格天之功。近者殘虜首開兵端。我師既出。虜兵旋退。人以為將臣禦侮之功。而不知皆天佑皇家之驗。夫以陛下[illegible]乎日畏天之[illegible]而人心又有潛佑陛下之實。國宜休祥畢至。災異盡除。而今乃陰陽未調。旱魃為虐。不亦深可懼歟。蓋與君天下者不可一日而無懼心也。懼心常存則妖不勝德。懼心或亡則德不勝妖。陛下如欲因天戒而回天心。蓋亢陽而致甘澤。其道非他。惟當即陛下畏天之素心。愈加警懼而已。天理流行。隨觸著見。善格天者。要必[illegible]警知懼可也。賢才之用舍。關天心之向背。今也端良者斥。諂諛者[illegible]一[illegible]皆罷。[illegible]者貴。邪正[illegible]黑不分。枉忠[illegible]敢諫之門。誠上

天生賢之意。是可懼也。民生之安危。判天命之去留。今也兵戈既興。暴露日久。餽餉不繼。斂將及民。根本一虛。則岌岌焉有蕭墻之憂。國祚修短。實決於此。是可懼也。廣謀從衆。乃合天心。今也陛下深居高拱。未盡下情。群臣奉行簿書窠椅。與議獨運密謀之意勝。而虛心諮訪之意微。將恐天下迫切之情無由上聞。是可懼也。君臣一德。克享天心。今也一人憂勤於上。而群臣逸豫於下。外患未弭。內憂方深。而熙熙焉無異平時。自謂雅量足以鎮浮。而不知宴安乃為鴆毒。是可懼也。法天行健。是謂君德。今也陛下恭儉有餘而剛斷不足。膏夫懷人。茍求富貴。而未聞大明黜陟以警動衆心。將帥交結而軍旅之政壞。州郡賄賂而節廉之風衰。此皆自貴近者化之。不改其原。流弊愈熾。是可懼也。夫此五可懼者。特舉其大端耳。其他禍亂萌未可悉數。其將何以答天譴。召和氣哉。臣故曰。惟當積陛下畏天之素心。愈

加戒懼而已。且臣聞。帝上有戒懼之君。則下無可懼之事。懼心不存於我。則彼之大可懼者始見。此必然之理也。陛下誠能繼今以始。惕然內省。知畏天一念乃我之所固有。初無俟乎外求。自方寸之清明而推之於朝廷之清明。由宮闈之謹肅而達於政令之謹嚴。昭公道以破私意之扃鐍。擢正人以鍼邪說之膏肓。陛下以是率先於上。而股肱大臣又能公聽並觀。畢志竭忠。以體君上之心。耳目之官喉舌之司。亦皆博采公論。盡吐忠赤。以掃積年之弊。下至群工百執事。無不精白一心。公爾忘私。以赴國家之急。將見天意回於上。災變弭於下。豈徒自治吾國而已。雖坐制外夷可也。何足懼哉。不然。精神稍為怠昏。剛強銷為柔懦。君臣上下。不知懼而可懼之事衆矣。治亂存亡之勢。其本在此。惟陛下留神省察。

駕部員外郎李鳴復上奏曰。臣恭覩詔書。以丙戌之夕。西掖挺菑。信

宿之間。上及太室。延燔民廬。望天動威。孰大於此。凡內外臣僚。曁于士庶。咸許直言。指陳過失。臣至愚極陋。濫忝郎曹。當天心赫然震怒之時。陛下惕然修省之日。立君之朝。食君之祿。不能竭千慮之愚以少裨聖聽。不惟負陛下。亦負所學。臣觀今之進說者二。獻諛於陛下者。必歸其災於天數。獻忠於陛下者。必推其失於人事。此其操心如冰炭之邈絕。不待論也。而推之人事者。則又有緩急焉。有小大焉。因災及宗廟也。而謂廟制之失禮。因災及官府也。而謂群有司之失職。非不正也。所以召災變者。尤有急於此也。懊將帥之不用命也。而欲戮於社。憤丑謂之不撫摩也。而欲視其職。非不當也。所以致災變者尤有大於此也。臣嘗讀書。見其有曰。惟天聰明。惟聖時憲。又曰。惟天惠民。惟辟奉天。又曰。惟尹躬暨湯。咸有一德。克享天心。又曰。昔先正保衡。作我先王。曰予弗克俾厥后為堯舜。其心愧恥。若撻于市。一夫不獲。則曰時予之辜。祐我烈祖。格于皇天。又曰。我聞在昔成湯。既受厥命。時則有若伊尹。格于皇天。在太甲。時則有若保衡。在太戊。時則有若伊陟臣扈。格于上帝。自昔有天下國家。所以誕膺天命。罔有天災。未始不本於人君之修德。夫臣之輔德也。德惟一。動罔不吉。德二三。動罔不凶。論災祥而不原之人主。不原之宰相。尚得為知本哉。臣不識忌諱。竊伏妄謂今日所以致天變者。在君相。則今日所以回天意者。亦當在君相。陛下即位今八年矣。裁成天地之道。輔相天地之宜。非陛下事乎。舊勞于外。陛下固已知稼穡之艱難。留意講學。陛下又已熟古今之理亂。治國平天下之實。所欠闕者。[illegible]致知而未能力行。得之於心而未能達之於政耳。天下望陛下。克其所未至。陛下乃復壞其所已成。聞諸道路。外朝聽政之暇。即嬉遊宴飲之時。經筵勸講之餘。皆狎近嬪侍之日。民死於饑。不暇問。死於水。亦不暇問。死於盜

賊。不暇問。死於戎狄。亦不暇問。惟東淮之禍。近在肘腋。剝床及膚。曠闕聖慮。未幾而元兇授首。不謂外懼已去。內蠹復生矣。自夏四月雨至于秋七月。輪遣百官。自謂群祀。此何時也。天怒未霽。而人妖已進。所以恐懼者安在。外事祈禱。而內懷耽樂。所以修省者何若。宮禁邃嚴之地。人所不睹。而天實睹之。暗室隱微之間。人所不聞。而天實聞之。陛下父天子民者也。念慮若此。何以當天心。明詔謂朕德不修。信乎其不修也。宰相執持國柄。二十餘載矣。論道經邦。燮理陰陽。非宰相職乎。先皇帝更化以來。內撫外寧。天下有泰和之風。陛下臨御以來。內阻外訌。天下多急迫之態。此非獨陛下不逮先帝。宰相自視前日。亦少減矣。內殿不時引啓心沃心之至情。安得相孚。都堂不日至貳公弘化之實意。安能盡達。列庶位者。未必皆俊乂。愛焉而莫知其惡也。授散地者。未必無真賢。憎焉而莫知其善也。私徑日闢。公道日消。逢迎躁進之士。每趨形附影於親要之門。寡廉鮮恥之徒。又[illegible]習求聲於廝役之賤。除授以賄取。不待領書已有責償之心。薦舉以賄成。未嘗脫選已動攫拏之志。天下之財聚於請囑。聚於苞苴。聚於饕橐。而陛下之赤子。皆不聊生矣。天命天討。不關國典之舉行。天視天聽。但覺人心之胥怨。宰相代天理物者也。民俗如此。何以召和氣耶。詔謂朝政多闕。信乎其多闕也。故曰。所以致天變者在君相。欲修[illegible]德。當正其本。欲肅朝政。當清其源。本之不正。而欲齊其末。源之不[illegible]而欲絜其流。天下無是理也。何謂本。人君之心是也。唐明皇一人[illegible]心乎厲精。則開元以治。心乎縱逸。則天寶以亂。人君一心。其係[illegible][illegible]下治忽如此。陛下始初清明。志氣恬淡。視古帝王。爭差不難。致[illegible]能思前之所以得。操之而欲其存。戒今之所以奪。去之而欲其盡。無安[illegible]侈。善緣擯于深淵之危。無輕民事。常若[illegible][illegible]朽索之馭。[illegible]游乎

逸。閨淫于樂。此念無時而不發。莫見乎隱。莫顯乎微。此心無地而不
謹。立於無過之地。而常勵其有為之志。以之正朝廷。以之正百官。又
以之正萬民。推而至於四方遠近。將莫不一於正矣。是之謂修君德
何謂源朝廷表儀之地是也。楊綰以儉素用。制下之日。聲樂之多者
以減。騶從之盛者以省。第屋之華者以撤。一相之好尚。其足以轉移
風俗如此。今之大臣世司台鼎。身佩安危。如漢之韋平。不足多。進荀
能思乾淳之所以致理。而接為成法。思嘉定之所以更化而不替。切
心。杜群枉之門。使無一隙之可投。闢衆正之路。使無一方之或壅。公
論所予。從而予之。不以其疏而遂棄。公論所奪。從而奪之。不以其親
而遂止。廉以勵俗。貪者可使之廉。正以率人。邪者可使之正。天下共
由於大公至正之途。氣和則形和。形和則聲和。聲和則天地之和亦
從而應矣。是之謂肅朝政。君德修於內。朝政肅於外。嘆息愁恨之聲
既息。陰陽乖異之變不消。臣未之信也。故曰。所以回天意者亦當在
君相。雖然臣猶有言焉。有一時之慮。有萬世之慮。慮及一時者。事之
已然。而指陳其迹。慮及萬世者。事之未然。而逆探其理者也。蓋惟辟
作威。惟辟作福。正也。權在天子而宰相輔贊彌縫焉。正之正也。二帝
之所以帝。三王之所以王是也。百官總已以聽冢宰。權也。權在宰相
而天子垂拱仰成焉。正之變也。伊尹之於商。姬旦之於周。霍光之於
漢是也。權不在天子。不在宰相。而或流於女寵。或流於宦寺。變之變
也。漢唐之季世是也。陛下春秋鼎盛。正親攬萬機之時。大臣功業光
明皆不[illegible]王室之日。聖賢相逢。固無他慮。哲婦有長舌為厲之階。識
者殆[illegible]惟其進而不已。則並后匹嫡之事見矣。又進而不已。則
斜封[illegible]進而不已。則姦佞回邪之小人倚勢作威[illegible]根
[illegible]節[illegible]可勝窮矣。坤之初六。一陰始生之卦也。而曰[illegible]

霜堅冰至。事雖未然。而理有必然。聖人憂夫辨之不早辨如此。陛下
以直求言。臣不敢不以直對。對以直言。臣之職也。罪以直言。亦臣之
分也。惟陛下與大臣熟圖之。臣不勝惓惓。
鎮江府通判蔣重珍以火災應詔上言曰。臣頃進本心外物界限之說。
蓋欲陛下親攬大柄。不退託於人。盡破恩私。求無愧於己。儻以富貴
之私視之。一言一動。不忘其私。則是以天下生靈社稷宗廟之事為
輕。而以一身富貴之所從來為重。不惟上負天命。以先帝聖母至于
公卿百執事之所以望陛下者。亦不如此也。昔周勃今日擁璽授文
帝。是夜即以宋昌領南北軍。霍光今年定策立宣帝。而明年稽首歸
政。今臨御八年。未聞有所作為。進退人才。興廢政事。天下皆曰此丞
相意。一時恩怨。雖歸廟堂。異日治亂。實在陛下。焉有為天之子。為人
之主。而自朝廷達於天下。皆言相而不言君哉。天之所以火宗廟。火
都城者。殆以此。臣所以痛心者。九廟至重。事如生存。而徼小塗大。不
防於火之未至。宰相之居華屋廣袤。而焦頭爛額。獨全於火之未然。
亦是以見人心陷溺。知有權勢。不知有君父矣。他有變故。何所倚仗。
陛下自視不亦孤乎。昔史浩兩入相。才五月或九月。即罷。孝宗之報
功寧有窮已。顧如此其亟何哉。保全功臣之道。可厚以富貴。不可久
以權也。
著作郎吳泳上奏曰。京城之災。京城之所見也。四方有敗。陛下亦得
而見之乎。夫慘莫慘於兵也。而連年不戢。則甚於火矣。酷莫酷於吏
也。而頻歲橫征。則猛於火矣。閩之民困於盜。浙之民困於水。蜀之民
困於兵。橫斂之原既不澄於上。苞苴之根又不絕於下。譬彼壞木。疾
用無枝。而內涸之形見矣。
衛涇論火災疏曰。臣仰惟陛下[illegible]畏天命。夙夜祗懼。[illegible]者火失其性

京邑屢蕃。聖德消弭。薦歲寧謐。郡民奠居。上下相慶。延者遊炎復變。
上驚東朝。陛下貢躬避殿減膳徹樂。不違寧處。即日恭請太皇太后
歸奉內庭。昏晨定省。日便娛養。不惟見陛下過當修省之意。又因事
以昭明陛下篤孝之誠。益固太皇康寧之福。真足以上當天心。下慰
人望。恭惟國家以火德王天下。火得其性則不為災。謹按春秋傳曰。
凡災。人火曰火。天火曰災。故春秋書火者一。書災者十有一。皆紀異
以書變也。竊見癸丑火作之夕。先有震雷。各起不測。豈非災變之大
乎。夫當異者。上天所以仁愛人君而警戒之也。昔楚莊王以天不見
妖為懼。古人不以遇災而有諱。常以因變而知戒。臣愚欲望陛下睹
天變之不虛。益思修省恐懼之。幾至者。以答上天仁愛之意。勿以目
前隨宜區處為足以應變。勿以旬日貶損儀度為足以盡誠。方今四
陽用事。懲陰苦寒。霖潦為沴。飛雹屢作。繁霜未止。無非天戒之可警

可懼者也。惟聖心每以弭當銷變為念。於一身之起居必致其肅。於
宮闈之奉益思其未備。於宗廟之禮益盡其當敬。謹察政令之偏。廣
訪水旱之病。清獄訟淹枉之失。戒郡邑掊尅之害。凡可以致災咎者
無一而不加戒懼。如此則天變可銷而乖沴可轉為和平之福矣。臣
不勝惓惓之忠。
澄又進故事曰。天聖五年秋七月。趙州言蝗自邢州南來。纔二頃餘。
不食苗。上謂輔臣曰。但慮州郡所奏不實。爾其遣官按視。速捕瘞以
聞。
臣聞天災流行。國家代有。或因災修政而轉為天下之福。或諱災
玩變而遂貽斯民之害。蓋寅畏警懼者以災孽為譴。而每以民瘼
為憂。則上下勤恤而民被其仁矣。寅安縱弛。君姑務於掩覆。臣相
從於諛悅。則有變莫省而民無所愬矣。此休咎之異。治亂之所從

分也。是故唐太宗貞觀初年。自丁蝗適歲米斗三錢。以其不諱災而
勤於恤民也。漢武帝元光五年秋蝗。太初元年夏蝗。而卒致海內
虛耗。以其遇災不懼而不知恤民也。仰惟仁宗皇帝畏天出於誠
心。愛民形於實政。方旱蝗之變。不以不害苗稼為幸。而深以州郡
所奏不實為憂。大哉王言。恐懼修省。憂勤惻怛。可謂兩盡矣。夫人
君之患莫大乎惡聞災異而不欲聞。人臣之患莫大乎蔽災異而不
以聞。飛蝗之沴。害民之尤者也。寧言傷稼而忽銷變之道。豈可謂
不食苗而忘憂民之心乎。然人之常情恐懼於一時者或怠忽於
悠久。自古賢主猶不免。惟我仁宗畏天愛民。終始如一。異時因飛
蝗為孽。責躬引過。祈于天地宗廟。求命殃及萬方。而蔡襄為諫官。
極論旱蝗之變。以謂邊陲守禦。戰爭之苦。兵冗財竭。賦斂暴興。生
民膏血殫取無極。是致災異頻數。夫君臣上下恐懼凜凜如此。此其

上銷天變。內結人心。外弭邊患。所以基四十二年之治歟。側聞孝
宗皇帝乾道元年。淮南漕臣姚岳言蝗自淮北飛渡。皆抱草木自
死。仍封死蝗以進。詔鐫秩罷斥。以為佞邪之戒。仰見祖宗寅畏天
變。杜絕諛諂。前後若合符節。家法相承。垂裕萬世。臣又觀隆興初
蝗蟲為災。孝宗謂史臣胡銓曰。朕逐日禱天。蝗蟲遂滅。安可不至
誠。銓奏曰。陛下行之不息。豈特滅蝗。虜亦不足慮。嗚呼。銷變格天
之道。端在乎此。銓又能推廣聖意。及於敵國外患。昔益言於舜曰。
惟德動天。無遠弗屆。銓之言近於是矣。臣愚惓惓願今日常以斯
言為警。則弭災致祥。寧內服外。皆自一念推之耳。
澄又應詔上奏曰。臣一介疏遠。去歲十月。蒙因輪對。獲望清光。三劄
所陳。竊謂陛下踐祚以來。天意順從。兩暘時若。無一歲不登。年穀豐登
天之所以愛陛下者既至。則所以望陛下者亦至。而玩其所愛。不自

省循則天心之愛或有時不可恃而譴咎傷敗之來未必不基於此
願陛下以無災為懼飭躬厲行增修聖德垂神政事以答天眷陛下
過聽首肯拜三叹堯舜文王皆大聖人猶兢兢業業小心翼翼至論
仁皇敬天著洪範政鑒則陛下又曰此書參人事而言朕常置之座
右退而誦歎陛下此心實堯舜文王之用心是宜休祥之應日臻災
異無繇而至今者建寅之月震雷非時雨雹交作繼以大雪災變甚
鉅咎證非虛由古及今所聞見春秋隱公九年三月癸酉大雨震
電庚辰大雨雪晉愍帝建興元年十一月己巳大雨雹震電庚午大
雪然自庚辰至癸酉相距八日之遠而雪作於仲冬亦足深怪嘗未
有當此之時雷電雹雪繼作於一夕之頃者也雖災異之出足見天
心愛君之仁而天人之際必有感召相因之理陛下睹變思懼亟降
明旨訪求時政之闕失臣雖愚陋固嘗先事而言矧咨詢下逮安敢

知而不言言而不盡已負陛下虛懷納忠之意乎臣聞應天以實不
以文動民以行不以言成湯禱旱以六事自責宣王遇災側身而脩
行古之聖王必先引咎於己不欲歸過於人蓋將應乎天而動乎民
固當求其實而篤其行也今陛下嚴恭寅畏克謹天戒恐懼修省不
遑寧視成湯宣王無間然矣臣誠不自揆請得一二條陳之幸陛
下不以臣之愚而廢其言臣聞自古人主患不容受陛下每於臣僚
奏對言雖訐直必務優容可謂有容受之量然受言之名甚美用言
之效蔑聞毋乃聽納雖廣誠意不加說而終違面從而心拒軒陛
之前應酬酢若有契於淵衷進對之臣亦自以為得上意退朝
之職寂不見於施行蓋有宣泄於小人而遂罹中傷者矣潛沮士氣
除是諛首甚於此言路尚壅此闕政一也臣聞自古人主患好自
[illegible]一[illegible]事[illegible]陛[illegible]可謂無自用之失然鯁亮之士[illegible]合諂

諛之徒易親豈非信任未明好惡易惑歟亮者未必非忠也而終惡
其忤己諂諛者無非為佞也而終喜其順己於是特立獨行則浸見
疏斥而偷合苟容則次第進用矣沮壞忠善傷敗風俗端在乎是人
材未振此闕政二也臣聞帝王以勤儉為德而不可以位為樂以聲
色娛其耳目使日新月盛無暇更及他事蓋仇士良蠱其君之至計
也臣進言及此陛下無不灼知竊聞萬機之餘宮中燕飲太頻聲樂
競進六宮之奉非不備也而優伶雜戲之容市井詼諧之戲同被宣
召雜陳于前道路所傳未足深信然所以致謗必有由也至於近習
之親嬪戚之貴尤宜進見以時交接以禮然後恩義兩盡名分素嚴
僮若數陪宴侍深入禁掖臣恐獻諂之餘浮費必廣奢靡之風積習
必行可不防其漸乎燕飲未節此闕政三也臣聞府庫金帛皆生民
之膏血州縣之吏鞭撻其丁壯凌鑠其老弱銖銖寸寸而誅之無

聊生之民矣陛下勤恤隱憂以民貧為念竊聞上方賜予太多用
度浸廣緡錢之予適於貴近金帶之賜逮於微賤優伶之徒鮮衣靡
服猗徉于通衢見者駭目假以犒軍之名移用封樁之積臣僚執奏僅
存臺奏聞者不能無疑也至於詞辟右家土木競興奮耗無藝官府
廢誅求之苦閭巷有愁歎之聲臣恐軍怨民窮其來已久緩急之際
卒成禍階可不慮其微乎賜予無度此闕政四也臣聞國以紀綱為本
臺諫給舍所以寄紀綱之地命令之頒爵賞之施雖出於人主行於
朝廷而給舍得以駁正臺諫得以論列是非可否一言而定夫是以
姦邪知所凜畏而國體由此尊嚴令也侍從擢非其人節鉞畀非其
功給舍駁正臺諫論列固其職也而違章累疏則沮格不行備禮辭
去則眷留甚力夫以其宣勞而陞之待遇未為甚過而其降詔而罷
之節鉞猶可諉也然祖宗愛護綱紀曷示聽從寧厚於所當畏而[illegible]

仲言者之氣。蓋國體所繫。而於勢亦順也。然則紀綱浸壞。國體漸輕。而姦邪生心矣。紀綱不立。此闕政五也。臣聞爵祿人主之操柄。而名器不可以假人。必愛惜謹重。不輕於所予。然後足以厲世而磨鈍。興事而勸功。今也正任之留務去御戚一等。戚里緣恩而援遷領之刺州。在武列為寵榮。工胥決而得一留務。一遷刺。若非所甚惜也。然成憲既棄。倖門方闢。群小爭趍。攀援伺隙。不能塞其源。而何以遏其流乎。平居罔功。茍爵厚祿。一旦有事。能效尺寸。將何官以賞之乎。唐以官爵賞功。將軍告身。纔易一醉。其極必至於是。名器浸輕。此闕政六也。臣聞人君即位。必有攀附之舊。一時遭遇。無不萌覬寵希榮之心。然其識見至卑。才品至下。待之恩厚可也。祿之優閑可也。至於議政事論人物。則當與天下之材共之。陛下初政。有二三左右恃恩妄作。自以為參陪密論。薦進人材。寡廉鮮恥之徒。趍而附之。賴陛下旣斷。即從罷斥。其尚存者。宣對頻數。出入無時。採訪寧免於讒邪。議論豈無於憎愛。近日蹤跡。頗已彰聞。夫外廷之臣。皆陛下所選擇。豈盡不可親信。奚必寄腹心於此曹乎。豈其幸陛下之未覺寤而為此鼠竊之計乎。誠恐潛弄威福。養成姦蠹。彼倖漸肆。此闕政七也。臣聞古之人君待臣下以禮。而責臣下亦重。惟其待以禮而後可以責之重。傳所謂上設禮義廉恥以遇其臣。而臣以節行報其上也。國朝體貌大臣。尤為優厚。不以其有罪而廢禮也。間者大臣去位。一章而罷。如棄土梗。借曰是讒之言不得不從。則前日之抗言極論。列名奏疏。何遽之以宣諭而果於拒人也。從臣之丐去。姑曰不允。而與祠之命忽從中下。雖罷以峻職。而恩意則甚薄矣。何以厲臣節而示衆庶乎。近者一二職事官之補外。悉以御筆。莫測其故。夫出處。士大夫之所重也。賢者曖昧而莫辨。不肖者徼倖而茍免。又何以養廉恥而示懲勸乎。

遇臣不以禮而黜陟失明。此闕政八也。臣聞逆虜之讎。在所必復。讎埸之事。終於不免。顧有遲有速耳。事不素備。何以應猝。陛下與二三大臣。再歲于茲。從容論道。亦嘗講明之乎。守禦之方。孰緩孰急。攻取之路。孰先孰後。亦有成謨定筭矣乎。至於將帥之臣。尤當儲蓄。雖武事非嘗試而後見。而才否亦或可以預知。何者。書文武綏懷之道。何者有沈雄瓌卲之略。亦可披擇而收致之乎。儻有一警而起之閑散之中者。非貪殘無行。即誕謾不實之流。其人果孰可倚仗乎。安有猝義不信於平時。而臨事能以使人。昔荊襄維揚皆號重鎮。歲屬有才素無望實。居是任者。果能當一面乎。邊防之無備。而將帥之材。此闕政九也。凡此九者。臣固已條陳於前。雖致災不專在是。而皆今日之所當慮也。抑臣猶有疑焉。陛下降旨求言。止於館職路。誠未廣。意者陛下急聞闕失。故必自近始。而人之欲進言者。固無擇於疎賤也。側聞近有布衣言事不實。勅令編置。已而聽讀。臣實疎遠。不知其人何如。所言何事。此命之出。識為未安。使其有求於我。欲加之罪。猶有辭也。一介草茅。奮不顧身。言涉過當。原其用心。亦欲效誠於君上耳。設居無事之時。尚可置而不問。適茲災異之見。正宜博通下情。今求言之旨方行。罪言之命繼出。衆聽駭愕。物情謂何。竊議陛下以是警言者。而非以勸言者也。夫罪一狂士。本不足深惜。因一士而厲損求言之美意。狂士反以得名。乃為陛下惜耳。若曰已從輕典。則均為加罪。又將益繆。儻陛下翻然悔悟。亟從寬赦。則疑謗不辯而自解矣。何憚而不亟行之哉。此理曉然。亮聖明之所易察者也。臣是以始終為陛下詳言之。若夫五行之說。臣雖未嘗深究。然據經義而論。則雷陽也。雪陰也。陽氣方升而陰制之。此雪所以降也。以象類而求。則君也。夫也。君子也。中國也。皆陽也。臣也。婦也。小人也。夷狄也。皆陰也。臣迫於君。婦陵於夫。小人害君子。夷狄謀中國。皆陰勝陽之證也。有一于此。臣願陛下熟之。復之。止之。絕之。制治於未亂。防患於未然。如前所陳。其切於聖躬者。臣願陛下省之於心。反之於身。勿憚其失。必易其度。其關於臣下者。臣願陛下詢之僉謀。斷之國人。務協于中。同歸于治。凡所建置。凡所施行。必上當於天意。下合於人心。人心悅而天意解。豈惟消弭災咎。亦將轉禍為祥。可以保和平之福。可以興太平之業。可以永祖宗無疆之慶矣。臣不勝拳拳憂國愛君之誠。冒犯天威。無所逃罪。惟陛下財擇。

嘉定二年。秘書郎真德秀上奏曰。臣寒遠書生。至愚極陋。去夏四月。嘗因面對。冒貢瞽言。陛下不以為狂。俯賜嘉納。今者又獲進瞻天光。不以此時罄竭愚忠。裨萬分一。臣實有辜。臣聞董仲舒有言曰。國家將有失道之敗。天迺先出災害以譴告之。不自知省。又出怪異以警懼之。尚不知變。而傷敗迺至。以此見天心之仁愛人君而欲止其亂也。竊惟漢儒之言天。未有深切著明如仲舒者。臣濫綴館職。獲觀太史所由。適日以來。災眚荐至。兩旬之間。暴風再起。三月丙申。都城雨雹。越八日癸卯。熒惑失次。行入太微。干犯執法。己酉之夕。留守掖門。譴告丁寧。可謂至矣。而蝗蝻餘孽。寖寖復生。陛下恭儉慈仁。對越無愧。而和氣未應。咎證端臻。臣愚無知。未測其故。意者上天仁愛。昭示戒儆。欲使陛下君臣之間。思先格王所以正厥事者乎。臣敢條上四說。惟陛下財幸。一曰親正人。臣謹按漢初元二年正月。暴風從西南來。翼奉以為左右邪臣之驗。延光二年三月。大風拔木。史臣以為觀讒曲直不分之應。今陛下登崇耆哲。褒顯忠良。所謂讒邪者。[illegible]此瑤然臣竊聽衆論。或謂正人雖進用。而委任未盡專。小人雖退斥。而倖[illegible]忠而實則喜佞。故諫爭之臣尚扼於疑似之說。[illegible]仰。

此災異所緣而起也。臣願陛下親近端良。優容切直。知賢而任之。則勿貳。知邪而去之。則勿疑。然後政治可興。而天心可假矣。二曰抑近倖。臣聞之傳曰。陰氣之精。凝而為雹。故劉向以為陰脅陽之證。孔季彥以為陰乘陽之證。考諸前代。凡妾婦乘其夫。臣子倍君父。政權在臣下。夷狄侵中國。皆其事也。求之今日。固亡此患。然臣竊觀近者一二詔旨。或從中出。廷尉之官。不得守法。環列之職。驟畀非人。更化之朝。詎所宜有。意者左右近習之私。甘言悲黠之請。未能以盡絕之乎。夫陰邪之類。長則陽剛之道缺。致異之原。其或在是。臣願陛下遵仁祖之規。責大臣以杜衍之事。深遏私情。大融公道。以潛消陰盛之證。則升平可致矣。三曰除壅蔽。臣謹按漢天文志。熒惑南方為禮為視。禮虧視失。則罰見之。又大微天廷。熒惑守之。為亂臣在廷之象。陛下恭畏自將。動循典法。固無一不合乎禮矣。若夫萬事幾微。或未盡察。群情邪正。或未盡知。故上天因之以示戒乎。占視之不明。是謂不哲。洪範五事之證。昭然可攷。臣願陛下體重離之照。炳獨斷之明。察事幾於兆朕之先。燭物情於隱伏之際。使姦邪不能壅蔽。則火得其性而災害熄矣。四曰恤貧殘。臣觀春秋桓公五年秋螽。說者謂貪虐取民之所致。漢光和元年蝗。蔡邕謂貪虐之所致。冀為權豪富[illegible]能賂日章。州郡監司。掊克取媚。愁苦之氣。干盭陰陽。餘毒遺殃。迨今未歇。比者固嘗遴監司之選。重贓吏之罰。而守令貪殘者尚多。苞苴饋遺者未戢。臣願陛下明詔大臣。推行臧否之令。申嚴賄賂之禁。俾斃民瘵可蘇。而天變可弭也。昔者成王悔過。天雨反風。景公一言。熒惑退舍。宣帝因雨雹而躬親萬機。太宗因旱蝗而亟施仁政。致治之效。于今可觀。陛下誠能側身悄省於其上。大臣誠能同心燮理於其下。則興異而祥。反掌間耳。抑臣復有獻焉。夫天人一理。感通無間。風雷舒慘則天心應之。三數年來，生靈窮困，可謂極矣。淮民流離死者什九。
僅存者饘粥弗給。既甕者無所蓋藏。陛下軫恤之仁無往不至，而有
司奉行未得其術。江淮之間以人為種者猶自若也。欲望災沴之銷
其可得乎。側聞兩淮蹂躪之餘，種麥亡幾，誠恐風傳過實，或誤宸聽。
謂麥熟為可待，而不復廣為振救之策。又聞廣南數州，粒米狼戾。臣
願斥內帑封樁之儲，及今收糴，以濟貴飢，是亦振救之一端也。方今
元元之命寄於陛下，倒垂之急近在目前，幸哀憐而亟救之，庶幾人
心可回，則天意自解。不然則愁歎日滋，變異日熾，臣未知其所終也。
意切言狂，罪當萬死。
三年，德秀因輪對上奏曰：臣恭惟陛下天資高明，克自抑畏，檢身約
已，敬天愛民，有前代帝王所不及者，固宜至和之嬌塞穹壤，而歲比
旱蝗，民以病告，喁喁之望，日俟有秋。乃仲夏以來，常陰為沴，淫雨連

亘。閏月彌旬，間嘗開霽，旋復霧霔，湖水暴漲，溢入都城。細民失業，粒
米翔貴。近畿州縣被災者廣，或頹城郭，或泛官寺，毀廬舍，溺人民，決壞
堤防，渰浸田畝。平疇沃壤，浩如濤波，是非小變也。陛下亦嘗察其故
乎。蓋自柄臣擅政，導諛成風，更化以還，餘習未殄。旱暵酷矣，或謂其
不傷農；螟蝗熾矣，或謂其不傷稼。元元愁苦之狀，有閭巷知之而士
大夫不知者，士大夫知之而廟堂不知者。況陛下深居九重，其能盡
知之乎。下情不通，民隱莫訴，故作淫雨，京畿尤甚，將以感悟宸衷，亟
圖惟新之政。天心仁愛，蓋可見矣。陛下惕然祗懼，禱祠駢卿，細大畢
舉。休徵潛格，雲陰洞開。臣愚竊慮陛下狃於目前之應，不復推原致
異之繇。天意靡常，尤足深懼。臣謹按春秋莊公十一年，宋大水，董仲
舒以為陰盛之所致。嘉祐水災，歐陽脩上疏曰：水，陰也。兵亦陰也。循
之言蓋謂[illegible]惟其類言之，則宮庭嚴密之地，不若[illegible]之私

陰也。內而姦邪小人，外而夷狄盜賊，亦陰也。人君秉至陽之德以御眾
陰，故主道宣明，則陽暢陰伏，各由其序，而弗為災。否則陰盛而忤陽，
咎徵之來，未有不緣類而著見者。天人相與之際，甚可畏也。陛下聖
性澹然，固無便嬖女謁之累。然除授命令，間煩特旨，實緣請託，侵蠹
成憲，尚或有之。倖門既開，奔湊日熾，豈所以杜幾微而窒萌漸乎。此
陰沴所為而作也。更化之初，分別淑慝，國論嘗一定矣。衆正在廷，元
氣充實，姦邪之黨屏跡斂形。一二年來，後出者多引去，相踵甚而二三
近臣之進退，倉猝遑遽，或不知所從來，於是善良之士寢不自安，而
窺伺者益衆矣。朝廷紀綱寄於給舍，維持法守，政所當然。闒諛道途，
顧猶有不得職者。紀綱一廢，何事不生。臣恐憸人非類，浸淫乎動心
矣。此陰沴所為而作也。戎翟更成，既難遽恃。弄兵之徒，日益披猖。彼
其嘯聚之始，非有跳梁不可制之勢也。使陛下帥守得人，監司得人，撫

其焰於未張，一巡尉力耳。奈何擁兵之帥或萌玩寇之心，分土之臣各
啓倖功之念，養成癰疽，馴致決潰，乃始草薙而禽獮之。豈有斃千
萬人於干戈而天不為之變者哉。若其納降，曲意招誘，不知稽慮，
食重適啓姦心。二者蓋胥失矣。寇虐肆行，流毒甚慘，囂囂之衆，靡辜
于天。此又陰沴所為而作也。抑臣聞之，勞於夏者其秋必旱。陰盛之
極，陽必生焉。漢儒之言，蓋有深指。今輦下之田既厄於水，設不幸七
八月之間，雨弗時至，高田之稼復壞于成，飢饉相仍，愁歎滋甚，豈獨
峒丁道卒能為患哉。此者三衢之事，蓋可鑒已。陛下誠能念災變之
可畏，思君道之當修，秉持乾剛，法象天德，闢公正之路，窒邪枉之蹊，
使裹謁不干于朝，外言不納諸梱，以絕近倖僥權之端，尊信仁賢，容
之忠讜，使正人端士得以行其志，不[illegible]邪佞不得售其私，以[illegible]
[illegible]長之漸。淮甸創殘之餘，遴柬良吏，寄以赤子之命，招輯流民，[illegible]

俾奠居收瘞遺骸。务令暴露。江湖之間寇攘方熾。申敕帥守戮力同心。仍遣王人。銜命督護整齊師律。激勵士心。以捍群盜方張之鋒。則積陰之沴庶乎其可銷。方來之患庶乎其可弭也。易之初六曰。履霜堅冰至。古之聖人於陰之將盛。不忘戒謹如此。今災異頻仍。證應甚著。陛下可不亟加聖心乎。臣以疏庸備數文館。睿恩拔擢。俾講禁林。惓惓愚忠。冀吐露久矣。幸因進對。敢竭罄芻蕘之愚。意切言狂。惟陛下裁赦。

四年。德秀為著作佐郎上奏曰。臣聞知父母之心者。可以知天心。知人君之道者。可以知天道。蓋父母之於子也。鞠育而遂字之。仁也。繳朴而教戒之。亦仁也。君之於臣也。爵賞以懋勸之。仁也。刑罰以聳厲之。亦仁也。天佑民而作之君。其愛之深。望之切。無異親之於子。君之於臣也。故君德無媿。則天為之喜。祥瑞生焉。君德有闕。則天示之譴。而災異形焉。災祥雖殊。所以勉其為善一也。天之愛君如此。為人君者其可不以天之心為心乎。臣伏觀近歲以來。旱蝗頻仍。饑饉相躡。陛下嚴恭寅畏。不敢荒寧。憂閔元元。形於玉色。上天降康。遂以有年。亦足以觀感格之效矣。而比者乾度告愆。星文示異。翅疊見於清臺之奏。謂陛下躬行之未至與。則豐穰之應。是何而致之。謂陛下躬行之已至與。則象緯之災。又何為而數見也。天道幽遠。人所難知。臣竊思之。意者皇天佑宋之心。欲陛下不以積年之憂為易忘。而以目前之喜為僅足。其愛之深。望之切。為何如耶。夫宮庭屋漏之邃。起居動作之微。一念方萌。天已洞見。陛下誠能守兢業之志。防慢易之私。舉學服行。晏省毋怠。則將不待善言之三。而有退舍之感矣。况今年雖告稔。民食僅充。然薦饑之餘。公私亦匱。如人久疾。甫獲瘳而血氣未平。筋力猶憊。纖斂挾傷。正須加意。朝廷之上。未可遽忘辛卯之念也。

恭聞間者內庭屢蠲燕事。固足以見陛下畏天之誠。然而修德行政者本也。禱禳祈請者末也。舉其末而遺其本。恐終不足以格天。矧今冬令已深。將雪復止。和氣尚鬱。嘉應未臻。此漢人所謂天有憂結未解。民有怨望未塞者也。臣愚不佞。伏望陛下體昊穹仁愛之意。思星文變動之繇。延訪近臣。勤求闕失。推行惠政。以活斯民。則愁歎銷於下而休證格於上矣。詩曰。敬之敬之。天維顯思。命不易哉。惟陛下留神毋忽。

五年。德秀為軍器少監上奏曰。臣比者恭覩御筆。以太廟因雷雨之後。鴟吻損動。明詔有司。避殿減膳。有以見陛下寅畏祇懼之心。然臣博觀六經載籍之傳。下及秦漢以來史傳所志。自非甚無道之世。未聞震霆之警及於宗廟者。魯之展氏。人臣耳。己卯之異。春秋猶謹書之。蓋雷霆者上天至怒之威。宗廟者國家至嚴之地。以至怒之威而加諸至嚴之地。其為可畏也明矣。古先哲王遇非常之變。異則必應之以非常之德政。未嘗僅舉故事而已。今自避正朝。損常膳之外。咸亡聞焉。或者固已妄議陛下務為應天之文。而不究其實矣。況禮文所存。又有可議者乎。且震霆之作。孟秋之癸丑也。越旬有四日而恐懼修省之詔始頒。避殿減膳之舉。孟秋之丁卯也。甫二日。群臣祈請之章已上。夫以蹈故循常之文。非甚難舉者。然猶歷旬浹而後行。甫信宿而遽已。何其自責之約。而自恕之多乎。陛下節儉之誠。出於天性。其在平日。尚不以卑宮菲食為難。況於畏威省咎之餘乎。舒徐之何所不可。而匆匆若是。借曰禮文之末。非所以格天。然文之不存。實於何有。今也誠意弗加。動皆勉強。苟塞己責。徒務外觀。以此動人猶且不可。而況於天乎。邇者孟秋之朔。流星示異。其占為兵憂。而上下恬然若不之聞。故相距才旬日。而震霆之變作。天示之以星象之飛流亦云切矣。而陛下不知戒。於是警之以震雷。又加切焉。天於我國家欲扶持而全安之。其心至惓惓也。書曰。惟先格王正厥事。臣願陛下內揆之一身。外察諸庶政。勉進君德。毋以燕安養逸為心。博通下情。深求致異召和之本。庶幾善祥日應。咎徵日銷。惟天惟祖宗所以望陛下者寔在此。臣不勝憂君勤拳之心。

八年。知潼川府劉光祖上奏曰。臣伏覩手詔旨揮。以閔雨久而未應。聖心焦勞。凡是寬恩徧及中外。至於責躬省過。避殿減膳。御筆諄切。敷求讜言。悉許臣民指陳闕失。主憂如此。臣子何敢自安。臣自去國以來。偏因語言文字之間。自貽罪戾。其後蒙恩起廢。漸加擢用。以至付之藩閫。列之侍從。日思報稱。凡諸在外職事。不敢不竭愚忠。其所建明。悉荷開納。獨不敢妄論朝廷政事。不惟年衰昏塞。聞事不審。出位而言。且有沽譽干進之嫌。伏覩今日之詔。至切至深。為人臣者。豈

當避此而隱嘿。臣竊意天久不雨。陛下之所以求雨者無不至矣。特未思所以獲譴之由耳。陛下之所以獲譴於天者。女真乃吾不共戴天之讎。天亡此虜。遂死汴京。而陛下為天之子。略不思所以圖之。是之謂天與不取。天與不取。是之謂弃天。未有為天之子弃天而天不我怒者也。臣非勸陛下輕舉而妄動也。臣之區區。不過欲陛下因其來徙汴京。謝絕和好。謹守邊備而已。山東山西本相結集。欲共起而滅之者。陛下胡不因而用之乎。乃聞青齊蘭會。求通不納。陛下何惜尺一之札。就以付之。藉令事成。疆土為彼之有。其號名猶戴宋也。不猶愈於使犬羊氈裘獵取而有之耶。臣初得諸傳聞。未敢輕信。而臣寮文字。依奏報行。有所謂黠虜垂亡。中原雲擾。豪傑求附。視吾國勢之強弱。以為進退。邊事方殷。義士鱗集。日夕思奮。視吾上意之激昂以為盛衰。觀此言也。則是所傳聞者皆有之矣。而朝廷方且遲疑畏綰。沮豪傑之心。抑義士之氣。坐視赤子塗炭而不之救。且陛下為中國衣冠之主。人歸我而我絕之。是之謂弃人。未有為中國衣冠之主弃人。而人不怨者也。天怒人怨。災咎之生也固宜。而又有理之必然而事之易見者。列聖在天之靈。豈不眷其故都。二帝蒙塵之恥。豈不懷其叢憤。今也虜據其巢穴而汙我汴京。思之而切齒可也。痛之而嘗膽可也。因其危而圖焉可也。尚復與之通使。使吾使人拜虜于祖宗昔日朝會之庭。可乎。獨不念汴京者。二后執摯之地。乃百世不可忘之深仇。今而忍忘之乎。人非木石。身履其地。能不為之寒心乎。彼虜居之無一日寧。而我猶講好如昔。祖宗之所望於陛下者。必不如此也。陛下為人子孫。而忘祖宗之憤。貽怒遺職。此之由。不然。以陛下在御日久。未嘗失德。畏天愛民。而敬祖宗。莫如陛下。平時無禱不獲。今乃不然。何哉。陛下試思今日之闕失。蓋無大於遣使也。今日之

責躬。宜無先於遣使也。臣故不敢以他事應詔。而直吐其狂愚。陛下不可以未雨而懼。既雨而忽也。天人祖宗當畏而不畏。敗亡殘虜不當畏而畏之。臣不知其說也。抑臣又有一事懷之七八年而不發。懷請併言之。憲聖慈烈皇后之大忌。十一月三日也。權臣侂胄。專君無上。蔑不以聞。徒云郊祀國之大事。遂誤陛下不得過宮問疾。安否無自而知。其時禮部侍郎楊輔討論典故。入劄子於廟堂。乞改卜郊。而宰臣京鏜阿附權臣。只欲苟遂其事。從臣中又有恐喝群臣使不得言者。已而郊壇示警。暴風異常。猶曰禮成。乃赴慈福宮聽遺誥。至今以初六日為大忌也。且憲聖慈烈。乃陛下之曾祖母。克相高宗。艱關弃遺。天報之以遐齡。而侂胄乃敢以陛下之曾祖母有大勳烈。有壽考。視之如卑喪而遷就。可不慎乎。可不痛乎。壽成。陛下之祖母也。其時猶且輕蔑而不敢言。此事天人共憤。獨陛下不知之耳。後十年。

尸賊臣於玉津園門夾道者三日。其事尤異。太皇太后上仙。以慶元五年十一月三日。賊臣之誅。則開禧三年。亦以十一月三日。而玉津園者。慈福園子也。園門乃南郊大路之側。豈非天誅之。慈聖慈烈誅之赫然而可驗者乎。臣在遠方。聞賊臣就戮。以為改正大忌。乃更化第一事。不知何所疑憚。而七八年間無人及此。伏料陛下深居淵默。左右不以告。無緣知之。臣因陛下使人指陳闕失。因遂僭言及焉。乃臣衷所鬱蓄于中者。陛下不聞則已。既聞之。當即日諭大臣付禮官告謝宗廟。改從本日。特一反掌耳。又何難乎。日月之食。人皆見之。及其更也。人皆仰之。臣將草奏。筮之於易。得風雷益。君子以見善則遷。有過則改。亦是以衆陳大義告陛下而不疑。伏惟聖慈財幸。

著作郎趙崇鼎因間西上奏曰。今日有更化之名。無更化之實。人才國之元氣。而忠鯁憤慶之言。死者未盡省錄。存者未悉褒揚。言論國之風采。其間輸忠亡隱。有所規益者。豈惟奬激弗加。蓋亦罕見施用。媮安取容無所建明者。豈惟黜罰弗及。或乃遷階通顯。至若勉聖學以廣聰明。敎儲貳以固根本。戒宰輔大臣同寅盡瘁以濟艱難。責侍從臺諫忠職盡規以宣壅蔽。防左右近習竊弄之漸。察姦憸餘黨窺伺之萌。皆懇懇為上言之。

災祥

宋寧宗嘉定十年。袁燮上奏曰。臣恭聞紹熙二年仲春月朔。疾雷震驚。繼以大雪。光宗皇帝惕然祗懼。越六日。詔侍從臺諫兩省郎官館職。各條具朝政闕失以聞。一時忠臣良士。獻言者甚衆。當世急務。莫不上達。可謂有應天之實矣。咎徵雖形。乃本自內。姦究不作。疆埸不聳。豈非變災為祥之明驗歟。今陛下寬仁恭儉。不敢荒寧。畏天之心亦已篤矣。迺正月二十四日。氣令甚燠。及夜過半。天大雷電發於都邑。二十六日。霰集不止。通夕飛雪。積於平地。久而後消。夫雷乃發聲蟄虫啓戶。著于月令之仲春。今先期而發。已非其時矣。雷陽也。中國亦陽也。雪陰也。夷狄亦陰也。當春而雷。未為害也。而作於雷震之餘陽已發舒。而陰忽用事。不宜積而積。陰盛而陽微。有夷狄侵侮中國之象。豈小故哉。蓋自殘虜竄伏汴都。陛下不忍遽絕。仍與通好。群盜之歸附者拒而不納。流民之逃死者卻而不受。故此曹皆惟我是怨。而殘虜遂以我為怯。糾合群怨。致死于我。侵犯王略。無時無之。陛下履至尊之位。而見輕於垂亡之虜。辱莫大焉。其可以不自奮發乎。虞書曰。元首起哉。起者奮發之謂也。元首奮發。則國人莫不奮發矣。深懲既往之失。圖回日新之功。恢張紀綱。振起頹惰。以伸中國之威。以破夷狄之膽。此所謂奮發也。臣不暇遠引。姑以近代之事明之。逆亮之犯淮也。兵力甚強。自謂長江一葦可渡。我高宗皇帝曾不少懾。下詔親征。數奏其勇而益內修政事。王繼先以醫術之精。罕見其比。所以保衛聖躬者也。臺諫力排其姦而籍其家。貴劉婕妤寵冠後庭。中外所知也。一言欵解縱先。則斥之不旋踵。張去為閹官之長。驕恣久矣。亦以臺諫之言而投諸散地。此三事者皆行於逆亮犯境之日。虜勢雖暴而聖斷赫然。此國威所以復振。而逆亮所以誅滅也。人主之所為。不必屑屑於細故。惟能舉二三大事。足以聳動天下者。發憤而力行之。則尊居九重。而威震六合。反覆手之閒。而雷霆之變。人皆以為陰盛陽微之故。臣乃望天啓佑上聖。發以剛濟柔。以威輔德。而成以陽制陰之功也。陛下其可不仰體天意。繼光宗觀遺此變數求讜言。陛下必欲銷變致祥。亦宜開忠直之路。以通天下之情。古者孟春之月。遒人以木鐸徇于路。官師相規。工執藝事以諫。求之如此之切。蓋不如是。無以聞已過而修闕政也。天災固可畏。然人君修省。剋有其象而無其應。何也。陰盛而陽微。今也以陽而御陰。蕞爾殘虜。豈能抗衡於中國哉。大明中天。爝火自息。臣不勝惓惓。惟陛下留神。

十一年。燮又上奏曰。臣聞洪範之有庶徵。古人所以明天人貫通之理也。於休徵則曰哲時燠若。於咎徵則曰豫常燠若。何謂哲。明於是

非之謂也。何謂豫。安於逸樂之謂也。時者。當其可之謂。常者。過於偏之謂。人主明乎是非。有如黑白。必能憂勤政治。必能總攬權綱。賢必任而不貳。邪必去而勿疑。利於民者必能興之。害於民者必能除之。和氣所感。嘉祥必應。此時燠所以順之也。人君安於逸豫。必不明窒而不通。舒緩而不肅。寬柔而無斷。朝廷之政事不能自有所施設。天下之人才不能自有所進退。國無定論。人有離心。乖氣所召。災患必作。此常燠所以應之也。天人一理。隨感而應。可不畏哉。陛下臨政願治。不為不久。而和氣有未充。災異猶未弭。去年久旱。河流斷絕。種麥未及多。而田已揚塵。不可復種矣。人皆憂之曰。他日其可接食乎。祈雪未應。人情皇皇。又皆曰。蝗蝻其將作乎。蝗蝻其將熾乎。常燠之為害如此。至於冬深。雨則降矣。而水猶未通。雪亦作矣。而移時即止。是常燠之流毒猶未歇也。陛下早朝晚罷。不殉于貨色。不蕩于游田。

無逸豫之失。而有逸豫之災。此豈可不推原其故歟。以臣所見所聞逸豫非必貨色游田之謂。當邊烽未息。戎事方殷之際。而優游恬愉若四方無虞之日。其才未必能用。宿弊未必能革。浸浸焉日入於頹弊之域。軍民愁怨。無所赴愬。豈非逸豫之所致歟。病已深。事已迫矣。汲汲圖之。猶懼不及。又可悠悠乎。將以嘉祥之略應為虛。而以餘災之猶在為懼。肆須明詔。引咎責躬曰。天下其許朕自新。改絃易轍。勇於必為。人主作興於上。人臣震悚於下。無敢驕奢。無敢跳縱。剛思多膺翼贊明主。同以宗社生靈為憂。何患乎災異之不消乎。臣聞人主患無其志。不患無其功。竊觀陛下天資之粹美。聖德之純茂。足以冠群倫。足以候遠畧。所以每獲面對。未嘗不陳二帝三王之道。每侍經幄。未嘗不進憂國愛君之言。誠願陛下。勿自菲薄。張志氣。卑身如古大有為之君。今日常燠之災。人皆以為逸豫所致。臣日夜憂思。

不知所出。何者。逸豫之失。人主之大戒也。區區殘虜。偷息僞窟。我有其備。何患不克。若因循縱弛。無奮發之心。而專以自守為說。守不能固。浸微浸弱。而遂至於通和。則大事去矣。無可言者矣。堂堂天朝。而委靡至此。可不痛哉。此臣所以惓惓而不能已也。詩不云乎。敬天之怒。無敢戲豫。惟陛下深思臣言。常以逸豫為戒。宗社幸甚。生靈幸甚。

寧宗時。國子祭酒王介上奏曰。羅日愿為變。是下人謀上也。權奸增幣而金人猶執盟。是夷人亂華也。內批數出。是左右干政也。諫官無故出省。是小人間君子也。皆謂之僭。一僭已足以致災變。而況兼有之哉。

朱熹上災異劄子曰。臣竊聞今月五日夜漏下五六刻。閒都城之間忽有黑烟四塞。草氣襲人。咫尺之間不辨人物。著於面目皆成沙。臣雖不曾親見。然親舊相訪。見之者多。驗之數人。其說如一。此非

虛妄臣竊思惟聞者以來災異數見。秋冬雷雹，若雨傷稼，山摧地陷，無所不有。皆為陰盛陽微之証。陛下雖嘗下責躬之詔，出敢諫之令，而天心未豫，復有此性。亦為陰聚包陽不和而散之象。臣竊懼焉，而恐其未有敢以聞於聖聽者也。蓋嘗聞之，商中宗時有桑穀並生于朝，一暮大拱。中宗能用巫咸之言，恐懼脩德，不敢荒寧，而商道復興，享國長久，至于七十有五年。高宗祭于成湯之廟，有飛雉升鼎耳而鳴。高宗能用祖己之言，克正厥事，不敢荒寧，而商用嘉靖，享國亦久，至于五十有九年。古之聖王遇災而懼，脩德正事，故能變災為祥，其效如此。伏願陛下視以為法，克己自新，蚤夜思省，舉心動念，出言行事之際，常若皇天上帝臨之在上，宗社神靈守之在旁，懍懍然不復敢使一毫私意萌於其間，以煩譴告。而又申敕中外大小之臣，同寅協恭，日夕謀議，以求天意之所在而交儆焉，則庶乎災害日寧而福

祿日來矣。臣不勝惓惓愛君憂國之至。

理宗紹定四年，都城大火，尚右郎官吳潛上奏曰：臣願陛下齋戒脩省，恐懼對越，菲衣惡食，必使國人信之，毋徒減膳而已；屛撤聲色，必使天下孚之，毋徒徹樂而已。閹宦之竊弄威福者勿親，女寵之根萌禍患者勿昵。以暗室屋漏為尊嚴之區而必敬必戒，以恒舞酣歌為亂亡之宅而不淫不泆。使皇天后土知陛下有畏之之心，使三軍百姓知陛下有憂之之心，然後明詔二三大臣，和衷竭慮，力改絃轍，收召賢哲，選用忠良。貪殘者屛，回衺者斥，懷奸黨賊者誅，賈怨誤國者黜。毋並進君子小人以為包荒，毋兼容衺說正論以為皇極。以培國家一綫之脈，以救生民一旦之命，庶幾天意可回，天災可息，弭災為祥，易亂為治也。

端平元年，翰林學士知制誥真德秀上奏曰：臣伏覩太史奏今元日立春，風起乾位，其占主兵；丁酉之夕，月犯太白，亦為兵象。或謂星文所主實在衛晉，以此仰寬聖憂。夫天道貴華賤夷，而本朝者中原正統之所在也。天之示戒，所以仁愛陛下，豈為區區胡羯計哉。況時方用兵，而占亦主兵，厥類甚明，可不深懼。漢王嘉有言：應天以實不以文。然則陛下所以仰答天戒者，亦曰實而已矣。何謂實？本之於心則為實意，脩之於身則為實德，推之於事則為實政。有是三者，應天之道得矣。大學曰：所謂誠其意者，毋自欺也。夫為善而無實，是謂自欺。以之欺人，肺肝且不可隱，況天道神明而可欺乎。陛下親政以來，乾乾終日，脩身進德之誠，發政施仁之目，形之翰墨，播之詔令，無一非善。是宜昊穹昭格，休應押至，而清臺占驗乃若有未然者。皇皇后帝，厥監非遠，何以致是？意者應天之實，陛下猶有當盡者乎。夫毋不敬，思無邪，陛下所嘗筆之宥坐者也。動靜起居，真若神明之在上，然後為

敬之實；聲色玩好，真若鴆毒之必遠，然後為無邪之實。若敬焉而有以害之，正焉而有以汩之，則雖五者之戒時發於口，金書之炳煌日接於目，皆虛文而非實也。用人聽言，陛下所嘗詔之百辟者也。登進賢能，不徒寵其身，必有以盡其材，然後為用人之實；開納忠讜，不徒容其直，必有以行其策，然後為聽言之實。若賢者固見禮而所蘊未獲究，諫者固見容而所陳不盡施，則雖夔龍之盛翔接於廷，鳳皇之鳴日聞于耳，皆美觀而非實也。況名曰卹民而凋瘵如故，未聞實惠之有加；名曰察吏而汙濁如故，鮮以貪廉而自勵。至於財匱而幣賤，幣輕而不行，師徒喪於蘄潰，舟楫壞於轉輸，凡若是者，皆未聞經理之實。戎狄豺狼，日伺吾隙，設有不幸如占書所云，其將何以應之乎。天佑皇家，豫形警告，至惓惓也。伏惟陛下深體上天仁愛之意，凡其本之心，脩之身，推之於事者，必使無一非實，而去其所謂文具美

觀者上帝監臨必垂眷佑所以延洪國命銷弭兵菑當有潛格於冥冥之中者矣。臣謏罪禁林蒙恩寖厚因人事以推天意常切隱憂故不敢避犯顏之誅僭陳苦口之戒仰祈叡察。

廣東經略安撫使崔與之上奏曰比年以變故屢出盜賊跳梁雷雹震驚星辰乖異皆非細故京城之災七年而兩見旹數萬戶生靈皆獲罪於天者百姓有過在予一人此陛下所當凜凜惟有求直言可以稗助君德感格天心又曰咸暁舊僚兄有緣髮夤緣者亂不乘間伺隙以求其所大欲近習之臣朝夕在側易於覬覦而難於防閑司馬光謂內臣不可令其采訪外事及問以群臣能否蓋干預之門自此始也若謂其所言出於無心豈知愛惡之私因此而入其於聖德寧無玷乎。

三年工部侍郎李心傳上奏曰臣聞大兵之後必有凶年蓋其殺戮之多賦斂之重使斯民怨怒之氣上干陰陽之和至於此極也陛下所宜與諸大臣掃除亂政與民更始以爲消惡運迓善祥之計而法敝未嘗更張民勞不加振德既無能改於其舊而殆有甚焉故帝德未至於罔愆朝綱或苦於多紊廉平之吏所在鮮見而貪利無恥敢於爲惡之人挾敵與兵西面而起以求逞其所欲如此而望五福來備百穀用成是緣木而求魚也臣考致旱之由曰和糴增多而民怨曰流散無所歸而民怨曰檢稅不盡實而民怨曰籍貲不以罪而民怨凡此皆起於大兵之後而勢未有以消之故愈積而愈極也成湯聖主也而桑林之禱猶以六事自責陛下顏治已年于茲災祥饑饉史不絕書其故何哉朝令夕改靡有常規則政不節矣行齋居送畧無嚴日則使民疾矣陪都園廟工作甚殷則土木營矣潛邸女冠聲焰滋熾則女謁盛矣珍玩之獻罕聞卻絕則包苴行矣鯁切之言類

多厭棄則讒夫昌矣此六事有一或有焉猶足以致旱願亟降罪己之詔修六事以回天心群臣之中有獻聚斂剽竊之論以求進者必重黜之俾不得以上誣聖德則旱雖烈猶可弭也然民怨於內敵逼於外事窮勢迫何所不至陛下雖謀臣如雲猛將如雨亦不知所以爲策矣帝從之。

監察御史吳昌裔上奏曰臣聞天運常新而無窮人情循舊而難變陛下即位以來坐受春朝凡十二正朔矣天地變化歲月推移光景常新事會無極乃以更新之意嚮復還往昔之規撫處光流光淡渝初志上怙下翫甚可惜也適者十二月壬子雷甲寅游雷延正月己未大雨雪辛酉又雪視魯隱八日之災倣甚八月蜚寇蜀十月寇襄十一月圍黃槐漢陽諸雄之禍爲慘天變如此狄患如此此正陛下君臣濯舊而圖新之時也然臣仰覩聖德寔議朝政私竊有感焉陛下本心清明向也韜晦於逸欲今緝熙與學君德宜日新矣然妃后之閣妙麗交進王侯之邸錫賚頻煩則恭儉之德不加乎舊陛下八柄予奪向也牽制於權姦今妻挾親東君權宜作新矣然貂璫之長間通外庭羽衣之嬖時干私謁則總攬之權不加乎舊州縣貪贓之根皆故相遺種也而時異事殊餘孽復起猶回護於舊惡而不衰天人乖異之證皆故王厲氣也而日遷月延烝嘗缺祀猶藏宿於舊慝而不釋舊染之俗貴咸新也舊邦之命欲維新也今細撥節目時有一新之功而大本大端既然未變乎舊是豈明德新民之極乎往者權臣三十年用人多出私意每欲用一私昵則必參以公議一人謂之帶過更化初無此弊也近日除授率乖素望往往簡文同進而不皆一色純正之人則除吏復循其舊往者權臣每臺諫[illegible]課多出風論反意有所覆謹則言又寢而不行謂之收起[illegible]山寮也近

日臺踈率多浮沉往往風采銷沮而常者危疑引去之意則疏諫復
仍其舊陳升之引閩人呂頤浩引山東人萬士而私其鄉黨與舊職
也今著庭之官暨府之屬左右互擬其一何以兼攬天下之才趙雄
多用蜀人王淮多用浙人選才而偏於鄉舊與故態也今執政之召
試書之置東西並用其二何以旁招四方之彥夫使親舊而皆賢固
所當用也鄉人而皆善固不當棄也然陶陶日新曾幾何時而昭昭
被主的復尋舊武此豈至公血誠之心哉然則剝爛而復鼎否而新
亦在君相加之意而已建炎四年正月雷雨再見是為兀朮過江之
應高宗謂輔臣曰朕與卿等宜共脩德以實應天此陛下新德畏天
之法也紹興辛巳正月雷雪交作是為逆亮臨江之證上十閱還陳
康伯書曰相公居燮調之任當進賢退不肖以弭天變此宰相新國
正君之事也臣願陛下濯去舊見以來天下之善大臣改紀舊習以
公天下之聽用人必惟其賢毋使邪壹乘間而錯起聽言必擇其是
毋使公論被尼而不伸養君心之源嘗戒謹危機以扶天理講政本
之地務力行好事以順人心消陰變曰惟新是圖如此而天意不回
民憫不懌夷狄盜賊不寧息臣甘伏妄言之誅
昌裔又論四陰之證狀曰臣竊見立秋以來常陰為沴凡一日大雨
雹越翼日暴風至震雨不止至于旬時蠶禾壞於垂成晚稻傷於既
穎豐穰之候轉而凶荒將恐害于粢盛無以供我軍實又聞天目一
帶洪浸漂流水冒近畿是殆為兵為饑之證占書曰兩雹陰脅陽也
震雨陰干陽也方金火之交而厥罰常雨此非陰盛陽微之故乎夫
臣者君之陰也妻者夫之陰也小人者君子之陰也夷狄者中國之
陰也且自聖上攬權之後固無昔日擅命之臣惟威令積弱不能以
運掉三邊紀綱浸頹不能以操制諸將習強者方命怙寵者恣睢第

功賞者多肆於誕欺叛軍害者輒輕於狎侮裨帥擅離部伍而不知
有國法士卒敢凌州縣而不知有朝廷積是弗戢形漸不可長此非將
帥之權太盛乎方國步艱難之日正君心恐懼之時而道路流言竊
議聖德謂宮庭燕飲頗為過差閣分妃嬪多著位號知書近侍以奇
巧而移上意私謁表民以險陂而通外交甚至外庭之除授或倚於
幽陰帥柄之請求或通於中禁韋於柔道職是厲階此非女寵之謁
太勝乎端平人才之盛藹然有小元祐之風不十二年初意漸變君
子則厭薄以為無益小人則愛惜以為有才三凶屬託以潛歸二尊
僥覦而再起不惟昔之所斥者復乘隙以求進而今之所擯者亦旋
踵而得還旁啟多門自塞正路此非舊人復用之漸乎韃虜憑陵中
原蕩蕪非殘金之比初犯蜀口五郡為墟繼犯荊襄十州如燬將士征
行而不得卧婦子流徙而不得歸欲戰則窘事力之不強欲和則慮
情欵之未實又況唐鄧均陸之寇遺之以和江泰華松繼之族誘之
以幹腹內外受敵殊可寒心此非夷狄竊發之證乎凡此四端是皆
陰類事形於下則變見於天證象孔昭警戒甚至陛下代天作子者
也所宜昭德塞違以回渝怒之威大臣佐理陰陽者也所宜開誠布
公以消乖沴之氣陽明勝則德性用陰濁勝則物欲行消長之機正
宜稟稟今大昕坐朝聞有特不視事之文私第謁假或有時不入堂
之報上有耽樂惰逸之漸下無協恭和衷之風在內則嬖御懷私以
為君心之蠹在外則弟子寡謹以為朝政之累游言噂沓寵賂彰聞
欲以此銷弭群愆呼吸天和得乎昔建炎三年六月陰雨不止高宗
罪己求言宰執引咎求去郎官以上皆許言朝政闕失時中書舍人
季陵以三陰之說應詔謂節制將帥為德之剛節抑宦寺為德之正
御史中丞張守亦以三陰之說允蹈齋嚴恭寅畏以修其德更選任

輔弼以修其政。上下動色。祗畏明威。率挾夙精之究。以基中興之盛。皆自高宗君相一念抑畏中來也。臣愚欲望陛下仰繩祖訓。俯謹天明。遠聲色。戢宦寺。以清宅心之源。進忠良。斥姦回。以公用人之柄。宣明典章。以申御將之法。謹固封守。以嚴備敵之防。而二三大臣。各一乃心。各和乃政。通宮中府中為一體。毋使陰竊之異同。合在邊在廷為一家。毋使細大之偏重。如此君臣合德。中外革心。未有不轉災眚而休祥。易陰蒙而暘霽。天下事變亦當陰消潛弭而不足憂矣。臣不勝拳拳。

嘉熙元年。火災。右司郎中趙必愿應詔上封事曰。開邊輕擧之刑牽制而未行。激變棄城之戮。姑息而未擧。荆襄淪陷。祖宗之基業莫能保。淮蜀蹂躪。赤子之寃魂無所依。履畝之令下。而加以抑配。稱提之法嚴而重以告訐。民無蓋藏。每有轉壑之憂。士不宿飽。常有思亂之志。

又曰。臺諫給舍骨鯁之論莫容。左右便嬖浸潤之言易入。春夏常奉閫略於原廟之尊。節鉞隆恩殊勳於邸第之貴。又曰。吏也臣故相專國之罪。嚴貪夫徇貨之誅。思室鬼高明之瞰。亮編泯後親貴。去衣妖競治之釁。尚堅樸。革奢華。戒宮殿無度之燕酣。節內庭不急之營繕。必愿為宗正少卿。因轉對上言曰。中才庸君。惟其無所知覺。故言不可入而敗已隨之。陛下作敬天之圖。朝夕對越。謂宜天意可回。而熒惑失度。彗彼煽災。迫近禁門。幾燬左藏。烟族方熄。白晝隕星。貫日之虹。脅陽之雹。疊見層出。陛下觀時察變。何由致此。今日之事。動無良策。惟在側身修行。祈天永命而已。

淳祐五年。侍左郎官徐元杰進故事曰。高宗皇帝聖政。建炎四年正月庚申。上曰。昨雷聲頗厲。晉志以雷發非時為女主顓權。君弱臣強。四夷不制。所致。朕與卿等宜共修德。以實應天。癸亥。上曰。昨日雷再發聲。今日方二月節。要之亦非時也。晉志所占無異。惟發頻者應速耳。

臣聞雷者陰陽交會而成聲。動於震宮之中。收於兌澤之後。時當發聲則為天之號令。所以驚百蟄而榮萬物也。不當發而發皆非時之災。陰抗乎陽之所致。夫天時人事同一脈絡。有是氣必有是故於理微有不順。而氣之所應輒隨從之矣。有如春陽方動之初和氣猶未洽也。雷已驚遠而懼邇。此豈非天之所以仁愛人君。默寓其所謂扶持全安之道也歟。高宗皇帝建炎四年正月庚申以雷聲頗厲。而推晉志以明之。謂女主之專擅。君弱而臣強。恐四夷之不制。惻然聖訓。詔告在廷。必曰。朕與卿等宜共修德以實應天。是蓋遇災知懼。切切於實德之交修。而不敢泛泛以文具相蒙也。越三日而節應驚蟄矣。雷再發聲。聖心恐懼。有加無已。又從

曰要之亦非時也。又謂與晉占無異。而申之以惟頻發應速之言。蓋豈非奉烈祖克謹天戒之盛美乎。今陛下帝學時敏。聖敬日躋。法祖敬天。夙夜匪懈。乃者奮雷霆之斷。開日月之明。改化於是乎作新。家國於是乎齊治。華夷於是乎鎮服。未必有晉志所占之患。而聖心寅畏。宸札渙頒。以為雷發非時。朕心祇懼。避殿減膳。詔求直言。凡可以應天消變者。若不能以終日。蓋與烈祖所謂修實德以應天者同一軌轍。臣又何所容其喙。然臣聞之易曰。立天之道曰陰與陽。立地之道曰柔與剛。立人之道曰仁與義。蓋陰陽以氣言天所以覆乎地也。故雷聲為天之號令。柔剛以質言地所以承乎天也。故雷之出地者有時焉。仁義以德言乎人。以見人為天地主。當自淵嘿。雷聲者驗之。始知貫三極一道爾。故乾元為萬善之長。惟剛健而不息。所以包四德而為仁。坤順而承天之所為。惟發以直

內而後義以方外德不孤矣。自昔君天下而立之極。必曰定之以仁義中正而主靜。蓋主宰之道。惟定而能靜。則大中至正之理。隨寓而無所轉移。故知仁主乎剛。則寬而有制。動而有勇。理足以勝欲。公足以滅私。又必以姑息拘攣者為戒。而不至牽於小不忍之情。而害大體之正矣。知義主乎敬。則所由者斷。所辨者早。尊足以統卑。內足以攘外。又必以窺伺間隙者為慮。陰有以消未形之患。而合時措之宜矣。夫仁義立人之要道也。凡陰陽剛柔之氣質莫不由是而兼統。自昔君臣上下所以交修其實德。而不敢為應天之文具者。蓋審諸此而已。不然。剛不足以制欲。義不足以勝情則是陽為陰所抗。凡晉惡所占之象皆陰類也。故曰陰疑於陽必戰。可不懼哉。可不戒哉。

元杰又上奏曰。恭惟皇帝陛下貴為天子。心與天通。動一念慮之發有善不善休咎之證。即緣而起。常若與天靈密相周旋。或顯而視聽言動之敬肆。其有丕關於慘舒之證者乎。況若亢陽為沴。陛下齋心虔禱。有感必通。臣每待清光。陛下不鄙臣愚。必盡閔雨之悃。臣之所奏審及於天之所助者順。欲陛下驗之五事之間。至吾曰貌曰言無難色。此宗社生靈之福也。臣聞天理與人事同一脈絡。五事與庶徵相為影響。視聽言貌。皆主於思。而思必無邪。則事事皆敬。敬與不敬。休咎關焉。然則人主欲回咎徵而為休徵。勿求之於天。求之於己而已矣。昔禹湯之有天命。皆原於罪己之一念。鯀陻洪水。禹乃嗣興。敘九疇而先五行。必次以五事之敬用。殷邦旱暵。湯閔雨懼不汲以傷民命。惟急於六事之自責。夫六事之叢其責意者。五事之虧其敬與。臣請先以五事明之。愚之意若曰。人主之耳目不可以偏寄也。故敬心常運於視聽之間。不使嬖近得以為吾聰明之蔽。蘇乎喜怒中節氣。步以是而準。寒燠其有不時者哉。人主之辭色。至易以窺伺也。惟敬心常攝乎貌言之際。不使紛亂得以為吾肅乂之挑。廉乎形聲俱和。燥濕以類而應。雨暘其有不時哉。不然。狂僭豫急之弗察。反休徵而為咎徵。一息間耳。此禹所以隨用而持敬。與成湯克享天心之主也。天之不雨。何至此極。六事之失。亂世之常也。湯乎政而愛民不違聲色。不殖貨利。而又不吝於改過。亦何至民政之失節。讒夫之敢歟與。夫苞苴女謁宮室之動其欲。豈果有是當責之事哉。湯則不敢以自信也。惟其自信之不敢。故其自責之甚深。自責之念深。則自欺之意泯。天高聽卑。實為之動。桑林之雨。湯之真敬驗矣。且禹湯聖德之君也。自後世言之。亦何以罪己為哉。然則人主非知有克己之學。不足以進此。今陛下天姿沖粹。聖學高明。居皇極五位之中。而覆洪範五事之敬。遇災知懼。欲銷去之。責己省愆。不為文具。夫是以天心有

潛格之應。歲事有中熟之占。是烏得不為今日喜。然臣之所喜。今日也。臣之所慮。亦今日也。乃者雷霆多發。陰精執蝕。江潮怒洶湧矣。堤岸仍潰決矣。水土之性。亦於是而稍失。吁。天心之仁愛陛下。所以昭示譴告者在是。蓋不特雨澤愆期之一警也。況夫比歲以來。饑荒禍慘。古之國勢屢警而忽定。固不可謂非備禦之力。然或者以為太乙福德。久躔吳分。與天所以佑宋也。吁。天幸其可以常恃哉。國家陽九之會。迫在目前。靜察天時。敬修人事。寧深信而無其驗。毋忽視而稔其憂。臣懈懈然每勸陛下以敬用五事者。不但為閔雨發也。陛下果有所警悟。當深求克己之仁。特發罪己之勇。循大禹敬用之實。加成湯自責之勅。視聽之達於下者必公。貌言之出於上者必謹。民政之利病必察。宮室之增崇必戒。以至塞貢獻之路。杜邪枉之門。使苞苴女謁之計不行。而讒諂面諛之人可遂矣。如此。則聖心之主宰者愈

安聖德之發彊者愈久天數之靡常者必回人事之可恃者必驗聖宋宗社億萬年靈長之休只在聖心真積力久之敬而已不然五事之敬用或不能以持久則皇極之建用將恐濟而為六極之弱何以銷未形之患哉臣不勝惓惓

六年正月朔日食詔求直言權兵部尚書淮東制置使李曾伯上奏曰臣一介非材四年分閫已試罔效當去尚留日懼隳廢仰負隆委頃以冬防幸畢嘗於至後一日即上請代之奏恭蒙詔旨未賜俞允遂於十二月六日再陳愚悃僭進時才妄揣宸聰昭鑒必可其奏選而席槁俟命今復踰月矣星移物換歲序且更天高聽遠祀工莫聞臣惴惴朝夕不遑寧處俯揆螻蟻之分宜待鈇鉞之誅豈應薦祀不雖有所祈叩臣伏讀邸文恭誦奎畫仰惟陛下以元正日食方下求言之詔許中外臣子指陳得失消復咎眚臣有見陛下欽承天戒圖

惟治功開不諱之門來忠直之告臣之求退適際斯時其最不附先以請臣拜手竊觀祖宗盛時康定庚辰正旦日食是歲元昊寇延邊延州圍塞門安遠諸寨諸將畏避莫敢出朝廷憂之二月遂命韓琦安撫陝西尋命琦及范仲淹為經略招討使之副未幾再命仲淹兼知延州於是賊始懼而不敢犯致之於此則是先朝用韓范代范雍經理西事實在此歲臣又觀皇祐己丑正旦亦有日食之異是年北虜聚兵近塞詔近臣陳備邊策葉清臣一疏亦及方面帥領之材以為不患無人患不能用因舉孫沔狄青諸臣其歲九月儂蠻始犯邕異時卒賴青沔等力以平嶺南叛之於此則是先朝因天象以謹邊備圖帥材充以是為重也所以有康定皇祐戒懼之實後遂以成慶曆嘉祐太平之極功實為陛下今日家法然則今日之事其所當為者固不一以臣職思其憂則莫切於守邊要急於易帥明矣臣自春夏以來蒙睿旨勉留盍數日以俟冬晚乘此邊隙之暇謂可得代茲春令頒矣若更張之議稍遲月日青草又生戎馬復入臣智慮已殫竭精衆已摧靡事會無拯利害多端恐不能制此勍寇徒誤國事誅竄何補用敢仰稽故實載瀝悃悰期以副陛下應天保邦之睿意非但為臣區區之私而已伏望睿慈特賜宸斷宣諭大臣亟會商議趁此春寇未動早易閫寄將臣放歸田里庶幾天心感格戎寇震懾于以寬宵旰之顧憂復祖宗之盛治實在斯舉天下幸甚

衢州通判牟子才亦以太陽交食應詔上奏曰臣伏覩淳祐五年十二月二十六日詔書以六年正月辛卯朔太陽交蝕應中分百職及學校草茅之士悉令指陳得失凡可以消弭咎眚導迎善氣各悉心以告者臣猥以遷庸蒙恩丞郡詔旨所及敢不罄竭其愚忠陛下自臨御以來德澤屢下和氣充塞四海九州罔不豐稔天心人意若合

符節固宜乖氣異象消伏不作乃月正元日日蝕辛卯咎徵之來其異如此且歲在丙午則古今之否運也時方孟春則陽氣之始施也月紀建寅則陽交之交泰也王春三朝則受朔之元辰也而日月交蝕交蝕於方晡之時以一日言之日為陽夜為陰以四方言之東南為陽西北為陰以人事推之君為陽臣為陰夫為陽婦為陰德為陽兵為陰君子為陽小人為陰今支干會于南離之方其蝕在申決無一在女此臣亢乎君婦敵乎夫小人加君子之徵也而尊者尤惡之也嘗讀史至漢之季世見其災異狎至未嘗不痛恨於一時之諸君也正月己酉朔日有食之成帝元延元年也是歲祿去公室政在元舅王鳳以大司馬大將軍領尚書事榮譚音商相繼為政其氣燄足以殺暴三光日之所為蝕者此也谷永大儒涉三七之節紀值百六之災阨乘三難之際會目睹巨異意必有殊尤絕異之論警動上心以

發其勢今觀其跡不過曰皇后貴妾尊寵也不過曰中黃門後庭嬖恣狂悖也又不過曰近宮苑囿將有夏肯之亂也諸夏下土將有樊蘇之變也其言迂緩不切有所附會而於竊權之王氏乃無一言及之史臣書曰專攻上身蓋譏之也正月辛丑朔日有食之哀帝元壽元年也是時傅商鄭業以外親忝封邑孫寵息夫躬以姦辯寵倖封董賢以令色諛言蒙賜予五侯驕奢權震內外其烜赫足以掩翳陽剛日之所為蝕者此也鮑宣儒生當父虧明毋震動子訛言之時目覩大異忠憤所激思欲一吐胷中之蘊抑以救當時之失今考其書曰深內自責避正殿也曰舉直言求過失也曰罷退外親及旁仄素餐之人也曰何武師丹孔光彭宣可大委任也其言鯁亮明切無所顧忌而於貴幸之董賢深嫉焉史臣贊曰守死善道蓋嘉之也夫災由天降變不虛生成哀漢季世之君也故當時封章後世錄實語多

及於災異蓋謂其睹災異而不戒是以為漢季世之君也今日咎異之來則與漢季世之君相符矣政事之失則與漢季世之君無異矣受寵之臧則與漢季世之君髣髴矣權姦接跡黨與駢肩則視漢季世之君有加矣而陛下遇烖而懼引咎責己導諫敎恩則豈肯甘心於漢季世二君之下風哉臣嘉熙間待罪史館與聞討論之事嘗因輪對以大臣不公不和六事為陛下告陛下不以臣卑鄙亟賜俞獎是陛下待微臣之恩深且厚也有君如此誰忍負之臣儻有童於諂以諱為解茲謂自誣且誣吾君皇天后土照布森列臣罪莫逃幸因明詔之及列為十二條以獻陛下心志所期不敢妄自菲薄敢谷永阿媚時好以羞當世之士惟深思熟慮空臆盡言得從鮑宣游於地下則愚臣之願也其一曰一敬心以澄治原心者天也上古聖人繼天立極惟用力於性命之原以酬酢天下之萬變人心惟危道心惟微惟精惟一允執厥中者堯之所以授舜舜之所以授禹也發於聲色臭味之氣者人心也根於仁義禮智之性者道心也平居暇日莊敬自持察一念之所從起求所以治之則清明純一無少間斷以之對越天地者此心也以之欽承祖宗者此心也以之臨朝見群臣者此心也以之經筵對儒生者此心也以之接嬪御貂璫者亦此心也所遇雖不同而所以為敬者未嘗不一也平居暇日務肆誕忽不能察一念之所從起求所以治之則膠擾紛雜物欲滋長接嬪御貂璫之時不能如經筵對儒生之時矣經筵對儒生之時不能如臨朝見群臣之時矣臨朝見群臣之時又不能如對天地見祖宗之時矣所接既異而所以為敬亦隨而轉移也此無他敬肆之分也漢元帝臨朝之暇親近儒生可謂敬矣及退而處宮庭則鼓琴瑟吹洞簫自度曲已為侍中所窺此敬肆之見於一日者也唐玄宗即位之初延禮

文儒可謂勤矣及天寶末年溺於燕安女子小人內外交煽旋為開元之累此敬肆之見於終身者也方二君之耽樂也自謂深宮之中世無得而知者故自肆而不反不知宮庭屋漏如日月之照臨女子宦官稟如蛇虺之在側未有隱而不彰而不變者也陛下性資超卓學問緝熙固非漢唐二君所敢及然對越欽承之時如此而宮闈燕閒之時則如彼也臨朝親儒之時如此而嬪御媟狎之時則又如彼也發之於心術念慮之微而形之於四方萬里之遠臣願陛下念祖宗創業之艱思一身之關繫甚重監二君燕安之失退朝無事延訪名儒夜直禁中不時召對貂璫之干請者卻之嬪妃之御見者疎之使紛華盛麗不足以為吾之惑奇技淫巧不足以為吾之害則中外一致旦夕一心終始一節陛下所謂猶有愧者將御不愧而殆不作矣天怒寧有不回者乎其二曰清政本以重謝贊官閹豪

宰者書六卿而統百官。天子之相也。冢宰無職。六卿則分職矣。冢宰論道。六卿則行道矣。六卿異曹。百官異職。管攝之使皆歸于一。非宰相事耶。所以管攝之者。非每事而控制之也。自百而歸之六。自六而歸之一。所操者至簡也。國朝做周制。改僕射為丞相。而沿唐舊制。自宰相下侵六曹之職。而三省始多事。自檢正都司之置。而三省愈多事。合二者而六曹輕矣。且以吏戶兩曹言之。吏部掌天下之選事也。而部闕盡歸於堂。堂闕不下於部。參選者不之吏部而之省府。日力困於應酬。工夫困於位置。國家大事。無暇不留。而周旋親故。酬酢人情之念。憧憧往來。未免少分經體贊元之功。銓曹要地。反成虛設。是吏部之權輕。尚書之職廢。而中書之務所以不清也。戶部司天下之財賦者也。然國用房鹽之財。幹於宰相而不幹於戶部。朝廷之上所商者鹽筴。所括者田契。所問者錢穀。甚非古人置相之義。嗚呼。廉曹所掌

朝廷之財也。國用所掌。亦朝廷之財也。均為朝廷之財。何至自相區別。困於多事耶。此戶部之權輕。尚書之職廢。而中書之務所以不清也。其他四曹。大抵皆爾。推原所自。非始於開禧嘉定間耶。繇迭出中書之務愈致紛雜。而不清者。則惟宰相之故也。前日之相。權智足以濟其姦雄。而奧心積慮。專以攬事權。張大聲勢為能事。往往下行六曹之細務。或遺天下之大機。而檢正都司頗多覘伺。解意撲發。兩端以聽所擇。其或稟承而僉稿。云合與不合。送部勘當。萬一事有所行。亦云有以此的例。部中不敢明白指定。宰旅不敢訂說。必行是以近者累月。遠者年歲。淹多迂回。啟作阻難。而中書之務。如蝟毛之紛矣。近日之相。精神不足以宰寵機務。而心之所存。亦欲自作聰明。獨運謀略。意或未順。則託病以濟之。事或未愜。則訢然以預之。經旬動月。歷歲彌年。不能裁決一事。監司郡守。則類多鐫官。侍從論思則亦

皆曠職。極而至於國家急務。守禦大計。一切付之浮沉誕謾之場。而檢正都司。往往徒自悵歎。雖欲啓擬。厥道無繇。於是滯事猥多。而中書之務如治絲而棼之矣。此日之所為蝕也。欲弭天變。其惟清中書之務乎。然臣所謂清者。非直付之於無所事也。六卿各率其六十之屬。以倡九州之牧。所謂送部勘當者。則令擬事指定。不必繚繞更聽朝廷指揮。檢正都司各贊其長。以檢柅三省之務。所謂欲筆者。不必逢迎細意。多為沮格之辭。而宰相者總其樞機于上。勿自眩其志。而忘要道之執。勿徒詳於小而遺遠大之計。體統正而內外各得其職。規模遠而大小各得其宜。則自天官以下。無非宰相之事。而韓瑋去矣。天怒其有不回者乎。其三曰。別邪正以清流品。致治之要。莫在於辨群臣之邪正。二者常不相容。君子指小人為邪。小人指君子為邪。自昔堯舜已有知人之難。而孔子亦有聽言觀行之戒。則辨之誠難矣。陛下

自臨御以來。以至于今。國論凡幾變矣。進賢退不肖。不知其幾矣。然比年以來。混淆而不知區別之方。冗雜而不見純一之效。陰陽之淆莫辨。是非之心不明。以為眾賢萃耶。則位文昌者屢辭旌聘之招。班[illegible]者不類旌麾之擁。或扼於幹方。或扼於秉麾。或扼於間散。或扼於[illegible]。或扼於小官。皆賢者也。以為任用當耶。則瑣碎戚畹。或黏御闈[illegible]。或參攀輔。心權姦者陰肆含沙。跡貴幸者顯媒人爵。或倚賴屬籍之近。翺翔半刺。而貽害於一州。或寅緣邸第之親。侵奪民產。而流毒於數路。或觀覘竊伺。或撲棱含糊。或反覆變詐。皆庸人也。甚至惡毒流行。薰類淪沒。五年正月。諫臣死。而昔日之諫臣自若也。五月。丞相死。而昔日之丞相自若也。六月。給舍死。而昔日之給舍自若也。自諫臣之死。[illegible]而伏蒲論事之地。幾鑑之已矣。自丞相之亡也。而論道經邦之地。幾[illegible]之撓矣。自給舍之死也。而塗歸繳駁之地。幾玉之撼矣。嗚呼。司馬光[illegible]

獲劉安世論賢人淪亡殆盡入廣中原之禍起君子之消小人之長而世道之否厄常隨之其所關繫蓋不輕如此此日之所爲蝕也然則欲回天怒者其有大於別賢否乎臣願陛下清其天君將其定見以爲進退人才之本有才矣必參以德而用之不可徒取其才也有德矣必觀其行事而用之不可徒取其德也才有剛柔必柔濟剛剛濟柔而後無偏弊才有長短必取其長舍其短而後無棄材使凡得罪名教之人不足以惑陛下清明之聽詭譎變詐之士不足以撓陛下堅凝之心則賢否別矣天怒其有不回者乎其四曰嚴女謁以肅宮闈女子之禍於人也甚矣古今淫泆之主溺於袵席之愛自謂窮天下之樂不足以喻其適而不知禍胎亂萌已伏於閨闥之中陛下儀刑家人中宮上儷宸極可謂無險詖干謁之私矣然嬪妃矜寵緣惑聰明女覡恃權交通關節無藉之權姦主之以安其身亡恥之士大夫主之以媒其進無賴之黨爭走以張其勢金錢賄賂飛發中都餽獻苞苴直通中禁遂使外人指其事內土庫輸送矣葬事白謁觀修造矣禁衛所以備不虞也一男子之妄有所覬覦則通行而無礙或以陛下燕閒之嚬笑泄於外則雖昌言而不以爲怪或以女覡詭秘之蹤跡泄於內則雖纖詞而必致于辟大臣不敢適從而疏遠迎不敢正救而敢鼓舞爲得謂之無罪此日之所爲蝕也欲回天怒其有大於嚴女謁之干請乎臣願陛下以社稷爲念謹宮掖出入之防嚴非類混淆之禁使伺間而干進者恐怖而不敢前乘機而僥覬者退縮而不敢進宮省既清浮言自息天怒其有不回者乎其五曰斥權姦以絕禍本人君所恃以立國者人材而已然自古姦臣欲盜其君之國非挾宮闈之助合左右之交則不能獨爲欺塞旋之術也行媚于內而施賂于外王莽之欺漢也媚事太后下至旁側長御

內外盤結無一發其姦者然後可以愚弄上下而甘心焉自昔權姦篡人之國非專兵爭之柄擁財利之權則不能以爲故曹操之輔漢以討賊爲辭而擁兵自衛楊國忠之相唐身調兵食而任其惡兵財既專權勢益重然後可以劫取神器而恣意焉是舉也前日之相實似之自古大臣欲專其國非以朋黨之論陷害正人則不能以自專故弘恭以蕭望之爲黨而殺望之李宗閔以李德裕爲黨而疏德裕自昔小人欲固其寵位非窺伺迎合厚自封植則不能以有爲故李林甫口蜜腹劍蔽欺聰明善養君欲李義甫笑中有刀諸子賣官市獄門如沸湯是舉也近日之相實似之前日之相以公議之所不容屈伏海濱陽致其仕而陰賂寵倖爲他日復用之階陽爲愧恧而陰結宮府爲他日竊權之地近日之相以不智不勇之身而積塞要塗以鍾鳴漏盡之資而控摶富貴陽爲病倦而陰張虛氣以示其騰踐覆餗之餘陽爲推轂而陰懷疑心以遂其從旁下石之計天下之人皆知而陛下獨墮其計中而不知則其蒙蔽亦有甚焉且蓄叢此日之所爲蝕也欲回天怒其有大於斥權姦乎今權姦斥矣而根苗猶未絕也臣願陛下昭大智以燭天下之微奮大勇以決天下之事勿以儒效爲迂闊而復思小人之奇才勿以直道爲咈逆而復善舊人之多智使交結左右者其計不得行而緋細讒慝者其譖不得進如是則朝廷清明禍本杜絕而中外大小之臣永堅一心以事陛下而無復後憂矣天怒其有不回者乎其六曰通言路以來敢言昔者聖人之制治也設敢諫之鼓立誹謗之木近臣進規大夫進謀公卿納誨瞽史垂教庶人議芻蕘詢衢叟備之而後王斟酌焉逮及我朝宰輔之宣召則有言侍從之論思則有言選故事則有言翰苑之夜對則有言二史之直前則有言群臣之內引則有言百官之輪對則有

言。監司帥守之見辭則有言以至三館之囊封小臣之對引臣民之
和氣。三學之伏闕外臣之附驛京局之發馬遞鋪則又皆有言比年
以來為大臣者背公營私崇惡騁怨惟恐人之議己息欲以箝天下
之舌。台諫察伺無所不至。人賢不肖咸謂言出於口禍及其身往往
畏避謹嘿。自同寒蟬。甚至自隅對班。不肯有言藉令有言。又皆掇拾
細故。徒應故事。不足以裨主聽而慰人望也。時政之闕失生民之弊
病賞罰之僭濫獄訟之冤抑疆事之危急。率皆壅於上聞。其間豈無
盡忠協謀。存愛君之心。負濟時之略。明於國家之大體通於人事之
古今者。徒以防禁之厲闌絕之嚴雖有言不得上達也。陛下更化以
來宰執有條對經筵有密啓。三學草茅有清議可謂言路不壅塞矣。
然而議論徒多。施行絕少。調護弥縫之意重。而决裂奮迅之意輕。壅
遏沮壞之道勝而施設云為之道微。天子曰某言當該也。某事當事

也。宰相曰某言過當也。某事風聞也。導人使諫而拒諫弥深。下詔求
言而諱言滋甚。言者聽其自言未嘗以不當於事為慚。行者聽其自
行未嘗以不合於言為拂。遂使至當之言徒為無益之具。咎異沓至。
其必由斯。今求言之意非不美矣。然昔者所進未之能行。今而有求
又恐非實。其於言路之通塞關係匪輕。臣愚願陛下當謀謨並進之
時留神省覽。宣付大臣俾之分閱。擇其可用。纔奏施行。勿以忌諱為
拘則忠臣出。勿以文采為尚。則至計行。勿以與廟堂異議而去之。則
謀謨皆合於公論。而陛下誠於聽言之意暴白於天下矣。天怒其有
不回者乎。其七曰。明風憲以肅紀綱。給舍臺諫國家之元氣也。元氣
充則四肢實而壽命長。元氣虧則四肢竭而壽命短。其可畏也。乃者
權臣柄國。專用私人。方其權之未固。則一時聲望之士不為所嫉者
率排斥而無遺。及其權之既固。則一時修飾之士意向小異者即擊

去而不貸。情有未通。則倚腹心以示意向。而腹心者因得以行其私。
事或未愜。則假簡槧以導委曲。而簡槧亦有時而漏露。仁人君子誤
汙丹書。無辜之民或遭簿錄。循至于今未及湔祓。雖以詔令之懇切。
不免畫餅之療飢。是信任誠誤矣。然今日之臺諫敢於排奸雄而論
宰相。給舍敢於繳權倖而排貴游。監司帥守敢於抑戚里而排勲閥。
雖使祖宗盛時亦不過如此。陛下以祖宗為法。則當施行其言以養
其敢言之氣。今以所聞參之。則言者愈激而聽者愈緩。論者愈多而
行者愈寡。乃有大不然者。古者言及乘輿則天子改容。今封章聞奏
率隨渺茫。天使沓來。徒勞宣諭矣。古者論及廟堂則宰相待罪。今議
政事則敢於爭辯。去人才則旋即錄用矣。古者論及左右則貴戚斂
手。今外臺遂之而宰相收之。臺諫譏何之而陛下調護之。不以除授
為非。不以彈擊為是。而戚畹愈無忌憚矣。吾君吾相相倚。亦天下以不

廣如此耶。夫言者之盡言非為一身計也。向也為權奸之所嫉雖噬
陛下之意而陛下不敢不行。今也為大臣之所惡。雖合陛下之意而
陛下亦不敢遽行。是陛下之畏宰相無間於初終。而宰相之玩臺諫
亦無異於今昔矣。此咎異之來有甚於昔也。陛下而以風憲為念。則
凡給舍臺諫之有言皆當覺之施行以示公天下之心。勿以身攻上
身為常事而不加修省。勿以論及大臣為沽名而委曲回護。勿以事
關貴戚為訐直而緩於施行。則風憲明而紀綱肅矣。天怒其有不回
者乎。其八曰。寬繇役以收人心。夫民心得然後可以固邦本。邦本固
然後可以保天下。人君所以奄有神器傳之無窮者豈有他哉。知愛
民而已。恭惟國家祖宗德澤至深至厚。累聖相繼莫不以愛民為本。
陛下嗣守丕圖。亦莫不以愛民為先務。下寬大之詔。敷曠蕩之澤。所
以奉承祖宗愛養元元之意可謂切至。然自用兵以來。攟摭而斂畏

之者非可以一端盡矣。春冬鈔報而困三邊之民。清野徒沿而困秦淮之民。浮鹽和糴而困江淛之民。鹽丁出沒而困閩廣之民。軍用需索而困荊湖之民。敵潰迭作而困川蜀之民。盜賊橫行而困沿海之民。加以貪夫暴吏不體上意。侵漁蠹蝕靡所不至。血其齒牙以民為犧牲。增和糴之入以供羨餘。取田租之贏以豐囊橐。假挨究之名以增賦斂。嚴榷酤之令以代和氣。長告訐之風以供估籍。派攤賴之目以償逋欠。厚軍需之儲以肆科抑。旱魃為虐則縮捡踏之數。吝於蠲租。水災捲至則泊抄劄之名而謬於發廩。禁絲帛於方來蚕之候。追米斛於未秋收以前。拘鹽未已。械繫隨之。急刻未已。刑獄隨之。號令嚴峻而必行。姦胥貪緣而為利。苞苴既厚。寵賂又滋。以貪婪之心。行暴橫之政。以星火之令。速疲殘之民。餘息之民。僅僅如縷。而箠楚縲繫殆無虛時。愁歎之聲。閭里相接。強悍者散為攘竊。懦愞者倏殍流離。重以飢寒。朝不謀夕。嗚呼。上天何用更生此。使為旱魃以儆陛下之雨露。使為蟊賊以食生民之根葉。此而不除。陛下之赤子豈得安枕而臥也。豈曰國家困民以穿邦本之本指哉。此災異之所以示也。陛下而以愛民為心。則宜申飭有司。凡中外蠹國害民之政一切除去。凡弓張不弛之政。一切罷行。勿以民怨為可忽。勿以民力為可竭。深究祖宗被蠹斷手足以全大體之義。時取其無狀者一二人而出手筆特行黜分。使如雷霆忽然在其側。且使天下皆知誠出聖意之所丁寧。不以詔令為虛文。則實惠及民。皆可以為祈天永命之地矣。天怒其有不回者乎。其九曰勞還役。以一士心。古者戍役。兩期而還。其出戍之時。則采薇以遣而念歸期之遠也。然所以使我者各有家而來。遲遲。載飢渴而至於傷悲者。非上之人固為是以苦我。直以有所不得已而然耳。故出師則歌采薇以勉之。其還歸則歌出車杕杜

以勞之。先王蓋以己之心為人之心。故能曲盡其情。使民忘其死以忠其上也。先儒程頤謂毒民不由其上。則人懷敵愾之心是也。我國家自有敵難。兵不解甲者垂二十年矣。始也宿師於襄漢。今襄漢入於敵而退守荊湖之北矣。始也宿師於三關。今三關入於敵而退守堂奧之地矣。始也羈縻宜邕。今宜邕警於敵而嚴守桂林之地矣。始也聚兵山東。今山東歸於敵而分連水海道之地矣。敵入無歲而不入。則邊備無歲而不嚴。邊備無歲而不嚴。則中國無歲而不勞。吾之所以待之者。固不可以數入為常而怠於戍守。亦不可以久戍為勞而忘於撫循也。今上而朝廷。下而將帥。以敵為常矣。以敵為技止此矣。夫以敵為常則玩心生。以敵為技止此。則怨心生。合玩與怨而暇以戍役為勞苦乎。故邊鄙之間。有功而上不見知。有勞而下不知恤。此災異之所以來也。陛下而有意乎此。則宜申飭有司。嚴戒將帥。察其勞苦憂傷之情。憫其貧窶凄凉之實。番休以時。役使有則。勿以微勞為不足念。而有功必賞。勿以小校為不足問。而有憂必恤。則竭力效死而無還心矣。天怒其有不回者乎。其十曰。謹刑罰以召和氣。舜之命官。先播穀以敷教。而後極於刑。蓋有以益其民之身。又有以善其民之心。不獲已制刑焉。而刑之所施。又必察其情。當其罪。是亦惟刑之恤之意也。周官大司徒以八刑糾民。在三物以教之後。而其所糾。有不孝。不睦。不婣。不弟。不任。不恤。造言亂民而已。所謂刑者。祇所以教之也。其仁愛忠厚之至。上自有虞成康之世。刑措不用幾四十年。此所謂置天下於仁義者也。今之任廷尉者。不以人命為心。司天牧者。不以民痛為念。為士師者不以弼教為事。是其心術念慮。惟貨惟內。則訖富。訖威也。亟指道以明。則鍛鍊以成也。游辭兩造。而避情彷律二端。小辭於或上下以知術相馭。彧彼此以文法相誘。鍛刀

之末而畫爭，扞禦之術而弗修，民無所措其手足，國無所庇其本根。聞明五刑矣，未聞正四凶之罪以服天下也。聞黜四贓矣，未聞刑不孝之人以勵風俗也。上之人不以善道待天下，故風化所被，刑獄滋章。一歲之內，子弟殺父兄者十之二三，妻殺夫者十之四五，幼凌長者十之六七，下凌上者十之八九。人道絕滅，天理不容，怨毒充盈，上干和氣，刑獄衆矣。日何為而不蝕乎？臣願陛下以堯舜為心，以成周為法，罔厥庶獄，明清單辭，道上之德意志慮而達之民，悉民之險阻艱難而復其上，春生秋殺，一出無心，刑後德先，哀矜勿喜。如是則泰和之風、忠厚之俗，沉涵漸漬，人人之源，而天怒可回矣。其十一曰：廣仁恩以安遺黎。外患之禍，自古有之，禍患之烈，未有如今日也。曩者蜀首被害，淮襄次之，今又轉而南侵。且驚塵游騎，徧於東西南北之境矣。夷城削險，糜爛生民，兼黃無幾，驕首就戮，荒烟凍雨，冥漠無歸，結為妖氣，激為厲氣，沈為滯氣，散為游魂，徃

徃鬼哭，天陰則聞，此死者之呼冤也。摧殘餘黎，幸免屠戮，竄伏山谷，奔走道塗，流澌既竭，生理俱空，蒙袂輯屨，待哺嗷嗷，北風其涼，雨雪其雱，無衣無褐，何以卒歲？或嫁人鬻屍，或易子咬骨，或兄弟之血，前後濺野草，或夫夫婦婦更相為鯨鯢，齊魂為燕氣，趙骨化魏土。懷痛之聲，入金石出，絲竹聞之者情慼慼，屑痛不自禁。此生者之所遭也。嗚呼，均為王土也，何彼土之樂而吾土之愁也？均為赤子也，何彼民之幸而此民之重不幸也？上焉者聽民之自生自死而不知恤，下焉者聽民之或去或來而不知救，為民父母而恝無情耶？流離如此，日何為而不蝕乎？臣願陛下念死者之無辜，而求所以慰安之；憂生者之無依，而求所以安輯之。其安土重遷者則申飭監司帥守復其繇役，免其租賦；其轉徙流離者則專置一使以任其事，廩有餘粟則傾囷倒廩以紓其目前之急，官有閑田則給牛種以業其終身之苦。壯者藉以充守禦之兵，弱者藉以

備使令之役，或分其勢而不使之結，或渙其群而不使之為亂。如此則淮襄秦蜀之民復得蘇息，為陛下保境土，為陛下迓續天休，而禍亂弭，災異消矣。其十二曰：覈鹽筴以裕財用。易曰：理財正辭，禁民為非曰義。是為天下者以義為本，不以利為本；以義為利，不以利為利也。曰正云者，非蓄於義乎？大學曰：長國家而務財用，必自小人始。且理財者以君子為的，不以小人為的；以君子為利，不以小人為利也。曰務云者，非偷於利乎？蓄於義則功利之說不足以蝕人主之心；偷於利則富強之術反足以召天下之亂。有天下者其亦知所審哉！國家歲用至廣，兩稅之外，仰給於鹽筴者為多。祖宗相承，朝夕計慮，與夫賢臣謀士補葺闕遺，纖悉備具，著在令甲，皆可以經久垂遠而無弊。故商賈輸金於官謂之入納；及其請鹽於煑海之場，則待次之期有遠有近，幸而及期則泉貨流通。萬一法令或有少變，則本已消折，

尚何子利之可冀乎？比者朝廷規求近效，昧忽遠圖，凡鹽筴之利，自一孔以上，官司斡運，或謂之國用房鹽，或謂之相府鹽，無非自操利權。大抵下同商賈與民爭利，至析秋毫，氣燄炎炎迫人，商賈往往積怨。已入納者折閱無餘，未入納者逡巡改業。所貴乎鹽筴之流通者，以商人入納之數為之贏餘也。今商賈之貲用漸竭，既無以為販賣之資，而朝廷之子本不繼，又無以為斡旋之用，則是煑海者無繫可措，而停塌者無貨可居，雖壓之朝廷之勢，加之以刑戮之威，而本之則無，其何以責鹽筴之登衍哉？此貨鹽之害也。浮鹽即歸朝廷，漕臺專任變賣，鹽未至場則先將為欺，夾和灰土；鹽既至場則官司為禁抑，售高價。暨至發泄，則富户為貲，賣弄斤兩，蚩蚩之民展轉受害。中間朝廷雖有三分七分發賣之文，然商賈終於疑惑，豈肯公肆貿遷？商有商販之人，多為官司所抑，坐淹歲月，發泄未能。若謂權宜可以

為糴本之儲則糴本不專仰是也若謂多積可以為國家之利則往往分撒而入於私用也若謂三分不足以病商賈則商賈之勢竟難與官司為敵也若謂變賣不足以病民則高大之直百姓不勝於與官為市也此賣鹽之害也嗚呼民吾民也商賈亦吾民也豈有為民父母坐視其流離顛沛而不恤也哉臣願陛下特降睿旨遵守祖宗之舊法申嚴前後之指揮釐革見行之條貫使行旅流通邦儲豐衍以副陛下蓄義為富之意則二弊自革以此而消災弭變高為而不可其他脉絡之或間斷抑揜之不相應者未易殫述此十數條者乃陛下之所諮訪於臣民者誠有關於治體之汙隆氣脉之盛衰也陛下豈不知屋漏之至嚴而未能專一於敬心豈不知萬機之叢脞而未能肅清於政本豈不知流品之當清而未能公平於好惡豈不知女謁之干進而未能勇制於情慾豈不知權姦之為害而未能遏塞

其萌蘖豈不知言路之當通而未能疏滌其壅滯豈不知信任之當謹而未能致察於賢否豈不知徭役之當寬而未能禁戢於貪暴豈不知士心之當固而未能撫恤其憂勞豈不知獄訟之至繁而未能深察其情實豈不知遷民之流離而未能大布於恩澤豈不知鹽筴之病民而未能一洗於功利凡皆志慮之因循遂為聖政之疵纇意者天心仁愛人君不容不以是為陛下告乎春秋二百四十二年而日蝕者二十有六西漢二百一十二年而日蝕者五十有二唐二百八十九年而日蝕者九十有三未有如今日之蝕也豈可以尋常之變待之乎陛下倘不以為尋常必穆然而思曰夏正謹始朔旦紀元天令方新朝綱甫肅離明赫赫遽爾翳蒙得無陽剛之德有間斷歟得無君道仁政有虧闕歟而愚臣區區之意則以為國本者國脉之所關國是者國勢之攸繫而陛下未及有所諮訪豈聖心固有定論

不待臣民之論列耶抑亦畏人多言而闕然其問也然此大事也豈容置而不問蓋國本早定則天下之人望有所歸而姦權不敢有睥睨漢鼎之心國論不凝則萬世之基圖無所屬而豪傑或有輕視宗祧之意故臣願陛下深入思慮早定國計堅凝國論正以此也陛下春秋四十有三矣即位亦二十有三年矣閱天下之義理不為不多矣乃者中外小大之臣不避斧鉞之誅每有論奏率以宗社大計為言陛下建學于內博采精擇似亦有意乎此矣然聖意猶豫未即裁決此臣所以不敢已於言也陛下端平之政闢衆正之門塞群邪之路翕翕向元祐僅及半載議論一變而嘉熙之雜淳祐之專紛紛未定矣陛下既不待群臣之請自更化絃於前則豈可不俯聽群臣之言相與堅凝於後而聖意過有憂慮鑄隙時見寢苦掛冠之請一嘗試也而陛下與之祠祿腹心臺諫之除二嘗試也而陛下見之施行

不過曰姑存體貌也不過曰姑止人言也又不過曰荊棘之路不可開也然優游漫緩之變反覆之所基繚繞包涵之中禍亂之攸伏此臣所以不敢已於言也而況古今厄運適丁茲時寅正紀元又著茲異此今不圖則陛下之勢孤而海內寒心矣其何以弭災異之變遏禍亂之萌耶故嘗為之說曰天下者祖宗之天下也祖宗惟不恤聲色不殖貨利不害善類不用小人不過言路不尚兵刑不重征歛故天變弭於上人心助於下而主勢尊安今陛下一壞於女謁之干請而主勢孤再壞於功利之刻薄而主勢孤三壞於君子之疏遠而主勢孤四壞於小人之竊弄而主勢孤五壞於忠言之不售而主勢孤六壞於兵甲之未息而主勢孤七壞於壤地之迫蹙而主勢孤八壞於暴君汙吏之斲喪苛征橫歛之椎剝而主勢孤今欲扶其壞而翼其孤含國本之定國是之疑臣未見其可也陛下幸聽臣言則天下

事尚可為。不然。壞者自壞而不自全。孤者愈孤而不自立。則劉蕡所謂宮闈將變。社稷將危。天下將傾。海內將亂者。復見於今日矣。臣不避斧鉞之誅。罄竭愚衷。冒昧一言。以為消弭災異之本。惟陛下實圖利之。臣雖畢命山林。死且不朽。干冒天威。罪當萬死。

子才又上奏曰。臣不識忌諱。嘗條舉十數事告陛下矣。然此十數事根原雖在陛下。而扶持正救。則專有賴於宰相也。比年以來。宰相多不用讀書人。間有用之。又皆書生之靡者。故其所為。求過逢君之惡。安能格君心之非。陛下奮然開悟。舉儒相而專任之。此上天悔悟以開更化之機也。此九廟神靈陰騭顯相。為國家植立無疆之休也。大臣於此念付託之匪輕。思為臣之不易。尤當刷磨舊意。振動新功。圖惟報稱。況今天下內無國本。外有強臣敵國。豈宰相玩歲愒日坐老天下事機之時乎。必論今樂蕩心之害。陳昔人流連之戒。如王曾之諫仁宗。而後敬心可一。必總朝廷之大體。守國家之法度。如劉摯之事二聖。而後政本可清。必論丁謂之才不可使在人上。如李沆。而後邪正可別。必積下內降數十封而面納。如杜衍。而後女謁可罷。必如富弼論陳執中無學術。不可為相。而後權奸可去。必如趙普收拾擲下諫紙。糊綴復進。而後言路可通。必如呂夷簡選用風憲當出聖慈。而後紀綱可肅。必如曾公亮知民疾苦。補助窮乏。而後人心可收。必如呂公著言有勞不報。何以使人。必如寇準論刑罰偏頗。亢旱立致。而後士心可一。和氣可召。必如龐籍論省冗兵。減浮費。以蘇川陝。必如王旦戒張士遜言。朝廷權利至矣。而後遺黎可安。財用可裕。乃若臣國本之定。國是則必如韓琦挾孔光傳以進。必如司馬光言天若祚國必無此事。而後可已也。其或過自菲薄。不以渡江以前宰相為規模。而安意前日之專。甚近時之快。則相業卑微。其斂不足觀矣。其何以仰稱陛下專任一相之意哉。臣仰恃聖明。不能自嘿。陛下惟毋以常談忽之。天下幸甚。

歷代名臣奏議卷之三百十

災祥

宋理宗淳祐七年夏旱。牟子才為太常博士上奏曰。臣伏自丙午之夏被命造朝。今一年餘矣。所見災異不可勝數。惟巖廊之上宴安自如。而海內之人。寒心已久。適五月不雨旱暵為災。河港斷流。秧不入土。既踰夏至。無望晚禾。縱有沾濡僅灑塵壒。最可怵者閩中之水。江西之澇同此一時。而近畿諸郡乃以旱告。上天仁愛之意厥有攸在。此非責躬修行之時乎。此非下詔求言之時乎。此非避殿減膳之時乎。臣延頸企踵以望此詔久矣。而九重深嚴迄無聲聞。臣工覬望亦失開陳。但聞今日醮內庭。明日禱新宮。今日封神祠。明日迎佛像。儻靠於衲子。聽命於黃冠。是皆無益之舉。所謂咸平明道熙寧紹興淳熙求言之故事。迄不復講。而專報靖康不舉行之失。以過天下敢言之口。此臣所以憤悶不平激而為今日之頭也。且今日之旱與庚子異。庚子之旱。旱於秋苗已種之餘。今日之旱。旱於秋苗未栽之際。已種者尚猶有望。未栽者已無餘覬矣。委之於天數之適然可乎。或曰。桑林之禱。六事自責。是湯未嘗有此失。特疑其詞而遂致其防耳。今宮中府中之事。窒而不通。治內治外之政。闕而不舉。遺擇輕而法守褻。刑罰濫而貪黷滋。則政之不節。有其實矣。干戈征斂之重交困於民生。飢饉流徙之禍偏形於田里。無仆勞而下多苦。鴻鷹散而民未安。則民之失職。已有其證矣。內而邃館。增築石山。外而新宮。大展藩屏。降及侯王之邸第。爭興輪奐之斧斤。則宮室之崇。有其所矣。權寵之地。既窟令萱。請謁之門。爭求王聖。旁及嬪嬙之貴。亦多依託之私。則女謁之盛。有其僕矣。貨財多入於水衡。寶賂交通於禁密。力之大者可以營擢位。力之微者可以鬻州符。則苞苴之行。有其信矣。謫讀

相蒙於上下。奸讒交亂於愛憎。陰毒中人者多比於含沙。睢盱行世者工侔於鬼蜮。則讒夫之昌有其驗矣。而九五之尊亢然居上。未聞出一言下一詔。如桑林之所謂禱者。其為藐天衆亦多乎。臣應之曰。今日六事之失。其形已成矣。臣民言之亦衆矣。吾君之聽亦玩矣。與其鋪陳舊失以取吾君之玩。曷若於六事之外。求其近事之切於利害者而極言之。以冀吾君之一悟乎。臣生長遠方。賦性愚猶。其敢回隱以負陛下隆天厚地之知。請遂言其槩。臣竊嘗讀易至於恒。見天地萬物之情。惟其常而已。日月惟其常。故冬北夏南。朝震夕兌。而能久照。不則不常其道矣。四時惟其常。故春震秋兌。夏離冬坎。而能變化。不則不常其化矣。聖人惟其常。故居上不驕。履素不躁。順動不失。守正不變。而能化成。不則不常其德矣。常則久。反常則息。常則善。反常則惡。常則吉。反常則凶。然則常之為道。其人君凝固善念之大機括乎。陛下以至明至聖之資。臨政願治。于今二十有四年。闢天下之理不為不多。習國家之事不為不熟。發而為政。一一中節。布在天下。著在人心者。固不可以一二枚數。然寂其著見而關係甚大者有三。事焉正人心國之精神也。陛下懲衰周監謗之失。垂情容納。天下於是服陛下之量。草茅國之氣脉也。陛下懲孤秦賤士之失。推誠尊禮。天下於是服陛下之誠。小民國之大命也。陛下懲潢池弄兵之失。加意撫綏。天下於是服陛下之仁。夫三德者。天下之所仰望以為平治者也。而陛下勉焉。可謂大過人矣。使行之力。守之篤。持之定。不間斷焉以睽其常。不二三焉以窒其常。則終始如一。時乃日新。而常之功用凝矣。然自去冬以迄于今。僅五閱月。而所為驟變若類故常。豈陛下於長久不變之義。或未之思歟。抑情意厭倦。易其舊而新是圖。必蓋棄平日之規度而不復存歟。不然。何其變之倏更之驟也。且正[illegible]

著治之表也。從者柄臣類於千官百辟之中擇其樂跡詭秘敢行不
義以為吾之役。與夫至庸極陋貪懦無恥决不至於妨吾之事者。而
後用之於要津。由是人主不得聞天下之事。是非淆亂幾所不至矣。
比歲以來。此弊已革。所用之人率皆正直。然以建議立論搴謇諤諤
輒不為人所容。蓋有厭而棄之者矣。去臘二臺諫之逐。搢紳愕眙。韋
布嗟惜。往往私竊妄議。以為二臣所以獲譴者。必其言宮庭幽隱之
過也。必其言宦寺女謁之私情也。必其言君子小人之朋比也。及退
而考其所為。則為其議論久靜而再言嵩之。為其彈劾甫息而又論
陳韡。夫權奸接跡。表裏為欺。論之誠是也。今乃借中傷善類之名。以
逐之。而不顧其指揮之乘快也。稽諸故典。唐介劾文彥博。斥去未久。
旋復召用。今嵩之已都書殿之禁。陳韡亦受元樞之命。而琰與昂英
一斥五月。未聞有召用之期。旌直言者固如是耶。此臣之所未諭也。
一詞臣之去。中外小大之臣相與驚疑。私竊妄議。以為詞臣之所以
徑去者。必以其嘗言天倫之不可昧也。必以其嘗言臺諫之不可逐
也。又以其嘗言新宮之不當建也。今退而徐考其所為。則矚其請老
非一章。求去凡十疏也。夫重於起家。輕於去國。固臣子之高致也。今
預憂暑途之可畏而聽其徑歸。姑徇人言之可畏而復預經幄。予奪
軒輊。見於思慮委折之餘。而抑侮娛嬉。形於詞意抑揚之表。待仁賢
者固如是耶。此臣之所未諭也。其他如王伀之直情徑行。雖乏委曲。
然他日之事。乃以南陽而獲譴。歲月既周。畀以遠郡。非特見天道之
當復。亦可驗聖心之易回也。而又屏之。王爚守正不阿。雖少疏通。然
龍翔之役。論諫甚力。其於聖德所補不細。今杜門求去。非特見去就
之當然。抑亦見風操之不屈也。而遂逐之。此陛下不以直臣視直臣
而銳於逐之。其失一也。早何為而不作耶。議政鄉校。鄭國以是養士

大廷。漢室以治。是士氣不可一日不養也。然所貴乎士者。以其爵祿
可辭也。白刃可蹈也。挾其所甚重而眇其所甚輕也。尊其所可貴而
輕其所可賤也。豈區區富貴可得而輕重哉。去歲四學之士。始也以
敢言而蒙禁。終也以多言而蒙辱。方其敢言也。孰不以青天白日為
清明。鳳凰麒麟為表瑞。及其多言也。既以一試之餌誘之於前。復以
不試之令制之於後。既馳驟之。復束縛之。既羈縻之。復鞭箠之。一切
以喑聾兒御童僕者為一時之予奪。使患得患失而不敢言。籍口結
舌而不復言。意向之所之甚於斧鉞之誅。而一語之輕甚過於市朝
之撻。其為獻薄不既多矣乎。三歲取士。古制也。舉於鄉。試于春官。覆
試於有司。覲策於天子之庭。盛事也。方其始也。以鄉三物教萬民而
賓興之。曰賓者。敬之至也。及其終也。鄉老及鄉大夫群吏獻賢能之
書于王。王再拜而受之。曰拜者。尊之至也。夫賓之拜之猶恐不欽。今
譊譊錚錚。群然而來。而搜索挾書之令已擬其後矣。夫挾書有禁。國
之法也。狃習於累年法制之寬。縱弛於一朝恩數之濫。陛下而有意
更革之。則先期而致戒。三令而五申。夫孰不洗心滌慮以應新令。今
告諭甫形。知聞未徧。一旦守閽之吏。禁衛之卒。已得而執何之。顛倒
其衣裳。仳離其冠屨。詬罵之聲不絕于口。而士則下入君門。不敢譁
也。捽擊之勢不絕于道。而士則下入君門。不敢聲也。間有挺特之吉
不受屈束。則相與仇視而媢嫉之。遂使鯁直之氣沮抑而不得伸。緼
蓄之胷臆而不得吐。或畏憚而遠避。或驚疑而成疾。嗚呼。何其重
不幸耶。陛下二十四年之間。未嘗有此舉動。今此手一滑而僇辱至
於如此。此陛下不以士類視士類而輕於辱之。其失二也。早其有不
作乎。撫我則后。虐我則讎。天畏棐忱。民情難保。言民則至繁而易安。
小民則至微而易動。君臣之間。交相警告。使知邦之根本專在小民

者蓋國家之亡不在大族不在諸侯。不在姦雄盜賊。而止在於小民之身。是天命未足為天命。而人心乃所以為天命也。其所關係豈小小哉。近緣因感生帝。大興土木。拓闢輦路。增廣祠庭。七八百家之居屋隨手毀除。一萬餘口之黔黎聚頭嗟怨。陛下雖捐水衡少府之積增直價。然都城之內。人心皇皇。道路籍籍。咸謂陛下興此不急之務。以毒我民。彼其窮閻故屋。暑雨淋漓。尚不能以自覆。而陛下忍毀之乎。敗絮破衾。風雪凝冱。尚不能以自溫。而陛下忍毀之乎。隆寒皸瘃。坐須窮餓。尚不能以穀其腹。而陛下忍毀之乎。陛下起自民間。其於民之疾苦。亦熟悉之矣。胡獨於此而用其忍耶。不寧惟是。毀室之謗未已。失璽之事旋興。祖宗數遺之寶。一旦失墜。陛下覺之。夫孰不以為當然。掌寶玉者當誅而不誅。盜寶玉者當黥而未即誅。此國法之不可貰也。而有司奉行過當。無故而估籍平民。晁沒寶貨者不可勝數。市井之間。羣談聚議。皆謂某人已籍矣。某人

已獄矣。所籍已踰所失矣。夫平民見利而還。叔豈知其為寶玉大弓哉。使其知之。倘敢以一身輕冒法禁。此其情亦可以闊略矣。昔太祖皇帝謂朕有三條帶。汴河一條。惠民河一條。五丈河一條。今淮蜀之要。藝祖宗之所寶也。陛下失其半。亦既累年矣。而不之關顧。乃因一帶而擾害百姓。臣竊為陛下惜此舉措也。秦揭竿之寇起於閭戍之卒。唐天寶之亂。起於百姓之嗟怨。萬事之得。或以一事之失而召怨。萬人之怨或以一夫之怨而生亂。此天下必然之理也。今所失非一事。所怨非一夫。陛下而可以細微而忽之。至愚而目之乎。此陛下不以小民視小民而銳於怨之。其失三也。曰何為而不作乎。夫一善之錫。可以順天也。今一失於簡賢而容受之德反其常則非所以順天矣。一使之纘可以事帝也。今再失於辱士而歡體之德反其常則非所以事帝矣。一小民之命可以永命也。今三失於害民而仁愛之德反其常則非所以永命矣。此

旱之所應也。人徒見陛下自去臘以至于今茲所失非一事。而不知上天自去臘以至于今茲所應亦非一變。陛下不數月而見此三失於天下。上天不數月而見此數異於國中。一事失。則一證見。一德虧。則一變生。影響形聲。其機甚捷。豈不大可畏哉。雖然。三者之失。固在陛下。而繩愆糾繆。則在大臣。古者大臣格君心。皆於過失未形之際。不待已形而後言也。益之戒舜。則曰任賢勿貳。去邪勿疑。是舜未嘗有疑貳之事也。召公之戒武王。則曰德盛不狎侮。狎侮君子。罔以盡人心。是武王未嘗有狎侮之事也。周公戒成王。則曰君子所其無逸。先知稼穡之艱難乃逸。則知小人之依。是成王未嘗有怨小人之事也。未嘗有此事。而二三大臣拳拳告其君者此。是敬其君而不忍置之於有過之地也。今大臣以師臣之尊。居伯益周召之位。其可不使陛下為舜武成王之君耶。然則欲改陛下之舊失以起今日之

新功。則大臣當齋戒沐浴。積其誠以告于陛下。曰學者所以傳位於陛下者。以陛下能敬賢禮士。能安民也。前日不幸而有拒諫之事。又不幸而有辱士之言。又大不幸而有害民之舉。若悔心一生。則前之所謂不幸者。皆如日月之食焉。不然。臣亦未如之何矣。陛下聖性高明。一聞此言。必翻然改悔。發自聖衷。避殿減膳。詔天下臣民。盡言朝政之闕失。然後寵章孝於既斥之餘。禮多士於阻辱之餘。安百姓於離析之餘。使天下咸曰。大哉王言。又曰。一哉王心。則簡賢之失轉而為容受。慢士之辱轉而為優禮。害民之舉轉而為安民。二十四年曰量。曰誠。曰仁。三者之德復全於今日。而無驟反故常之譏矣。天變其有不弭者歟。語云。法語之言。能無從乎。改之為貴。惟陛下力行之。子才又上言曰。臣不識忌諱。嘗條舉三失以告陛下矣。復有餘悃。竊終陳之。盜賊水旱之變交萃於今日。人皆以為國家之憂。臣則以為

國家之福是何也天下之禍常伏於人心所不慮之餘而國家之福
每兆於君心常謹畏之日正孟子所謂生於憂患死於安樂也昔李
沆相真宗每朝謁奏事畢必以四方水旱盜賊奏聞同列或以為非
沆曰人主一日豈可不知憂懼也不知憂懼則無所不至其後又謂
王旦曰沆死子必為相遽與虜和一朝疆埸無事恐有鑑遊之樂必
興土木之功矣及祥符間與丹既修好兵革不用近習用事之人始
建議封泰山祀汾陰築玉清昭應宮崇奉天書耗用寖廣旦常悒悒
不自得然不忍獨善其身以去曰誰為國家抗群小者乃薦呂夷簡
王曾等二十餘人布列于位所以小人力不能勝沆之此言其千萬
世人主恐懼修省之龜鑑乎今敵國勢大意欲飲江禍至烈矣江湖
閩越所在盜起患亦廣矣旱暵孔殷水潦並作天變亦極矣當軸居
李沆之位蘊李沆之識歷此三者之變固未嘗不奏聞以警上心也

然警省之餘亦當求所以弭災銷變之策乎今禦敵雖得人而激昂
奮厲振起事功在廟堂當有以盡其扶持之力乎盜雖有人而安靜
不擾鎮撫得宜在廟堂當有以示其意向之明乃若水旱之來亦君
相交修力行好事之時也頃者頻遣使東慮囚放罪逋須寬詔蠲賦
惠民非不懇切而昊蒼益高旱勢彌甚是必有大不可於帝意者不
然倘其室而不通感而不應耶臣之愚見則謂陛下宜痛自悔艾而
深思乎日懍然不足于心惕然不寧于心者盡其所以愛敬而彌縫
於冥冥之中以平其恨而釋其究則鬼神悅豫宗廟安妥矣挽回不
可測之天心消釋不可解之天怒延續不可終窮之天命其機括有
大於此者乎此愚臣所以拳拳納忠於陛下也惟陛下實圖利之
子才又上疏曰臣濫吹班行尸素無補比者天久不雨嘗不量愚賤
冒萬死裁一書為陛下極言三事之失且於其末致拳拳之忠所以

聖心開悟引咎責己導諫數恩以解天下之惑今已踰旬未聞有所
施行而天怒不解旱勢愈張四海臣民睹此鉅異愈益憂皇咸謂祖
宗求言具有故實惟靖康多難求及舉行此等所為已非美證堂堂
盛世所當監其失而敬天怒何乃襲其咎而玩天災乎臣竦聞其言
退而追惟靖康以前之事未嘗不痛恨當時而重有感於今日也陛
下自親政以來凡三更大化矣一更於端平其失也輕再更於嘉熙
其失也濫又再更於淳祐其失也專曰輕曰濫曰專其事雖殊其失
則一今政瑟之更幾二年于茲矣始焉剛果之氣未嘗不翕然惟慶
曆元祐之盛日慆月邁志氣不揚曾幾何時而委靡中道已遂而奔
於崇觀宣靖之域矣嘗即其實而考之其事力反不及於崇觀宣靖
而證候則有類乎崇觀宣靖也且人才國家之精神也乃者引進四
出非不招來而難進易退不肯輕出間有出者亦不能尊信而用之

其間如極論綱常者執憲端平者力拄閹戚者肅清宮禁者未嘗無
人而御屏簡記錄已真姓名者發薦揚又遺於物望彼亦不過甘心
空谷絕意中朝方之崇觀宣靖韓臣時望之偉亦有如李綱者乎有
學之精亦有如楊時者乎著德之尊亦有如許翰者乎經術之與亦
有如胡安國者乎直亮自許亦有如崔鶠李光余應求者乎威望可
倚亦有如种師道劉韐宗澤者乎是人才反不如崇觀宣靖也兵者
國之爪牙也兵不精利與空手同甲不堅實與袒裼同古人無日不
討軍實獲今與者正謂是也今子虛烏有之籍在在而有之殘誰之
兵殲於戰鬪防江之兵逃於驕墮淮東先鋒數僅二千荊楚壯士十
喪八九山西勁卒額多烏合郡國禁兵僅充廝役而倚以捍禦者又
多北來之軍圈豹養虎禍變難測加以器械鈍闕戈戟凋殘蒙衝海
鰍率多壞爛神臂床弩半就消磨駐隊舊制之不存克敵斗力之不

蓄方之崇觀宣靖間亦有六十餘萬之京城兵乎亦有二百萬之諸道
兵乎亦有二十七萬之河南北兵乎亦有一百七指揮馬步軍乎亦
有二百定之天駟戰馬乎亦有五千座之京師砲乎亦有千餘兩之
宣聞造車乎是兵事之多未如崇觀宣靖也財者國之命脈也國家
一歲通制國用正當量入以為出而近年以來横費亡藝歲終會計
已加多六七千萬一朝御札又歲新券三四十萬習視之行新措以
一千萬計銀兩以五十萬計其他諸闕之非時科降戎所之制造鎧
甲制闕之臨遣撥賜合而言之亦千餘萬其他如宮掖之横恩燕飲
之用度權奸之盜竊郡守之貪案要路之苞苴閑官冗吏送迎之支
吾郊第宮觀不急之營繕又不可枚數府庫所積在在鈔為其視崇
觀宣靖間亦有大觀西庫三四千萬緡之積儲乎亦有諸路所積三
千餘萬之積鏹乎亦有奉宸庫務一千三百餘萬之積皆乎亦有諸

鹽所鑄九百萬之錢乎亦有也豐倉四十萬之積粟乎亦有宣和六
庫上供四百萬乎亦有無額上供三百萬乎亦有京師新收一百餘
萬乎亦有諸路免夫錢六千二百餘萬緡乎雖曰半天下之勢不及
全盛之時然所積竟不啻十萬一是財計反不如崇觀宣靖也
雖然人才不如兵財不如優振而起之猶可勉強今所慮者無崇觀
宣靖之事力而有崇觀宣靖之證候何謂證候曰奉御筆也事燕游
也崇土木也逐君子也諱讜言也用權奸也用戚里也信宦官也激
盜賊也致外患也御筆始於政和四年初為楊球之代書然為陰竊
之濫觴或稱詔或稱御筆手詔或用御寶或用長印或有金塡紅刻
旨揮由中而出不在於中書門下之旨也當時三省但奉行御筆而
已陛下即位之初壁於權臣凡臨決不敢自大所謂御筆非惟不
能亦未知其為何許萬物自轉致攬權蹊路漸熟然亦未生於謗議

也今輕視四海玩弄諸臣用力於區區術數之微籠絡自謂人莫已
若矣女子宦官邸第戚里窺見罅隙請託紛如於是御筆皆至往往
夜漏十數刻之史傳呼督刻不爽大臣簽押奉行惟謹妨害政體虧
損觀聽清明之世為此弊倖陛下不欲為千萬世之令主乎宰相不
欲為千萬世之賢相乎不然何縱弛之如是也臣所謂有崇觀宣靖
之證候者此其一也天久不雨其以是乎政和以後遊燕浸多燕太
清樓有記燕保平殿有記曲燕保和殿有記幸鳴鑾堂又有記皆所
以記一時燕遊之盛而史臣書之不少隱諱者將以垂子孫之鑒為
萬代之勸也陛下富有四海紹隆大業亦幾有年詔宜競競業業視
為商鑒今得之道途咸謂陛下內庭排當寒暑不輟獻侵淮盡
出境而常舞酣歌見於自逸湖篷鳴張未盡撤而撤飲酒或至
丞朝雖游歌雲漢旱之詩尚未下避殿減膳之詔始為從容未遑

自恕曰吾惟今日耽樂耳一日遊逸為害幾何不知是心一流則自
一日至於二日而至於終身不改雖敵國急警爍原諳天嚴殿及我
亦罔聞知矣臣所謂有崇觀宣靖之證候者此其一也天久不雨其
以是乎祖宗以來宮室制度不至太廣政和初始建延福宮樓殿相
望踰越宮城自是興作不已又即延福宮之舊基建保和殿即謨聖
之地作玉清和陽宮即宮城之東建寶籙宮疊石為山號曰艮嶽亦
汰侈矣陛下纂十三葉祖宗之業所宜深監往失以示古人卑宮之
意為天下先今得之傳聞咸謂陛下聖性好大務營土木內而宮禁
四面築山多取石於南內燕息之所雖未必果有益事然內臣附會
多以人所不知為說誤陛下而陛下不悟其非此豈可令衆庶見乎
外而龍翔興建祠宇盡拓地於百姓生產作業之地雖非陛下本意
然奸臣附會多以異說沫陛下而陛下不悟其奸此豈可使外國聞

乎。臣所謂有崇觀宣靖之證候者此其一也。天久不雨。其以是乎。政和元年。陳瓘台州羈管。崇寧六年。鄒浩永州安置。此皆權奸當國。欲君玩世惜此以報怨也。今章琰李昴英居瓘浩之位。而又有瓘浩區區之心。其排斥嵩之論。列陳韓此其志豈有他哉。徒以國家比年以來。氣勢微弱。精神萎苶。皆起於小人之誤國。所以恣意極陳。將以補闕政而裨聖聰也。不謂疎狂之言。上觸宸怒。一斥五月。不復召還。前後臣隣言之屢矣。而陛下終不省悟。遂使二臣墮在遠方。曾不得復齒縉紳之列。豈盛世美事哉。矧今敵國孔熾。盜賊橫行。水旱交作。慝至迫矣。若不早霽威嚴。亟加萬一。因他人激怒。或以瓘浩之罪加之。則大體愈虧。非所以爲挽回天心之術矣。此臣所謂有崇觀宣靖之證候者此其一也。天久不雨。其以是乎。欲雪之議。若瓘浩請竄。天下之力竭天下之財必無以善其後。此忠言也。而御筆則以興訛造訕罪之。此言爲諱也。京城大水。李綱謂變異不虛發。必有感召之由。火害非易禦。必有消去之策。此忠言也。而以隄防不修。即非災異詆之。此言爲諱也。陛下自去臘以來。每有諱言之意。責賓下詔。一諱言也。風諭數語。二諱言也。春官宣諭。三諱言也。搜索懷挾。四諱言也。逐二臺諫。五諱言也。去一詞臣。六諱言也。陛下諱言於其上。群臣緘口於其下。間有冒死一言。則上下相與仇視而深嫉之。不以微罪行。則以他事去之。嗚呼。忠臣烈士所以極言敢諫者。非沽美名也。非好爲不靖也。爲人主心術慮也。爲朝廷大體惜也。爲生民大命計也。而陛下一切厭薄之。非特厭薄之。且憎嫉之矣。非特憎嫉之。且逐而去之矣。此豈盛世之美事哉。臣所謂有崇觀宣靖之證候者此其一也。天久不雨。其以是乎。方蔡京之爲中太一宮使也。既許之謝事。又使之剸甯以成之居沆。凡京所爲。一切聚之。所用。一切去之。詔曰京不遠公

上意決不向用矣。曾未三年。而五日一朝。赴堂治事矣。又未幾而落致仕矣。領三省矣。懷憾肆毒之久矣。苟可肆其一螫者。未嘗不甘心焉。積而至於禍敗。尚忍言之哉。今去相之奸與京相埒。而怨戾不可解之毒則又過之。觀其厚結游士。密伺朝廷。多積金錢。直通宮禁。兼以空鄽堧之積。以實水衛少府之儲。竊水陸之珍。以供大官玉食之奉。此其意非但如此而已也。安知其不以北事只我了得之語刼陛下乎。又安知其不詐爲遼使問京何在之語以𧧑陛下乎。此臣所謂有崇觀宣靖之證候者此其一也。天久不雨。其以是乎。祖宗盛屬不得預政。非故疏之。其所以憂思深遠至矣。鄭居中同知樞密。𥨪狗後宮之請。既罷免之。又申命之。中外交疑。道路指目。陛下臨御以來未嘗不以至公爲務。而肺腑戚屬。屢玷班行。子姓怪民。濫叨廊節。於辟猥歸於嬖族。驕淫不減於曲陽。布列卿郎。日求遷化。翱翔丞簿。其超遷。材幹者猶有可言。亂臭者是誠無謂。遠而節旄誤擬南陽。近寵迎而戚輔。有同恩澤之侯。雖比之鄭居中固亦有間。然浸淫亦非所以示天下之公也。豈天下之大。果無一人可以供陛下之耶。臣所謂有崇觀宣靖之證候者此其一也。天久不雨。其以是乎。貫譚稹首禍燕雲。揚戩何所。童貫而起。其初起於毫芒。其末流至於塞天地。亘古今。陛下總攬權綱。豈不能深燭此理。然便嬖有以中欲。甘言巽入。有以順情。陛下雖未嘗縱之。而愚依竊弄。非陛下之所能盡知者。故虛張科斂之數。其力可以移譖臣。而陛下不悟也。憑依格殺之威。其勢可以屈國法。而陛下不疑也。與領營造費用泥沙。至不貲也。而勸同錢緍。率用新榜。不肯循國計之常。掌司貨幣。愛護不謹。罪當誅也。而轉移主聽。嫁禍他人。幾不得國法之常。臣所謂有崇觀宣靖之證候者此其一也。天久不雨。其以是乎。

才亂連陷數州。諸峒結連聲勢張大。江西處吉。以至建昌盜賊間作。驅擾良民。以至此極。陛下寬以御下。仁以結民。薄海內外悉主悉臣。豈忍自壞於照臨之下。而比年或多梗化。兩淮流民。吾民道黎也。區處無術。侵迫饑甸。激而為寇。如往歲之繹騷者有之矣。汀衢建昌之民。吾赤子也。憑恃險阻。雜長相角。激而為盜。如前日之嘯聚者有之矣。閩嶺之鹽丁。江湖之峒丁。皆王民也。為守者不知撫循。興之爭刀錐之利。奪衣食之源。憤怨不平。激而為亂。如今春之猖獗者亦有之矣。始焉之激。常起於細微。終焉之憂。卒至於盛大。遂使橫行數州之廣。綿歷旬時之多。大師克之。猶未即功。茲其為力。豈不愈費乎。其難哉。臣所謂有崇觀宣靖之證候者。此其一也。天久不雨。其以是乎。宣和五年秋。虜益兵雲中。經營南寇。其冬宗維寇河東。宗傑入河北。邊遽倏聞。舉朝失色。今北邊新興。哨騎狎至。自春徂夏。勢欲飲江。壽泗吾藩籬也。地界南北。敵所必攻。驍將勢窮。士馬物故。則藩籬不可頹矣。通泰。吾根本也。地壤斥鹵。敵所必攻。人民之生聚。亭竈之積儲。公私之餘羨。悉皆破壞。則根本不可支矣。福山吾屏蔽也。去毗陵纔二十五里。而驚塵游騎直至於此。聲勢幾接於京邑。烽火直至於甘泉。則屏蔽又不可恃矣。其如淮西諸郡。間被傷殘。蜀西諸屯。時肆蹂踐。遠而至於廣西一路。又有幹腹之憂。恫疑虛喝。其意直不肯置我於度外也。天氣尚熱。變已如斯。秋風纔高。禍尤慘烈。陛下出自聖斷。分命樞臣。進屯江面。仗國威靈。克勝而後朝食。決矣。然今歲之謀。異於他日。料敵制勝。不宜輕易。行兵用師。不宜退卻。定功行賞。不宜混淆。一或反是。則何以起人心。興事功耶。此臣所謂有崇觀宣靖之證候者。此其一也。天久不雨。其以是乎。夫人物兵財。色色不逮。而亡國證候無一而不相似。此臣所以痛哭流涕。為陛下言之也。然而歌頌謳謠。

則自吾君一心始。君心得其正。則志氣清明。而天下之證候不生。君心入於邪。則昏昧擁蔽。而天下之證候皆作。先民有言。陽明勝則德性用。陰濁勝則物慾行。萬事之得失。係於一心之正不正如何耳。夫天下以一人為主。人君以一心為主。君之方寸。物慾多門。撓之者衆。攻之者繁。至可畏也。大學言治國平天下之用。而其本在乎正心。仲舒論正朝廷百官之本。而其說則始於正心。大哉心乎。其理微。誠妄消長之源。而天下萬事感應之機乎。然嘗論之。陛下之心。其初未始不正也。自人心汨之。而心始不得其正。陛下之心。其初未始不誠也。自妄念撓之。而心始不得其誠。陛下之心。其初未始不清也。自陰柔濁之。而心始不得其清。陛下之心。其初未始不明也。自利欲昏之。而心始不得其明。不能以禮制欲。而陛下之心始蕩。不能以義制事。而陛下之心始擾。此心一萌於方寸之間。而證候已見於天下國家之大。此無他。理與慾之界限不明。誠與妄之源流不別。而其應如是也。然則澄其源以為立政造事之本。其有大於正心乎。陛下清燕之頃。試省察焉。凡親政以來。聰明不及於前時。事業日負於初心者。誰實為之。必其聲色貨利有以蝕吾之天也。便僻側媚有以汨吾之天也。蜩螗蛾濩之中。不能存道心而去人心也。虛明應物之地。未能純天理而除人欲也。內嬖之多。必私心之勝也。燕游之數。必逸心之蕩也。土木之崇。必侈心之汰也。君子之疏。必敬心之衰也。正論之嫉。必誠心之怠也。奸邪之喜。必禍心之包也。貴戚宦寺之横。必愛心之纏繞也。必畏心之萌蘖也。盜賊外患之熾。必常心之驟反也。必懼心之少弛也。是心之私。起於方寸之端。其極至於結為國家沉痼弗瘳之疾。獨不可克而去之乎。臣願陛下正其身之所寄。不以私慾閒之。實其心之所發。不以妄念雜之。養此心於虛明公溥之中。一此心於善

怨壞樂之後。敘慶曆元祐之所以得。監崇觀宣靖之所以失。側身修
德下詔求言。凡事之背理傷道者悉更革之。一動作而反欲爲度。一
云爲而卽誠否僞。萬事皆善。十證並消。此孟子所謂有本者如是。而
大學所謂物有本末事有終始也。不揣其本而齊其末。則人欲肆妄
念作激而爲崇觀變而爲宣靖。不惟不能躋慶曆元祐之治。而國家
之禍恐在丁未。不在丙午也。可不懼哉。干犯雷霆不勝震慄。
子才又上言曰。臣待罪奉常食粟而已。惟曉夕露香告天。願得一雨
以釋吾君吾相憂勤之心。一二日來油雲屏屏微雷隱隱百姓翹首
以望曰今夕必雨矣。吾君吾相。庶幾其少寬矣。曾未頃刻風吹散之。
雲雨之勢。又墮虛無。是雖無言。蓋亦有意。臣因嘿坐靜而思惟前時
之三失。今日之十證。皆足以致天怒也。而怒之甚者。又有事焉。嘗
一詩其廢已久。斵喪國脈。養成敵釁。當必由此。非可以細故忽之也。

陛下遠覽古今。飽諳世故。其於禍福倚伏之機。察之熟矣。所宜運思
眇綿。動心穽寘。復兄弟本然之天性。洗國家難解之嫌疑。使幽明之
際。怨恨俱消。況寥之中。鬼魄有主。則綱常事定。骨肉釁平。上天之怒。
豈有久而不釋之理哉。臣干犯天威。罪當萬死。惟陛下赦宥。
子才又繼進論對疏曰。臣日者天久不雨。嘗竭愚忠。首陳三失。次條
十證。又於貼黃兩言天倫之當厚。乞陛下恪循故事。下詔求言。今政
事之間雖未見陛下有所改悔。而祖宗故事。則已施行。仰見陛下聖
德本自聰明。前疏未爲蒙蔽。而臣之言。亦不爲徒發也。臣初謂政在
中書。而專攻上身者罪也。政不在中書。而專攻上身者。亦罪也。臣已
進兩疏。旣已冒犯罪戾。推究災異之所從出。爲陛下言之矣。而陛下
之諸臣。豈得爲無罪耶。請極論其所以然。臣嘗謂壽聖哲爲重有感
於今日焉。天地交則爲泰。不交則爲否。否者閉塞不通之名也。故太
元準之以塞以窒。塞曰陰不之作。陽不之施。萬物否窒。窒曰陰守戶。
陽守門。物莫相干。謂天地各居其所。閉塞而不通[illegible]時也。前陰
不肯應外之陽。下氣不肯應上之氣。此臣之所謂[illegible]以[illegible]
雪者五穀之精也。去臘不雪。[illegible]者幾今之象也。今[illegible]五月。穢
節也。地久不穢。夏至爲節也。且久不雨。至於六七月之間。是皆天地
閉塞。而陰陽之氣不和也。非[illegible]矣。皆塞之證。見於上下不交之時
人孰不以爲天地自閉塞也。而不知天地之所以閉塞者。則陛下之
諸臣實爲之。諸臣謂何。宰相臺諫是也。凡其所爲不能貫通於上下
者。皆否也。而可已於言乎。所貴乎宰相者。以其能輔佐天子而進退
百官也。向也端平之初。進賢去佞。措置得宜。天下翕然稱之曰小元
祐。雖兌會壞積。履畝傷民。入洛失地。輕銳可譏。而用人一節。高掩千
古。眞賢相也。今再相淳祐。四海蒼生日夜復以端平之治望今日。而

免牘未下。旱暵百官。景象逼迫。上下煎熬。雖日不暇給。而一再進擬
大抵不能盡副天下之望。今觀其有在[illegible]行。非天子之勳戚。則大臣
之鄉舊也。非侯伯之子孫。則臺諫之州[illegible]也。非邸第之狎客。則京尹
之親密也。又觀其布在郡國。非天子之近習。則大臣之婚姻也。非勳
政之姻婭。則諸邸之子弟也。非諫坡之舊館。則臺臣之婦翁也。若直
之餽交接於閨闥深邃之間。請託之私。周旋於堂從鄉隣之密。黃髮
見齒之老。豈能制依憑機巧之人。亦松從遊之餘。胡亦有顧惜子孫
之念。人謂小相若在。穩且善惡相無。豈謂大老來歸。乃無一事公當。
遠視端平。如出兩人。近比淳祐。殆同一轍。而況胡宗愈華陰結庫礦
交相爲朋。人所共嫉。今乃拂逆公論。引援要津。淸臣溫伯左袒懸寧。
蹤跡顯著。人所共嫉。今乃敢開倖門。延入共政。調亭之說一起。[illegible]
之責難逃。況君子小人勢如冰炭。決無兩立之理。必有反覆之禍。與

其自保於一身。孰若均憂於天下。不此之務。乃反誨之。豈不重孤天下之望耶。此宰相之否也。所貴乎臺諫者。以其能繩愆糾繆。刷邪正於已然之後也。祖宗時臺諫例不兼講席。自中興後。王賓為中丞。建請復開經筵。自是每除言路。必兼講讀說書之職。由此臺諫與天子習熟。無復有敢言者。向也為權臣之私人。今則為天子之私人矣。向也供劾檢於權奸。今則受天子之宣諭矣。向也受劾章於權奸。今則受天子之詞旨矣。故上意所不予。則施矰繳於既逐之諫臣。上語所不樂。則縱斧斤於廣東之怠節。或倚上眷而執人物進退之權。或探上心而掣朝廷行事之肘。此逢君者也。乃若宰旅直士。振劘鼎彝。則弋之惟懼其不早。中書緊官。排逆貴近。則擿之惟恐其或後。權臣剛愎。睥睨台柄。則傾臺以助之。暨槐臨遣。請存臺諫。則舍若以翼之。此殆要逢者也。其他計使同列而已。獨殊然陰報私仇。而我者無與。或以惡名而中傷善類。或託公義而輕黜時賢。此行私意者也。所可謂者。擊發相於京祠已罷之後。擊殿帥於兵權已解之後。黠以備數。豈果觸邪。此懷苟心也。推原其意。不過如鄧綰輩受笑罵要好官而已。敢是省府之臣。才智輻湊。其力足以拒權奸也。中執法剛[illegible]之以倒公議之戈。聯省之長。天資柔佞。其術足以援權奸也。中執法則翼之以摩公議之壘。則是開奸邪道路之基。培國家禍亂之本者。中執法也。雖然此豈人力之所能為。不知造物者識理此禍根。養成此禍胎。將醞造何等事以壞天下國家耶。此臺諫之否也。宰相之說。不過曰所以致旱者。非一日之積也。行乎國政。如彼其新也。受任以來。未嘗畫一籌也。是則然矣。然舊學嚅嚅。非他臣比。萬壽在位。非新進比。中書再入。非生局比。觀綦既久。非釋奠比。蹇而指之。旁合公論。則天聽雖高。亦且感動矣。今所為若此。其何以回天怒乎。為今之計。當

公此心以為進賢退佞之地。固不可乘間而進所私之人。尤不可因便而任所親之吏。固不可頗情而用饞諂之徒。尤不可愛憎而嫉怙退之士也。其他鎮定事機。調齊鼎實。平章發號。皆當以一公字行之。否轉而泰。此其機乎。其或乃不逮。心終以渝。始則否之又否矣。臺諫之說。不過曰新官不可諫也。諫則嬰鱗忤旨矣。大奸不可論也。論則貽胎後禍矣。寵佞不可言也。言則沮縱章李矣。是則然矣。然大觀以致仕之命出於睿斷。則權奸未始不可去也。龍翔工役。人以為不可止。而天子暫止之。戚里貪虐。人以為不可去。而天子終去矣。則是天子未嘗不可諫。特諸臣觀望。循常不肯諫耳。為今之計。當公一心以為排擊奸邪之地。固不可任喜怒之情而報宿怨。尤不可因黨孚之偏而快私心。固不可以風聞之謾而害善良。尤不可舉瑕釁之微而黜斥遠。其他一德之疵。一事之失。一舉措之謬。皆以公心言之。否轉而泰。此其機乎。其或怙終不改。恥過作非。則否之又否矣。夫宰相失其調燮之職。而道揆之地結而為一否卦。臺諫失其風憲之職。而法守之地結而為一否卦。是以上下不交。天地不通。當雪不雪。當暑不暑。當梅不梅。當雨不雨。又激而為天地間一大否卦也。雖然又有所說。臣所論宰相臺諫。不過舉其事耳。而未論其心也。請為陛下言之。瑣瑣閹媼。挾天子之威。竄於宮禁而為天下奸邪淵藪之主。赫赫權奸。挾宮闈親與之援。竄於海濱而為天下讒佞蔟使之主。陛下內牽閹媼之愛。外怵權奸之賂。佞人儉夫。亂見罅隙。遂謂陛下因閹媼之交通。將權奸之復用也。於是寵幸者內則交結於閹媼以濟其私。外則接引於權奸以締其好。大佞者內則借譽於閹媼以固其寵。外則陰主於權奸以効其報。遂使忠臣飲氣。志士吞聲。嗚呼。陛下為社稷宗廟之主。為四海臣民之主。而不自主張。乃使若權奸若寵倖若輩

反結閹嬙之交。以取必於陛下。又倚陛下之勢以脅制於群臣。數日以來。外論頗傳陛下以外權太重。忌欲起權奸而用之。又見延來所用鯁臣。皆權姦平日之所與。遂相與讙言權奸復出矣。審如是。必交結諸臣之左右以誤陛下。此其意欲何為哉。是操王莽董卓之心以盜陛下之富貴也。夫奸利之臣所主如此。苟得一重臣如王旦力遏王欽若之不可當國。如韓琦坐政事堂出頭子勾任守忠。程押就貶所。使在我者有泰山喬嶽之勢。則中外之人乃始加畏不敢為非。今秉鈞者。不惟不能遏絕。乃反倚以為重。不惟不能竄黜。乃反推波助瀾。則將焉用彼相哉。又如李沆言丁謂有才不可用。如司馬光謂王廣淵奸邪不可近。使在我有壁立萬仞之勢。則巧佞之人乃始斂戢不敢妄圖。今謀國者不惟不能疎遠。乃反與為婚姻。不惟不能諫止。乃反與通譜叙。則將焉用彼相哉。夫宰相統百官而一宮府也。今內

倚閹嬙。外比奸邪。或相挽推。或相鼓舞。豈特祿保位之念勝。而正大之體或虧。患得患失之心多。而卓特之見或少耶。豈黨連諸臣之黨與自處。不能勝其奸。始委靡頹墮以聽其所止耶。抑畏憚權奸之氣燄自揣不能抗其鋒。始韜杜斂縮以待其自定乎。不然。何為狗曜已之私。忘天下之公。隨波逐流。事事觀望。柔小乎。失丈夫氣至此極耶。此以張禹孔光之學誤陛下之國家也。則將天地變裂。日月錯行。星辰隕墜。始漢之末造。豈止不交不通而已哉。然則上有休否之君。則下有休否之臣。否之九五曰。休否。大人吉。其亡其亡。繫于苞桑。夫否極之世。泰道有將開之機。否道有將傾之勢。然猶未離於否也。君子處此。豈可苟安而玩視乎。故安而不忘危。存而不忘亡。治而不忘亂。常有戒懼危亡之心。則繫於苞桑。堅固不拔矣。陛下當陰不消。陽不蔚之時。雖有光明正大之位。以為休否之資。雖有陽剛中正之才以為休否之道。然必深思遠慮。常懷其亡之戒。而後有苞桑不拔之固。若非恐懼修省。常憂否道之復來。念慮幾微。常恐否證之復作。表裏諸臣。未知警懼。相與為非。則否日益甚。而神器移矣。豈四海蒼生所以深望於休否之君也哉。惟陛下留神。

災祥

宋理宗淳祐十二年牟子才為兵部侍郎上疏曰臣猥以樸學獲侍經帷講說之餘蒙垂清問諮訪世事勤勤懇懇略無倦容此明主可與忠言之時也茲聞水潦為敗綿十數州奔告于朝日月相繼臣雖至愚極陋其敢隱默不言謹條變異之因上瀆淵衷之聽臣聞陰陽之氣流行天地之間舒慘焉而為寒燠明潤焉而為雨暘均則和戾則沴雖云天運有數實與人事相符聖人居泰則裁成輔相以保其和遇災則恐懼修省以求其應用能導迎善氣變災為祥否則陰疑於陽而陽不能勝必激而為災為沴矣按孔子作春秋書大水者八而不明災異之應至班固著漢五行志乃取董仲舒劉向之說推究其事或謂弑父弑君或謂兵連禍結或謂淫泆過度或謂百姓愁怨

或謂丹楹刻桷或謂政在大夫雖事以類求微近於鑿然天人之理實相貫通迪逆之機常相影響詎可歧為二致臣其感應哉臣於春秋每獨善宋方宋大水魯使弔焉對曰孤實不敬天降之災又以為君憂拜命之辱且一水之變而隣國至於遣使相弔其君至於負罪引慝如此臧文仲曰宋其興乎禹湯罪己其興也勃焉桀紂罪人其亡也忽焉可謂善於論興亡明於論感應矣嗚呼宋其罪己而興者歟至於漢唐則有李尋宋務光之流亦能指陳外親大臣後庭近習為水災之應述其儆戒深切著明而其君不能因言致省推求象類以陰盛為虞往往禍亂接跡如傳所記者何可勝嘆然則國家興衰不在於災異而在於人君之省不省明矣天人之際可不懼哉恭惟陛下膺圖御曆于今二十有九年仁心之所感格善政之所薰陶自宜天降嘉祥諸福畢至乃六月中澣諸道大水間日並發為變異常

得之傳聞見之申奏今日而報嚴衢信山澗發洪溪流暴漲兩八晝夜不止城內外如行江漢矣明日而報台婺處之水發山源出溪谷而濤頭高數丈矣又明日而報邵武延平之水輸灌建寧而城市莽為巨壑矣大抵冒沒城郭淹浸田苗損壞廬舍摧陷井邑扶蕩隄防漂流觸峙官吏溺者什之一二百姓溺者什之六七軍士溺者什之三四而湖南北之水江東西之水閩之道塗無以異於閩浙一郡之水猶為災異今東南諸郡而水毀過半焉此豈尋常細故可得而玩耶且陛下父母天地而陰陽錯逆矣主山川而摧裂湧決矣君社稷而邑陷城圮矣子萬民而暴災殄溺矣咸謂陛下駭于巨故震惕在懷必有大悔悟大修省以攄塞變異也臣東考國朝敬天愛民無如仁宗在位四十二年雨災水災間見疊作帝乃詔避殿詔減膳詔改元詔損尊號詔求直言詔寬冤獄詔問疾苦詔

發倉廩詔息征徭詔蠲租賦至誠惻怛惕然若傷苟有益於救災皆施行而無吝可謂遇災而懼矣陛下所宜取法也獨奈何其不然耶而臣深憂靜察則駸駸乎且宣和矣宣和之水暴至京城起居郎李綱上書以為變異不虛發必有感召之因災害非易禦必有消弭之策綱之意蓋謂實德不修實政不講可謂切中當時之病詔乃以水衡失職波流泛濫即非災異綱竟坐狂紕譏人言玩天變甚矣而今日之證候實似之雖水未及都城然去歲水災疊作意謂陛下必能悔悟以銷變矣而漫不經意今則日甚一日矣去歲水災尚遠意謂陛下必能警省以弭災矣而恬不見怪今則日近一日矣夫災異之來日甚一日日近一日而猶不能恐懼修省焉則宣和都城之水將必突然陛下之前矣臣非好危言以恐陛下也陰氣勃戾感召有端豈必水哉蓋將有盜賊之憂外患之虞迫逼而不可禦駭悍而不可

支者宣和自元年之既水御筆內批之絡繹猶故也神霄寶録之崇奉自如也花石應奉之科擾無禁也師成童貫之流結怨東南召釁西北不五六載虜入中國以陰召陰理所必至也夫陽明盛則德性用陰濁勝則物欲行故其不能明白洞達以迪其德性之和而惟晦昧黯黮以行其物欲之私者意之所感則為惑昵為蒙蔽為柔邪為暗僻為朋比為憸讒皆陰也氣之所應則為滯溼為札瘥為祆祲為昏盭為昏墊為沉晦皆陰也豈必水哉宣和惟不去私欲之偏是以激陰濁橫流之害今日又將忽陰沴之戒則必蹈亂亡相尋之轍矣臣不佞敢冒死為陛下條陳之其目有五曰啓私謁而大公至正之理未昭溺近習而清靜純一之德未著崇土木而恭儉簡樸之化未形庇小人而公平廣大之見未顯失人心而仁厚忠恕之澤未洽此五者根原於一心之微而流行於四海之大極而至於陰濁肆行災

害間作敗壞國家而已也且宣和之失在於降御筆以專恩威也陛下天資高明豈不知監然牽聯愛欲紛糾事為往往以獨見之偏撓中書政本之地陛下之意豈不曰恩舊之相迭操政柄而威權幾至於下移今恩舊雖歇而威權不可以不收自是心一起而獨運萬機之政安然行之而無吝矣宗親之除授戚屬之遷擢外親之特命雖邸第祈求恩舊請託有非聖心之得已者而輕重厚薄實出於陛下覆亦也如廢法何天庭之奏狀臺府之兩造有司之瑣務雖宮媼經營腐夫干預有非聖心之所嚮者而曲直是非實出於陛下裁制也如撓政何他如內批之宣諭章疏之節貼臺牒之懲戒是皆亡國之證候而宸翰絡繹詞氣峻嚴輙使往來施行急遽陛下曾不以掣肘外庭為疑是國家機括所在無出於此數事而陛下悉躬親行之臣恐行之不已意輕丞相之識兼行將相之失復見於今日祇以開私

謁之門啓捷出之徑耳此陰濁之政有類於宣和也宣和之失在於溺近習而忘遠慮也陛下至公無私豈不知監然情與愛遷事為私奪往往有蹈其覆轍者矣且宮庭屋漏之間夫孰無謹獨之學竊意陛下所以待宮妾者必有道矣然聲實流聞當中及外天下妄謂陛下徹有惑溺雖閱理至深觀安已熟萬無此失而人言如此至謂一令萱死不知幾令萱之復生一飛燕來安保百飛燕之不進道途流傳雖未必實而虧損聖德之大無出於此雖家置一喙不可得而解矣淵蛸蠖濩之中夫孰無審察檢防之念竊意陛下待閹尹者亦必有道矣然陪侍習熟至於揣摩或亦微有所預往往時以一二事取信於外故趍者瀾倒雖聖性高明照燭此輩未能盡竊威福之柄然玩而弗慮聲生勢長趨附浸多過咎浸積內則懼陛下之嚴誅並思伺察詆排以搖公議之戈戟此陰濁之政有類於宣和也宣和之失

在於崇土木以備游幸也陛下性好恭儉豈不念監然居養所移未能無愛往歲營建龍翔矣嘗飾苑囿矣以□宮之主視之不翅過矣既又以為未足無故創為新寺之役雖云經費盡取辦御前大抵施為率從科抑規撫浸廣工役繁興斬□木而先朝后妃將相之墓無所庇蔵廣進助而畿輔江浙膏腴之田半歸白奪方且包撒民居蹤鑿溪港窮奢極侈無有已時黠□敢怒而不敢言閭巷敢怨而不敢指貂璫捨此無以擅其利內司捨此無以足其欲遂致轉展工程悠邈歲月如聞此役未了又將轉而他圖某所之道觀方興某所之祠廟又起廟堂遵奉委曲施行百姓聞之心摧膽折自古人君興土木者自春秋史記歷代以來蓋皆書為過失以示萬世今災異如此而斧斤之聲不絕於耳此皆小人圖一旦之利而致人主於有過之地此陰濁之政有類於宣和也宣和之失在於膺小人以仇公議也陛下

能辨忠邪。豈不知監。而心之所倚。乃拳拳於小人之黨庇。賄相爲用
濁亂朝廷。凡五六載。此宰相之凶也。公議方以剴羨[illegible]爲請。而陛下
念之終不忘。老姦蹲踞。掾害忠良。凡數四載。此臺諫之凶也。公議方
以鶚責爲請。而陛下眷之終不忘。猥瑣之尹。因怙寵以召閧。所當卻
退也。今不卻退而反陞之。貪酷之守。因貪婪而召變。所當竄斥也。今
不竄斥而反庇之。下至一縣胥之賤。既罹于刑矣。而復脫之縲紲之
中。一皂隸之賤。既聲其罪矣。而反芘之主萃之地。君子不幸而爲小
人所擊。則一斥不反。不免有收其田里之譏。小人有時而爲君子所
排。則左遮右掩。不免有保全愛惜之意。遂使陰氣盤結於兩間。惡傳
蕃殖於散地。或處畿輔。或逃海濱。皇感人心。動搖國是。此陰濁之政。
有類於宣和也。宣和之失。在於滅天理而失人心也。陛下銷患於未
形。豈不知監。而謀慮之微。乃不及於潺綿眇容之中。甚可懼也。天下
有道。公議在朝廷。天下無道。公議在草茅。言之是耶。則遷善改過。言
之非耶。則皇自敬德。皆所以觸人君進德之機。養天下敢言之氣也。
一或仇視。則僇辱隨之。去歲嘗黥士矣。而其過在京兆。今歲嘗僇士
矣。而其責在朝廷。上乘快指揮。未免有今日陡如此之憂。下惡傷其
類。嘗恐有異時或手滑之慮。雖小夫狂生。坐愚至此。所可惜者。朝廷
舉動耳。遂使京畿視傚。幾至於與士爲敵。而其心常求以勝士。郡國
聞風。甚至於與士爲仇。而其極遂至於殺士。吁。士何負於國家。而意
向一偏。其禍遂至於如此哉。王以小民承天永命。是天下之變不在
族。不在諸侯。不在奸雄盜賊。而惟在於小民之身。有以安之。則化叛
離爲訢合。無以安之。則轉榮懷而爲梃扤。其間不能以寸。而害利胥
襄。甚可畏也。國家自寶紹以來。內郡之民。未有叛心也。端平之税畝。
淳祐之括田。不翅足矣。而去歲經界一事。爲害尤深。祖呂惠卿手實

之故智。倣李椿年砧基之陋規。誅求慘毒。社[illegible]。妖孽掠民。[illegible]至
此極。避遠未始有離心也。清野之轉徙。軍需之科數。亦云擾矣。而今
歲鈔關。爲害尤深。空山寨儲蓄之利。盡淞淮摧殘之民。諸鴻未定。離
散可憐。林燕無巢。歸棲何所。嗚呼。民何負於國家。而斃孽一起。其禍
遂至於此哉。此陰濁之政。有類於宣和也。夫水。陰物也。而其所以爲
災。則起於陰濁勝。而陽明之理有虧。物欲行。而德性之和不用。宣和
之證候。則皆陽明趨陰晦者也。而今日之證候。則無異乎宣和。宣和
之災異。則以陰濁成陰沴者也。而今日之災異。亦無異乎宣和。感召
之政。與宣和相合符。陰沴之災。視宣和爲有過。臣願陛下側身修行。
監宣和之所以失。而一以仁宗爲法。使立政造事之際。全德性而得
陽明之純。虧物欲而無陰沴之勝。則天怒可回。天災可弭。而民命可
續矣。臣又聞天聖間京城大水。宰執方晨朝未入。俄有旨放朝。王曾
亟附奏曰。天變甚異。皆臣等燮調無狀。豈可退安私室。恬然自處。亟
請入見。陳所以備禦之道。[illegible]抗疏。亦謂陛下進用丞弼。極一
時選。而政道未茂。天時未順。[illegible]臣不明耶。抑委任不篤耶。必若使
之宜推心責成。以極其效。詔之不然。則更選賢者。是災異之來。大臣
任其咎可也。今日暴水爲災。坊門貽誚。大臣固已之寅亮之德。乖調
燮之方矣。所宜竭地上章。引咎塞變。坦然自恕。則亦何詞休沐更私
第。罷朝風退。外示容與。無異他時。方且啓擬差除。相爲技拭。上玩至戒
以欺聖明。此則臣之所未諭也。若謂徒崇虛文。無益於事。則所謂實
者竟復如何。臣竊以爲莫大於協寅恭。除壅蔽。未和氣致祥。災氣致
異。而不和之象。乃在大臣。一堂之內。矛盾交馳。一念之間。水火鬬進。
之和衷之義。無協一之規。形諸四方。安有爾睦。若使好惡得其正。用
舍得其真。不爲苟同。猶足相濟。萬一各持異見。各狥私情。以喜怒爲

好惡以愛憎為用舍則必至於政令舛忤而是非亂於上黨與交盛而邪正亂於下豈不糾紛蠹麼變怪愈滋哉此則寅恭之義所當協也災異求言具有故實所以下通抑欝而內徹關遺陛下總閱忠嘉初無厭憚獨大臣惡人議己畏人多言沮不舉行與情共欝大臣平日自許以贖未必多有德尤横為奸利何用抑遏以至於斯今召怨干和者非止一端產災胎變者非止一事若非人言則君門九重何由自達若非導諫則芻茅一介誰肯盡言今縱壅遏下情遮蔽耳目竊恐天變不悟人怨不知弗慮弗圖變起不測駭而謀之豈有及哉此則壅蔽之患所當除也使大臣能自省其非深懲二患協寅恭以補燮調之失除壅蔽以消禍變之原而又亟為救弊補敗之圖行之以至誠惻怛之意毋諱護以沮吾君為善之意毋艱難以隔吾民欲達之情務恵及飢饉以召和氣則所謂實者猶庶幾於萬一也臣隱憂熏心冒進狂瞽非敢沽激惟陛下亮其愚忠

子才又上火災封事曰臣伏覩近降詔書以欝攸挺災令中外臣僚並許實封直言闕失毋有所隱者臣日者經席再啓猥以獨班獲陛緝熙嘗推明復卦大義仰致聖德修省之助復於貼黃略述火災之由而未備也方將欲有所言而陛下罪己求言之詔已下其忍吐而代茹不告陛下乎臣頃所上水疏有曰九郡之水非遠也若以遠而忽之則所謂遠者將奚然陛下之前矣臣非好為危言以恐陛下蓋欲陛下知所警懼化災異而為休祥也然下詔方尒而撥田賜額之事已喧闐於新寺矣遣使方尒而內燕排當之事已迭舉於宮闈矣夫災異如此而陛下忍玩之是樂憂也是恝然於吾民也豈陛下以其遠而不足以動吾心耶夫遠而九郡近而京畿均陛下之民也傷居尒體痛在朕躬均陛下之體也而皆棄置不問天於是始移其所謂水者而震之以火焉移其所自遠者而警之於近焉四明之火方盛大而紹興之火已襲之至日之火方信宿而御街之火又繼之旨是而後蓋無夕而不火矣或曰塗撤不先綆缶不具水潦不畜火道不表正徒不儲是以火不可救或又曰宰執尹漕殿步帥之意欲先救龍翔救邸第而後救民居是以火不可救是則然矣是徒知以火政為解而不知所以致此者固有出於火政之外也然則所以致此者何事乎臣前所謂啓私謁溺近習崇土木庇小人失人心者是也使陛下當是時以臣言為然稍知悔悟警懼舉此五者洗而清之豈不能變災為祥易禍為福耶愚臣言之於前陛下玩之於後而近又加甚焉此回祿之災所以迭發於京師衆大之區使陛下目此鉅異而痛加修省也愚臣至是安敢緘嘿取容不為陛下復舉崇觀政宣之證而鋪陳之乎且私謁之啓莫御筆為甚也去李綱去陳瓘斥唐庚斥呂

頤浩政宣間之御筆也今繳駁貴近者奪瑣闥之權疏排大姦者奪宰旅之職覈劾御史者奪都曹之階為王留行者奪司諫之任以若所為不政宣乎臣觀私謁之害其初蓋出於手滑手滑不已而近日所為又加於前是玩天災也玩天災者天必怒而降之禍焉此火之所由作也近習之溺惟閹寺為甚王黼童貫陰懷異志搖撼國本梁師成朱勔陰賊於內結怨於外此宣和之近習也今表裏衷私造謀詭秘廣闢蹊徑以啓侈心甚至與賊隷為窟穴以抗臺諫之衡與富民為道地以為直臣之穽多張羅網如阜飛蟲廣布腹心有同鬼蜮所為若此不宣和乎臣觀近習之害其初不過順適上意而已順適不已而近者所為又過於前是玩天變也玩天變者天必怒而降之禍焉此火之所以作也土木者亂之本也建延福建和陽建寧壽建保和此政和三年事也今襲慶之架造未輟而中興觀之工役又新

延祥之塗墍未竟。而西太乙之工役復起。基木之斫伐可禁也。不惟不能禁。而主萃者又與已去之姦雄互爭。幾失國家之體。邸第之包占可禁也。不惟不能禁。而度地者又預指某户民屋之當撤。幾動小民之心。所為如此。不政和乎。臣觀土木之害。其初起於祇神示崇祀事而已。為之不已。而近者所為又過於前。是玩天變也。玩天變者。天必怒而降之禍焉。此火之所以作也。小人者。公議之仇也。蔡攸一小人耳。借之庇之。鄭居中一戚屬耳。用之保之。大觀二年事也。今諫長為君子所仇。則委曲保護以全其歸。御史與善類為敵。則尊奬扶持以張其氣。碁枰一內。全局危揺。誰之過歟。劉安世元祐諫官也。劾楊畏之反覆至於累疏。今不能亟劾而援人以辯。寧不反害。孔文仲臨江人也。劾程頤而旋悔至於歐血。今劾其人而襲其位。能無泚顙。所為若此。不大觀乎。臣觀小人之害。其初不過仇視公議而已。仇視不已。而近者所仇又過於前。是玩天變也。玩天變者。天必怒而降之禍焉。此火之所以作也。人心之失。禍亂之源也。錢寶為輕。鈔法日壞。花石為援。和買倍增。此崇觀間事也。今銅鏹之弊在洩漏。在銷鉟。源日益耗而民悴。楮券之弊在偽造。在增印。直日益下而民窮。水毀之鄉檢放不實。中饑之郡。和糴已興。告訐獻田。廣行包占。雖深山窮谷亦為之擾。望青斫斫。驅抑搬移。嚴霜飛雪。曾不之恤。所為如此。不崇觀乎。臣觀人心之失。其初不過奪民之利而已。奪之不已。而近日所為又甚於前。是逆天也。逆天者。天必降之禍焉。此火之所以作也。夫啓私謁。溺近習。崇土木。庇小人。失人心。是五者若無與於天災也。而一失而為九郡之水。再失而為京城之火。捷如影響。甚可畏也。陛下於此時。亦知所鑒乎。私謁之不禁。已激而為水火之災。陛下知戒天咎。則當痛自懲艾曰。今而後不復乘快乘怒矣。遇有當行。則與二三大

臣開誠布公。審訂熟議。然後形之奎畫。如此。則天知陛下之心。然自為陛下弭未來之災矣。今火後所行。乃大不然。内批以今日廷紳氣習澆漓。文辭浮淺為可歎。其說是矣。紬繹聖意。大率欲使群臣緘口縮舌。噤無一言而後已。以先朝諸老文氣和平。旨趣簡切為可法。其說當矣。然詳觀聖意。不過使群臣宛轉唯阿。不為矯激而後已。導諛習諂。則其諂熏灼宇宙。今又從開其源。使之益諂。則其諂滋甚。是御筆之私。猶前日也。以此回天。天可回乎。是之謂筆眚。近習之不防。已激而為水火之災。陛下知畏天戒。則當痛自切責曰。今而後不以左右近習為耳目矣。遇有後使。但令遵章奏備掃除。以供禁中之役。而不任之以事。如此。則天知陛下之心。必能為陛下弭未然之變。今火後所為乃大不然。漁獵猥瑣之訟。則傳宣内旨以激不平之怒。羅絡微細之事。則張大聲勢以實屈抑之怨。盤鋸深久者。窟偉門而不止。表裏姦蠹者。梯媢道以自通。鋪張地圖。意氣揮霍。叱咤禍福。人誰敢違。則近習之恣橫。猶前日也。以此回天。天可回乎。是之謂人殃。土木之不禁。已激而為水火之災。陛下遇災而懼。則當痛自懲戒曰。今而後不復從事於營繕矣。遇有補葺關於宗社而不得免者。如春秋書城築之類。則當斟酌國力。相度事宜。不得已而後為之。役皆書時。如此。則天知陛下之心。必能為陛下弭方來之變。今火後所行乃大不然。闢拓天街。疏通火巷。意非不美。而細民驩言則曰此為龍翔增築設也。闢浚渠溝。儲積塗潦。慮非不遠。而市井竊議則曰此為邸第隄防計也。驪山作徒。昭應斤斧。駕言暫止。其勢方張。是土木之害。猶前日也。以此回天。天可回乎。是謂木妖。小人之庇護。已激而為水火之災。陛下以天災為可懼。則當痛自改悔曰。今而後不復庇護小人矣。凡有仁賢可信。則當垂情任用。篤意搜揚。不可混以憸壬。如此。則天

知陛下之心必能為陛下消他日之異今火後所行乃大不然陽遷
陰奪以成小人難拔之形假召旋阻以疑諸賢欲來之志已去之臣
留者累六七疏以全恩禮不知能如范純仁救蘇轍虞允文救陳俊
卿之諄篤乎未去之姦言者連十許章以排姦惡不知能如歐陽脩
移書責高若訥縣令陳并上疏言董敦逸郭知章之切至乎嬖人之
所惡惡人之所嬖是否泰易位邪正倒植則疑君子而庇小人猶前
日也以此回天天可回乎是之謂人孽人心之不回已激而為水火
之災陛下以天變為可畏則當痛自脩省曰今而後不復以小民為
草芥矣遇有當恤者惻隱以達其仁哀矜以拯其患不可蹙奪其生
理如此則天知陛下之心必能為陛下除他日之沴矣今火後所行
乃大不然會價低垂至為民病也今雖有稱提之令而不能寬商稅
以召和氣銅鏹日荒至為民害也今雖嚴鈺銷之禁而不能平物價

以救日前雖有內帑見緡之賜而散孚多不均何以慰嗸嗸鴻鴈歸
棲無所之民雖有諸庫支犒之賞而俵散猶未徧何以慰焦頭爛額
併日宣勞之人下至竹章木箇百姓所賴以蔽風雪作生計者也而
邸第之豪譁然呂奪市井之人不敢爭殘廬破屋百姓所賴以幸朝
夕活凍餓者也而指揮之嚴遽欲毀拆無告之民何所訴則人心皇
皇猶前日也以此回天天可回乎此之謂政癖矣九郡之水天以是
警陛下是陛下脩省之一機也陛下玩之不已固已激而為前日之
災燔御街之火天復以是警陛下是又陛下脩省之機也陛下若又
玩之則將激而為其他之變異矣天豈可玩變豈可常哉且臣究觀
往諜殆為火德將敗之證臣請痛哭為陛下終言之商丘之地唐自
閼伯商伯相土以來實主大辰而祀大火我宋受命興於商丘氣運
相因實感炎德太祖建號高宗中興應天順人皆在於此故火德興

王則火潛伏而處晦火德衰敗則火濫炎而並起昔晉士弱謂商人
閱其禍敗之釁常始於火然則火之為象其有關於國家運祚之興
亡明矣今一見而為辛卯之災再見而為丁酉之災三見而為今日
之災況一夕而至於三數見乎楚滅陳之歲晉史趙曰陳顓帝之族
也歲在貢火是以卒滅今在析木之津猶將復由明年陳災鄭裨竈
曰陳水屬也火水妃也以五成歲五及貢火而後陳卒亡夫陳大皥
之墟也火屬也宣和之水與崇寧之火稠見疊作是火王中微既激
而為靖康之變今夏之水與今冬之火前後相襲是火德浸衰豈不
激將來之變乎此臣所為懼也陛下儻見以宗廟社稷為念大加懲
悟毋謂上天為至遠而必求有以感格之毋以五事為無相關而必
求有以平和之使崇觀政宣不佳之政消靡無餘而又上念國嗣未
立下思姦邪闚覘舉臣前後之疏及諸臣之疏深省亟悟早正皇儲

以系天下之心則猶可挽回況資善落成已近龍樓問安之地教諭
遴選已得范仲朱震之流舉而施行亦無難事惟望陛下深入睿思
亟於明年改元講行此禮使匕鬯主乎宗社羽翼橫於四海問寢問
膳藹然有文王世子孝仁禮義之風則天人相與宋室其興又何卒
滅乎豈如史趙裨竈之所謂乎臣言至此血淚俱盡惟陛下念之以
開我宋寶祐億萬年無疆之休
子才又上奏曰臣聞陽失其節則火極陰生陽則火夫大臣燮理陰
陽者也固無所辭其責矣然已失之則求所以救之可也昔子產相
鄭而火亦曷嘗委之天而不求之人哉今觀春秋傳所紀謂火作子
產使循群屏攝登大徙主祏儆司宮庀人庫人各儆其事司馬司寇
列居火道焮而有備君子是以知其政既則除于國北禳于玄冥回
祿祈于四鄘又大為社以振除之災而能戒君子是以知其禮書災

室而寬其從子之材而又簡兵大蒐子太叔之廟將毀焉子產朝過復使止之憂而不傷君子以是知其仁若是者大臣救災者之所宜法也日者之火揖遜救焚且亦幸而無他變耳脫有駭焉者臣不知其何以處之也其無政甚矣雖從事禜禳僅講虛禮而恤災之事則實未有哀矜惻怛之意也今乃忽出指揮自某所至某所將盡塹之以為河港又自某家至某家將盡墟之以為火巷已燬拆者奪之未燬拆者告之既燬拆而再造者又撤之嗚呼天已災之而人又出此以厲之何其忍也何其重不幸也無告之民怨誹載路廟堂所宜念天變之方新痛人怨之已極力伸懇請緩議施行是雖出於宣諭而未必不可挽回也而乃憚於咈逆噤無一語夫子產書焚室而寬其征未聞毀其室而奪之地也子產於子太叔之廟猶不忍毀之未聞其忍於顛連之赤子而莫之恤也亦安在乎其為仁也哉且百姓之言籍籍皆曰此為龍翔爾為邸第爾則尤不可以不力爭也苟徒順上意令出惟行使怨叢於君父而禍結於國家不獨愧子產而已也晏子告其君有曰征斂無度宮室日更內寵之妾肆奪于市外寵之臣僭令於鄙民人苦病夫婦皆詛祝有益也詛亦有損聊攝以東姑尤以西其為人也多矣雖善祝豈能勝億兆人之詛嗚呼晏子之愛其君者如此是亦有媿晏子也陛下堯舜主也而二三大臣忍不以子產晏子之所以事其君者事陛下乎臣冒愚忠不識避忌

寶祐二年牟子才為起居郎因災異上奏曰臣嘗讀史見前代災異數見所感雖不同而所應亦有異然未有不趨於亡也按漢建寧以後五十有二年日食三十四地震十六大水五螟蝗四星孛十大雨雹三大雨水二大疫三地裂青蛇見御坐上大風雨雷雹南宮靈臺蠶侍中寺雌雞化為雄黑氣墮於溫德殿庭中青蛇見於玉堂殿庭中自六月雨至九月自四月不雨至十月皆一夫春秋二百四十二年古今菑異之頻數未有甚於此時也而究其所以然則皆丕於行事之實今五十二年之中所見菑異乃反過之揚賜以為皇天垂譴告之象蔡邕以為諸異皆亡國之怪是豈無所感召而然耶夷考其時有西邸賣官之事有苑囿土木之役有黨人五屬之禁有閹尹專國之謀有黃巾北宮之寇有鮮卑寇邊之擾有奸雄窺鼎之謀此無他其氣皆屬乎陰其類皆纏乎陰屬乎陰則其氣盤結於上下而不可解纏乎陰則其類布滿於上下而不能解故二氣五行之流布日月星辰之運行風雨霜露之凝結雷雹虹電之作止山川草木之變化遇之則為殃為眚為菑為怪為變異為祅祲捷乎如影響之於形聲蓋有不期然而然者臣讀史至此未嘗不扼腕痛恨於東漢之季年也今國家之證候不幸而類此蓋自貴德賤貨之風不見於上而天下率以進奉一說為博富貴利達之具自茅茨土階之儉不著於上而左右率以土木二字為耗財蠹民之藉自顯忠遂良之德不崇於上而諛佞諂臣每以譁競朋比為媒孽忠賢之地罔匪正人之論隱而廢壞紀綱暬御者反以宣諭節貼為尋常苟子不欲之風泯而負乘致寇盜賊者每以貪官污吏為藉口復境進色中國所當舉也自此政不修而敵國外患反憑藉此以為蹙國驅民之計任賢使能朝廷所當行也自疑忌相乘而奸雄之徒反竊咲此以為睥睨神器之資此天命所以去而無惠顧我國之心天變所以形而無仁愛吾君之意也故熒惑挺菑方躔斗宿而太白又晝見矣火星逆行方犯權星而日暈又躔壁宿矣榆火更新甫降飛雪而夏霜又隕麥矣日近妖怪時見形象而訛言又狎至矣最是六陽浸大之一陰未生反作妖孽雷天之號令也自四月以來天地閉塞未聞震驚之聲雷君之象也

自四月以來常噴雲飛雨未見陽明之象風物假大之時資以為[illegible]養也自四月以後風來西北率多肅殺之威寒物歸根之時所資以為芽蘖者也自四月以後陰氣乘陽率多常寒之罰漢末之菑異則疊見五十餘年之中今日之菑異則駢集於三四五月之內豈造物運行常困於數而為是適然者歟要必有以為之感召也感召者何臣前所陳七事是也請為陛下先言漢之所以失而後言今日之所當監可乎按光和元年初開西邸賣官又按中平二年帝造萬金堂於西園引司農金錢繒帛牣積堂中又令牧守茂才孝廉遷除皆責助軍修宮錢以大漢堂堂之天下所少者非財也乃汲汲焉如寠人聚財之計一時群工噤無一語惟呂彊上疏極諫以為中尚方斂諸郡之寶中府積天下之繒西園引司農之藏調廣民困費多獻少奸吏因其外百姓受其敝而帝不之省於是天下蕩然以財賄為可以致富貴穢德彰聞惡聲流播此非佳證也今日之證不幸而類此豈自宮掖創進奉之局而排金門入紫闥者類皆浩瀚無涯之財自左右有宣諭之說而貼省部撓臺府者類皆兩造不平之事嘗退觀陛下近事一二如收換文之御批以懲假托空縣徒之窟穴以洗奸利天下皆知陛下本心非急於財利者然請托之謗猶未洗然者以左右近習朝夕營求不能不為聖德之累也錢神為妖陰氣為沴變異之召其以是乎按光和三年作罼圭靈昆苑又按五年起四百尺觀又繕修南宮玉堂鑄銅人又以大漢積貯之厚其力豈不能修一囿然楊賜以為先王造囿芻牧皆來先帝上林奢約得所今廢田園驅居人畜禽獸殆非保赤子之義而帝不之省於是小人哆然趨之以為無害侈心一萌禍本遂大此非佳證也今日之證不幸而類此蓋自罼宮露臺之儉不傳而修路寢修應門皆極山節藻棁之工飛廉

桂宮之羨未消而館太一廣龍翔皆極輪奐翬飛之制然猶曰壯麗以示威重也禊祓以事禬禱也至於靈臺之飾則侈靡以自奉矣妃守之建則溺愛以自損矣嘗退觀陛下之本心如捐水衡之積而不取大農之藏未嘗無意於崇儉也左右之言一入遂至窮奢極欲而不能已也如封前代妃嬪之域申功臣墓木之禁是其本心未嘗忍於斫伐也七萃之言一售遂至斬禿丘隴而不知止也木妖民怪隨寓為沴變異之作其以是乎按建寧二年復治鉤黨殺前司隸校尉李膺等百餘人又按五年殺永昌太守曹鸞更考黨人禁錮五屬夫以大漢巍巍之天下而日與志士仁人相讎至禁錮以制其出入殺戮以絕其後裔此非佳證也今日之證雖未至於此然犯顏敢諫之士半在草萊率作興事之夫或居槃澗上方以關地為用捨以靜澈為去取故所捨所奪未必皆不肖所用所取未必皆忠賢藉令縶維以永今朝亦不過斯須之貌敬此其所為雖未必至於殺前司隸校尉殺永昌太守而要其用心之微往往過於更考黨人而禁錮其屬也忠義齰舌憤氣縈紆變異之作其以是乎按中平元年殺中常侍呂彊侍中向栩郎中張鈞二年封宦者張遜等十二人為列侯三年以宦者趙忠為車騎將軍五年以小黃門蹇碩為上軍校尉袁紹等七校尉皆統於碩夫宮闈腐夫至不足齒閒有忠者則殺之與討賊者則爵之以壯徤武畧稱者則親任之此非佳證也今北司之勢不幸而類此其作威福也則以僮奴之賤而逐天子之臺臣以交結之豐而庇帥臣之童孺其好貨財也則通日進月進之賂而恩寵或致於僥踰操獻田獻錢之訟而臣理率至於抑屈中書政本之所由系也宣諭迅速則旨揮叱咤雖屈大臣之體而不顧七萃殿司之所得轄也赦焚紛拏則甩石抛擲雖傷主帥之額而不恤凌犯階級莫此

為甚使典兵柄又將何如惡毒流布於里閭威勢震慴於中外人皆知北司有可以致富貴之勢而不知人主實操可致之權人皆知北司有可以奪命令之理而不知朝廷實握牢制之柄其口含天憲手握王爵雖十常侍之橫行八校尉之布置曾不是過氣勢翕霍威震恣行災異之作其以是乎按中平元年黃巾賊張角等起先零及涼州群盜北宮伯玉等反明年寇三輔初平三年黃巾寇兗州夫天下之禍不生於外皆生於內護軍司馬傅燮上疏以為邪正不宜共國亦猶冰炭不可同器宜思四罪之舉速行讒佞之誅則善人思進姦凶自息而帝不之省此非佳證也今日之內患不幸而類此荻浦之寇未息而長興又擾擾矣平江之盜甫平而宜興又道梗不通矣分擾要地剽掠平民舟楫為之不通行人為之俘虜人皆曰捕鹽之令嚴而民無所措手足也貪吏之毒流而民或不能心服也政令之不得其平而民或激而為亂也是則然矣而愚臣則以為邪正雜揉是否顛倒姦贓辱臺之臣不戮而尚志之士反見屈於明時驕奢誤國之帥不屈而好修之士反見惡於當世駿獢叨榮於從橐貪帥流毒於名都朝廷行事既無以當其心郡縣長吏又有以激其怨人懷笑侮家蓄憤閔一喘呼而鋤耰棘矜皆得讎其上一結約而江淛潢港皆得嗾其類黨發蕭墻而禍連四海此傅燮之所以憂陰氣積蓄怨氣充盈菑異之來其以是乎按建寧六年鮮卑寇幽并自是寇三邊寇遼西寇酒泉寇幽并入北地無歲無之蔡邕建議謂邊陲之患手足之疥搔中國之困胷背之瘭疽方今郡縣寇賊尚不能禁況此虜而可伏乎此非佳證也今國家之患不幸而類此山東之兵既竄於淮海而常為一葦趨浙之謀秦鞏之兵復誠築於舊利而日有進屯圖蜀之計二兵相望志不在小而漠北之敵又遣和議之使臨我邊

疆夫舉大兵以侵伐我之土地而遣使以要我之金帛是其為心蓋以戰為實務而以和為紿計也若姑聽其和以為餌則彼利我鈍未必能出六總管絕漠之師而受黃金鸞之獻也若委順其和以為信則彼詭我而未必不墮平涼刼盟之計而失涇隴邠沂之地也妖氛障日殺氣干霄災異之來其以是乎按初平二年袁紹逐冀州牧韓馥自領州表曹操為東郡太守三年黃巾寇兗州殺刺史劉岱曹操入援之道使上書自古姦雄窺伺見我國有疵則乘權藉勢託公行私收人心之深而後遂其所圖此非佳證也今日之勢不幸而類此蓋大姦屈伏海濱日夜幸亂以來逞其操持國柄之心或飛金羽玉以買游士或託友嗾僕以結士夫人見天下之勢浮游而未定也遂謂仔肩重任無出此姦故稱功頌德具見於玉堂策試之文擬陳十極求達於排雲叫閽之際惟冀君心之易轉豈思國事之可憂姦儔竄伏近畿巧於交結或賂書故吏延譽京師或密嗾舊胥浚明線道人見京兆之任一歲而數易也遂謂彈壓要權無踰此輩故達官貴要每薦引於黼座之前刑臣腐夫亦稱道於禁廷之密但冀黈聽之潛轉豈知宗社之或危陰類纏綿異氣充塞災異之來其以是乎臣歷觀東漢之末證候如此變異如此使當時將相大臣忠足以結人主之知謀足以制天下之動必能上義下利以懲天邸之失必能清心寡慾以止土木之役必能闢誠布公以除鉤黨之禁必能深思遠慮以遏閹尹之勢必能愛護根本以弭黃巾之寇必能厲兵秣馬以息鮮卑之難必能觀時達變以遏姦雄之謀惜乎陳蕃竇武雖能同心戮力以獎王室而不能濟之以謀雖能聘名賢以參政事而不能持之以定自是厥後劉郃唐珍張顥等輩皆執國柄矣然其失在於輸西園之錢忠諫如陽球切直如楊賜才學如荀爽雖以時望所

推蹤居顯位然皆不免於禍由是七事之失不能救正災異之來不能消弭漢業由是而遂衰漢鼎因之而遂失非當時大臣之罪歟今天下不幸而有七事之愆若不大加悔艾痛自繩削則一祖十二宗之託其何以永天命於無疆惟休之地乎故臣願上而九重力行好惡勿遂前非下而廟堂力進忠言勿順上旨監西園之失而貴德尚義以征天下監霧昆之失而崇朴尚儉以先天下監黨禁之失而登崇俊良以福天下中常侍之縱橫可監也不宜復蹈故轍以成虎視之形黃巾之寇鈔可監也不宜復循舊規以稔蕭墻之禍鮮卑之盜邊可監也不宜復示弱形以起倖亂之想如此則陽明用而天理日明陰濁消而人慾日止將見天無變異民無札瘥三光全而寒暑平矣不然無同心勠力之美而有彌縫宮府之心無聘召名賢之舉而有喜用敏銳之意無忠諫切直才學之稱而有窺言順適小智自私

之失則天心已變而難回天災已銷而復作豈不重東漢末年之憂哉臣區區樸忠睹此鉅異輒瀝忠臣之膽一紓魯女之悲積憤所形泣欲俱下惟陛下以社稷為念特采擇焉

三年子才又論雷雨變異疏曰臣聞一心之中人主對越穹蒼之地也心主乎敬天必祐之心極於肆天必警之感應之機捷如影響之應形聲非天心果有異也敬肆之念一分而災祥之應隨至甚可畏也去載明禋陛下致謹於宮庭之間惟恐少有失墜故行事之夕恭謝之旦霽景舒明祐順洊至天下萬姓咸曰陛下一念謹畏如此故天應於上人悅於下此時此意雖堯舜湯文所為不是過也使陛下緝熙此心常常謹畏無一毫少有間斷則天心眷祐常如饗帝之時矣陛下毋曰前之安乃不知自警曰引月長而侈心漸生欲念漸起至於今春而侈欲一念如火炎炎有加無已乃者燈名宮中排當夜以繼日得之傳聞見謂熾盛有獻琉璃亭子者有獻琉璃蒲萄十有獻琉璃木犀棚者奇形異狀未易殫述水陸之珍鮮畢集兆[illegible]之花果騈臻教坊隊子街市傀儡出入宮門嘈雜喧填至不可禁此所為已難訓後猶曰嬉戲云爾寖是號召京師之娼妓群唱迭和於畫其藝於蟺淵蠖濩之宮此何為者耶雖傳聞之辭閒有未實然上自百官族姓下至閭閻小夫竊議聖德不一而足雖欲止之不可也夫娼優下賤天下至穢濁至猥媟之物世以匪人目之謂其非復人道也稍自好者猶不敢近孰謂萬乘之尊宮庭之奧而使此曹治容盛飾爭為奇技淫巧之事以博一笑耶陛下六宮固不乏人何乃下來至此耶是舉也不特祖宗無此家法雖宣政濁亂之世亦未嘗有此等舉措也此又貂璫等輩愚惑陛下以至于此貂璫小人不識大體何足多責所可惜者陛下三十餘年清靜無欲之主一旦為其所

誤遂使平生素履隳壞于此耳陛下貴為人主修然有輕視天下之心自謂一世莫己若是以無所畏懼縱情極欲而不知上天雖遠未嘗不在陛下左右陟降間也歌席甫散春饗戒嚴欲念未衰敬心安在哉故乘輿已駕天氣尚和逮至中途雨忽隨至事已還內晴色又開一雨一晴變態於俄頃之間天若有意焉此距燈夕才隔宿也逮至二十一日洊雷忽震隱隱有聲越翼日夜漏下二十刻震霆大作終夕軒轟天威所臨凜乎可畏此距燈夕才五日也由是觀之一念稍侈而天以雷雨之變應之其不可侈肆如此雖然人主不貴無過而貴改過過者天心所必警改過者天心之所常祐此理昭昭不可誣也繼自今其厲夕惕之心益冰堅之戒申勑左右亟行止絕勿使貂璫無知之言再惑聽聞娼妓穢濁之類復汙宮禁如此則天意必回祐順必致亦祈天永命之一大機也不然天怒未已將降大災以

困吾國非止一雷雨之變而巳也臣忠參陛下非敢幸災亦欲陛下稍稍覺悟止絕此念耳

歷代名臣奏議卷之三百十二

歷代名臣奏議卷之三百十三

災祥

宋理宗淳祐六年秘書郎高斯得日食應詔上奏曰臣竊惟日食之災固非小變其在今日尤謂非常蓋以歲言之則適在丙午國家陽九之會也以月言之則是謂三始前代之所惡也以日言之則朔日辛卯詩人之所醜也凶哉參會厥咎已彰況未食之前曀陰累日霽於一朝譴告曉然不啻面命旣食之後餘分遽闢光不及還諏之群言良非美兆陛下克謹天戒若稽舊典豫思所以飭躬正事攙塞大異者罷元會而不講避正衙而不御卻壽觴而不舉復下明詔敷求盡言聖心憂勞群下震恐臣幸以虛薄備數周行懷欲效愚久矣敢不奉詔而悉陳之臣伏覩陛下斥去兇孽更新大化以來夙夜刻厲欲以懲革曩弊改紀庶政非不至也然行之踰年課其成效茫若捕風繫影曾未有以少慰海內之望臣竊惑之大姦嗜權巧營奪服將以遂其三世執命包藏睥睨之志陛下惕然覺悟奮獨斷而退罷之是矣諫憲之臣交疏其惡或請投之荒裔或請勒之休致或議奪其麻而壞之陛下茍行其言亦是以昭示意嚮渙釋群疑顧乃一切寢而不宣歷時既久人言不置然後黽勉傳諭委曲誨姦俾於襲經之旨妄致掛冠之請因降祠命茍塞人言抱擁存全如護拱璧夫以蔡京之去俾之謝事又削其十一官而謫之杭凡其鄉里姻婭凡為死黨者如宋喬年葉夢得林攄之徒悉皆逐去不得親近人謂上意堅定不可回奪矣曾不三年復居相位窮凶極惡以階政宣之禍今罪與京埒而罰不傷其毫毛又有姦人貪其重賄怵其甘辭於密勿之際日夜乘間伺隙而陰為之地焉是以訛言並興善類解體謂聖意之難測而大姦之必還卒操懿之禍將有不忍言者臣竊為陛

下凜凜也皇嗣未建國本久虛頃歲以來言之者唇腐齒落不知其幾疏矣陛下始而玩中而疑終而諱焉英宗之選育也仁廟春秋二十有六孝宗之選育也高廟春秋二十有五雖未正名號而聖意固已定矣陛下之年視二祖何如也顧優游不斷未有專屬非玩與非臣立長之論雖涉乎嫌然皆發乎忠誠非有他也而陛下深怪其說非疑與近者一二小臣論奏及此竊聞宣諭宰執咎進言之煩非諱與自頃以來諸臣杜口矣日陷月遷歸隙不塗安知無如定陶賂遺後宮求為漢嗣者天下祖宗之天下也陛下受之將以傳諸萬世其可牽於私係而不以大公至正之心早正而素定乎大臣者貴乎以道事君者也今也獻替之義少而容悅之意多知恥之念輕而患失之心重內降所當執奏也則不待下殿而已行濫恩所當裁抑也則不得中覆而遽命稱上之不嚴於絕惡也則進其餘黨而嘗試惹上之追仇乎盡言也則擇其甚者而排擯嫉正而庇邪善同而惡異任術而詭道樂媮而憚勞凡其過失見於群臣之論奏者固已不少陛下朞年之間虛心委寄所責者何事而其應乃爾無怪乎望治之勤而收效之遲也臺諫者所以主持公是者也祖宗之時言入輙行無所回撓所以養其氣也比日以來厭其強聒求以箝之乃有所謂宣諭者焉權究逸罰交章請罪則諭止之屈滯私授抗疏論列則諭止之且陛下以此官為何官耶蓋明目張膽主於殿陛以與天子爭是非可否者也傾可諭止之與諭之其可止乎王十朋有言紹興末臺諫奉行天子風旨有宣諭使言者有宣諭不得言者臺諫之職言不行則去其可受宣諭乎臣謂今日之病何以異此權其氣挫其銳則精神風采亦日銷月鑠而已矣陛下果何便於此侍從者所以論思獻納補闕拾遺者也祖宗以來蒐攬俊乂列布禁塗朝廷一有闕失

言語議論之臣交唱迭和國惟正救是以事無過舉今也班聯寥落虛位孔多職業隳廢氣象衰薾國有大事言之而無助爭之而無黨政之多粃抑此之由謂當世之士果無足以充是選乎則極論綱常一斥不復者其人也執憲端平掃除非類者其人也疏陳三漸力柱閫威顯劾二姦肅清宮禁者又其人也若此數人漢庭公卿孰有出右者誠能聚之本朝豈不足以折群邪而奪之氣今也或棄之而不召或召之而不力天子嚴憚而不復東記大臣觀望而不敢薦延望實之不收乃徒謂人才乏使而目前之苟可以充數豈可厚誣哉刑賞者國之紀綱也賞公則人知勸刑當則人知懼人主所以御天下者惟此二柄而已其可使之私且褻乎貴介估親第賞重複西垣駁正而遂非不省恩倖干澤汙玷郎闈瑣闥塗歸而終置不問賞不私乎近臣毒死謀出權姦國人戶知賊豈難得發姦擿伏者非但失職又褒賞之典獄訖盛更書誕謾勅牓掛壁跡捕渺茫朝廷弗竟也三凶流竄令非不嚴乃有度伏近畿押玩國法州郡故縱曾不誰何搢紳傳言相與憤惋舜之流四凶族曾不如此刑不褻乎兵財者國之大政也治兵莫大於謀帥理財莫先於節用淮閫巽懦擢自權姦趣向既邪緩急難倚今縱不能亟威望臣以代之見大夫之中豈無可任者遷延歲月重於易置豈非憂邊思職者之過乎敵窺南徼事已數載邊臣交奏曰駭聽聞夫敵之以幹腹誤我久矣而廟堂之上將信將疑應接常緩餉兵衛峙糗糧結邊丁撫夷落繕障塞明斥候非知兵者不能辦也乃蹈常襲故未急擇才臣以畀之萬一小夷不支北騎奄至自嶺以南無復橫草之備乃駭而圖之豈將有及之乎軍政之闕孰大於此國家版圖數年以來蕩析幾半永平用度不損圭銖譬如衰敗之家產垂盡而費如昔雖欲不困不可得已邊垂久戍

饋餉日繁鹽滯楮窮國計大屈此何時也而土木不休婦賜無藝白鶴
新宮斧斤之聲未絕師臣賜第版築之役將興闢之道路又謂宮掖
之間狹明禋之舊比責幣帛於版曹貢篚之地既墟至乃輟移他幣
以應命由是而推擯費侈用外庭所不得知有司所不得會者可勝
道哉邦財之蠹孰大於此陛下臨政願治非不焦勞而如前所陳無
一慊志可不思其故歟蓋自端平親政以來號曰更化者屢矣然其
所謂更化者不過下一詔書易一宰相而已至於大化之本關乎氣
運之盛衰治道之隆替當更而不更者則固未知思也本者何非陛
下之心乎陛下未明求衣寒心銷志見於視朝聽斷之時親近儒臣
詢訪得失見於旃廈從容之際雖堯舜之兢業文武之憂勤不是過
也然閭閻小人妄議聖德或謂謹獨之地立意之未誠燕閒之時窒
慾之不固貨利蝕吾之明者也而不殖之戒未嚴大姦覬還私獻絡

繹相位偶缺多歲交營君臣之間相覬以貨相賂以利此元靈汙濁
之事豈盛世所宜有哉至於便嬖側媚之人所以營惑耳目感移心
意者尤足以為清明之累竊夫巧諂而使傳幾搖妖孽外通而魁邪
密主陰姦伏蠱互煽交攻陛下之心至是其存者幾希矣夫陛下之
心大化之本也不於是乎洗濯磨淬力思所以更之乃徒立為虛言
巨寶之名而謂之更化此天心之所以未當而太異之所以示警也
雖然是心之非更之雖在陛下而格之則在大臣陛下斷自宸衷並
建二相所以責望之者豈特簿書期會之故錢穀甲兵之問而已繩
愆糾繆陳善閉邪蓋將以為澄源端本之地也捨是不圖而汲汲於
末流豈足以為賢相哉必定力國本如韓琦挾孔光傳以悟上心而
犯顏逆指非所懼必決去小人如司馬光所謂天若祚宋必無此事
而挑怨蹈禍非所恤必止絕內降如杜衍之積不數十連封面還必

裁抑嬖倖如陳俊卿之面質上前力去淵覿其能及乎此也則陛下
從而聽之其不能及乎此也則陛下以此望之庶乎言動造次交警
迭規涵養薰陶潛感密悟必使人主一頻一笑之間無往而不中其
度焉夫如是而後大臣之責盡大臣之責盡而後陛下之心正陛下
之心正而天下之事始可次第而理矣孟軻曰君子之過如日月之
食人皆見之及其更也人皆仰之陛下誠能銷變弭災以彰更化之
盛則孟軻所謂更者盍亦反其本矣臣西南寒儒頃以庚子冬雷應
詔上封事乞陛下擇才並相以是忤史嵩之流落三年未自意得逢
陛下更新大化再玷周行目睹歲旦日食之異敢不奉明詔吐其強
愚狂贅干誅惟陛下幸赦
十二年斯得為秘書少監兼侍立修注官進故事曰李丞相沆每朝
謁奏事畢必以四方水旱盜賊不孝惡逆之事奏聞上為之變色慘

然不悅既退同列以為非問丞相曰吾儕當路幸天下無事丞相每
奏不美之事以拂上意然又皆有司常行不必面奏之事後告已之
公不答數數如此因謂同列曰人主豈可一日不知憂懼也若不知
憂懼則無所不至矣
臣嘗觀唐虞盛時大臣進說其君雖平居無事未嘗不存警戒之
意蓋人主不可一日無懼心而保持是心使久而不怠則大臣之
責也禹皐陶論治於舜之前舜進禹使之昌言禹不及其他獨舉
前日洪水滔天浩浩懷山襄陵下民昏墊者以為告禹豈自伐其
功者哉蓋將以保帝舜洚水儆予之心使之不忘一日之懼所謂
昌言莫大於此後世大臣鮮能知此義者惟漢魏相粗有見乎此
相救掾史案事郡國及休告從家還至府輒白四方異聞或有逆
賊風雨災變郡不上相輒奏言之夫宣帝之時吏稱其職民安其

業亦可以言治矣稍乃常以逆耳之事告其君使之知所警懼不
敢安逸可不謂賢乎我國朝名臣李沆相真宗皇帝每奏事畢必
以四方水旱盜賊不孝惡逆之事奏聞上變色不悅同列皆止之
而沆不為止且曰人主豈可一日不知憂懼若不憂懼則無所不
至矣嗚呼沆之此言真可謂得大臣之體矣雖周公作無逸以戒
成王何以過此且咸平景德乃國家至隆極盛之際而為宰相者
不以已治安為足方以儆戒無虞為心用能紹我祖宗丕丕基傳
之無窮而施之罔極豈非萬世宰相之法哉臣竊見比者江浙閩
中諸郡同日大水流殺人民動以萬計中外一辭謂非小變然大
臣恬然視之未聞有擧李汲汲推原致異之由圖惟弭災之策為
陛下力陳之者一二廷臣不得已而有言亦人臣願忠職分之常
耳頻聞惡其強聒指為張皇抑何居其位而不知其任耶夫魏相

李沆居天下無事之時而喜言災變之事今日大臣當大異較炳
之後而惡言災變之實豈以陛下不樂聞之而預望以至此乎臣
願陛下虛懷訪逮示臣以喜聞警戒之意如舜之進其臣使之昌
言無諱自今或有變異者以開廣上心博求人言共圖銷弭之術
宗社幸甚
斯得又上奏曰臣待罪蓬山錄錄無補陛下過聽擢之攝承記注辭
不獲命日夜思惟所以稱塞者就列之初適覩國家有非常之異職
分所在敢不皇皇汲汲即為陛下言之臣竊見六月以來饒信衢婺
台歙嚴陵建寧南劍邵武諸州同時大水敗壞官寺屋廬流殺人民
以千萬計父老咸謂數十百年所無此非小變也陛下可不惕然警
懼推原致異之由求以攄塞之乎臣觀漢儒言災異謂有其事則有
其應皆為必然之理故人或不之信然本朝大儒程頤蘇軾朱熹以

為感應之理甚精其說不可盡廢廢之則人主忘警戒之心臣今采
摭漢儒所論水災之應驗諸當世行事益真有若合符者試校舉
而陳之漢儒謂政令逆時則水失其性霧水暴出百川逆溢壞鄉邑
溺人民今歲夏之月主木機興螫徹民居妨奪農務竊晝極夜不得
休息百姓以其愁苦之氣薄陰陽之和感天地之精致異招殃莫大
於此舉動逆時如此水安得而不應乎漢儒謂辟遏有德厥災水水
流殺人說者謂辟君也人君壅遏有德使不見用則水災應之今在
外之臣固有嘗嬰逆鱗一斥不復者有顯劾權姦久而不召者當此
侍從卿監班列一空之際為招徠之以補其處可也而宿題未化開
悟惟艱至於詔旨所趣命召所加則不過一二朋邪貪刻之人而已
有德壅遏如此水安得而不應乎漢儒謂道人始去湧水為災道人
者有道之人也今陛下招延敷正列于有位天下方以慶曆元祐

之治望之而因一小人輕蔑學校使師儒望士方争而去若不甚惜
比日以來復聞小人有欲陷正臣以變時事者一網盡去有其兆矣
善類孤危如此水安得而不應乎漢儒謂誅罰絶理厥災水其水也
雨殺人今陛下寬仁出於天性而草茅扣閽或觸羅織之辟事謂創
見聞者驚疑至於州縣之間冤獄孔多而輔郡殺士尤其著者道路
流傳莫不切齒內外臺臣以其肺腑莫敢言陛下深居九重亦嘗
知其事乎乃若誅罰所當加者莫核榮著也則反擁護存全不儆尤
變刑罰絶理如此水安得而不應乎漢文帝後三年藍田水出流九
百餘家壞民室八千餘所殺三百餘人漢儒謂是時匈奴犯北邊殺
略萬餘人故有水災之應往歲之冬寇入淮西大掠而去其所殺者
奚翅萬人創殘之餘民氣破傷官吏侵漁冤苦無告邊民失職如此
水安得而不應乎元帝永光五年夏水壞鄉聚民舍及水流殺人漢

儒謂是時帝遠古制，刑臣石顯用事。故有水災之應。比年以來，刀鋸之餘，氣燄日盛。士大夫無恥者趨聲投林，倚為內主。而都邑瑣細之訟，亦復漁獵以瀆聖聽。發命不由吏道，多雜。職此之由。刑臣用事如此，水安得而不應乎。凡此六者，非臣臆說。質之往諜，考之時事，信而有證，益不誣也。陛下安得視為偶然，而不亟圖所以銷弭之乎。今避殿減膳罪己求言，既寂無聞。所下寬恤詔書，辭氣平緩，殊無哀恫惻怛之意。二府引咎歸政之虛文，猶不知改。至於處置救災恤難之事，若存若亡。未聞有慨然以納溝由溺為己責，如救頭然而圖之者。此臣之所甚惑也。程頤有言，天地之間，有感必有應。所應復為感，所感復為應。今災變如此，忽而不圖。臣恐感應反覆，殆無終窮，不至於大傷敗不已。況陰盛陽微，益昭然為兵革盜賊小人將起之證，而於五勝之運，又我國家之所甚惡者乎。臣願陛下深思天戒，采用臣言，亟

下求言之詔，博求塞異之方。必先罷新寺土木，必速反忤旨諸臣，必遏絕邪說，主張善良，必謹重刑辟，愛惜士類，必加惠邊民，救其死亡，必抑遠倖臣，絕其干撓。倘能行此六者，不惑不疑，則天怒庶乎其可回，和氣庶乎其可召矣。雖然，臣復有愚見，懷欲吐露已久。今天時人事如此，其敢復有隱忍，不為陛下言之。臣觀漢成帝時，災異至衆，劉向告以銷弭之術，始終不過以和為言。其論治世之事，曰衆賢和於朝，萬物和於野。曰朝臣和於內，萬國驩於外。曰諸侯和於下，天應報於上。其論衰世之事，曰幽厲之際，朝廷不和，禍殃自此始。曰朝臣繆戾乖剌，災異數見。蓋反覆言之，至為深切。而又以和氣致祥，乖氣致異之說終焉。若向者，亦可謂善言災異矣。今陛下更新大化，厲精思治，所望於二相者何如也。協恭和衷，訓誡勉厲，非不諄切，柰何纖芥之隙不杜，佩劍之風浸成，讒人交亂其間，將至不可復合。夫佐人主燮調陰陽，何等職分，顧不以稷契皋夔濟濟相遜者自勉，而甘心於衰世背戾之風。然則乖氣致異，滿水為災，二相安得不任其咎乎。臣願陛下因天災之可畏，明以利害申諭二相，使之各棄細故，戮力一心，以濟國事，以回天意。二相和，則衆賢和，衆賢和，則萬物和。如此而猶有變異，以為明主之憂，臣不信也。臣憂愛之深，愚戇妄發，惟陛下幸赦。

斯得又上奏曰：臣伏覩御筆以諸郡水災，分命朝臣體訪被災輕重，布宣德意，且令有司給降錢米賑濟，仰見聖天子憂念元元，不皇寧處之意。然臣謂近年以來，所在常平義倉，例多羽化，況當水毀之後，儲蓄抑又可知。若令有司專仰此以充賑給，必成文具。竊見仁宗皇帝慶曆八年，河北水災，特出內藏庫錢帛，令三司轉漕斛斗賑贍。嘉祐元年，河北復被水，出內藏庫紬二十萬匹、銀十萬兩賑貸。神宗皇

帝熙寧元年，詔三司支錢五十萬貫賜河北轉運司，應副水災諸州支用，以免科擾民間。孝宗皇帝乾道元年，浙東西水災，蠲免百姓身丁錢絹，於內庫紐支撥還戶部，以充軍用。祖宗愛民之切，於有司賑給之外，又捐朝廷內帑錢物以助之，實惠及民，不為空言，所以人心感悅，天意易回。雖然，亦非特祖宗已然之事，亦陛下之所親行者。紹定二年，台州大水，命常平使者葉棠移治經理，發豐儲倉米十萬石，封樁庫錢五十萬貫，以充賑濟修城之用。是時楮價兩倍於今，計五十萬為今二百五十萬，視三祖所捐，蓋有過之。今被災之地，既廣舊比，固當悉援。然亦安可漠然視之，而徒責之諸司州郡乎。臣竊料陛下痛傷赤子死亡，未必不欲捐緡賑之，特大臣每事畜縮，逆畏陛下或有所靳，而不敢言耳。且紹定賑台之事，彌遠猶能行之，曾謂二相之賢而獨不能為之乎。夫居鈞軸之地，遇國家大災變，拘文牽俗，躊

躇顧慮不能稍稍度外行事以慰天下之心而曰國力方屈吾爲朝廷惜費殆不得爲知務矣臣謂三使者之行當各以二三百萬緡自隨所至的度被災輕重均濟近郡又當兼給以米麥幾實德宣布可以轉災爲祥朝廷每造一宮建一寺其費動以數千萬計若捐百之一二以活十州數百萬生靈之命其爲福田利益蓋有大於宮寺者矣陛下若以臣言爲可采伏乞睿旨降付三省疾速施行

景定五年斯得爲秘書少監以彗出應詔上言曰臣伏覩七月六日詔書以彗出御殿許中外臣僚直言時政缺失者臣一介妄庸受性愚直淳祐末纔對陛下擢貳蓬省講承記言竟以遇事妄發得罪而去已而朱熠沈炎何夢然之徒相與捃拾坐廢十年自分此生永訣聖代無復一言關于陛下之聽矣不謂垂死之年乃承罪己之詔諄勤懇惻導之使言臣目睹皇天震怒大禍將至其敢畏避權勢未聲

其所懷以負聖明謹瀝血忱以群臣所必不敢言陛下所必不得聞者爲獻惟陛下幸聽臣謹按國史徽宗皇帝崇寧五年正月戊戌彗出西方光芒長十餘丈徽宗大懼日進蔬食每夕焚香涕泣至數百拜星沒乃止於是慨然深照蔡京之姦不由人言奮自威斷即日罷其左僕射凡京所爲政事一切罷之除毀黨碑凡元祐姦黨指揮二十項悉從蕩滌停補役住方田廢三衛儀圜土更學法復科舉罷後苑製造蠲六尚貢物以至茶鹽錢法並詔戶部議改內外百姓歌謠鼓舞溢于塗巷近世以來以實應天精切勇猛未有過於此者後嗣安得不取法哉陛下數年以來專任一相虛心委己事無大小一切付之果得其人宜乎天心克享災害不生禍亂不作矣而庚申以來大水爲災浙西之民死者數百千萬繼以連年旱暵田野蕭條物價大翔民命如線景象急迫至此極矣今又重以非常之異妖星突出

光芒竟天夫柳爲鶉火火者國家盛德所在而彗出焉其變不小若非朝廷政事大失人心則何以致天怒如此之烈乎臣請得而枚數之祖宗立國一本忠厚大姦巨蠹始加流竄今也大臣輕於用之以怫異己庚申辛酉之間大小之臣追停遷放無月而無威則立矣如斲喪祖宗忠厚之澤何士大夫以仕進爲業者也今使刻薄小人吹毛求疵控持抵塞動觸新制進退無門旅困顛連有歷二三歲竟不得一闕而去者又使輕銳少年數人日夜改七司法鍛煉增加自薄趨薄惟恐一人之得進然但能困孤寒耳至己所欲與則雖碌碌下流超資越序而無所忌憚也人才難得自古而然並蓄兼收猶懼乏使今也以意向爲用舍以黨類爲去留自非素出其門皆棄不錄遂使懷才抱藝之士沉廢流落咨嗟憤怨有錮人於盛世之恨豈不足以傷陰陽之和乎古之大臣皆以下士爲賢吐哺握髮未嘗少懈所

以通達下情蒐攬人物共濟國事也今不務師古妄自尊大有造光範如謁鬼神越月逾年竟不得通雖有奇才異能何以自見凡此數者皆爲陛下失士大夫之心者也自井田既廢養兵之費皆仰稅租漢唐以來未有能易之者也今也騁其私智市田以餉自謂策畧高妙前無古人陛下知其非計嘗欲罷之有秋成舉行之命彼悍然不顧也白奪民田流毒數郡告牒棄物不售一錢遂使大家破碎小民無依米價大翔飢死相望有司尚謂田惡日更月易無有已時姦佃乘之咸叛其主識者謂異日浙西有亂必自公田始不特若此又四出虎狼之吏使之磨牙張吻唉咋良民柯山一關遠近爲之震驚若水三貪朝廷之所妙選吏越翁到郡數旬而聚斂至三百萬椎剝之慘不言可知朝廷鋤去縣吏本以愛民也不知反以害民一吏就擒視爲奇貨株連枝蔓殃數十家得錢數百千萬而猶未已質妻賣子

破產亡軀哭泣載塗臣所親見堂堂天朝而甘為破落州縣攤賴之
舉凡此數者皆為陛下失畿甸之心者也江漢上流國家重地中興
以後簡畀名臣彈壓撫摩未始偏廢今也舉而付之一夫容養姑息
如奉驕子頤指氣使求得欲從斬劓殺伐徧於湖廣監司守令畏慴
而不敢爭使陛下創殘遺民淪墜湯火而莫之救江西湖北歲糴給
錢其來已久今亦半給告牒人情寧不洶洶以至市舶盡利而蕃夷
怨鹽法苛急而商賈怨比日以來復聞廣寇贛盜相挺而起凡此數
者皆為陛下失遠民之心者也然此特臣田間所知萬分之一二耳
淮海以西嶺蜀以東千萬人之怨又奚止是哉陛下所恃以有天下
者人心而已今大臣盡失之則其相與愁痛號叱哀籲上蒼產妖鍾
孽以警悟陛下以昭示危亡又何足怪哉況近歲以來天生柔佞之
徒布在世間立人本朝惟知有權門而不知有君父或稱其再造王

室或稱其元勳不世或直以為功不在禹周公下虛美溢譽日至上
前營惑聖明掩蔽罪惡遂使陛下深居九重尊倚一相高枕而臥謂
如泰山四維之真可倚不知其下失人心上招天譴乃至於此豈非
群臣附下罔上之所致哉陛下試觀五年之間廷紳奏疏不知凡幾
千百亦有一語事關廊廟者乎意之異已者盡斥位之偪已者盡除
上自執政侍從下至小小朝紳無一而非其黨雖學校諸生亦復數
年噤無一語言路久已荊棘所以養成大臣横逆之氣人怨天怒不
至於彗出不止也且災異策免三公漢唐以來視為常事丙申雷變
陛下亦嘗奮發剛斷一日而罷二相今彗星之應至不忍言豈雷發
非時之比況人心皇皇萬口一辭皆指其人獨陛下不悟耳且后妃
之家未得為執政官仁宗皇帝之著令也政宣犯之終至禍敗陛下
違仁宗之令典蹈政宣之覆轍固已不合天心久矣今遇非常之變

而又不思改圖則亦何時而覺寤哉臣恐自今上天不復譴告而傷
敗旋至矣臣忠憤所激不勝大願陛下取崇寧彗出故事反覆披覽
力見施行因大臣求退而亟許之取庚申以來一切刻薄害人之政
即日罷去申嚴仁宗著令為子孫萬世之法而又盡滌聖心力行好
事收召真賢昭洗冤魄以荅天心以慰人望如此十日而妖星不滅
則寸斬臣以謝大臣以戒狂妄臣不敢辭干冒天威不勝震懼之至
淳祐十二年國史實錄院校勘湯漢以大水應詔上奏曰君心敬肆
之分實上天喜怒之由一念之敬上帝臨女祥風慶雲所從出也一
念之肆上帝震怒妖祲陰沴所從生也又火災應詔上封事曰臣聞
任天下之大立心不可不公守天下之重持心不可不敬陛下膺皇
天之眷命受祖宗之寶圖則不當懷私恩為天下共主為億兆寄命
則不當隆私親大臣邇臣服休服釆皆陛下所倚仗也則不當信私

人三省密院皆陛下之朝廷發號布政所從出也則不當有私令四
海九州土宇版章皆陛下之倉廩府庫也則不當殖私財陛下於皇
天祖宗之德弗永念而報荅私恩於群黎百姓之疾苦弗深恤而富
貴私親公卿在廷其信任不若近習之篤中書造命其施行不若内
批之專則陛下之立心既未能盡合乎天下之公矣往者陛下上畏
天戒下恤人言内則拘制於權臣外則恐怯於強敵敬心既不敢盡
弛則私意亦未得盡行比年以來天戒人言既已玩熟而貪濁國柄
黷貨無厭彼既將恣行其私則不得不縱陛下之所欲為於是前日
之敬畏盡忘而一念之私始四出而不可禦矣姑以近事迹之定策
之碑忽從中出卿未欲親其文也貴戚子弟參錯中外卿不如是之
放也土木之禍展轉流毒訟牒細故胥吏賤人皆得藉群璫之勢徹
清都之邃卿不如是之盛也御筆之出上則廢朝令下則侵有司卿

不如是其多也賄賂之通書致之操鄉不如是其章也故凡陛下之所以未能任大守重而至於召怨宿禍者始於立心之未公成於持心之不敬私以為主而肆以行之此所以感動天地而水火之災捷出於數月之內也陛下得不亟為治亂持危之計而可復以常日玩易之心處之乎

理宗時考功郎官趙景緯以彗出于柳應詔上奏曰今日求所以解天意者不過悅人心而已百姓之心即天心也錮私藏而專天下之同欲則人不悅保私人而遺天下之公議則人不悅闤闠之糟糠不厭而燕私之供奉自如則人不悅百姓之膏血日朘而符移之星火愈急則人不悅不公於已而欲絕天下之私則人不悅不澄其源而欲止天下之貪則人不悅夫必有是數者斯足以召怨而致災願陛下捐內帑以絕壅利之謗出嬪嬙以節用度之奢弄權之貂寺素為天下之所共惡者屏之絕之毒民之恩澤佞幸為百姓之所憤者黜之棄之擇忠鯁敢言之士置之臺諫以通關鬲之壅選慈惠忠信之人使為守宰以保元氣之殘又必稽乾淳以來凡利源窠名之在百司庶府者悉隸其舊以濟經用之急公田派買不均之敝聽民自陳隨宜通變以安田里之生則人心悅天意解矣人之常情懼心每發於災異初見之時不能不潛移於謟諛交至之後萬一過聽左右寬譬之言曲為他說以自解毛舉細故以塞責而恐懼之初心弛則下拂人心上違天意國之安危或未可知又曰損玉食不若折內帑卻貢奉之為實避正朝不若塞倖門廣忠諫之為實肆大眚固所以廣仁恩又不若擇循良黜貪暴之為實蓋天意方回而未豫人心乍悅而旋疑此正陰陽勝復之會眷命隆替之機也

將作監袁甫上奏曰臣仰惟陛下祗畏天威益隆聖德因風雨震凌

之變惕然恐懼以避殿減膳為未足遍親灑宸翰布告中外俾小大臣僚咸以直言來上聖心篤切已足上格穹蒼矣臣昨廁從列茲叨祠廩目擊變異痛心疾首雖抱沉痾屏處衡茅其敢以是為解而不思所以仰荅清問是用披瀝肝膈粗陳管見惟陛下少垂聽焉臣聞聖帝明王之世天道順於上地道寧於下故無疾風苦雨之災無地震水涌之變此皆盛德感召之所致也而自今夏以來地震屢矣延七月七日白虹夜見虹颶母也越二日而颶風挾雨大肆威雷人皆曰颶母之見此先兆也臣則曰先兆之見不在乎白虹垂象之時而已著於地震示變之日記曰地載神氣神氣風霆風霆流形庶物露生且夫天氣下降地氣上騰於是乎風霆流形發生庶物斯其所謂神氣者歟夫何神氣之發育乃反為人物之殃不為祥風甘雨乃轉而為災為沴殆有甚可怪者焉土宇者所載之神氣也今則漂蕩室廬矣民人者所載之神氣也今則傷害民命矣物產者所載之神氣也今則垂成之稼掃地無餘一飽無期饑莩將見矣地震兆其端而颶風煽其毒是其咎果安在歟夫地載神氣而聖人之神氣實與之相為流通納于大麓烈風雷雨弗迷作書者以為舜之德即舜之所以為神氣也清明在躬氣志如神天降時雨山川出雲記禮者又引崧高之詩而繼之曰此文武之德即文武之所以為神氣也成王之神氣微有所昏故大風偃禾昭示譴告及夫啓金縢之書發悔過之語而反風起禾見於不旋踵之頃當是時成王之神氣其精明與舜同亦與天地同故一念感召如響斯荅然則今日之變天道未順地道未寧震動漂揉災異交作無庶物露生之應而有蕩析摧敗之憂陛下盍亦反躬內省豈吾之神氣有歉於古之帝王而然歟臣竊謂天覆地載人物處於其中同此一神氣也惟天地萬物父母惟人萬物

之靈聰明作元后實所以為神氣之主也比歲以來兵戈滿目乖戾之氣上干陰陽西蜀破矣荊襄殘矣淮甸搶攘江湖擾擾民人死亡何可勝計今又示之以地震重之以風雨凡平時之林然而生者然而茂神氣之所發育者率皆憔悴蕭條觸目酸鼻而又物價翔踴日甚一日民將無所得食直立而須死耳夫民物之生皆地之所載而天之所覆也今天變其道地愛其寶但見寢衰之形莫覩寖明寖昌之勢可不為之寒心哉雖然亦豈無道以處此臣敢料別其條以告陛下夫天下譬猶一身身以神氣為主神氣精明然後骨力堅強血脈流通吾身可以久安而無疾治天下亦然心源者神氣也人才者骨力也兵財者血脈也自一身而宮闈自宮闈而朝廷自朝廷而天下所以主張是者神氣也所以運動是者骨力也所以流行是者血脈也陛下一澄其心源則神氣充矣一振人才之綱領則骨力強

矣一提兵財之體統則血脈通矣故天下之機括惟在陛下之一身而已且端平未更化之前嫉賢妨諫自更化之後陛下所歷之艱險變故不為不多而所以動心忍性者不為不至矣不知陛下因災異而神氣遂為之消沮乎抑因警懼而神氣愈為之精明乎夫憂窮則怵惕變平則逸豫常人之情耳聖帝明王純一不息之德則固不當若是也臣願陛下悼念災變之可畏深思平日之遊衍痛自懲艾以陛下之心對天地之心變異爭起之時固當飭躬自省變異漸息之後尤當兢業自持此心所存慄慄然常若有風恠雨拔木發屋之變臨乎其前絕荒遊之嗜好戒宴安之鴆毒杜群枉之邪徑伸忠賢之正氣燕居深處與治朝聽覽之際同一莊肅妃嬪進御與經帷講讀之時同一敬畏勿以屋漏闇室而自肆當以天鑒孔昭為可懼勿以借曰未知而自恕當以人見肺肝為難欺視聽管攝乎天君而[illegible]以外物汩精神凡務盡付於至公而毋以私昵寄心腹庶一時寬釋之邪許而惟思天下至大至重之責不可有一日之暇逸屛日前玩志之細娛而深念藝祖皇帝之金甌不可有纖毫之闕損如此則大臣不敢養驕以惰股肱小臣不敢養姦以亂耳目近臣不敢養安以稔蕭墻之禍遠臣不敢養寇以遺宗社之憂君臣上下置此身於岌岌至危至險之中天地神祇惻然感動將挈而還之於至安至固之域矣臣所謂陛下一澄其心源則神氣必充者此也人主與職事惟以進賢退不肖為職史稱鄭公之所以亡在善善而不能用惡惡而不能去以臣觀之鄭公之罪尙在乎無剛斷之勇而其受病之源則在乎未能識善惡之真如使其真知善善真知惡惡則何遽至於亡惟其顛倒錯亂莫知適從當用者如轉石當去者如拔山卒之正不勝邪忠不敵佞佞邪滿朝則忠正路塞是以終陷於亡耳陛下收攬威

福凡所進退之人不勝其衆矣昔者所進今日不知其亡往往作賢作佞益無一定之守人謂陛下剛斷之不足臣竊窺陛下近年以來未嘗不欲用剛也特在乎審而行之耳斷在必用者宜施之於君子而勿誤施之於小人斷在必去者宜施之於小人而勿誤施之於君子則得其所謂用剛之善而不為鄭公之失矣今陛下未能別賢否之真但懲往時議論紛紛異同之弊乃以安靖為尚然所謂安靖者惟苟同而已矣君所謂可臣亦曰可君所謂否臣亦曰否以苟同為賢其意將以求安靖也殊不知是是非非力爭明辯於天理當人心乃所以為安靖阿意順指媚上諂下與所好[illegible]乃所以為大不安靖耳今災異數見天變未釋[illegible]情易搖尚何謂之安靖乎[illegible]而并為一談[illegible]

之孰得孰失人才之委靡至近年極矣臣之愚見竊謂勿以己意為逆順而以義理為逆順勿以同異定取舍而以是非定取舍庶乎陛下不受人之欺而國家享得賢之實今也不然既過有一任使有一除授則左顧右眄輙興乏才之嘆正如風痺之人縱緩不收四肢百骸不為我用謂之骨力之強可乎陛下赫然聖明照臨于上破苟同之説闢大公之途使天下人才踴躍奮迅乃可以固肌膚之會筋骸之束矣臣所謂陛下一振人才之綱領則骨力必強者此也今日急切之務兵財二事而已論者但知逐末忘本臣竊惑焉自古興王之始奮徒手而運掉一世無兵而立有兵無財而立有財蓋其精神志念沉深果斷幾未至不輕躁以先事勢可為不遲疑而失時挫而逾厲弱而益壯則何事不可為何功不可立兵財本一事血脉本相通今析而言之執政各主其一不識兵而非財兵何以養財而非楮財

何以游苟不通為一體夫作規模洗滌積弊而一新之臣未見其可也厥今中外所養之兵與凡屯戍沿邊者不為少矣而猶苦於無兵楮弊布在天下者凡四十千萬有奇其數可謂至夥矣而猶窘於無財此豈拘泥常調者所可變而通之哉陛下必思夫興王之始奮徒手而運掉一世者何術而致此彼惟不以常調處之危中求安死中求生故能易禍為福如反掌之易耳是故患兵之少而言增募者謬説也患楮之不行而言秤提者尤謬説也舉朝群臣泛泛如河中木而陛下又未嘗毅然振刷有所改作則烏能救今日傷敗危亡之天下哉或者乃曰論事易行事難今欲振刷改作必思如之何而發端又如之何而布置又如之何而究竟可也臣應之曰今日非不可振刷改作也特患未肯振刷改作耳如陛下果肯振刷改作必有其道矣且陛下亦嘗以自昔人主處艱險危急之極者而思之乎彼口之

所食者何食身之所服者何服宮嬪凡幾暬御凡幾內外有冗官冗吏否乎有濫恩橫費否乎興土木否乎侈宴集否乎獻議者或及此則笑曰是不過節用耳所用如立山而所節僅涓埃此迂談耳臣之所言異止曰節而已哉直欲陛下如興王之始奮徒手而運掉一世則必思坐卧仰膽飲食嘗膽真如越王勾踐可也必思大布之衣大帛之冠真如衛文公可也夫如是天下將曰萬乘帝王而所食如是所服如是是真欲興邦矣是真欲洗一世而更新矣妃嬪耶暬御耶土木耶宴集耶必能奮然大從減省天下傳誦曰今日汰其人矣明日又罷其事矣冗官耶冗吏耶濫恩耶橫費耶必能確然痛加裁抑天下傳誦曰今日下某令矣明日又革某弊矣陛下立心務在必行決不朝作而暮止朝廷論議至當歸一寧有甲可而乙否萬一左右之臣迎逢陛下之意以為方今事勢未至危殆之極何必先為苦節

窮蹙之態是説也乃害陛下之儉德者也所宜深警而亟斥之或又以為方今幸而人無橫議何必為此紛更張皇之舉是説也乃沮陛下之從善者也尤宜明辯而力排之陛下胡不思夫夏少康之興僅有田一成有衆一旅可謂至狹至微矣尚能振作興起挽回衰亂之邦復為隆盛之勢陛下視少康之時豈不尚易於斡旋運用乎梁武帝為侯景所逼自知必亡乃曰自我得之自我失之亦復何恨嗚呼代天作子撫有萬方危迫困辱至出此語書之史冊貽羞千古當其尚可救藥也怠而不奮及其不可支吾也猶不知悔自昔然矣可不懲乎今日之事不問智愚不拘中外同然一辭皆曰巧婦不能為無麪餅甚者則曰國將與楮俱斃其慮固苦其言固切而論及於振刷改作則又皆曰陛下猶未之肯也不特陛下未之肯為陛下左右之臣者皆未之肯也毋乃以為妨己而不暇計國乎不思皮之不存毛

將安傳計國乃所以為已計也陛下躬率於上將有管晏為時而出
如陛下猶欲以平時架漏之具文而施之於傷敗危亡之天下則雖
有管晏猶不知為陛下計而況未有管晏乎夫管晏孔門之所羞稱
也今欲求其所羞稱者尚不可得陛下亦可反而思之矣人主天下
之利勢也陛下操賞罰之利勢於掌握之內惟在乎善用之則天下
何難治之有臣所謂陛下一提兵財之體統則血脈必通者此也抑
臣復有獻焉上以言求下下以言應上勿謂言為無益也臣竊思今
日之事復有十條焉號令率多反汗取輕天下今當謹重其所發一
也賞罰未行之始天下已生疑心今當示信而勿惑二也所在軍情
不安敢於陵犯紀律今當厚恤而嚴法三也災變之後小民艱食皆
將驅而為盜今當招糴以弭姦四也秋高馬肥虜情叵測區處邊面
已為後時豈容更復悠緩五也督府制閫統體相關所宜戒飭一心

以國事而臧私情六也監司按行諸路稽務徒致煩擾亟宜別行措
置七也州縣體量田租務在實惠及下以固民志八也湖淮交子盡
合易以銅楮通佈所以寬此償是說可行亦當早有定論九也安邊
所之積貯今議區畫毋致陰消潛耗十也此十條亦粗是以裨末議
然臣不敢掇拾細微以溷聖聰者蓋以治天下必使神氣精明自然
骨力強而血脈通凡此末節有不勞餘力而自舉者陛下毋以神氣
之說為迂稽諸天地驗諸人事今日之變非向時火災之比蓋火災
僅在京城未為廣也今之水災徧及外方矣不戒于火猶可諉曰居
民弗謹遂至延燎水災非細故也我宋以大德王天下先朝河決為
災猶且上下恐懼況風雨肆虐至於此極陛下其可不奮志力行一
反衰薾之光景而為興隆之氣象哉詩曰惟昔之富不如時惟今之
疚不如茲又曰我瞻四方蹙蹙靡所騁臣賤怵忠懷不自已辛位

陛下導之使言是以一吐狂瞽惟陛下財幸
吏部尚書魏了翁上奏曰臣伏見比日以來天文示異何其禍也六
月庚辰流星晝隕其占為覆軍為陰謀越十日己丑熒惑入太微垣
其占為饑為逆為疫七月戊戌太白經天其占為兵為秦強為不臣
此金火二星之變至于今未退也而火迫內垣尤為急切越六日丙
午以後金星行入東井夫孽非天作變不虛生陛下亦思所以省已
愆以回天心乎漢相王嘉謂動民以行不以言應天以實不以文下民
微細猶不可詐況於上天神明而可欺乎人皆以為至言臣謂如此
言者在二漢以來絕少抑不知民與天一也安有為欺民之事而可
以應天亦安有為欺天之事而可以動民者此猶未免於僤焉不精
然其立言之大意則固已深中乎千有餘年應天動民之實病矣臣
每見近年以來群臣封章多言陛下每遇祀饗必逢開霽每有禱祈

無不響答而臣嘗以為此特淺淺之為見者耳大水大火大兵大盜
無歲無之而不此之問乎姑以今年所聞如正月而徐邳覆軍二月
而惠寇作亂三月而黃陂逐將四月而達辛遣命五月而禁衛失伍
六月而京口挻禍七月而高郵阻兵封章奏疏非不多矣而不以是
為異也不特此也雖乾文示異無月無之亦能盡徹於陛下之聽乎
陛下聞災異聞變故未嘗不知畏懼也而臣猶有疑於動民以言應
天以文則民未可得而動天未可得而應也天未可應臣何以知之
以民未可動知之耳民未可動何以知之臣半年之間涉萬里長途
所接州縣民吏語及親故未有能深信者至江淮以來則憂危之語
日聞以此知民未可以虛言動也民未可動則天決不可以虛文應
也惟陛下實體而篤行之
權中書舍人王應麟以冬雷上言曰十月之雷惟東漢數見命令不

專姦衺並進卑踰尊外陵內之象當清天君謹天命體天德以回天心守成必法祖宗御治必總威福

洪舜俞進故事曰昔神宗時群臣請上尊號及作樂神宗以久旱不許群臣固請富弼言故事有災變皆徹樂恐陛下以同天節虜使當上壽故未斷其請臣以為此盛德事正當以示夷狄乞并罷上壽從之即日而雨弼又上疏願益畏天戒遠姦佞近忠良神宗親書答詔曰義忠言親理正文直苟非意在愛君志在王室何以臻此敢不置之枕席銘諸肺腑終老是戒更願公不替今日之志則天災不難弭太平可立俟也

臣聞詩曰文王陟降在帝左右又曰陟降厥士日監在茲上天之心與君接人君之心與天通一陟一降隨寓隨在初無毫髮之間五事有敬怠則庶徵有休咎其應如響之應聲我神祖久旱輟同

天節上壽之禮亢陽即日而雨陛下以雷變寢天基節上壽之禮積陰即日而霽夫豈人力所能致哉此心即天心天心即此心也富弼於既雨之後奏益畏天戒遠姦佞近忠良蓋姦佞之遠忠良之近即以畏天戒天意在於進君子退小人人君欽承此意而行則寅畏之實也答詔欲弼不替今日之志君臣交相儆戒宜有以祈天永命也歟臣故亦願陛下與二三大臣不以天意已回為喜常以天命難諶為懼

許應龍進故事曰劉安世嘗言於哲宗之朝曰上天之體雖高而聽卑明主所以惡文而尚質與其為祈禱之小數不若圖銷變之大方願陛下夙夜祇畏側身修行特下明詔以示罪己又許中外之臣民極言政事之缺失專委近臣考求其當以施有政命公卿輔弼同寅協恭以畏天變開衆正之路塞群枉之門誠備災之善經應變之至務也

臣謂應天以實不以文茲不易之至論也夫災異之來天所以警人主苟不講明乎實政而徒崇尚於虛文其何以轉禍為福哉夫避正殿減常膳徹音樂固足以寓兢業之忱驗占候謹齋戒嚴禱祠固足以示禬禳之意然此特應天之文爾必下詔求言以聞已之過失必散財發粟以蘇民之疾苦必輔弼之臣同寅協恭而後可以圖銷弭之方必賞罰之行不僭不濫而後可以起偷惰之習如此則君無失德朝無闕政感召之機當如影響之隨矣此則應天之實在今日所當先也竊觀近事所謂應天之文雖已備舉應天之實尤當加意中外獻言盡求其當而施行之必速賑卹雖行宜覈其實而給散之必均私謁不行則衆正之路開濫綸不感則群枉之門杜示恩威以馭將士振紀綱以尊朝廷上下一心無有

扞格則形聲和而天地應有不期而然者昔蘇軾有言熒惑犯日以太宗修德而雨足熒惑守心以二聖施仁而退舍蓋已然之明驗也惟陛下與大臣亟圖之

應龍又進故事曰真宗景德三年司天言五月朔日蝕上避正殿減而陰晦不見上語宰相曰此非朕德所致但喜分野之民不被其災耳高宗紹興元年日有黑子上曰日為太陽人主之象應天之道以實不以文若朕實德未至徒為文飾恐難動天其在君臣相與盡心行安民利物之事庶幾天變不至為災

臣聞皇天無親惟德是輔民心無常惟惠之懷苟人心說於下則天變銷於上猶影響之相應也夫天佑民而作君君承意以從事苟一念之形必以為民為先一政之施必以害民為戒矜憐撫育布德行惠使無一夫不被其澤則形聲和而天地應尚何災變之

足慮自夫闕政姦令有以干陰陽之和故譴見于天以示警戒苟能因災而懼是究是圖舉行寬恤之政俾斯民無愁嘆怨恨之聲猶可以上回天意轉妖為祥若徒避正殿減常膳以示貶損而無寵綏四方之意是特循故事耳果何以盡感格之實哉故真宗因日蝕不見不以為朕德所致而惟喜分野之民不被其災而高宗因日有黑子而欲行安民利物之事者其意蓋為是耳比者日官預占薄蝕陛下首頒御札亟率舊章御便朝損珍羞嚴恭寅畏不遑朝夕復發德音赦過宥罪恤流移而蠲租賦撫士卒而惠鰥寡仁心一形天心隨格陰雲布濩靈耀靡虧若可以上寬憂虞導迎嘉貺而謙冲退托稱慶之禮既不舉行復常之請又未俞允雖虞舜之惟時惟幾文王之小心翼翼何以踰此然應天以實不以文動人以行不以言必戒謹其所不睹恐懼其所不聞而始終如一然後可以應天心官吏謹於奉行遐邇罔不周徧而不為文具然後可以動人天人之間既和同而無間則開重暈之祥建中興之業可指日以冀矣

歷代名臣奏議卷之三百十三

歷代名臣奏議卷之三百十四

災祥

宋理宗時江東提點刑獄杜範上奏曰旱暵荐臻人無粒食楮券猥輕物價騰踴行都之內氣象蕭條左浙近輔殍死盈道流民充斥未聞安輯之政剽掠成風已開弄兵之萌是內憂既迫矣新興北兵乘勝而善鬬中原群盜假名而崛起擣我巴蜀據我荆襄擾我淮壖近又由夔峽以瞰鼎澧疆埸之臣肆為欺蔽勝則張皇而言功敗則掩覆而不言脫使乘上流之無備為飲馬長江之謀其誰與捍之是外患既深矣人主上所事者天下所恃者民近者天文示變妖彗吐芒方冬而雷既春而雷海潮衝突於都城赤地數徧於畿甸是不得乎天而天已怒矣人死於干戈死於飢饉父子相棄夫婦不相保怨氣盈腹謗言載路等死一萌何所不至是不得乎民而民已怨矣內憂外患之交至天心人心之俱失陛下能與二三大臣安居於天下之上乎陛下亦嘗思所以致此否乎蓋自曩者權相陽進妾婦之小忠陰竊君人之大柄以聲色玩好內蠱陛下之心術而廢置生殺一切惟其意之所欲為以致紀綱陵夷風俗頹靡軍政不修而邊備廢缺凡今日之內憂外患皆權相三十年醞成之如養護癰疽待時而決耳端平號為更化而居相位者非其人無能改於其舊敗壞汙穢殆有甚焉自是聖意惶惑莫知所倚仗方且不以彼為讎而以為德不以彼為罪而以為功於是天之望於陛下者孤而變怪見矣人之望於陛下者觖而怨叛形矣陛下敬天有圖旨酒有箴緝熙有記使持此一念振起傾頹宜無難者然聞之道路謂警懼之意秪見於外朝視政之頃而好樂之私多縱於內廷燕褻之際名為任賢而左右近習或得而潛間政出於中書而御筆特奏或從而中出左道之蠱惑

私親之請託熒蔽陛下之聰明轉移陛下之心術也

範遷吏部侍郎兼侍講以久旱復上言曰陛下嗣膺寶位餘二十年災異譴告無歲無之至于今而益甚陛下求所以應天者將止於減膳徹樂分禱群祀而已乎抑當外此而反求諸躬乎夫不務反躬悔過而徒覬天怒之釋天下寧有是理欲望陛下一洗舊習以新天下出宮女以遠聲色斥近習以防蔽欺省浮費以給國用薄征歛以寬民力且儲貳未立國本尚虛乞選宗姓之賢者育之宮中而教導之

又言銓法之壞廟堂既有堂除復時取部缺以徇人情士大夫既陷贓濫乃間以不經推勘而改正凡此皆徇私忘公之害未幾復上言曰天災旱暵昔固有之而倉廩匱竭月支不繼升粟一千其增未已富戶淪落十室九空此又昔之所無也甚而闔門餓死相率投江里巷聚首以議執政軍伍詳語所不忍聞此何等氣象而見於京城衆

大之區浙西稻米所聚而赤地千里淮民流離襁負相屬欲歸無所奄奄待盡使邊塵不起尚可相依苟活萬一敵騎衝突彼必奔迸南來或相携從敵因為之鄉導巴蜀之覆轍可鑑也竊意陛下宵旰憂懼寧處弗遑然宮中宴賜未聞有所貶損左右嬙嬖未聞有所放遣貂璫近習未聞有所斥遠女冠請謁未聞有所屏絕朝廷政事未聞有所修飭庶府積蠹未聞有所搜革秉國鈞者惟私情之徇主道揆者惟法守之侵國家大政則相持而不決司存細務則出意而輒行命令朝更而夕變紀綱蕩廢而不存無一事之不弊無一弊之不極陛下盡亦震懼自省詔中外臣庶思當今急務如河道未通軍餉若何而可運浙右旱歉荒政若何而可行財計空匱糴本若何而可足流徙失所遣使若何而可定敵情叵測邊圉若何而可固各務悉力盡思以陳持危制變之策

右正言兼侍講李太同上言曰趙冀分野乃有熒惑犯填星之變則我師之出豈無當長慮而卻顧者臣願陛下勿以星文為小異而或加忽一話一言一政一事必求有以格天心而弭災變

度宗咸淳九年起居舍人高斯得進故事曰漢董仲舒治國以春秋災異之變推陰陽所以錯行故求雨閉諸陽縱諸陰其止雨反是行之一國未嘗不得所欲

臣聞水旱之有祈禳古之道也何則民命所關苟有可以救之者君子必盡心焉不若是則謂之無志於民可也周禮太祝六祈有鬯人禜門祭法曰雩禜祭水旱也漢晉梁隋暨唐皆遵用之不以為世俗祈禳小數而忽之也然臣以為水旱之有祈禳猶焚溺之有救拯當急而不當緩急則可及其未然而弭之緩則災變成形無益於事矣雲漢之詩曰祈年孔夙方社不莫夙與不莫者言貴

早耳古人之於民事皇皇汲汲而圖之故曰民事不可緩也董仲舒之治江都史不載他事獨詳著其求雨止雨之法亦可見以此為先務之急矣行之一國未嘗不得所欲忱意感通宜其應之速也國家凡有水旱祈禳之禮著于令甲有司未嘗不舉而行然常失之遲緩赫赫炎炎苗將槁死而勤雨之令始行浩浩洋洋慮殫為河而閉陰之典方舉其未然者固可及救然其所傷亦已多矣有民有社災已切近勇於行之不為晉越也而猶拘攣蓄縮視儀聽唱亦何為哉雖然水旱者陰陽而已救之者縱閉而已所謂縱閉豈止於城門開闔而已哉夫淫雨為沴者陰盛陽微之證也今朝廷之上明目張膽之夫少而宛舌同聲之士多此陰也邊鄙之間投石超距之氣衰而橐甲戢兵之習痼此陰也田里之間擊壤鼓腹之音絕而疾首蹙頞之恨深此陰也光獮小矣而旗幟未見

其精明勝之用矣。盜賊不為之衰止。貪墨之吏。去之是也。而使之易鎮。償軍之將。斥之是也。而使之扞城。朝臣奸乎。膠戾乖剌。幾有漢人之患。正衙顯奏。庶官不對。幾有唐世之風。凡此皆陰盛陽微之證也。微者不縱。使之日消。盛者不閑。使之日長。安得不感天地之精而生戾氣哉。此又祈禳之大者。而尤當皇皇汲汲以圖之也。

臣憂愛之深。愚戇妄發。惟陛下幸赦。

牟濼進故事曰。乾道元年二月甲辰。以久雨避殿減膳。蠲兩浙災傷州縣身丁錢絹。決繫囚。蠲福建寺觀歲輸寬剩。二年四月戊寅。以霪雨為沴。詔侍從臺諫講究刑政所宜以聞。

臣恭惟皇帝陛下臨政願治。法祖敬天。肇新初元。與天下更始。德至渥也。乃仲春之月。一雨兼旬。霖霪未已。聖心惻然。憂民之憂。遣使察獄。捐帑賑貧。堯舜用心。何以加此。臣竊觀中興以來之治。莫盛於乾淳。而稽之史冊。元年春以久雨避殿減膳。次年夏以淫雨講究刑政。夫以壽皇勵精為治之初。君德初無絲毫之失。而頻年苦雨如此。壽皇切切然懼一政一事之間有以干陰陽之和者。即此一念。自可格天。故終不能累乾淳之治者。以此。陛下初政。罔匪大公。杜貢獻之門。絕僥倖之路。皆為民生計也。而陰沴之氣乃見於清明之時。何耶。快活條貫。日見施行。天地生物之心也。或者奉行不虔。德意忠慮。猶未達於民歟。聖恩汪洋。仁及草木。天地成物之仁也。或者猶有沉鬱于下而不能自拔者歟。禁法令所當禁。欲民知重本也。而京城游手末作者衆。或困於衣食之無資。平物價之末乎。欲民易養生也。而在在物價騰湧。每病於貿遷之無術。不傷不困。明主未嘗不欲躋世於治平。而欲壽欲安。人情終莫能盡遂也。豈無猶有乖氣致異者歟。不然。有君如此。淫雨何從而來耶。方細民艱食。計日以望二麥之登。而今壞於垂成。何以解陛下為民之憂耶。陛下謙遜。未嘗御正殿。未嘗事玉食之奉。可無愧於孝宗皇帝避殿減膳矣。臣願陛下以孝宗之心為心。詔內而侍從臺諫。講求刑政之所宜。外而監司帥守。條陳民生之疾苦。因其所已行而求其所未至。一政一令。果合人情乎。人情悅則天意回矣。然此皆目前顯然之憂也。而陰陽消長之機。又有大可畏者焉。今正人登進。善類翕集。方陽明用事。而陰晦乃爾。是可不思其故乎。陰為女子。為小人。以至夷狄盜賊。皆陰也。陛下力行通喪。孝思罔極。夫無聲色之奉。所可慮者。小人得無包藏乎。夷狄得無窺伺乎。盜賊得無竊發乎。天其或者警吾君吾相。使為持陽抑陰之計。無事而為有事之防歟。凡此數端。皆當上關聖慮。書曰。惟事事。乃其有備。有備無患。惟陛下與二三大臣亟圖之。臣不勝惓惓。

宗正少卿趙景緯上奏曰。雷發非時。竊迹今日之事而有疑焉。內批疊降而名器輕。宮閫不嚴而主威褻。橫恩之濫已收而復出。戚貪之詔方嚴而蹊徑。宮正什伍之令所以防奇衺。而或縱於乞憐之卑詞。緇黃出入之禁所以嚴宸居。而間惑於禬禳之小數。以至彈墨未乾而技拭之旨已下。駁奏未幾而捷出之徑已開。命令不凝。則陽縱而不收。主意不堅。則陰閉而不密。陛下可不思致災之由。而亟求所以正之哉。願清其天君以端出治之源。謹其號令以肅紀綱之本。毋牽於私恩而撓公法。毋遷於邇言而亂舊章。去讒而遠色。賤貨而貴德。則人心悅而天意得。可以開太平而兆中興也。

金章宗明昌二年。參知政事張萬公賜告省親還。上問山東河北粟貴賤。今春苗稼。萬公具以實對。帝謂宰臣曰。隨處雖得雨。尚未霑足奈何。萬公進曰。自陛下即位以來。興利除害。凡益國便民之事。聖心

孜孜無不舉行。至於旱災。皆由臣等。若依漢典故。皆當免官。帝曰。卿
等何罪。殆朕所行有不逮者。對曰。天道雖遠。實與人事相通。唯聖人
言行可以動天地。昔成湯引六事自責。周宣遇災而懼。側身修行。莫
不修飾人事。方今宜崇節儉。不急之務。無名之費。可俱罷去。帝曰。災
異不可專言天道。蓋必先盡人事耳。故孟子謂王無罪歲。左丞完顏
守貞曰。陛下引咎自責。社稷之福也。
承安五年。烈風。昏曀連日。詔問變異之由。平章政事徒單鎰上奏曰。
仁義禮智信謂之五常。父義母慈兄友弟敬子孝謂之五德。今五常
不立。五德不興。縉紳學古之士。棄禮義。忘廉恥。細民違道畔義。迷不
知返。背毀天常。骨肉相殘。動傷和氣。此非一朝一夕之故也。今宜正
薄俗。順人心。父父子子。夫夫婦婦。各得其道。然後和氣普洽。福祿荐
臻矣。因論為政之術。其急有二。一曰正臣下之心。竊見群下不明禮

義。趨利者衆。何以責小民之從化哉。其用人也。德器為上。才美為下。
兼之者待以不次。才下行美者次之。雖有才能。行義無取者。抑而下
之。則臣下之趨向正矣。其二曰導學者之志。教化之行。興於學校。今
學者失其本真。經史雅奧。委而不習。藻飾虛詞。釣取祿利。乞令取士
兼問經史故實。使學者皆守經學。不惑於近習之靡。則善矣。又曰。凡
天下之事。叢來者非一端。形似者非一體。法制不能盡。隱於近似。乃
生異論。孔子曰。義者天下之斷也。記曰。義為斷之節。伏望陛下臨制
萬機。事有異議。少凝聖慮。尋繹其端。則裁斷有定而疑可辯矣。
宣宗時。天旱。宣差河南提控完顏伯嘉上奏曰。日者君之象。陽之精。
旱暵乃人君自用亢極之象。宰執以為冤獄所致。夫爕和陰陽。宰相
之職。而猥歸咎於有司。高琪武弁出身。固不足論。高汝礪輩之不知
所職。其罪大矣。漢制災異策免三公。傾歸之有司。那臣謂今日之旱。

聖主自用。宰相諂諛。百司失職。實此之由也。
元太祖征西域。駐鐵門關。有一角獸。形如鹿而馬尾。其色綠。作人言。
謂侍衛者曰。汝主宜早還。帝以問左右。員外郎耶律楚材對曰。此瑞
獸也。其名角端。能言四方語。好生惡殺。此天降符以告陛下。陛下天
之元子。天下之人。皆陛下赤子。願承天心以全民命。帝即日班師。
世祖至元二十年。有星孛于帝座。帝憂之。夜召平章政事不忽木入
禁中。問所以銷天變之道。對曰。風雨自天而至。人則棟宇以待之。江
河為地之限。人則舟楫以通之。天地有所不能者。人則為之。此人所
以與天地參也。且父母怒。人子不敢疾怨。惟起敬起孝。故易震之象
曰。君子以恐懼修省。詩曰。敬天之怒。又曰。遇災而懼。三代聖王克謹
天戒。鮮不有終。漢文之世。同日山崩者二十有九。日食地震。頻歲有
之。善用此道。天亦悔禍。海內乂安。此前代之龜鑑也。臣願陛下法之。

因誦文帝日食求言詔。帝悚然曰。此言深合朕意。可復誦之。遂詳論
款陳。夜至四鼓。明日進膳。帝以盤珍賜之。
世祖聞李治賢。召問昨地震何如。治對曰。天裂為陽不足。地震為陰
有餘。夫地道陰也。陰太盛則變常。今之地震。或姦邪在側。或女謁盛
行。或讒慝交至。或刑罰失中。或征伐驟舉。五者必有一于此矣。夫天
之愛君。如愛其子。故示此以警之耳。苟能辨姦邪。去女謁。屏讒慝。省
刑罰。慎征討。上當天心。下協人意。則可轉咎為休矣。帝嘉納之。
成宗大德七年八月戊申夜。地大震。詔問致災之由及弭災之道。齊
履謙對曰。按春秋言地為陰而主靜。妻道臣道子道也。三者失其道
則地為之弗寧。弭之之道。大臣當反躬責己。去專制之威。以答天變。
不可徒為禳禱也。
成宗以恒暘。暴風。星芒之變。詔公卿集議弭災之道。翰林學士承旨

劉敏中等上奏曰。切惟事有本末。政有後先。今撫其本與先者言之。其略有七。一曰畏天。天育萬物。不能自理。乃立君以主之。故君者。所以代天育物也。惟明君能知天監在上。赫赫甚邇。凡一語動。一政令。罔不兢兢業業。思合天則。期當天心。若論官。則曰天命有德。五服五章。不敢秉一時之喜怒而輕予奪之也。若論刑。則曰天討有罪。五刑五用。不敢因一時之喜怒而輕出入之也。凡事如此。謹守勿失。於是陰陽和。風雨時。而萬物育。天相之也。乃若政令之或爽。天必出災異以儆之。而儆之者。所以仁愛人君。欲其久安長治。而萬物得其育也。故明君遇此。則必省躬以知懼。昭德而塞違。誠格政修。天意乃得。於是災變弭而和氣復矣。故雖堯湯之世。不能無水旱。而卒以無害者。堯湯用此道也。二曰敬祖。自古帝王創建國家。無不自艱難而得之。而傳之子孫。猶菑者之望播穫。作室者之待堂構也。夫固不易哉。我

太祖皇帝起自朔方。身歷百戰。收附諸國。惡衣菲食。櫛風沐雨。何如其辛勤也。世祖皇帝親歷行陣。心籌計畫。恭儉敬畏。以有天下。混一南北。何如其辛勤也。欽惟陛下以仁明天縱之聖。紹膺景命。盍嘗以此存心。思祖宗開基建業之不易。而遇是儆也。固益兢兢業業。用一財。則必曰此民力也。自祖宗艱難而得之也。豈可輕用。官一人。則必曰此國柄也。自祖宗艱難而致之也。豈可輕與。動靜整勑。每事如此。則百司自然共職。庶政自然修舉。祖宗在天之靈。心皆歡悅。而天佑響答。福祿日臻。邦基益固矣。三曰清心。心者。一身之主。萬事之本也。夫目之於視。耳之於聽。口之於言。手之於執。足之於履。皆惟心之所使。心得其正。則接物臨事之際。視聽言動。皆得其正而無有繆悞乖戾之患。況四海之廣。萬幾之微。皆仰治于一人。而一人之所仰者。非惟心乎。蓋水必止。乃可以照物。鏡必明。乃可以別妍醜。故帝王貴

清心。清者靜一不遷之謂也。若聲色之娛。宴飲之樂。所不能無。尤當節適。使不至撓吾心之清。心清則四海之廣。無不燭。萬幾之微。無不察。光明洞徹。未言而信。讒諛不得施。邪僞不敢前。百官有司。各安其職。無有扞格之患。則法制流行。紀綱振舉。災變息而天下治矣。語曰。本立而道生。故帝王以清心爲本。實總攬權綱之要道也。四曰持體。事莫不有體。體者得其要之謂耳。人君任宰輔以馭百官。守法度以信萬民。斯其體也。若乃任一小官。罰一小過。有司之事耳。而人君親之。則有司懼矣。夫上下正。政令一。賦斂以時。用度有節。賞罰必信。此天下之守也。而朝行夕改。守無所止。則臣下恐懼。皆思爲己而怠其所職。殃害及民。怨讟不免。而或召災異。故爲君之道。在乎持大體。先有司。裁制予奪必信必一。則雍熙之治可坐而致。何災異之有哉。五曰更化。傳有之。琴瑟不調甚者。必解而更張之。爲政不行甚者。必變

而更化之。今有司所甚患者。曰財用不足。曰選法撓亂。曰官府不治。三者而已。改絃更張。此其時也。盍亦思其所由乎。財用不足。豈非所入者有限。所出者無窮歟。選法撓亂。豈非賢不肖混淆。越格者多而非格者不少歟。官府不治。豈非賞罰不明。而名節素不勵歟。宜敕有司。詳校一歲錢穀所入幾何。所出幾何。若所出皆爲當出。則財之不足。將無法可理。若猶有不當出而可以已者。如不急之營繕。無名之賜予。據其名件。一皆止之。則財用必足矣。又詳校銓選。除合格外。越格與非格者幾何。任迴量其根腳功過。定奪仍原其所由跡轍。一槩絕之。則選法必行矣。官府之制。上下內外。陷維相資。各有條理。果皆得人。何有不治。然人材不齊。善惡必有。故賞罰立焉。若善者當賞而不賞。惡者當罰而不罰。則善者變而爲惡。而惡者紐而益甚。又如犯至不敘。大罪也。而或巧圖復用。老病謝事。常理也。或戀不忍去。至有

貪贓害民。善於自斂。不即敗露。上官不以審。風憲不以察。因習成風。不知有恥。治何由興。宜嚴勅省臺。公賞罰。勵名節。由京朝始。則官府自治矣。凡此三者。更化之大畧也。三者果更。民力必紓。人材必多。祥瑞必集。國勢必隆。然非更之之難。行之之難也。非行之之難。守之之難也。惟聖天子以畏天敬祖清心之德。守而行之。又何難哉。六曰察吏治。官府之設。本以爲民。然而民弗蒙惠者。豈非任職之人廉正者恒少。而貪邪者恒多歟。恒少者宜培植而反摧抑之歟。恒多者宜簡除。而反擁護之歟。何以知其然也。夫廉正者。仰不能悅上官而復或忤也。憾怒畜矣。俯不能媚姦民而又常戢之。怨憎積矣。故舉一事。則沮於上。行一政。則謗於下。姦人乘釁。猾吏投計。扇黨搆誣。譁然訟之。畜怒者得以折辱求索。鍛煉而成其罪。夫以搢紳廉正之士。一旦屈膝受誣。置對於無賴之小民。縱萬一得解。而風槩掃地矣。彼貪邪者。

於上則先意以希合。於下則越禮以求媚。贓賄狼籍。無由敗露。憲司上司。佯爲不知。安然秩滿。給由而去。乃且奔走權要。徼取優等。擢授美官。是廉正者少而益少。貪邪者多而益多也。嗚呼。所謂實惠者。將孰從而致之哉。夫源清則流清。本治則末治。宜端本澄源。特發嚴令。戒勅內外官吏。皆當洗心易慮。奉公爲民。所在憲司及上司衙門。毋敢抑正容姦。務要精詳察舉。其治行超衆者。增秩賜金。如漢世故事。貪鄙尤甚者。黜竄不齒。憲司或失察舉。亦行論罪。如是良吏日多。姦吏日少。官府立而政化行。惠及民而災變息矣。七曰除民患。公家下須。皆民所出。取之有法。民不知病。今夫夏絲秋稅。乃其常賦。和買和雇。官皆給價。宜無所病者。然和買和雇名件不一。駢至疊出。責辦須臾。故和買必至望戶科着。貪吏憸人。得緣爲姦。易新鈔爲爛鈔者有之。給價搏除者有之。緣指其物惡賂焉而受者有之。預嚇以多罪而取賂者有之。受賂當買之者而移之下戶者有之。而又追呼停留。用過當。民不勝擾矣。其和雇則十車之運。而爲百車之雇。有車之家。闔境追攝。必賂而後免。故和買和雇。姦民之利。而細民之病也。今[illegible]一切和買和雇。憲司必須密爲體察。仍許諸人首告。似前犯者痛[illegible]追斷。監臨有失防禁。罰俸標過。甚者降等。憲司不察。同坐。惟復止以大都。將年例和買段疋絲綿等物。預期張立榜文。各開色樣幅尺[illegible]細輕重。添價收買。仍許中買鹽引。商旅四集。旬月可辦。不惟省減脚力。防押官兵。及免水火盜賊之虞。實永絕姦人因公規利害民之弊。若慮或有虧損。且可內外分買。若大都果便。來歲通行。斯亦惠民弭災之切務也。

英宗至治三年夏。帝以日食地震星變。詔議所以弭災者。太常禮儀院經歷曹元用上言曰。應天以實不以文。脩德明政。應天之實也。宜

撙浮費。節財用。選守令。邮貧民。嚴禋祀。汰佛事。止造作。以紓民力。慎賞罰。以示勸懲。至於科舉取士之法。當革冒濫。嚴考覈。俾得真才之用。朝廷咸是之。

泰定帝泰定元年。車駕在上都。先是。帝以災異。詔百官集議。集賢大學士張珪。與樞密院御史臺翰林集賢兩院官。極論當世得失。詣上都奏之曰。國之安危。在乎論相。昔唐玄宗前用姚崇宋璟則治。後用李林甫楊國忠。天下騷動。幾致亡國。雖賴郭子儀諸將效忠竭力。克復舊物。然自是藩鎮縱橫。紀綱亦不復振矣。良由李林甫妬害忠良。布置邪黨。姦惑蒙蔽。保祿養禍所致。死有餘辜。如前宰相鐵木迭兒姦狡險深。陰謀叢出。專政十年。凡宗戚忤己者。巧飾危間。陰中以法。忠直被誅竄者甚衆。始以贓敗。謟附權姦。失列門及嬖幸也里失班之徒。苟全其生。尋任太子太師。未幾。仁宗賓天。乘時幸變。再入中書。

當英廟之初與失列門等恩義相許表裏為姦誣殺蕭楊等以快私怨天討元凶失列門之黨既誅坐要上功遂獲信任諸子內有宿衛外據顯要蔽上抑下杜絕言路賣官鬻獄威福已出一令發口上下股栗稍不附己其禍立至權勢日盛中外寒心由是群邪並進始逆賊鐵失之徒名為義子實其腹心忠良屏迹坐待收繫先帝悟其姦惡仆碑奪爵籍沒其家終以遺患搆成弒逆其子鎖南親與逆謀所由來者漸矣雖剖棺戮屍夷滅其家猶不足以塞責今復回給所籍家產諸子尚在京師黨緣再入宿衛世祖時阿合馬貪殘敗事雖死猶正其罪況如鐵木迭兒之姦惡者哉臣等議宜遵成憲仍籍鐵木迭兒家產遠竄其子孫外郡以懲大姦君父之讎不共戴天所以明綱常別上下也鐵失之黨結謀弒逆君相遇害天下之人痛心疾首所不忍聞比奉旨以鐵失之徒既伏其辜諸王按梯不花孛羅月魯

鐵木兒曲呂不花兀魯思不花亦已流竄逆黨脅從者衆何可盡誅後之言事者其勿復舉臣等議古法弒逆凡在官者殺無赦聖朝立法強盜劫殺庶民其同情者猶且首從俱罪況弒逆之黨天地不容宜誅按梯不花之徒以謝天下書曰惟辟作福惟辟作威臣無有作福作威臣而有作福作威害于而家凶于而國蓋生殺與奪天子之權非臣下所得盜用也遼王脫脫位冠宗室居鎮遼東屬任非輕國家不幸有非常之變不能討賊而乃覬幸赦恩報復讎忿殺親王妃主百餘人分其羊馬畜產殘忍骨肉盜竊主權聞者切齒今不之罪乃復畀賜放還仍守爵土臣恐國之紀綱由此不振設或效尤何法以治且遼東地廣素號重鎮若使脫脫久居彼既縱肆將無忌憚況今死者含冤感傷和氣臣等議累朝典憲聞赦殺人罪在不原宜奪削其爵土置之他所以彰天威刑以懲惡國有常憲武備卿即烈前太尉不花以累朝待遇之隆俱致高列不思補報專務姦欺詐稱奉旨令鷹師強收鄭國寶妻古哈貪其家人畜產自恃權貴莫敢如何事聞之官刑曹逮鞫服實竟原其罪輦轂之下肆行無忌遠在外郡何事不為夫京師天下之本縱惡如此何以為政古人有言一婦銜冤三年不雨以此論之即非細務臣等議宜以即烈不花付刑曹鞫之中賣寶物世祖時不聞其事自成宗以來始有此弊分珠寸石售直數萬當時民懷憤怨臺察交言且所酬之鈔率皆天下生民膏血錙銖取之從以捶撻何其用之不吝夫以經國有用之寶而易此不濟饑寒之物又非有司聘要和買大抵皆時貴與斡脫中寶之人妄稱呈獻冒給回賜高其直且十倍蠹國財暗行分用如沙不丁之徒頃以增價中寶事敗具存吏牘陛下即位之初首知其弊下令禁止天下欣幸臣等比聞中書乃復奏給累朝未酬寶價四十餘萬錠

較其元直利已數倍有事[illegible]年遠者三十餘萬錠復令給以市舶番貨計今天下所徵包銀差[illegible]歲入止十一萬錠已是四年徵入之數比以經費弗足急於科徵臣等議番舶之貨宜以資國用紓民力寶價請俟國用饒給之日議之太廟神主祖宗之所妥靈國家孝治天下四時大祀誠為重典比者仁宗皇帝皇后神主盜利其金而竊之至今未獲斯乃非常之事而捕盜官兵不聞杖責臣等議庶民失盜應捕官兵尚有三限之法監臨主守倘失官物亦有不行知覺之罪今失神主宜罪太常請揀其官屬免之國家經賦皆出於民量入為出有司之事比者建西山寺損軍害民費以億萬計刺繡經幡馳驛江浙逼迫郡縣雜役男女動經年歲窮奢致怨近詔雖已罷之又聞姦人乘間奏請復欲興修流言喧播群情駭驚臣等議宜守前詔示民有信其刱造刺繡事非歲用之常者悉罷之人有冤抑必當昭雪

事有枉直宜明辯平章政事蕭拜住中丞楊朶兒只等枉遭鐵木
迭兒誣陷籍其家以分賜人聞者嗟悼比奉明詔還給元業子孫奉
祀家廟脩葺苟完未及寧處復以其家財仍賜舊人止酬以直即與
非罪斷没無異臣等議宜如前詔以元業還之量其直以酬後所賜
者則人無冤憤矣德以出治刑以防姦若刑罰不立姦宄滋長雖有
智者不能禁止比者也先鐵木兒之徒遇朶太醫宴女故省門外强
械以入殺宿館所事聞有司以寃徙上都為解兎弗就鞫輦轂之下
肆惡無忌京民憤駭何以取則四方臣等議宜遵世祖成憲以姦人
命有司鞫之臣等又議天下囚繫冤滯不無方今盛夏宜命省臺選
官審錄結正重刑疑决輕繫疑者申聞詳讞邊鎮利病宜命行省行
臺體究與除廣海鎮戍卒病者給粥食藥力死者人給鈔二十五
貫責所司及同鄉者歸骨於其家歲貢方物有常制廣州東莞縣大

步海及惠州珠池始自大德元年姦民劉進程連言利分蛋户七百
餘家官給之糧三年一採僅獲小珠五兩六兩入水為蟲魚傷死者
衆遂罷珠户為民其後同知廣州路事塔塔兒等又獻利於先列門
剏設提舉司監採廉訪司言其擾民復罷歸有司既而内正少卿魏
暗都剌冒啓中旨馳驛督採耗廪食役民驛非舊制請悉罷遣歸民
善良死於非命國法當為昭雪鐵失弑逆之變學士不花指揮不顔
忽里院使禿古思皆以無罪死未蒙贈鐵木迭兒專權之際御史徐
元素以言事鎖項死東平及賈秃堅不花之屬皆未申理臣等議宜
追贈死者優叙其子孫且命刑部及監察御史體勘其餘有冤抑者
具實以聞政出多門古人所戒今内外增置官署員冗俸濫白丁驟
陞出身入流壅塞日甚軍民俱蒙其害夫為治之要莫先於安民安
民之道莫急於除濫費汰冗員世祖設官分職俱有定制至元三十

年已後改陞剏設日積月增雖嘗奉旨取勘减降近侍各私其黨不
緣保禄姑息中止至英宗時始銳然减罷崇祥壽福院之屬十有三
署徽政院斷事官江淮財賦之屬六十餘署不幸遭罹大故未竟其
餘比奉詔凡事悉遵世祖成憲若復循常取勘調虚文延歲月必無
實效即與詔旨異矣臣等議宜勅中外軍民署置官吏有非世祖之
制及至元三十年已後改陞剏設員冗者詔格至日悉减併除罷之
近侍不得巧詞復奏不該常調之人亦不得濫入常選累朝斡耳朶
所立長秋承徽長寧寺及邊鎮屯戍別議處之自古聖君惟誠於治
政可以動天地感鬼神初未嘗徼福於僧道以厲民病國也且以至
元三十年言之醮祠佛事之目止百有二大德七年再立功德使司
積五百有餘今年一增其目明年即指為例已倍四之上矣僧徒又
復營幹近侍買作佛事指以筭卦欺昧奏請增修布施莽齋自稱特

奉傳奉所司不敢較問供給恐後况佛以清淨為本不奔不欲而僧
徒貪慕貨利自遠其教一事所需金銀鈔幣不可數計歲用鈔數千
萬錠數倍於至元間矣凡所供物悉為己有布施等鈔復出其外生
民脂膏縱其所欲取以自利畜養妻子彼既行不修潔適足褻慢天
神何以要福比年佛事愈繁累朝享國不永致災愈速事無應驗斷
可知矣臣等議宜罷功德使司其在至元三十年以前及累朝忌日
醮祠佛事名目止令宣政院主領修舉餘悉减罷近侍之屬並不得
巧計擅奏妄增名目若有特奉傳奉從中書復奏乃行古今帝王治
國理財之要莫先於節用蓋侈用則傷財傷財必至於害民國用匱
而重斂生如鹽課增價之類皆足以厲民矣比年游惰之徒妄投宿
衛部屬及宦者女紅太醫陰陽之屬不可勝數一人收籍一門蠲復
一歲所請衣馬芻糧數十户所徵入不足以給之耗國損民為甚臣

等議諸宿衛宦女之屬宜如世祖時支請之數給之餘悉簡汰闊端赤牧養馬駝歲有常法分布郡縣各有常數而宿衛近侍委之僕御役民放牧始至即奪其居俾飲食之殘傷桑果百害蠭起其僕御四出無所拘鈐私鬻芻豆瘠損馬駝大德中始責州縣正官監視蓋暖棚團槽櫪以牧之至治初復散之民間其害如故監察御史及河間路守臣屢言之臣等議宜如大德團槽之制正官監臨閱視肥瘠拘鈐宿衛僕御著為令兵戎之興號為凶器擅開邊釁非國之福蠻夷無知少梗王化得之無益失之無損至治三年參不郎盜始者劫殺使臣利其財物而已至用大師期年不戢傷我士卒費國資糧臣等議好生惡死人之恒性宜令宣政院督守將嚴邊防遣良使抵巢招諭簡罷冗兵明勅邊吏謹守禦勿生事則遠人格矣天下官田歲入所以贍衛士給戍卒自至元三十一年以後累朝以是田分賜諸王

公主駙馬及百官宦者寺觀之屬遂令中書酬直海漕虛耗國儲其受田之家各任土著姦吏為莊官催甲斗級巧名多取又且驅迫郵傳徵求餼廩折辱州縣閉償逋負至倉之日變鬻以歸官司交忿農民窘竄臣等議惟諸王公主駙馬寺觀如所與公主桑哥剌吉及普安三寺之制輸之公廩計月直折支以鈔令有司兼令輸之省部給之大都其所賜百官及宦者之田悉拘還官著為令國家經費皆取於民世祖時淮北內地惟輸丁稅鐵木迭兒為相專務聚斂遣使括勘兩淮河南田土重併科糧又以兩淮荊襄沙磧作熟收徵徼名興利農民流徙臣等議宜如舊制止徵丁稅其括勘重併之糧及沙磧不可田畝之稅悉除之世祖之制凡有田者悉役之民典賣田隨收入戶鐵木迭兒為相納江南諸寺賄賂奏令僧人買民田者毋役之以里正主首之屬逮今流毒細民臣等議惟累朝所賜僧寺田及亡

宋舊業如舊制勿徵其僧道典買民田及民間所施產業宜悉役之著為令僧道出家屏絕妻孥蓋欲超出世表是以國家優視無所徭役且處之宮寺宜清淨絕俗為心誦經祝壽比年僧道往往畜妻子無異常人如蔡道泰班講主之徒傷人逞欲壞教干刑者何可勝數俾奉祠典豈不褻天瀆神臣等議僧道之畜妻子者宜罪以舊制罷遣為民賞功勸善人主大柄豈宜輕以與人世祖臨御三十五年左右之臣雖甚愛幸未聞無功而給一賞者比年賞賜汎濫蓋因近侍之人窺伺天顏喜悅之際或稱乏財無居或稱嫁女取婦或以技物呈獻殊無寸功小善遞互奏請要求賞賜回奉奄有國家金銀珠玉及斷沒人畜產業似此無功受賞何以激勸既傷財用復啓倖門臣等議非有功勳勞效著明實蹟不宜加以賞賜乞著為令臣等所言弒逆未討姦惡未除忠憤未雪冤枉未理政令不信賞罰不公賦役

不均財用不節民怨神怒皆足以感傷和氣惟陛下裁擇以答天意消弭災變帝不從珪復進曰臣聞日食修德月食修刑應天以實不以文動民以行不以言刑政失平故天象應之惟陛下矜察允臣等議乞悉行之帝終不能從

文宗天曆二年御史中丞史惟良上疏曰今天下郡邑被災者眾國家經費若此之繁帑藏空虛生民凋瘵此政更新百廢之時宜遵世祖成憲汰冗濫蠶食之人罷土木不急之役事有不便者咸釐正之如此則天災可弭禎祥可致不然將恐因循苟且其弊漸深治亂之由自此而分矣帝嘉納之

順帝至正二年監察御史王思誠上奏曰京畿去年秋不雨冬無雪方春首月蝗生黃河水溢蓋不雨者陽之亢水涌者陰之盛也嘗聞一婦銜冤三年大旱往歲伯顏專擅威福讎殺不辜郯王之獄燕鐵

木兒宗黨死者不可勝數非直一婦之冤而已豈不感傷和氣邪宜
雪其罪勑有司行禱百神陳牲幣祭河伯發卒塞其缺被災之家死
者給瘞具庶幾可以召陰陽之和消水旱之變此應天以實不以文
也

順帝在位屢遇天變民災必憂見於色翰林學士承旨巙巙秉間上
奏曰天心仁愛人君故以變示儆譬如慈父於子愛則教之戒之子
能起敬起孝則父怒必釋人君側身脩行則天意必回矣

蘇天爵上奏曰蓋聞應天以實不以文動人以行不以言此自昔國
家消弭天變感格人心之至計也洪惟天朝列聖臨御深仁厚澤涵
育群生或遇災異猶思修省誕布德音務施實惠是則祖宗畏天愛
民之盛德也邇者日月薄食星文示變河北山東旱蝗為災遼陽江淮
黎民乏食方此春夏之始農人播植之時災異若此歲事何望夫天

之變異蓋不虛生將恐人事有乖和氣當是之時國家正宜訪求直
言指切時政矧在卑職忝居言官豈容緘默伏願朝廷哀矜黎民誕
敷實惠更新庶政勿示虛文庶幾消弭天災感召和氣宗社臣民不
勝幸甚

一賞罰者國之大柄朝廷紀綱繫焉故賞不失有功則勞臣勸刑
不失有罪則姦人懼二者或失綱紀必隳故古者爵人於朝與
士共之刑人於市與衆棄之雖人君不得而私也況左右臣鄰
敢擅威福而為之乎竊聞近日以來倖門漸啓刑罰漸差無功
者覬覦以希賞有罪者僥倖以求免中外聞之竊議傷嘆誠恐
刑政從此漸隳紀綱自此日紊勞臣何以示勸姦人無所警懼
矣伏願自今以始凡官賞刑獄敢有交結近侍互相請託恣為
罔欺紊亂政治者嚴行禁治中書左右兩司及六部等官所以
參贊宰臣共理政務若有不思奉公守法苟容苟從并許究問
庶幾賞罰攸當刑政肅清雍熙之化可坐而致矣

一節用愛民有國之常經今朝廷用度不足弊在於浮費不節所
入者有限而所出者無涯遂令內外帑廩皆未充贍夫天下之
財皆出于民既傷其財民必罹害故愛民必謹於節用也蓋國
家財用責之戶部戶部責之運司州郡州郡責之縣縣責之民至
民而止民竭其力以佐公上而用猶不足則嗟怨之氣上干天
地陰陽之和此水旱災變所由作也宜從朝廷專命中書省官
二員責督戶部詳定減省罷不急之工役止無名之賞賜裁官
吏之冗員減僧道之好事凡百用度務令撙節庶幾國用既充
民無橫斂感召和氣莫急于此

一遇災知懼聖賢之明訓昔之有國家者凡值凶荒災異必減膳

徹樂側身警畏憂恤元元惟恐其不至也蓋天災方作民食未
充在位者於此時何忍相與飲食燕樂而不恤其民乎近年以
來朝廷無事待遇勳臣固為優厚然而宴享太頻財用不能無
費夫珠璣國之重寶馬政國之大事今宴享必以殺馬為饌珠
璣為花誠恐習俗成風奢侈日甚費財擾民有損國治矧當災
異荐臻尤宜警懼以答天意今後內外百司凡有必合筵宴一
切浮費奢靡之物並宜裁節禁治是亦恐懼修省之一事也

一在古有訓作善降祥不善降殃蓋言人之為善為惡殃咎各以
其類應也後世佛教既入中國始言人能修奉佛事輒獲福利
小民信之或不能悟甚至有國家者傾其府庫捨施金帛供佛
飯僧唯恐不至然其徵驗蓋可概矣是以中外之臣言其可罷
者十常八九而國家崇信方篤不忍遽已邇者徽政院臣以府

庫不克金帛不給啓奉謚旨凡在與聖宮常例好事一切罷止。今朝廷政教惟新，方圖孝治，宜體東朝之意，凡大內常例好事宜權停止，豈惟制節浮費，有裕于國財，庶幾不惑異端，有關于政化也。

一、建官分職，本以為民，官冗事繁，適足害治。蓋古者爵祿所以待賢才熙庶績，非以供人之欲給人之求者也。是以上自公卿大夫，下及抱關擊柝，皆有定員而無曠職，故官無苟得，人無倖心。洪惟世祖皇帝在位三十五年，建官之制，斟酌古今之宜，故治化成而事功立。爰自近歲以來，官府日增，選法愈弊，倖祿既靡，事功益隳。夫文翰之職既同，何為復列數職；造作所司既一，不應又置數司；掌軍政者亦既俱分，奉祭祀者似太重複；至于屬官群吏，員額雜冗，支俸食米，內外繁多，若不早為裁減，日久愈

難沙汰。夫科場取士三年止得百人，今吏員出身一日不知其幾，即目中書類選已有積年不調之苦，愚恐數歲之後吏部選又將奈何。宜從都省早為聞奏，照依至元定制各并裁減，不惟省去冗員，清選舉之方，亦以制節浮用為裕財之道。

一、命郡縣之官，唯欲圖治；班田祿之制，所以養廉。今國家設官固有高下之列，領祿當無厚薄之分，然而朝廷鄉士俸廪既均，郡縣公田多寡不一，亦有初設貧闕，逐月止請俸鈔，拔廉者奉公凍餒其妻子，貪者受賄辱及其宗親。各處雖嘗申明其事，主者但言設置已久，廉吏嗟嘆，無可奈何。宜從戶部行移取勘各處所闕公田，於係官田內均行標撥，豈惟廩祿惠及官吏之一家，庶責廉能治洽郡縣之兆姓。

一、錢幣之制，在古所以惠民，鈔法之行，歲久不能無弊。蓋米粟布帛，養兆民之本；錢幣鈔法，權一時之宜。故法久必更，理當然也。昔者世祖皇帝始立法制，遂行中統交鈔，其後又行至元寶鈔。夫行之既久，真偽不無，坐罪雖曰匪輕，獲利自是甚重。爰褙造鈔以來，元額已踰數倍，以致鈔日益虛，物日益貴，民庶有倒鈔撿鈔之擾，官吏有監鈔燒鈔之害。欲救其弊，理宜更張。洪惟武宗皇帝即位之初，始命尚書省更行銅錢，本欲復古以便民，未聞有妨於國計。蓋因至大已後，一切矯枉太過，因併銅錢遂亦不用。夫行封贈所以勸忠，增俸祿所以養廉，禁干名犯義者厚風化之原，減吏員月日者獎奉公之吏，是皆尚書省所行，未聞人以為非，何於銅錢獨為不可？況遠自唐漢，近及宋金，明君才臣阜民之制，皆本乎此。矧今國家疆宇萬里，錢幣之制，祖宗已嘗舉行，宜從都省明白奏聞，令戶部官講究歷代鼓鑄之方，用

錢之制，遠近便宜，斷然行之，豈惟救鈔法一時之宜，實所以遂民生無窮之利也。

一、治平既久，民獲奠居，版籍既定，田無餘畝。蓋山東並都之境，自昔號稱廣斥，書所謂萊夷作牧是也。今國家平定蓋已百年，戶數土田悉有定籍，邇者姦人妄行呈獻，凡民之田宅墳墓悉指以為荒閑，朝廷雖嘗差官覆實，輒與符同，不復考察。夫既設置官吏，遂為會斂稅糧，幸因水旱為由，未克收滿元額，民既無所控訴，官亦無可奈何。驗其一歲所入之稅糧，僅足諸人所支之俸給，既不能裕財富國，徒足以害眾擾民。矧今山東黎民阻飢，盜賊多有，誠恐因之別生利害。欽覩天曆元年詔書節文有曰：國家租稅自有常例，今後諸人毋得妄獻田土，違者治罪。擬合欽依明詔，將山東田賦總管府等衙門革去，其百姓合納租賦

並依舊制庶使一方之民咸獲有生之樂仰稱文宗皇帝發政
施仁之盛德

一薄賦稅者治國之大經廣聚斂者蠹民之弊法夫以河南之地方數千里所輸稅糧已有定數先之以劉亦馬罕妄獻地土既已長流海南是無閑田亦已明矣自延祐以來姦人竊取相倍欲興功利以固權寵輒以經理為名惟欲擾害其衆名曰自實田糧實是強行科斂朝廷深知其弊累降詔書免除有司失於奉行至今令民包納夫以堂堂天朝富有四海差稅之入悉有定制乃因興利之徒遂遺斯民之害擬合欽依累朝詔旨其經理虛措之數並行革撥豈惟彰朝廷薄斂惠民之厚澤亦以植斯民本固邦寧之遠圖

一國家之治當一視而同仁夫以高麗為國僻居海隅聖朝肇興首效臣節世祖皇帝嘉其勤勞釐降公主蓋所以懷柔小邦恩至渥也比年以來朝廷屢遣使者至于其國選取子女求娶妻媵需索百端不勝其擾至使高麗之民生女或不欲舉年長者不敢適人憤怨感傷無所控訴方今遼東歲歉民適告飢和氣之傷或亦由此今後除內廷必合取索外其餘官員敢有不經中書擅自奏請取索高麗女子及因使其國娶妻妾者擬合禁治庶幾彰國家同仁之治慰小邦嚮化之心

歷代名臣奏議卷之三百十四

歷代名臣奏議卷之三百十五

營繕

魯莊公丹桓宮之楹而刻其桷匠師慶言於公曰臣聞聖王公之先封也遺後之人法使無陷於惡其為後世昭前之令聞也使長監於世故能攝固不解今先君儉而君侈之令德替矣公曰吾屬欲美之對曰無益於君而替前之令德臣故曰庶可以已矣

楚靈王為章華之臺與伍舉升焉曰臺美夫對曰臣聞國君服寵以為美安民以為樂聽德以為聰致遠以為明不聞其以土木之崇高彫鏤為美而以金石匏竹之昌大囂庶為樂不聞其以觀大視侈淫色以為明而以察清濁為聰也先君莊王為匏居之臺高不過望國氛大不過容宴豆木不妨守備用不煩官府民不廢時務官不易朝常問誰宴焉則宋公鄭伯問誰相禮則華元駟騑問誰贊事則陳侯蔡侯許男頓子其大夫侍之先君是以除亂克敵而無惡於諸侯今君為此臺也國民罷焉財用盡焉年穀敗焉百官煩焉舉國留之數年乃成願得諸侯與始升焉諸侯皆距無有至者而後使太宰啟疆請於魯侯懼之以蜀之役而僅得以來使富都那豎贊焉而使長鬣之士相焉臣不知其美也夫美也者上下外內小大遠近皆無害焉故曰美若於目觀則美縮於財用則匱是聚民利以自封而瘠民也胡美之為夫國君者將民之與處民實瘠矣君安得肥且夫私欲弘侈則德義鮮少德義不行則邇者騷離而遠者距違天子之貴也唯其以公侯為官正而以伯子男為師旅其有美名也唯其施令德於遠近而小大安之也若斂民利以成其私欲使民蒿焉而忘其安樂而有遠心其為惡也甚矣安用目觀故先王之為臺榭也榭不過講軍實臺不過望氛祥故榭度於大卒之居臺度於臨觀之高其所不

奪稽地。其為不匱財用。其事不煩官業。其日不廢時務。瘠磽之地。於是乎為之。城守之木。於是乎用之。官寮之暇。於是乎臨之。四時之隙。於是乎成之。故周詩曰。經始靈臺。經之營之。庶民攻之。不日成之。經始勿亟。庶民子來。王在靈囿。麀鹿攸伏。未為臺榭將以教民利也。不知其以匱也。若君謂此臺美而為之正。楚其殆矣。

晉平公使叔向聘於吳。吳人拭舟以逆之。左五百人。右五百人。有繡衣而豹裘者。有錦衣而狐裘者。叔向歸以告平公。平公曰。吳其亡乎。奚以敬舟。奚以敬民。叔向對曰。君為馳底之臺。上可以發千兵。下可以陳鍾鼓。諸侯聞君者。亦曰。奚以敬臺。奚以敬民。所敬各異也。於是平公乃罷臺。

平公春築臺。叔向曰不可。古者聖王貴德而務施。緩刑辟而趨民時。今春築臺。是奪民時也。夫德不施。則民不歸。刑不緩。則百姓愁。使不歸之民。役愁怨之百姓。而又奪其時。是重竭也。夫牧百姓。養育之而重竭之。豈所以定命安存而稱為人君於後世哉。平公曰善。乃罷臺役。

衛靈公以天寒鑿池。宛春諫曰。天寒起役。恐傷民。公曰。天寒乎。宛春曰。君衣狐裘。坐熊席。陬隅有竈。是以不寒。今民衣弊不補。履決不苴。君則不寒。民誠寒矣。公曰善。令罷役。

齊宣王為大室。大蓋百畝。堂上三百戶。以齊國之大。具之三年而未能成。群臣莫敢諫者。香居問宣王曰。荊王釋先王之禮樂而為淫樂。敢問荊邦為有主乎。王曰。為無主。敢問荊邦為有臣乎。王曰為無臣。居曰。今王為大室。三年不能成。而群臣莫有諫者。敢問王為有臣乎。王曰。為無臣。香居曰。臣請避矣。趨而出。王曰。香子留。何諫寡人之晚也。遂召尚書曰。書之。寡人不肖。好為大室。香子止寡人也。

漢武帝使太中大夫吾丘壽王與待詔能用筭者二人。舉籍阿城以南。盩厔以東。宜春以西。提封頃畝。及其賈直。欲除以為上林苑。屬之南山。又詔中尉左右內史表屬縣草田。欲以償鄠杜之民。吾丘壽王奏事。上大說稱善。時東方朔在傍。進諫曰。臣聞謙遜靜慤。天表之應。應之以福。驕溢靡麗。天表之應。應之以異。今陛下累郎臺。恐其不高也。弋獵之處。恐其不廣也。如天不為變。則三輔之地盡可以為苑。何必盩厔鄠杜乎。奢侈越制。天為之變。上林雖小。臣尚以為大也。夫南山。天下之阻也。南有江淮。北有河渭。其地從汧隴以東。商雒以西。厥壤肥饒。漢興去三河之地。止霸滻以西。都涇渭之南。此天下所謂陸海之地。秦之所以虜西戎兼山東者也。其出玉石金銀銅鐵豫章檀柘。異類之物。不可勝原。此百工所取給。萬民所仰足也。又有秔稻梨栗桑麻竹箭之饒。土宜薑芋。水多鼃魚。貧者得以人給家足。無飢寒之憂。故酆鎬之間。號為土膏。其賈畝一金。今規以為苑。絕陂池水澤之利。而取民膏腴之地。上乏國家之用。下奪農桑之業。棄成功。就敗事。損耗五穀。是其不可一也。且盛荊棘之林。而長養麋鹿。廣狐兔之苑。大虎狼之虛。又壞人冢墓。發人室廬。令幼弱懷土而思。耆老泣涕而悲。是其不可二也。斥而營之。垣而囿之。騎馳東西。車騖南北。又有深溝大渠。夫一日之樂。不足以危無隄之輿。是其不可三也。故務苑囿之大。不恤農時。非所以彊國富人也。夫殷作九市之宮而諸侯畔。靈王起章華之臺而楚民散。秦興阿房之殿而天下亂。糞土愚臣。忘生觸死。逆盛意。犯隆指。罪當萬死。

東漢明帝永平三年夏旱。帝大起北宮。尚書僕射鍾離意詣闕免冠上疏曰。伏見陛下以天時小旱。憂念元元。降避正殿。躬自克責。而比日密雲。遂無大潤。豈政有未得應天心者邪。昔成湯遭旱。以[illegible]

責曰。政不節邪。使人疾邪。宮室崇邪。女謁盛邪。苞苴行邪。讒夫昌邪。竊見北宮大作。人失農時。此所謂宮室崇也。自古非苦宮室小狹。但患人不安寧。宜且罷止。以應天心。臣意以匹夫之才。無有行能。久食重祿。擢備近臣。比受厚賜。喜懼相半。不勝愚戇。征營。罪當萬死。帝策詔報曰。湯引六事。咎在一人。其冠履勿謝。比上天降旱。密雲數會。朕戚然慙懼。思獲嘉應。故分布禱請。闚候風雲。北祈明堂。南設雩場。今又敕大匠止作諸宮。減省不急。庶消灾譴。詔因謝公卿百僚。遂應時澍雨焉。

靈帝欲造畢珪靈琨苑。司徒楊賜上疏諫曰。竊聞使者並出。規度城南人田。欲以為苑。昔先王造囿。裁足以脩三驅之禮。薪萊芻牧。皆悉往焉。先帝之制。左開鴻池。右作上林。不奢不約。以合禮中。今猥規郊城之地。以為苑囿。壞沃衍。廢田園。驅居人。畜禽獸。殆非所謂若保赤子之義。今城外之苑。已有五六。可以逞情意。順四節也。四節謂春蒐夏苗秋獮冬狩也。宜惟夏禹卑宮。太宗露臺之意。以慰下民之勞。書奏。帝欲止。以問侍中任芝中常侍樂松。松等曰。昔文王之囿百里。人以為小。齊宣王五十里。人以為大。今與百姓共之。無害於政也。帝悅。遂令築苑。

魏文帝時。力脩殿舍。百姓勞役。衛尉辛毗上疏曰。竊聞諸葛亮講武治兵。而孫權市馬遼東。量其意指。似欲相左右備豫。不虞。古之善政。而今者宮室大興。加連年穀麥不收。詩云。民亦勞止。迄可小康。惠此中國。以綏四方。唯陛下為社稷計。帝報曰。二虜未滅。而治宮室。直諫者立名之時也。夫王者之都。當及民勞兼辦。使後世無所復增。是蕭何為漢規摹之略也。今卿為魏重臣。亦且解其大歸。帝又欲平北芒。令於其上作臺觀。則見孟津。毗諫曰。天地之性。高高下下。今而反之。既非其理。加以損費人功。民不堪役。且若九河盈溢。洪水為害。而丘陵皆夷。將何以禦之。帝乃止。

明帝即位。營脩宮室。蘭陵侯王朗上疏曰。陛下即位已來。恩詔屢布。百姓萬民。莫不欣欣。臣頃奉使北行。往返道路。聞衆徭役。其可得蠲除省減者甚多。願陛下重留日昊之聽。以　制寇。昔大禹將欲拯天下之大患。故乃先卑其宮室。儉其衣食。　盡有九州。弼成五服。句踐欲廣其禦兒之疆。禦兒吳界邊戍之地名。馘夫差於姑蘇。故亦約其身以及家。儉其家以施國。用能囊括五湖。席卷三江。取威中國。定霸華夏。漢之文景。亦欲恢弘祖業。增崇洪緒。故能割意於百金之臺。昭儉於弋綈之服。內減太官而不受　貢獻。外省徭賦而務農桑。用能號稱升平。幾致刑錯。孝武之所以能奮其軍勢。拓其外境。誠因祖考畜積素足。故能遂成大功。霍去病中才之將。猶以匈奴未滅。不治第宅。明恤遠者略近。事外者簡內。自漢之初。及其中興。皆於金華略寢之後。然後鳳闕猥閌。德陽並起。今當建始之前。足用列朝會。崇華之後。足用序內官。華林天淵。足用展游宴。若且先成閶闔之象魏。使足用列遠人之朝貢者。脩城池。使足用絕踰越。成國險。其餘一切。且須豐年。一以勸耕農為務。習戎備為事。則國無怨曠。戶口滋息。民充兵彊。而寇戎不賓。緝熙不作。未之有也。

明帝青龍中。營治宮室。百姓失農時。司空陳羣上疏曰。禹承唐虞之盛。猶卑宮室而惡衣服。況今喪亂之後。人民至少。比漢文景之時。不過一大郡。邊境有事。將士勞苦。若有水旱之患。國家之深憂也。且吳蜀未滅。社稷不安。宜及其未動。講武勸農。有以待之。今舍此急而先宮室。臣懼百姓遂困。將何以應敵。昔劉備自成都至白水。多作傳舍。興費人役。太祖知其疲民也。今中國勞力。亦吳蜀之所願。此安危之機也。惟陛下慮之。帝答曰。王者宮室。亦宜並立。滅賊之後。但當罷守耳豈可復興役邪是故君之職蕭何之大畧也羣又曰昔漢祖唯與項羽爭天下羽已滅宮室燒焚是以蕭何建武庫太倉皆是要急然猶非其壯麗今二虜未平誠不宜與古同也夫人之所欲莫不有辭況乃天王莫之敢違前欲壞武庫謂不可不壞也後欲置之謂不可不置也若必作之固非臣下辭言所屈若少留神卓然回意亦非臣下之所及也漢明帝欲起德陽殿鍾離意諫即用其言後乃復作之殿成謂羣臣曰鍾離尚書在不得成此殿也夫王者豈憚一臣蓋為百姓也今臣曾不能少凝聖聽不及意遠矣帝於是有所減省

景初元年愈增崇宮殿彫飾觀閣鑿太行之石英采穀城之文石起景陽山於芳林之園建昭陽殿於太極之北鑄作黃龍鳳凰奇偉之獸飾金墉陵雲臺陵霄闕百役繁興作者萬數公卿以下至于學生莫不展力帝乃躬自握土以率之而遼東不朝悼皇后崩天作淫雨

冀州水出漂没民物光祿勳高堂隆上疏切諫曰蓋天地之大德曰生聖人之大寶曰位何以守位曰仁何以聚人曰財然則士民者乃國家之鎮也穀帛者乃士民之命也穀帛非造化不育非人力不成是以帝耕以勸農后桑以成服所以昭事上帝告虔報施也昔在伊唐世值陽九厄運之會洪水滔天使鯀治之績用不成乃舉文命隨山刊木前後歷年二十二載災害之甚莫過於彼力役之興莫久於此堯舜君臣南面而已禹敷九州庶士庸勳各有等差君子小人物有服章今無若時之急而使公卿大夫並與廝徒共供事役聞之四夷非嘉聲也垂之竹帛非令名也是以有國有家者近取諸身遠取諸物嫗煦養育故稱愷悌君子民之父母今上下勞役疾病凶荒耕稼者寡飢饉荐臻無以卒歲宜加愍恤以救其困臣觀在昔書籍所載天人之際未有不應也是以古先哲王畏上天之明命循陰陽之逆順矜矜業業惟恐有違然後治道用興德與神符災異既發懼而脩政未有不延期流祚者也爰及末葉闇君荒主不崇先王之令軌不納正士之直言以遂其情志恬忽變戒未有不尋踐禍難至於顛覆者也天道既著請以人道論之夫六情五性同在於人嗜欲廉貞各居其一及其動也交爭于心欲彊質弱則縱濫不禁精誠不制則放溢無極夫情之所在非好則美而美好之集非人力不成非穀帛不立情苟無極則人不堪其勞物不充其求勞求並至將起禍亂故不割情無以相供仲尼云人無遠慮必有近憂由此觀之禮義之制非苟拘分將以遠害而興治也今吳蜀二賊非徒白地小虜聚邑之寇乃據險乘流跨有士衆僭號稱帝欲與中國爭衡今若有人來告權備並脩德政復履清儉輕省租賦不治玩好動咨耆賢事遵禮度陛下聞之豈不惕然惡其如此以為難卒討滅而為國憂乎若使告

者曰彼二賊並為無道崇侈無度役其士民重其徵賦下不堪命吁嗟日甚陛下聞之豈不勃然忿其困我無辜之民而欲速加之誅其次豈不幸彼疲弊而取之不難乎苟如此則可易心而度事義之數亦不遠矣且秦始皇不築道德之基而築阿房之宮不憂蕭墻之變而脩長城之役當其君臣為此計也亦欲立萬世之業使子孫長有天下豈意一朝匹夫大呼而天下傾覆哉故臣以為使先代之君知其所行必將至於敗則弗為之矣是以亡國之主自謂不亡然後至於亡賢聖之君自謂將亡然後至於不亡昔漢文帝稱為賢主躬行儉約惠下養民而賈誼方之以為天下倒縣可為痛哭者一可為流涕者二可為長歎息三況今天下凋弊民無儋石之儲國無終年之畜外有強敵六軍暴邊內興土功州郡騷動若有寇警則臣懼板築之士不能投命虜庭矣又將吏奉祿稍見折減方之於昔五分居一

諸受休者。又絕廩賜不應輸者。今皆出半。此為官入。兼多於舊。其所出與參少於昔。而度支經用更每不足。牛肉小賦。前後相繼。反而推之。凡此諸費必有所在。且夫祿賜穀帛。人主所以惠養吏民而為之司命者也。若今有廢。是奪其命矣。既得之而又失之。此生怨之府也。周禮天府掌九伐之則。以給九式之用。入有其分。出有其所。不相干乘而用各足。各足之後乃以式貢之餘供王玩好。又上用財。必考于司會。今陛下所與共坐廊廟治天下者。非三司九列。則臺閣近臣。皆腹心造膝。宜在無諱。若見豐省而不敢以告。從命奔走。惟恐不勝。是則具臣。非鯁輔也。昔李斯教秦二世曰。為人主而不恣睢。命之曰。天下桎梏。二世用之。秦國以覆。斯亦滅族。是以史遷議其不正諫而為世戒。書奏。帝覽焉。謂中書監令曰。觀隆此奏。使朕懼哉。

時司徒掾董尋亦上疏曰。建安以來。野戰死亡。或門殫戶盡。雖有存

者。遺孤老弱。若宮室狹小。當廣大之。猶宜隨時。不妨農務。況作無益之物哉。陛下既尊群臣。顯以冠冕。載以華輿。而使穿方舉土。沾體塗足。毀國之光以崇無益。甚無謂也。孔子曰。君使臣以禮。臣事君以忠。無忠無禮。國何以立。臣知言出必死。而自比於牛之一毛。生既無益。死亦何損。秉筆流涕。心與世辭。臣有八子。死後累陛下矣。將奏。沐浴以待命。魏主曰。尋不畏死邪。主者奏收之。詔勿問。

景初間。宮室盛興。民失農業。期信不敦。刑殺倉卒。秘書監王肅上疏曰。大魏承百王之極。生民無幾。干戈未戢。誠宜息民而惠之以安靜遐邇之時也。夫務畜積而息疲民。在於省徭役而勤稼穡。今宮室未就。功業未訖。運漕調發。轉相供奉。是以丁夫疲於力作。農者離其南畝。種穀者寡。食穀者眾。舊穀既沒。新穀繼荒。斯則有國之大患。而非備豫之長策也。今見作者。三四萬人。九龍可以安聖體。其內足以列六宮。顯陽之殿。又向將畢。惟泰極已前功夫尚大。方向盛寒。疾疢或作。誠願陛下發德音。下明詔。深愍役夫之疲勞。厚矜兆民之不贍。取常食廩之士。非急要者之用。選其丁壯。擇留萬人。使一朞而更之。咸知息代有日。則莫不悅以即事。勞而不怨矣。計一歲有三百六十萬夫。亦不為少。當一歲成者。聽且三年。分遣其餘。使皆即農。無窮之計也。倉有溢粟。民有餘力。以此興功。何功不立。以此行化。何化不成。夫信之於民。國家大寶也。仲尼曰。自古皆有死。民非信不立。夫區區之晉國。微微之重耳。欲用其民。先示以信。是故原雖將降。顧信而歸。用能一戰而霸。于今見稱。前車駕當幸洛陽。發民為營。有司命以營成而罷。既成。又利其功。不以時遣。有司徒營其目前之利。不顧經國之體。臣愚以為自今已後。儻復使民。宜明其令。使必如期。若有事以次。寧復更發。無或失信。凡陛下臨時之所行刑。皆有罪之吏。宜死之人

也。然眾庶不知。謂為倉卒。故願陛下下之於吏。而暴其罪。鈞其死也。無使汙于宮掖。而為遠近所疑。且人命至重。難生易殺。氣絕而不續者也。是以聖賢重之。孟軻稱殺一無辜以取天下。仁者不為也。漢時有犯蹕驚乘輿馬者。廷尉張釋之奏使罰金。文帝怪其輕。而釋之曰。方其時。上使誅之則已。今下廷尉。廷尉天下之平也。一傾之。天下用法皆為輕重。民安所措其手足。臣以為大失其義。非忠臣所宜陳也。廷尉者。天子之吏也。猶不可以失平。而天子之身。反可以惑謬乎。斯重於為己。而輕於為君。不忠之甚也。周公曰。天子無戲言。言則史書之。工誦之。士稱之。言猶不戲。而況行之乎。故釋之之言不可不察。周公之戒。不可不法也。

明帝時。棧潛以眾役並興。戚屬疏斥。上疏曰。天生蒸民。而樹之君。所以覆燾群生。熙育兆庶。故方制四海。匪為天子。裂土分疆。匪為諸侯

也始自三皇爰暨唐虞咸以博濟加于天下醇德以洽黎元賴之三
五既微降逮于漢治日益少喪亂恒多自時厥後亦罔克乂太祖濬
哲神武芟除暴亂克復王綱以開帝業文帝受天明命廓恢皇基踐
祚七載每事未遑陛下聖德纂承洪緒宜崇晏晏與民休息而方隅
匪寧征夫遠戍有事海外縣旌萬里六軍騷動水陸轉運百姓舍業
日費千金大興殿舍功作萬計徂徠之松刊山窮谷怪石珷玞浮于
河淮都圻之內盡為甸服當供稾秸銍粟之調而為苑囿擇禽之府
盛林莽之穢豐鹿兔之藪傷害農功地繁茨棘災疫流行民物大潰
上減和氣嘉禾不植臣聞文王作豐經始勿亟百姓子來不日而成
靈沼靈囿與民共之今宮觀崇侈彫鏤極妙忘有虞之總期思殷辛
之瓊室禁池千里嬖足投綱麗擬阿房役百乾谿臣恐民力彫盡下
不堪命也昔秦據殽函以制六合自以德高三皇功兼五帝欲號諡
至萬葉而二世顛覆願為黔首由枝幹既扤本實先拔也蓋聖王之
御世也克明俊德庸勳親親俊乂在官則功業可隆親親顯用則安
危同憂深根固本並為幹翼雖歷盛衰內外有輔昔成王幼沖未能
莅政周呂召畢並在左右今既無衞侯康叔之監分陝所任又非旦
奭東宮未建天下無副願陛下留心關塞永保無極則海內幸甚
時中書侍郎王基亦上疏曰臣聞古人以水諭民曰水所以載舟亦
所以覆舟故在民上者不可以不戒懼夫民逸則慮易苦則思難是
以先王居之以約儉俾不至於生患昔顏淵云東野子之御馬力盡
矣而求進不已是以知其將敗今事役勞苦男女離曠願陛下深察
東野之弊留意舟水之諭息奔駟於未盡節力役於未困昔漢有天
下至孝文時唯有同姓諸侯而賈誼憂之曰置火積薪之下而寢其
上因謂之安也今寇賊未殄猛將擁兵檢之則無以應敵久之則難

以遺後當盛明之世不務以除患若子孫不競社稷之憂也使賈誼
復起必深切於曩時矣
帝既新作許宮又營洛陽宮殿觀閣少府楊阜上疏曰堯尚茅茨而
萬國安其居禹卑宮室而天下樂其業及至殷周或堂崇三尺度以
九筵耳古之聖帝明王未有務宮室之高麗以彫弊百姓之財力者
也桀作琁室象廊紂為傾宮鹿臺以喪其社稷楚靈以築章華而身
受其禍秦始皇作阿房而殃及其子天下叛之二世而滅夫不度萬
民之力以從耳目之欲未有不亡者也陛下當以堯舜禹湯文武為
法則夏桀殷紂楚靈秦皇為深誡高高在上實監后德慎守天位以
承祖考巍巍大業猶恐失之不夙夜敬止允恭恤民而乃自暇自逸
惟宮臺是侈是飾必有顛覆危亡之禍易曰豐其屋蔀其家闚其戶
閴其無人王者以天下為家言豐屋之禍至於家無人也方今二虜
合從謀危宗廟十萬之軍東西奔赴邊境無一日之娛農夫廢業民
有飢色陛下不以是為憂而營作宮室無有已時使國亡而臣可以
獨存臣又不言也君作元首臣為股肱存亡一體得失同之孝經曰
天子有爭臣七人雖無道不失其天下臣雖駑怯敢忘爭臣之義言
不切至不足以感寤陛下陛下不察臣言恐皇祖烈考之祚將墜于
地使臣身死有補萬一則死之日猶生之年也
吳烏程侯寶鼎二年作昭明宮左丞相陸凱上表諫不聽重表曰臣
聞宮功當起夙夜反側是以頻煩上事往往留中不見省報於邑歎
息企想應罷昨食時被詔曰君所諫誠是大趣然未合鄙意如何此
宮殿不利宜當避之乃可以妨勞役長坐不利宮乎父之不安子亦
何倚臣拜紙詔伏讀一周不覺氣結於胷而涕泣雨集也臣年已六
十九榮位已重於臣過望復何所冀所以勤勤數進苦言者臣伏念

大皇帝創基立業勞苦勤至白髮生於鬢膚黃耇被於甲冑天下始
靜晏駕早崩自含息之類能言之倫無不歔欷如喪考妣幼主嗣統
柄在臣下軍有連征之費民有彫殘之損賊臣干政公家空竭今彊
敵當塗西州傾覆孤罷之民宜當畜養廣力肆業以備有虞且始徙
都屬有軍征戰士流離州郡擾攘而大功復起徵召四方斯非保國
致治之漸也臣聞為人主者禳災以德除咎以義故湯遭大旱身禱
桑林熒惑守心宋景退殿是以旱魃銷亡妖星移舍今宮室之不利
但當克己復禮篤湯宋之至道愍黎庶之困苦何憂宮之不安災之
不銷乎陛下不務脩德而務築宮室若德之不脩行之不貴雖殷辛
之瑤臺秦皇之阿房何止而不喪身覆國宗廟作墟乎夫興土功高
臺榭既致水旱民又多疾其不疑也為父長安使子有倚此乃子離
於父臣離於陛下之象也臣子一離雖念克骨茅茨不翦復何益焉

是以大皇帝君于南宮自謂過於阿房故先朝大臣以為宮室宜厚
備衞非常大皇帝曰逆虜遊魂當愛育百姓何暇趣於不急然臣下
懇惻由不獲已故裁調近郡苟副衆心比當就功猶豫三年當此之
時寇鈔懾威不犯我境師徒奔北且西阻岷漢南州無事尚猶沖讓
未肯築宮況陛下危側之世又乏大皇帝之德可不慮哉願陛下留
意臣不虛言不聽

中書丞華覈繼上疏曰今倉庫空匱編戶失業而北方積穀養民專
心東向乃舍此急務盡力功作卒有風塵之變[illegible]怨民而赴白刃此
乃大敵所因以為資者也

晉穆帝升平中將脩後池起闕道吏部郎長兼侍中江逌上疏曰臣
聞王者處萬乘之極享富有之大必顯明制度以表崇高盛其文飾
以殊貴賤建靈臺浚辟雍立宮館設苑囿所以弘於皇之尊彰臨下

之義前聖創其禮後代遵其矩當代之君咸營斯事周宣興百堵之
作鴻鴈歌安宅之歡魯僖脩泮水之宮採芹有思樂之頌蓋上之有
為非予欲是盈下之奉上不以劬勞為勤此自古之令典軌儀之大
式也夫理無常然三正相詭司牧之體與世而移致飾則素故賁返
於剝有大必盈則受之以謙損上益下順兆庶之悅享以二簋用致
約之義是以唐虞流化於茅茨夏禹垂美於卑室過儉之陋非中庸
之制然三聖行之以致至治漢高祖當營建之始怒宮庫之壯孝文
處既富之世愛十家之產亦以播惠當時著稱來葉今者二虜未殄
神州荒蕪舉江左之衆經略艱難漕揚越之粟北餽河洛兵不獲戢
運戍悠遠倉庫內罄百姓力竭加春夏以來水旱為害遠近之收普
減常年財傷人困大役未已軍國之用無所取給方之往代豐弊相
懸損之又損實在今日伏惟陛下聖質天縱凝曠清虛闡日新之盛

茂欽明之量無欲體於自然沖素刑乎萬國韶既盡美則必盡善宜
養以玄虛守以無為登覽不以臺觀游豫不以苑沼偃息畢於仁義
馳騁極於六藝觀巍巍之隆鑒二代之文仰味羲農俯尋周孔其為
逍遙足以尊道德之輔親搢紳之秀疇咨以時顧問不倦獻替諷諫
日月而聞則庶績惟凝六合咸熙中興之盛邁於殷宗休嘉之慶流
乎無窮昔漢起德陽鍾離抗言魏營宮殿陳群正辭臣雖才非若人
然職忝近侍言不足採而義在以聞帝嘉其言而止

漢主劉聰立貴嬪劉氏為皇后聰將為劉氏起鳳儀殿於後庭廷尉
陳元達諫曰臣聞古之聖王愛國如家故皇天亦祐之如子夫天生
烝民而樹之君者使為之父母以刑賞之不欲使殿屎黎元而蕩逸
一人晉氏闇虐視百姓如草芥故上天剿絕其祚乃眷皇漢蒼生引
領息肩懷更蘇之望有日矣我高祖光文皇帝靖言惟始痛心疾首

故身衣大布居不重茵先后妃嬪服無綺綵重違群臣之請故建南北宮爲今光極之前足以朝群后饗萬國矣昭德溫明已後足可以容六宮列十二等矣陛下龍興以來外殄二京不世之寇內興殿觀四十餘所重之以飢饉疾疫死亡相屬兵疲於外人怨於內爲之父母固若是乎伏聞詔旨將營鶴儀中宮新立誠臣等樂爲子來者也竊以大難未夷宮宇粗給今之所營尤實非宜臣聞太宗承高祖之業惠呂息役之後以四海之富天下之殷尚以百金之費而輟露臺歷代弗美爲不朽之迹故能斷獄四百擬於成康陛下之所有不過太宗二郡地耳戰守之備者豈僅匈奴南越而已哉孝文之廣思費如彼陛下之狹欲損如此愚臣所以敢昧死犯顏色冒不測之禍者也

趙主曜命起酆明觀立西宮建陵霄臺於滈池又將於霸陵西南營

壽陵侍中喬豫和苞上疏諫曰臣聞人主之興作也必仰準乾象俯順人時是以衞文承亂亡之後宗廟社稷流漂無所而猶上供營室以構楚宮彼其急也猶尚若茲故能興康叔武公之迹以延九百之慶也前奉詔書將營酆明觀市道芻蕘咸以非之曰一觀之功可以平涼州矣又奉勅旨復欲擬阿房而建西宮模瓊臺而起陵霄此則費萬酆明功億前役也以此功費亦可以吞吳蜀翦齊魏矣陛下何爲於中興之日而蹤亡國之事自古聖王人誰無過陛下此役實爲過舉過貴在能改終之實難又伏聞勅旨將營建壽陵周迴四里下深二十五丈以銅爲棺椁黃金飾之恐此功費非國內所能辦也且堯葬穀林市不改肆顓頊葬廣陽下不及泉聖王之於終也如是秦皇下錮三泉周輪七里身亡之後毀不旋踵闇主之於後也如此向魋石椁孔子以爲不如速朽王孫倮葬識者嘉其矯世自古無有不亡之國不掘之墓故聖王知厚葬之招害也故不爲之臣子之於君父陵墓豈不欲高廣如山嶽哉但以保全始終安固萬世爲優耳興亡奢儉尙然於前惟陛下覽之曜大悅下書曰二侍中懇懇有古人之風烈矣可謂社稷之臣也非二君朕安聞此言乎以孝明於承平之世四海無虞之日尙納鍾離一言而罷北宮之役況朕之闇眇當今極弊而可不敬從明誨乎今勅悉停壽陵制度一遵霸陵之法詩不云乎無言不酬無德不報其封豫安昌子苞平輿子並領諫議大夫可敷告天下使知區區之朝思聞過也自今政法有不便於時不利社稷者其詣闕極言勿有所諱

曜將葬其父及妻親如粟邑以規度之負土爲墳其下周迴二里作者繼以脂燭怨呼之聲盈于道路游子遠諫曰臣聞聖主明王忠臣孝子之於終葬也棺足周身槨足周棺藏足周槨而已不封不樹爲

無窮之計伏惟陛下聖慈幽被神鑒洞遠每以清儉恤下爲先社稷資儲爲本今二陵之費至以億計計六萬夫百日作所用六百萬功二陵皆下錮三泉上崇百尺積石爲山增土爲阜發掘古塚以千百數役夫呼嗟氣塞天地暴骸原野哭聲盈衢臣竊謂無益於先皇先后而徒喪國之儲力陛下脫仰尋堯舜之軌者則功不盈百萬費亦不過千計下無怨骨上無怨人先帝先后有泰山之安陛下饗舜禹周公之美惟陛下察焉曜不納

後魏文成帝時給事中郭善明性多機巧欲逞其能勸高宗大起宮室中書侍郎高允諫曰臣聞太祖道武皇帝既定天下始建都邑其所營立非因農隙不有所興今建國已久宮室已備永安前殿足以朝會萬國西堂溫室足以安御聖躬紫樓臨望可以觀望遠近若廣修壯麗爲異觀者宜漸致之不可倉卒計斫材運土及諸雜役須二

萬人丁夫充作老小供餉合四萬人半年可訖古人有言一夫不耕或受其飢一婦不織或受其寒況數萬之衆其所損廢亦以多矣推之於古驗之於今必然之效也誠聖主所宜思量高宗納之

孝明帝時胡太后作永寧寺於宮側又作石窟寺於伊闕口皆極土木之美爲九層浮屠高九十丈刹高十丈塔廟之盛未之有也李崇上表曰高祖遷都垂三十年明堂未脩太學荒廢城闕府寺頗亦頹壞非所以追隆堂構儀刑萬國者也宜罷尚方雕靡之作省永寧土木之功分石窟鐫琢之勞因農之隙脩此數條使國容嚴顯禮化興行不亦休哉太后不能用

唐太宗貞觀四年將脩洛陽宮戴冑上疏諫曰比關中河外置軍團彊夫富室悉爲兵九成之役又興司農將作見丁無幾大亂之後戶口單破一人就役舉室指業籍軍者督戎仗謫役者責糧齎竭貲經紀猶不能濟七月以來霖潦未止瀍河南北田正湾下年之有亡未可預知壯者盡行賦調不給則帑藏虛矣今宮殿足庇風雨容羽衛數年後成猶不謂晚何憚而遽自生勞擾邪帝覽奏罷役

時詔發卒脩洛陽之乾元殿以備巡狩給事中張玄素上書諫曰陛下智周萬物囊括四海令之所行何往不應志之所欲何事不從微臣竊思秦始皇之爲君也藉周室之餘因六國之盛將貽之萬葉及其子而亡諒由逞嗜奔慾逆天害人者也是知天下不可以力勝神祇不可以親恃惟當弘儉約薄賦斂慎終如始可以永固方今承百王之末屬凋弊之餘必欲節之以禮制陛下宜以身爲先東都未有幸期即令補葺諸王今並出藩又須營構興發數多豈疲人之所望其不可一也陛下初平東都之始層構廣殿皆令撤毀天下翕然同心傾仰豈有初則惡其侈靡今乃襲其雕麗其不可二也每承音旨

未即巡幸此乃事不急之務成虛費之勞國無兼年之積何用兩都之好勞役過度怨讟將起其不可三也百姓承亂離之後財力凋盡天恩含育粗見存立飢寒猶切生計未安三五年間恐未能復奈何營未幸之都而奪疲人之力其不可四也昔漢高祖將都洛陽婁敬一言即日西駕豈不知地惟土中貢賦所均但以形勝不如關內也伏惟陛下化凋弊之人革澆漓之俗爲日尚淺未甚淳和斟酌事宜詎可東幸其不可五也臣嘗見隋室初造此殿楹棟宏壯大木非近道所有多自豫章採來二千人曳一柱其下施轂皆以生鐵爲之中間若用木輪動即火出略計一柱用數十萬功則餘費又過倍於此臣聞阿房成秦人散章華就楚衆離乾元畢工隋人解體且陛下今時功力何如隋日承凋殘之後役瘡痍之人費億萬之功襲百王之弊以此言之甚於煬帝遠矣深願陛下思之無爲由余所笑則天下幸甚太宗謂玄素曰卿以我不如煬帝何如桀紂對曰若此殿卒興所謂同歸於亂太宗歎曰我不思量遂至於此顧謂房玄齡曰今玄素上表洛陽亦實未宜脩造後必事理須行露坐亦復何苦所有作役宜即停之然以卑干尊古來不易非其忠直安能若此且衆人之唯唯不如一士之諤諤可賜絹五百匹魏徵歎曰張公遂有回天之力可謂仁人之言其利博哉

太宗作飛山宮魏徵上疏曰臣觀自古受圖膺運繼體守文控御英傑南面臨下皆欲配厚德於天地齊高明於日月本枝百世傳祚無窮然而克終者鮮敗亡相繼其故何哉所以求之失其道也殷鑒不遠可得而言昔在有隋統一寰宇甲兵彊盛三十餘年風行萬里威動殊俗一旦舉而棄之盡爲他人之有彼煬帝豈惡天下之治安不欲社稷之長久故行桀虐以就滅亡哉恃其富彊不虞後患驅天下

以從欲釐萬物以自奉採城中之子女求遠方之奇異宮苑是飾臺
榭是崇徭役無時干戈不戢外示嚴重內多險忌讒邪者必受其福
忠正者莫保其生上下相蒙君臣道隔民不堪命率土分崩是以四
海之尊誅於匹夫之手子孫殄絕為天下笑可不痛哉聖哲乘機拯
其危溺八柱傾而復正四維弛而更張遠肅邇安不踰於期月勝殘
去殺無待於百年今宮觀臺榭盡居之矣奇珍異物盡收之矣姬姜
淑媛盡侍於側矣四海九州盡為臣妾矣若能鑒彼之所以失念我
之所以得日慎一日雖休勿休焚鹿臺之寶衣毀阿房之廣殿懼危
亡於峻宇思安處於卑宮則神化潛通無為而治德之上也若成功
不毀即仍其舊除其不急損之又損雜茅茨於桂棟參玉砌於土階
悅以使人不竭其力常念居之者逸作之者勞億兆悅以子來羣生
仰而遂性德之次也若惟聖罔念不慎厥終忘締構之艱難謂天命

之可恃忽采椽之恭儉追雕牆之靡麗因其基以廣之增其舊以飾
之觸類而長不知止足人不見德而勞役是聞斯為下矣譬之負薪
救火揚湯止沸以暴易暴與亂同道莫可測也後嗣何觀夫事無可
觀則人怨神怒人怨神怒則災害既生災害既生則禍亂必作禍亂
既作而能以身名全者鮮矣順天格命之后將隆七百之祚貽厥孫
謀傳之萬葉難得易失可不念哉

時公卿有奏依禮季夏之月可以居臺榭今夏暑未退秋霖方始宮
中卑濕請營一閣以居之上曰朕有氣疾豈宜下濕若遂來請糜費
良多昔漢文將起露臺而惜十家之產朕德不逮于漢帝而所費過
之豈為民父母之道也固請至于再三竟不許太宗謂侍臣曰朕近
讀劉聰傳將為劉后起鳳儀殿廷尉陳元達切諫聰大怒命斬之劉
后手疏啓請辭情甚切聰怒乃解而甚愧之人之讀書欲廣聞見以

自益耳朕見此事可以深戒比者欲造一殿仍構重閣今
於藍田採木並已備具遠想聰事斯作遂止左僕射房玄
齡右僕射高士廉於路逢少監竇德素問北門近來更何
營造德素以聞上乃謂玄齡曰君但知南衙事我北門少
有營造何與君事玄齡等拜謝魏徵進曰臣不解陛下責
亦不解玄齡士廉拜謝玄齡既任陛下大臣即陛下股肱
耳目所有營造何容不知責其訪問官司臣所不解且有
利害役工多少陛下所為善當助陛下成之所為不是雖營
造當奏陛下罷之此乃君使臣臣事君之道玄齡等問既無
罪而陛下責之玄齡不識所守但知拜謝臣亦不解太宗深
愧之又嘗謂侍臣曰為政之要必須禁末作傳曰彫琢刻鏤
傷農事纂組文彩害女工自古聖人制法莫不崇節儉革奢

侈又帝王凡有興作亦須貴順物情昔大禹鑿九山通九江
用人力極廣而無怨讟者物情所欲共眾所有故也秦始皇
營建宮室而人多謗議者為徇其私不與眾共故也朕今欲
造一殿材木已具遠想秦皇之事遂復不作也古人云不作
無益不見可欲使心不亂至於鏤雕器物珠玉服翫若恣其
驕奢則危亡可立待也自古王公已下僭品秩不合服用者宜
一切禁斷由是數十年間風俗簡朴財帛富饒無復飢寒之弊
又嘗謂侍臣曰隋煬帝廣造宮室以肆行幸自西京至京都
離宮別館相望道次乃至并州涿郡無不悉然馳道皆廣數
百步種樹以飾其傍人力不堪相聚為賊逮至末年尺土一
人非復已有以此觀之廣宮室好行幸竟有何益皆朕耳所
聞目所見深以自戒故不敢輕用人力惟令百姓安靜無有

怨叛而已。

太宗時諫議大夫蘇世長侍宴披香殿。酒酣進曰。此煬帝作邪何雕飾底此。帝曰。卿好諫似直。然詐也。豈不知此殿我所營。乃詭云煬帝邪。對曰。臣但見傾宮鹿臺。非受命聖人所為者。陛下武功舊第。纔蔽風雨時以為足。今天下歎隋之侈以歸有道。陛下宜刈奢從樸。今乃即其宮加雕飾焉。欲易其亂得乎。帝咨重其言。

太宗末年。軍旅數動。宮室互興。百姓頗有勞弊。充容徐惠上疏諫曰。貞觀以來二十有餘載。風調雨順。年登歲稔。人無水旱之弊。國無飢饉之災。昔漢武守文之常主。猶登刻玉之符。齊桓公小國之庸君。尚塗泥金之望。陛下推功損己。讓德不居。億兆傾心。猶闕告成之禮。云亭佇謁。未展升中之儀。此之功德。足以咀嚼百王。網羅千代者矣。然古人有云。雖休勿休。良有以也。守保未備。聖哲罕兼。是知業大者易驕。

願陛下難之。善始者難終。願陛下易之。竊見頃年以來。力役兼總。東有遼海六軍。西有崐丘之役。士馬疲於甲冑。舟車倦於轉輸。且召募投戎。去留懷死之痛。因風阻浪。人有漂溺之危。一夫力耕。年無數十之獲。一船致損。則傾覆數百之粮。是猶運有盡之農功。填無窮之巨浪。圖未獲之他衆。喪已成之我軍。雖除凶伐暴。有國常規。然黷武習兵。先哲所戒。昔秦皇併吞六國。反速危亡之基。晉武奄有三方。翻成覆敗之業。豈非矜功恃大。棄德而輕邦國。圖利而忘害。肆情而縱欲。遂使悠悠六合。雖廣不救其亡。嗷嗷黎庶。因弊以成其禍。是知地廣非常安之術。人勞乃易亂之源。願陛下布澤流仁。矜弊恤乏。減行役之煩。增雨露之惠。妾又聞為政之本。貴在無為。竊見土木之功。不可遂兼。北闕初建。南營翠微。曾未踰時。玉華創制。複山藉水。非無構架之勞。損之又損。頗有工力之費。終以茅茨示約。猶興木石之疲。假使和

雇取人。不無煩擾之弊。是以卑宮菲室。聖人之所安。金屋瑤臺。驕主之為麗。故有道之君。以逸逸人。無道之君。以樂樂身。願陛下使之以時。則力不竭矣。用而息之。則人其悅矣。夫珍玩技巧。為喪國之斤斧。珠玉錦繡。寔迷心之酖毒。切見服玩鮮靡。如變化於自然。職貢珍奇。若神仙之所製。雖馳華於季俗。實敗素於淳風。是知漆器非延叛之方。舜造之而人叛。玉杯豈招亡之術。紂用之而國亡。方驗侈麗之源。不可不遏。夫作法於儉。猶恐其奢。作法於奢。何以制後。伏惟陛下明照未形。智周無際。窮奧秘於麟閣。盡探賾於儒林。千王理亂之蹤。百代安危之迹。興亡衰禍之數。得失成敗之機。故亦包吞心府之中。循環目圍之內。乃宸衷久察。無假一二言焉。唯知之非艱。行之不易。志驕於業著。體逸於時安。伏願抑志摧心。慎終成始。削輕過以添重德。擇今是以替前非。則鴻名與日月無窮。盛業與乾坤永泰矣。太宗甚

善其言。

高宗永淳元年。既封泰山。欲遍封五嶽。作奉天宮於嵩山之南。監察御史李善感諫曰。陛下封泰山。告太平。致羣瑞。與三皇五帝比隆矣。數年不稔。餓殍相望。四夷交侵。兵甲歲駕。宜恭默思道。以禳災譴。更廣營宮室。勞役不休。天下莫不失望矣。上不納。

武后長安中。作興泰宮於萬安山。左拾遺盧藏用上疏諫曰。陛下離宮別觀固多矣。又窮人力以事土木。臣恐議者以陛下為不愛人而奉己也。且頃歲穀雖頗登。而百姓未有儲。陛下巡幸詎靡休息。斤斧之役。歲月不空。不因此時施德布化。而又廣宮苑。臣恐下未易堪。今左右近臣以諛意為忠。犯忤為患。至令陛下不知百姓失業。百姓亦不知左右傷陛下之仁也。忠臣不避誅震以納君於仁。明主不惡切詆以趨名于後。陛下誠能發明制以勞人為辭。則天下必以為愛力

而苦已也。不然。下臣此章。得與執事者共議。不從。

中宗景龍中。盛興佛寺。公私疲匱。左拾遺辛替否上疏曰。古之建官。不必備。九卿有位而闕其選。故賞不僭。官不濫。士有完行。家有廉節。朝廷餘奉。百姓餘食。下忠於上。上禮於下。委裘無倉卒之危。垂拱無顛沛之患。夫事有惕耳目。動心慮。作不師古。以行於今。臣得言之。陛下倍百行賞。倍十增官。金銀不供於印。束帛不充於錫。何所媿於無用之臣。無力之士哉。古語曰。福生有基。禍生有胎。且公主陛下愛子也。選賢嫁之。設官輔之。傾府庫以賜之。壯第觀以居之。廣池籞以嬉之。可謂至重至憐也。然用不合古義。行不根人心。將變愛成憎。轉福為禍。何者。竭人之力。費人之財。奪人之家。怨也。愛一女。取三怨。於天下。使邊疆士不盡力。朝廷士不盡忠。人心散矣。獨持所愛。何所恃乎。向使魯王賞同諸壻。則有今日之福。無曩日之禍。人徒見其禍。不知

禍所來。所以禍者寵過也。今棄一宅。造一宅。忘前悔。忽後禍。臣竊謂陛下乃憎之。非愛之也。臣聞君以人為本。本固則邦寧。邦寧則陛下夫婦母子長相保也。頃外謀宰臣為久安計。不使姦臣賊子有以伺之。今疆埸危駭。倉廩空虛。卒輸不充。士賞不及。而大建寺宇。廣造第宅。伐木空山。不給棟梁。運土塞路。不充墻壁。所謂佛者。清淨慈悲。體道以濟物。不欲利以損人。不榮身以害教。今三時之月。掘山穿地。損命也。殫府虛帑。損人也。廣殿長廊。榮身也。損命則不慈悲。損人則不愛物。榮身則不清淨。寧佛者之心乎。昔夏為天子二十餘世而商受之。商二十餘世而周受之。周三十餘世而漢受之。由漢而後。歷代可知已。咸有道之長。無道之短。豈窮金玉。脩塔廟。享久長之祚乎。臣以為減彫琢之費。以賙不足。是有佛之德。息穿掘之苦。以全昆蟲。是有佛之仁。罷營構之直。以給邊垂。是有湯武之功。回不急之祿。以購廉清

是有唐虞之治。陛下緩其所急。急其所緩。親未來。疏見在。失真實。冀虛無。重俗人之所為。而輕天子之業。臣竊痛之。今出財依勢。避役亡命。類度為沙門。其未度者。窮民善人耳。拔親樹知。豈離朋黨。畜妻養孥。非無私愛。是致人毀道。非廣道求人也。陛下常欲填池壍。捐苑囿。以賑貧人。今天下之寺無數。一寺當陛下一宮。壯麗用度。尚或過之。十分天下之財。而佛有七八。陛下何有之矣。雖役不食之人。不衣之士。猶尚不給。況必待天生地養。風動雨潤。而後得之乎。臣聞國無九年之儲。曰非其國。今計倉廩。度府庫。百僚共給。萬事用度。臣恐不能卒歲。假如兵旱相乘。則沙門不能擐甲冑。寺塔不足禳飢饉矣。帝不省。

睿宗為公主造金仙玉真二觀。替否時為左補闕。復上疏諫曰。臣嘗以為古之用度不時。爵賞不當。破家亡國者。口說不如身逢。耳聞不

如眼見。臣請以有唐以來理國之得失。陛下之所以眼見者以言之。惟陛下審之聽之。擇善而從之。則萬歲之業。自可致矣。何憂乎黎庶之不康。福祚之不永。伏以太宗文武聖皇帝陛下之祖。撥亂反正。開階立極。得至理之體。設簡易之方。省其官。清其吏。舉天下職司無一虛授。用天下財帛無一枉費。賞必俟功。官必得俊。所為無不成。所征無不克。不多造寺觀而福德自至。不多度僧尼而殃咎自滅。道合乎天地。德通乎神明。故天地憐之。神明祐之。陰陽不愆。風雨合度。四人樂其業。五穀遂其成。腐粟爛帛。填街委巷。千里萬里。貢賦于郊。九夷百蠻。歸款乞闕。自古有帝皇以來。未有若斯之神聖者也。故得享國久長。多歷年所。陛下何不取而則之。中宗孝和皇帝陛下之兄。居先人之業。忽先人之化。不取賢良之言。徒恣子女之意。官爵非擇。虛食祿者數千人。封建無功。妄食土者百餘戶。造寺不止。枉費財者數万

億度人不休免租庸者數十萬是使國家所出加數倍所入減數倍倉不停卒歲之儲庫不貯一時之帛所惡者逐逐多忠良所愛者賞賞多讒慝朋佞諜諜交相傾動容身不為於朝廷保位皆由於黨附奪百姓之食以養殘兇剝萬人之衣以塗土木於是人怨神怒衆叛親離水旱不調疾疫屢起遠近殊論公私罄然五六年間至於禍變享國不永受終于兇婦人寺舍不能保其身僧尼不能護妻子取譏萬代見咲四夷此陛下之所眼見也何不除而改之依太宗之理國則百官以理百姓無憂致泰山之安立可致矣依中宗之理國則萬人以怨百事不寧故累卵之危立可待矣頃自夏已來霪雨不解穀荒于隴麥爛于場入秋已來亢旱成災苗而不實霜隕虫暴草菜枯黃下人咨嗟未知賙賑而營造寺觀日繼于時檢校試官充臺溢署伏惟陛下愛兩女為造兩觀燒瓦運木載土填坑道路流言皆云計

用錢百餘萬惟陛下聖人也無所不知陛下明君也無所不見既知且見知倉有幾年之儲庫有幾年之帛知百姓之間可存活乎三邊之士可轉輸乎當今發一卒以禦邊陲遣一兵以衛社稷多無衣食皆帶飢寒賞賜之間迴無所出軍旅驟敗莫不由斯而乃以百萬貫錢造無用之觀以賈六合之怨乎以違萬人之心乎伏惟陛下族阿韋之家而不改阿韋之亂階忍棄太宗之理本不忍棄中宗之亂階忍棄太宗久長之謀不忍棄中宗短促之計陛下又何以繼祖宗親萬國昔陛下與皇太子在阿韋之時危亡是懼常切齒於羣兇今貴為天子富有海內而不改排羣兇之事臣恐復有切齒於陛下者也陛下又何以羣兇而誅之臣往見明勅自今已後一依貞觀故事且貞觀之時豈有今日之造寺營觀僧尼道士益無用之官行不急之務而亂政者也臣以為棄其言而不行其信慕其善而不遷其惡陛下又何以刑於四海往者和帝之憐悖逆也為姦人之所誤宗晉卿勸為第宅趙履溫勸為園亭損數百家之居侵數百家之地工徒斲而未息義兵紛以交馳卒使亭不得遊宅不得坐信邪佞之說成骨肉之刑此陛下之所眼見也今茲造觀臣必知非陛下公主之本意得無有趙履溫之徒將勸為之冀誤其骨肉不可不明察也臣聞出家脩道者不干預於人事專清其身心以虛泊為高以無為為妙依兩卷老子視一軀天尊無欲無營不損不害何必璇臺玉樹寶像珍龕使人困窮然後為道哉且舊觀足可歸依無造無營以取窮竭若此行之三年國不富人不安朝廷不清陛下不樂則臣請殺身於朝以令天下言事者伏惟陛下行非常之惠權停兩觀以俟豐年以兩觀之財為公主施貧窮填府庫則公主之福德無窮矣不然臣恐下人怨望不減於前朝矣前朝之時賢愚知其必敗雖有口而不敢言言

未發聲禍將及矣韋月將受誅於丹徼燕欽融見殺於紫庭此人皆不惜其身而納忠於主身既死矣主亦危矣故先朝誅之陛下賞之是陛下知直言之士有裨於國臣今直言亦先朝直言之人也惟陛下察之疏奏帝不能用然嘉其切直

時造金仙玉真觀雖盛夏工程嚴促黃門侍郎魏知古上奏曰臣聞古之君人必時視人之所勤人勤於力則功築罕人勤於財則貢賦少人勤於食則百事廢故曰不作無益害有益又曰罔咈百姓以從已之欲惟季夏之月樹木方盛無有斬伐不可以興土功此皆興化立治為政養人之本也今為公主造觀將以樹功祈福而地皆百姓所宅卒然迫逼令其轉徙扶老攜幼剔椽發瓦呼嗟道路乖人事違天時起無用之作崇不急之務羣心震擾衆口藉藉陛下為人父母欲何以安之且國有簡冊君舉必記言動之微可不慎歟願下明詔

順人欲除功役收之桑榆其失不遠不納

中書舍人裴漼亦上言曰春夏毋聚大衆起大役不可興土功妨農事若役使乖度則有疾疫水旱之災此天人常應也今自冬徂春雨不時降人心焦然莫知所出而土木方興時暵之孽職為此發今東作云始丁壯就功妨多益少飢寒有漸春秋莊公三十一年冬不雨是時歲三築臺僖公二十一年夏大旱是時作南門陛下以四方為念宜下明制令二京營作和市木石一切停止有如農桑失時戶口流散雖寺觀營立能救飢寒弊哉不報

代宗大曆二年宦官魚朝恩以賜莊為章敬寺以資太后冥福窮壯極麗奏毀曲江及華清宮館以給之衛州進士高郢上書曰先太后聖德不必一寺增輝國家永圖無寧以百姓為本捨人就寺何福之為且古之明主積善以致福不費財以求福脩德以消禍不勞人以禳禍今徇左右之過計傷皇王之大猷臣竊為陛下惜之

宣宗時欲作五王院以處皇子之幼者召術士柴嶽明使相其地嶽明對曰臣庶遷徙不常故有禍福之說陰陽書本不言帝王家也上善其言賜以束帛

後唐莊宗同光二年作清暑樓初唐主苦溽暑宦者因言長安全盛時宮中樓觀以百數今日官家曾無避暑之所唐主乃命王允平別建一樓宦者曰郭崇韜常不伸眉為孔謙論用度不足恐陛下雖欲營繕終不可得唐主曰吾自用內府錢無關經費然猶慮郭崇韜諫遣中使語之曰今歲盛暑異常朕昔在河上行營卑濕被甲乘馬親當矢石猶無此暑今居深宮之中而暑不可度柰何崇韜對曰陛下昔在河上勍敵未滅深念讎恥雖有盛暑不介聖懷今外患已除海內賓服故雖珍臺閒館猶覺鬱蒸也陛下倘不忘艱難之時則暑氣

自消矣唐主默然宦者曰崇韜之第無異皇居宜其不知至尊之熱也唐主卒命允平營樓日役萬人所費巨萬崇韜諫曰今河南水旱軍食不充願且息役以俟豐年不聽

後晉天福二年河南奏脩洛陽宮諫議大夫薛融諫曰今宮室雖經焚毀猶侈於帝堯之茅茨所費雖寡猶多於孝文之露臺請俟海內平寧營之未晚詔褒納之

宋真宗大中祥符二年知制誥王曾乞罷營玉清昭應宮疏曰臣伏聞朝廷設諫諍之官防政治之闕非其官而言者蓋表愚忠況當不諱之朝復忝非常之遇苟進思之無補懼竊祿以貽譏臣伏覩國家誕受殊祥荐膺秘籙作洪圖於萬載超盛烈於百王陛下寅畏寶符陟封名岳功垂不朽澤浸無垠奉若之心斯為至矣而清衷濬發成命亟行就嚴城之北隅啓列真之秘宇式昭丕應特建嘉名自經始以來庀徒斯廣輦他山之石相屬於道途伐豫章之材遠周於林麓累土陶甓揮鍤運斤功極弥年費將鉅萬掩祈年之舊制踰聚日之前聞輟貴近以董臨假使權而領護如此則國家尊奉靈文之意不為不厚矣崇飾臺觀之規不為不壯矣然臣之愚戇或異於斯既有見聞安敢緘默臣以為今之興作有不便之事五焉雖鳩僝已行未可悉罷苟或萬一采芻蕘之說省其功用抑其制度亦民之大惠而憂國之遠圖也所謂五者之目請為陛下陳之且今來所創立宮規制宏大凡用材木莫非梗楠切聞天下出產之處收市至多般運赴官尤傷人力雖云只役軍匠寧免煩擾平民況復軍人亦是黎庶此未便之事一也迩者方畢封崇頗煩經費今茲興造尤耗貲財雖府庫之中貨寶山積畚築之下工徒子來然皆內帑費積代之蓄藏百物盡生民之膏血散之孔易斂之惟難雖極豐盈猶宜重惜此未便

之事二也夫聖人貴於謀始智者察之未形禍起隱微危生安逸今雙闕之下萬衆畢臻暑氣方隆作勞斯甚所役諸雜兵士多是不逞小人其或亂竄郊鄽狗偷都市有一於此足貽聖憂此未便之事三也王者撫御寰區順承天地舉動必遵於時令財成不失於物宜靡崇奢侈之風罔悖陰陽之序臣謹按月令孟夏無發大衆無起土工無伐大木今肇基卜築衝冒欝蒸傲擾厚坤乖違前訓矧復旱暵卒痒雷電迅風拔木飄瓦溫沴之氣圯屋罹災得非似未承天地之明効歟此未便之事四也臣切聆中間符命之文有清淨育民之戒今所脩宮闕蓋本靈篇而乃過興刳掘之功廣務雕鏤之巧雖屢殫於物力恐未協於天心此未便之事五也伏望陛下思祖宗之大猷察聖賢之深戒還思四廢懲往念來詔將作之官息勤勞之衆輟穿群品對越高穹如此則遐迩宅心人祇快望必若光昭大瑞須建靈宮將畢相勞聿爰成績則臣敢效愚計亦可必行但能損彼規模減其用度止崇樸素無取瑰奇唯將之以誠明仍重之以嚴潔名數之際加等是宜實費之資節儉為要俾四海之內知陛下愛重民力之意豈不美歟昔太宗皇帝建太乙上清等宮亦不使窮極壯麗臣謂陛下宜遵而行之取為法制以示不敢踰節讓大之德光於千古矣柰何特欲過先帝之制作乎并覩西京造太宗影殿東岳置會真之宮計其工庸亦皆不啻中人百家之產然於尊祖禮神則盛矣其於邦國大計則猶未足為當時之急務也臣料陛下必謂海內承平邊隅清晏人康俗阜時和年豐縱或築宮無損於事則臣復謂其不然也方今疆場甫定虜廷有姑息之虞民俗苟安倉箱無紅腐之積況關輔之地流亡素多近甸之氓農桑失望雖令有司安慰亦恐未復田廬秋冬之間飢歉是懼亟經營於神館慮稍欝於輿情且往古廢

興之端前王得失之事布告方册是足為商鑒者陛下覽之詳矣非假愚臣一二言焉試觀自昔人君崇尚土木孰若清靜無為者之安全乎願陛下留神垂聽無忽臣言則天下幸甚今雖上下之人皆知事理如此而人人自愛莫敢輕黷冕旒至於左右大臣則慮計之不從致見疎之悔中外百執則慮言之難達招安動之尤使忠讜之謀未盡良為此也唯臣出自幽隱遭遇文明特受聖知度越流輩官為侍從身服簪裳粗識安危之機未申補報之効捐軀思奮今也其時又安敢循默苟容不為陛下別白而論之乎是以輒率庸妄輕冒宸嚴感發於中無所顧避陛下寬其鼎鑊之罪矜其螻蟻之誠深監古先試垂採擇無謂增建靈宮為一細事而弗恤也臣以為興役動衆尤繫事機不可不察也當使鄉校之中豪奸之黨無所開切議之口則微臣之望也天下之幸也

歷代名臣奏議卷之三百十五

營繕

宋仁宗景祐三年。左司諫韓琦乞罷寶相禪院創建殿宇奏曰。臣竊聞右街寶相禪院見今移拆法堂。創蓋大悲殿宇。特命中官監領其事。所役兵匠數千百人。假以舟車資其輦運。凡百用度悉從官給。規模之盛。功作甚崇。臣計其興建之因。恐非陛下之意也。臣伏覩近者興國寺雙閣災。延及大殿長廊俱為煨燼。其寺舊安祖殿。俯逼都市。衆人之慮。再有修葺。而陛下亟降旨命悉令停寢。任其緣化。使自營造。斯所以重天戒而愛民力也。稽諸載籍事實難行。戴履之倫。孰不欣幸。何乃遽傷治體有損、邦用。起無名之役為不急之務。議者所謂恐非陛下之意斯亦明矣。又向者陛下崇務本之仁。念維城之重。即昭應之遺址。建睦親之大第。諸邸之聚。三千餘間。常度不充。侵用南郊材植。又且萬計。復令出產州郡。供補其闕。物役之大。從可知矣。今者業已成功。焯為盛事。何則厚宗枝而隆孝治。豈無益之所為乎。當時言事者猶比上封章。頗寢斯議。蓋亦重改作而節浮費也。臣以謂此役既終。即凡土木不急之事。一切宜停。以緩財力。夫崇采椽三等之制者唐堯之仁化也。惜露臺百金之產者漢文之儉德也。煥在方牘。所宜規範。伏望陛下俯從愚說。遠紹前徽。悟色相之非求。术慈仁之足尚。躋民壽域。永底太平。斯乃奉順祖宗愛養元元之本也。其寶相院剏蓋殿宇等。臣欲乞詔下有司。令悉停罷。俾其營求施利。得自脩崇。蓋此殿若成。則法堂未立。加之廊宇制度悉求相稱。必於間隙漸次申陳。事既垂成。理須從許。如此。則功費之廣倍於初矣。利其成而規賞與者其徒亦繁矣。且罷興國而營寶相。則是休彼役而勞此功。廢置雖殊。耗蠹豈異。臣又慮違陛下重天戒愛民力之本意。故昧死陳述。冀裨萬一。

慶曆元年。監察御史裏行孫沔乞罷脩萬春閣奏曰。臣竊聞內中建起萬春閣。破用至多。役工不少。方當仲春。萬物發生。昆虫起蟄。按大禮月令。固非興土木之時也。況陝西宿兵三十萬。經冬已來。枕戈被甲。衝風冒雪。受艱苦而爭性命數矣。涉歲無一次特支以慰其懃瘁之節。蓋國家財賦闕乏。未能豐富於士卒。今礱石鏤木塗朱帖翠。非錢十萬。不能成一閣。而為優閑不急之務。此諒非陛下之意。必恐諂邪冀於僥倖。立木上梁則獲賞賜。畢工落成。又遷官秩。始謀之人得其利。而使聖明受不恤四方之謗。此義士所不忍聞也。臣請罷營此閣。且葺其舊制。則可弭庶議而省虛費。伏望陛下崇勤儉之風。戒宴遊之樂。節嗜慾之情。養元和之氣。保攝天機。果斷政事。則天下幸甚。

皇祐元年。殿中侍御史何郯上奏曰。臣伏聞朝廷近有旨揮以寶相寺昨遭焚蕩。許令寺僧緣化脩葺。蓋朝廷重靡府庫之財。又不欲遂廢其寺。故有此處分。以臣愚心思之。其間尚有利害。未可不具論列。訪聞寺僧主事者素來豪猾。頗善結託。今既開端。許其緣化。彼將假朝廷之命。以脅誘民庶。多求財貨。則京師騷然侵蠹。蓋其意不唯以脩寺為事。將圖財用為奉身恣縱之資。或民力不足。則將因緣權倖復求朝廷出府庫之財以畢其事。此必然之理也。假使民力可辦於國家雖無所費。亦不可許。何者。方今公私。財力大屈。凡起一事與一役。未嘗不取於民。外方之民。已困數斂。唯京師之民幸而未加橫賦。緩急有事。亦將不免。固不可使之輕廢家貲。以奉土木不急之務。朝廷頃年脩寺舍佛閣。已費累巨萬。一旦遂為煨燼。況外議傳云寺僧常以婦人置於佛閣。昨火發之際。焚死者數人。若傳者果信。是朝廷廣費財以崇奉佛事。適足為群僧淫戲之所。近日主首坐遺火罪止於奪師名。紫衣寬假已甚。不可更啓其姦弊。重耗民財。臣按春秋或書災或書火。其名雖殊。然於變異之兆。其實同歸。定哀之間。兩觀桓僖宮災。漢儒皆謂天燔其所不當立。今寺舍之災。豈非以彤靡之過。不當立而立。天命燔之。亦如兩觀等災。以示勸戒。若又重議脩之。非所以畏上天之譴告。伏望陛下追覽前事之監。深究異祥之來。無興功以咎天戒。其寺舍佛閣。欲乞一切罷脩。用示聖懷抑畏之美。臣以朴愚。誤蒙擢進。苟有聞見。不敢不陳。惟聖明不以狂妄廢其言。則死生幸甚。

至和二年。翰林學士歐陽脩上奏曰。臣近者為京師土木興作處多。乞行減罷。尋准勑差臣與三司同共相度減定。續具奏聞。次今又聞聖旨下三司重脩慶基殿。及奉先寺屋宇。臣伏見近年政令乖錯。綱紀隳頹。上下因循。未能整緝。唯務崇脩祠廟。廣興土木。百役興作。無

一暫息。方今民力困貧。國用窘急。小人不識大計。不思愛君。但欲廣耗國財。務為己利。恣侵欺於官物。圖酬獎之功勞。託名祖宗。張大事體。況諸處神御殿。當盖造之初。務極崇奉。棟宇堅固。莫不精嚴。雖數百年。必未損動。近年已來。不住脩換。昨開先殿。只因一柱損。遂換一十三柱。前後差官檢計。朝廷並不取信。只憑最後之言。遂至廣張工料。蓋緣廣張得功料。即多圖酬獎恩澤。切以崇奉祖宗。禮貴清淨。今乃頻有遷徙。輕瀆威靈。要其所歸。止為小人圖利。臣見自古人君好興土木者。自春秋史記。歷代以來。並皆書為過失。以示萬世。今小人圖一旦之利。黷祖宗之威靈。致人主於有過之地。誰忍為之。臣實痛惜。臣因准勑減定於三司。略見大槩。開先殿初因脩柱損。今所用材植物料。共一萬七千五百有零。睦親宅神御殿。所用物料又八十四萬七千。又有醴泉福勝等處工料。不可悉數。此外軍營庫務。合行脩造者。又有百餘處。使厚地不生他物。唯產木材。亦不能供此廣費。自古王者尊祖宗事神示。各有典禮。不必廣興土木。然後為能。臣切見累年火災。自玉清昭應洞真上清鴻慶壽寧祥源會靈七宮。開寶興國兩寺。塔殿並皆焚燒蕩盡。足見天意厭土木之華侈。為陛下惜國力民財。譴戒丁寧。前後非一。陛下與其廣興土木以事神。不若畏懼天戒而脩省。其已興作者既不可及。則未脩者宜速寢停。況睦親神御殿。於禮不宜作。其事甚明。別無禮典講求。乞更不下太常。便行寢罷。其慶基殿。如的有損漏。只令三司差官整補。不得理為勞績。其奉先寺。乞令寺家自脩。今垂拱殿。是陛下常坐之殿。近聞為無梁木。且止未脩。諸皇親自火燒居宅後。至今寄寓它居。蓋為將良材美木。濟徇小人。並於不急處枉費。遂致合行脩造處。卻致乏材。伏望陛下追思累次大火。常發於土木最盛處。凡國家極力興脩者。火必盡焚。且天厭土木而焚之。又

欲興崇土木以奉之。以此福應未臻。而災譴屢降也。伏乞上思天戒。下察人言。人言雖狂。而實忠。天戒甚明而不遠。伏惟陛下聖德恭儉。不樂遊畋。凡所興脩。皆非嗜好。但以難違小人一時之請。自取青史萬世之譏。實為陛下惜之。伏望聖慈廣賜裁擇。

脩知開封府。判太常禮院。上奏曰。臣所領太常禮院。得御藥公文稱奉聖旨。送畫到景靈宮廣孝殿後脩蓋郭皇后影殿圖子一本。詳定者。其圖子已別具狀繳奏訖。臣伏見近年京師土木之功。糜耗國用。其弊特深。原其本因。只為差內臣監脩。利於偷竊官物。及訖功之後。僥求恩賞。以故多起事端。務廣興作。其甚則託以祖宗神御。張皇事勢。近年以來。如此興造。略無虛歲。伏以景靈宮建自先朝。以尊奉聖祖。陛下又建真宗皇帝章懿太后神御殿於其間。天下之人。皆知陛下奉先廣孝之意。然則此宮乃陛下奉親之所。今乃欲以後宮已廢

未復之后建殿與先帝太后並列有瀆神靈莫此之甚臣切謂事必不出於聖意皆小人私於興作有所僥求爾蓋自前世帝王於宗廟之外別為廟享以追奉祖宗者則有之未聞有自追奉其妃后者蓋小人不識事體但苟一時之利不思損虧聖德伏乞特賜寢罷以全典禮

侍御史趙抃上言曰臣竊以邦財匱乏民力疲敝土木工役歲無虛用伏見京師寺宇宮觀營造連年始云購募民間終亦取辦官府其監脩官吏惟務增廣間架窮極奢侈貪功冒賞以為己利今醴泉觀將已畢工更添創獻殿一座又慈孝殿鴟吻損動復議自新起蓋至於洪福寺屋宇興國寺經藏開寶寺佛塔等處紛紛營建競相夸尚只如昨者開先殿止換二桂尚已費官錢十萬餘貫今來諸寺觀營建眾多如此侵耗帑藏不知紀極且國家財用糜費如戎狄多事河

流未平官冗兵眾是皆仰給縣官一出于民力而不得已者也其不急之務無益之役復不能制之則傷財害民朝廷有不節之嗟矣臣愚伏望聖旨指揮應在京寺院宮觀見役土木一切早賜裁減停罷內慈孝寺殿損動去處只乞量與脩補無使貪功冒賞之計得行致國家浮費日廣而用不易也

嘉祐三年知制誥范鎮乞罷脩并州神御殿奏曰臣竊見并州素嘗無火災自建神御殿未幾而輒火災天意若告陛下祖宗御容非郡國所宜奉安者近日又聞下并州復加崇建是徒事土木以重困民力非所以荅天意也自太宗皇帝下并州距今七十七年故城父老不入新城陛下宜寬其賦輸緩其傜役以除其患使河東之民不忘太宗皇帝之德則陛下孝思豈特建一神御殿之比哉伏惟上觀天意下顧人心特賜停罷臣不勝區區之愚

四年知制誥劉敞論睦親宅不當建神御殿奏曰臣伏見古之正禮諸侯不祖天子公廟不可設於私家所以明正統尊一人也今睦親宅興建神御殿不合王制不應經義切聞聖慈以天寒人勞權罷役徒臣謂若於禮當作則不可以人勞之故而止何則祖宗至尊也役徒至賤也恤至賤之眾而輟至尊之廟非所以為名也若禮本不當作則不如遂止之耳何必權罷哉伏乞令禮官詳議其事使下不爽於名上不愆於禮

仁宗時殿中侍御史文彥博上奏曰臣聞狂夫之言聖人擇焉臣遭逢聖神敢獻狂瞽伏惟天地之大德特貸鈇鉞之嚴誅則微臣幸甚臣伏覩今月十四日詔書太平興國寺僧紹宗緣化脩蓋外所有太祖神御殿令三司差係官工匠畫脩又去歲重脩於宏麗獲時薦於芬馨有以見陛下奉先思孝之道高出百王復又盡給國財不煩民

力此乃陛下敦崇儉德勤恤民隱之意也天下幸甚臣切以載營寶殿嚴奉聖容仰佇靈游是為別廟臣聞清廟之制理在去華茅屋采椽本貴乎克儉丹楹刻桷乃譏其崇侈漢書藝文志曰墨家者流出於清廟之官是以尚儉由此觀之則清廟之尚儉明矣臣伏恐監工之官未詳詔旨惟務宏麗不稽典故乖清廟尚儉之文累烈祖恭德之美臣伏望申勑有司凡所營脩循以典制經始勿亟必順天時臣按月令云孟夏無聚大眾孟夏無起事工又曰孟冬可以造宮室皆不欲妨農事而違天時也臣竊計今之力役固應不減千夫雖用官工不妨民事然而聚大眾起大功作事不時恐乖令典伏望預計徒傭漸儲財用俟良月而興作亦不日而考成神之格思宜錫純嘏臣又風聞群僧藉藉道路去云皆謂既建太祖神御殿庭則本寺佛殿鍾樓即應次第官脩事之然否雖未審知臣忝陛下風憲之任為陛

下可目之官苟有所聞理當先事言之庶幾上達宸聽蓋欲杜其萌漸臣伏覩景祐三年八月十三日所降聖旨云太平興國寺佛殿鐘樓并戒壇院舍宇等官中更不脩蓋令開封府及僧錄司告示僧俗諸色人並許緣化錢取便興脩明命既行遠邇胥悅皆以謂陛下省不急無益之務軫愛民節用之心自後已有僧紹宗化錢興脩漸成輪奐臣伏慮群僧黨扇希望官中兼脩佛殿鐘樓不復化緣營造伏乞申舉景祐三年先降聖旨其興國寺佛殿鐘樓任令僧俗緣化興脩所冀絕其希望之心固其緣化之志況佛寺者非急之務何須速成國帑者有限之財不可虛費景祐中昊賊未萌逆節朝廷未議兵事尚且愛惜用度不脩佛舍今則戍重兵於西鄙一日之費倘啻千金苟旬時之間昊賊之首未即梟於藁街臣恐事邊之費未免重困於民臣愚以謂宜節營寺之浮費以濟備邊之急用邊備既實則狂寇何憂乎不職芻蕘之言願賜詳擇

時有詔罷脩寺觀而章惠太后以舊宅為道觀諫官御史言之帝曰此太后奩中物也諫官御史欲邀名耶參知政事宋綬進曰彼豈知太后所為哉第見興土木遽近諂即論奏之且事有疑似彼猶指為過或陛下有大闕失近臣雖不言然傳聞四方為聖政之累何可忽也太祖嘗謂唐太宗為諫官所詆不以為愧何若動無過舉使無得而言哉

英宗治平元年知諫院司馬光上奏曰臣伏聞感慈塔已有聖旨拆脩五層竊以開封府界京東京西河北河東陝西西川等路自去冬少雪今春少雨麥田已無所收昨得五月十二日雨方種秋田自後又經一月無雨萌芽始生隨復焦槁農民嗷嗷大率無食棄去鄉里流離道路雇妻賣子以接糇糧縣官倉廩素無蓄積贍給羣衆猶恐

不足固無贏餘可以賑貸陛下當此之際所宜側身剋意降服損膳以救其患而更脩此佛塔以費國財臣竊以為失緩急先後之務矣且此塔傾欹為日已久借使更經數年不脩於僧徒有何大害若百姓飢窮朝不及夕而國家不能收恤則老弱轉死溝壑壯者聚為盜賊當是之時雖有千塔將安用之夫府庫之財皆生民膏血苟非事不得已安可輕費今有司既諂諛苟且曾不為陛下愛惜陛下又不以介意一皆聽之使四海蒼生將何所依仰臣愚欲望陛下親發德音宣諭有司以今歲旱災且罷脩此塔及其餘不急之費有似此類者皆仰有司條奏以聞一切寢罷候他年豐稔帑藏有餘然後徐議其事於聖政之初亦足以彰愛民之意為盛美之一事也

光又上論脩造劄子曰臣伏見近日以來脩造稍多只大內中自及九百餘間以至皇城諸門并四邊行廊及南薰門之類皆非朝夕之所急無不重脩者役人極衆費財不少此蓋陛下纘極之初禁廷之中誠有破漏不可居者陛下略命整葺理亦宜然而左右之臣便謂陛下好興土木之功遂廣有經度雖不至損壞之屋亦毀拆重脩務以壯麗互相誇勝外以希旨求知內以營私規利萬一陛下更因此賞之則營造之端猝無窮已國財必竭民力必殫臣竊惟陛下新臨天下惠澤未孚於民而以好治宮室流聞四方非所以光益聖德也脩造勞費不可勝數臣請且言諸州買木一事擾民甚多衙前皆厚有產業之人每遇押竹木綱散失陪填無有不破家者先帝躬履節儉宮室苑囿無有增飾故諸場材木皆有羨餘屢因赦恩放免買木以寬民力自頃脩造倍多諸場材木漸就減耗有司於外州科買百端營致尚恐不足而工匠用之賤如糞土昔漢文帝惜十家之產罷露臺而不作今諸場前後所積竹木何啻十家之產陛下至仁若察

其所從來。得不為之愛惜乎。況即今在京倉庫損漏甚多。皆以上數處興功。占使匠人物料。未暇脩葺。致粟帛之類。大有損敗。古者將營宮室。宗廟為先。廐庫為次。居室為後。今之所脩。緩急先後。無乃未得其宜乎。又皇子生而富貴。年未及冠。所宜示以樸素。慎其所習。今聞所脩三位。規摹侈大。又役過於祖宗之時。皇子所居。漢明帝曰。我子何得比先帝子。此恐非所以納之於義方也。臣愚伏望陛下特降聖旨。應大內裏外舍屋。即日不至大段損壞之處。及不至要切。如南薰門之類。並罷興脩。其皇子位。只因舊屋。更截脩整。早令畢工。不得過為宏壯。且令那減匠人物料。脩倉庫之損壞者。所有諸處監脩之官。自是本職。更不與減年磨勘及轉官酬賞。以塞奢侈之源。使天下皆知陛下去奢從儉。仁民愛物。不亦美乎。

治平二年。同知諫院兼侍御史知雜事呂誨上奏曰。臣伏以先帝臨

御四十餘年。未嘗崇宮室。侈服玩。事宴游。儉德之著。天下共知。臣切見脩內一司。居常取索無度。蓋三司逐急應副物色。亦無由會計。以此因緣為弊。耗蠹滋深。以事驗之。後苑曾脩龍船一隻。費用不知紀極。經今四年。有餘尚未畢工。先帝果為宴遊之備。豈容數歲造一船不成。事何其久。非但費用。直恐成一時奢侈之事。貽譏後世。有累先朝之全德。誠可惜也。臣欲乞朝廷差官點檢龍船脩葺。經今幾年。會計所費錢物有無欺弊。所有脩內司自來係中官二人管幹。伏乞減省一員。以武官代之。仍添文官一員。委自三司保明。所貴拘轄官物不致枉有費用。實為利便。

英宗時。知諫院傅堯俞上奏曰。伏見近日土功併興。其間亦有不甚急者。鳩聚兵力。諸事極有妨闕。況監督官吏不務堅久。但取高峻以誇示目前。趣辦偷功。用希遷賞。隨畢隨壞。日復增多。故營脩造完無有窮已。夫古者用材取譬於梓匠者。蓋以能達其大小曲直之度。而無遺材焉。今則不然。雖極大材木。皆斲而小之。以充細碎之用。主掌之人。都不顧藉。殊不知斫山日遠。巨材固不易得。京師但知興作。不察外方供億之民。極為勞擾。且積年雕損。恐未能一旦併葺。臣謂宜應不急者。一切權停。其須至興脩處。亦乞次第營之。仍嚴行約束。如敢輒壞大木及工力不至精壯者。悉痛繩之。則不獨粗免枉費。使民力稍寬。亦庶幾多得歲月。崇葺之役。有時而減。至於皇子位舍。宇頗事宏麗。臣竊謂天子之子。所歉不在於此。而願王等執心謙儉。大率減於制度。蓋充役者務侈其事。有所覬倖耳。惟陛下裁之。以昭示其儉美。則天下幸甚。臣又聞孝嚴殿成。執事者議推恩例。夫神御非古。固陛下所知。蓋於陛下有不得已者焉。既以不貲之費。度越祖宗。又從而賞其官吏。臣恐僥倖之人。務極土木。而國家之財益多糜耗。陛

下必不欲黜其勞者。乞比附先帝皇堂與太廟賞典。使重輕之間不相踰。則不為僭矣。臣又聞禁中之屋舍脩者。乃至九百餘間。今暴完之。豈易為力。與夫隨敗隨補。功殆相百。此足以為陛下之誡。惟他事亦然。苟有頹壞。理之於其初微。無使至於極而後圖之。則力省而功倍。伏惟陛下赦其愚而詳擇。

神宗即位。監察御史裏行劉摯上言曰。臣竊聞禁中計料。脩飾福寧殿。彩繪制度。極於藻麗。惟人主之奉。以文為稱。而一殿之飾。亦無大費。然而敦朴素者。所以為天下先。卑宮室者。前聖之盛德。方今生靈靡敝。財用耗竭。居養服用。僭儗無節。陛下正宜躬率儉德。以淳風俗。示以弥文。下必有甚。伏況藝祖遺訓。宮中止用赤白為飾。仁宗故事。襴楯微去朱綠之采。陛下纂服。所宜守之。又聞慈壽長樂二宮。發宇華侈。金碧朱丹。窮人力之巧。豈非誠心孝德尊事兩宮。故極所以奉

養之觀然踰禮過制不可以訓今外論籍籍以謂左右諫說之人進說陛下指二宮以為法使論者出於臆度不過臣為妄言萬有一實則於聖德未為無益臣所以先事為言伏冀寬其狂瞽而采其誠特賜寢罷以解天下之疑

熙寧四年樞密使文彥博上言曰臣伏見脩建太一宮為民祈福臣聞太一天神之貴者天道貴質凡所營繕謂宜簡質不務雕鏤之巧不事金碧之華不重費不太勞不日成之明神安之虔潔之誠內充入人之心交感神應之福其理必然臣又見累年以來禁中營造不已般運木石鳩集丁匠殆無虛日既有專切提舉脩內司復置部大提舉內中脩造司誠恐所司名以宏麗取悅上心一作未畢一作復興新舊相形不極不已國財民力豈易支供臣伏見陛下督責水官以利衆畝必思夏禹卑宮室盡力乎溝洫勵精庶政勤恤民隱必思

漢文罷露臺惡百家之產臣伏願陛下亟勅中外應不急營造一切權罷則國用無窘民力稍寬臣又見繼聖堂祖宗燕射之地今為造弩樁所運斧斤置鑪鍛喧煩褻瀆理恐非宜詩云維桑與梓必恭敬止況祖宗之舊跡乎欲乞將製造弩樁移置他所或歸之有司則重明嚴正之廷加之嚴潔奉先思孝之道益以光顯臣職在樞筦主調兵匠官忝論道義當獻納區區下誠伏望采察

八年彥博又上奏曰河北平壞其城池樓櫓之設尤嚴於他道凡遣使行邊所以督責於守臣按察之吏者必先焉夫豈以有事則整完無事則廢弛哉比者命安撫使以脩完屬郡之城壁周相其摧壞褊狹將易而新之使士民有以容兵械有以施誠善矣苟慮事計材趣期會於歲月之頃無不完者此固足以代守國之險而嚴禦戎之備也命方行而反令依倣制度造作熟材堆積蓋藏於官舍之中以俟樓櫓之大壞而易之未見其利也北京樓櫓之當脩者凡百餘所凡八千餘間若欲緊脩於數月之間雖盡鳩天下之良工亦不可斉焉就必在次第而脩作之舊材之中尚有可用者亦兼取焉然猶要之一二年僅可完矣今乃以成熟之材委積於虛閑之處敵來而后吾患至而后興無乃不及於事乎今若據樓櫓見在區數內有庫下不及制度并欹側朽弊者計其數且脩其半仍間隔一座折一座所貴城上不至斗然空闕年歲之間使得周遍完備乃為便也

熙寧七年正月判軍器監曾孝寬論軍器監事不必謀及殿前馬步軍司奏曰臣伏見朝廷必以武人習用器械故謀及殿前馬步軍司然臣體問得逐司每准朝旨送下定奪事件只是取責軍校文狀聞奏非獨務持舊說不肯改更又其智慮未必能知作器之意故凡外人所陳非已出者必不肯言是朝廷亦未嘗考其說之當否遂從而

寢荀卿以謂工精於器而不可以為工師有人也不能此技可使治其官唯精於道者為然今陛下置監以除戎器不屬之介胄之武夫斧斤之巧匠而使臣等領其事則豈以臣嘗能此技而使之乎殆將以其薄獨道理而可使治其官者也臣辭不獲命遂受其職苟或自度不足以畢事則亦豈敢當故其器械必盡觀中外之所藏其法度必盡考古今之所說其制作必究良匠之所編其施用必問邊臣之所試而臣之愚慮亦以為可然後上聞而朝廷乃下此屬議之如聞前所定弓箭等習用故態亦只聚集軍校曹司共執舊說未知實否今軍器式樣又從本監賫送往逐司定奪則是使臣等然之而其是否乃取決於此屬也非獨謀及之而已臣以從官預典監事於陛下則為論思謀畫之臣朝廷一日有四方之事若幸得使令於前當使此屬奔走以聽事今乃以其愚心并智之所為而使之議可否於今日

之閒臣固不敢自愛深恐武夫健卒輩有以窺朝廷之心皆謂其智慮乃决於我也以理言之竊恐為倒蓋此屬既多出於行伍則其底裏淺深其下之所熟知而臣等雖不肖然上託陛下名器寵任之故猶宜見憚今又使有以窺之則不特於朝廷之體為輕而又非所以崇堂陛之勢而陛下經營四方又未能舍文臣而用此屬則其名分之定豈可無素雖政事之臣不慮及此而陛下豈不自愛國體也臣等以朝廷已行之命不敢言改乞從本監奏就一司同議

哲宗元祐元年右司員外郎張舜民乞罷中懸造寺奏曰臣備員寀屬無補歲月苟有所見不敢不言祖宗日遠淺聞狹見且以嘉祐治平及熙寧之初年揆之當嘉祐治平與熙寧之初在京寺觀幾何僧籍幾何今相距未三十年閒創造脩飾寺觀外來土居之僧徒無慮數倍之多也不唯其多愈見其侈彼百閒不足居也我則以千楹彼丹艧不足觀也我則以金碧前耻不若後求勝之為朝廷則曰我一以官錢營造未嘗取民也為僧徒則曰我唯是化緣脩建不敢抑於官也究而言之則財力是何從出哉皆百姓之膏血也漢文帝以露臺為中人十家之產罷而不為孫樵謂十農夫之耕十蠶婦之織終歲不能養一僧徒今一寺觀之興造又何止中人十家之產一僧徒之奉養又何止十農婦之耕織以古望今良可歎也尤不可忍者是以軍營地脩造寺觀也祖宗開基者此都邑當其經始可謂勤勞罷方鎮之兵而聚之京畿其慮深矣漕輓金粟休養區處靜則雄中動則制外不畏一朝之警急熙寧併廢鞠為茂草有識視之猶或歎息今又委為寺觀其勢未已太平日久兵愈消地愈空寺觀愈多苟有一朝之急則將驅僧道以禦之乎累朝勑令創造寺觀者徒二年造殿閣神祠者杖一百若殿閣有損壞而欲移脩者申所屬驗實乃聽即不得以脩造寺觀為名求化錢物此朝廷之法禁也非不明白外方州縣以時申明無敢慢易唯京師此法不行京師法令之所出乃獨不行前之日官造一寺觀後之日私起一殿閣疇敢誰何不知此俗何時而替也今所謂中懸者既為西塔又為東塔東塔未起又請造寺朝廷為之響應不知造寺何時而已乎又安知今請之寺成而更不欲造寺脩塔乎在國則以為蠹在已則以為功於其起塔聚徒之處居處十數年之間返謂我為客寄棲泊簷廡之下備極悃愊此尤見罔上誕謾之甚也其居其處其飲其食享御凡百指呼王公大人有及之者乎不唯不及有似之者乎是欲窮極饜奪無有休已朝廷既許以空閑官地且京城之中何處有空閑之官地以待脩寺者非居民則官府非官府則軍營民居官府既不可遷彼將不滿而再請則唯有空閑軍營可以從事矣此役一興上之宮邸衣冠之家下

之間閭閻商販小民又將征求割剝三五年間未得休已比年已來豐歉不常自冬徂夏雨澇為災京之東南千里渺瀰不止夏秋不成而復田廬漂沒今已八月麥未施種關中又以旱訴至於來歲尚未可知都市飲食偷薄小民失職衢巷之中稍有菜色還流之民日有過者二聖焦勞軫惻分遣使臣賑恤之方未知攸濟豈可因之飢饉重以此徒蠹賊良民如水益深如火益熱其能賑濟唯在聖慈伏乞特賜指揮將八月四日旨揮更不施行令中懸止居相國寺東塔或不自安即勒歸受業院舍仍乞申明勑令自此止絕脩寺造塔之役不唯少阜於民財亦可仰消於天變

四年左司諫劉安世上奏曰臣伏見近降指揮於京東河北差崇勝奉化兵士各五百人及招填廣固四指揮各令及八百之額立限五年脩築京城又許支朝廷應干封樁錢和雇人夫二千人令作四年

開掘城壕臣雖至愚慮不及遠詳觀事理甚有未安輙進瞽言以黷
天聽惟陛下留神省覽臣伏覩陛下聽政之始沛發德音脩城兵夫
悉令散遣道路歌頌謳仰聖澤四年于此未嘗有枹鼓之警今元元
之民方就休息四夷順軌外無戎事而遽興大役衆謂無名又於京
東河北再發廂兵人心驚疑不可不慮况脩城與開壕之工幾八百
萬計其費用固已不貲方二聖崇尚寬厚前日利源之入去其太半
封樁錢物尤宜謹惜而乃竭有限之財應不急之役非計之得也兼
臣訪聞近日朝市之間往往竊議以謂朝廷將復治茶磨以收其利
雖廟堂之論不能知其有無而庶人之言何因而起臣恐傳之四方
皆謂陛下前此所罷之事漸欲復講搖動人心所害不細伏望聖慈
深賜詳察特罷脩城之役非惟為國家惜費便民亦可以杜塞奸人
安意陛下為善不終之議惟冀獨出睿斷早賜旨揮

安世又上奏曰臣昨累具狀論奏脩城利害至今未蒙施行日近訪
聞開壕人夫其數增倍所散工真頗有掊斂雖號為加給得力之人
多是上下干繫作頭壕寨之類除有侵刻既聚大衆而不以公平處
之積怨日深或致生事兼壕身大闊所出之土占壓民田壅塞道路
隣近墳墓多被穿掘怨歎之聲達於衆聽臣職在耳目不敢不言竊
謂國家建置治官本欲循名責實今脩城開壕之工共七百餘萬日
役兵夫無慮數千付之一二庸人而不領於將作名實紊亂孰甚於
此如聞板築方畢旋致推毀蓋上下官吏肆為誕謾無所統属以糾
其繆此不可以不更張也伏望聖慈檢會臣累奏事理特降旨揮惟
用廣固兵士三千二百人不計歲月脩築城壁以終其事所有開壕
役夫並乞放罷止以兵工隨其地形量加濬治不必盡如元料仍專
委將作監主轄所貴事有統領不至乖戾

安世又上奏曰臣近累具狀乞罷雇夫開壕止以兵工隨其地形量
加濬治不必盡如元料仍令將作監專切總領至今未奉旨揮臣竊
謂事之利害已具前奏不復委曲再煩聽覽然臣有所甚疑者特以
帝王之都而高城深池過於邊郡雉堞樓櫓之迹隱然相望若於京
師而為受敵之具其如天下何議者不能為國家畫久安之策而區
區增峻城隍欲恃之以為固亦已過矣方朝廷講求國用正務裁損
而舉百萬之費棄於無用之地實為可惜伏望聖慈深賜省察檢會
臣累奏事理特降旨揮施行
安世為右正言時上奏曰臣近以自春涉夏旱暵為虐地震星殞臣
異仍出輙奏狂瞽之論粗陳銷復之理方陛下祗畏天戒側身脩行
日俟明詔採用一二今既旬浹未覩施行惓惓之心不能自已再瀆
天聽幸垂省覽臣嘗考禮記春夏月令以謂無聚大衆無置城郭掩

骼埋胔毋起土功有以見聖人奉順陰陽取法天地力役之事不奪
農時行道之墐亦順生氣是以風雨時若災害不生天人和同上下
交泰其或賦政違道役使過中人力疲勞養氣搖動則國有水旱之
變民罹疾疫之災此繼天奉元之君所以夙夜恭敬而不敢忽也春
秋莊公三十一年冬不雨五行傳以謂是歲一年三築臺僖公二十
一年夏大旱五行傳以謂作南門勞民興役災祥之應各以類至著
之方冊皆可稽考臣伏見京師脩城開壕工費重大兵夫之衆已至
數千徒庸之討幾八百萬穿掘墳墓傷掩骼之仁違逆天時犯無戎
之戒人困於役國傷於財然則嘉氣之久不効未必不由於此也臣
聞天子有道守在四夷今帝王之都而為受敵之具則在外屏翰將
安用之必謂州郡為不足恃則平陸之一城恐非用武之地况國家
利源之入比之前日去其太半用度漸窘正務裁節陛下躬行法度

為天下先而乃以不貲之費棄於無用之所可不惜哉或謂先朝已嘗興作欲終其事則乞罷催人夫止以廣固之兵不計歲月漸令完葺自餘土木不急之役伏乞特降指揮悉俾停罷所貴順承天意以致膏澤

右諫議大夫范祖禹上奏曰臣伏聞開脩京城濠自役三四千人雖和雇夫力調發不及民其錢不屬戶部然財出於民一也豈可不計按愛惜而枉費用之臣聞開濠深一丈五尺闊二百五十一步廣於汴河三倍自古未聞有此城池也新城周世宗所築太祖因之建都于此百三十年無山川之險可恃所恃者在脩德在用人在得民心此三者累聖所以遺後嗣子孫也神宗時宋用臣提舉脩京城大興土功板築過當小人之情唯欲廣用民力多費國財上則徼幸爵賞次則隱盜官物故役無有不大費無有不廣此姦臣之所利本非先

帝意也陛下始初聽政撥遣脩城役夫百姓皆歡呼鼓舞今欲終成前功但完之而已可也何必廣作無益以害有益乎又京城外門正門即為方城偏門即為甕城其外門皆用純鐵裹之此祖宗時所無有也甕城乃邊城之制非所以施於京師今東西南三面偏門亦欲為甕城臣不知大臣以何見而為此謀也必以為威北狄也使北狄果渝盟南向大臣將坐守此以受敵乎春秋時楚囊瓦為令尹城郢沈尹戌曰子常必亡郢苟不能衛城無益也古者天子守在四夷天子卑守在諸侯諸侯守在四隣諸侯卑守在四竟慎其四竟結其四援民狎其野三務成功民無內憂而又無外懼國焉用城今吳是懼而城於郢守已小矣卑之不獲能無[illegible]乎昔梁伯溝其公宮而民潰民棄其上不亡何待今大臣不脩德[illegible]於城池此囊瓦城郢之計也唐神龍中張仁愿為朔方總管築三受降城不置壅門曲敵戰格或曰邊城無守備可乎仁愿曰兵貴攻取賤退守寇至當併力出拒敢回望城者斬何事守備退恇其心哉後常元楷代為總管始築壅門議者益重仁愿而輕元楷今於京城為受矢石之備是不如張仁愿之守邊城也自脩城浚池以來議者皆以為無戎而城無寇而溝公宮此言不可不畏其北門甕城已就改之重勞臣欲乞降指揮東西南三面偏門止為方城其濠廣闊可減三分之二稍正王城之體以惜民力以省國用

祖禹又上奏曰臣昨上殿論脩城開濠欲乞改東西南三面偏門甕城曲門為方城直門其濠廣闊可減三分之二稍正王城之體以惜民力以省國用今將兩月未蒙施行臣竊以京城為甕城尤為失體議者必謂可以威服四夷今使外國傳聞天子居於甕城不足以示威乃所以啓侮此公卿大夫之辱也而大臣以此為守國之計臣愚

竊所未諭況當國用窘乏之際計無所出而枉興土功為此無益之費不知紀極假使作之有用不惜費而為之可也今實無用其費豈不可惜又發掘既廣多發人塚墓害及幽明恐傷和氣此皆朝廷所當恤也伏乞檢會臣前奏早降指揮施行

七年祖禹乞不還開封府狀曰右臣準尚書省批送工部狀乞還開封府於舊南省令禮工部與將作監同勘當者臣竊以開封府自太祖皇帝開國建置於此太宗真宗皆嘗尹京潛龍故迹至今存焉昨因廨舍遺火逼近原廟遂有還改之議若以火而還則廟之東北皆有民居比之開封尤更不遠火何可防又舊南省已為試院今欲以開封府為試院豈可不嚴火禁乎若以開封敞朴之地不可近原廟則景靈宮在祖宗時已有列聖神御比之今日輕重亦均若以狹隘而還則祖宗以來官吏所容亦足以治事且開封非貯火之所但畏

吏與僚屬佐家於其中爾比之民居孰為難防唯當申嚴火禁或築
高墻以為隔限亦可以備患矣今乃欲改已成之試院為府廨百三
十餘年之府為試院此兩大役營造不小夫土木之功使匠人塵之
無不言費省而易了及其作之便見費大臣恐枉勞人力虛費國用
無大利害不必遷也今若因舊興葺稍徙近南比之兩處營造功費
猶小凡官舍數遷改則民心亦不定不若因其故便昔魯人為長府
閔子騫曰仍舊貫如之何何必改作孔子稱之蓋為國者姑務省事
不欲多變革也伏望聖慈更賜詳擇

哲宗時殿中侍御史呂陶上奏曰臣伏謂古之明王講求治道以幸
天下者凡不急之務必先罷去乃省事省官之一端也國家自慶曆罷
兵以來武庫百備廢壞幾盡神宗皇帝以常德立武事震耀威靈治
兵制器憲度詳謹內置軍器監外創都作院日程其功月閱其課戈
矛弧矢甲冑刀劍之具皆極完具等數之積殆不勝計苟有靈旗之
伐可足數十年之用方朝廷弭戎息戍以戢干櫜矢為意顧惟兵械
謂非今日之急務也比嘗降詔併為兩坊坊止三作省去監督綜轄
之員棟放疲癃拙惰之匠據所積材具以漸造制然至今兵匠尚以
六千人為額兩坊額外亦四五百人以一歲計之為口食米者凡四
萬五千石又緣內外廂軍大率闕少亦有廢事去處若值工役急速
未免於民間差雇人夫官有耗費私有騷擾臣愚欲乞減兵匠三分
之二罷監官四員小作料次責其日力積之歲月亦無所闕卻將所
減之兵分填添助諸處廂軍差使俟將來脩制軍器闕人仍勾抽赴
作豈惟省監官軍匠添給之費抑亦助廂兵役使之勞況今財利羨
息之端多蒙蠲罷如此等事雖於國家富有之體未必為害亦宜裁
損均節以稱量入為出之義伏望聖慈付有司相度施行

右諫議大夫梁燾上奏曰臣竊以都城之役工程浩瀚開廣池隍最
為大事全如受敵邊備動搖人心盡發封樁官錢蠹耗國力毀徹廬
舍生者不得安掀剔墳隴死者不得息棄土山積旁無曠地稍已堙
沒園林侵至壅闕道路近城居民深以為勞兼冒寒暑怨通幽明累
德損政莫甚於此言者相繼指摘明白日聽蠲罷邈未蒙省敝病之
時橫在耳目愁怨之聲達于四海未諭朝廷何憚不革且以斜殊異
之情久則難齊任困苦之事極則生變群疑不解理有可虞今若但
省工料別期歲月未免久勞終是無益臣愚欲乞聖慈特賜指揮放
散見存人夫只留廣固軍工濠塹已開處令結束了當城壁擾未堅
處令漸次脩築除冗費之患去妄作之擾使民情安悅而氣和人力
舒暇則功倍華較之下先見安靜誠今日聖政之所宜為也伏望深
留宸念

高宗建炎中御史中丞許景衡上奏曰臣聞天下之事有緩急其治
之也有先後聖人常先其所急而後其所緩故事得其序而治功成
矣今夷狄纂橫盜賊間作陛下宵衣旰食圖刷國恥節省浮費以應
軍須可謂先其所急者矣至於工技之末作掖庭之所須此其事為
至緩宜在所後而有司不知大體乃欲以承平靡麗之事而脩復於
艱難之時若貫詡所領後苑作準備造作生活工匠是也書曰不作
無益害有益功乃成茲事雖小其於聖朝致治之功則為害此臣所
以昧死須至上瀆天聽也伏況東南製作甲於四方或掖庭有須臨
時置買應手可辦不必專置吏卒徒為此紛紛也平日耕桑之民
死傷流亡之餘尚能竭力以供租賦者彼誠知國家之艱難而上體
陛下之憂勤欲足兵食以安中原也故雖極勞瘁而不敢辭今若閑
置官司破祿食以營技巧彼必歎息憤懣有不平之氣矣臣愚伏望

聖慈深念賦入之耗減，軍須之糜費，凡不急之務，悉詔罷去。被庭所尚，宜示敦朴，以革近世豪侈之習，以成中興節儉之化，夫豈不美哉。所有八月二十一日後苑作差人吏工匠二指揮，伏乞特賜寢罷。

高宗時，應天府尹葉夢得上奏曰：右臣近承尚書工部符，備到七月十八日勅節文京東路州軍增脩城壁樓櫓，仰當職官隨宜脩治。勘會本府昨五月內，先准聖旨脩城，尋行相度，據舊城外，今添幫城身底闊一丈四尺，高六尺，增築馬面圍敵，創建樓櫓一千八百六十餘間，合起夫八十餘萬，收買木植一百六十三萬餘條，計合用錢二十一萬貫有零。自臣到任，親再檢視，以勞費浩大，民力不易，兼元料有大計虛費不實去處，遂別措置裁減，據舊城外上合添幫城身底闊一丈高三尺，及造樓櫓一千間，比元料計減人夫五十餘萬工，木植一百餘萬條，計合用錢七萬餘貫。其合用人夫，仍欲召募，日支工食

錢，來於民，即無騷動。已具狀奏聞去訖。臣竊惟本府當東南之衝，內屏王室。漢吳楚七國舉兵西鄉，關中震驚。景帝遣周亞夫將三十六將軍，距於洛陽，相持三月，然卒挫其鋒而逼死者，梁孝王力限之於此，而不得西之效也。唐安祿山叛，幽薊安慶緒遣其下尹子琦將同羅突厥等勁兵十餘萬來攻，卒能保有江淮，使不敢長驅，唐得保有其財用以濟中興者，張巡許遠以死守之於此，而不得逞之效也。蓋嘗以此考之，自東南而來，如漢之吳楚，由西北而下，如唐之尹子琦，皆以睢陽為襟喉，則控扼之要，利害豈與他郡比哉。又況本朝王業所基，見奉三聖神御於離宮，夾輔京師，號為陪都，其形勢又非漢唐之比，則府城勢決不可不脩以為非常之備。今有司之所較者，不過目前之費而已。臣今來裁減之數，止是七萬餘貫，朝廷豈當以此豪末之費，而不為王業本基之計乎。契勘發運司并江西轉運司見拖

欠本府宣和五年以後年額合應副斛斗二十七萬石。臣今來更不敢上干朝廷別作施行，乞降錢本，只乞於今來上供斛斗內截留十萬石，依准去年御筆指揮，充三年帶納之數，亦可變轉了辦。目今秋田收刈不遠，若不乘農事稍隙之時，疾速下手併力營治，竊恐遷延至冬，必不及事。臣已一面收糴本府諸色椿管經費係省錢先次兌那使用，徑自擇日興工外，欲望聖慈特賜開允，許臣依數截留上件斛斗撥還，庶幾不誤年計。

夢得為兩浙西路安撫使時，又奏曰：右臣備員從官，出守藩輔，近者嘗以疾病乞就閑秩，伏蒙聖恩未即矜許，既勉強承命，方時艱難，身覩陛下宵旰以圖中興之日，曾未纖毫報效，夙夕愧懼，無以自處。惟有隨事納忠，少圖裨益，庶猶愈於緘嘿坐食，故苟在職一日，不敢遽忘此心。伏見經營建康以備巡幸，捨二百年定都之業，而即偏霸蹔

處之地，此誠不得已之下策，非出陛下本意。然而天子以四海為家，古之帝王一歲而四巡狩，不以為難，則今萬一順動，固未為過也。惟無傷財，無動眾，事不求備，居不求安，則何所往而不可。竊聞今建康規畫，有司似不能盡體聖意，道塗之言，皆云欲創建宮室，備列百司，規倣京師。臣愚竊以為未然。此行幸，非遷都也，何遽如是哉。夫功大則費廣，費廣則民勞，此理勢之自然。幾月以來，爭傳江東之民，有家業錢一千而取三十者，田一畝而出方甎一片者，一邑而率甎灰土木之費以二十萬計者，置窰燒甎而望青斫木者，甚有至於取平江府朱勔家之巧石以備玩設。雖未必皆實，然方陛下恢復之初，憂民恤下之意，如撫赤子，惡衣菲食之念，自比匹夫，此聲豈宜聞於外乎。是殆州縣之吏，迫於期會，各謀職守，規以自免過咎，而不暇為朝廷之思也。然所以為累者大矣。昔周以公叔帶之亂，挾戎狄以伐京師，

襄王出居於鄭使人告難於魯自稱曰不穀左丘明以為易服降名禮也非特王者為然狄人侵衛齊小白復之文公衣大布之衣大帛之冠以臨其國獨務材訓農通商惠工謹教勸學授方任能而衛復興故史稱其元年革車三十乘季年乃三百乘下至於越王句踐臺夷之事無足言矣然及圖報吳也在國親巡孤寡而共其乏困在軍熟食者分而後敢食所共嘗者卒乘與焉居不重席室不崇壇器不雕鏤舟車不飾故其未戰也父兄相與請曰越四封之內親吾君也猶父母也子而思報父母之仇臣而思報君之讎其敢不盡其力乎及其將戰也則又父勉其子兄勉其弟婦勉其夫曰孰是君也而無死乎於是敗吳於囿又敗之於沒又郊敗之遂以滅吳恭惟陛下以神聖文武之資受天明命奄有祖宗之大業天下孰敢不服即位以來膏澤屢下寬大之令日聞於人耳哀痛之詔日感於人心天下孰

敢不歸蠢爾叛夫不道之虜合中國之力而共誅之其殄滅必有日矣何足懼哉在陛下行之如何耳迺者天申節上壽作樂抑而不行貢奉之物非天地宗廟陵寢所須却而盡罷天下皆知陛下約己思艱之意堯舜無以過然執事之吏乃復因緣舊習過舉如此甚不稱陛下盛德美意愚俗難以家至戶曉願下明詔顯示戒飭應建康等處營繕除城池樓櫓以備守禦營寨次舍以待也戍糧糗儲蓄以充廩給金錢幣帛以供犒賞外其餘一切並從簡約無以陰陋為不中無以草創為非體古者君在草莽其臣皆反首芟舍則百司庶府亦非求安之時陛下既屏聲色而不御抑侍衛而弗充則外朝之制後宮之儀亦不必備使天下曉然皆知陛下大讐未雪不忘嘗膽之心二聖未還常切泚顏之念則四海之內苟非木石食陛下之祿休陛下之恩誰不欲畢命自效彎弓而北向乎設有背德避患者天下必

共起擊之矣進迎鑾輿再造王室復還千里之畿歸嚴九廟之奉可翹日而至臣位卑人微未嘗得覲清光邈冒君威犯分不韙罪當萬死不勝惶懼激切屏營之至

御史中丞廖剛奏曰臣契勘軍器所見造李顯忠所請軍器名件凡一萬八千有奇為工幾十萬而所役兵匠及和顧纔一千八百餘人人各占一能不可以相易則費日非止十萬也況鐵必精鍊皮必熟治漆必俟乾而後再施若此之類儻迫以嚴限不唯難於辦集所成之器亦將苦窳而不可用昔晁錯有言兵不完利與空手同甲不堅密與袒裼同弩不及遠與短兵同矢不能入與無鏃同今幸未急於用臣愚欲望聖慈特降處分稍寬其工程則人力裕而器械精矣必欲速就不過添雇人匠本色匠人既不易得則府縣强雇不能無擾擾而事亦未必濟也

孝宗淳熙四年吏部侍郎周必大上奏曰臣聞歐陽脩在翰林日曾上言京師土木興作屢多乞行減罷尋差脩與三司同共相度減定脩因言神御殿不住脩換昨開先殿只因兩柱損遂換一十三柱用材植物料共一萬七千有零且崇奉祖宗貴於清淨頻有遷徙輕瀆威靈其言甚為詳備仁宗嘉納臣竊見近歲營造往往委臨安府及轉運司例皆苟簡趣辦閱時未幾即復繕脩秖如景靈宮歲歲換柱每次所費不下數千緡蓋抽換之時率用濕木塗以丹漆夾以墻壁纔及數月又已損爛近脩兩學亦復如此官吏只欲速成冀目前之賞豈暇計慮久遠以邦財民力為念哉臣愚欲望聖慈嚴賜戒飭凡遇脩宗廟等處須用乾壯材植若年歲間依前損壞即推究元脩官吏重行責罰其他土木之工有可節者節之謂如封樁錢物雖少歷年而左藏東西庫大段有空閑去處若就用盛貯別差專庫看守却

令提領官掌其扃鑰遇有收支躬親啓閉戶部何由敢有移用自不必令漕司踏逐地步枉費十餘萬緡造屋五百間拆移大府寺其為利害若白黑之易見仰惟陛下躬儉出於天性此事偶有未知知則必為裁制此臣所以不避妄言之罪期效涓埃之補也

孝宗時趙汝愚陳便民事宜曰臣嘗論奏國家渡江以來費用浸廣民間兩稅之外科斂不一民力可謂困矣而人不以為怨者知朝廷養兵之費蓋不得已故也然有得已而不已者寺觀脩造是已近時僧道自知道業無聞於世而專務營造以侈相高用誇已能至有一樓一閣而工費鉅萬者其銷鎔金寶又不可數計竭民膏血委於無用誠為可惜臣竊見司馬光奏議謂國家明著法令有創造寺觀一間以上者聽人陳告科違制之罪仍即時毀撤臣愚伏望聖慈申嚴前項法禁今後寺觀除舊管屋宇或有損壞處許隨宜脩葺外並不得別有創造或遇水火不測合行再造者並委州縣長吏量度費用務從簡省須出給公憑開具間架方得脩造如有違犯官吏僧道並與同罪

金哀宗至蔡命有司脩見山亭及同知衙為遊息之所完顏仲德諫曰自古人君遭難播越于外必痛自刻苦貶損然後可以克復舊物況今諸郡殘破保完者獨一蔡耳蔡之公廨固不及宮闕萬一方之野處露宿則有加矣且上初行幸已嘗勞民葺治今又興土木之役以求安逸恐人心解弛不足以濟大事上遽命止之

元世祖時趙天麟上策曰臣聞物之有益者天下之通物也理之極中者聖人之極理也故物涉於玩視則足以蕩吾之心而理及於太過則所以傷吾之道以九五之位生殺之權俯天下而御之宜若得以從心所欲矣以祖宗之大社稷之重仰天命而思之雖欲自逸而

亦弗敢矣是以聖人之治天下事皆從於寬厚尊在民上而知民之不可下也故近之貴為人主而知人之為王天也故靖之審民情之莫不欲富欲逸欲安軫宸心而載行去甚去奢去泰昔堯之不翦其茅茨禹克卑其宮室晉成計四十金而射堂遂止漢文惜十家之產而露臺不興況今也去古既遠澆民難化不據正以率之則其誰順哉不倡正以變之則烏可清哉我國家兩都宮禁溫清脩省塗粉白丹雘於隨年整麗幔庭陳於逐節斯皆理之當然也臣但以發府庫之財役生靈之力崇脩佛寺多積佛緣畫棟插乎飛甍隱霧及今古之巧嚴耀金碧之輝光且依佛經而言則佛者覺也將以覺妙智寂滅聲聞緣覺之民物而釋迦者能仁也將以仁四恩三有誦經持戒之衆生今乃以下民之財下民之力粧點色身之相好臣竊以為非如來之本意也欽惟皇國武定四方文綏一統握歷世帝王之大柄為百家道術之宗盟者皆孔子三綱五常之力也豈宜獨崇絕滅綱常之教以率天下奉信浮圖之人哉臣又以京師者天下之所瞻仰也孔子乃帝王之師綱常之主而其廟學猶為闕然臣於先所獻萬言策內已言之矣蓋理貴得中而已彼老佛之教乃山林曲士之所奉虛無寂滅之一術無父子之恩無君臣之義今國家取其一節而崇其寺觀猶可也至如師孔子而獨惜崇興廟學之資費此臣所以不能無言也故為國家者於所可止者不容不止於所不可止者不宜遽止也伏望陛下念孔子道德之尊報孔子綱常之力採先民之知足法如來之能仁凡兩都宮禁但令春秋補葺其弊革異其損者不須創建凡勞民無益之役不拘時月並皆停罷其不急者如前詔立凡僧道寺觀截自令下之後內本京師外及所在但許脩整無敢創立凡所在文廟依時脩整自有常制若夫京師廟學惟陛下識之

文宗天曆初詔以建康潛邸為佛寺務窮壯麗毀民居七十餘家仍以御史大夫督其役江南行臺監察御史蓋苗上封事曰臣聞使民以時使臣以禮自古未有不由斯道而致隆平者陛下龍潛建業之時居民困於供給幸而獲覩今日之運百姓跂足舉首以望非常之恩今奪農時以刱佛寺又廢民居使之家破産蕩豈聖人御天下之道乎昔漢高帝興於豐沛為復兩縣光武中興南陽免稅三年既不務此而隆重佛氏何以滿斯民之望哉且佛以慈悲為心方便為教今尊佛氏而害生民無乃違其方便之教乎臺臣職專糾察表正百司今乃委以脩繕之役豈其禮哉

順帝至正二十年欲脩上都宮闕工役大興參議中書省事陳祖仁上疏其畧曰自古人君不幸遇艱虞多難之時孰不欲奮發有為成不世之功以光復祖宗之業苟或上不奉於天道下不順於民心緩急失宜舉措未當雖以此道持盈守成猶或致亂而況欲撥亂世而反之正乎夫上都宮闕創自先帝脩於累朝以經兵燹焚燬殆盡所不忍言此陛下所為日夜痛心所宜亟圖興復者也然今四海未靖瘡痍未瘳倉庫告虛財用將竭乃欲驅疲民以供大役廢其耕耨而荒其田畝何異扼其吭而奪之食以速其斃乎陛下追惟祖宗宮闕念茲在茲然不思今日所當興復乃有大於此者假令上都宮闕未復固無妨於陛下之寢處使因是而違天道失人心或致大業之隳廢則夫天下者亦祖宗之天下生民者亦祖宗之生民陛下亦安忍而輕重之乎願陛下以生養民力為本以恢復天下為務信賞必罰以驅策英雄親正人遠邪佞以圖謀治道夫如是則承平之觀不日咸復詎止上都宮闕而已乎疏奏帝嘉納之

歷代名臣奏議卷之三百十六

弭盜

漢武帝時東郡盜起丞相公孫弘奏言民不得挾弓弩十賊彍弩百吏不敢前（彍音郭引滿曰彍）盜賊不輒伏辜免脫者衆害寡而利多此盜賊所以蕃也禁民不得挾弓弩則盜賊執短兵短兵接則衆者勝以衆吏捕寡賊其執必得盜賊有害無利則莫犯法刑錯之道也臣愚以為禁民毋得挾弓弩便上下其議光祿大夫吾丘壽王對曰臣聞古者作五兵（五兵謂矛戟弓劍戈）非以相害以禁暴討邪也安居則以制猛獸而備非常有事則以設守衛而施行陣及至周室衰微上無明王諸侯力政彊侵弱衆暴寡海內抏敝巧詐並生（抏訛盡也五官反）是以知者陷愚勇者威怯苟以得勝為務不顧義理故機變械飾所以相賊害之具不可勝數於是秦兼天下廢王道立私議滅詩書而首法令去仁恩而任刑戮墮名城殺豪桀（墮火規反）銷甲兵折鋒刃其後民以耰鉏箠梃相撻擊犯法滋衆盜賊不勝至於赭衣塞路羣盜滿山卒以亂亡故聖王務教化而省禁防知其不足恃也今陛下昭明德建太平舉俊材興學官三公有司或由窮巷起白屋裂地而封宇內日化方外鄉風然而盜賊猶有者郡國二千石之罪非挾弓弩之過也禮曰男子生桑弧蓬矢以舉之明示有事也（有四方扞禦之事）孔子曰吾何執執射乎大射之禮自天子降及庶人三代之道也詩云大侯既抗弓矢斯張射夫既同獻爾發功言貴中也（中竹仲反）愚聞聖王合射以明教矣未聞弓矢之為禁也且所謂禁者為盜賊之以攻奪也攻奪之罪死然而不止者大姦之於重誅固不避也臣恐邪人挾之而吏不能止良民以自備而抵法禁（抵觸也）是擅賊威而奪民救也竊以為無益於禁姦而廢先王之典使學者不得習行其禮大不便書奏上以難丞相弘

弘詘服焉

宣帝時渤海左右郡歲飢盜賊並起二千石不能禽制上選能治者丞相御史舉龔遂可用上以為渤海太守時遂年七十餘召見形貌短小宣帝望見不副所聞心內輕焉謂遂曰渤海廢亂朕甚憂之君欲何以息其盜賊以稱朕意遂對曰海瀕遐遠不霑聖化其民困於飢寒而吏不恤故使陛下赤子盜弄陛下之兵於潢池中耳今欲使臣勝之邪將安之也上聞遂對甚說答曰選用賢良固欲安之也遂曰臣聞治亂民猶治亂繩不可急也唯緩之然後可治臣願丞相御史且無拘臣以文法得一切便宜從事上許焉加賜黃金贈遣乘傳至渤海界

張敞以勃海膠東盜賊並起上書自請治之曰臣聞忠孝之道退家則盡心於親進宦則竭力於君夫小國中君猶奮不顧身之臣況

於明天子乎今陛下遊意於太平勞精於政事亹亹不舍晝夜羣臣有司宜各竭力致身山陽郡戶九萬三千口五十萬以上訖計盜賊未得者七十七人它課諸事亦略如此臣敞愚駑既無以佐思慮久處閒郡身逸樂而忘國事非忠孝之節也伏聞膠東勃海左右郡歲數不登盜賊並起至攻官寺篡囚徒搜市朝劫列侯吏失綱紀姦軌不禁臣敞不敢愛身避死唯明詔之所處願盡力摧挫其暴虐存撫其孤弱事即有業所至郡條奏其所由廢及所以興之狀書奏天子徵敞拜膠東相賜黃金五十斤敞辭之官自請治劇郡非賞罰無以勸善懲惡吏追捕有功效者願得壹切比三輔尤異天子許之

王莽以璽書令卜者田況領青徐二州牧事況上言盜賊始發其原甚微非部吏伍人所能禽也咎在長吏不為意縣欺其郡郡欺朝廷實百言十實千言百朝廷忽略不輒督責遂至延曼連州乃遣將率多發使者傳相監趣郡縣力事上官應塞詰對共酒食具資用以救斷斬不給復憂盜賊治官事將率又不能躬率吏士戰則為賊所破吏氣寖傷徒費百姓前幸蒙赦令賊欲解散或反遮擊恐入山谷轉相告語故郡縣降賊皆更驚駭恐見詐滅因飢饉易動旬月之間更十餘萬人此盜賊所以多之故也今雒陽以東米石二千竊見詔書欲遣太師更始將軍二人爪牙重臣多從人衆道上空竭少則亡以威示遠方宜急選牧尹以下明其賞罰收合離鄉小國無城郭者徙其老弱置大城中積藏穀食并力固守賊來攻城則不能下所過無食勢不得群聚如此招之必降擊之則滅今空復多出將率郡縣苦之反甚於賊宜盡徵還乘傳諸使者以休息郡縣委任臣況以二州盜賊必平定之

東漢安帝即位以後頻遭元二之厄（元二即元元也）百姓流亡盜賊並起郡

縣更相飾匿莫肯糾發（飾相文飾隱匿也）尚書陳忠獨以為憂上疏曰臣聞輕者重之端小者大之源故堤潰蟻孔氣洩鍼芒是以明者慎微智者識幾書曰小不可不殺詩云無縱詭隨以謹無良蓋所以崇本絕末鉤深之慮也臣竊見元年以來盜賊連發攻亭劫掠多所傷殺夫穿窬不禁則致彊盜彊盜不斷則為攻盜攻盜成群必生大姦故亡逃之科憲令所急至於通行飲食罪致大辟（通行飲食猶過致資給與同罪也飲音蔭食音寺）而頃者以來莫以為憂州郡督錄怠慢長吏防禦不肅皆欲採獲虛名諱以盜賊為負雖有發覺不務清澄至有逞威濫怒無辜僵仆或有跼蹐比伍轉相賦斂或隨吏追赴周章道路是以盜發之家不敢申告鄰舍比里共相壓迮（迮迫也）或出私財以償所亡其大章著不可掩者乃肯發露陵遲之漸遂且成俗寇攘誅咎皆由於此前年勃海張伯路可為至戒覆車之軌其迹不遠蓋失之末流求之本源宜

糺增舊科以防來事自今彊盜為上官若它郡縣所糺覺一發部吏皆正法（上官謂郡府也若及也部吏謂督郵游徼也正法依法也）尉貶秩一等令長三月奉贖罪二發尉免官令長貶秩一等三發以上令長免官便可撰立科條處為詔文切勑刺史嚴加糺罰冀以猛濟寬驚懼姦慝頃季夏大暑而消息不協寒氣錯時水涌為變天之降異必有其故所舉有道之士可策問國典所務王事過差令處煖氣不效之意庶有讜言以承天誡

桓帝時零陵桂陽山賊為害公卿議遣討之又詔下州郡一切皆得舉孝廉茂才尚書陳蕃上疏駮之曰昔高祖創業萬邦息肩撫養百姓同之赤子今二郡之民亦陛下赤子也致令赤子為害豈非所在貪虐使其然乎宜嚴勑三府隱覈牧守令長其有在政失和侵暴百姓者即便舉奏更選清賢奉公之人能班宣法令情在愛惠者可不

勞王師而群賊弭息矣又三署郎吏二千餘人三府掾屬過限未除但當擇善而授之簡惡而去之豈煩一切之詔以長請屬之路乎以此忤左右故出為豫章太守

靈帝時鉅鹿張角偽託大道妖惑小民侍御史劉陶與奉車都尉樂松議郎袁貢連名上疏曰聖王以天下耳目為視聽故能無不聞見今張角支黨不可勝計前司徒楊賜奏下詔書切勑州郡護送流民會賜去位不復捕錄雖會赦令而謀不解散四方私言云角等竊入京師覘視朝政烏聲獸心私共鳴呼州郡忌諱不欲聞之但更相告語莫肯公文宜下明詔重募角等賞以國土有敢回避與之同罪帝殊不悟方詔陶次第春秋條例明年張角反亂海內鼎沸帝思陶言封中陵鄉侯

後魏孝文帝問止盜之方秘書令高祐曰昔宋均樹德害獸不過其鄉卓茂善教蝗蟲不入其境彼盜賊者人也苟訓之有方寧不易息當須宰守貞良則盜止矣

宣武帝永平四年河南尹甄琛上表曰國家居代患多盜竊世祖廣置主司里宰多置吏士為其羽翼始得禁止遷都已來四遠赴會五方雜沓寇盜公行里正職輕任碎多是下才不能督察請少高其品選下品中應遷者進而為之詔從之琛又奏以羽林為游軍於諸坊巷司察盜賊於是洛城清靜後常踵焉

隋文帝開皇四年上以隴西頻被寇掠而俗不設村塢命將軍賀婁子幹勤民為堡仍營田積穀子幹上書曰隴西河右土曠民稀邊境未寧不可廣佃比見屯田之所獲少費多虛役人功卒逢踐暴且隴右之民以畜牧為事若更屯聚彌不自安但使鎮戍連接烽候相望民雖散居必謂無慮隋主從之

煬帝大業十二年帝問侍臣盜賊翊衛大將軍宇文述曰漸少納言蘇威引身隱柱帝呼問之對曰臣非所司不委多少但患漸近帝曰何謂也威曰他日賊據長白山今近在汜水且往日租賦丁役今皆何在豈非其人皆化為盜乎比見奏賊皆不實遂使失於支計不時翦除又昔在鴈門許罷征遼今復徵發賊何由息帝不悅嘖之帝問威以伐高麗事威欲帝知天下多盜對曰今茲之役願不發兵但赦群盜自可得數十萬遣之東征高麗可滅帝不懌

唐太宗即位之初上與群臣論止盜或請重法以禁之上曰朕當去奢省費輕徭薄賦選用廉吏使民衣食有餘則自不為盜安用重法邪自是數年之後海內升平路不拾遺外戶不閉商旅野宿焉

穆宗即位韓愈論黃家賊事宜狀其一曰臣去年貶嶺外刺史其州雖與黃家賊不相鄰接然見往來過客并諳知嶺外事人所說至精至

熟其賊並是夷獠亦無城郭可居依山傍險自稱洞主衣服言語渺
一一似人尋常亦各營生急則屯聚相保比緣邕管經略使不得人德
既不能綏懷威又不能臨制侵欺虜縛以致怨恨蠻夷之性易動難
安遂至攻劫州縣侵暴平人或復私讎或貪小利或聚或散終亦不
能為事近者征討本起於裴行立陽旻此兩人者本無遠慮深謀意
在邀功求賞亦緣賊未屯聚之時將謂單弱並可摧破爭獻謀討惟
恐後時朝廷信之遂允其請自用兵已來已經二年前後所奏殺獲
計不下一二萬人儻皆非虛賊已尋盡至今賊猶依舊足明欺罔朝
廷邕容兩管因此凋弊殺傷疾患十室九空百姓怨嗟如出一口陽
旻行立相繼身亡實由自邀功賞造作兵端人神共嫉以致殃咎陽
旻行立事既已往今所用嚴公素者亦非撫御之才不能別立規模
依前還請攻討如此不已臣恐嶺南一道未有寧息之時其二曰昨

者併邕容兩管為一道深合事宜然邕州與賊逼近容州則甚懸隔
其經略使若置在邕州與賊隔江對岸兵鎮所處物力必全一則不
敢輕有侵犯一則易為遙便控制今置在容州則巴州兵馬必少賊
[illegible]勢頗易生姦心伏請移經略使於邕州其容州但置刺史實為至
便其三曰比者所發諸道南討兵馬例皆不諳山川不伏水土遠鄉
旅疾疫殺傷臣自南來見說江西所發共四百人曾未一年其所
存者數不滿百岳鄂所發都三百人其所存者四分纔一續添續死
每發倍難若令於邕容側近召募添置千人便割諸道見供行營人
數糧賜均融充給所費既不增加而兵士又皆便習長有守備不同
客軍守則有威攻則有利其四曰自南討以來賊徒亦甚傷損察其
情理厭苦必深大抵嶺南人稀地廣賊之所處又更荒僻假如盡殺
其人盡得其地在於國討不為有益容貸羈縻比之禽獸來則捍禦

去則不追亦未虧損朝廷事勢以臣之愚若因改元大慶赦其罪戾
遣一郎官御史親往宣諭必望風降伏讙呼聽命仍為擇選有材用
威信諳嶺南事者為經畧使處理得宜自然永無侵叛之事
宣宗大中元年雞山群盜寇掠果州及巴南妖賊言辭悖慢上怒甚
崔鉉曰此皆陛下赤子迫於飢寒盜弄兵於谿谷間不足辱大軍但
遣一使者可平矣乃遣京兆少尹劉潼招諭之潼言使之歸命其勢
甚易所慮者武臣恥不戰之功議者責欲速之效耳
宋真宗咸平三年濮州盜夜入城略知州王守信監軍王順度知黃
州王禹偁聞而奏疏曰伏以體國經野王者保邦之制也易曰王公
設險以守其國自五季亂離各據城壘豆分瓜剖七十餘年太祖太
宗削平僭偽天下一家當時議者乃令江淮諸郡毀城隍收兵甲撤
武備者二十餘年書生領州大郡給二十人小郡減五人以充常從

號曰長吏實同旅人名為郡城蕩若平地雖則尊京師而抑郡縣為
強幹弱枝之術亦匪得其中道也臣比在滁州值發兵挽漕關城無
人守禦止以白直代主開閉城池頹圮鎧仗不完及徙維揚稱為重
鎮乃與滁州無異嘗出鎧甲三十副與巡警使臣彀弩張弓十損四
五蓋不敢擅有修治上下因循遂至於此今黃州城池器甲復不及
滁揚萬一水旱為災盜賊竊發雖思禦備何以枝梧蓋太祖削諸侯
跋扈之勢太宗杜僭偽覬望之心不得不爾其如設法救世久則弊
生救弊之道在乎從宜疾若轉規固不可膠柱而鼓瑟也今江淮諸
州大患有三城池墮圮一也兵仗不完二也軍不服習三也濮賊之
興慢防可見望陛下特紆宸斷許江淮諸郡酌民戶衆寡城池大小
並置守捉軍士多不過五百人閱習弓劍然後漸葺城壁繕完甲胄
則郡國有禦侮之備長吏免剽略之虞矣疏奏上嘉納之

仁宗慶曆三年知諫院歐陽脩上奏曰臣近因軍賊王倫等事累有論奏為天下空虛全無武備指陳隋唐亡國之監皆因兵革先興而盜賊繼起不能撲滅遂至橫流又見國家綱紀隳頹法號寬弛賞罰不立善惡不分體量勢危可憂可懼欲乞朝廷講求禦賊之術峻行責下之法無聞搢紳之內憂國者多皆論盜賊事臣但謂朝廷見已形之患聞衆多之言必動於心略知恐懼及聞樞密院戒勵進奏官不使外人知事方認兩府厭苦獻言之人又見自和州奏破王倫之後更不講求禦賊之策又認上下已有偷安之意殊不知前賊雖滅後賊更多今建昌軍一火四百人桂陽監一火七十人草賊一火百人其餘池州解州鄧州南京等處各有強賊不少皆建旗鳴鼓白日入城官吏逢迎飲食宴樂其敢如此者蓋為朝廷無賞罰都不足畏盜賊有生殺時下須從臣恐上下因循日過一日國家政令轉弱盜賊威勢轉強使畏賊者多向國者少天下之勢從此去矣竊聞京西提點刑獄張師錫為部內使臣與賊同坐喫酒及巡檢縣尉不肯用心曾有論奏其言甚切臣舊識師錫其人恬靜長者遲緩優柔不肯生事今尚有此奏則臣謂天下無賢愚皆為國家憂之獨不憂者朝廷爾嗟夫古之智士能慮未形之機今之謀臣不識已形之禍以患為樂以危為安盜賊雖多而時有敗者遂生玩寇之意見言事者衆而聽之已熟遂有忽人之心臣近曾求對便殿伏蒙陛下語及賊事憂形于色及退見宰輔從容閒暇天下之事深可憂矣今桂陽建昌軍賊數不少想其害為尤甚王倫在於遠處更不留意今自京發兵則道遠不及外處就撥則處處無兵欲乞嚴勑大臣鑒已成難救之患速講定禦盜之法兵行天下使四方漸為備禦攻守壁畫剪撲諸處見在賊數自有賊已來群臣上言者皆為自來寬法致不肯用心

捉賊皆乞峻行法令近見池州官吏各只有罰銅五斤及知言者皆不蒙納臣謂大臣為國計者寧厭忠言之多不厭盜賊之多乃如此行事臣前後上言賊事文字不少仍乞類聚擇其長者講求法制陛下欲知大臣不肯峻國法以繩官吏蓋由陛下不以威刑責大臣此乃社稷安危所係陛下之事也伏望留意而行之

脩論禦賊四事劄子曰臣昨自軍賊王倫敗後嘗曾極言論列恐相次盜賊漸多乞朝廷早為禦備凡為國家憂盜賊者非獨臣一人前後獻言者甚衆皆為大臣忽棄都不施行而為大臣者又無擘畫果致近日諸處盜賊縱橫自淮海已南而新遭王倫之後今自京以西州縣又遭張海郭貌山等刼掠焚燒桂陽監昨奏蠻賊數百人夔峽荊湖各奏蠻賊皆數百人解州又奏見有未獲賊十餘火滑州又聞強賊三十餘人燒却沙彌鎮許州又聞有賊三四十人刼却椹澗鎮此臣所聞目下盜起之處如此縱橫也此外京東今歲自秋不雨至今麥種未得江淮倫賊之後繼以飢蝗陝西災旱道路流亡日夜不絕似此等處將來盜賊必起是見在者未滅續來者愈多而乾象變差譴告不一於古占法多云天下大兵並起今兵端已動於下天象又告於上而朝廷安恬舒緩無異常時此臣前狀所謂古之智者能慮未形之機今之謀臣不識已形之禍者也臣聞兩漢之法凡盜賊並起人民流亡天文災異如此等事皆責三公或被誅戮或行黜放今幸陛下仁聖寬慈大臣偶免重責而猶忘忽禍患偷習因循此臣所謂大臣不肯峻國法以繩官吏蓋由陛下不以威刑責大臣者也今見在賊已如此後來賊必更多若不早為恐難後悔臣計方今禦盜者不過四事一曰州郡置兵為備二曰選捕盜之官三曰明賞罰之法四曰去冗官用良吏以撫疲民使不起為盜此四者大臣所忽

以為常談者也。然臣視今朝廷。於四者未有一事合宜。伏望聖慈深
勑兩府大臣。問其捨此四事。別有何術可為。苟無他術。則此四者宜
早施行。臣竊聞州郡置兵。富弼已有條奏。其餘三事。前後言事者議
論甚多。伏乞合聚群議。擇其善者而行。其禦盜四事。方今措置乖失
極多。容臣續具一二條奏。

脩論京西賊事劄子曰。臣竊聞近日張海郭邈山與范三等賊勢相
合。轉更猖狂。諸處奏報。日夕不絕。伏惟聖慮必極憂勞。不聞廟謀者
何處置。臣竊見朝廷作事。常有後時之失。又無慮遠之謀。患到目前
方始倉忙而失措。事纔過後。已却弛慢而因循。昨王倫暴起京東。轉
攻淮甸。橫行千里。旁若無人。既於外處無兵。須自京師發卒。猕惟忠
等未離都下。而王倫已至和州矣。賴其天幸。偶自敗亡。然而驅殺軍
民。焚燒城市。瘡痍塗炭。毒遍生靈。此州郡素無守備。而旋發追兵。謀

事後時之明驗。臣謂朝廷因此。必悔前非。須有改作。以防後患。而自
王倫敗後。居兩府者了無擘畫。有上言者又不施行。上下拖延。日過
一日。遂致張海郭邈山等又起京西。攻劫州縣。擄行肆毒。更甚王倫。
依前外處無兵。又自京師發卒。臣聞張海是李宗夾內惡賊。郭邈山
在商山已及十年。其驍勇兇猛不比王倫偶起之賊。縱官兵追及。亦
其勝負未知。天下之憂。恐自此始。臣亦知近日臣寮上言賊事者甚
衆。竊慮兩府進呈文字之時。必須奏言。已差使臣。遣兵追捕。將此拙
計。便為廟謀。上寬聖懷。苟自塞責。張海等二百餘人。盡有甲馬。日行
一二百里。馬力困乏。則弃別奪民間坐馬乘騎。竊料官兵必難追逐。
縱使追兵能及。生靈已受其[illegible]。此[illegible]賊雖能平。後患豈可不慮。以今
四方盜起。所在各要隄防。則臣前所言禦賊四事之中州縣置兵最
為急務。伏望陛下憫此生民。見受屠戮之苦。不聽迂儒遲緩悮事之

言。其州縣置兵事件。富弼已有起請。伏乞決於宸衷。速與施行。

脩再論置兵禦賊劄子曰。臣近為張海等賊勢猖狂。曾上言禦賊四
事。內一件州郡置兵為備。風聞朝議已依富弼起請施行。其餘三事
一乞選捕盜官。二乞定賞罰新法。三乞按察老病貪贓之官。此三事
至今未聞擬議。臣伏見去年朝廷於諸道州府招宣毅兵士。及添置
鄉兵弓手。當時擾擾。次第不小。本要為州縣禦賊之備。及一旦王倫
張海等相繼而起。京東淮南江南陝西京西五六路二三十州軍。數
千里內。殺人放火。肆意橫行。入州入縣。如入無人之境。則去年所置
宣毅兵鄉兵弓手等。盡皆何在。無一處州縣得力者。蓋由官吏不得
其人。賞罰無法。而所置宣毅鄉兵弓手。皆不堪使用。所以張皇擾擾。
空有為備之名。而無為備之用。今朝廷雖依富弼起請。令州郡置兵。
若不先擇官吏。嚴立法令。則依前置得不堪使用之兵。空有其名。終

不濟事。故臣謂必欲州郡置得精兵。則須採臣所陳三事。一一施行。
方可集事。其州縣官吏悮事已上。請試言京西一兩處。則其他可知。郢
州知州王昌運老病腰脚。行動不得。每日令二人扶出坐衙。三年之
內。州政大壞。臨替得一比部員外郎劉依交代。其劉依亦是七十餘
歲。昏昧不堪。昨在滑州寄居。臣為通判。三四度來看臣。每度問臣云。
中書有一王參政名甚。如此不知人事。陛下試思。如此等人。能為國
家置兵禦賊乎。今汝州知州鮑亞之。是三司以不才棄退者。鄧州知
州朱文郁是轉運使中不材選退者。二人老懦不才。如此等人。能為
國家置兵禦賊乎。陛下欲知全盛之世盜賊便敢如此者。蓋為處處
官吏非人。故臣前後累言乞按察冗濫之官者。蓋為恐有此事也。兩
府之議。不肯於無事之時先為禦備。直待打破一州。方議換知州。打
破一縣。方議換縣令。其餘未經打破州縣。一任老病貪繆之官壞之。

臣謂是大臣不欲以身當怨之過也。今天下生民獲安樂，則皆歸上，感陛下聖德；若其父子殺戮，離散不安，則亦必歸怨陛下。今大臣不肯澄汰，蓋避百十人官吏怨其身，寧使百萬蒼生塗炭而怨國家。今盜賊一年多如一年，一火強如一火，天下禍患豈可不憂。伏望聖明特出睿斷，如必行州郡置兵之法，則先須慎擇官吏，免致虛為擾擾及更害民。臣前後三次乞柬官吏，況國家自來每有災傷路分，累曾遣使安撫，豈於今日視民如此塗炭，頓以遣使為難。願陛下力主而行之，則天下幸甚。

脩論募人入賊以壞其黨劄子曰：臣竊聞京西賊盜日近轉多，在處縱橫，不知火數，所患者素無禦備，不易枝梧，然獨幸賊雖猖狂，未有謀畫，若使其得一曉事之人，教以計策，不掠婦女，不殺人民，開官庫之物以振貧窮，招愁怨之人而為黨與，況今大臣不肯行國法，州縣

不復畏朝廷，官吏尚皆公然迎奉，疲民易悅，豈有不從，若兇徒漸多而不暴虐，則難以常賊待之，可為國家憂矣。以此思之，賊衆雖多，尚可力破，使有一人謀主，卒未可圖。臣前因王倫賊時，曾有起請十餘事，內一件乞出牓招募諸處下第舉人及山林隱士負犯流落之人，有能以身入賊，筭殺首領，及設計誤賊，陷於可敗之地者，優與酬獎。所貴兇黨懷疑，未納無賴之人以為謀主。當時議者頗以為然，伏乞採臣此意，速降指揮與杜杞，令所在張牓，使賊聞知，所貴投賊之人懷疑不納。但無謀主，尚可剪除。又論宜專責杜杞捕賊劄子曰：臣伏見昨張海等賊勢初盛之時，京西未有得力官吏，遂自朝廷差臺官蔡稟催督捉殺，後來已別選杜杞充京西轉運使，委以一路之事。並近日差出兵馬甚多，各為頭項不少，部分進退須要統一，指縱號令不可二三。竊慮杜杞、蔡稟不相叶同，各出異見，凡指揮諸事，使諸將

難從，一失事機，反成敗蹤。自兵士差出，今已多時，然未聞奏報與賊鬬敵及殺獲次第。竊慮官兵互相迴避，空作往來，或恐進退之間號令不一，致茲逗遛，未見成功。今雖賊奏稍稀，然亦未見殺獲之數。困獸猶鬬，不可不虞，窮寇死命，竊恐未易敵。合早除剪，仍須督責。況蔡稟是應急差出，杜杞乃選材用之，責任之間，豈專在杞。兼聞蔡稟自到京西，處置多未合宜，近聞欲枷一巡檢，致得兵士喧譟，幾至生變。苟或如此，張皇竊恐別致生事。其蔡稟伏乞早賜指揮抽回，只委杜杞一面催捉，庶得專一，早能了當。

脩論捕賊賞罰劄子曰：臣伏見方今天下盜賊縱橫，王倫、張海等所過州縣，縣尉、巡檢有迎賊飲宴者，有獻其器甲者，有畏懦走避者，有被其驅役者。朝廷於此憂賊之時，正患乏人之際，或於巡檢縣尉之內得一捕賊可使之人，則必須特示旌酬，以行激勵，苟或未能者，猶須

懸賞以待之，何況有而失賞。伏見吏部選人區法，自出身以來，兩任縣尉，初任臨江軍新淦縣，三年之內，大小賊盜獲四十餘火，內雖小盜數多，其如強劫群賊亦不為少，據於賞格，合改京官，而有司守纖細之文，執尋常之例，謂其所獲雖為全火，而不同時，因不與理為勞績。臣料天下州縣盜賊之多，無如新淦，天下縣尉能捉賊之多，亦無如區法。又聞法次任吉水縣尉，使其縣民結為伍保，至今吉水一縣全無盜賊，民甚便之。法為縣尉，官至卑賤，所至之處，皆有可稱。臣思朝廷非不欲賞善罰惡，以行勸戒，而患於有司法弊，拘守常文，致抑才能，失於旌賞。其區法偶與臣相識，因得知之。然人所不知，抑而不申者，何可勝數。竊以盜賊是方今急患，縣尉方今切要之人，皆朝廷常合留意之事。臣輒有起請事件，具畫一于後。

一、選人區法捕賊之効甚多，但為有司拘守細碎之文，未理勞績。

其人已升得職官。伏乞追取本人歷子。別加考驗。如實有勞能。即乞不拘常格。特與酬奬。以勸後來。

一。臣謂天下群盜縱橫。皆由小盜合聚。今但患其大而不防其微。故必欲止盜。先從其小。能絶小盜者。巡檢縣尉也。然而賞罰之法。其弊極多。只如捕盜去惡。但要淨盡。豈必須是一日之內。同時捕獲。假如有全火强賊。縣尉巡檢以死命鬬敵。若於兩日內捉盡。已不理為勞績。其守文之弊如此極多。欲乞下銓司重定捕賊賞格施行。

一。臣伏見自天下有盜賊以來。議者多陳禦盜之策。皆欲使民結為伍保。則姦惡不容。今區法於吉水縣立伍保之法。三年之內。初賊不敢入其縣界。臣欲乞特降指揮下江南西路。體量吉水縣自區法創立伍保之法以來。如實全無劫賊。又民間以為便利。即乞頒行伍保之法於天下。

四年脩論湖南蠻賊可招不可殺疏曰。臣風聞楊畋近與蠻賊鬬敵。殺得七八十人首級。仍聞入彼巢穴。奪其糧儲。挫賊之鋒。增我士氣。畋之勇畧固亦可嘉。然朝廷謀慮事機。宜思久遠。竊恐上下之心。急於平賊。聞此小捷。便形虛喜。不能鎮靜。外示輕脫。其間二事。尤合深思。一曰不待成功。便行厚賞。二曰謂其可殺而不肯招。若或如此。則計之大失。而事之深害也。今湖南捕賊者。殺一人頭賞錢十千。官軍利賞。見平人盡殺。平人驚懼。盡起為盜。除鄧和尚李花腳等數十頭項外。其餘隨大小成火者不可勝數。今畋所擊只一洞。所聚已二千餘人。於二千人中殺七八十人。是二十分之一。其餘時暫鳥散。必須復集。臣見自古蠻蜑為害者。未聞盡殺。須是招降。昨緣邵飾等失信於黃捉鬼。遂恐更難招誘。今若因畋小勝。示以恩威。正是天與招服之機。不可失也。若令畋自作意度。招取大頭項。若因此小勝。傳布捷聲。其餘諸處結集者。分行招誘。藉此聲勢。必可盡降。旬日之間。湖南安矣。若失此時。漸向夏熱。以我所病之兵。當彼慣習水土之賊。小有敗衂。則彼勢復堅。不惟為害湖南。必慮自此貽朝廷憂患。今於未了之間。便行厚賞。則諸處巡檢捕賊官等。見畋獲賞。爭殺平人。而畋等自恃因戰得功。堅執不招之議。朝廷亦恃畋小勝。更無招輯之心。上下失謀。必成大患。其楊畋等。伏乞且降勑書奬諭。授與事宜。俟彼招安。便行厚賞。今湖南賊數雖多。然首惡與本賊絶少。其餘盡是枉遭殺戮。逼脅為盜之徒。在於人情。豈忍盡殺。惟能全活人命多者。則其功更

仍乞明說此意。諭與楊畋。其賞典乞少遲留。庶合事體。

脩又上疏曰。臣風聞湖南蠻賊近日漸盛。殺戮官吏。鋒不可當。新差楊畋。銳於討擊。與鄭輔之異議。不肯招降。又王絲去時。朝廷亦別無處分。慮絲到彼。與畋同謀。蓋蠻賊只可招攜。卒難剪撲。而畋等急於展効。恐失事機。今深入而攻。則山林險惡。巢穴深遠。議者皆知其不可。若以兵外守。待其出而擊之。則又未見其利也。蓋以蠻所依山。在衡州永州道州桂陽監之間。四面皆可出。若官兵守於東。則彼出於西。官兵守於南。則彼出於北。四面盡守。則用兵太多。分兵而邀之。則兵寡易敗。此進退未有可擊之便也。今盤氏正蠻已為鄧和尚黃捉鬼兄弟所誘。其餘山民莫傜之類。亦皆自起而為盜。竊聞常寧一縣。殆無平民。大小之盜。一二百火。推其致此之因。云莫傜之俗。衣服言語。一類正蠻。黃鄧初起之時。捕盜官吏急於討擊。逢蠻便殺。屢殺平人。遂致莫傜驚惶。至此。以此而言。則本無為盜之心。固有可招之理。然欲諸盜肯降。必須先得黃鄧。昨邵飾等初招黃捉鬼之時。失於恩信。致彼驚逃。尋捕獲之。斷其腳筋。因而致死。今鄧和尚等若指前

事為戒。計其必未輕降。如云且招。終恐難得。必須示以可信之事。推以感動之恩。若得黃鄧先降。其餘揹麾可定。今深入而攻。既不可待其出而擊之。又不可且殺且招。又不可以臣思之。莫若罷兵曲赦。示信推恩。庶幾招之。可使聽命。臣亦廣詢南方來者。云我若推信。彼不難招。鄧和尚等。大則希一班行。其次不過殿侍足矣。正蠻叛者。得一團主之名亦足矣。莫傜之類。使安耕織。而歲輸皮粟。得為平民。乃彼大幸。不徒足志而已。今若擊之不已。則其為害愈深。況漸近夏暑。雨方熯濕。士卒不習水土。須慮死傷。仍恐迫之大急。則潭郴全邵諸寨向化之蠻。皆誘脅而起。則湖南一路可為國家之憂。臣欲乞速令兩府大臣深究招殺之利害。共思長策。決定廟謀。若遷延後時。致彼猖獗。不幸官吏頻遭殺害。則朝廷之體難為屈法而招。彼以其罪既多。必恐不能自信。則兵久不解。害未有涯。伏望聖明斷之在早。

慶曆三年。右正言余靖論禦盜之策莫先安民。疏曰。臣竊見陝西京西京東淮南荊湖等路。各有群賊。大者數百人。小者三五十人。剽劫州縣。恣行殺伐。官吏罷軟。望風畏懼。如張海等輩。白肆猖狂。逐處州軍為備者。唯能乞師以自防援。此蓋軍政久弛。又少良吏。故小有寇盜。則上煩朝廷。伏見近日遴擇才臣。為諸路轉運使提點刑獄等。將令上下相維。謹於伺察。去貪殘之吏。撫疲瘵之民。此誠求治之本也。然臣愚慮思之。自數年以來。寇賊為害。幸而起於軍伍。烏合成群。百姓尚懷其生。不相應和。茲乃國家自祖宗以來。輕傜薄賦。以結人心至於此也。臣聞孟子曰。推恩足以保四海。不推恩無以保妻子。此古今之通論也。國家西陲用兵以來。經費漸廣。故言利之臣日進其術。不以安民為意者多矣。惟陛下察之。大抵民有蓄積。能自充足。則隣里親戚。共相守衛。不忍棄其安逸以就死。若朝廷略加存撫。則不失其所。凡今之所以害於農者。謗官狡吏。兼并之家。游手之人。乘國家賦斂猝暴而射其利。以耗其蓄聚也。今又加以賊盜驚擾。廢其耕桑。若皆失業困窮。而共為盜。則黃巾赤眉之患可憂矣。故朝廷尤宜急撫之也。夫州郡之兵。多則食不充。少則不足自衛。裁當今之所宜。唯無濟而後可。若使朝廷遴擇長吏。長吏擇捕盜之官。巡檢得自募勇力之士。嚴捕賊之令。重捕賊之賞。賊無不破矣。安民之術。則但不奪其時。不傷其財。能禁其為非而去其為惡者。則皆安堵矣。故盜賊之勢。不可使其滋蔓。唯先求安民之術而已矣。欲民之安者。在乎謹改作。勿爭其利而已矣。國家不謹改作而與民爭尋常之利者。臣別具條奏。

樞密副使富弼乞諸道置兵以備寇盜疏曰。臣竊聞知金州比部員外郎王茂先奏。九月十三日卯時。有群賊入州城。打開軍資庫甲仗

庫。般運出衣甲物帛。散與賊衆及貧民等。知州以下。只領當直兵士二十四人鬭敵不住。州官走出城外。任賊劫掠。直至未時以來。方始出城。臣謂賊勢轉盛。深可憂虞。臣前歲曾陳備賊之策。正為今日之事。今來累有群賊白日入城。開軍資等庫。劫取衣甲物帛。散與賊黨。州中兵士不滿三十人。州官散走。賊徒恣行劫殺。殊無畏憚。官司勢不能制禦。臣前歲所陳。只是過為隄防。萬一或有此事。不意今來便至如此。小寇聚集。尚陵侮朝廷。臣決知自後更有大盜殺官吏據州城。盡取官私財物。召募徒衆。必千萬人。且賊頭稱王稱朕。與朝廷相抗。大劫財物。散施無涯。則貧民樂隨矣。恣行劫殺。務要震恐。則小大脅從矣。朝廷賞必有限。罰必有條。不得如賊之使人樂隨而脅從也。若諸處觀望。奸雄相應而起。賊滿天下。則大事去矣。秦末隋末唐末。皆由此而亂。臣夙夜思念。實為寒心。臣伏以西賊未叛以前。諸處雖

有盜賊未嘗有敢殺戮官吏者自四五年來賊殺都巡檢縣尉官者約五六十員又西賊未叛以前諸處雖有盜賊未嘗敢入州城行刼自四五年來賊入州縣打刼者約三四十州尚來入城尚皆暮夜竊發潛形往來今則白日公行擅開府庫其勢日盛一日自此以往只有轉盛若不早爲隄備事未可知臣前歲所上備賊之策當時不曾施行近日因兩府奏事論及淮南賊盜陛下問臣前策臣次日再録一本進呈訖然臣策只是備兵聚東南九路及京東一路今據金州奏在城只有兵士二十四人顯是無備致盜生心今并京西一路亦於要害聚兵爲州郡聲援今諸處賊盜已盛方思設備已是後時若又遷延則無所及伏乞速賜施行

五年預知壽州兼京東路安撫使乞採訪京東狂謀之士疏曰臣近曾親書劄子聞奏見察訪民間恐有暗行結扇不徒驚刼別蓄奸謀

如劉鼇之類者併見的實別具申奏次臣後來察訪京東一路甚有兇險之徒始初讀書即欲應舉洎至長立所學不成雖然稍能文詞又多不近舉業仕進無路心常怏怏頗讀史傳粗知興亡以至討尋兵書習學武藝因茲長大胷膽遂生權謀每遇災祥便有竊議自以所圖甚大蔑視州縣既不應舉又不別營進身所臨之官無由肯見往往晦名詭姓潛迹遁形唯是兇徒密相結扇或遇饑歲必有竊發臣恐此輩一作卒難翦除縱無成謀亦能始禍似此輩類的實甚多散在民間但未發耳又緣不希仕進難以牢籠不可捕而加刑加刑則黨類驚而速爲也不可縱而稔惡稔惡則根株成而難去也要在得而縻之使兇謀不能成此策上也欲乞批下於此一路中擇三兩處臣寮可委者密令多方採訪如知姓名居處作草澤遺逸以禮呼召薦于朝廷隨其所能量加恩命則奸謀不能成矣或得稍優者量加異待則徒黨聞之未必不冀望而出因而收拾或可畧盡若以此輩不作其它盜賊雖遇飢年蜂起不足爲慮也伏望陛下深切留意於此不可忽也

八年預乞選任轉運守令以除盜賊疏曰臣伏見西鄙用兵以來擾動天下物力窮困人心愁嗟朝廷不能撫存遂使聚而爲盜今張海郭邈山等數火驚擾州縣殺傷吏民恣凶殘之威洩憤怒之氣巡檢縣尉不敢向前遂從京師遣兵仍令中使監督尚猶遷延日月倔強山林以至白晝公行平入州縣開發府庫劫取貨財散募凶徒嘯聚漸衆陝西南京唐汝均房金商襄鄧相去凡千餘里殺人放火所在瘡痍賊一經過六親不能相保人民恐懼道路艱難每郡無兵各不自保若大段結集攻陷諸州緩急亦未有所以備之之策賊既轉成不可不防秦末隋末唐末諸寇或起於畎畝或起於商客或起於士

卒或起於負檐其初起莫不甚微尚不得如張海郭邈山輩如此其盛然以小合大漸成巨盜縱橫難制遂亂天下今茲賊黨未見翦除所宜多設隄防以備滋蔓臣前日曾具劄子奏乞於京西路擇要害數州屯聚兵馬以爲諸處聲援此最急務宜速施行臣又思京西諸州長吏皆非其人如襄鄧唐汝均房金商安郢等十餘州盡是賊盜見今往來之處長吏尤須得人伏乞先選轉運兩人徑令往彼體量保舉權充知州如不足則朝廷下審官院選差人填補知州得人則就令選郡內知縣縣令昔前漢宣帝時渤海郡盜起帝選能治之人丞相舉龔遂遂至郡盜賊悉平後漢安帝時朝歌縣盜賊屯聚連年未獲乃以虞詡爲朝歌長賊遂駭散此是兩漢時一郡一縣有賊只得龔遂虞詡兩人爲守宰自然破滅之驗也今且以上項襄鄧等十

餘州論之其知州知縣縣令皆庸謬懦怯尋常之人盜賊所到如入
無人之境巡檢縣尉又一一不堪驅使賊不猖狂自恣復何為哉臣
竊謂非盜賊果能強盛自是朝廷只守弊法不肯更張唯恐不才不
賢者怨恨不早罷去故以州縣委賊任賊殘害臣謂盜賊之起已是
遲矣若以朝廷自來屢置次第早合賊滿天下但為宗社有靈陛下
仁德所感故未至如此然今盜賊已起乃是徧滿天下之漸若朝廷
依舊避人怨恨不早更張臣恐賊盜愈多竊據州縣或稱將軍或稱
太尉或稱王或稱帝兵戈四起所在僭偽事到如此生靈如何社稷
如何朝廷守此一城還得安穩否況今來不同漢唐都關中洛陽各
有險固可恃緩急有變用兵守險亦未能便至危窘尚自明皇德宗
俱曾播越唐室危若贅旒者數矣今來都城並無險固所謂八面受
敵乃自古一戰場國若四方各有大盜朝廷力不能制漸逼都城不

知何以為計臣每念及此不寒而戰臣又伏思古者亂離無世不有
然而傾亡至速者亦各不下三五十年唯唐室之後凡更五代十二
帝共只得五十四年國祚短促自古未之有也其故何哉蓋是都城
在四戰之地並無險固四方有變直到城下略無障礙之所致也唯
是王者能鎮撫天下常使安寧災害不生賊盜不作則是都城也且
保無虞故大宋之興實賴太祖英武之才平定禍亂盡削方鎮兵權
只用文吏守土及將天下營兵縱橫交互移換屯駐不使常在一處
所以壞其凶謀也又賴太宗相繼剗復諸國一統天下更賴真宗為
民屈己與北虜西戎議通和好故能八十餘年都城無事海內富庶
不用干戈雖是人謀亦有天幸今則西戎已叛屢喪邊兵北虜愈強
且增歲幣國用殫竭民力空虛徭役日繁率斂日重官吏猥濫不思
澄汰民疾苦未嘗省察百姓無告朝廷不與為主不使叛而為寇

復何為哉朝政不舉都城無依五代事迹已復萌露艱虞之還近在
今日須是君臣上下同心協力廢寢忘食夙夜整救則數年之內或
致小康若猶因循苟且尚務偷安不練人謀只求天幸臣恐五代之
禍不旋踵而至矣臣因論京西盜賊遂至理亂憂懼所迫不覺切至
陛下便賜萬死亦所甘心臣所乞選京西轉運使知州知縣不可稽
緩蓋擾攘之際全藉有才謀轉運使往來按察經營又藉逐處知州
知縣守護城池安集百姓及設方略驅除寇盜其餘有朝廷意所不
到旨揮不及者其良守宰必自能就便處置不至失所州縣既各得
一人又得要郡所屯之兵犄角救應則盜賊不難擒捕矣至於巡檢
縣尉亦可並委轉運知州揀選不煩朝廷費力此策最為簡要無可
疑難京西既行次及諸路變故或起倉卒設備皆不可遲朝廷但能
不務因循不避怨謗天下之事未有不可為者所有諸路揀退不才

及贓濫老病轉運知州知縣縣令等仰只在元守官處聽候朝旨朝
廷只就外旨揮更不令赴闕仍乞檢會臣前奏相度施行
慶曆五年翰林學士張方平上言曰西疆征戍未解天下州郡兵累
次料揀赴京江淮已南空虛尤甚無復武備日來逐處盜賊連結勦
劫城鎮聲勢甚張至今不能誅擒自古盜賊之擾攘未嘗四夷之患
漢唐之事為鑒不遠國家創五代之亂削方鎮之權誠為强幹弱枝
之術然亦弊也無臂指相為用之勢通都大邑吏守空城而已慢藏
之誨不可不慮今諸道提舉兵甲司尚來須為虛名但朝廷稍付事
權則猶有古者方面之制應提舉兵甲州軍乞慎選良吏而為除本
路鈐轄一員各令本路募兵量其山川險易封畧遠近而約置兵之
數常令教閱務為精練朝廷更不行抽揀本道亦不得閑雜差使遠
出其一路巡檢使臣縣尉諸捕盜官吏使得察廉其能否勇怯而升

黜之所部郡縣强惡之民累犯罪禁着械送本司酌情法移配有寇
盜結集之處量其勢力督遣巡檢等領兵甲捕逐若賊羣黨稍衆則
本路鈐轄親督吏兵會合掩殺漢制刺史太守率以盜賊分數為最
負其賞罰條目乞自朝廷比議指揮所冀郡縣武備氣勢相應萑蒲
不逞望風知懼肅清盜賊消弭厲階
方平又上奏曰臣前在諫院累嘗論郡縣武備所陳意見朝廷未加
精察比來軍興多事賦役煩數頻亦天幸而屢有年姦游之民猶聚
為盜至擁旗鼓入城邑殺吏堂堂無所憚不幸歲荐饑民艱食勢必
羣聚蜂起為盜或數輩匿村閭至聚吏兵千計縣鄉為之殘敝而不
能時擒即氣燄稍盛兵連禍結豈在戎狄也漢唐之大業未嘗無四
夷之患至或長驅而犯宮闕然無害於根本之固及黃巾巢賊竟以
大壞天下國家創艾五代之亂藩鎮不得擅兵常畨禁旅外屯州郡

乃自近歲悉還戍邊其州郡兵之壯者亦率點選配諸禁衛所餘乃
罷弱羸卒僕雜役使官吏導從而已豈知執兵之事令愚細之民知
窺此隙故昨王倫等賊起沂州並淮渡江歷數千里若蹈無人地乃始
下京師之甲而趨躡之使民間而有姦桀豈不生易朝廷之心歟伏
以先朝置諸道提舉兵甲司所以專督盜賊抑有經遠之旨粗存方
面之制比來忽畧領為虛名今能稍付事權自可外張形勢計諸藩
郡有兼提舉兵甲處共為要地皆用重臣鎮守自餘地望稍輕亦領
此名者不過七八誠選用有風望方畧之士以任長吏各於本路除
鈐轄或都監一員量其路分輕重提封近遠約置兵之數令於本郡
及所部州軍見兵中選取壯强集成指揮因昨所置武衛為名而廩
給之若見管兵籍取不足則令招募及數明降朝旨吏不揀選調發
上邊亦不得輙差遠出內有逃亡隨即完補所有器甲必令精良每

道選差班行使臣一兩人或令長吏薦舉比監押巡檢資敘專管教
閱若所部郡縣有寇盜結集之處即量事勢發卒赴應使之統領追
捕其所捕州軍都監監押巡檢縣尉諸督盜官吏令得察廉其能否
勇怯以聞而升黜之若所部郡縣强惡奸蠹之民得以檢察追逮按
情科罪移配遠方若賊羣黨稍衆鈐轄都監親督吏卒會合掩殺自
餘賞罰科條更自朝廷比議指揮如此則不惟壯郡縣武備抑稍復
方鎮事體庶以式遏寇虐消除暴害
仁宗時侍讀學士宋祁奏曰臣伏見近年諸處盜賊結連黨與州縣
不能擒制雖有巡檢縣尉皆畏懦未肯公心以時捕捉臣愚以為縣
尉巡檢既非其人而國家立法又不嚴切是使上下因循更相推避
盜賊知其如此故多行賕賂却與兵士弓手陰相關知打劫之時先
為耳目只如臣在壽州日京東透過賊十四人入四界其時五員巡檢

四員縣尉合兵士八九百人終無一人用心向前捉賊賊入州界九
日凡八處打劫臣曾具此奏聞乞行嚴斷臣後來探知只是等第降
卻差遣若國家只如此行法如何使官吏用命盜賊畏威譬如鳴佩
以救焚卜日而拯溺沈淪焦爛終無全理臣愚以為今後應有賊發
去處如係羣黨十人以上或雖不及十人但有器械甲胄不畏州縣
明行劫掠者本處巡檢縣尉並令兵士弓手明立部伍結陣鬬敵多
設方畧粘趂前後勿令走透或力有未勝仍逐村裒集耆壯分頭設
伏圍掩如更敢公然畏避放縱賊徒不能擒制並乞所屬州軍擒送
司理院枷禁勘奏取朝廷指揮並行停替於遠地編管仍委長吏逐
急別選在州有心力曹官職官縣令主簿監當使臣交割兵甲一面
追捕盜賊所差權官賞罰進退一一如正官取進止
范仲淹奏乞召募兵士捉殺張海等賊疏曰臣竊見鄧州奏賊人張

海等一行已及六十餘人各騎鞍馬有弓弩器械驚劫縣鎮恣取金
帛殺傷士女不懼朝廷凶虐如此百姓被害不堪其憂臣恐逐處窮
民見其豪盛各生徤羨聚成徒黨脅取州縣事勢漸次張大不早殄
滅必生他患漢唐之末皆因羣盜而天下大亂朝廷豈得安然伏乞
聖慈來日便差中使計會殿前馬步軍司於七百料錢已下軍分內
募情願捉殺強賊人員兵士三百五人須是勇壯契得辛苦或曾經
使喚之人限一兩日內引見面賜盤纏錢并冬寒綿衣及大與逐月
添支選差有心膂使臣部押與謝雲行同去分布掩煞不以遠近粘
蹤直候捉煞靜盡即等第優與酬獎

知諫院包拯上疏曰臣竊見廣南東路鈐轄司奏據連州申勘到行
者孫之道稱蠻賊三千餘人商量入連州打劫勘會彼中兵甲數少
已差奉職周僧辦帶兵甲一百人前去防托者緣廣南英韶連賀四

州並與湖南郴衡道永等州相接自蠻賊騷動以來彼處稍有備擬
鹵畧無得賊計必謂嶺南無備有侵軼之意兼聞八月九日蠻賊五
百餘人打劫劫連州桂陽縣兩村人戶財物牛馬不少今來賊勢轉
盛所差兵級數少必難枝梧況廣南州郡並無城壁及攻守之具加
之兵力綿薄無堪用者若不速議措置使此賊得便乘虛深入曷以
禦之欲望聖慈特降指揮下本路轉運鈐轄司令於逐州界首可控
扼之處相度添置寨柵屯兵防托以警備之不然恐為患轉大貽朝
廷之深慮也

拯請速除京東盜賊疏曰臣竊見江淮兩浙京東河北累年以來旱
澇相繼物價踊貴民食艱阻兩浙一路災疫尤甚雖朝廷寬免租賦
優加賑卹而迄今未得蘇息近聞京東濟鄆河北德博淮南宿亳等
州盜賊充斥所在竊發州縣不時擒捕頗甚兇猛蓋長吏與巡檢縣
尉罕得其人上下蒙蔽不以實聞必恐滋成大患為朝廷深憂不可
不速行處置也頃歲浙東鄂鄰淮南王倫京西張海等皆起自倉卒
結為巨盜劫害居民郡邑悉不能制禦幸而殲滅無謂郛小蜂蠆有
毒且四方藩郡兵伍絕少多者不逾數百輩皆厮役羸卒又驕惰難
用寬之則逾慢急之則生徇心不更訓練目不識行陣驅之禦寇必
先事而敗雖烏合嘯聚莫能久長而生靈塗炭矣則國家將何道而
猝安之況今國用窘急民心危懼凡盜賊若不即時誅滅萬一無賴
之輩相應而起胡可止焉伏望陛下督責有司精擇逐路按察之官
及諸州長吏有不任職者即令黜罷其巡檢縣尉等並委安撫轉運
提點刑獄司專切舉察如庸懦不才者速具體量衡替應有盜賊不
以多少遠近並須捕捉淨盡免成後害或少涉弛慢並乞重行朝典

知杭州司馬光論兩浙不宜添置弓手狀曰臣竊觀兩浙一路與他

路不同臣謹條列添置弓手不便事件如左伏惟聖恩省察少加詳
擇焉當今西戎梗邊三方皆聳人心易動當務安之一旦異常詔書
大加調發揀甲執兵學習戰陳置指揮使節級等名目頗似軍法以
為欲勑河北陝西沿邊鄉兵謂國家以權計黠之假名捕盜漸欲收
為卒伍戍守邊防吳人輕怯易惑難曉道聽塗說眾情鼎沸至欲毀
體捐生竄匿山澤臣雖明加告諭嚴行上約愚民無知不可戶說誠
恐差點之後搖動生憂其不可一也吳越素不習兵以故常少盜賊不
過聚結朋黨私販茶鹽時遇官司往往鬭敵在於兩浙最為劇賊然
皆權時利合事訖則散不能久相屯結又無銛利兵器止偷商稅不
敢剽掠平人近年以來雖亦頗有強盜然比諸內地要自稀疎今避
差點者若竄匿無歸必例為寇加以弓矢刀銛之類許其私置自今
以後賊盜必多及私販茶鹽之徒皆有利兵抵拒吏士益難擒討積

微至著漸不可長其不可二也姦吏貪饕惟利是務不畏法令不顧公議幸得因緣惟喜多事今計杭州管界當差若干人他州比率大凡有幾縣百里長於兹相慶民既憂愁而又脅之煩苦不安而又擾之所規自潤豈顧其外雖朝廷重為懲禁特倍常科長吏勞心不能悉察厚利所誘死亦冒之加以版籍差誤戶口異同毫釐不當互相告訐追呼無時獄訟不歇則民未暇為公上給役而先困於貪吏之誅求矣此之擾攘勢不能免其不可三也民皆生長畎畝天性戇愚所知不過播種之法所識不過耒耜之器加之吳人懦弱天下所知一旦使棄其所工學所不能徒煩教調終無所成就其有成不堪施用則是虛有煩費而與不添置無異其不可四也吳子壽夢以前世服於楚自申公巫臣得罪于楚逃奔于晉為晉聘吳教之乘車教之戰陳其後楚人戎車歲駕早朝晏罷奔命不息以至吳亡自是以來號稱輕狡遠則劉濞近至錢鏐其間承風倔強無數豈唯其人之跋扈亦由習俗之樂亂也幸賴祖宗之馴致陛下之敦化至德之醲淪於骨髓暴亂之風移變無迹此皆上天降祐前世所不能庶幾者也今忽無故黷玩戎械狎侮兇事示以逆德弄之凶器生奸回之心啓禍患之兆臣恐以久非國家之至便所以萬全而無害其不可五也方今兩浙雖水旱稍愆未至流殍閭閻無事盜賊不添縱使有之舊來吏士隨發擒討甚有餘力不假更求正恐平居興役有害無益而已臣職忝容近官備藩方不敢默然理須上列伏望陛下特令兩浙一路更不添置或以事須過防舊人太少則乞只依近降勑命量加添補更不立指揮使等名目閱習諸事一如舊規貴得衆情大安別無生事

歷代名臣奏議卷之三百十七

歷代名臣奏議卷之三百十八

弭盜

宋英宗治平元年知諫院司馬光論除盜劄子曰臣竊聞降勑下京東京西災傷州軍如人戶委是家貧偷盜斛斗因而盜財者與減等斷放未知虛的若果如此深為不便臣聞周禮荒政十有二散利薄征緩刑弛力舍禁去幾率皆推寬大之恩以利於民獨於盜賊愈更嚴急所以然者蓋以饑饉之歲盜賊必多殘害良民不可不除也頃年嘗見州縣官吏有不知治體務為小仁者或遇凶年有劫盜斛斗者小加寬縱則盜賊公行更相劫奪鄉村大擾不免廣有收捕重加刑辟或死或流然後稍定今若朝廷明降勑文預言偷盜斛斗因而盜財者與減等斷放是勸民為盜也百姓乏食官中當輕徭薄賦開倉賑貸以救其死不當使之自相劫奪也今歲府界京東京西水災極多嚴刑峻法以除賊盜猶恐春冬之交饑民嘯聚不可禁禦又況降勑以勸之臣恐國家始於寬仁而終於酷暴意在活人而殺人更多也凡號令之出不可不慎毫釐之失為害實多若纔知其失隨即更張猶勝於有害及民遂而不復者也伏望陛下速令收還此勑嚴責京東京西轉運司及州縣應災傷之處多方擘畫斛斗救濟饑民若有一人敢劫奪人斛斗者立加擒捕依法施行如此則衆知所畏不敢輕犯所以保全愚民減省刑獄之道也

二年侍御史趙瞻論京東盜賊疏曰臣伏見羣盜殺害輔郡之官吏蠶因叛起京畿之獄此皆前古禍亂之萌朝廷腹心之處為最急務而政府唯不過發關移為督責之狀州郡亦不過備游徼為期會之迹而已文書一報恬為是事但用習常苟求按問未有為國家窮渊數積奸之源塞萬一不測之計也謹按兩漢故事膠東盜賊起宣帝

即用張敞為膠東相渤海左右郡盜賊起丞相御史即舉龔遂為太守潁川盜賊起光武即以寇恂為太守南山羣盜起大將軍王鳳即薦王尊行京兆尹事據兩漢時盜賊奏至天子與大將軍丞相御史擢舉守臣復尚蠲去繁文假以一切而後激勸吏民鎮安風俗莫不即著成効也平時國家列官授任即一路有安撫總管鈐轄兵馬一郡有知州丞尉提舉巡檢一縣有令尉此皆盜賊之司也今一旦不逞之人數十相聚遂至賊殺官吏顧諸備位雖有受斯責者環視俟變無一援救其間甚者則必有罪其死戰之忠以為貪功辱命然則是無有公家竭力之人矣且昔用一郡守則盜賊屏息今聯縣數十員而尤不能禁者何哉蓋昔之責以實效而今之官司取空文也今盜一發符牒四走則曰吾有文書下一路矣帥府則曰吾有文書下郡矣按與則吾無責也郡則曰吾有文書下巡邏令尉矣關白即吾

無責也令尉則曰吾有文書下坊里保伍矣期會則吾無責也此其由來得非自朝廷之守空文邪使因循巽愞之吏傳執曹按而與趣公疾惡之人挈度計校是終無以成實效也今知曹州王知賢不能禁盜賊致成徒黨知濮州咸舜元年力衰老素無才術唯此二州為賊所聚臣今欲乞先於曹濮專責知州通判且令條陳方略更明賞罰許其規畫悉就討捕督以近限約以重効如其逗遛無所建明即下有司責以無狀別委輔臣舉用才吏京東應諸旁郡悉可依此更張且須成績乃議酬擢廢置之宜俾先圖上朝廷更為裁擇官吏自無苟簡之以肅清內郡震怗外夷臣愚不勝懇激之至

神宗熙寧七年太常博士直史館權知密州軍州事蘇軾論河北京東盜賊奏曰臣伏見河北京東比年以來蝗旱相仍盜賊漸多今又不雨自秋徂冬方數千里麥不入土竊料明年春夏之際寇擾為患

甚於今日是以輒陳狂瞽庶補萬一謹按山東自上世以來為腹心根本之地其與中原離合常係社稷安危昔秦并天下首取三晉則其餘強敵相繼滅亡漢高祖殺陳餘走田橫則項氏不支光武亦自漁陽上谷發突騎席卷以并天下魏武帝破殺袁氏父子收冀州然後四方莫敢敵宋武帝以英雄絕人之資用武歷年而不能并中原者以不得河北也隋文帝以庸夫穿窬之智竊位數年而一海內者以得河北也故杜牧之論以為山東之地王者得之以為王霸者得之以為霸猾賊得之以亂天下自唐天寶以後姦臣僭峙於山東更十一世竭天下之力終不能取以至於亡近世賀德倫挈魏博降後唐而梁亡周高祖自鄴都入京師而漢亡由此觀之天下存亡之權在河北無疑也陛下即位以來北方之民流移相屬天災譴告亦甚於四方五六年間未有以塞大異者至於京東雖號無事亦當常使

其民安逸富強緩急足以灌輸河北餅竭則罍恥脣亡則齒寒而近年以來公私匱乏民不堪命今流離饑饉議者不過欲散賣常平之粟勸誘蓄積之家盜賊縱橫議者不過欲增開告賞之門申嚴緝捕之法皆未見其益也常平之粟累經振發所存無幾矣而飢寒之民所在皆是人得升合官費丘山蓄積之家例皆困乏貧者未蒙其利富者先被其災昔季康子患盜問於孔子孔子對曰苟子之不欲雖賞之不竊乃知上不盡利則民有以為生苟有以為生亦何苦而為盜其間凶殘之黨樂禍不悛則須敕法以峻刑誅一以警百今中民以下舉皆闕食冒法而為盜則死畏法而不盜則飢飢寒之與棄市均是死亡而賒死之與忍飢禍有遲速相率為盜正理之常雖日殺百人勢必不止苟非陛下至明至聖至仁至慈較得喪之孰多權禍福之孰重特於財利少有所捐衣食之門一開骨髓之恩皆徧然後

信賞必罰以威克恩不以僥倖廢刑不以災傷撓法如此而人心不
革盜賊不衰者未之有也
元豐元年十月軾為尚書祠部員外郎直史館權知徐州軍州事上
書曰臣以庸材備員冊府出守兩郡皆東方要地私竊以為守法令
治文書赴期會不足以報塞萬一輒伏思念東方之要務陛下之所
宜知者得其一二草具以聞而陛下擇焉臣前任密州建言自古河
北與中原離合常係社稷存亡而京東之地所以灌輸河北缾竭則
罍恥脣亡則齒寒而其民喜為盜賊為患最甚因為陛下畫所以待
盜賊之策及移守徐州覽觀山川之形勢察其風俗之所上而考之
於載籍然後又知徐州為南北之襟要而京東諸郡安危所寄也昔
項羽入關既燒咸陽而東歸則都彭城夫以羽之雄略捨咸陽而取
彭城則彭城之險固形便足以得志於諸侯者可知矣臣觀其地三

面被山獨其西平川數百里西走梁宋使楚人開關而延敵材官騶
發突騎雲縱真若屋上建瓴水也地宜菽麥一熟而飽數歲其城三
面阻水樓堞之下以汴泗為池獨其南可通車馬而戲馬臺在焉其
高十仞廣袤百步若用武之世屯千人其上聚櫑木砲石凡戰守之
具以與城相表裏而積三年糧於城中雖用十萬人不易取也其民
皆長大膽力絕人喜為剽掠小不逞意則有飛揚跋扈之心非止為
盜而已漢高祖沛人也項羽宿遷人也劉裕彭城人也朱全忠碭山
人也皆在今徐州數百里間耳其人以此自負凶桀之氣積以成俗
魏太武以三十萬人攻彭城不能下而王智興以卒伍庸材恣睢於
徐朝廷亦不能討豈非以其地形便利人卒勇悍故耶州之東北七
十餘里即利國監自古為鐵官商賈所聚其民富樂凡三十六冶冶
戶皆大家藏鏹巨萬常為盜賊所窺而兵衛寡弱有同兒戲臣中夜

以思即為寒心使劇賊致死者十餘人白晝入市則守者皆棄而走
耳地既產精鐵而民皆善鍛散冶戶之財以嘯召無賴則烏合之眾
數千人之仗可以一夕具也順流南下辰發巳至而徐有不守之憂
矣使不幸而賊有過人之才如呂布劉備之徒得徐而逞其志則京
東之安危未可知也近者河北轉運司奏乞禁止利國監鐵不許入
河北朝廷從之昔楚人亡弓不能忘楚孔子猶小之況天下一家東
北二冶皆為國興利而奪彼與此不已隘乎自鐵不北行冶戶皆有
失業之憂詣臣而訴者數矣臣欲因此以征冶戶為利國監之捍屏
今三十六冶冶各百餘人採礦伐炭多飢寒亡命強力鷙忍之民也
臣欲使冶戶每冶各擇有材力而忠謹者保任十人籍其名於官授
以部刃刀槊教之擊刺每月兩衙集於知監之庭而閱試之藏其刃
於官以待大盜不得役使犯者以違制論冶戶為盜所擬久矣民皆

知之使冶出十人以自衛民所樂也而官又為除近日之禁使鐵得
北行則冶戶皆悅而聽命姦猾破膽而不敢謀矣徐城雖險固而樓
櫓敝惡又城大而兵少緩急不可守今戰兵千人耳臣欲乞移南京
新招騎射兩指揮於徐此故徐人也嘗屯於徐營壘材石既具矣而
遷於南京異時轉運使分東西路畏餽餉之勞而移之西耳今兩路
為一其去來無所損益而足以為徐之重城下數里頗產精石無窮
而奉化廂軍見闕數百人臣願募石工以足之聽不差出使此數百
人者常採石以甃城數年之後舉為金湯之固要使利國監不可窺
則徐無事徐無事則京東無虞矣沂州山谷重阻為逋逃淵藪盜賊
每入徐州界中陛下若採臣言不以臣為不肖願復三年守徐且得
兼領沂州兵甲巡檢公事必有以自效京東惡盜多出逃軍逃軍為
盜民則望風畏之何也技精而法重也技精則難敵法重則致死其

勢然也自陛下置將官修軍政士皆精銳而不免於逃者臣嘗考其所由蓋自近歲以來部送罪人配軍者皆不使役人而使禁軍軍士當部送者當牒即行往反常不下十日道路之費非取息錢不能辦百姓畏法不敢貸貸亦不可復得惟所部將校乃敢出息錢與之歸而刻其糧賜以上下相持軍政不修博奕飲酒無所不至窮苦無聊則逃去為盜臣自至徐即取不係省錢百餘千別儲之當部送者量遠近裁取以三月刻納不取其息將吏有貸息錢者痛以法治之然後嚴軍政禁酒博比朞年士皆飽暖以熟技藝等第為諸郡之冠陛下遣敕使按閱所具見也臣願下其法諸郡推此行之則軍政修而逃者衰亦去盜之一端也臣聞之漢相王嘉曰孝文帝時二千石長吏安官樂職上下相望莫有苟且之意其後稍稍變易公卿以下轉相促急司隸部刺史發揚陰私吏或居官數月而退二千石益輕賤

吏民慢易之知其易危小失意則有離畔之心前山陽亡徒蘇令從橫吏士臨難莫肯伏節死義者以守相威權素奪故也國家有急取辦於二千石二千石尊重難危乃能使下以王嘉之言而考之於今郡守之威權可謂素奪矣上有監司伺其過失下有吏民持其長短未及按問而差替之命已下矣欲督捕盜賊法外求一錢以使人且不可得盜賊出入情重而法輕者守臣輒配流之則使所在法司覆按其狀劾以失入惴惴如此何以得吏士死力而破姦人之黨乎由此觀之盜賊所以滋多者以陛下守臣權太輕故也臣願陛下稍重其權責以大綱闊畧其小過凡京東多盜之郡自青鄆以降如徐沂齊曹之類皆慎擇守臣聽法外處置強盜頗賜緡錢使得以布設耳目畜養爪牙然緡錢多賜則難常少又不足於用臣以為每郡可歲別給一二百千使以醸酒凡使人葺捕盜賊得以酒予之敢以為他用者坐

贓論賞格之外歲得酒數百亦足以使人矣此又治盜之一術也然此皆其小者其大者非臣之所當言欲默而不發則又私自念遭值陛下英聖特達如此若有所不盡非忠臣之義故昧死復言之昔者以詩賦取士今陛下以經術用人名雖不同然皆以文詞進耳考其所得多吳楚閩蜀之人至於京東西河北河東陝西五路蓋自古豪傑之場其人沈鷙勇悍可任以事然欲使治聲律讀經義以與吳楚閩蜀之士爭得失於毫釐之間則彼有不仕而已故其得人常少夫惟忠孝禮義之士雖不得志不失為君子若德不足而才有餘者困於無門則無所不至矣故臣願陛下特為五路之士別開仕進之門漢法郡縣秀民推擇為吏考行察廉以次遷補或至二千石入為公卿古者不專以文詞取人故得士為多黃霸起於卒史薛宣奮於書佐朱邑選於嗇夫丙吉出於獄史其餘名臣循吏由此而進者不可勝

數唐自中葉以後方鎮皆選列校以掌牙兵是時四方豪傑不能以科舉自達者皆爭為之往往積功以取旄鉞雖老姦巨盜或出其中而名卿賢將如高仙芝封常清李光弼來瑱李抱玉段秀實之流所得亦已多矣王者之用人如江河江河所趨百川赴焉蛟龍生之及其去而之他則魚鼈無所還其體而鯢鰍為之制今世胥史牙校皆奴僕庸人者無他以陛下不用也今欲用胥史牙校而胥史行文書治刑獄錢穀其勢不可廢鞭撻鞭撻一行則豪傑不出於其間故凡士之刑者不可用用者不可刑故臣願陛下採唐之舊五路監司郡守共選士人以補牙職皆取人材心力有是過人而不能從事於科舉者祿之以今之庸錢而課之鎮稅場務督捕盜賊之類自公罪杖以下聽贖依將校法使長吏得薦其才者第其功閥書其歲月使得出仕比任子而不以流外限其所至朝廷察其尤異者擢用數人則

豪傑英偉之士。漸出於此塗。而姦猾之黨可得而籠取也。其條目委曲臣未敢盡言。惟陛下留神省察。昔晉武平吳之後。詔天下罷軍役。州郡悉去武備。惟山濤論其不可。帝見之曰。天下名言也。而不能用。及永寧之後。盜賊蠭起。郡國皆以無備不能制。其言乃驗。今臣於無事之時。屢以盜賊為言。其私憂過計。亦已甚矣。陛下縱能容之。必為議者所笑。使天下無事而臣獲笑。可也。不然。事至而圖之。則已晚矣。干犯天威。罪在不赦。

軾代李琮論京東盜賊狀曰。臣伏見自來河北京東常苦盜賊。而京東尤甚。不獨穿窬胠篋。椎埋發塚之姦。至有飛揚跋扈。割據僭擬之志。近者李逢徒黨青徐妖賊。皆在京東。凶愚之民。殆已成俗。自昔大盜之發。必有釁端。今朝廷清明。四方無虞。而此等常有不軌之意者。殆土地風氣習俗使然。不可不察也。漢高祖沛人。項羽宿遷人。劉裕

彭城人。黃巢宛朐人。朱全忠碭山人。其餘歷代豪傑出於京東者不可勝數。故凶愚之人。常以此藉口。而其材力心膽。實亦過人。加以近年更改貢舉條制。掃除腐爛。專取學術。其秀民善士既以改業。而其朴魯強悍難化之流。抱其無用之書。各懷不逞之意。朝廷雖敕有司別立字號。以收三路舉人。而此等自以世傳朴學。無由復踐場屋。老死田里。不入轂中。私出怨言。幸災伺隙。臣愚慮及此。即為寒心。揚雄有言。御得其道。則天下狙詐咸作使。御失其道。則天下狙詐咸作敵。而班固亦論劇孟郭解之流。皆有絕異之姿。而惜其不入於道德。苟放縱於末流。是知人之善惡。本無常性。若御得其道。則向之姦猾。盡是忠良。故許子將謂曹操曰。子治朝之能臣。亂世之姦雄。使韓彭不遇漢高。亦與盜賊何異。臣竊嘗為朝廷計。以謂窮其黨而去之。不如因其材而用之。何者。其黨不可勝去。而其材自有可用。昔漢武嘗遣

繡衣直指督捕盜賊。所至以軍興從事。斬二千石以下。可謂急矣。而盜賊不為少衰者。其黨固不可盡也。若朝廷因其材而用之。則盜賊自消。而豪傑之士可得而使。請以唐事明之。自天寶以後。河北諸鎮相繼僭亂。雖憲宗英武。亦不能平。觀其主帥。皆卒伍庸才。而能於六七十年間與朝廷相抗者。徒以好亂樂禍之人。背公死黨之士。相與出力而輔之也。至穆宗之初。劉總入朝。而河北始平。總知河北之亂權在此輩。於是盡籍軍中宿將名豪如朱克融之流。薦之於朝。冀厚與爵位。使北方之人羨慕向進。革其亂心。而宰相崔植杜元穎。皆庸人。無遠慮。以為河北既平。天下無事。克融輩久留京師。終不錄用。飢寒無告。怨忿思亂。會張弘靖赴鎮。遂遣還幽州。而克融等作亂。復失河朔。今陛下鑒唐室既往之咎。當收京東河北豪傑之心。臣伏見近日沂州百姓程棐告獲妖賊郭進等。竊聞棐之弟岳。乃是李逢之黨。

配在桂州。豪俠武健。又過於棐。京東州郡如棐岳者。不可勝數。此等弃而不用。即作賊。收而用之。即捉賊。其理甚明。臣願陛下精選青鄆兩帥。京東東西職司。及徐兗單濰密淄齊曹濮知州。諭以此意。使陰求部內豪猾之士。或有武力。或多權謀。或通知術數。而曉兵。或家富於財而好施。如此之類。皆名而勸獎。使以告捕自效。籍其姓名。以聞於朝。所獲盜賊。量輕重酬賞。若獲真盜大姦。隨即錄用。若只是尋常劫賊。即累其人數。酬以一官。使此輩歆艷其利。以為進身之資。但能拔擢數人。則一路自然競勸。貢舉之外。別設此科。則向之遺材。皆為我用。縱有姦雄嘯聚。亦自無徒。但每州搜羅得一二十人。即耳目徧地。盜賊無容足之處矣。歷觀自古奇偉之士。如周處戴淵之流。皆出於群盜。改惡修善。不害為賢。而況以捉賊出身。有何不可。若朝廷隨才試用。異日攘戎狄。立功名。未必不由此塗出也。非陛下神聖英武

不能決行此策臣雖非職事而受恩至深有所見聞未敢瘖默謹錄
奏聞伏候勑旨。

彭汝礪奏曰臣竊聞京東河北東西羣盜不禁朝廷數月經畫知所以係聖念深矣臣伏惟河北土地堅固風俗尚氣好勝寧死於盜賊以死於飢餓為恥其喜亂蓋天性也陛下仁儉朝廷清明非有可窺之間隙而豪兇不逞焉合蟻附白晝殺人於市以食攻劫縣鎮掠奪妻孥此亦聖慮之所宜加察消消不已將不可隄防矣臣備數言責不勝日夜之憂謹具畫一事件少冀裨補

臣伏思盜賊之勢可以智勝不可以力制也以國家粟米之多兵革之堅利而不能以一日殄絕狗偷鼠竊之盜亦不能無之也比雖聞巡檢縣尉許不依常例舉差巡檢縣尉已指蹤制勝蓋猶不與焉臣讀史觀漢京兆盜賊鶻擾主尊不出關而治渤海多劫掠龔遂下車而化然則使逐處有人則不能縱之至此矣臣欲乞早賜選差仁明智略之吏出領諸郡稍寬繩法使隨宜處之幾早殄絕以銷未形之患

臣竊聞河朔比歲不登民至賣妻鬻子以食遷徙者相踵死者相枕藉有司不知還安定撫而頭會箕斂然則民至相聚為盜者非獨民之罪也吏亦有罪焉自北而來衆為臣言去年秋不雨冬亦少雪麥根多不入土春夏之初民食恐不足朝廷不早加恤貧弱者或以賊為依而黨與浸多矣臣欲乞專使躰量稍寬諸般色役以安貧弱夫使善民懷惠而無潰散之心姦人畏威而有不敢為之志賊之勢易見衰止矣

劉摯上言曰天下雖有極治之政而不能使民不為盜雖然能禁其為盜而已三代兩漢以來比追胥嚴捕察其法張弛時雖有不同要

皆謹於搜逐奸惡以安善良者也國家於盜賊其防禁固已明具而近時捕法一二有可言者舊制盜發地分應職在伺察捕索之人皆給百日以為三限每限不獲抵罪有差蓋使身任其責心有所畏然後肯協心出力略張耳目求賊以自免故官司頗得其用今新勑雖不獲賊有罪然乃將兩限科校聽各罰錢白以克捕賞其次仍許放贖而鄉村耆長壯丁近且廢罷代以保甲保甲之法保內被盜止出賞錢更無認限決罰之法小人之情不以刑懼驅之使有不得已者則何事肯僇力為公家索賊耶其所輸錢又不過資取衆人實緣自利全其所便

中書舍人曾肇上言曰臣伏以周禮以五家為比使之相保推之至於五州為鄉因其民以用之於田役追胥之事管仲於齊亦以五家為軌推之至於五鄉為軍以有三軍之制蓋生民之業資於衣食則為農資於備禦則為兵其所恃之理然也後世言兵者以謂九夫為井此八陣之法所由出也五家為軌此師旅之法所由出也以臣考之所以然者非三軍之政取法於鄉田蓋古者生民之業兵農非異務也自經界既廢而兵農始殊秦漢之際大率十里一亭亭有長十亭一鄉鄉有三老有秩嗇夫游徼三老掌教化嗇夫職聽獄訟收賦稅游徼循禁盜亦比閭族黨卒伍追胥之遺事也今保甲之制自五家為保推之至於有大小保長有都副保正職承文書督[illegible]於比閭有長鄉亭有嗇夫游徼非異意也臣昨守亳州亳為多盜並法之地臣推保甲之法以禁盜賊幸不至繆戾誠不自揆欲於保甲巡檢縣尉之法所以防慮盜賊者有所推廣以輔朝廷立法之意

一諸處自來盜賊並是外來浮浪行止不明之人或是本處素來無賴之人保甲之法使五家為保蓋欲察舉非違之事一保五

家若有一家藏匿外来浮浪行止不明之人或一家有素来無頼之人即五家無由不知而法禁之中不責其頻情蓋既則人於鄉里誰肯告言若為設禁防使不告官者因事發露則有相坐之刑人情自變誰肯苟容此乃本立保伍察非違之意也所察舉者藏匿惡人之家所以為人除患固非開告訐之路傷隣里之義也若藏匿之家自不能拚則惡人何所容入盜賊不禁而自熄理之所可必也欲乞外来浮浪行止不明之人保內不得舍止本處素来無頼之人保內須以姓名申官官為籍記係籍之人凡有出入並須告知本保若保內舍止外来浮浪行止不明之人犯人嚴斷同保不糾科不言上之罪保內本處無頼之人同保不以姓名申官及係籍之人出入不告本保本保不糾亦並科不言上之罪犯人嚴斷所貴有所關防可以暗銷盜賊況自来州縣亦往往有禁絶舍止浮浪及籍記惡人之處可以斷得盜賊別無擾煩無保甲條諸保內有外来人如行止顯有不明即收領送官則是法意蓋以及此今来所乞只是申明更欲詳備伏乞裁酌施行

一伏見熙寧六年保甲條法保內如遇有賊盜晝時告報大保長已下同保人戶即時前去救應追捕如入別保即遞相擊鼓應接襲逐元豐二年詳定上條節文諸保內賊盜晝時集本保追捕如入別保遞相告報襲逐臣竊以謂元條及詳定互有詳畧若合而用之則彌綸之意無所不備今所乞指揮諸保內賊盜晝時集本保追捕如入別保即遞相擊鼓報應襲逐並置鋪屋及鼓仍輪保丁巡宿如此則保伍之內既不得容止惡人巡宿之法又備如有賊發則合力追捕措置無所不盡於本置保甲之意委曲備具亦古者井田守望相助後世置鄉亭徼循盜賊之遺法也

一伏見熙寧敕節文諸巡檢常於地分內巡警解宇所在州給與印曆遂季點檢臣欲乞相度指揮重法地分巡檢縣尉常於地分內巡警每旬具所到地分申州仍給與行程印曆每季本州將旬申與印曆委官點磨違者取勘施行州不督察監司按劾以聞如此則制置捕盜之官事體均一理在必行不容苟簡之人得以廢法使捕盜之官分巡不止保甲候望轉相承接盜賊所向輒遇譏察竊發之謀必自衰熄或有伺間不逞之人亦易敗獲

右司諫蘇轍奏請罷右職縣尉劄子曰臣伏見舊法縣尉皆用選人自近歲民貧多盜言事者不知救之於本遂請重法縣尉地分並用武

夫自改法以來未聞盜賊為之衰少而武夫貪暴不畏條法侵漁弓手先失爪牙之心搔擾鄉村復為人民之患臣竊惟捕盜之術要在先得弓手之情次獲鄉村之助耳目既廣網羅先具稍加方畧易以成功舊用選人雖未能一一如此而頗知畏法則必愛人使之出入民間於勢為便不必親習騎射躬自格鬬然後能獲賊也今改用武夫未必皆敢入賊而不習法律先已擾民訪聞河北京東淮南等路凡用武夫縣分民甚患之欲乞復令吏部依舊只差選人所貴吏民相安不至驚擾

知洋州文同上奏曰臣竊見本州守治之所正居漢水之上川陸平衍廣袤千里東北諸山縈帶聯屬徑路盤屈隙穴深遠上通荆楚旁出岐雍其中所產濟人急用之物品目甚衆旦夕竊輦道路不絶閭巷井邑百貨填委實四方商賈貿易畢至之地然被秦蜀有足仰者

漢唐之際已名重郡然而至今有所不能稱是者城池摩滅全不如事不知幾年減裂為此苫茅累土宛若鼠戲缺漏頽落殆不可睹奸庸取罪常在跳越倉庫所寄僅同空曠臣自至此即謀增葺患無兵夫不能施手每一慮至此沉唫終日伏以國家設州郡列官府具儲蓄養士卒大抵本以為民故如此其備也夫何此州當襟喉要害之處而顧無壁壘壕塹之防以保護之辟之於人也筋骨雖去完固而皮革日已隳墮將何以為負恃而能使其中安且久耶一躰既虧身不宜矣伏望朝廷慰念黎庶軫恤遐遠特降中旨許令脩築度其工力了不至大庶使郡國制度無有一物廢闕亦有備無患之深計也

臣又竊見管內三縣疆境絕為曠闊山深林蔓衍連複直與巴達金鳳永興鳳翔等處脣齒相容其遠者有至五六百里近者亦不下三四百里中間有如子午駱谷之類斜通直達徑路不少私商暗旅出入如織逃奸隱罪萃為淵藪嵓谷之民孱愞畏事迫於衆勢遂爾囊橐所居幽僻人不敢問既因全無防守所以難為檢過臣愚常此過慮忽爾烽警鼠駭妄肆蠭𧈅散走巢窟出白為暴呼集除盜形影不及亦須數日為之擾攘往日光化軍近年慶州叛賊悉趨此路謀行於蜀是時西南郡邑聞風震聳賴以朝廷威靈元元之幸而卒以就敗然而此州既為凶盜累伺其隙是後恬然不為之備至今耆舊宿吏語議及此則無不人人咨嗟嘆惋是知如此與他州別郡封壤按聚隘阨奔衝之處平時常宜預設保禦之方其或事有萬一臨時取具必然手足錯亂不相救應前無兵而後無城未免一方人心不得不使之旦夕恐懼而莫如之何也臣今欲乞朝廷特賜詳酌更添置武寧一指揮或且先於諸處那屯三五百人常令住此不許已出以備緩急驅使如此則上可以紓朝廷之憂下可以慰百姓之望臣

職在守土理當建述此二事者伏望睿慈不罪其狂瞽而留意焉

哲宗元祐元年門下侍郎司馬光乞罷保甲招置長名弓手狀曰臣竊見府界及三路保甲雖罷團教猶冬教一月於民有損於官無益不若盡罷之便何則比於團教之時民間勞費雖十減六七然猶有三四此所謂於民有損也朝廷每歲遣使按閱所費金帛以百萬計而終無所用之此所謂於官無益也臣以為不若盡罷之便自置保甲以來盜賊倍多所以然者鄉村無賴子弟亦涉城市聞見紛華自恃身為保丁坐索本家供給飲博遊蕩習以成性今雖罷團教不肯復歸南畝服田力穡逸欲既深資用不足既家藏利兵又身挾武藝由是邀結黨友羣行攻劫父兄不能禁州縣不能制此自然之勢也是以數年以來年不甚飢而府界二路盜賊縱横入縣鎮殺官吏若遇蟲蝗水旱大飢之歲將若之何此不可不為之無慮也以臣愚見莫若盡罷府界及諸路保甲據逐縣主戶數目盜賊多少委提點刑獄相度每若干戶置長名弓手一人與免戶下租稅支移折變及夫役諸般差徭科配亦無所預務為優假使人歆慕每十人置節級一員五十人置十將一員百人置員寮一員二百人以上置指揮使副指揮使各一員雖不及二百人亦置指揮使副指揮使名目盡管一縣弓手以為賞功資級其節級始初且令本縣令佐依上名下次或選有部轄者權管候有長行捉殺到強盜一人即補充正節級若下權管之人自後每捉殺到強賊一人依此遷一級若未有闕且為守闕不得管人候有闕日補正其累功勞遷至正指揮使滿三年以上又曾捉殺到強盜三人從來不曾犯贓罪者仰本縣官吏結罪保明申州本州官吏結罪保明申奏乞朝廷與於三班借差內安排若遇有強惡賊人朝廷臨時別立賞格者不在此限如此則保甲中勇健之

士見前有出官之望。未應募者必多。除第一第二等戶物力高強合充重役。不得應募外。其餘但於本縣有戶籍田產。不以等第高下。並許投充長名弓手。永無解役之期。若一人闕額有二人以上爭投者。即委令佐揀試武藝高強者充。如此則本縣勇健者皆充弓手。其餘懦弱者雖使之為盜亦無能為患。若見充長名弓手人有勇力武藝衰退者。許令外人指名比較。若勝於舊者。即令充替。如此則不須教閱武藝自然長得精熟。仍委本州及提點刑獄常切覺察。令佐有取捨不公者。取勘依法施行。若應募未滿見令鄉差弓手相兼祗應。候招到長名弓手一人。即替鄉差弓手一人歸農。其鄉差弓手願投長名者亦聽。若長名弓手及百人以上。即令分一半作兩番。二百人以上每百餘人分作一番。並年終交替。其上番者隨縣尉逐捕盜賊。自節級以上各令管所轄之人。若所轄之人有

小可過犯。許一面區分。不得過小杖十下。若所轄之人敢陵犯本轄人員者。杖一百。毆者徒一年。雖權管亦同。本轄人員若於所轄人處取受財物。並依律科罪。犯贓罪杖者。若係管轄權管。即降充長行下名。若係正人員。即降一資。自後每捉殺到強盜兩人。始當一人。罪至徒者。不以權正。並降充長行下名。自後每捉殺到強盜三人。始當一人。雖許遷資。並係額外。不得管人。不得出官。若遇下番。則不相管轄。亦無階級。其下番者自十將以下各隨所居之處與耆長同覺察本管地分內曾有為強盜之人。及窩藏之家。凡為強盜者不肯於本管地分作過。須在他處。蓋恐累及本地分捕盜人。無所自容故也。其本地分捕盜人往往知之。莫肯發舉。盜既得財分贓。則絕迹遠遁。其賊發地分捕盜人雖欲擒捕。莫知其處。官中雖立三限科校。終無所益。由此賊發地分捕盜人每有賊發。莫肯申舉。若變主懦弱則多方抑塞

不令聲。賊變主強梁。則共陪所失之財。勸和使休。是致群盜無所忌憚。日益昌盛。又告捕得賊。多被賊人讎報。焚燒莊舍。屠害老小。其賞錢豈宜留滯。而往往為州縣沮難。有司靳惜。動有經年請領不得。使之解體。欲乞今後應賊發地方其捕盜人更、立三限科校捕盜官亦不批罰。只以擒賊多少。論其功賞。若敢抑塞隱蔽。從嚴法施行。仍每州各隨大小賊盜多少。借官錢數千貫。專充告捕賞錢。每獲強盜。勘得徒眾住止窩藏去處。候斷遣已了。委本州長吏當日先以官錢支給告捕之人。即移牒出賊州縣。勾追住止窩藏地分捕盜人。科不覺察罪。弓手杖一百。耆長杖八十。壯丁笞四十。先籍沒賊人及窩藏家財產償所支賞錢外。其不足之數。令捕盜人等均攤。限一月催足。津般赴給賞州軍。補填官錢。若路遠難以津般。則各於本州官錢內關牒折充。其強惡賊人。朝廷特於常法外多立賞錢者。自以省錢充。不

在捕盜人均攤之限。如此則盜賊無所容身。必思改過自新。若果行此法。府界三路既免教閱勞費之患。無賴子弟又有所歸投。得以羈縻。諸路正鄉村之名。復國家舊制。勇健之士前有仕進之望。爭討賊立功。不待教閱而弓手武藝自然不敢衰退。不須點差而鄉兵自足。兼有所用人雖眾多。而上下有綱紀。不敢相侵暴。賊發地分捕盜人不知賊處。免虛受刑責。出賊地分為累及身。不敢蔽匿。累跡之人被盜之家無人抑塞。有所伸訴。賊盜窮蹙。無所容身。稍冀衰息。

六年。禮部侍郎范祖禹奏曰。臣聞昔季康子患盜。問於孔子。孔子對曰。苟子之不欲。雖賞之不竊。季康子又問政於孔子曰。如殺無道以就有道何如。孔子對曰。子為政焉用殺。子欲善而民善矣。君子之德風。小人之德草。草上之風必偃。臣始讀書。蓋嘗疑之。以為聖人之言主於教化而已。行之未必有近効也。及觀唐太宗初即位與群臣論

止盜。或請重法以禁之。太宗哂之曰。民之所以為盜者。由賦繁役重。官吏貪求。飢寒切身。故不暇顧廉恥耳。朕當去奢省費。輕徭薄賦。選用廉吏。使民衣食有餘。則自不為盜。安用重法耶。自是數年之後。海內升平。路不拾遺。外戶不閉。商旅野宿焉。臣觀太宗之政如此。乃始知聖人之言不欺。後世行之必有近効也。夫以區區之魯國。季康子為相。孔子猶勸之不欲。所以止盜。而況天子之於天下乎。季康子魯之執政。猶不可以言殺。當欲善而已。而況天子之於天下乎。自古用重法以止盜者。莫如五代之漢。漢高祖即位之年。患四方盜賊衆多。敕盜賊無問贓多少皆抵死。仍分命使者逐捕。宰相蘇逢吉草詔意云。應賊盜其本家并四隣同保皆全族處斬。衆以為盜猶不可族。況隣保乎。逢吉固爭不得已。但削去全族二字。由是鄆州捕賊使者張令柔殺平陰縣十七村民。其法可謂重矣。然盜賊不為衰止。漢室不

四年而亡。夫唐太宗之政如彼。漢高祖之法如此。有天下者當以盛唐為法乎。當以季漢為法乎。至周太祖時。竊盜贓滿三匹者猶棄市。太祖皇帝代周以寬。稍輕盜法。累聖仁厚。哀矜庶獄。遞加減貸。故竊盜遂無死刑。然今編敕所定盜贓。猶重於律三倍。蓋承五代刑罰世重。減之極輕。猶至於此。豈可更增重乎。臣伏見熙寧四年中書檢正官奏請開封府東明考城長垣等縣。京西滑州。淮南宿州。河北澶州。京東應天府濮齊徐濟單兗鄆沂等州。淮陽軍。別立盜賊重法。其後又有他州奏請乞比東明等處行重法者。有重法之地。又有重法之民。夫溥天之下。莫非王土。食土之毛。誰非君民。今獨視此州縣如夷貊異域之人。別立盜法。自行法以來。二十餘年。不聞盜賊衰止。但聞其愈多耳。老子曰。法令滋彰。盜賊多有。又曰。民常不畏死。奈何以死懼之。夫上以善待民。乃可望民為善以應上。若其不應。罪在民也。上以惡待民。則民為惡以應上。乃其理也。何足怪其多乎。古者開衣食之源。立教化之官。先之以節儉。示之以敦樸。倉廩實而知禮節。衣食足而知榮辱。則自不為盜。有邪僻之民。然後從之以刑。豈有不治其本而專禁其末。不清其源而欲塞其流也。若以重法為權時之宜。行之數年而盜少於前。固當除之。復用中典。若盜益多於前。則是重法不足止盜甚明。其可除去無疑也。又重法之地。皆舉知縣。必擇彊健之吏。被此選者奉法除盜。視民如讎。一切以擊斷為稱職。此豈平世所宜為乎。臣愚欲乞悉除重法。改重法地分為舉知縣地分。夫天下縣令。皆不可不擇。獨此諸縣。先已舉吏。則不可廢。民多奸猾。尤須良吏以治之。選吏以養民。不令吏以斂民也。及今四方人情少安。改峻法為平法。庶可以變惡俗為善俗。止用常典。足以禁奸。其刑亦不輕矣。若行重法不已。盜賊益多。臣將見此數十州之民。無樂生之心。一

有凶年飢饉。則為等死之計。羣起而為大盜。雖有重法。又可禁乎。惟陛下無以孔子之言為迂。無以唐太宗之治為難。無以教化為不急。無以峻法為足恃。則民皆可使為善矣。

哲宗時。右司諫蘇轍乞招保甲充軍以消盜賊狀曰。臣聞薄賦斂。散畜聚。若以致貧。而民安其生。盜賊不作。縣官食租衣稅。廩有餘粟。帑有餘布。久而不勝其富也。厚賦斂。奪民利。若以致富。而所入有限。所害無窮。大者亡國。小者致寇。寇盜一起。蓋所得之利。不償所費之十一。久而不勝其貧也。臣未敢遠引陳勝吳廣。龐勛黃巢之類。只如淳化中李順。慶曆中張海。熙寧中廖恩。此數火盜賊。計其燔燒官寺。劫略倉庫。以至發兵命將。轉輸糧食。耗失兵械。募士賞功之費。大率不下數百萬貫。但得事了。豈敢言費。然方其未發。有能建言乞捐數十萬貫以消其變。則上下爭執。如惜支體。不肯割截。此天下之大迷。

古今之通患也。故臣願於元豐庫或內藏庫乞錢三十萬貫，上以為
先帝收恩於既往，下以為社稷消患於未萌。伏願陛下權禍福之重輕，較得喪之多少，斷而行之，毋使有司吝於出納，以害大計。河北之民，喜為剽劫，所從來尚矣。近歲創為保甲，驅之使離南畝，教之使習凶器。一夫在官，一家資送，窮苦無聊，靡所不至，椎埋為奸，十人而九。歸為保甲，莫敢誰何。若更一年不罷，則勝廣之事可立而待也。今雖已罷，而弓刀之手不可以復執鋤，酒肉之口不可以復茹蔬。既無所歸，勢必為盜。今河北寇賊成群，訪聞皆是保甲餘黨。若困之以饑饉，則變故之作不可復知。近歲富弼知青州，是時河北流民百萬轉徙京東，弼既設方略振活其老幼，而招其壯悍者為軍，不待朝旨，皆刺指揮二字。其後皆為勁兵，百萬之衆無一人為盜者。弼人臣，便宜行事，猶能若此，況陛下富有四海，而元豐及內庫錢物山積，莫可計數。只如近日內降睿思殿金銀一色，令別庫收貯者，約及百餘萬貫，皆是先帝多方收拾以備緩急支用，不取於民，聖算深遠，非凡所及。若積而不用，則與東漢西園錢、唐之瓊林大盈二庫何異？於先帝聖德不為無損。故臣願乞三十萬貫，為招軍例物，選文武臣僚有才幹者一二人，分往河北逐路，於[illegible]中招其獷勇精悍者為禁軍，隨其人才以定軍分，本州無闕，則以遠，或押上京，不過一二萬人，則河北豪傑略盡矣。其間武藝絕倫，舊日以補班行者，神處闕試驗，有實即以補內六班之闕，或以補本貫及鄰近闕額軍員，但當嚴賜指揮，候了日當遣人覆按，有不如法，重坐官吏。臣聞先帝本謂保甲可用，故欲隱兵於農，以漸消正兵，是以禁軍多有闕額。今保甲既罷，正使無事，猶合補填，況如前所陳者，惟陛下深察果斷而力行之。今冬春大旱，二麥不熟，事勢如此，恐不可緩。

侍御史劉摯論盜賊疏曰：臣竊以天下雖有極治之政，而不能使民不為盜也，然要能禁其為盜而已。歷世以來，法嚴則盜寡，法寬則盜盛。國朝自近歲差役用募法，而官弛捕盜之禁，保甲行教法，而民滋為盜之心。前來滑州之單安、商州之王冲，以村野之人逃亡之卒，一有呼嘯，遂能橫行，蹂踐鄉縣，殺害官吏，以至煩遣兵將，重為騷擾，大勞大費，僅能撲滅，皆由防禁寬縱，賞罰不明，而寒飢獝狂之人附之者衆故也。近日制旨既薄斂輕賦，稍還其衣食之路，又復置弓手及縣尉巡檢，而察捕賞罰並從舊典，所以防備奸惡，安養善良之意可謂甚厚。然訪聞州縣不甚承心，召募弓手至今殊未就緒，巡檢兵級多未差填。見今河北、陝西、京東西所在常有盜賊攘劫，鈔竊殆無虛日，鄉野閭井人頗不安。蓋前來保甲巡檢指使既有吏不管勾指揮，則其意固已不在於捕盜，而新復官吏又未就職，此盜之所以乘間而作。緊歲已來，民間豐稔，今尚如此，自去冬大旱，二麥失望，積穀之家觀望不發，人已艱食，臣慮將來寇盜更有甚於今日。欲乞指揮逐路監司為備盜之計，督促州縣速招弓手，及差撥巡檢兵級，嚴責近限，令數足，以時訓齊，準備緩急。又再乞指揮吏部，所差注巡檢縣尉，各以選擇，催遣赴上。

[illegible]開封府盜賊條禁至多，而禦盜之方其大節有未備者。以外路州軍言之，捕盜之官在城內則都監監押，城外則巡檢縣尉，蓋不可易之官也。今京城外巡檢縣尉與外州軍略同，而京城內巡檢之職寓於馬軍步軍師臣與四廂主者，雖主徼巡於闤中，而尋常盜賊舊不干預，自來開封府承例令使臣人員等察行緝捕，獲賊有賞，而不獲無甚譴罰，人微責輕，往往返與盜賊為市，而諸廂小使臣雖帶督察盜賊，其實分管估計家業、取問病人口詞、并公

驗捄火等雜務不顓捕盜之官理如未盡臣愚欲乞於馬步軍師及四廂主巡檢之下別增置廂巡檢六員其二在舊城內其四在新城內四壁使諸司使副或大使臣為之隸於開封府得以職事舉薦按劾仍倣外州軍都監監押功過殿最之法而增賞之使專治巡檢職事亦不廢開封緝捕公人則京師盜賊知有專一責任之官自然人戶安居奸盜屏息輦轂之治不為無助

仲游又奏曰捕盜之法遇有賊必立重賞購人緝捕立賞既重則宜人人關用智力以應賞格然則州縣每有盜賊吏一二十火未見有賊因賞而敗者此非重賞不足以捕盜蓋州縣給賞須拘條格每有人捕賊到官留連勘鞫近者一兩月遠者須半年一歲等候獄成然後檢坐條格支給賞物其該賞之人捕賊到官經隔歲月未有所得或者過狀陳訴遷延詰難方始得賞又其甚者則勾追往返取問捕

賊因依拘繫一兩月賞用錢物方始得賞其人居家各有生計因官司勾追理會賞格往往暫廢經紀設使賞格不行反成失所故皆謂官司立賞雖重及至獲賊未必如數皆得縱得所賞亦留滯別有妨廢以此人人無意捉賊雖見榜揭視為空文今欲乞今州縣各預儲賞錢在逐處收掌遇有盜賊曉示數目召人緝捕如獲到官見得委是賊人別無虛偽未勘得賊人情狀先取問捉獲因依不候結解令州縣先次保明給賞與捕緝之人不得淹延追擾如此即小人雖不知義理但見捕賊入官別無留滯便得重賞更相傳告宜有勸慕人人關用智力捕賊以應賞格故立賞在信行賞在速立賞不信行賞不速不足以使衆非唯今日之當為蓋亦古人之常事也

劉玫上奏曰臣昨因轉對獻議欲以盜賊罪至極刑而遇恩赦及以按問自首減死者加以刖刑事下有司不蒙施行臣竊聽衆論以謂肉刑慘烈驚駭人聽故不可用臣以謂不然臣所議刖刑非施之常民以禁盜賊爾又非施於常盜以馭當死而遇減者如此亦何慘刻之有凡民能為盜賊必其強壯凶悍有過人之資其犯至死罪者又必其桀黠無道者也雖遇恩宥貰貸豈其有自新反善之意幸創痏完復則重為惡譬蠹蟲之被傷而復完者其害人必深臣故願加之刖刑纔廢其一足完全其生不去鄉里然雖有暴虐害物之心而材武絕衆不得復用於以懲奸絕惡其益不輕乞重下有司詳定指揮

高宗建炎三年張浚上言曰臣竊謂當今盜賊竊發理宜誅伐使無遺類然事有出於權宜而不可輕舉者臣聞盜賊之徒多河北京東失業之人義不歸虜偷生中國若欲盡殺之是必使之盡歸虜人而後已又御前之師儻百戰百勝固無足道萬一稍挫銳於盜賊則王師之勢愈弱何以捍禦敵人臣謂不如臨之以聲勢如差其軍行自

令駐軍未發先遣辯士往諭之來則從其老弱於江南分屯少壯於淮甸以待防秋他日國勢尚立何施而不可者惟陛下留意

建炎中御史中丞許景衡奏乞措置杭州軍賊疏曰臣契勘杭州軍賊叱已招降今訪聞逐人雖已拜命尚閉城門未曾解甲仍稱薛昂已有申請須候朝廷回降指揮方肯開門即未知薛昂如何奏請朝廷曾未報應也竊原仁聖之意不欲進兵討賊正恐濫及無辜所以招降仍加爵命者蓋為一城生齒也而羣賊反側未安卻以待報為名故作遷延今閉門已五十餘日一城生齒飢餓狼狽日俟朝廷之報若不速賜撫循不唯失招降之初指竊恐淹久別致生事杭為東南重地而土風輕脫易於從亂不可不慮也臣愚欲望睿明檢會薛昂所奏若只是乞放羣賊之罪招降之後有司不得紛紛則乞詳酌依其所請用降敕牓專差使臣星夜前去開諭羣賊速令開門以救

一城垂死之命寘天慈終始之賜也。

景衡論捉殺鎮江賊劄子曰：臣聞鎮江府羣賊聞官軍且至，頗有逃遁之計。其一路係本府下熟驛，前此已曾鈔虜，今來官軍若繇真州渡江以往，則此路無虞矣。其一路東走常州，昨者已曾許以金帛犒設，其無備為可知。若更前進，則不獨浙西諸州為可慮，深恐杭賊合謀，如臣前日所策也。契勘揚州管下柴虛鎮亦名口岸，渡江後四十里至常州，寂為捷徑。如蒙裁酌，別遣人馬繇此路以往，遏其奔衝，則賊勢亦窘矣。如前日官軍方事奮擊，則今所遣者亦可夾攻，庶幾朝夕殄滅。今車駕駐蹕于此，而賊在毗境，非所以振國威也。伏乞速降指揮，即行措置，使兇徒就擒，江渡通快，誠今日之急務也。

景衡又奏乞招捉軍賊疏曰：臣契勘杭州軍賊以蒙詔書招降，已拜恩命而不解甲，復閉城門，間緣陰霧輒出城戰，破官軍，虜執提點刑獄官。訪聞秀州守城，復入招降，即未見得後來如何奏報。逆黨反覆如此，神人所不容。今來若已招安開城門，在朝廷不欲失信，當一切赦其罪惡；不然，所宜痛治以戒將來也。提點刑獄官也守城外，乃為賊虜劫，則其才略可知矣，豈可復倚仗耶？今杭州閉門已七十五日，殺傷之外，飢餓而死者已不勝其多，生靈無辜，誠可憐憫。如秀州守臣不曾奏到招降次第，伏望聖慈明詔三省樞密院，即行措置。如合捉殺，亦乞精選將卒疾速前去。杭為東南都會，其俗輕脫，易於從亂。今城門久閉，援兵不至，若被誘脅，則皆從賊，其勢益張，為害大矣，豈獨殺傷纖悉為可憐哉？如振溺救焚，未可時刻濡滯也。臣以言責，既有所聞，未免喋喋浼聖聽，蓋事有不得已者。伏乞裁擇，速降指揮。

景衡又論捉殺杭州鎮江軍賊劄子曰：臣昨論奏杭州鎮江府軍賊事，乞朝廷措置施行。臣曉夕思之，若二賊止於閉城自守，官軍疾速捕殺，可無他虞。蓋杭為二浙之腹心，而鎮江為咽喉。今二賊同惡，皆據要地，若不速行措置，則閱日滋久，奸計愈多。萬一交通消息，一日合謀而起，則浙西諸州皆為賊所據矣。此在朝廷不可不深慮而早為之區處也。兼訪聞辛道宗下軍賊自到平江府吳江，即肆焚劫。比至本府城下，守臣初欲犒設，既而徇郡人之請，必欲擊賊。初戰雖敗，繼能乘城，矢石交擊，晝夜不息，賊遂遁去。使他郡皆如平江，則無可慮。若聞所過常、秀州皆厚斂金帛以為犒設而已，設有緩急，果何賴哉？今錢伯言已除鎮江守，及遣將兵前去外，唯杭州閉關幾八十日，一城生齒若不從賊，必皆垂死之命也。而招降捉殺二說至今未決，欲望朝廷擇其一而處之，毋使合謀而起，為意外之變也。其平江府官吏能堅壁拒賊，伏乞聖慈行下核實褒賞，不獨善其後來銳氣，亦所以為列郡之勸也。

景衡又奏乞不招安建州軍賊劄子曰：臣訪聞建州兵變，殺傷漕臣及二三命官，見閉城門，抄虜居民。本州奏請招降，自非出於迫脅，當是循襲近例。蓋招降之說乃是出於便宜，非止寇之良策也。前日杭州之事，勢非獲已。今若踵而行之，則是縉紳橫被殺傷，而逆賊反受爵命，賞罰顛倒，莫甚於此。蓋自去歲福州兵變，朝廷不曾窮治，遂致江寧、杭州相繼而作。今日建州設更招安，則習以成俗，此禍未易息也。況福建鎗仗手自是勁兵，可以殄滅，顧朝廷用之何如耳。臣愚欲乞聖慈詳酌，不須別遣兵將，只乞指揮本路鈐轄、提刑司，令斜集將兵及鄰州鎗仗手，許以厚賞，疾速措置捉殺。除首惡同謀之外，其餘脅從更不究治，仍不管逗遛闕誤，庶幾革招降之弊，他州不敢視傚。

景衡又奏曰：臣聞建州兵變事，昨日急於奏稟，思慮未審，其言有所未盡，須至再具敷奏，以備采擇。臣乞更不招降，只令捉殺，則召募鎗伏手預合犒設其勇於入賊有功者亦合量借官資以俟奏功正授。獲級者第賞仍令先次告報脅從之人喻以朝廷寬貸之意以上並乞令帥臣監司公共措置仍許便宜施行契勘閉城今已一月比及指揮到彼則又須一月不唯玩寇長奸而一城生齒日遭屠劫誠恐遲久則盡為賊誘其勢益張未易制也伏望睿慈詳酌速降指揮令差來人星夜齎持前去以究仁聖軫恤遠民之意。

樞密院編修官胡銓奏曰臣伏見江西州軍自金人侵犯之後未嘗一年閒無寇而虔州數縣號為賊淵每一出寇則大焚殺至傷三四千人毆掠子女牛馬不可數計州縣官吏往往多遭其害連年跳梁無所忌憚遂至敢剽廣南諸州殺令破縣甚至攻城官司熟視無可奈何幸其去則遣烏合之卒名為追捕因緣剽虜又作一賊監司郡守諱言部中有寇不敢備申朝廷至其大段猖獗方始陳奏已無及矣況今清蹕進駐建康江東西實陛下關中而江西安撫司兵不滿千守備疏闊有如虔寇乘吾防秋又復竊發陛下未得置之度外臣愚欲望朝廷宜及防秋以前增遣一將付之帥司令於虔吉兩界之間措置招捉仍令本路之兵以為聲援須務戢盜不得因而騷擾庶使遠方細民安土樂業獲見中興之治不勝幸甚。

高宗時殿中侍御史張守上奏曰臣聞叛而伐之服而舍之德刑並舉帝王之略也伏見陛下臨御以來建康丹陽錢塘之寇次第勦除國威遠暢固足以慰一方之憤快將士之心然皆始於招諭則皆貸其死尤授之祿秩使改過以自效且示陛下寬仁之大德也然德音亦絕于耳而兵屬其頸矣計其罪戾固葅醢不足以塞責但卷甲退聽之時正如掌上嬰兒殺之不武雖或其初無朝廷招安之文其後有長惡不悛之迹然豈能遽使天下戶曉然方今四方寇盜尚多閑

有欲降而反側猶豫者往往以江寧杭潤之戮為詞也況陛下赤子弄兵潢池豈皆本心第困於誅求迫於寒餓脅於兇逆不得已者固不少矣既已招安當示以大信待以不疑聽其自新遲之歲月俟其復出為惡則與衆棄之其誰曰不然側聞江寇亦已就降臣以謂國勢未強兵力單激不免用招安之策以平羣盜倘循前轍為害不細欲望聖慈詔諭三省密院以及將士應賊已就招安不得輒殺仰稱聖明所以伐叛捨服招携懷遠之意。

守知建康府乞措置丁家洲劄子曰臣自到任詢訪本路公私利害大小緩急隨宜施行其大且急者惟江賊出沒作過為往來商賈士庶之患見今府院禁勘賊火多是江中殺人劫盜蓋緣江流去岸稍遠雖有捕盜官司難於巡察內有丁家洲在池州下太平州繁昌縣上長八十餘里洲分為二江流出其中及兩旁洲上並無居民去兩岸人家亦遠為從來盜賊盤結之地他處口岸被賊舟船多是昏夜見無宗伴獨宿兼不備以取之如丁家洲往往白晝劫掠每得一舟必盡殺其人取其財沉舟水中官司無從根究於是商賈行上水則自蕪湖結甲而上行下水則自江州湖口結甲而下少者亦須十數舟而後敢行經過此處而或一二舟稍後即遭劫掠前舟回視駭愕而不敢赴救又以被害舟船不見蹤緒則同伴雖欲投訴官司無以驗實或反為已累往往不復陳告州縣無由知之深恐日久為害不細朝廷向來雖於洲上置巡檢闕亦相去闊遠又土兵全闕亦無舟船巡檢既不能誰何賊亦無所忌憚則是置巡檢司有名無實竊見沿江諸處見有屯駐水軍若令都統制就近輪差將官統一二百人及船十餘隻於丁家洲駐劄一月一替既奪其巢穴則無從盤結又知大軍屯戍則不逞之輩自然銷弭伏望睿慈詳酌施行。

章誼上奏曰臣竊見邵青張琪兩項賊兵通竄日久猶未伏誅頻聞朝廷已有指揮更不招安此誠有誅無赦之義然三農稽事垂成遽邑防秋寇遁賊徒所向未患無食而我之將士追捕撲滅不得暫息可無權宜制勝之策哉臣觀朝廷累年以來其於盜賊止是誅其首惡赦其餘黨今來邵青張琪手下人兵亦是赤子何可盡殺雖其渠魁罪在不赦自餘脅從徒黨乞降指揮許之自新庶幾反仄之人得復舊業而聖主好生之德所被彌廣不勝幸甚

誼又奏曰臣聞建州南劍州兩處盜賊未息朝廷專倚辛企宗一軍控制一路誠可彈壓然臣謂兩處盜賊其起殊塗則今日措置亦宜異術蓋范汝為自招安之後背破劉時舉之兵故余勝等作亂聲言欲為劉時舉報怨三家結仇各應報復是以兵不肯散此建州盜賊之所自起也李捧辛企宗之兵壓賊而戍日月漸久糧餉漸艱建劍

既為盜區無可供餽故錢米百費取之漳汀泉福邵武之間行船者泝流而上負檐者一跡不息齊民騷動無以自全遂相團結以避征役此南劍州將樂縣盜之所自起也所起不同而欲一切齊之以兵則禍亂不息以臣所見如范汝為之衆非有重兵彈壓使離其巢穴散其黨與則建州境內之人終不自安劉時舉余勝之黨終不敢復業至於將樂之盜本因賦斂之煩力役之困若朝廷速行措置使范汝為之衆可起辛企宗之兵可還朝廷仍復遣官宣諭有所蠲除則其餘弄兵之人可使棄兵而就耕矣臣聞福建官私空匱上下艱食朝廷今有益兵而不疾決則財力愈困比者朝廷委福建漕臣發米十萬石轉至行在若盡數存留使贍大軍仍於盜發之地量行賑糶候至賊平徐議補發則人情欣然便就安帖寔聖主之大惠也如臣所言仰合國論伏望早降詔旨以安反側不勝幸甚

誼又奏曰臣伏見朝廷昨遣朝請郎謝嚮招安建州范汝為之兵存留彊壯無業可歸者萬人以備使喚其慮遠矣文書奏報往返數月就招之兵欲行則未有所之已散之人還鄉則指為賊黨失此幾會於是喜亂之徒如劉時舉者聚兵自衛以討捕汝為為名聲跡相聞遂相屠戮不以逆順為彊弱但以衆寡為勝負矣今聞劉時舉既敗之後領其餘黨南趨邵武范汝為戰勝之餘恃其兵彊武斷於鄉曲朝廷方遣辛企宗正兵三千交割謝嚮一萬之衆若其聽命固為善矣或敢旅拒將如之何竊惟李捧所以不能制范汝為者以李捧兵寡於汝為也謝嚮所以能招范汝為者以汝為乃謝嚮之部曲也今命謝嚮之兵盡交與辛企宗然而企宗之兵何異於李捧切慮汝為懷謝嚮之小惠而未肯行輕企宗之兵寡而不聽命萬一出此福建兵革之禍未有平寧之日也兼聞劉時舉見在邵武軍光澤縣有衆

萬人又南劍州順昌縣賊徒余勝等二項衆亦數千朝廷果欲消患於未形則莫若命謝嚮為企宗之副而與之偕行別遣能臣招撫劉時舉余勝之兵使之歸業如此則范汝為一軍近憚企宗正兵之威遠懼時舉余勝衆歸之衆無不聽命矣福建數郡盜賊連結如此且復半年安撫提刑司曾無措置為陛下分東顧之憂者其人材不足以副朝廷委任之意亦可見矣今不遣能臣早加綏撫使數州之人廢農桑之業困之以飢饉臣恐盜賊不息疆土日蹙非國家之福也伏望聖慈特賜施行不勝幸甚

王元勸論弭盜之術曰臣竊謂弭盜之術有二小盜宜求所以安之勿思所以勝之大盜宜求所以勝之勿思所以安之何者小盜鼠竊千百為羣或因規利貨財或緣不忍小忿傾而接之宜有悛革若官軍不知出此必欲窮誅勝之不足增威不勝反成窺倭是以襲逐之

臨渤海安赤子以稱良。虞詡之在朝歌殺降者而生恨。臣故曰盜之小者宜求所以安之。勿思所以勝之也。若乃大盜株連蹄州跨邑。嘯聚不逞。攻劫善良。此夷狄之所覘以卜我興衰寇賊之所憑以相爲唇齒。若不講明軍律。選練羣鋒。斷之以必取之謀。示之以不赦之意使彼羣醜必底滅亡。則將大盜不除。小寇是傚。州州相煽轉發桐桴。安能風示遠夷擴清宇內。成中興之勳。覬奠枕之安乎。臣故曰盜之大者必思所以勝之。勿思所以安之也。今者羣盜之中。江州爲最。昔憲宗已平淮蔡。河朔遂朝。然方師未有功羣言屢至。賴憲宗明斷。以有蔡功。臣恐江州之寇稍成遷延。官軍淹時或有小衄。則必有言其外順之執謂可懷柔者。臣願朝廷斷而行之。勿卹羣言。必殄此賊。以爲四方之戒也。

歷代名臣奏議卷之三百十八

歷代名臣奏議卷之三百十九

弭盜

宋高宗時監察御史鄭剛中奏曰。臣竊聞張守以江西盜賊未平。兵力單寡。乞行增戍。朝廷降指揮差左護軍千人。馬三百疋。聽張守節制。皆謂李綱既宣諭德意於前。張守又增強兵力於後。江西之盜無矣。無何左護軍之人更不差撥。却於殿前司後軍差二千人。馬一百疋。權聽張守節制。所有李貴申世景兵。却督歸行在扈衞。此未能曉也。李貴之兵。臣實亦知其詳。申世景之兵人多稱其忠勇有謀慮。其在江西久不能弭盜者。則盜多兵少。力所不能制也。又從來節制不一。郡守不能皆良。因循玩習。養成盜勢。亦專非李貴申世景之過。今筠州黃十五等負險不服。李綱督申世景等圍捕正急。若遽聞更戍之命。則衆必解體而無功。今新差人與彼處人情窟穴。卒未相諳。恐賊未平而先有擾人之患。此臣所以重惜之也。又今所差二千人權聽張守節制。它日盜平之後。必復歸於殿司。則是二千人暫出。三千人即來通五千人。殿司皆得以有之也。今日兵勢正當援立偏裨。多作頭項。使各自奮立。聚而增大之則易。析而運動之則難。此臣所以又重惜之也。陛下已降睿旨差撥左護軍人矣。不知何爲而遽改。若出於朝廷議論。猶之可也。若有請而從之。則更望陛下將今來所陳事理。曲賜裁斷。務令允當。淳化二年太宗皇帝嘗謂近臣曰。前代武臣難爲防制。苟欲分移。必先與之商議。今日且無此事。呂蒙正曰。上之制下。如臂使指。乃爲合宜。夫差撥二三千人。事非甚大。但人主之命令一行。不可爲人所改易。此臣所以又重惜之也。陛下聽言從善。舜禹不能過。微臣之愚。必蒙幸赦。

剛中爲殿中侍御史又上奏曰。海賊之患。今而不慮。恐爲他日之害。

晉孫恩初因報仇結聚。其後破州縣。殺長吏。永嘉東陽等八郡皆相應。遂至有衆數萬。雖劉牢之輩將將轉鬭。而恩出沒海上。吳會閩廣皆被其毒。恩沒盧循繼之。劉裕因之以成事。可不戒哉。說者曰。海上之盜招之則無矣。曾不知海盜非招安所能盡也。往年招朱聰矣。其徒聚而為劉廣。後又招廣矣。其徒聚而為李元。蓋招致其魁。其徒必縱以歸業。魁得官。其徒謂可取以為準也。什百嘯聚。又作一頭。凡其所略。縱而不殺。又厚以物予之。許其去而復來。無業者欣然附之。官兵弱則奮臂而為敵。官兵強則乘風絕洋而遁。又急則孤艘單下。變為客舟。官兵不能辨也。止能於瀕岸淺海互相回避。驅入深洋。則巨浪之中不能坐立。何暇議鬭哉。臣以是知招安之不能盡。捕殺之不可及也。臣官永嘉。聞瀕海諸郡各有土豪。習知鄉道。凡海旁桀黠無賴之人。彼皆素得其情。盜之所向。豪皆知之。為今之計。莫若使諸郡以禮求訪。使自為捍守。仍將海旁之民結為保伍。如其境上無盜賊侵擾。或自設方略而能格捕之者。朝廷第其勞而官之。容隱坐視者待之有法。如是則朝廷不費官。官兵不費糧。而海盜可以漸息。如只以招安為術。制置司兵為用。常使江北無警則已。萬一被兵。或飢饉仍歲。則孫恩盧循之患蔓難圖已。

右正言陳淵上奏曰。臣嘗謂僭竊未平。則二聖之歸無期。夷狄之禍不解。南北分裂。生靈塗炭。此固不可一日而寧居也。然而欲平僭竊。而內有盜賊為之梗。則盜賊未除。僭竊亦不可得而平矣。牽制踰淮之師。涵養逆寇之勢。因循不振。職此之由。故為今日之計。莫若先除盜賊。俟其不能為患。然後北向以定中原。跨河越岱而并居之。乘機應變。坐制黠虜。宜無不如意者。昔劉先主之入蜀也。欲資其富饒以爭天下。其先定之計。固將滅魏并吳而存漢。然孟獲未平。諸葛孔明不敢越險而東出。則以掣肘者在其後故耳。故其討獲也。七擒而七縱之。力屈而不誅其人。勢敗而不絕其欲。竄之山谷。乃所以安之。獲安而蜀人安矣。蜀人安然後孔明得以十倍曹丕之才。併力而擊魏。魏亡吳服。而漢不得不興。此其志也。惜乎謀已定而數奇。師未捷而身殞。然其所建立。已足以取信於後世矣。今江湖荊楚閩廣之寇。蓋不止一孟獲而已。而其所過殘滅。井邑為墟。暴虐之甚。又非獲比。則為民除害。誠有不可緩者。而陛下連歲出師。必遣宰執。又副之以大將。芟夷招納。舉無遺策。其所以處內外之勢。審先後之序。固不待臣之言矣。然臣以謂討之之難。不若安之之難。蓋自宣和以來。監司守令不得其人。掊刻相師。繼以殘忍。民無所赴愬。棄鋤耰而帶刀劍者。幾年于茲矣。今旌旄所臨。次第平定。而郡縣牧民之官。又不加擇。兇渠雖殲。禍根未絕。萬一舊弊繁興。逆意復萌。雖欲人人誅之。不可得矣。

臣故曰。討之之難。漢宣帝謂龔遂曰。選任賢良。固將安之。故臣願陛下及其初定。慎擇忠信之使。分按諸路。諭以重民之意。委以刺舉之權。俾姦貪不法之吏。不容於時。而公正廉勤之人。得以自效。然後拔其殊尤。聞之朝廷。以為郡縣之長。則遠方受賜。鰥寡孤獨宜無不得其所矣。此安之之道也。必欲濟師舊邦。以慰簞食壺漿之民。而盡復祖宗之境土。須吾民之安。然後擁衆橫行。以圖決勝。似或未晚。傳曰。欲速則不達。又曰。必有忍。其乃有濟。區區之忠。惟陛下察之。

給事中胡交修上疏言。昔人謂甑有麥飯。床有故絮。雖儀秦說之。不能使為盜。惟其凍餓無聊。日與死迫。然後忍以其身棄之於盜賊。陛下下寬大之詔。開其自新之路。禁苛慝之暴。豐其衣食之源。則悔悟者更相告語。歡呼而歸。其不變者。黨與攜落。亦為吏士所俘獲。而盜可弭。盜弭則可以保民矣。沃野千里。殘為盜區。皆吾耕耗之地。操弓夫帶刀劍椎牛發冢白晝為盜皆吾南畝之人陛下撫而納之反其田里無急征暴斂啓其不肖之心耕桑以時各安其業穀帛不可勝用而財可豐財豐則可以裕國矣曰者瞿興連西路董平擾南楚什伍其人為農為兵不數年積粟充牣雖視一方盜賊猶能彌況以中興二百郡地欲彊兵以禦寇不能為瞿興董平之所為乎世以為名言

李光進襲遂故事論旱荒狀曰臣聞堯舜在上天下無窮民文王之民無凍餒者孟子曰無常產而有常心者惟士為然若民則無常產因無常心苟無常心放辟邪侈無不為已夫民至於捐棄父母妻子甘心為盜賊者豈得已哉帝王之術無他在黎民不飢不寒而已故百畝之田勿奪其時八口之家可以無飢矣五畝之宅樹之以桑五十者可以衣帛矣雞豚狗彘之畜無失其時七十者可以食肉矣百姓免飢寒之患而有以相生養雖驅之使為盜不從也善乎龔遂之

言曰海瀕遐遠未霑聖化其民困於飢寒而吏不恤故使陛下赤子盜弄陛下兵於潢池中耳故其治一切以仁恩而盜賊卒以解散此真良二千石也近年以來福建湖南盜賊間作范汝為楊么相繼猖獗吏不能制朝廷不免遣發大兵空其巢穴如聞其間殺戮不無過當多及無辜今諸路旱荒百姓失業流丐道路強者不免結集為盜弱者則轉徙溝壑矣雷進尚據鼎澧辰沅諸山出沒作過近聞福建海道又告急矣此不可不慮者唐太宗嘗與群臣論止盜或請重法以禁之上哂之曰民之為盜者正以官吏貪求飢寒切身故不暇顧廉恥耳朕當去奢省費輕徭薄賦選用廉吏使民衣食有餘則自不為盜安用重法耶嗚呼太宗真聖主哉臣愚伏望陛下深詔大臣遴選循良之吏髣髴龔遂之流以招懷撫納為先仍切責諸路監司按賊貪鄙流殍則陛下德音豈患不達百姓豈肯從亂哉

蘇籀上議曰籀伏覩正月二十五日詔書節文本路帥守監司各令具所以安輯撫綏消弭盜賊便民利物之事者籀竊伏詳味聖意愛惡元元省刑薄斂視之如傷待遇僻遠一如輦轂此堯舜之德度中興之基址臣下並體此意群寇竦聞德音寧有不懷消盜安民無以易此也籀竊惟致盜之由與治盜之術又有愚誠在朝廷莫若選賢能守令任擊斷使者在州郡當寬其文法董其事權方今盜賊如本路近日三十餘火大者一萬小者數千百人姦民恃亂以為富貴之資非但失業乏食者也驅擁讙騰椎埋焚劫所在之處官私一空人不聊生鼠輩恣睢謂莫已敵是可忍也孰不可忍也子太叔有言政寬則民慢慢則糾之以猛猛則民殘殘則濟之以寬太叔以其說治鄭之群盜若吹鴻毛耳方今天下多事而郡邑惟務姑息祗畏朽索蒲鞭寬待強狡之屬文吏自愛不任搏革之事爪牙鈐束之職無不

曠弛致使州兵縣卒飽嬉游惰驕而難使軍政無紀師律不行一夫被甲行二百里而耗庫錢不下十一二千故重於遣兵布衣阨隸闚覘而窺國家之隙誘誑南畝一日成市蓋賊自寡少而嘯聚官司覺舉不可少緩萌蘖易與滋蔓難圖故平居無寇亦當謹隣保之法嚴警察之備盜若糾集豈容不知及勢孤力劣爪牙缺短之際不煩大兵亦可擒制此事今已無及賊黨已多郡邑兵少回遑之不暇專務領之以錢帛縻之以官爵一切不問以安反側或能以方略使之摧敗或能以反間使相戕併盜必少弭捨此不務與之官惟恐不高給之錢惟恐不厚含垢忍詬莫敢擒捕僥倖既開小人嗜利倣效者眾今日此鄉賊發明日某村又告急矣譬如養癰長疽厭棄鍼艾坐視脊背之潰者也至有已受招安恩命亦不肯投戈散群小失其意則奮臂背約破壞縣鎮掠千百室太阿在手無不可者東漢李傕唐朱克

亂以不赦而成大亂故以招安為務然賊方猖獗招之往往不聽
能使之摧敗詎肯歸我乎漢時所以置繡衣指用干戈斧鉞豈不
仁哉不得已也開其自新之門不得不寬禦其不悛之心不得不猛
無辜之民脅從叛援若夫訓導柔輯施其用乏扶其疲弱復其常產此
所以待良民之不幸者也若夫招之而不歸懷之而不伏此頑民不
可恕者也節制將士裁節冗費振起驕惰賞重罰明借俸使王以充
其費緩急之際州郡兵將相與戮力亦不煩朝廷頤憂慮勝而戰用
惟其人殲厥渠魁分其徒黨願為軍者撥隸諸營其勇力易以使遇
它盜狡則以既降擊未伏皆良策也至於守邦之人陟廉黜汙選如
龔遂者以收安靜之功若夫豺狼塞路以力戰邀我選如王尊虞詡
文武之才並假之以便宜勿拘之以常法如此朝廷必無盜賊之頤
憂安民利物誠在此耳竊不勝區區冒昧陳聞

孝宗時王質上鎮盜論一曰收其所畏夫所謂收其所畏者何也臣
嘗論之江西之贛其俗尚鬪而喜殺浙西之嚴其俗好大而敢為蓋
其山川水土峻急暴厲故其風聲氣俗頑獷悍戾而不可告語平居
無事聚博族飲呼號鬪詈以輕犯鞭朴甚至於發冢露刃揭關而掠
財物以輕犯刀鋸又甚者至於捍城保壘蕩覆都邑竊立名字以輕
犯兵革蓋臣嘗聞之犯鞭朴者無日而無犯刀鋸者無歲而無犯兵
革者雖不常有而遠者數年近者間歲時猖狂竊發乎其間此二郡
者蓋今日盜賊之淵藪也臣嘗以為贛之盜不可使出而嚴之盜不
可使守贛之巨鎮不二百里而南安小壘介乎其間未足以分贛之
勢也故贛之盜坐而守贛則必為禽縱而越嶺則二廣可以鼓行而
無憂矣二廣之城池器械士卒錢穀以臣度之恐不可支倉卒之急
一旦有數千百人掉臂而疾呼不知其誰為抗也故曰贛之盜不可

使出嚴地險阨而峭狹崇岡之路不可並臂頑口之溪不可橫舟一
夫守其衝可以當百夫之力故曰嚴之盜不可使守往者齊寇之擾
贛所以易擒者在於守而不能出方寇之擾嚴所以不良者在於出
而不能守使二郡不幸有警而又有豪傑深謀遠慮者為之畫彼其
鑒齊寇之失必有不肯守鑒方寇之失必不肯出若是則非可以卒
制也臣嘗熟講歷代制禦盜寇之術雖紛紜多端而其要不出於刑
以為之懲賞以為之誘而二郡之民蓋刑之有所不能懲而賞之有
所不能誘也故兩策皆不可施於二郡之間臣嘗聞之二郡者曰二
郡之民不畏天子之官吏而畏鄉里之豪強是以不伏官吏之約束
而伏豪強之號令蓋豪強之所以為重者有三智過人勇過人穀粟
之蓄過人有是者則桀驁之民不得不低首下心折節而歸豪強之
門為今之計者莫若喻郡縣之官吏重為之禮貌以致其敬輕為之

科率以結其愛內有盜賊則假之以權以要其成苟有功効則縻之以
爵以收其桀驁之民何者郡縣之官吏不能制其命而豪強能服其命
此其為畏侮固不同矣故臣以為漢武帝不當殺郭解解之陰賊感槩
姦人之雄也恃氣以犯法藉義以報仇其情固可疾而其人亦甚不可
殺蓋臣嘗讀西漢游俠傳而觀郭解之始末以為容一夫之姦而可以
制千夫之姦雖有害亦不能無利蓋天下之事利害兼行而不可偏去
所貴夫善計惟擇其利多害少者為之故算計見效利可以掩害而害
不可以勝利此非深窮乎利害之端者有不能知雖知亦不能行嗟夫
愚臣之策將為文吏之所汨矣二曰制其所主夫所謂制其所主者何
臣論之曰盜賊之所出者有三一曰飢民二曰愚民三曰姦民飢民求
生愚民求福姦民求利其初皆生於有所避有所慕而要其情之所終
則有可返者有不可返者可返者飢民而不可返者乃愚民姦民也

何者飢民之為盜非有所大欲也無可生之計是以為冒死之策而其心未嘗不好生而惡死也至於情之所迫而勢之所切以為生者必死而為盜者猶介乎可生可死之間當是之時苟非忠信廉恥之人其誰能安生而待必死也故歲凶則不得不為無聊之謀攻掠攘奪以濟一旦之命歲豐則逡巡銷縮返而顧其有可生之路靡然動其欲生之心其勢不得不返田畝故飢民可閔而不可疾可濟而不可殺有所甚擾亦有所甚不必畏也惟夫愚民之求福也無厭求之於佛者而以為未足又轉而求之於鬼神而以為未足故左道惑人焉則是食菜事魔者蓋生於愚民求福之無厭也姦民之求利也無已然惰而不肯為農拙而不能為技藝以為務農而業技藝所獲無幾而其勞有不可償者故相率而猖狂於三尺之外以僥倖於十倍之利得利而死姦民之所不恤則是盜販茶鹽者蓋生於姦民求利之無已也求福之無厭求利之無已是心易入而難出易聚而難散可以術解而不可以刑迫且朝廷所以禁切食菜事魔者可謂甚嚴而此弊未嘗除所以限制盜販茶鹽者可謂甚密而此弊未嘗絕為官吏者熟視而不敢訶曲蔽而不敢去無事而去官則後人當其患而任其責豈暇為拔本塞源之術也然臣以為小人可離而不可合小人合而為朋未有帖然者也臣往在江西見其所謂食菜事魔者彌鄉亘里誦經焚香夜則闃然而來旦則寂然而亡其號令之所從出而語言之所從授則有宗師宗師之中有小有大而又有甚小者其徒大者或數千人其小者或千人其甚小者亦數百人其術有雙脩二會白佛金剛禪而其書則又有佛吐心師佛說涕淚小大明王出世開元經括地變文齊天論五來曲其所以為教戒傳習之言亦不過使人避害而趨利背禍而向福里民眩惑而莫知其所以然以為誠可以有利而無害有福而無禍故其宗師之御其徒如君之於臣父之於子而其徒之奉其宗師凜然如天地神明之不可犯較然如春夏秋冬之不可違也雖使之蹈白刃赴湯火可也由是言之莫若擒宗師則其徒不解而自散盜販私鹽臣之所甚詳也臣往在江西見其所盜販茶者多輒千餘少亦數百負者一夫而衛者兩夫橫刀揭斧叫呼踴躍以自震其威使人有所畏而不敢迫其在江西則江州興國軍屢被其害其在江北則舒蘄之國不堪其擾積累浸漬而不已臣恐其患不止此數郡也臣嘗推其源以為非獨此曹之過也北界利其茶則以貨誘之於外園戶利其貨則以茶誘之於內北界雖未可以制而園戶我之所及也園戶有茶而不敢售則姦民欲茶而無所得臣不知其自能挾刃賁治之耶由是言之莫若禁園戶則其黨不治而自銷然而欲擒宗師要使勿驚欲禁園戶要使勿怨何者無故而擒其首則其黨疑其黨疑則懼而有所弱而為亂者臣願陛下密詢州縣之臣籍記其宗師之姓名鄉里多方誘之使自陷於刑辟而後鋤治而誅絕夫如是則可使不驚園戶所資以為生私茶之商也驟塞其資之之門則必有不平之心臣願陛下增降長短之引使其茶有所宣洩而不至於底滯夫如是則可使勿怨陛下試熟思之亦足以見愚臣計利筭害如此其深也

侍御史王十朋上疏曰臣聞王者將欲治外必先安其內不有小忍則不能成大謀臣竊見陛下剛斷不惑神武維揚命將出師平定淮甸曾未踰月捷音屢聞蓋將復祖宗之境土會諸侯於東都可謂得宣王外攘之道有光武大敵之勇矣然臣愚計以謂治外必先安內欲小忍以成大謀者今欲外攘夷狄而境內有廣寇海賊嘯呼為患猶未勦除外未寧而內有憂不無上貽聖慮者臣竊聞朝廷議遣鄂

渚之師進誅廣寇想湯滌固有期矣然臣相時度宜恐未可遽進嶺
外當盛夏乃瘴癘大作之秋北人衝之未有不病者尤非行師之利
臣以謂不如頓兵於桂林以爲聲勢而下詔赦其罪惡許其投降或
不受命斯可以必殺而無赦矣海寇出没無常尤爲瀕海州縣之患
聞樞府嘗遣人招安之亦有受招之意臣謂二寇皆可開其自新之
路庶得境内稍平可專意外攘臣所謂治外必先安内小忍以成大
謀者此也臣又聞二寇之作皆緣監司郡守不得其人所致既未能
弭之於未萌之前又未能誅之於已覺之後養成其亂以致猖獗隱
匿不聞遂致滋蔓爲監司郡守者其可不懲之乎欲乞陛下宣諭宰
相稍正典刑仍別擇賢才以爲分臺共理之寄以分陛下宵旰之憂
不勝幸甚

知婺州李椿上奏曰臣聞禮義生於富足盜賊起於貧窮臣自今年

二月末到官計隣州交傳過犯盜配軍自三月至九月七月之内凡
八十八名先後爲盜蓋數十火兩浙州軍素號少盜婺州又不當衝
路經過犯盜配軍如此之多則江湖閩廣襄淮未知其幾何人其未
發未獲之盜又不知幾何臣所領州雖無强盜發覺鼠竊亦時有之
而貧民游手日益以衆蓋爲盜之漸也略計婺州一郡所出財賦臣
到官七月日起發過錢四十八萬餘貫及州用支遣併支錢七十餘
萬貫然歲計之無慮百萬緡物帛起發二十萬餘匹兩春秋衣賜每
月軍糧在外是皆取於七邑之民婺州財賦如此之盛猶且窘迫則
他州亦可料而知也官司窘迫則多取於民民被多取不得不貧貧
民爲盜非得已也臣憂不得已之民日多盜賊滋盛實繫國家之休
戚漢武帝惡盜賊之多遣繡衣使者捕逐誅殺不知其數而盜不息
必用龔遂然後民寧盜消然則何以消盜其必寬民而後可何以
寬民其必寬州縣而後可何以寬州縣其必省冗食而後可冗食誰
可省凡非親非賢無補於國無益於民者皆可省也臣愚願出睿斷
詔有司各具合省冗食之人州具一州之冗食監司具一路之冗食
條列而申朝廷詳議省去之謂如婺州一郡乞令所具冗食不省
則州縣不得寬州縣不寬則民力不蘇盜賊不弭臣願陛下察之念
之

椿爲檢詳文字時奏曰臣竊見水旱爲災民或流離爲盜加以茶寇
日盛海賊時有雖曰盜賊起於貧窮臣以謂乃官司有以致之也其
誅求刻剝使民不得安業流而爲盜者姑且別論臣先論承勘官司
受賂出脫不得其情兇惡殺人者例皆漏網所以兇頑之徒不知畏
戢盜賊日滋良善受害臣備數都司每見刑寺奏擬強盜案當極刑
而貸配者十八九每雖退駁問難拘於獄案已成上下相徇亦無如

之何謂如本無殺人之意及爲人強率而行所盜不多不傷害人偶
罪法至死而貸其命猶曰從恕可也其累犯不悛傷殺被主殺害捕
告放火姦汙江海之險逼人入水情理巨蠹者而獄吏弄情或作聲
勢不接或作歸罪未獲或拒殺捕人則曰身在屋内或殺傷被主則
曰身在卓望又曰元擄先行又曰別船般載詳覽案情人知有弊雖
扼腕不平無以制之臣愚以謂宜令承勘強盜官司如未獲下手殺
傷人盜及未獲爲首者不得完結知宣州許尹曾令諸縣獲強盜全
火而後結解不數月盜皆屏息已試之驗也議者無過曰淹延刑禁
強盜害人之人也使食獄粮而坐獄中置虎兕於匣亦何過焉唯當
嚴逸囚之禁足矣其強盜配軍不得差充監司幷屬官下白直妻守
臣常切加意拘管不能差出如有逃逸坐兵官部轄人責罰亦止盜
之一術也臣之愚說如有可採即乞特降睿旨付有司施行

集英殿脩撰帥福建趙汝愚論汀贛盜賊利害奏曰臣伏見比歲州
縣盜賊滋多其間類多汀贛之人者非惟兩州山川氣習固然亦由
居官者擾之特甚故百姓弗安其居強者四出為盜而兩州事勢常
使人惴惴然有甚可畏者臣不敢不以實聞也臣昨任江西路運判
時所見江西十一州內贛州地最險俗最悍而官吏科擾為最甚臣
今任本路八州內汀州與贛州為隣亦地最險俗最悍而官吏科擾
為最甚臣自到任以來不住詢訪得汀州一郡係在福建一路最高
處四面皆崇山峻嶺其民皆十百為群依山阻險而居散居田野者
絕少其道路間行旅稀闊亦難得邸店其人不能蠶桑除耕田織布
之外皆別無生業其俗喜兵而好鬬爭奪殺傷之事蓋無時無之至
官司遣人追捕則相率數百為群抗拒不出居官者豈能深思遠計
惟幸其任內一時無事往往不分曲直姑將巡尉下人行遣以為生

事遂致長養成俗無復紀綱法度矣所可為深憂者今諸寨土軍與
百姓積怨既深皆相視如仇動相讎殺自臣到任數月之間已目擊
兩事如去秋本州行下清流縣追捕編管人蕭漢臣不獲執其母與
妻在明溪寨蕭漢臣者輒率數百人圍守明溪而不去近復有秦兵
以捕私鹽為名殺死百姓葉陶之子其黨屯聚捉去寨兵三人非理
苦楚至今爭競紛紛不已其互相陵暴大率類此此臣所以朝夕惴
惴不能自安者也臣因詢問得其致弊之由其大者有二而官吏侵
漁苛刻之害不與焉其一曰賦役不均之弊其二曰措置官鹽之弊
初紹興中行經界法是時惟本州盜賊方定不曾推行經界至今有
稅者未必有田而有田者未必有稅比歲諸縣逃亡者眾有司窘於
調度不肯為之從實倚閣遂將逃亡稅賦均及見存隣保隣保又去
則展轉及之貧弱之民横被追擾其間却有豪猾之家不納租賦一

強者為之倡首則群弱者從而附之至有一鄉一村公然不肯納常
賦者縣道無如之何遂將上項最難催理去處徑撥與諸寨以為寨
兵衣糧令自催納其寨兵催官物者至皆被甲持刃遍下鄉村此既
飢寒切身彼方固拒不納互相仇怨職此之由又本州地勢最高去
海絕遠祖宗舊法係以運鹽了辦歲計近歲諸縣闕少本錢官吏苟
簡所運鹽綱盡不及祖額其運鹽船戶復大為姦弊多以灰土雜之
其鹽已甚惡矣却有姦民就近私販廣鹽入界比之官鹽不致雜惡
其價復賤常爭數倍致官鹽發泄不行遂有配抑之患上下減刻其
弊尤多故強悍者皆拒而不受其貧弱易制者則抑配無時又每鹽
綱內例有轉運司增鹽通判廳經總制鹽諸縣已難敷賣而本州復
有自運歲額鹽又分令諸縣變賣故有轉運司鹽有本州鹽有通判
廳鹽有本縣鹽或以委令丞或以委巡尉文書旁午雜然並出其民

誠不勝其擾矣聞每有欠戶入縣則諸廳吏卒擒捕紛然致百姓有
終身不敢望縣門者故寧以死抗拒官司而官亦無如之何也臣伏
思之其始皆緣諸縣歲計不足故一切之政行加以為守令者措畫
無方威信不立平時既無以信服其下而數遣吏卒侵擾之使百
姓懷蓄不平日盻盻然視官吏如怨敵若非朝廷早為區處使之上
下各安其分誠恐異時激為大盜必重煩朝廷憂顧也臣又聞建炎
紹興間所在盜賊蜂起然皆不數年間隨即勦絕惟汀贛兩州之盜
群聚山谷間甚費朝廷經理後十餘年不得已本司遣官招撫方得
平定今安撫司尚有使臣數員皆當時所招汀贛之盜也臣愚欲望
聖慈深詔有司遴選守臣為上銓擇知縣次之減節浮冗又次之如
鄉來旱傷四十餘州軍吏部添差窠闕並權與住差而養老歸正等
人亦不至久待闕次伏望特降指揮除本州宗室忠順官添差員闕

係是見居住人。依舊存留使闕外。其餘堂除吏部添差岳廟等員闕並免差注。仍於本路選委監司一員。將州縣官吏依條格不該支破請給並與減罷。通計一州六縣。比歲財賦出納之數而均節之。凡官吏軍兵冗食無用去處。及其他利害有可罷行者。亦許隨宜條具聞奏。然後蠲除逃閣。招集流亡。嚴減刻之科。絕配抑之弊。使吏與民各安職業。一方幸甚。

汝愚又上奏曰。臣伏見閩中諸郡。惟汀州數多盜賊。十年之間已三弄兵矣。雖其山川風土與他郡不同。然以人事考之。要亦深有未盡。其一曰獄訟不明。其二曰科鹽不已。其三曰賦役不均。臣竊惟國家自有常法。使州縣官吏能盡心獄事。殺人者必死。傷人者必刑。罪不可逃。人孰不畏。惟汀州之弊。獄訟不明。殺人者不敢告官。告官者不敢就逮。就逮者未必追證得實。追證得實者。亦不圓結解州。囹圄之內。多殺無辜。豪強之民。卒以倖免。故強陵弱。眾暴寡。小不忍則互相屠戮。不復申訴於州縣。積習薰染。成此惡俗。此其弊一也。科鹽之弊抑配百端。臣屢以奏聞。不敢重述。惟鄉民不堪吏卒之擾。是以聚集徒眾。依阻山林。初欲抗拒官司。終至養成姦惡。故強梁者一人倡之。則貧弱者十百和之。非惟科鹽不行。併與常賦不納。官吏畏懦。亦無如之何。觀此事情。即是官吏驅之使為盜賊。此其弊二也。汀州六縣。未曾經界。稅賦不均。貧者產去稅存。富者有田無稅。人被追擾。多致逃亡。逃亡之田。亦復歸富室。逃亡之稅。則害及里閭。失業之民既多。往往散而為盜。此其弊三也。臣愚伏望聖慈特加軫恤。深詔有司。遴選本州守臣。仍稍重其權任。俾之察民隱。審究獄情。但得官司清明。自然盜賊稀少。仍乞檢會帥漕兩司近條具到減鹽運等利害。早賜指揮施行。所有經界一節。乞候鹽運既減。民情漸安。徐而圖之。蓋亦未晚。

任湖南諸州安撫辛棄疾上疏曰。臣竊惟方今朝廷清明。法令備具。雖四方萬里之遠。涵泳德澤。如在畿甸。宜乎盜賊不作。兵寢刑措。少副陛下厲精求治之意。而比年以來。李金之變。賴文政之變。姚明教之變。陳峒之變。及今李接陳子明之變。皆能攘臂一呼。聚眾千百。殺掠吏民。死且不顧。重煩大兵翦滅而後已。是豈理所當然者哉。臣竊伏思念。以為實臣等輩分閫持節。居官亡狀。不能奉行三尺。斥去貪濁。布宣德意。牧養小民。孤負陛下使令之所致。責之臣輩。不敢逃罪。臣聞唐太宗與群臣論盜。或請重法以禁。太宗哂之曰。民之所以為盜者。由賦繁役重。官吏貪求。飢寒切身。故不暇顧廉恥爾。當輕徭薄賦。選用廉吏。使民衣食有餘。則自不為盜。安用重法邪。大哉斯言。其後海內升平。路不拾遺。外戶不閉。卒成貞觀之治。以是言之。罪在臣輩。將何所逃。臣姑以湖南一路言之。自臣到任之初。見百姓遮道。自言嗷嗷困苦之狀。臣以謂斯民無所愬。不去為盜。將安之乎。臣一一按奏。所謂誅之則不可勝誅。臣試為陛下言其略。陛下不許多取百姓斗面米。今有一歲所取反數倍於前者。陛下不許將百姓租米折納見錢。今有一石折納至三倍者。併耗言之。橫斂可知。陛下不許科罰人戶錢貫。今則有旬日之間。追二三千戶而科罰者。又有已納足租稅而復科納者。有已納足復納足。又誣以違限而科罰者。有違法科賣醋錢。寫狀紙。由子。戶帖之屬。其錢不可勝計者。軍興之際。又有非軍行處所。公然分上中下戶而科錢。每都保至數百千。有以賤價抑買。貴價抑賣。百姓之物。使之破蕩家業。自縊而死者。有二三月間便催夏稅錢者。其他暴征苛斂。不可勝數。然此特官府聚斂之弊爾。流弊之極。又有甚者。州以趣辦財賦為急。縣有殘民害物之政。而州

不敢問縣以亟緣科斂為急吏有殘民害物之狀而縣不敢問吏以
取乞貨賂為急豪民大姓有殘民害物之罪而吏不敢問故田野之
民郡以聚斂害之縣以科率害之吏以取乞害之豪民大姓以兼并
害之而又盜賊以剽殺攘奪害之臣以謂不去為盜將安之乎正謂
是耳且近年以來年穀屢豐粒米狼戾而盜賊不禁乃如此一有水
旱乘之臣知其弊有不可勝言者民者國之根本而貪濁之吏迫使
為盜今年剿除明年掃蕩譬之木焉日刻月削不損則折臣不勝憂
國之心竊冒私憂過計者欲望陛下深思致盜之由講求弭盜之術
無恃其有平盜之兵也臣孤危一身久矣荷陛下保全事有可為殺
身不顧況陛下付臣以按察之權責臣以澄清之任封部之內吏有
貪濁職所當問其敢瘝曠以負恩遇自今貪濁之吏臣當不畏強禦
次第按奏以俟明憲庶幾荒遐遠徼民得更生盜賊衰息以助成朝

廷勝殘去殺之治但臣生平剛拙自信年來不為衆人所容碩恐言
未脫口而禍不旋踵使他日任陛下遠方耳目之寄者指臣為戒不
敢按吏以養成盜賊之禍為可慮耳伏望朝廷先以臣今所奏申勅
本路州縣自今以始洗心革面皆以惠養元元為意有違棄法度貪
冒狃厭者使諸司各揚其職無徒取小吏按舉以應故事且自為文
過之地而已也臣不勝幸甚

光宗時蔡戡上奏曰臣於去年十一月二十六日至郴州宜章縣界
首交割本司職事自到任以來凡一路刑獄冤濫禁繫淹延事在目
前可以決遣者敢不盡心畢力仰稱陛下欽恤之意惟是事雖未形
而慮不可不早者盜賊是也臣聞盜賊之端未有不起於微方其微
則易以討捕及其多則難於剪撲今州縣之間所恃以制盜賊者土
弓手耳所謂土軍弓手往往名存實亡其初招塡也未必擇強壯

之人其已應募也未必知教閱之事鄉閭之間小小盜竊猶有迁延
歲月不盡獲者況於剽賊巨寇嘯聚山谷動以千百計而責土軍弓
手以擒滅之效亦已難矣提刑素以督捕盜賊為職近降指揮今後
如有盜賊竊發稍甚去處提刑躬親起發前去措置收捕毋致滋長
則督捕之責自此愈重然所督者不過於土軍弓手又不足恃以破
賊以甚重之責而用不足恃之人緩急豈不悞事臣自到本路刷具
一路弓手見管二千六百五十人土軍見管二千四百二十九人總
其大數不為不多然散在九郡三十八縣其間又有連接溪峒去處
如有緩急不可盡發兼照本路向來李金陳峒作過當時調發止是
比近數縣弓手土軍人數不多又皆烏合未必可用故招募土豪義
丁峒丁等人又不能制必待起發鄂州大軍然後擒滅則弓手土軍
不足恃以破賊明甚臣竊見廣西提刑徐詡奏請乞撥本路摧鋒軍

効用等兵五百人隸提刑司及帥司選差係將不係將兵只令本將
部轄亦隸提刑司督捕朝廷悉從其請併劄付廣東帥司遵守兼訪
聞廣東提刑司當李金賴文政陳峒侵犯之時亦循例於諸州差撥
禁軍各五十人十四州軍共七百人隨行督捕惟本路提刑司既無
舊例差撥禁軍兼前任提刑詹儀之於去年八月內奏請乞將帥司
調發到將兵在軍前者權令提刑制其進退亦未蒙朝廷施行臣竊
謂廣西妖賊蓋不常有廣東本無盜乃湖南一盜侵擾之唯本路郴
之宜章桂陽之臨武兩縣莽山鳥峒之間地險而民悍素為盜賊淵
藪歲有小歉則百十為群出沒剽掠大則千數侵犯州縣自建炎以
來有李冬至李壽有鄧庄有李鬼七有唐廣六有駱科曹雄有歐二
十五有李十五近年則有李金有陳峒皆猖獗之[illegible]者本路利害尤
非二廣之比臣職思其憂不容隱嘿必待事至然後有請預計往復

之程。坐待可否之命。勢須兩月。豈不有失事機。臣今不敢如廣西提
刑司擻兵自隸。但乞遇有盜賊警急。非弓手土軍所能制禦者。許令
於潭邵全永武岡軍將兵內量行分撥五百人。與弓手土軍併力討
捕。或乞如詹儀之請。帥臣未親臨之間。帥司調發將兵。許令提刑制
其進退。如帥臣親出。則專聽帥司節制。庶幾盜賊易於擒滅。不至猖獗。
重煩朝廷區處。臣亦免虛負督捕之責。所有廣西提刑徐詡及本路
前提刑詹儀之奏劄。除已備錄申三省樞密院。欲望睿斷特賜詳酌
施行。

戡又奏曰。臣近準尚書省劄子。備坐湖南轉運副使辛棄疾劄子。奏
官吏貪求。民去為盜事。恭奉聖旨指揮。劄下諸路監司帥臣遵守施
行。臣猥以非才。亦預陛下臨遣一人之數。臣祗役三時。尸素無補。不
能布宣德意。勸求民瘼。屏斥貪吏。撫循遠人。少寬陛下南顧之憂。至
勤戒敕如此。臣聞命震恐。無所逃死。臣敢不精白一心。上體聖意。遵
守施行外。臣有禦賊事宜。冒昧聞奏。臣所部封恩州德慶肇慶府與
廣西高容藤梧接境諸州。探報日至。大抵妖賊李接深入山林。擁衆
自衛。驅迫平民。以抗官軍。凡所殺獲。無非脅從之人。終未得其首領
容化鬱林等州太半為盜。其餘或禦寇或運糧戰。亦死遁亦死數州
之民。墜於塗炭。深可痛傷。臣聞李接本一弓手。奮臂而起。嘯聚數千
人。刼掠州縣。追殺官吏。勢便猖獗。又有陳子明陳南容徐鐵條楊壽
彭四十蘇生陳方寄謝寧周國生等各以衆應之。自五月至今首尾
半年。未就翦撲。臣竊謂向來陳峒憑據險阻。結集姻黨。急之則入巢
穴。緩之則出抄掠。似未易圖。一旦朝廷專委帥臣。分撥大軍出其不
意。直擣巢穴。曾未旬月。賊徒授首。今李接乃偶起之賊。其徒亦烏合
之衆。非陳峒比。勢亦易於平殄。積日累月。未聞成功。蓋陳峒志在抄

掠。不敢輕犯城邑。力抗官軍。尚有招降之望。李接狂悖。萬死有餘。自
知不復生全。在朝廷亦無招降之理。所以誑誘其徒。致死拒捕。僥倖
一勝。計窮勢蹙。必須奔竄入海。借使李接就戮。其餘首領尚多。陳南
容有衆數千。亦非小盜。若不速為之所。不惟此賊得以假息。深慮生
靈詒於荼毒。軍士疲於征戍。州縣困於供億。緣邊溪洞瀕海蠻蜑。萬
一煽動。豈不可憂。臣身在遠外。不當言事。又念盜發鄰境。密邇封部。
先事而言。亦臣之職。竊惟廟謨自有長筭。廷臣豈無忠言。何取疎遠
小臣千慮之微。然廣西去朝廷五千里。臣置司處去廣西不過數百
里。所得探報為甚詳。傳聞為甚審。臣久辱陛下教養。又膺陛下委寄。
憂國之心。不能自已。臣有管見十事。備列如後。

一。李接竊發已來。所至州縣。不專殺戮。往往開發倉廩。振施貧乏。
招納亡命。偽補官資。愚民翕然從之。臣恐有無賴士人為之謀
主。蓋賊衆雖多。亦不足慮。使一稍有智慮者教以計策。害未可
圖。臣愚欲乞朝廷行下。給榜招募本處下第舉人。負罪官吏。及
流落無聊之人。有能身入賊營。誘殺首領。或設計誤賊陷於敗
亡者。優加旌賞。或但獻策可采者。亦量給錢米。以羈縻之。庶幾
賊黨疑貳。不肯招納無賴之人。人亦不為賊用。

一。臣近據探報。廣西招到脅從之人。例皆文手遣之。此曹室廬焚
蕩。田業荒蕪。妻子離散。已無所歸。勢必再入賊黨。後所擒獲。既
係前日文手之人。不得不誅。臣恐自此難以招降。臣愚欲望朝
廷行下。凡招到人。擇其強壯者刺充將兵。月給糧食。弱者支常
平錢米。擢贍養之。候事平日。或分隸諸軍。或放歸田里。庶幾招
降之人。不至再入賊黨。

一。為首作過惟李接一人。陳子明等皆是後來相應。李接之罪滔

天萬無招降之理其他首領尚有可赦之域臣愚欲乞朝廷行下重立賞格應次首領能殺李接以衆降者赦其罪犯補以官資賜以賞給應係賊黨能殺次首領者亦如之離間其徒使之互相殺害庶幾不勞甲兵與賊自潰

一臣聞廣西賊黨雖多然首惡與同起之人有數其餘無非脅從又况皆是陛下赤子愚戇無知迫於飢寒信其誑誘遂陷賊黨竊慮枉遭殺害有傷和氣臣愚欲望朝廷申諭督捕官司若能全活人命其功尤多不必專事屠戮招降之人全在處之得宜不可已降而殺其出戰軍士運粮人夫或有避事逃期亦宜分首從量輕重處分難以一例行誅庶幾仰稱陛下好生之意

一臣竊見廣西宜邕等處連接諸蠻高化等州瀕近海道深恐賊勢窮蹙必為逋逃若竄諸蠻則誘引為寇若入海道則無所不通若難收捕害未有涯臣愚欲望朝廷行下廣西把截要路及謹備海道不得艤泊舟船無使走透賊徒致貽後患

一臣竊謂自古盜賊之起皆緣守令貪殘巡尉怯懦民已困而不加恤盜將作而不知禁馴致猖獗若守令得人巡尉振職則民自樂生盜亦知畏然所以澄汰守令與巡尉者監司帥臣之責也比年士風習為寬大不肯按吏間有劾奏聞見必駭怨謗並興甚則以為生事邀功人情避怨遠嫌遂至失職雖陛下督責切至終恐不能仰體聖懷不過指摘一二小吏塞責而已臣愚欲望朝廷遴選朝臣或只於各路監司中就差強幹廉明者巡行州縣偏察守令巡尉貪殘者奏劾之庸謬者亦逐之老病者與之嶽祠怯懦者易以他任使州縣之間近民之官稍稍澄肅則期月之間民志受賜臣伏見慶曆中從歐陽脩之請分遣朝臣按察官吏本朝自有故事可舉而行

一臣聞辟以止辟刑期無刑古先哲王非不好生而惡殺乃不可不殺者聖人亦豈為是姑息也况盜以害人為事而不殺之則人被其害矣祖宗舊法強盜持仗五貫者死今州縣勘鞫務為姑息多出其罪以圖陰報或有為之囊橐密行賄賂以求末減凡所供款先申不曾殺人放火姦汙等事獄成又以情輕或刑名疑慮奏裁遂得免死不過流配行不數驛破枷去械奔竄他所又復為盜數十為群所在剽略若有大盜相率從之此皆累犯劇賊非若愚戇村民百人之中有此數人則難禽制臣愚欲望聖慈嚴切行下諸州應犯強盜罪至死者並依見行條法處斷不得以情輕或疑慮奏裁庶幾盜賊即漸衰息

一臣竊見祖宗舊法諸賞應減磨勘三年者承直郎以下循一資

回軍功捕盜者改次等合入官近歲臣寮奏請若非親獲止許循資武縣尉捕盜多是遣人親身擒獲者未必有之故僥倖者十八九大抵如臣僚所陳然祖宗之時亦非不知酬賞太厚僥倖必多所以不吝此賞者蓋欲止盜也凡選人改官必待七考五薦又無過犯方能合格若一日之間獲盜七人便得改秩人情慕賞莫不盡力求盜以覬恩典况兇惡強盜多死於極刑亦人情之所甚惡以所惡易所慕蓋不得已今薄其賞人心自怠何肯殺人以就循資儻監司州郡督責不嚴不過坐視而已甚者盜發匿臨蔽不以聞小盜既多浸成大盜理之必然臣愚欲望聖慈特賜詳酌應選人捕盜賞格並依祖宗舊法仍令吏部不得故作阻難庶幾激勸使之盡力

一臣竊見二廣縣尉多是恩科出身老懦亦有揀汰離軍使臣或

老或病，或積鈍無用，或貪黯無厭，初為此來，志在剽得，但知滅
尅弓兵錢糧，誅求保正常例，或收接詞狀，公受賄賂，或判押文
引縱容乞覓，所謂本職，漫不加省，遇有盜發，恇懦畏避，不即追
捕，非徒不能追呼隣保，須索百端，責立賞錢，使大小保甲與被
盜之家均備搖管。盜不可得，錢已乾沒，往往鄉村有盜，隣保共
備所失，償之不敢聞官。正恐徒擾而無益，如此盜安得而不滋。
臣愚欲望朝廷行下吏部及二廣轉運司，凡擬捕盜官，並先銓
量年五十已上，或老病者，或恩科出身，或揀汰離軍使臣，不得
差注，庶幾無事之時，不甚擾民，緩急之際，可以倚仗。
一、恭惟祖宗創立兵制，最為詳密。州郡之兵，悉名禁軍，守貳曰知
州軍、通判州軍，幕職官以諸使為號，曹掾官以參軍為名，凡所
以張官置吏，為軍民而已，豈為是虛名哉。名立而實存，故階級
甚嚴，紀律甚明，教閱有法，犒賞有格。逃亡者有律，私役者有刑，
莫不纖悉備具。閱歲滋久，名存實亡，州郡之兵，有如兒戲。祖宗
之制，徒為虛文，階級紊亂，紀律縱弛，教閱廢而不舉，犒賞闕而
不支，逃亡者自若，私役者皆是，狃於聞見，以為當然。一旦緩急
驅使之戰，何異市人。故盜賊侵犯，州郡無以禦之，為守臣者，或
棄城以逃，或納賂而免。養兵如此，國家何賴焉。臣愚欲望朝廷
戒勅守臣，申嚴法令，於諸州廂禁軍內遴選強壯勇力之人，以
充禁軍，帥府千人，大郡七百人，中郡五百人，小郡三百人，不及
額者增募，置營壘以別處之，並廩給以優異之，而又嚴階級，明
紀律，逃亡者必誅，私役者必刑，一日二教，每旬守臣親閱，角其
優劣，而第其賞罰，每歲集于帥府，較其臧否，而為守臣兵官之
黜陟，月具教閱日辰、人數申安撫司，歲具姓名、年甲、藝能申樞

密院，奉行不虔者以違制論，庶幾州郡兵備不至單弱，禦賊之
要，莫急於此。
右臣所陳十事，五事治盜於已然，五事止盜於未然，伏望聖慈察其
憂國之心，赦其冒犯之罪，或有一得，乞賜施行。
周南代池陽太守上裕民五事疏曰：契勘池陽控扼大江，捍護行闕，
迨此暇時，宜思式遏姦萌，以利永久。臣竊照本州有重役黥徒五十
八人，在法五年無過，許將刺字牢城，蓋朝廷始以其情重，既欲苦役
以困其力，終念其悛改，復開改刺以全其生。然臣竊詢此輩，從初習
慣兇狡，至此轉無藉賴，加以軀幹長大，膂力強猛，估其無良，少得五
年無罪犯者，尋常越逸一人，須至申陳密院，兵廂轄首皆責營主
牢堅固，巡察嚴密，猶有毀擘拓笥，掣脫杻械，夜行晝伏，累日絕食，而
不獲者。若照管少懈，則別生暴橫。慶元三年數內有傅旺，始因脇汙
營婦，後緣隔絕不通，輙乃白晝鼓刀傷人，幾至殞死，已而佯為重困，
脫出牢戶，隨即逋逃，本州關牒戍司邀截津渡，僅免越淮，至今人言
傅旺，百夫未必能當，推此一端，其儔可見，加以州郡無事役使，又以
養成驕悍，小有營甚，苟一奮土，便即誶語，不知者徒見冶鐵為械，將
謂舉步有礙，不知其歷梯級登墻屋，健者咄嗟能及。臣竊思方時無
虞，尤州又宿重軍，此輩縱無忌憚，尚何能為。臣所慮者，萬一州郡薄
虛，少失彈壓，此曹破械而出，掠坊市，盜庫兵，臣恐異時為沿江患者，
必此曹也。臣聞漢法用兵至發亡命，或取刑徒，此曹今置在州郡，則
勢應悍戾而難制，若求入於軍，則便須稟畏而馴伏，況其輕生，足備
摧鋒，軍旅得之，未為無用，不過別立一軍號，選擇一將副御之，有其
方而已。臣照得前任守臣鄭汝諧亦曾有此申請，牒歸池州大軍收
管，幾及半年，臣考驗案牘，自汝諧牒發之後，不聞一人干犯紀律，是見

軍中足以讋服此輩後緣此輩乞行改刺勇捷遂致省部駁難再令
發還本州羞重役人五年無過始刺牢城牢城只是廂軍今若便為勇
捷却係躐升禁軍既戾元降旨揮而所請又居配隸牢城之上是一
不可又朝廷大軍素號禁旅怨與剽盜逋營共壘宜其羞與噲伍是
二不可二事既未頃便綠當來亦不說給以何等請受後於何處支
請往往亦教軍中諳費區處所以卒難收受今臣欲得軍中別立軍
號則便已分別等差免得軍士有言至於軍糧既不可躐升勇捷若
只依舊支與重役名糧又恐略無增勸要得不然見行條制稍令豐
約得中只乞支與廂軍糧賜仍須管認人數多寡不過幾名發往軍
前支散死亡許行開落添續不許過數如此則暗合改刺牢城之法
明有附著統壹之所行之沿江州郡諸屯有益兵之實州郡寬控制
之憂蔚除茅蘗陰護本根計無出此

寧宗嘉定中知江州袁燮上便民劄子曰臣竊惟江之為州土瘠民
貧豐稔之歲僅贍之所入僅足以支經費之所出不幸而歉所入者
無幾而所出者自若將何所取辦嚴於督責則民必重困惟恐傷民
則事無由集此誠進退惟穀之秋也臣承乏以來夙夜懍懍思之無
策惟有裁節冗費而已於是以身率之力行儉約凡可節者無所不
節庶乎其少寬矣而諸司合發之錢亦可得而節歟符移之嚴先期
而下採之如束濕督之如逐寇既催其職所當辦者皆如期而發則
又催夫前任人之所逋者亦不容少遲推原其心豈不知民生之憔
悴如此亦豈不知州郡之匱之如此用度既廣上下交急不得不然
民將何以堪之盜所不發猶不聊生寇攘之地將如之何城市居民
無以自活窮僻之處將如之何沿江諸郡民猶若是兩淮之民又當
如何嗚呼民生至此窮而無告亦已甚矣膏血既竭何可復取迫之

不已有為亂而已爾今竊盜之徒固非本心凍餒交切旦夕且死而
為奸為惡猶未遽死也故忍棄其身而為之窮窘不已至於攘敚攘
敚不已至於戰鬬嗚呼仁聖在上而赤子之陷溺一至於此極乎書
曰民惟邦本本固邦寧當今之務惟有姑置他事而專講求固本之
策夫本之不固抑有由矣用度無節則斂不得不重而民不得不殘
此本之所以搖也節用之道當由近始朝廷之用有節則諸路財計
可寬諸路財計浸寬則諸州征斂可薄征斂既薄民力必紓民力既
紓姦盜自息本末源流之次第如此焉有安土樂業之民而肯為盜
者乎唐太宗與群臣論止盜或請重法以禁之太宗曰民所以為盜
者賦煩役重官吏貪求飢寒切身故不暇顧廉恥爾去奢省費輕徭
薄賦選用廉吏使民衣食有餘自不為盜安用重法竇軌奏益州獠反
請討之太宗曰獠依阻山林鼠竊乃其常俗當撫以恩信豈其漁獵

比之禽獸乎臣謂斯言明於止盜之本可為今日法
理宗時秘書郎許應龍上奏曰臣聞當寇攘未弭之日而欲求平定
之策者其大要莫若用人然用人之道選擇貴精委任貴專報應貴
速三者兼盡則有才者可以自見而任責者可以成功矣夫人固難
知而才亦難得怯切大過者易至於激變巽懦無術者不足與辦事
力小任重則臨難而必懾志廣才疎則好謀而無成必參之公論驗
之已試庶乎得真實之才而為緩急之用以攻則克以守則固顧何
施而不宜哉臣故曰選擇不可以不精夫疑則勿用用則勿疑苟其
人之是以任是責也則委而信之使體統相屬議論歸一運動伸縮
莫不如意則可以圖決勝之功倘事權一分則或捕或招各自為謀
相忌相傾惟欲求勝緩急誰復應援盜賊必至猖獗臣故曰委任不
可以不專兵少則不足以禦寇財匱則不足以贍兵今諸郡之卒太

半老弱。傷殘之邑。復無賦入。搏手無策。寧免奏聞。況事勢方棘。延頸待報。如救焚溺。有求必應。則可以解倒垂之急。一或稽遲。則有不及事之憂。臣故曰。報應不可以不速。然是三者。實相關係。人雖可用。而任之不專。固不足以成事。任之雖專。而有所奏陳。或猶豫而不報。則亦何以制變哉。為人上者。苟於此而加意。則目前雖擾。不足以為憂。盖任責有人。事至能應。轉危而安。直反手耳。苟惟不然。則一時之勝。未足以為喜。而玩心一生。守備必弛。事變之來。將有出於意料之所不及者矣。今日盜賊竊發。民不奠居。原其召釁。則始於官吏之非人。迨其鴟張。則失於措禦之無術。事權渙散。兵財困乏。遂至悠悠歲月。猶未殄滅。然隨機應變。夫豈無策。今改弦易轍。任賢使能。貪者斥之。懦者易之。因欲精於選擇矣。然豈無已試有功。可與圖事而不肯輕進者乎。況靜有謀隱於下僚而無以自達者乎。招捕特創一司。郡守俾參議幕。固欲專於委任矣。而投機之會。間不容髮。可不許以便宜從事乎。天下之事。成於同而敗於異。可不使之協謀以共濟乎。奏捷則亟與推賞。告警則即為調兵。是固速於報應矣。然不暫費者不永寧。則所當用豈容不急與之乎。兵機以速為神。謀或可用。豈容不即聽之乎。深思而預圖之。使無一之不盡。則以之攘夷狄。復境土。無往不可。又何寇賊之足慮哉。雖然用人之道。臣已略陳於前矣。用兵之策。敢僭及之。夫外郡之兵。其不可用固也。而大軍之遣。是以壯聲勢。備守禦。使奸宄聞風而氣懾。然山川險要。盜賊巢穴。則非其所素知也。潛竄而陰伺。疾馳而深入。則不如民兵之捷。況焚蕩之慘。衆所共憤。皆有復讎之志。而豪民糾集。又欲為自衛之計。因其鋒而用之。可以決勝。已事之驗也。第糗糧不繼。難以持久。若助其廩給。厚其賞犒。而能獲寇所有者。悉以與之。至於功狀顯著。則又錫以告命。孰不樂

為吾用。復以大軍為之應援。則兵威益振。其策勳也必矣。但行賞之際。當賦功為輕重。若優於將士。而薄於民兵。則不惟解體。尤恐激變。此又主帥之所當察。儻欲行招撫之策。則盍先為不可勝之計。如發勢未張。乃卑辭厚賂以冀其服。縱使聽命。猶慮反覆。渠頭目非一。諸欲邀索。更仆迭起。未易悉定。為今之計。莫若赦脅從之徒以離其黨與。行反間之術而俾相攻擊。分遣重兵。固守要害。使之進不得前。退無所掠。其勢稍屈。然後從而招之。蔑不濟矣。臣佔畢腐儒。軍旅未學。輒摭與人之論以備采擇。惟陛下赦其愚。

金章宗時。山東盜起。往往潛匿泰山巖穴間。按察司請發數萬人刊除林木。使盜賊無所隱。山東路統軍使承暉奏曰。泰山五嶽之宗。故曰岱宗。王者受命。封禪告代。國家雖不行此事。而山亦不可赭也。齊人易動。驅之入山。必有凍餓失所之患。此誨盜非止盜也。天下之山亦多矣。豈可盡赭哉。議遂寢。

元世祖時。秘書少監程鉅夫奏曰。盜之害民。劫盜為甚。劫盜不已。群盜生焉。故自古立法。劫盜必死。江南比年殺人放火者所在有之。被害之家。纔行告發。巡尉吏卒名為體覆。而被害之家。及其鄰右。先已騷然。及付有司。則主吏又教以轉攀平民。坐展歲月。幸而成罪。又不過杖一百七。而枝蔓逮捕平人之死獄中者。乃十四五。況劫盜幸免。必圖報復。而告發之家無遺種矣。被賊劫者誰敢告發。盜勢日張。其禍何可勝言。夫諸藏兵器者處死。況以兵器行劫。而罪乃止於杖。此何理也。故盜無所畏。黨日以多。今後強盜持軍器劫人財物。贓證明白。只以藏軍器論罪。郡府以便宜從事。並免待報。庶使凶人警畏。平民安帖。其於治勢。實非小補。

成宗元貞元年。盜賊群起。山東居多。詔求弭盜方略。山東西道廉訪

使陳天祥上奏曰。古者盜賊之起。各有所因。除歲凶飢饉。誘之天時。宜且勿論。他如軍旅不息。工役荐興。聚歛無厭。刑法紊亂之類。此皆群盜所起之因。中間保護存恤長養之者。赦令是也。赦者小人之幸。君子之不幸。一歲再赦。善人喑啞。前人言之備矣。彼強梁之徒。各執兵仗殺人取物。不顧其生。有司盡力以擒之。朝廷加恩以釋之。旦脫縲囚。暮即行刧。又復督勒有司。結限追捕。賊皆經慣習以為常。既不感恩。又不畏法。元殘悖逆性已頑定。誠非善化能　惟以嚴刑可制。

順帝時。蘇天爵上奏曰。審天下之勢者。當謹其微。論生民之治者。當究其本。夫審勢而不謹于微。至于著則不可為矣。論治而不究其本。求其末則夫何益矣。欽惟國家布列臺憲。盡以重內外耳目之寄。達遠近聞見之詳。惟茲山東。奄與齊魯。控制千里。被臨百城。爰自去歲以來。諸處盜賊竊發。始則潛形塗面。猶恐人知。甚則鳴鼓樹旗。不畏官捕。郡縣聞風而避。弓兵望影而逃。生靈遭其荼毒。府庫恣其攘奪。致煩朝廷遣官。中外始獲寧息。比者各州盜竊復有。或二十為群。或七八作黨。白晝殺人。刧其財物。昔人有言。盜猶火也。火之為災。撲之於將然則易為力。救之於已然則難為功。故小盜不滅。則大盜不絕。可不豫防之乎。伏望朝廷恤民以安其生。選官以責其治。錄因以除其惡。且山東禦盜之方。前後言者不一。有曰浚城池者矣。有曰繕修兵備者矣。有曰分軍鎮守者矣。有曰申明賞罰者矣。夫言之甚者。人則以為張皇。言之緩者。人或以為迂闊。是以言者甚難。而聽者不可不審也。今茲略陳當行實事。尚冀採擇焉。

一恤民。夫好生而惡死。趨安而避危。人之常情也。今山東之民。往往甘就死亡。起而為盜者。蓋有其由矣。始於水旱傷農。而貧窮歲無衣食飽煖之給。次則差役頻併。而官吏日有會歛侵漁之

害。此其為盜之原也。昔有人言。蜀人樂禍貪亂者。或對曰。蜀人積弊。實非一朝。百家為村。不過數家有食。窮迫之人。十有八九。束縛之使。旬有二三。貪亂樂禍。無足多怪。若令家畜五母雞。一母豕。牀上有百錢。絮被甑中有數升麥飯。雖蘇張巧說于前。韓白按劍于後。將不能使一夫為盜。況貪亂乎。然則後世民之為盜者。豈非飢寒之故歟。茲者山東田畝。不加于前。戶口日倍于昔。年穀既已不收。衣食至甚不足。初則典田賣屋。急則鬻子棄妻。朝廷雖嘗賑恤。一家能得幾何。兼以去秋大水。今春疫癘。無牛者不克耕耨。下種者不克耘耡。致使田畝荒蕪。蒿萊滿野。即目秋成。民已無食。不知來春又將若何。欲民之不為盜難矣。夫國家之設刑名。本不欲民犯法。小民至愚而神。又豈不知法之不可犯乎。蓋犯法而為盜。則死。畏法而不為盜。則飢。飢餓之與受刑。均為一死。賒死之與忍飢。禍有遲速。則民之相師為盜。是豈得已。長民者可不為之深念乎。惟望朝廷明示六部百司。凡山東軍兵征行之苦。站赤走遞之勞。食鹽辦課之重。和雇和買之煩。土木不急之工役。食用無益之貢獻。但是可以動衆擾民者。皆當一一簡其號令之出。量其科派之數。節其緩急之用。優其輸送之期。俾民普受其實惠。皆不至為虛文。庶幾生靈得以休息于田里。官吏不能大肆其姦貪。大抵安民之術。不奪其時。不傷其財。能禁其為非。而去其為害。則民皆按堵矣。

一選官。夫官不必備。惟其人。蓋言三公之選。其餘庶官各有所治之事。不可一日而缺也。況在山東。頻年水旱。盜賊竊發。民多貧

察。可不選官撫治之乎。昔漢宣帝嘗曰。庶民所以安其田里而亡歎息愁恨之心者。政平訟理也。與我共此者。其惟良二千石乎。今國家守令之選。不為不嚴。但廟堂銓選有時。而各處闕官無已。即目山東見闕宣慰使二員。濟南東平濟寧東昌益都見闕總管五員。高唐海寧沂州見闕知州三員。其餘佐貳之職闕者。尚多有之。且年六十五以上者。先行銓注。固為令典。然多係老耄疾病之人。日暮途遠。但知求公田俸祿肥家飽妻子而已。其能潔已奉公。勤力于政務者。幾何人哉。方今山東郡縣達魯花赤俱係投下守令。見闕者十居二三。老病者又居其半。然則欲治化之興。行盜賊之屛息。其可得乎。宜從朝廷將山東按治所屬宣慰司。各路州縣等官。下及鎮店巡檢捕盜之屬。但是見闕守闕者。除部注共為一選。作急銓注。仍須選擇年方盛強。歷練政務。無大過犯。附近籍居。見闕者。勿候宣敕。即便赴任。如此。則郡縣有人。庶可責以政務。政務既修。則善民獲安。惡人知懼。仍須今後但有急闕。隨即申達補注。庶不闕官撫治其民矣。

一。録囚。夫刑者詰姦禁暴。所以輔治也。近年以來。郡縣或不得人。刑政因以失度。民怨傷于和氣。水旱因以為災。年穀不收。實原於此。且陰陽變理。雖根本于廟堂。而政化承宣。實責任于郡縣。故東海殺一孝婦。枯旱三年。及表其墓祭之。天立大雨。此一郡休咎之徵。豈非守令所當貴乎。今山東郡縣罪囚。除憲司審理疎決外。在禁常有八九十起。枷鎖不下數十百人。罪狀昭著者。不得明正典刑。事涉疑似者。不敢輕易釋放。豈惟淹延囹圄。誠恐別生事端。且如去秋大盜王五十等劫略開濮等處。脫放禁中罪囚。群惡相濟。往往得其死力。是則所係蓋甚大也。宜從朝廷。聞奏。選差五府通曉刑名官員。前來山東。一一審録。如果無疑。比及春分。各正其罪。庶幾刑政爾清。惡黨聾懼。傳曰。國家閒暇。及是時。明其政刑。雖大國必畏之矣。夫以戰國之時。明其政刑。夫國猶知畏之。況今山東草竊有不知畏者乎。

歷代名臣奏議卷之三百十九

御邊

漢文帝時太子家令晁錯言守邊備塞急務曰臣聞秦時北攻胡貉築塞河上南攻揚粵置戍卒焉其起兵而攻胡粵者非以衛邊地而救民死也貪戾而欲廣大也故功未立而天下亂且夫起兵而不知其勢戰則為人禽屯則卒積死夫胡貉之地積陰之處也木皮三寸冰厚六尺食肉而飲酪其人密理鳥獸毳毛其性能（讀曰耐下同）寒揚粵之地少陰多陽其人疏理鳥獸希毛其性能暑秦之戍卒不能其水土戍者死於邊輸者僨於道秦民見行如往棄市因以讁發之名曰讁戍先發吏有讁及贅壻賈人後以嘗有市籍者又後以大父母父母嘗有市籍者後入閭取其左發之不順行者深怨有背畔之心凡民守戰至死而不降北者以計為之也故戰勝守固則有拜爵之賞攻城屠邑則得其財鹵以富家室故能使其衆蒙矢石赴湯火視死如生今秦之發卒也有萬死之害而無銖兩之報死事之後不得一筭之復天下明知禍烈及己也陳勝行戍至於大澤為天下先倡天下從之如流水者秦以威劫而行之之敝也胡人衣食之業不著於地其埶易以擾亂邊境何以明之胡人食肉飲酪衣皮毛非有城郭田宅之歸居如飛鳥走獸於廣野美草甘水則止草盡水竭則移以是觀之往來轉徙時至時去此胡人之生業而中國之所以離南畮也今使胡人數處轉牧行獵於塞下或當燕代或當上郡北地隴西以候備塞之卒卒少則入陛下不救則邊民絕望而有降敵之心救之少發則不足多發遠縣纔至則胡又已去聚而不罷為費甚大罷之則胡復入如此連年則中國貧苦而民不安矣陛下幸憂邊境遣將吏發卒以治塞甚大惠也然令遠方之卒守塞一歲而更不知胡

人之能不如選常居者家室田作且以備之以便為之高城深塹具藺石布渠荅（藺石城上雷石也渠荅鐵蒺藜也）復為一城其內城間百五十步要害之處通川之道調立城邑毋下千家為中周虎落（虎落外藩也若今時竹虎也一說以竹篾相連遮落之也）先為屋室具田器迺募辠人及免徒復作令居之不足募以丁奴婢贖罪及輸奴婢欲以拜爵者不足迺募民之欲往者皆賜高爵復其家予冬夏衣廩食能自給而止郡縣之民得買其爵以自增至卿其亡夫若妻者縣官買予之人情非有匹敵不能久安其處塞下之民祿利不厚不可使久居危難之地胡人入驅而能止其所驅者以其半予之縣官為贖其民如是則邑里相救助赴胡不避死非以德上也欲全親戚而利其財也此與東方之戍卒不習地埶而心畏胡者功相萬也以陛下之時徙民實邊使遠方亡屯戍之事塞下之民父子相保亡係虜之患利施後世名稱聖明其與秦之行怨民相去遠矣上從其言募民徙塞下錯復言陛下幸募民相徙以實塞下使屯戍之事益省輸將之費益寡甚大惠也下吏誠能稱厚惠奉明法存恤所徙之老弱善遇其壯士和輯其心而勿侵刻使先至者安樂而不思故鄉則貧民相募而勸往矣臣聞古之徙遠方以實廣虛也相其陰陽之和嘗其水泉之味審其土地之宜觀其屮木之饒然後營邑立城製里割宅通田作之道正阡陌之界先為築室家有一堂二內門戶之閉置器物焉民至有所居作有所用此民所以輕去故鄉而勸之新邑也為置醫巫以救疾病以脩祭祀男女有昏生死相卹墳墓相從種樹畜長室屋完安此所以使民樂其處而有長居之心也臣又聞古之制邊縣以備敵也使五家為伍伍有長十長一里里有假士四里一連連有假五百（五百帥名也假音假借之假大也）十連一邑邑有假候皆擇其邑之賢材有護習地形知民心者居則習民於

射法。出則教民於應敵。故卒伍成於內。則軍政定於外。服習以成。勿令遷徙。幼則同遊。長則共事。夜戰聲相知則足以相救。晝戰目相見則足以相識。驩愛之心足以相死。如此而勸以厚賞。威以重罰。則前死不還踵矣。所從之民。非壯有材力。但費衣糧。不可用也。雖有材力不得良吏。猶亡功也。陛下絕匈奴不與和親。臣竊意其冬來南也。壹大治則終身創矣。欲立威者始於折膠。來而不能困。使得氣去。後未易服也。愚臣亡識。唯陛下財察。

宣帝元康三年。先零遂與諸羌種豪二百餘人。解仇交質盟詛。(羌人無大君長。而諸種豪迭相殺伐。故每有仇讎。往來相報。令解仇交質者。冀相親結。欲入漢為寇也)

上聞之。以問趙充國。

對曰。羌人所以易制者。以其種自有豪。數相攻擊。勢不壹也。往三十餘歲。西羌反時。亦先解仇合約攻令居。與漢相距五六年。迺定。至征和五年。先零豪封煎等通使匈奴。(煎讀曰翦)匈奴使人至小月氏傳告諸

羌曰。漢貳師將軍眾十餘萬人降匈奴。羌人為漢事苦。(事使役也)張掖酒泉本我地。地肥美。可共擊居之。以此觀匈奴欲與羌合。非一世也。間者。匈奴困於西方。聞烏桓來保塞。恐兵復從東方起。數使使尉黎危須諸國。設以子女貂裘。欲沮解之。(設謂開許之也。沮壞也。欲壞其計令解散之)其計不合。疑匈奴更遣使至羌中。道從沙陰地。出鹽澤。過長阬。入窮水塞。南抵屬國。與先零相直。臣恐羌變未止此。且復結聯他種。宜及未然為之備。後月餘。羌侯狼何果遣使至匈奴藉兵。(藉借也)欲擊鄯善敦煌以絕漢道。充國以為狼何。小月氏種。在陽關西南。勢不能獨造此計。疑匈奴使已至羌中。先零罕幵迺解仇作約。到秋馬肥。變必起矣。宜遣使者行邊兵豫為備。敕視諸羌毋令解仇。以發覺其謀。於是兩府復白遣義渠安國行視諸羌。分別善惡。安國至。召先零諸豪三十餘人。以尤桀黠。皆斬之。縱兵擊其種人。斬首千餘級。於是諸降羌及歸義羌侯楊玉等恐怒。亡所信鄉。遂劫略小種。背畔犯塞。攻城邑。殺長吏。安國以騎都尉將騎三千屯備羌。至浩亹。為虜所擊。失亡車重兵器甚眾。安國引還。至令居。以聞。是歲神爵元年春也。時充國年七十餘。上老之。使御史大夫丙吉問誰可將者。充國對曰。亡踰於老臣者矣。上遣問焉。曰。將軍度羌虜何如。當用幾人。充國曰。百聞不如一見。兵難踰度。(踰遙也)臣願馳至金城。圖上方略。然羌戎小夷。逆天背畔。滅亡不久。願陛下以屬老臣。勿以為憂。上笑曰。諾。充國至金城。須兵滿萬騎欲渡河。恐為虜所遮。即夜遣三校銜枚先渡。(銜枚者。欲其無聲。使虜不覺)渡輒營陳。會明畢。遂以次盡渡。虜數十百騎來出入軍傍。充國曰。吾士馬新倦。不可馳逐。此皆驍騎難制。又恐其為誘兵也。擊虜以殄滅為期。小利不足貪。令軍勿擊。遣騎候四望陿中。亡虜。夜引兵上至落都。召諸校司馬謂曰。吾知羌虜不能為兵矣。使虜發數千人守杜四望陿中。

兵豈得入哉。(杜塞也)充國常以遠斥候為務。行必為戰備。止必堅營壁。尤能持重。愛士卒。先計而後戰。遂西至西部都尉府。日饗軍士。士皆欲為用。虜數挑戰。充國堅守。捕得生口。言羌豪相數責曰。語汝亡反。今天子遣趙將軍來。年八九十矣。善為兵。今請欲壹鬭而死。可得邪。充國子右曹中郎將卬。將期門佽飛羽林孤兒胡越騎為支兵。至令居。虜並出。絕轉道。卬以聞。有詔將八校尉與驍騎都尉金城太守合疏捕山間虜。(疏跡也。捕索也)通轉道津渡。初罕幵豪靡當兒使弟雕庫來告都尉曰。先零欲反。後數日果反。雕庫種人頗在先零中。都尉即留雕庫為質。充國以為亡罪。迺遣歸告種豪。大兵誅有罪者。明白自別。毋取并滅。天子告諸羌人。犯法者能相捕斬。除罪。斬大豪有罪者一人。賜錢四十萬。中豪十五萬。下豪二萬。大男三千。女子及老小千錢。又以其所捕妻子財物盡與之。充國計欲以威信招降罕幵及劫略者。解

散虜謀徼極迺擊之（徼，要也。要其徼極者也。）時上已發三輔太常徒弛刑（弛刑，謂不加鉗釱者也。弛之言解也。）三河潁川沛郡淮陽汝南材官金城隴西天水安定北地上郡騎士羌騎與武威張掖酒泉太守各屯其郡者合六萬人矣。酒泉太守辛武賢奏言郡兵皆屯備南山北邊空虛埶不可久。或曰至秋冬迺進兵此虜在境外之冊。今虜朝夕為寇土地寒苦漢馬不能冬（能讀曰耐）屯兵在武威張掖酒泉萬騎以上皆多羸瘦可益馬食以七月上旬齎三十日糧分兵並出張掖酒泉合擊罕幵在鮮水上者。虜以畜產為命今皆離散兵即分出雖不能盡誅亶奪其畜產虜其妻子（亶讀曰但）復引兵還冬復擊之大兵仍出虜必震壞（仍，頻也）天子下其書充國令與校尉以下吏士知羌事者博議充國及長史董通年以為武賢欲輕引萬騎分為兩道出張掖回還千里（回謂路紆曲也）以一馬自佗負三十日食為米二斛四斗麥八斛又有衣裝兵器難以追逐。勤

勞而至虜必商軍進退稍引去（商，度也）逐水屮入山林隨而深入虜即據前險守後阨以絕糧道必有傷危之憂為夷狄笑千載不可復。而武賢以為可奪其畜產虜其妻子此殆空言非至計也。又武威縣張掖日勒皆當北塞有通谷水草臣恐匈奴與羌有謀且欲大入幸能要杜張掖酒泉以絕西域（要，遮也。杜，塞也。）其郡兵尤不可發。先零首為畔逆它種劫略故臣愚冊欲捐罕幵闇昧之過隱而勿章先行先零之誅以震動之宜悔過反善因赦其罪選擇良吏知其俗者拊循和輯此全師保勝安邊之冊。天子下其書公卿議者咸以為先零兵盛而負罕幵之助（負，恃也）不先破罕幵則先零未可圖也。上迺拜侍中樂成侯許延壽為強弩將軍即拜酒泉太守武賢為破羌將軍賜璽書嘉納其冊以書敕讓充國曰皇帝問後將軍甚苦暴露將軍計欲至正月迺擊罕羌羌人當獲麥已遠其妻子精兵萬人欲為酒泉敦煌寇邊

兵少民守保不得田作今張掖以東粟石百餘芻稾束數十轉輸並起百姓煩擾將軍將萬餘之眾不早及秋共水草之利爭其畜食欲至冬虜皆當畜食（畜讀曰蓄。蓄，聚積也）多臧匿山中依險阻將軍士寒手足皸瘃（皸，坼裂也。瘃，寒創也。皸音軍。瘃音竹足反。）寧有利哉將軍不念中國之費欲以歲數而勝微（久歷年歲，乃勝小敵也。數音所具反。）將軍誰不樂此者（言凡為將軍者皆樂此）今詔破羌將軍武賢將兵六千一百人敦煌太守快將二千人長水校尉富昌酒泉侯奉世將婼月氏兵四千人（服虔曰：婼音兒。羌名也。蘇林曰：婼音兒遮反。師古曰：蘇音是也。）亡慮萬二千人（亡慮，大計也）齎三十日食以七月二十二日擊罕羌入鮮水北句廉上（句廉，謂水岸曲而有廉稜也）去酒泉八百里去將軍可千二百里將軍其引兵便道西並進雖不相及使虜聞東方北方兵並來分散其心意離其黨與雖不能殄滅當有瓦解者已詔中郎將卬將胡越佽飛射士步兵二校益將軍兵今五星出東方中國大利蠻夷大敗（五星所聚

其下勝。羌人在西，星在東，則為漢。）太白出高用兵深入敢戰者吉弗敢戰者凶將軍急裝因天時誅不義萬下必全勿復有疑充國既得讓以為將任兵在外便宜有守以安國家迺上書謝罪因陳兵利害曰臣竊見騎都尉安國前幸賜書擇羌人可使使罕諭告以大軍當至漢不誅罕以解其謀恩澤甚厚非臣下所能及臣獨私美陛下盛德至計亡已故遣幵豪雕庫宣天子至德罕幵之屬皆聞知明詔今先零羌楊玉此羌之首帥名王將騎四千及煎鞏騎五千阻石山木候便為寇罕羌未有所犯今置先零先擊罕釋有罪誅無辜起壹難就兩害誠非陛下本計也臣聞兵法攻不足者守有餘又曰善戰者致人不致於人（致人，引致而取之也。致於人，為人所引也。）今罕羌欲為敦煌酒泉寇宜飭兵馬練戰士以須其至坐得致敵之術以逸擊勞取勝之道也今恐二郡兵少不足以守而發之行攻釋致虜之術而從為虜所致之道臣愚以為不便

先零羌虜欲為背畔故與罕开解仇結約然其私心不能亡恐漢兵至而罕开背之也臣愚以為其計常欲先赴罕开之急以堅其約先擊罕羌先零必助之今虜馬肥糧食方饒擊之恐不能傷害適使先零得施德於罕羌堅其約合其黨虜交堅黨合精兵二萬餘人迫脅諸小種附著者稍衆莫須之屬不輕得離也莫須小種羌名也如是虜兵寖多誅之用力數倍臣恐國家憂累繇十年數不二三歲而已臣得蒙天子厚恩父子俱為顯列臣位至上卿爵為列侯犬馬之齒七十六為明詔填溝壑死骨不朽亡所顧念獨思惟兵利害至熟悉也於臣之計先誅先零已則罕开之屬不煩兵而服矣先零已誅而罕开不服涉正月擊之得計之理又其時也以今進兵誠不見其利唯陛下裁察六月戊申奏七月甲寅璽書報從充國計焉充國引兵至先零在所虜久屯聚解弛望見大軍棄車重欲渡湟水道阸狹充國徐行

驅之或曰逐利行遲充國曰此窮寇不可迫也緩之則走不顧急之則還致死諸校皆曰善虜赴水溺死者數百降及斬首五百餘人鹵馬牛羊十萬餘頭車四千餘兩兵至罕地令軍毋燔聚落芻牧田中罕羌聞之喜曰漢果不擊我矣豪靡忘使人來言願得還復故地靡忘羌豪名也充國以聞未報靡忘來自歸充國賜飲食遣還諭種人護軍以下皆爭之曰此反虜不可擅遣充國曰諸君但欲便文自營苟取文墨之便而自營衛非為公家忠計也語未卒璽書報令靡忘以贖論後罕竟不煩兵而下其秋充國病上賜書曰制詔後將軍聞苦腳脛寒泄脛胻以下骨也寒泄下利也言其患足脛又苦下利脛音下定反泄音息列反將軍年老加疾一朝之變不可諱朕甚憂之今詔破羌將軍詣屯所為將軍副急因天時大利吏士銳氣以十二月擊先零羌即疾劇留屯毋行獨遣破羌彊弩將軍時羌降者萬餘人矣充國度其必壞欲罷騎兵屯田以待其敝作奏未上會得進兵璽書中郎將卬懼使客諫充國曰誠令兵出破軍殺將以傾國家將軍守之可也即利與病又何足爭一旦不合上意遣繡衣來責將軍將軍之身不能自保繡衣謂御史何國家之安充國歎曰是何言之不忠也本用吾言羌虜得至是邪往者舉可先行羌者吾舉辛武賢丞相御史復白遣義渠安國竟沮敗羌金城湟中穀斛八錢吾謂耿中丞糴二百萬斛穀羌人不敢動矣耿中丞請糴百萬斛廼得四十萬斛耳義渠再使且費其半失此二冊羌人故敢為逆失之豪氂差以千里是既然矣今兵久不決四夷卒有動搖相因而起雖有知者不能善其後羌獨足憂邪吾固以死守之明主可為忠言遂上屯田奏曰臣聞兵者所以明德除害也故舉得於外則福生於內不可不慎臣所將吏士馬牛食月用糧穀十九萬九千六百三十斛鹽千六百九十三斛茭藁二十五萬二百八十六石難久不解繇役不息

又恐它夷卒有不虞之變相因並起為明主憂誠非素定廟勝之策且羌虜易以計破難用兵碎故臣愚以為擊之不便計度臨羌東至浩亹羌虜故田及公田民所未墾可二千頃以上其間郵亭多壞敗者臣前部士入山伐材木大小六萬餘枚皆在水次願罷騎兵留弛刑應募及淮陽汝南步兵與吏士私從者合凡萬二百八十一人用穀月二萬七千三百六十三斛鹽三百八斛分屯要害處冰解漕下繕鄉亭浚溝渠治湟陿以西道橋七十所令可至鮮水左右田事出賦人二十畮至四月草生發郡騎及屬國胡騎伉健各千倅馬什二就草為田者遊兵以充入金城郡益積畜省大費今大司農所轉穀至者足支萬人一歲食謹上田處及器用簿唯陛下裁許上報曰皇帝問後將軍言欲罷騎兵萬人留田如將軍之計虜當何時伏誅兵當何時得決孰計其便

臣聞帝王之兵以全

取勝是以貴謀而賤戰戰而百勝非善之善者也故先為不可勝以待敵之可勝蠻夷習俗雖殊於禮義之國然其欲避害就利愛親戚畏死亡一也今虜亡其美地薦草愁於寄託遠遯骨肉離心人有畔志而明主般師罷兵萬人留田順天時因地利以待可勝之虜雖未即伏辜兵決可期月而望羌虜瓦解前後降者萬七百餘人及受言去者凡七十輩此坐支解羌虜之具也臣謹條不出兵留田便宜十二事步兵九校吏士萬人留屯以為武備因田致穀威德並行一也又因排折羌虜令不得歸肥饒之地貧破其衆以成羌虜相畔之漸二也居民得並田作不失農業三也軍馬一月之食度支田士一歲罷騎兵以省大費四也至春省甲士卒循河湟漕穀至臨羌以眎羌虜揚威武傳世折衝之具五也以閒暇時下所伐材繕治郵亭充入金城六也兵出乘危徼幸不出令反畔之虜竄於風寒之地離霜露疾疫瘃墮之患坐得必勝之道七也亡經阻遠追死傷之害八也內不損威武之重外不令虜得乘間之勢九也又亡驚動河南大开小开使生它變之憂十也治湟陿中道橋令可至鮮水以制西域信威千里從枕席上過師十一也大費既省繇役豫息以戒不虞十二也留屯田得十二便出兵失十二利臣充國材下犬馬齒衰不識長冊唯明詔博詳公卿議臣採擇上復賜報曰皇帝問後將軍言十二便聞之虜雖未伏誅兵決可期月而望期月而望者謂今冬邪謂何時也將軍獨不計虜聞兵頗罷且丁壯相聚攻擾田者及道上屯兵復殺略人民將何以止之又大开小开前言曰我告漢軍先零所在兵不往擊久留得亡效五年時不分別人而并擊我其意常恐今兵不出得亡變生與先零為一將軍孰計復奏充國奏曰臣聞兵以計為本故多筭勝少筭先零羌精兵分餘不過七八千人失地遠客分散

飢凍罕开莫須又頗暴略其羸弱畜產畔還者不絕皆聞天子明令相捕斬之賞臣愚以為虜破壞可日月冀遠在來春故曰兵決可期月而望竊見北邊自敦煌至遼東萬一千五百餘里乘塞列隧有吏卒數千人虜數大衆攻之而不能害今留步士萬人屯田地勢平易多高山遠望之便部曲相保為塹壘木樵校聯不絕便兵弩飭鬭具烽火幸通勢及并力以逸待勞兵之利者也臣愚以為屯田內有亡費之利外有守禦之備騎兵雖罷虜見萬人留田為必禽之具其土崩歸德宜不久矣從今盡三月虜馬羸瘦必不敢捐其妻子於它種中遠涉河山而來為寇又見屯田之士精兵萬人終不敢復將其累重還歸故地是臣之愚計所以度虜且必瓦解其處不戰而自破之冊也至於虜小寇盜時殺人民其原未可卒禁臣聞戰不必勝不苟接刃攻不必取不苟勞衆誠令兵出雖不能滅先零亶能令虜絕不為小寇則出兵可也即今同是而釋坐勝之道從乘危之勢往終不見利空內自罷敝貶重而自損非所以視蠻夷也又大兵一出還不可復留湟中亦未可空如是繇役復發也且匈奴不可不備烏桓不可不憂今久轉運煩費傾我不虞之用以贍一隅臣愚以為不便校尉臨衆幸得承盛德奉厚幣拊循衆羌諭以明詔宜皆鄉風雖其前辭嘗曰得亡效五年宜亡它心不足以故出兵臣竊自惟念奉詔出塞引軍遠擊窮天子之精兵散車甲於山野雖無尺寸之功媮得避嫌之便而無後咎餘責此人臣不忠之利非明主社稷之福也臣幸得奮精兵討不義久留天誅罪當萬死陛下寬仁未忍加誅令臣數得孰計愚臣伏計孰甚不敢避斧鉞之誅昧死陳愚唯陛下省察充國奏每上輒下公卿議臣初是充國計者什三中什五最後什八有詔詰前言不便者皆頓首服丞相魏相曰臣愚不習兵事利害後將

軍數盡軍冊。其言常是。臣任其計可必用也。上於是報充國曰。皇帝問後將軍上書言羌虜可勝之道。今聽將軍。將軍計善。其上留屯田及當罷者人馬數。將軍強食。慎兵事。自愛。上以破羌強弩將軍數言當擊。又用充國屯田處離散。恐虜犯之。於是兩從其計。詔兩將軍與中郎將卬出擊。強弩出降四千餘人。破羌斬首二千級。中郎將卬斬首降者亦二千餘級。而充國所降復得五千餘人。詔罷兵。獨充國留屯田。明年五月。充國奏言羌本可五萬人軍。凡斬首七千六百級。降者三萬一千二百人。溺河湟飢餓死者五六千人。定計遺脫與煎鞏黃羝俱亡者不過四千人。羌靡忘等自詭必得。請罷屯兵。奏可。充國振旅而還。

元帝竟寧元年。以後宮良家子王嬙字昭君賜單于。單于驩喜。上書願保塞上谷以西至敦煌。傳之無窮。請罷邊備塞吏卒。以休天子人民。天子令下有司議。議者皆以為便。郎中侯應習邊事。以為不可許。上問狀。應曰。周秦以來。匈奴暴桀。寇侵邊境。漢興。尤被其害。臣聞北邊塞至遼東。外有陰山。東西千餘里。草木茂盛。多禽獸。本冒頓單于依阻其中。治作弓矢。來出為寇。是其苑囿也。至孝武世。出師征伐。斥奪此地。攘之於幕北。建塞徼。起亭隧。築外城。設屯戍以守之。然後邊境得用少安。幕北地平。少草木。多大沙。匈奴來寇。少所蔽隱。從塞以南。徑深山谷。往來差難。邊長老言匈奴失陰山之後。過之未嘗不哭也。如罷備塞戍卒。示夷狄之大利。不可一也。今聖德廣被。天覆匈奴。匈奴得蒙全活之恩。稽首來臣。夫夷狄之情。困則卑順。彊則驕逆。天性然也。前以罷外城。省亭隧。今裁足以候望通烽火而已。古者安不忘危。不可復罷。二也。中國有禮義之教。刑罰之誅。愚民猶尚犯禁。又況單于。能必其眾不犯約哉。三也。自中國尚建關梁以制諸侯。所以

絕臣下之覬欲也。設塞徼。置屯戍。非獨為匈奴而已。亦為諸屬國降民本故匈奴之人。恐其思舊逃亡。四也。近西羌保塞。與漢人交通。吏民貪利。侵盜其畜產妻子。以此怨恨。起而背畔。世世不絕。今罷乘塞。則生嫚易分爭之漸。五也。往者從軍多沒不還者。子孫貧困。一旦亡出。從其親戚。六也。又邊人奴婢愁苦。欲亡者多。曰聞匈奴中樂。無柰候望急何。然時有亡出塞者。七也。盜賊桀黠。羣輩犯法。如其窘急。亡走北出。則不可制。八也。起塞以來百有餘年。非皆以土垣也。或因山巖石。木柴僵落。谿谷水門。稍稍平之。卒徒築治。功費久遠。不可勝計。臣恐議者不深慮其終始。欲以壹切省繇戍。十年之外。百歲之內。卒有它變。障塞破壞。亭隧滅絕。當更發屯繕治。累世之功。不可卒復。九也。如罷戍卒。省候望。單于自以保塞守禦。必深德漢。請求無已。小失其意。則不可測。開夷狄之隙。虧中國之固。十也。非所以永持至安。威制百蠻之長策也。對奏。天子有詔。勿議罷邊塞事。

光武建武九年。隗囂死。司徒掾班彪上言曰。今涼州部皆有降羌。羌胡被髮左衽。而與漢人雜處。習俗既異。言語不通。數為小吏黠人所見侵奪。窮恚無聊。故致反叛。夫蠻夷寇亂。皆為此也。舊制益州部置蠻夷騎都尉。幽州部置領烏桓校尉。涼州部置護羌校尉。皆持節領護。理其怨結。歲時循行。問所疾苦。又數遣使驛通動靜。使塞外羌夷為吏耳目。州郡因此可得儆備。今宜復如舊制。以明威防。光武從之。即以牛邯為護羌校尉。持節如舊。

時遼西烏桓大人郝旦等九百二十二人率眾向化。詣闕朝貢。獻奴婢牛馬及弓虎豹貂皮。是時四夷朝賀。絡繹而至。天子乃命大會勞饗。賜以珍寶。烏桓或願留宿衛。於是封其渠帥為侯王君長者八十一人。皆居塞內。布於緣邊諸郡。令招來種人。給其衣食。遂為漢偵候。

助擊匈奴鮮卑。虎又上言曰。鮮卑天性輕黠。好為寇賊。若久放縱而無總領者。必復侵掠居人。但委主降掾史。恐非所能制。臣愚以為宜復置烏桓校尉。誠有益於附集。省國家之邊慮。帝從之。於是始復置校尉於上谷寧城。開營府。并領鮮卑賞賜質子。歲時互市焉

和帝時。安定降羌燒何種脅諸羌數百人反叛。郡兵擊滅之。悉沒入弱口為奴婢。時西海及大小榆谷左右無復羌寇。隃麋相曹鳳上言曰。西戎為害。前世所患。臣不能紀古。且以近事言之。自建武以來。其犯法者。常從燒當種起。所以然者。以其居大小榆谷。土地肥美。又近塞內。諸種易以為非。難以攻伐。南得鍾存以廣其眾。北阻大河因以為固。又有西海魚鹽之利。緣山濱水。以廣田畜。故能強大。常雄諸種。恃其權勇。招誘羌胡。今者衰困。黨援壞沮。親屬離叛。餘勝兵者不過數百。亡逃棲竄。遠依發羌。臣愚以為宜及此時。建復西海郡縣。規固二榆。廣設屯田。隔塞羌胡交關之路。遏絕狂狡窺欲之源。又殖穀富邊。省委輸之役。國家可以無西方之憂。於是拜鳳為金城西部都尉。將徙士屯龍耆

安帝時。北虜與車師連兵入寇河西。朝廷不能禁。議者因欲閉玉門陽關。以絕其患。延光二年。敦煌太守張璫上書陳三策。以為北虜呼衍王常展轉蒲類秦海之間。專制西域。共為寇鈔。今以酒泉屬國吏士二千餘人。集昆侖塞。先擊呼衍王。絕其根本。因發鄯善兵五千人。脅車師後部。此上計也。若不能出兵。可置軍司馬。將士五百人。四郡供其犂牛穀食。出據柳中。此中計也。如又不能。則宜棄交河城。收鄯善等。悉使入塞。此下計也。朝廷下其議。尚書陳忠上疏曰。臣聞八蠻之寇。莫甚北虜。漢興。高祖窘平城之圍。太宗屈供奉之恥。故孝武憤怒。深惟久長之計。命遣虎臣。浮河絕漢。窮破虜庭。當斯之役。黔首隕於狼望之北。財幣糜於盧山之壑。府庫單竭。杼柚空虛。算至舟車。貲及六畜。夫豈不懷慮久故也。遂開河西四郡。以隔絕南羌。收三十六國。斷匈奴右臂。是以單于孤特。鼠竄遠藏。至於宣元之世。遂備蕃臣。關徼不閉。羽檄不行。由此察之。戎狄可以威服。難以化狎。西域內附日久。區區東望扣關者數矣。此其不樂匈奴慕漢之效也。今北虜已破車師。勢必南攻鄯善。棄而不救。則諸國從矣。若然。則虜財賄益增。膽勢益殖。殖生也威臨南羌。與之交連。如此。河西四郡危矣。河西既危。不得不救。則百倍之役興。不訾之費發矣。議者但念西域絕遠。卹之煩費。不見先世苦心勤勞之意也。方今邊境守禦之具不精。內郡武衛之備不脩。敦煌孤危。遠來告急。復不輔助。內無以慰勞吏民。外無以威示百蠻。蹙國減土。經有明誡。臣以為敦煌宜置校尉。案舊增四郡屯兵。以西撫諸國。庶足折衝萬里。震怖匈奴。帝納之

順帝時。大將軍梁商以羌胡新反。黨眾初合。難以兵服。宜用招降。乃上表以匈奴寇畔。自知罪極。窮鳥困獸。皆知救死。況種類繁熾。不可單盡。今轉運日增。三軍疲苦。虛內給外。非中國之利。竊見度遼將軍馬續。素有謀謨。且典邊日久。深曉兵要。每得續書。與臣策合。宜令續深溝高壁。以恩信招降。宣示購賞。明其期約。如此。則醜類可服。國家無事矣。帝從之。乃詔續招降畔虜。商又移書續等曰。中國安寧。忘戰日久。良騎野合。交鋒接矢。決勝當時。戎狄之所長。而中國之所短也。強弩乘城。堅營固守。以待其衰。中國之所長。戎狄之所短也。宜務先所長以觀其變。設購開賞。宣示後悔。勿貪小功。以亂大謀。續及諸郡並各遵行。於是右賢王部抑鞮等萬三千口詣續降

桓帝時。以陳龜世諳邊俗。拜為度遼將軍。龜臨行上疏曰。臣龜蒙恩累世。馳騁邊陲。雖展鷹犬之用。頓斃胡虜之庭。魂骸不返。薦享狐貍

猶無以塞厚責答萬分也。至臣頑駑器無鉛刀一割之用。過受國恩榮秩兼優生年死日永懼不報。臣聞三辰不軌擢士為相。蠻夷不恭拔卒為將臣無文武之才。而忝鷹揚之任上慙聖朝下懼素餐雖殁軀體無所云補今西州邊鄙土地塉埆鞍馬為居射獵為業男寡耕稼之利女乏機杼之饒守塞候望懸命鋒鏑聞急長驅去不圖反自頃年以來匈奴數攻營郡殘殺其吏俘虜良細戰夫身膏沙漠居人首係馬鞍或舉國掩戶盡種灰滅孤兒寡婦號哭空城。野無青草室如懸磬雖含生氣實同枯朽往歲并州水雨災螟互生。稼穡荒耗租更空闕老者慮不終年少壯懼於困厄陛下以百姓為子品庶以陛下為父焉可不日昃勞神垂撫循之恩哉唐堯親捨其子以禪虞舜者是欲民遭聖君不令遇惡主也故古公杖策其民五倍文王西伯天下歸之豈復輿金輦寶以為民惠乎近孝文皇帝感一女之言。除肉刑之法。體德行仁為漢賢主陛下繼中興之統承光武之業。臨朝聽政。而未留聖意且牧守不良或出中官懼逆上旨取過目前呼嗟之聲招致災害胡虜凶悍因衰緣隙而令倉庫單於豺狼之口功業無銖兩之効皆由將帥不忠聚姦所致前涼州刺史祝良初除到州多所糾罰太守令長貶黜將半政未踰時功效卓然實應賞異以勸功能改任牧守去斥姦殘。又宜更選匈奴烏桓護羌中郎將校尉簡練文武授之法令除并涼二州今年租更寬赦罪隸埽除更始則善吏知奉法之祐惡者覺營私之禍胡馬可不窺長城塞下無候望之患矣帝覺悟乃更選幽并刺史自營郡太守都尉以下多所革易。下詔為陳將軍除并涼一年租賦以賜吏民

靈帝時西羌反邊章韓遂作亂隴右徵發天下役賦無已司徒崔烈以為宜弃涼州詔會公卿百官烈堅執先議議郎傅燮厲言曰斬司

徒天下乃安尚書郎楊贊奏燮廷辱大臣帝以問燮燮對曰。昔冒頓至逆也樊噲為上將願得十萬衆橫行匈奴中。憤激思奮未失人臣之節顧計當從與不耳季布猶曰噲可斬也。今涼州天下要衝國家藩衛高祖初興使酈商別定隴右。世宗拓境列置四郡議者以為斷匈奴右臂今牧御失和使一州叛逆海內為之騷動陛下卧不安寢烈為宰相不念為國思所以弭之之策乃欲割弃一方萬里之土臣竊惑之若使左衽之虜得居此地士勁甲堅因以為亂此天下之至慮社稷之深憂也若烈不知之是極蔽也知而故言是不忠也。帝從燮議。

諫議大夫劉陶上疏曰臣聞事之急者不能安言。心之痛者不能緩聲竊見天下前遇張角之亂後遭邊章之寇每聞羽書告急之聲心灼內熱四體驚竦。今西羌逆類私署將帥皆多段熲時吏曉習戰陳識知山川變詐萬端臣常懼其輕出河東馮翊鈔西軍之後。東之函谷據阸高望今果已攻河東恐遂轉更豕突上京如是則南道斷絕車騎之軍孤立關東破膽四方動搖威之不來叫之不應雖有田單陳平之策。計無所用臣前驛馬上便宜急絕諸郡賦調冀尚可安事付主者留連至今莫肯求問今三郡之民皆以奔亡南出武關北徙壺谷。氷解風散。惟恐在後。今其存者尚十三四軍吏士民悲愁相守。民有百走退死之心而無一前鬭生之計西寇浸前去營咫尺胡騎分布已至諸陵將軍張溫天性精勇而主者旦夕迫促軍無後殿。假令失利其敗不救臣自知言數見厭而言不自裁者以為國安則臣蒙其慶國危則臣亦先亡也

吳孫權時呂岱從交州召出薛綜懼繼岱者非其人上疏吳主曰昔帝舜南巡卒於蒼梧。秦置桂林南海象郡然則四國之內屬也有自

来矣趙佗起番禺懷服百越之君珠官之南是也漢武帝誅呂嘉開九郡設交阯剌史以鎮監之山川長遠習俗不齊言語同異重譯乃通民如禽獸長幼無別椎結徒跣貫頭左袵長吏之設雖有若無自斯以来頗徙中國罪人雜居其間稍使學書粗知言語使驛往来觀其禮化及後錫光為交阯任延為九真太守乃教其耕犂使之冠履為設媒官始知聘娶建立學校導之經義由此已降四百餘年頗有似類自臣昔客始至之時珠崖除州縣嫁娶皆須八月引戶人民集會之時男女自相可適乃為夫妻父母不能止交阯糜泠九真都龐二縣皆兄死弟以妻其嫂世以此為俗長吏恣聽不能禁制日南郡男女倮體不以為羞由此言之可謂蟲豸有靦面目耳然而土廣人眾阻險毒害易以為亂難使從治縣官羈縻示令威服田戶之租賦裁取供辦貴致遠珍名珠香藥象牙犀角瑇瑁珊瑚琉璃鸚鵡翡翠孔雀奇物充備寶玩不必仰其賦入以益中國也然在九甸之外長吏之選類不精覈漢時法寬多自放恣故數反違法珠崖之廢起於長吏覩其好髮髠取為髲及臣所見南海黃蓋為日南太守下車以供設不豐檛殺主簿仍見驅逐九真太守儋萌為妻父周京作主人并請大吏酒酣作樂功曹番歆起舞屬京京不肯起歆猶迫彊萌忿杖歆亡於郡內歆弟苗帥眾攻府毒矢射萌萌至物故交阯太守士燮遣兵致討卒不能克又故刺史會稽朱符多以鄉人虞褒劉彥之徒分作長吏侵虐百姓彊賦於民黃魚一枚收稻一斛百姓怨叛山賊並出攻州突郡符走入海流離喪亡次得南陽張津與荊州牧劉表為隙兵弱敵彊歲歲興軍諸將厭患去留自在津少檢攝威武不足為所陵侮遂至殺沒後得零陵賴恭先輩仁謹不曉時事表又遣長沙吳巨為蒼梧太守巨武夫輕悍不為恭服所取相怨恨逐出恭

求步騭是時津故將夷廖錢博之徒尚多騭以次鉏治綱紀適定會仍召出呂岱既至有士民之變越軍南征平討之日改置長吏章明王綱威加萬里大小承風由此言之綏邊撫裔實有其人牧伯之任既宜清能荒流之表禍福尤甚今日交州雖名粗定尚有高涼宿賊其南海蒼梧鬱林珠官四郡界未綏依作寇盜專為亡叛逋逃之藪若岱不復南新刺史宜得精密檢攝八郡方略智計能稍稍以漸能治高流者假其威寵備之形勢責其成效庶幾可補復但如中人近守常法無奇數異術者則羣惡日滋久遠成害故國之安危在於所任不可不察也竊懼朝廷忽輕其選故敢竭愚情以廣聖思

晉武帝時吳既平晉減州郡兵冠軍將軍陶璜上言曰交土荒裔斗絕一方或重譯而言連帶山海又南郡去州海行千有餘里外距林邑纔七百里夷帥范熊世為逋寇自稱為王數攻百姓且連接扶南種類猥多朋黨相倚負險不賓往隸吳時數作寇逆攻破郡縣殺害長吏臣以尫駑昔為故國所採偏戍在南十有餘年雖前後征討翦其魁桀深山僻穴尚有逋竄又臣所統之卒本七千餘人南土溫濕多有氣毒加累年征討死亡減耗其見在者二千四百二十人今四海混同無思不服當卷甲消刃禮樂是務而此州之人識義者寡厭其安樂好為禍亂又廣州南岸周旋六千餘里不賓屬者乃五萬餘戶及桂林不羈之輩復當萬戶至於服從官役纔五千餘家二州脣齒唯兵是鎮又寧州興古接據上流去交阯郡千六百里水陸並通互相維衛州兵未宜約損以示單虛夫風塵之變出於非常臣亡國之餘議不足採聖恩廣厚猥垂飾擢蠲其罪釁改授方任去辱即寵拭目更視誓念投命以報所受臨履所見謹冒瞽陳

孝武帝時徵益州刺史郭鈴犍為太守卞苞於坐勸齡以蜀反殺仲

堪斬之以聞朝廷以仲堪事不預察降號鷹揚將軍尚書下以益州所統梁州三郡人丁一千番戍漢中益州未肯承遣仲堪乃奏之曰夫制險分國各有攸宜劍閣之隘實蜀之關鍵巴西梓潼宕渠三郡去漢中遼遠在劍閣之內成敗與蜀為一而統屬梁州蓋定鼎中華慮在後伏所以分斗絕之勢開荷戟之路自皇居南遷守在岷邛衿帶之形事異曩昔是以李勢初平割此三郡配隸益州將欲重複上流為習坎之防事經英略歷年數紀梁州以統接曠遠求還得三郡志王侯設險之義背地勢內外之實盛陳事力之寡弱飾哀矜之苦言今華陽乂清汧隴順軌關中餘燼自相魚肉梁州以論求三郡益州以本統有定更相牽制莫知所從致令巴宕二郡為群獠所覆城邑空虛士庶流亡要害膏腴皆為獠有今遠慮長規宜保全險塞又蠻獠熾盛兵力寡弱如遂經理乖謬號令不一則劍閣非我保醜類轉難制此乃藩扞之大機上流之至要昔三郡全實止差文武三百以助梁州今俘沒蠻獠十不遺一加逐食鳥散資生未立苟順符指以副梁州恐公私困弊無以堪命則劍閣之守無擊柝之儲號令選用不專於益州虛有監統之名而無制御之用懼非分位之本旨經國之遠術謂今正可更加梁州文武五百合前為一千五百自此之外一仍舊貫設梁州有急蜀當傾力救之書奏朝廷許焉

桓沖為荊州刺史持節將軍既到江陵欲移阻江南乃上疏曰自中興以來荊州所鎮隨宜迴轉臣亡兄溫以石季龍死經畧中原因江陵路便即而鎮之事與時遷勢無常定且兵者詭道示之以弱今宜全重江南輕戍江北南平孱陵縣界地名上明田土膏良可以資業軍人在吳時樂鄉城以上四十餘里北枕大江西接三峽若狂狡送死則舊郢以北堅壁不戰接會濟江路不云遠乘其疲墮撲滅為易臣司存閫外輒隨宜處分於是移鎮上明使冠軍將軍劉波守江陵諮議參軍楊亮守江夏

宋文帝時索虜南侵遂至瓜步太祖使百官議防禦之術御史中丞袁淑上議曰臣聞函車之獸離山必斃絕波之鱗宕流則枯竭寇遺醜趣致幾甸蟻萃螽集聞已崩殪天險巖曠地限深遐故全魏戢其圖盛晉輟其議情屈力殫氣挫勇竭諒不虞於來臨本無怵於能濟矣乃者燓定攜遠阻違授律由將有弛拙故士少鬭志閫潰之衆匪寇傾淪攻制之師空自班散濟西勁騎急戰赴旅淮上訓卒簡備靡旗是由緩整寡衰戎昭多昧遂使栲潞入患泉伊來擾紛殄姬風泯毒禹績騰書有渭陰之迫懸烽均咸陽之警然而切揣虛實伏匿先彰校索伎能譎詭既顯綿地千里弥行阻深表裏蹟跡後先介逼捨陵衍之習競湍沙之利今虹見萍生土膏泉動津陸陷濫痞禍游興藉藁已單米粟莫係水膏矜帶進必傾實河隘徧圍退亦匯滅所謂栖鳥於烈火之上養魚於叢棘之中或謂損緩江右寬繕淮內竊謂撿扼閫城舊史爲允棄遠涼去前言稱非限此要荒猶弗委割況聯被京國咫尺神甸數州推掃列邑殲夷山淵反覆草木塗地今丘賦千乘井筭萬集肩摩倍於長安締袂百於臨淄什一而籍蓋饜秪願履畝以稅既協農和戶競戰心人含銳志皆欲贏糧請奮釋緯乘墉謂宜懸金鑄印要壯果之士重幣甘辭招摧決之將舉薦板築之下抽登臺皂之間賞之以焚書報之以相觜傲而昭才賀闕異能閒至戎貪而無謀肆而不整迷乎向背之否謬於合散之宜犯軍志之極害觸兵家之甚諱咸蓄憤矣僉策戰矣稱願影從謠言繕命宜選敢悍數千鷙行潛掩偃旗裹甲鉗馬銜枚會稽而起晨壓未陣旌譟亂舉火鼓四臨使景不暇移塵不及起無不禽鐵詭龍言氷解霧散掃洗

哨類漂囪浮山。如有決罫漏網。遂窠逗穴。命淮汝戈船。追其還逕。究部勁卒。梗其歸塗。必剪元雄。懸首麾下。乃將隻輪不反。戰轄無旋矣。於是信臣驕虜。武士綣力。緹組接陰。鞭析聯響。若其僞道贏張。出沒無際。楚言漢旆。顯默如神。固已日月蔽虧。川谷蕩貿。甚殘孽阻山燼黨收險。竊命憑城。皆土則當因威席卷。乘機芟勦。泗汴秀士。星流電燭。徐阜嚴兵。雨湊雲集。歷亂桑溪之北。振潰瀚海以南。絕其心根多使能植。銜索之枯鐵何不靈。是由涸澤而漁。焚林而狩。若峻風之儆輊籜。杲日之拂浮霜。既而尉洽荷掠之餘。望吊網悲之鬼。然後天行徧運。焱舉煙升。青蓋西巡。翠華北狩。經啓州野。滌一影策。俾高關再勒。燕然後銘。於乃輿山祝河。創禮辯策。閱耀炎昊之遺。則貫軼商夏之舊。文令眾皆奉勇。而將銜疎怯。意者私泰日積。承平歲久。邑無驚赴之急。家鮮餽戰之勤。關閱訓之禮。簡參屬之飾。且亦蒐採之法膚未蔵斂。若乃邦造思選。擢論深切。躬摸盡幽。斬帶尋遠。設有沉明能照。俊偉自宣。誠感泉雨。流通金石。氣渦飛賁。知窮萁起。商邪正順逆之數。達昏明益損之宜。能勝合民心。愚徹物性。登丹墀而數策。躡青蒲而揚謀。上說宸鑒。下弭孝言。足以安民紓國。救災恤患。則宜拔過寵貴之上。褒升戚舊之右。別其旌章。榮其班秩。出衍卑舉。使不棄命降席折節。同廣武之請。設壇致禮。均淮陰之授。必有要盟之功。竊符之捷。夷裔暴狠。內外侮棄。始附之衆。分茂無序。蠢以威利。勢必攜離首順之徒。靡然內叛。今冰繹故典。瀝土纓纓翦焉幽。楷折首凶。殘是猶聊者。願明發之思。少動商巡會功。終易感劫。習在於善規。今鄭實寄良謀。多縱反間。汩惑心耳。發險易之前。抵興喪之術。衝其衍佟拂其嬿嗜。汩以違寧之貴。餌以折壞之資。整箠端之用。展辭鋒之鋭。振辯則堅圍可解。馳羽而嚴邑易傾。必府南土崩。枝幹瓦裂。敢樂

相悔項范交疑矣。或乃言約功深。事適應廣。齊圍反駕。趙養還君。盡與誦之道。畢能事之效。臣幸得出內層禁。游心明代。渾與身泰。思隨年行。無以逢迎昌運。潤飾鴻法。今途有遺鏃。萬未息蜂。敢思涼識。少酬閎施。但坐慕既乏昭文。免冑不能致果。竊觀都護之邊論。屬國之兵謨。終恥之抗辭。杜耿之言事。咸云及經之棘。猶關上。笮燭邪之敬。裁收下策。自恥懦木。智不綜微。敢露昧見。無會昭採。

虜自彭城北歸。復求互市。頗發議曰。臣愚以為與虜和親無益。已然之明效。何以言其然。夷狄之欲侵暴。正苦力之不足耳。未嘗拘制信義。用輟其謀。昔年江上之役。乃是和親之所招。歷稔交聘。遂求國婚。朝廷羈縻之義。依違不絕。既積歲月。漸不可誣。歡心無厭。重以忿怒。故至於深入。寇今因兵交之後。華戎隔判。若言互市。則復開釁殺之萌。議者不過言互市之利。在得馬。今棄此所重。得彼下駟千匹以上。尚不足言。況所得之數。裁不十百邪。一相交關。卒難閉絕。寇負力玩勝。驕黠已甚。雖云互市。實覘國情。多贍其求。則桀慠罔已。通而為節。則必生邊虞。不如塞其端。漸杜其觖望。內修德化。外經邊事。保境以觀其釁。於事為長。

御史中丞何承天上安邊論。凡陳四事曰。伏見北藩上事。虜犯青兗。天慈降鑒。於此黎元。博逮群策。經綸戎政。臣以愚陋。預聞訪及。率其管窺。謹撰安邊論。庶或開引群慮。延盡衆謀。短長畢陳。當否可見。其論曰。寇雖習戰來久。又全據燕趙。跨帶秦魏。山河之險。終古如一。自非大田淮泗。內實青徐。使民有贏儲。野有積穀。然後分命方召。總率虎旅。精卒十萬。使一舉盪夷。則不足稍勤王師。以勞天下。何以言之。今遺黎習亂。志在偷安。非皆恥為左衽。遠慕冠冕。徒以殘害剝辱。視息無寄。故繈負歸國。先後相尋。虜既不能校勝循理。攻城略地。而輕

兵掩襲急在驅殘是所以速怨召禍滅亡之日今若遣軍追討報其侵暴大翦幽薊屠城破邑則聖朝愛育黎元方濟之以道若但欲撫其歸附伐皐弔民則彼必輕騎奔走未肯會戰徒興巨費無損於彼復奇兵深入殺敵破軍苟陵患未盡則困獸思鬪報復之役將遂無已斯秦漢之末策輪臺之所悔也安邊固守於計為長曹孫之霸才均智敵江淮之間所居各數百里魏舍合肥退保新城江陵移民南渡濡須之戍家停羨溪及表陵之屯民夷散雜晉宣王以為宜從江南以北岸曹奐不許果亡祖中此皆前代之殷鑑也何者斥候之郊非畜牧之地非耕桑之邑故堅壁清野以俟其來整甲繕兵以乘其敝雖時有古今勢有彊弱保民全境不出此塗要而歸之有四一曰移遠就近以實內地今青兗舊民冀州新附在界首者三萬家此寇之資也今悉可內從青州民移東萊平昌北海諸郡大山以南南至

下邳左沭右沂田良野沃西阻蘭陵北阨大峴四塞之內其號險固民性重遷闇於圖始無虜之時喜生咨怨今新被鈔掠餘懼未息若曉示安危居以樂土宜其歌抃就路視遷如歸二曰浚復城隍以增阻防舊秋冬收斂民人入保所以警備暴客使防衛有素也古之城池處處皆有今雖頹毀猶可修治粗計戶數量其所容新徙之家悉著城內假其經用為之閭伍納稼築場還在一處婦子守家長吏為之丁夫匹婦春夏佃牧寇至之時一城千室堪戰之士不下二千其羸弱猶能登陴鼓譟十則圍之兵家舊說戰士二千足抗羣虜三千矣三曰纂偶車牛以飾戎械計千家之資不下五百偶牛為車五百參合鉤連以衛其衆設使城不可固平行趨險賊所不能干既以可撿括號令先明民知夙戒有急徵發信宿可聚四曰計使有闕千家之邑戰士二千隨其便餘各自有仗素所服

習銘刻由己還保輸之於庫出行請以自衛弓幹利鐵民不辦得者官以漸充之數年之內軍用粗備矣臣聞軍國異容施於封畿之內兵農並脩在於疆埸之表攻守之宜皆由其習任其怯勇山陵川陸之形寒暑温涼之氣各由本性易則害生是故戍申作師遠屯清濟功費既重嗟怨亦深以臣料之未若即用彼衆之易也管子治齊寄令在民商君為秦設以耕戰終申威定霸行其志業非苟任強實由有數梁用走卒其邦自滅齊用技擊厥衆亦離漢魏以來茲制漸絕蒐田非復先王之禮治兵徒逞耳目之欲有急之日民不知戰至乃廣延賞募奉以厚秩發遞奔救天下騷然方伯刺史拱手坐聽自無經畧唯望朝廷遣軍此皆忘戰之害不教之失也今移民實內浚治城隍族居聚處課其騎射長吏簡試差品能不甲科上第漸就優別明其勳才表言州郡如此則屯部有常不遷其業內護老弱外通官

途朋曹素定同憂等樂情由習親藝因事著書戰見貌足相識夜鬪聞聲足相救斯教戰之一隅先哲之遺術論者必以古城荒毀難可修復今不謂頓便加功整麗如舊但欲先定民營其閭術壚埏存者因而即之其有毀缺權時柵斷足以禦鈔輕兵防遏游騎假以方將漸就只立車牛之賦課仗之宜攻守所資軍國之要今因民所利導而率之耕農之器為府庫之實田蠶之課兼扞城之用千家總倍旅之兵萬戶具全軍之衆兵強而敵不戒國富而民不勞比於僑復隊伍坐食廩糧者不可同年而校矣今承平來久邊令弛縱弓幹利鐵既不都斷往歲棄甲甚二十年課其所住理應消壞謂宜申明舊制延加禁塞諸商賈往來幢隊挾藏者皆以軍法治之又界上嚴立關候杜發閒蹊城保之境諸所課仗並加雕鐫別造程式若有遺鉄亡刃及私為竊盜者皆可立驗於事為長又鉅野湖澤廣大南通洙泗

北連青齊有舊縣城正在澤內宜立式修復舊堵利其埤遏給輕艦
百艘寇若入境引艦出戰左右隨宜應接據其師津毀其航漕此以
利制車達我所長亦微徹敵之要也
後魏大武帝延和中薄骨律鎮將刁雍表曰臣聞安不忘亂先聖之
政也況綏服之外帶接邊城防守不備無以禦敵者也臣鎮所管河
西爰在邊表常懼不虞平地積穀實難守護兵人散居無所依恃脫
有妖姧必致狼狽雖欲自固無以得全今求造城儲穀置兵備守鎮
自建立史不煩官又欲三時之隙不令廢農一歲二歲不訖三歲必
成立城之所必在水陸之次大小高下量力取辦詔許之
帝蒐于河西詔司徒崔浩詣行在所議軍事浩表曰昔漢武帝患匈
奴彊盛故開涼州五郡通西域勸農積穀為滅賊之資東西迭擊故
漢未疲而匈奴已弊後遂入朝昔平涼州臣愚以為北賊未平征役

不息可不徙其民案前世故事計之長者若遷民人則土地空虛雖
有鎮戍適可禦邊而已至於大舉軍資必乏陛下知此事闊遠竟不
施用如臣愚意猶如前議募徙豪彊大家充實涼土軍舉之日東西
齊勢此計之得者
孝文帝延興中尚書奏以敦煌一鎮介遠西北寇賊路衝慮或不固
欲移就涼州群官會議僉以為然給事中韓秀獨謂非便曰此蹙國
之事非闢土之宜愚謂敦煌之立其來已久雖土隣強寇而兵人素
習縱有姦竊不能為害循常置戍足以自全進斷北狄之覘途退塞
西夷之闚路若徙就姑臧慮人懷異意或貪留重遷情不願徙脫引
寇內侵深為國患且敦煌去涼州及千餘里捨遠就近遙防有闕一
旦廢罷是啓戎心則夷狄交構互相往來恐醜徒恊契侵竊涼土及
近諸戍則關右荒擾烽警不息邊役興艱難方甚乃從秀議

時車駕南伐以李沖兼左僕射留守洛陽車駕渡淮別詔安南大將
軍元英平南將軍劉藻討漢中召雍涇岐三州兵六千人擬戍南鄭
尅城則遣沖表諫曰秦州險阨地接羌夷自西師出後餉援連續加
氐胡叛逆所在奔命運糧擐甲迄茲未已今復豫差戍卒懸擬山外
雖加優復恐猶驚駭脫終攻不尅徒動民情連胡結夷事或難測輒
依旨密下刺史待軍尅鄭城然後差遣如臣愚見猶謂未足何者西
道險阨單徑千里今欲深戍絕界之外孤據群賊之口敵攻不可卒
援食盡不可運糧古人有言雖鞭之長不及馬腹南鄭於國實為馬
腹也且昔人攻伐或城降而不取仁君用師或撫民而遺地且王者
之舉情在拯民夷寇所守意在惜地校之二義德有淺深惠聲已遠
何遽於一城哉且魏境所掩九州過八民人所臣十分而九所未民
者惟漢北之與江外耳羈之在近豈急急於今日也宜待大開疆宇

廣拔城聚多積資糧食足支敵然後置邦樹將為吞并之舉今鍾離
壽陽密邇未拔諸城新野跬步弗降所尅者舍之而不取所降者撫
之而旋戮東道既未可以近力守西蕃寧可以遠兵固若果欲置者
臣恐終以資敵也又今建都土中地接寇壤方須大收死士平蕩江
會輕遣單寡棄令陷沒恐後舉之日眾以留守致懼求其死效未易
可獲推此而論不戍為上高祖從之
尚書中書監高閭上表曰臣聞為國之道其要有五一曰文德二曰
武功三曰法度四曰防固五曰刑賞故遠人不服則脩文德以來之
荒狡放命則播武功以威之民未知戰則制法度以齊之暴敵輕侵
則設防固以禦之臨事制勝則明刑賞以勸之用能闢國寧方征伐
四剋北狄悍愚同於禽獸所長者野戰所短者攻城若以狄之所短
奪其所長則雖眾不能成患雖來不能內逼又狄散居野澤隨逐水

草戰則與家產並至奔則與畜牧俱逃不齎資糧而飲食足是以古人伐北方攘其侵掠而已歷代爲邊患者良以倏忽無常故也六鎮勢分倍衆不鬪互相圍逼難以制之昔周命南仲城彼朔方趙靈秦始長城是築漢之孝武踵其前事此四代之君皆帝王之雄傑所以同此役者非智術之不長兵衆之不足乃防狄之要事其理宜然故也易稱天險不可升地險山川丘陵王公設險以守其國長城之謂歟今宜依故於六鎮之北築長城以禦北虜雖有暫勞之勤乃有永逸之益如其一成惠及百世即於要害往往開門造小城於其側因地却敵多有弓弩狄來有城可守有兵可捍既不攻城野掠無獲草盡則走終必懲艾宜發近州武勇四萬人及京師二萬人合六萬人爲武士於苑內立征北大將軍府選忠勇有志幹者以充其選下置官屬分爲三軍二萬人專習弓射二萬人專習戈楯二萬人專習騎

矟修立戰場十日一習採諸葛亮八陣之法爲平地禦寇之法使其解兵革之宜識旌旗之節器械精堅必堪禦寇使將有定兵兵有常主上下相信晝夜如一七月發六部兵六萬人各備戎作之具敕臺北諸屯倉庫隨近作米俱送北鎮至八月征北部率所領與六鎮之兵直至磧南揚威漠北狄若來拒與之決戰若其不來然後散分其地以築長城計六鎮東西不過千里若一夫一月之功當三步之地三百人三里三千人三十里三萬人三百里則千里之地彊弱相兼計十萬人一月必就運糧一月不足爲多人懷永逸勞而無怨計築長城其利有五罷遊防之苦其利一也北部放牧無抄掠之患其利二也登城觀敵以逸待勞其利三也省境防之虞息無時之備其利四也歲常遊運永得不匱其利五也又任將之道特須委信遣之以禮恕之以情閫外之事有利輙決赦其小過要其大功足其兵力資其給用君臣相體若身之使臂然後忠勇可立制勝可果是以忠臣盡其心征將竭其力雖三敗而逾榮雖三背而弥寵

歷代名臣奏議卷之三百二十

禦邊

後魏宣武帝正始間議邊戍事豫州中正袁翻議曰臣聞兩漢警於西北魏晉備在東南是以鎮邊守塞必寄威重伐叛柔服寔賴溫良故田叔魏尚聲高於沙漠當陽鉅平績流於江漢紀籍用為美談今古以為盛德自皇上以叡明纂御風淑化遠威厲秋霜惠霑春露故能使淮海輸誠華陽即序連城請面比屋歸仁懸車劍閣豈伊襄載鼓橾金陵復在茲日然荊揚之牧宜盡一時名望梁益之君尤須當今秀異自比緣邊州郡官至便銓疆場統戍階當即用或值穢德凡人或遇貪家惡子不識字民溫恤之方唯知重役殘忍之法廣開戍邏多置帥領或用其左右姻親或受人貨財請囑皆無防寇禦賊之心唯有通商聚斂之意其勇力之兵驅令抄掠若值彊敵即為奴

虜如有執獲奪為己富其羸弱老小之輩微解金鐵之工少閑草木之作無不搜營窮壘苦役百端自餘或伐木深山或耘草平陸販貿往還相望道路此等祿既不多資亦有限皆收其實絹給其虛粟窮其力薄其衣用其功節其食綿冬歷夏加之疾苦死於溝瀆者常十七八焉是以吳楚間伺審此虛實皆云糧匱兵疲易可乘擾故驅率犬羊屢犯疆場頃年已來甲冑生蟣十萬在郊千金日費為弊之深一至於此皆由邊任不得其人故延若斯之患賈生所以痛哭良有以也夫潔其流者清其源理其末者正其本既失之在始庸可止乎愚謂自今已後荊揚徐豫梁益諸藩及所統郡縣府佐統軍至于戍主皆令朝臣王公已下各舉所知必選其才不拘階級若能統御有方清高獨著威足臨戎信能懷遠撫循將士得其忻心不營私潤專修公利者則就加爵賞使久於其任以時褒賚厲其忠款所舉之人亦垂優異獎其得士嘉其誠節若不能一心奉公才非捍禦貪惏日富經畧無聞人不見德兵厭其勞者即加顯戮用彰其罪所舉之人隨事免降責其謬薦罰其僞薄如此則舉人不得挾其私受任不得孤其舉善惡既審沮勸亦明庶邊患永消譏議攸息矣

宣武帝時蠕蠕入寇詔侍中源懷征之懷至雲中蠕蠕亡遁懷旋至恒代案視諸鎮左右要害之地可以築城置戍之處皆量其高下揣其厚薄及儲糧積仗之宜犬牙相救之勢凡表五十八條表曰蠕蠕不羈自古而爾遊魂鳥集水草為家中國患者皆斯類耳歷代驅逐莫之能制雖北拓榆中遠臨瀚海而智臣勇將力算俱竭胡人頗遁中國以疲于時賢哲思造化之至理推生民之習業量夫中夏粒食邑居之民蠶衣儒步之士荒表茹毛飲血之類鳥宿禽居之徒親校短長因宜防制知城郭之固暫勞永逸自皇魏統極都於平城威震天

下德籠宇宙今定鼎成周去北遙遠代表諸蕃北固高車外叛尋遭旱儉戎馬甲兵十分闕八去歲復鎮陰山庶事蕩盡遣尚書郎中韓貞朱世量等檢行要險防遏形便謂準舊鎮東西相望令形勢相接築城置戍分兵要害勸農積粟警急之日隨便翦討如此則威形增廣兵勢亦盛且北方沙漠夏乏水草時有小泉不濟大衆脫有非意要待秋冬因雲而動若至冬日冰沙凝厲遊騎之寇終不敢攻城亦不敢越城南出如此北方無憂矣帝從之

孝明帝神龜末袁翻遷冠軍將軍涼州刺史蠕蠕主阿那瓌後主婆羅門並以國亂來降朝廷問翻安置之所翻表曰謬以非才忝荷邊任猥垂訪逮安置蠕蠕主阿那瓌婆羅門等處所遠近利害之宜竊惟匈奴為患其來久矣雖隆周盛漢莫能障服衰弱則降富彊則叛是以方叔召虎不遑自息衛青去病勤亦勞止或修文德以來之或

興干戈以伐之而一得一失利害相侔故呼韓來朝左賢入侍史籍謂之盛事千載以為美談至于皇代勃興威馭四海爰在北京仍梗疆埸自卜惟洛食定鼎伊瀍高車蠕蠕迭相吞噬始則蠕蠕衰微高車強盛蠕蠕則自救靡暇高車則僻遠西北及蠕蠕復振反破高車主喪民離不絕如綫而高車今能終雪其恥復摧蠕蠕者正由種類繁多不可頓滅故也然鬭此兩敵即卞莊之算得使境上無塵數十年中者抑此之由也今蠕蠕為高車所討滅外憑大國之威靈兩主投身一朞而至百姓歸誠萬里相屬進希朝廷哀矜克復宗社退望庇身有道保其妻兒雖乃遠夷荒桀不識信順終無純固之節必有孤負之心然興亡繼絕列聖同規撫降卹附綿經共軌若棄而不受則虧我大德若納而禮待則損我資儲來者既多全徙內地非直其情不願迎送艱難然夷不亂華殷鑒無遠覆車在於劉石毀轍固不

可尋且蠕蠕尚存則高車猶有內顧之憂未暇窺窬上國若蠕蠕全滅則高車跋扈之計豈易可知今蠕蠕雖主奔於上民散於下而餘黨實繁部落猶眾處處棊布以望今主耳高車亦未能一時并兼盡令率附又高車士馬雖眾主甚愚弱上不制下下不奉上唯以掠盜為資陵奪為業而河西捍禦彊敵唯涼州敦煌而已涼州土廣民希糧仗素闕燉煌酒泉空虛尤甚若蠕蠕無復堅立令高車獨擅北垂則西顧之憂匪旦伊夕愚謂蠕蠕二主皆宜存之居阿那瓌於東偏處婆羅門於西裔分其降民各有攸屬那瓌住所非所經見其中事勢不敢輒陳其婆羅門請修西海故城以安處之西海郡本屬涼州今去酒泉直北張掖西北千二百里去高車所住金山一千餘里正是北虜往來之衝要漢家行軍之舊道土地沃衍大宜耕殖非但今處婆羅門於事為便即可永為重戍鎮防西北宜遣一良將加以配衣

糧仍令監護婆羅門凡諸州鎮應徙之兵隨宜割配且田且戍雖外為置蠕蠕之舉內實防高車之策一二年後足食足兵斯固安邊保塞之長計也若婆羅門能自克厲使餘燼歸心收離聚散復興其國者乃漸令北轉徙渡流沙即是我之外蕃高車勍敵西北之虞可無過慮如其姦回返覆孤恩背德者此不過為逋逃之寇於我何損今不早圖戎心一啓脫先據西海奪我險要則酒泉張掖自然孤危長河以西終非國有不圖厥始而憂其終噬臍之恨悔將何及愚見如允乞遣大使往涼州敦煌及於西海躬行山谷要害之所親閱亭障遠近之宜商量士馬校練糧仗部分見定處置得所入春西海之間即令播種至秋收一年之食使不復勞轉輸之功也且西海北垂即是大磧野獸所聚千百為羣正是蠕蠕射獵之處殖田以自供籍獸以自給彼此相資足以自固今之豫度微似小損歲終大計其利實

多高車豺狼之心何足以信假令稱臣致款正可外加優納而復內脩弥深所謂先人有奪人之心者也時朝議是之

孝明帝時尚書左僕射拓跋暉上疏曰安人寧邊觀時而動頃來邊將亡遠大之略貪萬一之功楚梁之好未聞而蠶婦之怨屢結斯乃庸人所為鋭於姦利之所致也平吳之討自有良圖不在於一城一戍也又河北數州國之基本饑荒多年戶口流散方今境上兵復徵發即如此日何易舉動愚謂數年以來唯宜靜邊以息占役安人勸農惠此中夏請嚴敕邊將自今有賊戍求內附者不聽輒遣援接皆須表聞違者雖有功請以違詔書論

隋文帝以隴西頻被寇掠甚患之彼俗不設村塢敕大將軍賀婁子幹勸民為堡營田積穀以備不虞子幹上書曰比者兇寇侵擾蕩滅之期匪朝伊夕伏願聖慮勿以為懷今臣在此觀機而作不得準詔

行事且隴西河右土曠民稀邊境未寧可廣為田種比先屯田之所獲少費多虛役人功卒逢賊暴屯田[illegible]遠者請皆廢省但隴右之民以畜牧為業若更屯聚終不獲安只可嚴謹斥候豈容集人聚畜請要路之所加其防守但使鎮戍連接烽候相望民雖散居必謂無慮帝從之

唐高宗永淳中突厥圍豐州都督崔智辯戰死朝廷議棄豐保靈夏朔州長史唐休璟以為不可上疏曰豐州控河遏寇號為襟帶自秦漢以來常郡縣之土田良美宜耕牧隋季喪亂不能堅守乃遷就寧慶戎羯得以乘利而交侵始以靈夏為邊唐初募人以實之西北一隅得以完固今而廢之則河傍地復為賊有而靈夏亦不足自安非國家利也高宗從其言

武后永昌中詔右鷹揚衛將軍王孝傑為武威道行軍總管率西州都督唐休璟左武衛大將軍阿史那忠節擊吐蕃大破其衆復取四鎮更置安西都護府於龜茲以兵鎮守議者請廢四鎮勿有也右史崔融獻議曰戎狄為中國患尚矣五帝三王所不臣漢以百萬衆困平城其後武帝赫然發憤甘心四夷張騫始通西域列四郡據玉關斷匈奴右臂稍稍度河湟築令居以絕南羌於是障候亭燧出長城數千里傾府庫殫士馬行人使者歲月不絕至作皮幣算緡法稅舟車榷酒酤夫豈不懷為長久計然匈奴於是孤特遠竄遂開西域置使者領護光武中興皆復內屬至於延光三絕三通太宗文皇帝踐漢舊跡並南山抵葱嶺剖裂府鎮烟火相望吐蕃不敢內侮高宗時有司無狀棄四鎮不能有而吐蕃遂張入焉耆之西長鼓右驅踰高昌歷車師鈔常樂絕莫賀延磧以臨燉煌今孝傑一舉而取四鎮還先帝舊封若又棄之是自毀成功而破完策也夫四鎮無守胡兵必

臨西域西域震則威讋南羌南羌連衡河西必危且莫賀延磧袤二千里無水草若北接虜唐兵不可度而北則伊西北庭安西諸蕃悉亡議乃格

永昌中以兵五百戍姚州地險瘴到屯即死蜀州刺史張柬之論其弊曰姚州古哀牢之舊國絕域荒外山高水深自生人以來洎於後代不與中國交通前漢唐蒙開夜郎滇筰而哀牢不附至光武季年始請內屬漢置永昌郡以統理之乃收其鹽布氈罽之稅以利中土其國西通大秦南通交阯奇珍異寶進貢歲時不闕劉備據有巴蜀常以甲兵不充及備死諸葛亮五月渡瀘收其金銀鹽布以益軍儲使張伯岐選其勁卒勇兵以增武備故蜀志稱自亮南征而國以富饒甲兵充足由此言之則前代置郡其利頗深今鹽布之稅不供珍奇之貢不入戈戟之用不實於戎行寶貨之資不輸於大國而空竭府庫驅率平人受役蠻夷肝腦塗地臣竊為國家惜之漢以得利既多歷博南山涉蘭倉水更置博南哀牢二縣蜀人愁怨行者作歌曰歷博南越蘭津渡蘭倉為他人蓋譏漢貪珍奇鹽布之利而使蠻夷之所馳役也漢獲其利人且怨歌今減耗國儲費用日廣而使陛下之赤子身膏野草骸骨不歸老母幼子哀號望祭於千里之外於國家無絲髮之利在百姓受終身之酷臣竊為國家痛之往者諸葛亮破南中使其渠率自相統領不置漢官亦不留兵鎮守人問其故亮言置官留兵有三不易大意以置官夷漢雜居猜嫌必起留兵運糧為患更重忽若反叛勞費更多粗設綱紀自然久定臣竊以亮之此策妙得羈縻蠻夷之術今姚府所置之官既無安邊靜寇之心又無葛亮且縱且擒之技唯知詭謀狡算恣情割剝貪饕劫略積以為常扇動酋渠遣成朋黨折支諂笑取媚蠻夷拜跪趨伏無復慚恥

授挈子弟嘯引兇愚聚會蒲博一擲累萬劒南逋逃中原亡命有二千餘戶見散在彼州專以掠奪為業姚州本龍朔中武陵縣主簿石子仁奏置之後長史李孝讓辛文協並為羣蠻所殺前朝遣郎將趙武貴討擊貴及蜀兵應時破敗噍類無遺又使將軍李義揔等往征郎將劉惠基在陣戰死其州遂廢臣竊以諸葛亮稱置官留兵有三不易其言乃驗至垂拱四年蠻郎將王善寶昆州刺史爨乾福又請置州奏言所有課稅自出姚府管內更不勞擾蜀中及置州後錄事參軍李陵為蠻所殺延載中司馬成琛奏請於瀘南置鎮七所遣蜀兵防守自此蜀中搔擾于今不息且姚府揔管五十七州巨猾遊客不可勝數國家設官分職以化俗防姦無恥無厭狼藉至此今不問夷夏負罪並深見道路劫殺不能禁止臣恐一朝驚擾為禍轉大伏乞省罷姚州使隷嶲府歲時朝覲同之蕃國瀘南諸鎮亦皆廢於瀘北置關百姓自非奉使入蕃不許交通來往增嶲府兵選擇清良宰牧以統理之臣愚將為穩便

萬歲通天中發兵戍疏勒四鎮同鳳閣鸞臺平章事狄仁傑諫曰臣聞天生四夷皆在先王封域之外故東距滄海西隔流沙北橫大漠南阻五嶺此天所以限夷狄而隔中外也自典籍所紀聲教所及三代不能至者國家盡兼之矣此則今日之四境已逾於夏殷者也詩人矜薄伐於太原美化行於江漢是則前代之遠裔而國家之域中至前漢時匈奴無歲不犯邊殺畧吏人後漢則西羌侵軼漢中東寇三輔入河東上黨幾至洛陽由此言之則陛下今日之土宇過於漢朝遠矣若其用武荒外邀功絶域竭府庫之實以爭磽确不毛之地得其人不足以增賦獲其土不可以耕織苟求冠帶遠夷之稱不務固本安人之術此秦皇漢武之所行非五帝三王之事業也若使越

荒外以為限竭資財以騁欲非但不愛人力亦所以失天心也昔始皇窮兵極武以求廣地男子不得耕於野女子不得蠶於室長城之下死者如亂麻於是天下潰叛漢武追高文之宿憤藉四帝之儲實於是定朝鮮討西域平南越擊匈奴府庫空虛盜賊蜂起百姓嫁妻賣子流離於道路者萬計末年覺悟息兵罷役封丞相為富民侯故能為天所祐也昔人有言曰與覆車同軌者未嘗安此言雖小可以喻大近者國家頻歲出師所費滋廣西戍四鎮東戍安東調發日加百姓虛弊開守西域事等石田費用不支有損無益轉輸靡絶杼軸殆空越磧踰海分兵防守行役既久怨曠亦多昔詩人云王事靡盬不能藝稷黍豈不懷歸畏彼罪罟念彼蒸人涕零如雨此則前代怨思之辭也上不是恤則政不行而邪氣作邪氣作蟲螟生而水旱起若此雖禱祀百神不能調陰陽矣方今關東饑饉蜀漢逃亡江淮已南徵求不息人不復業則相率為盜本根一搖憂患不淺其所以然者皆為遠戍方外以竭中國爭蠻貊不毛之地乖子育蒼生之道也昔漢元納賈捐之之謀而罷朱崖郡宣帝用魏相之策而棄車師之田豈不欲慕尚虛名蓋憚勞人力也近貞觀年中尅平九姓冊李思摩為可汗使統諸部者蓋以夷狄叛則伐之降則撫之得推亡固存之義無遠戍勞人之役此則近日之令典綏邊之故事竊見阿史那斛瑟羅陰山貴種代雄沙漠若委之四鎮使統諸蕃封為可汗遣禦寇患則國家有繼絶之美荒外無轉輸之役如臣所見請捐四鎮以肥中國罷安東以實遼西省軍費於遠方并甲兵於塞上則恒代之鎮重而邊州之備實矣况綏撫夷狄蓋防其越逸無侵侮之患則可矣何必窮其窟穴與螻蟻計校長短哉且王者外寧必有內憂蓋為不勤修政故也伏惟陛下棄之度外無以絶域未平為念但當勅

邊兵謹守備蓄銳以待敵待其自致然後擊之此李牧所以制匈奴也當今所要者莫若令邊城警守備遠斥候聚軍實蓄威武以逸待勞則戰士力倍以主禦客則我得其便堅壁清野則寇無所得自然賊深入必有顛躓之慮淺入必無俘虜之益如此數年可使二虜不擊而服矣

玄宗開元六年張說上書曰臣頓首死罪皇帝陛下先帝以臣賤復忠孝使臣啓發聖明故得侍讀春宮風承天眷景雲中歲兼掌樞密內當沸騰之日外禦傾奪之勢陛下監撫既安自天所祐臣協贊之意明神啓之開元之始首典鈞軸智小任大禍過災生出守三州違離六載曲直非已昇降由人惟君知臣事不待說今改秩邊鎮委重戎麾竊以兩蕃近和能無同異九姓遠附未閑撫納欲賊殺無侵擾之慮保寧兩蕃受徵發之盟臣愚料之恐未然矣何者賊殺新音必

遲兵威賊兵所加必收九姓九姓若去兩蕃搖矣九姓雖屬并州節度然共幽州密迩脫有風塵倚事不至臣孰問幽州兵馬寡弱拳欲排比未可即戎城中倉粮全無貯積設若不迫臣實憂之伏乞聖慈深以垂意傳詢舊將預為籌畫若早圖之必無後悔且孤臣摠眾易起猜嫌寬大失濟事之宜嚴整招怨讟之誘遠辭天聽臨路徬徨如有論告臣身奏劾軍事者乞追臣面問對定真虛則日月無可蔽之期幽遠有自通之望伏願留書在內時加矜察

玄宗時張九齡論東北軍未可輕動狀奏曰右高力士宣奉勅張守珪所進送突厥生口具問知委曲故令劉思賢去者臣等伏以北虜凶狡誠以難保其心然陛下以恩澤懷柔歲月已久使彼射武頓改頑暴以事觀察信然不虛何者昨李佺使迴虜亦具云東下中間或言難信至今果如所說即是輸誠於國未有他詐且契丹等翻覆或

往或來今其東討雖未禀命在於戎狄亦不可責於常理若因而罰之今亦使除患陛下先有聖料以為如此臣等常竊志之固非所及今其來也若契丹等偶勝北虜勢衰因而乘之滅其太半審料必取始可決行事若不然而軍將妄動復結大隙亦以不信為國生患莫甚於此臣伏以在邊諸將苟利一軍使即行之以邀榮賞不思遠計誠是大失今劉思賢往望將降書處分守珪必為遠圖無得妄動坊約諸將使知聖心縱虜廷聞之尤彰天澤未審可否謹錄狀奏聞

代宗大曆八年元載上言曰西鎮北庭既治涇州無險要可守隴山高嶮南連秦嶺北抵大河今國家西境盡潘原而吐蕃戍摧沙堡原州居其中間當隴山之口其西皆監牧故地草肥水美平涼在其東獨耕一縣可給軍食故壘尚存吐蕃棄而不居每歲夏吐蕃畜牧青海去塞甚遠若乘間築之二旬可畢移京西軍戍原州移郭子儀軍戍涇州為之根本分兵守

石門木峽漸開隴右進達安西據吐蕃腹心則朝廷可高枕矣

九年郭子儀入朝對延英帝與語吐蕃方彊慷慨至流涕退上書曰朔方國北門西禦犬戎北虞獫狁五城相去三千里開元天寶中戰士十萬馬三萬匹僅支一隅自先帝受命靈武戰士從陛下征討無寧歲頃以懷恩亂瘡傷彫耗亡三分之二比天寶中止十之一今吐蕃兼吞河隴雜羌渾之眾歲深入畿郊勢踰十倍與之角勝豈易得邪屬者虜來稱四節度將別萬人人兼數馬臣所統士不當賊四之一馬不當賊百之二外畏內懼將何以安臣惟陛下制勝力非不足但簡練不至進退未一時淹師老地廣勢分願於諸道料精卒滿五萬者列屯北邊則制勝可必竊惟河南河北江淮大鎮數萬人者數千彈屈稟給未始蒐擇臣請追赴關中勒步隊示金鼓則攻必破守必全長久之策也

中書侍郎同中書門下平章事陸贄論緣邊守備事宜狀奏曰右臣

歷覽前代史書皆謂鎮撫四夷宰相之任不揆闇劣輒敢上言誠以備邊禦戎國家之重事理兵足食備禦之大經兵不理則無可用之師食不足則無可因之地理兵在制置得所足食在斂導有方陛下幸聽愚言先務積穀人無加賦官不費財坐致邊儲數逾百萬諸鎮收糴今已向終分貯軍城用防艱急縱有寇戎之患必無乏絕之憂守此成規以為永制恒收冗費益贍邊農則更經二年可積十萬人三歲之粮矣足食之原粗立理兵之術未精敢試籌畫庶備採擇伏以戎狄為患自古有之其於制禦之方得失之理備存史籍可得而言大抵尊即序者則曰非德無以化要荒曾莫知威不立則德不能馴也樂武威者則曰非兵無以服凶獷曾莫知德不修則兵不可恃也務和親者則曰要結可以睦鄰好曾莫知我結之而彼復解之也美長城者則曰設險可以固邦國而扞寇讎曾莫知力不足而人不堪則險之不能恃城之不能有也尚薄伐者則曰驅遏可以禁侵暴而省征徭曾莫知兵不鋭壘不完則遏之不能勝驅之不能去也議邊之要略盡於斯雖互相譏評然各有偏廢聽一家之說則理例可徵考歷代所行則成敗異效是由執常理以御其不常之勢徇所見而昧於所遇之時夫中夏有盛衰夷狄有強弱事機有利害措置有安危故無必定之規亦無長勝之法夏后以序戎而聖化茂古公以避狄而王業興周城朔方而玁狁攘秦築臨洮而宗社覆漢武討匈奴而貽悔太宗征突厥而致安文景約和親而不能弭患於當年宣元弘撫納而足以保寧於累葉蓋以中夏之盛衰異勢夷狄之強弱異時事機之利害異情措置之安危異便知其事而不度其時則敗附其時而不失其稱則成形變不同胡可專一夫以中國強盛夷狄衰微而能屈膝稱臣歸心受制拒之則阻其嚮化威之則類於殺降

安得不存而撫之即而序之也又如中國強盛夷狄衰微而尚棄信扞盟蔑恩肆毒諭之不變責之不懲安得不取亂推亡息人固境也其有遇中國喪亂之弊當夷狄強盛之時圖之則彼釁未萌禦之則我力不足安得不卑詞降禮約好通和啗之以利以引其懽心結之以親以紓其交禍縱不必信且無大侵雖非御戎之善經蓋時事亦有不得已而然也儻或夷夏之勢強弱適同撫之不寧威之不靖力足以自保勢不足以出攻安得不設險以固軍訓師以待寇來則薄伐以遏其深入去則攘斥而戒於遠追雖非安邊之令圖蓋勢力亦有不得已而然也故夏之即序周之于攘太宗之翦亂皆乘其時而善用其勢者也古公之避狄文景之和親神堯之降禮皆順其時而不失其稱者也秦皇之長城漢武之窮討皆知其事而不度其時者也向若遇孔熾之勢行即序之方則見侮而不從矣乘可取之資懷畏避之志則失機而養寇矣有攘卻之力用和親之謀則示弱而勞費矣當降屈之時務翦伐之略則召禍而危殆矣故曰知其事而不度其時則敗附其時而不失其稱則成是無必定之規亦無長勝之法得失著效不其然歟至於察安危之大情計成敗之大數百代之不變易者蓋有之矣其要在於失人肆慾則必覆任人從衆則必全此乃古今所同而物理之所一也國家自祿山構亂肅宗中興撤邊備以靖中邦借外威以寧內難於是吐蕃乘釁吞噬無厭迴紇矜功馮陵亦甚中國不遑振旅四十餘年使傷耗遺甿竭力蠶織西輸賄幣北償馬資尚不足塞其煩言滿其驕志復又遠徵士馬列戍疆陲猶不能遏其奔衝止其侵侮小入則驅略黎庶深入則震驚郊畿時有議安邊之策者多務於所難而忽於所易勉於所短而略於所長遂使所易所長者行之而其要不精所難所短者圖之而其功靡就

憂患未弭職斯之由夫制敵行師必量事勢勢有難易事有後先力
大而敵脆則先其所難是謂奪人之心暫勞而久逸者也力寡而敵
堅則先其所易是謂固國之本觀釁而後動者也頃屬多故人勞未
瘳而欲廣發師徒深踐寇境復其侵地攻其堅城前有勝負未必之
虞後有餽運不繼之患儻或撓敗適所以啓戎心而挫國威以此爲
安邊之謀可謂不量事勢而務於所難矣天之授者有分事無全功
地之產者有物宜無兼利是以五方之俗長短各殊長者不可踰短
者不可企勉所短而校其所長必殆用所長而乘其所短必安強者
乃以水草爲邑居以射獵供飲茹多馬而尤便馳突輕生而不恥敗
亡此戎狄之所長也戎狄之所長乃中國之所短而欲益兵蒐乘角
力爭驅交鋒原野之間決命尋常之內以此爲禦寇之術可謂勉所
短而校其所長矣務所難勉所短勞費百倍終於無成雖果成之不

挫則廢豈不以越天授而違地產虧時勢以反物宜者哉將欲去危
就安息費從省在其慎守所易精用所長而已若乃擇將吏以撫寧
衆庶修紀律以訓齊師徒耀德以佐威能邇以柔遠禁侵掠之暴以彰
吾信抑攻取之議以安戎心彼求和則善待而勿與結盟彼爲寇則
嚴備而不務報復此當今之所易也賤力而貴智惡殺而好生輕利
而重人忍小以全大安其居而後動俟其時而後行是以脩封疆守
要害塹蹊隧壘軍營謹禁防明斥候務農以足食練卒以蓄威非萬
全不謀非百克不鬬寇小至則張聲勢以遏其入寇大至則謀其大
以邀其歸據險以乘之多方以悞之使其勇無所加衆無所用掠則
靡獲攻則不能進有腹背受敵之虞退有首尾難救之患所謂乘其
弊不戰而屈人之兵此中國之所長也我之所長乃戎狄之所短我
之所易乃戎狄之所難以長制短則用力寡而見功多以易敵難則

財不匱而事速就捨此不務而反爲所乘斯謂倒持戈矛以鐏授寇
者也今則皆務之矣然猶守封未固寇戎未懲者何也其病在於謀
無定用衆無適從所任不必才才者不必任所聞不必實實者不必
聞所信不必誠誠者不必信所行不必當當者未必行故令措置乖
方課責虧度財匱於兵衆力分於將多怨生於不均機失於遙制臣
請爲陛下粗陳六者之失惟明主慎聽而熟察之臣聞工欲善其事
必先利其器武欲勝其敵必先練其兵練兵之中所用復異用之於
救急則權以紓難用之於暫敵則緩以應機故事有便宜而不拘常
制謀有奇詭而不徇衆情進退死生唯將所命此所謂攻討之兵也
用之於屯戍則事資可久勢異從權非物理所愜不寧非人情所欲
不固夫人情者利焉則勸習焉則安保親戚則樂生顧家業則忘死
故可以理術馭不可以法制驅此所謂鎮守之兵也夫欲備封疆禦

戎狄非一朝一夕之事固當選鎮守之兵以置焉古之善選置者必
量其性習辨其土宜察其技能知其欲惡用其力而不違其性齊其
俗而不易其宜引其善而不責其所不能禁其非而不處其所不欲
而又類其部伍安其室家然後能使之樂其居定其志奮其氣勢結
其恩情撫之以惠則感而不驕臨之以威則肅而不怨靡督課而人
自爲用弛禁防而衆自不攜故出則足兵居則足食守則固戰則強
其術無他便於人情而已矣今者散徵士卒分戍邊陲更代往來以
爲守備是則不量性習不辨土宜邀其所不能強其所不欲求廣其
數而不考其用將致其力而不察其情斯可以爲羽衛之儀而無益
於備禦之實也何者窮邊之地千里蕭條寒風裂膚驚沙慘目與豺
狼爲鄰伍以戰鬬爲嬉遊晝則荷戈而耕夜則倚烽而覘日有剽害
之慮永無休暇之虞地惡人勤於斯爲甚自非生於其域習於其風

幼而覩焉。長而安焉。不見樂土而不遷焉。則罕能寧其居而狎其敵
也。關東之壤。百物阜殷。從軍之徒。尤被優養。慣於溫飽。狎於歡康。比
諸邊隅。若異天地。聞絕塞荒陬之苦。則辛酸動容。聆強蕃勁虜之名。
則懾駭奪氣。而乃使之去親族。捨園廬。甘其所辛酸。抗其所懾駭。將
冀為用。不亦疎乎。矧又有休代之期。無統帥之馭。資奉若驕子。姑息
如倩人。進不邀之以成功。退不處之以嚴憲。其來也咸負得色。其止
也莫有固心。屈指計歸。張頤待飼。僥倖者猶患還期之賒緩。恒念戎
醜之充斥。王師挫傷。則將乘其亂離。布路東潰。情志且尒。得之奚為。
平居則殫耗資儲。以奉浮冗之衆。臨難則拔棄城鎮。以搖遠近之心。
其弊豈唯無益哉。固亦將有所撓也。復有抵犯刑禁。謫徙軍城。意欲
增戶實邊。兼令展効自贖。既是無良之類。且加懷土之情。思亂幸災。
又甚戍卒。適足煩於防衛。諒無望於功庸。雖前代時或行之。固非良

筭之可遵者也。復有擁旄之帥。身不臨邊。但分偏師。俾守疆埸。大抵
軍中壯鋭。元戎例選自隨。委其疲羸。乃配諸鎮。節將既居內地。精兵
祇備紀綱。遂令守要禦衝。恒在寡弱之卒。寇戎每至。力勢不支。入壘
者纔足閉關。在野者悉遭劫執。資其芟蹂。盡其搜毆。比及都府聞知
虜已尅獲旋返。且安邊之本。所切在兵。理兵若斯。可謂措置乖方矣。
夫賞以存勸。罰以示懲。勸以懋有庸。懲以威不恪。故賞罰之於馭衆
也。猶繩墨之於曲直。權衡之揣重輕。輗軏之所以行車。銜勒之所以
服馬也。馭衆而不用賞罰。則善惡相混。而能否莫殊。用之而不當功
過。則姦妄寵榮。而忠實擯抑。夫如是。若聰明可衒。律度無章。則用與
不用。其弊一也。自頃權移於下。柄失於朝。將之號令。既鮮克行之於
軍。國之典常。又不能施之於將。務相遵養。苟度歲時。欲賞一有功。翻
慮無功者反側。欲罰一有罪。復慮同惡者憂虞。罪以隱忍而不彰。功

以嫌疑而不賞。姑息之道。乃至於斯。故使忘身効節者。獲誚於等夷。
率衆先登者。取怨於士卒。僨軍蹙國者。不懷於愧畏。緩救失期者。自
以為智能。褒貶既闕而不行。稱毀復紛然相亂。人雖欲善。誰為言之。
況又公忠者。直己而不求於人。反罹困厄。敗撓者。行私而苟媚於衆。
例獲優崇。此義士所以痛心。勇夫所以解體也。又有遇敵而所守不
固。陳謀而其效靡成。將帥則以資糧不足為詞。有司復以供給無闕
為解。既相執證。理合辨明。朝廷每為含糊。未嘗窮究曲直。措理者含
聲而靡訴。誣善者罔上而不懲。馭將若斯。可謂課責虧度矣。課責虧
度。措置乖方。將不得竭其才。卒不得盡其力。屯集雖衆。戰陣莫前。虜
每越境橫行。若涉無人之地。遞相推倚。無敢誰何。虛張賊勢上聞。則
曰兵少不敵。朝廷莫之省察。唯務徵發益師。無裨備禦之功。重增供
億之弊。閭井日耗。徵求日繁。以編戶傾家破產之資。兼有司榷鹽稅

酒之利。總其所入。半以事邊。制用若斯。可謂財匱於兵衆矣。今四夷
之最強盛為中國甚患者。莫大於吐蕃。舉國勝兵之徒。纔當中國十
數大郡而已。其於內虞外備。亦與中國不殊。所能寇邊。數則蓋寡。且
又器非犀利。甲不堅完。識迷韜鈐。藝乏趫敏。動則中國懼其衆而不
敢抗。靜則中國憚其強而不敢侵。厥理何哉。良以中國之節制多門。
蕃醜之統帥專一故也。夫統帥專一。則人心不分。人心不分。則號令
不貳。號令不貳。則進退可齊。進退可齊。則疾徐如意。疾徐如意。則機
會靡愆。機會靡愆。則氣勢自壯。斯乃以少為衆。以弱為強。變化翕闢。
在於反掌之內。是由臂之使指。心之制形。若所任得人。則何敵之有。
夫節制多門。則人心不一。人心不一。則號令不行。號令不行。則進退
難必。進退難必。則疾徐失宜。疾徐失宜。則機會不及。機會不及。則氣
勢自衰。斯乃勇廢為尫。衆散為弱。逗撓離析。兆乎戰陣之前。是由一

國三公十羊九牧欲令齊肅其可得乎開元天寶之間控禦西北兩
蕃唯朔方河西隴右三節度而已猶慮權分勢散或使兼而領之中
興已來未遑外討僑隸四鎮於安定權附隴右於扶風所當西北兩
蕃亦朔方涇原隴右河東四節度而已關東戍卒至則屬焉雖委任
未盡得人而措置尚存典制自頃逆泚誘涇原之衆叛懷光汙朔方
之軍割裂誅鋤所餘無幾而又分朔方之地建牙擁節者凡三使焉
其餘鎮軍數且四十皆承特詔委寄各降中貴監臨人得抗衡莫相
稟屬每俟邊書告急方令計會用兵既無軍法下臨唯以客禮相待
是乃從容拯溺揖讓救焚冀無阽危固亦難矣夫兵以氣勢為用者
也氣聚則盛散則消勢合則威析則弱今之邊備勢弱氣消建軍若
斯可謂力分於將多矣理戎之要最在均齊故軍法無貴賤之差軍
實無多少之異是將所以同其志而盡其力也如有誘其志意勉其

藝能則當閱其才程其勇校其勞逸度其安危明中練覈優劣之科
以為衣食等級之制使能者企及否者息心雖有厚薄之殊而無觖
望之釁蓋所謂日省月試餼稟稱事如權量之無情於萬物人莫不
安其分而服其平也今者窮邊之地長鎮之兵皆百戰傷夷之餘終
年勤苦之劇角其所能則練習度其所處則孤危考其服役則勞察
其臨敵則勇然衣糧所給唯止當身例為妻子所分常有凍餒之色
而關東戍卒歲月踐更不安危城不習戎備怯於應敵懈於服勞然
衣糧所頒厚踰數等繼於茶藥之饋益以蔬醬之資豐約相形懸絕
斯甚又有素非禁旅本是邊軍將校詭為媚詞因請遙隸神策不離
舊所唯改虛名其於稟賜之饒遂有三倍之益此則儔類所以忿恨
忠良所以憂嗟疲人所以流亡經費所以褊匱夫事業未異而給養
有殊人情不能甘也況乎矯佞行而稟賜厚績藝劣而衣食優苟未

忘懷孰能無慍不為戎首則已可嘉而欲使其協力同心以攘寇難
雖有韓白孫吳之將臣知其必不能焉養士若斯可謂怨生於不均
矣凡欲選任將帥必先考察行能然後指以所授之方語以所委之
事令其自揣可否自陳規模須某色甲兵藉某人參佐要若干士馬
用若干資糧某處置營某時成績始終要領悉俾經綸於是觀其計
謀校其聲實若謂材無足取言不可行則當退之於初不宜貽慮於
其後也若謂志氣足任方略可施則當要之於終不宜掣肘於其間
也夫如是則疑者不使使者不疑勞神於選才端拱於委任既委其
事既足其求然後可以覈其否臧行其賞罰受其賞者不以為濫當
其罰者無得而辭付授之柄既專苟且之心自息是以古之遣將帥
者君親推轂而命之曰自閫以外將軍裁之又賜鈇鉞示令專斷故
軍容不入國國容不入軍將在軍君命有所不受誠謂機宜不可以

遠決號令不可以兩從未有委任不專而望其剋敵成功者也自頃
邊軍去就裁斷多出宸衷選置戎臣先求易制多其部以分其力輕
其任以弱其心雖有所懲亦有所失遂令分閫責成之義廢死綏任
咎之志衰一則聽命二亦聽命爽於軍情亦聽命乖於事宜亦聽命
若所置將帥必取於承順無違則如斯可矣若有意乎平寇靖難則
不可也夫兩疆相接兩軍相持事機之來間不容息蓄謀而俟猶恐
失之臨時始謀固已疎矣況乎千里之遠九重之深陳述之難明聽
覽之不一欲其事無遺策雖聖者亦有所不能焉設使謀慮能周其
如權變無及戎虜馳突迅如風飈驛書上聞旬月方報守土者以兵
寡不敢抗敵分鎮者以無詔不肯出師遷延之間寇已奔逼託於救
援未至各且閉壘自全牧馬屯牛鞠為椎剽嗇夫樵婦繫作俘囚雖
詔諸鎮發兵唯以虛聲應援互相瞻顧莫敢遮邀賊既縱掠退歸此

乃收功而捷其喪則減百而爲一其或獲則張百而成千將帥既幸
於總制在朝不憂罪累陛下又以爲大權由己不究事情用師若斯
可謂機失於遙制矣理兵而措置乖方馭將而賞罰虧度制用而財
匱建軍而力分養士而怨生用師而機失此六者疆埸之蠹賊軍旅
之膏肓也蠹賊不除而但滋之以糞溉膏肓不療而苟啗之以滑甘
適足以養其害速其災欲求稼穡豐登膚革充美固不可得也臣愚
謂宜興諸道將士番替防秋之制率因舊數而三分之其一分委本
道節度使募少壯願住邊城者以徙焉其一分則本道但供衣糧委
關內河東諸軍州募蕃漢子弟願傳邊事者以給焉又一分亦令本
道但出衣糧加給應募之人以資新徙之業又令度支散於諸道和
市耕牛雇召工人就諸軍城繕造器具募人至者每家給耕牛一頭
又給田農水火之器皆令充備初到之歲與家口二人糧并賜種子

勸之播植待經一稔俾自給家若有餘糧官爲收糴各酬倍價務獎
營田既息踐更徵發之煩且無幸災苟免之弊寇至則人自爲戰時
至則家自力農是乃兵不得不強食不得不足與夫倏來忽往豈可
同等而論哉臣又謂宜擇文武能臣一人爲隴右元帥應涇隴鳳翔
長武城山南西道等節度管內兵馬悉以屬焉又擇一人爲朔方
元帥應鄜坊邠寧靈夏等節度管內兵馬悉以屬焉又擇二人爲河
東元帥河東振武等節度管內兵馬悉以屬焉三帥各選臨邊要會
之州以爲理所見置節度有非要者隨所便近而併之唯元帥得置
統軍餘並停罷其三帥部內太原鳳翔等府及諸郡戶口稍多者慎
柬良吏以爲尹守外奉師律內課農桑俾爲軍糧以壯戎府理兵之
宜既得選帥之道既明然後減姦濫虛浮之費以豐財定衣糧等級
之制以和衆弘委任之道以宣其用懸賞罰之典以考其成而又慎

守中國之所長謹行當今之所易則八利可致六失可除如是而戎
狄不威懷疆埸不寧謐者未之有也諸侯軌道庶類服從如是而教
令不行天下不理者亦未之有也以陛下之英聖人心之思安西方
之小休兩寇之方靜加以頻年豐稔所在積糧此皆天贊國家可以
立制垂統之時也時不久居事不常兼已過而追雖悔無及明主者
不以言爲罪不以人廢言罄陳狂愚惟所省擇謹奏
贄又請邊城貯備米粟等狀奏曰右兵之所屯食最爲急若無儲蓄
是棄封疆自昔敗亂之由多因餽餉不足臣以任當體國職合分憂
奏減河運腳錢用充軍鎮和糴幸蒙聖恩允許又屬頻歲順成二年
之間緣邊諸軍兆計收糴米粟一百八十餘萬石準元勑各委當道
節度及監軍中使度支知巡院官同勾當檢納仍以貯備軍糧爲名
非緣城守之絕及不承別勑處分並不得輒有費用若能堅守此制

有用隨即却填則是邊城當貯十五萬人一歲之糧以爲急難之備
永無懸絕是固軍情去歲版築五原大興師旅所司素無備擬臨事
支計欲繇齎送悉貸此糧乃得軍行辦集過事之後准勑合填迨今
二年竟不支遣加以諸鎮軍食例皆闕供及其告急上聞宣旨下追
則又請貸貯粟以充將士月糧既務廢隳且無愧畏所未匱竭其能
幾何夫栽植至難毀拔至易古人以樹楊爲喻能不爲之歎惜哉況
水旱流行固宜有備戎狄爲患可不爲虞將欲安邊先宜積穀今當
歲稔令益軍儲及罄聚蓄之資用供朝夕之費儻遇災難則如之何
惟陛下詳思後圖未貽他日所悔臣之願也疆場之幸也不勝區區
懇患之意謹冒昧以聞
贄又請邊鎮儲糧狀奏曰臣伏見陛下每垂睿心經畧邊境增築城
壘加置戍兵至於春秋衣裝歲時宴犒先後遲速悉由宸衷其爲憂

勤可謂至矣。其為資貴亦以多矣。蓋以安人固國。不憚煩勞。此誠慎慮之深者也。然於儲蓄大計。則未降意。良圖但任有司。隨月供應。近歲蕃戎小息。年穀屢登。所支軍粮。猶有匱乏。邊書告闕。相繼于朝。儻遇水旱為災。粟糴翔貴。兇醜匪茹。寇擾淹時。負輓力殫。或饋餉路絕。則戍兵雖衆。不足恃。城壘雖固。不克居。是使積年完聚之勢。適資一夕潰敗之辱。此乃理有必至。而事無幸濟者也。臣竊為陛下惜之。軍志曰。雖有石城十仞。湯池百步。無粟不能守也。故晁錯論安邊之策。要在積穀。充國建破羌之議。先務屯田。歷代制禦四夷。常為國之大事。勇者奮其力。智者貢其謀。攻守異宜。盛衰殊勢。柔服而不勞師旅者。則常聞之矣。屯師而不務農。食者未嘗有焉。今陛下廣徵甲兵。分守城鎮。除所在營田稅畝自供之外。仰給於度支者。尚八九萬人。千里饋粮。涉履艱險。運米一斛。達于邊軍。遠或費錢五六千。近者猶過其半。犯雪霜皺瘃之苦。冒豺狼剽掠之虞。四時之間。無日休息。傾財用而竭物力。猶苦日給之不充。其於儲蓄以備非常。固亦絕意而不暇思也。夫屯兵守上。以備寇戎。至而無粮。守必不固矣。遇寇不守。則如勿屯。平居有殘人耗國之煩。臨難有啓敵納侮之禍。所養非所用。所失非所虞。以為制備之規。臣竊謂疎矣。

貞元十三年。上以方渠合道木波皆吐蕃要路。欲城之。使問邠寧節度使楊朝晟。須幾何兵。對曰。邠寧兵足以城之。上曰。曏城鹽州。用兵七萬。今三城尤逼虜境。如此何也。對曰。今發本鎮兵不旬日至。出其不意而城之。虜謂吾衆不減七萬。不敢輕來。不過三旬。吾城已畢。虜雖至城旁草盡。不能久留。虜退則運芻粮以實之。此萬全之策也。若大集諸道兵。踰月始至。虜亦集衆而來。與我爭戰。勝負未可知。何暇築城哉。上從之。朝晟分軍為三。各築一城。三日三城成。朝晟軍還至馬嶺。吐蕃始出追之。相距數日而去。朝晟遂城馬嶺而還。

德宗時。兩河罷兵。轉運使韓滉上言。吐蕃盜河湟久。近歲寖弱。而西迫大食。北抗回鶻。東抗南詔。分軍外戰。兵在河隴者。不過五六萬。若朝廷命將以十萬衆城涼鄯洮渭。各置兵二萬。為守禦。臣請以本道財賦。饋軍給三年費。然後營田積粟。且耕且戰。則河隴之地可翹足而復。帝善其言。

憲宗元和八年。振武河溢。毀受降城。節度使李光進奏請修城兼理河防。李吉甫請徙於天德故城以避河患。李絳盧坦以為受降城張仁愿所築。當磧口。據虜要衝。美水草。守邊之利地。欲避河患。退二三里可矣。天德故城僻處確瘠。烽候不相應接。虜忽唐突。勢無由知。是無故而蹙國二百里也。城使周懷義奏利害與坦絳同。上卒用吉甫策。以受降城騎士隸天德軍。李絳言於上曰。邊兵徒有其數。而無其實。將帥但緣私役使。聚其貨財。以結權倖而已。未嘗訓練以備不虞。此不可不於無事之時豫留聖意也。受降兵籍舊四百人。及天德交兵。纔五十人。器械一弓而已。故絳言及之。

元和九年。李吉甫奏。開元中置宥州以領降戶。寶應以來。因循遂廢。今請復之。以備回鶻。撫党項。上從之。先是回鶻屢請昏。朝廷以費廣。未許。李絳言回紇凶強。不可無備。淮西窮蹙。事要經營。萬一北方有警。則非步騎數萬不足抗禦。而淮西遺醜。復延歲月之命。為國家費。豈特降主之比。上不聽。

憲宗時。宰臣李絳嘗因延英論及邊事。上言曰。自古及今。戎狄與中國並。雖代有衰盛強弱。然常須邊境備擬。烽候精明。雖繫頸屈膝。而亭障未嘗一日弛其備也。何者。夷狄無親。見利則進。不知仁義。惟務侵盜。故強則寇掠。弱則卑伏。此其天性也。是以聖王以禽獸蚊蚋待之。其至也則驅除之。其去也則嚴備之。今北虜蕃臣。復多歷年載。雖實有功於國家。報之以厚。施者已倦。求者未厭。滿其意則曰事當宜爾。悍氣益驕。酌其中則曰効之難圖。怨辭立至。故印馬盈廣。望價溥多無厭之心實難為足若不如此異日必有不顧恩德為患封疆寇至而謀事則不及矣今西北兩都皆無備擬兵但虛數坐盜衣糧將無成効歲邀官爵衣甲器械之類破官錢空有其名部伍訓練之方務酒樂都亡其制古者兵無二事志在殺敵將無異望專在誅寇器用犀利斥候精明若有煙塵圖為力戰若無警急即營生業今則不然戰士採拾以供上命惟責程課不卹飢寒主將刻削以結內寵不暇戎事惟濟己身今戎狄繼來婚嫁於國情實巨細必知邊塞空虛有無咸悉至於山川要害道途險易已皆探知熟習委曲語識脫或見利忘義因便乘間風塵暴至羽檄交馳急詔徵兵無及係纍之苦閉壁逃禍寧救驅掠之災使邊人仰天而呼望國而淚蓄甲不足以衛疆場命將不足以扼寇讎此聖主所宜圖之不可忘於終食之間也伏望詔勑邊鎮節度俾其虛實有無少關事宜分析聞奏仍請於

八座丞郎兩省中選擇公忠清幹不撓之臣奉使各與大鎮節度使各與點閱軍中訪問事理一時上聞然後申明制度增緝募兵謹其殿最行其賞罰罪在不捨刑罰必加功有可褒爵賞必及如此則陛下高枕邊人永寧古人曰備豫不虞有備無患此經國之常制也上驚曰今邊上豈如此空虛也卿等便令點檢切為殿最時天德軍由城舊屬振武有鎮兵四百人今其時卻割屬天德軍交割惟有十人并軍將在此其器械惟有弓一張餘可知也數月後李絳罷相遂因循舊弊

元和中左拾遺元稹論西戎表奏曰臣蒙恩顧問竊見陛下患戎之意深矣自貞元以來國家所以甘億兆之費於塞下蓋以犬戎有侵軼之患而邊人思守禦之利也然而河湟之地日削田萊之業日空塞下之人日亡戎狄之心日熾若此非他不得備之之術也且臣聞

古者君之命帥帥之命將將之使卒猶心之使臂臂之使指然後敵可擒而軍可制也今之屯戍者則不然衆其城保弄其師長獲一馬則圖功虜一戎則告捷至於屠縣道掠萬人則曰力弱不足以應敵援寡不足以摧凶苟謹關繕完不失其守者則朝廷議賞之不給又孰肯推鋒刃冒殊死而出入於係虜哉此又非他衆分力散而責師之刑無所加也而又加之以為農者不教戰屯聚者不兼農寇至則卒伍被甲而乘城野人空拳以應敵此又耕戰之術不修而屯聚之方太逸也今夫邠岐汧隴之地皆后稷公劉之所理也土宜植物人務稼穡陛下誠能使本道節制廣於荒隙大建屯田塞下諸軍除使令守防之外一切出之於野限人名田復其租入然後因其阡陌制之閭井因其卒伍樹之師長固其膝擊以備不虞犬戎適至則有連阡接畛之兵戎騎纔歸則復耰鋤擭耨之事若此則曩時之聚食者盡

歸之於服勤之農矣前此之係虜者盡化為守禦之兵矣三五年間塞下有相因之粟邊人無侵軼之虞陛下又董之以良帥威之以必刑則彼瑣瑣之戎陛下將署其君長征其牛羊奴虜以擒之可也螻蟻以攘之可也又何必詢王恢使蘇武用晁錯訪婁敬而後復河湟稱即叙哉此備戎之大略也方今猶有急於此者臣敢冒昧殊死而言之臣聞善弈碁者將劫其碁必固其贏是以敵可務而地不危今庸蜀有大吠之驚南蠻絕貢誠之路陛下又輟邊將以統問罪之師脫或蜂蠆相完尚稽天討兵連不解綿夏涉秋則犬戎乘釁啟心之日也陛下其圖之臣無任懇款憂邊之至

杜佑拜司徒封岐國公党項陰導吐蕃為亂諸將邀功請討之佑以為無良邊臣有為而叛即上疏曰昔周宣中興獫狁為害追之太原及境而止不欲弊中國怒遠夷也秦恃兵力北拒匈奴西逐諸羌結

怨階亂實生譎戎蓋聖王之治天下惟欲綏静生人西至於流沙東漸于海在北與南止存聲教豈疲内而事外邪昔馮奉世矯詔斬莎車王傳首京師威震西域宣帝議加爵土蕭望之獨謂矯制違命雖有功不可為法恐後奉使者為國家生事夷狄北突厥默啜寇害中國開元初郝靈佺捕斬之自謂功莫與二宋璟慮邊臣由此邀功但授郎將而已由是訖開元之盛不復議邊中國遂安此成敗鑒戒之不遠也党項小蕃與中國雜處間者邊將侵刻利其善馬子女斂求繇役遂致叛亡與北狄西戎相誘盜邊傳曰遠人不服則修文德以來之管仲有言國家無使勇猛者為邊境此誠聖哲識微知著之略也今戎醜方殭邊備未實誠宜慎擇良將使之完輯禁絶誅求示以信誠來則懲禦去則謹備彼當懷柔革其姦謀何必亟興師後坐取勞費哉帝嘉納之

穆宗立時吐蕃寇邊西北騷然又畧雅州劒南節度使王涯調兵拒之上言蜀有兩道直擣賊腹一繇龍川清川以抵松州一繇綿州威蕃柵抵棲雞城皆虜險要地臣願不愛金帛使信臣持節與北虜約曰能發兵深入者殺其人取其地受其賞開懷以示之所以要約許爇異它日者則匈奴之銳可出西戎之力衰矣帝不報

長慶四年上命李德裕修塞清溪關以斷南詔入寇之路德裕上言通蠻細路至多不可塞惟重兵鎮守可保無虞時北兵皆歸本道惟河中陳許三千人在成都有詔來年亦歸蜀人恟懼德裕奏乞鄭滑五百人陳許千人以鎮蜀且言蜀兵脆弱新為蠻寇所困皆破膽不堪征戍若北兵盡歸則與杜元穎時無異朝廷建言罷兵盡由禍不在身望人責一狀留入堂案他日敗事不可令臣獨當國憲朝廷皆從其請

歷代名臣奏議卷之三百二十一

禦邊

宋太宗時王化基權御史中丞一日侍便殿問以邊事對曰治天下猶植木焉所患根本未固固則枝幹不足憂朝廷治則邊鄙何患乎不安

朝廷議城古威州遣內侍馮從順訪于工部員外郎鄭文寶文寶上言威州在清遠軍西北八十里樂山之西唐大中時靈武朱叔明收長樂州邠寧張君緒收六關即其地也故壘未圮水甘土沃有良木薪秸之利約葫蘆臨洮二河壓明沙蕭關兩戍東控五原北固峽口足以襟帶西涼咽喉靈武城之便然環州至伯魚伯魚抵青岡青岡拒清遠皆兩舍而清遠當羣山之口扼塞門之要芻車野宿行旅頓絕威州隔城東隅堅石盤互不可浚池城中舊乏井脉又飛烏泉去城尚千餘步一旦緣邊警急賊引平夏勝兵三千據清遠之衝乘高守險數百人守環州甘水谷獨家原傳箭野貍十族脅從山中熟戶党項孰敢不從又分千騎守磧北清遠之口即自環至靈七百里之地非國家所有豈威州可禦哉請先建伯魚青岡清遠三城為頓師歸重之地古人有言金城湯池非粟不能守俟二年間秦民息肩臣請建營田積粟實邊之策修五原故城專三池鹽利以金帛啖党項酋豪子弟使為朝廷用不唯安朔方制豎子至於經營安西綏復河湟此其漸也詔從其議

端拱二年右拾遺直史館王禹偁上禦戎十事狀奏曰臣伏以中國之病匈奴其來久矣故書云蠻夷猾夏寇賊姦宄則五帝之所不免也又詩云薄伐玁狁至于太原則三王之所為患也爰自秦漢降及隋唐擊伐通和布在方冊皆陛下之所詳覽矣臣今獨引漢之文帝時事跡以為警戒望陛下留意而覽之則天下幸甚蓋以漢之十二帝言乎聖明者文景也言乎昏亂者哀平也然而文景之時單于最為強盛大肆侵掠候騎至雍火照甘泉宮哀平之時呼韓耶單于每歲來朝委職稱臣邊烽罷警此豈繫乎曆數而不由于道德耶臣以為不然矣且漢文景當單于強盛之時而外能任人內能修德使不為深患者由乎德也哀平當單于衰弱之際外無良將內無賢臣而使之來朝者繫于時也臣以為國家廣大不下漢朝陛下聖明豈減文帝犬戎之強盛未及單于時至如撓亂邊土觸犯天威豈有候騎至雍而火照甘泉之患乎在陛下外任其人內修其德之道各有五焉謹列如左外任其人有五者一曰兵勢患在不合將臣患在無權陛下固未能專委一人則請於沿邊要害之地為三軍以備之若有唐受降城之類如國家有兵三十萬則每軍十萬人使互相救援責以成功有功者行賞無功者明誅則犬戎不能南下矣二曰伺邏邊事罷用小臣用小臣則邊情有隱而不盡知也臣伏見往來邊上者多闒茸小臣雖有愛君之心而無愛君之實恐邊疆塗炭而不盡奏邊民哀苦而不盡聞陛下誠能用老成大僚往來宣撫賜以溫顏使盡情無隱則邊事濟矣三曰行間諜以離之因釁隙以取之臣風聞犬戎中婦人任政荒淫不法陛下宜委邊上重募邊民諳練蕃情者間諜蕃中酋長啗之以厚利推之以深恩蕃人好利而無義待其離心因可取也四曰以夷狄攻夷狄中國利也今國家西有趙保忠折御卿為國心腹陛下亦宜勅此二帥率麟府銀夏綏五州張其犄角聲言直取勝州則犬戎懼而北保矣此實不用但張其勢而已五曰下哀痛之詔以感激邊民頃歲陛下首伐燕薊蓋以本是漢疆晉朝已來方入戎虜既四海一統誠宜

取之而邊民蚩蚩未知陛下之意皆以貪其土地致犬戎南牧陛下
宜下哀痛之詔告諭邊民則三尺童子皆奮辭而擊之矣然後得蕃
人一級者賜之帛得胡地一馬者還其價得酋帥者與之散官如此
則人有其勇而士一其心也內修其德有五者一曰併省官吏惜經
費也竊以唐虞稽古建官惟百夏商官倍亦克用乂周設六官察屬
漸廣秦併六國郡縣益多食祿者日增力田者日耗降及漢魏以至
隋唐員數有加職名無減清介者止餘俸料貪濁者又恣侵漁是以
納人命官斯為中矣今百官之內三班之中若備論冗食且恐逐遷
有煩聽覽只如臣舊知蘇州長洲縣七千餘家自錢氏納土已來聖
朝命官之後七年無縣尉使主簿領之未嘗缺一事三年置縣尉主
簿又存之未嘗立一功以此辭之天下大率如是臣請黜陟庶務併
省羣吏賢者得以陳力不肖者得以歸耕苟能省官三千員減俸數十

萬以供邊備以寬民賦亦平戎之大計也二曰重選舉伏自陛下臨
御以來崇尚儒術親至文闈志在得人未嘗求備上自文士下及齋
儒大則十數年之間便居富貴小則數月之內便預官常或一行可
觀一言可采寵賜之數動踰千萬不獨破十家之產抑亦匱三軍之
心臣亦其人也因自言爾臣恐擐甲之士有使鶴之言望陛下減儒官
之賜均戰士之恩矣三曰信用大臣參決機務蓋以分閫外之事者
在乎將帥用堂上之兵者在乎相臣宜資帷幄之謀以決安危之策
方今君臣親愛宰執賢明據古而來未之有也然而限以常禮隔以
朝儀情恐未通言恐不盡臣每見千官就列萬乘臨軒中書有平章
之文密院有機務之奏三司有出納之計歷階而進禮成而退為定
制也臣望陛下坐朝之暇聽政之餘頻召大臣共議邊事定而後行
無容小臣間廁即係單于之頸斷匈奴之臂必有人矣四曰不貴虛

名戒無益也臣以為聖人無名神人無功跡用不彰品物自化道德
既喪功名始生五帝之時猶能不伐三代而下多有自矜討蠻夷則
負困生靈得土地則空標史冊禍敗之本何莫由斯方今萬國駿奔
四方康樂聖德被矣神功著矣唯茲北狄未服中原以臣思之恐是
宗廟之靈天地之意慮陛下驕于大寶怠于安民用儆聖謨以為警
戒陛下誠宜作備邊之計示憂民之心不必輕用雄師深入窮境為
蒼生之眾力務青史之虛名如此則天道順人心悅年歲之間可綏
而圖也五曰禁止游手厚民力也夫牧民者君也聚人者財也產財
用者土地也闢土地者人民也民眾則土地闢土地闢則財用足財
用足則國家安矣方今雖務農桑尚多游惰耕織者鮮矣衣食者眾
矣加以飛芻輓粟之勞妨鑿井耕田之力若無條禁焉禦凶荒臣請
陛下先問戶部則輸稅之家可見矣又問吏部則食祿之人可知矣

又問兵部則軍人受食者可數矣又問祠部則僧道蠹人者可明矣
復有臺寺之小吏府監之雜工總其數而計之聚其人而校之臣恐
以三分勤耕苦織之人贍七分坐衣待食之輩欲望民泰不亦難乎
況今郡縣雖多要荒且遠河北備邊之民力可用者唯東至登萊西
至秦鳳南抵淮西而已此數十州者乃中土之根本不可不惜也望
陛下少度僧尼少崇寺觀勸其風俗務于田農則人力彊而邊民實
也若輦運勞於外游惰耗於內人力日削邊用日多不幸有水旱之
災則寇不獨在外而在乎內也惟陛下熟計之
是年朝廷將討幽薊詔羣臣各言邊事吏部尚書宋琪上疏謂大舉
精甲以事討除靈旗所指燕城必降但徑路所趨不無險阻必若取
雄霸路直進未免更有陽城之圍蓋界河之北陵夷坦平北路行師
非我所便況軍行不離於輜重賊來莫測其淺深欲望回轅西適山

詔令大軍會於易州，循孤山之北，涞水以西，挾山而行，援糧而進。涉涿水，並大房，抵桑乾河，出安祖砦，則東瞰燕城，裁及一舍。此是周德威收燕之路。自易水距此，二百餘里，並是沿山，村墅連延，溪澗相接，採薪汲水，我占上游，東則林麓平岡，非戎馬奔衝之地，内排槍弩步隊，定王師備禦之方，而於山上列白幟以望之，戎馬之來，二十里外可悉數也。從安祖砦西北，有盧師神祠，是桑乾出山之口，東及幽州四十餘里。趙德鈞作鎮之時，欲遏西衝，曾塹此水，況河次半有崖岸，不可徑度，其平處築城護之，守以偏師，此斷彼之右臂也。仍慮步奚為寇，可分雄勇兵士三五千人，至青白軍以來山中，防遏此是新州媯川之間，南出易州大路，其桑乾河水屬燕城北，隔繞西壁而轉，大軍如至城下，於燕丹陵東北，横堰此水，灌入高梁河，高梁岸狹，桑水必溢，可於駐蹕寺東引入郊亭淀，三五日瀰漫百餘里，即幽州隔在

水南，王師可於州北擊浮梁，以通北路，賊騎來援，已隔水矣。視此孤壘，浹旬必克。幽州管内洎山後八軍，聞薊門不守，必盡歸降，蓋勢使然也。然後國家命重臣以鎮之，敷恩澤以懷之，奚霫部落，當劉仁恭及其男守光之時，皆刺面為義兒，服燕軍指使，人馬彊土，少劣於契丹，自被脅從役屬以來，常懷骨髓之恨，浡海兵馬土地，盛於奚帳，雖勉事契丹，俱懷殺主破國之怨，其薊門洎山後雲朔等州，沙陁吐渾，元是割屬，咸非叛黨，此蕃漢諸部之衆，如將來王師討伐，雖臨陣擒獲，必貸其死命，署置存撫，使之懷恩，但以罪契丹為名，如此則蕃部之心，願報私憾，契丹小醜，克日殄平。其奚霫渤海之國，各選重望親嫡，封冊為王，仍賜弓器鼓旗，軍服戈甲，以優遣之，必竭赤心，永服皇化。俟克平之後，宣布守臣，令於燕境及山後雲朔諸州，厚給衣糧料錢，別作禁軍名額，召募三五萬人，教以騎射，隸於本州，此人生長塞

垣，諳練戎事，乘機戰鬭，一以當十，兼得奚霫渤海以為外援，乃守在四夷也。然自阿保機時，至於近日，河朔戶口，虜掠極多，並在錦帳平盧，亦迩柳城遼海，編戶數十萬，耕墾千餘里，既殊異類，悉為王民，變其衣冠，被以聲教，願歸者俾復舊貫，懷安者因而撫之，申畫郊圻，列為州縣，則前代所建，松漠饒落等郡，未為開拓之盛也。伏又念曰：國家將平幽薊，臣敢陳十策：一契丹種族，二料賊衆寡，三賊來布置，四備邊，五命將，六排陣討伐，七和蕃，八饋運，九收幽州，十滅契丹。契丹蕃部之別種，代居遼澤中，南界潢水，西距邢山，疆土幅員千里而近。其主自阿保機始强盛，因攻渤海，死於遼陽，妻述律氏生三男，長曰東丹，次曰德光，德光南侵，還死於殺胡林，季曰自在太子，東丹生永康，永康代德光為主，舉兵南侵，被殺於大神淀，德光之子述律代立，號為睡王，二年為永康子明記所篡，明記死，幼主代立，明記妻蕭

氏，蕃將守興之女，今幼主，蕭氏所生也。晉末契丹主頭下兵，謂之大帳，有皮室兵約三萬，皆精甲也，為其爪牙。國母述律氏頭下，謂之屬珊，屬珊有衆二萬，乃阿保機之牙將，當是時半已老矣。南來時量分借得三五千騎，述律常留餘兵，為部族根本。其諸大首領，有太子偉王、永康、南北王、于越、麻荅、五押等。于越謂其國舅也。大者千餘騎，次者數百騎，皆私甲也。別族則有奚霫，勝兵亦萬餘人，少馬多步。奚其王名阿保得者，昔年犯闕時，令送劉琋、崔廷勳屯河洛者也。又有渤海首領大舍利高模翰，步騎萬餘人，並髠髮左衽，竊為契丹之飾。復有近界尉厥里、室韋、女真、党項，亦被脅屬，每部不過千餘騎。其三部落，吐渾、沙陁，洎幽州管内，鴈門已北十餘州軍部落，漢兵合二萬餘衆，此是石晉割以賂蕃之地也。蕃漢諸族，其數可見矣。每蕃部南侵，其衆不啻十萬，契丹入界之時，步騎車帳，不從阡陌，東西一槩而行。

大帳前及東西面差大首領三人各率萬騎支散遊奕百十里外亦交相偵邏謂之攔子馬契丹王吹角為號衆即頓舍環繞穹廬以近及遠折木梢屈之為弓子鋪不設槍營塹柵之備每軍行聽皷三伐不問昏晝一匝便行未逢大敵不乘戰馬俟近我師即競乘之所以新羈戰蹄有餘力也且用軍之術成列而不戰俟退而乘之多伏兵斷糧道冒夜舉火上風曳柴饋餉自齎退敗無恥散而復聚寒而益堅此其所長也中原所長秋夏霖霪天時也山林河津地利也槍突劍弩兵勝也財豐士衆力強也乘時互用較然可知王師備邊破敵之計每秋冬時河朔州軍緣邊砦柵但專守境勿輒侵漁令彼尋戈其詞無措或戎馬既肥長驅入寇契丹主行部落萃至寒雲翳日朔雪迷空鞍馬相持氊褐之利所宜守陴坐甲以逸待勞令騎士並屯於天雄軍貝磁相州以來若分在邊城緩急難於會合近邊州府只

用步兵多屯弩手大者萬卒小者千人堅壁固守勿令出戰彼以全國之兵此以一郡之衆雖勇懦之有殊應衆寡之不敵也國家別命大將總統前軍以遏侵軼只於天雄軍邢洺貝州以來設掎戎之備俟其陽春啓候虜計既窮新草未生陳荄已朽蕃馬無力疲寇思歸逼而逐之必自奔北前軍行陣之法馬步精卒不過十萬自招討以下更命三五人蕃侯充都監副戎排陣先鋒等職臨事分布所貴有權追戎之陣須列前後其前陣萬五千騎陣身萬人是四十指揮左右梢各十指揮是二十將每指揮作一隊自軍主都虞候指揮使押當每隊用馬突或刃子槍一百餘並弓劒骨朶其陣身解鐙排之俟與戎相搏之時無問厚薄十分作氣擣突交衝略逐往來後陣更進彼若乘我深入陣身之後更有馬步人五千分為十頭以撞竿鐙弩迭逆為回騎之舍陣梢不可輕動蓋防橫騎奔衝此陣以都監主之進退賞罰便可裁決後陣以馬步軍八萬招討董之與前陣不得過三五里展梢實心布常山之勢左右排陣分押之或前陣擊破寇兵後陣亦禁其馳驟輕進蓋師正之律也牧誓云四伐五伐乃止齊焉慎重之戒也是以開運中晉軍掎戎未嘗敗散三四年間雖德光為戎首多計桀黠而無勝晉軍之處蓋併力禦之厥後以任人不當為夫澤之所誤如將來殺獲驅攘之後聖人務好生之德設息兵之謀雖降志難甘亦和戎為便魏絳嘗陳五利奉春謹得中策歷觀載籍前王皆然易稱高宗用伐鬼方詩美宣王薄伐玁狁是知戎狄侵軼其來尚矣然則兵為凶器聖人不得已而用之若精選使臣不辱君命通盟繼好弭戰息民此亦策之得也臣每見國朝發兵未至屯戍之所已於兩河諸郡調民運糧遠近騷然煩費十倍臣生居邊郡習知其事況幽州為國北門押蕃重鎮養兵數萬應敵乃其常事每逢

調發惟作糗糧之備入蕃旬浹軍糧自齎每人給麨斗餘盛之於囊以自隨得馬每匹給生穀二斗作口袋飼秣日以二升為限旬日之間人馬俱無飢色更以牙官子弟戮力津擎東送則一月之糧不煩饋運俟大軍既至定議取捨然後圖轉饟亦未為晚

淳化五年琪又上書言邊事曰臣頃任延州節度判官經涉五年雖未嘗躬造夷落然常令蕃落將和斷公事歲無虛月蕃部之事熟於聞聽大約党項吐蕃風俗相類其帳族有生戶熟戶接連漢界入州城者謂之熟戶居深山僻遠橫過寇略者謂之生戶其俗多有世讎不相來往遇有戰鬬則同惡相濟傳箭相率其從如流雖各有鞍甲而無魁首統攝並皆散漫山川居常不以為患党項界東自河西銀夏西至靈鹽南距鄜延北連豐會厥土多荒隙是前漢呼韓邪所處河南之地幅員千里從銀夏至青白兩池地惟沙磧俗謂平夏拓拔

□部族也。自鄜延以北多土山栢林謂之南山野利蓋羌族之號也。從延州入平夏有三路。一東北自豐林縣葦子驛至延川縣接綏州入夏州界。一正北從金明縣入蕃界至盧關四五百里。方入平夏州南界。一西北歷萬安鎮經永安城出洪門至宥州四五百里是夏州西境。我師如入夏州之境宜先招致接界熟戶使為鄉導其強壯有馬者令去官軍三五十里踏白先行。緣此三路土山柏林溪谷相接而復隘陿不得成列。躡此鄉導哥使步卒多持弓弩槍鍬隨之。以三二千人登山偵邏俟見坦塗寧靜哥傳號勾馬導路而行我皆嚴備保無虞也。長興四年夏州李仁福死有男彝超擅稱留後當時詔延州安從進與李彝超換鎮彝超據夏州固不奉詔朝廷命邠州藥彥稠總兵五萬送從進赴任時頓兵城下議欲攻取軍儲不繼遽命班師而振旅之時不能嚴整失戈棄甲遂為邊人之利臣又聞党項號為小蕃非是勍敵若得出山布陣足勞一戰使可盡除。深入則饋運艱難窮追則竄穴幽隱莫若緣邊州鎮分屯重兵俟其入界侵漁方可隨時掩擊。非惟養勇亦足安邊。凡烏合之徒勢不能久利於速鬬。以驍兵鋒莫若持重守疆以挫其銳彼無城守衆乏饑糧咸賞不行。部族分散然後密令覘其保聚之處預於麟府鄜延寧慶靈武等州約期會兵四面齊進絕其奔走之路合勢擊之可以剪除無噍類矣。仍先告諭諸軍擊賊所獲生口資畜許為己有彼為利誘則人百其勇也。靈武路自通遠軍入青岡峽五百里皆蕃部熟戶向來人使商旅經由並在部族安泊所求賂遺無幾謂之打當亦如漢界逆旅之家宿食之直也。此時大軍或須入其境則鄉導踏白當如夏州之法。入靈州便足五日土兵粟儲畜率皆有備緣路五七程不煩供饋。止用兵騎裹糧輕齎便可足用謙所謂磨鐮殺馬劫一時之力也

旬浹之餘固無關乏矣。又臣嘗受任西川數年經歷江山備見形勢要害利州最是咽喉之地。西過桔栢江去劒門百里東南去閬州水陸二百餘里。西北通白水清川是龍州入川大路鄧艾於此破蜀。至今廟貌存焉其外三泉西縣興鳳等州並為要衝請選有武畧重臣鎮守之。奏入。上密寫其奏令繼隆擇利而行。

端拱一年知制誥田錫答詔論邊事。上奏曰臣伏覩今月十一日御札。宣示內外文武臣寮以北鄙多虞戎人為患延佇良策降諭德音詢禦侮之嘉謀問安邊之遠畧俾悉陳於異見將擇用其所言臣之顓愚豈足上副宸旨臣之狂直敢不罄盡鄙懷儻賜納可裨於事宜則明聖不罪於狂瞽臣每讀史傳詳觀古來戎狄驕邊乃是常事。朝廷設備自有常規舉其大畧而言之。不過訓練師徒。選擇將帥廣蓄儲備多置屯田嚴其池城明於斥候謹於烽火。利其甲兵。行間諜以離狄心禁侵擾以怠敵意待彼羸弱因勢取之。俟其賓服以德綏之。此皆方冊備陳采擇可用也。捨此則未見禦戎之術用此在臨事之宜。兵機則不可定謀遙議則須依古制。令具條奏。惟陛下擇而行之。

一今之禦戎無先於選將帥既得將帥請委任責成。不必降之以陣圖。不須授之以方畧自然因機設變觀釁制宜以此無不成功。以是無不破敵。昔漢之西羌犯塞攻城邑殺長吏趙充國年七十矣。上使邴吉問曰誰可為將充國對曰無踰老臣。以是言之則請令宰臣已下各舉堪為將帥者又令宿舊武臣素有聞望者亦令自舉。然後陛下辯擇而用之。又趙充國既為將宣帝遣問曰將軍度羌虜如何當用幾人。充國曰。百聞不如一見。兵難隃度。臣願馳至金城圖上方畧。然羌戎逆天背叛滅亡不久。願陛下以屬老臣勿以為憂。以是言之昔充國為老將尚謂百

聞不如一見況今委任將帥而每事欲從中降詔授以方畧或賜與陣圖依從則有未合宜專斷則是違上旨以此制勝未見其長伏乞速命宰臣各舉良將及令素有問望宿舊臣僚自舉其能及舉所知者也

一將帥行恩信卹士卒必豐財貨方得士心昔趙奢為將所得王之賞賜盡與軍吏又李牧為將軍市之租皆用享士卒魏尚守雲中其軍市租盡以給士卒出私養錢享賓客軍吏是以匈奴不近雲中之塞今國家所命將帥雖古今異宜凡有給賜今則誰敢效古散家財賞士卒去者當有兼何人哉若以年年供億輓運老師費財曷若厚給將帥使之賞用也又聞近侯伯亦有廳直三五十人習騎射為心腹每出入陣敵得以廳直隨身翼衛上帥後来不敢養置昨来楊業陷陣訪聞亦是無自已腹心從人護助捍禦以致為狄之所獲今雖時異事殊然廢置利害亦繫詢訪行之

一令之禦戎以沿邊諸郡有勇智者命為刺史委之自用方畧警急利便事訖方奏使人人各盡其才術此必為陛下各立殊勳控制侵侮昔後漢郭伋為漁陽太守時匈奴數抄郡界邊境苦之伋乃整飭士馬設攻守之畧匈奴畏憚不敢入塞人得安業在職五歲戶口增倍又張堪為騎都尉破匈奴於高柳拜漁陽太守捕擊姦猾賞罰必信人皆樂為用匈奴以萬騎入漁陽堪乃率數千騎奔擊大破之郡界以靜乃於狐奴開稻八千餘頃勸人耕種以致豐富百姓歌之視事八年匈奴不敢犯塞以此言之則沿邊諸郡請令擇有智勇者為刺史必副陛下之憂寄也

一令之禦戎更在悅取軍情凡經揀退尚堪力役者却與元本料錢其歿陣及守戍死亡兵士所有在營老幼宜矜憫優恤或給賜令各存活勿使寒飢無所歸向又不可取充洒掃裁縫之隷其次揀中新招到軍雖稍有身首人材未宜便令管轄舊人須是經歷行陣稍知軍伍次第微有勞效者方令充節員所貴已下亦各甘心兼易為驅使若曾有功勞未得優賞者即乞別作名目優異酬賞臣未知朝廷府庫錢帛之大數亦不知國家支費用度之衆寡若陛下省罷塔廟之費耗迴充軍旅之賞給則孰不革其怨心孰不致其死力若是破敵必副陛下平戎之心也

一令之禦戎亦宜別設條例等第立賞若得一堡壘或復一障亭與其官與若干賞賞不踰時必誠必信條例不煩令軍中曉會此必有果敢智謀之士副陛下之立賞也

一令之禦戎又宜以重賞召募敢死之士仍以古來選士之科以取士卒亦於軍中擇取應得選士之條目令舉其六七更可詳酌增損且據兵書言之取曾習韜鈐者有謀畫者又取能知敵情偽者取能知山川險易徑路迂直者取強弓過人能斬虜搴旗者又取往復數百里不及暮至者又取能破格舒鉤或負數百斤行五十步者又取趫捷若飛能踰塹壘出入無形堪窺覘者各區別技能置立部分以副將帥之指使也

一令之禦戎外則委任將帥內則詢謀宰臣行一事必使宰臣知之出一詔必令宰臣議之臣聞前年出師向北命曹彬以下欲取幽州是侯利用賀令圖之輩僥惑聖聰陳謀畫策而宰臣昉等不知又去年招置義軍刺配軍分宰相普等亦不知之豈有

議邊陲發師旅而宰相不與聞。若宰相非才。何不罷免。宰相可
任。何不詢謀。今宰相普三入中書。再出藩鎮。重望碩德。元老大
臣。人所具瞻。事無不歷。乞陛下以軍旅之事機密之謀悉與籌
量。盡其規畫。此乃國體君父至公。臣聞偏信生姦。獨任成亂。侯
利用賀令圖等既悞陛下機宜於前。無令似侯利用賀令圖者
復悞陛下機宜於後。伏乞陛下一一與宰臣謀議。事事與宰相
商量。悔目前獨斷之明。詳今後公共之理。則事無不允當。下無
不盡忠。則大臣之間。足以副陛下憂勤之旨也。

一今之禦戎。在乎辨邊上奏報之虛實。察左右蒙蔽之有無。奏失
利則未必盡言。報大捷則不足深信。陛下未當信而先信。陛下
本欲知而未知。如此何以料安危。如此何以策成敗。安危成敗
之理。乞陛下詳而察之

一今之禦戎[illegible]曰事莫密於間。賞莫重於間。[illegible]
有[illegible]得。凡有幾國。否幾國。與[illegible]必
知[illegible]可以[illegible]行間。謀間諜者行則[illegible]狄自[illegible]邊
鄙自寧。昔李靖用間。伏突厥心腹之人。自離貳[illegible]其
事可知。以募能往絕域。間亂蕃部。使交相侵害。如漢之[illegible]傅
介子之流。則不[illegible]勞師徒。自然歸化。此可以緩陛下憂邊之心也
其餘謹烽火明斥候。亦可以依古法。為[illegible]邊[illegible]皇
出東方。中國大利。蠻夷大敗。太白出高。用兵深入敢[illegible]雖
天道遠而難知。然昭昭垂象。纖者為陛下言兵之利害也

一今之禦戎。凡召發兵士。或[illegible]草。亦宜謹[illegible]勿使喧[illegible]
去年[illegible]戶稅[illegible]折[illegible]馬草。及官中和買[illegible]納未足之[illegible]
[illegible]臣[illegible]貸下戶[illegible]女[illegible]行科校者。又[illegible]河乾[illegible]之人

水漆注汴河以待漕運。國家計度何在。而臨時一至於此。輦轂
之下。豈無外國諜人。臣即不知國家見在軍儲支得幾年。若是
無九年之糧。實為無備。若是無三年之糧。實為窘急。若不窘急
則何以科校婦女而納草漆注河水而待漕運也

一今國家富有天下。精卒利兵。計有百萬。然無將帥為陛下治兵
昔吳起為將。為士卒吮癰。霍去病為將。漢帝欲為治第。去病曰。
匈奴未滅。豈以家為。竇嬰為將。得所賜金千斤。陳於廡下。軍吏
過者則量取為用。未諭陛下以今之將帥。知吳起霍去病否。若
以臣所見。即將帥必無其人。何以知之。將帥肯與士卒吮癰乎
若賜第宅。肯不要乎。將帥非材。即無威名。何以使匈奴望風而
懼。今有居顯位。食厚祿。為國之謀。即不足。奉身之謀。即有餘。何
以副陛下致太平之心。何以致陛下成清靜之理。然以臣所見

凡小小公事。不勞陛下一一用心。若以社稷之大計。為子孫之
遠圖。則在乎舉大畧。求將相。帝王之大體也。設如人欲理身。先
理心。心無邪。則身自[illegible]。欲理外。先理內。內既理。則外自安。臣謂
邊上動由朝廷動。邊上靜由朝廷靜。任賢相於內。則百職
舉而紀綱振。委良將於外。則四夷服而邊鄙安。臣之愚衷。備於
此矣。已然之患。既陛下徧訪直言。未然之虞。乞陛下常切留意

一已上條奏。悉是國家已然之事。所以勞陛下詔及[illegible]言詢于芻
蕘。凡百臣寮。悉陳所見。然臣謂國家復有未然之事。得不為陛
下[illegible]之。得不為陛下憂之。今戎主一姥而已。用黠虜為謀主。頗
有輕中國之志。今春夏必漸退。秋冬必復來。制之禦之。雖在前
所籌數事而已。若將伏人禦之而不去。邊境備之而未寧。加以
匈奴間謀於西蕃。漢家未斷其右臂。即秦隴千里之外。瓜沙玉

隴之西恐非國家之所有萬一兵歟相仍寇盜多矣此時何以謀之此時何以禦之聖人不能不災而能禦災今陛下聖德合天三邊無虞萬里晏然居安思危之計得不由未然之事而豫防之此亦禦戎之遠意也

右臣備位掖垣忝司誥命祇奉睿旨俾陳方畧昧於時事思慮不精然於狂愚庶或可采

端拱中契丹撓邊節度副使何承矩上疏曰臣幼侍先臣關南征行熟知北邊道路川源之勢若於順安砦西開易河蒲口導水東注於海東西三百餘里南北五七十里資其陂澤築隄貯水為屯田可以遏敵騎之奔軼俟期歲間關南諸泊悉壅閼即播為稻田其緣邊州軍臨塘水者止留城守軍士不煩發兵廣戍收地利以實邊設險固以防塞春夏課農秋冬習武休息民力以助國經如此數年將見彼

弱我強彼勞我逸此禦邊之要策也其順安軍以西抵西山百里許無水田處亦望選兵戍之簡其精銳去其冗繆夫兵不患寡患驕慢而不精將不患怯患偏見而無謀若兵精將賢則四境可以高枕而無憂太宗嘉納之

真宗即位右司諫拜起居舍人從幸大名上疏曰國家馭邊之術制勝之謀將帥之短長兵衛之衆寡廟謨盡在吾術中矣今之言事者不過請陛下益兵貯糧分道掩殺言之甚易行之則難始受命則無不以攻堅陷陣為壯圖及遇敵則惟以閉壘塞關為上計孤君父之重委致生靈之重困興言及此誠可歎息自古行軍出師無不首擇將帥夫將帥隨材任使守一郡控一城分領驍勇爭據要害又豈直三路主帥之名然後能制六師生死之命乎今陛下選任非不至也權位非不重也告戒非不丁寧也處置非不專一也而外敵犯

塞車駕親征曾不聞出丁人一騎為之救助不知深溝高壘秣馬厲兵欲安用哉臣以為臨軍易帥拔卒為將在此時也有功者拔於朝不用者戮於市亦在此時也惟陛下圖之然後下哀痛之詔行蠲復之恩回鑾上都垂衣當宁豈不盛哉

咸平元年京西轉運副使朱台符上言曰臣聞蠻夷猾夏帝典所載商周而下數為邊害或振旅薄伐或和親脩好歷代經營斯為良策至於秦築長城而黔首叛漢絕大漠而海內虛逞志一時貽笑萬代此商鑒不遠也頃者晉氏失御中原亂離太祖深鑒往古酌取中道與民休息遣使往來二十年間寧聞入寇然省戍邊之卒不興出塞之兵關防謐寧府庫充溢信深得制禦之道也幽薊之地實維我疆尚隔混同所宜開拓太宗平晉之後因其兵勢將遂取之人雖協謀天未厭亂螳斧拒轍用稽靈誅重興弔伐之師又作遷延之役自茲

厥後大肆兇鋒殺畧軍民攻拔城砦長驅深入莫可禁止當是時也以河為塞而趙魏之間幾非國家所有既且歡盟乃為備禦屯士馬益將帥芻粟之飛輓金帛之委輸賂給賞賜不可勝數繇是國家之食貨匱於河朔矣陛下自天受命與物更始繼遷授首黎桓加爵咸命使者鎮撫其邦惟彼契丹未加湛澤非所以柔遠能迩昭王道之無偏也今祥禪將終中外引頸觀聽德音臣愚以為宜於此時赦契丹罪擇文武才畧習知邊境辨說之士為一介使以嗣位服除脩好隣國往告諭之彼十年以來不復犯塞以臣計之力有不足志欲歸欵而未得其間也今若垂天覆之仁假來王之禮必懽悅慕義遣使剿貢因與之盡捐前惡復尋舊盟利於貨財許以關市如太祖之事使之懷恩畏威則兩國既和無北顧之憂可以專力西鄙繼遷亦當革心而束手矣是一舉而兩得也

二年度支判官梁顥邑蹕大名詔訪羣臣邊事顥上疏曰臣聞自古用兵之道在乎明賞罰而已然而賞不可以獨任罰不可以少失故兵法曰罰之不行譬如驕子之不可用又曰善為將者威振敵國令行三軍盡忠益時者雖讎必賞犯法敗事者雖親必罰故孫武斬隊長而兵皆整穰苴斬監軍而敵遂退以此言之兵法不可不正也昨者命將出師乘秋備塞而傅潛奉明詔擁重兵逗撓無謀守陴翫寇老精兵於不用以至蕃馬南牧邊塵晝驚河朔之民流移失所魏博以北蹂踐一空遂致殘妖未殄鑾輅親征此所謂以賊遺君父者也乃或赦而不問則何以謝横死之民或黜而不戮則何以懲用兵之畧以軍法論之固合斬潛以徇軍中降詔以示天下如此則協前古之典章戒後來之將帥然后擇邊臣之可用者委用之臣嘗讀漢史李廣之也兵行師也無部伍行陣就善水草人人自使不擊刁斗以自衛遠於斥候未嘗遇害而廣終為名將士卒樂用又唐高祖之備北邊也選勁兵為將騎不齎軍糧隨逐水草逢敵則殺當時以為得策願於邊將中不以名位高卑但擇其武勇謀畧素為衆所推服者取十人焉人付騎士五千器甲完備輕齎糧糗逐水草以為利往復扞禦不令入郡邑不許聚處遇有寇兵隨時掩捕仍令烽候相望交相救應緣邊州郡守城兵帥即堅壁以待之遇游騎近城掩殺邊寇內量出兵甲援救如此則乘城者不堅閉壘門免坐觀於勝負捍邊者不苟依郡郭可行備於寇攘雖匪良籌且殊膠柱時論頗稱之

右司諫孫何論禦戎畫一利害上奏曰臣聞禦戎之道選將為難將求邊鄙之乂寧必假英雄而鎮撫居其位不可一日無其寵待其人不可一日無其權責成之効既多錫命之儀須重謹按史記漢高祖將定三秦擇良日齋戒設壇場拜韓信為大將軍部管諸將魏故事

遣將出征符節即授節鉞跪而推轂北齊命將出征則太卜諸廟灼龜授旗鼓於廟皇帝陳法駕服袞冕拜於太廟徧告訖降就中階引上將操鉞授柄將軍既執斧鉞對曰國不可從外治軍不可從中制臣即授令有鼓旗斧鉞之命而無一言之命於臣帝曰苟利社稷將軍以之將軍就戴斧鉞而出皇帝推轂度門曰從此已外將軍制之也今國提封萬里臣妾四夷唯此契丹獨迷聲教暴犯我疆理殺傷我士民以陛下英武天資睿謀神授可以斷匈奴之右臂焚老上之龍庭而無戰之師或聞挫衂久安之地亦被憑陵者良由將帥或非其人委任未能盡善監制之臣寮稍衆倚毗之恩禮猶輕所頼陛下親御六師按巡河朔盡逐腥羶之類方安黎庶之心臣伏見駐泊行營都部管即古之將軍大總管之任也授任赴鎮之際錫賜甚厚公使稍優之外縱握十萬之師但受尺一之詔前所謂築壇告廟之禮皆闕而未建良可惜也又都部管副部管之任多是將領久經勞苦攀附鱗翼特沐寵光或決裂以無謀或遷延而玩寇所以動煩聖筭鮮有成功謹按太公六韜有妻子之將有十人之將百人之將千人之將萬人之將首萬人之將則風彩名聲器度權變亦不可不察之察之亦不可不精也伏乞於中外文武臣寮中以將將之術采赫赫之名取其文武相資智勇兼備者盛其禮重其權使受命之初可以聳動人聽出疆之日可以震懾虜庭先是監陣先鋒之類本用中官內使者減去其半皆以偏將為之庶其各禀指蹤無憂掣肘果用此道則四塞可以高枕萬里如有長城矣設若探刺邊情宣傳機事必藉使者以寧衆心則乞於親信臣寮中選如有所聞亦乞閱其實事然後指揮

一臣聞犬戎之為患中國也久矣周曰獫狁漢曰匈奴晉有五胡

周有蠕蠕隋有突厥唐有吐蕃皆伺隙窺邊乘間犯塞蜂蠆有毒殺掠吏民豺狼無厭吞噬亭障前代憤其如此亦嘗按劒憑怒命將出征或十萬以橫行或五千而深入而犬羊之衆種落繁滋不諭文告之言不以遯肥為恥蜂屯大漠烏散窮荒有若即來無得而去中國奪其地不足耕墾獲其人不足訓齊徒勞師而費財終有損而無益故宣王之詩曰薄伐獫狁至于太原蓋辟乎蚊虻螫人驅之而已終不與禽獸角乎勝負螻蟻計其短長唯始皇孝武秣馬利兵長驅萬里雖南牧暫息而中國蕭然故嚴尤以為漢得下策周得中策秦無策焉夫保境庇民訓兵練將來則勿縱去則勿追固不可同年而語矣且契丹者腥羶小蕃虺豕異類料其土地計其人民固不敵中原之數郡多行不義公肆無厭惡既貫盈天當勦絕但沿邊將吏等亦有設奇沽譽恃勇貪功遇彼射鵰便稱虜衆逢其飲馬即舉邊烽間隙一生干戈不已及逢大敵又怯先登或堅壁以自安或死戰而無益兵連禍結何莫由斯伏乞嚴誡邊防俾謹疆界運權謀而制勝嚴斥堠以防奸彼將動以必知此有謀而皆祕若犬羊之侵軼必在驅除如將帥之張皇亦宜禁戢昔羊祜之鎮襄漢李牧之守鴈門破敵却胡皆此術也惟陛下不以臣愚而用其言則邊民幸甚

一臣聞唐堯建國有此冀方廉頗師思用趙卒蓋土風雄毅民性勁方靜是以控壓四方動可以驅除七狄故杜牧有言曰河北視天下猶珠璣也天下視河北猶四支也當六雄之角立則大魏為攖淯三鎮之橫行則常山最盛豈不以慣聞金鼓狃習干戈不憚轉餉之勤不怨征戰之死國家恭行天討屢出王師雖麾旌所加舉無遺策靈旗所指告厥成功然推鋒陷堅之人斬將搴旗之士不居貝冀必出邢洺與夫河南之人主客既已不同勇怯又甚遼絕伏惟陛下去冬已來講求軍政詳究武經惻隱防虞形於詔旨憫疲民之轉粟蠲彼賦租念猛士以守方優其月給凡是廳直靜塞雲翼驍捷之類皆降宣旨各於禁軍甚叶機宜頗聞效用但或聞沿邊屯駐駐泊兵士等尚多河南之人亦有江浙西川廣南等揀到軍伍臣恐土宜既異習俗不同緩急之間誤累邊事況窮縣之地至廣鎮守之處亦多何必強其不能違其本性欲乞特降宣命應是河南及江南兩浙西川廣南軍人並不令邊上駐泊屯駐都支分於別處防遏一則使趙魏之士固彼疆埸一則免吳蜀之人彰其畏懦鬭志既皆齊一軍聲亦皆雄豪臣愚以為斯事亦防秋備冦之大端惟陛下采而行之

孫何從幸大名詔訪邊事何上疏曰陛下嗣位以來訓師擇將可謂至多以高祖之大度兼蕭王之赤心神武冠於百王精兵倍於前代分閫仗鉞者固當以身先士卒為心賊遺君父為恥而列城相望堅壁自全手握強兵坐違成筭遂使腥羶得計虵豕肆行焚刼我郡縣係累我黎庶陛下據人神之憤怒憫河朔之生靈爰御六師親幸澶魏天聲一振敵騎四逃雖鎮定道路已通而德 烽塵未息此殆將帥或未得人邊奏或有壅閼隣境不相救援糗糧須候轉輸之所致也將帥者何或恃勇無謀或忌功玩寇但全城壁不恤人民邊奏者何護塞之臣固祿守位城池焚刼不以實聞老幼殺傷詭言池盜不救援者何緣邊州縣城壘參錯如輔車脣齒之相依若頭目手足之相衛託稱兵少不出或待奏而乃行候輦輸者何敵騎往還驟馳鳥

遂贏糧景從。萬兩方行。追乎我來寇已遁去。此四者當今急務。擇將
帥。則莫若文武之內參用謀臣。防塞闕。則莫若凡奏邊防陛見庭問。
合救援。則莫若督以軍令。聽其便宜。運糗糧。則莫若輕齎疾馳。角彼
犄捷。今大駕既駐鄴下。契丹終不敢萌心南牧。所慮薦食者惟東北
無備之城。繕完周防。不可不慎。且蜂蠆有毒。豺狼無厭。今契丹西畏
大兵。北無歸路。獸窮則搏。物不可輕。餘孽尚或稽誅。奔突亦宜預備。
大河津濟。處處有之。亦望量屯禁兵。扼其要害。則請和之使。不日可
待。真宗覽而嘉之。
契丹南侵。遣內侍以密詔問禦邊之計。密封以獻。嘗詔聽邊民越
拒馬河塞北市馬。何承矩上言曰。緣邊戰櫂司自淘河至泥姑海口。
屈曲九百餘里。此天險也。太宗置砦二十六。鋪百二十五。廷臣十一
人。戍卒三千餘部。舟百艘。往來巡警。以屏姦詐。則緩急之備。大為要

害。今聽公私貿市。則人馬交度。深非便宜。且砦鋪皆為虛設矣。疏奏。
即停前詔。
三年。承矩知雄州。又上言曰。契丹輕而不整。貪而無親。勝不相讓。敗
不相救。以馳騁為容儀。以弋獵為耕釣。櫛風沐雨。不以為勞。露宿草
行。不以為苦。復恃驕戰之利。故頻年犯塞。臣聞兵有三陣。日月風雲
天陣也。山陵水泉地陣也。兵車士卒人陣也。今用地陣而設險。以水
泉而作固。建設陂塘。綿亘滄海。縱有敵騎。安能折衝。昨者契丹犯邊。
高陽一路。東負海。西抵順安。士庶安居。即屯田之利也。今順安西至
西山。地雖數軍。路纔百里。縱有丘陵岡阜。亦多川瀆泉源。因而廣之。
制為塘埭。自可息邊患矣。今緣邊守將。多非其才。不悅詩書。不習禮
樂。不守疆界。制御無方。動誤國家。雖提貔虎之師。莫遏犬羊之衆。臣
按兵法。凡用兵之道。校之以計。而索其情。謂將孰有能。天地孰得。法

令孰行。兵衆孰強。士卒孰練。賞罰孰明。此料敵制勝之道也。知此而
用戰者必勝。否則必敗。夫惟無慮而易敵者。必擒於人也。伏望慎擇
疆吏。出牧邊民。厚之以奉祿。使悅其心。借之以威權。使嚴其令。然後
深溝高壘。秣馬厲兵。為戰守之備。修仁立德。布政行惠。廣安輯之道。
訓士卒。闢田疇。勸農耕。畜芻粟。以備凶年。完長戟。修勁弩。謹烽燧。繕
保戍。以防外患。來則禦之。去則備之。如此則邊城按堵矣。臣又聞古
之明王。安集吏民。順俗而教。簡募良材。以備不虞。齊桓晉文。皆募兵
以服鄰敵。故強國之君。必料其民。有膽勇者。聚為一卒。樂進戰效力
以顯忠勇者。聚為一卒。能踰高赴遠。輕足善鬬者。聚為一卒。此三者
兵之練銳。內出可以決圍。外入可以屠城。況大小異形。強弱異勢。險
易異備。卑身以事強。小國之形也。以蠻夷伐蠻夷。中國之形也。故陳
湯統西域而郅支滅。常惠用烏孫而遂部窮。且聚膽勇。樂戰輕足之

徒。古稱良策。請試行之。且邊鄙之人。多負壯勇。識外邦之情偽。知山
川之形勝。望於邊郡置營召募。不須品度人才。止求少壯有武藝者
萬人。俟契丹有警。令智勇將統而用之。必顯成功。乃中國之長算也。
工部侍郎集賢學士錢若水。答詔論邊事奏曰。臣官忝貳卿。曾叨大
用。國家得失。臣合先言。但以仲夏朝廷舉兵以來。秋末犬戎鈔邊之
後。凡有機事。臣莫得聞。是以不敢上言。恐成狂瞽。今陛下躬擐甲胄。
蒙犯雪霜。駐蹕大名。已踰旬浹。一日徧詢輿論。明發德音。大率不過
即今禦戎之策。將來安邊之術耳。唯茲二事。試為陛下言之。臣聞孫
武著書。以伐謀為上。漢高將將。以用法為先。伐謀者何。蓋將帥料敵
制勝也。用法者何。蓋朝廷能賞罰不私也。今傅潛領數萬雄師。閉門
不出。坐看戎虜。俘掠生民。上則孤陛下委注之恩。下則挫陛下銳師
之氣。此蓋傅潛不能制勝。朝廷未能用法使然也。軍法臨陣不用命

者斬若陛下明申重法斬潜以徇然後權如楊延昭楊嗣者五七人増其爵秩分授兵柄使各將萬人間以強弩令分路討除孰敢不用命哉犬戎聞我將帥不用命退則有死豈不懼惻豈獨思遁邪亦來歲不敢犯邊矣如此則不出半月可以坐清邊塞然後鑾輅還京陛下威聲振四海矣臣嘗讀五代史見周世宗即位之始劉崇結犬戎遣大將楊袞領騎數萬隨崇至高平當時懦將樊愛能何徽等臨敵不鬭世宗知之翌日大陳宴會斬愛能徽等援偏將十餘人令分兵擊太原劉崇聞之股慄不敢出犬戎即日而遁是以兵威大振爾後收淮甸下秦鳳平關南如席卷耳以陛下睿聖神武豈愧于周世宗乎此所謂即今禦戎之策也其將來安邊之術臣不敢廣引前事慮煩聖聰止以近事言之太祖朝制最得其宜止以郭進在邢州李漢超在關南何繼筠在鎮定賀惟忠在易州李謙溥在隰州姚內斌在慶州董遵誨在通遠軍王彥昇在原州然但得沿邊巡檢之名不授行營部管之號皆十餘年不易其任立功者厚加賞賚其位皆不至觀察使位不高則朝廷易制久不易則邊事盡知然後授以聖謀不令生事來則掩殺去則勿追所以十七年中北戎西蕃不敢犯塞以至屢遣戎使先來乞和此皆布在耳目陛下之所知也伏望遵太祖之故事察下臣之愚衷精擇名臣分理邊場罷部管之號使其不相統臨置巡檢之名俾其遞相救應如此則出必擊寇入則守城不數年間可致邊烽罷警矣

若水知開封府時北邊未寧內出手札訪若水以策若水陳備邊之要有五一曰擇郡守二曰募鄉兵三曰積芻粟四曰革將帥五曰明賞罰何謂擇郡守今之所患患在戰守不同心望陛下選沉厚有謀畧邊事者任為邊郡刺史令兼緣邊巡檢許召勇敢之士為隨身部

曲廩贍不充則官為支給然後嚴亭障明斥候每得事宜密相報示寇來則互為救應齊出討除寇去則不令遠追各務安靜可無大過勿為替移儻立微功就加爵賞如此則戰守必能同心而敵人不敢近塞矣何謂募鄉兵今之所患患在不知敵情望詔邊州召邊民為招收軍給與糧賜蠲其賦租彼緣兩地之中各有親族使其懷惠來布腹心彼若舉兵此必預知苟能預知則百戰百勝矣何謂積芻粟今之所患患在困民力望陛下令緣邊各廣營田以州郡長官兼其使額每歲秋夏較其課程立旗鼓以齊之行賞罰以勸之仍縱商人入粟緣邊儻鎮戍有三年之備則敵人不敢動矣何謂革將帥今之所患患在重兵居外輕兵居內去歲傅潛以八萬騎屯中山魏博之間鎮兵全少非鑾輅親征則城邑危矣望陛下慎選將臣任河北近鎮仍依舊事節制邊兵未能削部署之名望且減行營之號有警則暫巡邊徼無事則却復舊藩豈惟不啓戎心況復待勞以逸如此則不失備邊之要又無舉兵之名且使重兵不屯一處進退動靜無施不可矣何謂明賞罰今之所患患在戍卒驕惰臣自知府以來見侍衛殿前兩司送到邊上亡命軍卒人數甚多臣試訊之皆以思親為言此蓋令之不嚴也平時尚敢如此況臨大敵乎望陛下以此言示將帥俾申嚴號令以警其下古人云賞不勸謂之止善罰不懲謂之縱惡又曰法不可移令不可違臣嘗聞郭進出鎮西山太祖每遣戍卒必諭之曰汝等謹奉法我猶赦汝郭進殺汝矣其假借如此故郭進所至未嘗少衂陛下能鑒前日之事即今日之元龜也若水又言邊部用兵唯視太白與月為進退者誠以太白者將軍也辰星者廷尉也合則有戰不合則無戰合於東則主勝合於西則客勝陛下能用臣言以謹邊備則邊部不召而自來矣太祖臨御十七年間未嘗

生事疆埸而敵人往往遣使乞和者以其任用得人而備禦有方也陛下苟思兵者凶器戰者危事而不倒持太阿授人以柄則守在四夷而常獲靜勝此備禦之上策也

右正言直集賢院趙安仁荅詔論邊事上奏曰臣以為當今有急務者二經久有大要者五急務二者其一曰激勵戎臣舉賞罰之典何者自防秋以來有保一軍守一壘而有功者有握重兵居重地而無功者故未能殲黠虜之迹止猾夏之謀今若有功者被加等之賞益以殭兵使居要害之地無効者奪主兵之柄賜之重罰以懲逗撓之失則軍威自振虜塵自消故賞罰不可不舉也其二曰振救邊民行優䘏之恵何者自犬戎入寇以來邊民有鬬敵之時沒於兵刃者遣使收瘞之有骨肉支離廬舍焚毀者本部撫䘏之陛下光宅中興臨照四海以一方之騷動勞萬乘之撫巡今封疆之臣既行信賞遐鄙之俗又叶來蘇所宜歸奉宗祧以安遠近則神武不可不重也大要五者其一曰選將略當今兵卒素練而其數甚廣用之邊方立功至少誠由主將之無智畧也豈非有一夫之勇者不足以為萬人之敵乎昔郤縠為將敦詩閱禮杜預平吳馬上治春秋蓋儒學之將則洞究存亡深知成敗求之今世亦代不乏賢太祖太宗親選天下士令布在中外不啻數千人其間有材武知兵法可以為將者固有之矣若選而用之則總戎訓旅安邊制敵不猶愈於一夫之勇者乎況其識君臣父子之道知忠孝逆順之理與夫不知書者固亦異矣其二曰持兵勢京師天下之根本也澶魏河朔之咽喉也鎮定股肱之地也是知根本在乎深固咽喉在乎控制股肱在乎運用蓋用兵衆寡貴得其冝若支大於體未重於本是以利器授人也其三曰求軍謀古者用軍必有成筭諮謀籌畫以贊戎機比來用軍都無此選自今凡命將守邊仍取識孤虛成敗知寇戎情狀者為參謀入官階資優與選職况今武舉已議復行其軍謀宏遠武藝絶倫科望依唐室故事復開此選其四曰修軍政古之名將必得衆心師克在和戰則必勝按酈捩纘史冊具陳若非畏愛兼行豈得士卒樂用故穀梁傳云善為師者不戰言敵人畏其法令也今之將帥請先以軍政能不黜陟之則人人自謹於法令矣其五曰愛民力國家邊備尚嚴經費猶廣今歲輦運固已重勞苟或未議蠲租與免緣科折變不須給復可息疲羸仍望特戒有司務令省事用全民力以備軍須陛下以上聖之資兼神武之畧盪平醜虜止在朝夕臣之狂言姑以竭愚忠之一効焉足以資廟勝之成筭也

歷代名臣奏議卷之三百二十二

禦邊

宋真宗咸平四年兵部尚書張齊賢論陜西事宜上奏曰臣竊見昨者清遠軍陷沒以來青岡寨燒弃之後靈武一郡援隔勢孤賊遷必窺覘城池劫脅熟戶兵力傷沮難固壘壖況塞北未寧方有調發若果分兵西面亦恐兩失機宜以今日西鄙事勢言之窮討則不足防遏則有餘其計無他惟在激勵自來與繼遷有讎蕃部招誘遠處大族首領啗之以官爵誘之以貨財推恩信以導其誠述利害以激其志若山西蕃部響應遠處族帳傾心則兇醜之勢減矣以弓箭手及旋點義軍對本城兵士臣責得十三州軍有二萬餘人若更於他州及近處對替又合得五六千人其本城兵士試加料揀亦甚有材勇可捍邊者若沿邊兵得及五萬餘更誘蕃部踰十數萬但彼出則我

歸東備則西擊使其奔命不暇矧更能外侵哉仍許蕃漢兵獲得馬畜貲財悉令自取明行曉諭遠近皆知則蕃漢將士之心孰不見利爭進今靈州軍民不翅六七萬陷之死地危難可知臣又慮賊遷謂來春必發兵救援靈武於我未舉兵之際盡驅蚍豕併力攻圍則靈州孤城亦必難固萬一陷失賊勢益增縱使多聚兵革廣積財貨亦難保必勝矣所以臣乞封潘羅支為六谷王及厚賜金帛仍先敦諭彼必向風恐遷賊旦暮用兵斷彼族貢馬之路苟朝廷信使得達潘羅支則泥埋等族西南遠蕃不難招輯西蕃既已稟命沿邊兵勢自雄則鄜延環慶之淺蕃原渭鎮戎之熟戶自然齊心討賊竭力壁朝設能與對替兵甲及駐泊軍馬互為聲援伺間而興則萬山閒守必不敢於靈州河西頓兵矣萬山退縮則賀蘭山蕃部亦稍叛遷賊矣如此靈州孤壘未至憂虞今議者謂六谷虛名終宜吝惜靈州孤[illegible]

翻未籌量與其濫賞而收羌夷之心臣謂濫賞之失輕矣苟若墜地而稔犲狼之勢則墜地之恥大矣今議者不過曰名器不可假人刑賞不可濫及此乃聖人治中國之道非議於夷狄者也陛下即位之初以銀夏一管盡與繼遷委高爵於匪人屈王臣於穹帳分儲廩以悅其志輦金帛以慰其心有以見陛下愛全生靈恥用凶器患此中國以綏四方者也朝廷於遷賊之恩可謂厚矣殊不知契丹慮遷賊感大國之恩斷右臂之勢防患甚切其謀甚深置王爵以賜之遣戎使以鎮之王爵至則旌節之命輕矣旌節之命適所以資之也戎使至則動靜皆伺之向背之心異矣我使往適所以堅之也夫西平之命亦虛名也契丹命之有何損哉以今日言之當時之策豈不為失乎且六谷者西北之遠蕃也羌夷之內推為雄豪若於平時但以布馬浪示覊縻則一懷化將軍亦已厚矣酌今日事體似失權宜兼恐

今後邊事兵機更有準前失中即於國家大有妨損昨清遠之陷是使奸兇轉成豐富兵民官吏六七千餘或含恨重泉或永因異域傷和致沴思之痛心顧惟靈州遠同穽獸外則虞寇戎之逼內則憂變故之生朝夕之間無餌虎口然而握兵者畏懦逗遛坐觀覆敗蓮寄者安然自若曾不憂邊臣雖至愚不勝忠憤且戎虜之性變詐多端必恐醜類之謀潛俟開隙伏望明諭邊將內脩外虞臣不任憂國思報之至齊賢又請調江淮荊湘丁壯八萬以益防禦朝議以為動搖無澤國人民遠戍西鄙亦非便計遂寢齊賢又言靈州斗絕一隅當城鎮完全磧路未梗之時中外已言合棄自繼遷為患以來危困彌甚南去鎮戎約五百餘里東去環州僅六七日程如此畏途不須攻奪則城中之民何由而出城中之兵何由而歸欲全軍民理須應接為今之計若能增益精兵以合西邊屯駐對替之兵徙以原渭鎮戎

之師率山西熟戶從東界而入。嚴約師期兩路交進。設若繼遷分兵以應敵我則乘勢而易攻。且奔命道途首尾難衛千里趨利不敗則禽臣謂兵鋒未交而靈州之圍自解然後取靈州軍民而置砦於蕭關武延川險要處以僑寓之。如此則蕃漢土人之心有所依賴裁候平寧却歸舊貫然後縱蕃漢之兵乘時以為進退則成功不難矣時不能用未幾靈武果陷

齊賢改吏部尚書上疏言曰臣在先朝常憂靈夏兩鎮終為繼遷并吞言事者以臣所慮為太過畧舉既往之事以明本末當時臣下皆以繼遷只是懷戀父祖舊地別無他心先帝與以銀州廉察庶滿其意爾後攻劫不已直至降麟府州界八部族蕃酋又脅制賀蘭山下帳族言事者猶謂封奬未厚洎陛下賜以銀夏土壤寵以節旄自此姦威愈滋逆志猶暴屢斷靈州糧路復撓緣邊城池數年之間靈州終為吞噬。當靈池清遠軍垂欲陷沒臣方受經畧之命臣思繼遷須是得一兩處強大蕃族與之為敵此乃以蠻夷攻蠻夷古今之上策也遂請以六谷名目封潘羅支俾其展効其時近臣所見全與臣謀不同多為沮撓及繼遷為潘羅支射殺邊患謂可少息今其子德明依前攻劫析逋遊龍鉢等盡在部下其志又似不小臣慮德明乘大駕東幸之際去攻六谷則瓜沙甘肅于闐諸處漸為控制矣向使潘羅支尚在則德明未足為虞今潘羅支已亡厮鐸督恐非其敵望委大臣經制其事

咸平中詔近臣議靈州棄守之事左司諫知制誥楊億奏曰臣奉御劄子朕常覽古書備詳邊事得其人則舉無遺策失其當則謀之不臧朕亦復斯文終朝在念未嘗不察言觀行捨短從長希戮力於邦家奠太康於宇縣其如妖氛不息邊塞未寧北狄雖具於隄防西鄙尚多於艱阻靈武是中原巨屏平夏乃近域小蕃久興蚍豕之心常作疆埸之患阻絕道路侵犯軍城狂妖轉恣於無厭大郡翻成於孤壘絕之則終成暴亂討之則慮困生靈兩途宜在於咨詢百中須從於籌畧卿職當綸綍位列清華披經史之遺文大資智畧觀古今之盛事必蘊機謀黠虜用何策以翦除靈州以何方而廢置弃之則有何利害存之則有何便宜專聽必當之謀無恡盡心之論分明擘畫密具奏聞用符果決之誠以副滂滌之望者竊以詢于芻蕘前王之盛德謀及卿士載籍之格言蓋所以竭盡下情詳求中道使舉無失策動必有成斯聖皇慎重之至也然而狂夫之言聖人擇焉謀之欲多斷之在獨伏惟皇帝陛下清閒之宴親紆睿覽言可用者行之不疑臣某幸甚幸甚臣嘗讀舊史見漢武北築朔方之郡平津侯諫以為罷敝中國以奉無用之地願罷之上使辯士朱買臣等發十策以難平津平津不能對臣以為平津侯為漢賢相深明經術習知利害屬武帝以雄侈自任志在開拓買臣等以詞辯獲進並侍左右前史又稱平津每朝會議論但開陳其端使人主自擇不肯面折廷諍由此言之非不能折買臣之舌蓋所以將順人君之意耳即朔方之非便有自來矣且其地非禹貢九州之內非周官職方所領在要荒之外固聲教不及元朔中大將軍衛青攘却匈奴取其河南地以列置郡縣今靈州是赫連果地後魏置州蓋朔方之故墟即匈奴之舊壤僻介西鄙懸絕諸華數百里之間無有水草烽火不相應亭障不相望當邊境謐寧羌戎即叙道路不壅饋餉無虞猶足以張大國之威聲為中原之扞蔽自胡雛作梗邊邑屢驚寇虜為其脅從兇黨因而猖熾待之以爵賞頗驕蹇而不恭討之以四兵又遁逃而無獲凡有贏糧之役必興狙擊之謀每至靈武轉輸亦須發卒防援難去內地

皆無鬭心。經涉畏途多有菜色。百曹光實白守榮馬紹忠及王榮之
敗。資糧扉屨所失至多。將士丁夫。相枕而死。以至募商人入穀輸帛。
償以數倍之價。復於積石之孤壘別築清遠之一城。邊民繹騷。國帑
匱之。既不能制黠虜之死命。又不能救靈武之急難。數年之間。兇黨
逾盛。靈武危堞巋然僅存河外五城。繼聞陷沒。但堅壁清野坐食糗
糧。閉壘枕戈。苟度朝夕。且使賊遷橫行沙漠。侵擾壖陲。擊列鎮之戍
兵侵屬國之蕃部。雖有警急。無候望而得知。縱或懇請。但繕完而自
保。未嘗出一兵馳一騎。敢與虜角。此靈武之存無益明矣。平津所言
罷敝中國。以奉無用之地。正為今日也。臣以為存之有大害。棄之有
大利。且如國家募人入粟。償以十倍之直。發卒轉餉。涉兹不毛之地。
此古人所謂率二十鍾而致一石。毆民於死地者也。今或棄之。即可
以歲省戍卒分守內郡。一卒之費。可給十夫。國家無飛芻輓粟之勞

士卒免暴露流離之苦。必謂廢之即蹙失土地。傷損威重。且如堯舜夏
禹聖之盛者也。地不過數千里。而明德格天。四門穆穆。武丁成王。商
周之明主也。然地東不過江黃。西不過氐羌。南不過荊蠻。北不過太
原。而頌聲並作。號為至治。及秦漢拓土窮兵遠畧。雖疆理益廣。而干
戈日尋。府庫之資財屢空。生靈之肝腦塗地。校功比德。豈可同年而
語哉。夫蝮蛇螫手。壯士斷腕。蟻壞不塞。將淪山阿。今靈武之存為害
甚於蝮蛇。供饋之費為蠹逾於蟻壤。無鴻毛之益。有泰山之損。豈可
忽遠大之畧。狥悠悠之談。昔西漢賈捐之嘗建議棄朱崖。當時公卿
亦有異論。元帝能排衆多之說。奮獨見之明。下詔廢之。以彰其德。元
帝之意。寧欲自棄其地。當其內屬為郡。固已置吏而撫循。及其稱兵
搆亂。豈可勞民而征戍。故其詔書曰。議者以棄朱崖羞威不行。夫通
于時變。即憂萬民。萬民之饑餓。危孰大焉。且宗廟之祭。凶年不備。況

乎避不嫌之辱哉。臣以為正與今日靈武之事相類。當羌戎寧謐。雖
有寇孽。可以存而勿論。及勞師費財。無益保鄣。固宜廢而不舉。何是之
以傷威重而貽羞辱哉。必以失地為言。即燕薊八州。河湟五郡。所失
多矣。何必此為。議者又以西北諸蕃戎馬是產。資其控制。以通貿易。
環慶諸州。內附藩落。藉其屏翰。以免驚騷。此又迂闊之甚。且戎人為
利所誘。孜孜市於邊關。蕃部之族自強。故能庇於種類。必來寇於環
慶。固無隔於藩籬。百雉危城。千里懸隔。自救不暇。豈及於他。議者又
以其土田沃饒。有漢陂之利。恐賊遷因而播種。益以寖強。況戎人但
以攻剽為能。罔知耕稼之事。河隴之外。棄地甚多。延袤百城。提封萬
井。西漢屯田之所。遺址猶存。儻事力畊。可以積穀。何必獨耕靈武。乃
能足食。若靈武於賊有大利。即是必爭之地。當朝夕攻取。豈至於今。
皆為孟浪之談。殊非經久之計。況又歲有調發。動致徵斂。借寇兵而

齎盜糧。竭民力而耗國用。為患之大。無出於斯。雖庸人豎子。亦知其
可棄也。然自清遠淪陷。斥候不通。孤城之人。如釜中之魚。罹黠虜之
勢。若崑山之火炎。朝廷必欲棄之。須牙璋徵兵。靈旗直指。約齎深入
執殳前驅。鼓行賊中。傳于城下。然後合其將卒。遷其人民。隳城復隍。
塞井夷竈。乃為棄也。臣伏料國家物力。尚屈未暇。此行雖曰棄之。亦
空言耳。今一城生齒。在焚溺之中。咸懼必死。以是憂思自脫而無
路。若陛下慎選單介。間道而行。齎持詔書。宣布王命。令其盡焚廬舍。
自拔而歸。丁壯悉令持兵。老幼以之繦負。古稱歸師不可遏。又曰置
之死地而後生。當此之時。人百其勇。臨難思免。其鋒莫當。國家又
須申命偏師。揚言出塞。軍聲既振。賊勢自分。即靈州東邊之民。不虞
邀擊之患。雖有損刼。易為枝梧。且國家所惜者士民。所急者財用。豈
可以驍果之旅委於餓虎之蹊。府藏之實填於廬山之壑。今若棄去

靈武退守環慶卒免戍於絶域民思保其室家供饋不出於郊圻恩
德自淪於骨髓民力不竭士氣益揚何敵不摧何戎不克恭惟陛下
欲康宇縣慮困生靈求必當之謀思酌中之論臣以靈州之廢置計
無出於此望陛下採之而已陛下又憤茲黠虜思欲翦除臣以為不
可黷武以窮兵止可伐謀而制勝臣竊料賊遷雖盱邊塞之外倔強
沙苣之中脅制諸羌嘯聚不逞無耕農之業無蠶織之工為鼠竊之
謀以貿衣食聚烏合之衆以擾塞垣致蕃夷之服從用兇威而驅迫
非有厚利能誘其心朝廷今廢弃靈州每歲更無饋運絶其覬望何
所窺圖此困賊遷之一也平夏之西池鹽斯在先是貿易粟麥用資
餱糧今條禁甚嚴法網尤密無敢踰越漸致攜離此困賊遷之二也
嚴勑彊吏謹奉國經辯其非常禁其闌出使竹頭木屑不遂其求狗
盜雞鳴無施其巧游兔空磧坐抵困窮此困賊遷之三也然須精選
銳師分守邊地慎擇名將授之廟謀訓練驍雄隄防侵軼驗其走集
明其偵候苟鴟張而豕突必烽舉以燧燔併力翦除分路驅逐如秦
人之鹿犄角以攻辟常山之蛇首尾相應蕞爾兇醜坐致滅亡臣竊
見太祖朝命姚內斌領慶州董遵誨領環州二人所統之兵纔五六
千而已閫外之事一以付之軍市之租不從中覆用能士卒効命羌
夷畏威朝廷無旰食之憂壃埸無羽書之警臣欲望陛下於武臣中
選有將帥之才知邊鄙之事者三數人分布諸郡各量其所將兵多
少付之除廩祿之外賜與一大縣租賦恣其犒設令開幕府辟召髦
後為之僚佐以策畧勇力之士稟其指蹤之用軍旅之政許以便
宜而行儻賊遷侵邊郡軍城擾內屬蕃部並脣齒相援腹背夾攻或
戰馬正肥戎士思奮即徵發內屬討虜生羌俘獲之餘盡分麾下且
戎人利於降附羞迫兇渠儻撓之以勁兵示之以大信懷荒振遠推

亡固存出金帛以購首豪懸爵秩以寵降附明立賞格厚荅戰功即
賊遷之腹心稍稍奔潰親離衆叛事去運乖煢煢獨夫誰與為伍但
塞外一胡人耳安能與大邦為讎哉陛下若欲謀成廟堂功在漏刻
臣以為此虜方黠其財猶豐腥羶之羣如臂使指未可以歲月破也
直須廢弃靈州退保環慶然後以計困之耳如臣之策祇得三兩驍
將付以一二萬精卒以數縣租賦給其用度令分守邊郡賊遷可以
計日成禽朝廷可以高枕無事矣臣從事儒學豈知軍旅耳剽日久
心知其然輒罄謏聞仰祇清問談不稽古詞非據經進思盡忠蓋事
君之無隱謀或可用豈以人而廢言

刑部郎中陳貫上形勢選將練兵論三篇大畧言地有六害今北邊
既失古北之險然自威虜城東距海三百里沮澤磽确所謂天設地
造非敵所能輕入由威虜西極狼山不百里地廣平利馳突此必争
之地凡争地之利先居則佚後趨則勞宜有以待之昔李漢超守瀛
州契丹不敢視關南尺寸地今將帥大抵用恩澤進雖謹重可信否
與敵遇方畧何從而出邪故敵勢益張兵折於外者二十年方國家
收天下材勇以備禁旅賴廩給賜予而已恬于休息久不識戰可以
衞京師未可以戍邊境請募土人隷本軍籍丁民為府兵使北捍契
丹西扞夏人敵之情僞地勢之險易彼皆素知可不戰而屈人之兵
矣

都巡檢使平州刺史李繼和命兼涇原儀渭鈐轄時繼遷未殄命張
齊賢梁顥經畧因訪繼和邊事繼和上言鎮戎軍為涇原儀渭北面
扞蔽又為環慶原渭儀秦熟戶所依正當回鶻西涼六谷吐蕃咩逋
賤遇馬臧梁家諸族之路自置軍已來克張邊備方於至道中所葺
今已數倍誠能常用步騎五千守之涇原渭州苟有緩急會于此軍

并力戰守則賊必不敢過此軍而緣邊民戶不廢耕織熟戶老幼有所歸宿此軍苟廢則過此新城止皆廢壘有數路來寇若自隴山下南去則由三百堡入儀州制勝關自瓦亭路南去則由彈箏峽入渭州安國鎮自清石嶺東南去則由小盧大盧潘谷入潘原縣若至潘原而西則入渭州東則入涇州若自東石嶺東公主泉南去則由東山砦故彭陽城西並入原州其餘細路不可盡數如以五千步騎令四州各為備禦不相會合則兵勢分而力不足禦矣故置此城以扼要路即今自靈環慶鄜延石隰麟府等州以外河曲之地皆屬於賊若更攻陷靈州西取回鶻則吐蕃震懼皆為吞噬西北邊民將受驅刧若以可惜之地甘受賊攻便思委棄以為良策是則有盡之地不能供無已之求也臣慮議者以調發芻糧擾民為言則此軍所費止出四州地里非遙輸送甚易又劉綜方興屯田屯田若成積蓄有備

則四州稅物亦不須得況今繼遷強盛有踰曩日從靈州至原渭儀州界次東取鏉子山以西接環州山內及平夏以并黃河以東以南隴山內外接儀州界及靈州以北河外蕃部約數十萬帳賊來是以鬬敵賊還未盛不敢深入今則靈州北河外鎮戎軍環州並北徼靈武平夏及山外黃河以東族帳悉為繼遷所吞縱有一二十族殘破奔迸事力十無二三自官軍瀚海失利賊愈猖狂群蕃震懼絕無鬬志兼又咸平二年棄鎮戎後繼遷徑來侵掠軍界蕃族南至渭州安國鎮北一二十里西至南市界三百餘里便於蕭關屯聚萬子米逋西鼠等三千以脅原渭靈環熟戶常時族帳謀歸賊者甚多賴聖謨深遠不惑群議復置此軍一年以來蕃部咸已安集邊民無復愁苦以此較之則存廢之說相去萬倍矣又靈州遠絕居常非有尺布斗粟以供王府令關西老幼疲苦轉餉所以不可棄者誠恐滋大賊勢

使繼遷西取秦成之群蕃北掠回鶻之健馬長驅南牧何以枝梧昨朝廷詢問臣送芻糧道路臣欲自蕭關至鎮戎城砦西就胡盧河川運送但恐靈州食盡或至不守清遠固亦難保青岡白馬曷足禦扞則環州便為極邊若賊從蕭關武延石門路入鎮戎有五七千兵亦恐不敵即回鶻西涼路亦斷絕伏見咸平三年詔書緣邊不得出兵生事蕃夷蓋謂賊如猛獸不拂其心必且不動臣愚慮此賊他日侮熾不若驅驍將銳旅屢入其境彼或聚兵自固則勿與鬬妖黨纔散則令掩擊如此則王師逸而賊兵勞賊心內離然後大舉及靈州孤壘戍守最苦望比他州尤加存恤且守邊之臣內憂家屬之窘匱外憂姦邪之憎毀憂家則思為不廉憂身則思為退迹思不廉則官局不治思退迹則廢事無心欲其奮不顧身令出惟行不可得已良由賞未厚恩未深也賞厚則人無顧內之憂恩深則士有效死之志

古之帝王皆懸爵賞以拔英俊卒能成大功夫凡君子求名小人徇利臣為兒童時嘗聞齊州防禦使李漢超守關南齊州屬州城錢七八萬貫悉以給與非次賞賚動及千萬漢超猶私販榷場規免商筭當時有以此事達于太祖者即詔漢超私物所在悉免關征故漢超居則營生戰則誓死資產厚則心有所繫必死戰則動有成績故畢太祖之世一方為之安靜今如漢超之材固亦不少苟假門室祖之遺法選擇英傑使守靈武高官厚賞不吝先與往日留半奉給其家半奉資其用然後可以責潔廉之節保必勝之功也又戎事內制或失權宜漢時渤海盜起龔遂為太守尚聽便宜從事且渤海漢之內地盜賊國之飢民況靈武絕塞西鄙彊戎又非渤海之比苟許其專制則無失事機縱有營私冒利民政不舉亦乞不問用將之術異於他官貪勇知愚無不皆錄但使法寬而人有所慕則久居者安心展

體竭材盡慮何患靈州之不可守哉又朝廷比禁青鹽甚為允愜或聞議者欲開其禁且鹽之不入中土困賊之良策也今若為糧食自蕃界來雖鹽禁不能困賊此蜀鹽行賄者之妄談也蕃粟不入賊境而入于邊廩其利甚明況漢地不食青鹽熟戶亦不入蕃界博易所禁者非徒糧食也至於兵甲皮幹之物其名益多以朝廷雄富猶言摘山煮海一年商利不入則或闕軍須況蕃戎所賴止在青鹽禁之則彼自困矣望固守前詔為便

真宗時權御史中丞賈昌朝上備邊六事其一曰馭將帥自古帝王以恩威馭將帥賞罰馭士卒用命則軍政行而戰功集太祖脫裘帽賜王全斌曰今日居此幄尚寒不可禦況伐蜀將士乎此馭之以恩也曹彬李漢瓊討江南太祖召彬至前立漢瓊等於後授以劍曰副將以下不用命者得專戮之漢瓊股栗而退此馭之以威也太祖雖

削武臣之權然一時賞罰及用財集事皆聽其專有功則賞有敗則誅今每命將帥必先疑貳非近倖不信非姻舊不委今陝西四路總管而下鈐轄都監巡檢之屬悉參軍政謀之未成事已先漏甲可乙否上行下戾主將不專號令故動則必敗請自今命將去疑貳推恩惠務責以大效得一切便宜從事偏裨有不聽令者以軍法論此馭將之道也其二曰復土兵今河北河東強壯陝西弓箭手之類土兵遺法也河北鄉軍其廢已久陝西土兵數為賊破存者無幾臣以謂河北河東強壯已詔近臣詳定法制每鄉為軍其材能絕類者籍其姓名遞補之陝西蕃落弓箭手貪召募錢物利月入糧奉多就黥涅為營兵宜優復田疇使力耕死戰世為邊用可以減屯戍省供饋矣內地州縣增置弓手如鄉軍之法而閱試之其三曰訓營卒太祖朝令諸軍毋得食肉衣帛營舍有鬻酒肴則逐去士卒有服繒綵者笞

責之與時被鎧甲冒霜露氣勝攻取皆此曹也今營卒驕惰臨事無勇舊例三年轉員請之落權正授雖未能易此制即不必一例使之總管鈐轄擇有才勇可任將帥者授之況今之兵仗製造殊不適用宜按八陣五兵之法以時教習使啓殿有次序左右有形勢前卻相附上下相援令之曰失一隊長則斬一隊何以眾不為用乎其四曰制遠人今四夷蕩然與中國通在北則臣契丹其西則臣元昊二國合從有掎角中國之勢借使以歲幣羈縻之臣恐不可必弃者之倫邊西有金城上郡北則雲中鴈門今自滄之秦綿亘數千里無山河之阻獨恃州縣鎮戍備歲所供贍又不下數千萬一穀不熟或至狼狽契丹近歲兼用燕人治國建官一同中夏元昊據河南列郡而行賞罰此中國患也宜度西方諸國如沙州唃廝明珠滅臧之族近北如黑水女真高麗新羅之屬舊通中國募人往使誘之使歸我則勢

分而釁生體解而瓦裂矣其五曰綏蕃部屬戶者邊垂之屏翰也延有金明府有豐州皆戎人內附之地朝廷恩威不喜強敵迫之塞上諸州藐焉孤壘蕃部既壞土兵亦衰破敵之日未可期也臣請陝西緣邊諸路守臣皆帶安撫蕃部之名擇其族大有勞者為酋帥如河東折氏之比庶可為吾藩籬之固也其六曰謹覘候古者守封疆出師旅居則有行人之覘國戰則有前茅之慮無其謹如此太祖命李漢超鎮關南馬仁瑀守瀛州韓令坤鎮常山賀惟忠守易州何繼筠領棣州郭進控山西武守琪戍晉陽李謙溥守隰州董遵誨屯環州王彥升守原州馮繼業鎮靈武筦榷之利悉輸之軍中聽其貿易而免其征稅邊臣富於財得以為間諜羌夷情狀無不預知二十年間無外顧之憂今日西鄙任邊事者蔽之情狀與山川道路險易之勢絕不通曉使陷不測之淵入萬死之地肝腦塗地狼狽相藉何以破

敵制勝耶。頃監藝祖任將帥之制邊城財用悉以委之募勇敢之士為爪牙臨陣自衛無敍將之辱募死力為覘候而望敵知來無陷兵之恥書奏多施行之。

夏臺益部寇擾堡主顧上疏曰開歲以來戎事未息李繼遷負恩於靈夏王小波于紀於巴邛河右坤維並興師旅而繼遷翻然向化遣子入覲頃備職貢陛下曲加容納許其內附亦以德信申以恩錫所以綏懷之者至矣然而狼子野心未可深信所宜謹屯戍固城壘積芻糧然後選才勇付以邊任縱有緩急則備禦有素彼又寡能為患哉至若蜀寇未平神人共憤謂宜申飭將帥速期蕩平既免老師以費財且防事久則生變又況邛蜀物產殷富其間士卒驕怠遷留顧戀寔繁有之莫若勿憚往來潛為更代既可均其勞逸抑可免於遷延至於河北關防所當加謹者誠以國家方事西南密謀興舉若分中朝之勢力則長外寇之姦謀矣

時制沿邊糧斛不許過河西河西青鹽不得過界販鬻犯者不以多少處斬顥請多者依法自餘別為科斷以差其罪章上表報移知秦州。

仁宗明道二年劉平自雄州徙知成德軍奏曰臣嚮為沿邊安撫使與安撫都監劉志嘗陳備邊之畧臣今徙真定路由順安安肅保定州界自邊吳淀望趙曠川長城口乃契丹出入要害之地東西不及一百五十里臣竊恨聖朝七十餘年守邊之臣何可勝數皆不能為朝廷預設深溝高壘以為阨塞臣聞太宗朝嘗有建請置方田者今契丹國多事兵荒相繼我乘此以引水植稻為名開方田隨田塍四面穿溝渠縱廣一丈深二丈鱗次交錯兩溝間屈曲為徑路才令通步兵引曹河鮑河徐河雞距泉分注溝中地高則用水車汲引灌溉甚便頃以劉志知廣信軍與楊懷敏共主其事數年之後必有成績詔遂密敕平與懷敏漸建方田

寶元二年平為鄜延環慶路副部署乞選用酋豪各守邊元昊亂曰臣聞五代之末中國多事西方用兵唯制西戎似得長策于時中國未嘗遣一騎一兵遠屯塞上但任土豪為眾所伏者以其州邑就封之。凡征賦所入得以贍兵由是兵精士勇將得其人而無邊陲之虞太祖掃清天下謂唐末諸侯跋扈難制削其兵柄收其賦入自節度使以下第其俸祿或四方有急則領王師行討事已兵歸宿衛將還本鎮雖無長策然當時大臣不能遠計亦以朔方李彝興靈武馮繼業移於內地自此靈夏漸歙中國命將出守發兵屯千里就糧遠近騷擾十年之中兵民交困靈武既失守趙德明以僻守一隅且懼問罪亟馳驛奏願備藩臣朝廷姑務息民即以靈夏兩鎮授之德明潛治甲兵自滋邊患當時若止弃靈夏綏銀四州限山為界使德明遠遁漠北則無今日之患既以山界蕃漢人戶弃授之而鄜延環慶涇原秦隴歲宿兵數萬今元昊僭逆恣行殺害眾叛親離復與嗃厮囉

相持已久結隙方深此乃天亡之時臣聞寇不可玩敵不可縱或元昊一旦為人殺戮酋豪代之與嗃厮囉通和約契丹相為表裏則西北之憂未可測矣若以鄜延環慶涇原秦隴四路軍馬分為兩道益以蕃漢弓箭手步騎得精兵二十萬比元昊之眾三倍居多乘人心離散與嗃厮囉立敵之時沿邊州軍轉徙糧草二百餘里不出一月可坐致山界洪宥等州招集土豪授以職名給衣祿金帛自防禦使以下刺史以上次第封之以土人補將校勇者貪於祿富者安於家不期月而人心自定或授嗃厮囉以靈武軍節度使西平王使逼元昊河北族帳復出鄜延石州蕃步騎攻西河部族以厚賞招其酋帥其眾離貳則大軍進討以所得城邑而封之元昊不過竄身河外一窮寇爾今元昊倚山界洪宥等州蕃部為肘腋以其勁勇而善戰鬪若失之是斷其左右臂靈夏綏銀不產五谷蕃部馳騁未習山界道

路每歲供給資粮以贍之若收復洪宥限以山界憑高據險下瞰沙漠各列保障量以戍兵鎮守此天險也彼靈夏綏銀千里黃沙本非華土往年調發遠戍老師費財官私疲弊以致小醜昌熾此謀之不臧也或朝廷貸元昊之罪更示含容宿兵轉多經費尤甚恐北狄謂朝廷養兵百萬不能制一小戎有輕中國之心然亦須議守禦之長計或元昊潛與契丹結為援以張其勢則安能減西兵以應河北譬如一身二疾不可並治必輕者為先重者為後也請召夏竦范雍與兩府大臣議定攻守之策令邊臣遵守

寶元元年張方平上平戎十策及表曰臣某言臣於景祐元年以茂材異等對詔策陛下擢臣秘書省校書郎至寶元元年以賢良方正能直言極諫對詔策陛下擢臣秘書省著作佐郎夫士感知己猶許以死況陛下自臨御已來十五年中三策天下士中選者止五人而

臣再濫揀拔等比三人而已今雖遠在江湖之外而聞朝廷有鄙上之虞其可悠悠自同常人者哉臣不佞才見短淺然歷代之書備嘗涉獵至于成敗得失尤用心探討畧能言其梗槩至于國論大體時務細故參詳措置使臣閒議其中臣潛自量亦未敢在諸生後是陛下再選臣于大問之下臣幸不辱也頃聞元昊猖獗叛于邊吏出車遣戍頗煩旰昃臣竊投筆憤歎西望毛竪恨身在遐遠不得請纓闕下思效愚者之慮輒上平戎十策臣未嘗遊函潼之西故其山川地形風土人物不無闕畧至于軍國機事臣以疏遠莫得詳知今所論著徒採歷代史冊兵謀地志及所見朝廷施為顯然之事臆度道聽懼不精審至有所得或是以發伏惟陛下神機天畧固無遺筭萬機之暇清閒之餘少迴日月之光一登衡石之末以臣策不甚迂疎乞召兩府大臣試於御前商榷或有一得上稱清衷則於海嶽亦有涓塵之益也所撰平戎十策謹別錄實封附遞上進干黷天威臣無任戰汗殞越待罪之至臣誠惶誠恐頓首頓首

攻心

臣聞上兵伐謀又曰攻心為上竊料戎心之蓄叛謀有日矣國家自藝祖剗除五代之弊始大一統立太平之基太宗真宗休養生息仁澤霑露文德綏遠戎狄侵軼驅逐出疆謹備邊而已未嘗耀威靈勤遠畧深入虜地以恢封境也今元昊猖狂負恩且習我之舊有輕我之志而無備我之心謂我必不能長驅出塞薄伐問罪也臣謹按地志麟府本銀勝之地去銀州三百里夏州五百里其去興州封壤相接賊巢穴在興州中都山若因鄉道渡河直趨五七日可到賊來入寇必自延渭比還自救程途自倍若徒遣輕騎姑謀犯邊清野深壍足挫其銳黨悉發其衆身來入寇則中都守備勢當單寡誠能先以

精兵屯布旁河州郡至元昊犯塞之時為奇兵自麟府路入卷甲掩其巢穴使西邊城壘守險自固勿與之戰元昊聞兵臨國正所必救飲潼苟旋猶懷華土王師奄至可以恩信招徠則朔方之地庶復歸國伐其謀於已定攻其心於不測所謂出其不意掩其不備一舉破賊策之上也臣聞先人有奪人之心軍之善志自國家失朔方棄靈武置戍內地控扼益蹙專為靜勝深戒生事然戎心貪戾益思蠶食今若屯兵邊郡坐糜餽廩來則自保去又不追費財無功損威示弱計者若不厚姑息之便甘心而後止則臣恐邊鄙之虞未能徹警也

伐交

用兵之道其次伐交今元昊所恃為交者豈非北虜乎臣聞元昊與虜通婣接其事勢必先要結我與契丹通好餘三十年矣自漢氏以

來夷夏之和。而能謹守信誓。如今之久者。未之有也。非惟懷我恩信。利我聘幣。抑當我盛德之世。無釁可乘。今其與我之和好也。在外。而其與戎人之親睦也。在內。外雖我睦。陰為戎助。此又不可不過慮也。示我之有禮。防彼之有辭。此為事機不可失者。臣願遣使一介。齎書一函。示之以元昊背義之由。朝廷備禦之意。其書曰。夏州自德明以來。受恩于國。至于元昊。綏撫彌隆。今忽恣睢。虧廢貢職。藩臣阻命。法當致討。如聞元昊違彼婚姻。遂興問罪之師。實損與國之好。彼誠矜其狂易。遣喻此情。若元昊悔過改圖。效誠請命。則我為之寬宥待之如初。誠元昊不稟訓辭。居然愎慝。違我二國之命。自恃獨夫之强。則當明下詔書。削其爵命。申勅守將。蕩除鯨鯢。如此則我於契丹。以元昊之故。益示敦睦之道。契丹於我。雖元昊之姻。莫與開嫌之說。雖未能破彼之交。而我之親隣伐叛。兩有辭矣

專勝。

善用兵者。我專而敵分。我專為一。敵分為十。是以十擊其一也。則我衆而敵寡。吾所與戰者約也。吾所與戰之地不可知。則敵所備者多。吾所與戰者寡矣。寡者備人者也。衆者使人備己者也。昔吳為三軍而病楚。隋以易戍而弊陳。多方誤之。用此筭也。今緣邊城壘縣接千里。臣慮元昊分布兇黨。間出討掠。示欲掩襲。分我守備。務以疲我。而諸守將輕請益師。我備彼去。正墮其計。今鄜延環慶涇原諸路。皆國家控制西陲。置兵之根本也。形勢影援。足相首尾。緣邊城壘。於茲倚重。臣請諸境上州軍。擇守將使備築堡戍。斥遠烽候。非時寇至。姑使斂衆清野。閉壘自保。勿與輕接。又元昊犯塞。路皆荒磧。地無水草。齎糧而至。假有攻圍。勢不能久。若賊亟來攻。我則逐路發師。詳謀邀逐。無輕動衆。以損威重。如此。則不為多方之誤。而取專勝之功矣

以夷狄攻夷狄。

邈川大首領唃廝囉。本吐蕃之遺種也。自潘羅支殺。繼遷而德明破滅六谷。世為仇怨。今諸戎能為元昊後患者。惟洮涼爾。比聞效順。來獻戎捷。朝廷撫納恩信亦厚。此誠以夷狄攻夷狄之策也。臣以為馭戎夷之道。不惟賞利懷誘。亦在誠信要結。今邈川介于西鄙。感慕恩德。納忠為用。常所贈賄。恐未足以致其力。儻於朝臣中擇一有機辯材謀之士。銜命臨撫。諭以國家眷遇之意。凡元昊部族與洮河接境。而我應援可及者。使自攻取之。為出偏師趨要害。為之犄角。是令邈川自為戰也。或難臣曰。元昊既弱邈川。復強是元昊未破。又生一秦矣。臣曰不然。今量邈川之衆。固未能困元昊也。我因其力而假之勢。羌有貪利之心。且為我用。是以牽持元昊之後。分其備禦。茲亦多筭之一端也

安民。

臣聞武有七德。先安民而後可以保大定功也。今聚師西陲。凡百調率。應期趨辦。實在關中。若百姓力屈。流亡撓動。則嘯聚草竊。不遑之民。乘馬語曰。鳥窮則啄。獸窮則搏。民窮斯為盜矣。羣黨連結。展轉相雄。茲亦患起於甚微。釁生乎所忽。則朝廷之憂。不在邊防。而在四郊之內矣。伏願陛下深念茲哉。諸陝西將帥轉運使等。宜得識大體。明時務。周材之人。充之。凡廢置之宜。弛斂之事。當循寬大。無使躁急。陝西州縣長吏。悉為選擇特降深詔。告諸守令。所聽民政。務從簡直。宿逋久負。一切除免。諸所科率。起自近年。有害於民者。悉且權罷。應徭役重色。破民產力者。使更張之。以便安百姓。開津山澤。俾民小利者。與衆公共。以惠貧弱。上以布國家之德澤。下以裕編氓之生路。以弭盜賊。以固根本。安民之要。此其大節。若其不先恤之。而先困之。寇未

至而民已疲。則是自取弊也。何保大定功之有哉

置兵根本。

用軍決勝在乎統帥。統帥不一。則威令不行。不相為用。非成功之勢也。近觀唐時元濟淮西之誅。慶緒相州之圍。成敗之由。其事可見。淮西之師。中外疑阻。以用裴度為宣慰使。度纔至師。諸將各圖立功。惟恐在後。故元濟卒擒焉。相州之圍。子儀光弼皆在。非無名將也。以九節度之師。不相統制。但用魚朝恩為觀軍容使。故相觀望。卒以潰衄。今環慶鄜延涇原等路。各有部分。莫相統領。譬指伸縮。當從中御。機宜緩急。勢不相及。夫同舟而濟。胡越一心。利害背馳。則為路人矣。臣伏覩唐氏制度。方面重權。不欲專授戎帥。故命皇子弟為元帥及節度大使。而藩帥但授副元帥。節度副大使。及長史。行軍司馬。亦或命宰臣遙領節度及副元帥者。今自陝以西。永興當咽喉之要。大河之

南。襄漢之北。滎陽之西。輸餽供億。此其都會。臣愚竊以為大軍根本。宜駐此地。而置陝西處置招討使之名。應鄜延環慶涇原諸路皆節度之。其大使請自聖心選置。留止都下。使遙領之。擇命大臣才望威略可任以重者。為副大使。行大使事。以永興為治所。以臨制諸路。凡緣邊城戍要害控扼之處。為寇衝突。或邀截討逐。當得鄰道相會合應援者。聽其處置焉。此則權用雖在外。而柄轡實在內。輕重相持。易以移改。蓋馭將之要道也

足食。

關中雍州之域。厥田上上。昔秦鄭國引涇水注洛三百餘里。溉澤鹵之田。皆畝收一鍾。至漢白公復引涇水注渭。袤二百里。故關中號為沃野千里。而無凶年。自漢唐之盛。皆此焉作都。非惟百二之固。抑亦膏腴之利也。臣竊以為西疆之事。宜聚重師於永興。為臨制根本之[illegible]

然今關中。地有遺利。山陸險阻。飛輓為艱。邊儲軍資。供須勞敝。今誠能按兩渠之故迹。豐衣食之本原。檢責經界。闢置屯務。則不煩遠為調發。而足食矣。或難臣曰。昔唐氏都關中。肅代兵興。中外艱食。禁軍之餉。百姓至接穗以供之。又劉晏領租庸轉運使。最達食貨輕重之術。然徒能引江淮之粟。以食秦人。豈二渠之利。不興於爾時乎。臣對曰。昔在唐初。二渠所溉。猶萬餘頃。及承平漸久。事不務本。沃衍之地。占為權豪觀游林苑。而水利分於池榭碾磑。以故亡天府之利。貽天下之害。故二渠難復於唐氏之時。正為建都于彼也。今議復之。又何憚焉

豐財。

夫兵事之大。財用為急。豐財是用。必有根本。財用根本。在乎三司。比來邦費。敝事積矣。有司徒張空簿。而國財糜散於姦游之手。伏望選

用才幹精力之吏。通輕重之數。明功利之術者。使寶天下之金穀。以入為出。以有餘補不足。以會中外一歲經用之實。則財賦之盈虛可預料矣。而又通其積滯。權其贏縮。使關市不乏貨物。平準。此理國行師之本也。諸不急之務。無益之作。浮冗之費。掊侵之弊。精為節度。以集大計。子曰。是食是兵。洪範八政。先食貨而後賓師。故知師旅大事。財用為急也。

備姦。

臣聞用兵之術。多方誤之。伏以東南糧運。在於汴渠。比來重惜民力。久不開濬。每歲霜寒水落。泥沙填淤。至渠底高於堤。下民屋至於黃河奔流湍瀉。亦全藉隄防之固。所謂築垣行水。今黃汴是也。自戎人即敘。通其行商。憧憧往來。布于都市。其所通結。素無禁限。唐憲宗初討淮西。而姦臣王承宗李師道輩潛遣刺客。暴害大臣。斷陵廟之

戢焚芻藁之聚此亦慮外之事也今黃河橫腹心之內汴渠爲輸委
之本若姦人窺伺潛有決鑿洊潴我良田損墊我邑屋阻絕我[illegible]
則是肘腋之下更生一役其汴渠黃河隄防羨望擇勁幹吏添爲分
地巡邏以譏察姦人書曰惟事事乃其有備有備無患其此之謂矣

購募

竊聞元昊勇而好殺安忍無親背面之間必有讎敵可重行購賞以
動其人有能得其首級者舉元昊之爵位土疆授之而許以重[illegible]爲
之援譏我人不義聞利必動則彭寵喪元於家奴符生殞命於[illegible]族
事或有之矣

右禦戎十策伏念臣凝凝書生本學俎豆之事區區壯志頗涉孫吳
之書豈達權謀徒得糟粕頃聞元昊飽飛朝廷備禦雖蜂蟻也聚尤
羊嚙躅仰惟聖慮未忘憂軫臣身紆郡紱神馳塞垣不得一至軍前

圖上方畧輒此遞慶或裨萬分天地容覆日月照被蠢蠕微動各得
盡情臣之芻蕘伏望採納

時方平又請延召近臣訪議邊事上疏曰臣微聞人言北虜不守封
畧築城鄙上邊吏謀知料閱兵馬且復遣使來事固未審虛實然國
家與虜通好已四十年事窮必害起利盡則交疎理之常者顧但紓
緩歲月北方諸戎覊屬於虜者如奚高與達靼常內懷不服特強役
屬之爾去冬虜以大兵臨河西謂如拾芥之易既而遁散以歸內羞
諸戎且疑我之納夏人既羞且疑則其起辭生事恐有遷於我豈保
無他夫兵危事也不當易言之若信好可繼朝廷豈願事四夷即事
至於不獲已亦在上下奮勵講所以折衝之策圖所以式遏之筭河
朔之兵不啻三十萬邊境千里塘水居其八得以專力而控其要害
城邑樓櫓守在九天之上若頓重師澶魏中山堅壁而弗與戰清野
以待其斃出奇伺便邀其重歸是不可勝在我可勝在虜矣且虜久
與中原通甘心豢餌其貴人習於驕佚其部人不練於戰鬭於其本
俗衰敝已甚而又母子兄弟內結疑隙上下離貳持去就心此其亂
危之形中國可乘之機會若朝廷有意於遠畧幽薊可圖也尚實能
爲中原患哉誠陛下震其威靈廟堂審其計議內外文武各致其力
使虜一舉而不得志不有內變必有外叛諸戎勢且瓦解山後之地
矣其或者使復合於中未可知也臣願陛下思患預防考謀事先
秋氣漸清宮殿涼爽時因燕閒延對大臣俾各盡其謀猷以定其帷
幄一日有邊境之急庶無倉卒之擾今西疆粗寧繼不保其久未有
旦夕之虞也其將校可任者稍徙河北使得與士卒相服習漸諳土
俗至于選官吏峙糗糧繕器械葺廐牧皆今切務而可以素備者也
備而未用爲政之常臨事紛紜何以鎮靜此皆朝廷塵熟之論而儒

生之常談臣忝在近班憂慮所及不敢自隱惟宸鑒裁擇

方平又請罷陝西招討經畧司事上疏曰竊惟羌虜叛命王師致討
分命重臣委之統帥故授夏竦陝西招討等使四路軍政實節制之
空國事邊于茲三歲師惟不出出則喪敗寇惟不來來必得志控要
城寨殘蕩無幾內屬藩落驅掠向盡銳兵挫鈍財殫力屈去歲劉平
石元孫之沒奪旄擁節鉞今春任福之敗罷韓琦經畧使中外皆謂
朝廷威罰不舉責效太輕然猶薄示損懲微塞物論安有權握大衆
坐翫寇敵至于覆軍殺將虧國損威而曰我不預知是安用名爲統
帥也昔自三代至于春秋列國凡起軍旅未有其國君不親預戎事
者自漢至唐興兵舉衆未有元帥不身先士卒在於行陣者後漢段
熲征西羌二十餘年未嘗蓐寢訖平羌虜若將率奮身許國發憤殄
寇有如是之臣則陛下何憂焉事既乖失理須更張臣竊聽輿人之

議。皆謂前後喪師非賊能敗我我自取敗爾。何哉。凡諸邊臣稟命招討司機宜事會。不失之急。即失之緩。勇者不得施其力。智者不得專其謀。而又愛惡相攻異同相戾。文檄矛楯。人無適從。且朝廷設此司。所以使臂指相用首尾相救。決衆謀於獨斷。通四路為一家。近如麟府之圍雖非陝西疆域。然為統帥爲急國患。即未能請行赴救。猶須耀師境上。助為聲援。陛下旰食軫慮。遣勑使齎璽書督之出偏師使逆牽賊後。遑遑立奇畢竟不奉命。至使賊如蹈無人之境。因以平豐州。義寧遠麟州幾陷。今雖僅存。勢已孤絕。如秦人視越人之肥瘠。一不動念。但恐涇原鄜延。即有警急。亦必不能如首尾之相為救也。陛下曲全事體。乞還球舊官。與之一郡。遂其自全之計。且精擇逐路守將使人自為功家自為固量其邊勢配之兵力。仍於永興益置重兵。以為諸路根本。以為人心鎮重。春秋擇遣重臣。出巡邊。春則量禦備

之力。遣其軍馬。入就倉救。命守將脩治城塹。完利器用。以待防秋之政。今馬秋則閱其訓練之法。蒐捕之術。當官吏勞能。以明升降之典。按賦輿盈虛。以通貨食之計。以嚴其戰守。但邊城能堅其守。已足弊賊。若将率各盡其用。自當有功。伏願天衷。垂納裁擇。

方平又請省陝西兵馬及諸冗費事。上奏曰。臣伏聞陝西夏旱。二麥不收。近雖有得雨處。秋田亦未必有望。民已艱食。頗有流移。邊警雖寧。兵戍尚衆。因之飢饉。事實可憂。發粮委輸。最為切務。朝廷綏懷夏寇。本為休兵息民。若其役費不紓。必見物力日困。經久之計。殆無以支。又比來諸州累報地震。考諸咎證。由陰有餘。夫陰者妻道也。臣道也。民也。夷狄也。此時後宮無過制。外廷無權強。所當戒慮者。民與夷狄爾。內安民而外待夷狄。其要在貨力有備而已。今境上堡寨兵分力微。假如寇來。勢必不能出戰。如其守也。即隨處士人。自應足用。況一

春夏之際。戎人必無大舉。若每年三月以後。緣邊所屯東兵。一切抽向內地就食。至八九月復遣出戍。又邊城一馬之給。當步卒三人。既多羸駑。不任馳敵。平時虛芻粟。動輒無人送命。若今後所發緣邊屯駐馬軍約度足以巡邏外。稍用步人替還。寬減調度。此其畧也。近聞句抽陝西提點刑獄曹穎叔到闕。欲令簡省邊計。臣兩見穎叔據其說。畫亦恐虛行。今邊臣惟務留兵。朝廷無肯任咎。悠悠穎叔。如大計何。必在內外協心。休戚齊慮。棄邊隅之粗間。極夙夜以疚懷。儻詳利害之原。猶有異同之論。斷之欲獨。當繫聖裁。穎叔此行。每事乞明與處分。凡干冗費。深加裁減。如恐其勢輕事難獨任。或推選近臣一員承命而往。其陝西四路部署乞各賜一詔書。諭之此意。使與穎叔公共詳議。所有陝西轉運使亦乞察臣前言。早賜別行擇任

寶元初陝西經畧安撫使夏竦陳邊事十策。狀曰。今月八日陝西安

撫使天章閣待制龐籍等到府。奉傳聖旨。商量西鄙事宜者。竊以繼遷一族。本党項遺類。居呼韓舊地。東薄銀夏。西至靈鹽。南趣鄜延。北抵豐會。迨遷平下輻員千里。太平興國中。繼遷逃背。鳩集萬騎。屢寇朔方。歲發兵夫。送糧旱海。邀險肆掠。為害不一。至道初。特遣洛苑使白守榮等率重兵護粮四十餘萬。遇寇浦洛河。兵夫潰走。自相蹈藉。粮卒並沒。守榮等僅以身免。朝廷旰食。關輔騷然。太宗皇帝召宰臣議之。呂端始欲發卒由麟府丹鄜延環慶三路。趣平下。覆其巢穴。太宗難之。且曰。三道深入。用甲卒幾萬。何人為將帥。何人護輜重。表裏砂磧。何處會合。須更熟籌。不可輕舉。是時邊患方深。議者不已。至秋遂命李繼隆出環州。丁罕出慶州。范廷召出延州。王超出夏州。張守恩出麟州。五路趨平下。竭內帑之國財。罄關中之民力。繼隆與丁罕合行十數日。不見賊。張守恩見賊不擊。相繼引還。王超范廷召至烏

白池。以諸將失期士卒困乏而回。此際先臣隸於延州備見瑋將之
害。然是時繼遷當兄繼捧入朝之後。為曹光實掩襲之餘。逼迸之迹。
窮蹙可知。涼州潘羅支。沙州曹延祿皆受朝廷節度使。犄角追討。靈
州。河外夫涼。小涼。河西北藏才等數十大蕃族皆有讎怨。願助國討
除。尚猶累歲積年不能撲滅。太宗亦不悅。久之。先皇帝即位。鑒追討之
時宰相但錯愕莫之能對。太宗又問宰臣曰。卿等莫別有擘畫。當
弊應關輔之勞。唯戒疆吏謹烽堠。嚴卒乘。來即驅逐。去勿追捕。書出
陝地圖。自指山川堡塞示宰臣。令移兵簡費。又以涇原地最要害也。
兵且衆。命增置鈐轄都監以備奔軼。此實先帝之聖斷遠圖也。然拓
拔之境。自靈武陷沒之後。銀綏割棄以來。假朝廷威靈。聚中原祿賜。
畧有河外。役屬小蕃。德明元昊父子相繼。龍貿易華戎。裙剝財用。拓地
餘累積貲數十年。較之繼遷勢已相萬。其於妄作名器。僭擬車輿

姱咤旂膺。跳梁沙幕。亦有日矣。朝廷付以大羊。豈而不問。翁務豢過飽。
猖獗遂彰。所宜誅夷。以塞公議。然而兵者凶器。戰者危事。聖人不得
已而用之。自昔兵家皆欲先勝後戰。則舉無遺策。以繼遷窮蹙比元
昊富實。事勢可知也。以先朝累勝之士。較當今關東勇怯可知也。以
興國習戰之師。方沿邊未試之將。工拙可知也。繼遷逃伏平夏。元昊
窟穴河外。地勢可知也。若分兵深入。則軍行三十里。自齎糧糗。則不
能支久。須載芻粟。則難於援送。師行賊境。利於速戰。儻進則賊避其
鋒。退則敵躡其後。晝設奇伏。夜撓營柵。師老糧少。深可虞也。若窮其
巢穴。須渡大河。既無長舟巨艦。則須浮囊挽綆。苟賊列寨河上以逸
待勞。我師半渡。左右來攻。未知何謀可以捍禦。臣以為不較主客之
利。不計攻守之便。議追討者。是謂無策。若繕完壁壘。脩利器械。約束
將佐。控扼險隘。但輒過於歲月。不豫計於勝負。是今之常制也。則應

體分勢異。衆力不齊。曠日持久。軍食難繼。事不先定。則有後憂。若威
以文誥格以干羽。勝決帷幄。師行衽席。必有成算。繫於前籌。此非臣
之可及也。臣今但有十策十事。列上如左。

一。今之關塞。延安險阻。秦州地遠。易為控扼。所最憂者涇原。次則
環慶。涇原莫急於慶州。戎人狡猾。必不肯舍平易而趨險隘。此
敵情之易料也。古之用兵。皆擇其精銳。先當矢石。謂之擭奇跳
蕩。是為奇兵。其次疲軟。則以守城壁。近年之弊。強弱無用。強為
弱累。戰多無功。又中國長技。莫先強弩。近年之弊。又以他兵。不
能專用。已長攻彼之短。今若令涇原環慶兩路。各於土兵禁兵
或弓箭手內。擇弓刀槍槊手三二千副之。涇原令高繼嵩張亢
主之。環慶令劉平趙振主之。日夕訓練。常如寇至。如有警急。則
令自涇原界望環慶路。橫絕邊徼數百里間。往來交擊。互為首

尾。傳矢持滿。俟中而發。一發萬矢。三得一中。則十發之矢。以殪
三萬餘人。羌胡畏鏃。不易支也。仍乞立為強弩指揮。特升兵額
稍增月給。以震軍聲。以壯士心。但恐賊界聞此有謀。必不敢容
易窺塞。其偏裨將校道路堡寨。並委劉平等臨時選擇處當。此
實制勝之大端也

二。緣邊熟戶號為藩籬。除延州李金明胡繼諤二族。與賊世讎。受
國厚恩。勢必向漢。自餘熟戶。如二族者十無一二。羌戎之性。貪
利畏威。若不結以恩信。憚以威武。而欲倉卒驅之禦敵。漢強則
助漢。賊盛則助賊。必矣。其明朱滅臧等族。又納質賊境。居既首
鼠。戰必倒戈。元昊窺見此隙。所以勾招打虜。脅以鋒鏑。誘以貨
財。國家非不知其若此。所宜速見良畫。深破賊計。及早羈束。以
固藩籬。此西垂之急務也。臣前後累狀陳啓。未蒙開可。伏乞采

臣前奏。下臣勘會。逐州部族首領量人馬事力。授以職名。第給祿賜。蕃官俸料至微。所費不厚。若控制有宜。得其死力。則為利至大。或其間向漢不堅。即令重納有力量質子。或有自恃兇強招撫不至者。則令劉平等非時伺便。以強弩屠其種落。此策若行。足以破賊計而張國威也。軍志云。先人有奪人之心。伏乞觀此事機。早賜裁定

三甘涼首領河西大族。繼遷賜爵之後。德明承襲以來。仰恃國威。吞噬略盡。回鶻吐渾去朝廷地遠。難收其効。唯有吐蕃與賊世仇。角廝羅住宗哥。對賊巢穴。蝦氊來劉心。據賊上游。臣累奏乞詔角廝羅進討。破賊之日。許以西平之封。授二子靈夏節制。又乞遣使劉心撫存蝦氊。令父子和協。共力破賊。未奉回旨。竊慮議者以為元昊既破地入吐蕃。則角廝羅勢大。復生一敵。此議

乃計之不熟者也。平下逆黨習於劫掠。吐蕃雖衆。兵枝不敵。但欲使且牽賊勢。必未能盡平狡穴。若此際不收實效。而徇空言。非國家之利也。伏乞采臣前奏。早賜指揮。先朝潘羅支。充靈州西面都巡檢使。尚被蕃戎相攻。遂制遷賊。况今廝羅向化。父子受官。不於此時遂其忠憤。差之毫釐。深可惜也。若前議得行。必恐昊賊未敢輕離巢穴。伏乞聖鑒深察此議

四陝西四路兵甲不少。但地有險易。路有遠近。寨柵有多少。軍分有勇怯。易防處合減兵。難守處當增兵。兵之增減。即須察其險易。量其遠近。計其城寨。均其勇怯。使各盡其宜。朝廷去邊陲遠。但因逐路所乞差發士卒。所以臣前後累奏。乞均勻加兵。今來伏蒙朝旨許令那移駐泊。尚慮邊臣占恡甲兵。鮮克公共。方今西鄙。唯涇原環慶最須備禦。其兩路犬牙相入。烽候相望。分之

則勢孤。併之則勢大。物理之常也。欲乞劉平罷鄜延安撫。兼涇原總管。所貴表裏相助。首尾相應。張大軍勢。壯勵士心。亦防邊之最要害也。

五設使元昊謀犯邊境。量其事勢。豈能四路俱來。必是擇一平易路分。併兵衝突。其餘邊界即分三二千騎往來出沒。牽制我師。此賊計之可前料者也。今來沿邊兵馬。總而計之。數亦不少。若各守路分。則不足互相策應。則最近者雖朝旨許令互相照應。切恐緩急邊臣執守文義。不肯分兵相援。欲乞朝廷詳酌。特降指揮。有賊馬犯邊。令四路互相關報。分兵策應。鄜延可以策環慶秦隴。可以策涇原。若此。則沿邊勢合。軍聲大振。是計儻行。固是以預制狂賊也

六元昊旅拒已來。陝西加兵。所費粮餉不少。尚賴累年關輔大稔。

易為計置。今夏稍旱。二麥薄熟。粟豆苗晚。秋成未克。設使元昊復稱臣納款。沿邊亦未敢班師。若宿兵塞上。邊稼不豐。持久之謀。未知安在。所以臣前奏乞令陝西諸州各招置神虎保捷等軍各一兩指揮。令逐州訓練精熟。却乞那移關東兵馬歸回。有警急則令逐州量留士卒外。並勾赴邊臣。一則關中土兵勁悍。耐於馳驟。二則減省沿邊芻粟。三則可為悠久之計。

七關右沿邊舊俗輕悍。喜為寇賊。山林深阻。難為捜捕。加以近邊蕃戶。以盜為業。若虜犯邊。人情恐動。或飛輓稍頻。丁夫逃潰。互相扇搖。聚而為盜。關中官司。不可不預為之計也。咸平中陝西轉運司曾抄點保毅軍六萬八千餘人。防城備邊。今來西陲安靜多年。若遽行此法。則恐人戶驚擾。別生寇亂。前奏乞[illegible]上弓手三兩倍。務乞置壯丁。候戶緩急。可以防守城壁。把

却那得正兵出入野戰與賓令之寓令也。朝廷檢詳前奏早賜
行下付臣當司差官添置。候賊平日即却罷遣。一則不費供饋
坐獲其用。二則不動羣情易為辦集比點保毅軍及抄弓箭手
利害相萬也。
今沿邊小寨多是曾瑋建置常時禦備僻塞防遏浦逃似有小利
羌戎入寇則難於處當分兵固守。則州郡勢危守禦不定。則所
蓄芻粟轉為寇糧。又遠近傳聞亦是亡一城寨滋益賊氣且損
軍聲。欲乞宣旨沿邊總管司勘會小寨省兵少糧多不係要害
先支沿邊巡檢等軍馬。就食盡糧草所有小寨遂月廩給。却令
就大寨般請。如有大段警急勢必難敵則令併小寨士卒入大
寨把隘相發。一則免資寇盜。二則併得兵力於要衝之處以衛
奔衛。

九。方今備邊之計最宜積穀故趙充國云。糴三百萬斛穀羌人不
敢動矣。況關輔稅租有限歲時豐儉難常。若卒調兵食急賦橫
斂則秦民輕悍咨怨易興。此不可不預計也。近者有詔入粟拜
爵須是巨富之民方能佐縣之急。欲望朝廷詔關中州縣有犯
過誤邊累之罪情願收贖者。許令召保於沿邊諸郡入粟贖罪。
每銅一斤。准粟五斗。良民救患何止樂輸諒不踰年塞下之粟
必稍充羨。寬有過誤全民情體。是以上副陛下至仁之德。又慮
議者以為國家全盛之際。不當貨刑示弱此議亦思之未切也。
且爵者名器尚許拜授。若寬刑救過得粟便民。比之拜爵此為
優矣。
十候教習勁弩指揮招置士兵添差弓手各有次序。即乞委自當
司差官揀選於邊冗兵於近裏州軍。及減騎軍回關東仍旨沿

邊閑冗吏自古者將帥授命本朝皆假之威權許以便宜使以
盡力。今来朝廷儻来所陳令集西事則乞特依古制。借以銜勒
令竭疲駑。仍乞指揮諸路總管司臣寮今後每事遵稟安撫司
指揮不得怯懦自謀妄說事理聞奏上惑朝聽。如有寇賊奔衝
並須出兵守險持重伺便痛行殺戮。不得披城玩寇放過賊馬。
令入他處。如違。以軍法處分。如此令行下。則邊防畏懦之臣。預
謀戰鬬。不敢只作守城自全之計
右謹具如前。伏以國家富有四海重離累洽竭力全盛忠賢間出昔
魏有一段干木晉人不敢窺西河。江左有一謝安苻堅喪百萬之衆。
以此計之。蠢爾羌戎豈敢輕犯邊境。但元昊資性兇忍。輕背國恩鬼
得而誅滅亡可待。未授首間朝廷之議。不得不過為備禦。然賊境最
多姦人。盡知緣邊虛實料其逆黨聚謀必須潛闚間隙方敢作過。若

國家處置得宜。任人不雜使陝西內外城邑戰守有備。元昊豈敢容
易輕離巢穴。自取敗亡。況關塞防秋古今常事傳云無恃寇之不至
恃吾有以待之。此言誠得守邊之要也。頃繼遷亡後德明尚幼族中
親屬強梁者衆德明甚懼惶惶送欵當時有司不能裂河南之地封
拓拔諸親令其勢分鬬起自相殘賊。而乃併錫真命受一孽童數十
年間祿賜養資寇糧者多矣。至今義士為之歎惋是知此際失於斷
截勝不可不深圖遠算也。臣素業刀筆不諳軍旅昨蒙推擇付以西
事雖經陳方畧多以迂闊不合廷議進退維谷憂駭可知豈謂天慈
更容訪逮拜恩避愬敢不自竭其所陳十事實臣在職見聞夙夜惟
忖心慮所及咸罄於是伏乞聖慈下兩府裁酌如稍近於理即乞特
賜詳擇施行。庶不虛奉德音漸圖遠績。然而成大益者有小害。欲速
利者無近効。方今許國者多言事者衆或不周知利害別議定明守

未成間遽有更改則邊臣之計惑矣。此則須賴陛下倍賜主張。勑左右大臣尊主斯議。自古內外相維則有成績。羊祜杜預非張華主之。則不能平吳。石雄劉沔非李德裕主之。則不能平上黨。布在方策。較然可知。若臣所陳庸昧不遠前談。徒煩聽聰。無足采錄。即乞早選能吏。代臣經畧西事。別詢奇畫。免誤公朝。夫將者三軍司命。國家安危之主。不可一日輕付常才。忽於大計。若西陲失備。則他寇相因。伏乞朝廷深賜哀察。幸冒宸嚴。臣無任祈天瀝懇激切之至。謹錄狀陳。

琦又論復塞垣進策曰。臣聞匈奴以北有陰山。草木茂盛。冒頓依阻。寇虐中州。漢人奪其地。邊用少安。匈奴過之。未嘗不泣。夫有一陰山猶資虜勢。況衰晉不武。盡割燕地幽薊雲朔良田沃野。以之界敵。得無彊盛。由茲兇醜轉為邊患。故國家懷之以文而不庭。加之以武而不至。要之以盟而無信。賂之以貨而無厭。憑陵我邊鄙。虐害我生靈。自近以來。為患非一。蓋不復塞垣而勞捍禦。猶張陳羅以隔蚊蚋。秦趙築長城。漢築五原塞。因其山谷。設為險阻。先代之勞。後王之利。不惟經畧有方。兼使華夷有限。應變無壅。深詳其理。未為萬世之畫。前黠虜之勢。莫若復漢故地。外錮塞垣。復地之謀。必資良畫。誠當計其寇敵。選其將帥。明其兵政。謹其邊防。制其閫外。皆如所言。然則陽示畏弱。陰整用度。命將領之臣修李牧之法。訓兵利器。明賞信罰。按行營壘。親視疾病。膏之以恩惠。勞之以言辭。同其苦樂。和其上下。整其騎乘。名其等列。習其擊刺。養其勇銳。於是豐其金帛。陰遣五間。訪彼山川紆直之勢。察彼將助好惡之性。相其機而觀其變。因其釁而發其謀。疑其君臣。焚其積聚。優寵降附。撫綏邊境。令幽薊之民積思漢之心。匈奴之臣有叛主之計。乃選一良將為之謀主。陰勒士馬。出其不意。夫今之邊界距塞垣裁二三百里。匈奴入中國之路不過四五。及其險隘不闊尋丈。若分奇兵之甲杜薊門之路。出并代之督守蜚狐之口。然後正兵數道。攻城畧地。先平小邑以沮其氣。次克大城以觀其變。胡人不善嬰守。救兵無路而至。幽陵朔易不降即潰。乃命良臣以葺完。留飛將以扞禦。復脩亭障。遵漢舊規。則胡馬之塵罕能南暨矣。

琦又論謹邊防奏策曰。臣聞防邊扞寇其要有四。遠烽候。明約束。謹關梁。慎間諜。遠烽候則寇鈔不至。明約束則守禦不怠。謹關梁則姦覘不行。慎間諜則敵情可得。不知烽候約束之道者。不能無禦敵之患。不知關梁間諜之事者。不能有得敵之利。善守邊者。令敵不知所攻。拱奸不知所刺。探敵動靜之計。進退之期。山川之勢。法令之制。知之而後制之。譬如乘高建瓴。方今邊邑使領循守規轍。政無奇狀以警寇心。晝日喧呶。唯啫昏夜。傳呼更漏。暇則飲醱餔歠。急則它陳甲馬。寇至則扃鍵城郭。受圍則坐食芻粟。內無奇兵。外無相援。西野若生。任為魚肉。以此守邊。殆非良畫。誠宜選任梟雄。列分遠鎮。堅甲精金。勻於給授。寇來勿縱。敵去勿追。仍任偏裨經畧邊境。相為肘腋。互張聲勢。數年之間。深務完葺。是則邊民既安。邊用亦足矣。

元昊寇延州。手詔咨訪輔臣攻守方畧。同知樞密院事陳執中既上對。退復奏疏曰。元昊乘中國久不用兵。竊發西垂。以游兵困勁卒。甘言悅守臣。一旦連犯亭障。延安幾至不保。此蓋范雍紛說。失於戒嚴。劉平輕躁。喪其所部。上下紛擾。遠近震駭。自金明李士彬族破。而並邊籬落皆大壞。塞門金明相距二百里。當列修三城。城屯兵千人。益募弓箭手。寇大至則退保。小至則出鬬。選閤門祗候以上為塞主。都監。以諸司使為盧關一路都巡檢。以兵二千屬之。使為三砦之援。熟羌居漢地久者。委邊臣樹存之。反覆者破逐之。至於新附黠羌。如

涇原康奴滅臧大蟲族久居內地常有叛心不肆剪除恐終為患今
軍須之出民已愁嘆復欲徧修城池如河北之制及夏須處使神運
之猶恐不能民力其堪此乎陝西地險非如河北惟涇州鎮戎軍勢
稍平易若不責外守而勞內營非策之上也宜修並邊城池其次如
延州之鄜同環慶之邠寧不過五七處量為營葺則科率減民力舒
矣今賊勢方張宜靜守以驕其志蓄銳以挫其鋒增土兵以備守禦
省騎卒以減轉饟然後徐議盪平改張節度更須主張將臣使橫議
不入則忠臣盡節而捐軀矣

歷代名臣奏議卷之三百二十三

歷代名臣奏議卷之三百二十四

禦邊

宋仁宗時知延州龐籍論范仲淹攻守之策上疏曰臣近奉詔
詳范仲淹所上攻守之策及范仲淹近遣本州推官張問至具
述延慶之間合力出兵之議臣竊謂勞衆之舉齎糧不過十日
而利於速戰短於攻城彼攻我城則常多死傷我速與戰則屢
成挫衄若諸寨有樓櫓矢石芻糧水泉之具即委之使攻既齎
無久糧野無所掠就使十日不退我以重兵乘之觀釁而動誠
得全師禦戎之體萬一它路力不能支須至用仲淹之策然由
德靖出師路沿洛河涉春泥濘步騎難進若久留賊界人心多
搖川谷之險皆可以邀擊我軍意外之虞恐不能盡如豫筭或
寇深入患大亦不免與仲淹合謀而入擇地而攻也仲淹所陳
守用土兵則安東兵則危今土兵之數無多而難於招募東兵
亦未可去也且當撫馴訓練興營田減冗費為持久寬民之計
賊來則力禦之有隙則間之以俟其弊且西羌之俗歲時以耕
為事略與漢同近年屢有點集人多失業每入寇邊郡計其掠
獲僅足償所費人尚不多若堅壁清野使無所得則勢必益窮
心必益怨歲月之間釁變必生心危勢動然後招納之策始可
行焉仰料朝廷固不吝財貨以安方隅但深思極慮事體有大
於此者耳

康定元年仲淹為陝西都轉運使乞嚴邊城實關內上奏曰臣聞兵家
之用在先觀虛實之勢實則避之虛則攻之今緣邊城寨有五七分之
備而關中之備無三二分若昊賊知我虛實必先脅邊城不出戰則
深入乘關中之虛小城可破大城可圍或東阻潼關隔兩川貢賦沿

邊儒將不能堅守則朝廷不得高枕矣為今之計莫若且嚴邊城使持久可守實關內使無虛可乘西則邠州鳳翔為環慶儀渭之聲援北則同州河中府扼鄜延之要害東則陝府華州據黃河潼關之險中則永興為都會之府各須屯兵三二萬人若寇至使邊城清野不與大戰關中稍實豈敢深入復命五路修攻取之備張其軍聲分彼賊勢使弓馬之勁無所施牛羊之貨無所售二三年間彼自困弱待其衆心離叛自有間隙則行天討此朝廷之上策也又聞邊臣多請五路入討臣切計之恐未可以輕舉也太宗朝以宿將精兵北伐西討艱難歲月終未收復緣大軍之行糧車甲乘動彌百里虜騎輕捷邀擊前後乘風揚沙一日數戰進不可前退不可息水泉不得飲沙漠無所獲此所以無功而有患也況今承平歲久中原無宿將精兵一旦興深入之謀係難制之勝臣以謂國之安危未可知也然則唐

漢之時能拓疆萬里者蓋當時授任與今不同既委之以兵又與之賦稅而不求速效故養猛士延謀客日練月計以待其隙進不俟朝廷之命退不關有司之責觀變乘勝如李牧之守邊可謂善破虜矣惟陛下深計而緩圖之

慶曆元年仲淹為陝西安撫副使知延州論夏賊未宜進討疏曰臣聞昨賊界投來山遇嘗在西界掌兵言其精兵纔及八萬餘皆老弱不任戰鬭始賊衆深入蓋為官軍以分地自守既不能獨禦賊鋒又不能併力掩襲彼得其便繼為邊患其虜劫生口牛羊亦不曾追奪故安然往來如蹈無人之境今延州東路合隄防之處已令朱吉與東路巡檢駐軍延安寨其西路亦委王信張建侯狄青黃世寧在保安軍每日訓練及令西路巡檢劉政在德青寨張宗武在政縣寨令分布兵馬候賊奔衝放令入界會合掩擊若數路並入且併衆力禦敵或破得一處即便邀擊別路其環慶路已遣通判馬端往報總管司合一如鄜延路設備如此則可以乘勝而破賊也今須命正月內起兵則軍馬糧草動踰萬計入山川險阻之地塞外雨雪暴露僵仆使賊乘之所傷必衆況鄜延路已有會合次第不患賊先至也賊界春暖則馬瘦人飢其勢則易制又可擾其耕種之務縱出師無大獲亦不至有它虞昔劉平陷沒之後修城壘運兵甲積糧草移士馬大為攻守全勝之策非為小利而動如重兵輕舉萬一有失將何繼之則必關朝廷安危之憂非止邊患之謂也苟自今賊至不擊是臣之罪也兵法曰戰道必勝主曰無戰必戰可也戰道不勝主曰必戰不戰可也臣昨於九月末至鄜延路便遣葛懷敏朱觀入界掩龐族帳蓋與今來時月不同非前勇而後怯今若承順朝旨不能持重王師為後大患雖加重責未足以謝天下苟伺春暖舉兵尤未能失策且

元昊稔惡以來欲自尊大必被奸人所誤謂國家太平日久不知戰鬭之事又謂邊城無備所向必破所以恣桀慢之心侵擾不已今邊鄙漸飭虞其已失本望況已下救招携族帳首領臣亦遣人探問其情欲通朝廷柔遠之意使其不僭中國之號而修時貢之禮亦可俯從今鄜延是舊日進貢之路蕃漢之人頗相接近願朝廷廣天地包荒之量存此一路今諸將勒兵嚴備賊至則擊但未行討伐容臣示以恩意歲時之間或可招納如先行攻掠恐未能擒其聚落如白豹之功官軍既退戎類復居狼心重報增其怨毒邊患愈滋無時敢暇若天兵屢動未立大功必為戎狄所輕臣又近召張亢到延州熟議亦稱願與戎人相見於界上臣所以乞存此一路者一則懼春初盛寒士氣愈怯二則恐隔絕情意偃兵未期若施臣之鄙計恐是平定之一端苟歲月無效遂舉重兵取綏宥二州擇其要害而舉之屯田

營田。作持久之計。如此。則橫山一帶蕃漢人戶。去賊昊相遠。懼漢兵威逼。奇以招降。或即奔竄。則是去西賊之一臂。拓疆制寇。無輕舉之失也。

仲淹又跋 知慶州上攻守二策疏曰。臣竊觀西事已來。每議攻守。未見適中。或曰必行進討。以期平定。臣謂諸路進討。則兵分將寡。氣不全盛。絕漠風沙。迷失南北。饋運輜重。動有抄掠。賊之巢穴。复阻河外。非奇將不能襲。至若寇邊。常併兵來攻一路。每有朝旨令入界牽制。其如將帥方畧。非有素定。然輕進不知所圖。但求虛弱之處。以剽竊為功。既不能大振兵威。又不能少分賊勢。此進討牽制之無效也。或曰宜用守策。來則禦之。去則勿逐。臣觀今之守邊。多非土兵。不樂久戍。又無營田。必煩遠饋。久戍則軍情危殆。遠饋則民力將竭。歲月綿久。恐生他患。此守禦之末策也。臣荷國重寄。曾無寸勞。夙夜營營。

思有所補。而才踈迂昧。終無發明。今採邊人而成末議。固不敢謂其可用。亦不敢望其必行。在朝廷以衆議參之。擇其可否。如無所取。乞賜寢罷。今具下項攻守之議。依聖旨指揮。交付梁適齎回赴闕。

議攻。

臣謂進討未利。則又何攻。臣切見延安之西。慶州之東。有賊界百餘里。侵入漢地。中有金湯白豹後橋三寨。阻延州慶州經過道路。使兵勢不安。策應迂遠。自來雖曾攻取。無招降之意。據守之謀。漢兵纔回。邊患如舊。臣謂西賊更有大舉。朝廷必令牽制。則可攻之地。其在於此。可用步兵三萬。騎兵五千。鄜延路步兵一萬二千。騎兵三千。涇原路步兵九千。騎兵一千。環慶自過馬步一萬。除官軍外蕃兵。更可十八千人。軍行入界。當先布號令。生降者賞。殺降者斬。得精強者賞。害老幼婦人者斬。拒者併力以殲之。服者厚利以安之。逃遁者勿追。疑有質也。居者勿還。俾安土也。乃大為城寨以據其地。如舊城以

[illegible]增修。[illegible]守[illegible]擇要害之處。以[illegible]戶弓[illegible]其士役。昨奉朝旨令修緣邊城寨。臣以兵方稍事。將係官剛雜。并勸令近上人戶。以雇夫錢散與助土兵士食錢。其帶甲兵士。翕然情願。諸寨並以畢工。俟城寨堅牢。當留土兵以守之。方諸舊寨必倍其數。使范全趙明以安撫之。范全令為麟副使慶州北都巡檢。趙明令為東頭供奉官秉遠寨都巡檢使。必嚴其戒曰。賊大至。則明斥候召援兵。金湯東去德靖寨四十里。西去東谷縣六十里。西南柔遠寨八十里。白豹西去柔遠寨十里。南去慶州一百五十里。堅壁清野以困之。小至則扼險設伏以待之。居常高估入中。及置營田以助之。如此則分彼賊勢。振此兵威。通得延慶兩路軍馬。易為應援。所用主兵官員使臣。勇夫身死者居其前。王信。狄青。劉拯。范全。劉貽孫。張建侯。可用策應者居其次。任守王信達。王遇。王文。張宗武。譚嘉震。王守恩。使臣中可當一隊者。參於前隊。張信。張忠。郭達。張懷忠。有心力幹事者。營立城寨。周美。張璞。李緯。楊鄜。劉兼濟。張繼勳。臣觀後漢段紀明以騎五千。步萬人。車三千兩。錢五十四億。三冬三夏。大破諸羌。又觀唐馬燧引戰車。行則帶甲兵。止則為營陣。或塞險以遏奔衝。臣以此路山坡

大車難進。當用小車二十兩。銀絹錢二十萬。以賞有功將吏。及歸降蕃部。并就糴芻粟。亦稍足用。其環州之西。鎮戎之東。復有胡蘆泉一帶蕃部。與明珠滅藏相接。阻環州鎮戎經過道路。明珠滅藏之居。北接戎疆。多懷觀望。又延州南安。去故綏州四十里。在銀夏川口。今延州兵馬東渡黃河。北入嵐石。却西渡黃河。倒來麟府策應。蓋以故綏州一帶賊界阻斷經過道路。已上三處。內鄜府一路。臣不曾到彼。更乞下本處訪問。及畫圖。即見山川道路次第也。如此處下一處城寨平定。則更圖一處為據守之策。比之朝去暮還。此稍為便穩。

議守。

臣觀西戎居絕漠之外。長河之北。倚遠恃險。未易可取。建官置兵。不用祿食。每舉衆犯邊。一毫之物。皆出其下。風集雲散。未嘗聚養。中國則不可。遠戍之兵。久而不代。負星霜之苦。懷鄉國之望。又日給廩食。

月給庫絹春冬之衣鞋。饋輸滿道不絕。國用民力日以屈乏。
怨須務姑息。此中原積兵之憂。興於夷狄也。臣謂戎虜縱降[illegible]垣鎮
守。當務經遠。古豈無謀。臣觀漢趙充國興屯田。大獲地利。遂破先零。
魏武於征伐之中。令帶甲之士隨宜墾闢。故不甚勞夫功。克舉數年
之中。所在積粟倉廩皆滿。唐置屯田。天寶八年。河西收二十六萬石。
隴西收四十四萬石。孫武曰。分建諸侯。以其利而利之。使食其地之
毛。實役其人民之力。故賦稅無轉徙之勞。徭役無怨曠之嘆。臣昨在
延州。見青澗城种世衡言。欲於本處漸興田利。今聞僅獲萬石。臣觀
今之邊寨。可使弓手土兵以守之。因置營田。據畝定課。兵獲羨餘
中糶于官。人樂其勤。公收其利。則轉輸之患久可息矣。且使其徙家
寨下。重田利。習地勢。顧父母妻子而堅其守。比之東兵不樂田利。不
習地勢。復無懷戀者。功相遠矣。（邊少田處。許蕃部進納荒田。以資酬獎。或量給與價直。）儻朝廷許

行此道。則委臣與擇官員。約古之義。酌今之宜。行於邊陲。庶幾守愈
久而備愈充。雖夷狄時為邊患。不能困我中國。此臣所以言假土兵
弓手之力。以置屯田為守制也。然臣觀前漢高帝之盛。中有蕭張決
勝千里。下有百戰之師。以四十萬人之衆。困于平城。乃約匈奴和親。
至高后文景。代代如之。不絕其好。而匈奴悉變。往往犯塞殺戮吏民。
不勝其酷。至於書問傲慢。下視中國。而人主以生民之故。屈己含容。
不為之動。孝文即位。將軍陳武請議征討。以益封疆。孝文曰。兵凶器
也。雖克所願。動必耗病。謂百姓遠方何。今匈奴內侵。軍吏無功。邊民
父子荷兵日久。朕動心痛傷。何日忘之。未能銷距。願且堅兵設候。結
和通使。休寧北陲。為功多矣。且無議兵。故百姓無內外之繇。得息肩
於田畝。天下富實。雞鳴犬吠。煙火萬里。可謂和樂者乎。司馬遷以文
帝能和樂天下。協於大樂。故著于律書。為後代法。臣謂國家用攻則

宜取其近。而兵勢不危。用守則必圖其久。而民力不匱。然後取文帝
和樂之德。無孝武哀痛之悔。則天下幸甚
一年仲淹再議攻守疏曰。臣切惟國家太平日久。而一旦西戎背德
陵犯邊鄙。公卿大夫爭進計策。而未能副陛下憂邊之心。且議攻者
謂守則示弱。議守者謂攻必速禍。是二議卒不能合也。臣前至延安
所謂復諸寨為守禦之備。次則幸其休兵。輒遣一介示招納之意。朝
廷以羣言之異。未垂采納。今臣領慶州。日夜思之。乃知攻有利害。守
有安危。何則。蓋攻其遠者則害必至。攻其近者則利必隨。守以土丁
則安。守以東兵則危。臣謂攻遠而害者。如諸路深入。則將無素謀。士
無素勇。或風沙失道。或雨雪彌旬。進則困大河絕漠之限。退則有乘
危扼險之憂。臣謂攻近而利者。在延安慶陽之間。有金湯白豹之阻。
本皆漢寨。陷為賊境。隔延慶兵馬之援。為蕃漢交易之市。姦商往來。

物貨叢聚。此誠要害之地。如別路入寇數百里外。應接不及。則當遠
為牽制。金湯白豹等寨可乘虛取之。因險設陣。布車橫塹。不與馳突。
擇其要地。作為城壘。則我無不利之虞。至於合水華池。鳳州平戎柔
遠德靖六寨。兵甲糧斛。可就屯泊。固非守備之煩也。環州定邊寨鎮
戎軍乾興寨相望八十餘里。二寨之間有胡蘆泉。今屬賊。泉為義渠
朝那二郡之交。其南有明珠滅藏之族。若進兵據胡蘆泉為軍壁。北
斷賊路。則二族自安。豈無異志。又朝那之西。秦亭之東。有水洛城。亦
為之限。今策應之兵由儀隴二州十驛始至。如進修水路。斷賊入秦
亭之路。其利甚大。非徒通四路之勢。因以張三軍之威也。臣謂守以
土兵則安者。以其習山川道路之利。懷父母妻子之戀。無久戍之苦。
無數易之弊。臣謂守以東兵則危者。蓋費厚則困于財。戍久則聚其
怨。財困則難用。怨聚則難保。民力日窮。士心日離。他變之生。出於不

測臣所謂攻宜取其近而兵勢不危守宜圖其久而民力不匱以為之策可行於其間今奉詔宜令嚴加捍禦觀釁而動與鄜延協心而共圖之又觀赦文謂彼無驕動則我不侵掠臣恐賊寇一隅遠在數百里外應援不及須為牽制之策以沮賊氣至時諸路重兵豈能安坐如無素定之畫又無行營之備恐當牽制之時茫然無措雖見利而莫敢進觀釁而莫敢動寇勢愈盛邊患愈深叛亡之人日助賊策不可不大為之謀也願朝廷於守策之外更備攻術彼寇其西我圖其東彼寇其東我圖其西寧有備而不行豈當行而無備也所謂備者必先得密旨許抽將帥便宜從事并先降空名宣敕之類恐可行之日奏請不及臣前曾遣人入界通往來之問或更有人至不可不答如朝廷先降密旨令往復議論歲年之間當有成事若謂邊將之恥未雪而不欲俯就臣恐諸路更有不支其恥益大賊或潛結諸蕃并勢合謀則禦之必難且兵馬精勁西戎之所長也金帛豐富中國之所有也禮義不可化干戈不可取則當任其所有勝其所長此霸王之道也臣前知越州每歲納稅絹十二萬和買絹二十萬一郡之入凡三十萬儻以啖戎是費一郡之入而息天下之弊也

時文彥博經畧涇原帝以涇原傷夷欲對徙仲淹遣王懷德喻之仲淹謝曰涇原地重第恐臣不足當此路與韓琦同經畧涇原並駐涇州琦兼秦鳳臣兼環慶涇原有警臣與韓琦合秦鳳環慶之兵犄角而進若秦鳳環慶有警亦可率涇原之師為援臣當與琦練兵選將漸復橫山以斷賊臂不數年間可期平定矣願詔龐籍兼領環慶以成首尾之勢秦州委文彥博慶州用滕宗諒總之孫沔亦可辦集渭州一武臣足矣帝采用其言

仲淹又論元昊請和不可許者三大可防者三上疏曰臣等久分戎寄未議策勳上玷朝廷俯慙鄙懷心究利害目擊勝負三年于茲備詳本末今元昊遣人赴闕將議納和其來人已稱六宅使伊州刺史觀其命官之意欲與朝廷抗禮臣恐不改僭號意朝廷開許為鼎峙之國又慮尚懷陰謀卑詞厚禮請稱兀卒以緩國家之計臣等敢不為朝廷思經久之策防生靈之患哉臣等謂繼遷當時用計脫身竊弄凶器德明外示納款內實養謀至元昊則悖慢侮常大為邊患以累世奸雄之志而屢戰屢勝未有挫屈何故乞和雖朝廷示招納之意契丹邀通好之功以臣等料之實因累年用兵蕃界勞擾交鋒之下傷折亦多所獲器械鞍馬皆歸元昊其下背怨無所厚獲其橫山蕃部點集最苦但漢兵未勝戎人重土不敢背賊勉為驅馳爾今元昊知衆之疲聞下之怨乃求息肩養銳以逞兇志非心服中國而來也臣等謂元昊如大言過望為不改僭號之請則有不可許者三如界

辭厚禮從兀卒之稱亦有大可防者三何謂不可許者三自古四夷在荒服之外聖帝明王恤其邊患柔而格之不吝賜與未有假天王之號者也何則與之金帛可節儉而補也鴻名大號天下之神器豈私假於人哉雖石晉藉契丹援立之功又中國逼小纔數十州偷生一時然卜世卜年之意故薦號於彼壞中國大法而終不能厭其心遂為吞噬遽成亡國一代君臣為千古之罪人自契丹稱帝滅晉之後參用漢之禮樂故事勢強盛常有輕中國之心我國家富有四海非石晉逼小偷生之時元昊世受朝廷爵命非有契丹開晉之功此不可許者一也又諸處公家文字并軍民語皆呼昊賊人知逆順去就之分尚或適亡未由禁止今元昊於天都山營造所居已逼漢界如更許以大號此後〻家文字并軍民語言當有西帝西朝之稱天都山必有建都郊祀之僭其陝西戎兵邊人負過必逃其地蓋有

帰美。至於四方豪士。稍不得志。則攘辟而去。無有逆順去就之分。彼多得漢人。則禮樂事勢與契丹並立。夾困中國。豈復有太平之望邪。此不可許者二也。又議者皆謂元昊胡人也。無居中國之心。欲自尊於諸蕃爾。臣等謂拓抜珪石勒劉聰苻堅赫連勃勃之徒。皆胡人也。並居中原。近則李克用父子沙陁人也。進據太原。後都西洛。皆漢人進謀誘而致之。昨定川事後。元昊有僞詔諭鎮戍兵民。有定關輔之言。此其驗。盖漢家之叛人。不樂處夷狄中。心謀侵據漢地。所得城壘必使漢人守之。如契丹得山後諸州。皆令漢人為之官守。或朝廷假元昊僭號。是將啓之。斯為叛人之助甚矣。此不可許者三也。何謂大可防者三。元昊以累世姦雄之資。一旦僭逆。初遣人至。猶稱臣奉表。及劉平之陷賊。氣乃驕。再遣賀九言至。上書朝廷。便不稱臣。其辭頓慢。而後屢勝。當有大言過望。乃人情之常也。若卑辭厚禮。使肯從亢

卒之稱。皆陰謀也。是果以山界之困。暫求息肩。使中國解兵。三四年間。將帥懈慢。士伍驕墮。邊備不嚴。戎政漸弛。却如前暴發。則中國不能支梧。此大可防者一也。又從德明納款之後。経謀不息。西擊吐蕃回鶻。拓疆數千里。至元昊事勢稍盛。乃稱尊悖禮。背負朝廷。結連北戎。情跡盡見。大為邊患。偶未深入。今復起詐端。以款我兵。而休息其衆。又欲併力專志。併吞唃廝囉等諸蕃。去秦州一帶籬落。為將來再舉之利。緣元昊初叛之時。親攻延州。是本有侵陷郡國之志。今復彊盛。豈便息心。且朝廷四十年恩信所被。一朝反側。豈有發既叛之謀。蓄未挫之銳。而能久守盟信者乎。此大可防者二也。又從德明納款後。來使蕃漢之人入京師。買販憧憧道路。百貨所帰。獲中國之利。充于窟穴。賊因其事力。乃興兵為亂。今茲五年。用度必困。乃卑辭厚禮迎合我意。欲復圖中國之利。待其給用既畢。却求釁興兵。以快本意。

狼子野心。固難馴伏。今若通和。或再許靈夏蕃漢之人依前出入京師。深為不便。緣自前往來叛狀未彰。情無盡害。今既為強敵之虜。稔禍未已。必窺伺國家。又夾帶亡命入蕃。或與姦人別有結連。或使刺客竊發。驚擾朝廷。又此類必所在悠縱。甚於昔時。有事何以處置。此大可防者三也。臣等乞朝廷俟元昊所遣人至。觀其所請。彼如大言過望。堅求僭稱。則乞朝廷答云。上畏天地宗廟。不可私許大號。壞中國之法。彼卑辭厚禮。止是求兀卒之稱。則按唐單于可汗故事。有許之之理。亦須防其陰謀。嚴飭邊臣。修葺城寨。訓練軍馬。儲蓄粮草。以備虛詐。俟一二年間。見其表裏。及邊備牢固。方可那減戍兵於近裏屯泊。緣西戎自古翻覆。朝廷不可休兵。以啓不虞之變。如求割熟戶。則乞答云。靈夏甚有漢戶能割帰朝廷否。況横山蕃部安於内附。一旦驅之。則驚擾生事。必不為西界之用。彼如求至京師。依前來出入

買販。則乞答云。昨來戰鬪之後。甚有軍民沒陣。其子孫骨肉。銜怨至深。必恐道途之中。多有讎殺。致西界相疑。更却生事。只於邊上建置推場。交易有無。各得其所。彼如邀我自今而後罷修城寨。則乞答云。邊界熟戶生有讎怨。常相侵害。須藉城寨駐兵。方能鎮靜。使各安居爾。若自餘更有非禮之求。朝廷或難應副。即且拒之。不必從也。但厚遣來人。善詞回答。使還。延往來。即逾四月。賊不能舉矣。至秋則無足畏也。何以言之。臣等觀朝廷信賞必罰。今已明白。帥臣奉詔。得以便宜。又舊將漸升。前弊稍除。將責實効。約束將佐。不令輕出。訓練軍馬。率多變法。但今極邊城寨。或未堅全。新集之兵。未可大戰。若賊今春便來。以臣等計之。尚可憂慮。然大軍持重。奇兵艱擊。宜無定川之負也。如候秋而來。則城寨多固。軍馬已練。或堅辟而守。或據險而戰。無足畏矣。臣等已議一二年間。訓兵三四萬。使號令齊一。陣伍精熟。又

能使熟戶蕃兵與正軍參用則橫山一帶族帳可以圖之降我者使
之納質厚其官賞各令安居籍為熟戶拒我者以精兵加之不從則
戮我軍鼓行山界未為朝去暮還之計元昊聞之若舉國而來我則
退守邊寨是以困彼之衆若遣偏師而來我則據險以待之蕃兵無
粮未能久聚退散之後我兵復進使彼復集每歲三五出元昊諸廂
之兵多在河外頻來應敵疲於奔命則山界蕃部勢窮援弱且近於
戎自求內附內選酋豪以鎮守是以斷元昊之手足矣然乞朝廷以
平定大計為意當軍行之時不以小勝小衄黜陟將帥則三五年間
可集大功仍詔中國臣寮不得諱言邊事以沮永圖我太祖太宗統
闢四海創萬世之基業今以三五年之勞再定西陲豈為晚耶契丹
聞國家深長之謀必懼而保盟未復輕動然後中國有太平之期矣
臣等所以言彼賊非禮之求未必從者蓋有此議也或曰今王師不利

者數四而未思戢兵何也臣等謂不然國家太平日久將不知兵兵
不習戰以致不利非中國事力不敵四夷非今之軍士不逮古昔蓋
太平忘戰之弊爾今邊臣中有心力之人鑒其覆轍各思更張將有
勝賊之計昔漢楚之戰不以多負罷兵而終有天下安祿山之亂所
向無前郭子儀日夜謀慮王師復振而終滅大盜今國家以天下全
盛之勢豈有偶勝偶負而自謂中國不可振而夷狄不可禦耶斯惑
之甚矣或曰兵不可久久則民困而財匱臣等謂不然爭勝逐利之
師則有巧遲拙速之異如其外禦四夷則自古未嘗廢兵是以山海
之利皆歸邊用抑為此也況即日邊上城壘經今春修葺漸以險固
兵民力役自當減罷又每歲春夏之交軍馬甚可抽退於數百里間
就食芻粮亦是省入中之費減饋運之勞庶乎民不困而財不匱非
如西事之初人人畏懼未測虜情所屯軍馬未敢少退臣等更思興

利減費之算以為之助臣等早蒙聖獎擢貳清班西事以來供國驅
使三年塞下日勞月憂豈不須聞納和少圖休息非樂職矢石之間
蓋見西賊強梗未衰挾以變詐若朝廷處置失宜他時悖亂為中原
大禍豈止今日邊患哉臣等是以不敢念身世之安忘國家之憂瀆
罄芻蕘少期補助其元昊來人到闕伏望聖慈於納和禦侮之間審
其處置為聖朝長久之慮天下幸甚

仲淹又奏乞揀選往邊上屯駐兵士疏曰臣竊見去年以來自京差
撥禁軍往陝西邊上屯戍內有諸處鄉軍雇到經販之人并向南諸
處廂軍揀上添填逐指揮內有小弱怯懦之人道路指笑及到邊上
不堪披帶此閱虛破禁軍諸般請受支賜今來又差發兵士五千人
往秦州添屯并續有諸軍發往邊上替換欲乞指揮下殿前馬步軍
司應在京及畿內諸軍今來并向去合起發往邊上兵士並須逐指

揮依次勾來本司子細揀選下小弱不堪披帶之人更不令發往邊
上其揀下小弱人數內元係在京諸司庫務并外路廂軍如却類歸
本處舊指揮者並令送還內有身材比舊等樣小三兩指却少壯得
力者即不得揀下所有年老病患之人即等第與剩員安排其逐指
揮人員年老疾患不得力者亦便揀選別與安排其於本指揮向下
人員十將內揀選得功并武藝高強人合升一兩資權管勾當候轉員
日依本資施行如本指揮人員十將內無可選揀即於以次指揮內
選揀令權管補填勾當所貴在路便有幹了軍員部轄各得齊整不
至依前作過其所差兵士本營在外州軍府者即委逐處長吏都監
監押依此揀選起發仍乞指揮諸路部署司將去年秋後差到屯駐
駐泊并今後差到兵士並依此揀選施行訖逐旋開坐聞奏
仲淹又乞散直等處揀有武勇心力人疏曰臣竊知散直并下班殿

侍內甚有經歷與得辛苦之人可以邊上彼驗乞特降指揮下殿前司於散直下班殿侍內揀選或有心力並具姓名聞奏當議再行揀選內曾有過犯人如武勇出倫亦別具姓名聞奏本班人員不得抑遏漏落當行勘斷其揀到人數別分等第內上等人及識文字者差在門人員處權管勾當三周年無過犯得力者令逐處保明奏取旨使與轉三班差遣權管與依轉員例逓遷安排有功勞者特行升擢大段勝於年老轉員之人有誤戰敵緣西北事大常須先選人在軍中使喚以備邊事

五年仲淹為參知政事奏陝西河北攻守疏曰臣蒙聖恩非次獎擢待罪兩府日夜憂迫恐負陛下委用之意臣等誠無所長但塞下初還粗知邊事不敢有隱臣等聞三代以還皆有戎狄之患以至侵凌中國被于渭洛齊晉逐之於前秦漢驅之於後中原始清人倫乃敘逮於西晉之弱群胡猾夏天寶之末石晉之際中國不幸皆罹其害自周世宗北征之後雖疆土未復戎夏稍分我祖宗奕世修備大庇生民今西北二方復相交搆必困中國元昊率先叛命兵犯延安次犯鎮戎殺傷軍民曾無虛歲中國之兵討伐未利而北虜舉十萬衆謂元昊是舅甥之邦責中國不當稱兵此交搆之迹更何疑哉國家以生民之故增物帛以續盟好彼既獲利方肯旋師今乘西夏通順之議又欲主盟邀功自尊大元昊屢戰勝且倚北戎事勢雖求通順實欲息肩亦如北戎大獲厚利候其物力稍豐可以舉衆則必長驅深入有吞并關輔之志何以知之昨定川之戰我師不利彼作偽詔誘脅邊人欲定關中其謀不細蓋漢多叛人陷於窮漠衣食嗜好皆不如意必以苻堅劉元海元魏故事日夜游說元昊使其非獨元昊志在侵漢實漢之叛人日夜為賊之謀也朝廷若從其通順則北戎

邀功自為主盟下視中國邀求無厭多方困我而終於用兵矣若拒絕其意則元昊今秋必復大舉北虜亦必遣使問我拒絕元昊之故或便稱兵塞外張勢脅我國家至時寧不疑懼必於陝西選將抽兵移于河北未戰而西陲已虛元昊乘虛而來必得志於關輔此二虜交搆之勢何以禦之臣等思慮是和與不和俱為大患然則為今之謀者莫若擇帥練兵處置邊事日夜計畧為用武之策以和好為權宜以戰守為實事彼知我有謀有備不敢輕舉則盟約可久矣如不我知輕負盟約我則乘彼之驕可困可擊未必能為中國之患也臣等請畫一言之

一和策

臣觀西戎蓄禍積有歲年德明在時已聞僭擬元昊方壯遂肆兇驕外倚北戎內凌中國屢戰屢勝未嘗挫衂而乃輒求通順實圖休息所獲者大利所屈者虛稱然猶干請多端姦謀未測國家以生靈為念不可不納如唐高祖太宗應天順人百戰百勝猶屈於突厥當戎王始亡為之舉哀廢朝三日遣百寮詣館弔其來使其屈禮之甚也又太宗騎六騎於渭上見頡利與語復親與之盟頡利既退左右勸擊之太宗謂我擊彼敗懼而修德後患必深乃周旋俯就使之驕怠一旦遣李靖擒之威震四極此盛王之謀也陛下如唐高祖太宗隆禮敦信以盟好為權宜選將練兵以攻守為實事彼不背盟我則撫納無倦彼將負德我則攻守皆宜如此則結好之策未有失也

二陝西守策

元昊自來通順之時歲受恩賜朝廷撫納甚厚未嘗有失尚猶時擾邊境殺戮將吏暨叛命以來累次大舉曾無沮敗乃求通順實皆陰謀非屈伏之志也朝廷若以權宜許之更當嚴作守備然陝西久屯

大兵供費殫竭減兵則守備不足不減則物力已困臣等請緣
塞愈加繕完使戎虜之心無所窺伺又久守之計須用土兵各諳山
川多習戰鬬比之東兵戰守功倍然緣邊次邊土兵數少分守不足
更當於要便城寨招置土兵若近裏土兵願改隸邊寨者即遷其家
而團集之況昨來慶州創起大順城欲置振武保捷兵兩指揮仍於
永興華耀土兵中召其願守塞者而應募甚衆何則關內諸州土兵
多在邊上或得代歸營而數月之間復出遠戍豈徒星霜之苦極傷
骨肉之恩征夫不保其家離婦頗多犯法人情不免於人則怨起如得
并遷其家於緣邊住營更免出軍父母妻子樂於完聚戰則相救守
則相安或謂若土兵挈家居于塞下則全分請給其費尤多不然土
兵月給差少人素驍精強使之戍邊於東兵數復可自今於逐路漸
為增益二年已來方能整齊有非一朝可驟改也又陝西新刺保捷

土兵其中尩弱不堪戰陣者宜沙汰之使歸于田畝既省軍費復增
農力然後東兵三分中一分屯邊以助土兵之勢一分移入次邊或
屯關輔以息饋餉之困一分歸京師以嚴禁衛之防彼如納款未變
則東兵三分中可更減退又緣邊無稅之地所招弓箭手必使聚居
險要每一兩指揮共修一堡以完其家與城寨相應彼戎小至則使
屬戶蕃兵暨弓箭手與諸寨土兵共力禦捍彼戎大舉則二旬之前
必聞舉集我之沿邊軍馬盡可勾呼駐於堅城以待敵之進退緣邊
山岅重複彼之重兵必循大川而行先求疾速俟其得勝使我師沮
而不出方敢散兵虜掠過越險阻更無顧慮我若持重不戰則彼之
重兵行川路中糧草無所給牛羊無所獲不數日人馬困弊彼之重
兵更不敢越險又未能決勝必不得已而散兵虜掠我於山谷村落
中伏精銳以待之彼散掠之兵輕而寡弱可擊可逐使散無所掠聚

不得戰欲長驅深入我則使諸將出奇以躡其後欲全師以歸我則
使諸城出兵以乘其弊彼將進退有禍不三兩舉勢必敗亡此守策
之要也

三陝西攻策

元昊巢穴實在河外河外之兵懦而罕戰惟横山一帶蕃部東至麟
府西至原渭二千餘里人馬精勁慣習戰鬬與漢界相附每大舉入
寇必為前鋒故西戎以山界蕃部為強兵漢家以山界屬戶及弓箭
為善戰以此觀之各以邊人為強理固明矣所以秦漢驅逐西戎必
先得山界彼則遠遁然後以河為限寇不深入儻元昊歸款則請假
和策以待之如未通順或順而翻覆則有可攻之策非窮兵瀆武角
勝於絕漠之外也臣等嘗計陝西四路之兵總數幾三十萬非不多
也然各分守城寨故每歲戰兵大率不過二萬餘人坐食芻糧不敢

舉動歲歲設備常如寇至不知賊人之謀果犯何路賊界則不然種
落散居衣食自給忽尒點集併攻一路故犬羊之衆動號十餘萬人
以我分散之兵拒彼專一之勢衆寡[illegible]及散敗且彼為客當勞
而反逸我為主當逸而反勞我若復用此計彼勞我逸則取勝必矣
臣等請於鄜延環慶涇原路各選將佐三五人使臣一二十人步兵
二萬騎兵三千以為三軍以新定陣法訓練歲餘候其精勇然後觀
賊之隙使三軍掠于横山更進兵降者納質厚賞各令安土拒者併
兵急擊必破其族假若鄜延一軍先出賊必大舉來應我則退守邊
寨或據險要不與大戰不越旬日彼自困彼勢將潰歸則我環慶之
軍復出焉彼若再圖點集來拒王師則又有涇原之師乘間而入使
賊奔命不暇部落攜怨則我兵勢自振如宥州綏州金湯白豹折薑
等寨皆可就而城之其山界蕃部去元昊且遠求援不及又我以堅

城據之。以精兵臨之。彼既樂其土。復遂以廣。必須歸附。以圖安。今三五年間。山界可以盡取。此春秋時吳用三師破楚之策也。元昊若失橫山之勢。可謂斷其右臂矣。幷漢唐之舊疆。豈今日之生事也。

四河北備策。

臣等於陝西緣邊頗究利害。所陳三策。必可施用。而國家禦戎之計在北為大。臣等敢不經心。且北戎久強。在後唐日。以兵四十萬送石高祖至洛陽。立為天子。而還遂與石晉為父子之邦。邀求無厭。晉不能支。一旦釁起。長驅南牧。直抵京師。虜石少主。及當時公卿盡室而去。幽燕遂陷。為中原千古之恥。尚未能雪。國家以生靈之故。與之結和。將休兵養民。有所待也。及天下無事。人人懷安。不復有征戰之議。前年北虜驟變。詭謀稱兵。燕薊有背盟之變。割地之請。國家倉卒無備。難於用兵。遂增重賂。以續前好。彼既獲利。方肯旋師。今乘元昊通

順之議。又欲邀主盟之功。其勢愈重。苟不大為之備。禍未可量。臣等固請朝廷力行七事。以防大患。一密為經畧。二再議兵屯。三專於選將。四急於教戰。五訓練義勇。六修京師外城。七密定討伐之謀。一密為經畧者。自河朔罷兵以來。幾四十年。州郡因循。武事廢弛。凡謀與葺。則罪其引惹。昨朝廷選差轉運使。蓋欲革去舊弊。預為之防。然既有本職。則日為冗事所嬰。未暇周慮。請選有材識近臣。假以都轉運使之名。暫往經畫。便親視邊壘。精究利害。凡邊計未備者。皆條上而更置之。不出半年歸奏闕下。更令中書樞密院子細詢訪[illegible]識經久之計。若虜情驟變。則我有以待之矣。二再議兵屯者。自來未有定府定州高陽關分為三路。其所轄兵馬未甚整齊。乃有一州兵馬。却屬兩路之處。又未曉本路將來於何處控扼。合用重兵若干。又甚處只宜固守。合屯兵若干。及三路互相應援次第。須差近臣往彼密為經畧。

方可預定法制。臨時不至差失。或事宜未動。亦當相度。兵馬合那減於何處駐泊。使就芻糧。以省邊費。庶免先自匱乏。至用兵之日重困生民。三專於選將者。委樞密院於閤門祗候使臣已上選人。三班院使臣中選人。殿前馬步軍司於軍旅中選人。或有智畧或有材武堪邊上試用者。逐旋進呈。擬選到人數。以籍記之。候本路有闕。則從而差授。如此。則三二年間得人多矣。四急於教戰者。於陝西四路抽取曾押戰隊使臣十數人。更授以新議八陣之法。遣往河北閱習諸軍。使各知奇正循環之術。應敵無窮。五訓練義勇者。今河北所籍義勇。雖約唐之府兵法制。三時農務。一時教戰。然未建府衛之官。而法制不行。號令不一。須別選知州知縣縣令可治兵者。并增置將校。使人人各知軍中之法。應敵可用。斯則強兵制勝之本矣。六修京師外城者。後唐無備。契丹一舉直陷洛陽。石晉無備。契丹一舉直陷京師。故

契丹之心。于今驕慢。必謂邊城堅而難攻。京師坦而無備。一朝稱兵。必謀深入。我以京師無備。必促河朔重兵與之力戰。戰或不勝。則胡馬益驕。更無顧慮。直叩澶淵。張犯闕之勢。至時遣使邀我。欲以大河為界。我既無備。將何以禦。從之不可。拒之必難。又振逼京師。何以為計。若京城堅完。則我河朔重兵不與之戰。彼不能戰。則無乘勝之氣。欲謀深入。則前有堅城。後有重兵。必將沮而自退。退而不整。則邀之可也。是則修京城者。非徒禦寇。誠以伐深入之謀也。漢惠帝時起六里內男女城長安。二年而畢。唐明皇時城長安。九十日畢。考法於古。擇利于今。京城之修。蓋無疑矣。然須二年成之。則民不勞苦。人不驚駭矣。七密定討伐之謀者。幽燕數州。人本漢俗。思漢之意。子孫不忘。太宗皇帝既克河東。乘勝北討。數州吏民。望風請命。惟幽州未破。我軍虛驚。班師以來。歲月綿遠。如天限其北。無復輕議。一昨盟好已

搖安保其往當訓兵養馬密為方畧以待其變未變則我不先舉變
則我有後圖指彼數州決其收復使彼思漢之俗復為吾民成太宗
皇帝赫怒之志雪石晉千古之耻則陛下之功如天如日著于無窮
矣
仲淹又奏元昊求和所爭疆界乞更不問疏曰臣竊覩史籍見前代
帝王與戎狄結和通好禮意甚重非志不高而力不足也蓋懼邊事
不息困耗生民用兵久之必生他變而為社稷之憂如漢高帝唐太
宗身經百戰大服天下不敢黷武而屈事戎狄者正為此也及其國
力強盛將帥得人則長驅破虜以雪天下之耻今北虜西戎合謀并
力夾困中原西兵數年未能平定近方遣使往復以議通順而延州
塞門并河東豐州之地舊有屬戶居之則為我利自元昊驅掠西去
遂為隙地中國利害不繫於此今衆議須欲復得塞門以全疆土借

如祖宗朝北陷易州西失靈夏及其和好皆畧而不言耻以前失之
醜而求無用之地今西戎貪惏未足與爭區名體已順餘可假借以
成和好然後重議邊事退移兵馬減省糧草綏我生民勤我稼穡選
將練士使國富民強以待四夷之變此帝王有道之術社稷無窮之
富也如欲與戎狄理曲直決勝負以耗兆民以危天下語之則易行
之實難臣備位二府當思安危大計不敢避人謗議上下共說累陛
下包荒之德以重增宵旰之憂臣不勝懇迫惶恐之至
仲淹又奏乞宣諭大臣定河東捍禦策疏曰臣竊見契丹遣使來朝
廷言欲西征今邊上探報皆稱契丹大發兵馬討伐呆家族并夾山
部落及稱亦與元昊兵馬相煞又報元昊亦已點集左廂軍馬既是
二國舉動大兵必有大事以臣料之夾山等蕃部小族豈二國盡舉
大兵攻討此可疑一也又元昊自來惟倚契丹侵凌中原今無大故

何敢便與契丹相絕而舉兵相持此可疑二也自古四夷議論皆稱
夷狄無信今朝廷便欲倚憑此可疑三也前來契丹邀中國進納物
帛欲屈伏朝廷元昊僭號擾邊屢擒將帥如盟信可保何至此今日
之舉又可疑四也河東地震數年占書亦主城陷今二國之兵卒於
彼方此又可大疑五也又邊上探得契丹遣使二道至南山寧化軍
岢嵐軍後面覰步谷口道路此又可大疑六也設或二國不守盟信
卒然奔衝以數十萬衆乘不備而來河東軍馬不多名將極少衆寡
不敵誰敢决戰此大可憂一也契丹素善攻城今探得點集床子弩
并砲手皆攻城之具與昔時不同况元昊界無城可攻如却入漢界
併攻此兩城破而屠之則其餘城乘風可下此大可憂二也萬一此
度却未奔衝以取中國之信使安於疑為後舉之策此大可憂三也
今乞聖慈顧問大臣如契丹可以保信必不入寇亦不與元昊連衡

則乞今日同署一奏納於御前使中外安靜不更憂疑他日或誤大
事責有所歸如大臣不敢保信則乞指揮大臣今日更不歸驛便畫
禦捍之策抽何路軍馬用何人將帥添若干錢帛據何處要害如此
定策猶恐後時不能當二虜之勢或更因循度日直俟大寇入境然
後為謀則河東一傾危逼宗社臣待罪兩府義當極論不敢有隱繫
聖斷覆之
仲淹又奏為契丹請絕元昊進貢利害疏曰臣竊見契丹來書稱朝
廷曾請契丹止遏元昊今聞名體未順遂舉兵討伐又請朝廷絕元
昊進貢契丹安肯為朝廷特舉大兵以討元昊此不可信一也若自
與元昊有隙必行討伐其人使即合堅請阻絕元昊倚却只問楊守
素往來次第是無必討之意此不可信二也余靖等今有見虜主親
信須指揮夏州令楊守素入南朝勾當必是動有關報今來虜使却

言北朝並不知子細。此不可信三也。萬一契丹必有深隙須行討伐。必堅要阻絕元昊豈暇問於南朝名體順不順。顯是契丹虛稱為朝廷西征。駐重兵於雲朔。如元昊以誓書未立入寇河東。亦是相為聲援。得至則享厚利。如元昊更不入寇。納誓書于朝廷。則契丹自為因行討伐使元昊入貢。以此為功。而駐兵雲朔。以邀重報。是契丹進退有利。而俱為我害也。臣謂朝廷今日答書則易將報必難。而專於致賂。欲滿虜志。則契丹大兵起肯虛舉而善退。須朝廷熟慮此事。先且大議備邊之策。然後遣使往來。使虜知我有備。無必勝之理。則亦可以退其邀功求報之心。縱背盟好。亦有以待之。少減生靈之禍。

仲淹又奏乞罷參知政事知邊郡。疏曰。臣近與韓琦上言陝西邊畫略陳八事。須朝廷遣使便宜處置。方可辦集。又近覩手詔下問。合用何人鎮彼西方。兩府已奏見選人進呈。即今西人議和。變詐難信。成

與不成。尤須防將來之患。臣久居邊塞下。誠無寸功。如言鎮彼西方。保於無事。則臣不敢當。但稍知邊情。頗在驅策。雖無奇効可平大患。惟期夙夜經畫措置兵馬財賦。及指蹤諸將同心協力。以禦深入之虞。今防秋事近恐失於後時。願聖慈早賜指揮。罷臣參知政事。知邊上一郡。帶安撫之名。足以照管邊事。乞更不帶招討部署職任。

元年右正言孫沔論范仲淹答元昊書。上疏曰。臣伏自前月以來。聞中外言昊賊使高延德持書至延州。有歸伏朝廷之意。范仲淹以書諭之。令去潛號方可納款。仍聞大臣頗有異議。或言忠義可賞者。或言專命可戮。審此數人皆平斷天下事。何是非智識。其相遠悖如是。又臣寮上言者多相矛盾。竊恐衆論紛撓。以致惑亂視聽。臣朝夕思之。未知孰得。今偶有所見。揣昊賊情偽之計。原邊臣得失之謀。其理有三。敢悉陳之。萬一上合聖聰。亦愚人之極慮也。一者以西陲蕃戶久來貿易羊馬藥物。歲數百萬至於米鹽飲食。皆資於內地。自昊賊背逆凡二年。謹察邊防禁絕交易。彼又驅率鬭戰殺害父子。量其蕃族怨望者衆矣。今忽來歸順者。蓋知中國必未納其姦謀。將給其族類。必曰我為爾請和。通其有無。朝廷未允耳。此將以激怒其衆。使為邊患也。二者近聞昊賊入寇涇原。騎十餘萬。此亦慮我知其盡銳離於巢穴。而以別路攻其不備。故使延德偽來貢款。而緩我鄜延一路之兵也。三者范仲淹夙負時望。多士歸慕。今當邊任。得將士心。軍民受賜。虜狄所聞。故昊賊未測其才謀。因用延德為反間。以謀撓我師使疑而退黜之。賊得其計矣。臣又謂仲淹移書有利害者三焉。一者賊請歸款。以我不許。為激衆之謀。今仲淹答而許之。則賊之策不得行。此亦我權其利也。二者賊以計緩我鄜延一路入攻之兵。則我本無深討之策。雖其詐來之意。於邊境之慮亦無害也。三者賊謀撓我

師。而仲淹答其書雖於軍政無損。實亦自蹈先機。今大臣果得其專命。或言其可斬者。若有姦謀深利。此言使賊知之。因致悖慢之言。偽為交結之意。起市虎拾塵之說。設並馬草具之事。冀朝廷疑仲淹。而朋比有嫉害者從而媒蘖之。大則受誅滅之罪。小則必竄逐其身。使國家一朝失賢。三軍無帥。去邊地之長城。開賊衆之大路。此實可憂之甚者也。臣又見前歲王德用被罪廢黜。本其事發之因。亦由臣寮以讖記之言。形貌之肖。章奏交上。何止於三。使曾參被殺人之名而不得自明也。蓋德用至公之節。得軍中之情。有總統之望。為遠人所知。驟獲憂疑。忽然廢棄。使邊鄙無大將。而朝廷終不敢起德用。豈非昊賊以寇謀挾邪而中害良善也。今仲淹盡誠許國。立義忘軀。獨處遠徼。未顧危亡。求之品流。罕有倫擬。在陛下聖哲推其本心。今得盡節。則天下之幸也。臣恐昊賊即設姦計。復答其書。矯陷仲淹。暗合臣

說則望陛下念之以辯其詐使賢材不為賊所欺遂則夷狄亡感可立俟矣或曰蕃寇小醜安有遠圖臣對曰預備則無患過慮則少失若昊賊實欲歸款料之雖過於事無損即如前歲賊使六十餘人賊冠變服挖以貢奉宣言僭稱之意時宰執謀議罔無異術但下詔削奪遠竄而惟知制誥吳育上言以聖朝太平既各兵戰不習乞且因而撫之然後備邊練將以議攻取為便當日柄臣皆誚其怯今二年連陷將陷覆沒兵衆豈復可以小寇待之然欲行吳育之策而未能也況仲淹以書移賊自是閫外事寧若昊賊因而歸順亦國家軍事之利於朝廷有何累哉今韓琦督戰無功敗軍殺將尚不欲黜削恐傷國體況仲淹以計策或有得失且於事未有大過豈宜輒加其罪諒陛下神機聖斷盡在策中不待言而後知也臣與琦仲淹皆故舊深知今論事之際必盡公言決安危之計非愛憎之心也伏望陛下萬機之暇乞夜詳覽幸甚

歷代名臣奏議卷之三百二十四

禦邊

宋仁宗慶曆初丁度入知制誥遷翰林學士糾察在京刑獄判太常禮院兼羣牧使劉平石元孫敗帝遣使問所以禦邊度奏曰今士氣傷沮若復追窮巢穴饋粮千里輕用人命以快一朝之意非計之得也唐都長安天寶後河湟覆沒涇州西門不開京師距寇境不及五百里屯重兵嚴烽火雖常有侵軼然卒無事太祖時疆埸之任不用節將但審擢材器豐其廩賜信其賞罰方隅輯寧幾二十年為今之策莫若謹亭障遠斥候控扼要害為制禦之全計

四年度又論契丹請絕元昊進貢事上疏曰臣等切謂契丹元昊相攻虛實未可知今來書大意且言以元昊不順朝廷之故遂成興兵恐深入討伐之後元昊理難拒絕則是不從北鄙之請堅納西人之盟得新附之小羌違久和之羌虜始開契丹屯兵甲近在邊陲萬一得書違情生忿回戈我境有以為名夫患有遲速事有重輕此朝廷不可不審度也若阻契丹而納元昊則未有素備之策絕元昊而從契丹又失綏懷之信莫若以大義而兩存之臣等謂宜降詔與元昊言昨許再盟蓋因契丹有書來言彼是甥舅之親朝廷久與契丹結和不欲傷鄰國之意遂議開納今却知國中招誘契丹邊戶虧甥舅事大之禮違朝廷納款之本意當須復順契丹早除嫌隙則誓詔封冊便可施行仍乞於契丹回書中言降詔與元昊若其悔過歸順貴國則本朝許其款附若執迷不復則議絕未晚如此則於西人無食言之曲於北鄙無結怨之端從容得中不失大義惟陛下裁擇

時趙元昊反右騏驥使忠州刺史知鄜州張亢上疏曰舊制諸路總管鈐轄都監各不過三兩員餘官雖高止不過一路總管鈐轄不預

本路事令每路多至十四五員少亦不減十員皆兼本路分事不相
統制凡有論議互報不同按唐總管統軍都統處置制置使各有副
貳國朝亦有經畧排陣使請約故事別置使名每路軍馬事止以三
兩員領之又涇原一路自總管鈐轄都監巡檢及城砦所部六十餘
所兵多者數千人少者才千人兵勢既分不足以當大敵若敵以萬
人為二十隊多張聲勢以綴我軍後以三五萬人大入奔突則何以
支又比來主將與軍伍移易不定人馬強弱配屬未均今涇原正兵
五萬弓箭手二萬鄜延正兵不減六七萬若能預為團結明定節制
迭為應援以逸待勞則烏合飢餒之衆豈能窺我淺深乎請下韓琦
范仲淹分按逐路以馬步軍八千已上至萬人擇才位兼高者為總
領其下分為三將一為前鋒一為策前鋒一為後陣每將以使臣忠
佐三兩人分屯要害之地敵小入則一將出大入則大將出又量敵
數多少使鄰路出兵應接此所謂常山蛇勢也今萬人以上為一大
將一路又有主帥延州領三大將鄜州一大將保安軍及西路巡檢
德靖砦共為一大將則鄜延路兵五萬人矣原渭州鎮戎軍各一大
將渭州山外及瓦亭各一大將則涇原路五萬人矣弓箭手熟戶不
在焉昨延州之敗蓋由諸將自守不相應援請令邊臣預定其法敵
寇某所則某將為先鋒某將出某所為奇兵某將出某所為聲援某
城砦相近出敢戰死士某所設覆都同巡檢則各扼要害又令鄰路
取某路出應仍潜用旗幟為號昨劉平救延州前鋒陷賊者已二千
騎平猶不知趙瑜部馬軍間道先進而趙振與王逵趍塞門至高頭
平蹈白馬報敵張青蓋駐山東振麾兵掩襲乃瑜也臣在山外策應
未嘗用本指揮旗號自以五行支干別為引旗若甲子日本軍相遇
則先見者張青旗後見者以緋旗應之此是干相生其干相尅及支

相生尅亦如之蓋兵馬出入晝則百步之外不能相知若不預為之
號必誤軍事國家承平日久失於訓練今每指揮藝精者不過百餘
人餘皆疲弱不可用且官軍所恃者步軍與強弩爾臣知渭州日見
廣勇軍彍弩者三百五十人引一石二斗者僅百人餘僅及七八斗
止欲閱習時易為力爾臣以跳鐙弩試皆不能張閱習十餘日裁得
百餘人又教以小坐法亦十餘日又教以帶甲小坐法五十餘日始
能服熟若安前弊以應新敵其有必勝之理乎又兵官務張邊事以
媒進邀賞劉平之敗正緣貪功輕進鎮戎軍最近賊境每報賊騎至
不問多寡凡主兵者皆出至邊壕則賊已去矣蓋權均勢埒各不相
下若不出則恐得怯懦之罪且諸路騎兵不能馳險計其芻粟一馬
之費可養步軍五人馬高不及格宜悉還坊監止留十之二餘以步
兵代之又比來禁衛隊長緣年勞換前班者或為諸司使副白丁試
武伎亦命以官而諸路弓箭手生長邊陲父祖效命累世捍賊乃無
進擢之路何以激勸邊民竊聞大帥議五路進師且用兵以來屢出
無功若一旦深入臣竊以為未可也山界諸州城砦距邊止二三百
里夏兵器甲雖精利其鬪戰不及山界部族而財糧又盡出山界若
十月後令諸將分番出界使夏人不得耕牧然後出步兵負十日糧
人日給米一升馬日給粟四升草五分賊界有草地以半資放牧亦
可減輓運之半王師既行使唃廝囉及九姓回紇分制其後必蕩覆
巢穴又言陝西民調發之苦數倍常歲宜一切權罷令安撫司與逐
州長吏減省屯役類應邊須又選殿侍軍將各三十人以馳騾各二
百留其半河中以運鄜延保安軍軍須其半留乾州或永興軍以運
環慶原渭鎮戎軍軍須分一轉運使專董其事又鄜州四路半當衝
要嘗以閑慢路遞鋪兵卒之半貼衛要驛百人每三人挽小車載二

百五十斤至三百斤若團併輦運邊計亦未至失備初亢請乘驛入
對詔令手疏上之後多施用進西上閤門使改鄜都轄屯延州又奏後
疏
慶曆元年七月亢知延州論邊機軍政所疑十事上疏曰臣伏以太
平日久人不知兵元昊反逆以來民力凋弊而邊機軍政措置未得
其宜今輙陳臣之所疑者十事臣切謂王師每出不利豈非節制不
立號令不明訓練不至器械不精或中賊之詭計或自我之貪功或
左右前後自不相救或進退出入未知其便或兵多而不能用或兵
少而不能避或為持權者之所逼或因懦將之所牽或人馬困飢而
不能奮或山川阻險而不能通此皆將不知兵之弊也未聞深究致
敗之由而處置之雖徒益兵馬亦未見必勝之理臣之所疑者一也
去春賊至延州諸路發援兵而河東秦鳳各踰千里涇原環慶不下

十程去秋賊出鎮戎又遠自鄜延發兵且千里遠鬬豈能施勇如賊
已退乃是空勞師徒異時更寇別路必又如此不戰而自弊臣之所
疑者二也今鄜延副總管許懷德兼環慶軍馬環慶副總管王仲寶
復兼鄜延其涇原秦鳳總管等亦兼隣路雖令互相策應然環州至
延州十四五程直路亦不下十驛涇原至秦州又遠于此若一處有
事自此發兵赴援而山路險惡而人馬已困欲責其功何可得也臣
所疑者三也四路軍馬各不下五六萬朝廷盡力供億而邊臣但言
兵少每路欲更增十萬人亦不見成功之効且兵無節制一弊也無
奇正二弊也無應援三弊也主將不一四弊也兵分勢弱五弊也有
此五弊如驅市人而戰雖有百萬亦無益於事臣所疑者四也古之
教習須三年然後功成今之用兵已三年將帥之中孰賢孰愚攻守
之術孰得孰失累年敗衄而居邊要者未知有何謀設更數年或未

罷兵國用民力何以克堪若因之以飢饉加之以師旅安危之策未
知何如臣所疑者五也今言邊事者甚衆朝廷或即奏可使定奪以
聞或劄下逐處或不令下司前條方遂施行後令復即衝改胥吏有
抄錄之勞官員無看詳之暇邊方軍政一無定制臣所疑者六也夏
竦陳執中皆朝廷大臣凡有邊事皆付之不疑今但主文書守詔令
每有宣命則翻錄行下如諸處申稟則令候朝廷指揮如此則何必
以大臣主事臣所疑者七也前河北用兵減冗以省費今陝西日以
增員且如制置青白鹽使副招撫蕃落使臣等十餘員所占兵士千
餘人請給歲約數萬緡復有都大提舉馬鋪器甲之類又諸州一例
招到新兵克敵制勝保捷廣鋭宣毅等指揮久未教閱但費軍廩無
益邊備臣所疑者八也國家竭財用以贍軍士有手藝者管兵之官
每一指揮抽占三人一如延州諸將不出即有兵二萬餘五千守城

之外其餘正兵萬五千若有事宜三日内不能團集況四十里外便
是賊境一有奔衝緩急何以支梧臣所疑者九也陝西教習鄉兵共
十餘萬人其中無賴之輩名挂天籍心薄田夫夫豈無姦盗雜於其
中苟無措置他日為患不細臣所疑者十也乞暫許臣赴闕面陳利
害如臣狂率不可用即行降黜
陝西經畧安撫判官田況上兵策十四事疏一曰自昊賊弄兵侵噬
西蕃開拓封境僭叛之迹固非朝夕始於漢界緣邊山險之地三百
餘處修築堡寨欲以收集老弱併驅壯健為入寇之謀初貢嫚書亦
未敢擾范雍在延州屢使王文恩輩先肆侵掠規貪小利賊遂激怒
其衆執以為辭王師伐叛弔民之體自此失之劉譞高繼嵩等破罷
諸族任福龐青諸族任福襲白豹城皆指為大功無不殺戮老弱以
為首級彼民皆訴冤於賊以求復讎吾民受制異類而又使無辜被

戮毒貫人靈上下文移皆謂之打虜吁可媿也或謂國家久不用兵
將卒未練欲使趍功騖利習於戰鬭尒然賊界諸處設備甚謹屢行
打族俘獲無幾陷沒極多如郝仁禹打瓦娥族亡三百四人無所獲
任政打闞訛俀亡一百九十三人秦鳳部管司打隴波族亡九十六
人各獲首一級麟府軍馬司入賊界牽制亡三百八十人斬馘十八
其餘大亡小獲無足言者以此計之實傷挫國威取賊輕侮自今宜
且罷打族但嚴設備守以俟賊至然後別為之策以破奸謀二曰自
昊賊寇邊王師屢戰不利非止人謀不善抑亦衆寡非敵近因好水
川之敗士氣愈怯諸將既沒牙隊之兵罪皆當斬朝廷普示寬貸欲
為招輯俾恩屈法事非獲已軍中相勸以退走自全為得計陝西雖
有兵近二十萬防戍城寨二百餘處所留極少近又欲於鄜延環慶
涇原三路各抽減防守戍兵鄜慶渭三州大為屯聚以備賊至然今

鄜延路有兵六萬六千餘人環慶路四萬八千餘人涇原路六萬六
千餘人除留諸城寨外若逐路盡數那減屯聚一處更會合都監巡
撿手下兵併為一陣極不上三二萬人賊若分衆而來猶須力決勝
負或昊賊自領十餘萬衆我以三二萬人當之其勢固難力制議者
但欲以寡擊衆幸於偶勝非萬全策也夫能以寡擊衆徼一時之勝
者或得地利或發奇策非可恃以為常今必敗之形洞可前照而恬
然坐視莫知更為計也議者又謂賊若併兵而入則率他路援兵以
禦之且賊每入寇既有所得飈馳霧卷一夕而去他路固無所及矣
或謂收保邊民持重以觀其勢可擊則擊不可則已賊不過破毀民
生因食野積而歸緣此苟一日之不敗則可也深慮後患有異於斯
臣去冬在都下嘗聞士大夫相與言謂小羌不足憂何則叛命之初
我無邊備若兵隨機至則關中安危未可知此賊計之失也自劉平

石元孫陷沒中外震駭賊若長驅而至誰能當之此二失也臣始聞
此說亦誠謂此賊之易與也今觀其包藏變譎圖全擇利乃知所謂
失策者實賊之得計也且賊之未敢長驅亦猶我之未可深入所以
然者主客異勢進退懷疑邊防之兵並出其後險要之地或斷其歸
是決成敗於一舉豈勝筭哉自李彬被虜劉平等敗沒延州之境蕩
然一空日者山外之民殺掠奔潰已亡太半是渭州之境又漸空矣
料賊今秋或來春猶且驅刼而已必使我藩籬盡空表裏可見然後
攻城破邑漸謀長驅則無後顧之患臣所以謂關中安危漸不可測
須朝廷為勇斷之計也斷之勇者在乎發內帑之財募陝西河東強壯
之民五七萬人分屯鄜延環慶涇原三路併及防秋則以逐處弓手
分番戍守城寨而參以正兵每路及五六萬人以上精加訓練我軍
既衆其氣自振也必曰募民兵則衆情不安增邊戍則大費不贍此

循常拘近之論也且民兵之法祖宗所行迄今軍中餘老多存加之
出錢選募非同點差其中必有樂於效用者且內帑之積祖宗本為
用兵今乃其時也三曰用兵之法當先有部分部分進退權於大將
旗鼓常在中軍自西陲用兵每戰必敗好水川之戰任福實為大將
而不能指麾統制以為已任乃自率一隊前當剽鋒矢盡勢窮而後
陷沒忠勇之節雖可嗟憫然論其材力止一卒之用夫部分不明多
則不能辦少則不能勝進無所勸退無所止一有紛亂則其勢圮矣
欲矯此弊在乎先求大將之才峻其威權而尊寵之如葛懷敏為鄜
延部管張亢為鈐轄當以偏裨之禮奔走麾下若犯令即當誅之乃
平牒往來動皆鈞禮韓琦范仲淹為經畧副使葛懷敏見之禮容極
慢上下姑息三軍之士何所法耶夏竦陳執中不能身當行陣為士
卒先至於選擇大將明定部分乃其職也乞朝廷降詔令更互巡邊

采寨邊臣中有材任大將者特與不次拔擢其驕怯之將每自顧重不爲國家盡力者奏罷之則部分齊而功可與矣四曰自古用兵未有不由間諜而能破敵者也昊賊所用諜者皆厚加賞賂極其尊寵故規我機宜動必得實今邊臣所遣刺事人或臨以官勢或量與茶綵止於熟戶族帳內采道路之言便爲事實賊臣變詐重成疑惑今請有入賊界而刺得實者以錢帛厚賞之賊將野㒶剛浪唛遇乞之徒皆元昊親信分廂主兵備近漢界出入從者不過一人若能募死上陷宵辟首是去賊之首足王沿嘗欲用此策但朝廷不惜美官重賂則功豈難圖五曰唐置都護府掌撫慰諸蕃征討斥堠及行賞罰叙録勳勞其屬有長史録事功食戶法諸曹得爲肘腋之盛國朝承五代之後事歸邊防當西陲安輯時朝廷固無意及此今昊賊大肆殺掠沿邊屬戶各顧家族心生向背又使奸人恣行誘脅以此賊勢轉盛而邊候無復扞禦今新置招撫蕃落司所謂招撫者非飲食不足以得其驩非賞賂不足以回其意非術數不足以鼓其動非刑誅不足以制其驕曩者曹偉在秦州誅賞並行戎落慴伏比涇原用韓贇秦鳳用張僎皆韓琦隨行指揮使雖各有武勇至於招撫之術豈可倚耶環慶一路熟戶未嘗經賊殘破部族全整人堪戰鬭若綏御有術可得精兵數萬請令都管舉官與王懷端協力招撫仍只令韓琦王沿龐籍張奎同領之事之大者關報都部管司其餘知州通判更不兼管以養正兵萬人一歲之費爲招撫之具則事無不濟自来熟戶販鬻青白鹽以来厚利今一切禁絕之欲以困賊然絕熟戶之利無以資其生太宗朝鄭文寶請禁青白鹽以困賊遷可不戰而屈人兵詔自陝以西市之者皆坐死其後犯法甚衆戎人乏食寇抄邊郡內屬萬餘帳歸繼遷命錢若水馳傳視之因詔盡復舊制戎人始

漸歸附今日之勢若厚加招撫稍寬鹽禁則熟戶無不得用議者疑邊儲已竭而又興廢不訾非至計也且國家通使唃廝囉欲誘以爲用賜帛二萬以從其出師終無實報是捨熟戶近成之效而信西蕃遠妄之言豈至計耶自昊賊破犛牛城築瓦川會而唃廝囉遠竄歷精城偷安苟息其子忙氈角喑氈自立皆爲仇敵尚不能制矧能爲昊賊輕重邪溫逋其乃唃廝囉親信首領之豪其子一聲余龍有衆萬餘最爲強盛乃與昊賊結姻唃廝囉日益危弱今欲以爲國家用非臣之所能知也以是論之招撫熟戶不猶愈於彼乎六曰環慶路投來蕃部極多夏竦等懲延安之前失慮賊馬奔衝內應爲患欲遷襄唐州界給曠土使就生業又皆不肯離徙若驟加起遣則戎心動搖或致生事若招撫蕃落司得人令躬至族帳察其心之向漢者給沿邊閑田編於熟戶或度其後必生變者徙之內地然恩威裁制其事百端苟非權謀未易集事也七曰蕃落廣銳振武保捷皆是土兵材力伉健武藝精強戰鬭嘗爲士卒先自昊賊擾邊以来惟土兵踴躍志在爭功其餘請給甚微不及東軍之下者振武料錢五百而二百五十爲折支積數月一支又皆靡弊不堪之物如新添虎翼兵自南中選填材質綿弱而云不知戰鬭見賊恐死傳者皆以爲笑朝廷但具以塞數爲名而已若月添土兵請給事恐難行請遇特支比常優加其數或別定南郊賞例以激其心則其立功必不在東軍之後矣八曰沿邊屯戍騎兵軍額高者無如龍衛聞其間有不能被甲上馬者况驍勝雲武武騎之類馳走挽弓不過五六斗每教皆望空發箭去前一十二步即以墮地以賊甲之堅縱使能中亦不能入况未能中之請密料邊兵益步卒而減騎軍但五分得一足矣以一騎軍之費可贍步兵二人而又寬市馬之煩擾違害就利莫善於茲也

曰西賊每至諸城寨不料衆寡並須出戰稍有稽違皆以軍法從事使趙奢李牧周亞夫授任於今日纔罪必先於諸將矣邊臣甘死事猶獲子孫之福不敢持重伺隙自取嚴誅今若遇寇大至且堅壁以守須會合諸路兵馬可以取勝則令出戰若賊衆不多而畏懦不即追討並行誅之十曰主將用兵非素撫而威臨之則上下不相附指令不如意西賊首領各將種落之兵謂之一溜少長服習如臂之使指既成行列舉手掩口然後敢食虜酋長遙見疑其語言其整肅如此昨任福在慶州蕃漢各以信服士卒亦已諳練一旦驟移涇原值賊至麾下隊兵逐急差撥諸軍將校都不識面勢不得不陷覆今請諸路將佐非大故毋得輕換易庶可責其成功十一曰古之良將以燕犒士卒為先所以然者鋒刃之下死生俄頃固宜推盡恩意以慰其心李牧備匈奴市租皆入幕府為士卒費趙充國禦寇戎亦日饗

軍士太祖用姚全斌董遵誨抗西戎何繼筠李漢超當北虜人各得環慶齊棣一州征租農賦市牛酒犒軍中不問其出入故得寇戎併息不敢窺邊臣前通判江寧府因造紙甲得遠年帳籍見前朝彬征江南日和州逐次起餉豬羊肉數千斤以給戰士近范仲淹在延州奏乞比永興軍秦州支米造酒有司之吝以為無例而罷令請渭延慶三州及諸路部管司並特支米造酒仍比都管司別給隨軍錢務令贍足除軍員外其餘士卒每一季或因都闕或值出入並須量有霑及以慰勞苦古者命將出師閫外之事無不專制財糧用度豈有異司今主兵主財者皆力敵權均紛然相制豈國家任人責功之大體也十二曰功作器用中國之所長非戎狄可及今賊甲皆冷鍛而成堅滑光瑩非勁弩不可入自京齎去衣甲皆軟脆不足當矢石以朝廷之事力中國之伎巧乃不如一小羌乎由彼專而精我慢而略故

也今請下逐處悉令工匠冷砧打造紙鋼甲鎖發赴緣邊先用八九斗力弓試射以觀透箭深淺賞罰之聞太祖朝舊甲絕為精好但歲久斷綻乞且穿貫三五萬聯均給四路亦足以禦敵也十三曰今春昊賊寇邊器械攻城之具極為拙鈍此特緩吾備也料賊年歲間破盡緣邊籬落必驅迫漢民熟戶使為先登以攻城邑邊城一有不守事故可憂今修築城寨雖漸完固其如軍民不知守城次第請下河北選守城卒三五十人諸處指教善治器用大為之備賊動必求全常顧後患若邊城堅守攻之不拔則亦未敢長驅而深入也十四曰昊賊蓄謀歲深盡更漢法自作祅書非恩信可以縻文令所能動若非天威振赫大挫姦鋒其勢未已漢界與賊山界相接人民繁庶每來入寇則科率糧草多出其間山界之民引弓甚勁與賊為戰所謂步奚此皆去賊地逐向漢甚邇若乘戰勝之勢賊若皆散承其不備

分路進兵而攻取之抗禦者誅殛降順者招徠老弱無辜係之南徙其間險要可守之地則築堅壘以據之所得土田給與有功熟戶亦不可守則縱兵破蕩以弱賊勢若請命歸款則裁割縱捨制之在我弭患如此則邊陲可安矣

四年況知制誥乞訪問執政專以虜患為急疏曰臣伏以朝廷予契丹金帛歲五十萬朘削生民輸轉道路疲弊之勢漸不可久而近者西羌通款歲又予二十萬設或復肆貪饕有規求朝廷尚可從乎臣至愚不當大責每念至此則怨嘆不已竊兩府大臣皆宗廟社稷天下生民所望而繫安危者豈不為陛下思之哉每旦奏拜之餘不過目前政事數條而已非陛下所以待輔臣非輔臣所以憂朝廷之意也有唐故事肅宗以天下未乂除正衙奏事外別開延英以詢訪宰相蓋旁無侍衛獻可替否而盡討論令北虜桀慢而河朔將佐之

良愚甲兵之善寇道路之夷險城壘之堅弊軍政之是否財粮之多少在兩府輔臣實未有知之者萬一變發所忽制由中出少有差跌則事不測矣如前歲蕭英劉六符始來和議未決中外惶擾不知為計此臣所目覩也和議既定又復恬然若無事者豈得為安哉願因燕閑召執政大臣於便殿從容賜坐訪逮時政專以虜患為急則人人唯恐不知以謀應對事事唯恐不集以孤聖懷日夕憂思不敢少懈同心叶力必有所為之不此為務而日以委瑣之事更相辨對議者羞之臣備近列實同朝廷之休戚唯陛下不以人廢言也

二年樞密副使韓琦論備禦七事上奏曰臣聞漢文帝襲高惠承平之後躬行節儉國治民富刑措不用時賈誼上書言事尚以為可慟哭太息豈其過哉盖憂深思遠圖長久之計欲大漢之業乘千萬世而無窮者今陛下紹三聖之休烈仁德遠被天下大定民樂其生者

八十餘載矣而臣竊覩時事謂可晝夜泣血非直慟哭太息者何哉蓋以西北二虜禍釁已成而上下泰然不知朝廷之將危宗社之未安也臣今不暇廣有援引請粗陳其大槩切以契丹宅大漢跨遼東據全燕數十郡之雄東服高麗西臣元昊自五代迄今垂百餘年與中原抗衡日益昌熾至於典章文物飲食服玩之盛盡習漢風故虜氣愈驕自以為昔時元魏之不若也非如漢之匈奴唐之突厥本以夷狄自處與中國好尚之異也近者復幸朝廷西方用兵違約遣使求關南之地以啓爭端朝廷愛念生民為之隱忍歲益金幣之數且固前盟而尚邀獻納之名以自尊大其輕視中國情可見矣又元昊父祖以來畜養姦謀招納亡命雖外示臣節而內全兵力至元昊則好亂逞志併甘涼諸蕃以拓境土自度種落強盛故僭號背恩北連契丹欲成鼎峙之勢非如繼遷昔年跳梁於銀夏之間尔元昊累歲

盜邊官軍屢屻今乘定川全勝之氣遣人約和則知其計愈深而其事可虞也議者謂昨假契丹傳道之力必事無不合豈不思契丹既能使元昊罷兵豈不能使元昊舉兵乎比來辭禮驕慢殊未屈下北虜之言既已無驗亦恐有合從之策以困中原朝廷若軫西民之勞暫求休養元元且以金帛啗之待以不臣之禮臣恐契丹聞之謂朝廷事力已屈則又遣使移書過邀尊大之稱或求朝廷不可從之事隳其舊約然後驅犬羊之衆直趍大河復使元昊舉兵深寇關輔當是時未審朝廷以何術而禦之或西鄙稱藩專事北寇陛下親御六師臨澶淵以待之即未知今之將卒事力與環衛統帥比真宗北征時何如欲駐驆北京以張軍勢臣恐虜衆由德博度河直趍京師則朝廷根本之地宗廟宮寢府庫倉廩百官六軍室家所在而一無城守之畧陛下可擁北京之衆却行而救之乎臣所以謂可晝夜泣血

者誠憂及于此冀陛下一悟而急為拯救也朝廷若謂今之盟約尚可固結則前三十年之信誓朝廷何負二虜而一旦違之哉彼狼狽之心見利而動又可推誠以待之乎未得於先見預為之防則功遂而事集若變生倉卒駭而圖之雖是良平復生為陛下計亦不能及矣臣是以夙夕思之朝廷若不大新紀律則必不能革時弊而弭大患臣輙畫當今所宜先行者七事條列以獻其大畧一曰清政本樞密院本兵之地今所主多苛碎眇末之務中書樞密院事有例者著為法可擬進者無面奏其餘微瑣可悉歸有司使得從容謀議賜對之際專論大事二曰念邊事今政府循故事纔午即出欲稍留則恐疑衆退朝食罷怱遽簽書而去何暇及疆事哉謂宜須未正方出延此一時以專邊論三曰擢賢才自承平以來用人以叙遷之法故遺才甚多近中書樞密院求一武臣代郭承祐衆議累日不能得謂宜

倣祖宗舊例於武臣中不次超擢以試其能。四曰備河北。自北虜通好三十餘年。武備悉廢。慢書之至。驟然莫知所為。宜選轉運使二員。客授經畧。責以歲月。使營守禦之備。則我待之有素也。五曰固河東。前歲昊賊陷豐州。掠河外屬戶殆盡。麟府勢孤絕。宜責本道帥度險要建城堡。省轉餉為持久之計。六曰收民心。祖宗置內藏庫。蓋備水旱兵革之用。非私畜財而充已欲也。自用兵以來。財用匱竭。宜稍出金帛以佐邊用。民力可寬而衆心安矣。七曰營洛邑。今帝都無城隍之固。以備非常。議興葺則為張皇勞民。不若陰葺洛都。以為游幸之所。歲運太倉羨餘之粟以實其廩庾。則皇居壯矣。

五年。琦又論西北議和有大憂者三。大利者一。上疏曰。臣伏見朝廷已封冊夏國。又契丹以西征回來告。當此之時。若便為太平無事。則後必有大憂者三。若以前日之患。慮及經遠。則後必有大利者一。請畧言之。自羌人盜邊以來。于今七年。小入大至。未嘗剉其鋒。今乘累勝之氣。而與朝廷講和者。得非凡軍興之物。悉取其國人。而所獲不償所費。又以絕在邊和市。上下困乏。暫就稱臣之虛名。而歲邀二十五萬之厚賂。非為得計耶。且契丹勢素强。而夏人尚敢與之抗衡。若使其歲享金繒及和市之利。國內充實。一旦我之邊備稍弛。則必有大窺闗輔之心。此臣所謂後必有大憂者一也。契丹昨以羌人誘致邊民遷往討伐。既不得志而還。見朝廷封冊。囊實其心。必固不樂。近諜者傳契丹國人語云。往河西趂沙漠中。所得者唯牛羊耳。若議南牧。則子女玉帛不勝其有。臣恐契丹異日或更有邀求。或請絕西人之和以隳盟揖。且河北兵驕不練。忽尔奔衝。則必震動京師。此臣所謂後必有大憂者二也。又昔石晉假契丹力以得天下。歲遺繒帛三十萬。今朝廷歲遺契丹五十萬。夏國二十五萬。使二虜日以富强。而國家取之於民。日以朘削。不幸數乘水旱之災。則患生腹心。不獨在虜。此臣所謂後必有大憂者三也。昨契丹自恃强盛。意欲并吞夏人。倉卒興師。反成敗衂。犬羊之性。切於復讎。必恐自此交兵未已。且夷狄相攻者。中國之利。此誠朝廷養謀待釁之時也。若能內葺紀綱。外練將卒。休息民力。蓄斂財用。以坐待二虜之弊。則幽薊靈夏之地。一舉而可圖。振耀威靈。彈壓夷夏。豈不休哉。此臣所謂後必有大利者一也。臣願陛下深思去大憂而取大利。則為天下之福。今范仲淹富弼往河東河北經制邊事。必有所陳。然臣久在陝西。敢復陳陝西措置事宜。且鄜延環慶涇原秦鳳四路。雖罷招討使。而邊備不可弛。請仍選有才望近臣為之主帥。特降手詔委之。久任使其經營一方。以備羌人翻覆之變。又四路所駐兵十分中。宜留六分在邊。二分令東還。二分徙屯近裏州軍。其鄜延路屯河中府。環慶涇原路徙屯邠州。永興軍。秦鳳路屯鳳翔府。逐路鈐轄一員。駐泊都監二員。與逐路知州同行訓練。而本路仍領之。非有事宜。不得輒抽動。其徙屯兵馬處知州才望輕者。請選人代之。又四路所抽就粮土兵。請委逐路帥臣相度。歲分兩番。一番在邊。一番放歸本處。不唯減節邊上粮草。兼使無久戍之勞。又陝西州軍經南郊賞給之後。官帑例皆空虛。今范仲淹若過陝西宣撫。則又有軍閒特支。徒益所費。若臣策可行。陝西亦別無處置。不必仲淹更往也。復見諸路昨招置宣毅兵近十一萬。然朝廷物力未充。何以贍給。況閭里切發。自有巡檢縣尉可以擒擊。若防羣盜。只當益屯一路都會之地。不必每州盡要防守。其宣毅兵欲乞除河北河東外。其京東京西淮南兩浙江南荊湖福建等路。每旨揮可減以三百人為額。後有闕即招填之。今天下兵冗不精。糧盡財用。陝西河東河北京東州軍已曾差官揀選。其餘路亦乞選近上

內臣分往揀選所貴冗食可蠲而經費可給也

仁宗時太子中允充館閣校勘歐陽脩上書曰臣伏見國家自元昊叛逆關西用兵以來為國言事者衆矣臣初竊為三策以料賊情臣迂儒不識兵之大計始猶遲疑未敢自信今兵興既久賊形已露如臣素料頗不甚遠故竊自謂有可以助萬一而塵聽覽者謹條以聞惟陛下仁聖寬其狂妄之誅幸甚夫關西弛備而民不見兵者二三十年矣使賊萌亂之初藏形隱計卒然而來當是時吾之邊屯寡弱城堡未完民習久安而易驚將非素選而敗怯使其羊驅豕突可以奮然而深入然國威未挫兵力未疲彼得城而居不能久守虜掠而去可邀擊其歸此下策也故賊知而不為之我狄侵邊自古為患其攻城掠野敗則走而勝則來蓋其常事此中策也故賊兼而用之若未假借名號以威其衆先擊吾之易取者一一以悅其心然後訓養精銳為長久之謀故其來也雖勝而不前不敗而自退所以誘吾兵而勞之也或擊吾東或擊吾西乍出乍入所以使吾兵分備多而不得滅息也吾欲速攻賊方新銳坐而待戰彼則不來如此相持不三四歲吾兵已老民力已疲不幸又遇水旱之災調斂不勝而盜賊群起彼方奮其全銳擊吾困弊可也使吾不堪其困忿而出攻決於一戰彼以逸而待吾勞亦可也幸吾苦兵計未知出[illegible]求通聘以邀歲時之賂度吾困急不得不從亦可也是吾力一困則賊謀無施而不可此兵法所謂不戰而疲人兵者上策也而賊今方用之今三十萬之兵食於西者二歲矣又有十四五萬之鄉兵不耕而自食其民自古未有四五十萬之兵連年仰食而國力不困者也臣聞元昊之為賊威能畏其下恩能死其人自初僭亂嫚書已逾年而不出一出則鋒不可當執刼番官擄吾將帥多禮而不殺此其兇謀所畜皆非

倉卒者也奈何彼能以上策而疲吾吾不自知其已困彼為久計以撓我我無長策而制之哉夫訓兵養士伺隙乘便用間出奇此將帥之職也所謂閫外之事而君不御者可也至於外料賊謀之心內察國家之勢知彼知此因謀制敵此朝廷之大計也所謂廟算而勝者也不可以不思今賊謀可知以久而疲我耳吾勢可察而人已困也誠能豐財積粟以紓西人而完國壯兵則賊謀沮而廟算得矣夫兵攻守而已然皆以財用為彊弱也守非財用而不久此不待言請試言攻昔秦席六世之強資以事胡卒困天下而不得志漢因文景之富力三舉而纔得河南隋唐突厥吐蕃常與中國相勝敗擊而勝之有矣未有舉而滅者秦漢尤強者其所攻今元昊之地是也況自劉平陷沒賊鋒熾然未嘗挫衄攻守之計非臣所知天威所加雖終期於掃盡然臨邊之將尚未聞得賊釁隙挫其兇鋒是攻守者未有休息之期而財用不為長久之計臣未見其可也四五十萬之人坐而仰食然關西之地物不加多關東所有莫能運致掊克細碎既以無益而罷之矣至於鬻官入粟下無應者改法權貨而商旅不行是四五十萬之人惟取足於西人而已西人何為而不困困而不起為盜者須水旱耳外為賊謀之所疲內遭水旱而多故天下之患可勝道哉夫關西之物不能加多而必通其漕運而致之漕運已通而關東之物不充則無得而西矣故臣以謂通漕運盡地利權商賈三術並施則財用足而西人紓國力完而兵可久以守以攻惟上所使夫小瑣目前之利既不足為長久之謀非旦夕而可效故為長久而計者初若迂愚而可笑在必而行之則其利博矣故臣區區不敢避迂愚之責請上便宜三事惟陛下裁擇其一曰通漕運臣聞今為西計者皆患漕運之不通臣以謂但未求之耳今京師在汴漕運不西而人

之習見者遂以為不能西不知秦漢隋唐其都在雍則天下之物皆
可致之西也山川地形非有變易於古其路皆在昔人可行今人胡
為而不可漢初歲漕山東粟數十萬石是時運路未修其漕尚少其
後武帝益脩渭渠至漕百餘萬石隋文帝時沿水為倉轉相運置而
關東汾晉之粟皆至渭南運物最多而遺倉之跡往往皆在然尚有
三門之險自唐裴耀卿又尋隋迹於三門東西置倉開山十八里為
陸運以避其險卒泝河而入渭當時歲運不減二三百萬石其後劉
晏遵耀卿之路悉漕江淮之米歲入于汴者六百萬石誠能分給關
西得一二百萬石足矣今兵之食汴漕者出戍甚衆有司不惜百萬
之粟分而又之其患者三門阻其中爾今宜浚治汴渠使歲運不阻
然後按求耀卿之迹不憚十許里陸運之勞則河漕通而物可致且紓
關西之困使古無法今有可為尚當為之況昔人行之而未遠今人

行之而豈難哉耀卿與晏初理漕時其得尚少至其末年所入十倍
是可久行之法明矣此水運之利也臣聞漢高祖之入秦不由東關
而道南陽過酈析而入武關曹操等起兵誅董卓亦欲自南陽道丹
析而入長安是時張濟又自長安出武關奔南陽則自古用兵往來
之徑也臣嘗至南陽問其遺老云自鄧西北至永興六七百里今小
商賈往往行之初漢高入關其兵十萬夫豈能容十萬兵之路宜不
甚狹而險也但自洛陽為都行者皆趍東關其路久而遂廢今能按
求而通之則武昌漢陽郢復襄陽梁洋金商均房光化沿漢之地十
一二州之物皆可漕而頓之南陽自南陽為輕車人輦而遞之募置
遞兵為十五六鋪則十餘州之物日日入關而不絕沿漢之地山多
美木近漢之民仰是而有餘以造舟車甚不難也前日陛下深恤有
司之勤內賜禁錢數十萬以供西用而道路艱遠輦運踰年不能畢

至至於軍裝輸送多苦秋霖邊州已寒冬服尚滯於路其艱如此夫
使州縣綱吏遠輸京師碍冒艱滯然後得西豈若較南陽之旁郡度
其地里入于武關與至京師遠近等者與其尤近者皆使直輸于關
西京師之用有不足則以禁帑出賜有司者代而充用其迂曲簡直
利害較然矣此陸運之利也其二曰盡地利臣聞昔之畫財利者易
為工今之言財利者難為術昔者之民賦稅而已故其不足則鑄山
煮海榷酒與茶征關市而算舟車尚有可為之法以苟一時之用自
漢魏迄今其法日增其取益細今取民之法盡矣昔者賦外之征以
備有事之用今盡取民之法用於無事之時悉以冗費而糜之矣至
卒然有事無法可增然獨猶有可為者民作而輸官者已勞而游手之
人方逸地之產物者耕不得代而不墾之土尚多是民有遺力地有
遺利此可為也況歷視前世用兵者未嘗不先營田漢武帝時兵興

用乏趙過為代田人犂之法以是用趙充國攻西羌議者爭欲出擊而
趙充國深思全勝之策能忍而待其弊至違詔罷兵而治屯田田於極
邊以遊兵而防鈔寇則其理田不為易也猶勉為之後漢之時曹操
屯兵許下彊敵四面以今視之疑其旦夕戰爭而不　名用棗祗韓
浩之計建置田官募民而田近許之地歲得穀百　萬其後郡國皆
田積穀無數隋唐田制尤廣不可勝舉其勢艱而難者莫若充國迫
急而不暇田莫如曹操然皆勉焉不以迂緩而不田者知地利之博
而可以紓民勞也今天下之土不耕者多矣臣未能悉言謹舉其近
者自京以西土之不闢者不知其數非土之瘠而棄也蓋人不勤農
與夫役重而逃亡久廢之地其利數倍於勞田今若督之使勤與免
其役則頹耕者衆矣臣聞鄉兵之不便於民議者方論之矣充兵之
人遂棄農業託云教習聚而飲博取資其家不顧無有官吏不加禁

父兄不敢詰家家自以為患也河東河北關西之鄉兵此猶可用若
京東西者平居不足以備盜而水旱適足以為盜其尤可患者京西
素貧之地非有山澤之饒民惟力農是仰而今三夫之家一人五夫
之家三人為游手凡十八九州以少言之尚可四五萬人不耕而食
是自相靡耗而重困也今誠能盡驅之使耕于棄地官貸其種歲田
之入與中分之如民之法募吏之習田者為田官優其課最而誘之
則民願田　衆矣太宗皇帝時嘗貸陳蔡民錢使市牛而耕真宗皇
帝時亦用耿望之言買牛湖南而治屯田今湖南之牛歲賈于北者
皆出　西若官為買之不難得也且鄉兵本農也籍而為兵遂棄其
業　其去農未久尚可復驅還之田畝使不得羣遊而飲博以為
父兄之患此民所願也一夫之力以逸而言任耕緩田一頃四五萬
人皆耕而久廢之田利又數倍則歲穀不可勝數矣京西之分壯有
大河南至漢而西接關若又通其水陸之運所在積穀惟陛下詔有
司而移用之矣其三曰權商賈臣聞秦廢王法啓兼并其上侵公利
下刻細民為國之患久矣自漢以來嘗欲為法而抑奪之然未能也
蓋為國者興利日繁兼并趨利日巧至其甚也商賈坐而權國利其
故非他由興利廣也夫興利廣則上難專必與下而共之然後通流
而不滯然為今議者方欲奪商　一歸於公上而專之故奪商之
謀益深而為國之利益損前日有司屢變其法法每一變則一歲之
間所損數百萬議者不知利不可專欲專而反損但云變法之未當
變而不已其損愈多夫欲十分之利皆歸于公至其虧少十不得三
不若與商共之常得其五也今為國之利多者茶與鹽而已茶自變
法以來商賈不復一歲之失數年莫補所在積朽棄而焚之前日議
者屢言三稅之法為便有司既以詳之矣今誠能復之使商賈有利

而通行則上下濟矣解池之鹽積若山阜今宜暫下其價誘羣商而
散之先為令曰三年將復舊價則貪利之商爭先而湊矣夫茶者生
於山而無窮鹽者出於水而不竭賤而散之三年十未減其一二夫
二物之所以貴者以能為國資錢幣爾今不散而積之是積朽壞也
夫何用哉夫大商之能蕃其貨者豈其錙銖躬自鬻於市哉必有販
夫小賈就而分之販夫小賈無利則不為故大商不如販夫之分其
利者恃其貨博雖取利少貨行流速則積少而為多也今為大國者
有無窮不竭之貨反妬大商之分其利寧使無用而積為朽壞何哉
故大商之善為術者不惜其利而誘販夫大國之善為術者不惜其
利而誘大商此與商賈共利取少而致多之術也一有今商賈之難以
術制者以其積貨多而不急故也利厚則來利薄則止不可以號令
召也故每有司變法下利既薄小商以無利而不能行大商方幸小
商之不行適得獨賣其貨尚安肯勉趨薄利而來哉故變法而刻利
者適足使小商不來而為大商蓄積貨也今必以術制商宜盡枯其
居積之物官為賣而還之使其貨盡而後變法夫大商以利為告一
歲不營利則有惶惶之憂彼必不能守積錢而閑居得利雖薄猶將
勉而來此變法制商之術也夫欲誘商而通貨莫若與之共利此術
之上也欲制商使其不得不從則莫若痛裁之使無積貨此術之下
也然此可制商茶耳若鹽者禁益密則冒法愈多而刑繁凡二百三
十八字若乃縣官自為鬻市之事此大商之不為臣謂行之而難久
者也誠能不較錙銖而思遠大則積朽之物散而錢幣通可不勞而
用足矣臣愚不足以知時事若夫堅守以扞賊利則出而擾之凡小
便宜領且委之邊將至於積穀與錢通其漕運不二三歲而國力漸
豐邊兵漸習賊銳漸挫而有隙可乘然後一舉而滅之此萬全之策

也顧陛下以其小者責將帥謀其大計而行之則天下幸甚脩昧死
再拜

脩又上奏曰臣伏見北虜近於界首添建城寨及拘囚定州巡兵湯則侵過銀坊冶谷地界等事竊聞朝廷至今未有分明嚴切指揮令邊臣以理爭辨竊料朝廷之意必謂爭之恐有引惹之虞此乃慮之過計之失也夫虜性貪狼號為犬戎欺弱畏強難示以怯今杜之於早而力為拒絕猶恐不能若縱之不爭而誘其來侵乃是引惹況西山道路有三十餘處皆可行兵其險要折扼在於軍城銀坊等路為彼奪據而不爭則北寨王柳等口漸更來侵豈能爭矣是則西山險要盡為彼奪一日使虜以大兵渡易水由威虜之西平陸而來以奇兵自飛狐出西山諸口而下則我腹背受敵之患不知何以禦之此蓋兵法必爭之地也且與人為鄰敵而自棄險要任彼奪據而不爭

雖使我弱彼彊尚須勉強何況勢鈞力敵又違誓約而彼曲我直乎臣謂朝廷所以然者蓋由未察虜中強弱之形而不得其情偽之實也臣又見朝廷常有懼虜之色而無憂虜之心夫憂之與懼名近而意殊憂者深思極慮而不敢暫忘懼者臨事惶惑而莫知所措今邊防之事措置多失其機者懼慮之意過深也若能察其強弱之形得其情偽之實則今日之事誠不足懼而將來之患深有可憂奈何不憂其深可憂而反懼其不足懼且戎虜雖以戰射為國而耶律氏自幼承其父祖與中國通和之後未嘗躬戰陣遇勍敵謀臣舊將多皆老死今其臣下如貫寧者無三兩人寧才不及中人已是彼之傑者所以君臣計事動多不臧當初對梁適遣使河西使與中國通好及議和垂就不能小忍以邀中國厚利乃與元昊爭夾山小族遂至交兵而累戰累敗亡失人馬國內瘡痍誅斂山前漢人怨怒往時虜殺漢人者罰漢人殺虜者死近聞反此二法欲悅漢人漢人未能收其心而虜人亦已怒矣又聞今春女真渤海之類所在離叛攻劫近纔稍定方且招輯敗亡脩完器甲內恐國中之復叛外有西夏之為虞心自懷疑憂我乘虛而北襲故於界上勉強虛囚我巡兵侵我地界蓋其實弱而示強者用兵之詭計故臣謂苟能察其強弱知其情偽則無不爭之理何必懼其不足懼哉自國家困於西鄙用兵常慮北戎合謀乘隙而動及見二虜相失而交攻議者皆云中國之福夫幸其相攻為我之福則不幸使其解仇而復合豈不為我禍乎臣謂北虜昨所以敗於元昊者亦其、、不用兵驟戰而逢勍敵耳聞其自敗衄以來君臣恐懼日夜謀議通括丁口乘募甲兵屢開教閱之場家家括糧馬之數以其天姿驍勁之俗加以日夜訓練之勤則其強難敵矣今虜國雖未有人然大抵、、為國者久無事則人難見因用兵則

將自出使其交戰既頻而謀臣猛將爭能並出則是夾山一敗警其四十年因循之弊變驕心而為憤志化惰卒而為勁兵因屢戰而得驍將此乃北虜之福非中國之福也此臣所謂將來之患者也然二虜勢非、、相攻者也一二年間不能相并則必復合使北虜驅新勵之強兵無西人之後害而南向以窺河北則又將來之患大者也臣雖不知朝廷顧河北為如何但於本路之事以今年較去年則亦可見去年已前河北官吏無大小皆得舉材而擇能急於用人如不及者惟恐一事之失計故也自今春以來差除漸循舊弊凡幹敏之吏熟於北方事者舉爾奏乞百不一從不惟使材臣能吏不勸而殆亦足見朝廷不憂河北之事辦否也至如廢緣邊久任之制而徙劉貽孫以王世文當冀州李中吉當廣信王中庸當保州劉忠順當邢州如此數人於閑慢州軍尚憂敗政況於邊要之任乎臣愚以朝廷不

以北事為憂

歷代名臣奏議卷之三百二十五

歷代名臣奏議卷之三百二十六

禦邊

宋仁宗慶暦二年歐陽脩知諫院。論韓琦范仲淹乞賜召對陳邊事奏曰。臣伏見自西鄙用兵以来。陛下聖心憂念。每有臣僚言及西事、必皆傾心聽納。今韓琦范仲淹久在陝西備諳邊事。是朝廷親信委任之人。況二人才識不類常人。其所見所言之事不同常式言事者。陛下宜加意訪問。自二人到闕以来。只是逐日與兩府随例上殿。呈奏尋常公事。外有機宜大處置事。並未聞有所建明。陛下亦未曾特賜召對。從容訪問。況今西事未和。邊陲必有警急。兼風聞北虜見在涼甸與大臣議事。外邊人心憂恐。伏望陛下因無事之時。出御便殿。特召琦等從容訪問。使其盡陳西邊事宜合如何處置。今琦等數年在外。一旦歸朝。必有所陳。但陛下未賜召對。此二人亦不敢自請獨見。至如兩府大臣、每有邊防急事。或令非時召見聚議。或各令上述所見。或只召一兩人對見商量。此乃帝王常事。祖宗之朝並亦如此。不必拘守常例也。

三年。脩乞令韓琦居中。范仲淹在外上奏曰。臣風聞如定等不久放還。竊緣比来議論。必未諧和。須慮驕賊猖狂。忽兵攻寇。只關防邊備。足要枝梧。伏覩朝旨已差范仲淹田況等為宣撫使。今日風聞韓琦去。仲淹已作參政。欲自請行。不知是否。以臣愚見。不若且遣仲淹速去。琦與仲淹皆是國家委任之臣。材識俱堪信用。然仲淹於陝西軍民。恩信尤為衆所推服。今若仲淹外捍寇兵。而琦居中應副。必能共濟大事。庶免後艱。若陛下以新用仲淹。責其展效。則且令了賊一事。俟邊防稍定。不兩三月自可還朝。既先弭於外虞。奇漸備於關政。今邊事是目下之急。不可遲緩。以失事機。伏望斷自宸衷。趣仲淹速去。以備不虞。

備又論乞令宣撫使韓琦等經畧陝西劄子曰。臣竊聞已降中書劄子。抽回韓琦田況等歸闕。昨來琦等奉命巡邊。本為西賊議和未決。防其攻寇。要為禦備。今西方再來。方有邀請。在於事體。必難便從。邊上機宜。正須處置。仍聞韓琦田況各有奏狀。言邊防有備。請朝廷不須怯畏。每事曲從。竊以勝敗之間。安危所繫。料琦等如此奏來。則邊事可知。自有枝梧。不至敗誤。臣謂且令琦等在彼撫遏。則朝廷與賊商議。自可以持重。不須屈就。今議方未決。中道召還。則是使賊知朝廷意在必和。自先弛備。況事無急切。何必召歸。其召韓琦劄子。伏乞速賜指揮抽回。且令琦等在彼經畧。以俟西賊和議如何

備又論乞詔諭陝西將官劄子曰。臣風聞昊賊今次人來。辭意極不遜順。所請之事必難盡從。事既不成。則元昊必須作過。朝廷須合先為禦備。竊慮沿邊將帥。見西人入朝。惟望通好。便生懈怠。萬一西賊驟出。忿兵擊吾弛惰。則立見敗事。乞速詔邊臣密諭與西賊辭未遜順。必不通和之意。各使先知。絕其顧望。早為準備。無不敗事。仍慮邊將謂朝廷此時議雖未合。若後次更來。必須和好。因此便無討賊之志。仍乞便因詔諭。示以激厲之言云。朝廷以昊賊罪大。意在討除。今不許其和好者。蓋以外有爾輩在邊。必望破賊成功之意。使其不生退心。臣見唐武宗英武之主。所任宰相李德裕。亦號有材。當時用兵征伐。指揮將帥。處置事宜。動以詔書約束勸厲。故終成功業。國家用兵以來。未聞以賞罰號令激動人心使其竭力者。此實宜留意

備又論河北守備事宜劄子曰。臣伏見朝廷方遣使與西賊議通和之約。近日竊聞邊臣頻得北界文字。來問西夏約和了與未了。苟實如此。事深可憂。臣以謂天下之患不在西戎。而在北虜。縱使無此文字。終須貽患朝廷。契丹通好僅四十年。無有纖介之隙。而輒萌姦計。妄有請求。竊以戎狄貪婪。性同犬彘。遇強則伏。見弱便欺。見我無謀動皆屈就。謂我為弱。知我可欺。故添以金繒。未滿其志。更邀名分。抑使必從。無事而來。尚猶如此。若更因西事。攬以為功。別有過求。將何塞請。此天下之人。無愚與智。共為朝廷寒心者也。今若果有文字來督通和之事。則臣謂醜虜狂計。其迹已萌。不和則詰我違言。既和則論功責報。不出年歲。恐須動作。苟難曲就。必至交兵。至於選將練師。既難卒辦。禦戎制勝。當在機先。臣竊怪在朝之臣。尚偷安靜。自河以北。絕

無處置。因循弛慢。誰復挂心。豈可待虜使在廷。寇兵壓境。然後計無所出。空務張皇而已哉。今國家必謂兩意雖乖。尚守盟誓。邊防處置。未敢張皇。以臣思之。莫若精選材臣。付與邊郡。使其各圖禦備。密務修完。此最為得也。況今邊防處置。百事乖方。惟有擇人。最為首務。今北邊要害州軍。不過十有餘處。於文武臣僚中選擇十餘人。不為難得。各以一州付之。使其各得便宜。如理家事。完城壘。訓兵戎。習山川。蓄糧食。凡百自辦。不煩朝廷經度。以盜預備。尚可枝梧。至如鎮定一路。最為要害。張存昔在延州。以不了事罷去。今乃委以鎮府。王克基凡庸輕巧。非將臣之材。而任定州。其餘州郡多匪其人。臣欲乞陛下特詔兩府大臣。取見在邊郡守臣。可以禦敵捍城訓兵待戰者留之。其餘中常之材不堪邊任者。悉行換易。若秋風漸勁。虜豈有動。陛下試思

邊鄙之臣誰堪力戰朝廷之將誰可出師當臣初授諫職之時見朝
廷進退大臣陛下銳意求治必謂群臣自此震懾百事自此脩舉西
北二事最為大者自當處置不待人言及就職以來已數十日而政
令之出漸循舊弊惟言事之臣拾遺補闕者勉強施行其一二至如
講大利害正大紀綱外制四夷內紓百姓凡廟堂帷幄之謀未有一
事施行於外者臣忝司諫諍豈敢不言伏望陛下不忘社稷之深恥
無使夷狄之交侵駿發天威督勵臣下仍乞詢問兩府大臣西鄙和
與不和能保契丹別無驕說否苟有所說能以廟謀奇筭沮止之否
苟無謀以止之則練兵選將備邊待寇賊至而後圖能不敗事否臣
願陛下勿謂去歲六符之來可以賂解今而有請則事難從矣勿謂
累年西賊為患習以為常若此事一動則天下搖矣臣所言者社稷
之大計也願陛下留意而行之

脩又論西賊占延州侵地劄子曰臣竊聞元昊近於延州界上修築
城壘強占侵地欲先得地然後議和故楊守素未來而占地之謀先
發又聞邊將不肯力爭此事所繫利害甚大臣料賊意見朝廷累年
用兵有敗無勝一旦計無所出虜以金帛買和知我將相無人便欲
輕視中國一面邀求賂遺一面侵占邊疆不惟驕賊之心難從實亦
為國之害不細今若縱賊於侵地立起堡寨則延州四面更無捍蔽
便為孤壘其賊盡據要害之地他時有事延州不可保守若失延州
則關中遂為賊有以此而言則所侵之地不可不爭何況西賊議和
事連北虜今人無愚智皆知和為不便但慮國家許物已多難為中
悔若得別因他事猶可絕和何況此侵地是中國合爭之事豈可不
爭臣謂今欲急和而不顧利害者不過邊臣外憚於禦賊而內欲邀
議和之功以希進用耳故不肯擊逐若令力爭侵地蓋小人無識只

苟目前榮進之利不思國家久遠之害是國家屈就通和只與邊
為一時進身之利而使社稷受無涯之患陛下為社稷計豈不深思
大臣為社稷謀豈不極慮伏望聖慈遣一使往延州令龐籍力爭取
昊賊先侵之地不令築城堡寨若緣此一事得絕和議則社稷之福
也臣仍慮西賊來人尚有青鹽之說此事人人皆知不可許亦慮小
人無識急於就和者尚陳鹽利以惑聖聰伏望聖慈不納浮議
脩又論水洛城事宜乞保全劉滬箚子曰臣近風聞狄青與劉滬
爭水洛城事枷禁滬等奏來竊以邊將不和用兵大患況狄青劉滬
皆是可惜之人今事體須要兩全利害最難處置臣聞水洛城自曹瑋
以來心知其利患於難得未暇經營今滬能得之則於滬之功不小
於秦州之利極多昨韓琦等自西來聞有論奏非以水洛為不便但
慮難得而難成今滬能得之又有成之之志正宜專委此事責其必

成而狄青所見不同遂成釁隙其間利害臣請詳言國家近年邊兵
屢敗常患大將無權今若更沮狄青釋放劉滬則不惟於狄青之意
不足兼沿邊諸將皆挫其威此其不便一也臣聞劉滬經營水洛城
之初奮身展効不少先以力戰取勝然後誘而服從乃是党留諸族
畏滬之威信今忽見滬先得罪帶枷入獄則新降生戶豈不驚疑若
使翻然復叛則今後邊臣以威信招誘諸族誰肯聽從不惟水洛城
更無可成之期兼沿邊生戶永無可招之理此其不便二也自用兵
以來諸將為國立事者少此水洛城不惟自曹瑋以來未能得之亦
聞韓琦近在秦州嘗欲經營而未暇今滬奮然力取其功垂就而中
道獲罪遂無所成今後邊將誰肯為國家立事此其不便三也臣又
聞水洛之戍雖能救援秦州而須藉渭州應副今劉滬既與狄青異
議縱使水洛築就他時萬一緩急狄青怒滬異己又欲遂其偏見稍

不應副則水洛必須復失此其不便四也緣此之故遂移青於別路則是因一小將移一部署此其不便五也此臣所謂利害甚多最難處置者也臣謂今宜遣一中使處分魚周詢等速令和解務要兩全必先密諭狄青曰滬城水洛本有所稟非是擅為役衆築城不比行師之際滬見利堅執意在成功不可以違節制加罪滬宜釋放朝廷不欲直放恐挫卿之威卿自釋之使感卿恩若他時出師臨陣有違進退之命者任卿自行軍法然後密諭滬曰汝違大將指揮自合有罪朝廷以汝於水洛展效望汝成功故諭青使赦汝責爾卒事以自贖俟水洛功就則又戒青不可因前曾異議堅執不修惟幸失之遂已偏見今後水洛緩急尤須極力應副萬一小有蹤失則是汝挾情故陷之必有重責如此則水洛之利可成蕃戶之恩信不失邊將立事者不懈大將之威不挫苟不如此未見其可盡罪滬既不可罷水洛城又不可沮狄青又不可事關利害伏望聖慮深思

備又上疏曰臣伏見朝廷近為備水洛城事雖已差魚周詢等就彼相度風聞周詢近有奏來為水洛蕃族見狄青枷取劉滬等因致驚擾周詢却乞將帶滬等往彼以此足驗劉滬能以恩信服彼一方朝廷必知水洛為利而不欲廢之非滬守之不可然滬與狄青尹洙已立同異難使共了此事臣謂必不得已寧移尹洙不可移滬尚慮議者必謂不可因小將而動大將今若但移洙而不動狄青即不是壯移大將矣若却移路分更升差遣或名拜他官苟不類前後因事移替之人即不是因滬被移矣如此則於洙無損於滬獲全其功於邊防利便三者皆獲其利若曲為尹洙狄青却將立功將校輕沮則其害有三大凡文武官常以類分武官常疑朝廷偏厚文臣假有二人相爭實是武人理曲然武人亦不肯服但謂執政盡是文臣遞相黨護輕沮武士況今滬與洙爭而滬實有功効其理不曲若曲罪劉滬則沿邊武臣盡鼓怨怒其害一也自有西事以來朝廷推用邊將極多能立功効者絕少惟范仲淹築大順城种世衡築青澗城滬築水洛耳臣亦聞三者惟滬尤為艱辛是功不在二人之下今若曲加輕沮則今後武臣不肯為朝廷作事其害二也滬若不在水洛則蕃部恐他人不能綏撫別致生事則今後邊防永不能招緝蕃部其害三也今三利三害其理甚明但得大臣公心不於尹洙曲有黨蔽則不與邊防生患此繫國家利害甚大伏望聖意斷而行之

備又論西北事宜上疏曰臣昨在河東聞北虜事宜說者多端而少實其役兵動衆備城掘壕凡所與為則有蹤跡昨三月四月之間於北界地名大柳谷銀瓮口與蕃族相殺契丹累敗折却主將數人見今抄點中軍秋冬必大交戰此亦說者多同而不虛惟云夾山部落

叛歸元昊契丹與西賊相攻又云西賊見在河灣會劄寨兵馬尤多或云二虜詐謀欲合而攻我此一事則說者雖多而以人情料之皆不可信自西賊叛我以來專事契丹甚謹蓋已與中國交爭則屈己事勝乃其常理二虜自來未聞釁隙而忽納夾山小族反與契丹立為大敵但恐元昊黠羌不為此事以此言之不可信也契丹若寇邊鄙當先自河北不應便出河東若云出吾不意則兵釁未成必未突然入吾險地是北虜必不攻河東矣西賊二年之間累次遣人通好國家過當許物已多今盟約垂成而忽供契丹數百里之路崎嶇勞師入吾險固以此而言是西賊必不攻河東此其不可信者也然北戎抄點人馬聲張已久今以向秋必已聚集邊臣但見虜兵聚在界上不得不至驚疑惟在朝廷料敵制謀養威持重不為輕發使虜不可窺則得計矣其合為備次第臣今具管見畫一如後

一據今事宜。不問北虜攻夾城與元昊。但不過戎狄自相攻耳。然虜兵在我境上。不可不防。又準惟當持重以待。未宜便若寇至。而大集窮邊。慮成自敝。但訓兵練卒於并忻嵐憲邑結以俟。太原去忻州一日半可。忻州去代州一日半可至。嵐州去岢嵐一日中可至。憲州亦然。今以兵屯忻并。而應援代州。屯嵐憲。而應援岢嵐。賊至則使代州岢嵐堅壁清野。待其師老。徐以忻嵐等兵擊之。此用兵之法也。知此。則虜來不失應敵。不來不至虛驚。其代州岢嵐但用去年防秋兵數可矣。惟治器械擇將帥。此非倉卒可辦。宜急為之具。

一河東沿邊州軍器械全然不堪。臣昨到彼。見逐處弓弩無十數枝可施用者。問其何故。云為省司惜筋膠。支請不得。縱支得。即角短筋碎。不堪使用。久無物料修治。是致廢壞。臣亦知京中筋

膠角絕少。然若遍支與諸州軍。即恐不及。欲乞且只支與沿邊州軍。仍乞選差幹事官逐州自選一員上京支請。使令自監。脩補其諸州木羽箭。臣曾逐色用草人被甲。去三十步以硬弩射之。或箭幹飛揮不入。或箭頭捲折不入。此乃臨陣誤事之物。十無一二堪者。惟舊竹箭雖翎損鏃生。秀射之亦能入甲。又數目不多。亦乞委官揀點脩換。

一代州知州康德輿老儒不濟事。臣方欲到京奏乞替却。近知已差張亢。然德輿却充并代鈐轄。只此職亦非德輿所堪。乞與一近裏小處知州鈐轄。別選差人。

一代州諸寨主監押三十餘員。內無三四人能幹而曉事者。伏乞早行替換。仍乞於近日臣寮準密院劄子舉到堪充將領人內差充寨主監押。

一岢嵐軍地接草城川。另無險可恃。而城小壕淺。須合增城浚壕。乞降指揮下河東本郡打白草廂軍及本軍係役兵士。早併力脩葺。臣曾狀奏乞米光濬且令知軍。蓋光濬已知彼中次第。當事宜之際。若李緯乍到。恐處事未盡合宜。又緯如非岢嵐久任之人。其米光濬伏乞檢會臣前奏施行。

脩又論麟州四議疏曰。臣昨奉聖旨至河東與明鎬商量麟州事。緣臣未到間。鎬已一面與施昌言等先有奏議。尋準樞密院劄子。脩錄鎬等所奏。令臣更切同共從長相度。臣遂親至河外。相度利害。與明鎬等再行商議。乞那減兵馬人數。可以粗減兵費。已具連署奏聞。此外臣別有短見。合盡條陳其利害措置之說。列為四議。一曰辯衆說。二曰較存廢。三曰減寨卒。四曰委土豪。如此則經久之謀。庶近禦邊之策。謹具畫一如後。

一曰辯衆說者。臣切詳前後臣寮起請。其說有四。或欲廢為寨名。或欲移近河次。或欲抽兵馬以減省饋運。或欲添城堡以招輯蕃漢。然廢為寨而不能減兵。則不若不廢。苟能減兵而省費。則何害為州。其城壁堅完。地形高峻。乃天設之險。可守而不可攻。其至黃河與府州各纔百餘里。若徙之河次。不過移得五七十里之近。而棄易守難攻之天險。以此而言。移廢二說未見其可。至如抽減兵馬。誠是邊議之一端。然兵冗不獨麟州。大弊乃在五寨。若只減麟州而不減五寨。與不減同。凡招輯蕃漢之民。最為實邊之本。然非朝廷一力可自為。必須委付邊臣。許其久任。漸推恩信。不限歲年。使得失不繫於朝廷之急。而營輯如其家事之專。方可收其遠效。非二年一替之吏所能為也。臣謂減兵添堡之說近之。而未得其要。

二曰較存廢者。今河外之兵除分休外尚及二萬大抵盡河東二十州軍以贍二州五寨為河外數百邊戶。而竭數百萬民財。賊雖不來。吾已自困。使賊得不戰疲人之策。而我有殘民歛怨之勞。以此而思。則似可廢。然未知可存之利。今二州五寨雖云空守無境之人。然賊亦未敢據吾地。是尚能斥賊於二三百里外。若麟州一議移廢。則五寨勢亦難存。尤尓府州便為孤壘。而自守不暇。是賊可以入據我城堡耕牧我土田。夾河對岸為之巢穴。今賊在數百里外。沿河尚費於防秋。若使夾岸相望。則泛舟踐氷。終歲常憂寇至。沿河內郡盡為邊戍。以此而慮。則不可不存。然須得存之之術。

三曰減寨卒者。臣勘會慶曆三年一年用度。麟州用粮七萬餘石。草二十一萬餘束。五寨用粮一十四萬石。草四十萬餘束。其費

倍於麟州。於一百二十五里之地列此五寨。除分兵歇泊外尚有七千五百人。別用二千五百人負粮。又有并忻等十州軍百姓輸納外及商旅入中往來。其冗長勞費不可勝言。逐寨不過三五十騎巡綽伏路。其餘坐熟所為。蓋初建五寨之時本不如此。寨兵各有定數。建寧置一千五百人。其餘四寨各止三百至五百。今之冗數並是後來增添。臣謂今事宜稍緩。不比建寨之初。然且約舊數尚不至冗費。臣請只於建寧留一千人。置一都巡檢。其鎮川中堠百勝三寨各留五百。其餘寨兵所減者屯於清塞堡。以一都巡檢領之。緣此堡最在近東隔河便是保德軍。屯兵可以就保德軍請粮。則不煩輸運過河供饋。若平日路人宿食諸寨五百之卒巡綽有餘。或些小賊馬。則建寧之兵可以禦捍。若賊數稍多。則清塞之兵不失應援。蓋都不去百里之內。

非是減兵。但那移就食而已。如此。則河外省費。民力可紓。

四曰委土豪者。今議麟州者。存之則困河東。棄之則失河外。若欲兩全而不失。莫若擇土豪委之自守。麟州堅險。與兵二千。其守足矣。況所謂土豪者。乃其材勇獨出一方。威名既著。敵所畏服。又能諳敵情偽。凡於戰守。不至乖謀。若委以一州。則其當自視州如家。繫己休戚。其戰自勇。其守自堅。又其兵既是土人。與其風俗情接。人賴其勇。亦喜附之。則蕃漢之民。可使漸自招集。是外能捍賊而戰守。內可輯民以實邊。省費減兵。無所不便。比於命吏而往。凡事仰給於朝廷。利害可倍也。如用土豪。非王吉不可。吉見在建寧寨。蕃漢依吉而耕於寨側者已三百家。其材勇則素已知名。況其官序自可知州。一二年間視其後効。苟能善守。則可世任之。使長為捍邊之守。

右臣所陳。乃是大計。伏望聖慈特賜裁擇。若可以施行。則紓民減費之事畧。臣續具條列。

三年。集賢校理余靖奏論元昊請和當令權在我疏曰。臣切聞賊昊差私置官入境。相次到闕。欲與朝廷通和事。伏以息兵減費夷狄順命。國家大臣至於邊將。咸欲息肩以休士卒。臣愚料之。以謂挫北胡之氣。折西羌之銳。不如不和最為得策。假如元昊貪我財貨。忻心臣伏。比之為禍。大於今日。臣請別白言之。伏自國家用兵五年已來。三經大戰。軍覆將死。財用空虛。天下嗷嗷。困於供給。今乃因胡人一介之使。馳其號令。遂使二國通好。君臣如初。吾數年之辱。而胡人一言解之。若胡人又遣一介有求於我。以為其謝。其將何詞以拒之。若國家又有所惜。必將興師責我。謂之背約。則北鄙生患。二境受敵矣。矧西戎自僭名號。未嘗挫折。何肯悔禍。輕屈於人。今若因其官屬初來。

未有定約。但少許之物。無滿其意。堅守名分。以抑其僭。雖賜之。皆言彼必不屈。則吾雖西鄙受敵。而北虜未敢動也。何以知之。昨琛適使胡之時。虜主面對行人。遣使西邊。怒氣自得。自言指呼之間。便令元昊依舊稱臣。則是北胡之威。不能使西羌屈伏。彼自喪氣。豈能來責。故臣謂今之不和。則吾雖西鄙受敵。而北胡未敢動也。若使與西戎結盟。則我之和好。權在夷狄。中國之威。於是盡矣。北胡責我。則二鄙受敵。其憂深矣。伏願陛下與執政大臣。密謀而深思之。無令陷虜計中。則天下社稷幸甚。必不得已而與貸財。須作料錢公使名目。便將靈鹽銀夏作兩鎮。則賜予倍於往時。而君臣名分不改矣。或欲速成和好。而屈名分。則天下共恥之。雖強兵在境。有無戰而已矣。若他年賊自有黨。不求和者權在我。而不必拒之也。惟陛下裁之。

靖又乞韓琦兼領大帥鎮秦州狀曰。臣准五月七日詔敕節文。今後

三館臣寮。如有邊防要切機宜。及朝廷大事。並令具實封奏。臣竊聞已降勅命。差韓琦等充涇原等四路都部署。韓琦范仲淹並於涇州駐劄。仍差文彥博知秦州者。臣聞兵之勇怯在乎將。勝敗在於氣。竊見賊昊侵軼邊鄙以來。大戰者三矣。延安之役。人猶勇鬭。好水之師陷虜伏中。定川之敗。不戰而走。此皆賊乘屢勝之氣。而吾將勇怯之分也。臣觀賊昊雖曰小羌。其實黠虜。其所舉動。咸有次序。必先剪我枝附。壞我藩籬。先攻易取之處。以成長勝之勢。金明之族。最近賊庭。故先取之。豐州之地。援兵難集。故次取之。涇原將帥軟懦。故又取之。此乃賊知先後之計也。臣竊料沿邊諸郡。最富最實者秦州耳。賊所以盤旋未敢攻秦州者三焉。邈川尚強。雜羌未附。而韓琦為守也。此賊昊之所畏。朝廷之所恃也。今可憂者。邈川唃族。為賊所侵。漸已挫折。一恃去矣。其餘雜羌附漢者。未必全歸。賊者未必誅。向我堅首往往族滅而不能救。今雖受我封賜。賊兵若至。其肯死力而援我乎。此二恃去矣。若使韓琦且守秦州。招懷部落。撫以恩信。訓勵士卒。儆以忠果。猶須擇材勇以為鬭將。庶幾全輯三恃。使賊有所畏可也。今乃專委文彥博許懷德守此一路。臣深為朝廷憂之。臣亦非敢橫議沮事。但以三軍所恃者將耳。韓琦數年在邊。雖未成功。羌賊知名。士卒信服。今一旦使文彥博代之。恩信未洽。緩急有難。兵將肯用其命乎。且彥博新進。懷德無聞。羌賊固將輕之矣。今雖以韓琦范仲淹在涇原。遙節制諸路。以為聲援。但益秦州之憂耳。賊若出其上策。以一軍守瓦亭。則涇渭之師不得南矣。以一軍趨隴坻。則岐隴之兵不復西矣。以一軍直擣秦州。而援兵不至。旗羌外附。則秦州非我之有也。賊若出其下策。前驅雜羌。所在掠奪。則吾之救兵雖可至。勝負未可知也。若謂賊輕去巢穴。以為不然。此所以出我不意也。臣以為當今之

計。不若急遣韓琦兼領大帥。歸鎮秦州。增兵故關。以扼衝要。諸路有急。不妨應援。此最安危之機也。兼涇州之戍。以當兵衝。以成輔車之勢。二大將居之是矣。更宜擇材勇以代懷德。亦最急也。賊自屈強以來。未嘗挫折。若得勇將以摧其鋒。則庶可屈伏矣。朝廷措置大事。臣妄言其間。甘俟鼎鑊。

靖又奏論狄青不可獨當一路狀曰。臣近奏狄青知渭州。尹洙知晉州。不協物議。未蒙朝旨者。臣切謂若非大臣全無憂邊之心。即是微臣當坐罔上之罪。二者之間。必有一焉。臣伏思陝西四路。惟涇原山川寬平。易為衝突。若戎馬之勢不遏。則為關中之憂。關中之憂。則天下之憂也。故國家自有西事以來。以涇原為統帥之府。前歲葛懷敏喪師之後。朝廷欲差范仲淹往彼綏輯。尚先遣中使諭之以意。其時仲淹不敢獨當此任。乞差韓琦同往。朝廷遣韓琦范仲淹同共經畧。

又差張亢知渭州狄青同為一路部管琦等雖名四路招討其實只是營度涇原亢領州寄青為鬬將即是朝廷憂涇原如此之深也及至去年召琦仲淹赴闕又使中使問仲淹何人可以為代於是差鄭戩替韓琦仲淹充四路招討尹洙代張亢知渭州至秋又差韓琦田況往彼宣撫則固知朝廷未嘗忘涇原也今年已罷鄭戩歸永興又移尹洙知晉州遂令狄青一身兼領三人職事且仲淹號為最曉邊事不敢獨當孫沔亦是朝廷精選而託疾不行是涇原有可憂之勢豈青匹夫獨能當之仲淹豈忘之乎大臣必謂韓琦仲淹二年涇原成規可守故專任狄青是以了事臣實以為不然伏自懷敏覆沒之後兵氣沮喪未有小勝百姓遭劫掠之餘雖欲歸復而生業未備幸賊未至而謂全實議和未定而早懈怠抽減將帥軍民之心尚何所望而敢自安乎且向來於生戶界中修一城寨尚有劫奪殺傷不能

相保賊馬若至誰復安心是大臣全無憂邊之心明矣初緣昨者狄青尹洙倉猝行事上煩朝廷臣竊料朝廷之意謂此二人徇偏見之情以倡和故換孫沔在青之上欲令庶事在所商量今來只因孫沔稱病遂將涇原路兵馬專令狄青進止豈天下之廣更無一奇才可以知渭州與青共事者是大臣不思之甚也況始因行事猝暴朝廷不欲問罪遂得專兵柄不知是何賞罰且緣青驟自行間未著大功蒙恩超擢又其為性率暴鄙吝偏裨不伏所以劉滬敢罵尹洙亂臭狄青一介耳今來以青獨當一路豈不憂偏裨不伏而敗國家之事乎雖傳聞仲淹請行若朝廷從之不過本州駐劄大節須別得渭州知州與青緩急商量戰守之勢又況龐籍守延猶與王信等同事今來反不及青獨當最難一路無乃籍等羞與為伍以懷怨望乎朝廷之賢一至於此伏乞陛下詢問大臣如或將來賊馬衝突涇原狄青

果能保必勝之勢不貽朝廷之憂則臣甘先就誅竄以當罔上之罪

四年增改起居注論契丹請絕元昊貢獻事上疏曰臣伏覩契丹人使耶律元衡今月二十四日朝見說中外臣寮但聞報西征事又知河東邊奏甚急無不憂懼雖北邊事宜云征山部落且夾山小族而契丹舉國征之事勢甚大恐似別有謀者臣切思之朝廷於西北大事前後處置失錯所以戎狄桀驁肆其憑陵今者使來必此之故切緣元昊世稱藩臣一旦僭叛招攜出討當自圖之而乃屈中國之威假契丹之援借人之勢權在他人此謀始之失也臣去年在虜中虜主親與臣言梁適去時云同西界了遣人來謝又以元昊表示臣俾知元昊畏服之意又與臣言乾元節信使回日請子細報來及臣歸朝首言此事只緣呂夷簡病退梁適差出使乃隱諱云無此言暨乾元節信使蕭忠孝來問館伴張錫錫終不與言元昊商量次第朝

廷當昊叛時則遣使告之及其和約欲就則問而不對必疑朝廷有異議矣此始末不同之失也臣今月十六日曾具奏陳欵其所謀四事一曰借邊兵二曰借邊粟三曰假數年之物四曰絕元昊之和遂度虜情在此而已必若假借財物拒之有詞唯與元昊絕和最難處置臣切計之遜詞以謝北虜緩詞以欵西戎苟紓歲月之禍誠當今可行之策也然臣愚慮兵之禍自此起不宜處置更有失錯今若徇北虜而絕西戎亦有兵禍納西戎而違北虜亦有兵禍二虜連謀共為矛盾之勢北人才去西人必來拒納之間動皆有礙擇禍就輕守之以信使曲不在我即得其要矣必若棄元昊以為外虞堅絕其約使北胡不能反覆而邀功此最久安之策恐謀者不能終之且元昊所以抗中國者借尊號改年名未稱臣不奉表此其屈強之勢也今皆捨去而歸我矣三年謀之而一朝絕之及其既去北虜使至將又

招之。大羊之性。豈不懷忿。此起兵之禍也。契丹所以取重於中國者
亦欲成和好之事。專與奪之權也。今西戎偃蹇而不從。朝廷沈吟而
不報。及其使我絕之。而遽即成之。然鷙之氣。豈不懷怒。此亦起兵之
禍也。然而彼欲舉兵。而使我絕約。皆胡人之狡謀耳。臣切料北虜因
弋獵之勢。為舉兵之名。欲邀成功。以德於我。若報之曰。天下之民一
也。本朝之兵。尚不忍令其戰鬭。以趍死傷之禍。況鄰國之兵。冒白刃
而不憂其傷。非所以兼愛南北。寧失一小蕃。不可煩兄弟之國。蕭偕
回日。當達此誠。且未嘗乞師。無煩大舉。若元昊自有釁隙。違忤北朝
今日出師。非彼預議。又元昊使來。每稱北朝之意。卒緣名體不順。難
以從之。近者稱本朝正朔。去羌人僭偽之號。而稱臣矣。只以事要久
遠。故須往復商量。今若事體準前。固當拒絕。但業已許其。每事恭順。
則受其來歸。若來而拒之。則似失信。且中國以信自守。故能與四海

會同。儻失信於西人。誰復信其盟約。若北朝怒其叛而伐之。南朝因
其服而捨之。共成德美。亦春秋之義也。虜雖禽獸。固當聞此而悛心
矣。唯重幣輕使。以結之。使其有邀功之心。則必緩圖我之患。臣又聞
前歲胡人解甲後。幽州亦遭刼掠財物。迫奪婦女。發掘墳墓。燕人苦
之。今河東近邊。恐有衝突。須作隄備。以戒不虞。臣嘗觀北胡氣陵中
國。捃拾事緒。以起釁端。歸於強弩相射。利劍相擊而已。不可不早備
也。唯陛下圖之。

請又論元昊所上誓書。上疏曰。臣竊聞國書到關。議者紛紛。以不靖
深入為虜中徵詞。不敢與元昊誓書。緩行封冊之禮。以觀虜變。此皆
游談之過也。臣昨在虜中。預聞書意。虜主親與臣言。如行封冊之請
遣使深入軍前。恐契丹軍馬到彼。誤有殺傷。即別無徵意。臣又詳觀
二虜形勢。唯有速行封冊。使元昊得以專力東向。與契丹爭鋒。二虜
兵連不解。此最中國之利。設若二虜交兵。雖有勝負。契丹不能止我
之和謀。已先定故也。假如契丹戰勝。元昊伏罪。則我與元昊通和。契
丹自以為功。又如契丹戰敗。則我與元昊通和在前。自非覬望。加以
契丹意在讎賽。元昊豈復妄怨於我。此皆理之必然者也。儻或朝廷
懷猶豫之意。謀不早定。則事久變生。非我之利。切以元昊天生凶狡
非獨今日知之。且以契丹強盛。尚敢侮慢。況於中國。數戰屢勝。徒誘
於利乃肯和耳。豈是心服。若知我遲迴以待其變。則翻然屈伏於契
丹。而專力肆忿。為患於我。未必輕於契丹也。臣之愚慮。以謂封冊元
昊在二虜勝負未分以前。則元昊有以為恩。契丹無以為詞。今若謀
慮未定。二虜交兵。萬一契丹戰敗。而遣使堅來止我之和。則何詞以
拒之。不如先降敕命。差定夏國封冊使。俾其知之。以堅西賊之心。尊
敵北虜。此則鬭二虜之策也。惟早圖之。

三年賈昌朝上備邊六事。奏曰。臣竊惟太祖初有天下。鑒唐末五代
方鎮武臣土兵牙校之盛。盡收其權。當時以為萬世之利。及太祖所
命將帥。率多攀附舊臣。親姻貴胄。賞重於罰。威不逮恩。而猶仗神靈
稟成筭。出師禦寇。所向有功。自此已來。兵不復振。近歲因循。僥倖子弟
飾廚傳沽名譽。不由勳效。坐取武爵者多矣。其末不過利轉遷之速。
倖賜之厚爾。禦侮平患。何望於茲。然采邊鄙無事。尚得以自容。昨西
羌之叛。驟擇將領。鳩集士衆。士不素練。固難指蹤。將未得人。豈免屢
易。以屢易之將。御不練之士。故戰必致敗。此削方鎮兵權過甚之弊
也。且親舊恩倖已任軍職者。便當為將。兵謀戰法。素不知曉。一旦付
千萬士卒之命。使庸人致之死地。此用親舊恩倖之弊也。臣謂守鎮
之地。無數更易。管軍并刺史以上官秩。宜審其所授。以待有功。如楊
崇勳李昭亮輩恩倖之人。尚在邊任。宜速別擇人代之。此臣所陳救

弊之端也。方今備邊之尤切者凡六事。其一曰馭將帥。古帝王以恩威馭將帥於內將帥以賞罰馭士卒於外故軍政行而大功集。乾德中命王全斌等伐蜀是冬大雪。太祖皇帝着煖帽破貂裘御講武殿氈幄顧左右曰。今日此中寒不能禦况伐蜀將士乎。即脫所服裘帽遣中使馳騎往賜全斌。此御以恩也。又曹彬李漢瓊田欽祚等討江南召彬立於前漢瓊等立於後授匣劒曰。副將而下不用命者得以專戮之。漢瓊等股慄而退。此御以威也。今命將帥心先疑貳非近侍不信。非姻舊不委。錫與金帛巨萬而心無感悅者以例所當得也。蓋向來錫與一皆用例。如舉兵之際須特出非常然後可以動其心也。又陝西四路。自部管而下鈐轄都監巡檢之屬軍政必相參議。計之未成事已先漏彼可則我否。上行則下戾雖有主將不專號令。故動則必敗也。請自今命將去疑貳推恩意。捨其小節責以大効。爵賞威

刑皆得便宜從事偏裨而下有不聽令者以軍法論。至於筦榷賦稅府庫之物皆得而用之。如太祖監方鎮過盛雖朘削武臣之權然邊將一時賞罰及財用則皆聽其專。有功則必賞有敗則必誅。此所謂馭將之道也。其二曰復土兵。今河北河東強壯陝西弓箭手之屬蓋土兵遺制也。且戎狄居苦寒沙磧之地。惡衣食好馳射自古禦寇却胡非此不可。然河北鄉兵其廢已久陝西土兵屢爲賊破其存者十無二三。臣以爲河北河東強壯除已詔近臣詳定法制外每因閱習則視其人武力兵技之優劣又擇其家丁夫之壯者以代老弱。每鄉爲軍其能絕類自籍記其名姓而遞補之陝西蕃落弓箭手貪召募錢物利月入糧俸多就黥刺憑爲營兵今宜優復田疇安其廬舍使力耕死戰。世爲邊用則可以減屯戍而省供饋爲不易之利內地州縣增置弓手亦當約如鄉軍之法而閱試之。其三曰訓營卒。太祖下令諸軍食無肉衣無帛營舍之門有鬻酒肴者則逐去之。士卒有服繒綵者則詰責之。異時被甲鍪冒風霜攻苦服勞無不一以當百。今營卒驕惰臨敵無勇。此殆素所資用之過也。舊例三年轉資謂之落權正授者雖未能易此制。即不須一例使爲部管鈐轄宜於其間擇實有才勇可任將者授之。又今之兵器類多詭狀造之不精且不適用。虛費民力。宜按八陣之法依五兵之用以時教習之。使啓殿有次序。左右有形勢。前却相附。上下相援。令之曰。失一隊將則合隊皆誅何患衆不爲用乎。其四曰制戎狄。今戎狄蕩然與中國通。北方諸國則臣契丹。其西諸國則臣元昊。而二虜合從以掎角中國之勢就使西戎來服。不免與之重賄。是朝廷歲遺二虜不可勝計。古之備邊西則金城上郡。北則雲中鴈門。今自滄之秦綿亘數千里。非有山海峻深之阻。獨恃州縣鎮戍爾。凡歲所供賂又不下數千萬以天下歲入

之數纔可取足而一穀不熟則或至狼狽也。契丹近歲兼用燕人。治國建官一同中夏。昊賊據河南列郡。而行賞罰善於用人。此中國之患也。宜度西戎諸國如沙州唃廝明珠滅臧之族近北如黑水女真高麗新羅等處皆舊通中國。今爲二虜隔絕可募人往使誘之來朝。如此。則二虜必憾於諸國矣。憾則爲備。爲備則勢分。此中國之利也。其五曰綏蕃部。且屬戶者邊陲之屏翰也。如延有金明府有豐州皆戎人內附之地。朝廷恩威不立。撫馭乖方此爲強虜脅從。而塞上諸州。猶爲孤壘。蕃部既壞。土兵亦衰。恐未有破虜之期。請令陝西諸路緣邊知州軍皆帶安撫蕃部之名多設方畧務在招集。財賦法令得以自專。擇其族盛而有勞者。以爲酋帥。如河東折氏庶可爲吾藩籬之固矣。其六曰明探候。古者守封疆出師旅居則有行人覘國戰則有前茅慮無。其審諜若此。太祖命李漢超鎮關南馬仁瑀守瀛州韓

令坤鎮常山。賀惟忠守易州。何繼筠領棣州。郭進控西山。武守琪守晉陽。李溥謙守隰州。李繼筠鎮昭義。趙贊領延州。姚內斌守慶州。董遵誨屯環州。王彥昇守原州。馮繼業鎮靈武。筦榷之利。悉輸軍中。仍聽貿易。而免其征稅。召募勇士。以為間諜。蕃戎情狀。無不預知者。二十年間。無西北之憂。善用將帥。精於覘候之所致也。今西鄙刺事者。所遣不過數千錢。但略涉境上。盜聽傳言塞命而已。故虜情賊狀。與夫山川道路。險易之利。勢絕而莫通。夫豈不測之戎入萬死之地。覘伺微密。探索機會。非有重賂厚賞。孰肯自效乎。願鑒藝祖將帥之制。邊臣財用。一切委之。專使養勇士為牙爪。而臨戰自衛。無敗將之辱。募死力為覘候。而坐知敵情。免陷兵之恥也。

歷代名臣奏議卷之三百二十六

歷代名臣奏議卷之三百二十七

禦邊

宋仁宗慶曆三年樞密副使富弼論削兵當澄其冗弛邊當得其要。

上奏曰。臣聞茶鹽之法。漢唐之所取贍也。孔僅建白有釱趾之刑。桑羊畫策。為安邊之本。張林衛覬理陳其方。此煮海之利也。至如張滂始倡於正元之間。王涯繼議於太和之後。鄭注趙贊並沿其術。此摘山之稅也。國家茶鹽之利。兼唐數十倍矣。向以邊隅用兵。經費不足。主計之吏。益求其贏。新舊之法屢更。是非之議紛起。羣商咨怨。遠近諠然。究其弊端。奚厚利之可致哉。試陳一策。或可取焉。臣嘗究桑羊之說。觀倪寬之論。從大夫之計則曰。備鄣塞。備屯戍。必蓄貨長財以禦不軌。通有無。調緩急。必建本抑末以制豪人。覽文學之策則曰。廣道德。開仁義。必本脩民懇以興教化。遏貪鄙。尚至誠。必防塞利門以勸農業。二者之術。交尚而相勝。卒無所歸準。由是溺利權者。不知興王致治之本。談古誼者。未知佐財備邊之急。今徒能語興王致治。而不能思其急。則腐儒之議也。止能語佐財備邊。而不能思其本。則霸圖之駁也。今國家追王風。黜霸畧。國用稍艱。而利課遂梗者。兵不可削。籍而邊不可弛。候故也。然兵有可削之術。邊有可弛之謀。所謂兵有可削者。非能去之也。在乎澄其冗者而已。所謂邊可弛者。非不備之也。在乎得其要者而已。今中自京畿。外至州縣。防戍之卒。屯駐之兵。其籍盈數百萬。無技勇者有之矣。癃弱朽邁。則虛為耗蠹。是皆可澄之者也。今屯備之要。存乎西北。自西羌叛命以來。朝廷制禦之術。為不少矣。其北鄙雖結驩奉好。無輕傷寇鈔之患。然烽候不可不嚴。堡鄣不可不備。且邊陲所恃。唯騎與射。若夫勁弩大戟。長矛巨盾。鋋之所中。刃之所挂。洞胸連腋。則非彼之所能加也。儻釋騎而就步。則參伍不能當中國之一必若馳高鶩下規廻矩折則非中國之騎所堪也中國之馬駔駿既少騎士或非精習戰陣之際步兵整頓騎士馳突多或蹀亂誠宜損其鶩下存其精銳以增步兵東漢嘗詔邊郡增置步兵列屯塞下此其効也而況給一騎之芻粟可以贍步兵數人矣得不違害而就利哉此又可以澄之者至如今之邊候多也力兵士宜非所堪技能非所習而坐食儲峙憒怵給賜乏恬安逸靡知艱苦有未嘗識陣伍而聞金鼓者忽有一旦之用擐三屬之甲雪霜增其慘㷭墜切其身則恐疲瘁顛仆之不暇非全勝之師也夫邊徼之人土俗獷悍便騎射能寒苦與戎人習尚一同寇或暴至皆能全保聚有鬪心雖討擊驅攘亦嘗參用然什不得伍所遺實多莫若歲乘農餘鳩集勇壯教以長技繕其利兵示之以進退之形權之以賞罰之柄分之以部隊領之以幹臣粟帛可以不供賦租可以自贍角

前犄後翼以內兵則為全勝之師矣此所謂得其要者如此而後利途可以寬本業可以阜教化可以振貪鄙可以消而免譏乎腐儒之議淪遠乎霸圖之駮也願陛下不以臣說為妄特留聖意

四年弼上河北守禦十三策疏曰臣伏以北虜自古為中國患黃帝時謂之獯鬻周時謂之獫狁秦時謂之胡漢時謂之匈奴唐時謂之契丹其名雖異其實則一也有民人而不知教化有土地而不出財貨寒無溫麗之服饑無甘珍之餐凡百所欲率皆不足只知有射獵之事衛血之獲食其肉衣其皮而已矣於是見中國之盛萬物之富愛而不可得學而不可及貪惏之性復有趫武則不得不為邊鄙侵掠之患也然為患深淺係其強弱亦係中國盛衰焉或暫而入寇或連歲擾邊或散處中原或遂出漢北或費兵力而臣畜之或從權宜而亢禮之伏叛相倚勝敗不常歷代帝王知其若此不欲困百姓而

外事四夷故有曰比之蚤蝱毆之而已復有曰接以禮讓羈縻不絕而已又有或質其子或盟於天或啗之金帛以厭其欲或結之姻好以驕其心自古謀謨之臣運籌畫策相與爭於廟堂之上者亦惟此數者而已國家初得天下震耀威武太祖待北虜僅若一族與之戰未嘗不克太宗因親征之衂虜勢遂驕頻年寇邊勝敗相半真宗嗣位之始專用文德于時舊兵宿將往往淪沒虜騎深入直抵澶淵河朔大騷乘輿北幸於是講金帛啗之之術以結懽好自此河湟百姓幾四十年不識干戈歲遺差優然不足以當用兵之費百一二焉則知澶淵之盟未為失策而所可痛者當國大臣議和之後武備皆廢以邊臣用心者謂之引惹生事以搢紳慮患者謂之迂闊背時大率忌人談兵幸時無事謂虜不敢背約謂邊不必預防謂世常安謂兵永息恬然自處都不為憂西北之寇縱知朝廷作事如此之失也

於是陰相交結乘虛有謀邊臣有奏敵中事宜則猶曰探候之人妄報所以希賞固未嘗聽也蕃使每到朝廷侍慢則尚曰戎狄之人無禮是非異事固不之恤也但只自謾恭佯為包容其實偷安不肯為國家忘私任責盡久長之遠經所以縱其姦謀養成深患是致寶元元年元昊竊發數載用兵西人窮困未有勝筭又至慶曆二年契丹觀釁而動嫚書上聞中外倉黃不知為計不免益以金帛且苟一時之安此二邊所以敢然者蓋國家向來輕敵忘戰不為預備之所致也臣深見二虜為患卒未寧息西伐則北助北靜則西動必欲舉事不難求釁通和則安享重幣交戰則必敗官軍叛而復和孰敢不許擒縱自在去住無梗兩下牽制困我中國有何大害而不為邊患有何後悔而長守懽盟渝盟擾邊我則遂困不幸凶荒相繼盜賊中起則彼二虜所圖又甚大矣臣故曰二虜為患卒未寧息臣上之所陳

西北形勢乃唐室以前夷狄之事也其後契丹自得燕薊以北拓跋自得靈夏以西所生英豪皆為其用得中國土地役中國人民稱中國位號立中國家屬任中國賢才讀中國書籍用中國車服行中國法令是二虜所為皆與中國等而又勁兵驍將長於中國中國所有彼盡得之彼之所長中國不及我當以中國勍敵待之庶幾可禦豈可以古之夷狄待二虜邪前既輕敵妄戰不為預備致二虜結衲為
朝廷深憂今又欲以苟安之勢遂為無事二虜各獲厚利退而養勇不數年相應而起則無復以金帛可啗而盟詛可約也臣向者叨奉
德音令韓琦范仲淹專管西事命臣專管北事臣才識無取濫膺擢任退自循省何以塞責然敢不強勉夙夜揣摩今輒得守策凡六事禦策凡七事謹具如左

一河北三十六州軍內緣邊次邊如北京雄霸祁深保瀛漠滄定鎮冀十二州廣信安肅順安信安保定乾寧永寧七軍總一十九城皆要害之地可以控制虜寇而不得深入矣定為右臂瀛滄為腹心北京為頭角此四城者河朔之所望也餘十五城為指爪支節乃四城之所使者定瀛滄各置一大帥餘十五城分屬定瀛滄三路悉擇善將守之十九城都用三十萬定五萬滄瀛鎮各三萬冀二萬（冀在要會之地諸路皆通故比餘郡屯兵稍多）保祁深廣信安肅各一萬（保州廣信安肅當入寇之衝故三城最是相時欲以交相會合以禦初入之鋒也祁在鎮定之東舊頗慢後來寇騎入寇以鎮定有重兵不肯趨鎮定路才過保州便徑雄霸東南道此祁深往取冀路寇滄瀛故祁深亦須屯兵稍多旅）漢順安信安保定乾寧永寧各五千北京五萬為諸路救援之兵今河朔平時有駐泊屯駐就糧兵十八萬本城五萬至用兵時增十萬人則戰兵足矣此三十萬兵非如景德年閉門自守皆使出而接戰也當時城守不敢出所以寇兵堂堂直抵澶淵

幾至渡河為京師患今若使良將帥守十九城分頭三十萬兵左右出入縱橫救應閃誤迺誘衝陷掩襲臣雖愚未信虜敢長驅而南也頃年大兵悉屯定州然閉城不使出戰者蓋恐一敗塗地則無以救援且防中渡之變也今雖用兵三十萬而分置十九城右敗則左救縱失則橫援豈更有昔時之虞邪其外十七城不復蓄兵只以本郡鄉兵堅守不使出戰

一河朔州軍長吏最宜得人以備匈奴之變自來都不選擇贓汙不才年老昏昧者盡使為之又移替不定久者不過一二年其間苟且之人只是幹尋常之務其經久利害自知不及其身率皆不為前後相承積弊已甚若不選人久任以矯前失則異日虜有變故邊城不守浸淫深入為患不細其上件十九州軍在河朔尤為要害內定保雄霸滄五州廣信安肅順安信安四軍近已得旨選人差定見施行次北京已有大臣自餘鎮與瀛漠祁深六州保定乾寧永寧三軍北平一寨亦乞選差長吏並從久於其任內績效著聞者優與就遷秩祿及厚加賜予使樂於邊寄於所怨苦則悉心營職自甘久處或庶勤可尚才有不足者罷之與內地合入差遣若故為乖繆欲避邊任及有罪不可留而法不至死者廢之終身如此則人知禍福必及孰敢不勉別有事件已具進呈

一除上件十九州軍長吏已下並乞詔本路轉運提刑安撫部署鈐轄分擘舉充仍委樞密院三班審官銓司選擇不許循入並須三年一替所貴上下得人衆職皆舉用兵之際有可供使與夫臨時外求得失相萬也

一屯兵備邊古今常制所患者民賦有限兵食多缺必須廣為經

度其間歲有凶歉謀之不獲或寇至益兵食常不足則暴斂橫取何所不至民由是困盜由是起此歷代之所患也河北自石晉失燕薊之險燕所固守是以蓄兵愈多積粟愈厚國朝頭之頗久至景德講和之後兵備漸弛粟亦隨減前年虜忽生釁雖強與復和而終非悠久之計自此邊壘已兆向去未有寧歲尤宜謹備禦之策使久而不匱臣輒得養兵二條其一議守邊兵馬合留外屯駐駐泊就糧諸軍悉分屯於河南鄆齊濮等州以教以養況其地富實米不營而足率三年一代遇有警急發符召之不旬日可到豈有後期不及者耶所以略省河朔誅斂以寬疲民使之安逸蘇息坐待寇至而用庶幾沛然師有餘力可以禦敵其二緣大河州軍起數倉支移河南民秋夏滯江淮粟以實之分屯近邊兵馬每二歲一代亦足以寬河湟之困民二者可擇一焉或兼用亦善不然臣恐無事時河北已見殫竭一旦用武又重加斂民必怨叛則肘腋之下皆為仇讎豈暇禦外寇哉

一河北最號勁兵之處若盡得精銳則無敵於天下況夷狄乎頃年朝廷未與匈奴講和虜每入寇唯懼北兵視南兵輕蔑之也我分南北兵各為一軍凡虜陣必先犯南兵南兵潰則并北軍累之而必敗懲此因有以南北兵混而戰者敗走北兵由兵尚多徒能張為虛聲而實不足用臣願自今河北增募土人為禁軍料錢不可過五百文每成一指揮即代南兵一指揮歸營不數年三十萬盡得北兵不教之精勇則匈奴自當畏服豈敢輕動哉恐議者謂不宜益兵則請於別路罷招以此易彼甚所增矣既得土兵易戍他郡糧不足則願用臣前養兵二條

一北虜風俗貴親率以近親為名王將相以治國事以掌兵柄向信任焉所以視中原用人亦如已國向者燕王威望著於北虜知是皇叔又為王爵舉天下之尊無與二謂朝廷庶事皆決於王又疑王善用兵天下兵皆王主之嚴刑好殺無敢當者北虜疑此益所畏懼故燕薊小兒夜啼輒曰八大王來也於是小兒輟啼每牽牛馬度河或旅拒未進又曰必是八大王在河東其畏服如此虜人每見南使未嘗不問王安否及所在朝廷以王之故亦見重於虜朝廷有如是親賢每欲妄動未必不畏王而止今春王薨識者亦憂之謂王之生則北虜以朝廷為重王之薨則北虜以朝廷為輕矣臣亦嘗念國家將帥既未聞於夷狄而親王素有威望為匈奴所畏者又已淪謝且不復更聞有皇親可以為朝廷屏翰者必謂王室孤弱無所扶助本根不固易以動搖此誠宜為夷狄之所窺測也臣願陛下親擇宗室中年長知書識理道曉人事者十數人令為王畿千里知州（處宗室不達民政且或有任性為事通判位下難規正宜擇方嚴公幹近上朝廷一人為同知州所貴勢均力敵可以共事而無所乖失使歷一兩郡次知可以獨任則罷同知州只置通判）又擇其次者數十人令為千里內州郡鈐轄（恐亦未練軍政職事不舉其都監監押未可猥省當幹歷事之人令共職仍選良守臣伺察而裁處之）宜擇其年少官卑處其稍堪差使者為畿縣都監監押（雖年少亦須二十歲已上者亦擇良令長以識正之）並限二年一替亦用文武臣察賞罰之法以勸沮之內有勤儉好學接寮屬有曉習文法能治民事者量高下等第或降詔獎諭或賜金帛或遷官秩有諸過者亦量大小等第或罰俸或贖金或降官甚者召還黜於宮宅俾之省過一二年復遣補外凡三省過而遂不改者終身使奉朝請如此教育之選試之善者必賞不善必罰臣知不數年當有賢宗室如前漢河間後

漢東平二王者不為難矣。內可以藩屏王室，外可以威示四夷。此有國家者之急務。臣觀三代已後興王者，今日得天下，明日封建宗室，至于孫孫之子，亦皆為侯為王。分割土地，自成邦國。所以分布枝葉，庇蔭根本，張大王室，壯觀天下，使英豪無間隙無異意，謂四海之內，盡是一姓。雖有凶謀變計，不敢妄動。此前代帝王制御天下長久之策也。布在簡牘，驗之可信。今則埋沒抑壓，僅同豢養，縱其非僻，殊不教訓。雖有說書之官，又實虛設，是盡欲愚之，而不令知善道為善人。甚非帝王養宗室之義也。至於臣庶之家，有子孫弟姪者，無不孜孜誨誘，使之成器，蓋持門戶，主祭祀。若子孫不肖，則家道淪沒。又有擔負之夫，微乎微者，日求升合之粟以活妻兒，尚每日那一二錢，令廝子入市學，謂之學課，亦欲廝子讀書識字，有所進益，而嗣其家。國家富有天下，基業全盛，實祖宗艱難而致。所宜子子孫孫，相承不絕，為萬世之計。豈可宗室滿宮，而陛下都不教導，任為過惡，俾外夷輕笑。是陛下自去枝葉，而取孤根易搖之患，臣竊憂之。臣又伏思陛下任李用和為殿前副指揮使，任與琮為馬軍副都指揮使，是任親也。用和與琮誠親矣，然皆異姓。異姓者尚可信之，則宗室同姓，與陛下是骨肉之親，反不可信之哉。陛下不過謂宗室無人。臣謂今則誠未見其人，教之試之，當自有人矣。今唯朝會時羣行旅進，青蓋滿道，士大夫見者方知有宗室。但出得都城四門之外，已不知宗室之有無，況天下乎，況四夷乎。上古直至周世，宗其間所歷何啻萬代，而宗室不教不試，不用微弱之人，未有如本朝之甚之極者也。宜乎為識者之所憂，而北虜之所輕也。且如北虜有南大王蕭孝穆、北大王蕭孝惠、魯王惕隱、

楚王夷離畢，是其近親者甚眾。臣前歲奉使，盡與之接，又詢其國人，未必實皆才武，而中原聞之，莫不疑其人人皆良將也。其故何哉。蓋聞其名而疑其有實爾。今朝廷若能崇植宗室，使聲名漸著，聞於北虜，亦謂南朝宗室有人，根本牢矣，藩屏固矣。欲謀則息，欲動則止。古者有以實效濟務者，亦有虛聲懾敵者。兵尤重先聲而後實，況臣之所說，必能聲實相副。願陛下行之無疑。

一、景德以前，緣邊土兵無事時戍本州，軍寇至則盡為逐路部管司抽起，沿邊缺人，却以南兵屯守，甚無謂也。夫土兵居邊，知其山川道路，熟其彼中人情，復諳虜兵次第，亦藉其營護骨肉之心，且又服習州將命令，所以禦必堅，戰必勝也。若遷入內地，則山川道路不知，人情不熟，虜兵不諳，骨肉不在，州將命令不習，又為南兵怯弱所累，則禦不必堅，戰不必勝也。北虜唯懼土兵，每聞以南兵替入內地，虜人大喜，故來則勝而回。前年河朔有警，定帥復尋舊徼故事，盡抽邊兵守定州，河湟之民大恐，以謂官軍必敗，幸而虜騎中止，不見失律。不然，喪師必矣。臣願自此若虜入寇，沿邊土兵只在本處，不復令部管司抽移。若逐處土兵尚少，即以南兵益之。如其有餘，方許部管司抽起。況部管司自有近裏州軍土兵，可以聚而為大陣矣。（臣上篇識十九城分領兵三十萬出戰，餘十七城係近裏州軍，只用鄉兵守之，更不必戰兵，逐路部管司於十七城聚大陣兵多。）邊兵勇悍不畏堅敵，虜騎初入，使當堂堂之鋒，或得便可戰，必能取勝，則近裏州軍人心自壯，則雖是南兵之怯，亦自增氣矣。以南兵在邊，遇寇一敗，虜騎乘勝而南，則表裏震恐，雖精銳盡在部管司，亦已沮喪，安能保其全勝哉。

一景德以前匈奴寇邊必由飛狐易州界道東西口過陽山子度滿城入自廣信之西後又多出兵廣信安肅之間大抵虜騎率由西山之下入寇大掠州軍然後東出雄霸之間景德前二州之間塘水不相接因名東塘西塘二塘之交蕩然可以為虜騎歸路遂置保定軍介於二州以當賊衝嵗後開導不已二塘相連雖不甚浩渺而賊路亦少梗矣然或窮冬冰堅或旱嵗水竭亦可以濟未為必安之地雖然但少以兵控扼之則虜騎無以過矣自餘東從泥茹海口西至保州一帶數百里皆塘水瀰漫若用以為險可以作限只自保州以西至山下數十里亡塘水之阻虜騎可以平入虜若守盟不動則我無先發但用臣上篇屯兵之法足以固守萬一渝盟入寇用臣之策可以轉禍為福逞志泄憤矣何以隙之今虜若寇邊必由廣信西來虜騎初入境沿邊州軍堅壁亦不得出兵虜必不顧而進將入鎮定亦堅壁虜必易我而懈於是令廣信安肅保州三城開壁會兵張虛而不與戰虜必分兵來禦已而令鎮定互開壁復不與戰虜既前後受敵必未敢長驅而南於是我急從滄州取海上路以數十艘出輕兵三千趍于州入寇家口咫尺燕薊滄州至北界平地水路約五百里不數日登岸地肥水草美不如重巒計其日然後自雄霸之間即景德年虜騎東歸之路也又出精兵直抵燕京會滄州兵擣其腹心破其聚積彼見兩下兵入則莫之為計矣燕地既亂入寇者必有歸心又為王師所牽而不能遽去於是乘其向背之際使沿邊三城及鎮定予合擊必大破之追奔及燕盡逐虜兵過山後虜兵入界則整若敗而出塞則紛然散走無復行陣易為驅除矣則虜騎無復南者因其妄動可以一舉而復全燕之地拔數郡陷兵之俗平累朝切骨之恨臣自謂必無遺策矣既

以兵守四關口外唯西山後有新開父牛鐵脚猪窠三口虜人以通山後八州之路然皆峻狹不容車馬虜人鑿山為徑只通人行險峻非兵行之道雖不加防守亦無所害或於口側少伏兵馬縱虜入寇發伏可以盡殺之假如陛下謹重未欲盡舉復燕之策即請寇入之後頓重兵於西山下虜騎有所掠而東出古路進退不遂我於是以十九城之兵分布掩擊必使退敗保無深入之患虜勢既屈與物則削與和則久亦制匈奴之下策也

一燕地割屬契丹雖逾百年而俗皆華人不慣為匈奴所制終有向化之心常恨中國不能與我為主往往感憤形於慟哭臣前年奉使虜廷邊上往復數次邊人皆勸臣無重契丹以困民萬一入寇我沿邊土人甚有豪傑每一豪傑可自率子弟數百人為官軍前驅領朝廷復取燕薊吾等卻為華人死亦幸矣臣切壯之慰謝而退朝廷之力未及外禦遂虛邊豪之請雖臣未嘗忘懷恐為異日之外用自後不輙尋訪所得邊豪頗多將來虜若寇境臣必能以所得邊豪各自率鄉戶各成一隊或為嚮導或為內應或破陣或攻城大可以為王師之助矣其始去則貲其家其成功則厚其賞臣不患其譎而反為害也

一古者有外虞則以夷狄攻夷狄中國之利也朝廷西有羌人之患力是備禦不假求外援以自助唯是北虜強盛十倍羌人異日渝盟悉衆南下王師力若不給則禍未可涯宜求所以牽制之術使有後顧而不敢動則有所憚而不能盡銳以來我力足以禦之此不可不慮也今契丹盡服諸番如元昊回鶻高麗女真渤海䩭惹鐵勒黑鞨室韋達靼步奚等弱者盡有其地強者止納其貢賦獨有高麗不伏自謂夷齊之後三韓舊邦讀書禮

義之風不減於中國契丹用力制之高麗亦不戰後不得已而
臣之契丹知其非本意頻常勞於制御高麗亦終有歸順朝廷
之心臣伏見淳化年中其國王王治遭契丹兵入境遣使元郁
來朝納款太宗不從但婉順回答又於咸平年中其國王王誦
遣戶部郎中李宣古來使真宗不納但降優詔而已又於祥符
七年其國王王詢遣工部侍郎尹古貢表來使表稱今斷絕契
丹乞歸附大國仍乞降正朔并皇帝尊號真宗又不許陛下即
位後天聖二年復曾遣使來朝朝廷差柳植管接其事甚近可
以按證前後高麗四次遣使脩貢每來必言不願附契丹而願
歸朝廷終不允納雖然高麗款附之切如渴者望飲飢者望食
無一日而忘也但畧遣人翹發則其來必矣來則善遇之許其
歲朝京師賜與差厚於前以回其心優為詔命之辭以悅其意

它時契丹復欲犯順以逞志我遣人使高麗激之且約曰契丹
往年無故侵高麗三韓之地今又累興師深入誅求無厭高麗
甚苦之我先帝重惜民命不欲數與之鬬故歲遣厚幣於茲四
十年矣今契丹又欲背施肆毒犯我邊境我軍民並怒皆願死
戰我不敢違衆師行有日高麗又舉兵相應表裏夾攻契丹敗
則三韓之地及所得人民府庫盡歸高麗我秋毫不敢有但止
復所割故地亦高麗素怨契丹侵其地又怨每歲斂取過重向
者恨無大國之助以絕之聞今之說必然從命然則契丹不足
破也或者疑其納高麗則契丹可以為釁端不便臣答曰前歲
之隙豈為納高麗與辯邪戎狄之性變詐多端苟欲背盟何說
不可豈宜動自拘礙不敢有為直俟禍來坐受其弊愚者尚不
肯如此況謀謨天下之事乎高麗果入貢假契丹來問我當答

以中原自古受方國之朝獻矧高麗素稟朝廷正朔但中原有
阻今卻復舊好使我何辭阻絕之與契丹納諸國之款一也契
丹安能使我必不納高麗之貢哉臣又思之若契丹衰弱不足
為虞或能謹守盟誓無陵侵中國之志則何用遠納高麗之款
而忽契丹之約今契丹盡吞諸蕃事力雄盛獨與中原為敵國
而漸有憑陵之心況前歲已生釁隙自今不直謂朝廷偽增金
帛後圖釋憾不久又將先有以制我為發而謀之則不及矣經
營措置今及其時臣又嘗聞契丹議曰我元昊與高麗約連衡
攻中原元昊取關西高麗取登萊沂密諸州又曰高麗隔海恐不能久據此數州
但縱兵大掠京東官私財而去我則取河北三十六州軍以河為界臣聞此久
矣萬一果如斯說臣恐朝廷必無以制之外寇如此窺圖中國
中國但因循日過一日臣不知終久如何夫高麗累年貢奉朝

廷朝廷終不許遂決志事契丹所以為契丹用也契丹所使無
令不從今朝廷能許高麗進貢正遂其久志則必反為我之用
矣契丹何能使之耶臣熟知高麗雖事契丹而契丹實憚之天
聖三年契丹嘗伐高麗是年朝廷遣鍾離瑾使高麗敗契丹兵三十萬匹
馬隻輪無回者自是契丹常畏之而不敢加兵朝廷若得高麗
不必俟契丹動而求助臣料契丹必疑高麗為後患卒未敢盡
衆而南只此已為中國之大利也臣願陛下行之無疑

一鎮定西山有谷口十餘道盡通北界山後之路景德已前不甚
迹熟蓋溪澗峻狹林木擁遏故虜罕由茲路而入雖有來者亦
必艱阻臣頃聞河朔人說契丹自山後斬伐林木開鑿道路直
抵西山漢界而止今則來往通快可以行師臣亦細詰其由云
契丹舊亦疑朝廷有復燕之志恐天兵渡界河直往趨燕京則

虜人欲出我不意由山後進兵虜擊鎮定橫行河朔牽制王師以解收燕之患也。臣必料往年緣邊已曾探報聞于朝廷。今或契丹自廣信安肅入寇我必以重師御其鋒若有西山別衆出于鎮定橫行背擊官軍敗績則大事去矣。兵家切務不可不知。當得能幹而謹密者除往經制如何屯戍。如何捍禦。必有可以勝之術先事而定以待其來則保邊之道也。

一祁深二城舊非要郡屯兵至少。故城壘迫而陋不甚脩葺。切聞契丹今復入寇知吾重兵屯鎮定不肯南面直走纔過保州便取東南路由祁深以來祁深二壘當廣而高之以防攻逼。譜書詁不得制制城池若因而賊之則無礙。又曰虜既憚鎮定而忽祁深必謂二城兵寡不戒而過我若乘其不備使二城潛出精兵首尾應而擊之必大得志。此係於臨時非可預度。然亦當知之俟其變則易為謀矣。

一漢唐以前匈奴入寇率由上郡鴈門定襄等路蓋當時中國據全燕之地有險可守匈奴不敢由此路而來也。自石晉割燕薊入契丹無險可守由是虜騎直出燕不復尋定襄等故道。今朝廷若留意河朔邊鄙有備虜不可得而入須求別路以來路或雖可入寇必取定襄等路為掎角之勢則河東不得不大為防或刱立城池或造作險阻何地可以設奇伏何路可以出牽制此須預為經度素有隄備則臨時足以禦捍應卒不至倉皇使與河朔表裏相應寇不能逞其欲實邊防之急務也。

右守禦二策總一十三條是臣庚辰壬午二歲奉使契丹日於河朔往回十餘次備諳緣邊士兵并內地故老博采參驗得之甚詳及到虜廷議事又頗見其情狀以至稽於載籍質於時務。謹裒聚撰述以

副陛下委責之意。即非臣任胷臆罔聖聽。惟陛下令兩府會議可者速行之。其未可者交相致詰。而是正之。臣必不敢持己徇私。剛拒衆證。兩府亦不得畏事養病而無所發明。如此。則庶幾謀行而患可弭矣。臣聞古者人君遭患難則退脩道德。可以無咎。是故文王出羑里。純任教化而終滅獨夫。勾踐脫會稽。厲精武事而卒破夫差。又聞主憂則臣辱。主辱則臣死。是故陳王答書悖慢。而楊素下殿請死。蔡賊跋扈難制。而裴度誓不兩全。終之隋滅江南。裴度平淮西。有以見古之君臣。所為各得其道。無不建功立業。聲流後世者也。昨契丹背約。呼索無厭。朝廷以中國之尊。凶醜敢尒。陛下固未聞有文王勾踐復讎雪恥之心。臣亦未見有楊素裴度死難平賊之志。如此。而望排患解紛。建功立業。如古之君臣。何可得也。臣計北虜勢方強盛。可以為寇。而輒肯議和者。有謀也。謀而後舉。以為萬全之策也。又計中國之

勢。如人坐積薪之上。而火已然。雖焰未及其身。可謂危矣。北虜之彊既如彼。中國之危又如此。而尚不急求所救之術。是欲秦之魚爛梁之自亡耶。臣備位樞府。夙夜憂畏。恨未得死所。少紓國難。願解臣密職。與河朔一要郡。得以效拙。經營邊事。雖未敢必謂無虞。然料或可稍寬陛下北顧之憂矣。伏惟早賜裁幸。

弼又論契丹不寇河東上疏曰。臣昨日垂拱奏事。准宣諭。今來虜主雲州受禮。恐於河東作過。令兩府擬備禦。臣誤荷奬擢。無所施設。致此外寇。上煩聖憂。聞命震驚。不遑啓處。然退自思念。僅得粗畧。切謂契丹必不寇河東。其事有九。無名一也。動稱王師。不肯切發。二也。河北平坦。可以長驅。必不由河東險阻而來。易入而難出。三也。河北富實。河南虛乏。必不肯擊虛乏。而令我備富實地。四也。河北無備。河東有備。黠虜萌南下之心久矣。臨亡 必不肯捨無備而寇有備。五也。若

欲棄我不測而入。當行說道出於倉卒。必不肯先報雲州受禮兵也。契丹始與元昊相約以困中國。前年契丹背約與中國復和。元昊怨契丹坐受中國所益之幣。因此有隙。屢有怨辭。契丹恐其侵軼。於是壓元昊境築威塞州以備之。而保族累殺威塞役兵。契丹又疑元昊使來。遂舉兵西伐。驗之非詐。今必無會合入寇之理。七也。契丹惜燕地如人惜心腹。若寇河東。豈不防我攻燕為牽制之術。于今不聞備燕。八也。契丹自得燕薊。不復由河東入寇。九也。臣驗此九事。故知契丹不寇河東必矣。臣今但論目下不為河東之患。過此以往。則非臣所知。臣謂契丹異日之禍。必在河朔。（河東只可為牽制之地。）所以臣近奏河北守禦之策。因乞守一要郡。自行其事。十二府議之未合。只且令田況往彼按臣所說。此乃平時悠悠所為。非今秉確爭至急之意也。河朔二三年來雖名為設備。其實未堪禦寇。乃是張豫備之虛聲。適足重

敵人之姦計。為患愈大。不可不思。臣前歲奉使契丹。理當無所增賂。蓋為朝廷方盡力西鄙。未遑北顧。於是忍羞自屈。歲益所入。聊以款兵緩禍而望雪恥於後也。臣今欲乞必須俞允。不住訓兵備敵。以安元元。至於身蓋國恥。庶幾可刷。臣不勝大幸。

弼又論元昊所上擔書上疏曰。臣近見元昊所上擔書及表奏。辭禮恭順。一遵朝廷所約。只是疆場上微有商量。使楊守素等到闕。乞與婉順商議。亦以必和之意。使之深信。不可為其恭順。卻於元約事外別有詰難。邀勒所宜。多方容納。令無備我心。則必盡力與契丹相持。若二寇自相殺伐。兩有所損。此朝廷之福。天之所假也。苟議絕和約。或大段拖延不成。則元昊必復與契丹合。而為患如故。此必然之理也。臣料契丹必未肯與朝廷絕好。今請此奏保無他虞。將來若遣謝使所賫謝物不可過數。苟多無益。更乞深加詳擇。

五年。弼為河北宣撫使。論河北七事上疏曰。臣伏以河北一路。蓋天下之根本也。古者未失燕薊之地。有松亭關古北口居庸關為中原險要。以隔闕匈奴。不敢南下。而歷代帝王尚皆極意防守。未嘗輕視。自晉祖失全燕之地。北方關險盡屬契丹。契丹之來。蕩然無阻。況又河朔士卒精悍。與它道不類。得其心可以為用。失其心則大可以為患。安得不留意於此。而反輕視哉。臣昨奉詔宣撫。自度河而北。徧詢士人。熟知祖宗以來邊防事機者。觀其所說。皆有條理。太祖太宗之時。契丹入寇。邊兵或有喪敗。而不能長驅。真宗初。邊兵亦少失。而有長驅之患者。何哉。蓋太祖太宗時。屢曾出師深入攻討。及寇至。又督諸將發兵。禦戰胡騎。雖勝知我相繼開闢援兵四至。無退藏之懼。是以忽忽出塞。不敢長驅也。洎真宗即位。懲喪師之衂。遂下詔邊臣。寇至但令堅壁清野。不許出兵。縱不得已出兵。只許依城布陣。又臨陣

不許相殺賊。知我不敢出戰。於是堅壁之下。不顧而進。一犯大名。一犯澶淵。是故雖無喪師之失。而有長驅之患。真宗再駕河朔。幸而講和。不然事未可知也。臣嘗為史官。竊覽國史。以土人之說參驗之。大略相合。既得祖宗朝守禦利害。又伏思今來事體。不及祖宗朝。其事有七。朝廷號令不一。前後自相牴牾。事有緩急。四方不能遵行。北虜苟動。必有闕誤。此號令不及先朝嚴明。一也。自西鄙用兵。今七年。大小凡經十餘戰。每戰必敗。官軍沮喪。望風畏怯。此威令不及先朝震赫。二也。北虜之衆。又非西賊可比。苟有變動。何由以威武取勝。兩府大臣不敢主事。設有所主。斷然而行。則橫議蠭興。惑亂聖聽。以此往往破壞。暫行復止。是故朝政不舉。北虜苟動。事繫安危。誰敢為朝廷主行之。四方多事。此執政事者不及先朝大臣主事。三也。天下之人。恩信不及。配率重大。攘肌及骨。悲愁怨恨。莫不思亂。近年凡有盜賊

應者如雲足見人心多叛北虜苟動大兵四集百姓必有觀釁而起者自憂內患不暇豈暇防外虞哉此民心不及先朝固結四也朝廷費用浩瀚財物殫竭取於民則民人已困取於帑則內帑有限今河北諸州軍唯粮儲稍有準備外其餘藏庫無不空虛北虜一動所費無涯今未有財用所出之計此財用不及先朝豐足五也外有強敵竊窺中國或攻或守須得健將今河朔止有一二人可充偏裨五七人可於陣中役使北虜苟動大兵畢集鄰未有將帥統領此將帥不及先朝有謀勇而輕戰陣六也軍政廢弛士卒驕惰居常少有鈐束不過督責已謀殺害都將結黨逃背若急有調發使當矢石則豈無變亂與外寇合勢為孼昨保塞事起滄州兵欲劫瀛州莫州兵欲劫順安軍自餘至城下者無不白日劫人殊無畏懼其事甚近可以為驗此士卒不及先朝爾整七也上件七事盡臣目覩耳聞不敢緘默

恐係邊防大計伏望陛下特留聖念以先朝已試之效而革因循之弊奮自宸斷以為久長之策不勝大幸

仁宗時蔡襄知諫院論拒二虜皆為邊患上奏曰或曰今拒二虜皆為邊患何以處之臣謂校輕重之勢執理道之直者行之然沿邊亦須備若契丹一舉我軍未能決勝則人心搖動中國之勢十去五六況元昊之和未決契丹以兵脅之二虜通謀元昊當陝西契丹當河北合兵而出河東則中國所備者衆而兵勢分此天下至危之勢也

襄又奏曰或曰前所陳沿邊地形之勢勝在我其利出攻乎曰出攻未見其利也何則我雖有地形之勝而西虜之地亦多險隘是皆有地利但為客者敗多而為主者勝多耳今若興兵出攻且西虜地無水草又飛芻輓粟崎嶇山谷虜必深遁遠去我若進攻虜必遺兵依險設伏絕我粮道進則不得攻止則粮不給退則必有掩襲之兵此出攻其利少也或曰既不可出攻又不可通和但增兵守邊繁費歸多虜何時可破乎曰若邊郡師臣能設計謀誘之使其來侵而敗之然後元昊可得而制也此最為上策

襄又乞大為邊備之要上奏曰或曰契丹事宜如此朝廷應副添兵擇將可以禦之臣謂不然不去其弊不求其要兵多益分危事也臣所謂求其要者一曰變軍法二曰委兵柄於必戰之人三曰擇偏裨於行陣四曰去無用之兵五曰分守兵與應兵為首尾救援之勢六曰擇要害郡縣之官六者既備然後可言邊備若因循舊弊未見可勝之期此方今至急之務也

襄又乞拒契丹之請上奏曰契丹今以兵助中國討元昊以為善意朝廷若不從其請契丹必以為詞又駐兵雲州正當鴈門之路或便盟好即為邊患河東河北必為大備或曰契丹今在雲中只是帳下

兵馬不曾點集他部必非大舉臣謂元衡歸既得此事端傳撥而起不踰月而大合豈得不為患哉患在目前若拒契丹則當速為備

襄又請納元昊使人上奏曰右臣等伏見北虜請絕西人使繼去而西人納欵之信已來從北虜則畏西人納西人則畏北虜不審廟堂之上何以為謀自元昊寇邊以來國家有累敗之羞而無一戰之勝復忍恥屈躰以金帛買和又不能自為而假手黠虜當虜人對梁適遣耶律祥使元昊之時中國今日之患已萌矣而中道有可悔之理而大臣執不悟之迷事至於今勢何可已使北虜晏然不動俟和而邀功故已為吾大患二虜詐謀一來納欵一請絕和而使中國絕和莫知所從亦是為患二虜實有釁而相攻使中國納西則違北心顧北則失西好亦是為患然等為受患宜擇其輕何謂擇輕速納西人是也今料二虜者不過直疑其實有隙與實無隙耳且俟我和西而

責報是虜本志。今和垂就。而反請我絕之。其意何在。豈非虜衒其強
自是能指麾中國。謂和必由我。不和亦由我。欲使元昊必信中國和
與不和皆由之。故託有隙之名。而遣絕和之使。苟中國遂從其請。則
元昊不得不信中國動止由於虜也。是北虜一與西賊為有隙之名。
使元昊遂信中國不得自由。此則北虜之舉。南則指麾中國。西則能
信服羌人。他日却為元昊服罪之名。又使中國通好。則度吾今已從
其請。則後日必不能違。苟至於斯。中國不能為國矣。以此言之。二虜
雖無隙。而詐來請絕。不可從之必矣。若實有隙。則納西人。粗為中國
之利。西人新與虜結釁。而與我和。得無南顧之憂。而東併力以拒虜
必不肯輕絕。吾盟北虜萬欲西戰。元昊吾雖不從其絕和。亦不有力
分兵而寇中國。以此而言。雖實有隙。尤宜早納西人也。伏以二虜交
構。中國憂危。蓋由從前所議參差。兩端不決。切恐西人已到。議者尤

更遲疑。伏望聖慈決於睿斷。
襄又乞通和之後早計費用上奏曰。自趙元昊狂悖以來。朝廷日
發關東兵馬以為邊郡守備。然沿邊州軍自來只約見在人馬芻粟
為一二歲計。今者增兵與馬。比舊必多數倍。至於饋運芻粟。轉輦兵
甲。修葺城寨。犒賜之費。日以益廣。若終一歲而計之。其費用之
物。大率必倍多於每歲。既邊兵未有罷期。則其費愈多。臣恐年歲之
後。必有議者建白請賜元昊金帛。與之通和者。臣謂此謀非國家長
久之計也。若元昊削去尊號。臣禮如舊。朝廷但赦其罪。亦不當大與
金帛。與之金帛。是為狂悖而得之。況元昊豈肯削去稱號。何名而賜
之金帛。與之通和。我國家遺北虜其費不少。若更與西虜通和。使北
虜窺中國之強弱。而啓其狡心。不細事也。臣謂朝廷將來罷通和之
議。莫若早計度減損費用之物。苟費用不減於舊日。則何以持久。而

制狂虜也。
宋庠在崇政殿與樞密院同答手詔曰。臣等今月十七日伏蒙聖慈
召赴崇政殿。面賜手詔各一封。仍令中書樞密院一處商量對答聞
奏者。伏讀聖訓。震駭愚衷。退獲詳研。稍分條目。乃知皇帝陛下防危
於慮表。求策於事先。欝悼諄勤。偏咨良策。此誠聖人勞謙思治。博索
廣詢。不以睿哲掩尋常之謀。不以高深辭淺近之益。雖舜好問。禹拜
言。無以過此。奚獨臣等幸甚。抑亦天下幸甚。然臣等與聞幾事。皆忝
近司。自去歲春陛下有秘殿疇咨之勞。迎陽敷納之廣。是時中書樞
密院亦合條對急政。尋曾面諭。以謂兩府者佐天子決大政。總四海
謀議。評百官能否。或片言可以防患。或寸效可以佐時。凡有見聞。便
當裁處。不須承命然後告猷。而宸旨丁寧。雖不獲免。靦顏待罪。粗述
大綱。雖荷天地包荒之仁。終慙股肱同體之義。今者再煩清問。是重

前尤。既不敢固拒詔音。仍且許協陳公論。銜恩被貸。無可寘言。敢不
悉心同上愚對。謹案聖詔大畧。以今契丹因而西征之役。遣使來告。
深慮狡黠。別有邀求。詭譎多途。將何回答。臣等竊謂夷狄之性。雖不
可以仁義禮法為期待。文書言辭為約束。見利則動。緣間則爭。狼子
野心。固其常態。至於向背之勞逸。利害之輕重。雖曰匪人。亦將有擇。
契丹自景德通好垂五十年。冠蓋相望。於歲時金繒皆委於幽薊。戎
馬不汗。而坐收厚利。邊烽不燃。而自稱鄰國。彼若常保此揞。可謂逸
而不勞。常獲所資。可謂利而無害。今或自違信順。固作端倪。必欲渝
盟。以圖入寇。是則部落蒙調發之苦。酋豪須賞餌之科。穿塞必有矢
石勝負之憂。掠野不過牛羊廩窖之獲。我若堅壁以持重。蓄力以待
疲。去則不追。來則固守。但恐彼之所獲。不復有五十萬之數矣。搶交
聘就戰鬭。則向逸而背勞。絕歲輸謀掠奪。則利輕而害重。果從此舉。

是謂無謀。況今持聘之來，未失睦鄰之意。且西北搆隙，邊境具知。既議出師。固當通問。昔歲高麗之役。近年河西之行。皆遣使人賫賞為戍例。未聞前來兩次。别有他求。兼契丹常作大言。欲平西夏。今若乞財助賞。便為示弱於人。遂揣敵情。恐無此理。萬一狂狡實有過言。則對答之間。擔書可復。彼曲我直。何懼無辭。然必望朝廷且鎮之以靜。沒謀撲滅抑而未行。聖意又慮詐報西行。陰為南顧。山川地形。甚處可為控扼。臣等竊以自來河北河東兩路。各有控制走集之地。救應邊陲之所。只緣保守信誓。不敢明作防張。必緣此使人便違舊約。則可救此兩路。馳棄邊屯。或展塘水以扼兵衝。或築軍城以遮賊道。塹山堙谷。何所不為。樹師分兵。唯變所適。事至而應。亦匪後時。聖意又念方面輔翊之材。帥領偏裨之舉。或難於自薦。或須藉衆推。威禦綏寧堪為鎮靜者。臣等以謂將帥之器。非獨今世所難得。威禦之略。顧亦

前代所希逢。然自古聖帝明王選才擢士。未有借才於既往。待俊於將來。必以一世之人。治一世之事。不可謂將無韓白。而廢軍師。吏非龔黃。而去守宰。顧其策勵獎育任使之術何如耳。苟得其道。訓恤之才。若能賞不過功。罰必當罪。上無姑息之施。下無僥倖之求。則雖懦夫可使握節以制軍。女子可使攘袂以赴敵。又況擇材武之長。用訓練之師哉。大法一行。則賢者不得藏其謀。何煩於自薦。智者亦以申其用。何待於衆推。而綏寧鎮禦之方。唯所使矣。聖意又念河朔乾救之外。軍儲闕乏。及向去財用如何省節。加以冗兵尚衆。戰馬未孳。發于焦勞。並念周悉。臣等伏以冀部不幸。決溢為災。中路州軍。例遭湮沒。此則非緣它故。專為河防。民戶既已流亡。田畝未能耕藝。且可恣其所往。以就廣饒。所在撫綏。庶幾存活。議者多欲使州縣出粟以救其命。虛倉鋪餧。誠是深仁。連營之儲。更非小事。欲乞嚴敕三司。及安

撫轉運等使。凡係本路浮費。且令一切罷之。專以調食為先。次以安民為急。若向去秋夏西路豐登。必有餘波可蘇疲衆。至如冗兵一事。最是減費大端。日近雖累降指揮。並令揀退。天下剩員萬數。亦已別行催督。其餘條貫。敢不申明。此則向去財用省節之矣。若延戰馬登耗。事存監牧。然自昔生馬之地。今皆不屬中州。唯藉四夷與官互市。切聞邊關黠虜未嘗肯出名駒。徒費財珍。例多駑劣。其源若此。為弊實深。自餘坊監官司。華戎貿易。更乞下羣牧制置使多為條約。以量價直。重明賞罰。以督蕃孳。常或舉脩。亦恐可登舊數。然臣等今來所陳數事。即是日夕奉行。行而復言。理不踰此。竊恐衆臣議論。別有所長。欲望聖慈盡取將相學士以下對詔之文。降附中書樞密院。商量行遣。匪徒逃尸素之責。固亦合中外之謀。天下至公。於此為美。惟陛下留神財幸。

庠又答手詔曰。伏奉手詔。以賊昊未平。邊防用武。上煩聖慮。詢及具臣。竊以賊昊旅拒偷生。巢穴深固。若或興師出境。必須命將得人。又緣承平以來。久無上戰。縱有驍勇之士。皆非緣歷之流。況復饋運之間。勞費斯甚。陝西[illegible]力。既率已繁。更或隨軍。愈難應副。且當靜守。頗謂得宜。今來邊臣例循舊轍。靡營禦寇之策。但急濟師之言。須立定規。俾從經久。緣邊州郡。皆有熟戶蕃兵。不能訓齊。但務姑息。雖有弓箭手。人數甚衆。其如部伍未明。至於本城蕃落定功之類。亦未嚴整。凡所防托。悉藉正軍。是致調發之煩。未無科率之困。復又多立小寨。倒蓄糧儲。無事則兵勢盡分。臨敵則不能自固。於衛掩襲。職此之由。所宜委自轉運使與逐州長吏。量其戶口。籍定土兵。毋妨農閑輪番教閱。仍選勇敢有部轄之人。充等第將校。其熟戶蕃兵亦須點集齊整。揀括人數。與本城及弓箭手。每臨陣敵。前後節次使用。所有賊兵

出入道路合行把截去處。並可展置大寨。令弓箭手與本城兵士守把。其諸小寨不可廢去者。量留側近土兵看守探候。不得廣積糧草。所有朝廷差去禁軍。只委自部置鈐轄路分臣僚相度賊勢遠近策應。如此則固守有常。東兵可減。蓋資其土人服習道路。彼中若有黠集。易為探候。自免奔衝。而又兵籍素定。經費有涯。轉餉之勞。漸可撙節。自來每招役蕃戶。耗蠹頗多。主帥但納其虛言。臨陣恐成於悞事。今後不須枉用金帛。更有招收。其逐州長吏能訓練兵師。脩完戰備。膽勇材幹。為人所稱。朝廷當與保全。不責小過。歲滿成績。增秩再留。使之恩信及人。用明獎激。臣等素不知兵。叨居近列。欽承睿問。莫副天心。無任戰懼之至。

庠又答內降手詔曰。伏奉二月二十七日手詔。以逆賊元昊阻命西鄙。令臣等細畫方畧。並具實封進入者。仰瀆天旨。伏用震汗。臣等愚

驚無狀。待罪宰府。聖恩含養。弗暴所疵。夙宵惟念。未獲云補。乃今羌狄小醜。逆背恩盟。輕為風塵。穿盜邊塞。而將吏未習烽徼。弗明蕞然逆醜。遂積天罰。此皆臣等謀猷疏暗。奉職不稱之咎也。陛下幸闓大恵。不忍加誅。丁寧垂喻。俾悉其意。此誠謀及卿士。詢于芻蕘之成訓。然臣等深服三事。義殊百辟。以謂中書門下。政令之所出也。朝夕之所詢也。事無鉅細。謀無遠邇。皆可罄率膚淺。日陳于前。隨宜制務。靡容有隱。不當更竚清問。始復條列。至於守禦方略之要。則與樞密院立可議定。饋運便宜之常。即下三司轉運司坐見虛實。凡所關啓。畧皆施行。此陛下之明悉也。雖使各述爾志。亦不出于茲矣。惟詔旨內深入討擊一事。臣等自來未敢輕議。非謂沮損威重。直以勢有輕重。時須進退。請試言之。夫中國之人。習見承平久矣。將不六十。不更金鼓戰陣之事。卒不五十。不經疆場馳鬬之役。齊民編戶。租賦之外。不

知差調率斂之勞。猝然有警。孰不騷動。自劉平石元孫陷沒之後。邊防震擾。吏氣沮傷。奏報相銜。妄增虜數。或言四十溜。或稱三十萬。故敵未攻壘。先土城門。賊已出界。尚求兵援。將帥庸懦。亦緣人情未嘗諳歷故也。今若更責未習之將。驅嘗敗之兵。討已黠之虜。而希百勝之術。無功必矣。故臣等近者但乞本路脩峻城堞。以遏奔衝。籍閱強壯。以擬緩急。遂遣韓琦等馳至邊郡。采訪利病。補理頹敝。且為今秋守禦之策。仍令紓放倚閣。緩責轉輸。綏撫西人。務令安堵。且亦申戒邊將。以時訓練。使賊去勿追。此上數事。雖皆老生常談。然當今守邊之策。未有易此者也。臣等又料狡賊狃伏。必須再謀寇抄。欲乞諭緣邊守戍。因賊入境之際。或羸師以誘之。或伏險以邀之。或奇兵夜斫其營。或堅壁晝挫其銳。務據便地。勿與馳逐。俟其疲老。則掎角以襲之。如此一經創艾。則可以漸謀羈服矣。臣等熟計莫便於此。至若臨機宜可應變弛張。一二之言。非可豫述。事至中覆。未為後時。然敢不深發蓄慮。以須期會。思有以伐謀決勝。少報萬分。然後退就田里。誠無所恨。謹昧死上愚對。惟陛下幸察。

歷代名臣奏議卷之三百二十七

御邊

宋仁宗時翰林學士宋祁議減邊兵。上奏曰。臣本書生。不當妄言兵革。但以事勢料之。參驗今古。有灼然易了者。敢為奏請。臣伏見自古以來防邊守塞。未有屯結兵馬經年亘歲常在城砦無有休息者。傳曰。久暴師則國不足。雖有智者不能善其後。只如秦漢時與匈奴更相鬭報。出入鈔掠。亦是兵罷即歸。不令屯結。亦不如聖朝長令兵馬守備邊上。既不出攻。坐費糧運。是故用兵未及六年。天下之財已告匱竭。良由邊將不知休兵。朝廷不授成筭。億萬之費耗散而不計。若更十年。未知多少財用可濟其艱。臣請言其驗。賊界自三月後馬瘦。放在草野。不能負重。關陝人皆知之。則背春向夏賊不能大舉。其驗一也。賊無餽運。每入漢界常因糧於中國。中國自三月以後。才有麥熟。其餘禾稼未成。無糧可因。賊不能大舉。其驗二也。又有高山大川溪谷相衡。春夏之後雨水時行。霖潦為阻。賊不能大舉。其驗三也。是賊兵銳於秋冬。而屈於春夏。其勢可見。臣欲乞朝廷詳度。許令應沿邊州軍城砦。每年自三月後抽減一半兵馬。入內地州府就糧。直至九月却往元駐劄去處。號為防秋。況所抽兵士。雖在內郡。其校習訓練。一如邊上。此乃事之至便。不足多疑。一則邊上州軍愛惜得年支糧草。二則兵馬有休息之時。三則兵士到內地州府易為衣賞。四則關陝之民免得轉般糧草。是邊上一年支準可展為二年也。識者必難臣曰。賊知朝廷自三月後抽退兵馬。必選擇壯騎精兵。出人不意入來漢界作過。恐大段深入。鈔掠人民。破蕩城砦。何以為備。臣對曰。假如令賊有壯馬精兵。能於盛夏入漢界作過。三五萬。只是抄掠得界上些小熟戶人民。且無糧草可食。賊又不會攻打城壁。朝廷但只

令所在城砦堅守不出兵。及州軍只坡城立栅相對。不與賊戰。則見在一半人馬已自足用。萬一假令賊敢謀深入。即令內郡就糧兵馬旬日內可以勾集。令大將將數萬之兵。結陣徐驅往彼救應。亦只立硬砦相持。勿與賊爭鋒。使賊進則不敢。退又粘逐。常擇便地。自逗留至二十日以上。賊必有糧盡。或雨水之阻。又何能破蕩城砦。大段深入也。但自來朝廷不肯明下成筭與邊將。令抽退兵馬。是以邊將畏避責罰。長要占留在邊上。圖常有準擬。其深到軍馬以死固執。無因肯減一人一騎。今若朝廷明降成筭。使之遵守。如賊非時入界。萬一有少敗衂。朝廷自任其責。自然邊將必無固執斯議者也。伏望降付中書樞密院子細商量取進止。

祁知成德軍論蠻戎利害劄子曰。右臣竊聞用兵者不幸敵之亂。而欲己之不可亂。不畏彼之侵。而患所以來其侵也。今聞契丹興端造隙。欲敗和誓。外倚虛驕。搖脅近邊。不顧曲直。惟利是視。是謂貪兵。兵貪者亂。此可乘而取之。然陛下無良將。邊陲之臣類皆才下。又甲冑不完窳。弓弩不射遠。行無馱幕。出無營壘。馬乏精突。士習饒憒。外不能扞患。內能為患。此陛下未有禦敵之不能亂也。邕溪之蠻最脆弱者。今乃離去巢窟。略地千里。弄兵安行。無一能拒。蚤飛蠅營。弩而不散。此官濫吏庸招其所以侵也。事弊及此。不振而張之。不可謂謀。謀之不臧。使得遺禍。不可謂國。臣伏見陛下諸臣急則念治。緩則偷安。天下無事時見利害之小者。則鄙之以為不足事。及大利害。則憚曰。安可卒行。又曰。據今日之安。亦未及于危。小者鄙之。大者難之。遂若蔑之。於是天下之事日損一日。歲耗一歲。經制不立。紀綱頹陵。賴陛下盛德。四海晏然。然無法而治。不可以恃。今幸二邊少警。朝廷焦意寒心。亡而獻謀。人意必向。臣請先舉二方言之。今河北既分部署等

路各有屬州是唐諸節度兵也然而未有都統以節進退臣請因處
大師以一之使部分各得其人則金鼓旗幟卒伍號令使當一稟於
其帥繕鎧磨兵蓄養馬閱師而討之講求法度朝廷容詔以虜入某
處以某部署軍當之某路以師援某所以糧濟咨大師而聽命焉擊
首尾應擊尾首應犄角屈伸包裹彌縫明立賞罰閫外之務不從中
制此所謂不可亂也不亂則陛下可用而勝彼之亂也嶺南外區瘴
癘熏蒸北方戍人夏秋往者九死一在多發兵則糧乏少發則事不
集急責功則蠻獠遁逃不肯出緩則復來擾人是宜有以制之也今
聞發北方兵踰萬人已戍嶺外下濕上蒸病死必多料羣蠻勢不久
屯擊之必散臣謂不如選一二健將歲纔留北兵五千人分屯要害
處得善吏十數人完治諸州募土人為鄉軍復其租調視州大小戶
多少為之數統以部伍教以進退習以彼所長使與相追逐率百人

給北兵三十以勁弩利兵佐之冬春則使深入擾其居夏秋則使謹
守防其略彼雖能誘納中國亡命要之食盡必出鹵掠若其來也一
大斬獲則終身瘡矣我威已立然後可議招來與之盟則固許之臣
則久遠期五年近止三年南方無事矣臣竊恐有司苟且復仍舊弊
多留客兵自取死亡又不先以威而務招懷不為遠圖而求近効故
雖盟必違雖臣必叛夫前日之失已不可追自今之利便當審料恐
諸將功成之後議者泰然遂便因循授吏鹵莽設防未為陛下議長
久計雖一賊死而百賊生故臣曰彼侵不足畏患所以來其侵也臣
愚陋不識禁忌惟陛下裁赦用之

祁知定州上便宜奏曰右臣伏念行年五十有六素自衰怯不逮人
宜內治一郡習刀筆簿領計校米鹽與俗吏爭課最以報萬分不意
陛下過聽乃使守邊居真定不半年徙定武任過所能早夜震惶然

常聞天下根本在河北河北根本在鎮定以其扼賊衝為國門戶且
契丹搖尾五十年習不畏人很態猘心不能無動今舐蝸涎欲肆
囓者惟定與鎮二軍不戰則進搏深趙邢洺咋脆擣虛血吻婪婪無
有患矣臣所以日夜深計者以為欲兵之強莫如多穀與財欲士而
練莫如善擇將欲人歆艷樂鬭莫若賞重而罰嚴欲賊爾望不敢前
莫如使鎮重而定強夫恥怯尚勇好論事甘得而忘死河北之人殆
天性然陛下少勵之不憂不戰以欲戰之士不得善將雖鬭猶負無
穀與財雖鎮金城定湯壕勢必輕今朝廷擇將練卒制財糧返以陝
西河東為先河北為後非計也夫西戎兵銳士寡能略邊不能深入
河東天險虜憚為寇惟河北不然失長城之防自薊而南直視千里
賊鼓而前如莞衽上行故曰謀契丹患不得不先河北謀河北捨定
與鎮無可議矣故臣願先入穀鎮定鎮定已充可入穀餘州列將在

陝西河東有功狀者得遷鎮定則鎮定重天下久平馬益少臣請多
用步兵夫闃然聚霍然去雲奔飈馳抄後掠前此馬之長也強弩巨
挺長槍利刀什什相聯伍伍相遮大呼薄戰此步之長也臣料胡廷
與虜相攻必不深入窮追敺而去之及境則止然則不待馬而步可
用矣臣請損馬而益步故馬少則騎精步多則鬭健我能用步所長
雖契丹多馬無所用之夫鎮定一躰也勢不可離今判為二恐謀之
未詳自先帝為一道師專而師不分故定椹其胷則鎮擣其脅勢自
然耳今其顯顯有害者屯寨山川要險之地裂而有之平時號令文
移不能一賊脫叩壘則彼此不相謀誰肯任責耶臣請合鎮定為一
路領以將相大臣領之無事時以鎮為治所有事則遷治定指授諸
將諸將權一而責有歸無苟且意僥之上也惟陛下與中書樞密院
當安慮危熟計所長必待事至而後圖之殆矣河東馬強士習善馳

突與鎮定若表裏然東下井陘不百里入鎮定矣賊若深走以河東健馬佐鎮定兵掩契丹之墮若歸者萬出萬全此一奇也臣聞事勿於用者不可以文陳臣所論增步兵叉入數分兵隸裨將等諸條件目繁碎要待刀筆吏委曲可曉臣已便俗言之輙別封上至擇善將多畜財乞委樞密院三司條具以聞臣一諸生弗知軍旅事偶有所見不敢隱特以受大恩思亟報也恐議涉迂闊有司難詰更乞付臣令悉意條陳然後施行

至和二年祁又進禦狄論表曰臣去皇祐四年秋七月待罪成德軍五年二月改定武軍皆兼本路安撫部署兩司此河北極選賢士大夫日夜所望立功名者也臣某誠恐誠懼頓首頓首臣不肖少服儒業幸得秉筆代天子制令奉職弗稱遂用外遷不謂尊號皇帝陛下擢自踈冗付以劇使俾專一面護諸將貴重體雄自靡皇寧出入三

年無毫髮之報竊以持兵擁甲野戰乘城皆非臣所能勉加體力早衰年向六一謀不逮遠識不先事姑奉陛下經武之略赧然汗發于背然所至詢疆場事所以制賊大畧目見耳聞非得歇端輙次為禦狄論七篇其語不文以便事也弗泥於古從權宜也直取今日利害決為可行也不足示後時異則計有所不用也伏以中書樞密院皆忠力大臣謨謀閎深奉承聖筭明燭萬里敵無遁情臣今所上乃廊廟殘計棄牘弃語猶敢冒昧上陳者欲明邊臣思不出職亦上佐朝聽蒭蕘千慮之與也干冒宸覽臣無任愧羞戰栗之至其論謹附表投獻以聞臣某誠恐誠懼頓首頓首謹言

篇之一

客問臣子爲陛下守中山直契丹西鄙天下精兵處賊敢引弓南面射㝡先薄戰自先帝咸平以來常以重將臨統子今出入三年頗知賊情僞乎臣應曰太守本諸生朝廷不知其愚使從諸也未嘗羅卒陷陣又無横縱之辯王霸之術烏能論賊乎雖然傳曰知彼知己太守誠不肖粗能舉其凡客曰願子無讓請以今事言之竊聞西羌與北虜解仇申約復爲甥舅信乎臣曰契丹使一介叩朝廷言夏人臣順事謹馬羊納有司果信矣然則兩賊合而無隙彼將連衡以擾二邉柰何臣曰合則有之隙未平也契丹地大兵衆而狠羌地狹卒寡而精以大臨狹則羌弗獲已而合以精抗狠虜何敢安受其臣哉且虜酋與羌兒戰一不勝殺卒二萬餘虜主僅自脫北築威武金肅等城跨河而守者五年矣訖無尺寸功是虜窮於侵而羌倦守矣故畀辭厚幣以休兵甲之勞羌非真畏虜原本大子女麗金錢多故思隙而連和以軋吾境鈔劫係纍各飽其私安得不合臣曰不然如客所謂茲易與耳國家歲棄金帛五十萬與北狄以五

萬與西羌彼有背盟爲不臣者我斃五十五萬固不出境若陰以十萬許羌人赦其罪以携之彼必以中國合還兵而抗虜虜失西援且狼狽不敢前我又陰許還北虜三十萬與之平則二賊之仇結不解矣狄之怨必嫁于西羌西羌之怒且銜于北朝廷安視其禍以處饋操二國重輕何所患哉客曰羌人自元昊以來勢始張國褊而兵寡雖與合恐不足爲重輕對曰不然元昊善用兵其左右皆賢故數亂西兵未嘗少衄焉雖挾勝而不敢不來臣知事大之躰也既父子戕死而諸酋扶孀嫗抱嬰鶵南面而朝人惕息相與守舊君法無違德南抗中國東支契丹養馬按兵自如四鄰不敢浸中國有年無疾瘦死亡意者天假之幸是且將興烏得不爲重輕哉

篇之二

客曰子謂契丹與古孰強臣曰耶律一姓王二百年今其衰也歟客曰彼無奚黑水高麗達靼新羅數十國薄海而東南包燕薊肥腴之地孳養腥臊戢戢林林重繭壯荒與中國爭長六十年今又得西夏而臣之何云衰耶臣曰客詭其表未責其裏請爲客道所聞虜主懦庸其弟悍剽好戰本許傳國故盡以奚契丹兵屬之虜主有子且長更爲王以燕薊華人屬之然其弟常右蕃卑漢數請犯中國子常佐漢鄙狄頗與中國和又宦老嫗在焉故虜主依違不能有所決華人之輔政者皆附主與子蕃長之當國者附其弟是此虜一軀裂爲二支柄難待時作耳有如君長一日狗馬病狼弟即倖愛子能相下爲君臣乎能爲君臣無疑忌乎華蕃大臣能合而不限乎幸而宦嫗未死肯捨其子而助其孫乎內不能安必大誅殺安得不亂亂必有黨黨必爭爭未必有能國也彼高麗達靼等苦爲契丹屬久矣誅求無時譋發無度一日契丹亂彼將蝟毛而奮自王其國且何恃而強又和戎以來虜人習見朝廷袍笏之美百官之富肴果饈醪炙瀹甘珍衣服器彝薰澤光鮮皆委氊毳獸血食解辮褫裘慕爲華風時時遣詩書語籥問儒者禮樂等事爭貨紈綃纖縷之麗橙茗辛馥之奇以相夸尚此賈誼所謂五餌壞其耳目腹心者也客曰五餌等語班固詆以爲疏矣子何據之臣曰然誼於治體深故其言奧其事久而効固俗儒也見誼不爲文帝用便以誼爲空言固則陋矣且自古戎狄所以強中國者隨水草無常居耐霜雪以鞍馬爲家此其勝邑居城郭也射狐鹿兕麕飲其血服其皮脯肉而糗之此其勝耕斂囷廩也喜相羣愁相殺殺人者取償而止有罪即誅凡召發傳一箭哄然皆集此其勝文檄簿領也生能挽弓傳矢帶刀劒孺妻弱子皆習熟此其勝營伍教督也不知道德仁義制度文物之白並肱而騁情一而志通此其勝禮文親疏嫌疑等差也今則不然反殺而強仁反戰而崇和弃腥糒甘饔飧美衣食酣聲樂所以勝中國之具者一切喪矣是耳目腹心壞而不復完徒褫虛強以拄中國太守知其無能爲也

篇之三

客曰景德契丹數寇河北我諸將謀必敗戰必走何耶虜既負勝由是鼓而前破五六城突魏觸澶蹶跳無所畏子識所以然乎臣曰識之中國失虎北之隘自幽而南地如袵席然何承矩始畜陂障違也田塍而畦之限賊馳突然東不盡海西薄常山數百里輒止外無所阨故賊常掃穹廬而來屬壯馬走平地以大衆加中國其時也馬適肥士適飽人人貪抄劫之以利氣適無前我諸將常迎其鋭薄之又以寡抗衆故虜常勝吾常負矣所以制賊之術也曰然則何不待其氣弱而後戰臣曰得已而然哉夫大將在外必有貴臣監軍貴臣見賊至不課彼己強弱不待便利促其將使鬬鬬而敗閉壘不敢出矣然後賊以數萬騎綴廣信安肅二軍嬰保州則定武僅能自守賊精兵獵瀛莫犯深趙瀛莫自不支其穿西山而出者繞鎮右行鎖兵雖急戰不能禁其入由是躡邢躪洺而睥睨澶魏矣客曰策安出臣曰在擇將以閫外事付之夫任一則權不分故外不見脅於中上不見狃於下值隙而後攻逢利而後爲可而奮不可而止避其鋭間其懈邀其歸獻其所不能無促以功則功易成無必其期則戰易勝此亦一端也客曰未也請衍而申之臣曰虜人之來因糧於漢聞景德時大賊固營不動而游騎四出發窖窨略馬牛係老弱劫樵採旦而出夕而內之軍中仰以濟師當此時諸將熟視未出一卒以乘其弊賊由是肆然燔室廬殘邑聚遠於講和河北爲空此一失也又詔書勅

諸將逐賊無深入及境則止故賊勝則驅而進不勝則不畏追是時虜塞之人按堵而吾鄙不聊生矣此再失也夫戎虜安知道德仁義我醜然其人面而狗腸也惟勁鏃遺肯長刀築乃怖耳當鈔騎之出我若以邊人邏士邀之或虜其左或尤其右蔽林伏根掩所不防但令無所獲而走不過五日七日眾飢師老矣以吾飽乘賊飢何攻不破何擊不北耶賊之入塞掠吾老弱畜産若干我伺其便以五六月虜馬瘦弓弛勒偏將出塞虜其部族牛羊亦若干相當輙止虜所恃以為富者特幽薊耳彼能殘我河北吾一支病也我能殘其幽薊彼一軀廢也若是則虜懲艾計較必不敢輕入而為寇矣漢武帝使衛青霍去病深入鏖鬭斬匈奴首級最凡十四萬而已北虜遂衰此驗在前可覆也故曰不殺不怖不傷不刈不得其當不止此上術也客曰太守計雖審然與嚴尤班固之說戾而不合何哉尤之言曰周秦漢三家征匈奴未有得上策者周得中策漢得下策秦無策焉又言宣王時獫狁內侵至於涇陽命將征之盡境而還故天下稱明固之言曰來則懲而御之去則備而守之此聖王制御蠻夷之常道也臣對曰尤固皆中人俗儒不足與論天下計彼特得皮志髓齧胈脆而未知雋腴也唐牛僧孺嘗詆尤以為僻戎無上策秦為無策非是世謂知言夫戎虜既曰以禽獸畜之班固所言是不可以道德仁義化也道德仁義不可化則無上策矣必以強武服之所謂武未有不殺而能威之以武秦漢是已然秦與漢自以它失為後世譏病於計匈奴不為無功尤盛贊宣王以及境則止為明非也宣王興厲王之後奮秉氣遂弦敵威不能加於虜故及境而止詩人姑美其能中興不美不追賊也易稱高宗伐鬼方三年克之伐而克非道德可化章章矣故曰來則懲而御去則備而守殊可嗤怪必如其言是兵常在邊而弛甲無期矣故曰尤固不足與論天下計

篇之四

客曰虜之來常因吾糧故朝廷以清野困之常獵吾民故堅壁挫之今日北邊高城濬池樓櫓堅密比景德有加焉一日契丹送腰領其可以制賊乎對曰能捍賊未足以制賊也吾野雖清吾壁雖堅若鎮定兵不出賊猶敢以戎馬直驅深入搗虛而奪人氣也曰然則柰何曰虜中軍其大渠常自將我若使鎮定兵從之與相上下吾常環車固營出輕騎擾其餉擊其鈔夜譟其營彼求戰不得攻不能下掠無所獲大眾老而懼吾因其懼而舉薄之無不勝矣前日虜人犯定軍夾唐河以陣虜不能勝因捨定攻瀛破其外郛又不能克乃直走澶淵是時定軍尚未出也由此觀之吾失在不戰矣太守是以知今日邊臣專脩守械不為攻戰計未足以制賊也客曰然則今日樓櫓城隍果勝於興時臣曰不然祖宗時有北復燕易意故不專於守今者專於守故城益高隍益深勢自當然非今人工昔人拙也客曰今日朝廷分河北為四路可以經制乎對曰甚善無事時訓師徒撫風俗便事之宜治葺保鄣督官吏能否鼎峙而立其效過興時遠甚一日軍興猶須即河北安撫為大使統而一之乃可責功又鎮定不可裂付二將宜及平時并為一路使將佐部伙有臂指之勢輕重相權誰不曰宜滄州東薄海南倚濱　斜視淄青北與虜接其間漢虜弃地各數百里土鹹舄水泉不可食夏蚊如雷不可居也至冬萑葦際天茲細商賈未嘗行故朝廷輕其戍列數堡而已景德之後守臣廣陂障蓄水接海又黃河限其南是以議者越然不以滄州為劇地自河決橫壟商胡游波紆浸貝丘鹽永靜環海而北破乾寧恣肆妄流以入于海凡游塞下陂水數百里皆為平地則濱　淄青失河之險

未有以恃也。我未有恃，則啓戎心，故賊不可不虞也。是宜權建滄州
為一道，以扞東垂伐賊之謀，然止十年計。河若用道，滄可廢矣。客曰：
塘水之險可恃乎？吾聞議者或謂不然。對曰：塘水東西袤六百里，其
闊百里或五十里，夏浪冬冰，淺不可載舟，深不可亂而濟，是以控虜
騎突怒，省亭堡之防也。然議或不同，何哉？蓋語塘之利者不列其害，
謂害者不數其利，是以聽之似可用，質之似無有也。客曰：其害奈何？
對曰：昔之畜水為塘，其制曰若干地淺若干尺，若干地掘而浚之若
干尺，相錯以繡，是謂深不可度馬，淺不可載舟也。後人忘向時之制，
惟因霖潦時漲而廣之，故壞民良田無有涯極，而議者試無涯之害，
因忘設險之利也。客曰：若何而可？曰：那鎮以皆西倚山，水泉悉輸東
北，其地西高東下，若建瓴於霤然。昔之為塘，必掘而浚之，所以留水
也。今若案舊法為塘之限，闊不過百里，狹不下五十里，堤而限之，亦

是制北虜之入為中國十二丈，得良田還與民，則利害曉然判矣。客
曰：可為無窮利乎？曰：百年計耳。水潦自高而注者，必歲淤而月廞，如
今不掘而浚，弗出百年為平原矣。

篇之五。

客曰：北虜負其衆，中國常為之屈，將天運乎？亦人謀有未至耶？臣曰：
儒者不可捨人而言天，意者謀有未至乎？祖宗事太守不及知，直以
慶曆時驗之。北虜乘西鄙方擾，衷其衆呰舉叩境，作嫚言於關南十
縣。時議臣倉卒直以十縣歲賦才二十萬為對，故歲　金幣二十萬
與之，因欲塞求地之請。虜由是得自大，謂不遺鏃缺刃而成功，妄為
醜言夸示其下，由是縣官用度益急矣。殊不知與賊二十萬，則其地
故其有也，彼且緣為辭曰：吾不取賊而還吾縣，即是朝廷植今日之
禍根，取它年之亂，實已失吾財，又亡吾地，尚謂國有謀乎？故曰未有

至焉。客曰：不然，是時不許其求則戰，我兵未合，必為賊乘，故為一切
之權，必亂其謀，子何昧焉？對曰：等為之權，不如直以百萬賂之，使罷
兵，既不為無窮之饋，又使它年絕旁緣之辭，不猶愈乎？客曰：犬戎得
朝廷之賜，尭足其欲，恐常以虛計搖邊，何耶？答曰：契丹君臣合謀，以
為取二十萬于我為無名，謂我且啗賂以圖其國，刷恥取償焉，是以
歲閱馬料衆，治橋路郵舍，以自張大，示將狼貪無厭者，外又挾漢為
重，制服諸戎，太守固知虛矯而實衰也。客曰：如此何計而宜？對曰：莫
如自治，所謂思患而預防者也。今朝廷英俊林立，豈謂無人？但莫遴
任患，故功不立。糧可廣入也，而便糴曰攺，法下不信，則塞下之倉庾
空；財可預積也，而有司弊以用多，吝而不出，則塞下之帑庫空；馬可
孳養也，議者喻阿，月推月引，苟安其任，終不肯盡力，則塞下之牧廐
空。不止三空，又有五可誚：騎軍多馬少，三分其人，馬才居一，士既不

可為歩，是畜無用之兵，一可誚；河決澶滑，橫流不制，壞陂障，破漕渠，
失國所恃以為防者，又破滄州歲費七十萬，朝廷玩之不為寒，二可
誚；舉河北義勇且三十萬，著令歲一大習，盡一月止，用古一時講武
之義，而州縣避事，或歲未稔，民且困，即罷之，又惜數萬碩之廩，歲為
此言，雖有教閱者，不為部伍行陣，如小兒戲即止，又流亡物故皆不
補，十耗三四，自謂便民，民之便，國之不便也，三可誚；緣邊守將輕授
而重任之，重任而輕易之，衆皆知不肖，而朝廷謂之能，見效無狀，而
歷任累其年，一日警急，是輩巽愞奔走，敗軍損國者也。若迺公忠材
猶嶄然，風采古，不肯衮衮雷同，欲卓尒自立，時或有之，但一失意於
衛命小臣，則飛奏朋毀，使內不能自明，上有以為惑，一紙詔移它路
矣，是以不材者在，而材者去，四可誚；近年議邊臣公用錢，尤急計校
出入，剖粒析毫，監司督察，急為威峻，至於探候間諜，無財貨募召，皆

不能入賊境。比蕭德昊湛等告西人之和。是及藁街尚未得其奉使
意。此迺所責小所失大。五可誚。故曰。三空宜早實。五誚宜速除。居安
慮危之至計也。然朝廷每得虜人一好言。便釋然高枕。至邊戍奏請
罕復報下。得一妄語。焦心不終日。督切邊臣。宣勒紛然。此似未盡其
情。夫用兵以狙詐為本。凡不足示人以有餘。強示人以弱。兵家常策
也。景德時。北虜窮兵深入。豕突澶淵。先時令王繼忠累表乞和。兵益
急。表益來。會伏弩射殺賊將。虜毋大懼。因遂講好。先帝不窮其姦。而
與之盟。此已驗之效也。故得賊好言。可聽而不可怠。得賊惡言。可防
而不足懼。不懼謂何。自治有素矣。

篇之六。

客曰。虜常籍諸戎兵。席卷來寇。故河朔之勢不支。子何以禦之。若如
子之策。可決勝乎。對曰。大衆不足恃也。其取勝者在中軍而已。中軍
不振。諸酋長且土崩。雖衆何賴。為夫鎮定在河朔兵第一。今使悉衆
從賊中軍與相進退。令瀛魏軍當酋長。縱奇兵擊鈔騎。河南列屯營
謹守澶淵。餘州皆清野以待。不逾月。賊必飢。飢必求戰。我畜銳不發。
以羸畜弱卒當之。待其爭而囂。則整師犯之。無不敗衆塗地矣。然中
國不用兵五十年。軍有所未習。先屈而後勝。未可知。用之數年。習知
委曲。則士心侈而樂鬬矣。士見所得財珍馬羊皆自取也。所上首級
厚賞也。死事者䘏其後。奔怯者無衆寬。必戮。罰信而賞明。則士氣銳
將謀。衆人心安。不止禦自來之賊。可北圖燕薊矣。夫燕薊。契丹恃以
為強也。故太宗已平河東。而先取幽州。聖謀深矣。故不復慮北契丹
不可臣。客曰。子言太高。恐不為時所信。且陛下為四海屈己。以銀幣
五十萬為年賜。使者賀正月慶誕日。廷勞答貺。又十餘萬。西夏亦十
餘萬。大底直百萬歲。棄之二垂。安天下元元。德至厚也。子欲輕動干
戈。為國生事。非策之宜。對曰。唯。淮太守所云。非謂欲朝廷舉兵討也。
直因其來寇。而豫為計耳。賊之南牧。必先犯鎮定。邢趙瀛魏。以地平
戰易。民富有易擾。而多獲也。所在發掘鈔略。終無顧巢窟意。夫賊留
吾境。大衆不輕動。吾可用奇矣。若令輕騎挾半月糧。出河東。以殘雲
應。出雄州。以躡幽燕。治戰舸數千。載半歲食。出青萊。浮海以動營州。
縱諜者告賊。能安然不畏乎。北賊之還。吾輕騎戰舸歸矣。故彼歸我
出。我出彼歸。不數年。賊出川險要無不究。則彼自保不暇矣。朝廷又出
寶貨募使者。走間道賂新羅達靼黑水等諸戎。以謀士隨說之。許以
重爵割地與之。平使叛契丹。彼不從。必露言於賊。賊且內相疑。若聽
吾命。賊固失援矣。此皆伐謀紓難。可先計而後用者也。客曰。或言契
丹歲得銀幣五十萬。庫積充溢。安肯自為送死計。彼之來。不過略河
北數十州。固無五十萬之獲。賊雖愚。肯捨安受之賄。與朝廷決不可
必之勝也。子試策之。此言是乎非耶。答曰。今者虜君臣皆不肯。殆有
是矣。彼其臣為主謀曰。宋所輸珍寶。君皆自得之。今若縱兵鈔略。所
得財皆散於下。有功者君又將傾府庫以賞。然則違盟而戰。下得所
欲。上喪所蓄。君但有勝負之慮。將何事焉。太守策之。此北虜所以遷
延自安。未肯作反計昭昭矣。

篇之七。

客詰曰。子策契丹不反。然子之在中山。所統九州軍。備樓櫓。濬壕隍。
畜糧增馬。勒部伍。無日不討於兵。蓋何不自安。對曰。客言非也。兵家有
云。無恃敵不攻。恃吾所不可攻也。賊雖未叛。吾備何得弛乎。常治所
以待亂也。不虞是其可虞也。前所謂虜主孱。其子長也。而弟又凶悍。
一日虜主狗馬疾。弟與子必爭其位。爭而勢分。有弱有強。強者與我
為敵。則弱者求吾為助。許之。強者怒。不許。弱者必致讎于我。賊習知

邊鄙怯懦。漢地富有。故攻所易攻。以自長雄。不可不為之備。又其新得國。必恣狂勃。先剽劫于邊。左右素不懾者。將妄誅夷。雖不保終。要能為疆埸患。朝廷尤須以兵鎮撫。所謂亂也。慶曆時。虜主將死。乞師於諸戎。皆以兵從之。約曰。所獲人畜財貨。皆自取。衆胡喜。自夜馳。且南向。會與虜和。各罷歸。衆胡皆恚曰。欺我。使來。因大掠幽薊間數十縣去。契丹不能禁也。今虜主再遣王綱約諸國借師。皆曰。又欲如前欺我乎。不肯出兵。故去年八月。遣使叩塞。告與西夏絕。正書甘而禮厚。以反諜未成。為詭計。誅朝廷之壯虜耳。異時能得諸戎兵。即又尋隙責言。肆其沓貪。此謂可虞也。故太守欲朝廷自治。以待彼亂。常備不虞。奚待可虞也。又況歲出貲百萬。賜二虜。此寧無窮乎。子孫計耶。水旱疾疫。古今代有。假如萬分一中國遭三年之水旱。數千里疾疫。南方治課不登。而工取無涯之財。填沙漠之壑。是自困天下者也。天下窮則厚取於民。厚取於民則怨。怨而不亂者。未之有也。彼將乘吾之困民之怨。責吾所輸。恚氣直辭。歸曲於我。此不謂倒太阿。假賊以柄乎。太守聞異時縣官歲與銀。皆還入漢邊相貿易。嘗得什六。歲益三四則略是。自慶曆後。虜禁止銀不得復入邊州。且十年。此欲困中國非一日計也。自和盟以來。歲與三十萬者四十年。五十萬者十年。契丹所得銀帶凡七千百萬矣。春秋許夷狄者不一而足。有如它日賊復壓境。又欲如慶曆時增歲入之物。與之盟乎。故莫若先自治。待其來勒兵固以威武示之。如前所陳者。我威一立。與之盟則固。與之惠則悅而易臣。有所賜與。不過二三十萬。則天下之財不至乏。垂之後世而易遵焉。

慶曆七年。樞密使文彥博論討戎瀘小夷。不必自秦鳳興師。奏曰。臣今觀梓州路奏稱。淯井監夷人作過。事體不小。乞依慶曆四年例。於秦鳳路差撥兵馬。赴本路救應。事臣勘會。慶曆四年夏。瀘州界夷人作過。是時臣任秦鳳路都部署經略等使。准朝旨。令臣發禁軍兩旨揮赴瀘州救應。臣以秦州去戎瀘四十餘程。地遠。必赴救不及。枉有拖曳。尋甲臣雖知不便。當時以朝旨丁寧。不敢稽留。異議。遂發禁軍兩旨揮赴瀘州。未及中路。夷人果已退去。其上件兩旨揮兵士。只到遂州駐泊。是時川界州軍見此兵士經過。人情頗亦驚恐。兼為遂州官吏不曉軍政。不能平心撫馭。動有猜疑。幾至生事。臣知益州日。鑒此舉動之失。曾具利害擘畫聞奏。以謂戎瀘些小夷人作過。只是本處白芀子弟及寧遠兵士。自可禦遏。若賊勢稍大。則計會梓夔益利兩路。就近差那兵甲。可以討擊。蓋蠢尒小蠻。來則禦之。不可窮其窟穴。豈煩遠自秦鳳興師。空自勞弊。兼恐別有驚擾。况嘉眉州皆是益州鈐轄司屯兵之處。若發兵救應。乘舟下水。不三四日便至瀘州。赴救之勢。最為神速。臣之奏章。必在樞府。可以復視。伏乞更不自秦鳳發兵。只令速計會益州鈐轄司相度量差兵甲。由水路赴瀘州策應。尤為允當

仁宗時。王堯臣為學士。知審官院。陝西用兵。為體量安撫使。將行。請曰。故事。使者所至。稱詔存問官吏將校。而不及於民。自元昊反三年于今。關中之民凋弊為甚。請以詔勞來。仍諭以賊平蠲租賦二年。仁宗從之。使還。上言陝西兵二十萬。分屯四路。然可使戰者止十萬。賊衆入寇。常數倍官軍。彼以十戰一。我以一戰十。故三至而三勝。由衆寡不侔也。涇原近賊巢穴。最當要害。宜先備之。今防秋甚迩。請益團土兵。以二萬屯渭州。為鎮戎山外之援。萬人屯涇州。為原渭聲勢。二萬屯環慶。萬人屯秦州。以制其衝突。且賊之犯邊。不患不能入。患不能出也。並塞地形雖險。易不同。而兵行須由大川。大川率有砦柵為

控扼賊來利在虜掠人自為戰故所向無前若延州之金明塞門砦若鎮戎之劉璠定川堡渭州山外之羊牧隆城靜邊砦皆不能扼其來故賊不患不能入也既入漢地分行鈔略驅虜人畜劫掠財貨士馬疲困奔趨歸路無復鬬志若以精兵扼險彊弩注射旁設奇伏斷其首尾且追且擊不敗何待故賊之患在不能出也賊屢乘戰勝重掠而歸諸將不能追擊者由兵寡而勢分也若尚循故轍必無可勝之理又論延州鎮戎軍渭州山外三敗之由皆為賊先據勝地誘致我師將帥不能據險擊歸而多倍道趨利兵方疲頓乃與生羌合戰賊始縱鐵騎衝我軍繼以步奚挽彊注射鋒不可當遂致掩覆此主帥不思應變以懲前失之咎也願敕邊吏常遠斥候過賊至度遠近立營砦然後量敵奮擊毋得輕出詔以其言戒邊吏

監察御史包拯進張田邊說疏曰右臣以懦庸之質蒙領邊帥之任才輕責重不能稱職進退殞越罔知所措伏自北虜請和以來邊境無事垂五十載守禦之備因循浸久將領之選未甚得人卒伍之輩復多驕惰若不精加擢擇一旦緩急用之以庸謬之將總驕惰之卒必先事而敗雖有犀甲利器焉所施哉況虜中日有事宜姦詐萬狀不可謂要盟甚固萬無負德往年之事亦可明矣孫子曰無恃其不來恃吾有以待之也無恃其不攻恃吾之不可攻也若沿邊長吏兵官悉得有才之士委而用之上下協濟庶幾後患可弭臣昨待罪諫署未嘗不論列及此今叨邊寄安敢循默而不傾竭愚慮圖所以為報哉臣竊見殿中丞通判信安軍張田性質端愨文藝該博周知河朔之事嘗著邊說七篇詞理切直深究時病輒敢繕寫進呈伏望陛下萬機之暇少賜觀覽則沿邊利害粲然可見仍乞宣諭兩府大臣參議可否銳意而預圖之實天下幸甚

拯又論契丹事宜疏曰臣伏見契丹近遣人使復有請求今朝廷宣遣使命以答其意者蓋羈縻不絕之誼也且北虜自先朝請盟之後邊鄙無事垂四十年近因昊賊背畔以來邀乞無厭情偽可見臣訪聞虜中官吏薄於俸給人民窘於衣食故自將相而下以及族帳久萌南牧之心所未欲者特其主耳亦非甲兵用度之未足種落上下之未和其力固有餘也所以然者以國家歲入數十萬計往還聘問之禮未之或闕無釁而動佳兵不祥不欲曲在彼耳非有服仁義崇德讓之道也其貪而好利忍而好殺強則驕傲弱則卑順乃戎狄之天性也故自古聖王以禽獸畜之來則敺而禦之去則備而守之此制夷狄之常道然無代不為中國之患議者或謂四夷乃支體之疾夫支體之疾亦根於心腹矣苟支體未寧則心安得無患願陛下深鑒於此慎無忽焉又慮陛下左右或言事者有以虜中無事以安聖意謂彼君臣樂我和好盟誓甚固萬不負德竊恐有誤於陛下也兵法曰無恃其不來恃吾有以待之也無恃其不攻恃吾之不可攻也今既無故遣使是必以不可從之事為請乃其詭計耳但小不如意則欲以為詞況今夏地震於并代之境蓋陰盛之象且夷狄者中國之陰也又震於純陰之地此天之有以示戒也豈徒然乎彼必有潛謀構隙之志尤不可不深慮也臣竊知沿邊諸將未甚得人皆售進市恩結援固寵不講方略不訓士卒撫馭無術勞逸不均以致邊備未完邊廩未實一旦急用必先事而敗且河朔地方千餘里列郡數十與虜界連接深入之患甚可虞也而郡無善將營無勝兵卒有來如疾風暴雨去如脫兔緩急之際曷以禦之臣每念至此寒生毛骨況觀今來事勢乃必然之兆雖命兩府重臣往逐路宣撫措置更望陛下頻召執政大臣與總兵將帥乞丁寧訓諭俾圖議謀策選求將帥精練卒伍廣為積聚以大

警備之不然則懼貽陛下之深憂也臣區區之心無所士補惟陛下裁擇
拯又上疏曰臣聞戎狄為中國之患其來久矣以古揆今未有恃盟
好忽武備而不為後患者國家自契丹請命逾四十年沿邊卒驕將
惰糧匱器朽主兵者非綺紈少年即罷職老校隱蔽欺誕過目前
但持張皇引惹之說訓練有名無實得不熟慮乎臣昨奉命出境虜
中情偽頗甚諳悉自創雲州作西京以來不輟添置營寨招集軍馬
兵糧積聚不少但以西討為名其意殊不可測緣雲州至并代州至
近從代州至應州城壁相望只數十里地絕坦平此漢與胡古今所
共出入之路也自失山後五鎮此路尤難控扼萬一侵軼則河東深
可憂也不可信其虛聲弛其實備兼聞代州以北累年來蕃戶深入
南界侵占地土居止耕田甚多蓋邊臣畏懦不能畫時禁止今若不
令固守疆界必恐日加滋蔓窺伺邊隙浸成大害銀方城等亦緣此

而致切不可忽也況邊上將帥尤在得人昔太祖經營四方選勇幹
忠實者分控邊陲以何繼筠滄景李漢超關南以備北虜郭進邢州
以禦太原姚令斌慶州董遵誨通遠軍以捍西戎傾心委之錫賚殊
異皆一任十餘年不遷卒獲其效今則不然在事未幾即從遷徙又
何暇於訓練備禦者臣欲乞今後應沿邊要衝之處專委執政大臣
精選素習邊事之人以為守將其代州尤不可輕授如得其人責以
實效雖有微累未令非次移替所貴軍民安其政令緩急不至敗事
拯為河北轉運使乞河北添糴糧草上疏曰臣累嘗上言以河北河
東沿邊守將未甚得人特乞精選帥臣訓練卒伍廣為聚積以防後
患而位踈言賤未賜開納臣昨奉命出疆詢訪虜中情偽亦甚諳悉
蓋彼處官吏薄於俸給人民苦於衣食其下族帳各萌南牧之心所
未欲者獨其主與一二將相而已亦非兵力用度之不足蓋利國家

歲入數千萬不欲無釁而動耳然點集軍馬創造兵器無日無之觀
廼所為其志不小而議者但欲少安聖意謂彼君臣樂我和好盟誓
甚固萬不負德竊恐有誤於陛下也孫武曰無恃其不來恃吾有以
待之也無恃其不攻恃吾之不可攻也況河北河東京東地震尤甚
沿邊大水並陰氣極盛之象兼又五星屢失躔次此皆災異之大者
且天之示變蓋不虛發所以警悟於陛下勤勤如是固不可推咎四
夷以忽天戒也其邊上事宜不可不速為備禦之具今雖遣臣察往
三路便糴緣逐處少得見錢恐難集事欲望特出宸斷許於內帑支
見錢或絹百餘萬匹逐路乘此之便相兼收糴俾邊廪稍實有數年
之蓄庶少寬聖慮然後日御便殿召執政大臣與總兵戎帥丁寧訓
諭俾講議畫策講求將帥練習兵旅繕完城壘以先警備之況當此
可為之際若不銳意遠圖但務因循憚於更張措置恐非宗社之福

必貽陛下之深憂也臣區區之心不能自已惟陛下留神省察
拯再請移那河北兵馬及罷公用回易臣竊見天下之患在乎三路
而河朔為患最甚況兵耗於上公用盡於下內則致帑廩空竭外則
致生靈困敝臣前後累次論列乞那移兵馬於河南州軍及罷諸處
公用回易專委逐處安撫轉運司相度終未見果決施行況北虜請
和四十餘年歲遣金帛數十萬者是欲寬國用而舒民力爾今邊鄙
不聳正是保國息民之時而屯兵益眾用度益廣每年河北便糴糧
斛三四百萬石約支見錢四五百萬貫僅有三二年之備雖朝廷竭
力應副亦所不逮日甚一日恐數歲之後必有不可救之患至如寶
元以前天下無事財貨充足一旦昊賊猖獗調發勞年公私窘絕迄
今未復以今事勢較之往日則不侔甚矣萬一或有警急何以取濟
且夷狄者四支也河朔者心腹也幸而外無夷狄之虞而令河朔塗

歲如此是防守足未然之患而自潰其心腹也則朝廷安可不深慮而務採之之策乎若上下協心更張措置如反掌之易而有太山之安又何憚而不為哉伏望聖慈宣諭兩府執政大臣應沿邊及近裏州軍兵馬除合留防守外其屯駐駐泊諸軍悉令歸營就糧諸軍即分屯於河南兗鄆等諸州率三年一代遇有邊事即時舉發不旬日可到豈有後期不及者邪其諸州公用錢其沿邊及人使路分州軍量與增添外諸路一切禁止並不得回易則國用民力漸可完復惟陛下軫念元元斷在必行若更令逐路相度則互執所見益無涯矣臣區區之心不能自已伏乞陛下留神省察

拯又請擇探候人上疏曰臣竊見沿邊州軍探候事宜於體最急舊日何承矩李允則識虜之情偽大小必得其實後來葛懷敏亦能使人自王德基王仁勗後惟務邀功冒名所遣既不得慎密之人且徒

而虛張之是致契丹累次捉過漢人去界上多添巡邏驗認于今全不能深入只是到得四榷場及幽涿間傳得民間常語及虛偽之事便為事宜且諸處自有機宜一司所管金幣不少自來只備支賜與探事人近年甚有侵借過處兼沿邊守將類不得人但圖進取殊不以此為意並恐一日賊及境而不知也欲乞應係沿邊自來探候事宜州軍密令知州通判及舊例管機宜人等盡籍見勾當事人姓名仍具機宜司見管金幣多少自來每得甚事支與何等物幾月日可來一報仍令多方求訪舊日曾經探事人使用新差少年不諳事者並令廢罷及只令探候頭領所在住將相何人山前山後人哀樂如何諸國臣與不臣并訓練點集兵馬造作姦謀年歲豐凶轉移糧草凡干大事即許申報自餘打圍移帳放散脩城細碎尋常衆人所見虛偽傳聞之事並不可納徒廢金幣無益於事伏望聖慈特降指揮仍乞嚴賜約束不得漏泄所貴逐處官吏用心緩急免致誤事

時陝西用兵判國子監葉清臣上言曰當今將不素蓄兵不素練財無久積小有邊警外無驍將內無重兵舉西北二陲觀之若濩落大瓠外示雄壯其中空洞了無一物脫不幸戎馬猖突腹內諸城非可以計術守也自元昊僭竊肉循至於延州之寇中間一歲矣而屯戍無術資糧不充窮年畜兵了不足用連監牧馬未餧已虛使蚩蚩之氓無所倚而安者此臣所以孜孜憂大艱之穿也今羌戎稍卻變詐亡窮豈宜乘即時之小安忘前日之大辱又將泰然自處則後日視今猶今之視前也

仁宗御便殿訪近臣以備邊之策清臣為翰林學士權三司使上對曰陛下臨御天下二十八年未嘗一日自暇自逸而西夏契丹頻歲為患者豈非將相大臣不得其人不能為陛下張威德而攘四夷乎

昔王商在廷單于不敢仰視郅都臨代匈奴不敢犯邊今內則輔相寡謀綱紀不振外則兵不素練將不素蓄此外寇得以內侮也慶曆初劉六符來執政無術略不能折衝俎鐏之間以破其謀六符初亦疑大國之有人藏奸計而未發既見衰裏遂肆陸梁只煩一介之使坐致二十萬物永遺膏血以奉腥羶此有識之士所以為國長太息也今詔問北使詣闕以伐西戎為名即有邀求何以荅之臣聞誓書所載彼此無求元昊叛邊累年致討契丹坐觀金鼓之出豈有毫髮之助今彼國出師輒求我助奸盟違約不亦甚乎若使辯捷之人判其曲直要之一戰以破其謀我直彼曲豈不憚服苟不知荅或肆侵陵方河朔災傷之餘野無廬舍我堅壁自守縱令深入其能久居既無所因之糧則亟當遁去然後選擇驍勇邀絕歸師設伏出奇邀擊首尾若不就禽亦且大敗矣詔問輔翊之能方面之才與夫帥領偏裨當今孰可以任此者臣以為

不患無人。患有人而不能用。今輔翼之臣。抱忠義之深者。莫如富弼。爲社稷之固者。莫如范仲淹。諳古今故事。莫如夏竦。議論之敏者。莫如鄭戩。方面之才。嚴重有紀律者。莫如韓琦。臨大事能斷者。莫如田況。剛果無顧避者。莫如劉渙。宏達有方畧者。莫如孫沔。至於帥領偏裨。貴能坐運籌筴。不必親當矢石。王德用素有威名。范仲淹深練軍政。龐籍久經邊任。皆其選也。狄青范全。頗能馭衆。蔣偕沉毅有術畧。張亢倜儻有膽勇。劉貽孫材武剛斷。王德基張懃勁勇。此可以補偏裨者也。詔謂朔方交傷。軍儲缺乏。此則三司失計。置轉運使不舉職固非一日。既往固已不咎。來者又復不追。臣未見其可也。且如施昌言承久弊之政。方欲竭思慮。辦職事。一與賈昌朝違牾。遂被移徙。軍儲何由不乏。自去年秋八月。詔度市糴。而昌朝執異議。仲春尚未與奪。財賦何緣得豐。先朝置內帑。本備非常。今爲主者之吝。自分彼我。緩急不以爲備。則臣不知其所爲也。至如粒食之重。轉徙爲難。莫若重立爵等。少均萬數。豪民詿誤。使得入粟以免杖笞。必能速辦。夫能儉嗇以省費。漸至於從容。德音及此。天下之福也。比日多以卑官獵請厚俸。或身爲內供奉而有遷剌之給。或爲觀察使便占留後之封。倖門日開。賜予無藝。若令有司執守。率循舊規。庶幾物力亦獲寬弛。詔問戰馬之乏。絕何策可使足用。臣前在三司。嘗陳監牧之弊。占良田九萬餘頃。歲費錢百萬緡。天閑之數纔三四萬。急有徵調。一不可用。今欲不費而馬立辦。莫若賦馬於河北河東陝西京東西五路。上戶一馬。中戶二戶一馬。養馬者復其一丁。如此。則坐致戰馬二萬。足不爲難矣。

禦邊

宋仁宗時。安化蠻蒙光月率衆寇宜州。敗官軍。殺鈐轄張懷志等六人。三司鹽鐵判官蘇紳上言曰。國家比以西北二邊爲意。而鮮復留意南方。故有今日之患。誠不可不慮也。臣頃從事宜州。粗知本末。安化地幅員數百里。持兵之衆不過三四千人。然而敢肆侵擾。非特恃其險絕。亦由往者守將失計。而國家姑息之太過也。向聞宜州吏民言。祥符中蠻人騷動。朝廷興兵討伐。是時唯安撫都監馬玉勤兵深入。多所殺獲。知桂州曹克明害其功。累移文止之。故玉志不得逞。蠻人畏服其名。至今言者猶惜之。使當時領兵者皆如玉。則蠻當殄滅無今日之患矣。至使乘隙蹂邊。屠殺將吏。其損國威無甚於此。朝廷儻不以此時加兵。則無以創艾將來。而震疊荒裔。彼六人者雖不善綏馭。自致喪敗。然銜冤負恥。當有以刷除。臣觀蠻情所恃者。地形險阨。據高臨下。大軍難以並進。然其壤土磽确。資蓄虛乏。刀耕火種。以爲餱糧。其勢可以緩圖。不可以速取。可以計覆。未可以力爭。今廣東西教閱忠敢澄海湖南北雄武等軍。皆慣涉險阻。又所習兵器與蠻人略同。請速發詣宜州策應。而以屯兵代之。仍命轉運使備數年軍食。今秋冬之交。嵐氣已息。進軍據其出路。轉粟補卒。爲曠日持久之計。伺得便利。即圖深入。可以傾蕩巢穴。杜絕蹊逕。縱使奔迸林莽。亦且壞其室廬。焚其積聚。使進無鈔略之獲。退無攻守之備。然後諭以國恩。許以送款。而徙之內郡。收其地。募民耕種。異時足以拓外夷爲屏蔽也。仍詔旁近諸蠻。諭以朝廷討叛之意。毋得相爲聲援。如獲首級。即優賞以金帛。計若出此。則不逾一年。逆寇必就殄滅。況廣西溪峒荊湖川陝。蠻落甚多。大抵好爲騷動。因此一役。必皆震讋。可保數十年無俶擾之虞矣朝廷施用其策遣馮伸己守桂州經制之變遂平。

皇祐五年直集賢院劉敞論城古渭州有四不可上疏曰臣今月二十二日奏公事臣得預上殿親聞德音以謂古渭州存之則為害棄之則傷威兩者未決詢及左右指意懇惻臣誠獨羨陛下聰明謙遜好謀無窮也臣雖不聞公卿之議然臣之愚以為棄之便何者朝廷與羌戎約和久矣今一旦奪其地而城之棄明信規小利使夷狄有以窺中國不可一也羌戎種落非一族也自見稍侵必人人懷疑交諜間諜以新城為比或能相率大為邊患不可二也自始築城到今半年耳所費已鉅萬計秦州為之空竭而調給饋運不可勝紀設復屯兵守之日引月長財盡力竭則關中皆可憂不可三也向者虜出爭利多殺官軍數千人後雖擊破其衆是以相當而虜怨益深其志

復得故地而已兵若不解憂患方起不可四也假令新城足以蔽秦州長無羌胡之虞雖傾國守之可也不然地形便利賊能乘之以窺邊圉雖傾國爭之可也今何所重輕而糜國財用困民力損士卒之命以貪此咫尺之地計功則可辱言利則可恥慮患則可憂昭昭甚明而談者不忍決之謂為傷威臣所不諭也昔者舜伐三苗三苗不服益贊于禹班師振旅而有苗來格由此觀之帝王之威在使物畏之不在使物恐之故動以義順於理則物畏之矣動以利逆於理則物恐之矣畏之則服恐之則傳自然之道也武帝黜丞相御史之請而止不田車師輪臺則天下復平元帝用賈捐之之策而罷朱崖則中國復安故以德言之則不過舜禹以強言之則不過漢武帝馭夷狄也患枉於義不患力不足也患逆於理不患威之損也惟陛下察於此兩者以觀利害之孰在謀之貴多斷之貴獨明鑑所以見容古

事所以知今臣不勝狂直之至。

仁宗時敞又奏曰臣伏以預備不虞軍之善政曩者元昊畔亂西邊震驚騷動之患延被天下賴陛下神聖與宗廟之靈元昊殄滅國內多故其子幼弱委政舅氏故邊鄙得以復安百姓養老長幼早寢晏起此誠天道助善中國之福也然自爾以來又十餘年矣其子益壯竊謂虎狼野心未可待以不疑設使一旦發狂能為風塵而邊備少懈又如曩時甚非預慮制勝之策臣望朝廷申勑邊臣常若寇至城郭必固甲兵必脩倉廩必實賞罰必明候望必謹威信必立使夷狄懍懍無可乘之隙則邊患遠矣頃者邊吏頗以飲食之費役使之傭得罪即今武吏多不顧臨邊有不得已就職者皆畏避微文情不自聊居常救過苟免而已緩急恐不足以責效又非所以明朝廷大體也孫沔呂溱皆貴重之臣有功名於時猶以此見廢設復有孟舒魏

尚之徒臣固知議者不能容之此廼馮唐所以疑漢文帝不能用廉頗李牧也鄉飲酒之禮一獻百拜其為脩慤至矣然而終不可以治軍旅則治軍旅者姑亦取其大節而已邊臣有材者宜可用者少臣願陛下容養此輩闊略細過無甚督以微法使得樂職嗜事展力效用人人思報上恩則折衝遠矣臣所部不當邊劇然而言此者欲推明聖德駕馭智勇之一端非敢為邊吏游說也。

至和元年侍御史趙抃論契丹遣使無名上言曰臣伏見河北通和歲歷浸久使人往復禮有常數近者虜庭遣蕭德輩不時而來奏記旅實外又即別無事端雖中外人心稍安然戎狄情偽難測或覬望釁隙或窺覘盛衰桀黷貪惏自古無信昔漢文帝與匈奴和親厥後繼入邊境故賈誼有太息慟哭之說唐德宗許吐蕃盟會至時竊發平涼故渾瑊有狼狽奔遁之事初皆甘言厚意終乃背約渝盟今契

丹使來無名其勢未已僥求不一詭詐百端彌息兵以怠我師輦重
賂以困邦賦爲意不淺其可忽諸傳曰居安慮危又云有備無患不
可謂邊隅未擾即示宜安之懷不可恃風塵未驚遂爲苟且之計伏
望陛下留神鑒古咨謀輔弼近臣講求捍禦之策今沿邊急務者莫
先乎擇將帥練士卒備軍實擇將帥則才能者留疲懦者去練士卒
則精勇者進驕惰者退備軍實則邊氣壯人心安三者有禦萬一猝
然寇警我何懼哉頃歲西師未興之日士大夫有横議及此者人皆
竊笑鄙易之指爲狂狷不祥之言焉肯動心預爲之防一旦延安驚
擾臨時措置失次中外不勝其弊臣今之言未必非當時狂狷不祥
之言也至愚憂國無所諱避伏惟陛下如天聽卑取千慮一得之説
奮乾剛之德發先見之明審思而力行之則宗廟社稷之福也
嘉祐五年侍御史呂誨論邊備弛廢上疏曰臣切以戎虜講好積有

歲日邊備久隳兵威不振因循玩寇豈居安慮危之長策也臣非知
兵者但累任陝西官稔聞四路之事方陛下厲精求治臣嘗言兵防
宜爲之首務故畧舉邊鄙數事以聞宸聽臣以謂今邊備最可憂者
陝西民財匱乏仍歲不稔不比寶元康定間事力萬一小有警急必
無強勝之勢斷可知矣自西戎通好以來儒臣樂爲邊帥者特以寄
任事權爲意何嘗經畧庶務爲兵防久遠之計哉臣伏見近年生戶
自入漢界居住者奄有土田如蹈無人之境所屬堡寨都不禁止州
縣亦無由得知雖知亦不行遣慮恐生事風塵忽起爲賊内應皆此
類也熟戶自慶曆中經歷戰鬬消折人數甚多後來雖有析生增口
未嘗籍其姓名緩急要用如何點集兼自來威彊之族往往爲西人
利誘皆有背心藩籬不固將來禦敵無所憑恃不可不憂也弓箭手
自西事後來闕數不曾招塡多爲堡寨官員私役百種侵漁人甚苦

之以致教閲隳廢今沿邊堡寨使臣多不擇人唯利在轉官酬奬聚
積俸祿乘時射利一切營私至有家不蓄馬弓弩不牽挽者責其禦
敵之效其可得乎至如上兵最是得力寶元中籍民充弓手尋剌爲
保捷等軍當時公私損費不知紀極既而分配指揮訓練已成倫序
西事既平逃亡死損更不添塡今所存無幾少者皆五十餘歲即日
揀擇殆盡則二十餘年蓄養訓練之功一旦廢弃良可惜也至如四
路帥臣且以涇原一路言之地最平衍賊馬出入正當奔衝控守尤
難康定中累戰大敗皆在此路施昌言昏老且病當此重寄如倚長
城得爲之安乎臣愚嘗思之今邊鄙無事正是可爲之際宜早擘畫
亦有以爲待寇之備臣欲乞朝廷選差諳邊事朝臣一兩員別作名
目差與轉運使一員同共體量四路如果有宿弊無憚更張應自來
生戶遷入漢界住者並依熟戶例標撥田土明行給授置簿拘管分

立頭項仍人員領轄所有舊來熟戶亦將元人點檢内或有生戶涸
雜久居今來不以新舊人重編排等級增置人員立定帳籍所貴應
急可以點集其弓箭手只點檢元籍闕額人數令逐旋招收補塡所
有備邊堡寨使臣盡令閲試弓馬相度人才不至怯懦可以被驅使
者俾之久任若不稱職者委所差官於近裏州軍使臣内選揀對換
應是土兵只擇其子弟驍勇有武藝者不以等級爲限許壯者得以
代其老弱其利相萬也四路帥臣乞選揀才畧公忠之人或文或武
不限官職如得其人使之久任此數事臣愚自謂之便又非創新擘
劃並是祖宗舊規但痛惜其隳廢敢覬陛下留神省察與大臣確論
以臣言是當遂施行不宜稽緩以臣言非亦乞宸衷記錄異日當驗
所以乞差官體量者緣久隳之事皆是邊臣苟安三二年間更替而
去養成深弊上下固護不欲朝廷聞知若只降詔命令逐處修飭武

備終無實事與不行均矣惟聖聰採納
仁宗時蘇舜欽論西事上疏曰臣竊見自西寇暴逆節天下言兵者不可勝計大抵不過訓練兵卒積芻粟而已其言汎雜無所操總又陳爛使人耳厭其聞而笑忽之況青衆近輔自有工算故不當復有所獻也然臣早居長安備見西邊事體其要在乎得人得人則練兵積粟之術不煩帷幄之議而自集也惟攻守之策必須中校何者此事至大不可輕舉近聞朝廷將議深討覆其巢穴此蓋憤其凶悖勇而不之思也孰不知羌氐之俗居不常處獸聚鳥散本無聚積若垂軍絕漠則跨歷險塗被甲裹糧操執兵械外疲而內懼一日之行有三日之勞會未見敵先已自病隘而遇伏則將不支矣昔趙充國論之詳矣故中國利守夷狄利戰從古然也傳曰天子守在四夷又曰荒服者王不王則脩德詩云薄伐玁狁至于太原薄伐亦謂逐出之

而已來則逐之去而勿追禦戎之善策也國朝五路興師亦遇敗衄前日劉平不能持重俟隙務於速戰身雖禽獲傷剋國威是知討之不如守之之利也明矣近者朝廷拜署夏竦韓琦范仲淹等此皆名動外夷人所屬望者賊昊姦譎故必疑畏疑畏則將以事驗之以臣竊料今秋必放兵犯塞以觀我師之方略當是之時尤須慎重若能堅壁清野勿與之敵設伏用奇於險塞之地待其師老糧盡而反覆擊之不勞深討而可成功也方今之勢不患其不來戰患守之之道未至耳議其攻者惡鋭而寡謀敗陛下軍事也愚者之說萬或一效以寧預西事不敢蹇默伏惟聖慮財察之不勝懇懇之至
英宗時胡宿論河北備邊事宜合分滄　爲一路上奏曰臣聞地有常險而國無常地此古今得失之勢異也古者北有盧龍之塞白檀之險隔限南北中國得之控扼北狄今此二險虜反有之河北地形無險可守自河南北達于澶淵平壤二千里景德中一旦虜騎至河上當是時去祖宗才四十年兵強將勇習知戰鬬至煩章聖親駕虜始懼而乞和河北名將帥有若揚延昭馬知節李允則何成矩孫全有盛名扈駕則李繼隆石保吉內臣則秦翰皆數經戰陣自河決商胡失橫隴故道中國亡大河之險虜乘虛擣滄景則山東危願用張宗益郭申錫言割瀛　德博以隸滄別爲一路屯兵以扼虜衝備不虞國之福也伏望聖慈特詔大臣講究速行
宿又論邊界守約束上奏曰臣聞憂患之來多藏於細微而生於人之所忽自邊臣趙滋舉行界河打魚刈葦一切禁斷由此漢兵多與北人爭鬬累年不絕和好之體一旦至此怨隙之開亦不在大去年八月庚寅大雨水今春彗孛謫見上天不言以文象示下陛下宜思內外憂患彌縫其闕蓋有備則患不能深無釁則亂不能起界河武

恩趙用輩雖時立小忠皆不達大討宜密行誡約臣觀景德詔安撫司皆防微慎重自景德已後詔書數更北人打魚安於積習邊吏弛職不復譏呵及至舉行舊條而淵魚見察衆狙皆怒履霜已深堅冰且至願大臣早爲之備國家承平百年與虜通好者六十歲內外無患前世所未有近年邊遽來上不過侵誣尺寸疆候此夷狄之常態縣塞之本職移文足以辨之何遽至興甲兵哉今搢紳中有恥燕薊外屬者若天時未與人事未至而欲妄意難成之福不如講和息民擇良將以守邊選能臣而脩聘外固歡和之形內脩守禦之備羈縻不絕守真宗仁宗法度以惠養元元則天下幸甚
宿又論西夏事宜上疏曰臣聞漢武收河南地築朔方開置河西五郡中國得之以隔絕羌胡不得相通前世謂之斷匈奴右臂今盡爲夏國所有夏國主諒祚恃犬羊之衆濟凶父之惡去年不顧搢詔燒

刧秦鳳涇原兩路。熟戶肆行殺略。滿意而去。邊臣畏懦。按兵不出。朝
廷降詔詰問。拒使者不之納。及賀正人至。以壕外地屬戶為說。此地
慶曆中西蕃溪洞所獻。撫據甚直。詔答已詳。近日延州安撫司復奏
夏國已遣使齎狀乘馹詣闕。其意無他。止是申尋前語。圖起爭端。臣
恐疆埸之憂。恐未息也。如聞西人常有意闚秦中。同家堡一帶蕃部。
正扼西賊來路。涇原若失此險。無所隔閡。賊馬一二日可至古渭。古
渭可至。則秦中搖矣。雖聞今年歲在東井。為關中之福。星家說鎮歲
所在不可加兵。然五緯盈縮進退不常。難可恃也。彼若不畏天道。輒
來犯順。盈縮繫於天道。成敗先於人謀。若止是論議理壕外地界。朝
廷必無開許。彼見不許。有必爭之舉。大集醜類。以撓諸路。如聞西賊
尚有窺伺邊隙。結納熟戶之意。欲望聖慈明戒邊帥。豫備不虞。綏靖
鎮撫。明遣間探。講練軍政。以佚待勞。彼知我有備。決不敢遽起事端。

宿知制誥論邊事上奏曰。臣竊以景德二年。北虜乞和。章聖深惟遠
慮。務息邊氓。俯屈至尊。下柔獷俗。繼以仁宗聖德。順成先志。彌縫
間隙。得羈縻勿絕之誼。自尒邊境長無風塵之警。父老不識金革
之事。大德至恩。在民深矣。國家承平百年。其間通好居六十年。前
世所未有。近日戎人移建鋪居。侵越代州疆界。吏止之。虜兵與漢
兵鬭。又雄州奏契丹人騎兩過拒馬橋南。伐去柳栽千餘。放箭射歸
信縣尉。又界河舊制。北人不得取魚。雖素有禁防。或聞私亦曾採捕。
舊不聞有鬭爭之事。近年禁禦太密。鬭爭不絕。亦曾射傷巡檢。殺死
邏兵。邊臣恬然。曾不為怪。朝廷奏報。視為閑事。未審鬭爭不已。其末
如何。皆積不相能。馴致此釁。履霜之漸。堅冰且至。誠懼章聖和戎之
策。從此而壞。國家居常備陝西。次及河東。未嘗深留意於河朔。陝西
河東西路兵官。經朝廷選傚得差多。極邊城寨都監寨主之類。則又
許帥保薦。頗得土人。曉識山川險易。習知蕃戎情態。又有內屬蕃部
為之障蔽。土兵蕃落保捷之屬。皆便弓善戰。以一路兵力。得良帥制
之。寇至可以戰。可以守。河東險固。去年西賊燒刧涇原秦鳳熟戶蕃
部。迄今環慶賊馬鈔掠未已。然今年歲在東井。東井秦分。為關中之
福。星家之說。鎮歲所在。不可加兵。宜勑沿邊諸將。嚴兵為待。賊若大
舉犯順。我得天道。不宜縱敵。兵法所謂敵加於已。不得已而應之者。
謂之應兵。兵應者勝。彼自守窟穴。無所侵軼。不宜提兵深入。自違天
道。前所謂朝廷未嘗深留意於河朔者。豈非恃盟好。重改作。防虜人
之疑乎。方今之計。莫若外固懽和之形。內修守禦之備。且河朔地形
無險可守。自雄莫已南。平壤千里。往時黃河流入虜境。無慮五七里。
自河決商胡。不由橫隴故道。河北水流散漫。失中國大河之險。不能
限隔戎虜。盛冬冰合。胡騎可過。虜人若以精騎擣滄景之虛。長驅南

下。則京東搖矣。河北雖有塘水城壁。利兵堅甲。無所恃之。臣非能知
前後通邊事者。言之多矣。朝廷以北虜無釁。未暇經畧。今來邊釁已
有萌牙。防於幾先。奸謀自破。今陛下聖德日躋。神機天挺。燭知萬事
之統。坐照四夷之情。廟堂之上。後乂大臣。皆有文武全略。通知三路
利害者。豈臣愚瞽。摽聞所能究知。然而負薪之語。有益廊廟。況預聞
政事。忝知邊患。敢默而去乎。欲乞令中書樞密院。檢取前後臣僚上
言章奏。相度可否施行。

知諫院司馬光言備邊劄子曰。臣聞周書稱文王之德曰。大邦畏其
力。小邦懷其德。蓋言諸侯傲狠不賓。則討誅之。從順柔服。則保全之。
不避彊。不陵弱。此王者所以為政於天下也。臣伏見去歲先帝登遐。
趙諒祚遣使者來致祭。延州差指使高宜押伴入京。宜言語輕肆傲
其使者。侮其國主。使者臨辭。自訴於朝。臣當時與呂誨上言。乞加宜

罪朝廷忽略此事不以為意使其怨懟歸國一國之人皆以為恥今歲以來諒祚招誘亡命點集兵馬窺伺邊境攻圍堡寨驅脅熟戶八十餘族殺掠弓箭手約數千人悖逆如此而朝廷乃更遣使臣齎詔撫諭彼順從則侮之傲狠則畏之無廼非文王所以令諸侯乎若使臣至彼諒祚稽首伏罪禁止侵掠猶或可赦若復拒違王命辭禮驕慢侵掠不已未知朝廷將何以行之傷威毀重孰甚於此方今公私困竭士卒驕惰將帥乏人而戎狄犯邊事之可憂孰大於此而朝廷上下晏然若無事者其故何哉豈朝廷自有其備而疎外之臣不得與知乎臣竊惑之所謂備者非但添屯軍馬積貯糧草而已也在於擇將帥而脩軍政也三者皆闕何謂有備臣不勝憤懣伏望陛下博延羣臣訪以禦邊之策擇其善者而力行之方今救邊之急宜若捧漏甕沃焦釜猶恐不及豈可外示閑暇而養成大患也

治平元年光又乞戒邊城闊略細故上疏曰臣聞明主謀事於始而慮終於微是以用力不勞而收功甚大切見國家所以禦戎狄之道似未盡其宜當其安靖附順之時則好與之計校末節爭競細故及其桀傲暴橫之後則又從而姑息不能深討是使戎狄益有輕中國之心皆厭於柔服而樂為背叛近者西戎之禍生於高宣北狄之隙起於趙滋而朝廷至今終未省悟光以二人所為為是而以循理守分者為非凡以邊鄙武臣皆銳意而生事或以開展荒棄之地十數里為功勞或以殺略老弱之虜三五人為勇敢朝廷稱其才能驟加擢用既而虜心忿恨遂來報復屠剪熟戶鈔劫邊民所喪失者動以千計而朝廷但知驚駭增兵聚糧其致寇之人既不追究而守邊之臣亦無譴責如此而望戎狄賓伏疆場無虞是猶添薪扇火而求湯之不沸也臣愚切惟真宗皇帝親與契丹約為兄弟仁宗皇帝赦趙

元昊背叛之罪冊為國主歲捐百萬之財分遺二虜豈樂此而為之哉誠以屈己之愧小愛民之仁大故也今陛下嗣已成之業守已安之基而執事之臣數以爭桑之忿必不畏灌瓜之大計使邊鄙之患紛紛不息切為陛下惜之近者聞契丹之民有於界河捕魚及於白溝之南剪伐柳栽者此乃邊鄙小事何足介意而朝廷以前知雄州李中祐不能禁禦為不才別選州將以代之臣恐新將之至必以中祐為戒而以趙滋為法妄殺虜民戰鬬之端往來無窮焉況今民力凋弊倉庫虛竭將帥乏人士卒不練夏國既有憤怨屢來侵寇禍胎已成若又加以契丹失懽臣恐國力未易支也伏望陛下嚴戒北邊將吏若契丹不循常例小小相侵如魚船柳栽之類止可以文牒整會道理曉諭使官司自行禁約不可輕以矢刃相加若再三曉諭不聽則聞於朝廷雖專遣使臣至其王廷與之辯論曲直亦無傷也若又不聽則莫若博求賢才增修德政俟公私富足士馬精強然後奉辭以討之可以驅穹廬於漠北復漢唐之土宇與其爭漁柳之勝負不亦遠哉

光為龍圖閣直學士乞留意邊事上疏曰臣切見近年以來趙諒祚雖外遣使人稱臣奉貢而內蓄姦謀窺伺邊境陰以官爵金帛招誘中國不逞之人熟戶蕃部聞其亡命叛去及與潛交通者已為不少而朝廷不能一一盡知也其熟戶蕃部有違拒不從者諒祚輒發兵馬公行殺掠弓箭手有住在沿邊者諒祚皆逼遂使入界將帥之臣但坐而視不能救援遂使其餘熟戶皆畏憚兇威怨憤中國人人各有離叛之心又朝廷遣使賚詔責問諒祚拒而不納縱有所答皆侮慢欺罔之辭朝廷亦隱忍含容不復致詰諒祚又數揚虛聲以驚動邊鄙而將帥之臣率多懦怯別無才謀以折衝禦侮只多聚兵馬以

自衛其身一路有警三路皆聳盡抽腹內州軍下番兵士置在麾下
使之虛食糧草數月之後寂無影響然後遣還未及休息忽聞有警
又復抽去如此往還疲於道路訖無一事曾有施為臣甚愚騖不智
邊事切以私意料之諒祚所以依舊遣使稱臣舉貢者一則每歲所
賜金帛二十餘萬二則利於入京販易三則欲朝廷不為之備也其
所以招誘不逞之人者欲以采訪中國虛實之事平居則用為謀主
入寇則用為鄉導也其所誘脅熟戶迫逐弓箭手者其意以為東方
客軍皆不足畏唯熟戶弓箭手生長極邊勇悍善鬬若先事剪去則
邊人失其所恃入寇之時通行無礙也所以數揚虛聲驚動邊鄙者
欲使中國之兵疲於奔命耗散諸營公私貧困既而邊吏習以為常
不復設備然後乘虛入寇也凡此事若不早為之慮使姦謀得成切
恐其為國家之患不可量也臣謂朝廷宜宵衣旰食以為深憂而但

見其遣使奉貢即以為臣節未虧得其侮玩之語以為恭順得其欺
慢之語以為誠實蓋朝廷非不知其本心欲其未發止求目前之暫
安不顧異時之深患臣日夜思之不勝憤惋何戎狄為謀之深而中
國應事之淺也臣愚伏望陛下於邊鄙之事常留聖心特降詔書明
諭中外應文武臣僚有久歷邊任或曾經戰陣知軍中利害及戎狄
情偽者並許上書自言陛下勿以其人官職之疎賤及文辭之鄙惡
一一略加省覽擇其道理稍長者皆賜召對從容訪問以即日治兵
禦戎之策何得何失如何處置即得其宜若其言有可取者即為施
行仍記錄其姓名置於左右然後選其中勇略殊衆者擢為將帥若
能稱職有功則勸之以爵賞昏懦敗事則威之以刑誅加以選練士
卒留精去冗申明階級之法抑揚驕惰之氣誠能如此行之不懈數
年之後俟將帥得人士卒用命然後惟陛下之所為雖北取幽薊西

取銀夏恢復漢唐之疆土亦不足為難況但守今日之封略制戎狄
之侵侮豈不沛然有餘裕哉
四年文彥博奏曰臣被旨令看詳向所上疏并邊陲利害具可否條
列錄進入臣詳觀向之所陳大要有五其一任將帥以制其衝其二
亟攻伐以羅其敵其三省戍兵以實其力其四絕利原以弊其國其
五慎經費以固其本所謂任將帥者朝廷何嘗不慎擇而重之但所
擇或得或否耳既得其人固當如向所論使久其任必各成效猶如
前時屢遷數易雖得賢才使將帥亦難責其成功所謂亟攻伐以羅
其敵者一曰先舉之策以謂先發制人攻勝後發制於人攻負故欲
亟肆以羅之多方以誤之二曰淺攻之策其大旨欲招誘橫山部族
團結熟戶之兵及義勇弓箭手之衆侵擾賊境使不寧居將自困弊
此皆朝廷素留意者兼韓琦上言慶曆初曾與范仲淹嘗建此議會

西人輸款而止去歲樞密院遂與中書同議悉有成筭尋已降付逐
路令別錄奏議進呈兼逐路之兵自來未嘗精較實數去歲樞密院
命編例官類聚得確實人數降下諸路嚴切訓練至於部分亦有成
法并檢康定中諸路出師牽制之術並密付逐帥遵守朝廷處置之
詳殆無遺策然此舉動必當其時去歲十月臣嘗上奏於先帝若諒
祚果遂倔強自絕于朝廷以討伐元渠招納降附無所不可若猶恭
順服過即當含容所謂羈縻不絕況王者之師非不得已豈宜輕用
今向亦云若諒祚改圖自新復守誓詔伏望廓天地之量霽雷霆之
怒省費罷兵安邊息民天下之幸斯言是矣然於平時不可不講議
精熟一旦有機用之無疑所謂省戍兵以實其力者其要欲省東兵
之疲軟揀土兵之精勁取實用損虛費為持久必勝之術朝廷近以
計較逐路之兵去冗留精皆有定數俟向去春季依法料簡兼去歲

不以龍衛兵戍邊。此亦省兵實力之一端也。又曰。絶利源以弊其國者。蓋謂朝廷歲賜并緣邊和市。一宜絶之。賊勢自窘矣。歲賜和市。如諒祚阻命。自當絶之。上三策。不待議論而利害可知。所謂慎經費以固其本者。此乃方今至切之務。最要講求。蓋經費若簡。國財乃富。國富即兵強。兵強即蠻夷不敢內侮。而後制禮作樂。馴致太平。何欲而不可。今之言者不計國用之豐寡。而欲輕舉妄動。為國生事者多矣。惟朝廷審用而慎行之。兵一用。其費不貲。苟力屈貨殫。雖有智者不能善其後。向又以調度兵費。宜以康定為鑒。其言尤為切當。蓋康定時。兵久不用。人未知戰。上下騷然。暴取橫用。莫知紀極。天下困弊。終無尺寸之功。亦可鑒矣。向云。自寶元初守官陝右。出入兵間。今又主關中之漕。首尾七年。目覩心計。固宜詳悉。其言誠有倫理。然謀攻料敵。老將所難。兵者大事。不可輕言之。古人論兵。至慎至重。如向云。取

橫山如反掌。捕西賊若設置掩兔。謀雖可采。言亦似輕。誠願慎之重之。愚慮如此。伏乞聖神詳擇。

起居舍人傅堯俞乞備邊。上奏曰。臣竊聞延州近有審奏泉口籍籍以為事在諒祚。臣備位外廷。不當商度機務。輒進瞽言。苟所聞誠非。惟陛下貸狂愚之罪。夫自古策戎狄者多矣。臣不敢備論以煩天聽。臣獨悼數十年來不修戎備。而專事姑息。損國家堂堂之威。驕腥羶無厭之俗。近日朝廷頗用道理裁抑。以伸暢威靈。誠為得也。然臣謂度必能制其死命。如臂使指。則反覆低昂。皆得以如我所欲。不然士武將材決莫能犯。伸暢之議。迺可獨行。儻猶未也。制御之術。宜屈伸相養。今養兵百萬。卒懦且驕。將臣雖多。孰可倚以辦事。國家新遭大喪。人皆一詞。以為府庫屈竭。邊鄙之間。未宜有警。伏願陛下詳思遠圖。先為不可勝之備。以挫其姦心。脫或跳梁妄狂。有所干請。擇不

甚害事體者。間有所屈。庸示含容。則所伸可必矣。惟識理道曉重輕者。居可以言辟。動可以意揣。今諒祚猖狂恣肆。在人言意之外。豈可不隄防哉。雖未有深策秘計。能為大憂。敢必其無動。幸陛下念之。夫人有十金之產。已厚棘重關。將禦寇竊。一罹難疚。則有投間之虞。況天下之大。而復土未畢乎。臣又見今日一人乞備邊而無事。明日一人乞備邊而又無事。遂相安於無事。而謂可以卒無事。所以言日益輕。而備日益不修。臣恐積習因循。為悔遂大。朝廷苟以為然者。不過行文書諭邊吏而已。望陛下修備邊之實。而慮於人之所忽。則天下幸甚。

堯俞改知諫院。乞差人經度西事。上奏曰。臣聞有國家者。慮事於未萌。而修備於無患。況事既然。而患已至者乎。臣雖不狀。粗為陛下陳之。臣伏見西戎猖狂。負恩逆德。邊鄙之熟戶。則掠為已有。朝廷之使

人。則拒而不納。其事勢如此。猶得不為之備乎。惟制御之大略。陛下與執政大臣宜講之已熟。至於控扼之當否。將吏之勇怯。甲兵之利鈍。士伍之強弱。與今狂賊重輕之勢。事有萬塗。非可以盡得於廟堂之上。此趙充國所謂百聞不如一見。兵不可以隃度者也。況沿邊分為四帥。未盡得人。人各有心。議難齊一。伏望陛下詳擇重臣一兩人往彼經度。制置俾至秋冬。事有豫備。賊苟侵軼。庶能枝梧。此固事機不可稽緩。

堯俞又乞罷內臣招安熟戶。上奏曰。臣聞近差內臣四人。分為陝西四路鈐轄。俾專安輯熟戶。而理其冤結。仍許每歲一入奏事。臣獨念之。未以為得。緣所以置安撫經略使者。正為此等事耳。夫不能懸安使叛而從偽。與無故為羌戎所劫。有司之過一也。苟謂帥臣力不可為。則雖內臣何益。豈有邊鄙藩籬為賊掠去。迺無一人任其責者。今

邊事方作。處置不可失宜。臣謂安輯之要。當專督帥。厚但寬其羈勒使得盡其材力。倘猶不職。重行黜免。則後效可圖。而威靈伸矣。况理有非便。庸可不思。將來李若愚等奏事。苟不以為信。與無用同。言而必從。則安撫經略之權。遂歸於四人矣。彼帥臣者將諂奉之不暇。又敢與之較事體。而爭是非哉。縱若愚等審慎無過。猶不足以為後法。便著成效。益有可慮。古人謂塞其涓涓。况勢非涓涓者乎。伏乞收採芻蕘特行寢罷。前事之失。具存方冊。臣不復詳言。惟陛下留神省察。

神宗即位。開封推官陳襄奉使契丹回。上殿劄子曰。臣昨奉使北虜。久留邊郡。竊見高陽關一路沿邊州軍戍兵甚冗。馬步之卒。不減三萬九千餘人。歲費芻糧動以萬計。諸州儲蓄之數。出於貴糴。多者無數歲之備。少者僅三年之蓄。一甲未操。則財用已匱。而邊民困矣。苟而亭障無虞。可以姑息。一有警急。如何支持。臣愚以為方今安邊息民之要。莫先於減戍卒而用土兵。戍卒減則財用省而民力紓。土兵用。則戰守易而城壁固。此祖宗禦戎之遺策。不可廢也。今延安本路七州四軍。義勇之籍無慮四萬六千餘人。可以當馬步戍兵之數。但官司因循。失於訓練。歲時雖有教閱之名。而無可用之實。甚可惜也。况邊防諸郡。深池高壘。有陂塘沮洳之限。無犬羊奔衝之患。萬一有寇至。不過堅吾壁以守之。清吾野以待之。則昔時義勇之軍。是為防托之用。不有屯戍。又何患哉。臣欲自朝廷先遣才望之臣。按行一路。命與監司長吏將所籍義勇人數。重行揀點。去其老弱。而補之壯勇。舍其征役。而授以騎耕。每於農隙之時。給與口食。選差教隊使臣分往諸邑。精加簡閱。務令精銳。可以効用。然後減去戍兵之半。食於近輔之郡。遇大征伐。則發內卒以應之。如此。則土有精兵。塞有餘粟。守禦有備。而邊民蘇矣。如允所奏。乞降付樞密院相度施行。

前輝州司戶參軍王韶上書言。曰。國家必欲討平西賊。莫若先以威令制服河湟。欲服河湟。莫若先以恩信招撫沿邊諸族。蓋招撫沿邊諸族。所以威服唃氏也。威服唃氏。所以脅制河西也。陛下誠能擇通材明敏之士。能周知其意者。令往來出入於其間。推恩信以撫之。使其傾心向慕驩然有歸伏之意。但能得大族首領五七人。則其餘小種皆可驅迫而用之矣。諸種既失。則唃氏君臣。其敢復簡慢而不歸心於我耶。唃氏既歸於我。即河西李氏在吾股掌中矣。急之可以蕩覆其巢穴。緩之可以脅制其心腹。此所謂見形於彼。而收功在此也。今木征諸族。數款塞面內。為中國之用者久矣。此其意欲假中國爵命。以威其部內也。而邊臣以董氈故。莫能為國家通恩意以撫之。此所謂棄近援而結遠交。貪虛降而忘實附。使董氈得市利。而邀功於我。誠非取勝之術也。今木征與青唐族首領瞎藥等在河州。瞎征與其舅李篤氈及沈千族首領常尹丹波等屯結。可斯巴溫與龍川首領羅結在黃河頭。三者皆唃氏子孫。各立文法。漢界遠者不過四五百里。近者二三百里。皆可以并合而兼撫之也。謹具和戎六事。條列如左。一。臣切見涇原秦鳳兩路蕃兵及洮河宕疊州武勝軍諸族。皆吐蕃之遺種也。自唃斯羅死。董氈繼立。文法祇能安集河湟間。而近邊諸族。自為種落。其在疆埸之外者。皆強梗頑硬不為吾用。在內地者。又分離散處。不相統一。此議者所以謂西蕃諸族。皆微弱而不足用也。臣聞古之善御戎狄者。固不患其微弱也。惟其微弱。然後可以并合而有。但國家未嘗得人而親撫之耳。臣愚以為陛下必欲合西戎諸族而用之。宜擇通材明敏之士。心慮軒豁。能周知羌人情意者。令朝夕出入於其間。往來巡行。察其疾苦。平其冤濫。治其讎結。如漢護羌校尉之比。有不服者。即稍以恩信綏之。身與之為盟。使其傾心向慕。歡然有歸伏之意然後激作而用之。則十數萬之兵不出疆埸而可集矣。一臣切見西蕃種類皆尊大族重故主。諸族有承唃氏之後者。羌人皆畏服尊之。而唃氏諸孫今在洮河間者皆孱弱不能自立。如木征往歲居洮山。有青唐族首領雞羅瞎藥及胡僧鹿尊事之。欲立文法。收復洮河宕疊等州及武勝軍諸羌。而木征孱弱終不能自立。會秦州遣人逐去。今洮河間諸州並無大族為主。雖有瞎征及欺巴溫之徒。各恃衆自立。然文法所及者俱不過一二百里。此其勢正可并合而兼撫之也。臣愚以為宜遣人往河州。與木征計議。令入武勝軍或渭源城。與漢界相近。輔以漢法。因選官一員有文武材略者。令與木征同居。漸以恩信招撫沿邊諸羌。有不從者。令木征挾家法令以威之。其瞎征及欺巴溫之徒。既有分地。亦宜稍以爵制其心腹。使其習用漢法。漸同漢俗。於漢界實有肘腋之助。且使西賊不得與諸羌結連。此乃制賊之上策也。一臣切見鄜延環慶兩路蕃兵自來各有成法。使之戰鬭及守境。皆與漢兵無異。往往禦敵殺將立功塞外。此兩路藩籬所以益固也。今四路蕃兵。並是羌夷舊種。雖有吐渾党項及吐蕃之別。然其種姓實皆出於西戎而已。何獨在鄜延環慶則可用。在涇原秦鳳則不可用。豈天地之所生育與人材性分之所授者絕然相異耶。臣體問得宣徽使曹偉在西邊日。其用環慶兵。皆不及涇原秦鳳。只因經略使范仲淹在慶州日。與种世衡等處置各盡其宜。故今四路之中。唯環慶路蕃兵號為得力。是知教之在人。而不在其性分之相異也。臣愚以為陛下宜擇朝臣有文武材略者。往涇原秦鳳擇蕃兵可教者教之。因其部族。合其心力。使勸勉奮勵。樂為吾用。則十萬餘蕃兵不費官中粒食。而可以為心腹之用矣。一臣以謂蕃人欲其可用。須令有合有離。離之所以弱其勢。合之所以齊

其力。沿邊諸族附塞而居者。皆分離散逸。無大首領也。勢既離弱。又須團合。所以均其志趣。齊其心力。使其勸勉奮勵。相率而為吾用。臣愚以謂涇原秦鳳兩路蕃兵。可為十部。每部置都巡檢一人。以蕃官有材能識略為衆所服者統之。而以漢官一員為都大提舉以總之。但得蕃人畏其首領。而以漢官總其權任。自然不敢作過。而久遠並為吾用矣。一臣謂沿邊蕃部欲其可用。莫若使其與漢人雜居。今沿邊蕃部畸零田地。耕墾所不至者極多。但自來官中須得頃畝相連地段相接者。方始招添弓箭手。臣愚以為本不須地段相連。一段三二十畝以上者。即三五段便可招一名弓箭手矣。切計沿邊諸族。不下十餘萬帳。大約十餘萬帳奇招弓箭手一萬人。以一萬人散居十餘萬帳之間。則何患其心腹不一。思慮不專乎。是則招添弓箭手一萬人。便可獲蕃兵十餘萬人之用也。一臣切見官中自來然令蕃兵獻地。招致弓箭手。多是令其全段獻納。盡帳起離。此蕃人所以顧戀而不肯獻也。若田地臨變招致不是處。可令熟戶隨其地段多少。大約耕百畝者。即獻十畝。與官中招添弓箭手。令其全段獻納。盡帳起離。則蕃人顧戀所獻者狹。若隨其地段割令以獻。則山原高下。所獻者廣。又令弓箭手得散在沿邊族帳之間。使中國籬游無事之民。耕蕃部荒閑之地。而可以禁其背叛。結其心腹。請其利害。豈不顯然明白耶。昔魏絳和戎。謂戎狄貴貨賤土。其土可賈。今之蕃部正同此耳。若國家厚以恩信撫之。其土地皆可賈易而致。臣切案。古渭州一帶。至洮河蘭鄯之間。漢隴西南安金城三郡地。所謂湟中。陶臺臨羌枹罕郡中大小榆。土地肥饒。宜穀者皆在洮河蘭鄯之間。誠得而耕之。其利豈止威伏羌戎而已耶。書入。上即令樞密院召問方略。以為秦鳳路安撫司。自古渭寨接青唐武勝軍。應招納蕃部。市易。募人營田

等事並令韶主之五年詔建用兵之策王安石力主其議八月韶舉兵破木征收復武勝軍十月改為熙州六年八月入河州遂城之復將兵至馬練川降瞎吳叱進攻宕州拔之岷州木令征疊州欽令征洮州郭厮敦皆路以城降復州五關地自臨江寨至安鄉城東西十里韶加端明殿學士然議者謂韶所上功狀多欺誤不實殺蕃部老弱甚衆能開拓疆土而耗費中國不可勝計紹聖以後王贍復建鄯鄯之策實韶啓之也

翰林學士鄭獬論种諤擅入西界上奏曰臣伏見十月二十四日召兩府大臣入議外言切皆傳种諤已提兵入據綏州橫山豪酋挈族內附審如是是豈朝廷之福耶聚謀累日條將安出事雖隱秘不漏針芒然趣貴速竇舜卿就道以毋沆為轉運使發京師兵及銀數十萬兩備芻餉出錦袍銀帶賜降者觀此則殆將兩持首尾未有決然

判安危之至策也臣前言不可納橫山及見手詔以諒祚順向深戒邊臣無得生事臣以為信今廼知朝廷外示綏靜內包陰計茲豈帝王之大略哉尊用變詐之士務為掩襲之謀乃戰國強暴之君所為也況陛下初履天位猶處諒闇宜念祖宗蒙成太平之業以淵靜鎮海內仁澤結民心不及應此而過聽一二邪臣之說欲以奇譎幸邊功此天下盡知其不可而陛下獨以為可冒而行之聞者莫不寒心然种諤之奪綏州若不奉陛下之風指安敢一日不俟上報徑驅數千卒直擣虜境乎不然則擅興有罪陛下何為而不行誅夫中國以信義撫四夷既約東邊臣無得生事詔墨未乾而奪其地信義俱棄其曲在我彼將嫚辭以請罪則朝廷何以報之如彼懷不順祖釁衷而犯邊我不得已而起應之則士卒雖肝腦塗野而不辭蓋舉天下之怨在彼也今無故而先擾之彼將率其犬羊之衆而來爭則士卒有旅拒躊躇而不行者矣蓋舉天下之怨在我也豈唯士卒之不樂哉府庫之空乏此四海所共患千金之費不給則必賦諸民則將見蕩產壞家棄父母鬻子孫以供軍期者矣萬一有奸雄之徒窺隙而乘之嘯為盜賊小則剽屋廬大則跨郡縣於此之時潰爛而不救則於社稷生靈得無有負乎事有謀小而妨大者正為此也而种諤不顧國家始末之大計乃欲以一螻蟻之命以天下為兒戲苟貪微功以邀富貴此正天下之姦賊若不誅之則無以厲其餘臣以為陛下必欲遏折禍亂之機牙使不為異日之悔則莫若下詔聲諤之罪誅於塞下及薛向高遵裕楊定張穆之等皆付有司次第以治其罪然後遣一介之使持手詔還諒祚以綏州及橫山之降民遂明告以諤等生事已次第伏罪則彼又將何求於我如此則顯示中國履信之義而復收夷狄向化之心無遺鏃折戟之費而事立解矣如有言者希

望尤以為不然此皆非忠臣豈敢以犬馬之餘生而保天下之事乎臣以太白經天西方地震皆為兵象切恐兵禍起於橫山之議今見其端矣無使臣言之驗則朝廷之福也伏望陛下上觀天戒下察人事以宗廟社稷為念以四海生靈為意無令天下無罪之民為姦臣所誤今誅一姦臣而天下定其利害較然可見陛下決意行之無疑臣不勝區區之懇

知諫院楊繪論种諤擅入西界上疏曰臣聞帝王之道唯信為大仲尼以為兵食可去信不可去晉文霸國之君尔猶曰得原失信何以庇民今為國家患唯西北二虜然而數十年無烽燧之警生民不識戰鬪之苦者豈專仗金帛而然乎亦恃乎信誓之言而已矣比者西戎新納信款切聞高遵裕詐傳聖旨與种諤等納西夏叛人首領近三十人仍深入虜界地名綏州築城以居之臣切謂朝廷若遂從其

計則失信於戎狄，生起邊事，無窮極矣。為今計者，莫若貶謫其矯制擅興之罪，以正典刑，仍差使告諭西夏，示非朝廷之命。如此則大信不失，興功生事之徒少有懲矣。臣又聞西戎有僭逆之狀已五七年，擅置官司，輒更年號，而但倔強於巢穴中，終不敢顯然出兵為邊鄙之患者，何哉？彼雖戎狄，亦不敢無名而舉矣。今既納其逃叛，首劉彼之作過有名矣。以中國而失信於外夷，一不可也。既失信於西，則北戎亦從而疑信誓之不實，是一舉而兩失之，二不可也。興師有曲直，直者奮而曲者怠，左傳所稱我怠彼奮是也。今若生起邊患，則差往戰鬬者必曰彼邀功生事，高遵裕、种諤實當其名，而被堅執銳，出生入死，則使吾徒為之，有不伏之心，而生懈怠焉，則難以必勝，三不可也。有此三不可之大患，則朝廷何恤於二子，而不惜於邊鄙大患乎。方今公私帑藏，近已空竭，糧運不繼，當取於民，民將不堪，則患起於內矣。臣切料扶其議者必曰：若貶二子，歸其逃者，則西虜亦未必息兵，不若因而成功。臣切謂朝廷自不失信，而虜作過，則直在我矣。我直彼曲，雖興軍擾民，軍民何辭以怨乎。外人議者咸曰：茲事蓋起於薛向盤馬之法，行之六七年，今將弊矣。薛向欲求脫去，而使他人乘其弊，故與楊定、高遵裕、种諤等建為此謀，欲求邊任而罷轉運使之職，致陝西之民從夏秋以來倡言朝廷欲收復橫山，而不恤陝西之民，甚有怨咨。近外人又傳惑陛下之聽於外者楊定也，惑陛下之聽於內者王中正也。致陛下銳於橫山之議者，職斯二人。臣雖愚昧，豈不知此事之非實，但願陛下早賜旨揮，則外人浮議自弭矣。臣忝諫職，敢不盡言。

知雜御史劉述論种諤擅入西界，上疏曰：臣昨以种諤不稟朝命，擅興兵馬城西界綏州，有違擅詔，為國生事，嘗具奏聞，乞并同謀人枷送下獄，從朝廷差官制勘，依軍法施行。續又奏薛向、楊定、張穆之、高遵裕、王中正輩表裏相結，誑惑聖聰，妄興邊事，乞行根勘，以正典憲。未蒙朝廷盡理施行。臣伏思之，陛下新紹大統，方在亮陰之中，所賴者兩府大臣協心畢力，脩輔庶政，以安民心，以固根本。至於疆場之事，尤宜戒飭帥臣，講信脩睦，撫寧遐荒。而乃輕用姦臣之言，遽議用兵之策，失信於外國，結怨於邊民。而況關陝之西，比年饑饉，民力凋弊，國帑空虛，自寶元、康定以來，人間瘡痍尚未全復。今又使之奉期會之役，供倉卒之求，彼獨何以勝其苦哉。故臣慮有不堪其憂者也。又風聞每於中書、南廳會議，其間多顧避形迹，不務昌言，或各持己見，靡從正論，至有累日而不能決者。夫軍國之事，常有緩急，若機會一失，則如奔川逸驥，弗可救止。今兩府大臣依違如是，使之適變而應猝，豈不殆哉。昔唐太宗謂黃門侍郎王珪曰：近日中書所行詔勑頗有意見不同，互相是非，或有苟避私隙，相惜顏面，知非不正，遂即施行。情違一官之小情，儒為萬人之大弊，此實亡國之道也。隋內外庶官，正以依違而致禍亂，茲識人主獨見事機，委任責成之先務也。臣愚欲乞陛下面戒兩府，今後並須戮力一心，堅守正道，凡所議事，皆當原始要終，不可媮為一切，以貽久遠之患。詔旨有所未便，亦須據理執奏，毋事循嘿，仍乞密加聖鑑，辯其邪正。其辯邪正之術，如唐李絳所言，試取惡事假以上意為善而問之，或取善事假以上意為惡而問之，其人或不顧事實，好惡便隨聖心，而言則忠信傾邪立可識矣。此得其要也。其間或有無所裨益，唯務阿附之人，宜加罷出，以儆在位，則賢否分而職業脩矣。臣以戇愚，動觸忌諱，忠憤所激，豈敢愛身，惟陛下念之。

熙寧元年，述又論种諤、薛向上疏曰：臣切聞趙瞻勘到种諤詐稱得密旨擅發兵馬城綏州。公案上斷追官安置而已。案內亦不一言就勘到薛向、張穆之、高遵裕、王中正等人。外議喧然，皆謂未得公當。夫矯制發兵，人臣之罪無大。懷奸罔上，國家之法不容。一則見不忠於主，茲實叛亂之漸。為天下者不可不深懲也。昔漢馮奉世矯制斬莎車王，傳首京師，威震西域。宣帝欲加爵土，蕭望之以為不可，恐後奉使者為國生事。武帝時王恢用馬邑豪聶一計，欲舉兵攻匈奴，與韓安國論難往復數四。武帝從恢議，後無成功，下恢廷尉。廷尉以為當斬。太后以田蚡之言謂武帝曰：恢為馬邑事，今無成而誅恢，是為匈奴報仇也。武帝曰：首為馬邑事者恢，故發天下兵數十萬。今不誅恢，無以謝天下。恢聞，廼自殺。恢當時稟命於朝廷而舉事不成，武帝猶謂不誅無以謝天下。蓋慮後來狂易之人妄興邊事，殺傷士卒，疲弊中國。故以為戒尔。今种諤詐稱密旨，擅發兵馬，以致邊境騷然。公私勞費。此而不誅，孰為可誅者？所幸賴者陛下仁聖之心，充格天地。天地神靈擁祐聖德，故致諒祚死。不然，兵連禍結，百姓受弊，於今已不淺矣。伏望陛下深思宗社之計，早絕禍亂之源，發於聖斷，斬諤以謝邊民，以誡後來專輒興事，以遺國家之患者。天下幸甚。天下幸甚。其次薛向臣採諸衆論，其人本為譬畫用鹽博馬事，今來盜鈔布滿中外。賣之折錢而復不顧其法已弊矣。向切欲擺脫，未有緣由，故於上前妄陳橫山可取之議，欲作邊帥以徼已利耳，非忠於朝廷也。洎過本路，遂將公文并手詔與諸將，稱得密旨圖取橫山，以致种諤狂發貪功，恐為他人所先，輒作此事。迹其所由，首惡者乃向也。今种諤既議追官安置而已。向廼猶不失為州。臣恐用法未適輕重之宜。縱使陛下當時曾許向經營此事，乃為向以甘言厚利眩惑之故。所謂懷奸罔上者，非向而誰？漢武帝所以不赦王恢者，正為此爾。中外皆謂向憸巧之人，善結權貴，致位至此。惡用此道，陛下既為此人面欺，當須覺悟而怒之。不當曲為主張，掩蓋其罪也。臣恐今後姦邪之人窺見此意，別生事端，誑誤陛下。以為朝廷格天下之患，陛下又將主張掩蓋之耶？將不然耶？臣聞聖人無常心，以百姓心為心。言從衆也。仁宗皇帝未嘗私意喜怒，天下之人謂之善則用之，天下之人謂之惡則弃之。是以天下稱其聖。此陛下所宜法而行之者也。今薛向之罪惡中外切齒，關陝之人恨不食其肉而寢其皮，而陛下獨未悟。臣所未諭也。其勘官趙瞻既勘得种諤辭連薛向等人，便合追攝勘證，豈得再取朝廷旨揮？顯見黨庇懷奸首惡之人。伏請選差公正強明臣僚并趙瞻一處勘鞫，以正邦憲，以厭人心。臣前已具奏乞不差趙瞻作勘官，恐因與薛向鄉里之舊，曲為黨庇。今乃果然。臣恐兩府大臣中亦有黨庇薛向如趙瞻者，陛下不可不察也。臣職在糾奸，故敢觸冒忌諱，昧死陳誡，惟陛下念之。

神宗時，張方平出知青州，未行，帝問祖宗禦戎之要。對曰：太祖不勤遠略，如靈夏、河西，皆因其酋豪，許之世襲。環州董遵誨、西山郭進、關南李漢超，皆優其祿賜，寬其文法。諸將財力豐而威令行，間諜精審，吏士用命，故能以十五萬人而獲百萬之用。及太宗謀取燕薊，又內徙李彝興、馮暉，於是朝廷始旰食矣。真宗澶淵之克，與契丹盟，至今人不識兵革。三朝之事如此。近歲疆場之臣，乃欲試天下於一擲，事成徼利，不成詒患，不可聽也。帝曰：慶曆以來，卿知之乎？元昊初臣，何以待之？對曰：臣時為學士，誥封冊皆出臣手。帝曰：卿時已為學士，可謂舊德矣。

右正言孫覺論自治以勝夷狄之患，上疏曰：臣伏見陛下去年經營西事，議不素定，邊臣二三。至今偏裨輕易，出師深入，營建城壘，轉輸

饋運數道為之騷然終之楊定見誘喪元於敵今又或傳交趾爭忿
內相誅夷爲更易廣帥以至閩越諸州大抵改置牧守矣而北戎亦
輒爲搖約擅刺兩地邊民中國四陲而三方皆警此蓋陛下新即大
位夷狄未見威德故敢或爲侵侮以窺我邊朝廷整飭戎備選置任
使未爲失計也然臣切聞之虞書曰柔遠能邇惇德允元而難任人
蠻夷率服夫以堯舜之時聖賢相會宜長策成筭以厭伏四夷然其
言專以難任人爲本蓋任人處內則主聽眩主聽眩則任使不明忠
邪雜進雖有智勇安所設施或任人放遠則智者竭其智勇者獻其
力夫如是則何蠻夷之足患哉臣又聞六月詩之序曰小雅盡廢則
四夷交侵中國微矣蓋小雅王道之序凡其所言皆綱紀人倫惠養
萬物君臣相遇以誠而知羣下之勞苦遣使勞還恩意愈篤反復以
自治爲先故能周道中興夷狄遠迹臣愚切以夷狄之患雖盛王所

不免唯知自治者爲能勝之伏望陛下雖講邊備選帥臣而深以詩
書爲監日新盛德使任人不能眩聽而次序以興小雅之廢則臣將
見四夷畢來陛下深拱以享太平之報

覽又論治邊之略上疏曰臣伏見陛下深以戎狄爲念而治邊防備
軍實臨朝慨然思古之將帥至親撰文以祭前朝大將之有功者垂
老降虜賜之服章延見訪逮以此見陛下之於夷狄懷不平之憤而
欲上爲列聖攄之於無窮也臣切不自料謹上治邊之略伏惟留神
采擇國家與虜和好六七十年雖時有邀求或小侵嫚然未嘗敢頓
廢信擒深入大掠邊民白首不見兵革朝廷雖歲捐金繒厚禮重幣
以結其懽心然吾之元元得父子相保以養其家不至于暴露流離
肝腦塗地者列聖之賜也其賂益厚其勢益驕其弊終至於用武何
也與者倦而其取無厭約既久則其終必弊則其至於用武也豈得

已哉老子曰兵者不祥之器非君子之器聖人不得已而用之苟不
得已則軍備不可以不實邊防不可以不修將不可以不擇卒不可
以不練吾之糧械既已備之戎人守信擔謹疆場則吾固待之如初
若大有所求違約妄作或舉重兵以臨境上恃吾有以待之則以戰
以守惟上所令臣雖未嘗至邊州以臣之所聞見切恐今日之將卒
器械糧廪未可以與虜角也臣聞李牧之爲趙將居邊軍市之租皆
自用享士賞賜決於外不從中覆委任而責成功故李牧乃得盡其
智能選車千三百乘騎萬二千匹百金之士十萬是以北逐單于破
東胡滅澹林西抑強秦南支韓魏委任邊將必若趙之於李牧可也
太祖皇帝神武聖謨獨知邊事故關南用李漢超瀛州用馬仁瑀常
山用韓令坤易州用賀惟忠　州用何繼筠延州用趙贊慶州用姚
內斌環州用董遵誨原州用王彥昇靈州用馮繼業遠者至二十年

近者亦不減十餘歲其家留京師者撫恤之甚厚郡中筦榷之利悉
以與之恣其市易免所過征稅令募驍勇以爲爪牙每來朝必召對
賜坐飲食之其還也厚加賜賚故邊臣於財得以養士用間遍知蕃
人情狀敵將入寇我已先知設伏掩擊多能以寡勝衆以至平蜀取
荆下嶺表收江南二十年間用兵四方而不以西北爲慮者諸將守
邊之力也臣以謂才能策略若此十數人者未乏於世顧所以委任
責成之道何如耳誠能講求擇將之方於諸州要處試而用之其才
果可任也則付之一州以便宜從事地可墾闢聽招土兵卒可選用
聽其廢置財可聚散聽其出入間諜往來聽其自便率歲來朝燕見
加禮使君臣之際洞見心腑則將輸其忠士盡其力足被邊諸州皆
得李牧以守之也如此則虜之進退常在中國豈於無厭之邀求無
故之侵侮彼將望風而自沮矣孰敢赴湯蹈火以取糜爛者哉夫以

衰周之諸侯。唐室之藩鎮。皆以一國或數州之地。外抗夷狄。內拒天子。蓋用志不分者。能以小敵大。委任責成者。能以寡勝衆也。今以天下之大。四海之富。而鰓鰓然嘗有夷狄之患。用人不專而間說者衆。不假人以權。而朝廷自任責故也。臣聞治天下辟之養身。身之血氣不可偏有所養。養血以勝氣。養氣以勝血。皆以致疾而害其身。文武之為用。亦何以異此。國家自西師講和以來。天下以兵為諱。武事之不講也久矣。陛下天錫勇智。兼用文武。方將大拯天下之弊。以為宗廟無窮計慮。則夫備邊選將之方。特其小小者耳。伏望陛下日新盛德。聽用賢俊。收采衆策。以期成功。天下幸甚。

歷代名臣奏議卷之三百二十九

歷代名臣奏議卷之三百三十

禦邊

宋神宗熙寧三年十一月。司馬光乞留諸州屯兵劄子曰。臣奉勑充永興軍一路兵馬都總管安撫使。臣竊聞本路十州所管屯駐禁軍至少。大率皆是緣邊就糧兵士。常時分為上下番。有一半在逐州。或遇邊上稍有警急。則盡皆抽去。逐州並無守把兵士。臣竊惟天下事不可忽。亦須思患豫防。戎狄犯邊。雖當竭力捍禦。然腹內州軍。豈可全無武備。況逐州皆有軍資甲仗。市邑民居。萬一犬羊奔突。間諜內應。或盜賊乘虛。姦人竊發。其本州官吏手下無兵。雖有智勇。將安所施。臣愚以為逐州宜各添一指揮禁軍屯駐。內永興軍為關中根本。宜添兩指揮。若朝廷別無兵士可以差撥。只乞於緣邊就糧兵士內。依此數目撥留在逐州屯駐。邊上更不得勾抽。所貴緩急不至失備。取進止。

四年。樞密使文彥博論進築河州。奏曰。臣竊聞議論欲至來春進築河州。漸恢遠略。臣切思之。以為未可。蓋熙州初成。猶未全固。西蕃內附。尚要撫綏。積粟未豐。屯兵雖衆。未宜多事。恐累成功。臣以謂且須增固熙州。使有保民之利。安存蕃部。彌堅向漢之心。倉廩豐盈。士馬壯健。以守則固。以戰則強。根本既堅。枝葉自茂。然後洮河之役。以指顧而就。今欲務速。臣切深憂。古人謂欲速則不達。見小利則大事不成。又云務於廣地。不若修德。斯言可鑒。在理必然。夫趣時希旨。人之甚利。犯顏違意。人之甚害。中人之情。鮮不為利。多是顧身謀而詭說。豈肯為國而危言。臣待罪之所。地兼將相。若括囊無言。仰屋竊歎。辜祖宗之奬擢。負陛下之倚任。是敢因事極論。違衆立議。庶幾萬一有補涓毫。陛下以臣為納忠報國。幸賜采擇。以臣為害成沮事。甘俟誅衷臣無任惶恐隕越之至。

元豐五年彥博判河南上奏曰。臣去歲冬輙率愚瞽累奏陳陜西邊事。今春蒙差臣男貽慶特賜臣二月二十五日手詔撫諭後蒙聖慈矜寬不責狂易恭讀詔旨曰。六軍還塞將士已殫勞黎民已告病。今日之勢豈復可遠舉深入哉惟固境自完而已。近命涇原制置城數亭障制虜衝軼非有前日圖也。臣仰味聖言伏增欣抃。有以見陛下推堯舜之心卹生靈之困蓄茲溥率廣被涵育幸甚幸甚然自今秋已來復有遣戍開疆運糧深入。此必是邊臣希功規為僥倖。鬬陳端緒誑惑朝廷料敵不精致有撓敗。進此計者陛下必知其人。乞行顯誅以戒今後干賞蹈利之輩免致向去更誤朝廷大事。望以今年二月二十五日詔書大旨宻諭邊臣嚴設備預固境自完來則禦之去勿遠逐更年歲間士氣復振民力復完足食足兵何求不可。醜羌聞之。自當屈服。臣又聞謀攻料敵老將所難。不當與新進白面書生惟務高談虛論容易而計畫之。今以天下之大士人之衆豈無深識遠慮懷忠守正更事歷試之人。願陛下詳求而審用之如祖宗朝所用捍邊守塞宿將名臣見於國史者多矣。乞詳察之臣之此言非不知觸犯時怒蓋耄耋之年被三朝重任蒙陛下眷獎尤深乃心本朝義均休戚豈當隨例緘默。上負聖明伏望天慈亮其區區竭盡之誠。

熙寧八年四月樞密副使富弼荅詔問北邊事宜。上疏曰臣素乏才業忝塵二府昔在壯時精力尚不及人。今老且病氣志衰耗何足備大政之問然臣實非已見今但舉衆人所得聞者錄以上奏惟聖明裁擇臣五六年來切聞綏州囉兀熙河辰錦戎瀘交趾咸議用兵唯交趾中寢其餘諸路皆有攻討或尅獲或喪失即傳播天下而綏州囉兀熙河始初興舉便傳聞云朝廷必復靈夏平賀蘭既又大傳有人上平燕之策此說尤盛北虜必已探知相繼彼復聞朝廷修整器甲簡練兵伍增築城壘積聚芻糧加之招致高麗為牽制之援。近又分置河北三十六將按閱愈急喧布漸久事機參合此虜人所以兇期啓釁以發代北侵境之端而不肯已也。其平賀蘭平燕之策虛實固不可知然傳者既多且久萬口一詞誰敢辯白設有辯者遠夷何以取信。今釁端已成代北各屯兵馬境上爭議逾年未決橫使再至事歸朝廷此邊城之職而朝廷自當之則恐理難欵緩便要可否違之則兵立起而患速順之則河東斥堠窄狹為患雖遲而久遠不便。臣謂不若一委邊臣令其堅持久來圖籍疆界為據使其盡力交相詰難然北虜非不自知理曲蓋故欲生事遂興干戈以氣吞我以勢陵我是欲奪我累年所作之事彼非敢無故驟興此端實有以致其來也惟陛下深省熟慮不可獨謂虜人結釁背盟也彼若萬一入寇事不得已我持嚴兵以待之來則禦戰去則備守此自古中國防邊之要也若朝廷乘忿便欲深入討擊臣實慮萬一差跌其害非細更或與西夏為掎角之勢則朝廷宵旰矣事既至此邊奏警急兵糧皆缺窘於應用須防四方凶徒必有觀望者謂國家方事外虞其力不能制我遂相嘯聚蜂蝟而起事將柰何臣願陛下以宗社為憂生民為念納汙含垢且求安靜更俟歲時豐稔窮困稍蘇流亡漸歸民粗安業稅賦不失倉廪不虛恩信宣布人心固結然後別圖萬全之舉貴勉一跌之失此天下之願也亦臣之志也向又喧傳陛下決為親征之謀中外益更憂懼心殞膽落陛下雖英睿天縱必有成筭然太平天子與創業之君事體絕異尤不可槩然輕舉又恐朝廷且作聲勢固無實心事若如此乃是我以虛聲而邀彼實來也張虛聲者必有疎略之虞作實來者必有周密之慮以疎略之虞而當周密之計其成敗豈不灼然耶假令入討得志而還此契丹一種事力自大況又夏國唃廝囉高麗黑水女真達靼等諸蕃為之黨援其勢必難殄滅使無噍類即此結成邊患卒無已時大非長轡遠馭之道也臣切謂因橫使之來且可選人以其疑我者數事開懷喻之云朝廷凡所為武備乃中國常事非顧外興征伐向者用武之地皆小蕃有過者朝廷須合問罪若吾二大邦通好已是七十餘年無故安肯輙欲破壞恐是奸人造作妄興鬭諜或是彼聞我整肅邊事即疑我有所興作我既知之豈免大為準擬蓋因此互相疑惑養成釁隙遂有今日爭理朝廷更有可說諸事但盡說之須令釋然無惑乃一助也橫使始不納即遣報聘者於戎主前具道此意庶幾一聽必有所益緣彼大藉朝廷歲與方成國計既有顧藉之心豈無安靜之欲只以疑情未釋遂成倔強若與開解明白必肯回心向化凡百芥蔕盡可脫略

苟互相疑忌兩情不通禍患日深必成後悔臣歷觀春秋洎戰國時諸侯遞相征伐兩兵已合飛矢在上行人在下辯說解釋遂各交綏而退卻復盟好者比比皆是況今釁端漸啓兵尚未合且可多方以理解釋或能有濟與其用征戰而決勝負萬萬不侔也彼此致疑及禦戎二事臣並得之羣論非出胸臆是皆目前衆所共知所共見必然之理非事外別生奇異之策也臣更望陛下兼求博訪不宜專聽一偏之說恐有迎合聖意及畏避用事之人不敢盡以實事上奏有誤國家大計臣今所以及此者切聞去春以久旱陛下特降手詔許人極陳朝政得失中外歡抃咸謂聖情已大開悟尋聞上章論列者甚多隨而或遭貶降陛下殊不以手詔召人極諫為意而優容之反令得罪士大夫自此皆務鉗結忠藎之語不敢復出于口臣謂下情不能上達者此朝政莫大之患也願陛下深思極慮之早令天下受賜及朝廷無事不勝大幸此奏出於怱遽又且欲事理明白不敢加飾及援據古事但直書利害而已昔楚相子反謂區區之宋尚有不欺人之臣況中原大國已與北虜結隙今若更不推誠以待之則恐不能解疑釋惑也伏乞聖造特加裁恕

九年六月獬又論蠻獠侵犯乞詔諸道以寬民為務疏曰臣退伏草茅不預人事近者切聞蠢爾蠻獠犯我疆封二廣致災五嶺嚴備雖為手足之患諒煩宵旰之憂然而命將得人出師有日上稟宸算必成武功臣又切聞淮南累歲尤為荒饑流亡餓殍賑濟難周今驟起數萬之徒間由諸路而往兵馬所到糧草須辦監提守宰唯務供軍府庫倉箱殆難是用既各求於集事恐必至於擾民又有按察之官繼行督責之令上下逼迫公私煎熬人心不寧寔可矜惻臣又切聞南方鄉村城郭重疊逋欠官司錢物其數浩瀚若監司州縣又相迫催

理仍與此時贍軍所費一併取足則民不堪命無以為生嘯聚驚駭或難禁戢陛下天賦仁聖累降寬卹之詔其如所在闕用出於無可柰何須至侵漁方能濟集而又官吏各思一時苟免罪責不暇為國家憂及後患而為長久之計也臣又切聞諸處興修水利之類役人甚衆多或至於一二十萬此傷耗民財事亦不細伏願陛下深詔有司并下諸道以寬民為務凡所逋欠可蠲者與蠲放理難蠲放者多分料次且令逐還輸納及榷罷諸般興作今養民力一意專以破賊為急俟嶺南寧息歲時稍豐然後別上圖議以稱朝廷有為之心固亦未晚也臣杜門謝事秖如聾瞽但時得於四方之人傳聞者今錄以上奏苟有妄說惟陛下恕其愚而憐其心以來衆正之路

八年四月判相州韓琦荅詔問北邊事宜上疏曰臣伏蒙聖慈特差入內內侍省東頭供奉官幹當內東門司裵昱齎賜臣手詔以朝廷

通好北虜八十年。近歲以來。生事弥甚。代北之地。素有定封。而輒開疊端。妄來詐理。比敕官吏。同加按行。雖圖籍甚明。而詭辭不伏。今橫使復至。意在必得。朕以祖宗盟好之重。固將優容。虜情無厭。勢恐未已。萬一不測。何以待之。古人大政。必詢故老。卿夙懷忠義。歷相三朝。雖尒身在外。乃心罔不在王室。其所以待遇之要。禦備之方。密具以聞。臣晚年多病。心力耗殫。日欲乞殘骸。保此頹暮。不意陛下以北虜生事。深思預防。記及孤愚。曲有詢逮。敢不勉竭。以塞聖問。臣切以契丹與中國抗者蓋一百七十餘年矣。自石晉割地。并有漢疆外蕃諸戎。益自驕大。在祖宗朝。屢寇南牧。極肆凶暴。當是時。豈不欲悉天下之力。必與虜角哉。終以愛惜生靈。屈就和好。疆埸有所興作。深以張皇引惹為戒。以是七十年間。二邊之民。各安生業。至於老死。不知兵革戰闘之事。至仁大惠。不可加也。臣觀近年以來。朝廷舉事則似

不以大敵為恤。虜人素以久強之勢。於我未嘗少下。一旦見形生疑。必謂我有圖復燕南之意。雖虜主孱而佞佛。豈無強梁宗屬與夫謀臣策士。引先發制人之說。造此疊端。故屢遣使以爭理地界為名。觀我應之之實如何耳。所以致虜之疑者。臣試陳其大略。高麗臣屬契丹。於朝廷久絕朝貢。向淅路遣人招諭而來。且高麗小邦。豈能當契丹之盛。來與不來。國家無所損益。而契丹知之。謂朝廷將以圖我。此契丹之疑也。秦州古渭之西吐蕃部族。散居山野。不相君長。耕牧自足。未嘗為邊鄙之患。向聞強取其地。建熈河一路。殺其老少以數萬計。所費不貲。而河州或云地屬董氊。即契丹壻也。既恐闕地未已。豈不往訴。而契丹聞之。當謂行將及我。此又契丹之疑也。北邊地近西山。勢漸高仰。不可為塘泊之處。向聞差官領兵徧植榆柳。冀其成長以制虜騎。然興於界首。無不知者。昔慶曆燮書。所謂剏立隄防障塞

要路。無以異矣。然此豈足恃以為固哉。但使契丹之疑也。河朔義勇民兵。置之歲久。耳目已熟。將校甚整。教習亦精。而忽團保甲。一道紛然。義勇舊人。十去其七。或撥入保甲。或放而歸農。徒得增數之虛名。破可用之成法。此又徒使契丹之疑也。自虜人辨理疆界。河朔沿邊暨近裏州郡。一例差官檢討修築城壘。開淘壕塹。冀北京役者尤衆。敵樓戰棚之類。悉加換葺。增置防城之具。率令備足。逐處兵甲器械。累次差官檢視。排垛張盤。前後非一。又諸處剏都作院。頒降新様。廣課造作。澶州等處。剏為戰車。此皆衆目所覩。諜者易窺。且虜人未有動作。彼無秋毫之損。而我已費財殫力。先自困弊。此又徒使契丹之疑也。近復置立河北三十七將。各專軍政。縣不得關防。雄州地控極邊亦設將屯兵。其隨軍衣物。有令兵士自辦者。有令本營增置者。有令官造給付者。以至預籍上戶車馬騾驢。准備隨行。明作出征次第。不

可蓋掩。此又深使契丹之疑也。夫北虜素為敵國。設如此。則積疑起事。不得不然。亦其善自為謀者也。今橫使再至。初示偃蹇。以探朝廷况代北與雄州素有定界。若優容而與之。恐虜情無厭。浸淫不已。試如聖詔所諭。固不可與。或因其不許。虜遂持此以為已直。縱未大舉勢必漸擾諸邊。卒隳盟好。蓋有因緣而致此者。乃煩明詔訪以待遇備禦之要。自顧老朽。夙夜思之。其將何策上助聖算。臣聞言未及而言謂之躁。言及之而不言謂之隱。臣昔曾言散青苗錢不便事。而言者輒肆厚誣。非陛下之明。幾及大戮。自此新法之下。雖其間有未協人情者。實避嫌疑。不敢更有論列。今親被詔問事繫國家安危。言及而隱。是大不忠。罪不容誅矣。臣嘗切計始為陛下謀者。必曰自祖宗以來。紀綱法度。率多因循苟簡。非變之不可也。治國之本。當先有富强之術。聚財積穀。寓兵於民。則可以鞭笞四夷。盡復唐之故疆。然後

制作禮樂以文太平故始散青苗錢使民出利所得之利復以為本但務多取歲增本錢無有定數又為免役之法自上等以至下戶皆令次第出錢募人應役從來上戶輪當衙前重難故其間時有破敗者今上戶一歲出錢不過三十餘緡安然無事而令下戶素無役者歲歲出錢此則損下戶而益上戶雖百端補救終無善法又役錢之內每歲更納寬剩錢以備他用此謂富國之術也且農民送納夏秋稅賦一年兩次納不前者始有科校之刑今納青苗與役錢已是加賦有過限者亦依二稅法科校則是一戶一歲之中常負六次科校民不勝駭矣稍遇水旱則逋負官錢流移失業是已著見孰敢言者又內外置市易務盡籠天下商旅之貨官自取利主以得利為功圭刀必取小商細民遂無所措手加以新制日下更改無常州縣官吏茫然不能詳記稍有違者坐以徒刑雖經赦降去官不得原免監司

督責以刻為明薄法之苛過於告緡故州縣之間官吏惴惴然日昔一日皆以得罪為幸夫農者國之本也商者能為國致財者也官士之者助朝廷之教化者也今農者則怨於畎畝商者則歎於道路官吏則所在不安其職恐陛下不能盡知也夫欲攘捍四夷以興太平而先使邦本困搖衆心離怨振古以來未聞能就此功者也此則陛下始謀者之大誤也陛下有堯舜之聰明知其所誤能改不吝聖人之大德也又今好進之人不顧國家之利害但謂邊事將作富貴可圖虜策以干陛下者必云虜勢已衰特外示驕慢耳以陛下神聖文武若擇將臣領大兵深入虜境則幽薊之地一舉可復此又未之思也今河朔累歲災傷民力大乏沿邊次邊州郡芻糧不充新選將官例皆麤疏勇保甲新點未經訓練若驅重兵頓于堅城之下糧道不給虜盛人四向來援腹背受敵欲退不可其將柰何太宗時雖曹彬米信名

德宿將猶以致岐溝之敗也臣愚今為陛下計謂宜遣使來報僾致禮幣開示大信達以至誠具言朝廷向來興作乃修備之常與北朝通好之久自古所無豈有他意恐為謀者所誤耳且疆土素定當如舊界請命邊吏退近者侵占之地不可持此造端欲隳祖宗累世之好永篤信約兩絕嫌疑望陛下將契丹所疑之事如將官之類因而罷去以釋虜疑萬一聽伏則可遷延歲月陛下益養民愛力選賢任能疏遠姦諛進用忠鯁使天下悅服邊備日脩塞下有餘粟帑中有羨財俟虜果有衰亂之形然後一振威武恢復舊疆快忠義不平之心雪祖宗累朝之憤陛下功德赫然如日照耀無窮矣如其不伏決欲背約則河北諸州深溝高壘足以自守虜人果來入寇所在之兵可以伺便驅逐大將持重以全取勝自此彼來我往一勝一負兵家之常不可前料即未知何時復遂休息也至於清野之法則難盡行

倉卒之際不可率一境之民比戶將牛馬餱糧盡入城郭蓋至時或有往保山寨者或有挈家渡河者或有留人看守莊舍者或有就近入居城郭者當使人得自便方保安全固不可按圖先定必令城郭而居雖有嚴令必不從也在祖宗朝屢經北虜之擾鄉民避寇率亦如此願朝廷不須一一處置臣歷事三朝十年輔相官已極品歸榮故鄉萬事無不足者年將七十宿疹在身每思告老而去庶全始終此緣聖問之及因敢一貢盡言非嫉善也非求進也用是只以自信今天下之人漸不敢以直言為獻臣實不忍負累朝眷遇之恩猶覬愚瞽一悟聖心為社稷之盛福惟陛下加察賜以不疑非獨老臣幸甚天下幸甚

十年監察御史裏行蔡承禧論再征交趾上疏曰臣聞漢儒之言曰聖人以天下為度傳曰江海納汙國君含垢則知天下之治亂無窮

若銖銖以較之。則道有所不及。故聖人限要荒之俗以不治治之。而天下無不治也。伏自交寇之弗率。一隅之間兵死于道者相屬。丁男之轉輸而斃于行者相繼。糜都內之財以億萬。二歲之久。可謂勞矣。而所得者廣源數州之地而已。夫瘴海窮山。蛟虺霧毒之淵藪。飛鳶墮於上。温風滔其間。殆非人境。雖盡得之。顧何補於天下。今若討安南之罪則已伏罪矣。雖三苗弗率。而七旬班師。義亦何以加此。然而郭逵趙卨尚未罷歸。邊兵未還營伍。外議喧傳。以為李乾德之降疑不深自引慝。朝廷再欲興師。不識有此否乎。夫蠻蜑之俗。介居荒服之外。逋誅而能書亦已多矣。臣知朝廷必不計其意之厚薄而與之較也。夫所謂限之以荒服者。三代之治蓋詳審矣。亦以為不足治何也。不欲以遠而勞近。以夷而困夏。若朝廷以為蠻夷以雔劫為事。既已收取其境土。而殪其元惡。俘其黨類。慮其復為異日之患。聊用遠卨之徒以守之。使其怯於攻討之勢而不來可也。萬一有再舉之策。臣願更且詳思熟講。假湖廣之人安息數年。俟瘴癘平殄。然後留意。未可輕議。以恢陛下納汙含垢之量。臣誠識淺言輕。干冒天威。

元豐八年。朝奉郎前知登州軍州事蘇軾。登州召還。議水軍狀奏曰。

右臣竊見登州地近北虜。號為極邊。虜中山川隱約可見。便風一帆。奄至城下。自國朝以來。常屯重兵。教習水戰。旦暮傳烽。以通警急。每歲四月遣兵戍駞基島。至八月方還。以備不虞。自景德以後。屯兵常不下四五千人。除本州諸軍外。更於京師南京濟鄆兖單等州差撥兵馬屯駐。至慶曆二年。知州郭志高為諸處差來兵馬頭項不一。軍政不肅。擘畫奏乞創置澄海水軍弩手兩指揮。并舊有平海兩指揮。並用教習水戰。以備北虜。為京東一路捍屏。虜知有備。故未嘗有警。議者見其久安。便謂無事。近歲始差平海六十人。分屯密州信陽板

橋濤洛三處。去年本路安撫司。又更差澄海二百人往萊州。一百人往密州屯駐。檢會景德三年五月十二日聖旨指揮。今後宣命抽差本城兵士往諸處。只於威邊等指揮內差撥。即不得抽差平海兵士。其澄海兵士。雖無不許差出指揮。蓋緣元初創置。本為抵替諸州萊州兵馬。豈有却許差諸處之理。顯是不合差撥。不惟兵勢分弱。以啓戎心。而此四指揮更番差出。無處學習水戰。武藝惰廢。有誤緩急。伏乞朝廷詳酌。明降指揮。今後登州平海澄海四指揮兵士。並不得差往別州屯駐。謹錄奏聞。伏候勅旨。

神宗時。御史中丞蘇轍論渠陽邊事劄子曰。臣近論唐義問處置邊事乖方。致渠陽蠻寇賊殺將吏。乞早黜義問以正邦憲。更選練事老將付以疆埸。經今多日。不蒙施行。訪聞執政止以臨敵易將兵家所忌為說。雖知義問處置顛錯。至覆軍殺將。而猶復隱忍不即遣代。比雖遣衡規往視。然規凡人。未嘗經練戎事。何益於算。徒引歲月。坐貽邊人肝腦塗地。臣甚惑之。謹按義問所為。蓋全不曉事。留在邊上。一日即有一日之害。昔趙任廉頗。以趙括代之則敗。秦任王齕。以白起代之則勝。蓋臨敵易將。顧代者何人耳。今執政乃以虛文藉口。終欲庇之。遠人何辜。自被塗炭。若非陛下哀矜四方。亟命賢將往代。則臣恐陷害生靈未有已也。兼臣訪聞渠陽諸夷。蟠踞山洞。道路險絕。中國之兵入踐其地。雖跬步不得其便。昔郭逵知邵州。困於陽光。僣李浩從章惇自沅州入。過界即敗。逵浩皆西北戰將。然並有敗無成者。地形不便也。今聞朝廷已指揮諸道發兵。數目不少。然將非其人。臣恐既不知戰。又不知守。老兵費財。漸致腹心之憂。深可慮也。今朝廷欲棄渠陽。然其中屯戍兵民。不下數千。義無棄之虜中。俾為魚肉。要須畧行討定。使之畏憚。胥出渠陽兵民。然後為可。臣訪聞湖南北士

大夫皆言羣蠻難以力爭。可以智伏。欲遣間諜招誘。必用土人。欲行窺伺攻討。必用土兵。捨此而欲以中國強兵敵之。雖多無益。然此可使智者臨事制置。難以遙度也。臣前者嘗以衆人言謝麟屢經蠻事。頗有勞效。乞行委任。朝廷置而不用。蓋必有賢於麟者。惟乞速遣以紓邊鄙之患。至於義問決無可望。幸陛下無疑也。臣又聞渠陽諸夷。與宜州羣蠻相接。宜蠻部族衆多。若與渠陽諸夷合謀作過。勢益昌熾。猝難剪滅。亦乞指揮廣西預行招撫。雖不得其用。但勿與協力。亦不為無益矣。取進止。

轍又論渠陽邊事劄子曰。臣以唐義問處置渠陽蠻事。前後乖方。致東南第七將王安入界陣亡。恐邊患滋長。乞速差諳知用兵之人。往代其任。又聞義問兵敗之後。奏乞棄捐城寨。與夷人講和。其為暗弱謬妄。取笑夷虜如此。然其事已著。伏計朝廷必不復用。然外人竊見

名還彭孫。妄意朝廷欲付湖北邊事。蕪孫亦以此自任。羣議洶洶。皆所不曉。謹案孫劫竊之餘。賊性不改。前後委任。欺罔貪盜。靡所不為。今若委以兵柄。深恐塗炭湖北。非州郡所能禁止。蓋蠻人背叛。不過侵撓邊城。若使彭孫作過。腹心郡縣並受其毒。前者誤用義問。止於敗事。今者若用彭孫。凶險多端。事有不可知者。以臣愚見。雖知朝廷必不肯輕用此人。然衆所共知。不敢默已。若待既用而後獻言。實恐於事有損。伏乞聖慈早賜施行。

起居舍人范純仁乞戒飭邊臣勿弛備狀曰。臣近聞夏國累次遣使赴闕。禮意恭順。外議皆謂漸可罷兵。竊知西人頓買漢物。數目過多。似不為頻來之計。臣愚慮或恐分畫地界之際。復欲阻 兵負盟。臣已指揮沿邊諸將寨柵。常為意外之備。更望朝廷戒勅邊臣。不得小有懈慢。其向來所增軍馬。及創添吏員。且與存留。候將來畫定地界。納

到指書抽減。未晚。蓋朝廷舉動。夷夏所瞻。固宜慎重。及臣所奏。請邊防利害。并舉辟官屬。亦望不付有司。特降聖旨施行。免用常格阻礙。臨時闕事。萬一落賊姦便。上貽宵旰之憂。則臣不早陳述之罪。萬死難贖。伏望聖慈留神聽納。則 天下幸甚。

純仁同知諫院。條列陝西利害疏曰。臣前次上殿親奉 德音。以臣曾任陝西僉臣。具陝西利害聞奏。臣才識淺拙。漸無長策上裨聖鑑。謹具管見。條列如左。

一唐以涇原帥府在涇州。為四鎮北庭。邠寧帥府在邠州。為靜難軍。本朝置逐路總管。亦多只在涇邠二州。自康定慶曆後。來方於慶州置環慶帥府。渭州置涇原帥府。蓋以邊事之際。便於照管。然事平之後。饋運增遠。民力倍費。所以陝西之民。久不完復。臣今乞移兩路經略使。只於涇州邠州置府。或遇邊事警急。可

僉行營。就近照管。庶減供饋之勞。實於邊事無關。

一邊帥多以糧草責不在已。務擁重兵於無事之時。坐耗軍食。及妄興軍旅。誘致寇讎。或縱熟戶邊人。劫掠西界。殺害平民。為國生事。皆非朝廷愛人柔遠之意。臣今乞選擇慶渭延秦四州通判。令各兼本路經畧判官。專主本路糧草。及覺察城寨。使臣邊人。不得誘致寇讎。希功生事。如能愛惜邊用。比常歲不增供億及將到任至罷任。一路糧草比較。如有增羨。及本路並無生事之人。即委監司保明。其判官并帥臣並與旌賞。或枉費供億糧草斛耗。及縱邊人生事者。並行責降。如此則不惟邊計可實。亦使夷狄懷我恩信。

一陝西有沙苑等處監牧草地。七八千頃。自來只養馬。別無增息。虛占良田。今來陝西四塞之地。不通漕運。若得以此中自出穀食。則

屯聚夫兵易為供贍。今乞罷陝西監牧。將上件地開為營田募民耕種。一頃歲收公私無慮二百碩。則歲可得一百五十餘萬石。以助關右兵民之食。為利不細。其所得芻稈可秣馬以助軍計一方。今陝西苦於城寨太多。及冗兵冗官為害。又朝廷時有試中武藝等人。並與班行殿侍。送沿邊指使。城寨多則分却兵糧。冗官多則坐耗邊用。及班行等各懼禁歸本班。難得差遣故人人皆思僥倖。以為身謀。交構邊事。無所不至。今乞將閑慢城寨冗官冗兵檢會臣前來劄子。委帥臣監司減省。其試中武藝等人。即乞且送陝西內地易得糧草處差使。緩急旋行勾抽不惟惜得軍儲。兼免妄生邊事。

一邊地瘠薄。公私難得米穀。又山險艱於般運。而逐處場務醞酒耗蠹無度。每遇邊上兵馬屯聚。難得糧草之際。衷外賣酒愈多。轉致穀米耗竭。和糴不行。無一遇凶歲。民即無食。官中却輟軍糧救濟。今乞將沿邊次邊鄉村酒店課利每月不滿二貫文者。並行停閉。其州縣城寨酒務亦不得於常年課額外務為增羨。庶使不奪民食。飢凶之年。可減賑貸。兼免添起和糴米價。大費官錢。

一解鹽之法。是為邊備根本。近因法壞。朝廷雖曾遣張靖體量。亦不能深究利病。朝廷以未見弊源。重於更制。臣恐三二年間。糧草亦更虧少。今乞檢會臣前來劄子。令轉運司通管。公共講求長久之法。庶幾免祥時糧草之數。漸可補復。

一今之商賈富人車馬器服。皆無制度。役屬良民豪奪自奉。蓋前世聖王法所先禁。今不惟恣其奢僭。耗蠹民用。而又於朝廷急難之際。一有率斂。則羣聚興怨。今既不可暴行禁止。可以因其所欲而為之節文。又得財利以資公家之用。今乞如秦漢武功爵之類。立為散官及衙校名品。使富人入粟於邊。然後授之。即以其名品高下定為車馬器服僕使屋室之制。仍聽贖輕罪。如此則國不失權。而民皆樂輸。不惟可實邊儲。亦可漸行內地。此亦漢之遺法。在聖朝舉行之爾。

一邊人好食西界青鹽。雖嚴禁。所不能止。販者多是邊上強人。事敗悉遣遠配。邊上強人漸少。甚非中國之利。今乞於沿邊置榷場。以茶并雜貨博易青鹽。盡收入官。與解鹽同賣。仍通入解鹽課額。其合用茶。乞自朝廷賜與。其他雜貨。即令解鹽司管認。如此則不惟省刑愛人。亦可以固戎心。息邊患。

一陝府虢解等州與絳州。每年差夫共約二萬人。至西京等處採黃河梢木。令人夫於山中尋逐採斫。多為本處居民於人夫未到之前。收採已盡。却致人夫貴價於居人處買納。及納處邀難。所費至厚。每一夫計七八貫文。貧民有賣產以供夫者。今乞並破官錢收買。如官中少錢。即許合着夫人戶。情願出錢免夫。每夫納錢二貫文。與官中合破夫糧相兼買梢。其監買官仍與別立賞格。如此。則河防無闕。大省民力。

監察御史裏行劉璧論邊事上言曰。臣竊以北虜之為中國患。自詩書已來世常有之。方今之勢。雖効順惇睦。服威德而利金幣。然其驕貪之情。常能覷伺中國動靜。一見間隙。則造端產謀。起事以撼我。昔者寶元康定間。國家問西夏之罪。而遣使肆嫚。有非理之求。中外憂恐。至倍增歲賂而後已。臣愚不足以論事勢。然竊有私憂過計。以謂今日之故。有可以動驕貪之覷伺者。臣謹言之。昨者綏州用師連兵三歲。皆繇議臣失計。理曲而無名。北虜之於西夏。自以為甥舅之國。

此一事也。今高麗遣使朝貢將至闕下。高麗自天聖中嘗以事請于朝廷。朝廷不從。遂附庸北虜。自是方貢不入王府者數十年矣。既已臣屬于彼。而一旦面內中國。則恐為彼不能無疑。此二事也。臣以謂此二者彼皆是以藉口。而為請于朝廷者也。伏況大河之北。自戊申以來地大震水大溢民大失職。離鄉內徙空虛塞下。至于今三年。而地震未已。此何祥也。今歲漳河春役財力並竭。中路夏旱。二麥不登。災變因仍。人不寧處。夫彼既有以為藉口。又乘民心皇皇公私疲匱。禦備百廢朝廷猒聞邊患之時。臣恐夷狄見利投隙。而區區之信誓。豈足以保其心。而恃以為安乎。彼固不至敢有狂謀。假令遣一使持尺書援二事以請於朝廷其用何辭以杜其問。一言入境。臣恐勞人以繕城械。倍估以儲庾廩。更易將帥。輕用名器。張皇擾攘。大勞大費而已。尔康定寶元之事蓋可以鑒也。又議者籍籍。皆謂高麗之至。有

徼幸希功之人誘而召之者。使無此理也。不過臣為妄言。使誠如議者之論。則豈自我始西兵之禍。覆車未遠。安得不先事而言哉。伏乞陛下密詔二府大臣。使日夜謀畫。以求防微杜漸之理。而伐其心。且河北重地。據天下安危之勢。願陛下寢食以為念。而無忘北顧。常務勞來其人民。安輯其田里。薄征歛之數。省煩急之令。恤其凋瘵。是其衣食。使樂守生涯。而維持其心。凡所謂邊備軍政調度之數。皆宜因事稍稍經畫。藏其用而隱其跡。兵法所謂恃吾有以待之者。惟陛下留神無忽。以消連年地震之異。夫無事而言。其言若狂。而人皆易之。有事而言。其言雖是以取信。而事已無補。臣寧以狂得罪。不敢後事而為無益之言。以負陛下耳目之任。

翰林學士楊繪論李憲討交趾。上疏曰。臣伏聞交趾猖狂。上負聖化。方議討伐。雖神謀睿筭已決勝於千里之外。而臣不度愚昧。敢陳芻蕘出於愛君之切然也。伏乞採其狂言。臣聞軍志有之。善攻者攻其所不守。善守者守其所不攻。今側聞潭廣易帥。修飾守備。而南閩泉福之守。未聞議焉。雖越廣然後抵閩。然慮泛海使便風或有出其不意。亦未宜忽於守其所不攻也。交蠻擾於南方。其於出師命將。及偏裨之選。皆西邊北邊之官。素號能者在行。然臣亦慮國家銳意南討而忽於西邊北邊之備。設萬一有乘虛掩不備之寇。則其憂又大矣。則亦非所謂守其所不攻之義也。臣所謂西北之備者。非謂增兵嚴警。張皇其事。但陰留驍勇諳練謀慮之將。不盡遣行於南討。庶乎有以備西北緩急之用也。切見癰疽之醫。未嘗不先用托裏之藥。蓋治病於皮膚者。必先固護於心腹。此雖醫工之智。亦不可謂不知所先後也。唯願陛下察其先後。而慮乎皮膚心腹之害焉。臣又覩招討副使李憲。年三十五六。官已為防禦使。職已為押班。況聞有才。今伏宗

廟之威靈。稟陛下之聖筭。功其必成。臣願陛下備思於他日成功之後也。成功之後。賞爵必崇。年又未高。權又益盛。乞陛下處之得其當而已。伏惟陛下聰聞明覽。其於古今安危之機。歷代興亡之轍。中貴任權之成敗。不假臣縷細而述。謹按唐憲宗命吐突承璀為行營招討使。于時白居易為翰林學士。上疏切諫在其集中。臣非不知陛下聖德神功。過憲宗遠甚。今李憲又止是副使。非如承璀之比。然臣遭逢聖恩。忝在白居易之位。而又翰林學士三員。鄧綰入試院。陳繹出知府。本院宿直唯臣一人。則臣之榮幸。又過於居易。臣不欲使唐憲宗朝獨有翰林學士白居易敢言事。而陛下聖德神功過唐憲宗遠甚。乃無翰林學士白居易者。是敢進其區區。伏望陛下赦其狂僭之罪。而賜之深思遠慮。

神宗詔近臣舉士。孫固以施州通判李周聞。神宗詔對。謂曰。知御不

游權門識今執政乎對曰不識也識司馬光乎曰不識也訪禦邊之術曰四邊手足爾若疲中國以勤遠略致百姓窮困聚為賊盜懼成腹心之憂神宗領之

哲宗即位知慶州范純仁繳進後漢光武詔書狀曰後漢光武報臧宮等詔曰黃石公記曰柔能制剛弱能制強柔者德也剛者賊也弱者仁之助也強者怨之歸也故曰有德之君以所樂樂人無德之君以所樂樂身樂人者其樂長樂身者不久而亡舍近謀遠者勞而無功舍遠謀近者逸而有終逸政多忠臣勞政多亂人故曰務廣地者荒務廣德者強有其有者安貪人有者殘殘滅之政雖成必敗今國家無善政災變不息百姓驚惶人不自保而復欲遠事邊外乎孔子曰吾恐季孫之憂不在顓臾北狄尚強而屯田警備傳聞常多失實誠能舉天下之半以滅大寇豈非至願苟非其時不如息人

臣伏見夏國差人詣闕多日未見放回近日探到賊中事宜漸却添屯兵馬必是發情疑阻却欲別生邊患伏望聖慈以陝西生靈之故稍從其欲使復常貢庶幾可以罷兵俾華夏復見太平則陛下好生之德洽于生靈祖宗社稷享萬世之安皆在陛下一言之賜爾臣常讀後漢光武報臧宮馬武詔書良有深戒臣恐陛下欲聞謹錄繳進惟聖心採擇

純仁條對手詔所問邊計狀曰勘會夏國自神宗皇帝升遐後來遣使弔慰祭奠繼以告國母喪進遺物今者又復遣使入朝謝恩使人比來外示恭順稍可見矣然戎情狡獪未測其誠心何如耳如向者所得邊地雖建立城寨亦慮孤僻不易應接棄之則弱國威守之則終恐戎人在念卿久在西塞深曉邊情當此宜罄嘉謀輔予憂勞可條具邊計合如何措置向去如何守禦親書實封聞奏無拘以文者

臣奉命皇恐不知所措蓋臣智識迂昧計慮不長何足以仰承聖問上副天心雖然臣蒙被大恩未有補報敢不竭心悉慮強勉以對以成陛下詢于芻蕘之善臣竊見夏國自朝廷用兵以來近漢之民頗失生業並塞二百餘里不敢耕種其國上下之人皆欲講和又自陛下臨御之初聖政鼎新凡有不便於民者皆為蠲除每詔令一下民間讙呼鼓舞以至印賣傳播謂之快活條貫此事即時聞於夷狄又邊上臣寮亦多體朝廷之意不縱侵擾以此夏國必謂朝廷待之異於前時所以遣使入慰探朝廷之意朝廷待其初來之意禮意既厚是以接續肯來以至累次不失恭順而終未敢復言請地者其意應為前來朝廷拒之太峻却慮啟口之後更失朝廷之意則和好愈難今聞夏人又將到闕須選擇押伴臣寮使與推誠語諭因而談美聖政及陛下好生惡殺捨己從人之德彼必有所對答則夷狄之情亦

可測見若有願和之意則可令作押伴臣寮密說與自用兵以來甚有陷蕃官吏軍民見在西界宜若夏國盡底納與朝廷聞朝廷待將虜到生口賜還夏國如有邊上未便之事亦可因而陳請朝廷必應量度應副彼若云前來已曾請地入貢蒙朝廷不允則可答云前來請地乞貢是梁氏之意宜其朝廷不允今梁氏已死朝廷於國主必無所難彼若無對答則乞委延州趙卨宣布此意其肯還生靈及來請地則可曉然降詔許之亦不須疑其狡獪難測彼將陷蕃官吏軍民押在界上即却將向來所得邊地及城寨內外有居漢人屬戶先次漸令移入近裏并勾集前後虜到夏國生口亦在界上先且交定擔表預約日數兩相交還如此措置則取捨有名於國威無損其有向來所得邊地雖是邊上城寨子則實有孤僻不易應援供餉之處留之則戎人必須在念邊事難息若却撫得陷蕃生靈不惟無損

國體兼和氣充塞天地陛下聖德超越古今為中國無窮之利矣若趙卨諭意不中撫易及換易之後尚較計別有邀索則朝廷自可絕之嚴戒邊臣堅辭靜守任其所為如此則我直彼曲我逸彼勞我直彼曲則人神共怒滅亡可待我逸彼勞則雖久不來庭於王道無損所有交地之際及宣布之時其間合有意度節次更委趙卨條上不得落賊姦計臣倉卒略具大槩仰答聖問未能詳盡如蒙召對尚有口奏事件得以粗陳更在陛下擇而行之天下幸甚臣所知邊事只熟知環慶及粗知鄜延其他路分非臣所知臣今所陳乃王體當然為萬世之法非一時之利害也又其宣布意度及換易事節先須只作押伴臣寮及帥臣意度若竊恐戎人萬一於應對之間失禮不遜則於朝廷無損又將來夏人回日必有答詔使可以諭其累次違使恭順及喻以解仇釋怨罷兵息民之意

純仁拜諫議大夫畫夏國疆界三策曰臣竊見前日簾前文彥博等諸執政論疆界事宜其時以諸臣奏對已多臣雖有管見不敢久煩聖聽欲於別日奏陳而臣今病假在家未能如心竊慮夏人在庭議論日逼謹先具條列聞奏若以所得夏國地土換易陷蕃生口如此則便可罷兵息民陛下仁恩之化得以久行堯舜之治可以速成此上策也又蘭州定西城開元是西蕃境土後來方屬夏國已有景德中搶來更不虜掠西蕃彼雖堅意欲之我亦留之有名徐委邊帥婉順商量雖便未可罷兵彼應難便猖獗此中策也又若留塞門吳堡義合而止棄遠處難守二三城寨則朝廷與之不足以示大恩彼雖得之不足以副其欲如此則兵必不解戎夏難安陛下仁恩之政何由復施勝負安危之機遂未可料所得之地不及秦漢萬分之一迺妨陛下堯舜之政而且有後憂此下策也右臣謹條此三策上進伏

望陛下深賜採擇以為天下國家無疆之福臣稍可勉強更當面具奏陳臣未曾見夏人表章如其過有邀求則雖與地不能息兵非臣今來所料候臣別具陳奏乞且嚴戒邊臣過作守備凡有所闕盡令陳請朝廷當一一應副庶令責有所歸不至悞事惟中策安疆頗與臣合近曾行擬下詔意示臣內有不與中國舊寨一節臣曾簽帖欲其除去然安疆未曾修改應待聖意裁度

純仁為武安軍節度副使乞棄廢寨地與西夏疏曰臣伏見陛下臨御以來懷柔西戎恩德備至至於冊封賜地皆出宸斷遂使累年之間戎馬不能犯塞蕃漢生靈全活無數好生之德格于皇天故使百穀屢登西海豐樂此帝王之盛事太平之大本也近日傳聞熙河邊臣分畫地界各惜向來久廢寨地以為要害未欲給賜致其偃蹇不從以至未能罷兵邊事難了竊恐蕃疑敗謀事久生變萬一姦人間

諜復致猖狂容之則虧損國威討之則前車未遠連兵不解勞費無期若或飢饉相因兵民乏食則雖有智謀之臣未易為計如此則功虧一簣併棄前恩伏望陛下深留聖念特務遠圖不吝易而為難不以小而妨大檢會元約朝旨特賜允從遵孟子樂天之言稽虞舜舞干之德則天下幸甚臣受恩至重職與邊臣過計深憂不能緘默惟陛下矜憐曲加采納又奏司馬光為陛下陳棄寨之策及後來換易生口并降賜封冊臣寔皆與其議昧者尚多不以為然至朝廷力行浮議方息今與西夏君臣體分已定惟有分畫地界所較不多若是去城寨二十里內雖夷狄無厭亦可以理開諭必肯依從以臣愚慮但恐邊將貪功生事不樂罷兵將去城寨二十里外聖恩已許給賜或向來用兵之時不曾保據之地指為要害却欲築城占守則虧朝廷大信悞國家前謀不可不察議者或謂夷狄無厭與之必將更有

邀求竊以祖宗朝兵勢國力尚因德明歸順賜以數州元昊称臣加
國主之號蓋欲安民息戰不以小利玩兵後来彼國果自服從亦何
嘗更有干犯而況今日所損利害絶小惟聖明深慮昔樊噲欲以十
萬行匈奴中季布指為面謾武夫邊將之言多若此類上誤先朝不
少今可為鑒

純仁又乞早分畫西夏地界䟽曰臣近入劄子為夏國分畫地界未
定恐邊將斬地失信復致用兵所陳利害頗明必已上達天聽近日
伏覩樞密院指揮及諸路關報西人頻有點兵侵犯漢境或聞邊將
多亦乗此希功先動恐至秋涼再為邊患臣是以夙夜過
默臣伏見陛下始與司馬光等議定大計令乃為邊將貪鄙之論沮
害遠圖前捨四處已成之寨換易生口以示輕地愛人之德今乃傳
聞復留兩堡從来不守之地再起事端以招纒兵致寇之患昧聖君

舞干之化進市道苟得之謀則其是非輕重不待詳陳蓋今日斬地
之邊臣多昔年生事之黨類朝廷若不早悟必恐復継前車將致聖
恩無由下通天威不以義動生靈受弊後害難量臣之區區實在於
此日近坤成節夏人進貢在庭若有所請不至乖悖伏望聖慈特賜
寛納或令押伴宣諭所有地界早令分畫或邊臣未能宣達朝廷詔
旨有所不盡特許奏陳候朝廷相度指揮然後嚴戒邊臣分畫地界
並依已行詔旨不得虧失大信別起事端雖云夷狄貪婪必亦難生
怨叛息民偃革指日可期則天下幸甚臣前来所上劄子更乞檢會
看詳特垂收采

純仁又乞戒邊將不得生事䟽曰真廟朝與契丹講和懐撫有道兩
國情通小人不敢生事間諜令將百年生靈安帖自古和戎所未曾
有今來西夏雖是小國亦未可輕況自興兵已来恩信未孚動生疑
阻加以邊將慣得厚賞狃於生事邀功多是先自引惹却稱西人侵
犯構起邊患朝廷不知致使夷狄之情無由通達此風不除難得安
靜伏望朝廷常加審察

歷代名臣奏議卷之三百三十

禦邊

宋哲宗元祐元年三月守慶州范純粹乞以弃地易被虜之人疏曰

臣自元豐元年在陝西路備員監司適當軍興之時至七年乃得還朝故於陝西邊事粗知始末昨蒙除授今任赴官過闕雖蒙特許朝覲累狀乞上殿奏禀職事尋准樞密院劄子催發出門故欲數奏職事了不獲陳今既到任身遠朝廷須至披露論析仰黷聖聽切以西夏之國効順歲久邊鄙無事羌夏晏然秪因种諤洗括數輩希功造事欺罔朝廷以謂夏國失勢衆怨親叛無甚勞費席卷可平或請覆巢長驅或請進築開拓致朝廷大舉戈甲諸路並興固嘗長驅而無功亦已進築而失利衆說並試一一無所成徒致關輔瘡痍公私困弊百姓流徙國兵殘耗雖諸路各有收復故砦廢州多非中國所利之

地深在虜境剏為興修橫添兵屯倍置器械加費金幣益耗芻糧盡關輔公私之力曾不足以自支故日煩朝廷自內應副而邊防壘隊日在可憂彼夏國者深沉自居未即報應蓋亦以頻年應敵部族疲勞橫山之人失業良久勢力未復舉動良難故但比時以來數數遣使跡如効順實延有謀外則不議土疆內則不修常貢既形欵我之計又為自資之謀臣聞累番使人貨販滋廣通約所得不減三數百萬其自資之謀亦可見矣諸路軍兵經累次凋瘵之餘雖將招填略充舊數而新人眇小未堪戰鬪朝廷但知兵籍數目而未知士卒之氣全未振奮臣未測朝廷謀畫所向但見近降朝旨應因軍興增置兵將官吏及添戍軍兵並已抽還外議以謂朝廷晏然自以為無事人切憂之則其欵我之計亦已行矣常貢未修彼所以言邊事之未竟也疆土不議彼所以為將來舉事之端也理勢灼然無可疑者然

則邊防大事未見成畫臣恐歲月滋久彼力漸全待草豐穀實之秋當弓勁馬肥之際稱兵有請暴肆跳梁倉卒之間何以遣應若臨時欲議許可則國體有傷若至期復舉干戈則生靈被害唯編戶之方困豈再籍之能堪臣心之憂言有不忍臣昨者既不得奏禀聖筭尋曾往見執政大臣語此邊事雖所慮亦或切至而為謀未知所從如臣之愚亦何敢以此自任唯是思慮所得參訪羣言不敢內有所懷願陳其說臣切以謂諸路所取夏人之地固未是繫彼國存亡之機而彼之所以乘困而必爭者蓋以謂日侵月削而不敢校則小國之勢在所可憂故自保之計不得不然一國共謀豈不及此由是推之乃知必爭之地未弃則邊壘無時而可除也夫中國者禮義之所自出也今彼之與我必爭者顧禮義當何如耳臣竊觀近時之論邊事者獨以謂彼既困急無所能為加以數年可期柔服臣竊以謂不然

彼所以嘿嘿自處未有所請但為自全之計者乃所以養鋭待時也是豈終困之理哉謂新地自興復以來糜耗鉅萬斥弃為難殊不思前日之已費者不足復追而它日之未費者尚可救也臣伏覩陛下即位以來累降德音凡聚歛掊積之令有害民生者悉行蠲除四海兆民懽呼愛戴蒙被聖澤可謂盛矣臣竊思念天下之費莫大於饋邊若邊事未有措置他日一有調度帑藏空虛無以取濟則聚歛傷民之令恐不能輒已此又不可不慮者也臣願陛下靜占往鑒斷自聖心因彼遣使再三而未有所請之時乘彼詞理恭順而姦謀未露之日特降詔旨具述先帝所以問罪之意具道秉常所以復國之由嘉其忠藎之誠諭以逆順之理趣令先以前後戰陣虜陷官負使臣將吏丁夫悉歸朝廷其所削之地並從給賜如此則邊壘可期於止息生靈有望於安全亦是使四夷知朝廷前日興師之意在于拯患

問罪而不在乎疆土之利也中國陷寇之人又知朝廷愛人而不愛地也神功偉績可謂難名臣非不知危言異議自速禍悔伏念不獨守邊之職理當建明重以事君之方義無可避臣於先帝臨御之日數論邊事屢竭迂淺伏蒙先帝曲賜優容每有稱可非敢獨於此日驟為首尾異同之論古人有言曰知予之為取者政之寶也取予之間正在今日伏望陛下察臣誠在憂國志切愛君以臣今言少關聖慮如其粗有可採即乞宣付三省樞密院令大臣共議事貴機速伏乞早賜處決庶不為朝廷異時之患則天下幸甚傳曰事君有犯無隱臣則無隱矣其如位卑言高妄議朝廷機政實犯天憲不敢以誅竄自逃

貼黃臣頃者或聞北人嘗有文字到朝廷請勾下西邊兵馬臣昨充北朝國信使曰其接伴虜使嘗語及夏國之事亦云嘗有文字教南朝罷兵臣是時隨宜應對尋具奏聞臣以謂西北脣齒之國萬一北虜狡慢或一日又以夏國所失疆土為言即朝廷至時卻已難為處決今日機會恐不可忽此臣所謂事貴機速也

臣切見所得西夏舊城堡砦如河東路葭蘆吳堡鄜延路米脂義合浮圖環慶路安疆等寨皆係深在賊疆於漢界地利形勢略無所利而所費芻糧皆是倍價計置及歲歲勞煩稅戶遠入輸納至于運致錢帛器械置官遣戍一一艱苦今日若行存棄是並無關害唯是鄜延路塞門一寨係當中路之衝平川廣闊去帥府地里甚近別無地利控扼之險自得塞門增遠四十餘里可為中路屏蔽粗為邊防之利兼此塞門一寨舊是漢城弃陷以來年歲未遠似與其餘城寨利害有殊朝廷若議存守則理或有名更係朝廷裁決所有蘭會之地耗蠹尤深如聞朝廷已遣使相視勘會更不敢縷細開陳

平章軍國重事文彥博奏曰臣伏讀聖問有可禦西夏之術臣去年夏始聞西人欲求內臣以謂方國家多事務早安靜奏乞朝廷恢天海之量廣示開納禦四夷之術羈縻而已由此可以息兵上固吾圉外夷懷服中夏安寧則太平之風浸隆浸久兼曾繳進神宗專令臣男貽慶齎賜臣親書詔一本所貴審知神宗本意止務安邊不欲輕舉皆是邊臣希望功賞為國生事儌倖萬一以致兵食困匱財力殫耗必料此詔已經聖覽今復蒙下問所禦西夏之術臣愚何足以仰副虛佇臣切見西人自去年已來凡數次入朝即未見脩歲時常貢之禮亦未聞請常賜之物度其姦心必有所待當此之際朝廷亦須有以待之邊臣亦必有以制之若更如向時种諤徐禧輩料敵不精謀攻失策致誤邊事即關中之人其心摇矣自靈武永樂王師不振之後兵勢民力尚未完復狡羌竊發必能制乎即如向時种諤輩皆云西人亂弱取如拾芥又可信乎國之大事豈可數為狂計所誤朝廷於此固當熟計而深念事欲義成計須先定當責成邊臣審料賊勢精選諜者密窺賊形必先事以待之使賊計不行邊壘有備此亦固羌夷之策為人謀之小勝或西人款塞請覲詰其所由出於善意即導之使來俟至延安帥臣密察亦當得其要領先時奏聞廟堂之上可以預料而審度之俟至闕下知其所來必有所為因其所為之可否或議或詰審而應之可者即從否者即已若議及疆土須廟堂之上衆謀大同苟有後艱同任其責或取與之間謀有同異即各述利害理須明白後或不應謀果不臧自任其責廟謀一定邊計粗寧天下小康堂上高枕矣伏惟陛下聖明遠大之計固已先定出於衆智豈俟臣之過慮然采芻蕘擇狂言亮其誠而不責其妄幸甚

二年彥博又奏曰中外臣僚上言夏國受朝廷封冊恩禮極優錫賚尤厚而敢忘恩背惠輒行公牒傳達疆吏自絕于天不脩貢奉天地所不容人神所共怒乞行天討以正有罪欲乞降詔邊帥及出勅牓以諭中外若朝

廷姑務息民推天地之大德曲示含容抑羣情之怒忿不與醜羌計較卽乞明諭邊臣嚴加守備靜以待之必取全勝所有朝廷續遣大兵且令分屯次邊州軍以備緩急邊上旬抽

元祐元年十一月吏部尚書呂大防荅詔諭西事疏曰臣伏准詔問戎人狡獪未測其誠心臣愚以為夷狄之情自古無信西夏自繼遷以來專事譎詐惟朝廷御得其道則詐無所施或失其方則驕而益肆待遇之體不可不審然以臣觀之今日夏戎之情略可見矣羌人重於酬報先帝舉大兵徑抵靈武幾入其國而不能以數萬人之衆入塞為報永樂諸將寡謀敗事使北虜僅得以藉口然自是王師深入不虞之咎非其本國舉兵之成功蓋未足以為義虜之無能為一也自來開邊進築之始虜必極力決爭乘其未堅至於三四不能得而後已非蘭州之城壤斥甚廣雖一羿至爭不能得去歲冰合遂不復來城既益堅虜望亦絕此虜之無能為二也比聞秉常極孱劣梁氏既死而秉常已亡則內難未已何暇外圖雖使秉常得存亦不足畏今數遣使入朝而不早布誠款者蓋苟欲觀望遷延未敢先發以示弱以臣愚計切聞虜使旦夕到闕可使押伴臣僚且以私意問其來使今主上嗣登寶位自大遼諸國皆遣使入賀夏國是朝廷藩臣何故獨不至以觀其意足以測其僞矣又詔問向者所得邊地雖建立城寨亦慮孤僻不易應援棄之則弱國威守之則終恐戎人在念臣以謂新收疆土議者多言可棄蓋思之未熟也詔旨以為弱國威真廟筭之遠慮然臣猶謂棄之不止弱國威而已又有取侮於四夷之端焉不可不審計也況蘭州西羌之地本非夏國封境又其君長嘗受朝廷稱秩元昊以來方盜據其地延慶城寨則接近漢界一旦舉而棄之未見其可今日措置之宜只可降詔下本路將會州一處更不攻取其蘭州及延慶兩路新建城寨只遞見得地界守禦亦可以稍安虜情而為議和之計矣議者不過

謂戍兵少則不足以出戰多則無力以供饋臣愚以為蘭之地皆並塞美田增招民兵墾以足食則供饋之費省專事守計少存戰兵則騎兵可大減矣其增招民兵墾闢曠土分守戰之計減供饋之費如以為可即乞下臣條析子細利害又詔問邊計今如何措置向去如何守禦臣愚以為今日邊計唯擇將帥為先轉運使為次其他施設皆可取辦伏聞國初西戎之患多在環慶太祖皇帝擇姚內斌董遵誨二驍將以守二州租賦之入兵械之費一切付之而聽其自為西人畏之不敢入寇今以四海九州之力奉邊而不足太祖以二州租入之費禦戎而有餘以此言之守禦之方在於得人而已臣愚以陝西五路宜擇威名忠亮之人不限文武為之統帥其次以為將佐又擇公正強明之臣以為轉運使副俾各擇其才能以充其任使屬官備邊之城專事守計而出戰救援之兵蓄於內郡平居則散而耕寇至則聚而守因為內郡之兵以援之視寇入之多寡深淺而必勦之無使其得志亦不妄動以生事守兵雖見大利不得出戰戰兵雖見大利不得久在邊如此則費省而易供守堅而不墮其計矣

給事中孫覺乞棄蘭州上奏曰臣頃在諫職嘗議蘭州可棄而次奏聞未蒙賜可切聞西人在館以蘭州為請而朝廷大臣議論不一或以為可棄或以為不可臣切思之二者皆有所見非苟而已也以為不可者以戎人難保棄信忘義今日得地明日侵邊未可知也與其割要地以利之而不能已其侵冒孰與守其要害而坐制其弊哉以為可者則以為蘭州之地乃彼所素有吾雖得之須兵益戍未嘗有毫髮之益而歲糜一百七十餘萬羌人又嘗大舉圍閧久之乃罷終為中國之患而生西人之隙恐西人今請不已用兵未有已時二者所見雖不同然皆為中國計慮患深思遠有志之士也以臣觀之今者朝廷之於西羌幸可乘其無事保養三數年間亦可以休息邊人困苦之弊萬一西羌不如所請跳踉桀驁如元豐時則臣知廟堂

之上。憂未艾也。臣以為弃之便。凡臣所謂弃之者。非謂直弃以與之而已
盖欲於未與之時。先與之要約。西界寨柵往時所謂要害羌人取之而去
者有幾。令西人先以還我。約束既定。乃議與之。如此則吾所得者亦不少
矣。伏望聖慈。因其來請特與之。勿牽於異議。拘於常守。而失此機會也。漢
宣帝明主也。趙充國良將也。以宣帝之明。充國之老練。其論羌事往返至
於五六年。從其策而事乃集。廣謀博議。古之人不免。要在明主擇而行之。
哲宗時。侍御史劉摯論邊事。上言曰。臣伏見元豐中。出兵西界。增創城壘。
議者講求利害久矣。臣亦嘗具三策上于朝。今夏人汎遣使者已到邸累
日。其勢必有邀請。雖廟議默定。而區區不能自已。謹復條列一二。補前奏
之未備。以待採擇。議者之論。臣嘗詢訪本末。備得其說。為弃地之議者曰。
往年興師。本以弔民伐罪。既取地自利。其勢必爭。傷財害民。以爭非其地。
其勢不得不弃。因而後弃。不如一捐空城予之。以示恩惠。此言是也。然難

者謂予地所以息爭。若虎狼亡厭。爭求不已。得地據險。益擾近郡。其能保
不為患乎。為守地之議者曰。頓備設隄。增募土兵。遠斥近援。尚地不守。豈
先皇帝之所得而以予人。非是。此言亦是也。然難者謂虜不得地。兵難不
解。日引月長。邊釁益大。其能保終守此地乎。故議者之論。非不曲盡事理。
至於弭未然之患。如難者所憂。則雖好謀之人。莫敢任責。竊料朝廷深計
遠慮。未欲遽决。亦必以此。臣愚不佞。獨謂用兵以終守其地。誠難保也。弃
地而使不為患。臣雖老矣。顧保沒齒不見邊境之憂。惟陛下赦其愚。使畢
其說。臣聞向所得地。在熙河為蘭州。在鄜延為五寨。蘭州本西蕃故地。而
五寨本夏戎所有也。其地道里迂直。產利厚薄。所須守兵多寡。轉餉勞逸。
皆朝廷所熟究。臣不復道。而自夏人視之為必爭之地。彼將以誓約為請。
固請而固不予。彼將獸困而鬬。借兵北戎。以逞其忿。朝廷且有西顧之憂。
使我師每戰每勝。臣猶以為非國之利。又況殺傷相當。成敗未可知。皇帝

陛下諒陰之際。太皇太后垂簾稱制。正思與民休息。而顧欲戮力血
戰。以爭尺寸無用之地。所謂以隋侯之珠彈千仞之雀。由此言之。終
守其地。是臣之所以不敢保也。國朝自祖宗以來。歲捐金帛數十萬。
還使修約。而二虜稽首順命者數十百年矣。夷狄好事亡厭。固天性
也。然且如此。則恩深利厚。是以羈縻其心故也。今乘先帝討擊之威
因其屈服之勢。噴然推惠。歸侵地。復歲賜。于寧戎勅。分棄前患。復謹
舊約。彼雖有桀黠眦睢之意。既一杜塞其欲。無所發。則亦將感激退
聽。復如前日。何苦必欲動衆犯順。以自魚肉其民。雖彼之國。寧獨利
乎。古之養虎者。時其飢飽。達其怒心。虎或可養。而況夷狄乎。由此言
之。弭患息爭。非獨臣以死保之。自祖宗以來。御二虜者用此道也。臣
願采議者之論。觀異日之勢。而斷以此意。大計既定。其餘措置纖悉
施行次第。在朝廷裁之而已。雖然。臣猶有拳拳之愚。不敢不盡。今夫

請地在彼。予地在我。是以主制客。以逸待勞之勢也。為彼計。則不得
不急。為我計。正宜從容閑暇。鎮以無事。臣切怪近日議者皇皇汲汲
視此地如金城湯池。唯恐不守。不然。如附贅懸疣。唯速去之為快。異
議紛起。先自惑亂。又何其迫遽無大體也。今使者雖在邸。臣願且毋
遽許以地。而厚禮答之。善詞遣之。或先復歲賜。而徵示以不愛地之
意。度其効順堅决。至于再。至于三。然後以歲月予之。所謂許夷狄不
一而足。夫豈晚乎。臣愚不知大計。惟陛下財幸
殿中侍御史呂陶上處邊五疏。一曰四夷為中國患。從古有之。雖純
王極治所不免。然無如今日匈奴之盛彊也。禦戎之策。前世止言中
下。雖搢紳之儒。介冑之士。備見利害。互論得失。或專和親。以苟一時
之安。或務討伐。以洗數世之耻。然無如今日制御之失也。盛彊之漸。
非一日而能。盖自元昊以來。善窺中原之多故。起掎旁鄰。以廣部族。

至于石晉則又籍其兵勢以取天下乃割地以報之夫十六州者皆據宅要害天之所設以限夷狄前世聚兵置師控扼之地既已弃而為其巢穴矣而乃劃千里平廣之野以自守禦且藩墻不完而戶庭易覬則盜賊奮辟以入又安惟其南牧之患哉是以晉祚之末悉衆來寇如蹈無人之境而得志以歸於是有輕中原之意國家之興數從數叛景德之役氣燄大衰始露講好之請章聖皇帝以休息天下為慮有為民屈己之說可其盟約因而罷兵而天下之武備漸以弛廢至寶元康定之間西鄙不庭王師未克虜人覘我之釁外自連結以邀利於上多張虛聲屢出慢言以駭惑朝廷之聽而當時之勢顧有未安乃議增其金帛以至五十萬今三十年矣時獻一書歲馳一介設難可之求發非常之問以覘吾君吾相之應荅而朝廷拳拳然若奉盟王未嘗輙忤其意寧忍愧耻不敢興事惟重賂柔辭以固鄰

好舉天下生民之膏血刧以鞭朴聚以錐刀而歸于虜者幾千萬也古之夷狄彊盛有如今日者乎古之制御夷狄有如今日者乎然而恃以為長久之計亦竊為執事者不取也夫兵家之要先據地利不然則善屈敵人之力而勝之故軍志曰先處戰地趨戰者勞又曰以佚待勞以飽待飢謂之理人力彼十六州者古稱險固之會而我皆失之則地利有不及也所恃者獨中國之富彊耳而掊剋吾民歲為供饋使之坐得厚賄以充其豺狼之力而我之生民日趨困弊王兵未舉而邦本先搖動則素所恃者亦不足矣始防外憂而終召內患也雖曰和戎為利又安獲其利哉臣恐積日持久我虛彼實彼佚我勞一旦乘隙而發則勢將不可是和之愈久則害愈深而禍愈大所謂養虎遺患也善制夷狄者不若是叛戾不率則有戰困窮而馴伏然後與之和戰亦在我和亦在我是故中國不可料以一隅而四夷

無得計今我常欲和彼常欲戰則彼能測我之所欲而以戰邀利於我乃其計之得也彼之所欲者亦未必然耳夫如是則中國何事於畏戰而好和哉今日尤宜思之矣景德之戰彼力既屈而謀臣猛將欲乘其敗以鏖之此萬世之舉矣貸而不戮則固有噬臍之悔及其以地為請而議者不思遠圖遽許之以金幣逮三十年而請地之釁復作於慶曆之始則又從而增之慶曆距今亦三十年矣知天子之新即位而欲窺中國備禦之淺深彊弱乃其謀也向之虛聲慢言而有請者疑其旦暮聞于朝廷矣臣雖甚愚不知何以禦之哉彼方窺吾之備禦而苟失其策則陵侮之勢無休已時也將拒之以兵邪則平日畏戰而不欲加兵矣將益之以賂邪則民力有限虜心無厭而國之大費日益不給用以制之者適足助之也籍以為利者陰受其害也名為惜民而實乃戕民也勢至於此則莫若一任威斷而不可

不用兵矣用兵之略臣敢繼而備論焉

二曰朝廷畏戰甚矣天下之士疑焉而未知其端也以體言之而謂不順乎則中國固可鞭笞四夷而隆主威也以義言之而謂無釁乎則慢求僭請接踵以至而衆心積憤也以地言之而謂其廣乎則我之享有四海而彼乃一隅也以兵言之而謂其多乎則我之成軍百萬而彼纔什二也以材言之而謂其足用乎則旃裘之醜不若衣冠之賢也以力言之而謂其富厚乎則馬羊之饒不若寶幣之積也中國之直且彊虜之曲且弱也如此然猶畏戰而不敢用兵以正其罪論者乃曰兵凶器戰危事不可輕議而妄舉也斯大不然兵所以禁暴也惟其窮兵則受弊戰所以殄寇也惟其好戰則取亡國家方有夷狄侵侮之患而未嘗一議誅削之策是以中國之氣鬱鬱不振而天下之心不勝其憾苟一日奮揚皇威以申九伐之令則豈及於窮

兵好戰之失哉。持是說者膠柱於一偏而未能應變也。應今之勢。必可不至於兵戰。惟甘言厚幣結其心。而致萬世之安乎。雖天下之愚夫曲士皆知其不足以結之。而必至於兵戰也。知甘言厚幣之不足結。則何事極竭吾力以填盧山之壑。而飽寇讎之力哉。知兵戰之不可免。則又何憚夫凶器危事。而不講求其具也。昔者六國併力以攻孤秦。首戰而歸於覆亡者。豈兵之不可勝歟。蓋以地賂秦。而不知其地盡而兵亦弱也。今天下之勢固萬萬異於六國。然以虜人與我為敵之情而言。則亦有類於秦與六國之事。彼常邀賂而無厭者。欲窮我之力也。以賂與之而不以兵禦之。則何以息其無窮哉。然則臣之所謂用兵者亦非大舉六師長驅深入。輕吾民之命。犯天下之危。力決於一勝而驟平其巢穴。蓋亦大為之防。先嚴其備。而次絕其賂。示以必戰。而求其成功於終也。夫困則卑順。彊則驕逆者。虜之情也。有

田欽祚之勝。然後有開寶之盟。有撻覽之敗。然後有景德之好。今肆其陵慢務求於我而不已者。豈其勢力必能乘中國之釁哉。蓋六十年間。狃於國家之仁治。珍藏之財歲歲厚遺而無窮已。壯夫猛士不敢彎弓而北嚮。彼方之人少而耳所聞。長而目所見。惟知中國貨財之可取。而不知中國威武之不可犯故也。是以彊而不困。驕逆日甚而卑順日遠。幸今陛下纘治之始。乾健離明。運焰萬物。天威霆怒震驚四海。殊方獷俗深有未測。而方覘伺於我。則固宜乘此機會而更張備禦之策。示之以無所貸忍之意。而有所必誅之道。以變易其視聽。而破壞其姦心。夫講求邊備。申嚴軍政。慎擇將帥。精練士卒。分屯要地。以為犄角之勢。謹固封畧。以全守禦之形。然後罷其歲賂而使之無素蓄之具。則虜之計反覆皆窮而不知所出。欲以賂為請乎。則[illegible]之行不復可覬。欲以戰為事乎。則我之兵可用而無所憚。夫內之

既失於貨賄。則其力自困。外之又逼於守備。則其勢無所得。如此而部族之不微。黨與之不潰者。從古未嘗有也。不過十年。虜必衰矣。苟非屈服於我以就命。則必逃遁亡匿於幕北寒苦無水草之域。而不之見也。夫然乘坐勝之勢。復燕薊之地。遵祖宗前定之策。即范陽故府建堡置戍。以遏三路入寇之漸。則勳高古今。而福及廟社。豈不偉哉。與夫平日委百萬之貲與人。而拱手以待寇至者。孰為愈也。

三曰。今天下之勢。內無彊臣跋扈之漸。外無僭國割裂之危。朝廷之上。早夜深憂切討孜孜而不已者。惟二虜之患。臣嘗語其詳而奏於前篇矣。及西戎逆順之情狀。臣亦竊覘其大略焉。夫以五州之地數萬之衆。而敢肆其豺狼之心。求犯天子之威怒而不知懼者。其故何哉。蓋彼之部族日以滋大。而我之制御失其策也。靈武之地方廣千里。表裏山河。草木肥茂。是為放牧耕戰之所。而一旦捨之以資彼寇。

使西域諸羌坦無隘礙。合而為一。則其類益廣。其勢益彊。不足怪也。昔之制北狄者必通西域以弱其助。今之所以不能通者。由棄靈武而夏人安據其間。為之障蔽也。西域之不能通。則北狄有以連結。而夏人之彊梗豈可量哉。且自國初而來逆順固非一也。興國之際繼捧既奉朝貢。則繼遷為寇。故端拱之詔。賜國姓。授節鉞。以羈縻之。至淳化之初。侵掠不已。是以太宗皇帝奮揚武怒。銳意誅翦。王師一舉而俘其酋領。蕃漢之民來歸者八千餘族。因隳夏城。徙民於內。及至道之始。則又有五路之伐。然而諸將緩期。不援遂喪大功。資養餘孽。以遺害於後世。至今天下深惜之。洎乎章聖嗣位。遽請藩任。朝廷雖察變詐。姑務寧息。乃有刺史功臣之拜。其後濟遠靈武之役。起於咸平。而二壘盡陷。德明幼弱。則有景德之歸嚮。元昊狂悖。則有寶元之僭叛。此始終順逆其情狀可見者也。賜之以國。授之以節鉞。封之以

功臣加之以王爵朝廷之恩信極於此矣皆不足以悅來其心而屈服其志於是賂之以厚幣以固結盟好幸其不犯邊吏而免用師之勞豈惠中國綏四夷不戰而屈人兵之長計乎臣故曰彼之部族日以盛大而我之制禦失其策也況比歲已來服容官號不復循習舊俗皆竊取朝廷之制而傚用之多遣介使以伸難塞之請屢傳閱集以驚近塞之耳目招致逋逃又與之謀議叛釁之萌已數年矣而朝廷姑為備禦從而養之甚可痛也臣計其逆戾之意不過兩端而已大則欲舉眾犯塞儌倖於一勝之利而徐圖所嚮小則欲益吾之歲賂而飽其貪心就兩端而窺之則所謂舉眾犯塞者亦未必能爾惟求益歲賂則固其心焉兵說有之詞卑者進詞彊者退昔冒頓匿壯士健馬不以示漢使蓋有攻漢之心也誇人以形聲者豈必有其實哉由此而言則夏人為彼不庭之態者欲求益歲賂而已也彼以形聲誇我而遂益其賂乃逆計之得矣則無厭之求何時而息乎此天下之共議而廟堂之宜慎動也就使舉眾入寇則勝敗之際亦有兩端而已戰而勝邪則謂吾畏之而必益其賂戰而敗邪則必曰近塞諸羌擅用兵爾為此說者欲吾歲賜之不絕也彼之得失兩獲其利而吾可以不計我內府之財羣生之力捨之以啗寇則貽害益甚孰若取之以養兵而彊威也事之施設必有先後而利亦有大小今之所先者莫若精武備一邊略不為形聲之所駭動而遂自屈於柔弱恐懼之地來則禦之去則守之毋畏其兵毋繼以賂使之不測國家臨制之術夫然則其利雖小可弭數十年邊鄙之患而無旦夕之憂苟欲謀其大者而滌除本根之害則必復靈武而後可也

四曰朝廷之弃靈武凡幾十年矣議者以為殊方絕塞無用之地昔漢武以英材雄略征伐天下舉造陽之地九百里而弃之元帝以捐之一言遂罷朱崖不復討擊皆足以垂裕後世然則何必疲弊中國之力而興事於彼哉臣雖狂愚輙謂不爾今西邊諸郡多與蕃戎接迹旦夕惴惴常有侵掠之虞者蓋失靈武而致其境土迫於我也況西域不能通而北鄙無以弱乎昔東漢之世西羌屢擾鄧隲欲弃涼州虞詡以為不可其議乃曰今羌所以不敢入據三輔為心腹之害者以涼州在後故也其土人所以推鋒無反顧之心者為其臣屬於漢故也若弃其境或徙其人眾必生異志雖太公白起為將恐不足禦今靈武久弃而西羌盛大二鄙連結而中國之憂不已亦何異此故臣愚以為必復之則本根之患庶幾可以除也然則臣所謂復之之策者非經營朞月之間而速求其効蓋亦久而不懈而要以成功於終其措置之大略有三而已一曰離旁鄰之助二曰啓嚮化之心三曰分兵以困其力且西鄙諸羌類族至眾有地可守有兵可戰雖彊弱大小其勢不一而其心不能相君臣此固中國以夷狄伐夷狄之資也昔景德之初羅支能以部族出討繼遷卒致敗滅當時識臣欲加王爵褒寵其効今之不附於夏人者其誰乎則固宜敷導恩信諭之禍福厚賜金幣重假名器以懷結其心而感其力必有輸忠義而為梗於彼者使諸羌類族攻戰不暇則外有所忌而內不敢抗於中國此之謂離旁鄰之助臣又聞戎酋之性自用而好忌況歲以來雖腹心之人往往罹陷誅殺是故為其役屬而處於要重者竊有欽塞効順之意然而懼乎無見容之地而退就刑戮徬徨猶豫計莫能決則固宜擇任土人為之誘道寄其來歸之請而撫存之且以索求其左右之姦謀則虜人之黨與將漸攜貳此之謂啓嚮化之心況今西夏之兵不滿二十萬已寇於我悉眾而至大抵長於聚而不長於散可以獨支於一隅而不可雜出於諸路是故犯秦隴則涇渭為

無虞遏環慶則麟府未嘗警此虛實衆寡可見者也儻任吾犄角之勢而更相援助彼掠於東則擊其西彼擾於南則追其北則力有不逮而氣亦喪矣此之謂分兵以困其勢為是三說而濟以久而不懈則已失之地庶幾必復而西域有可通之漸乃中國數世之利也奈何不圖長遠之計而過務姑息幸朝夕之無寇至豈不惜哉今之所謂禁地若吾不可徒步輒履而彼得以放牧其間今之所謂巡照者吾不可張弓西嚮而彼得以縱暴於我言之國體殊未壯也苟法細禁徒自損弱而不敢奮然革易者得非畏康定之失乎昔之失也蓋萬事弛廢變生於倉卒而莫能支矣以今況昔則邊不失備兵已知戰而猶甘心以欺侮者誠亦未之思也

五曰自周而下戎狄之勢稍稍抗於中國而朝廷時有遣將用師之役其見於載籍可得而擬議者在詩則有采薇出車杕杜六月采芑

江漢常武之類分列二雅而詠歌之至于齊桓以大國之資起為盟主而衛王室其於戎狄最號有功雖春秋實予而孔子稱其一正天下大槩皆務攘除驅逐而不使之有損於中國亦不以四夷為難制漢氏初興大亂甫定羌戎之患屢起故其計議雜出於一時之不得已而以和親為說於是中國四夷之分始交而失其別及乎積久而國家旦夕常有夷狄之憂是以才謀智識之士探窮原本而務為經遠之策慮在力平邊鄙之難而不欲使之一日輒犯於中國其思慮精密而規摸恢廣雖時異事變亦可倣而用焉夫欲特設一官以主蠻夷之事使吾日理而彼日危然後施三表五餌而係其頸令千家為一國而處之塞外此賈誼之術也夫欲徙民實邊使遠方無屯戍之勞塞下之民父子相保而無係虜之患則與東方戍卒不習地勢而心畏胡者功相萬矣此鼂錯之議也夫欲度羌虜故田及民所未墾頗罷兵分屯要害賦以農事益積畜省大費以待寇之自弊此趙充國之計也夫欲令隴西以北定安以西八郡之民罪非不赦者皆得輸粟於公以贖其過且廣邊備而為守戰之具此張敞之言也今二虜之釁中國以為大患而百官不尸其責疆埸之謀日勞於吾君吾相之念慮而未聞成功天下之務或委廢而不暇修講則孰若特建一官以專其任使之廣詢博聽竭其智力而辨之哉此賈誼之術可施於今日也三邊之地嶽於扞敵一夕不敢忘備而土兵無幾衆四方兇悍不逞之徒坐食塞下如寄於逆旅之中而督以殄寇則孰若募近塞願徙之民及以罪而遷者一切寬假而命之久安於此以為禦衛哉此鼂錯之議可施於今日也一方少警則四海有饋餉之勞歲掊月斂竭耗民力以養不耕不戰之卒而勢不可已則孰若募人為屯以墾塞下之閒田而助是兵足食之利哉此趙充國之計可

施於今日也不惜國家之公利召富商入穀而給之倍價以王官易民之錢刀假浮屠法以度非類而為饋邊之備則孰若貸民之輕罪而命之以粟贖過且有紓於急匱哉此張敞之言可施於今日也臣竊惟方今之敝蓋危而後為之謀及乎暫安則置而不議皆苟於一時之利而不若古人經營之久以圖其功於永世故也惟吾君吾相深思極慮參求古今之宜而慎其施設則四子之策孰云無補於朝廷乎勿謂其區區既往之陳迹而不之考也

陶又乞徙瀘州戍兵歸內郡上奏曰臣切見昔年瀘州乞弟入寇始因求索一氂骨價事至毫末而邊吏貪功覬賞擅行殺戮以至敗軍覆將擾動一方上煩朝廷兩次命帥西討調發數萬公私之費其數不貲兩蜀瘡痍今未全復初林廣統領大兵深入巢穴及到乞弟住坐處止有茅屋數間賊亦遁去竟不能獲乃是以天地之力與螻蟻

計較毫釐。以生民膏血棄如糞土爾。此朝臣固未詳知也。其後以王光祖為瀘南安撫。意欲生致賊酋。光祖怙權作威。肆其殘虐。蕃漢被害。怨淪骨髓。經營數年。亦無所得。此朝廷亦未詳知也。今瀘州內外屯兵萬餘。作為聲勢。欲致此賊。其策亦疎矣。夫欲致賊而不匿其形跡。不可得。且萬兵之費。饋運日勞。雖無寇至。坐耗民力。臣愚以謂乞第之存亡違順。不足上煩朝廬。宜一切罷而不問。唯徙重兵峙內郡。以省横費。戒邊臣守疆埸。亦不必取之意。要以歲月。當有成效。

元祐二年九月八日。翰林學士朝奉郎知制誥兼侍讀蘇軾因擒鬼章論西羌夏人事宜劄子奏曰。臣竊見近者熙河路奏生擒鬼章。百官稱賀。中外同慶。臣愚無知。竊謂安危之機。正在今日。若應之有道。處之有術。則安邊息民。必自是始。不然。將驕卒惰。以勝為災。亦不足詫。故臣區區欲乞陳前後致寇之由。次論當今待敵之要。雖狂愚無

取。亦臣子之常分。昔先帝用兵累年。雖中國靡弊。然夏人困折。亦幾於亡。横山之地。沿邊七八百里。不敢耕者至一百餘里。歲賜既罷。和市亦絶。虜中疋帛至五十餘千。其餘老弱轉徙。牛羊墮壞。所失蓋不可勝數。飢羸之餘。乃始款塞。當時執政大臣謀之不深。因中國厭兵。遂納其使。每一使賜予貿易。無慮得絹五萬餘疋。歸鬻之其民。疋五六千。民大悅。一使所獲。率不下二十萬緡。使五六至。而累年所罷歲賜。可以坐復。既使虜因吾資以德其民。且飽而思奮。又使其窺我厭兵欲和之意。以為欲戰欲和。權皆在我。以故輕犯邊陲。利則進。否則復求和。無不可者。若當時大臣因虜之請。受其詞。不納其使。且詔邊臣與之往返商議。所獲新疆。取捨在我。俟其詞意屈服。約束堅明。然後納之。則虜雖背恩反覆。亦不至如今日之速也。虜雖有易我意。然不得西蕃解仇結好。亦未敢動。夫阿里骨董氈之賊臣也。挾契丹公

主以弒其君之二妻。董氈死。匿喪不發。踰年衆定。乃詐稱嗣子。偽書鬼章温溪心等名以請于朝。當時執政若且令邊臣審問鬼章等。以阿里骨當立不立。若朝廷從汝請。遂授節鉞。阿里骨真汝主矣。汝能臣之如董氈乎。若此等無詞。則是諸羌心服。既立之後。必能統一都部。吾又何求。若其不服。則聽自彼爵命。來下曲不在吾。彼既一國三公。則吾分其恩禮。各以一近上使額命之。鬼章等各得所欲。宜亦無患。當時執政不深慮此事。以省事為安。因其妄請。便授節鉞。阿里骨自知不當立。而畏鬼章之討也。故欲借力於西夏以自重。於是始有解仇結好之謀。而鬼章亦不平朝廷之以賊臣君我也。故怨而盜邊。夏人知諸羌之叛也。故起而和之。此臣所謂前後致寇之由。明主不可以不知者也。雖既往不咎。然可以為方來之鑒。元昊本懷大志。長於用兵。亮祚天付兇狂。輕用其衆。故其為邊患。皆歷年而後定。今梁

氏專國。秉常與人多不協。方內自相圖。其能以創殘呻吟之餘。又與中國敵。卒料其姦謀。蓋非元昊亮祚之比矣。意謂二聖在位。恭默守成。仁恕之心。著于遠邇。必無用武之意。可肆無厭之求。蘭會諸城。鄜延五寨。好請不獲。勢必復猖狂之後。求無不獲。計不過此耳。今者切聞朝廷降詔諸路。敕勵戰守。深明逆順曲直之理。此固當今之急務。而詔書之中。亦許夏人之自新。臣切以謂開之太易。納之太速。恐未一戰而厭兵欲和之意已見乎外。此復蹈前日之失矣。臣甚惜之。今欲聞鬼章之擒。或有漸款塞之謀。必將為恭狠相半之詞。而繼之以無厭之請。若朝廷復納其使。則是欲戰欲和。權皆在虜。有求必獲。不獲必叛。雖偷一時之安。必起無窮之釁。故臣願明主斷之於中。深詔大臣。密敕諸將。若夏人款塞。當受其詞。而却其使。然後明敕邊臣。以夏人受恩不貲。無故犯順。今雖款塞。反覆難保。若實改心向化。當且

與邊臣商議苟詢意未甚屈服約束未甚堅明則且卻之以示吾雖
不逆其善意亦不汲汲求和也彼若心服而來吾雖未納其使必不
於往反商議之間遽復寇邊若非心服則吾雖豁然開懷待之如舊必
能必其不叛乎今歲涇原之入豈吾待之不至耶但使吾兵練士飽
斥候精明虜無大獲不過數年必自折困今雖小勞後必堅定此臣
所謂當今待敵之要亦明主不可以不知者也今朝廷意在息民不
憚屈己而臣獻言乃欲艱難其請未急於和似與聖意異者然古之
聖賢欲行其意必有以曲成之未嘗直情而徑行而有獲其意者也
若權其利害究其所至則臣之愚計於安邊息民必久而固與聖意
初無小異然臣竊度朝廷之間似欲以畏事為無事者臣竊以為過
矣夫為國不可以生事亦不可以畏事畏事之弊與生事均譬如無
病而服藥與有病而不服藥皆可以殺人夫生事者無病而服藥也

畏事者有病而不服藥也乃者阿里骨之請人人知其不當予而朝
廷予之以求無事然事之起始至於此不幾於有病而不服藥乎今
又欲遷納夏人之使則是病未除而藥先止其與幾何臣於侍從之
中最受恩至深其於委曲保全與衆獨異故敢出位先事而言不勝恐
懼待罪之至

二十七日軾又乞詔邊吏無進取及論鬼章事宜劄子奏曰臣聞善
用兵者先服其心次屈其力則兵易解而功易成若不伏其心惟力
是恃則戰勝而寇愈深況不勝乎功成而兵不解況不成乎頃者西
方用兵累年先帝之意本在弔伐而貪功生事之臣惟務殺人爭地
得尺寸之土不問利害先築城堡置州縣使四夷憎畏中國以謂朝
廷專欲併地非盡滅我族類不止是以併力致死莫有服者今雖朝
廷好生惡殺不務遠略而此心未信憎畏未去心既不服惟有鬪力

力屈情見勝負未可知也今日新獲鬼章威震戎狄邊臣賈勇爭欲
立功以為河南之地指顧可得正使得之不免築城堡屯兵置吏積
粟而守之則中國何時息肩乎乃者王韶取熙河全師獨克使韶有
遠慮誅其叛者乃以忠順即用其豪酋而已則今復何事其所以兵
連禍結罷弊中國者以郡縣其地故也往者既不可悔而來者又不
以為戒今又欲取講玉城曰此要害地不可不取方唐盛時安西都
護去長安萬里羌論要害自此以西無不可取者使諸羌知中國有
進取不已之意則寇愈深而兵不解其禍豈可量哉臣願陛下深詔
邊吏叛則討之服則安之自今已往無取尺寸之地無焚廬舍無殺
老弱如此朞年諸羌可傳檄而定然朝廷至意亦自難喻將帥未必
從也雖日行文書終恐無益宜驛召陝西轉運使一員赴闕面救戒
之使歸以喻將帥而察其不如詔者臣又竊聞朝論謂鬼章犯順罪

當誅死然譬之鳥獸不足深責其子孫部族猶足以陸梁於邊今其
首領以累其心以為重質庶獲其用此實當今之良策然臣竊料鬼
章凶豪素貴老病垂死必不能甘於困辱為久生之計自知生存終
不得歸徒使其臣子首鼠顧忌不敢復讎必將不食求死以發其衆
之怒就使不然老病愁憤自非久生之道鬼章若死則其臣子專意
復讎必與阿里骨合而北交於夏人此正胡越同舟遇風之勢其交
必堅而溫溪心介於阿里骨夏人之間地狹力弱其勢必危若見并
而吾不能救使二寇合三面以窺熙河則其患未可以一二數也如
臣愚計可詔邊臣與鬼章約若能使其部族討阿里骨而納趙純忠
者當放汝生還質之天地示以必信鬼章若從則稍富貴之使其信
臣而喻至意焉鬼章既有生還之望不為求死之計其衆必從以鬼
章之衆與溫溪心合而討阿里骨其勢必克既克而納純忠雖放還

兒章許以無患此必然之勢也西羌本與夏人世仇而兒章本與阿
里骨不協若許以生還其衆必相攻縱未能誅阿里骨亦足以使二
盜相疑而不合也昔太史慈與孫策戰策後得慈釋不誅致
遼豫章卒立奇功李愬得吳元濟將李祐解縛用之與同卧起卒擒
元濟非豪傑名將不能行此度外事也議者或謂宜斬之以懲兼用近
界酋豪力戰而得之仇怨已深若放生還此等必無安理臣以謂不
然若兒章死於中國其衆雖此等必深若其生還其讎之亦淺此等
依中國為援是以自全自古西羌之患惟恐解仇結盟若所在為讎
敵正中國之利無可疑者臣出位言事不勝恐懼待罪之至
十月七日軾又乞約兒章討阿里骨劄子奏曰臣近者竊見劉舜卿
賀表具言阿里骨非汝人竊聞舜卿奏乞削阿里骨官爵繼又聞阿
里骨上章請命識者或欲許其自新以臣愚慮二者之說皆未為得
何者阿里骨兇狡反覆必無革面洗心之理今聞其女已嫁梁乞逋
之子慶其父邊必須協力致死共為邊患今來上章請命蓋是鄰族
新破衆叛親離恐吾乘勝致討力未能支故匿情忍詬以就大事若
得休息數年蓄力養銳假吾爵命以威脅諸羌誅不附己者羽翼既
成西北相應必為中原之憂非獨一方之病也且夏賊逆天犯順至今
囚輕料朝廷以為必不能討已今若便從阿里骨之請則其所料良
不為過而彼小醜朝為叛逆暮許通和則夏國之請理無不許二寇
滔天自若交戰欲和無不可者則西方之憂無時而止矣然遂從舜
卿之請削奪官爵即須勢與深入致討彼新喪大首領舉國戒懼深
師深入首尾搆奇懸難以得志臣愚以謂當使邊將厚撫遺種
以離其腹心其利甚多今聞溫溪心等諸族已為所質勢未能動
心懷顧望其時被遣因而必與若用臣前計使邊臣與兒章約諾

能使其部族與溫溪心欽𣪘等合而討阿里骨納趙純忠即許以二
還此所謂以夷狄攻夷狄計無出此者若朝廷使許阿里骨通和
即須推示赤心待之如舊不可復用計謀以圖此賊數年之後必自
飛揚此所謂養虎自遺患者也故臣願朝廷既不納其通和之請又
不削奪其官爵存而勿論置之度外陰使邊臣以計圖之似為得策
臣屢瀆天聽罪當誅死
八年十一月十一日軾知定州又乞增修弓箭社條約狀奏曰臣竊
見北虜久和河朔無事沿邊諸郡軍政少弛將驕卒惰緩急恐不可
用武藝軍裝皆不逮陝西河東遠甚雖據即目邊防事勢三五年間
必無警急然居安慮危有國之常備事不素講難以應猝今者河朔
沿邊諸軍未嘗出征終年坐食理合富強臣近遣所辟幕官李之儀
孫敏行親入諸營按視曲折審知禁軍大率貧窘妻子赤露飢寒十
有六七屋舍大壞不庇風雨體問其故蓋是將校不肅斂掠乞取坐
放債負習以成風將校先違法不公則軍政無緣修舉所以軍人例
皆飲博逾濫三事不去雖是禁軍未免寒餓既輕犯法動輒逃亡此
豈久安之道臣自到任漸次申嚴軍法逃軍盜賊已覺衰少年歲起
間庶革此風然臣竊謂沿邊禁軍緩急終不可用何也驕惰既久膽
力耗憊雖近戍短使輒與妻孥泣別被甲持兵行十數里即便喘汗
臣若嚴加訓練晝夜勤習馳驟坐作使耐辛苦則此聲先馳北虜疑
畏或致生事臣觀祖宗以來沿邊要害屯聚重兵止以壯國威而消
敵謀蓋所謂先聲後實形格勢禁之道耳若進取深入交鋒兩陣猶
當雜用禁旅至於平日保境備禦小寇即須專用極邊土人此古今
不易之論也晁錯與漢文帝畫備邊策不過二事其一曰徙遠方以
實廣虛其二曰制邊縣以備敵寶元慶曆中趙元昊反屯兵四十餘

當韜制置數保捷二十五萬人皆不得其用卒無成功范仲淹劉滬种世衡等專務整緝蕃漢熟戶弓箭手所以封殖其家砥礪其人者非一道藩籬既成賊來無所得故元昊稱臣今河朔西路被邊州軍自澶淵講和以來百姓自相團結為弓箭社不論家業高下戶出一人又自相推擇家資武藝眾所服者為社頭社副錄事謂之頭目帶弓而鋤佩劍而樵出入山坂飲食長技與北虜同私立賞罰嚴於官府分番巡邏鋪屋相望若透漏北賊及本土強盜不獲其當番人皆有重罰遇有緊急擊鼓集眾頃刻可致千人器甲鞍馬常若寇至蓋親戚墳墓所在人自為戰虜甚畏之竊聞得元豐二年北界羣賊一火約二十餘人在兩界首不住打劫為患久不敗獲有北平軍大悲村本社頭目冉萬冉昇及長行冉捷等部領社人與北賊鬭敵趕趁趕殺直至北界地名北當山峪內被冉萬射中賊頭徐德冉捷趕上斫獲首級并冉昇亦斫到第二賊頭賈貴本路保明申奏朝廷並已於班行內安排以此知弓箭社人戶驍勇敢戰緩急可用先朝名臣帥定州者如韓琦龐籍皆加意拊循其人以為爪牙耳目之用而籍又增損其約束賞罰奏得仁宗皇帝聖旨見今具存昨於熙寧六年行保甲法準當年十二月四日聖旨強壯弓箭社並行廢罷又至熙寧七年再準正月十九日中書劄子聖旨應兩地供輸人戶除元有弓箭社強壯并義勇之類並依舊存留外更不編排保甲看詳上件兩次聖旨除兩地供輸村分方得依舊置弓箭社其餘並令廢罷雖有上件指揮公私相承元不廢罷只是令弓箭社兩丁以上人戶兼充保甲以至逐捕本界及化外盜賊並皆驅使弓箭社人戶向前用命捉殺見今州縣委實全籍此等晝夜防托顯見弓箭社實為邊防要用其勢決不可廢但以兼充保甲之故召集追呼勞費失業今雖

名目具存責其實用不逮往日臣竊謂陝西河東弓箭手官給良田以備甲馬今河朔沿邊弓箭社皆是人戶祖業田產官無絲毫之給而捐軀捍邊器甲鞍馬與陝西河東無異苦樂相遼未盡其用近日霸州文安縣及真定府北寨皆有北賊驚劫人戶捕盜官吏拱手相視無如之何以驗禁軍弓手皆不得力向使州縣逐處皆有弓箭社人戶致命盡力則北賊豈敢輕犯邊寨如入無人之境臣已戒飭本路將吏申嚴賞罰加意拊循其人去訖輒復給用龐籍舊奏約束稍加增損別立條目欲乞朝廷立法少賜優異明設賞罰以示懲勸今已密切取會到本路極邊定保兩州安肅廣信順安三軍邊面七縣一寨內管自來團結弓箭社五百八十八村六百五十一火共計三萬一千四百一十一人若朝廷以為可行立法之後更敕將吏常加拊循使三萬餘人分番晝夜巡邏盜邊小寇來即擒獲不至猖狂以生戎心而事皆循舊無所改作虜不疑畏無由生事有利無害較然可見謹具所乞立法事件畫一如左

一看詳嘉祐四年龐籍已獲朝旨事件除見可施行外有當時事體與今來稍有不同須至少有增損今參詳到下項

弓箭社人戶但係久來團結地分並依見今已行體例不拘物產高下丁口眾寡並每戶選擇強壯一丁充弓箭手（貼黃高強人戶與下等各止一丁雖似不均緣行之已久下等人戶無詞乞且一切仍舊若上戶添差人數即恐行法之初人心不安又緣保甲法雖上戶亦止一丁所以今來不敢增損）

每社置長社副社錄事各一名為頭目並選有物力或好人材武藝眾所推服者方得差補農事餘暇委頭目常切提舉閱習武藝務令精熟齊整如無盜賊非時不得勾集

每社及百人以上選少壯者三人不滿百人者選二人不滿五

十人者，選一名，充急脚子，並輪番一月一替，專令探報盜賊。如探報不實，及稽留後時，有誤捕捉者，並申官乞行嚴斷。
逐社各置鼓一面，如有事故及盜賊，並須聲鼓勾集。若尋常社內聲鼓不到者，每次罰錢一百。如社內一兩村共為一火，地里稍遠，不聞鼓聲去處，即火急差急脚子勾喚。若彊盜入村，鼓聲勾喚，及到而不入賊者，並罰錢三貫。如三經罰錢一百，一經罰錢三貫，而各再犯者，並送所屬嚴斷。如能捉獲強盜一名，除依條支賞外，更乞支錢二十貫。如兩次捉獲，依前支賞外，仍與免戶下一年差徭。如三次以上，更免一年。無差徭可免者，各更支錢十貫折充。如獲竊盜一名，除依條支賞外，更支錢二貫以上錢，用社內罰錢充。如不足，並社衆均備。
逐社各人置弓一張，箭三十隻，刀一口。內單丁及貧不及辦者，許置槍及捍棒一條。內一件不足者，罰錢五百。弓箭不堪施放，器械雖有而不精，並罰錢二百。若全然不置，即申送所屬乞行勘斷。
逐社每夜輪差一十人，於地分內往來巡覷。仍本縣每季給曆一道，委本社頭目抄上當巡人姓名，有不到者，罰錢二百。如本地分失賊，其當巡人，委本社監勒依條限捕捉，限滿不獲，送官量事行遣。其所給曆除每季納換及知佐下鄉因便點檢外，不得非時取索。
弓箭社人戶遇出入經宿以上，須告報本社頭目，及鄰近同保之人。違者罰錢三百文。
社內遇捉殺賊盜，因鬭致死，除依條官給絹外，更給錢一十貫付其家。被傷重者減半，並以係省錢充。社內所納罰錢，令社長等同共封記主管，須遇社會，合行酬賞者，方得對衆支給破使，即不得衷私別作支用。
社內遇豐熟年分，得春秋二社聚會，因便點集器械，非時不得亂有糾集搔擾。
已上並是龐籍起請，已獲朝旨事件。自熙寧六年聖旨廢罷後，來民間依舊衷私施行，今參詳增損修定。
一、弓箭社人戶為與彊虜為鄰，各自守護骨肉墳墓，晚夜不住巡邏探伺，以此巡檢縣尉全藉此人為耳目肘臂之用。每遇冬教，內有本社弓箭人戶見係保甲人數者，即須勾上一月教閱。其稱捕盜官司不敢放心，以至化外盜賊既知逐社人戶勾上，村堡空虛，即皆生心窺伺。公私憂恐，又人戶勾集，弥月諸般費用不少，深為患苦。臣欲謂保甲人戶每年冬教，本塞與人氣俗相似，以戰鬬為生，寢食起居，不釋弓馬，出入守望，常帶器械，其勢無由生疎。欲乞應弓箭人戶今後更不充保甲，仍免冬教。（貼黃：保甲法須是主戶兩丁以上方始差充，其弓箭社一丁以上並差，即無已充保甲而不充弓箭社人戶者。今來所乞本社內人戶更不充保甲，只是減罷重疊名，即非幸免。）顯無妨礙，而使人戶稍免無益之費，專心守禦，又免教集之月村堡空虛，以生戎心，公私安枕，為利不淺。
其減罷保正長，並却令充本社守闕頭目。
一、弓箭社人戶既任透漏失賊之責，動輒罰錢科罪，及均出賞錢，顯見與其餘人戶苦樂不同，理合稍加優異。欲乞應弓箭社人戶並免兩稅折變科配，今已取會到本路州軍所免折科錢物數目，比之和買價例，每歲剩費錢七千九百九十八貫五十六文。所獲精銳可用民兵三萬餘人，費小利大，可行無疑。
一、弓箭社頭目並是鄉村有物力心膽之人，責以齊衆保境，亦須別加旌勸。欲乞立定年限。毎句當及三年。如無透漏及私罪情重者。委本縣令佐及捕盜官保明申安撫司。給與公據。公罪杖以下聽贖。又及三年無上件過犯。仍與保明給公據。與免本戶差徭。內別有功勞者。委自安撫司相度。如委是卓然顯效。雖未及上件年限。亦與比類施行。若更有大段勞績。難以常格論賞者。即委自本司奏乞録用。

一弓箭社地分。本係人戶私下情願自相團結。皆是緣邊之人。衆共相約。要害防托之處行之已久。北虜不敢。所以龐籍奏請並是因舊略加約束。今來不可更有移易地分及增添團結去處。永遠只以今來所管五百八十一村爲定。所貴事事循舊。不至張皇事。如本地分內人戶。分烟析生。即各據戶眼定差。或外來人戶典買到本社田地。亦許收入差充弓箭社。若兩處有田産者。不得緣此帶免別處折變。委所屬官司常切覺察。貼黃。弓箭社五百八十八村。有八十九村係兩地供輸人戶。始會上件人戶元是有些小屋名稅賦。自來北界差人過來計會本縣收衆戶物斛。供輸與人戶。並是一一保邊可信之人。切慮朝廷未知其實。

一今來立法整齊弓箭社人戶及免冬教。即須委自安撫司逐時差官按視。內有武藝膽力出衆之人。即須與例物激賞。不惟使人戶競勸。亦所以致朝廷及將帥恩意。緩急易爲驅使。今取會到轄下兩州三軍弓箭社人戶兼充保甲者。每年冬教按賞合用錢一千五百八十二貫七百八十八文。今來既免冬教。即保甲司却合出備上件錢數。與安撫司爲上件激賞之用。但人數既多。上件錢數微少。支用不足。欲乞每年破五千貫。除上件錢數外。其餘並以本路回易庫見在錢貼支。

右謹件如前。臣竊見西山之下。定保之間。山開川平。無陂塘之險。溏淵之役。虜自是入寇。見今本路只有戰兵二萬五千九百餘人。分走八州軍。若有警急。尚不足於守。而況戰乎。論者或以保甲之衆。緩急可恃。臣竊謂保甲皆齊民也。集教止是一月。武藝無緣精熟。又平時無絲毫之利有得於官。每歲所獲按賞例物。不償集教一月之費。一旦驅之於戰守死地。恐未可保。惟弓箭社人戶。所處皆必爭之地。世世相傳。結髮與虜戰。若朝廷許依臣所乞。少有以優異其人。既免折科。間復贖罪免役。歲以五千緡賞其尤異者。深致朝廷將帥恩意。則此三萬餘人。真久遠可恃者也。今録白到嘉祐四年龐籍奏獲聖旨事件。兼取會到本路兩州三軍弓箭社火人數。及免折科毎年和買用錢數。年免冬教所省按賞例物數目。繳連在前。仍畫到地圖一面。帖出接連邊面及逐社住坐去處。隨狀進呈。伏望聖慈詳酌施行。謹録奏聞。伏候敕旨。

歷代名臣奏議卷之三百三十一

禦邊

宋哲宗時左司諫蘇轍論西邊警備狀曰臣近奏乞因夏國遣使入貢歸其侵地竊聞朝廷已降詔開許伏惟包荒之德與天地同量使西邊之民自此得免餽餉之勞脫戰鬬之禍天下不勝幸甚然臣聞兵法受降如受敵夷狄獸心見利忘義雖以恩信深加結納而備豫不虞不可暫弛況朝廷數年以來舉兵攻討深入其地奪其疆土今雖接以恩禮其怨毒之意未遽忘若因給賜城寨定立界至之際乘我無備輙肆猖狂則取笑四夷悔不可及謂宜明加約束所賜城寨須候逐路帥臣處置搬運器甲抽那兵馬凡百了當立定期日然後得與人交割若未了之間不得令一人一騎先期窺覘仍指揮沿邊將吏常加嚴備因夏國新復侵地謹守舊約之際招填士馬充實倉廩綏懷熟戶常若寇至不得為其通和稍有廢弛如此數年朝廷常務懷柔以革其欲報之心邊臣常作隄防以折其內侮之志臣謂數年之外必無後患縱使背畔而邊計已完士氣已復度其事勢亦不足深憂況背恩犯順彼曲我直雖復羌人亦當知非是使吾民坐而賈勇制勝之道始自今日惟願陛下深詔大臣安不忘危常以戒敕邊吏為心則社稷之福也

轍又論蘭州等地狀曰臣竊見先帝因夏國內亂用兵攻討於熙河路增置蘭州於鄜延路增置安疆米脂等五寨議者講求利害久而不決其一曰蘭州五寨所在嶮遠饋運不便若竭力固守坐困中國羌人得以養勇窺伺間隙要之久遠不得不棄危而後棄不如方今無事舉而與之猶足以示國恩惠其二曰此地皆西邊要害朝廷用兵費財僅而得之聚兵積粟為金湯之固蘭州下臨黃河當西戎咽喉之地土多衍沃略置堡障可以招募弓箭手為耕戰之備自開拓以來平治徑路皆通行大兵若舉而棄之熙河必有晝閉之警所謂借寇兵資盜糧其勢必為後患此二議者臣聞之久矣然以夏戎背畔雖屢有信使而未脩臣職未請侵地則棄守之議朝廷無因自發今聞遣使來賀登極歸未出境而使者復至講和請地必在茲舉雖廟堂議論已得詳熟而小臣憂國不能嘿已輙嘗覈實其事以為前件棄守之議皆非妄言然而朝廷當決從一議欲決此議當論時之可否理之曲直算之多寡誠使三者得失皆見於前則棄守之議可一言而決也何謂時之可否方今皇帝陛下富於春秋諒闇不言恭默思道太皇太后陛下覽政簾幃之中舉天下事屬之輔相當此之時安靖則有餘動則不足利在綏撫不利征伐今若固守不與西戎必至於爭甲兵一起呼吸生變緩急之際何所咨決況陝西河東兩路比遭用兵之厄民力困匱瘡痍未復一聞兵事無不狼顧若使外患不解內變必相因而起此所謂時可棄而不可守一也何謂理之曲直西戎近歲於朝廷本無大罪雖梁氏廢放其子而夷狄外臣本不須治以中國之法先朝必欲弔伐但誅其罪人存立孤弱則雖犬羊之羣猶將伏以聽命今廼割其土地作為城池以自封殖雖吾中國之人猶知其為利而不知其為義也曲直之辯不言可見蓋古之論兵者以直為壯以曲為老昔仁祖之世元昊叛命連年入寇邊臣失律敗亡相繼然而四方士民裹糧奔命唯恐在後雖捐骨中野不以為怨兵民競勸邊守卒固而中國徐亦自定無土崩之勢何者知曲在元昊而用兵之禍朝廷之所不得已也頃自出師西討雖一勝一負而計其所亡失未若康定寶元之多也然而邊人憤怨天下咨嗟土崩之憂企足可待何者知曲在朝廷非不得已之兵也今若固

守侵地惜而不與負不直之謗而使關右子弟肝腦塗地臣恐邊人自此有怨叛之志此所謂理可棄而不可守二也何謂筭之多寡棄守之議朝廷若舉而行之其勢必有幸有不幸然臣今所論於守則言其幸於棄則言其不幸以較利害之實今夫固守蘭州增築堡寨招置土兵方其未成而西戎不順求助北虜並出為寇屯戍日益飛輓不繼賊兵乘勝師喪國蹙蘭州不守熙河危急此守之不幸者也割棄蘭州專守熙河倉廩有素兵馬有備戎人懷惠不復作過此棄之幸者也二者臣皆不復言何者利害不待言而决也若夫固守蘭州增築堡寨招置土兵且耕且戰西戎懷怨未能忘爭時出虜略勝負相半耕者不安餽運難繼耗蠹中國民不得休息此守之幸者也割棄蘭州專守熙河西戎據蘭州之堅城道熙河之夷路我師不利復以秦鳳為境脩完廢壘復置烽候人力既勞費亦不小此棄之不

幸者也夫守之雖幸然兵難一交仇怨不解屯兵餽糧無有休日熙河困此物價踊貴况今守而不戰歲費已三百餘萬貫矣戰若不止戍兵必倍粮草衣賜隨亦增廣民力不支則土崩之禍或不可測也棄之雖不幸然所棄本界外無用之城秦鳳之間兵民習熟近而易守轉輸所至如枕席之上比之熙蘭難易十倍有守邊之勞而無腹心之患與平日無異也夫以守之幸較棄之不幸利害如此而况守未必幸而棄未必不幸乎且朝廷以天地之量赦其罪惡歸其侵地復其歲賜通其和市雖豺狼野心能不愧恥縱使酋豪內懷不悛而國恩深厚無以激怒其民臣料一二年間其勢必未能舉動萬一不然而使中國之士知朝廷棄已得之地含垢為民西戎背恩彼曲我直人懷此心勇氣自倍以攻則取以守則固天地且猶順之而况於人乎故臣願朝廷決計棄此然後慎擇名將以守熙河厚養屬國多

置弓箭手於熙蘭往還要路為一大城度可屯二三千人以塞其入寇之道於秦鳳以來多置番休之兵以為熙河緩急救應之備明敕將佐繕修守備寇至先為不可勝以待敵之至庶幾可以無後患也臣自聞西使復來謹采眾議以三事參較利害反覆詳究理無可疑是以輒獻狂言惟陛下裁擇幸甚

貼黃臣竊見二聖臨御除去煩苛天下之民想見太平之風今西戎已有向化之漸若朝廷靳惜蘭州等處堅守不與激令背畔使邊兵不解百費復興則自前苛政皆將復用太平之期不可復望深可痛惜伏乞陛下與二三大臣詳議其事以天下安危為念勿爭尺寸之利以失大計則社稷之幸也臣竊聞議者或謂若棄蘭州則熙河必不可守則西蕃之馬無由復至而夏人必為蜀道之梗臣謂此皆劫持朝廷欲必守蘭州之說而非國

之至計也臣聞熙河屬國彊族甚多朝廷養之極厚必不顛為西戎所有若帥臣能以恩信結之統之以戍兵貼之以弓箭手又於熙蘭要路控以堅城臣恐西戎未易窺伺而西蕃之馬何遽不至乎至於蜀道之虞自非秦鳳階成等處蕩然無城池兵馬之備則西戎豈敢輕為此計臣謂此說亦空言而已

臣又聞說者謂韓縝昔與北朝商量河東地界舉七百里之地以畀之近者臺諫以此劾縝縝由此罷相故今朝廷議欲以蘭州等處復與西戎無敢主其議者臣謂蘭州等處與河東地界不可同日而語河東地界國之要地祖宗相傳誰敢失墜舉而與人非臣子之義至於蘭州等處本西戎舊地得之有費無益先帝討其罪而取之陛下赦其罪而歸之理無不可不得以河東地界為比也

轍再論蘭州等地狀曰：臣近於六月二十八日奏，以西使入界，恐必有講和請地之議，乞因此時舉蘭州及安疆米脂等五寨地棄而與之，安邊息民，為社稷之計。見今西使已到，竊聞執政大臣棄守之論尚未堅定。臣竊見皇帝陛下登極以來，夏國雖屢遣使，而疆場之事初不自言，度其狡心，蓋知朝廷厭兵，是以確然不請，欲使此議發自朝廷，得以為重。朝廷深覺其意，忍而不與，情得勢窮，始來請命。今若又不許，遣其來使徒手而歸，一失此機，必為後悔。彼若點集兵馬，屯聚境上，許之則畏兵而與，不復為恩；不許則邊釁一開，禍難無已。間不容髮，正在此時，不可失也。臣又聞昔日取蘭州及五寨地，本非先帝聖意。先帝始議取靈武，內臣李憲畏懦不敢前去，遂以兵取蘭州。先帝始議取橫山，帥臣沈括、种諤之徒不能遵奉聖略，遂以兵取五寨。此二者皆由將吏不職，意欲邀功免罪，而先帝之意本則不然。其後元豐六年，夏國遣使請罪，先帝嘉其恭順，為敕邊吏禁止侵掠。既又遣使謝恩，請復疆土，先帝仍為指揮保安軍與宥州議立疆界。因循未定，而先帝奄棄萬國，遂以至今。由此言之，蘭州五寨取之則非先帝本意，棄之則出先帝遺意。今議者不深究本末，妄立堅守之議，苟避棄地之名，不度民力，不為國計，其意止欲私己自便，非社稷之利也。臣又聞議者或謂棄守皆不免用兵，棄則用兵必遲，守則用兵必速。遲速之間，利害不遠。若遂以地與之，恐非得計。臣聞聖人應變之機，正在遲速之際，但使事變稍緩，則吾得筭已多。昔漢文景之世，吳王濞內懷不軌，稱病不朝，積財養士，謀亂天下。文帝專務含養，置而不問，加賜几杖，恩禮日隆。濞雖包藏禍心，而仁澤浸漬，終不能發。及景帝用鼂錯之謀，欲因其有罪削其郡縣，以為削之亦反，不削亦反。削之則反疾而禍小，不削則反遲而禍大。削書一下，七國盡反。至

使景帝發天下之兵，遣三十六將僅而破之。議者若不究利害之淺深，較禍福之輕重，則文帝隱忍不決，近於柔仁；景帝剛斷必行，近於強毅。然而如文帝之計，禍發既遲，可以徐為備禦，稍經歲月，變故自生，則以漸制之，勢無不可。雖有十濞，亦何能為。如景帝之計，禍發既速，未及旋踵，已至交兵，鋒刃既接，勝負難保，社稷之命決於一日。雖食鼂錯之肉，何益於事。今者欲棄之策與文帝同，而欲守之謀與景帝類。臣乞宣諭執政：欲棄者理直而禍緩，欲守者理曲而禍速。曲直遲速，孰為利害？況今日之事，主上妙年，母后聽斷，將帥吏士，恩情未接。兵交之日，誰使效命？若其羽書沓至，勝負紛然，臨機決斷，誰任其責？惟乞聖慈以此反覆深慮，早賜裁斷，無使西戎別致猖狂，棄守之議皆不得其便，則天下幸甚。

轍為御史中丞論熙河邊事疏曰：臣近以熙河帥臣范育與其將吏种誼、种朴等妄興邊事，東侵夏國，西挑青唐，二難並起，釁故莫測，乞行責降，至今未蒙施行。臣已別具論奏。臣竊復思念熙河邊釁，本由誼、朴狂妄，覬幸功賞。今育雖已去，而誼、朴猶在。新除帥臣葉康直又復人才凡下，以臣度之，必不免觀望朝廷，為誼、朴所使。若不並行移降，則熙河之患，猝未可知。加以朝廷論議亦自不一。臣請詳陳本末，而陛下察之。昔先帝始開熙河，本無蘭州，初不為患。及李憲違命創築此城，因言若無蘭州，熙河決不可守。自取蘭州，又已十餘年。今日欲築質孤勝如，以侵夏國良田，遂言若無質孤勝如，蘭州亦不可守。展轉生事，類皆浮言，蓋以邊防無事，將吏安閑，若不妄說事端，無以邀求爵賞。此則邊人之常態，而古今之通患也。今若試加詰問，理則自窮。何者？二寨廣狹幾何？所屯兵甲多少？夏人若以重兵掩襲，其勢必難保全。既克二城，乘勝以擊蘭州，則蘭州之危何異昔日？今朝廷

不究其實而輕用其言以隳大信夏國若因此不順外脩朝貢以收賜予之利內實作過以收鹵獲之功臣恐二寨所得地利殊未足以償此臣所謂貿孤勝如決不可城者由此故也昔先帝綏御西蕃董氈老而無子趙醇忠其族子也先帝嘗遣苗履多持金幣以醇忠見之是時聖意蓋有在矣事既不遂而董氈昏病遂爲阿里骨所殺阿里骨本董氈之家奴先亂其家次取其國董氈之臣如鬼章溫溪心等皆有不服之志此實一時之機會也是時朝廷若因機投隙遣將出兵擁納醇忠則不世之功庶幾可立而一時大臣不知出此遂以旄鉞寵綏篡奪之臣使得假中國爵命之重以役屬蕃部臣主之勢由此而堅然自是以來頗亦外脩臣節未顯背畔之迹而育等欲於此時復舉前策蓋已踈矣昔曹公既克張魯劉曄言於公曰公既舉漢中蜀人望風破膽劉備得蜀日淺蜀人未恃也誠因其傾而壓之

蜀可傳檄而定若小緩之蜀人既定據險守要不可犯矣公不從居七日聞蜀中震動公以問曄曄曰今已小定未可擊也夫機會一失七日之間遂不可爲今乃於數年之後追行前計亦足以見其暗於事機而不達兵勢矣臣聞种諤昔在先朝以輕脫詐誕多敗少成常爲先帝所薄今誼朴爲人與諤無異誼於頃歲偶以劲兵掩獲以此自負而西蕃懲於無備又作隄防亦無可乘之勢育自到任屢陳此計起尺蕃界誰則不知臣謂兵果出境必有不可知之變矣兼聞近日擅招青唐蕃部數以千計納之則本無朝旨未有安坐之處却之則於彼爲畔必被屠戮之苦據此事情罪名不輕臣不曉朝廷曲加保全其意安在若不並行責降臣恐朝廷之憂未有艾也借使阿里骨因此怨叛結連夏人同病共卹更出盜邊羽書交馳紛紜奔決當此之時大臣相顧不敢任責而使明君聖毋憂勞於帷幄之中雖食

主議者之肉復何益乎臣所謂阿里骨決不可取者由此故也凡此二事皆國家安危邊民性命所係禍機之發間不旋踵故臣願陛下登發英斷黜此三人外則使異域知此狂謀本非聖意易以招懷內則使邊臣知賞罰尚存不敢妄作此當今所宜速行者也然尚謂熙河遭此破壞彼此相疑却欲招納今就平帖非得良帥未易可也臣觀葉康直之爲人深恐未足倚仗何者康直頃緣權貴所薦節制秦鳳秦鳳邊面至陝號爲無事而康直於前年冬無故展修甘谷城致令夏國大兵壓境兵役已興康直恐懼不敢興功妄以地凍請於朝廷役既不成虜亦迺去既無將帥靖重之略而當熙河搖動之時臣恐陛下西顧之憂未可弭也要須徙置它路更命熟事老將以領熙河仍特賜戒敕使知朝廷懷柔遠人不求小利之意如此而邊患庶幾小息矣

貼黃葉康直頃歲差知秦州中書舍人曾肇諫議大夫鮮于侁皆言康直昨因兵興調發芻糧一路騷然及令兒男攬取窖藏斛𣂏貨賣及建言欲由涇原路入界和雇車乘人夫爲知永興軍呂大防所奏有違詔敕先帝欲深寘於法康直素事李憲憲營救得免按其爲人如此今熙河方反側未安而付之此人中外知其不可也种朴昔因永洛覆師之後又諤權領延安之日與其親戚徐勳矯爲諤奏妄自保明勞效仍邀取諸將賂遺并奏其功先帝覺其姦詐欲加極典既而釋之並特降官落職停替諤因此憂恚發病至死狂妄如此若不加貶責臣恐熙河終未寧靖也

轍又論熙河邊事䟽曰臣近論奏范育以措置邊事乖方召還爲戶部侍郎賞罰倒置乞行責降仍乞罷种誼种朴本路差遣更擇熙河

帥臣使之懷柔異類謹修邊備雖蒙聖旨罷育戶部而使還領熙河
其於邊事一皆如故臣方以為憂旋聞質孤勝如二寨近日已為夏
人出兵平蕩臣本儒生不習軍旅莫以人情揆度以為熙河創見於
非守把之地修築城寨理既不直必生邊患言未絕口而夏國人兵
既已破城而歸矣臣謹按二寨雖昔嘗興置至元豐五年並已廢罷
與囉兀永洛等城無異今欲復行修築生事致寇理在不疑而熙河
諸將意欲侵奪良田收耕穫之利以守蘭州而不顧夏國爭占之害
計其所得不補所亡不待臣言事已可驗然臣竊謂夏國所遣坤成
使臣適至京師而國中遂敢舉兵攻城略無所忌者意謂築城之役
曲在熙河雖朝廷之事亦必不敢無名苟留其使故也邊計一失遂
為夷狄所侮可勝歎哉如臣愚見謂宜速擇良帥俾往綏靖一路至
如聚糧添屯之類亦必隨事應副以備不虞今育與誼朴猶在本路

觀其輕敵無謀貪功希賞必更妄起事端以蓋前失關陝之憂未可
知也況育等欲納趙醇忠謀已宣露為阿里骨所怨二難交至可無
慮乎昔李德裕議討劉稹同列有異議者德裕請曰有如不利臣請
以死塞責今中外皆謂守信固盟中國之利若大臣有欲專任育等
不顧邊患者臣願陛下以德裕之請要之若能如此即用其計事定
之日按行賞罰則朝廷綱紀庶幾尚在也

貼黃臣竊見朝廷久不明辨是非必行賞罰故羣臣輕易造事去
年議回黃河所費兵夫物料不可勝計功卒不成而議者仍舊
在職略無責問臣下習見朝廷刑政如此故敢輕造邊釁臣乞
陛下以河事為戒與大臣熟議必令任責不辭然後舉事

轍又論熙河邊事疏曰臣論范育种誼等不可留在熙河章三上矣
而朝廷不從臣亦言之不已不審陛下亦嘗察其故否臣初論育措
置邊事失當不合還戶部侍郎朝廷既追寢成命臣亦粗可以塞言
責矣育知熙州誼知蘭州皆非今日之命臣雖不言於臣職事非有
害也而臣再三干瀆聖聽誠有說也方今太皇太后陛下聽政於帷
幄之中皇帝陛下育德於恭嘿之後欲以仁覆天下則有餘欲以武
服四夷則不足利在安靖不利作為而大臣欲聽育等狂謀以興邊
事使夏人由此失和兵難不解當此之時欲相率持羽檄決計於簾
前此臣所以寒心者一也元祐以來朝廷懷柔夏人如恐不及地界
之議將成而絕者屢矣頃者朝命許以二十里為界彼既忻然聽從
而熙河幸甚其聽從之間於四十里之外修築已廢舊寨奪其必爭
膏腴之地板築未移戎馬即至而二城不守矣今若不問枉直所在
興忿恚之師為必取之計則關陝兵禍漸不可知若自知不直雖不
復爭而留育等守之一則夏國懷疑終不信向二則育等猜憤恥功

不遂妄造事端以蓋前失患終不弭況復育等既結阿里骨之怨二
隙交通勢尤可虞此臣所以寒心者二也非此二事憂患迫切育等
瑣瑣臣豈屢以為言哉然臣所言於育等三人今亦止是各移降差遣
及育作待制差緩數年而已於其私計無多損也臣愚以謂方論國
事宜且先公後私以全大計不勝區區孤忠憂國再三干瀆天聽甘
俟斧鉞

轍又論前後處置夏國乖方疏曰臣前後四次論熙河處置邊事乖
方乞移范育种誼差遣至今未蒙施行然臣前所論止言見今措置
之非未及已往根本之失若默而不言竊恐聖明尚有未察再三煩
瀆罪合萬死臣竊觀朝廷前後指揮方夏人猖狂寇鈔未已則務行
姑息恐失其心夏人恭順朝貢以時則多方徼求苟欲自利以此凡
所與奪多失其宜向者元祐三年朝廷遣使往賜冊命而夏人以無

桀傲不遣謝使再遣兵馬蹂踐涇原朝廷方務遵養不復誅討於四
年始復遣使奏乞以所賜四寨易塞門蘭州朝廷雖不聽其所乞然
即為改易前詔不候分畫地界先以歲賜予之仍令穆衍以三省密
院意旨開喻來使及言所納永洛陷沒人口既經隔歲月或與元數
不同並許據數交割及所立界至雖有自來遠近體例或山斜不等
不許邊臣固執爭占凡此三事皆夏人奏請之所不及而朝廷迎以
與之者也及鄜延路乞依夏人所請用綏州舊例以二十里為界十
里之間量築堡鋪十里之外並為荒閑近黃河者仍以河為界朝廷
一一聽之臣竊見先朝分畫綏州之日界至遠近責令帥臣相度保
明往反審實乃從其說今所畫界首起鄜延經涉環慶涇原熙河四
路朝廷更不委逐路審覆即以鄜延一路所見便利指諭夏人號令
一布無由復反至今夏人執以為據此則臣所謂朝廷方夏人猖狂寇

鈔未已則務行姑息恐失其心者也至於熙蘭所請欲以蘭州黃河
之北二十里為界臣竊謂過河守把勢已艱難侵占蕃地理尤不可
仰料朝旨必不敢依唯所言定西通西通渭等城外弓箭手耕種地
遠者七八十里近者三四十里不可以二十里為界邊臣雖為此說
然議者或謂蘭州每遣弓箭手耕種此地輒為夏人所殺若言已有
耕者則弓箭手必有名籍所得租課歲入幾何二說相違理難遙度
要須以此先與夏人商議各從逐路之便不可以二十里一槩許之
朝廷既失先事籌量及號令已行乃欲追悔先後皆失遂生厲階而
熙河帥臣與其將佐廼敢不候朝旨於元請之外修勝如質孤二寨
二寨既於元豐五年廢罷具載九域圖志見今無使臣兵馬住坐而
妄謂夏人舊係守把朝廷從而助之以九域圖志為差誤以吏部見
差管勾二寨弓箭手遊路巡檢使臣為守把臣謂苟以此誑惑中朝

士人可耳若欲以此塞夏人之口而伏其心恐未可也此則臣所謂
朝廷方夏人恭順朝貢以時則多方徼求苟欲自利者也然臣竊妄
料朝廷之意勝如質孤二寨必難議再修定西通西通渭三寨二十
里以上界至亦無以取必於夏國蓋朝廷歲賜大利既於無事之時
空以與人及此緩急無以為重所謂差之毫釐謬以千里者也然則
地界之事要必相持不決遇有朝貢使介復來秋冬之交賊馬肥健
時出寇掠受侮夷狄何時已耶如臣愚見欲檢會前奏移降育誼置
之佗路別擇名將謹守大信且修邊備本路疆界之議實非見今守
把者可推以與之以信前約其佗則令推公心具長久計條列聞奏
然後朝廷擇而行之則熙河尚可得而安也今臣觀朝廷初無定議
方熙河邊釁之作也急召帥臣寘之戶部及臣言賞罰失當則急復
遣育還帥熙河至如种朴本與育誼共造邊隙今廼移朴涇原獨留

育誼若以召育為是則今遣之為非矣若以移朴為當則獨留育誼
為失政矣政令如此終安適從徒遣孫路穆衍之流往彼相度朝廷
大計豈可取決衍等之口萬一敗事雖戮衍等何補於國臣前上言
唐李德裕議討劉稹同列有異議者德裕請曰有如不利臣請以死
塞責今中外皆謂守信固盟中國之利若大臣有欲專任育等不顧
邊患者臣願陛下以德裕之請要之若能如此即用其計事定之後
案行賞罰今臣言已竭勢不能回不審陛下嘗以臣前說要之否邊
事至重安危未可知惟陛下留神而已臣以孤忠誤蒙拔擢不敢不
盡所懷以孤任使然觸犯者衆死有餘責
轍為戶部侍郎論西事狀曰臣伏見西夏頃自秉常之禍人心離貳
梁氏與人多二族分據東西廂兵馬勢力相敵疑阻日深入寇之謀
自此衰息朝廷略加招納隨即伏從使介相尋臣禮甚至只自今年

春末夏初以来始有桀心出兵數萬掩襲涇原殺虜弓箭手數千人
復歸巢穴朝廷方事安衆難於用武接以君臣之禮加以册命之恩
特遣使人厚賜金幣戎狄獸心敢為侮慢輒以地界為詞不復入謝
至於坤成賀使亦遂不遣中外臣子聞者莫不憤怒思食其肉臣忝
備侍從主憂臣辱義不辭勞況臣擢自小官列於禁近議論幾事既
其本職感激思報豈異常人是以冒昧獻言不避罪戾庶幾聖意由
此感悟雖被譴逐臣不恨也臣竊惟當今之務以為必先知致寇之
端由審行事之得失然後料虜情之所在定制敵之長筭誠使四者
畢陳於前羌戎小醜勢亦無能為也董氈本與西夏世為仇讎元昊
之亂仁宗賴其牽制梁氏之簒神宗藉其征討世効忠力非諸蕃之
比廼者董氈老病其相阿里骨擅其國事與其妻契丹公主殺其二
妻心牟氏其大將鬼章及温溪心等皆心懷不服阿里骨欺罔朝廷

自稱董氈嗣子朝廷不察情偽不原逆順即以節鉞付之謀之不臧
患自此起阿里骨既知失衆虐用威刑衆心日離而鬼章自謂與阿
里骨比肩一體顧居其下心常不悦夏人乘此間隙折節下之先與
阿里骨解仇結懽令轉說鬼章舉兵入寇復誘脅人多保忠令於涇
原竊發黨與既立羽翼既成是以敢肆狂言以動朝聽向若阿里骨
以董氈之死来告立嗣朝廷因其所請遍問鬼章温溪心等以誰實
當立若衆以阿里骨為可立則既立之後衆必無詞若以為不可則
分董氈之舊秩以三使類授此三人阿里骨無僥倖之命鬼章無怨
望之意則夏人無與為援安能動搖加以數年以来朝廷本厭兵事
羌中測知此意亦以自安頃者忽命熙河點集人馬大城西關仍云
来年當築龕谷聲實既暴虜心不寧舉兵自強豈亦由此此所謂致
寇之端由也先帝昔因梁氏簒逆之禍舉兵誅討侵攘地界為怨至

深羌虜之性重於復讎計其思報之心未嘗一日忘也徒以喪亂相
繼兵力彫殘陛下臨御之初意切懷納是以連年入貢以休息其民
雖有恭順之言蓋亦非其本意矣假令犯順固猶有詞今朝廷因其
承襲之後賜之册命捐金錢二十餘萬緡以為之禮彼既與我有君
臣之分然後可責以忠順之節朝廷此舉於義甚長而羌虜無謀遂
肆桀傲内則其國中士民自知不直必不為用外則中國兵將皆有
鬬志易以立功曲直之幾於此始定雖棄捐金幣以封殖寇讎小人
謂之失策而分別曲直以激厲將士智者謂之得計此所謂行事之
得失也元昊本懷大志長於用兵亮祚天付兇狂輕用其衆頃為邊
患皆歷歲年然而國小力微終以困斃今梁氏專國素與人多不協
内自多難而欲外侮中原料其姦謀蓋非元昊亮祚之比矣意謂二
聖在位恭默守成仁澤之深遠近所悉既無用武之意奇肆無厭之

求蘭會諸城鄜延五寨好請不獲勢脅必從以為狂言一聞求無不
得今朝廷既已漸為邊備益兵練將則羌虜之心已乖本計不過秋
冬寒涼之後小小跳梁以嘗試朝廷而已若朝廷執意不撓守邊無
失則款塞請盟本無愧恥若朝廷用心不一惟務求和則請求百端
漸不可忍此所謂虜情之所在也凡欲應敵必先正名夏人初起邪
謀必有二說其一以為慢詞既達則地界可得無窮之請因以滋彰
其一以為雖不得地實亦無損猖狂力屈稍復求和中國厭兵勢無
不許方其不遜則張皇事勢夸示諸戎及其柔伏則略為恭順使中
國黽勉而聽今朝廷遣兵積粟地界之請固已不從而號令未明逆
順未著臣恐夏人未知朝廷不憚用兵之意無以折其姦心又恐將
来姦窮力屈略脩臣禮使與講和要約不堅必難持久昔趙欲與秦
為媾其謀臣虞卿以為從趙為媾莫若從秦為媾於是東結齊人而

秦人自至區區之趙。尚知出此。而況堂堂中國。畏避畜縮。矯於無事。不一分別曲直。而反聽命於羌人哉。臣願陛下明降詔書。榜沿邊諸郡。其大意略曰。夏國頃自亮祚喪亡。先帝舉兵弔伐。既絕歲賜。復禁和市。羌中窮困。一絹之直。至十餘千。又命沿邊將吏。進行攻討。橫山一帶。皆棄不敢耕。窮守沙漠。衣食併竭。老少窮餓。不能自存。朕統御四海。均覆無外。憫此一方。窮而無告。遂勑諸道帥臣。禁止侵掠。自是近塞之田。始復耕墾。既通和市。復許入貢。使者一至。賜予不貲。販易而歸。獲利無筭。傳聞羌中得此厚利。父子兄弟。始有生理。朕猶念孤童幼弱。部族攜貳。若非本朝賜之策命。假以寵靈。則何以威伏酋豪。保有疆土。是時朝士大夫。咸謂夷狄反覆。心未可知。使者將行。言猶未已。朕有存亡繼絕之志。欲循祖宗爵命諸侯之典。以為寧人負我。斷而不疑。故遣使出疆。授以禮命。金錢幣帛。相屬於道。邊人父老觀

者太息。以為仁義之厚。古所未有。而狼子野心。飽而背德。不遣謝使。不賀坤成。朕以君道將之。而不以臣禮報朕。天地所疾。將相咸怒。朕惟狂謀逆節。止其一二姦臣。國人何辜。當被殺戮。是以弭兵安衆。未議攻討。然而逆順之理。不可不明。其令沿邊諸將飭勵兵馬。廣為儲峙。敢有犯塞。即殺無赦。彼既背逆天理。不有人禍。必有鬼誅。姑備吾疆。以待其變。臣料此命一出。羌人愧畏。雖未即欵伏。而姦計沮屈。無以號令其下。諸路兵民。知彼曲我直。人思致死。勇氣一發。邊聲自倍。此必然之勢也。今朝廷日夕備邊。常若寇至。而但曲加隱忍。不降此命。使虜一旦犯境。終亦不免交鋒。若聽臣此言。要之亦不出兵。坐而待敵。初無有異。而使士氣感奮以思戰。虜情知難而自屈。求和之請。其至必速。此所謂制敵之長筭也。臣竊聞朝廷近已添屯兵將。增廣邊儲。議絕和市。使熙河帥臣招來阿里骨鬼章溫溪心人多保忠等。

此兵法所謂上兵伐謀。不戰而屈人者。陛下若能饒之以金錢。而寬其繩墨。使將帥得盡其心。間諜得盡其力。則事無不成。而虜漸可制矣。然有一事。似非臣所得言者。但以蒙國厚恩。不敢不盡。昔熙寧元豐之間。所行政令。雖未必便民。然先帝操之以法。濟之以威。是以令無不從。而事無不舉。頃者朝廷削去苛法。施行仁政。可謂善矣。然而刑政不明。多行姑息。中外觀望。靡然有縱弛怠惰之風。平居無事。姑以偷安可耳。今虜不順。勝負之變。蓋未可知。緩急之際。威令無素。何以使衆。臣謂宜因事正法。以明示天下。臣前所言去歲大臣承用阿里骨欺罔之奏。授以節制。致令鬼章懷憤入寇。夏人乘釁違命。此則當時宰相樞密使副苟簡無謀之罪也。近者涇原賊馬至者數萬。殺略數千。斥候不明。備禦不及。熙河賊退經今累月。而殺傷焚蕩之奏。至今未止。此則將帥弛慢不畏朝廷之罪也。陛下恬不為怪。略無責

問。政之不脩。孰大於此。中外相視。以為疑怪。朝廷方將使人蹈白刃赴湯火。臣有以知其不能矣。昔公孫弘為相。諸侯有逆謀。請上侯印以塞責。諸葛亮為相。任馬謖不當。請自貶三等。以右將軍領事。蓋大臣體國。不惜身自降黜。為衆行法。今陛下何不取去歲冊命阿里骨與議大臣。不論去住在位。皆奪一官。至於兩路將帥。雖寄任不改。而法不可廢。皆使隨罪行罰。以此號令四方。庶幾知所畏憚。政脩於朝廷之上。而敵恐懼於千里之外。勢之所至。不足怪也。今陛下未能正羣臣。而望西羌之畏威。不可得矣。臣聞范仲淹守慶州。因葛懷敏之敗。請以任將非人。因兩府遜謝。損其勳爵。而復其位。以激勵諸將。感慰邊兵。時雖不用。而仲淹之言。至今惜之。臣雖不敏。究觀往事。以為可施於今。不敢默已。小臣狂僭。斧鉞之誅。無所逃避。惟陛下裁察。

侍讀蘇頌論屯兵漕河大要疏曰。臣今月初九日入侍經筵進讀

三朝寶訓。至咸平六年，契丹南牧。真宗皇帝嘗命輔臣條陳禦戎之策。因謂宰相李沆等曰：今已屯大兵，虜未有隙，聚兵廣費民力，何以充給？自來建議營田河道，多為帥臣所沮。臣伏蒙聖問屯兵漕河孰長。臣尋上對，以謂屯兵漕河二事相須，闕一不可。蓋天下無事，兵雖不用，而邊防武備在乎戍守，則屯兵不可闕也。既有戍守，必資糧餉，積備糧餉，須由運漕，運漕小阻，其費百倍，是漕河不可闕也。方契丹連歲繹騷邊城，謹備。真宗以露師累歲，思長久控扼之術，故語及營田設險儲糧贍軍之議，蓋為息民止戈之漸。而帥臣不能遠謀，但矜甲馬雄盛，反以設險為示弱，故李沆又陳功之難成，蓋人人互執所見。參驗而行，實為至便。欲望聖斷決行。是後雖與契丹講和，然而運河營田終亦不廢，至今沿邊以為大利。又國家禁旅大兵多駐沿河州縣，皆取運漕之便也。臣故曰：屯兵漕河，二事相須，闕一不可。臣退而伏思聖問淵奧，皆經國裕民之先務。臣爾對疎淺，不甚周悉。輙復稽考書傳所載前世已行之事，進言其一二，仰備聖覽。臣聞古者內諸夏而外夷狄，故有甸侯要藩之限，祭祀享貢之令，蓋異遠近而別夷夏也。遠人不服，則侯伯之國得以文告而懲艾之。故文王命南仲伐玁狁城朔方，而玁狁于夷；宣王命召公平淮夷，至江漢而淮夷來獻。此攻伐征討之備素具故也。秦并諸侯，天下混一，而強胡未服，始皇使蒙恬將兵攻取，疲敝中國，卒無成功，此無外禦之所致也。韓安國將兵屯漁陽，上言方佃作時，請且罷屯。罷屯月餘，而匈奴大入上谷漁陽，掠其人畜而去，此失備虞之所致也。自爾以來，中國未嘗無戎狄之患，郡縣未嘗無戍守之役，千金之費，歲月相乘，由是轉漕運糧之策興焉。秦使天下飛芻輓粟，起黃腄（直瑞反，又音誰）琅邪負海之郡，轉輸北河，率三十鍾而致一石（六斛四斗為鍾，計道路所費，凡用百九十二斛乃得一石至）。卒困民

力。漢守滎陽，軍無見糧，蕭何轉漕關中以給食，糧道不絕，遂興漢祚。此運漕有策與無策之相去萬萬也。趙充國擊先零，請罷騎兵，以步兵萬人留屯，要害因田，致穀威德並行，大費既省，徭役豫息，以戒不虞。唐姜師度守易州，始於薊門之北漲水為溝，以隔奚契丹之寇。又約魏武故迹，傍海穿漕，號平虜渠，以避海道運糧者，至今賴之。此皆屯兵漕河前代之明驗也。臣聞帝王之都，必據形勢，故三代居河洛之間，漢唐宅咸洛之壤。我太祖皇帝嘗愛洛陽山川之勝，始有建都之意。用軍校李懷忠陳汴渠運漕之利，遂東還京師。此實聖斷睿謀，因時適變，貽萬世之長策。今京師有汴蔡廣濟轉輸之饒，沿邊有塘濼營屯之固，鎮壓夷夏，踰於金湯，非三代漢唐之可擬倫也。臣頃在先朝，竊聞令太子太保致仕張方平嘗蒙神宗顧問汴渠興置利害，方平奏曰：古者建國，必依山川，今國家都汴，實據平夷之地，所以為形勢者禁旅也，資禁旅者粟帛也，所以富粟帛者汴渠也。望戒有司以時開塞，毋輙輕議，天下幸甚。神宗深以為然。竊此言亦可見屯兵漕河之大要也。臣愚僭易，開陳庶幾上禆聖政之萬一。

元祐五年六月，殿中侍御史上官均論棄地非便，疏曰：臣切聞春秋傳曰：德以柔中國，刑以威四夷。是知先王之治天下，其待中國與四夷，其道固異。何則？夷狄天性桀驁，恃遠負險，中國弱則先叛，彊則後服。專以恩養，則倔彊難制，其勢使然也。臣切觀自陛下臨御以來，懲前日邊臣拓地邀賞之弊，而大臣采宋璟不賞邊功之說，務以息兵養民為事，德意可謂至渥矣。然自朝廷納西夏貢使，復與歲賜，恩禮不為不厚，而戎人驕恣傲然，無懷服之意，遣使請地，邀求無已。殊不知非恩之不至，待之不勤，其弊在於姑息之太過耳。臣聞威過則怨，恩過則驕。怨則懷必死之心，驕則有無厭之求。昔先王之御夷狄，知威

之不可獨立故假惠以濟威知惠之不可獨行故須威以行惠然後夷狄且懷且畏無怨望輕侮之心今戎虜之情驕傲已見大臣務以息兵省事為意前日遽弃沿邊四寨以塞其請而戎心無厭邀請益甚不知大臣為陛下計將與之乎將拒之乎與之則地日蹙而威日削適足增其犬狼之氣終不使之屈慴柔服以聽命令漢晁錯明於邊事嘗曰來而能困使得氣去後未易脈也又遺以土地以驕其氣乎臣聞兵以誅驕暴驕暴去則無所用兵政以治事事息則無所用政驕暴未去而遽寢兵事未治而欲無事是為畏事苟安之計其極必至於用兵多事勞弊內外而後已昔漢因循以成七國之禍唐厭兵以成藩鎮之彊此前事已然之驗也戎狄之情臣雖不知邊鄙之事臣雖未嘗習然士大夫自塞徼守官罷歸京師者訪聞非一皆如臣言又以古驗今戎虜之情宜不相遠故臣敢為陛下反覆陳之臣

願陛下詔敕大臣虛懷訪問塞上罷官與知邊事之臣參伍稽考當得其實則羌人萬里之情可以坐見矣臣聞練兵選將積粟三者禦邊之急務厚賞重祿勸士之要術朝廷常敕邊郡為五年之蓄不知今日之積其數幾何不可以不預計矣夫犯彊敵冒白刃士卒不顧死者利厚賞也前日薄首級之賞務以息邀功之士而不知非厚賞不足以使眾此不可以不講也伏願陛下詔諭大臣簡略細務留意安邊大計卻羌戎無厭之求講練兵選將積粟厚賞之術遣知邊事可信之臣按察塞徼以詳守禦得失之實儲蓄卒伍之數明諭邊吏以朝廷之意羌虜柔服則治兵積粟以備之桀驁侵軼則邀擊前後以挫之退不得畏縮以驕其氣進不得興兵以費吾財張大天威折然示戎狄不可侵犯之意則士氣日奮戎心日消四夷無侵陵之患中國有泰山之安矣夫先患而謀則有餘後事而計則無及此天下大計惟陛下留神審加詳擇

貼黃臣切聞西夏見今所爭蘭州塞地皆控扼戎馬要路若苟容目前無事全不計校輕以付與中外之議深恐戎人擣虛長驅熙河數郡孤立難守為害非細臣切意大臣之計務欲安靜無事故曲從其意若異時戎心無厭繼欲請熙河故地不知何詞以拒之臣訪聞沿邊得替官員皆以為犬戎之情驕則愈橫今以旁塞要地付與徒自去其藩扞長敵人彊悍之勢如傅虎以翼借寇以兵不惟無益適足為患為今之計不若治兵積穀選將厚賞畫地而勿與尺寸使戎心曉然知朝廷之意中國之彊不敢輕犯願陛下諭訪執政大臣今以塞地與之不知果能使西夏懷惠無異日之患否不可必則是徒失險阻為久遠之累如夏人以故地彊界為言則邊將盡答以靈州亦朝廷故土西

夏若還靈州中國亦償以故土如此亦足以折其無厭之情謠邊陲安危之計宜博訪審慮庶無後悔

臣愚所言非欲興兵生事蓋西戎驕倨請求無厭若不講飭邊備折其貪冒之意其勢必至侵犯塞郡勞師費用困弊中國伏乞陛下詔諭大臣以消未然之患

元祐間右正言王覿論呂惠卿違侵擾外界旨號曰臣聞自古中國有以致夷狄之患者其端固不一也然大要多因守邊之吏貪功生事而侵擾之積以成釁其禍乃深故漢武帝用王恢聶壹之言絕匈奴之好以興馬邑之師初已無利而其後連兵不解者數十年唐明皇因孫誨趙惠琮之謀背吐蕃之盟以有青海之戰初雖一捷而其後官軍陷沒者數萬人如武帝明皇可謂英睿之主矣然 為邊吏所誤渝盟爽信以快一時而至使生靈肝腦塗地財竭力殫為後世

笑可不為之痛惜哉故為國深慮者若貪功生事之邊吏置之法而
無赦則庶幾得所以懷夷狄安邊境之道也臣伏見資政殿大學士
呂惠卿前知太原府於元豐八年內差知府州折克行等於四月十
七日入西界三角川以来討蕩及差第一將訾虎等於四月十九日
入西界聚星泊以来討蕩二將及麟府州蕃漢士卒并帥府添差之
兵無慮二萬人騎不惟無故結釁於彼而我之士卒陣亡及傷而見
姓名者數百人隨軍子弟不預焉支過賞功及陣亡輕重傷銀絹二
萬餘匹兩犒設及其餘錢糧又數萬計致西人卻於五月中引千餘
騎犯邊至葭蘆寨供奉官王瑛以戰死兵士陷沒者六十餘人自是
惠卿內懷憂恐過作守備於極邊難得糧草之地添屯兵馬虛費極
多臣訪聞惠卿出兵之時邊境本自安靖從以元豐五年內曾有朝
旨條往忽来為擾耕之計惠卿緣此於去年春間面諭諸將及遣屬

官諷沿邊將佐申乞出兵蓋欲事成則功歸於己不成則罪在將佐
而已故管勾麟府路軍馬公事張之諫不肯隨順申請惠卿挾怒奏
黜人咸冤之未出兵之間三月六日登極大赦既到折克行以赦書
旨揮不侵擾外界未肯出兵惠卿不聽故克行等延以四月十七日
十九日入界臣伏讀三月六日赦書應沿邊州府仰逐處長吏并巡
檢使臣鈐轄兵士及邊上人戶不得侵擾外界守疆場勿令捶擾此
朝廷之美政陛下之盛德也凡州郡赦書初到之日集官吏軍民而
宣讀焉聖恩深厚孰不嘆嗟四夷傳聞當亦感泣蓋皇帝陛下即位
之始太皇太后同聽政之初以神宗新棄天下聖心悲哀豈皇武事
故須慰安夷狄休息兵民俾兵民安土而無荷戈之憂夷狄歸心而
無擾邊之患然後可以見中國禮義之舉可以申聖考亮陰之情也
而惠卿志不在哀心輕赦令僥倖功賞妄興師徒使朝廷內則致疑

於兵民外則失信於夷狄損虧國體蠹傷聖政皆惠卿之由也臣檢
會本朝自建隆以来南郊等赦書並無前項不得侵擾外界等旨揮
惟太宗真宗仁宗英宗神宗登極大赦戒勅邊吏與去年三月六日
赦文正同於此既有以見祖宗謹始之先務又有以知陛下承祧之
深意也是則於國家之體所繫豈輕哉凡厥邊臣敢不恭命惠卿嘗
為執政方握帥權朝廷禮遇不為不優國家寄委不為不重所當將
順聖德彈壓邊陲若提封之內敢或違赦弄兵輒侵外境自當決行
軍法以嚴天子之命以為邊吏之戒安可自為亂階身犯詔禁渙汗
之號方愧於群情無名之兵已駭於衆聽如此則吏民豈復以赦書
為可用夷狄豈復以中國為可親四方豈復以朝命為可尊後世豈
復以祖宗為可法陛下以惠卿之罪為微罪耶大罪耶以惠卿之惡
為可恕耶為不可恕耶以惠卿之罪為微罪則自古以来廢詔驕兵

殘民辱國者皆微罪矣以惠卿之惡為可恕則由今以往欺君罔上
壞法亂常者皆可恕矣或謂惠卿雖無導用赦書之意亦豈敢更不
奏請而遽遂出兵哉請不請固非臣之所知而其為罪惡則均也夫
惠卿不復奏請而遂出兵則是直廢赦勅無人臣之禮罪不容誅矣
引赦為說而有請焉亦不過張大出兵之利以欺罔朝廷而已朝廷
以邊帥之請而信之不疑則適是以致非禮之舉失信之過蓋歸於
朝廷也為臣不忠孰甚於此伏望聖慈察惠卿安興師旅違聖孝之
情廢格赦勅無人臣之禮隳祖宗謹始之意開邊鄙異日之患僥倖
功賞志不在哀內致疑於兵民外失信於夷狄虧損國體蠹傷聖政
柔行誅竄以為天下後世不忠不孝之戒干冒睿聰無任忠憤激切
之至
貼黃登極赦內不得侵擾外界務要靜守疆場等旨揮自太宗以

来至陛下六聖所同守天下所共知也。及惠卿一旦而壞之。縉紳之稍識忠義者孰不憤歎。但以惠卿凶險傾邪。嘗任執政。朋黨甚多。恐言發禍隨。故未有敢以其事聞朝廷者。惟朝廷特賜主張。臣非懼禍。所慮臣言不行。則於聖政所損不細而已。伏望聖慈詳察。

又曰。奏而廢赦。與不奏而廢赦。其罪之輕重相去無幾。但曾經奏稟。師須更治經歷官司之罪也。乞聖慈詳酌。

又曰。赦到太原當在三月十日以後。惠卿出兵在四月十七日。即是宣赦未及四十日。而違赦出兵也。今後朝廷赦勅何以使吏民尊之。夷狄信之。況今正當朝廷務要守靜疆埸。綏安夷狄之時。故須竄誅惠卿。以為邊吏之戒。

又曰。三月六日赦書。必須數日而後可到太原。其麟府等處得

惠卿旨揮而後出兵。又須數日。既以四月十七日出兵。即惠卿措置出界等事。並是初聞神宗上仙之時。若疆埸有警。勢須捍固。所不論既邊境本自無事。又赦書有不得侵擾外界。務要靜守疆埸之戒。惠卿乃忍故違赦令。忘哀動衆。夫因人之喪而伐之。猶且不可。自聞國哀之初。若喪考妣之際。而謀動干戈也。惠卿若不重行竄殛。是則人臣之不忠不孝者接跡。而無懼矣。惟聖慈詳酌。

又曰。惠卿傾邪刻薄。當其竊權用事之時。簡賢附勢。壞法亂常。為國巨蠹。行手實之法。擾動天下。興鄭俠之獄。賊害正人。諂奉王安石。賴以進用。後因爭利而為仇。援引徐禧。擢之通顯。終致喪師而辱國。如此之類。皆中外之所共知者。言事臣僚必已及之。臣不復論。今惠卿雖已罪惡貫盈。懼禍稱疾。力求宮觀差遣。欲以幸免。緣前項太原府用兵之事。所係國體甚大。不可不行法也。若為其已是宮觀差遣而寬假之。乃是正中其姦計矣。如此則奸凶之人何所懲艾。

覿又狀曰。臣再瀝懇誠。上瀆天聽。臣今言呂惠卿違赦出兵事。所繫國體甚大。無係赦後之事。伏望陛下出臣章與執政大臣議其罪法。然中書侍郎張璪素出惠卿門下。璪性傾邪。與惠卿不異。故自來交相為地。人皆指為死黨。今來陛下若與大臣議惠卿罪法。璪必預焉。論議之際。惟聖慈察之。無令璪奸計得行。則天下之幸也。干冒聖聰無任戰汗之至。

又狀曰。臣近有封事。為資政殿大學士呂惠卿前知太原府。於元豐八年內差知府州折克行及第一將訾虎等於四月十七日十九日入西界三角川聚星泊等處討蕩。有違三月六日登極大赦內不得

侵擾外界旨揮。若惠卿不奏請而遂出兵。則是直廢赦勅。若引赦為說而有請焉。亦不過張大出兵之利。以欺罔朝廷而已。朝廷以邊吏有請而信之不疑。則適足以致非禮之舉。失信之過。盡歸於朝廷也。為臣不忠。孰大於此。惠卿措置出界等事。正是初聞神宗上仙之時。乃忍故違赦勅。忘哀動衆。伏望聖慈察惠卿妄興師旅。違聖孝之情。廢格赦勅。無人臣之禮。隳祖宗謹始之意。開邊鄙異日之患。僥倖功賞。志不在哀。內致疑於兵民。外失信於夷狄。虧損國體。竊傷聖政。亟行誅竄。以為後世不忠不孝之戒。等事其狀於今月初二日投進訖。臣今來竊聞惠卿出兵之前。曾有奏請。伏慮朝廷為其曾有奏請而薄其罪。臣請畢其說。惠卿之罪。在廢赦出兵。不在奏不奏也。奏而廢赦。不奏而廢赦。其罪重輕相去無幾。惠卿奏請之意。臣固不得而盡知。然臣竊料之。其說有二而已。其一不過謂元豐曾有旨為擾耕之計。妄云與赦

許而不相妨。而可以出師。叫是惠卿引前詔以惑朝廷。而乞廢赦也。其二不過但以師期來請。而不及赦。則是惠卿心輕赦勅而直廢赦也。引赦與不引赦雖異。而其為廢赦則均也。朝廷不允其請。乃是惠卿欺罔之計不得行而已。朝廷允請乃是惠卿欺罔之計得行而已。欺罔之計得行。與不得行雖異。其為欺罔則一也。臣竊惟皇帝陛下。太皇太后陛下臨政之初首宣赦勅欲以著大信於夷狄。大戒於邊吏也。乃因惠卿一舉而壞之。本朝自太宗以來。登極大赦旨揭不得侵擾外界六世所共守也。至惠卿一朝而廢之。陛下謂惠卿之罪。猶在可恕。其所以為罪豈在奏與不奏之間乎。伏望陛下檢會臣今月初二日奏狀并今來所奏並付三省議惠卿之罪。發行誅竄。以警邊吏之慢以慰夷狄之心。以為天下後世不忠不孝之戒。惟聖慈詳酌施行。臣不任區區忠憤之至。

貼黃。臣前狀或已付三省。亦須得今來奏狀一處考證。伏望聖慈叅賜降出施行。

歷代名臣奏議卷之三百三十二

歷代名臣奏議卷之三百三十三

禦邊

宋哲宗時陳次升論西戎奏曰。臣伏以西戎獷悍貪冒無信。難以德懷。易以威服。先朝振武。稍稍知畏。元祐以來。姑息過多。豢養過厚。今日猶敢跋扈。以分畫地界為辭。察其匪茹。必肆猖狂。出我不意。侵擾邊陲。當此之時。不可以無備矣。以今計之。五路兵馬。果足用乎。城池樓櫓。果脩飭乎。兵器犀利乎。糧食有備乎。運籌帷幄。決勝千里之外。有其帥乎。被堅執銳。冒矢石以當其鋒者。有其將乎。茲數者果備。則以吾堂堂之師。以當叢尔之戎。猶利刃之摧枯。沸湯之沃雪。至則靡矣。設若未備。又有衝突。何以支梧。此天下之至慮。社稷之深憂也。書曰。有備則無患。記曰。事豫則立。今日之事。正在茲矣。臣愚以為宜選有風力之士。以當漕運之任。智謀勇略之帥。以當方面之寄。兵加訓練。穀加蓄積。守將之疲軟無聞者。軍校之昏耄者。代之。無張虛數。坐費軍儲。兵既精銳。城壁完固。彼來則拒之。彼去則備之。以戰必克。以守必固。如此。則邊防無殘暴之患。中國有與枕之安。此所謂先為不可勝以待敵之可勝者也。惟陛下留神。天下幸甚。

次升為諫議大夫。乞備邊賞有功奏曰。臣竊聞鄜延路比之他處。兵旅稍衆。財用稍足。朝廷又選有謀略習知邊事之臣以為將帥。今者戎虜輒敢先犯延安最強路分。圍城破寨而去。如入無人之境。其他必有輕易之心。邊患恐未已也。臣撫之輿議。以謂沿邊州軍。兵甲甚少。財賦不足。彼知我備未完。繫國大舉。以衆臨寡。強弱不敵。今既破寨而還。其氣益銳。而又資所得糧儲。以充軍用。我之邊境既失城寨。士氣沮喪。萬一更來撓邊。何以支梧。今日不可輕視。要在先事而慮。伏望陛下勅左右大臣精思之。熟議之。早圖邊備。[illegible]勝於未然。慎無輕舉以貽後日之患。所是今來有功及陣亡之人。宜厚賞賜以勵其餘。庶使邊威可振。戎虜不敢干犯。

畢仲游論禦戎。上奏曰。好文者論和親。尚武者議攻伐。儇於文武之間者。則為羈縻之計。自兩漢以來千二百餘年。雖或盛或衰。或得或失。禦戎之策未出此三者。而皆非今日禦戎之政也。蓋中國之待夷狄。如待禽獸。禽獸勇猛。而我柔弱。禽獸無恥。而我有恥。禽獸殘忍。而我不忍。然所以勝之者。智不若人耳。今夷狄雖如禽獸。而權謀譎詐。怙強喜勝。論是非。較曲直。反過於中國之人。而又益之以禽獸之勇猛無恥安忍之天性。則近世夷狄之難禦。宜疑若理之固然。而難禦之中。必亦有可以禦之之道。今有好辯者將與人為辯。則必陰自省曰。我於義無傷乎。我於法無不直乎。我之家室安乎。我之子孫無累乎。我之智能過之乎。凡我之所以與辯者。皆有備乎。力能加之也。智能過之也。子孫無累也。家室安也。於法無不直也。於義無傷也。然後與人辯則勝矣。今中國之與夷狄戰。亦無異於與人辯。則不識中國陰自省者何事乎。其名正乎。其於義理合乎。其國富乎。其民安乎。其將可任乎。其廟算定乎。凡我之所以待夷狄者。亦皆有備乎。廟算定也。其將可任也。其民安也。其國富也。其於義理合也。其名正也。然後與夷狄戰則勝矣。以本朝之事言之。太宗皇帝乘太原之勝。一舉而下易順薊三州。范陽之民。爭以牛酒犒師。而不遂取者。偏道不繼也。至雍涿之間。遣十八將。三道而並入。一出雍州飛狐。一出鴈門。兵涉其地。而寰朔應雲涿五州。開門爭下而不遂取者。諸將知勝而不知敗也。以祖宗取天下之兵。用諸將定天下之智。欲復區區燕薊。二事不應。則未足以成功。況今日之兵。非祖宗之兵。今日之將。非祖宗之將。而所以待夷狄。非直一事之不應。故欲為和親與羈縻之計。則歲損

五十萬。雖厚於漢之錦袍繡袷飾具帶赤綈綠繒。而比漢猶未敢有尚宗室之請。則和親羈縻之計。亦未為全失。如欲遂舉大功。復周宣漢武之事。則頗敕在位之臣。先正其名。使合於義理。國富民安而將可任。五者備矣。而後廟算定。廟算定而後可以進征討之計。

仲游論西夏利害。上言曰。臣竊見自元豐元祐已來。西夏背叛。邊境不安。朝廷深惟長久之計。憫恤近邊之民。數被虜掠。屈意綏懷。俯就和事。而夏人譎詐。反覆不定。遷延歲月。終不得其要領。遂詔諸帥臣。除兵器。廣畜積。絕其語言。以杜塞姦計。天下皆慶朝廷深得制禦夷狄之道。近邊之民。當漸得安堵。而和事方可成也。幸甚幸甚。然臣竊謂備禦夷狄之道。雖藉謀臣猛將。積穀治兵。以待其來。須有實事絕其冀望。使不敢與中國較。而輔之以謀臣猛將與兵穀之重。然後邊境可得久安。塞下之民。永無係虜之患。今專待之以謀臣猛將。即安知彼之謀臣猛將。未能與我相當。若專積穀治兵以待。即近年来鎮戎之役。綏德之役。麟府之役。環慶之役。兵非不治。穀非不積。彼以數十萬之衆。圍守要害城寨。西散劫掠。焚廬舍。雖有兵穀。將安所施。兵法曰。校之以計而索其情。今夏人之所長者何事也。所短者何事也。所懼者何事也。所不懼者何事也。蓋夏人所長者。併兵野掠也。所短者。攻城也。所懼者。中國之進築也。所不懼者。計較曲直要約也。今不扼其所短。使不得施其所長。因其所懼。以改變其所不懼。使不得不款塞而乞和。而單欲論辯曲直。好言善意以要其和。此所以桀驁益不肯和也。

又奏曰。蓋自元昊以來。為併兵之計擾邊。逮今六十年矣。擾邊而取勝者。幾數十次矣。而終未有以破其併兵之策。併兵之策不破。邊境不得而安。此目前之事也。臣嘗思之。古今兵法。累至數千萬言。而其

要切與可施於當今者止於先為不可勝以待敵之可勝不可勝在已可勝在敵數言而已蓋城寨者不可勝之具也清野以待之者不可勝之術也進築者可勝之具也俟其機會而進築以破其併兵之計者可勝之術也臣頃奉使河東適當麟府邊事之後蒙朝廷差赴河外體量邊事皆建言也

仲游又論河外清野利害奏狀曰一河外三州及諸靠邊堡寨屯戍之數除軍馬司外多者數千少者不减五七百人馬若西賊小小入寇即逐城寨地分將校自可掩殺驅逐若舉大衆作過勢力非敵即當起遣人戶入保為清野之計清野之計朝廷行之已久而昨來西賊至麟州城下殺掠人畜焚蕩廬舍未見清野之效者由清野之計雖行而清野之具未甚完備今麟府之地守禦城寨大小共一十五處若賊伺間竊發其有居處近城寨之人方可起遣令赴城寨入保不幸居處窵遠起遣赴城寨不及則必被殺掠驅虜斥候明遠恐亦未免此患如更斥候不明何所回避今若依近日邊臣計議欲增築護耕小堡使人戶居處自為捍禦不惟增築數目不少工力浩大兼不設樓櫓不為壕塹不置矢石人戶團聚其中無以禦捍賊過平蕩只頃刻間耳恐亦非清野之具勘會麟府州界除見今城寨外舊別有宣威一寨璐璩懷來青塞永寧雅朴河濱六堡皆在見今城寨之間訪聞自康定後來以平日無事節次廢罷今雖無樓櫓而城壘尚存縱有頹缺亦易為補築若稍施工力完葺便可却為堡寨契勘麟府州界更有七少窰堡河西堡臨塞堡中候四望堡來遠堡金勝堡横戎堡奈遠堡焦山堡亦係久來毀廢堡寨但與見今城寨相近不消補築麟府州界內靖化西安兩堡麟州界內肅定神木惠寧三堡樓櫓粗完見各量屯人馬亦有使臣管勾即不為守禦之計遇有緩急却令使臣人馬與居民棄城而走赴其他城寨謂之走寨甚無謂也昨來

人馬入界上件五寨亦有棄而走者中路與賊馬相逢多被殺虜走寨為計蓋亦疏略昨來西賊入麟州界作過靖化堡使臣人馬居民皆棄城而走欲往寧府寨但聞使臣三班奉職趙起中路為西賊所殺其他人馬居民可知臣今體量欲乞將前項補築宣威寨等七處并走寨五處並為守禦唯麟州界橋子堝上作地分四面各去城寨稍遠舊無廢寨乞踏逐別添築兩小堡子臣在河外計議改走寨為守寨與補築已廢之寨尚控扼舊寨分擘地分令人戶詢問土人有無拋占地分不着更合就水泉添修堡寨去處麟府計議斷舊堡寨拘占地分殆遍唯麟州界橋子堝上作側近四面去城寨里數頗遠合更添修兩寨子其添修堡子亦只是準備入保為清野之計非用扼控賊衝只消修五百步城壘和雇禁軍工力費用甚省亦為已羅財量不敢更下逐處取會如何施行乞下別司取會此一節皆置使臣一員略均郡他寨內人馬分在宣威寨等處屯泊大約逐處人兵滿百數馬近三十疋則足矣却每寨更令側近蕃巡檢或蕃官一兩員帶領部族移就寨城內住坐改走寨為守寨與補築已廢之寨本只議令蕃官或蕃巡檢帶領部族在城內與所還居民同為守禦自已足用所以乞置使臣一員人兵百數馬三十疋者要於為本堡寨之綱紀不欲專委蕃官然人馬數目不必多也兼訪聞蕃巡檢等在野外住坐亦常遭賊馬侵掠若得分頭於城寨內存泊乃所樂為共為守禦之計既不若增添人馬又側近蕃巡檢等部族住坐常為家計自備口食絕無供餉之費其改走寨為守寨補築已廢之寨及添修堡子只是準備人戶入保為清野之計非用扼控賊衝自有横陽靜羌銀城神木神堂鎮川闌干通津建寧安豐寧府百勝河濱斥候等一十三堡寨是扼控之地所以不消多屯人馬改走寨為守寨既皆無費用補築已廢之寨與添修小堡子亦工力不多却於麟府二州之門比舊又增起十四堡寨可以守禦令人戶就近入保利益不細仍乞將麟府二州與扼控舊堡寨及增起新堡各分定地分每處四面約遠十里至十五里側近內蕃漢人戶令入城居住蓋麟府二州界至不甚闊遠地多山阪沙磧人戶稀少可以就近遷入城寨之中內有城寨狹小恐着人戶不盡即令城外靠城居住及繫泊羊馬却築收軍城以護之俗謂

之羊馬城。其制約高一丈，厚四五尺。上亦有女墻箭窻。備築之時，墻外自城壕塹（豐州城外州界內，永安、保寧二寨，見各有羊馬城，人戶在裏居住。）亦置門戶，隨寨門啓閉，老幼常居其中，資畜自隨，丁壯即就往所分擘地分內耕種牧放，晨出暮歸，別無妨礙。始遇緩急，即所分擘地分至近，頃刻已到城寨之中。（丁壯就十里或十五里耕種，晨出暮歸，猶不為遠。況老幼資畜既先依城寨，丁壯亦自可時暫於野外宿泊，以便耕種，候其終畝。然負易地，間有寇至，即旋歸城寨之中，雖不晨出暮歸，勢亦無害。土人呼老幼資畜在城寨，而丁壯宿於野外者，謂之下火，或剷土窟，或勸蕃俗為樓櫓，或略以椽木支撑，苫蓋而止，宿其顆頰，衆蓋河外土俗之常也。）小寇至，則收軍城內，人戶悉不還徙，丁壯與官軍同共禦捍掩殺。大寇至，即由收軍城中徐入城寨。比之布在四遠，星散居止，都無捍禦之備，寇賊欲至，方始起遣，不免被殺掠驅虜者，功相百也。不待斥堠，而野常清，其利有五。羌人不善攻城，其入寇也，本亦不為攻城之計，特以人戶散居山野，牛羊資畜處處有之，故舉衆而來。先以重兵圍守要害城寨，使兵不得出，

然後四散野掠，驅虜老幼資畜，因而殺人，焚蕩廬舍。今既老幼資畜先依城寨，丁壯又只在側近耕種，緩急寇至，獲時亦歸城寨之中，賊馬雖來，野無所掠，絕其大寇之源，寇宜不至，一利也。（大戶老幼資畜既就城寨，雖秋收之時，禾穀在地，然土人治打禾穀，旋畢旋窖藏，既不能掠生口考問，則亦不能盡知窖藏之處，所之利十盡八九。）虜老幼資畜既先在城寨，丁壯出外耕種，其心自安，緩急寇至，又入城寨同為捍禦，既有老幼資畜累其心，城守之堅，必十倍於往昔，二利也。平日所患戍兵多則困於供饋，戍兵少則不足以捍禦。今若漢蕃人戶既遷就城寨，每城且以三四百家，每家不下三男子，則一城之中不用糧餉，約增千人戍守，却可以多代正兵出戰，三利也。邊人勇健出於天性，又以迫近賊寇，皆會弓馬，既就寨居，屢數目易見，若因其屯聚，善撫養之，教以坐作進退之法，使自衛其老幼，不待驅率，勢必樂從，則是不費官中衣糧，如得土兵數萬，平時任使田作，寇至則人自為敵。虜聞之，必大有畏憚，四利也。羌虜每欲作過，必先測知城寨虛實動靜，然後敢入寇。蓋有姦細行於其中，而姦細之來，止以漢蕃人戶散在山野，與為道地，無由止絕。今既漸近堡寨，有城壘門戶之禁，閭里比居，易相司察，界外姦細，勢遂不行，五利也。若麟府人戶不曾被寇，廬舍作業，已成次第，懷土重遷，似難驅率。今既新被大寇，廬舍已焚，人心不安，見皆傾依城寨安泊，若因而措置，分擘使長依城寨，必[illegible]妨其田作，又老幼資畜常如入保，除創築兩小堡子外，皆是因舊修之，亦不消多添人馬，只是增得八九員使臣，無大費用，訪聞邊民[illegible]大以為便，斥候不明，猶可清野之具，始似完備，雖未能支解羌[illegible]寇不犯之道也。

[illegible]建中靖國元年，龍圖閣學士知永興軍范純粹論進築非便，上[illegible]伏見陝西河東沿邊諸路，拓地深遠，城守增多，凡邊臣始議[illegible]利害之實，與夫朝廷處決之計，臣固不得與聞，而它路形勢之[illegible]之計，臣所未嘗親見者，亦不敢輕議，唯是河東一路，臣忝領[illegible]雖止百有餘日，而承乏鄜延亦既累月，耳目聞見，略已詳熟，識[illegible]所得，皆不敢欺。切惟兩路凋殘，困於進築，在公則所費金帛緡錢不知其幾千萬，內外之力既已匱竭，此朝廷固亦究見，不待臣言而後知。在私則大兵之後，洊有凶年，雖去歲夏秋兩經豐穰，而物價未[illegible]壯戍小[illegible]如鄜延路新城堡砦，今春糴買米斗，猶有至一貫四百文者，則一方艱食，可以[illegible]見。春冬苦寒[illegible]卒疫癘[illegible]其用得料錢，不足充一飽之[illegible]民之窮[illegible]此可推，唯是游[illegible]貪之人[illegible]大困上濫以名器，大得所欲，賤者既貴，貧者既富，閭閻小子略[illegible]邊封侯之望，而[illegible]散去者，又不知其幾千百人也。所拓之地，雖界[illegible]近封堠，[illegible]一百五六十里，去處[illegible]欲責[illegible]捉，人馬頻

至境上則裹糧露宿曠日不返奔走疲弊衆情厭苦若欲休養士卒則新地之內無復人迹將士觀望素不敢有言朝廷欲墾闢新疆差路置提舉官招刺弓箭手以資兵備而所得多浮浪闕食之人唯幸借貸種糧牛具等錢而隨即逃亡臣在河東路勘會得一季之內逃亡至四分今至鄜芳究得提舉弓箭手官石杏所招人計六千九百五十一人內已逃亡過一千八十八人地未加闢而所失財用亦已多矣是未見得地之爲利也鄜延一路前此頗以招納爲事臣今契勘自紹聖三年後來計招到夏國人口共一萬一千五百餘人其中丁壯纔及三千自餘皆婦女老小之數並計日給食內已得班行名目人皆給料錢驛券歲費極廣錢糧浩博若謂可以分彼兵力則一國之衆豈以三千人爲重輕若謂使可以致彼離叛則前後招納甚久而未嘗小驗平日莫測心腹間輒叛去不唯出入之時決不敢保其

爲用而緩急之際內變可虞邊防幾事靡不傳洩由是推之安知其非謀也哉是未見得人之爲利也新地之內既有城堡之備莫非先計兵力今計鄜延一路新舊城砦二十七處合用守兵六萬三千然秖是依守禦之法計地步排立之人而出奇禦敵番休固守者未在此數新壘守人既不可闕餘雖舊砦亦當足兵有如金明最是近裏乃着賊至屠城無遺則知不問城堡之新舊舉不可乏人而後可以責其固守也自夏人納款以來朝廷已將戍兵將吏十減六七今諸城堡砦守禦人數未及合用十分之四若將來稍有警急則兵備何以自全若萬一再遇凶年則歲用何以取濟是城守之計爲甚可憂也議者以謂夏人力屈情見既極恭順請命率職誠服不渝邊患封疆自此大定臣愚不善料敵未敢信然而日夜區區私憂國計何者在彼國勢恐尚惜諸路所取之地在人常情恐未忘積年所結之隙

今雖備貢而未及疆議者良有以也姑養力待時聊以自款耳蓋歲頒賜予至于來朝商販所得甚厚而又諸路塞上博易公行度彼三二年間事定力全則必先以畫疆爲請一訐不從決復寇邊臣恐朝廷未可以今日之迹遂爲萬枕之安憂情深發爲甚可憂也臣以謂開邊之初昔固神速善後之計今實難爲雖得地得人未見稍利而勞備實可寒心臣不敢苟無事於目前乃所顧圖安於永久若一路城守朝廷可以增足戍兵增戍之兵朝廷可以長足歲費則臣雖疲懦敢不竭心庶幾上遵廟謨所可居職今守計不備而無兵可增縱有兵可增而財用方窘以此禦寇豈臣敢當它路事宜度不殊此措置宜先於機會豐凶難測於天時伏望聖慈曲賜矜惻內量國力外察邊情深詔大臣更爲遠慮明降畫略以杜艱虞臣於神宗皇帝在御之時數陳兵議後於哲宗皇帝臨朝之日復論土疆或賜優容或

因而坐廢有干典憲實出狂愚今者再被使令未忍便爲緘嘿不唯身任憂責冀復職在論思雖置散投閑固重覆車之戒而納忠敘事詎忘體國之心

右正言任伯雨議鄯鄯事宜策曰臣聞去歲熙河路以瞎征投降因取鄯鄯二州朝廷委陝西運判秦希甫知熙州胡宗回相度秦希甫以二州爲不可守胡宗回以二州爲不可棄更奏異同紛若白黑自後覆軍殺將果失鄯州秦希甫之言驗而白罷運判胡宗回之言不當而仍舊作帥蓋章惇蔡卞曲庇帥臣欲幸邀功故蒙昧朝廷隱諱邊患萬口一辭以爲不當切以屈兵累年公私困竭加以物貴人饑解弛損壞萬一更有邊事國家如何枝梧臣伏願陛下取秦希甫胡宗回并臣庶所上論邊事章疏類聚編排參驗可棄可守之策則利害灼然不可掩矣然後選差小心得力曉事內臣一員齎手詔往邊

上問帥臣及監司將官等各一員棄守二策。結軍令單狀奏聞，則自
然著實，供析不敢依違附會矣。
伯雨又狀曰：臣伏覩神宗皇帝所以能用兵取熙河者，不獨英謀睿斷，
委用得人，蓋以承仁宗數十年天下富庶之後。紹聖之初所以能五
路進築者，亦以承元祐十年休息之後。今日邊隙視紹聖之初為益
廣，財用視紹聖之初為益耗，謀臣將帥視
紹聖之初為益少，加以鹽池損壞，歲失財用三百餘萬，關中累年荒旱，物
貴人饑，生齒流移，十減六七。今年雖豐，物價猶五倍平日。以此觀之，邊事
不可復生亦明矣。去年邊臣邀功，為國失信，奪貨為寇，召邊患，強欲兼
并鄯、廓二州，自去藩屏，覆軍殺將，已失其一。今湟州雖存，勢又孤絕，荒山
窮谷，地不可耕，道路險阻，又難饋運，得之無用，徒耗中國。又湟、鄯二
州均為唃氏之地，鄯大湟小，唇齒相依，既已棄鄯，湟州勢難獨守，國

家守之，且有五患。朝廷前年取天都山，置西安州，及蕩蘆寨，置晉寧
軍，無所不可。何者？此夏賊之地，吾讎敵之國，取之有名也。今湟州乃
唃氏之地，唃氏世效忠順，有功國家，真宗、仁宗雖嘗封爵，乃朝廷與
國。因與國之亂而貪其土地，失信背義，取之無名，絕戎夏向化之意，
一患也。國家征伐夏賊，所以無熙河以西之憂者，唃氏為藩籬也。今
既取湟州，則唃氏餘族不為吾助，吾必有西邊費財用師之備，二患
也。國家買馬歲二萬疋，而責青唐十居七八。今既為讎，則馬不復至，
二年一疋不買亦可見矣。西北無馬，大失邊備，三患也。河南有郎阿
章族，河北有瞎養咓族，平日與唃氏同輔中國。今吾既與唃氏為讎，
則彼畏吾有吞并之心，必與夏賊結連以抗中國，四患也。萬一夏賊
因唃氏之困，擒取其地，則勢力益張，求遠為吾腹背之害，五患也。況
聞自得湟州以來，歲費三百萬貫以守之，一州所費如此，五路邊面

可知矣。國家一歲賦入三百萬者凡有幾也？內帑之積，三百萬者亦
有幾也？安可以既乏之財，追無窮之欲，圖未集之衆，棄已成之師耶。
陛下備嘗講究其事，始差內臣李某，復差內臣鄭居簡，皆知本末。本
路走馬郝平及姚雄、苗履亦嘗具利害數奏，類此事體所宜多方休
養，不宜更滋邊患。萬一五路同日有警，兵困不給，財竭不續，糧乏不
繼，虜或奔突侵犯關隴，不知朝廷何以枝梧。又聞陝西運判秦希甫
知熙州胡宗回曾有文字互奏邊事不同，又聞邊人嘗封言邊事者
甚衆。邊人所陳其言，必審。望伏覩陛下取上件文字類聚一處，子細
參考，則是非利害不可掩矣。然後選差謹厚小心得力曉事內臣一
員，齎手詔往邊上，密令帥臣及本路監司各具疏棄守二者畫一利
害，結軍令狀聞奏，以參合希甫、宗回及邊人封事。臣願陛下更令二
府大臣各具已見論列，若議論不同，即令結難，務盡其詞，以是而止。

如其立異違衆，公肆偏見，即俾之先具若干兵馬，須若干資糧，擇何
人往守，約何時無患，若有敗事，先坐首議。陛下徐察其所言，審其所
處，則安危之機，成敗之效，了然於目前矣。昔漢武帝亦嘗令韓安國
王恢詰難邊事，往返五六，其後敗事，恢任其責。今日治邊，正可用此
策矣。
伯雨又論月暈圍昴畢，上奏曰：臣先曾論湟州事，乞陛下俯稽衆議，
早定棄守之策，又曾論志氣事，乞陛下仰推天變，預防夷狄竊發之
虞。天道幽遠，理難取必，若以此恐懼，以俟妄言之罪。近今月初八日夜
伏見月暈圍昴畢。謹按漢志曰：昴畢天街也，其北為胡，其南為漢。而
參為趙魏之郊。昔漢高帝七年月暈參畢，遂有平城之圍。以此觀之，天
象不虛示，必有可考。以陛下躬堯舜之資，乘千載之運，小心順帝，
動無過舉，而天象屢變，其故何也？蓋天心深愛陛下，欲陛下畏懼脩

當先事為備。戎變之來，併在數月。推考眾類，皆為兵應，雖非譚諱，理不虛示。臣謹為陛下先論涇州，次論陝西五路，終論河北，略具畫一如後。

一、涇鄯二州，唃廝囉唃氏之勁，忠順有功，朝廷為國家與國。在真宗時，繼遷為亂，唃氏之兵牽制，卒使兵敗困於六谷。朝廷以其功大，封武威郡王。及康定、寶元，元昊不順，又常出兵以助中國。仁宗再封武威王。自是凡有夏賊之處，唃氏必為中國之助。朝廷所以無慮河陝西之憂者，以唃氏為藩籬也。前年因瞎征竊據，失國出走，王瞻、胡宗回乘彼之亂，妄稱納土，殺降攘貨，自去藩籬，軍殺將失，信喪於戎狄，朝廷一切不治其罪。既已棄鄯、湟，獨尚留，不惟孤絕地不可耕，饋糧艱阻，勢難獨守，亦恐唃氏銜怨，結連夏賊，或勢力微弱，為所并，自此西方吐蕃諸族必盡服屬夏賊，益彊國家邊面，益廣兩成、文、龍直抵蜀道，悉隣西賊之境。豈不啻五千餘里，其為國家之患，豈特一州之地，陝西歲失買馬之利而已哉。臣願陛下更詳前後臣庶所論涇州棄守利害。如不可守，先下手詔，選命邊帥一員，令於境上召瞎養呃與大小隴拶等，諭以前年邊臣生事，非朝廷本意，斬王瞻於境上，黜宗回於遠方，遂其涇州擇所當立之酋，責以如祖宗以來世守忠順，則費財遠守，自開邊面之虞庶幾息矣。今不早定去取，設若力屈不守，覆軍殺將，挫損國威，又欲如前年置而不問耶。昔瀘州邊事韓存寶止以不即追亡，第神宗命斬於邊上。王瞻之罪，蓋不止百倍於存寶，誠必斬首，始足以息邊人之冤憤矣。

一、臣聞往者朝廷許於諸路進築，人人務深入虜界，多築保砦，以希功賞，更不復計勢之險易、地之遠近、守之可否，兵廣財屈，為國積瘵，捨可守之疆城，不毛之地，雖對乃之畜盡，既練之師川。夷狄之性貪利，惟剽侵其土地，彼已不分建立城砦，又於所欲今日納款，特力困財殫，其為心亦豈不一日思有逞哉。然不過三五年，近者一二歲，失時人爭為有警。自關中斂貴已六年矣。去年雖豐，物價至今猶五倍平日，不獨糧食稱寒加以財用匱竭，官員俸給累月無支，諸軍料錢併併川居如此。萬一有事，無以應副，則財竭兵亂，理有必至。臣願陛下特下詔，嚴敕諸路帥臣，俾其各畫地圖，指陳攻守之策，蓋新築城砦，謹全舊有堡砦，漸廢徹新舊孤守則財力不支，欲捨其守，新則饋運艱遠，地理遼遠，則鎮隊必多，鎮隊既多，則救應必難，萬一寇至，虜衆限隔外內，瞬阻首尾，不應，則堡砦遠者不特無以遮足為患。故臣願陛下敕帥臣新舊堡砦，何者為可守，何者為可廢，何者可以無存，何者可以兼羅，俾之直論，無得觀望成敗之嫌，嚴立刑賞，然後下兩府大臣公共參議，擇議俾任其責。如漢武之責王恢，自然不敢逞其私意。負昔仁宗嘗御邇閣天章閣，以西方多故，將帥不得人，令具數以對。況今日邊事之重大，臣於此可以悉心公論矣。

一、臣聞前日河北水災，居民流移，自永靜以北居民所存二四，自滄州以北所存一二，其他郡大率類此。千里蕭條，間無人煙。去年雖豐熟，人耕種所收尚豫十不一。河北朝廷根本，密邇疆敵，居民流散，倉廩空虛，城郭不修，甲兵不利，萬一有警，何以為計。今朝廷雖行鬻爵以佐用度，縱使多鬻，所得有幾，又地土不耕，收穫至寡，雖鬻爵入粟，勢豈贏餘，殷之本路無由所足。臣願陛下力節浮費，裁減用度，廢內帑之積，募人漕東南之粟，誘

民歸業課農力耕密敕監司牧守繕器械脩城壘揀選將領訓
齊卒伍雖爲無虞常若有待蓋赤氣之起月暈所主趙魏之郊
不可無備此天象之變可質而知也又聞前年水災流民有入
北界者幽薊之間往往刺之爲軍中國虛實彼固知矣虜主老
病比年轉甚胡雛驁猛性頗好戰狼子野心難以信結萬一乘
我無備有所越趄則國家預備之策安可緩哉此人事可質而
知也昔真宗嘗謂輔臣設險興功守邊之利苟漸爲之害莫大
焉祖宗之事是以爲法矣國家太平百五十年爲神宗用之哲宗積之十餘年而紹
今日昔仁宗積之數十年爲神宗用之哲宗積之十餘年而紹
聖耗之陛下遂承彫耗之後遂無熙寧之富庶近無紹聖之蓄
積去年哲宗山陵甫畢今日太后園陵又作既建西宮又饗明
堂支用之廣不可勝計陛下方事節儉備加約損經費常用爲
恐不足以此事勢豈宜更有邊事伏願聖慈留神采覽更俾二
府大臣公共論議毋使偷安以幸無事臣孤賤謏才誤蒙陛下
擢置言路小大之事知無不言出於愛君不暇他恤惓惓之心
不勝千萬
貼黃今日西人雖已欵塞湟州雖已固守萬一忽有邊警不知朝
廷指準何處錢物應副乞令二府預議國家湟州歲費三百萬
貫不知自得湟州已因事發怒刺數千人爲兵更乞朝廷寄賜
審察虛實不可不慮
吏部侍郎張舜民論進築非便上疏曰臣伏以陝西河東自紹聖二
年用兵至今首尾六年進築未畢覆軍殺將糜費錢糧不可勝紀每
築一城自帥臣已下增秩賜金號爲賞功切按春秋之法凡城者
謂既得其土地人民然後城之以宅人民耳今則輕師潛入三五十
里以至百里乘敵人未覺之時數日之間苟脩草創亟聞朝廷盜取
功賞然自城門之外依然賊境以一徑內通晝日挾兵張弓非百十
人不敢行是真謂之城乎其初帥司制置經畫每一寨屯三千人守
禦計置糧草厚破公使多不旬月間人兵復抽去草糧未盡計置公
使亦遂裁減其已居官吏人民日夕憂恐不成家計亦有修築踰年
至今未有人居止者兵將吏民彼此將相諭本不爲修築開邊止
爲沽將帥之賞而已以致工作苦窳守禦緩慢若夏人一來不攻自
破此皆邊人之語也朝廷高遠詭冒百端上下相蒙以致如此昨元
豐年五路出界既而回軍神宗皇帝欲自涇原路胡盧河川築十五
堡以通靈州以其功賞浩大尋亦罷之五路入界所降御前劄子畫
一指揮第一不得脩築城寨深慮邊臣幸賞也李憲築蘭州雖不按
法然勘効逾時終亦不賞范育帥熙河築定遠城用錢糧五十七萬

當時言者以爲百萬論列紛紜二年不已今既河東陝西六路進築
五十餘城亦何止涇原十五堡也其一寨之費何止定遠百萬耶又
自軍興已來關中歲饑流亡莩餓十室九空鹽池之利居天下之半
一旦失之夫以軍士方興值累年災歉而又失大利天意可見也故
天時不如地利地利不如人和今三者皆不得其一而堅以罷將御
老師役饑民爭曠土而不變者未之有也熙寧中李復圭帥環慶因
出軍散鞋錢以其半尅還舊欠衆兵喧呼潰叛而出關中騷然者逾
時不能定今則六年妄作曾無一人譁語此廟社之靈也每一思之
使人不寒而慄用是廟堂之上日進諛言蔽哲宗皇帝聰明以謂夏
人之勢至衰至削中國六路進築而無敢有抗安然自得不復計慮
此尤可憂者也臣且以近事明之紹聖三年秋九月夏人大舉寇鄜
延號一百八十萬破金明圍延安陵轢諸寨糧蓄爲之一空至四年

使為衰弱不能舉。豈今年一百八十萬。而明年遽至衰弱如此者乎。雖甚愚之人亦知之。廟堂執政大臣亦知之。姑為此說。專欲蔽上之聰明也。大抵夏人用兵。皆本元昊之法。先謀而後戰。吝嗇財用。愛惜人命。與中國正相反。中國六路進築。天下困弊。夏人坐觀。不遺一鏃。臣敢望陛下止以此觀之。不問可知矣。夏人謀深。不同中國。彼一旦謀成力辦。掩尾南鄉。凡新築之城。創開之地。未有能不失者。臣未死。可以服妄言之刑矣。願陛下以三年待之。河東之人。自古不曾流移。以其勤儉為生。少經力役。今則流徙太半。長安陝華米斗一千。鄜延麥麪。二秤二貫三百。皆是陌也。自西京以封樁錢糴米。運至鄜延。每石為錢二十貫有畸。古先有是乎。關中之民。十無四五。以今日之勢。而猶貪無用之空土。非賁國而何。故臣今日之說。敢望陛下速罷兵養士懷民也。不然將有變矣。不易帥不能罷兵。不久任漕司不能養士。五年罷兵。十年懷民。恐瘡痕猶未合也。古之善兵者。其君莫如漢光武。其臣莫如唐李光弼。光武每發兵。必增白鬚數莖。光弼每臨陣。常置短刀靴中。人或問之。光弼曰。吾天子三公。不可辱於賊手。萬一敗北。則當自裁也。以光武光弼之飽戰知兵。獨如此之難。是何江湖書生。足未嘗履邊塞。目未嘗見兵革。耳未嘗聞金鼓。一旦輕率總戎。容易取敗。貽憂君父。殘害生靈。曾不至於自焚者。前所謂廟社之靈也。紹聖三年秋。臣赴任知潭州。登對。故嘗析陳於哲宗皇帝之前。因及神宗皇帝感疾之由。天顏顰蹙。久之。屢蒙歎嗟。然當是時。猶未至於如此。其後卒不見施行。為左右大臣所敗也。故善御者。毋使窮其力。善牧者。毋使擾其羣。力窮則車敗馬傷。羣擾則瞻前失後。靜思至此。雖有智者不能善也。方今天下之事。大且急者。無甚於此。伏望留神。三復考驗施行。

舜民知定州。論河北備邊五事狀奏曰。臣猥以衰疾。繆塵聖選。使待罪邊陲。平時責任固已非輕。況當遼人新舊之交。河朔累年饑饉之後。使遼人盟好如昔。無或渝變。更不復論。儻使有毫髮好惡不同前日。便貽中國深憂。以臣觀之。今日河朔之勢。正如陝西寶元康定之前。將不知兵。兵不知戰。一旦倉猝。不可枝梧。邊臣若預為振舉。則謂之張皇。而朝廷亦自不容。若依舊寬緩為無事。則綱目日見頹廢。有不勝舉之憂。故凡識河朔之政者。以今日為最難。此臣所以不敢緘默。必為陛下陳之也。其當急務者略有數端。故曰選將兵。擇郡守。添兵額。蓄財用。謹探報。數事修舉。則邊備之術已過半矣。苟行之得策。亦無張皇生事之患。今臣輒有所請。敢望陛下留神省覽。特賜主張應副。則事無不集。若委之有司。據條沮難。則無復機事矣。謹別具開析奏陳。

選將兵。

凡言河北軍事者。必曰將驕卒惰。將不知兵。兵不知戰。此上下所同知也。或者欲為之整齊訓練之。則必曰河北軍情不同也。稍急則生變。此中外所共患也。又為將者多是膏粱子弟。畏河東陝西不敢往。盡欲來河北。百年之間。未嘗知有烽火之警。雖有出屯。不離本路。唯是優游暇日。安得不驕且惰也。近日朝廷將河北將兵遣戍陝西。甚得均勞之策。臣欲乞陛下特賜指揮。將河北將兵輪那出戍河東陝西。却將東西京將兵專戍河北。以補河北將兵出戍之闕。仍比之他將。少促代期。所貴平時則知有道塗往還之勞。緩急則知有出入戰陣之事。

擇郡守。

勘會河北沿邊州軍。自兩地講好以來。迨今百年。雖號為邊郡。不知有戰陣守禦之事唯是飲食宴樂優游暇日而已。以此凡孤貧公平奇特之士莫得而居之。以至城壘器械凡所謂軍中之職不復講脩相習宴安久已成俗。臣伏乞陛下特賜指揮將河北沿邊知軍州及將副選擇腳色內曾經三路沿邊城寨將佐及累有戰功內知州軍當實歷路分都監資序人充仍舉行自通和以來河北沿邊知州軍條貫所貴緩急之際不致誤事。

添兵額。

本朝自南北通好已來定州路兵額常及十萬人。後日見銷耗。至熙寧元豐以前定州猶不減二三萬人。後因封椿禁軍闕額錢糧朝廷務封椿數多轉運司利於銷兵省費更不切招填因致邊兵日少。即今春秋大教盡數不及六七千人。定州最為河北屯兵之處尚乃如此。其它州軍即可知矣。咫尺狄境聲迹相聞使形勢如此豈得安便皆由邊帥不思經久利害憚於建明朝廷不復以緩急倉猝為慮定州馬步禁軍共三十一指揮近年每指揮減作四百人。仍招填不足。臣今乞將逐指揮人數。卻復舊額。定州依乞元降朝旨常令及二萬人仍乞於京東西路招刺添填專置官催促。所貴稍遠北邊。不致張皇。

蓄財用。

勘會河北累歲災歉又以大河移徙生齒遷流民力凋弊。公私乏絕。臣訪聞本管定州即日人糧未至急闕唯是錢絹若無見在堡寨以東糧食亦闕兼開春衣至今有未曾支散去處定州一年約支錢二十二萬貫有零諸雜課利收錢秖得一十一萬有零其餘盡是轉運司添陪。方了一年支計。今轉運司那融不行屢曾干告朝廷已闕支撥見錢文鈔。及借奉職等補牒河北州縣既屢經災歉流死。公私乏絕。豈有餘力買官至於見錢文鈔又專為博買斛斗所以應用全闕。定州一月諸般支使約萬緡軍資庫轉運司見錢秖有七百三十餘貫。絹二百餘匹。定武大藩猶且如此。其餘列郡即可知矣。咫尺北狄覘邏日交。使知財力至此何以示威取重。伏望陛下特賜指揮將給降見鈔。如糧食足用處權許出賣見錢。及諸州軍常平錢內借撥一二百萬貫赴轉運司應副急闕支用卻責限歸還。緣今日窘急之勢儻朝廷不為講明救濟使人情窮蹙緩急必致生事。

譏探報。

臣觀古之為將守邊第一必先覘邏苟得其術。敵人之情可以坐制。先人有奪人之功其此之謂也。與夫戰攻而獲勝。不可同日而語。切聞河北邊上。近年探事人徒有其名至於酬賞全然微薄以致覘邏之人。不肯探伺既不知敵人情實。則緩急何以枝梧。況當新舊之交。尤在精審訪聞即日安撫司所管回易本錢不多臣欲乞朝廷特降見錢文鈔一十萬貫添助回易。如探伺得實則量添酬賞所貴激勸邊人。令虜情可得。

宣和三年蜀州教授馮澥論沿邊納土三害。上疏曰。臣伏見夔峽廣南邊臣開納土之議誘置熟蕃補武爵吏。金銀繒綵以啗其欲。高官厚俸以侈其心。開闢荒蕪草創郡邑。一部不下三四州而縣又倍之。入版圖者存虛名充府庫者無實利而官吏廩祿軍兵餉饋備治城郭日月弥廣官吏支持不暇百姓奔走輸送之不給其為害一也。建築以來調發害於民間者不可勝計而費出縣官者亦不為不多。其初監司數實有會名為軍須唯恐其後常平使者未復執奏已失元祐立法之意而漕司於經費之外復有饋運未免侵支封椿折變科率其為害二也州縣之吏奮躐庶官而升法從既選調而位正郎武弁轉横行布衣竊仕版白丁黠徒為將校者又不論也名器既已假人而祿廪因而耗蠹有司歲計已數倍於熈豐矣其為害二也不毛之地既不可耕而狼子野心頑不可革建築之後西南夷狄交寇綿茂而播州溪洞之蠻亦復跳梁犬豕之衆固無足慮蜂蠆之毒不能無傷士卒死于戈官吏没王事生民肝腦塗地往往有之以此知納土之議非徒無益而又害之也莫若委擇帥臣或監司令條具建築以來財用出入之數商較利病覈實以聞可省者省之可併者併之縣不足建則易之以鎮寨官吏不必衆則揔之以護戎戍兵可減餽運可省羌狄可撫而邊鄙之患可息矣自今以往邊臣招地之請邀功生事之隙不可不嚴禁而杜絶之也

通判李新乞罷招安將劄子曰臣嘗謂邊俗易驚宜靜不宜動邊民性悍可綏不可擾自陛下臨御道化德教蟠天極地凡日月臨照溥海内外無不州縣悉皆臣妾三代之所不能通六服要荒之外皆納土慕義化為編氓竊古未始見而聖心軫慮尤先遠徼嘗詔帥臣監司及城寨官務以懷徠為事況新民隸籍已久賦輸如期出入馴柔重於犯法平時所以動而擾之者招安將是也縣須其物寨官有其役使雖不安時犬不安實新民不得安其居彼去官司遠一切俛首聽命夫率為邊境生事者本於招安將幸今烽燧已息四境澄清無所用招安將願下帥司槩罷之今後不得更有違者許監司州縣官覺察以聞則綏懷遠人之意盡之矣

李復乞置弓箭手堡劄子曰臣竊見極邊弓箭手就土山削成峻壁盤開細徑鑿穴以居謂之崖窰凡一窰所聚少者百餘家多至三四百家其情非不樂居城邑蓋就堡鄣意務便於耕牧又寨近敵境相與保險以防抄掠之患然本欲防患賊寇若至患不可逃盡各潜於穴不能相救賊前阨其門尋亂竅灌浸熏燎束手就禍稔者元祐間夏賊寇犯涇原大被其毒邊民皆自知其如此願戀生業無以為計臣欲乞下逐路經畧司委官相度就弓箭手耕牧近便處圍併指揮建置堡子分擘地步先為土堋漸次脩完使之就居備列戰格開掘壕塹脩立門橋一堡之内正丁家丁不減二三千人於其暇時教以戰守之法逐指揮人員將校統領分定城上地分每季輪那城寨官前去點檢地分巡檢常切往来照管遇有探報無起遣之擾雖有攻圍必以死守遠近聲勢相接互相應援近年新邊城寨相去近者四五十里緩急各不相應此壘若成血脉方通人旅行役不及城寨可就安泊不待官兵戍守而藩籬家完誠一舉而兩利

復又乞於𣽎牟川突置烽臺劄子曰臣近巡歷自蘭州京玉關至通湟寨入湟州路經把拶宗其路極深峻突險滑闊不及二尺陡臨宗河般馭斛斗客旅畏其難行頭畜脚乘盡由宗河北路過往北路是夏國生界三處有賊馬来路又近夏國蓋朱城溝谷屈曲賊馬隱伏不測出入抄擄前後被患已十餘次緣客旅往来通湟寨至京玉關四十餘里中途倉皇南北奔趨不及遂被殺虜今京玉關東北約二十里有舊𣽎牟川突城地基正在兩城中路地勢甚高接連生界欲乞下本路經畧司就彼脩築烽臺比尋常烽臺增展寛大可以停泊三五十人開掘壕塹築立羊馬墻安置門橋脩設守禦之具差人守坐照管賊馬出入若有抄掠客旅可以奔投若賊馬數多舉烽火京玉通湟頃刻便到蘭湟二州兵馬相接而至不須更築城寨足可隄備伏乞詳酌施行

欽宗靖康元年右諫議大夫楊時論要害三鎮上奏曰臣切觀自漢迄唐待戎狄之道無如祖宗之時者百年之間民生戴白不見兵革賊臣要功為國生事與瑟而弃好馴致今日虜騎過城備禦無素卑詞厚禮以紓目前之急蓋勢有不得已而然者割要害之地以為盟好則非經遠計也臣固嘗論之矣比聞金人駐兵磁相切慮無有紀極破大名成安一縣驅掠子女二千餘人殺令佐二人而去按書之墨未乾而背不旋踵吾雖欲專守和議不可得也昔趙割六縣之地使趙郝約事於秦虞卿謂趙王曰秦之攻王倦而歸也秦以其力攻其所不能取倦而歸王又以其力之所不能取以送之是助秦自攻也今日之事正類於是夫去其巢穴越數千里之遠而犯人之國都蓋危道也使其力能攻之則城中之物皆其有也尚何事求和哉彼見吾高城深池未易陵犯勤王之師四面而至姚平仲固嘗與之交兵忍而不敢怒請和而去則其情可見蓋亦懼而歸非愛我而不攻也朝廷割三鎮二十州之地與之是亦助寇而自攻也聞蕭王初與之約及河而返今挾而往此敗盟之大者臣切謂朝廷宜以蕭王為問責其敗盟必得蕭王而後已三鎮之民以死拒之於前而吾以重兵擁其後其勢必得所欲者若猶未從則聲言其罪而討之夫師以直為壯是舉也直在我矣三鎮聞之士氣必振此萬全之計不可失也若三鎮窮蹙而王師不救則其民必謂朝廷視其塗炭而莫之恤則戴后之心懈而大事去矣不可不慮也切聞出師之令廟筭不一屢行而屢反如是則士氣必惰欲其成功難矣昔憲宗平淮西韓愈謂凡此蔡功惟斷乃成未有舉大事不斷而能有成也伏望陛下斷自宸衷無惑於浮議則天下幸甚

尚書右丞李綱乞備塘濼劄子曰臣伏覩种師道詹度等奏金賊人馬已出塞境朔方保全宗社大慶然虜但以河間中山兩路州軍堅守之故且懼王師之躡不得不遁其意豈嘗一日忘割地之約耶深慮秋冬之交弓勁馬肥復犯邊徼捍禦之策所當預備契勘安肅廣信平戎等軍東有塘濼西抵太行中間坦塗不過三百餘里塘濼既可增廣其他地勢雖頗高仰亦可因高就下限以長隄瀦蓄水櫃以為阻固如水櫃不及之處自宜修築城堡屯兵控扼或設塹弃以虞奔衝茲事體大非轉能臣未易辦集竊見樞密副都承旨李迎累任河北邊郡宦績著著究邊防利害欲乞特建一司以迎充使專切措置塘濼城堡水櫃等仍乞朝廷多方應副庶幾克成大功以為永遠之利

綱又論守禦劄子曰臣竊觀自秦漢以來制禦戎狄未有得上策者惟本朝與契丹為澶淵之盟守之以信結之以恩百有餘年邊境晏安兵革不用和好之篤古所未有然而所以制禦之術何嘗一日弛備耶財用充足糧儲有餘士馬精研擇帥用命則虜雖欲窺邊徼而摩封疆無隙以授欲不守盟何可得也臣伏見仁祖時富弼所上守禦一策審地形觀事機分兵控扼要害之地左右出入縱橫應援曲盡其妙然以謂非三十萬眾不可則知制勝之術在於足兵與王翦之伐荊必六十萬而後行其理一也臣愚以謂今日防秋正宜用弼之說度時之宜良將勁卒分布邊境重兵大陣擁護以鎮使賊不敢有覬覦之心萬一奔衝亦可以制其死命誠上策也所有富弼守禦策二篇謹具繳進伏望聖慈特賜省覽擇其說而用之

綱知樞密院論備邊禦敵八事上疏曰臣伏以金人退師交割三鎮三鎮官吏軍民未肯陷沒夷狄其勢必為朝廷堅守天時寖熱而虜有歸國之累必不能久留當即出疆臣恐秋高馬肥虜必再至以責

前約及今宜飭武備修邊防分持并不來當作吾有以待之謹條具
所以備禦敵者凡八一曰廣河北諸路所以拱衛京師故雖累有變故
卒賴其力而及其勢者在夫不拱之患祖宗時之鎮藩鎮之勢蹤
州縣之制使此兩路邊州無事則可在今日則手足不足以捍頭目
為今之計莫若以太原真定中山河間建為藩鎮付之許之世
襲收租賦以養將士得戰陣相為援以扞金人可無深入之患又
滄州與恩平相去隔河下流其勢易以侵犯宜分置 德博横海等
一道如諸鎮之制則帝都有藩籬之固 二曰自慶曆以來籍河北保甲
凡五十餘萬河東保甲凡二十餘萬比年以來不復閱習又經燕雲
之役調發科率逃亡流移散為盜賊今所存者猶及其半宜專遣
團結訓練令各置器甲官為收掌用即給之蠲免租賦以償其費
藝精者次第遷補或命之官以激勸之使財自保鄉里親戚墳墓必

無逃亡平時無養兵之費有事無調發之勞此最策之得者 三曰祖
宗以來養馬為監擇陝西河東河北美水草高涼之地置之凡三十
六所比年廢罷殆盡收馬民間以充數官吏便文以塞責而馬無復
有善者又驅之燕山悉為敵人所得今諸軍闕馬者太半宜復祖宗
監牧之制權時之宜括天下馬量給其直則不旬月間數萬之馬可
具也 四曰河北塘濼東距海西抵廣信安肅深不可涉淺不可行舟所
以限隔胡騎為險固之地而比年以來淤澱乾涸不復開濬官司利
於稻田往往洩去積水隄防弛壞又自安肅廣信以抵西山地形低
下處可增廣其高仰處即開乾濠及陷馬坑之類宜專遣使以督治
之 五曰河北河東州縣城池類多隳圮堙塞宜偏行修治而近京四輔
郡諸縣邑皆當築城創置樓櫓之屬使官吏兵民有所恃而安萬有
一賊騎深入虜掠無所得亦以坐困其 六曰河北河東州郡經賊馬殘

破蹂踐去處宜優免租賦以振恤之往年方臘擾浙東為免三年今
三鎮之民為朝廷固守安可不議所以大慰其心者 七曰河東諸州最
以儲峙糴買糧草為急務宜復祖宗加糧草抄法一切以見緡來商
賈而實塞下使沿邊諸郡積蓄豐衍則虜不敢動矣 八曰陝西解鹽無
煮海之勞西給邊費足民食其利不貲自更法以來解鹽地分益狹
西邊益貧宜復祖宗舊制以慰關陝兵民之心
綱出塞撫兩河見無眾防秋人兵狀奏曰臣昨待罪樞府伏蒙陛下
委令措置防秋人兵臣竊以謂中國軍政不修幾三十年矣闕額不
補者過半其見存者皆潰散之餘不習戰陣故令金人得以窺伺既
陷燕山長驅中原邊犯畿甸初無藩籬之固去無邀擊之虞廟堂失
策又割三鎮質親王劫取金帛以億萬計驅虜士女殺戮良民不可
勝數搢書之言所不忍聞此誠宗社之羞而陛下嘗聽而思報者也

今河北之寇雖退而中山河間之地不害賊馬出沒遊邊諸郡寨柵
相連兵不少休太原之圍未解而河東之勢危甚旁近縣鎮皆為賊
兵所占據秋高馬肥虜騎憑陵決須深入以責三鎮之約及金帛之
餘數倘非起天下之兵解圍太原防扞河北則必復有今春之警宗
社安危殆未可知故日輒不揆為陛下措畫降詔書以團結諸路防
秋之兵大約不過十餘萬人而欲分布河北沿路相副二十餘郡中
山河間真定大名橫海五帥府腹中十餘州郡邊河一帶控扼地分
翊衛王室隄防海道其甚急者解圍太原收復忻代以扞金人夏人
連兵入寇不知此十數萬之衆一一皆到果能足用而無賊馬渡河
之警乎今臣被命出使去清光之日未幾朝廷已盡改前日詔書調
兵防秋之計罷去太半不知虜人聚兵兩路入寇將何以枝梧而朝
廷何恃不留意於此也臣切思之以兵為不須起者大率有五川廣

福建荆湖之地遠，一也。錢糧賞犒之費多，二也。河北寇退，天下已無事，三也。太原之圍賊馬不多，不攻自解，四也。探報有林牙高麗之師牽制，未必深入，五也。若以川廣、福建荆湖之地遠，則詔書之下以四月，期天下兵以七月，當時關報三省何不即止。今已七月，遠方之兵皆已在道，始復約回，是復蹈今春勤王之師約回之弊也。一歲兩起天下之兵，中道而兩止之，天下謂何。臣恐朝廷自此不復能取信四方，而將士解體。夫國之大事在戎，宗社安危所係，而且行且止，有同兒戲，臣切痛之。若以謂錢糧犒賞多，則今春無兵扞寇，致令悮國土地、寶貨、人民皆為所取，又惜小費不為之備，臣恐後來所取又不止於前日也。元降指揮防秋人兵各令齎糧以行，則錢糧犒賞之支，自非所患。廟堂不深思宗社大計而惜小費，臣切所不取也。若以河北寇退，天下無事，則邊郡日報金人聚兵，聲言某月入寇，當取某地。強敵臨境，非和非戰，朝夕恐懼其復來，天下果無事乎。賈誼謂厝火積薪之下而坐其上，火未及然，因謂之安。以今日觀之，何止於火未及然，處於烈焰之旁而言笑自若也。若以謂太原之圍賊馬不多，不攻自解，則自春徂秋，攻守半年，曾不得其實數。姚种二師以十萬之師一日皆潰，彼未嘗有所傷衄，不知何以必其兵之不多，以為可以不攻自解者。臣以謂非愚則誣。至林牙高麗牽制之報，理或有之，然不可恃彼之不來，當恃我之有備，則屯兵聚糧，正今日之先務，不可不急也。今河北河東州郡日告急乞兵，皆以三五萬為言，而半年以來，未有一人一騎可以副其求者。防秋之兵甫集，又皆遣罷，不知此何理。若必以謂不須動天下之兵，而自可無事，則臣誠不足以任此責。陛下胡不遣違議之人，代臣坐致康平，而重為此擾擾也。除范世雄所統湖北兵聞已至襄唐間，臣昨奉聖旨，令疾速發赴宣撫司外，所有餘路乞依元降詔書起發，庶幾不誤國事。

右司諫陳公輔乞戒大臣究心邊事，上疏曰：臣竊聞河東用兵不利，陛下聖慮憂勞，臣子之心夙夜不寧。然臣切料之，此未必不為宗廟社稷之福也。伏惟少寬聖心，容臣之言。蓋有難則懼，無難則怠，人情之常也。朝廷日見河北金寇出界，雖未解圍，幸其師老，必自解散，遂至稍緩其事。廟堂大臣相與謀議者，多不急之務，或窮究往事，或經營私意，論經術是非，究禮文詳略，至於兩路邊事，[illegible]不究心，緩急失宜，先後倒置。內外人情雖知秋冬在近，[illegible]然非朝廷用事之臣，徒憤歎終日，無如之何也。今若不緣[illegible]利，往往遂以為無事，因仍偷惰，至秋冬萬一狂寇結集諸處，[illegible]來以助河東之師，則吾之倉卒無備，又復如前日矣，可不慮哉。臣愚伏望陛下因此一失，深戒大臣，凡不急之務，一切暫罷，專以河北河東兵事為先，經畫措置，多方應辦，仍仰各盡所聞，勿[illegible]意，并令今後臣僚上殿，亦須先及邊事。陛下留意聽納，不厭其多，或有可行，盡付三省樞密院，令斟酌施行。夫漢之所以勝楚，以屈羣策，而愚者千慮，必有一得，勿謂羣臣之言皆無可採耶。陛下若今如此曉夜圖之，則不徒以濟今日之急，將來秋冬亦不失備矣。臣故曰：此未必不為宗廟社稷之福也。臣區區憂國之言，望陛下不以愚棄之，豈獨臣之幸哉。

秘書省著作佐郎李若水使虜乞拯救河東河北，上奏曰：臣自深州入金人亂兵中，轉側千餘里，南至關南，凡歷府者二，歷軍者二，歷縣者七，歷鎮寨者四，並無本朝人馬，但見金人列營數十，官舍民廬，悉皆焚毀，鼎罌牖戶之類，無一全者。嗟井陘、百井、壽陽、榆次、徐溝、大谷等處，僅有名存，然已蕃漢雜處，祇應公皂，皆曰力不能支，脅令拜降。男女老幼，例被陵轢，日甚一日，既殘窮苦，狀若幽陰間人。每見臣，知

来議和。口雖不言意實趣想往往以手加額。吁嗟更塞至于流涕。又
於山上見有逃避之人。連綿不絕聞各集散亡卒立寨柵以自衛持
弓刀以扞賊。金人屢遣人多方招誘必被勦殺。可見伏節死義力拒
腥膻之意。臣切惟河東河北兩路涵浸祖宗德澤垂二百年昨因蔡
京用事斬政流毒民不聊生繼而童貫開邊燕雲首禍援虜血以事
空虛于壯夜於關發產業蕩於誅求道路號呼血訴無所塗炭桎梏。
誰其救之。陛下嗣位之初力行仁政。獨此兩路邊事未已。今戎馬憑
陵肆行攻陷。百姓何知勢必脅從。而在邑之民無逡巡向賊之意慶
山之衆有激昂死難之心。可謂不負朝廷矣。哀斯民之無生服斯民
之有義。媿起顏面痛在肺肝。望深軫聖衷。哀痛之詔。慰民於既往。决
擇之計拯民於將来。上答天心。下慰元元之望。
太學正秦檜論邊機三事狀奏曰。

一金國興師乘銳深入。河朔諸郡堅壁固守。彼進有大河之隔退
慮諸城躡其後。師老糧匱情見力屈。然猶桀驁不遜。重有邀請
望斷以大義與其所當與。不宜示怯。以自墮。則且如燕山一路
是金國取契丹與之無害。至於歲幣須令彼能制契丹餘孽不
為邊害。方許以祖宗契丹之數。切聞仁宗與契丹結盟增添歲
幣。亦是與之論夏國事。乞檢會參酌施行。
一金國遠夷。俗尚狙詐。今日遣使求和。又復渡兵隨至。恐是設計
以緩王師。守禦之備。望一面遣兵備守黄河。仍急擊渡河寇兵
使不得聯續以進。
一金國遣使所求甚大。此亦人情之常。蓋既興師深入。不肯示怯
空歸。如聞朝廷前日與之議四鎮事。百僚不得預聞。審如所議
坐失富強之地。狄人貪心無厭。得地而勢益強。復不能保其不

再犯邊。今若與之議燕山及歲幣。當須集百官入議狀。擇其當
者載之盟書示信。坦然無疑。蓋與所當與。經久不渝。一旦為苟
且之計。或多或少。皆是失當。終亦不能守。
侍御史胡舜陟同御史中丞呂好問乞救中山上疏曰。臣伏見陳亨
伯蠟書。其詞哀切。首陳真定城破。屠戮生靈。不知幾萬人。虜擄高城。
愈難追退。臣讀之流涕。切歎朝廷何忍其如此。未嘗遣一兵一馬為
援也。李邈三四十狀奏陳。略不見報。朝廷豈不惜土地而愛人民。但
以與虜講和。不敢動兵耳。何失計之甚耶。臣請為陛下言之。古者列
國兵交。使在其間。推論利害。釋二國之患。是以息民而貴和。今虜遣
使来而我使亦往。彼此按兵不動。乃所謂和也。然虜人用兵不已。今
日陷一城。明日陷一邑。尋侵而南。有并吞席卷之志。時遣一使。謝求
寶貨。寬辭為順。使不為備。我之使往脅之以威。不得吐一語。但以虜

人甘言奏聞。而朝廷不察其情偽。便謂和議已定。宣撫司見講和如
此。亦不遣兵救援真定。以至於亡。陳亨伯所以言彼受和議之使留
置寨中。而任意攻取。無人救解。彼何計之得。而我何計之失也。今虜
悉力中山城下。朝夕必攻城矣。若朝廷又以講和之故。不令宣撫司
應援。必失中山。失中山。則河北諸郡不攻而自下矣。河北下。則京師
不可都。而宗廟社稷危矣。陛下何不以宗社為念乎。亨伯又言彼既
攻城殺人放火。而我師援之。于理不為曲。朝廷若任諸鎮之存亡不復
顧恤。則更無可論。若欲保全。伏乞速賜旨揮宣撫司火急遣兵前来。
亨伯之言如此。可謂切矣。陛下若聽大臣之論。謂既講和。不復應援。
則非惟失宗社忠計。第恐土地人心必兩失之。若大臣謂今日無兵
何以為援。臣以為河北之民皆兵也。使諸郡縣傾廩庫與民共之。朝
廷以好爵厚之。何患人不為用。但條措置何如耳。亨伯乞宣撫司兵

自深冀來祁會合馬忠兵宣撫兵擊其西祁兵擊其東中山兵為內應則轉禍為福易敗成功其言似亦有理伏望陛下詔三省樞密院日下詳酌施行

欽宗時京師復戒嚴聶昌拜同知樞密院入謝即陳扞敵之策曰三關四鎮國家藩籬也聞欲以畀敵一朝渝盟何以制之願勿輕與而撽天下兵集都畿堅城守以遏其衝簡禁旅以備出擊壅河流以斷歸路前有堅城後有大河勁兵四面而至彼或南下墮吾網中矣臣願激合勇義之士設伏開闗出不意掃其營以報帝北之命提舉守禦得以便宜行事

歷代名臣奏議卷之三百三十三

歷代名臣奏議卷之三百三十四

禦邊

宋高宗建炎元年尚書右僕射李綱上言曰臣聞居於山者必高垣墻固柴柵以虞虎狼之害居於野者必盛僮僕厲甲兵以防盜賊之患夫金人虎狼盜賊也曾不為防虞之計而裂地厚賂以予之辟猶割肉以啖虎狼而欲止其搏噬出財以畀盜賊而欲止其侵陵豈可得哉臣所謂三年然後兵可用者謂大舉以報今日之恥也至於守備則自今以往當日為虞害防患之計不可暫輟夫金人既已得其所欲挾二聖暨六宮而北之矣逼脅邦昌使僭位號其意亦豈果在邦昌哉特迫於時月不得不歸知天下之戴趙氏必將有主而陛下總兵于外必為臣民之所推故留此以為中國釁端其意不難知也語曰鞭雖長不及馬腹夫以四方萬里之遠而金人欲以力經營之故其力之所及者靡不悉取而其力之所未及者留釁以為異日之圖此必至之理也為今日守備之策當以河北河東之地建藩鎮立豪傑使自為守朝廷量以兵力援之而於沿河沿淮沿江置帥府要郡以控扼修城池備器械屯兵聚糧堅壁清野教車戰以禦其奔衝習水戰以擊其濟渡使進無所掠退不得歸則其勢必不敢深入至於陵邊隅破城邑則不能保其必無也但能備禦令冬不至越軼使國勢漸定人心稍安則自此得益修軍政吾無患矣臣愚料之金人秋冬之交決須再來仍分為兩道由河東來者自京西以擾關中與夏人連謀欲窺川陝由河北來者自京東以擾淮南與高麗連謀欲窺江浙則京西陝右京東淮南不可不為之防當擇大帥屯重兵以經畧之譬猶治病當視脉息察邪氣之所入預遏絕之不然待其既至而後治則無及已惟陛下熟計而幸察

紹興間綱爲江西安撫制置大使乞沿淮漢修築城壘劄子曰臣伏覩手詔車駕將乗茲春律駐蹕建康此誠至當甚盛之舉也臣昨奉詔書條具邊防利害嘗論駐蹕建康爲措置之宜所當先者然其說謂淮南有藩籬之固則建康可都宜命諸將移重兵於江北料理營田葺治城壘則藩籬可成今大將既已移屯矣營田既已施行矣楚泗既已修築城壘矣惟是沿淮如廬壽沿漢江如襄鄧等處尚未措畫臣願陛下降詔劉光世岳飛乗士卒之暇以漸脩築如韓世忠之於楚張俊之於盱眙楊沂中之於泗使名城堅壘緜亘相望以張國勢以讋敵心又命朝廷選通知古今臣僚按行淮漢深考古跡要害控扼之地如濡須塢牛渚圻之類築壘屯兵益務自固使犬羊無侵突之虞貔虎有蓄鋭之利以守則固以戰則勝此今日之上策也夫守戰一道也能固守而後能進戰是守者進之基也譬如奕棊之家

凡欲勝人先須自固此言雖小可以諭大今陛下既已斷自淵衷不貳不疑駐蹕建康以承天意矣伏望聖慈益脩戰守之備以建中興之功天下不勝幸甚臣以衰病見丐閑散不勝臣子愛君憂國之誠輒復自竭冒昧以聞或有可採亦臣仰報聖恩之萬一也干瀆天聰臣無任惶懼戰越之至

二年綱爲觀文殿學士上言荊湖國之上流其地數千里諸葛亮謂之用武之國今朝廷保有東南控馭西北如鼎澧岳鄂若荊南一帶皆當屯宿重兵倚爲形勢使四川之號令可通而襄漢之聲援可接迺有恢復中原之漸

建炎中御史中丞許景衡奏乞救援順安軍疏曰臣伏覩順安軍爲金寇圍城危急奏乞差軍救援并乞糴買本錢未聞朝廷措置施行又二狀爲久闕正官亦蒙批送吏部依條差注竊謂邊奏告急乞兵救援及糴買糧草並在朝廷疾速應副豈可少刻濡滯也極邊州郡方當軍興係是重難去處今闕正官亦須破格立賞然後人肯注擬若令吏部依條差注亦恐人不願就也竊聞河北並邊州軍若安肅廣信皆已陷沒唯有順安尚能固守不屈此宜朝廷特加獎勵若有申請尤當疾速施行今來二事或如常程文字或只付之有司不蒙特與措置朝廷果欲棄河北耶又本軍所奏城中芻糧向盡只可支持一月度至今日恐已不能固守兼得諸道路之言順安近已殘破若果如所聞則亦已矣不然亦望睿明詳覧本軍所奏下三省樞密院疾速應副人馬糴買本錢及措置破格差官填闕免令一城官吏生靈盡爲強寇殺戮驅虜也

景衡又奏乞備江岸把扼劄子曰臣契勘方今駐蹕淮甸而大江上流所當設備雖真州已有范瓊一軍其向上宣化渡和州烏江與江

西金陵馬家渡釆石相對並是險阨去處各合立寨柵脩戰船置水軍精選巡檢閱習弓弩以戒不虞只如前日張遇羣賊順流而下若沿江逐處皆有守禦之備亦豈能便據金山梗絶江渡耶覆轍未遠後患可憂伏望睿旨行下所屬相度前項險阨去處增置巡檢水軍及守禦之具亦思患豫防之意也或恐臣所聞關津未至詳盡則乞所屬從長講究施行

三年趙元鎮上奏曰臣伏見比來臣寮上殿奏陳利害并羣臣應詔條具及二府大臣延見賓客獻陳已見江淮監司郡守前後申請防秋要切之務不過控扼上流防托淮甸固護江浙一帶自四月迄今百有餘日慮之固已無遺策大率以兵爲先而分兵固守占據地形習熟其山川險易之宜以爲出入邀襲之計要在前期而遣則軍行從容民不駭愕今已秋矣未見分兵而出也一旦邊報有警胡塵南

来風勁馬驕。候至泗上。則淮甸震驚。聲搖江左。陛下其能安居於此乎。或謂俟杜充至。然後分遣。今道路梗澁。充若久之未至。終將不遣邪。儻預爲撥發。各使按堵。俟充之至。盡以付之。有何不可。自来出兵。例皆留滯。今日上畫一。明日請器甲。今日支借請錢糧。明日散起發犒設。般挈老小。編排舟船。動有十日半月之事。比至按隊渡江。各到屯泊去處。又須旬餘。非可傳箭而集。擧鞭而行也。待其有警而後發。不亦晚乎。是時上下惶駭。軍情憂疑。將有去留觀望之意。安在其爲控禦哉。若以謂淮甸上流。自有兵將。分擘已定。不須遣兵。則幸也。苟或不然。臣實憂之。後時之悔。其可再邪。臣願降旨開具。上自荊襄。下及楚泗。屯泊地分。所屯兵馬。大將謂誰。置司處所。先聲後實。未必皆然。多作條畫揭示一牓。姑以安士民之念。亦使敵人知吾有備。所謂伐謀也。

元鎮又論防秋利害。上奏曰。臣竊惟東晉之遷。國勢微弱。惟其設淮上之備。以嚴外户。阨荊襄之要。保有上流。是以能建都江左。歷年之久。今車駕駐蹕建康。則荊淮之防托。沿流之斥候。誠爲急務。斥候之不明。以措置不專。勸賞不立也。自来委之軍中。及沿路州縣。而軍或散亡。城亦自守。倉皇阻絶。力所不暇。今欲自御營及諸軍州縣各選募使臣兵級。立定人數。信賞必罰。不任出戰城守之責。專令探報。如此。則人得盡力。而事不失實矣。防托之不謹。以事出倉卒。不能預備也。自来俟有警急。乃始調發。而陣未成列。兵刃已交。退無所歸。披靡逃潰。今欲前期選閱。受成而出。各使分擘遠近。占據形勢。習熟其山川險易之宜。以爲出入邀截之計。廣積芻糧。嚴設壍柵。出而掩擊。入而拒守。如此。則前有以阻遏。而後能牽制矣。雖然。防托之任。正惟其人。未得其人。計將安出。臣竊謂黃帝時。諸侯相侵伐。暴虐百姓。於是習用干戈。以征不享。然而遷徙往来無常處。以師兵爲營衛。所以能戰。炎帝伐蚩尤。逐葷粥。以去天下之不順者。今陛下欲久留此耶。願如臣所陳。謹斥候防托之備。愼將帥委任之選。保無後患。堅守不動。爲長遠之計可也。苟或未然。則維揚之禍可不鑒哉。臣願陛下深懲既往之失。常爲去就之謀。以六宫所止爲行宫。以車駕所至爲行在。吏部注擬。並依八路。户部金帛。貯之諸州。凡宗廟祭祀禮文法物。及六曹百司之閑慢者。並歸之行宫。而差除陞擢號令賞罰。出於行在。隨駕之兵。不在多。選擇萬餘。以備儀衛。其餘兵將。分布江淮。預設控扼。既有以分軍食。又有以相應援。行在官兵既省。則用度易足。進退簡便。或駐江浙。或臨淮甸。延見父老。省察風俗。旌别善惡。搜揚人材。召集軍兵。振耀威武。使敵人知有預備。而莫測巡幸定居之所。則恐未敢

再謀窺伺。然後别遣能臣。出使關陝。收六郡良家子。募爲効用。優諸路弓箭手。足其闕額。以至蠲私田之税。如弓箭手法推之全陝諸郡。因其民俗。復唐府兵之制。待以歲月。訓練精熟。則四方之事。庶有可爲者。且關中四塞之國。周以龍興。秦以虎視。漢高祖所以卒能并強楚成帝業者。以其先得關中之地。是知古先帝王欲大有爲於天下。莫不在此。今固未可。幸陛下亡日圖之。

紹興間。元鎮又上奏曰。臣契勘即日防秋。是時。臣雖夙夜惕厲思所以廣爲隄備。第念事勢相形。利害安危。固有緩急輕重。儻非先事建明。遠瀆聖聽。恐一旦措手無及。恭惟清蹕見駐臨安。二浙閩中爲近輔。江東淮甸爲要藩。自行朝達鎮江建康屯宿重兵。無慮十萬。距京師約三千里。非不深且遠。可恃以安。然江

西一路。北際陳蔡盧壽。西連潭衡荊襄。比他路邊面最為闊遠。偽齊見遣兵將力守光州為備。數年頗聞農種漸廣。自汴由陳蔡至光纔三百里。復與蘄黄接界。亦粗有糧可因。臣策偽齊萬一會合金人再來南侵。當數路並進。而鎮江建業既已有備。必由光州直擣蘄黄。旬日便到江上。虜船造栰。乘間南渡。聲搖江湖。人心摧於傷弓。當鳥驚魚散。支吾不暇。將見行朝亦不得奠枕。則建康鎮江雖屯重兵。固已無益於事矣。況己酉冬胡騎已嘗出武昌岸。徑趨興國。緣山疾馳數日。傳洪州城下。前車之戒未遠。則江西今日利害安危。豈不重且急乎。臣計本司見管軍馬共一萬六千餘人。皆是招收烏合之衆。除輜重火頭等外。可使出戰僅及萬人。才足以屯防近裏州縣。隄備盜賊。豈堪前當大敵。近奉聖旨留岳飛全軍。先分萬兵駐九江。士馬精勁。似可倚仗。臣愚見尚有二患。邊面

闊而偽境近。則師不可不益。師旅增而贍給廣。則財不可不聚。謂如江州興國軍。西抵岳鄂。皆據大江上游。曲折千里。控扼要害。受敵處多。自湓浦以上。江漸狹隘。至霜降水落。則一箭可及。一葦可航。非若下流深闊多阻。未易侵越也。今計岳飛兵數二萬一千有餘。除火頭輜重守寨疾病人外。實得戰士一萬五六千人。忽有警急。迎敵保城。臨時應機。猶恐分布不給。兼岳鄂人馬無多。安能使掎角應援。臣欲乞朝廷更摘那數頭項堪任出入將兵。時暫付臣相兼使用。又本路州縣屢經兵火殘毀。繼以連歲討賊。大兵往來。民力彫弊。官用空虛。今既留岳飛全軍。復丐益師。則軍儲愈窘。若止仰漕計。必致闕誤。臣欲乞朝廷廣行支降錢物。及就撥本路應千諸司上供錢帛。并椎貨務見在及日後收樁之數。並行付臣斡旋相兼支遣。仍乞選戶部官一貟前來與漕臣協議應副。庶幾兵勢稍強。財用粗足。可以待敵。且免臨時擾攘失措之患。臣材識庸暗。所見止此。伏望聖慈察其勢迫計窮。早賜睿旨詳酌施行。

元鎮又乞下湖北帥司隄備賊馬上奏曰。臣昨據本路制置使岳飛申。諸處探報李成劉麟會合金寇。有直趨蘄黄渡江之計。臣以本路正當衝要。控扼江浙。實係行朝利害。不敢隱默。節次具奏。庶幾中外預得為備。不至倉卒失措。自十一月二十日已後。探報少緩。而臣不即以聞者。以賊情不測。萬一所傳不審。有失隄防。或致衝突之患。嘗料其有。不料其無。勿恃其不來。恃吾有以待之也。今李成尚留漢上。雖未聞追襲之耗。而經營襄鄧。用意不淺。蓋輕兵追襲。為患速而小。占據上流。為患緩而大。計朝廷已有措置。非臣愚慮所及。緣上流既失。即自漢陽而下。沿江諸郡。皆順流可至之地。不可一日弛備。非特防秋而已。臣已奏稟乞支降錢物。打造戰船。不唯本路合行計置。竊

恐沿江諸路亦當如此。兼聞光州順昌府各儲糧十數萬。今則未見動息。觀其意向。必有所用。臣除不住移文制置使岳飛及本司所遣兵馬。遠布耳目。益嚴防守。并召募硬探。直往襄陽已來伺察賊情外。所有漢陽沌口係漢江下流。湖北帥司所隸。更望聖慈特降睿旨嚴切戒約。過為隄備。庶免意外不虞之患。

紹興初監察御史明橐言湖南邊郡及二廣之地。舊置溪峒歸明官。比年寖廣。其貟及諸州措置隘砦闕人把拓。又令管押兵夫。素不習知法令。率貪婪無厭。況管押又皆鄉民。甚為邊患。遭困苦折辱者。往往無所赴愬。議者欲俾帥臣籍其姓名。毋三年一遷易。如州縣官。故事。或云止循舊添差。並罷管押兵夫。宜令二廣湖南帥臣處置適宜。無啓邊禍。以害遠人。

四年六月。張浚論虜情及備禦利害上言曰。臣聞山東警報。曉夕深

思未見虜人大舉之意臣竊惟世忠進兵淮上號稱十萬劉豫父子勢已窘蹙必多遣僞使求援於虜尙使虜之大兵外示衰弱養銳不動秋高馬肥一舉而至淮甸是爲可憂然其勢亦須再調生兵然發百姓方敢深入何則去歲失意而去人心離怨苟非增益重兵安肯輒至也今我師自屯淮楚僞地騷然修城郭起丁役設馬柵運粮餉盡劉豫欲以安其民人使無背叛之心凡此皆臣之所樂聞而深喜者此又報虜之大兵已至沂州臣所未喻借使有之豈不爲我之利乎夫盛夏興師中國所難夷狄爲之其失多矣虜之所恃者馬方此大暑不獲休養則秋冬安可復用此一利也虜以騎射爲能當夏之時筋膠解緩豈能害物此二利也北人性不能熱堅甲重兵皆非所用之時此三利也爲我之計正當休兵持重日爲過淮聲勢困弊其人仰惟陛下聖算神機必有所處臣愚無識知豈能測度姑叙所見

恐或有補聖慮萬一區區僭冒伏幸睿照

高宗時浚又論戰守利害上言曰臣智識暗陋所見不明惟有愚忠庶幾仰報儻或畏避隱默負愧天地誠不忍爲臣竊惟醜虜盛夏舉兵拂天違時朝廷發明詔議征伐固天下所願者臣愚以爲今虜竭國而來其勢方銳可以計圖難以力破若速於用兵則戰有勝負時有利鈍糧有繼絶曠日持久變生不虞曷若俾諸帥結從連衡於近淮要害之地據利便擇形勢就餉運以促其勢堅壁清野時遣間諜坐觀釁隙使之進不得決戰守不能久聚俟其智力俱困而圖之天下可定矣帝王之師以全取勝貴謀而賤戰正今日之先務也惟陛下察大易不容之戒矜愚臣憂國之私斷自聖意天下幸甚

浚奉祠居永州論和議利害上言曰臣於正月十五日恭覩大霈之頒再三熟讀通夕不寐翌日作書呈參知政事孫近夫熙以虜若尙強和安可信其勢遂衰和爲可惜竊料聖心高明姑且爲此內以激將士之憤外以觀敵國之情不然事曰委靡何以立國燕雲之舉其鑒不遠他日之悔復何可追臣愚區區過計竊以謂虜自宣政以来挾詐反覆傾我國家蓋非可結以恩信待以仁義者今日事之虛實姑置未論借令虜中有故上下分離天屬盡歸河南遂復我必德其厚賜謹守信誓數年之後人情益解士氣漸銷彼或内變既平指瑕造隙肆無厭之欲發難從之請其將何詞以對顧事理之可憂又有甚於此者陛下焦心勞慮積意兵政精神感格將士漸孚一旦北面事虜聽其號令游談之士取功於一時勲績之臣置身於無用比肩宥密接武求盟小大將帥孰不解體陛下且欲經理河南而有之臣知其無與赴功而共守者矣矧夫虜討莫測自古所傳與時策馬渡河風塵卑起倉卒之間孰肯赴敵蓋自堯舜以来人主奄有天下非

兵無以立國非武無以定亂國立而勢起亂定而治生然後干戈可戢道德可行未聞委質夷狄可以削平禍難遠而石晉近而叛豫著人耳目歷歷可想夫中原之地未易輕守也辟諸人身至膚風邪乘之手足偏廢不能運動必其精於自養元氣日強氣之所到肢體乃舉藉外物以扶持難乎其經久而及遠矣昔魯仲連不欲尊秦爲帝且曰秦無已而帝則將變易諸侯之大臣彼且奪其所不肖而與其所賢奪其所憎而與其所愛彼又將使其子女讒妾爲諸侯妃姬處梁之宮梁王安得晏然而已乎蓋小之事大不幸而交於虎狼無道之國彼力屈則姑且矜容力強則肆爲吞并春秋之時楚懷王入覲于秦一往不返逮今千載之下爲之痛心由辨之不早也漢高祖起兵之四年侯生侍太公呂后以歸軍皆稱萬歲已而羽解而東歸漢王引兵西歸張良陳平諫曰今漢有天下太半而諸侯皆附楚兵罷

食盡此天亡之時不因其機而取之所謂養虎自遺患也漢王從之古人爭天下必審夫機會時不再來追咎莫及高祖知羽之實恩少義其和不可恃也又知夫從我將士日夜望尺寸功求其顯著人心之不可沮也故雖再敗固陵甘心不悔茲二事者是以爲今之戒矣臣日夜思念此國之大事也陛下獨不與二三將帥熟謀之而徒約之遣肆赦之速用世儒之常說啓猾虜之詭祕措置失敘忠之寒心臣不自量爲陛下再討嗣今以往使其遷延生事姑緩一時謝絕使人可也明告以利害譬喻以曲直可也萬有一如太公呂后之歸使當博詢諸帥獎礪將士外存和議之名內圖恢復之實遏之以大勢使其人心終至於乖離示之以威武使其內釁不能以遽息始臣而終服之如唐太宗之所以待頡利者庶乎國家可立焉臣罪戾之餘一意蒙親深不欲論天下事顧惟利害至大至重不忍緘默以負陛下之知罪之聽之惟陛下命

紹興間戶部尚書章誼乞守臣措置土豪狀奏曰臣竊聞劉光世奏金人忽生南渡之意又聞通州使臣劉鑄奏金人來年正月初一日渡江又聞江陰軍探報北岸有舡數千隻臣參驗三人之說則金人南渡之計決矣蓋金人去歲嘗以冬月渡江矣陛下御輕舟乘風遵海而南彼方崎嶇山陸當建康屢戰之師踰錢塘城守之阨且復再涉重江是以追兵不得以速進也今時則異於此矣大駕駐蹕會稽北直通泰彼將方舟結筏徑渡三江之口騎兵舟師水陸兼進又自立春之後風起東方海行之舟有類退鷁虜卻可慮虜誠出此則我之所恃水失乘桴之便陸有追騎之虞墮賊計中矣臣以是思之則三人之報不可忽正月之渡爲可信不知朝廷亦嘗慮此乎使三人之報不實則大幸矣使其不妄則正旦逼矣將何以待之耶臣聞臨安府守臣李光頗統浙西土豪爲國屏翰朝廷何不聽用其策稍假事權使勸其衆籍爲禦侮非唯臨安一府也二浙諸郡江東江西切委自守臣速行措置明降詔旨喻以力戰堅守之意降去退保之令有能竭節城守扼險破敵與夫懷私退避並緣爲姦之人來年事平之後大明賞罰如此則金人雖欲南渡有所不敢設其敢渡諸郡之兵且戰且守或犄或角日夜追逐數萬之衆可立盡也一戰而勝虜人終身懲艾陛下國勢立而疆土復矣臣不勝區區愛君憂國之誠惟陛下留神聽納與將相大臣速圖之

誼又乞令張浚措置防秋然後班師上奏曰臣聞江淮招討使張浚之師自破李成斬孫建馬進之後盜賊震恐知尊朝廷如張用孔彥舟之徒皆願聽節制乘此機會可以措置江湖淮甸之間使兵皆隸將帥使將皆有戰任分布要害之地委以戰守之事各令漕臣給其

糧餉嚴罰重賞責以來效如此則防秋之事大槩略舉矣然後張浚可以班師別聽陛下之指授今聞朝廷許之入覲徑自淮西循江而下切恐奏詔遄歸其於江湖淮甸之間有合措置事務不暇經畧則數路之廣盜賊復得屯聚軍兵無以彈壓雖留岳飛一軍以爲聲援終恐兵少望輕緩急難濟伏望睿明更賜裁酌不勝幸甚

誼又論守江之策上奏曰臣近者伏見朝廷分三大使宣撫淮南湖北之地皆跨有大江邊臨淮泗既可以應援東北來歸之人又可以捍禦戎虜南侵之勢內資富庶之邦外撫殘破之郡誠計之得也然欲進圖收復必須退有據依今東北方藉經營之勞而江南實爲固守之地設使黠虜憑陵盜賊羣聚但不能踰大江而東則國勢鞏固如木之有本水之有源崇高廣大可坐而致臣去年爲郎時嘗爲宰相畫守江二策未蒙施用後卒奔走臣觀今日守江之議尚不可廢

輙繕寫投進連粘在前伏望睿明鑒照如有可採乞降付外廷相度
令三大使措置施行
誼又論具舟師為守江之備上奏曰臣竊見朝廷自靖康以來聚天
下之兵以抗金人初戰燕山次戰太原初守汴京後守淮甸然而守
則不堅戰則不利累年於茲矣至于今日知步騎之非敵懼曠野之
難守是以東踰大江保茲川險勢雖甚迫而理實可安朝廷所以區
體為此者謂金人利於鞍馬而南方長於舟楫使金人捨其所利而
我得用其所長則勝負有在是朝廷之本謀也今則不然專恃長江
之險不設舟師之備萬一金人東侵方舟結筏皆可濟師舉帆直指
如履平地則向之川險既不可保而南方之所長亦不獲用日蹙一
日將安所之乎且朝廷之所恃者北則淮南則江今縱不能守淮且
欲阻江為險則舟師不可不備也今之議者或欲聚兵於江北或欲

分兵於江南此議者未之思耳夫聚兵於江北是欲與金人戰也中國
既已屢戰而屢北則戰非所利矣又欲分兵於江南者是欲守也長
江數千里金人果得浮舟以濟則我不知所守矣故嘗謂此二說皆
未之思也惟多具舟師中流以守則金人雖有良將勁兵輕車駿馬
數踰百萬亦必臨流歎息而退將安用之伏望招選才能之士多具
中流之師則江南諸郡雖無守備之兵亦可高枕而卧矣

小貼子竊聞金人已有登萊沂密之地萬一自此數郡乘舟而來
則通州狼山之險實為咽喉要害之所當有舟師以為備禦溫
台明越常熟福山皆由此路以往伏乞照察

誼再論舟師水戰之利上奏曰臣契勘目今朝廷暫駐浙東襟帶江
海實憑川險以却胡騎然則巨浸湍流蓋今日之長城也樓船戰艦
蓋長城之樓櫓也舟師戰士鑿工役人蓋長城之守卒也火船火筏
礮兵毒矢蓋長城禦攻之具也設有江城萬里則尺寸之地不容於
不守今有巨浸湍流顧豈可無守禦之備哉守禦之備莫如舟師用
舟師之策莫如中流以守且金人攻城長於用砲我之舟師中流以
守則矢石有所不及金人野戰長於用騎我之舟師中流以守則騎
兵不能奔衝是二者固可以奪金人之所長矣又況金人將必欲與
我戰乎是必造舟維梁結筏渡騎然後可也造舟結筏不在大江之
濱則無艤駐之地必於大江之滸則有焚蕩之虞若是則進不得戰
矣金人將長臨大江以困我乎自春徂夏自夏及秋甫潦將降騎兵
有陷沒之憂氣令炎燠遠人有疲癘之苦若是則退不能守矣在彼
者進退失據而我中流之師未嘗勞也伏望特賜討論盡發平陸之
兵迭為舟師之用並海沿江若州若縣多具中流之師以為守禦之
備不勝幸甚

五年房州司刑張嵲上疏曰金人去冬深涉吾地王師屢捷一朝宵
遁金有自敗之道非我幸勝之也今士氣稍振乘其銳而用之固無
不可然兵疲民勞若便圖進取似未可遽臣竊謂為今日計當築塢
堡以守淮南之地興屯田以為久戍之資備舟楫以阻長江之險以
我之常待彼之變又荊襄壽春皆古重鎮敵之侵軼多出此塗巔連
擇良將勁兵戍守其地以重上流之勢

六年知鼎州張觷言鼎澧辰沅靖州與溪峒接壤祖宗時嘗置弓弩
手得其死力比緣多故遂皆廢闕萬一蠻夷生變將誰與捍禦今雖
各出良田募人以補其額率皆豪強遺僮奴寬名籍中乘時射利無
益公家所宜汰去別募溪峒司兵得三百人俾皆練習是為守禦給
田募人開墾是供軍儲詔荊湖北路帥司相度以聞帥司言營田四
州舊置弓弩手九千一百一十人練習武事散居邊境鎮撫蠻夷平

居則事耕作，緩急以備戰守，深為利便。靖康初，調發應援河東，全軍陷沒。今辰沅澧靜等州之兵防守，竊慮蠻夷生變叵測，若將四州弓弩手減元額，定為三千五百人：辰州置千人，沅州置千五百人，澧州靖州各置五百人，分處要害，量給土田，訓練以時，耕戰合度，庶可備禦。以所餘閑田募人耕作，歲收其租，其於邊防財賦，兩得其便，可為經久之計。詔從之。

八年，提舉臨安府洞霄宮葉夢得奏金賊移軍稍前乞講民兵水軍二事劄子曰：臣聞淮寇尚未殄滅，近者復移屯稍前，有欲戰之意，道路所傳，未知虛實。臣嘗論自陛下決策親征，逆折其鋒，意其雖有奔突之志，無所可施者，以為王威既振，雖犬羊無知，成敗所在，自當知難而退。今乃昏迷，尚懷搏噬，臣復思之，蓋虜法甚嚴，彼既受命萬里入寇，暴師三月，傷折已多，若無功而還，總帥者必不免刑戮，故欲竭力以戰，以決去就。若僥倖小勝，固可以藉口；或遂敗衄，亦足為辭。此姦謀所從出也。不然，知我有備，請命於其酋，欲歸而不獲，尚狃往時兇暴之氣，責之深入，懼而不敢不前。又其不然，則是欲引去，畏我躡其後，張此虛勢，以為陰遁之計耳。果出於前二者，則不可不過為深防。臣聞兵法曰：上兵伐謀。又曰：兵家先聲而後實。今朝廷拒敵必勝之策，既付之諸將矣，備禦之道，凡備其實者，宜無不盡，故臣不敢復言。而前妄議民兵水軍二事，雖若迂緩，區區之意，蓋謂施之今日，則足以廣先聲而伐其謀，與平時議者不同，試復申之。所謂民兵者，孰不知驅畎畝耒耜之徒，使捍虎狼不可禦之敵為不可哉。且方此擾攘之際，又重勞吾民，亦不能無擾，然臣非欲恃此以為戰也。蓋兵有以多為用者，古者用師，必設疑兵，則增大其勢，惟恐其不盛。苻堅犯晉，望見八公山上草木皆成人形，猶足以懼。東漢虞詡謀武都羌，至有添竈日增倍之以示彊。今傍江之人，利害既切於己，往往不待驅率，私自結約，保守鄉里者，所在而有。州縣把隘防托，又給軍役之類，亦皆出於保伍，莫非民兵也。所患者特無所統一，散漫雜處，而賊不知。故臣願擢暫命官，因以部伍團結，為之紀律，番次迭出，耀之江上，與正兵相為先後，豈不愈於望草木而示添竈乎。一可示賊以衆，張大吾軍；二可增吾正兵之氣，相為形援；三則布列旁遠之地，萬一衝突，出吾不備，亦愈於無人。今賊已師老，必不更能久留，不過為旬月之計，農事未興，民未必告病也。若水軍則諸大將所統固各有之矣，臣竊慮其以步騎兵為急，而未盡講，或置而未用，或不常閱習，或彼此節制不及，緩急不相為用，則雖多而無所益。故臣亦欲會而為一。又官私舟既未通行，亦可權時拘藏，專為一軍，於建康鎮江兩州沿江要害之地，分布擺拽，俟其緩用，則與騎步兵合謀並進。日者偽四太子四軍至吳江，裨將陳思恭驟以舟師襲之，賊衆驚亂，幾至於潰。適近村有應之者，素非所約，思恭疑為賊兵，遂不果終其役。若使軍有所統，晝夜講習，號令方略，進退聚散，悉皆預為約束，一則可以示賊，使知畏有加於前；二則事藝精熟，人人日從事其間，安於為用；三則可擇驍勇之士，伺賊之間，乘風水便利，以收奇功。蓋賊既與我夾江相持，其要在江，則水軍為上，騎兵次之，步兵又次之，尤當深察也。今賊如止為陰遁之計，稍已退卻，臣言固無所用；如尚猖蹶，志在衝突，則將步騎正兵外，更益之以此，恐或可以佐萬全。臣不避狂愚，復畢其說，更望聖慈裁擇。釁冒天威，臣無任激切屏營之至。

高宗時，夢得為兩浙西路安撫使，乞措置瀕海州縣防秋狀奏曰：右臣備員一道，兵民之寄，當朝廷艱難之時，外難未平，所仰四方相與維持者，其責尤重，不敢偷安尸素，苟且目前，故自到官以來，日夜盡瘁庶幾少有寸補不至上誤使令竊見金賊雖已遁去封豕長蛇存食上國之意恐未遽弭登萊兩州密迩其境而兩浙諸州例與海道相連自登萊航海遠不過數日可至浙西諸縣如杭州鹽官秀州華亭海鹽常州江陰平江府崑山常熟浙東諸縣如越州餘姚上虞明州象山定海奉化昌國溫州樂清台州寧海黃巖皆切近於海臣去歲守南京嘗得宣撫司探報聞賊欲取山東路入兩浙作過是時彼方有意再犯王畿勢固未暇及此然又見其未嘗無此謀也近有東道總領司嘗被驅虜使臣歸為臣言賊知其為兩浙人頗問山川道里形勢甚詳又其所誘留人多有東南篙工水手從事舟楫之間者皆為陳說計策及夸大蘇杭富實臣益知犬羊貪婪之心不無所在今兩河蹂踐之餘內至近甸金帛子女掠取殆盡使其谿壑之欲誠未厭足則去歲宣撫司探報豈得不慮哉兩浙風俗輕而易動有自來

矣又連遭方臘倪從慶之變人懷危疑常不安居加以險僻頑民陰間伺隙潰散兇卒居多嘯聚樂禍喜亂未易制禦今環兩浙之地瀕於海者十幾四五議者謂虜以鐵騎衝突為長澤國水鄉非其便利此以其竭國來寇論之可也若志但在金帛子女則姑以千百之衆脅吾驅虜之人以為鄉道聲言欲雜出於數州之間以圖侵掠則未至而吾民先已驚遁矣況樂禍喜亂之徒望風乘勢或應之以合謀或假之以自奮則其憂有不可勝言者何必直須賊之盡至乎晉之孫恩竊入上虞唐之袁晁發自臨海近日方臘山谷一夫亦能破六州二十七縣皆已事之驗然所以為備禦之策不過城池器用兵卒糧食四事而已今防秋僅有兩月事勢已迫每事必俟朝廷措畫則勢不及待所以分憂捍患盡其力而為之惟在守令而未見其可當此任者臣雖誤當帥事法有常守又浙東非所部不敢輒有侵越至若

遂拱默不言緩急或有誤事雖即誅死何足償責輒敢冒昧陳列欲望聖慈詳酌特降睿旨先次遴擇瀕海諸郡守臣各得其人分命監司徧行巡察及諸屬邑凡令長有不可委仗者許得權宜移易罷黜別加選辟量立賞典以為激勸應所合指畫事除城郭已有近降指揮外其餘如脩治器械訓練弓兵皆嚴為近限責以實效無令文具僻遠之地巡尉與弓兵或可增添元額許一面差補將來如有調發須量以分數存留無闕守備錢穀移用亦當樁管應用無至侵奪至於分布防托之宜聚散戰守之節斥堠幾察之要鄰比應援之期皆須熟議素講預有一定之謀相為表裏平居持重鎮撫不至於勞民有警隨事酬酢皆可以禦敵軍聲士氣稍達於海外使彼望而知畏而吾境內之姦亦有以逆折其心而不敢萌則遠近人心恃以不恐朝廷亦可一意西北而忘東顧之慮干冒聖聰不勝惶懼激切屏營

之至謹錄奏聞伏候勅旨

夢得為江南東路安撫制置大使又論防江利害劄子奏曰臣聞兵有可勝之理而無必勝之道孔子曰我戰則克夫以至仁伐不仁孰敢與為敵此理之所可勝者也然猶曰必也臨事而懼好謀而成而不貴盡用其勇者是無必勝之道也故堯舜伐有苗而至于三成王周公征淮夷而至于四雖終至於克服殄滅然其初猶有待而後成者蓋不以所可勝決其所必勝聖王之功也伏見黠虜敗盟罪惡已盈天地所不能庇覆鬼神所不能容忍陛下謙慎寬慈包藏涵養之久至使溢而自覆玩而自焚今猖獗以來攻城無所得掠地無所據兀朮親敗亡而去諸將偏師所指捷奏交上是誠滅亡送死之日也秋期已至我所可勝者雖其理甚明然犬羊姦詐用意不測其為必勝者亦不可不審臣誤蒙聖恩總帥一道留鑰所寄王室是賴敢不

思効其職竊惟今日之計不過有三其大曰過河次曰戍淮又次曰保江曰若既命四大帥以三京兩河招撫招討矣若乘此屢勝之後虜果沮撓我師分道並進直抵京師追逐過河遂定故疆何往不可若猶恃其蜂蟻之屯濟師於國竊據京師閉關旅拒乍出乍没我不可盡闘吾民則諸帥分屯淮上徐觀其釁我既未敢直前彼亦未敢遽下者必且戍淮若昏迷不悟尚懷衝突竭國遠來無所忌憚我師未可遽與争鋒則退而阻險以待其師老力疲然後為之所者必且保江過河不可必而戍淮戍淮不可必而守江此勢所不得已在我未為失策也至於保江則盡矣江若不必守則後何以繼乎天生巨險所以限南北非河與淮之比曹操之強孫權首敗之赤壁其後權徙治秣陵操復連年再攻濡須權至以水軍挑戰卒不敢發徹軍而還又其子丕遣曹休張遼等併軍同下權遣呂範等以舟師拒之三年丕出廣陵望而嘆曰魏雖有武騎千羣無所用也乃退後魏拓跋珪南侵止於翱翔淮上惟宋元嘉末一至瓜步壞民廬舍及伐葦為筏聲言欲渡亦睥睨太息而不能越則江豈有可犯者乎惟是漢末劉繇守曲阿畏懦無能故為孫策乘之長驅奄有三吳與近歲杜充陰懷異志擁衆數萬散而不屬以誤大事尔竊嘗考之吳所以能禦曹丕宋所以能禦拓跋珪者無他術焉臨江為疑城自石頭至江乘築圍作薄落上施假樓浮之江中使魏人遥望知畏者權之策也盡戶發丁分守津要使之遊邏上接于湖下至蔡洲陳艦列營周亘江瀕自采石至暨陽六七百里者宋之策也則知險不能自固古之為守者初無奇秘不可及之事我之人力勝而彼不能奪彼之人力勝則我不勝守而所謂人力勝不勝者在其所施設用意不用意之間而已故臣竊不自揆妄意今過河之策朝廷已付之將帥而長江守禦參古

驗今使州縣協力講脩其職豫為萬一之備者臣之職也敢不以身先之其道不必便有興作但措置有定議控扼有定所上下知所戒而不敢忽遠近知所恃而不敢怠正使賊即掃蕩猶足外為聲援以佐大軍設有緩急皆無逃吾之術内則吾拱手以待其斃可也是以輒敢先事有言昔曹丕既退孫權以情語蜀使曰孤土地邉外間隙萬端長江巨海皆當防守丕觀釁而動惟不見便寧得忘此後有他圖者以丕不敢犯為得計而以丕不見便為可虞此孫權之所知也而況於今日乎所有防守職事朝廷前後方略約束案籍具在臣已撿會擇其所當施行者畫一條例別具奏陳而迂踈之見淺陋之識復以冒逵天聽伏惟聖慈貸其萬死少加採擇

夢得又奏論舉行保社分守地分劄子曰契勘本路與淮西雖隔大江其實相為表裏自古用兵貴於後重以為根本所以師出必宿重兵於後今朝廷既以張浚領淮西宣撫於前則本道正當其後張浚見屯本府平居固賴以為形勢萬一有警張浚兵起赴所部則本府兵備單弱便為虛空之地縱或朝廷分留張浚兵防托客主異勢號令無統理難使喚臣昨紹興初待罪本道郡人懲王瓔奔潰之失無以自固坐遭剽掠屠戮痛入骨髓皆願隨所居鄉村自結為保社家出人丁分立隊伍遞相部轄官為之籍其姓名以待有警則部轄人各帥其屬分地為守以自保其室家因遂從之略得八九萬人自後虜未嘗犯境官司亦未嘗行今民間以其法久廢皆欲少加整緝臣已漸次撿舉施行外竊緣近世凡言民兵利害者多是以民為兵公家取以為用使之遠去閭里或科率錢物擾動百端徇名忘實徒為重害與此不同自兵興以來江淮之民有逃避不及自結為山寨水寨者多得保全只如本府轄下五縣昨虜人過江皆被殘酷惟句容

縣一鄉自保赤山並無侵害故今戶口比他縣獨多況今不務所居
而自為守禦或謂恐因之聚為盜賊亦不然此前日妄亂召募烏合
之衆為把隘防托措置無法失其所歸之過今乃土著主戶皆有家
產物業使自保其父母妻子安有此慮至於官中初無所費而坐有
十萬民兵之名內可以與正兵相權為淮西後重之計外可藉先聲
以威敵境此其効不為小補
夢得又奏金賊敗盟乞下三大將措置捍禦劄子曰臣今月二十一
日准壽春府探報虜騎侵犯東京行虜已至拱州應天府未明虛實
尋已兩具奏聞續覩淮西宣撫司探報與臣一同并有錄白到偽榜
必亦具奏臣竊惟虜情變詐不測蓋有自來昨張通古來使之後雖
歸我舊疆朝廷尋遣王倫等報聘既留王倫不遣莫將繼行又不即
迎曠日持久包藏禍心人固疑之今果猖獗乃以盛夏弓解馬瘦之

時遽至王畿其志必是秋冬欲如往年深入觀我所為徐為進退故
先入京師休養士馬復占昨來留下米斛仍因二麥成熟奇歛拘收
積聚粮食至秋深長驅南下為必衝突之計若我有以禦之則因所
積之粮且堅壁相持萬一我有間隙可乘則鼓行而前惟所欲為陛
下聖謀宏遠慎終圖始必皆素有定議臣備員疆吏職思其憂不敢
不為過計妄意議者或謂虜勢頻年衰弱去夏腹心自相誅戮懼為
我所窺故特為此謀以自抗暫至京師未必更能前進我不可為之
震擾或以為莫將奉使未回虜欲取我歲幣貪婪不厭及邀求禮數
狂悖非分以我未即順從故以重兵壓境劫脅以幸得志我始疑之
不可便與爭鋒若果出此則固無足慮我但持重勝之以理可矣始
其不然出我所料之外一旦橫行而我無預備則事至豈可旋為之
謀哉何者虜素有易我之心謂其衰弱則非臣所得知若邀求狂悖

則前已見於事矣安能保其必止於東京蓋虜之南侵者凡再建炎
三年陛下巡海上杜充迎降諸將數十萬人望風潰散故乘勢得以
入浙其易我者一也紹興五年以劉豫為鄉導再復大入陛下進臨
平江諸將並會淮揚沂中迎敵一戰破之然不能繼為圖使師老從
容得去其易我者二也今不稍更前轍亦示王威督責中外日夜併
手共為及至秋冬尚恐不及若更少緩使得料我但如平日其氣愈
盛其鋒愈銳則何所不可肆哉臣聞上兵伐謀臣不知虜欲復舊疆
朝廷姑且聽之耶欲堅守以俟則中原兵力寡弱城池器械皆未嘗
料理未可遽與之較若姑且聽之則莫若先伐其謀亟下中原諸州
乘其兵未集盡將見管米斛并民間二麥特為措置或令般運或令
焚棄勿為彼有縱有不及勝於不為彼所恃者先已失圖我卻部分
諸將掎角連衡分據要地示以欲戰之形姑以和議應之佯為小屈

使彼曲我直而內實嚴為守備纖悉周盡今諸將兵訓練日久各精
熟蓄銳思奮人懷踴躍聞虜亦自知之張皇六師亦先王用兵之術
雖不能免如虜縱未即知畏豈不內懷疑阻我益商度軍食分置沿
流諸郡我之所積者日廣彼之所仰者日耗進不得前退不得守雖
欲久留勢有不可而後我或欲優柔涵容尚存和議以奉迎太母欲
乘其弊定與決戰使彼懼而歸我太母苟出於一無不可行伏望聖
慈特賜睿察參酌累年方略反覆熟議無使我在其術內古者師克
在和不在衆雖有良將苟非同心未易成功漢陳平號智略無遺方
諸呂為變周勃以太尉握重兵猶無以為策得陸賈之言奉金交驩
始能坐勝唐以九節度兵圍史思明於相州李光弼郭子儀在其間
而計慮不同人各自異卒為思明所敗今大兵所恃惟韓世忠張浚
岳飛三將臣欲乞朝廷先定大計更命三將各兵所見如何則守如

何則戰守以何道戰以何術孰當鋒居前孰勒兵殿後如何以為聲援如何以為策應一一條上取所可行者就以付之各盡其謀更相究知以責功效仍下詔慰勉俾務輯睦苟無同異躬率部曲一以社稷為心古之言兵者以謂如常山之蛇擊其首則尾應擊其尾則首應而艱難相濟譬之同舟遇風雖胡越且無異心況位兼將相比肩並立者哉此武王有臣三千人同一心所以勝紂之億萬人也臣智識淺陋不明遠略濫守陪都外固邊圉敢不竭盡忠款少効區區之愚冒瀆天威臣無任惶懼隕越之至

夢得又奏措畫防江八事狀奏曰臣伏見金賊敗亡遠遁高猶竊據東京近者雖諸道收復故疆追還漸近王畿秋冬掃滅可待然臣所部控扼大江為國藩籬與他路事體不同其職守所當舉不敢不過為隄備內以屏翰王室外為大軍聲援使敵人望風知畏以稱陛下萬全之舉謹取會本司及屬部州軍自虜人侵犯中原前後被受朝廷指揮有合檢舉預行講究事其大要有八遂一開具合取自聖裁今具下項一曰申飭邊備檢會紹興三年十一月樞密院劄子節文具下樞密院奏諸路防秋各有屯守養銳蓄力規畫已定奉聖旨令都督府及諸路將帥加意防守增備邊備精練士卒明審間探嚴兵待敵勿致疎虞臣契勘邊防之事其目不一雖大號令一當聽稟朝廷然有司之守見於常法自當夙夜上下協力振舉兵法曰善戰者先為不可勝以待敵之可勝不可勝在己可勝在敵不可勝者守可勝者攻又曰用兵之法無恃其不來恃吾有以待之無恃其不攻恃吾所不可攻昔齊師侵魯疆吏來告桓公曰疆場之事慎守其一而備其不虞姑盡所備事至而戰又何謁焉此古守疆之道也然桓公知其說而不能行春秋書公追戎于濟西說者以為公不能預備戎至而不知逮其去而後始追之故書以為戒然則為其所不可勝恃其所不可攻者其可斯須忽乎昨和議之後兵革少息沿流諸郡例多廢弛畏慎者恐涉生事但保目前怠惰者竊幸苟安豈思日後故虜兵初聞人人畏駭皆有遷避奔走之意雖有官守者亦顧望相持及兀朮敗去軍聲稍振捷奏交上則復皆謂江淮決保無事不必更為過計常情所及安知遠慮夫戰勝者易驕謀中者易忽常勝之家難與慮敵光武之所深憂竊慮亦合明降指揮監司守令下及巡捕之官各脩其職常若寇至有合申明事務以時上聞無得循習坐廢職業二曰分布地分檢會紹興四年十月樞密院兩次劄子備坐下劉光世呂祉奏分定劉光世所管沿江地分上流自池州東流縣管下佛池洲至江州界下流自太平州當塗縣管下磁姥山接連建康府界皆是光世所管鎮江府承楚一帶係韓世忠所管續除張俊浙西江東宣撫使本府界係張俊所管臣契勘本路自池州至鎮江府皆是沿江地分共一千餘里比來既係劉光世張俊兩軍分守故虜人侵淮甸凡經三月有餘卒不敢窺江岸今來張俊雖屯太平州近者又聞岳飛分兵下守池州略有舊制然逐人既領三京河南北兩路招討將來進師中原遂旋起發前去即沿江諸州並皆空虛都無指準昔匈奴入上郡雲中漢文帝以令免屯飛狐蘇意屯句注張武屯北地以捍其外而內以保京師者復以周亞夫次細柳劉禮次霸上徐厲次棘門分要害之地以相表裏唐代宗時吐蕃回紇入寇至奉天以郭子儀屯涇陽分布麾下各當一面以李忠臣屯渭橋李光進屯雲陽馬璘郝廷玉屯便橋以次前拒故皆無患今諸將方圖中原不容更分其餘兵兼使守江若但令預先以今來地界依舊分畫使有定處如遇進討追還追破虜人瀕江自在腹內不必過慮萬一

或須退守則引兵而歸各着部分使可堅壁固守臨時不致紛擾誤
曰善戰者其勢險其節短紛紛紜紜鬭亂而不可亂竊慮亦合明降
指揮略如前日預行約束張示形勢可使敵人傳聞知我有備亦足
慰安遠民三曰把截要害檢會紹興四年九月樞密院劄子備坐樞
密院奏沿江采石渡冑沙夾馬家渡一帶分命劉光世韓世忠各遣
軍馬擇地屯泊各有差定兵將住泊去處後來韓世忠移屯鎮江府
續差張俊策應兩路其本府靖安石步至東陽下蜀接連浙西亦係
張俊差定兵將住泊去處臣契勘本府及太平池州三處賊馬可以
過處甚多前件所具止是大略今據取會到太平州界內即有荻港
渡三山大信渡等池州界內即有丁家洲楊山清溪李河鴈汊趙屯
港口等皆是自來置巡檢緊切守把今所管土軍每處各不及百人
其餘不置巡檢猶有二三十所既不可徧守亦須量度地里遠近於

其要會別行屯戍使緩急上下應援得及則力不足者知所倚仗昔
蘇峻作亂自和州渡江孔坦勸王導早守江口陶回為庾亮言峻知
石頭有重戍不敢直下必向小丹陽南道步來亮不能從峻果由此
路徑至都城其後諸將戰不利郗鑒度賊必入吳即於丹徒立大業
曲阿庱亭三壘賊果來攻大業不克而敗其地今皆在本府及鎮江
界內可考而知蓋攻其所不備兵之要務以此推之凡可衝犯豈可
不防杜充惟不知此故雖有數萬衆聚而為一初無部分向着一旦
望風奔潰今日安得不為竊慮亦合明降指揮下諸將及守臣遂一
相度凡可過渡去處擇其緊慢或兵或民預定戍守之所以待臨時
分撥為決不可犯之計以防意外之患四曰約束舟船檢會紹興三
年十月樞密院劄子淮東安撫司申明已責委江都泰興兩縣約束
沿江鄉村人户遇有賊馬緊急預行拘駕舟船離岸等事令沿江州

縣依此施行臣契勘長江之險非黃河與淮之比河淮不唯皆狹河
峻急所向不可當淮水淺而易涉獨江勢深闊平緩自春秋劉項以
來齊楚燕趙用兵越淮與河皆浮梁可濟未嘗深計至長江惟孫策
乘漢末亂離無與為敵故能乘間長驅徑入三吳及蘇峻狂悖擒晉
不備遂抵都城自孫權定都秣陵之後逮晉宋及梁自北來犯者苟
有守備皆瀕江而止莫敢睥睨中間雖曹操嘗至濡須曹丕嘗至廣
陵魏太武嘗至瓜步亦逡巡顧視反不敢輕進況今兀朮小醜我守
禦之計未論其他但能嚴斷舟檝簰筏彼自無以為計今可乘以渡
者非止舟楫其木筏與蘆荻柴束皆可為用公私舟船固不可以數
計而商販木筏類皆聚於北岸真州所在山積蘆荻亦是出產去處
若使行禁止則有搔擾之弊若緩急旋圖則勢必無及惟當先命有
司籍見公私舟船數目曉諭遇有緩急則許令所在一面拘收盡過

南岸不唯可絕虜人劫奪占據若或不得已至於水戰則舟皆吾艦
人皆吾兵不必更廣製造及別籍水軍真州木筏蘆荻並限以八月
前盡數發入鎮江及浙西其江州向上木簰八月後並權住不得放
下已過者俟到本府盡令解拆竊慮亦合明降指揮重立刑禁責付
守臣收執以待臨時施行但嚴禁無故輕舉阻節往來人自不擾五
曰團結鄉社檢准紹興五年樞密院劄子具下樞密院奏節文內召
募土豪鄉兵把隘奉聖旨沿江州軍守臣遂路宣撫安撫司疾速講
究其土豪鄉兵並先行籍定人數以備緩急使喚即不得因而勾集
致有搔擾至紹興六年六月樞密院劄子坐下臣僚上言緣諸路帥
憲司夏秋之久未復詢問有無盜賊循例檢舉於界首各立寨柵聚
集保伍因而決撻妨廢生業遂降聖旨除沿海地分外其餘州縣不
得亂有勾集臣契勘自古兵民皆有所統周官在民者五家而上謂

之北閭族黨在軍者五人而上謂之卒伍師旅同出一法此雖常談
然用衆之道未有散而不屬能號令開闔者也今軍固有部分行伍
而民之在鄉村者亦有保伍在坊郭者亦有保甲但承平日久未嘗
資民為用故施之不過租稅盜賊之間而已軍興以來士不知古一
變而為鄉兵之論於是遂欲驅農畝耒耜之民與正兵參用不教而
責之戰無事而聚之役食無常廩用無常器朝廷既不得已從之遂
致人言因有再降指揮竊詳詔令但我不問有無盜賊妄取勾集若
所當用豈可因噎廢食今所謂團結者非民兵之謂也特以保任舊
法少加損益令自相糾率各集強壯推擇所信服以為首領官為立
為條約假借名目約見多寡之數籍而不用揭以示衆無事但藏其
籍有警按籍下令各守其地正兵控守之餘令弥縫其所不及外張
聲勢以自保其鄉里而已民雖至愚豈若懲往歲之弊不幸寇得踰江

強者奔迸遠徙骨肉離散弱者坐受殺戮向於雖存資用剽劫室廬
焚蕩孰若上下相維各奮其力使不得犯我之為愈乎民能保其土
則國能保其險理之必然者也周制用民不過一人以餘為羨卒羨卒
田與追胥尚猶竭作宋文帝禦魏太武盡戶發丁雖公卿子弟亦皆
從役此雖不可為法亦可見其所以能自全者竊慮亦合明降指揮
許令守臣預行討論量為措置以圖民利上佐國勢有蹈前失重真
典刑六曰明審斥堠檢准紹興四年十二月樞密院劄子勘會斥堠
全藉寅夜舉放煙火務要不失捍禦昨劉光世在池州駐劄將管下
沿江地分並置烽火所有建康府浙西沿江一帶並無烽臺斥堠奉
聖旨令江東浙西安撫司措置施行臣契勘用兵斥堠不惟敵勢厚
薄軍行遠近亦得以前知兼亦慮姦人唱為浮言動搖民聽遠無以
驗或致有悞朝廷設施晉袁耽守歷陽石季龍遊騎十餘四至耽遂

以為言遂至朝野危懼王導以宰相假黃鉞出征已乃知其妄石勒
在葛陂軍中飢死亡過半至有勸之納款者元帝會天下兵守之而
不知乃縱使去後遂不可復制此斥堠不明之過也昨建炎間虜騎
已至江上本府守臣猶誤以為李成遂致失守斥堠探伺條目固多
烽火最為緊急魏王基攻西陵為令峽州孫權遣戴烈陸凱拒之暮
舉火西陵鼓三終達吳郡古之用兵蓋如此今虜人近在東京瀕江
相去無數百里其動息而不能的實盡知日近攻圍順昌前後累戰
多是事已方得關報至今人數多寡議者猶有異同則緩急何以取
信所有傳送遞角比者戒約雖已嚴然事待奏而後知亦恐緩慢至
於間探亦須所在嚴立賞罰廣布耳目相與參照非臣所得獨專惟
是烽火本府昨自承指揮上元江寧句容共置烽臺三十餘處通連
浙西不為無補今大軍屯泊淮上與前日事體不同淮北動息尤宜

速聞舊制沿邊三路烽火皆有成法人多知之若令更加條具取其
簡易可行者付之于外遠近同為一體不至乖悞竊慮亦合明降指
揮令自淮南廬壽以來增置烽臺通江南岸舊管去處專委郡縣候
賊馬警動即舉以施行七曰措置積聚檢准建炎四年七月樞密院
劄子檢會三年六月聖旨節文鄉村居民自來頗戀產業若必行清
野之法竊恐盜賊未至民情先擾若置而不問又恐佐敵資糧反為
民害仰守令監司更切措置多印文榜直說事因使民間通曉務求
安全外有糧斛草薪之類難於般移亦須預行措置臣契勘虜人前
後侵犯敢肆深入皆是資糧於我故恬無所憚昨自偽立劉豫之後
盜有土疆認為已有其抄掠劫奪取之於民固已有限與前不同是
以紹興六年至於淮甸無成而歸亦坐糧乏自困之一也近僞和議
中原諸州積糧甚多皆是賊豫誅斂裒克以為猖獗之備可見姦謀

臣初聞警即嘗具陳請者欲措置蓋正為此今來從偽諸郡以次收
復倉廩所餘無幾淮北雖近秋成本不產稻將來為我師過淮之備
縱賊得之不能般輦前來亦不足計惟有淮南地分水田尚多今秋
所入安得不預圖善用兵者不必全抗以力劉項相拒滎陽成皐之
間必計敖倉得失陛下之敗正以彭越由横往來絕楚糧道張良陳
平知其食盡以為天亡唐初羣盜紛起亦倚洛口諸倉為重事之利
害彼此均同我欲討彼當須先講糧道則彼來侵我豈能無食可令
所有淮北地分將來准備大軍進討合用糧斛有司自宜別有措畫
其淮南直至江岸盧壽滁和皆前日虜人宿師之地若能依險自為
山寨之類即趣令各擇利便早定其所般輦糧斛以備入保其大軍
屯駐亦須計摧委自兩路漕臣以次津發仍令前後相繼不至乏絕
不可多存若有人無糧縱能輕入何敢久住其餘金帛馬草之類皆

依倣並行竊慮亦合明降指揮飭江東淮南當職官吏同為措置賊
若知此與清野何異實為上策八曰戒敕官吏檢會前降指揮內一
項敵人去冬深入其諸州郡守臣等不能召募忠義勇敢人兵留屯
城中悉力捍禦共為死守之計又不能措置般移糧食遷徙人民擇
深山大澤率衆固守束手端坐敵人既至則以一身逃遁致使一城
生靈枉遭塗炭奉聖旨下江浙諸州如敢依前失行措置止以一身
逃避者當明正典刑臣契勘朝廷措置既已備具號令既已明審唯
在守之以人承平之時一官不治止廢一官一邑不治止廢一邑利
害無所相關至於用兵則環千里之地成敗得失皆相與為先後譬
之一身手足耳目各有所司苟廢其一身與之俱故不可使一官不
脩其職一人不盡其力昨承平既久玩習成風例不肎以身任責苟
簡文具姑應目前一遭警急皆望風先遁遠出疆界遂使生靈陷於

塗炭井邑鞠為丘墟及至事定徐還往往反以收復論功事既出倉
猝且所干人衆難以盡責因得原釋昔陳豨反代趙周昌奏常山二
十五城亡其二十城漢高祖曰守尉反乎對曰不上曰是力不足亡
罪日近新疆敵人驟至城守之計初無素備有官守者棄而來歸朝
廷推此以廣仁心苟免降屈貸而不問猶之可也若江南諸郡入有
城郭出有兵將所恃有民所資有食只尺行闕動干大勢豈可不責
之以必守乎而人情習慣妄恃寬典尚無慷慨激昂之志夫守以兵
者必責之將守以民者必責之吏兵不可使一卒怯而輕退將必先
之民不可使一夫懼而輕散吏必先之將能死敵然後兵能死戰吏
能死職然後民能死守竊慮亦合明降指揮應備禦之事既已備具
將來或有警急輙棄官守妄作緣故逃避出界之人並依軍法從事
必罰無赦庶無玩令稍知事君之義右上件所陳皆是朝廷已行之

命臣但將案籍檢舉參驗古事稽察人情擇其可以施行責付官吏
者講之於無事之時行之於有警之日寧可有備而不用不可當用
而無備是用輙敢塵犯天威伏惟陛下寬貸而曲赦之臣無任惶懼
激切屏營之至謹錄奏聞伏候勅旨

貼黃臣聞兵家先聲後實臣所陳皆是朝廷已行命令州縣職事
所當為但欲檢舉申飭上下協心行之得令使敵人望風知畏
不敢輕動而已並無勞民費財之弊昔孫權以葦荻為疑城殆
同兒戲而曹丕遠懼苻堅淝水之敗望見八公山草木皆成人
形而遁去今若預令將士分守其地鄉社團集有所傳之四遠
以張國威即廣軍聲過於葦荻草木遠甚伏乞睿察

臣今來所陳止是本道職事不敢䌓及旁路然界分遠近上連
下接如淮東沿海事體一同利害均一如蒙採取即淮東浙西

亦合依此施行伏乞省察。

夢得為戶部尚書奏乞徙虜人必經由州縣居民劄子曰臣竊見冬候漸深金賊往來倏忽無常未能保其不南牧先事預備當有萬全不可勝之計臣前嘗妄議虜反用吾術若欲以中國攻中國故凡人馬糧草器械城池皆因我以為用今必禁之使不得行其謀亦在反用其術而已古之夷狄善待中國者莫若匈奴其輜重人畜遠引深避而不爭鋒漢武帝初命衛霍連年伐匈奴所至斬首拓地無不如意者以虜之兵力與漢相當而較勝負故也其後虜稍覺悟作空地避漢之計至公孫賀趙破奴引師深入二千里不見敵而還遂困我漢於是不出兵者幾十年元豐間神宗皇帝鋭意必討西夏經營累歲遂詔五路並入是時天下皆意夏人必可蕩滅然終無成功者亦以夏人盡空其地去之而我無與敵也臣愚竊惟今虜南侵之路不過京東京西與淮汴三處若度其必經由州縣悉徙其居人令先埋瘞斛斗錢物各以金銀輕齎四散擇深僻之地遠自藏匿雖馬草並皆盡野燒焚無得存留但能空地數百里彼脅諸國而來者不過以利誘之以結其心乘我潰散以作其勢使所至州縣皆空無所得自已失望其衆久不見敵則勢亦隨挫設其腹心必欲擾我者若行三日人無糧馬無草凡欲因我為利者皆無所得則雖欲前進可乎議者或恐以動衆不可為是大不然夫擾民動衆或於承平可也今虜衆所至剽劫之害金珠玉帛盡從攘奪則與藏瘞而存之孰利屠剝之慘父子兄弟盡從殘滅則與奔避而去之孰重民雖無知必有辨於此者此誠不戰屈人之策伏望聖慈特賜省察令大臣參酌詳議如有可取乞疾速審付所在監司州縣將帥令明以利害禍福喻民使保萬全不唯伐虜之謀亦吾保民之計無大於此。

歷代名臣奏議卷之三百三十四

禦邊

宋高宗紹興十二年廣西漕臣胡庭直上言邕州之左江永年太平等砦在祖宗時以其與交阯鄰壤實南邊藩籬重地故置州縣籍其丁壯以備一旦之用規模宏遠矣比年邊民率通交阯以其地所産鹽雜官鹽貨之及䞣易馬鹽以易銀忽而不防恐生邊釁所宜禁戢

高宗時馮當可上劄子曰臣竊聞虜使往來講修和好即其往事何足信憑此必緣廢偽齊人心未固深恐陛下乘其機會則殄滅有期知奉迎梓宮在陛下之心至切至痛以是爲辭延引歲月待其撫循既定狡計既定然後率其醜類送死遠來陛下可不逆照其情深爲之備臣切見江前備禦尚或闊疎自建康以屬海臣非親見不敢妄陳自西蜀以至江東臣請論之吳玠一軍在梁洋之間凡五千餘里

至鄂州始有岳飛又三千餘里至建康始有張浚陛下雖以玠爲屏蔽然東南形勝實有長江今岳飛屯鄂渚實欲兼備江池襄陽有警則岳飛得聞往返三千里束裝辦嚴非一月不至襄陽而醜類近在京師輕軍疾馳不數日遂涉江漢萬一舉偏師向江池連綴岳飛而以大軍向襄陽中斷吳蜀當是時吳玠不能離梁洋而下岳飛不能捨江池而上醜類盤泊荊南可以指顧上流震驚吳會或徑越潭鼎橫涉饒信可以直乘空虛擾我心腹備禦如此似亦疎矣臣愚願陛下先事制勝選知兵大臣分重兵以鎮荊襄使倉卒有警荊襄併力足當一面岳飛得專於江池閒若兵有統屬不可遽分亦宜嚴戒岳飛及茲無事預思方略審處事宜重益荊襄之戍

直龍圖閣李光乞措置防江劄子曰臣伏覩建康古號帝都非獨取其形勢之勝而已蓋大江天險可以限隔虜騎戰不足而守有餘也自六朝以來歷年數百雖元魏北齊之强竊據中原橫行天下而不能加兵窺境者豈其力不足哉魏文帝至廣陵臨江觀兵見波濤洶湧歎曰嗟乎固天所以限南北也紀陟使魏晉文王問吳之戍備道里甚遠難爲堅固陟曰疆界雖遠而其險要不過數四猶人雖有八尺之體靡不受患其護風寒不過數處耳易曰王侯設險以守其國孟子亦以天時不如地利今蜀河長淮已入敵境所恃者獨大江耳若又不守專主避狄之謀可謂無策矣陛下駐蹕會稽江浙今爲根本之地進足以戰退可以守者莫如建康臣不敢遠及上流姑以耳目所經江南所當守者言之自建康至姑熟凡一百八十里其隘可守者有六曰江寧鎮曰碙砂夾曰采石曰大信口其下則有蕪湖繁昌皆與淮南對境其餘皆蘆篠之場或碕岸斗絶水勢湍悍難施舟楫爲今之計莫若預於諸隘屯兵積粟分命將吏使各總地分調發傍

近鄉夫使州縣各自部轄併力守禦多埋鹿角廣置砲架遇有警急强弓勁弩矢石俱發出奇以撓其議堅守以老其衆勞逸之勢我得勝算矣如此事勢尚有可圖者臣愚伏望聖慈更下臣章付三省密院大臣參稽衆議或以爲可行乞精選大使那移將兵就建康屯駐據險守要衛護王室經畧淮楚庶幾緩急之際不至仰貽君父之憂人心固而士氣振矣實天下幸甚

李彌遜乞募土人守禦劄子曰臣契勘自淮以南與偽境相接地分守之即多事棄之即資敵當幾爲計以圖之訪問諸將下各有逐處土人願爲朝廷招集鄉民耕種田畝置立堡寨以守一方如劉綱孫暉之類者甚多若因所欲更加選擇可委之人其上使之守州其次使守縣鎮不必須保故地但使自擇要害可守之所處之仍委逐地分將帥時出輕騎巡掠境上以爲衛護萬一寇至則避寇退復保其

所事初朝廷量行應副稍加就緒即使自給漸次措置人兵則無大
段費用目前雖未見其利數年之後增一藩籬之固為利非輕伏乞
聖慈更加詳酌可否施行
監察御史鄭剛中論邊郡上奏曰臣竊謂張官置吏皆以為民而治
外之官尤重於郡守承流宣化莫先於太守而今日之勢尤急於邊
郡甚矣邊郡之欲得人臣請為陛下詳言之也在內諸郡簿書獄訟
戶口農桑財賦盜賊是數者有一不治皆足以為害然患小勢緩而
所係猶輕至於邊郡則維持控扼與國勢常相關撫綏不至則生齒
凋而力孤備禦不嚴則罅隙開而釁入巡徼不謹則姦僞容而諜泄
關市不修則物貨艱而錢陷朝廷非可謾委以付人得一人亦非可
輕以更易也三國魏據中原自廣陵壽春沔口之屬皆其東邊也而
吳亦以所抵為鄰南安祈山陳倉之屬皆其西邊也而蜀亦以所抵

為鄰大率襄之為魏者今多在虜僞襄之為吳蜀者今皆在朝廷如
楚泗通泰以至滁濠江鄂接連襄鄧關陝之地為今邊郡者大略不
過二三十郡委以與人誠不可忽臣願陛下詔大臣詳閱吏瑣將諸
處見任及已除未到之人精加審察訪求材術之士略其細行但平
時績效著聞實可任用者精選二十餘輩布之邊郡使其講究利源
招徠士卒種殖牧養蕃息疲瘵分委既定時遣朝廷官吏按行省察
取其無狀者復更易之俟其處處得人則須以持久增秩賜金之事
可行也朝廷亦何惜數闕必欲以資任終更亦何輕數郡但欲作尋
常委付耶昔韓延壽善為郡所在置正長閭里阡陌有非常吏輒聞
知姦人莫敢入界又晁錯為文帝陳守邊備塞之說甚詳大要欲使
著業安居家室田作為久遠之計所用之吏存䘏老弱善遇壯士和
輯其心而無侵刻之苦由是觀之陛下用以守邊者宜加審擇既得

其人宜加久任無可疑者或謂臣曰朝廷和議既成之後故地可還
今日所謂鄰邊者卻為內郡勢若可緩此大無理也人君立國惟在
因時本無定勢借使故地果因通和而還則要當以江淮為根本所
謂故地者卻是新民根本殖立於內護之當益工新民屏蔽於外倚
之當以漸更須數年經理力彊勢重始可望其通一所謂江淮者在
今日尤當愛重也故臣切切以邊郡守臣為言望陛下與二三大臣
留意選擇特賜施行不勝幸甚
殿中侍御史張守論守禦劄子曰臣伏見陛下上念宗社之重遠懷
二聖母后思還京都形之詔音中外感悅然而西京未靜糧餽未充
千乘萬騎難遽啓行而防秋之期纔一兩月秋高馬肥長驅深入其
控扼之地其守禦之方所當聚兵所當積粟蓋非一途雖廟謨密議
未易測知而臣區區之私憂不能自已日夜念慮敢復貢其狂瞽之

說臣聞兵法曰無恃其不來恃吾有以待之也無恃其不攻恃吾之
不可攻也況金賊猖獗兇焰尚熾有必來必攻之理則為備可少緩
乎臣切謂其來犯淮甸凡有四路其一中路自西京趨東京沿汴河
由天長以來則衆人常行之路凡一千七百八十里可以控扼守禦
者南京宿泗天長軍是也其一東路自滄濱趨京東由淮陽軍絕淮
入楚州而來則自北直南大路凡一千九百里可以控扼守禦者青
沂淮陽楚州是也其一西路自西京趨潁昌蔡州順昌府廬滁真州
而來則自西北而至東南凡一千八百一十五里可以控扼守禦者
順昌廬滁真州是也其一上流自西京潁昌唐州至于襄陽凡一千
一十里絕襄江而至荊南則一千二百九十五里自西京潁昌蔡光
州而至黃州則一千三百六十里皆可沿江順流而下可以控扼守
禦者襄陽荊南江之北則漢陽黃蘄和滁真州江之南則岳鄂興國

江池太平州是也。四路之中。又有要害之地。中路則泗州據淮。夫長
據險為可禦。東路則青州據木陵關。楚州據淮陰為可禦。西路則廬
壽為可禦。上流則襄陽荆南蘄黃為可禦。不幸順流而下。則沿江諸
州各據地利以臨之。合從共禦。庶乎其可也。然當今之勢。欲控扼守
禦則無人。欲聚兵積粟則無財。仰給漕計。而漕計不足。橫取民力。而
民力已困。然亦豈以此而坐待其至邪。伏望陛下詔諭大臣。取四路守
倅帥臣。銓擇能否。易其尤不才者。然後於要害之郡。各賜緡錢。視大
小為等差。責之募戰士。責之儲芻粟。責之繕甲兵。使明斥候。公賞罰。
進相援。退相保。陛下親降手詔。委曲鐫諭。許以便宜。使之夙夜盡力
扞蔽。効死而不辭。如俟緩急臨時指揮。決難辦集。書曰。惟事事乃其
有備。有備無患。伏願陛下思惜寸陰之義而早圖之。天下幸甚。
守再論守禦劄子曰。臣恭惟陛下時巡四方。駐蹕淮甸。還闕之意屢

形詔音。然而華洛未清。糧儲未廣。兵力未強。國勢未振。雖遣馬悌應
援河北。竊恐烏合之衆。未能必其有功。雖遣信使相繼祈請。竊恐狼
子之心。未能必其退聽。臣昨論奏四路防秋。擇其險阨以備守禦。然
猶恐兵民之心。望風畏怯。亦未必其能截然堅守以為扞蔽也。又況
揚州四達之衝。城不若京都之高厚。池不若京都之深廣。旁無高山
大河之限。近無強藩重鎮之援。而六宮在行。百司扈蹕。以至府庫倉
廩。輜重甚多。動靜之間。利害相絕。設或一旦有意外之警。前禦強敵。
後逼大江。臣恐良平之謀。賁育之勇。或無以善其後。欲望睿慈詔督
四路帥守監司。措置把隘事宜。條具以聞。鐫諭切責。使之合縱連衡。
扼其要害。遏其奔衝。不止為嬰城自守之計。然後稍可恃也。仍詔大
臣審度事機。如六宮百司與夫府庫之積。預行區處。以圖萬全。而陛
下與群臣專俟守禦條為後圖。則進退周旋。庶幾簡易而不煩從容

而不迫矣。臣愚戇不足以策大事。惟陛下留神。天下幸甚。
守又應詔論備禦劄子曰。臣準御史臺承都省劄子。臣寮上言邊事
未寧。乞大詢衆庶備禦之策。奉聖旨。行在職事官具所見聞奏者。臣
竊以金人自去冬以來。破澶濮德魏。側聞游騎及于濟鄆。未有退師
之期。聖心焦勞。主憂臣辱。敢不自竭。圖裨補於萬分。臣觀今日強弱
之勢。理難與之決一旦之勝負。雖已遣范瓊韓世忠會師東北。固已
盡國之勢力。以事備禦。不過如此矣。然謂二將之兵可恃以無恐。則
非臣所敢聞也。是宜廣詢計策。以圖萬全。臣竊謂今日莫先於遠斥
候。使平安警急之報。速聞於朝廷。昔三國時烽火一夕行於萬里。而
前日北京失守。二十餘日而後知之。臣謂更宜措置探報。使之速聞。
然後在我之計。可得而用也。今日之計。有二而已。一曰防淮。二曰渡
江。然二者固有利害。臣試為陛下陳之。何謂防淮利害。使賊由常道

而來。則可防者有三。自南京宿州而來。則泗州為可防。自東平青沂
入海州而來。則楚州為可防。自青沂入淮陽而來。則楚之淮陰為可
防。三路皆須渡淮。則凡淮北舟船。盡拘留淮南。我屯重兵。據地利臨
之。賊未必能遽渡。而維揚可以苟安。此防淮之利也。然而有三患焉。
一則我師惰驕。勇於私鬬。而怯於公戰久矣。萬一賊騎抵淮。則望旗
旗而變色。聞鉦鼓而失聲。其不潰散者幾希。而勝敗蓋不論也。則今
日之防淮。猶向日之防河矣。此一患也。二則淮北舟船。不能盡收。斬
木繫筏。亦或能渡。此二患也。三則賊或偵知有備。出吾不意。由間道
而來。或以精銳先絕吾渡江之路。則坐受危困。此三患也。何謂渡江
利害。大約三倍於河。而五倍於淮。金人之所不測。而勞師襲遠。又非
其利。我宿重兵於建鄴鎮江。亦據地利以臨之。則賊未必能遽來。此
渡江之利也。然亦有患焉。一則鑾輿南巡。去中原益遠。而中原之民

易以動搖此一患也二則行在之兵多西人也未必樂於南去恐或肘腋生意外之事此二患也三則行在之兵不多鑾輿既動則必宿兵於淮上亦必宿兵於揚州又必有扈蹕而行者兵分勢弱一有緩急何以禦敵此三患也惟其利害相形故搢紳之論遂不能決若為保守中原之計而幸其不至則防淮之策為得也若為宗廟社稷之計而出於萬全則渡江之策為得也今權輕重之宜緩急之勢而不得已則姑為南渡之計庶乎其可也然而所謂三患不可不預為之謀當權輕重緩急別擇重帥鎮守維揚則中原動搖未足憂也先詔諸將以利害禍福強弱之說徧諭將士使上下之情通然後啓行則西兵不樂非所憂也建鄴鎮江亦各擇重帥使當一面則兵分勢弱亦非所憂也今渡江以圖萬全非捨淮而不防也特以淮不可恃而已若止防淮而不為渡江之計則不可蓋或淮不能遏猝有三患亦不免於避地將見爭舟競渡而指可掬矣又況千艘相銜出入兩閘渡非數日不能盡若加促迫必使畢於朝夕之間亦恐舟未脫而漕河涸矣則所謂渡江亦非倉猝所能辦也欲望睿慈詔大臣將帥預行區處渡江利害使之盡善以俟探報臣故曰探報速聞然後任我之計可得而用也或謂彼能渡淮則亦能渡江矣臣以為不然昔魏文帝以十餘萬衆欲渡江見波濤洶湧歎曰嗟乎固天所以隔南北也遂歸則金人未必能遽渡理恐或然也

守為御史中丞論守禦劄子曰臣伏讀詔書其畧以謂隆祐太后以及六宮前去江表百司庶府並令從行與二三謀臣宿將士庶軍人戮力同心以備寇敵進援中原念社稷之與存蹈鋒鏑而罔避遠近感悅以為陛下志存宗社先民後己顒顒之望遂得所屬今則六宮百司啓行半月防秋之事未甚就緒而淮甸之間兇渠未靖貽將來之憂輦轂之下人心動搖無保聚之意竊謂陛下行欲移蹕以避寇鋒遠近憂疑殊無固志臣固知廟堂之議未必然然而士庶之情不能戶曉悠悠之談牢不可破蓋以但見江上守禦未有措置雖已點集民兵恐不可恃也建康城池未甚深峻雖已本府修治恐不能成也兼謂江北賊路不一而一杜充未能盡禦也以此三者便謂六飛不為固守之計前日之詔恐成虛文臣亦私憂備禦之策亦有未至今日已迫矣姑舉其簡易可行者願早為之所臣聞兵有先聲而後實者今日官兵微弱蓋亦大振起之行在之兵不計多少宜於建康府城之外以至江下分置營寨多設旗鼓星列棊布責之將領撫循訓練早晚教閱使鉦鼓之聲常聞於數百里外仍又間為虛寨疑兵以助聲勢則大江之北偵我有備默銷姦謀日遣御營使副一員躬行按閱事藝稍精並加旌賞小不如令必正軍法每旬日則陛下一

親臨按閱而又大賞罰之則士氣激揚人自賈勇必有可用之實豈惟先聲而已哉所有沿江防托即乞先用本州縣廂禁土軍弓手如或不足則益以民兵庶不專恃不教之民以捍方熾之虜也所有建康府修築城壁樓櫓即乞暫那諸軍併力修治責以旬日畢工庶不以輦轂之重而同州縣之役也如此則行在軍民必有為陛下効死弗去之意如有緩急係為進退然而所向之方當亦預定以防襲逐之患尤所不可忽者今日之事大且急無以加此其他瑣瑣皆不足為陛下道如有可采即乞睿斷早賜施行

守乞以大河州軍為藩鎮劄子曰臣伏見昨者車駕倉卒南渡駐蹕錢塘席未及煖又遭肘腋之變天人協佑陛下復正大位蓋厲精以圖中興之時然越在江南地勢褊狹脫或一騎絕江而南則立致顛沛今宜汲汲措置以期萬全防秋之期不遠三兩月間忠臣義士所

為寒心伏見向來被寇州郡往往堅守近則一兩月遠至數月或至
踰年而不能下比年虜騎不至則已至則不過三數日輒破一郡又或
望風棄城或開門投拜未嘗接刃取如拾遺此在今日最為可憂臣
以謂與其委城於賊不如委之於守帥今乞將大河州軍並倣唐藩
鎮慎擇守帥而土地人民一以付之許一切便宜從事凡經畫財賦
黎置官屬治兵調發皆得自便使之扞禦外寇屏蔽中原如虜騎侵
軼而能殺敵退師固守無虞則許世襲其地庶幾人自為戰中原可
得而保也以至近裏州軍見為番人占據之處能進兵克復者亦乞
準此若或因其退師因冒功賞即乞朝廷嚴立罪賞施行所有沿江
凡可渡處皆築堡壘量屯人兵使旌旗相望鉦鼓相聞仍遣大將一
員先為防淮次為保江之計
守又應詔論防秋利害劄子曰臣準本臺牒準尚書省劄子奉聖旨

防秋在近朝廷雖已措畫尚慮未盡令行在侍從職事官條具利害
實可施行事聞者臣伏覩朝廷措畫防江利害止是江南一岸事宜
臣以謂江北先為之防然後江南可守何以言之江北諸州類經殘
破無兵可用無糧可食他日賊至官吏逃遁則賊據城市修器械具
船筏與我對壘磨以歲月為患實大臣故曰江北先為之防然後江
南可守也然而江流綿遠南自荆南而至平江北自漢陽而至通泰
當國家傷殘之餘兵有所不及力有所不逮而又高郵楚泗寇擾未
靜誠亦難矣今日之計當併力招捕淮南之寇一面措置防托以為
限隔且示朝廷不以江北之地置度外也夫江流雖遠古人以謂猶
人之一身皆可受病而備禦風寒不過數處蓋亦先其所急後其所
緩耳使賊由襄陽荆南順流而來則南岸之兵及水軍戰船如今所
畫之策可以禦之矣若由京東而來則當禦於楚泗若由京西而來

則當禦於盧壽光濠以捍其衝次於蘄黃舒和以斷其渡此皆所急
之地也仍各差兵將量給錢糧付兩路制置使同守倅監司參以民
兵相地形之險易隨宜措置務要明遠斥堠預知敵情然後在我之
計可行矣古之都江南者豈專阻大江之險而能却敵哉亦必有制
勝之道而強弱衆寡蓋不論也苻堅以百萬之師而窺晉室自謂投
鞭於江足斷其流可謂強矣晉令謝玄兵纔八萬乃絕淝水決戰而
勝之今使賊由京東西淮南為南渡之計則當効東晉之距苻堅然
後為得也曹操入荆州得船步兵數十萬而下吳會水陸俱進可謂強
矣吳遣周瑜總精兵三萬逆戰於赤壁而勝之今使賊由漢江荆南
上流為南下之計則當効孫權之距曹操然後為得也若止區區自
守江岸亦為進取之謀竊恐未為得策又況狄人長技唯是鞍馬彼
捨鞍馬從舟楫已非所利我以舟師禦之則以我所易攻彼所難於

上流誠為至計若盧壽光楚泗蘄黃舒和不能防遏或不幸而渡江
則亦當急擊於中流使不得濟若其及岸則勢力十倍矣昔魏文帝
以十餘萬衆欲渡江見波濤洶湧而嘆曰嗟乎固天所以隔南北也
遂歸則江亦未易渡也所可深慮者將驕卒惰望風畏怯敵人未至
曳兵而走則雖大江之險亦不足恃也今必上自御營使下委制置
使督厲將士三令五申上下連接左右應援一有逃避不問大小衆
寡必正軍法然後此弊庶可去也且以前日諸處郡守或望風棄城
或開門投拜皆當正典刑也今雖至甚者亦過貶官二等擬止放罷
竊恐他日賊至皆不復固守矣前日所遣將帥或不戰而遁逗於中
途或無功而排徊於他路皆當正典刑也今既置而不問又從而超加
爵秩極於尊崇竊恐他日遣將亦不復拒戰矣此在今日最為可憂
臣愚欲望陛下詔諸路帥守及防秋所遣將帥諭以前日逃遁失守

逗遛無功之人。蓋緣朝廷已前號令不明。失於申警。聊示寬恩以責後効。自今以往復蹈前轍。必誅無赦。亦復三令而五申之。庶使玩法廢職之人。有所警懼。防秋利害莫大於此。狂愚之言。惟陛下裁擇

守又論大臣當講究防秋劄子曰。臣伏見陛下駐蹕建康已四十日。敵師止于東平。防秋近在旬月。而經畫設施未見端緒。中外憂恐。不知所出。近嘗頒降防秋之策十有六條。人未以為然。內外臣寮駁論甚多。臣亦嘗條上其失。特蒙開納。未聞施行。而前日指揮布在遠迩。援而無補。恐必誤事。兼又江北未有措置官吏。兵民莫不疑沮。以為朝廷置之度外矣。臣竊惟今日保有江南。宜圖萬全。一有差跌。覆水不救。非若前日維揚尚有南渡之計也。訪聞大臣在政事堂。雖竊日力。類亦困於文書之冗。賓客之勞。未得專意於經濟之務。蓋所謂文書者。多常行細事。所謂賓客者。率干求差遣。弊精神於無補。使其少

休僅容食息而已。豈復更能有所經畫。日月逝矣。臣竊惜之。臣欲望睿慈詔諭大臣。撥置常行文書付之都司或六曹長貳。一面行下。除授差遣。則更加考覈。引用恬退之士。以息奔競。庶得凝神靜慮。思所以備禦之策。若之何而拒戰。若之何而固守。若之何而將士用命。若之何而資糧不乏。朝夕講究。以次施行。不然。則與去年秋冬無以異也。昔漢王吉言於宣帝曰。欲治之主不世出。公卿幸得遭遇其時。未有建萬世之長策。舉明主於三代之隆。其務在於簿書期會斷獄聽訟。非太平之基也。唐太宗謂房玄齡杜如晦曰。比聞聽受詞訟。日不暇給。安能助朕求賢乎。因敕尚書細務屬左右丞。惟大事應奏者乃關僕射。此皆前世之明法。又况今日艱難多故。尤當急所先務。惟陛下留神。天下幸甚。

參知政事同提舉脩政局翟汝文應詔條具虜退利害狀曰。臣正月二十四日准尚書省遞到詔書一道。令臣條具虜退利害以聞。臣伏見皇帝陛下。駿發德音。咨訪群臣。憤金賊之狂狡。悼中原之顛覆。使群臣各效計策。又恐臣愚不得盡言也。復詔之曰。君臣之間。期於無隱。豈非悔東隅之已失。念覆車之當戒。此堯舜禹湯文武之用心也。顧臣敢無辭而對。謹昧死上三策。恭惟朝廷已事之失。無遠畧。無定論。無腹心。三者國之大事。其餘不足陳也。臣聞自古夷狄之亂。未有如今日之酷。昔西晉之亂。元帝建都江左。復興晉祚。雖符堅石勒數雄之強。不能睥睨以守長江。設險之固。用一時人物之傑。故能保有疆土。傳祚累世。自金人渡江。飲馬以至于海。蹂躪中國。肆意所欲。乘輿遠狩。越在裔土。雖西晉戎狄之禍。不至於此。唐安史相繼為亂。其禍亦云極矣。改元至德。收復兩都。不二年間。相繼底定。自建炎於今九年矣。頻師南方卑濕之域。唯恐深入遠引之未至。陵夷以至今日。

雖唐安史之亂不至於此。每歲防秋。則相顧先擾。謀避狄之地。至春事定。則泰然安肆。如無事之日。此將相誤國之罪。臣故曰。無遠畧。謂是也。其次曰。無定論。臣聞古之為國者。必先有立國之規模。御世者。必先有役一世之術。秦人欲并六國。則悉國人趨於耕戰。秦人非耕無所得食。非戰無所得爵。是故國以富強。卒并諸侯。且非獨秦也。句踐之取吳。隋文帝之取陳。必勝之計已定。料敵之謀已審。以次而行之。自建炎以來。天下日苦於兵。生人塗炭。而朝廷無一定之論。禦戎無堅决之策。乞盟於猾虜者。冠蓋相望。已甚屈辱矣。而累糧坐甲。兵未嘗得釋。養兵數十萬。竭民力以供億。可謂困矣。而每歲講和。兵未嘗出。戰攻守之計。紛然未決。事之珠玉。曾不得免。臣故曰。無定論。謂是也。又其次曰。無腹心。臣聞創業中興之君。必有謀主腹心之臣。相與朝夕論議。圖事揆策。如出一心。如左右手。昔晉武帝平吳。舉朝以

為不可唯張華羊祜杜預贊成其計夫舉天下不可而不能易三人之可則所謀與所聽審也唐憲宗伐淮蔡舉朝以為不可而憲宗所恃以裴度武宗伐澤潞舉朝以為不可而武宗所恃以李德裕朝廷苟有腹心謀慮之臣人主恃以為固天下恃以不恐自兵興以來陛下之所取計者誰也所任事者誰也所與朝夕進見而納誨者誰也前此非不委任將相矣敵至與衆同懼敵退與衆同喜如斯而已臣聞以天下與人易為天下得人難必欲為天下得人此前世之君所以日夜焦心勞思而求也今群臣泛泛如河中之水則陛下孰與圖今日之事乎臣故曰無腹心謂是也陛下誠能選任大臣責以恢復拔用能將遵所指顧誰敢不力合天下英豪之智力以誅腥臊島夷之小醜豈其難哉伏讀詔語虜勢既屈潛師遯逃念茲卻敵之功圖為善後之計臣愚以此知陛下未嘗一日忘經略也向非陛下赫然獨斷親出總戎指授諸將控扼江表則虜人徑卷甲渡江如往歲久矣此上天助順而宗社之福也然臣聞今者虜騎之退以國主之亡非諸將力戰而勝虜騎折北而逃也向使虜主不亡使劉豫竭山東之粟以轉輸賊壘敵人濟師驅犬羊之衆以分守淮甸百姓之財屈於賦斂力已窮矣諸將之兵久於暴露師已老矣欲進不能何後之善哉此臣之所甚懼而憂也臣料今日之廷臣必因賊虜自退而誦言誅討因詔旨詢訪而爭言用兵夫善後之計莫急於兵將財三者先有一定之論必然之畫付之得人而後可為也臣愚不識忌諱謹昧死上封事惟陛下省察

紹興三十一年吏部侍郎汪應辰進故事曰唐杜牧追咎長慶以來朝廷措置無術復失山東作罪言曰若欲悉使生民無事其要在先去兵不得山東兵不可去是兵殺人無有已也今者上策莫如自治法令制度品式條章果自治乎障戍鎮守干戈牛馬果自治乎井閭阡陌倉廩財賦果自治乎如不果自治是助虜為虐環土三千里植根七十年復有天下陰為之助則安可以取故曰上策莫如自治中策莫如取魏最下策為浪戰

臣竊以天下之事變化百出不可以勝窮然自其本求之則一言而足杜牧所謂自治是也苟捨其本而訊其末則雖千萬言說無益也戰國之際亦多故矣孫吳之攻戰儀秦之縱橫奔走旁午天下為之騷然時君用之利不償害孟軻居其間獨曰盍亦反其本矣軻之反本則牧之自治之說也物有本末事有終始盍自開闢以來至于今未有不自治而能治人者牧之之說則雖聖人復起不能易矣而臣猶有疑焉何則自治之外無它策矣今以自治為上策而又有中策下策是未始有定論也是謂其君不能也若軻則不然曰國家閒暇及是時明其政刑雖大國必畏之矣詩云迨天之未陰雨徹彼桑土綢繆牖戶今汝下民或敢侮予孔子曰為此詩者其知道乎能治其國家誰敢侮之今國家閒暇及是時般樂怠傲是自求禍也禍福無不自己求之者夫不能治其國家則已矣豈復更有中策下策者哉臣竊惟今日所以待夷狄者曰戰曰守曰和然此三者皆末也要當以自治為本吾之國家治矣以戰則勝以守則固以和則久所謂脩其本而末自應未然未知其說也

孝宗隆興元年同知樞密院周麟之上封事曰臣聞為天下立事要當順天下之心明天下之勢然後能易亂為治轉敗為功古聖王所以安中夏御夷狄也莫不皆然舜之格有苗禹之敘西戎高宗之伐鬼方文王之事昆夷宣王之平玁狁率用斯道也下至漢唐其跡

異其理同在高文則結和親在武皇則事攻討在宣帝則受朝賀在武德之初則詭臣突厥在貞觀之盛則生擒頡利夫豈樂為是異同哉視人心之所向度國勢之所宜有不得不然者耳由是言之聖人應世初無私心也立國本無定勢也因人心之所喜為之喜故樂民之樂而天下不以為驕因人心之所怒為之怒故一怒而安天下不以為暴因國勢之彊有以成吾彊故日闢百里而天下不以為貪因國勢之弱有以屬吾弱故以大事小而天下不以為怯拱揖指麾之間衆心樂歸大勢堅定而國計成矣世之懦偏見執異議者又烏能伸其喙以撼吾之所守哉紓一時之急收百世之利凡以此也金虜之為中國患數十年矣自阿骨打之起繼之以吳乞買又繼之以東昏王亶又繼之以岐國王亮迨今葛王蓋五世矣時異事變勢亦隨之阿骨打一舉而吞遼人吳乞買再舉而蹙中原當是時也撼中國

之無備乘民心之久安長驅擣虛所至輒下猝然有迴山倒海之勢其孰能當之亶之立也命將興師入寇屢矣蹈江南瞰海上而終不得志于我兀朮之歸師徒耗傷僅以身免士馬物故者太半用兵連歲所失益多虜知事力之屈可以圖休息也亶與兀朮等謀則曰吾國天下大讎也使吾子孫一不振宋必報焉則吾國覆矣不若以恩解之此和好之所以通也和好既通則許我納幣屈我稱藩畫淮為界然後慈寧就養永祐復土南北生靈各安其業聘問往來情文周密自締好以來講信脩睦無若此時之歡者使亶不被禍凡我有求無不見聽雖列聖諸陵昔淪故地皆可以次第而得之惜乎不十年間肺腑之禍起而亶戕矣至今北人類能言之是則和好之通豈非勢使然乎亮之立也大惡昭著內懷危疑擁兵重臣多不受詔朝夕惴惴焉惟恐討賊之師四面而至也我方遣朝賀之使以安之於是

遂偃然南面號令諸國而侈心肆矣狂愎自用以殺為嬉勳戚諸王翦滅殆盡彼之汰虐日甚我之順事日嚴休兵歲深生齒蕃息虜知事力之全可以肆猖獗也亮與馬欽等謀則曰吾國天下大讎也使吾子孫一不振宋必報焉則吾國覆矣不若以力取之此和議之所以變也和議將變則罷榷場詰私渡邊釁橫生賊謀遽發遂欲割我兩淮要我近輔而又拒我行人一不如意掃境南下王室震蕩危若贅旒自交兵以來生民被害無若此時之慘者使亮不見殺則投箠濟江蓋無難焉顧其積惡天地之所不容神人之所共憤變生肘腋腹敗於披靡徒獸奔惟恐王師之躡其後也是則和議之變亦豈非勢使然乎太上皇帝仁天智神臨御三十六年躬履多難洞照事幾其於禦戎之道固嘗深思熟計歷試而兼行之矣陛下以大有為之資光奉慈訓嗣守天位治民事神恭儉遜愨德無不周明無不燭惟

疆埸未靖上貽宵旰之憂抑嘗有以天下之心天下之勢告陛下者乎自踐阼以來建議之臣有為陛下言戰者矣必曰金鼓一動番麾風飛則兵不血刃可以收疆土復陵廟活萬姓然王師所至城邑一空破蔡州則殺蔡州之民入海州則殺海州之民奪宿州則殺宿州之民京西陝右往往皆然非所謂拯民於水火之中也繼之以士無鬭志棄甲來歸中原寸地了不可得烏在其為戰有為陛下言和者矣以厚禮將幣以卑屬寓書休兵息民庶乎兩得然使命數遣有辱至於國中而不得伸其志者矣有見止於境上而不得通其辭者矣以此欲和不啻如方枘圜鑿之不相入也烏能必其和有為陛下言守者矣以增陴浚隍遏其衝以積粟聚兵固其本來則勿與角去則勿與通然長淮東西延袤千里兵少則戍不周民貧則用不給比者築城壁修堰埧皆取辦於兩淮之人凋郡遺黎不堪其擾而守未必

能固也設欲固守非經營數年不能就緒犬敵忽至其何以支守雖
長策亦未易以一朝集也故欲戰者以和為姦諜為辱國之舉欲和
者以戰為危道為殘民之佐而欲守者又以戰為邀功和為怯敵謂
和戰皆非萬全之策三說紛然互相矛盾得此則失彼舉一則廢二
國論未定主聽未專斯民盼盼然不能自保嗚呼胡不觀天下之心
審天下之勢參三說而用之乎昔寬之請盟也太上皇決策講好遣
使以先之而邊鄙遂定知其勢可與通也非用兵之時也及亮之敗
盟也太上皇出不得已發兵以應之而兇酋自斃知其勢不可與通
也非遣使之時也以此論之和戰守三策善用之皆足以收功不善
用之皆足以敗事使勢可戰也雖樊噲以十萬橫行李靖以三千蹀
血吾亦為之無不勝者勢可和也如魏絳之五利可致賈誼之三表
可施吾必為之無不諧者勢可守也如宣帝之罷兵留田光武之閉

關謝質吾必為之無不濟者又胡可外天下之心忽天下之勢區區
焉操一說而自以為得乎臣頃歲出疆至河朔見所過州縣全盛如
故入則人物繁夥閭閻充溢出則耕桑彌望牛馬被野然後知二十
年息兵之效不為無益於斯民一旦虜人叛盟赤子又復塗炭前冬
虜退淮甸白骨如山迹其殺人之禍皆起於逆亮一念慮之間而流
毒至於如此豈不甚可戒哉今虜勢蹙矣虜計窮矣兩軍相角而所
喪均兩國相持而其患等欲戰者少不欲戰者多蓋兩軍之心也欲
和者衆不欲和者寡蓋兩國之勢也臣聞之北人則曰虜亦[illegible]歛發人
丁其下莫肯聽命又聞之士大夫則又曰近虜帥移書于督府致問
于廟堂甚有通和之意陛下視人心之所向度國勢之所宜不知所
以應之何如哉臣願陛下因天下之心乘天下之勢特遣信使諭以
至理告以誠心與之委曲評議使知和好之不可以[illegible]辭合又知和

好之不可以舊例拘則吾事濟矣或曰比歲而遣使為其如不諧何
其如不見納何臣應之曰使之不諧非使者之過也使之不見納非
使者之願也顧當時所以遣使者失其序耳何謂遣使失其序曰遣
使一也而所以遣使則不一也有和議未定而遣者有和議已成而
遣者和議未定則以未定之辭與之通慶賀有所未修也報諭有所
未及也如紹興之初遣韓肖胄孫近之類是也和議已成則以已成
之禮與之接名分有定論也書辭有定式也如講和之後遣何鑄之
類是也自逆亮渝盟和好絕矣和好既絕今始通焉故遣使以議之
則是和議未定之時也我方有所議而損益之未可必又安可遽為
賀慶報諭而遣乎其曰賀登寶位則是和議已成矣往年以賀為使
者有舊例焉彼復以舊例取必於我又焉得而見納哉今臣之所謂
遣使則不然當以審議為名以韓肖胄孫近為例審也者欲審而後

交議也者欲議而後定和其本於誠心乎在所審也其出於詭詐乎
在所審也名數有未安者乎在所議也疆界有未正者乎在所議也
禮幣之厚薄有未齊者乎在所議也為此遣使彼安得不納舉此詳
議彼安得不諧和議成矣然後有所賀則賀之有所報則報之此之
謂遣使得其序或曰遣使得其序遂可去兵乎徹備乎臣應之曰遣
使所以議和也和雖可必亦當待之以不可必使者出境朝廷申命
諸將各整其師淬礪鋒刃振飾旗鎧蓄銳待敵常若兩陣相當者則
是使者之行自不妨治戰具也大軍列屯分據要地修障塞正營部
遠斥候扼控江淮之險則是使者之行自不妨繕守備也夫戰和守
固相須而並用者也善為國者可戰則戰不為戰而廢和也可和則
和不因和而忘戰可守則守不膠於守而絕和戰之利合而論之則
一析而言之則三胡可忽哉昔唐之平賀魯也駱宏義獻計曰安中

國以信馭夷狄以權理有變通也臆斯言豈為一時設哉惟陛下慱
覽兼聽詳究利害觀人心審國勢與時變通權以濟事先執厥中而
行之天下幸甚
張浚回奏楚泗等處守禦事宜劄子曰臣二十七日宿平原鎮至晚
統制官左祐齎到御筆處分一通臣謹已祗領契勘楚泗守禦利害
臣累具奏聞去訖泗州係緊要控扼去處陳敏一軍在彼幾年已成
家計見自陳敏下至士卒盡般家屬節次來居蓋以此城必可倚恃
兼臣近閱此軍人材強勇事藝精熟施放便捷行陣齊一少見其比
向之兵將竊笑指議者今皆心服臣愚以為敏可責以守泗無疑若
城池之險糧粟之便在我得計為多更乞聖慈詳酌劉寶身任淮東
之責建議欲築甘羅城先立家計其城直臨淮岸在兩清河之間居
海泗兩州中寶親擁大兵應援卻令副都統吳超以舟師守清河蓋

此處以舟為便若河口有備則楚州正在腹內而捍禦之計盡係甘羅
城其楚州即合作第二重家計寨惟是陳敏一軍通一萬二千餘人
至九月中理須益兵所有淮西戰備之要容臣至和州條列以奏淮
東真州一帶以六合為重於茲固守其敢輕入兼廬之巢縣及和州
列屯大兵正乘其後絕糧邀擊計皆可施淮西之兵山立不動虜人
豈敢輕捨此兵直犯淮東六合當其前淮西襲其尾進退實難況值
奔敗定致狼狽虜用兵日久必不出此臣竊惟兵者國之大事聖人
生物之德本於兵臣行年將七十雖在遷謫朝思夜慮不敢輒廢凡
幾微曲折調發先後常恐誤失而近世文武之士徒事空言竊聽道
塗靡有實用是非顛倒莫可究詰自非陛下神武天付得之于心臣
之區區何所布露三司兵積弊尚有可議者統制以下多未得人今
此歸休陛下一大料理之將來高秋親總此數萬之旅嚴賞罰示恩

信觀虜兵勢重去處遣王琪輩疾趨取利以為得宜
孝宗時蔡戡乞脩江陵府城上奏曰臣竊謂南北既分荊州最為重
鎮自古必爭之地北得之則據吳楚上流以制南土南得之則據襄
漢要地以圖北方故曹操平荊州於是乎有睥睨長江之心乃多修
舡舫遺書孫權曰今治水軍八十萬衆方與將軍會獵於吳及周瑜
鎮江陵於是乎有長驅中原之志乃說權取蜀得蜀因守其地北與
馬超結援瑜與將軍還據襄陽以蹙曹操北方可圖也權嘗以荊州
資劉備而周瑜力爭操聞大懼為之墜筆備果藉以取蜀遂成鼎峙
之勢其地自古不輕而重明矣粵自鑾輿南渡以來號為襟喉之地
陛下聖謨神略經理淮漢規圖中原餘二十年朝廷之上帷幄之中
朝講夕論定計右數慮之熟矣向者城襄陽而戍之所以為江陵之
蔽譬之人焉襄陽手足也江陵襟喉也京師腹心也手足所以為一

身之衛若執其手足則襟喉何恃扼其襟喉則腹心危矣今襄陽有
城可守有糧可資有器甲可用然戍兵不過萬人況自隨郢間道可
以直趨江陵虜以一軍牽制襄陽而輕兵取江陵襄陽之戍既不能
分兵而為之援又不得乘間而擣其虛僅足嬰城自保而已江陵城
壁頹圮戍兵寡弱將何以禦之是不戰而自屈不攻而自破也江陵
失利吳蜀斷而為二長江與我共之順流而下如高堂之建瓴水豈
不殆哉蓋自辛巳北虜敗盟逆亮狂悖視長江猶襟帶之水直欲長
驅而來但遣偏師劉萼以十萬衆耀兵江漢以疑我師初無意於荊
襄荊襄遠於兩淮輦運難於轉漕故敵人去難而即易舍遠而就近
今既不利於兩淮矣豈無謀臣策士為之畫計而改圖此不可不慮
者也故善守者恃我有以待之無恃其不來恃我有所不可攻無恃
其不攻為今日之計莫若修江陵之城增襄陽之戍扼隨郢之險增

戍扼險不過移東實西襄多益寡在陛下一顧肯之頃耳唯江陵之
城非一朝夕所能辦要當早圖之蓋畧修則無益守禦大修則不免
勞費天下之事當計其利害之輕重無問其工役之多寡苟有利於
國有補於民雖傾國帑竭民力可也如其不然雖役十夫費百金亦
有所不可今也城要害之地為悠久之圖小費而大利暫勞而永逸
亦何憚而不為乎臣嘗計之竹木取於山塼灰取於陶工役取於軍
費可省半不過糜三十萬緡耳萬二千人更休日役六千人用工不
過百萬半年可成臣區區之愚欵望聖慈斷自宸衷給降行在會子
三十萬道擇將帥之材者委之工役材料則責之戎司錢穀出入則
付之總司事干州縣者則屬之帥司使之互察而協濟自今以始預
辦竹木塼灰應用之物一一備足來歲十月鳩工次年三月可以訖
事凡樓櫓雉堞高下闊狹與夫防守之具悉如襄陽之制庶幾可以

堅久荊襄二城巋然相望足以壯上游形勝之地絕敵人窺伺之心
不特陛下高枕而無西顧之憂抑亦國家萬世之利也若夫玩歲愒
日循常守故憚勞惜費因陋就簡以苟目前之安事至而圖之何嗟
及矣臣冒貢狂言罪當萬死惟陛下留神省察不以人廢言天下幸
甚臣無任惓惓憂國之至
戩又乞備邊奏曰臣恭惟陛下即位以來宵衣旰食思中興之治于
茲一紀建議之臣莫不以恢復為己任玩歲愒日未聞成功陛下固
已厭之故外堅和好以休士卒內修政事以待機會可謂得上策矣
臣聞之書曰惟事事乃其有備有備無患傳曰不備不虞不可以師
是故於無事之時必先為有事之備事至而備正猶已雨而徹桑土
大寒而索衣裘不亦晚乎向者秦檜當國十餘年間弊聘交馳邊烽
不警南北之民得以休息乃制禮作樂粉飾太平示天下不復用兵

及其逆亮敗盟長驅而來如入無人之境蹂踐淮甸睥睨長江人心
驚慴國勢迫蹙幸而上天垂祐虜酋授首凶徒亦潰棄甲而歸自非
九廟威靈兩宮神聖德動天地恩結人心則安危之機未可知也然
而天幸不可以為常和好不可以為安貪婪變詐之虜不可以為誠
不思所以先備而預防之萬一虜人出吾不意掩吾不備然後徐為
之圖將有後時之悔臣所領州密邇敵境憂邊思職是亦臣所當言
也臣愚以為防秋在即欲望陛下戒諭大臣申飭邊郡凡常歲所以
為備者悉舉而行又當講求其所以未至者陰為之防或有緩急則
吾有所恃而不恐矣如是則以守則固以和則久惟陛下留神幸甚
戩又論守邊奏曰臣恭惟藝祖皇帝以聖謨神略掃除僭亂平定四
方北狄西番不敢犯塞雖非後世所能管窺蠡測然而制置邊事最
為得宜駕馭諸將最為得體載在方冊班班可考其大要則遴選名

將猛士以守二邊假以事權優以帑廩久其任責其效當是時郭進
控西山何繼筠領　州前後二十年李漢超守關南十七年董遵誨
屯通遠十四年賀守忠在易州李謙溥在隰州姚內斌在慶州王彥
昇在原州皆十餘年不易其任一郡管榷之利悉以與之又縱其回
圖貿易以佐軍費許其召募驍勇以為爪牙凡軍中事得從便宜只
帶沿邊巡檢之名不立行營部署之號有邊功者厚加錫賚位或不
過觀察使位不高則朝廷易制久不易則邊事盡知帑有餘財得以
養死力使為間諜二虜動息必能先知預為之備設伏掩擊所向皆
捷二十年中邊塞肅清兵力強盛武功蓋世近古未有伏自國家罷
兵講和以來緣邊守臣非書生文法吏則右選子弟不二年而一易
之國家閑暇之時使之撫摩凋瘵安集流亡或其所長責以禦侮折
衝安邊固圉則不勝任矣往往來者僥倖無事以苟歲月甚至則倉

皇帝寡以逃一旦之命間有忠義之士不過一死而已於國家何補哉臣愚欲望陛下仰遵藝祖皇帝故事行下總領都統制司薦曉文墨識義理可以親民統制統領分守本地界極邊州郡賜對便殿察其能否然後除授諭以久任無為苟且一時之計使量帶本軍人馬隨行仍許招募勇敢以益軍伍經理財賦以備犒賞又擇通判為之佐少寬文禁厚給廩祿無事之時責之儲蓄糧草繕甲兵修城壁明斥候以為有事之備出則擊寇入則自保緩急之際不待調發而兵四集可以互相應援以戰以守必能成功惟陛下財幸

又論唐鄧間道奏曰臣恭惟陛下一視同仁兼愛南北外修和好以待可乘之機內固吾圉以為不虞之備故禦守之策尤關聖慮且如分江陵之戍葺襄陽之城凡所以備敵者纖悉具備仰見聖謨雄略折衝萬里之外然臣猶有愚見敢為陛下言之夫朝廷之所以城守襄陽者豈特為襄陽計蓋欲以捍荆鄂而保吳蜀也今襄陽環以堅城戍以重兵築城以為阻漢水以為限自可奠枕其如唐至郢自鄧至荆皆有間道相去不五六百里騎兵馳疾三日可到緩急之際不唯襄陽戍兵應援不及亦恐牽制欲進不能郢有城不固荆無城可守豈不殆哉臣愚欲乞東修蔡陽古城西修光化舊城各戍兵千人以扼唐鄧要路或只於棗陽穀城戍兵千人亦足以守禦仍乞分委荆鄂都統司條議修築荆郢城壁以漸為之期以數年之後一如襄陽之制既有城可恃有兵可守庶免虜人窺伺之患陛下可以寬西顧之憂矣伏望聖慈特賜詳酌密切行下京西安撫荆鄂都統司公共相度利害保明聞奏

歷代名臣奏議卷之三百三十五

歷代名臣奏議卷之三百三十六

禦邊

宋孝宗隆興元年顯謨閣直學士虞允文論唐鄧不可棄以軍守禦之策上奏曰臣伏蒙聖恩賜臣御札睿明旁燭察臣區區之心於數千里之遠獎諭有加臣下拜伏讀泣殞此身不足以報益當自盡以副陛下任使作成之意臣契勘唐鄧二州雖非形勢所在而足以為襄陽之藩籬藩籬存則襄陽固襄陽固則上流一帶可奠枕而安矣是唐鄧不可以輕棄而無險可恃又不可勞兵遠争臣故與三將共議以兩軍重兵聚於唐鄧之間因新野古城壘為勝勢則唐鄧重而虜不敢進兵深入為必取必守之計也蓋唐鄧不可以兵守宜以兵勢守之爾虜知官軍之力聚於新野而深溝堅壁不與之戰當清野之後無可因之糧草又多出忠義之兵抄畧其糧道以臣料之虜未必能為旬日之留又豈能必守吾唐鄧二州也官軍少而虜兵衆要當以智筭勝之使之深入而不能以久留則唐鄧終為我有襄陽以固而上流自安此臣得於群策以為當然者如用趙撙之說以鄂州兵保湖陽用王宣之說以荆南兵保順陽相去既遠兵力又分唐鄧中虛無可恃之兵勢虜何所顧忌奪唐鄧而不堅守也兵有機變更須臨事以應之但比來諸將為國致命者少誅身自便者多臣今未敢以二城置度外之說與二將言之蓋恐二將知陛下已許臣棄唐鄧志氣遂怠不為邊面之用也伏乞陛下垂察又今日軍政之弊陛下數語之間無不曲盡聖德明遠諸將敢不心服膺悉革其故習以荅明訓臣先日所奏止是兩軍屯於襄陽之數分戍之兵不在焉臣據王彥申到兩軍總數今具別劄進呈臣究其甲軍凡四萬二千人而輕兵輜重火頭凡二萬六千四百七十九人是輕兵輜重火頭占

破之數過於甲軍之半。未可不畧行整治。今明詔所謂上下征利。兵力單寡。平居冗費。緩急誤事。其明效大驗。臣竊於兩軍親見之。此臣之所甚憤。有心於革去。而恐事未一就。謗已四馳。萬里難明。亦臣所甚憂也。臣先日既委曲以交其歡心。又明白以示其好意。使各自為謀。而自揀其過虛額者補之。老弱者刪放之。占破強壯者拘集之。期於甲軍之數加多。以待國家之用而已。若久之而有不去之弊。臣當隨宜從長行之。別具奏知。伏乞睿照。

允文又論措置唐鄧一帶為必守計。上奏曰。臣伏惟陛下聰明睿武。出於天授。當和戰二議。群言紛亂中。獨運聖斷。不惑不疑。去取是非。咸歸於當。不獨覆載之下。一草一木。皆有嘉生之意。而虜之情偽無不遠燭。虜之氣亦奪矣。臣比聞已遣胡昉等先往議四州之地。而二使人後發。且留淮上以待。則聖謨既已堅決。據探報虜帥留昉等馳騎吏往燕京。臣料虜酋亦無不從。非久當有的報。況近日屢報境上。虜兵名為東南行。而其實東北去。有真女真契丹人來歸。其說亦合。識者以此為中國恢復之機。顧恐弗用爾。虜何敢深入與我爭此四州地也。今虜中多事。臣竊見陛下不棄此四州。已著於施行之迹。則唐鄧兩城。不可以不措置為必守之計。臣嘗密委官屬前去相視。而鄧州城多頹圮。樓櫓守禦之具亦未備。臣今日已命王宣親往審度。凡當計置費用。臣從本司一面酌量應副。惟唐州城初未脩築。若既和之後。當於二三月以後。兵戍觧嚴。農事未興之際。量行營治。若自硯山坡方城大成山。各依險要為小堡。而唐州有城濠為戍兵家計。則襄陽之藩籬固。而國家上流之勢有泰山之安矣。臣詢之群議。以為當然。況泌河之運。可以直抵唐州城下。無飛輓調發之勞。而可以積粟。異時朝廷有進取之圖。此湍路之所從出也。蓋不獨守而已。少

須和戰有定論。別具奏稟。所有兩軍人馬。見不住增數。教強弓弩手。雖正旦亦令就教場拍試。小人志於得利。不以為勞。互相激勸。以希賞。不待入教場自習事藝。一有出入。必能為陛下用也。至如絕邊戍守之兵。亦令兩都統分差統制官前去按教。整治隊伍。量加激犒。以慰勉之矣。伏乞睿照。

允文又論親臨唐鄧措置修城之役。上奏曰。臣奉聖旨。目今荊襄別無事宜。可令虞允文趙撙王宣依舊回襄陽府。仍措置兩軍官兵。更番休息。臣恭依聖訓。契勘荊鄂兩軍人馬。統制將副等。係分作兩番休息。第一番自四月二十三日以後。節次各歸本寨。亦已參照諸軍體例。量支起發犒設外。其唐州第二番修城官兵。亦已回襄陽。依舊入教。臣於五月初二日。趙撙王宣於初六日。各回襄陽去訖。臣自去年秋初到襄陽。詢訪邊防利害。凡士大夫之知兵者。皆言湖陽小邑。無二三十家。又無城壁。非必守之地。比鄂州軍開東北一面壕。亦無尋丈之廣。意在緩急退保襄江。可危可慮。惟唐州之方城。有大山林木。可戰可守。實古之楚塞。俗亦謂之方關。今郡無城池。諸軍無家計可保。又糧運盡仰民力。歲有不給之憂。諸將每以此藉口。臣他日從容問之。諸將亦云形勢之地。當在方城。而果以艱食為辭。臣既審知如此。時虜兵臨邊。日夜訓習將士以待戰。用力未可議。其後臣寮上言修築邊州城壁。十月二十七日。奉聖旨令制置司措置。臣以和戰未分。施行未得。而城唐之舉。未嘗敢忘。於今年正月初三日初九日兩具奏知。大略只竢和戰有定論。方興工役。至三月十一日金字牌遞御前降到都督府黃榜。乃敢遣趙撙親往唐州規畫計度工料。至三月末間回。議定分軍為兩番。乘四月內暑氣未盛時興築。於一月內訖事。蓋五月以後大暑大雨。八月以後又迫防秋。不可使戰士更

就他役也當趙撙城唐之日雖據探報虜兵內徙遠去而出我不意乘我士卒疲勞倉卒之間薄我軍於城下不可不深慮故王宣以輕甲屯方城名修方城赭陽陂為屯田之用其實遠斥堠謹防托絕虜奔衝之患其他要害去處亦遣偏裨設伏所以固安城唐之軍必潛消意外之變故也臣既先奉御札令臣每事親臨又兩大將臨邊而臣獨居內郡必謂臣怯他日寇至有見輕之心又見陛下分命兩宣諭往淮東西措置臣何敢偷安懼極邊之危憚暑中一行也臣至唐州撙宣得探報虜帥閤官軍大將會於唐虜中奔走驚擾頗怨僕撒之械我使人而憂我師之襲之也引兵又退數舍而蕭定遠者遂以四千騎走汴衆謂虜之弱勢至於如此而臣竊自笑者能料其來攻不能料其遁去也大抵無事之時職思其憂不敢怠忽所以為有事之用如自以為無事因循度日則一旦事至雖窮晝夜之力有不及

為者矣今唐鄧二城及樊城皆已畢工餘小小敵棚砲座之類當戍之兵旋旋為之而泌河之粮船相銜而上終歲可以不役一夫逮至秋中或戰或守必為萬全之利如朝廷必欲棄此二州臣已具申乞別遣官矣況臣之羸瘵百病交攻食飲日減蕉萃骨立不能盡其報國之志償尺寸之力於後日以備陛下使令之命也莊周曰知其不可柰何而安之曰命臣已累具奏仰干天聽乞賜罷免令發歸蜀以便醫藥餘年可保而晚節獲全敢忘陛下今日生全之造臣已力疾行次郢州伏望睿慈檢照前奏特賜施行

允文又論唐鄧州必不可棄上奏曰臣至孤遠叨被二聖非常之知始終異等之睠日夜念所以報神明寔臨之今者唐鄧二州名為空城其實繫上游之存亡甚重臣不敢言其形勢之扞蔽地里之廣袤户口之蕃庶與異時進復中原之涂轍獨有一事利害至切不敢不奏稟臣去秋抵漢上防托之兵雖薄所以不至於憂危謂必可寬北顧者虜在潁昌襄郏為家計去襄陽為遠使其引兵深入則粮道回遠必以人力車乘而運勢不容久留也若棄唐鄧而虜人以唐鄧為家計去襄陽為近聚兵積粮一旦進發可半日抵城下其粮道自唐州之泌河順流而下直抵漢江可以與官軍久相持而漢江之險我且與虜共之矣漢江在春冬之月可以踏淺徑度之處凡二十有二臣欲親行漢江比乘五月漲水其襄郢間坐舟尚有着淺不能行處郢州又在江之北見有積粮十餘萬碩虜若於此分兵駐守則官軍喘越於外真有德順往年之憂況京湖饟道遂絕秦蜀馬路不通又虜兵東可以入隨西可以窺荊南其勢橫潰我之兵力有不能支矣此皆兩路士夫軍民之所共憂而臣一一親歷其地知其事之果不可不慮也臣非不知陛下許臣棄此二郡則臣之責輕又非不知臣

棄此二郡與時宰合可以保位而希進臣不此之為而區區然必進其自危之說者後日之憂繫宗廟社稷至大臣今於此事若尚畏避時宰緘默不言則臣負陛下而祖宗在天之靈必不祐臣矣臣前後論奏莫不委曲詳盡伏願陛下審思而徐行之臣見亦一面遣官屬詣朝廷子細稟議次重念臣病已沈痼決不能支梧嘗於今春奏云或棄地請和臣即挂衣冠而去不敢先負陛下臣今敢墜此言哉扶力親書姑以見臣垂死不敢忘君之義惟陛下哀矜深察之

允文又論固守唐鄧州方畧上奏曰臣比准金字牌遞御前封降到三省樞密院劄子奉聖旨令臣同趙撙王宣計議將來虜人侵犯唐鄧合作如何備禦條具聞奏臣契勘襄陽為吳楚上流襟喉之地而唐鄧二郡實襄漢之藩籬臣不敢引古為辭姑以近事證之當紹興議和之時割此二州以遺虜襄陽之疆封才數十里無一山一水一

城一池之限至三十一年逆亮叛盟劉蕚之兵出唐鄧官軍無一戰之地一旦便自光化順流薄我軍於襄陽城下是時亮之意不在襄漢但分兵為犄角相持之勢會亮死蕚引兵之民開門以納官軍遂能復此二郡為上游之藩籬此天也虜之路雖云不一如蔡之確山徑出比陽汝之鵶路徑出陽萬紅商虢之峽口徑出內鄉然自潁昌以至襄郊今為虜之家計自襄郊至方城實虜入寇之大路昔唐州無城又無積粮撙不得已開湖陽之壕一以備虜騎衝突一以就倉底之粮倉底地名湖陽無城可保壕又淺隘非與虜相持必守之地今趙撙修唐城既堅與鄧州之城表裏相為蔽援又泌河可以舟運直至唐城之下城中既有儲積官軍有粮可食有城可保家計因而諸軍之心亦因矣若虜自襄縣來窺我唐鄧不獨粮道回遠又以人力車乘而運則餽餉之給視我為艱若以少兵而至必不能進攻吾城官軍之守城者足以破之若以重兵而至則官軍之守城者可堅壁不戰以待援兵之至蓋湖陽大兵進可為唐城之援判南之軍出新野南陽而與之合則虜腹背受敵曠日相持虜粮盡力屈引兵而却豈不為官軍追襲之利也或曰虜兵之來他路錯出不止於唐鄧而不思二城堅守我之官軍合勢持重而不戰勝負未分虜敢從他路徑至襄陽城下萬無此理也況他路險隘去處各分偏師以保之緩急又遣神勁弩手為之助而全吾大軍之力因地利以致敵敵至而不能與我速戰我之輕兵與忠義兵又抄絕其粮道敵豈能久留以與我必爭此二城使爭而得之不知其何以為必守之計也駐兵六七萬以上則無粮以自給若三二萬人官軍可談笑破之矣士大夫之憂但以或棄二郡虜得以為家計積兵積粮與城自固一旦窺襲襄陽之城未必可保爾至二郡之粮以臣

擬之自今以往必不煩諸將之憂試以去年春及今年春較之已有明效可釋群心之疑臣嘗檢照案牘去年春調兵二萬人至唐州以應敵不過旬日間而起七郡之夫運粮諸軍紛紛猶曰乏食今春以二萬兵城唐積二十五萬工前後踰月諸軍飽食之餘尚有三萬餘碩見在蓋措置水運比陸運有間矣雖虜之來路未可前料而兵之機權亦難執一至於形勢所在有兵以禦賊有城以保兵又有粮以給兵之食皆足以為守唐鄧之根本也趙撙王宣各具到守禦之策與臣之說大抵亦相類謹具進呈欲望睿慈采臣今來所奏更賜詳酌以方略授諸將俾得以悉力奉行不致誤事伏候睿旨

允文又論固守唐鄧兵勢粮運上奏曰臣伏蒙聖恩賜臣及趙撙王宣御劄一封聖謨閎遠聖訓坦明而聖恩不遺曲示始終之睠下拜感激顧犬馬一死誠不足以報也臣伏讀聖訓以臣所奏堅守唐鄧而諸路有可入寇處別未見條畫此獨於二郡而全勝之策未盡此臣愚闇淺識近慮有所不逮皇懼戴心無以自容而先日三省樞密院指揮但問將來虜人侵犯唐鄧合作如何備禦故臣所對止於二郡為詳而不能廣引餘路併論之此臣之罪也臣自去年秋至漢上以諸將言兵力單薄臣與之共議悉收諸屯散漫之兵聚之襄陽以為家計坐觀虜入寇之路以應之已嘗具奏知矣至戍守唐鄧之兵但仍其舊以二將云虜來之正路也按舊籍唐州屯一千三百餘人方城屯二千餘人各以一統制或一統領主之而湖陽減米受軍五千人於郢州就粮惟屯鄂州軍二千四十餘人而已緩急抹應已有成規大抵如朝廷今所具守唐鄧之上策也但去年有可憂者唐州之邊以人力車乘而無城可嬰虜騎一旦猝至所謂一統制三千之兵無以自固而湖陽及新野援兵恐不相及則那回潰散甚可亡心亦

兵年湖陽之屯。趙撙之兵不過二千。而王宣之兵在鄧州者亦不過二千人。未有一兵留戍新野者。臣前奏云。官軍之守唐城者。可堅壁不戰。以待援兵之至。蓋湖陽大兵進可為唐城之援。荊南之軍出新野南陽而與之合。則虜腹背受敵。是與趙撙之奏所謂於湖陽唐州一帶接連也。布軍馬緩急奔赴爭利。與臣之奏亦無甚異也。趙撙奏云。虜自方城入寇。則荊鄂兩軍固當會合。則王宣分兵應之。其路自當出新野南陽無疑。則是撙宣之意大略亦相一也。自去冬三人守唐鄧之策。既已素定。先日三人之奏又已互見。自是無大段異同。但臣等拙於文辭。未能互達其意。以致上煩朝廷之疑。此又臣之罪也。至泌河之運。河道隘而舟小。所載不多。又自三月至七月而止。其方城唐州湖陽前所具長年守戍之兵。與比陽之戍六百餘人。亦合自唐州陸運應副。歲凡用米一十一萬四千六百餘碩。去年以前無城以積糧。又月積人力以陸運。故諸軍之食有足有不足。將士每以此為憂。臣今歲措置泌河之運。亦不過年計合用之數。而緩急遮遣應援之兵。使有糧可食。除計已食之數。議補發而已。不至倉卒調兩路數萬丁夫也。糧既十一萬有畸。而馬料又凡六萬六千五百餘碩。泌河水力尚未敢必其盡如數。安得有大蓄積以資寇也。襄漢既遠。事之條目至多。紙上所陳。得一遺二。備後闕前。若非朝廷疏列下問。臣亦不自覺其言之不達其意。而今奏又不得不與朝廷明辨也。伏奉御批。唐州勿輕棄。陛下深居九重之中。而明見萬里之外。嗚呼盡之矣。臣尚何辭。少須趙撙王宣具到今次合報事宜。一一別具奏知。伏乞

睿照。

允文又論荊鄂兩軍分戍唐州積糧免差夫運上奏曰。臣伏准金字牌遞御前封到三省樞密院劄子。奉聖旨。於四月初將出戍軍兵到

軍日久。住營最遠之人。先次發回。其餘令更番休息。日下措置聞奏。仍預修兩軍寨屋等事。聖恩溥博。德意昭明。軍士驩聲不約而會。臣除已遵依施行外。契勘唐州最為極邊。又虜兵入寇之衝。而城壁頹毀。不惟諸軍戰守無以固其志。而逐年糧運亦無隄防。以至不免逐時調夫往來於湖陽陸運。委是重困民力。而軍糧不繼。臣自今年三月泌河水生。即措置舟運。見今已起發二萬四千餘碩。若折運不已。至七八月間。於將來防托進取之用。既為便利。又免人戶長年差役。比自御前降到黃牓。臣即與趙撙商議。因本州子城舊基稍加開拓。自今月二十九日為頭脩築。分萬人為兩番。每番十日。第一番工畢。即令有家累人歸鄂州歇泊。第二番亦如此施行。若城身畢工。其餘乳口樓櫓泥飾之類。就令當戍之兵徐徐下工。庶幾諸軍不久於役。不至困苦。其荊南軍亦將有家累人分番休息。其無家累人令見亦措置。令修築樊城。以為漢江之外襄陽藩蔽。須家計固。則於進取可免後憂也。惟是殿前司兩軍見屯郢州。臣已移文招統制官宋受王公述。候到當面議定。別具奏知。伏乞睿照。

孝宗時。允文又論收復華州分兵守險上奏曰。臣竊見華州以孤城。諸軍攻打閱四箇月不下。或虜因循。賊生巧計。節次與吳璘商量。分那官軍兵力必取。已於六月二十一日七月一日兩具劄子。以曲折事因奏知去訖。今日得璘捷報。實自陛下以聖德嗣位。威靈遐暢。諸將得以成功。天下不勝慶幸。今熙河路一帶人民可以安業。商旅可以通行。馬政可以復舊。又抽那得官軍及弓箭手忠義人二萬餘人。以分戍秦隴德順之險。向西一面。吳璘以身當之。可以堅守無疑。獨南山駱谷諸關隘並各損壞。戍守之兵各不過老弱十數人。群士夫之慮。皆以為憂。臣已與璘商量。於利州東路人馬數中量留一千五

百人今日已令傳忠信前去措置臣體訪得南山以北向化者甚衆就委傳忠信前去招收以壯軍勢以弭盜賊又與元重地不可略無人馬為諸軍聲援臣見委忠義統領官闕寶結集義士蒐諫仇徤之人教習神臂弓以為戰守之備雖據吳璘探報虜中日添生兵必欲從朝廷乞一二萬人應援臣深慮襄漢江淮之兵萬一抽那不行臨時有誤指準卻致失措故且隨事廣作隄備庶決保蜀境覬覦而進仰寬陛下顧憂

允文又論襄陽一面為必守之備上奏曰臣近者竊聞外廷之論謂盱眙探報率多安好襄陽探報率多急切咸以為疑臣尋繹其言質之兩處所報不為無據然累日細思殆非二守臣有佞有直特虜於淮北京西為謀用力有不同爾據探報且以聚粮一事言之宿泗不過二三萬碩而唐鄧之積乃數十萬碩兵與器甲之數大抵相類則

我之上流不可不過為之防也今王宣已致仕員琦初到凡襄陽一面當議所以為必守之備者不一陛下既毅遣王炎付託得人中外交慶臣愚謂炎一到荊南便不可輕動如因其赴官令自鄂州取道襄郢凡邊防機要處親得與將帥守臣審議定以聞則後日成算淵衷前定可無北顧之憂而炎之此行將帥亦可少見陛下委付之意矣狂瞽之言不能自已乞自聖裁

允文又乞措置清河口防托虜中糧戰船上奏曰臣據陳敏申坐奉聖旨令密切措置清河口防托戰守事臣有以仰見陛下得守江淮之襟要聖筭無遺矣詳敏所申謂虜人舟船動以千百順流而下凡梢泊去處即是登岸之路我軍雖欲阻之形散勢分終莫可禦其說既當然以劉錡劉寶用十數萬之衆不能捍清河謂莫若益兵五萬人守楚州城池芻粟未辦又謂莫若益兵二萬人守高郵分兵屯

淤口鹽城與化黃浦四處此其意在守高郵而已所謂圖其易不圖其難不可不辨也虜累年以來打造戰船教習水戰皆在山東拘收粮船多積芻粟亦在山東出山東而為兩淮之用者獨有清河口爾一出清河不獨順流而下皆是梢泊登岸去處如敏之說也使溯流而上沿楚泗濠州而至於安豐則淮西之虜亦可以足食逆亮南寇其粮山積於盱眙濠州皆從清河出隆興癸未甲申之間江東路運米亦從淮河而上沿楚泗濠州至安豐壽春給淮西官軍今若不於用力少處措置卻欲增兵五萬人而後守楚州增兵二萬人而後守高郵為計亦左矣假令朝廷有兵可增如敏所請而虜之粮出清河者上而盱眙以給軍食則天長一帶虜兵可以持久又自盱眙上而至安豐則淮西之虜亦可以為久屯之計是增兵以守楚高郵名為捍通泰維揚則可而非絕粮道使虜不得久之上策也趙李左車善知兵者也欲扼井陘之口以絕漢粮道使野無

所掠鹵雖韓信不敢遽進兵臣愚謂左車之策今用之於清河口虜兵雖衆決不敢輕動動亦不敢深入可必也臣到鎮江見戚方說亦必欲守清河口畫到圖子欲於河口之南因甘羅城舊基築小堡藏車戰船以待用韓彥直欲沈船打撞必爭於虜人叛盟出船之初與戚方之說亦合又引周明韓貴見臣謂深知清河口地利者二人見責令本軍自効故願効死力也彥直以總計事當赴奏欲乞聖慈面賜宣問如有可采即乞速賜裁酌施行或專委彥直同戚方共力措置庶兩淮襟喉早得預備利害至切臣敢昧冒言之伏乞睿照

允文又論德順守戰之利不可輕棄上奏曰臣自秦州同吳璘商量措置促王彥揚從儀合兵以圖鳳翔又德順四十里內並令清野及調發人馬以助軍勢已於九月二十日奏知去訖近據揚從儀申合喜走入渭州及據探事使臣伏宋申虜於九月二十五六間再以游

騎於剥馬嶺一帶抄略無所得至晚歸寨臣於三十日到河池伏見近降指揮令吳璘退守蜀口此固根本而後進乃自古不易之至論也臣初與吳璘約只令分兵守德順之險身以重兵居秦亭為不可測之勢正謂如此已嘗兩具始末奏知然璘之徃德順先留兵二萬人在蜀口以萬人在殺金平以萬人守大虫嶺之天池天池在大散關之前與和尚原相對山形尤峻阻有水草之利又界於入蜀二大路之間可以腹背當敵璘云和尚原止可以扼一路以前措置有未盡者今年五月親行大虫嶺始得之殆天賜也至如德順之險自今春用盡兵力然後得之勢須必爭理當固守若一旦棄去不獨失三路之地而三路之兵三路之粮盡資於敵蓋弓箭手二萬乃土着之人不肯從家於近裏州縣而官中所因之粮盡仰給於新邊自去歲九月用兵出秦州未嘗自河池運一粒米出關以給軍食而諸州縣

城寨自下所管見在尚三十餘萬碩而就糴之數不與焉所以七月間身往德順方擇地利捍防適與虜值不免須用兵力摧虜之鋒以爭北山東山堡之勝勢今濠塹深固虜多死傷德順可以必守但每恨兵力不足不能大破虜軍成大功爾璘與臣說如此臣愽采輿論酌以愚見在今日之勢誠不可輕棄德順退守蜀口且璘自八月末與虜相持已近七十日三大戰之後虜不能有吾丈尺之地自璘回河池今又半月虜之智力又不能有所逞則是璘規摹措置可以固守已有明效必能上寬西顧之憂今士夫之論以謂一棄德順則虜復收三路兵粮而窺蜀口之路愈多矣自德順至仙人關下皆平慢土坡見盡耕種而路皆方軌虜兵可以長驅嘗甲寅之春虜至仙人關才住十二日而成都之民已犇逃山谷不能一日安居往事尚可鑒也數年以來吾所以有階成西和州恃南北之要約爾今兩界堠

在秦州之皂郊平川中無一水一阜之可憑有目者皆可見也臣比者親行此數郡見士夫之論誠為不誣若朝廷必欲棄新復之地臣嘗具申乞別選官付以此事臣決不敢賣國為苟容之計念自陛下嗣位未嘗得一望清光遽蒙睿慈察臣孤忠不肯徇大臣意賜以庇覆生全之恩尚付以夔之方面感極涕零愈當誓死以報方其解去不敢緘默為一身謀伏惟陛下聖明録臣萬里惓惓不勝大幸

允文奏論秦隴軍馬錢粮不可棄新復之地上言曰臣竊嘗考諸葛亮用蜀之日每歲出師皆以粮餉不繼不能大有所為遺恨百世者以不得秦隴之地也亮之兵一出散關而渭南千里無仰給之粮方且課軍民雜耕為持久計今春吳璘至大虫嶺亦以艱食而退古今尚一轍也亮之兵一出祁山其所築營堡在今西和州之北平川中一十餘里既無險可恃又無粮可因而欲以木牛流馬之運取給於蜀

之内郡其不能成功無足怪也今天下欲為恢復之圖臣以為從秦隴一帶而進盡得兵得馬得粮盡古人之所不足者而兼之今吳璘議更戍為長久之計其守德順之規摹如守殺金平若繕修蒐集於年歲之間必可以大舉無疑陛下先日賜璘手札有云新復之地一有差軼則虜勢益張邊事未有寧日群士夫一辭贊嘆以為大哉王言明見於萬里之外而出衆人智慮之表今咸願陛下守之以一容以手札諭璘凡德順蜀口之守俾璘得以自擇而責其成功則璘必能以身任陛下之責晝夜圖所以報者臣福薄才短當遠使之初自知危殆陛辭太上皇帝之日奏云臣之此行謗書不止於三篋臣不意今日保全生成之恩乃還出於陛下二聖合德自然同符臣子寸心如何可報用敢察希腹心少致其感天荷聖之誠而實非敢與論淳若較是非也身在萬里不當累卵之危惟陛下憐其愚忠豈任幸

允文奏陝西事宜狀曰臣自去年十二月二十七日以後三次擾利州西路都統司及鳳州一帶屯戍主兵官發下所司緊要文狀稱虜人集於秦隴鳳翔之間積粟既多已一兩次打圍聲言以重兵犯西和州分兵從小路入冦皂郊榷場亦有禁閉客旅丈擄兵將官多言虜有前件情狀舊以為舉事之候即具急奏上瀆聰聞因而張皇遠近震恐臣雖書生至愚至闇竊料虜兵必不輕動止緣去年泗上虜使坐索俘因陛下神算所運虜已奪氣只如陝西之虜已紛擾數月金銀木牌相屬於道凡增兵積粮增築堡寨為自防之計蓋不得不如此其張為先聲亦欲吾境內自相紛擾爾況今已入春時虜之事力未充耕好之利必不肯輕失決無可憂者又臣自到蜀如西和成鳳極邊闊遠平夷守臣之病廢者既采衆議易以良將次邊統制統領官之老或病者亦行銓量選有謀略驍勇之人代之又點揀之後入隊皆少壯之兵臣支撥射射小貼子錢分授都統司以激勵入教諸軍臣在利州又於小貼子内造一兩金錢分日令逐將弓弩手爭射初無射中者踰月之後諸軍人自精習近日逐將各有三四箭中金貼子者小人嗜利不待督責笞撻皆有必爭敢戰之意而兵氣作矣又忠義歸正人以數萬計累年在疑忌弃置中懷不自安豈免怨望若盡行收拾則事亦有未能遽辨但擇有材武知名虜中置臣左右為帳前提舉一行事務之類士大夫以其反側難保多為臣危之不知臣示以不疑而反側者自定也況憔悴憂危之人方惴惴度日臣一旦信而用之有請給以養其家有厚賞以固其志亦必肯為臣出死力矣虜如不動誠為虜之福使天奪其魄敢為戎首則以正兵當其前與之相持從間道分遣忠義首領潛入虜地各連其黨潰虜

腹心當有必勝之機可乘而用反側之効可見也臣今約諸將靜以待之萬一虜用狂謀出於不測一犯吾境臣即日引道身臨邊衛糾率三軍願以一死少答陛下天地莫報之施臣已擺布馬遞傳送探報約成鳳西和至利州不過兩日夜可至決不致少失機會臣既籌今日之虜止是虛聲尚慮諸軍探報或有達天聽者急具此奏乞陛下特寬西顧之憂天日至明察臣肝膽不勝臣子之幸

允文論虜政衰亡宜益自治上奏曰臣先日伏蒙聖恩特遣中使以姚憲等奏劄宣示令臣留看今日降出虜庭報書其辭意繆悠神人共憤凡曰臣子義當如何臣之至愚獨願陛下外示優容内益自治而已無令機會卒至而我有未備不足之歎則事可以萬全臣嘗詢之有識之士謂今虜政衰矣虜之亡證具矣而惟我之所謂未備不足者非兵與財也古之議師一起附我者皆兵應我用者皆財也然非大有為之君堅誠念隆德本上順天意下固人心則無以為恢復之體又非定規摹一議論嚴兵律立主威則無以為恢復之用惟體用備而大統可集也老臣病悴闇昏豈能知當世務姑因識者之言效其惓惓之忠而已惟陛下方經營之始未順動之前日新而不倦焉天下幸甚

允文又奏曰臣於今月初五日奏虜帥留胡昉等虜騎數入我境内嘗妄論其必不敢深入今寇退果七八日矣據諸處探報雖云增兵運粮於襄郢間比來寖多其不能深入終恐不出臣所料也臣自去年秋到襄陽守邊之規摹既定惟鎮之以靜諸軍各安其屯飽食安眠以習熟事藝為樂虜兵數犯境撾鼓發喊至于三四亦未嘗輕為之動視去年春調發蓋免四萬餘兵奔走出入而兩路咸餽運之奉亦以三萬餘計臣區區之意謂虜情既得則當以靜困之彼動而我

不忍之增兵彼去而我不爲之撤備外示以不可測之勢內得以安全吾兵民之力使之常有餘以待一旦之用庶幾兵氣振而民心不怨不離自古萬全之舉有在於此也今仰憑陛下道德安強之威春事已畢防秋將戒嚴而臣之所自憂者衰病日加聰明日塞負聖恩而妨賢路遂大譴於盛明之時夙夜危懼有不能自已者伏乞睿照

知建康府洪遵論采石水軍劄子曰臣聞易曰王公設險以守其國聖人筆之以爲天下後世戒其可忽諸臣竊惟南方以水爲險所恃以立國者長江爾中興以來以兩淮爲藩籬以長江爲門戶我之所必防而敵之所必窺者曰京口曰采石曰九江曰鄂渚就數之中惟采石爲要且專何則湍流雖猛而江面實狹所以北方每每覬覦而僥倖也跡之前事隋韓擒虎以五百人宵濟縛其醉卒而陳弗之覺五季時樊若水引繩絕江請造浮梁以濟師我太祖皇帝用其策而下池陽逆亮入寇也而采石受敵最力幾爲不可藥之憂臣待罪當塗屢至江上目閱而心計之竊謂守長江之策全藉可信之人與禦敵之器爾天祐我宋而吳蜀爲一無王濬樓船之虞萬一北人習熟水戰是長江之險與我共之得不爲之寒心哉今采石所屯其人其器未爲盡善公占破而私役使以爲當然夫不專其任又烏能責其所習哉舳艫尾銜鱗次江滸徒爲觀美而已異時差官閱視不過朱艧其外耳甚者釘斷板缺輪軸刓敝舉而置之觝觸決驟之地是能保其必勝哉臣愚欲望聖慈特降睿旨遴選裨校之良者專一董統其衆時張水嬉自爲一軍無令他屬閒遣信臣按試重加賞罰而殿最之器用精而徒卒專使奮躍淬礪常若寇至誠爲今日先務

王之望論兩淮鎭戍要害上奏曰臣伏準三省樞密院劄子備錢端禮奏內稱昨來虜人累次侵犯皆自西路入寇蓋濠壽之地徑捷而

糧船多自清河以入滁今西路部分要害已得其宜若嚴切固守無致侵犯東路滁州一帶最爲上策設若透漏奔衝則郭振全軍與西路軍馬夾擊甚爲利便及令劉寶郭振互相照應臨機制勝遇有兩路連接事機星火關報協力一心無致差誤奉聖旨劄與淮西宣諭司臣觀錢端禮所陳甚合事宜契勘兩淮屏蔽大江利害一體尤不可以東西分朝廷既差兩宣諭遂有界限勢使然也且如以前宣撫都督通管兩路則如何分得東西淮南形勢淮水殊不足恃而大江狹處最是采石虜人每來由巢縣和州一帶徑至江上最爲要害其次方到六合揚州蓋江道闊而路稍背也今西路措置修石湖亭昭關等處關隘使賊不得至采石則是兩淮最要害處西路已獨當之矣其餘光黃桐城等處孔道甚多皆須隄備六合雖隸淮東而地鄰西路臣所以欲兩路相關措置設有緩急自合兩路相應此事臣與錢端禮所言一同乃今日措置兩淮之上策也若要固守濠壽等州使虜不犯滁州一帶則必無是理臣前奏廬壽光州決不可守濠州若虜大入亦須保橫澗山而兩路中間接近去處卽合相關措置蓋緩急分東西不得虜奔衝東路六合必須西路夾擊若欲固守濠壽使不犯東路滁州則西路亦豈能獨任其責滁州不可守也滁州之不可守而守六合則壽濠之地其可責西路之保守使賊不透漏乎今東路劉寶一軍把遏水道外殿前一軍人數甚衆將來屯在揚州郭振軍在六合所以備此一帶平闊然不過一二百里之間而西路疆界闊遠邊面千里地平如掌又無城池之固若不據險不知用幾人雖有大衆終不足以當虜人之騎兵見今張守忠一軍屯巢縣與時俊保石湖嶺王彥屯和州保曠口昭關戚方屯桐城保北峽諸關虜兵不犯去處方可抽那應援假令虜人分兵一犯西路昭關一犯

東路六合。則各處僅能自保而已。此所以備禦之不可不嚴也。故臣曰西路當據諸山之險。以控其兵鋒。東路當扼清河之口。以斷其糧道。淮西若不扼諸山之險。而守濠壽。以蔽障滁州。此乃劉錡王權輩前車之覆轍也。若西路敗於濠壽之間。則將何兵馬與東路夾擊於六合乎。西路既敗。非徒無可以應援東路。而東路六合揚州之衆。亦恐不復能枝梧矣。若吾據關守險。非徒可以自保。其或虜知吾有備。亦未必便敢深入。使其送死。則吾以逸待勞。以飽待飢。正墮吾計中。可以得志。故臣以謂今日措置兩淮之上策。無以加此。臣與錢端禮所論。大抵相同。只恐淮東指準淮西固守濠壽。欲其不犯滁州。將來却成相誤。臣愚欲望聖慈預戒兩路諸帥。遇有侵犯兩路相近要害去處。互相策應。不得坐觀成敗。臨時朝廷更嚴賜指揮。蓋此非兩宣諭之力所能獨辦也。仍乞降臣此劄行下照會。庶幾不致疑誤。

之望又上言曰。臣今月初五日戌時准御前金字牌降到三省樞密院關臣條劃子奏。伏見逆虜侵軼淮甸。其意止欲復得四郡而已。緣在我者首尾應接不得要領。遂至無所忌憚。自今淮甸所屯王師無慮二十餘萬。不為不多矣。但星分棊布。不相襟帶。相望有在數百里外者。所以人人但覺彼衆我寡。既不敢奮然獨進。又不能批亢擣虛。日引月長。徒為身謀。竟不能成尺寸之功。致虜騎益無畏懼。徐徐南嚮而不已者。正以此耳。臣愚欲望朝廷特於將帥之任。不問疏遠。采聽衆議。精加審擇而易置之。且留戚方於桐城。時俊於巢縣。以備虜賊分兵乘虛之衝。其餘兵帥盡行會合。以臨虜師重兵之所。更遣辯說之士。持押闖之說。直造虜師。以摇其腹心。儻為此舉。將不待交鋒。彼必稽顙。辯說既行。彼必少懈。出奇掩襲。彼必崩潰。縱之擒之。此萬舉萬全之策。候勑旨。閏十一月二日三省樞密院同奉聖旨。臣條所論。委見今日利病。可令楊存中王某疾速從長措置施行。臣契勘自虜人入寇。奪城殺將。無不如志。我惟謹守。而略未有以侵害之。故少即三二十人。多即數百人。公肆出沒。無所忌憚。使我不知所備。坐以自困。非持久之道也。臣愚欲下諸大帥。各於所部選擇材武膽勇有方略統制統領將官一二十員。不得以人情冒濫。每人各與錢一二萬或數千緡。不以是何部曲。募驍銳少壯兵校一二千人。或數百人。出奇擇利。分頭速出。翦其游軍。晝攻夜劫。擾其營寨。可進即進。不責其必往。如此則虜備者多。小隊不復敢出。無虜掠之利。失樵蘇之便。其勢必窘。不容久留。當有可乘之隙。若遇大敵。則以為軍鋒。有功者優其賞擢。不過費三五十萬緡。而軍聲大振矣。鼓作士氣。變怯為勇。無以加此。如蒙聖慈以為可采。乞速降指揮施行。仍乞撥椿錢一百萬貫。以專充此用。要使諸軍知不徒為文具。庶幾人有奮心。

趙汝愚論邊防上奏曰。臣仰惟陛下。以英睿不世出之資。慨然有恢復中原之志。朝謀夕計。留意邊防。宗社幸甚。然臣竊觀今日規模。大槩蓋是循用渡江一時權宜之制。而實非祖宗累聖固守之法。惟守備既非素定。則勝負決於臨時。臣實憂之。而願獻其狂愚之說。臣伏觀自古用兵。正如弈者之弈。其法不過以多算勝少算而已。祖宗西北邊面。凡所用之人。所守之地。所養之兵。累聖講畫。成法具備。自近及遠。節節皆有次第。如極邊要害去處。則有堡寨。其次有城守堡寨則有巡檢有寨主。城守則有守將。三路有大帥。如韓琦范仲淹輩。皆極天下之選。其所辟寮佐。如田況孫沔尹洙張方平輩。亦無非一時名士。故士大夫皆習知邊鄙間事。其後往往盡為時用。其兵從則有本城禁軍廂軍。有堡寨土兵。有蕃漢部落。有義勇弓箭手。自足以為鎮守之備。甚不得已。則時出禁旅以助之。蓋未嘗以舉國之師而決於一戰也故百餘年內外無事中間如李元昊父子傑黠兇狡其志非不欲窺伺中國雖屢戰屢勝而卒不能得吾尺寸之地者邊備素嚴故也今自西徂東邊防數千里所在空虛朝廷所置帥守所養兵士秪與內郡無異竊先以兩淮論之緩急之際所恃以為禦敵之計者不過以建康之師守淮西鎮江之師守淮東而已此正臣前所謂渡江權宜之計而非祖宗固守之法者也方太上渡江時長淮以北地千里蓋無藩籬之衛當時所恃以禦敵者張韓劉岳數大將而已故一時權宜之計不容不出於此今國家中興六十年南北之勢既分沿淮之地皆為極塞虜人猶且墾闢田土暗增戍卒以為我備然則朝廷安可不講明舊制而為固守之計耶且建康鎮江之師家屬皆在江南若不深察其情而驅之於邊之地前有彊敵後無繼援勝負之命如爭一擲臣恐矢未及發而已有保固妻子之心矣辛巳之役王權以數萬眾在合淝不戰而渡江甲申之役劉寶亦以數萬眾在楚州不戰而退保此蓋前日之明驗也陛下視今日諸將孰能用眾如王權劉寶者乎不以此時預為規畫誠恐長淮千里非復國家所有而脣亡齒寒將不可以為國矣此臣所以日夜私憂過計不能自已者也伏願陛下講明祖宗累聖之法於邊防要地崇建帥府增置土兵漸葺諸城遴選守將假以歲月使之優游暇裕積穀訓師陰為備禦之計而勿使敵人知之一旦有事則使守將與土兵當其前而主帥與大軍繼其後俾敵人望吾之境愈進而愈難則陛下以守則固以戰則克進可以復祖宗之境土退可以保大江之基業矣

淡恩乞嚴戒沿邊官吏禁戢邊民生事疏曰臣近據金州都統司及金州上津縣申自正月初四日以後有京西路鄖鄉縣及利州路上津縣沿邊人戶將帶老小驚移不知其意續據探報有州界人馬深

入鄖鄉縣界約十餘里驅掠稅戶解成張四龐博張博等家口前去未知的實或傳是京西路邊民爭理地界或傳是均房州有人入州界行劫是致州界遣人搜捕臣各據逐處申到事狀備錄申樞密院訖臣契勘得所爭地界係屬京西路不隸州界外惟是盜賊一事深繫利害竊有管見合具奏陳臣伏見從前州界如理索歸正人等州縣自合只循舊例追還回報外至於本界無賴之人擅入州界為盜作過生事即與前項歸正人等事體不同或遇州界移文其間若有贓證明白者州縣自合酌量事體輕重物色追究依法行遣庶幾邊頭無賴之人各知畏懼不敢越界生事州界之人若聞得本朝曾為如此行遣亦自心服臣訪聞得沿邊官吏多務蔽藏雖明知有累經作過之人亦不敢舉覺窮治或者吏人受賂肆為囊橐無所忌憚又有不識事體之人互爭勝負務相報復以彊取勝卻致州界之人或以巡綽為名或以搜捕為說擅入本界驅掠人口而州縣官吏隱諱不言上司既不問知其人無由理索竊恐馴致釁隙事關邊境不可不防本司昨累承州界移文根究盜賊事或將作過徒伴押回本界臣即時酌量輕重密諭本處官吏盡情追究依法行遣如或因採樵誤入州界或被北界人自因讎隙驅虜前去本非為盜者候見得着實情節即已備牒州界官司照會去訖如蒙聖明見得本司前項行遣別無違礙伏乞特降指揮嚴戒沿邊官吏禁戢邊民不得越界生事如有違犯約束之人仰州縣官常行覺察如法根治重作行遣臣聞鷙鳥將擊必匿其形況夫邊境之間尤宜務存大體臣近據邊報北界偽主已殂其孫嗣立從此事體恐有更張臣愚伏願陛下遠法文王遵養時晦近同勾踐嘗膽會稽卑禮卑辭不憚屈己使彼君臣偃然肆志不復以我為懼然後徐觀其變起而圖之是陛下能屈於

一時而獲伸於萬世也惟陛下留神幸甚

中書舍人張孝祥論衛卒戍荆州劄子上奏曰臣仰惟陛下軫念上游既以荆州付之劉錡而又倚信聽從無一不至伏覩比來詔旨為錡而下數踰二十如嚴制節備官屬損緡錢增鎧仗之類是已顧中外之論猶謂錡之所急莫在兵必欲出衛卒往戍錡所未自吳至荆州山川阻遠調發數千與其孥俱則是數萬不惟經行煩擾亦非所以外示安靖也臣愚竊欲效計以謂取之於遠不若取之於近所謂夔路是也今諸路將兵往往有名無實臣嘗詢之惟蜀為盛成都萬人潼川六千夔路四千夔之去荆道路無幾若以夔兵二千益荆州轉潼川之卒以補夔闕而下成都之甲如夔之數戍潼川或歲時践更或一定不易如是則內無遷徙之為勞外無疑間之可開周旋几席之上而形勝之强成矣議者必曰夔當蜀後夔守虚則蜀以危臣謂不然自荆入蜀取道峽中地勢險絶人必魚貫而進荆在平衍之地據吳蜀之衝使荆果强

則孰敢踰荆而窺蜀是夔雖有兵寔寘於無用之地徙之於荆則上可經蜀下控沔鄂蜀既無虞而上游亦固一動而得有利無害伏惟陛下留神財幸

辛棄疾論阻江為險須藉兩淮上疏曰臣竊惟自中興以來駐蹕臨安阻江為險然江之為險須藉兩淮自古南北分離之際蓋未有無淮而能保江者然則兩淮形勢在今日豈不重哉臣仰惟陛下垂意邊防規恢遠略況幾先物慮無遺策然臣偶有管見慮之甚熟誠恐有補萬一唯陛下寬聽蓋兩淮綿地千里勢如張弓若虜騎南來東趨楊楚西走和廬苟吾兵無以斷隔其中則彼東西往來其路徑直如走弦上蕩然無慮若吾兵斷隔其中則彼淮東之兵不能救淮西而淮西之兵亦不能應淮東設使勢窮力蹙之際復由淮北而來則走弓之背其路迂遠懸隔千里勢不相及入吾重地兵分為二其敗可立而待古之為兵者謂其勢如常山之蛇擊其首則尾應擊其尾則首應擊其身則首尾俱應然後其兵立於不敗之地今以兩淮地形言之則淮東為首而淮西為尾淮之中則其身也斷其身則首尾不能救明矣三國之時吳人以允梁堰為身築壘而守之而魏終不能勝吳者吳保其身而魏徒能擊淮西之地也五代之時南唐慮周師之來蓋嘗求吳人故迹而守之功未成而周兵至然猶遣皇甫暉姚鳳以精兵十五萬扼定遠縣負清流關而守世宗亦以藝祖皇帝神武之兵當之虜驕之來也常先以精騎由濠梁破滁州然後淮東之兵方敢入寇其去也唯滁之兵為最後由此觀之自古及今南兵之守淮北兵之攻淮未嘗不先以精兵斷其中也況今虜人之勢一犯吾境其所以忌我者非戰也忌吾有兵以出其後耳一出其後則淮北之民必亂而淮北之城亦可乘間而取如向之海泗唐鄧是也今陛下城楚城楊於東城廬城和於西金湯屹然所以為守者具矣然臣以謂兩淮之中猶未有積甲儲粟形格勢禁可以截然分斷虜

人首尾之處以臣愚見當取淮之地而三分之建為三大鎮擇沈鷙有謀文武兼具之人假以歲月寬其繩墨以守之而居中者得節制東西二鎮緩急之際虜攻淮東中鎮救之而西鎮出兵淮北臨陳蔡以撓之虜攻淮西中鎮救之而東鎮出兵淮北臨海泗以撓之虜攻中鎮則建康悉兵以救之而東西鎮俱出兵淮北以撓之東西鎮俱受兵則彼兵分力寡中鎮悉兵淮北臨宿亳以撓之此蘇秦教六國之所以為守而秦人聞之所以不敢出兵於函谷關也比之紛紛紜紜自戰其地者利害不侔矣如臣言可採乞下兩府大臣并知兵將帥詳議建立三鎮去處措置施行

棄疾又上疏曰臣聞事不前定不可以應猝兵不預謀不可以制勝臣謂兩淮裂為三鎮形格勢禁足以待敵矣然守城必以兵養兵必以民使萬人為兵立於城上閉門拒守財用之所資給衣食之所辦

只其下非有萬家不能供也往時虜人南寇兩淮之民常望風奔走
流離道路無所歸宿饑寒困苦不兵而死者十之四五臣以謂兩淮
民雖稀少分則不足聚則有餘若使每州為城每城為守則民分勢
寡力有不給苟斂而聚之於三鎮則其民將不勝其多矣竊計兩淮
戶口不减二十萬聚之使來法當半至猶不减十萬以十萬戶之民
供十萬之兵全力以守三鎮虜雖善攻自非捐境而來烏能以歲月
拔三鎮哉況三鎮之勢左提右挈犄連縱出且戰且守以制其後臣
以謂雖有兀术之智逆亮之力亦將無如之何況其下者乎故臣願
陛下分淮南為三鎮預分郡縣戶口以隸之無事之時使各居其土
營治生業無異平日緩急之際令三鎮之將各檄所部州縣管拘本
土民兵戶口赴本鎮保守老弱妻子牛畜資糧聚之城內其丁壯則
授以器甲令於本鎮附近險要去處分據寨栅與虜騎互相出沒彼

進吾退彼退吾進不與之戰務在奪其心而耗其氣而大兵堂堂整
整全力以伺其後有餘則戰不足則守虜雖勁亦不能為吾患矣且
使兩淮之民倉卒之際不致流離奔竄徙轉從溝壑就斃而已也
葉疾又論荊襄上流為東南重地上疏曰臣竊觀自古南北之分北
兵南下由兩淮而絕江不敗則死由上流而下江其事必成故荊襄
上流為東南重地必然之勢也雖然荊襄合而為一則上流重荊襄
分而為二則上流輕上流輕重南北之所以為成敗也六朝之時資
實居揚州兵甲居上流由襄陽以南江州以西水陸交錯壤地千里
屬之荊州皆上流也故形勢不分而兵力全不事夷狄而國勢安其
後荊襄分而梁以亡是不可不知也今日上流之備亦甚固矣臣獨
以為緩急之際猶泛泛然未有任陛下之責者臣試言之假設虜以
萬騎由襄陽南下衝突上流吾軍倉卒不支陛下將責之誰耶責襄

陽軍師則曰虜以萬騎衝突臣以步兵七千當之襄陽戍兵入隊可戰之人
猶未滿此數大軍在鄂聲援不及臣欲力戰衆寡不敵是非臣之罪也
責鄂諸軍則曰臣朝聞警夕就道卷甲而趨之日且百里未至而襄
陽不支矣是非臣之罪也責襄陽守臣則曰臣守臣也知守城而已
軍則有帥戰而不支虜騎衝突是非臣之罪也責荊南守臣則曰荊
與襄兩路道里相去甚遠襄陽之不支虜騎衝突是非臣之罪也彼
人人者以是辭來朝廷固無辭以罪之也然則上流之事果誰任其
責乎陛下胡不自江以北取襄陽諸郡合荊南為一路置一大帥以
居之使壤地相接形勢不分首尾相應專任荊襄之責自江以南取
辰沅靖澧常德合鄂州為一路置一大帥以居之使上屬江陵下連
江州樓艦相望東西聯亘可前可後專任鄂渚之責屬任既專守備
自固緩急之際彼且無辭以逃責如此上流之勢固不堅哉外不失兩

路之名內可以為上流之重陛下何憚而不為雖然臣聞之天下之
勢有離合合必離離必合一離一合豈亦天地消息之運乎周之離
也周不能合秦為驅除漢為合之漢之離也漢不能合魏為驅除晉
故合之晉之離也晉不能合隋為驅除唐故合之唐之離也唐不能
合五季驅除吾宋合之然則已離者不必合豈非盛衰相乘萬物必
然之理乎厥今夷狄物夥地大德不足力有餘過盛必衰一失其御
必將豪傑並起四分五裂然後有英雄者出鞭笞天下號令海內為
之驅除當此之時豈非天下方離方合之際乎以古準今盛衰相乘
物理變化聖人處之豈非慄慄危懼不敢自暇之時乎故臣敢以私
憂過計之切願陛下安居慮危任賢使能修車馬備器械使國家屹
然有金湯萬里之固天下幸甚社稷幸甚
王十朋代人上疏曰臣聞居家者必謹籓籬置皂隸以為寇盜之防

建國者必保山海之險選兵狀之臣以禦外敵憑陵之患今朝廷以江淮為蔽障以守帥為長城江淮守臣比他處為尤重宜於文武臣中擇其材勇智略可為爪牙者付之陛下親加敦遣勉以忠義資之以粮餉之以兵俾其守死勿去則我有所恃而不恐敵有所憚而不敢窺苟非其人則必為敵所輕誤事非少除授之際尤不可不謹又川蜀之地去朝廷最遠尤為虜所窺伺緩急之際勢必不能相應在兵法有攻東南備西北者虜情難測深恐虛聲在此而屬意在彼臣以為宜增重四川帥臣之權俾其便宜從事遇臨機應敵之際不必請而後行仍選大將屯重兵于外以為急難之援如是則陛下可以寬西顧之憂矣

敷文閣待制四川置制使范成大奏論文州邊事劄子曰臣伏見四蜀沿邊蠻夷自政和以前雖時有侵犯邊境當時朝廷鮮曾容貸旋即舉兵問罪固未必皆有大功然夷人終是畏憚不敢無時輕發比年以來如成都府路嘉黎雅三州等處屢有邊事時議以外備大敵姑務含忍又以方市戰馬不欲阻絕夷人狃習謂中國終不能報復來則有虜掠之利退則無追躡之憂甚者反得犒賞財物過於未叛之時是以泰然無所顧忌蜀之諸邊蓋未嘗得數歲無事近者利州西路文州界內有蕃部侵犯寨堡殺掠人兵訪聞常年如此官司每是隱忍蔽覆終於和斷而已契勘今來作過蕃部據邊吏張皇關申其衆亦不過三四百人初無雄傑酋長為之謀又無堅甲利兵為之用國家屯戍大軍密邇其處蕞爾小蕃乃敢跳踉如此者政以習見近事故也若不惜暫勞小費併力討蕩期於不貸則豈獨文州蕃戎讋懼其他種落自此懲創知中國不可輕犯此西陲數十年安靜之長策也臣已榜下文州止告諭非作過蕃部且許自通貿易以解散其締結又聞蕃寇之來稍不得利即依林箐以自固官軍深入易落姦便臣亦已行下乘風焚山嚴兵清野候用鄉道擣其巢穴惟是議者或以為文州係買馬地分恐不即和斷或至阻隔臣再三詢究茶馬司所買馬數文州不當十之一二又其品凡下非宕昌比兼今來作過主首止是一族雖加攻討自不妨餘族互市政使緣此而所買馬數少減於常年權邊防利害之重輕亦恐自有先後緩急之序或又謂朝廷方以備北虜為急此等癬疥合且姑息臣竊謂不然夫敵未平尤當先除腹心之患諸葛亮豈一日忘中原哉然五月渡瀘深入不毛以定南中者蓋出此也不然方今關外戎帥而蠻夷敢擾動如此使岐雍有警則此等窺伺侵寇將何所不至臣暫此攝事實有不敢以苟紓歲月為心而妄為西土畫自守之策若萬分有一偶合睿指欲乞出自聖斷更賜行下興州都統制吳挺審設方略討蕩施行其措置催督之類臣雖庸虛不敢不任其責所有文州數百匹之馬或不及歲額亦乞暫寬度外俟邊防安靜不患馬額之不復臣區區狂率干犯天威伏地戰越

陸游上奏曰臣聞天下有無窮之變而有必然之理惟默觀陰察能得其理則事變之來雖千態萬狀可以坐制而無虞矣天下之變最幽眇倉卒不可測知者莫如雷霆鬼物然雷霆冬伏而春作鬼物晝隱而夜見則其理之必然有不待智者而知之矣今朝廷內無權家世臣外無強藩悍將所慮之變惟一金虜虜禽獸也譎詐反覆雖其族類有不能測而臣竊以謂是亦有可必知者夫何故寬猛之相繼如寒暑晝夜之必相代也故自金虜猖獗以來靖康建炎之間窮凶極暴則有紹興之和通和既久則有辛巳之寇寇而敗亡則又有隆興之和今邊陲晏然桴鼓不作逾二十年與紹興通和之歲月略

若矣不知此虜終守和約垂數十百年而終不變耶將如晝夜寒暑必相代也且虜非中國比也無君臣之禮無骨肉之恩惟制之以力劫之以威則粗能少定今力備勢削有亂而已其亂不起於骨肉相殘則起於權臣專命又不然則姦雄襲而取之耳三者有一焉反虜酋之政以悅其國人且何為哉雖陛下聰明英睿自有所處然臣竊觀士大夫之私論則往往幸虜之懦以為安不知通和已二十餘年如歲且秋矣而謂衣裘為不必備豈不殆哉大抵邊境之備方無事時觀之寧事常若有餘一旦有變乃知不足伏望陛下與腹心之臣力圖大計宵旰弗怠繕修兵備搜拔人才明號令信賞罰常如羽書押至兵鋒已交之日使虜果有變夫則掃清燕代復列聖之讎次則平定河洛慰父老之望豈可復如辛巳倉卒之際斂兵保江凜然更以宗社為憂耶臣世食君祿且蒙陛下省錄姓名已二十餘年念無以報天地父母之大恩故其陳於陛下者惟懼不盡而不知狂愚之為大罪也

乾道中猺蠻為亂吏匿不以聞儒林郎李大性上言比年猺蠻為亂邊吏慮妨賞格往往匿不以聞遂致猖獗使一方民命寄於猺人之手誠可哀憫近如梁午等寇沅州劫墟市殺戮齊民州縣告給於兩月之後比調官軍討捕俘路其賊而人之被害已酷矣宜戒州縣或遇猺人竊發盡時以聞違者論罪仍命監司帥臣常加覺察庶幾先事備禦俾猺人亦知畏懼不致侵軼以傷吾民也

七年前知辰州章才邵上言辰之諸蠻與羈縻保靜南渭永順三州接壤其蠻酋歲貢溪布利於回賜頗覺馴伏盧溪諸蠻以靖康多故縣無守禦仡伶乘隙焚劫後徙縣治於沅陵縣之江口蠻酋田仕羅賀志能等遂雄據其地沅陵之浦口地平衍膏腴多水田頃為猺蠻侵掠民皆轉徙而田野荒穢會守倅無遠慮乃以其田給靖州仡伶楊姓者俾佃作而課其租所獲甚微楊氏專其地將二十年其地當沅靖二州水陸之衝一有蠻隙則為害不細臣謂宜預為之備靖康前辰州每歲蒙朝廷賜錢七萬貫絹紬布共八千一百匹綿一萬七千兩是時本州廂禁軍一千四百餘人沿邊一十六砦土兵六百餘人皆可贍給其後中外多故今歲賜止得一萬二千緡而本州財復匱乏無以充召募之費禁軍止二百一十餘人諸砦土兵止一百五人甚至砦官有全無一兵而徒存虛名者其於邊防豈可不為深慮若歲增給民錢一萬俾本州募強壯禁軍或効用二百人分屯盧溪等處以防諸蠻庶使邊患永消可免異時調遣之費書奏詔湖北帥臣評議以聞

八年知貴州陳義上疏言臣前知靖州時居蠻夷腹心民不服役不輸賦其地似若可棄然為重湖二廣保障實蕃服之要區也或紹制夫冝或金穀不繼或兵甲少振蠻獠則乘時竊發勤勞王師朝廷當重守臣之選崇寧初戍兵三千人建炎以來每於鄰統司或帥司摘兵二百人以備屯戍其凶悍者以州郡不能制遂慢守臣反通猺蠻以撓編民州郡非白主帥不敢治比得報已晚矣故戍兵敢肆其惡一旦有警復安能為用臣以為宜聽守臣節制便帝嘉其言

十年四月全州上言本州密邇溪峒邊民本非蕃夷其始朝廷禁法非不嚴密監司州郡非不奉行特以平居失於防閑故馴致其亂又熟溪谷山徑非止一途如靜江興安之大通源武岡軍之新寧盆溪及八十里山永州之東安皆可以徑達溪峒其地綿亘郡邑非一州得專約束故游民惡少之棄本者商旅之避征稅者盜賊之亡命者往往由之以入萃為淵藪交相鼓扇浮為邊患如武岡楊再興[illegible]

陳峒相繼為亂實原於此為今計者宜先闕地巡檢兵及分遣士卒屯諸溪谷山徑間俾湖南北廣西帥憲總其後庶幾事權有歸號令可行也

李椿奏邊備利害狀曰臣竊見朝士大夫每歲虜使欲來未至之際則皆憂其變故及至虜使既還則以謂一歲無事便作安享逸樂國家久遠之計不復關心直待明年秋冬之交方知憂慮曰復一日歲復一歲更無一定之論天下之勢益就委靡不振臣實痛之且如淮甸守備之計臣嘗具奏乞堅守之地四處臣今至江上詢訪利害無過於前奏者虜或渝盟四處固守決不敢至江上雖至江上亦不敢住蓋兵行以粮草為重虜騎雖多而知巢湖東關等處據險粮草必不敢行兵馬闕食不待戰而必走無疑矣李陵之言曰步馬之勢固自懸絕今諸軍馬少全仰步兵虜則盡馬勢固不同加以衆寡不等

平原淺草勝負難量君圖全勝之計惟守而已守備已堅自生勇志見利然後可以圖戰若輕用僥倖萬一之勝是棄其兵也如葉義問之用劉汜是也是以為戒矣且吾之所長以水為固必在於舟楫兵乘船艦利則登岸否則據水無令敵人有船則是萬全之計此守四處之大槩虜所恃者衆與騎耳我若必以騎圖勝萬無是理當思有以制其騎斯可矣臣嘗見諸所以禦虜騎者多用拒馬二人共舉其一手不能別執兵器所以拒敵此車之為用不相侔矣臣又見兵官陳敏造車數樣皆不適用韓世忠造鰕鰍車以衛鄂振止用商旅羊頭車許贊造車亦相類而稍華歸正人徐清三等車樣尚未必當進呈而宋武用車四千乘以布為幔平山東滅慕容超又用大槌發矟矛於車上以數千人破元魏數萬騎於河北馬隆用偏箱車以數千人救西州虜不能近以是言之車之為用可以禦馬明矣臣謂宜委曉事兵將官討論戰車之製試閱以為制馬之具則軍勢必振然則車戰之圖尚俟守備堅固之後堅固之圖必用我之所長水戰為上水戰利害臣謹別具劄子奏陳臣願陛下於閒暇之時責宰執大臣與侍從之官朝夕講究圖治之道上下一心共執定論措宗社於磐石不致事至而憂天下幸甚

歷代名臣奏議卷之三百三十六

禦邊

宋光宗時彭龜年論邊防事宜疏曰臣聞北虜近有韃靼諸國之兵河北又遭水旱狎至之變虜其事勢和好必堅唯聞河南流人並無歸着若更不熟未免聚為盜賊又云流人往往有歸附之語亦知朝廷已有指揮令沿邊諸州謹守疆場至即約迴但恐此輩以救死為心彼既無從得食忽爾衝突而來未必可以攔約儻或攔約不住又難驅逐以兵虜人亦恥於百姓流移當必反以本朝誘引人過界為解設或至此不特失中原之心又將失夷狄之心事當早圖不可坐待寧謀之而不用勿事至而旋圖欲望聖慈宣諭大臣令密與侍從臺諫兩省官熟議所以處之之道庶幾不致緩急誤事

寧宗慶元元年大府寺丞臣呂祖儉上奏曰臣恭惟國家遭靖康之

禍至慘至痛所不忍言凡在臣子皆同不共戴天之責高宗中興大業屈已和戎終未克伸大義於天下孝宗思雪讎恥務圖規恢雖倦於憂勤不得少遂然天地大分於是稍正亦是以慰列聖在天之靈陛下承太上之付託洪濟艱難與時屈伸不殄厥愠祇宜懋德脩政蓄銳養力以俟時幾誠不可妄挑兵端趣其變動然臣竊揣事勢虜情難知備豫不虞始能無悔自紹熙變故有輕我心彼之來者陳幣在館辭語不恭我之去者摧辱逼脅不顧常禮傳聞駭常孰不悲憤夫其所以敢於狂悖是豈無故而然而又邊遽所傳其事非一括馬簽軍近淮積粟治戰艦於海道遣大酋於汴京固難盡謂實然第人情已覺動搖令使命之歸乃以其所知盡寬衆聽既曰無他憂也彼自防內難爾又曰無他事也彼自興河役爾形跡事實莫得而掩辭說解釋過為自文設使彼之計慮祇為虛聲未必有實則隋文平陳之

策所謂量彼收穫之際徵集士馬聲言掩襲彼既聚兵我便解甲再三若此彼以為常後更集兵彼必不信猶豫之頃我乃濟師萬一虜情或出於斯則亦必深勞宵旰之慮矣兵家常言無恃敵之不來恃吾有以待之今交為無他之說者是乃恃其不來徒覬幸其如我所料而已儻或是說浸淫不已而弗圖所以待之之具他日邊烽有警虜使知關若有無厭之求難塞之請事出卒遽莫知所應從之則國威愈損拒之則國勢難支至於此時而後知其言之誤國亦何及哉伏望陛下痛念讎恥之未報深察戎心之難知夙夜之間眷命宥密固不可以為無他而自寬尤不可徒為張皇而自擾明詔二三大臣堅彊志意審定規模相與盡誠勠力圖回實政布置實材以為待敵之方內而宿衛諸將訓飭其和輯士心外而被邊諸屯申嚴其周視邊備復於重鎮圖任舊臣老將俾為固圉之謀彼若求釁生辭則在

幃幄運籌者折之以正理出之以遜辭盡其在我毋為兵首神天助順軍聲自強宋德在人必無厭斁

嘉泰三年前知潭州湖南安撫趙彥勵上言湖南九郡皆接溪峒蠻夷叛服不常深為邊患制馭之方豈無其說臣以為宜擇所有知勇為猺人所信服者並為酋長借補小官以鎮撫之況其習俗嗜欲悉同猺人利害情偽莫不習知故可坐而制服之也五年之間能立勞効即與補正彼既榮顯其身取重鄉曲豈不自愛盡忠公家哉所謂損虛名而收實利安邊之上策也帝下其議既而諸司復上言往時溪峒設首領峒主頭角官及防遏指揮等使皆其長也比年往往行賂得之為害滋甚今宜一新蠻夷耳目如趙彥勵之請所謂以蠻夷治蠻夷策之上也帝從之

寧宗時著作佐郎張宓言邊事有二病戒敕千條惛忠悖繆指意明白

猶僕皆違安有不示其所向而謂可責其成且言戰則當知於彼言和則當請於彼惟守則自求諸已而已倘以為可則當力主其說明告天下日講求其所以守之之策蓋議論貴合一而今則病乎雜也用人不可以嘗試任人不可以自疑朝廷惟慮獨任之難勝彼此互分不相扶持人得抗衡莫有稟屬制置但存虛器使宜反出多門蓋體貴合一而今則病乎分也

衛涇應詔論北伐劄子曰臣跡賤至愚暫爾兼官猥奉明詔俾得吐露與聞邊議之重仰見陛下博盡下情憂深慮遠以圖帝王萬全之至計臣敢不罄竭愚忠臣竊惟國家再脩盟好以來邊報晏清中外寧謐民不知兵以保和平之福蓋踰四十年于此比來虜運衰微內當多事自敝之餘頗為恭順外知吾國飭備之謹浸生疑懼伏覩宣示類聚探報事宜其虛實的確雖不可盡知臣妄料虜情不過因並邊侵軼之擾多為防備必未敢輕犯王略自速殄亡近者賀正使副陳景俊等回程竊知虜廷嘗有文喻其詞委曲類若退懦然觀其指意只欲求邊臣無生事盜賊不作邊境安靜而已今探報所云修道路闢弁師點集兵夫添置寨柵等事往往其國聽吾增戍隨亦聳懼馳行未必周悉傳聞易至張皇譬之對奕彼此相應此示之急則彼亦急此示之緩則彼亦緩如邇日朝廷分置使命相繼宣諭諜間往來彼寧不知恐其展轉生疑安知凡百繕守殆將不止如目前所傳此亦事勢之所必至毋足怪者臣反覆熟慮今日之計惟當審在我之虛實以為備禦必勝之策無或隨在彼之動靜以為作輟無定之謀自古兩國相持未聞強弱持重者安輕動者危應兵常勝首事常沮秦漢之遠未暇悉論東晉事體大略類今謝玄淝水之勝符堅舉國之衆匹馬不能北返此應兵必勝之驗也褚裒殷浩投機太速勞

師于外曾微寸功此首事多沮之鑒也本朝中興以後凡渝盟興師常先出於虜然虜首兵每屻而我應兵常得利兀术號善用兵獨穎昌大敗以十萬勁騎不能支劉錡背城之一戰逆亮兇燄方張自謂可以叱咤渡江而海道采石所向輒摧卒授首于廣陵此二役者虜以首兵而皆敗使今日侵犯之謀果先出於彼是以機授我堅師不動以待之正不足畏矧虜之既衰萬萬不及兀术逆亮強盛臣知其必不能出此明矣易曰不利為寇利禦寇今當令虜常居為寇之名而在我先定禦寇之計是遺虜以不利而我擇其甚利圖全制勝莫切於此兵法曰善戰者致人不善戰者致於人臣所謂持重則安致人者也輕動則危致於人者也若北虜如貽伊戚警我息兵寧是猶乎致於我之術矣以靜制動以逸待勞豈不能收穎昌城下郤敵之效乎臣所慮者彼此疑障既開邊備未可輕撤要當力於自治堅忍持重勿為無益之爭以啓其侮勿為易泄之機以激其變稍遲歲月使吾之戎政益脩軍實愈敷儲蓄豐裕士馬騰奮則伸縮進退無不在我遲速操縱終可以得志矣況中國舉措尤貴嚴密若朝得一報而為之營營不寧夕得一奏而遽謂晏然無事臣恐非所以示朝廷之整暇而夷狄得以窺測淺深也昔魯有疆事疆吏以告魯桓公曰疆埸之事謹守而備其不虞姑盡所備事至而戰又何謁焉魯豈忘疆事哉蓋內為之備而外不示弱此有所去而彼不能動耳豈以天下之大而可無自立之規摹乎臣有惓惓之愚夫事有先後計有緩急譬人之一身腹心無疾而後外邪可攻今備邊之計誠不可緩而荊襄兩淮所在饑民未甚帖息尤所當急若艱食之衆萬一盜賊有警則虜得窺伺之便而始有室煩朝廷之憂者其可不亟圖之臣願陛下申敕宣諭使司且以撫安饑民為先使腹心救寧根本充實則內

安外懼而禦備之策可以無闕臣識見短淺肯陳管臆不足以仰裨廟筭席葉恐懼陛下赦之幸甚

司令許應龍奏曰臣竊惟今日之務莫急於備邊小大之臣陳謀獻議不曰意嚮當定則曰規模當立不曰議論貴一則曰事機貴審陛下既熟聞之矣臣雖至愚安敢復援前說以瀆天聽輒以彊本之策為陛下陳之夫紓一時之急者不得不為權宜之舉防後日之患者不可不為彊本之計倚權宜之舉而欲其經久而無患者見遠識微之論則以為猶有遺慮也且賴忠義之人以紓一時之急豈非權宜之舉乎練官軍以防後日之患豈非彊本之計乎粵自京口之舟失於警備之不嚴泗水之師衂於揣度之不審既而決淮陰之勝而挫殘虜之鋒者忠義之力也邇者烽燧告警而敵情叵測游騎出沒而疆埸靡寧未幾奏濠梁之捷以伸吾中國之威者又忠義之力也夫

軍書輻湊以交馳羽檄重跡而狎至隨機應變豈容無策今也連營列戍第為守衛之謀邊將閉城僅防衝突之擾苟非調發忠義設伏掎角則何以卻鴟張之勢而成克獲之功哉是則將以紓一時之急其勢不得不爾雖然此特權宜之舉而彊本之計又有不容緩者蓋元氣既固外邪自消吾之威令苟伸則英雄豪傑之徒莫不俛首屈意於其下然則官軍者豈非今日之所當振乎官軍振則根本彊根本彊則忠義之人可以為吾之助而不能為吾之患此亦漢以南北軍相制之遺意苟以其脆弱難用不加激厲而攘卻之功一切倚辦於忠義彼將謂秦無人萬一恃彊而驕塞挾功而邀求不厭其欲其能帖然而無譁乎況吾之虛實彼所熟知苟一搖足何以制之且今之官兵非不多也器甲非不利也廩食非不繼也以此禦戎何患不濟苟能揀其驍銳嚴其紀律日夕淬礪常若寇至遇敵之際則功

多者有厚賞不迪者有顯戮毋徇私意而為之重輕毋事姑息而為之容隱則怯者奮而為勇弱者轉而為彊兵威振厲隱然有猛虎在山之勢不惟可以折敵人之衝尤可以消山東偏重之勢何者彼知朝廷之所倚仗者不專在我也夫既資彼之力以紓一時之急復張吾軍以消他日之患則國勢巋然猶泰山而四維之矣而或者乃曰忠義之人猶養虎耳飢則求食飽則反噬深咎夫招來者之不審也吁是固然矣然既招之則不容卻之彼既與虜為仇羣然歸我苟無以安其心是絕其向生之塗激其等死之忿獸窮則搏勢所必至況彼方有功於我猶賴以為掎角之助則亦惟區處調伏使之有致遠之能而無泛駕之虞耳所謂區處之策者何也懷之以恩結之以信寵之以爵賞贍之以闕額官兵之廩使之歡欣感戴樂為吾用而吾之兵威又足以鎮服其心則亦庶乎其可也吁忠義若可慮也而有

以制之則不足慮官軍若難用也而有以厲之則皆可用然而致此者則必有任其責者耳夫膺守禦之寄者邊將也總邊將之權者制閫也昔蜀以孔明駐漢中吳以陸遜守荊渚皆付以事權不從中御故得以乘機制變而有成功今之任制閫者苟得其人則舉邊陲之寄悉以付之使進退伸縮莫不如意則號令一而人心協苟州縣之消事權者或得以已見專達雖曰事機無壅然而謀議或有異同施行或至牴牾則倉卒緩急諸將罔攸稟令廟謨宏深其必有以處此矣雖然備禦之策尤當一定不可視緩急而為之作輟覩勝負而為之驚喜昔元祐初以累世逋誅之鬼章一日縛致闕庭疑若可以晏然矣而議臣以為安危之機正在今日若處之有術則安邊息民必自此始不然則以勝為災夫當國家全盛之時猶不敢忘警懼之戒況邊事未寧之日乎毋恃其一勝當思為常勝之謀毋狃於少安益

圖為久安之計。此又帝王萬全之策也。臣位卑言高，罪在不赦。惟陛
下恕其愚忠。
應龍又奏曰：臣聞禦戎之策有三，曰戰，曰守，曰和。因時施宜，固難執
一。然其事未嘗不相關焉。銳於立功者則曰殘虜僄滅，中原丘墟，振
兵直前，當如摧枯拉朽之易，不特慰來蘇之望，尤可成恢復之勳。是
則攻戰之舉，固不容緩。然深謀遠慮者則曰理內斯可禦外，彊本斯
可折衝。兵財俱乏，事力不繼，而遽尋干戈，則召釁稔禍，功未成而害
已見，其可不為備守之圖。然城壘方營而侵軼已至，糧食甫積而摽
掠時驚，羽檄交馳，將左支右吾之不暇，其能固吾圉乎？是又不容於
不和也。是必和親以紓其禍，然後備守之計為可圖；備守以壯其勢，
然後征伐之謀方可舉。是以古人雖和，未嘗不為守；雖守，亦曷嘗忘
為戰之備哉。請以漢家之事明之。漢興之初，平城之圍未報，嫚書之

辱未雪，單于庭掃穴，似不容已。然而樊噲橫行之請則却之，賈誼三表
五餌之策則謝之。和親之約細遏之棄，冠蓋往來，金繒賂遺，曾不以
為勞且費，何耶？蓋小屈者所以為大伸之基，而斂翼匿形者未始不
為搏擊計也。況當是時，民之瘡痍未瘳，而休息之政未施，公私之積
尚乏，而邊陲之警未寧，則所以拳拳於議和者，將以為備守之圖也。
故塞下之粟可得而積，內帑之錢可得而羨，材官騎士蒐閱於都試，
六郡良家之子閑習於馳射，凡此者孰非為攻戰之備。迨夫國勢已
彊，皇威益振，然後馳陰山之北，而使漢南無王庭焉。極其盛也，欵塞
而慕義，稽首而稱藩，推所由來，亦和親之計有以基之。今日和好之
議，意或出此，是豈怯懦而不振者乎？所患者玩一時之少安，而忘備
禦之大計耳。況狼子野心，背服靡常，其吞併種落，每以和好為豢敵
之士[illegible]田深思曲防，以伐其謀，外姑示講和之意，而內實為強本之

以厲兵堅守，常若寇至，來則應之，侵則禦之，庶乎其可以自固也。乃
者虜使之來，或欲絕之以杜其窺伺，或欲卑之以示吾名分，或疑其
虛偽不應加禮，此固所以尊國勢而挫戎心。然此既通好於彼，彼
以復命而來，已抵中都，亦難遽絕，寵以錫賚，勞以燕享，隨時施宜者不
得不爾，初非過於懲創而自損威重也。雖和好成否難以預計，然絕
之卑之，則憤心一生，其能保其無間言乎？釁端一開，其患必見，蓋不
止於威重之少損也。為此舉者，姑欲因此而達和好之意，然侵撓之
兵，而為安邊息民之計耳。使和議既成，尚當嚴於備禦，況議猶未定，
可不亟思所以處之乎？且今之師旅疲於攻守，財用耗於調發，郡邑
困於應辦，盡心力而為之，猶懼不給，一或少緩，奚如其來，得無彷徨
失措乎？兵之闕額者當補而訓練之必精，城之頹圮者當修而防捍
之必嚴，事事而為之慮，使無一之不盡，所謂無恃其不來，恃吾有以

待之者，此乃禦戎之上策也。今內修者如支傾，極力拄撐，不急則仆；
外攘者如奕棊，當審彼已，輕舉則失。苟為計既審，而又極力以拄之，
安彊之效自可坐致。雖然，能戰而後可以能守，苟徒曰守之可以無
虞也，彼長驅而來，與吾對壘，擁兵直前，其能閉關以自保乎？抑鋒鏑
不容於不交乎？是則攻戰之具，尤所當講。今雖未為開拓之謀，然豈
終忘規恢之計。生聚教訓，可以成報復之功；內修政事，可以收外攘
之效。根本苟彊，皇威益振，天道好還，寧無可乘之機，第今未可為耳。
今主議于中者既有定論，而宣力于外者當為遠謀。羊祜在襄陽，務
修德信，使命常通，以穀為糧則輸絹以償，欲進詭計則却而不納，二
境之間，懽然交和，疑若安於苟且而無遠略矣。孰知夫規恢之謀已
寓於此，而混一之功不旋踵而成。今之任責者，當以是為心，毋念小
勝以窮追，毋校小嫌而起釁，養威持重，待時而動，復文武之境土，

俾德於宣王矣。惟陛下與大臣亟圖之。

嘉定元年。大學博士真德秀上殿奏劄曰。臣竊惟權臣用事。妄開兵端。南北生靈。均被其毒。陛下為之旰食焦勞者。二年于茲矣。天啓睿謀。迄殄元惡。尋盟繼好。休息有期。豈非天下之福哉。而臣區區愚慮竊謂為國者。當示人以難犯之意。不可示人以易窺之形。昔春秋時晉師入齊。齊使國佐求盟於晉。其勢亟矣。一聞齊之封內盡東其畝之言。雖僨軍之餘。不肯苟從。以紓一旦之禍。蓋敵國之相與。有以折其謀。則為和也易。有以啓其嫚。則為和也難。況戎狄豺狼。變詐百出。又非可以中國常理待之乎。側聞日者小行人之遣也。虜人欲多歲幣之數。而吾亦曰可增。虜人欲得姦臣之首。而吾亦曰可與。至於往來之稱謂。犒軍之金帛。根括歸明流從之民。承命唯謹。曾亡留難。竊揆謀國之意。不過以樂天保民為心。幸和好之亟就耳。獨不思虜人

得以闚吾之情。而滋嫚我之意乎。雖然。此既往之咎矣。所以圖制方來者。猶可謹其初也。蓋古者敵國通和。有養其事力。以待可為之機者。越之事吳是也。有聽命於敵。以圖苟安之計者。六國之事秦是也。今日尋盟於虜臣。不知姑欲養其事力。而待可為之機乎。抑將聽命於敵。而圖苟安之計乎。勾踐之行成於吳也。蓋忍恥以志仇讎之復而非倚和以自固也。是以三十年間。蚤朝晏罷。卧薪嘗膽。未嘗一日忘會稽之恥。故雖詘辱一時。迄能伸其志於異日。若夫六國則不然其[illegible]和於秦也。蓋委國以為仇讎之役。而非用權以斷濟也。故朝割地以賂秦。則暮棄謀臣之言。夕遣質以入秦。則旦絕隣國之援。撤防弛備。冀秦之矜己而不加兵。奚異委肉虎狼。而幸其弗食也。夫是以六國之地。卒歸於秦。豈秦之力能亡六國哉。六國實自亡耳。今日而知是。則當以越之事為法。而以六國之事為戒可也。抑臣聞之善謀

國者。不觀敵情之動靜。而觀吾政之修否。元祐初用司馬光為相。盡更王安石弊法。契丹聞之。以勿生事戒其邊吏。今日號為更化矣。而虜之桀驁。亡異前日。毋亦我之所為。尚有可思者乎。故臣妄論今日之事。必吾無以取輕於敵。而後和可成。必有以深服其心。而後和可固。臣觀昨者寘殛柄臣之始。不惟四方萬里。咸服英斷。而敵國亦竦然易視矣。誠使剛健不息之誠。愈篤於初。振厲有為之志。益加於舊。則國勢日彊。虜自退聽。柰何朝綱方整。而紛紊之漸已萌。政事方修而懈弛之形已露。正人雖進。志未獲伸。言路雖開。忠罕見用。我之更化者僅如此。其能使敵情之畏服哉。況夫彼之待我者方驕。我之恃和者太重。一介行李曾未越境。而動色相慶。若無事然。臣恐盟好既成。志氣愈惰。宴安鴆毒之禍作。浮淫冗蠹之事興。彼方資吾歲賂以厚其力。乘吾不備以長其謀。加之數年。聲勢浸盛。然後發難從之請

挑必爭之端。而吾徬徨四顧。將無以應之。此長慮遠識之士。所為寒心者也。臣願陛下以通和講好為權宜。以修德行政為實務。君臣之間。朝夕儆戒。于敵情之難保。禍至之無日。蒐討軍實。申飭邊防。凜然若敵師之將至。如是。而國勢不張。外虞不弭者。未之有也。臣一介微賤。乍對清光。輒竭芻蕘之思。惟陛下財擇。

六年。德秀為起居舍人。直前奏劄曰。臣竊惟備邊制敵。有國之大事也。今之邊面。控連要害者。近則兩淮荊襄。遠則蜀之關外。然以地形考之。蜀居上流。寔東南之首。荊襄其吭。而兩淮其左臂也。比歲以來。經理淮襄。廟堂蓋有成筭矣。臣敢以蜀事言之。夫蜀之與秦。壤地相屬。長安百二之勢。天下有變。則豪傑之所必爭。今虜為韃靼所乘。悉力以備燕晉。而秦之地必虛。萬一靈夏伺隙。而長驅盜賊乘[illegible]據邠岐。汧隴遂為戰場。虎鬬于垣。而主人得安枕以卧者。亡是理也

今漢中重臣與益梓瀘遂諸鎮人物相望之副倚毗然蓄材待用寧
過於有餘毋失之不足臣觀寶元慶曆間西事既興一時名臣往往
多在邊境陝西關帥則就命韓琦延安關帥則就用仲淹無事機蹉
跌之虞皆威信相孚之素者蓋預蓄人材之效也今自東南持麾節
以往者選用不為不精以臣觀之平居暇日拊摩民瘼區處吏事政
自有餘而威名智略可當一面者殆未之見臣愚謂宜倣先朝西鄙
故事凡蜀之名藩要郡若總饟權牧之官轉漕刑獄之任非精明魁
壘可以折衝禦侮者不在茲選其罷軟弗勝任者易之儲材於閒暇
之餘而拔用於倉猝之頃備邊制敵莫此為急臣妄言有罪惟陛下
赦之

貼黃臣竊見九月丁巳流星晝隕占者以為覆軍流血之象今雖
在晉壄實在益故臣妄謂蜀之邊備尤宜[illegible]講而儲蓄人材尤

邊政之大者伏乞睿照臣恭聞淳熙間有太府丞句昌泰者獻
言蜀中制置使一員任六十州安危或疾病遷改自朝廷除授
動經年歲始至一去一來之時至為利害之機願於從臣中常
儲一二人於蜀令作安撫一旦制置有闕便可就除實思患豫
圖之策孝宗皇帝諭輔臣曰此正在卿等留意今後欲除蜀帥
須是選擇可備制置使用者庶幾臨時不至闕事大哉聖謨誠
可為萬世法惟陛下財察

七年德秀使還上殿劄子曰臣等非材蒙陛下擢將使指俾聘鄰邦
適當朔庭雲擾之秋不克以成禮歸奏然久駐淮壖日聆邊鄙或云
韃靼之衆已陷燕山或謂西夏之兵方窺秦隴或稱兵陸梁有鐵槍
之號或志復父仇興縞素之師雖傳聞之事固有異同而危亡之形
大抵可見臣等夙夜以思有當勤聖慮者敢因賜對而輙陳其愚臣

聞中國有道夷狄雖盛不足憂內治未脩夷狄雖微有足畏蓋昔者
五胡之紛擾與單于爭立之事同而拓拔氏之東西與匈奴之分南
北亦無以異然宣帝因呼韓之朝而益彊其國劉石苻姚之變晉迄
不能以成寸功光武因南單于之歸拓地千里而侯景內附適以兆
蕭梁之釁蓋所遇畧同而成敗以異者豈固有幸不幸哉蓋宣光之政
脩而晉梁之政失也今胡運衰微雖吾宗社之慶然臣等審觀事勢
竊以為深可慮者三亟當為者二何謂深可慮者三曰對境之流民
僅存之遺孽驟興之狂虜是也臣等近抵山陽聞淮北之民扶攜老
穉結筏欲渡者曰以百數雖邊臣謹守疆埸拒卻使還然蝟集而南
者其勢未已蓋其仍歲荐饑重以師旅遺黎荷寡死者什七苟非越
境亡以偷生故其謀遂出諸此今將容而納之固未易處若一切拒
絕彼或萌等死之心設有不幸隨之以潰散之兵繼之以群行之盜

其將何以待之此其可慮者一臣等又聞舊酋之子改元僭號於山
東比者攻圍海州距吾並邊纔數十舍倘其粗能自立遂成瓜裂之
形因而撫柔尚易為力萬一外夷得志必欲殄完顏之宗干戈相尋
為力弗敵兇犇豕突迫吾邊圉又將何以禦之此其可慮者二昔宣
和中女真始大耶律浸微識者豫知必貽中國之患蓋雖均為戎狄
然習安者易制崛起者難馴理固然也今女真土傾魚爛勢必不支
萬一達靼遂能奄有其土疆封豕豺狼本非人類卻之則怨接之則
驕重以亡虜舊臣各圖自售指嗾之計何所不為設或肆谿壑之求
要吾以待女真之禮從之則不可以立國拒之則必至於交兵宣和
舊事可為龜鑑此其可慮者三何謂亟當為者二曰內固邊防外精
間諜是也書曰惟事事乃其有備有備無患傳亦有云無恃其不來
恃吾有以待之今邊庭探報未必盡然臣等所陳亦似過慮然亦至

豫言固嘗為虛若其已至之無所及況積薪欲然之勢日長不已者
乎而封疆扞圉之臣往往內實驚危外示閒暇其說曰吾將以鎮安
物情也獨不知人心有所恃則雖不鎮而自安若其未然則雖無故
而自擾與其避張皇之小害孰若圖倉猝之深憂夫自古立國東南
未有不以兩淮荆襄為根本紹興中李綱建議六朝之能保守江左
者以彊兵重鎮盡在淮襄雖曹魏之雄符石拓拔之衆卒不能一闚
江表後唐李氏有淮南則可都金陵其後失之遂以削弱今朝廷欲
為守備則當於兩淮荆襄置三大帥屯重兵以臨之分遣偏師進守
支郡小築城壘如開新邊遇有賊馬則大帥遣兵應援稍能自守商
旅必通乃可召人來歸漸次葺理假以歲月則藩籬成矣綱之言政
今日所宜用也臣等聞者自揚而之楚自楚之盱眙經行所及凡數
百里平疇沃壤極目無際重湖陂澤瀰漫相連而田野之民又皆堅

悍彊忍無異兒驕脆之氣迨久駐邊城訪問益審凡兩淮形勢之利
如在目中然後喟然嘆曰此天賜吾國以為大江之屏障使彊兵足
食為進取之資也而士大夫習尚因循視其荒殘漫弗之惜田疇不
闢溝洫不治有險要不知所以控扼有丁壯不知所以練習有豪傑
武勇不知所以牢籠收拾之方一旦驚急但思委而去之以長江為
足恃是猶咽喉見搤於人而欲與之角藩墻扃鐍為盜所有而欲保
堂奧之安亡是理也且往者極邊之地城壘不建戍守不增徒以區
區要盟之故今事變一新政吾更張規模之日臣等謂宜及今亟行
經理選儒臣之有威重知兵略者二三人俾之督護諸將其措克自
封殖不立者易之沿江列屯支慮十數萬勁騎精兵皆當移駐並
邊而增募舟師以扼江面凡城池樓櫓之未固者要害之未築者就
遣屯兵併力繕治使沿邊數千里脉絡相聯有貫珠之勢首尾相應

有率然之形兵力既雄民志自固然後大脩墾田之政倣漢搜粟故
事顓為一司以領之力本務農如周秦之用西土數年之後積貯充
實邊民父子爭欲自保因其什伍勒以軍法不待糧餽皆為精兵金
湯之勢成盤石之基立則退足以守進足以攻此亟當為者一也夫
間諜不明最兵家之深忌今女真與韃靼相持蓋非一日戰鬪離合
不知其幾而吾邊臣迄未有得其要領者至如吾林答忠之歸紇石
烈執中之死並邊諸郡言人人殊以此推之他可槩見臣等比至維
揚首聞虜巢摧陷之報質諸戎師亦復謂然迨次脩門其說又異矣
敵國存亡茲非細事風傳不一乃至於斯脫有緩急其將何及昔中
興初韓世忠吳玠諸人捐金募閒如用砂礫故敵人深謀秘計靡不
豫知取勝之術大抵由此臣等謂宜申飭主兵之臣顓任遣閒之責
事之驗否特示勸懲庶幾實事必聞而閫事必實此亟當為者二也

臣等區區本無奇策獨念將命之初逢去殿陛蒙陛下温顏賜諭以
江淮之事歸日奏聞故敢罄竭愚忠期報萬一惟聖明財察
德秀為江東轉運副使奏論邊事狀曰臣至愚極陋蒙陛下選擢將
漕江東朝夕之所盡心不過州縣間常事未足仰報大恩今事有關
於宗社之安危國家之休戚職有常守在臣雖不當言而其義則有
可言者昔歐陽脩以知制誥出為河北轉運使嘗請與聞兵事仁宗
許之臣雖於脩無能為役然亦由詞臣出使且以轉餉為職則邊陲
利害臣敢避晉越之罪畏縮不言臣竊見金虜自失國南遷其勢日
蹙邇者韃靼與西夏并兵東出潼關深入許鄭虜庭危迫之狀見於
偽詔所云近復傳聞敵兵攻圍都邑游騎布滿山東雖探報之辭不
無同異要其大勢必河南數州僅存之地而抗西北二國方張之師
加以群盜縱横叛者四起土傾魚爛厥證具形括馬斂糧公私並竭

交鈔數萬。僅博一餐。危急如此。不亡何待。臣謹按國史。女真叛遼在政和之四年甲午歲。其滅遼也在宣和之七年乙巳歲。是冬即犯中原。臣竊謂今日天下之勢。無以異政宣之時。陛下所以自治其國與外禦夷狄者。亦宜以政宣為鑒矣。以皇皇鉅宋。八葉重光。至于政宣蓋太平極盛之日。使朝廷之上。知守成之惟艱。無難之可畏。惕焉戒懼。以祈天永命為心。親信仁賢。脩舉德政。則國勢屹然有泰山磐石之固。雖百女真其何能為。不幸燕安沉溺之餘。紀綱蕩然。無一足恃。本根既撥。枝葉從之。於是女真得以逞其凶殘。攻陷我都城。傾覆我社稷。劫遷我二聖。荼毒我烝民。自開闢以來。夷狄之禍未有若是之酷也。今將戒前車之覆。求神器之安。其道非他。願以政宣為鑑而已。臣嘗妄論政宣致禍之由。其目有十。夫君臣相敕。維時燕安。股肱不良。萬事隳壞。其在虞廷。猶以為戒。自蔡京倡豐亨豫大之說。王黼開

應奉享上之門。專以逞侈蠱上心。奢靡蠹國用。土木之功。窮極盛麗。花石之貢。毒遍東南。甚至內庭曲宴。出女樂以娛群臣。大臣入侍。飾朱粉以供戲笑。於是荒嬉無度。而朝政大壞矣。其失一也。易曰。師貞丈人吉。又曰。師出以律。否臧凶。言總師必得老成厚重之人。用師必有節制訓齊之律。反是則凶也。自童貫高俅迭主兵柄。教閱訓練之事盡廢。上下陛級之法不行。潰敗者不誅。而招以金帛。死敵者不卹。而誣以逃亡。於是賞罰無章。而軍政大壞矣。其失二也。詩曰。敬天之怒。無敢戲豫。敬天之渝。無敢馳驅。自昔未聞簡忽天變而無禍者。政宣之世。天異數見。星如月。徐徐南行。白黳無光。洶洶欲動。赤氣犯斗。水冒都城。當時群臣恬不知警。方且以惟孽為嘉祥。變異為休徵。此上不畏天戒。其失三也。夫舜之聖。舍已從人。成湯之德。從諫弗咈。自昔未聞飾非遂過而不亡者。政宣之際。以言為諱。張根論征斂之

煩。散官安置。李綱論大水之變。遠謫監征。於是薦紳不敢言矣。鄧肅以進詩諷諫。屏出太學。宋夢說以昌言竄斥偏州。於是布衣不敢言矣。鉗結成風。馴致禍敗。此下不卹人言。其失四也。夫君子在內。其卦為泰。濟濟多士。文王以寧。政宣用事之臣。專以毀忠忌賢為事。凡累朝耆成之望。當代鴻碩之材。不以姦黨廢。則以邪等斥。不以曲學貶。則以異論逐。排沮挫摳之餘。舉國無君子矣。雖欲久安得乎。其失五也。夫開國承家。小人勿用。而難任人。蠻夷率服。政宣之世。京黼繼尸宰柄。貫攸濫廁樞庭。其翱翔臺省。布列館殿。非歌頌詩書。即膏粱子弟。非交事閹寺。即翼附權臣。更引迭援。在廷皆小人矣。雖欲勿危得乎。其失六也。記曰。四方有敗。必先知之。此之謂民之父母。政宣小人。顓為蒙蔽。以欺上聽。劉法敗死西隴。而童貫乃以捷聞。方臘破東南六郡。而王黼匿不以告。郭藥師反形已露。而邊臣掩覆於外。女

真尅期入寇。而大臣諱晦於中。上下相蒙。稔成大患。至虜兵濟河。而朝廷猶未之覺。其失七也。書曰。民惟邦本。本固邦寧。政宣小人。專務聚斂。以搖根本。朱勔以貢奉擾浙右。李彥以括田困京東。蔡京改鹽鈔法而比屋歎愁。王黼創免夫錢而諸路騷動。人不聊生。散為盜賊。雖微夷狄。亦必有蕭墻之憂。其失八也。詩曰。無競惟人。四方其訓之。古者以一士寢敵謀。片言折外侮。政和初遣使覘國。而童貫實行。遼之君臣相顧竊笑。已有南朝無人之譏。北事既興。遂付戎律。以僕隸之才。當元戎之任。節制不明。諸將無所稟畏。庸懦不武。敵師得以馮陵。未幾副之以蔡攸。易之以譚稹。其為駑怯。又益甚焉。於是女真知中國之無人。而異志興矣。此授任非材。其失九也。昔子產以蕞爾之鄭。崎嶇疆國間。區區一環。宜無愛於晉。而子產則曰。大國之人。令於小國。而皆獲其求。將何以給之。一共一否。為罪滋大。大國之求無禮

以示之何厭之有卒不與秦求地於趙趙欲與之虞卿曰王之地有盡而秦之求無已以有盡之地而給無已之求其勢必無趙矣趙用其計而秦不能加蓋有國者不幸與彊敵為鄰當有以服其心而不當徇其欲方女真與遼國交兵雖能每戰輒克然視吾中國之尊如高山大海未易測其雄深何敢遽有他志不幸姦臣竊夫希功寡謀唯恐無以順適其意彼方邀吾歲幣則予以契冊舊數而不辭邀吾燕地稅賦則予以銀絹百萬而不靳至於索犒師則許以犒師欲貸糧則許以貸糧一事方酬而一事已生前請未塞而後請復起一切順承無敢或戾而南牧之師已侵尋於境上矣蓋犬豕豺狼本無饜足徒知徇其欲而無以服其心其禍固應爾也或者惟以納張覺結余覩為造釁之由而不知召侮取輕其漸非一雖微結納之事其能保盟約之不寒乎此處置乖宜其失十也今陛下聖德清明萬無此

失然臣獨怪一人憂勤恭儉無媿仁祖之風而群臣盤樂怠傲乃有宣和之習東南民力耗於軍餉者十八而士卒窮悴常有不飽之嗟災異頻仍備省之實未覩言路壅塞讜直之士弗容君子非不泰用而正論未嘗獲伸小人非不欲遠而讒諂猶或得志蒙蔽之風日熾聚斂之政日滋此失未除臣恐後之視今猶今視昔也雖然臣外有司也其於內事不敢盡言獨請為陛下深陳所以待夷狄者臣觀韃靼之在今日無異昔者女真方興之時一旦與吾為鄰亦必祖述女真已行之故智蓋女真嘗以燕城歸我矣今獨不能還吾河南之地以覬吾之所處乎受之則享虛名而召實患不受則彼得以陵寢為詞假大義以見攻女真嘗與吾通好矣今獨不能畀詞遣使以覬吾之所答乎從之則要索亡厭豈能滿其溪壑之欲不從則彼得藉口以開釁端驕虜之情必出於此不可不豫圖所以應之也自三數年

來謀國者不深惟長筭而一切偷安曩者虜在幽燕吾以歲時聘問已非獲已彼既播越而南獨不可遷延其辭俟復燕山然後玉帛往來如故乃使大宋臣子拜犬羊於祖宗殿廷之下其誤一也歲幣之弗遺是矣然不以還燕為詞而諉曰漕之渠乾涸使殘虜得以移文督責中原豪傑聞之寧不以寡謀見哂乎其誤二也並邊遺民皆吾赤子窮而歸我當示綏懷彊吏非人唯知拒卻固已絕中原之望甚者視為盜賊戮之焚之上流制閫之臣明揭大榜來者即行勦殺西州總戎之帥殺程彥暉一家骨肉於黑谷山秦隴之人莫不切齒召鄰國之侮開邊鄙之隙結遺黎之怨逆上帝之心孰甚於此其誤三也積此三誤而吾國之威靈氣燄索然矣漢昭烈有言爭會之來豈有終極夫誤於前者不可悔而應於後者猶可為所願朝廷毋再誤而已厥今庸人之論有二不曰虜未遽亡猶可倚為屏蔽則曰中原

方擾未暇窺我江淮凡此皆誤國之言不可不察也虜之必亡無愚智舉知之臣不復重陳若昔五胡之亂江左粗安者蓋以群醜並爭莫能相一故吾江表得以偷旦夕之安及苻堅既滅慕容旋起吞晉之謀元魏已併諸胡遂萌飲江之志今新虜鴟張盡有河朔而楊劉群盜又皆往往服從臣恐與五胡角立之勢殊未可為江左苟安之計也或又以為安邊置所儲峙日豐以此餌敵何患不濟臣竊謂不然夫金繒遺虜雖後世偃兵息民之權宜然用之於國勢盛彊之時則是以示恩而不至於召侮景德之事是也用之於國勢委靡之時則適以召侮而不足示恩宣和之事是也儻不思自彊其國而倚賂遺以幸一日之安臣知其非策矣昔孫氏以區區之吳而當彊大之魏若未易為力者然其君臣相與策勵遂能挫曹公虎狼之敵晉氏東遷至岌岌也徒以將相有人處分得所卒能破苻秦傾國之師

國家幅員萬里貢賦雲集帶甲百萬江漢為池豈下於吳晉者而中
外有司忠誠慎激者少委靡頹惰者多一聞赤白囊至則相顧失色
不知所為少寧則又怗然矣國家平時不愛名器爵祿以寵士大夫
一旦有急未見有毅然以戮力王室自任者此臣之所以大懼也夫
天下之勢猶長江大河上流決潰下流必無獨寧之理今荆淮以北
數百里間干戈搶攘戎馬雜襲正如熊咆虎鬬近在藩垣之外而或
者乃曰無預吾事彼其中心實不謂然姑欲罙漏目前攫取名器爵
祿而去至於宗社生靈之憂而使陛下獨當之耳彼群臣為一身計
可也陛下為人子孫任九廟之託奈何付安危於度外乎陛下誠欲
尊國勢以弭外虞則政宣之十失必當懲近日之三誤必當戒庸人
之論必當破自彊之計必當立至誠一心望越上所虞謀兼聽曲盡
下情以收天人之心以合中外之助然天下事猶有可為者若或上

下悠悠養成深患機會浸失事變日殊臣實未知其所終也臣自委
質立朝以來區區之愚唯知有君父有社稷故常盡忠極慮不敢自
為身謀今見時事憂虞如此而顧戀寸祿不為朝廷一言豈惟自負
夙心抑亦有慚戴履是用齋心罄誠忘寢廢食戢成此章欲進復休
至于數四懷不能已卒以上聞意者天誘臣衷欲以感悟陛下儻或
萬一見於施行則臣雖擯廢田里其幸多矣

貼黃臣竊見太祖太宗艱難百戰以有天下真宗仁宗兢業守成
至于徽宗之世宇內承平民物熙洽不幸崇寧而後群小得志
陷害忠良遂使在廷無一君子迨政和初遼國衰微金虜崛起
王黼童貫之徒希功寡謀取侮夷狄馴致靖康之變都城失守
二聖蒙塵追前失可為隕涕臣仰惟陛下銳精典學親御經幄
凡祖宗創守之規模可為今日法者既日陳于前矣至於崇宣
之事可為今日戒者願詔館閣之臣編類來上退之暇暇以時
省覽庶幾姦邪誤國之狀夷狄猾夏之恥一一備見本末于以
鑒前失而圖今得非小補也皇太子春秋鼎盛問學日新亦宜
命宮僚編纂上件故實從容講論其於令德啓發必多臣位下
人微志在納忠狂僭妄言伏竢誅殛

九年表燮輪對劄子曰臣竊惟當今之務有不可一日緩者邊防是
也自陛下更化以來今十年矣築城壁浚壕塹繕兵甲積芻粟習武
藝申軍律未嘗一日不為備禦計也勤勤葺理至于今日宜其十全
無闕物物可伏邊疆隱然有不可敵之威夷狄帖然無敢為寇之意
其理固當然也近者竊聞垂亡之虜輒敢率其餘衆侵我疆埸掠我
人民焚我邊舍儼然有輕視中國之心陛下知其所以然乎則以我
之所謂邊防者未必真可恃也將帥者三軍之司命往時稍有勞績

之人率以罪罷凡今所用新進為多孰為智孰為勇朝廷不得而知
也孰為傑出孰為中才朝廷不得而知也四顧之使聊復用之是謂
之嘗試任嘗試之將而責以真才實能之事豈不難哉然則何以得
良將曰朝廷之上改弦更轍作其怠驕苟安之氣則良將出矣虜雖
微弱而交聘未已所以猶敢桀驁一旦絕之出其不意寧不震懾若
猶侵犯以兵驅之觀其戰鬬而智勇傑出之才因是表見折衝禦侮
不患無人此乃邊防之首務也講和誓書質諸天地邀諸神明不如
約者墜其國可謂嚴矣誰敢違之而殘虜輒敢渝盟豈不自知其非
哉直欲邀我歲幣故為此小撓爾我從而與之是畏其威也是示之
弱也堂堂大朝而見脅於衰殘之小醜惟其所欲略不敢較茲其為
恥辱也大矣使彼猶在燕山其國尚彊未嘗棄好雖與之可也今夫
其窟穴不絕如縷又已渝盟其可與乎稽諸公論萬口一辭謂不當

與。惟淺謀寡識者。或以為當與爾一。或與之。我氣先索。何以立國。方今夷狄。韃靼最彊。及其他豪傑。倔起於虜地者甚衆。見吾怯弱如此。將有吞噬之心。豈不尤為可慮乎。昔紹興中。北虜彊盛。而徽皇梓宮未歸。太母隔在沙漠。故高宗不得不與之和。所給歲幣。减於全盛者半。而當時忠臣義士。猶以死爭之。及逆亮叛盟。親提重兵。大入淮甸。而完顏雍已入於北方。亮尋隕于非命。而雍盡反其所為。其國再安。欲尋舊好。故孝宗减幣而許其和。今之殘虜。與其彊盛之時。固萬萬不侔也。而我之興幣。增於隆興。一如紹興之數。毋乃太不偁乎。毋乃太卑辱乎。借寇兵資盗糧。古人之所深戒也。彼既渝盟。是為寇盗。乃以重幣資之衰弱之餘。一旦得此。必以激厲其衆。又豈中國之利也哉。善立大事者。能反而用之。不以是資虜。而反以制虜。今之所患者財用未充也。然歲幣之數。不為不厚。足以募勇敢。足以旌戰功。自今以往。邊防於此取辦。國威由此復伸。此天所以佑我國家也。其弱也易兼。其昧也易攻。摧枯拉朽。不勞餘力。此天所以授陛下復讎刷恥之機會也。殘虜折而入我。韃靼及夫群雄。知中國有人。莫不慴息。此天所以啓我昌運也。陛下內揆於心。曉然見夫歲幣之不可與。固守而確持之。則可以奉順天意矣。臣聞孔子之言曰。為君難。何其為難也。決大疑。定大計。措其國於泰山之安。天下無敵焉。所以難也。勢則不彊。威則不振。愚人之見陵。重賂以求免。中才常主。亦能為之。何待於聖君乎。願陛下審思之。臣不勝惓惓。

十年袁燮又上劄子曰。臣竊惟當今之務。備邊為急。要當精講而熟計之。吳呂範有言。同舟涉海。一物不牢。則俱受其病。此至論也。然則今之邊防。其可有一事之不備乎。臣職在獻納。不敢緘默。謹以今日六事。公論以為未備者。上徹淵聽。臣聞古之立大事者。必定其規模

而乘其機會。譬如農功。日夜以思之。思其始而圖其終。行無越思。所謂規模也。始如處女。敵人開戶。後如脫兎。敵不及拒。所謂機會也。夫惟規模素定於胸中。緩急先後。有如王朴平邊之策。故守不為徒守。而戰不為浪戰。機會未至。則舒徐以待。可為之時。機會可乘。則果決以奮有為之略。大功之所由集也。今之邊防。亦果能若是否乎。此公論以為未者一也。臣聞古之善料敵者。必察其虛實。而知其強弱。避實擊虛。避強擊弱。則易為力。今日間深不明。懵不知其所向。不擣虛而擣其實。不攻其弱而攻其強。豈惟無益。必將自斃。又何以決勝乎。此公論之所以為未備者二也。臣聞古者百將一心。三軍同力。如心腹手足之交相為用。如父子兄弟之無有間隔。泰誓曰。受有臣億萬惟億萬心。予有臣三千惟一心。此興亡之所以殊也。今人各有心異論蠭起。不以國事為念。而惟己私是逞。甚者他人有能。己則嫉之造作浮言。播於朝路。使有功者不能自安。豈忠於事君者乎。此公論以為未備者三也。臣聞兵不在多。以精為貴。國初兵籍不過十五萬。而征伐四出。莫不如意。惟其精也。自秦檜當國。陰與虜結。沿邊不宿重兵。故大軍屯於江上。有急出戍。給之生券。不為不多矣。然皆習於驕惰。不堪戰攻。故議者以為不若令歸舊屯。而以其生券給沿邊武勇之士。公家支費。不增於前。而守禦得人。遠勝於往。有安居之樂。而無出戍之勞。新卒列營相望。則大軍可以漸減。闕額勿補。以計消之。誠強兵省費經久無窮之利也。而不聞施行。此公論之所為未備者四也。臣聞善馭軍者。必嚴其紀律。白刃在前。不敢不蹈。以為退卻者必死。而前進者猶可冀其或生也。故惟知主將之可畏。而不知敵人之可畏。出師之日。坐者涕沾襟。臥者涕交頤。一死將至。所以悲爾。今軍人遇敵。望風而奔。蓋以為前進多死。而退卻可幸免也。紀律之不

嚴一至於此乎。此公論以為未備者五也。臣聞善養兵者，必厚其貲財。國初沿邊諸將，久於其職，關市之征，皆得自用，以招募勇士，以旌賞有功，以資給間諜，裕然有餘，未必匱乏。中興大將所蓄之財，亦不可勝計。紹興之末，內帑所賜犒軍緡錢，多至千萬，無所靳惜。今日軍用不饒，既無以豐犒戰士，又主將朘削，而軍人益貧，平居憔悴無聊，臨難豈能死敵。此公論以為未備者六也。即此六事推之，其他未備者亦多矣。區區殘虜，敢抗天威，苟不能克，為千載笑。伏惟陛下明詔股肱之臣，大修軍政，如臣所陳六事，靡不更張，以實邊防，以強國勢，當今之急務也。惟陛下亟圖之。

又上劄子曰：臣聞天下之大勢，有安危，有存亡。關乎安危，猶可言也；關乎存亡，可勝諱矣。人孰不知存亡之分，至為可畏，惟辨之不早。於其關乎安危也，不速救之，浸淫不已，則存亡繫之矣，豈不哀哉。

臣竊觀當今之務，惟邊防最切，而其間利害有未易言者。自淮甸以迄巴蜀，皆邊面也，形勢至廣，不勝其備，要當斟酌時宜而善處之。淮甸迫近中都，論者皆以為急，然以臣觀之，近者固不可緩，遠者尤不可忽。臣請先言蜀中之利害可乎。蓋昔者張浚既失五路，力不足以養兵，乃以五路財賦均之四蜀，增立名色，謂之折估，蜀人由是重困，馴致于今，資用耗竭，人情岌岌矣。往歲殘虜寇邊，淮襄之間自尋干戈，獨此一方互市自若，遂啓戎心，乘間深入，殺戮不可勝計。忠義之徒痛其家之碎于虜也，糾集復讎，義固當爾，而我師追而還之，虜躡其後，無所逃死，安得不怨讟並興。慮其難制，盡散之以為農，則安得而不叛。虜窺其意，從而誘之，幸以忠義自名，終不甘為虜役。及其未固，汲汲招集，其亦可也，而事權不出於一，諸司各行其意，於是乎紀綱紛亂，姦宄並作，而關外四郡遂為盜據，此關乎安危之時也，若救頭然。雖危可安，失今不圖，噬臍何及。萬一四郡失守，則四蜀之心搖矣。惟蜀與楚相依以立，蜀人亂，楚將若何？唇亡齒寒之憂，近在眼中矣。淮甸其能自安乎？中都寧不震乎？可為寒心，可為慟哭。此其利害豈直安危也哉。智者圖事，因禍為福，轉敗為功，原紛擾之由，求康濟之策。推赤心置人腹中，則銅馬之流莫不感悅；釋賊將用其計謀，則李祐之徒皆能成功。不疑於物，物亦誠焉，古人此論可謂著明矣。濯西山東之豪所以為我盡力者，誠心待之。蜀之當事任者，誠能效其所為，開示大信，堅於金石，孰不樂為吾用。並邊忠義，聲勢相接，若左右手之交相為援，若兄及弟之共禦其侮，智謀迭出，則殘虜不能支矣。此所謂因禍為福，轉敗為功者也。揚雄有言：御得其道，則天下狙詐咸作使；御失其道，則天下狙詐咸作敵。御之為言，結之以恩信，開之以法度，不疾而徐，巧於調伏，有致遠之能，而無泛駕之患也。苟非其人，就任茲事，擯黜其庸懦不才者，更用其望實夙著者，號令一新，精采俱變，元氣既充，外邪消伏，挈諸擾攘之中，置之安全之域，豈惟蜀安，天下舉安。事之樞要，昭然在是也。惟陛下亟圖之。

十一年，臣僚復上言：慶曆間張方平嘗以為朝廷每備西北，殊不知猺蠻衝突，嶺外南鄰交阯，勢須經營。唐時西備吐蕃，其後安南寇邊，旋致龐勛之禍。國朝每憂契丹、元昊，而儂智高陷邕州，南徼騷動，天子為之旰食，豈細故哉。臣等比見淮甸間版築特興，更戍日益，而廣南城隍捍蔽不講，或迯亡殆盡，春秋教閱，郡無百人，雖有鄉兵、義丁、土丁之名，實不足用，緩急豈能集事。宜於嶺南要地增築城堡，籍其民兵，歲時練習，定賞罰格以示懲勸。如此，則號令嚴明，守禦完固，民習戰鬪，可息猺蠻侵掠之患，措四十州民於久安之域矣。詔從之。

袁說友論楚州屯戍：臣竊謂城守以為固，不若軍心以為固，蓋城雖堅而固之者在人軍無二三之心則誠甚於百二山河之險也故曰衆心成城此言誠在於衆而不專在於城也臣茲奉選命護客有行往來之間道由楚州切觀本州城壁勢極雄壯蓋楚州實為揚州藩籬之衛也臣復詢之淮民與軍士等皆謂自淮而南其陸路至揚州則自盱眙由天長而來其水路則自清河口由楚州而來也然楚州尤為要害者以敵人糧道必由於楚又楚在揚之前其來則楚為之敵若以他路至揚州則楚又扼其後所以朝廷以楚為重城設塹不敢忽也今楚之人皆謂頃年朝廷嘗以武鋒一軍八千人屯駐于楚軍人家屬悉在焉誠足為緩急死守之備自揚州增創堡寨以二時建議者遂移武鋒一軍盡屯堡寨今不過令鎮江都統司每歲更戍于楚僅五千人耳既無老小同行又每歲一替不為久計總司復添支食錢幾二萬緡誠恐緩急之更戍之士各念妻兒在他郡且非久屯更練者恐不能責之死守臣等欲望聖慈以楚城為揚州腹背要害令樞廷相度或不復武鋒一軍即乞令鎮江都統司撥五千人選差將副各同老小就來年二月合更戍日盡與分屯久戍于楚庶不張皇其元來武鋒軍寨屋見今存在却預行修葺庶幾軍士老小同戍且為久計其與無家屬而更戍者事體全然不同他日緩急必可恃以固守兼亦省總司每歲二萬餘緡之費誠非細務

歷代名臣奏議卷之三百三十七

歷代名臣奏議卷之三百三十八

禦邊

宋理宗時寶章閣學士曹彥約上奏曰臣聞夷狄盜賊之患自古所不能無惟在處置得宜然後不能為害所謂處置得宜其略有五一曰守道二曰固本三曰通財四曰稽衆五曰愛民至於擇將練兵事之重者也臣猶以為次也所謂守道者用兵之道必須先論曲直當丙子丁丑間飢民闖邊者動以萬數朝廷恐惹邊釁抑之不納其後邊臣貪功慕簞食壺漿之名延納入境致使重兵在戍十年不撤蠹國害民莫甚於此已往之事不復歸咎矣今當明正好惡定攻守之議廣立規模為長久之計不冒昧而進不蓄縮而退不以一勝而舉手相慶不以一敗而唶舌相視然後可以言道也所謂固本者營壘布列莫先重內古人處置固自有體重兵皆在江內而三衙尤多勝兵中興百年恃此以不恐其後馬司徙置江上而建康鎮江諸軍皆在江北人心易搖姦宄易生設有緩急不能自立為今之計莫若使殿步之兵重於江上江上之兵重於真揚真揚之兵重於楚海聚兵於內守以大將有時應敵可以調發應敵之後復歸本營外雖有警中實安堵此所以為本彊也所謂通財者臣固知治國之道不可以無財有用之財不可以妄用若必以吝財為政則軍事淪於淺陋矣當開禧未用兵以前諸軍皆有回易以至邸店酒息皆有寬剩其不肖者固掩為已有而其賢者猶得以激賞其軍也及乎出戍數多調發不時諸軍在寨所餘無幾營運日削無所取辦而獨於互送之禮買工之弊不肯少損感寒出戰無望牛酒衣不蔽體日食尚闕望敵驚奔勢實使然士大夫但見乾道淳熙間諸軍富足之將謂今日事體尚未改往轍不知開禧以後大相遼絕今若改絃更張必須選擇朝臣

體訪諸軍利害。供其乏困。削其煩苛。若軍用不足。則又捐金帛以助之。一時區處。未免浪費。比之喪師辱國。孰大孰小。此所謂通財也。所謂稽衆者。用兵之道。臨機雖貴密謀。而起事要須兼聽。漢高祖欲復六國。則酈食其、張良各獻其計。武帝誘致匈奴。則王恢、韓安國各逞其辯。用張良之策而漢彊。用王恢之策而漢敗。此其驗也。比歲邊事不常。而朝論過於嚴密。道路妄傳。易以惑衆。浮言胥動。固不足卹。其實意向不決。未易舉事。咨諏不廣。難以至當。洪範稽疑。謀及卿士。大雅先民。詢于芻蕘。今若采之衆論。使之各盡其長。朝廷選而用之。不問卑賤。千慮之愚。容有一得。異時選擇邊帥。亦將於此而得之。此所謂稽衆也。所謂愛民者。自古未有不愛民而可以立國也。今陛下每對群臣。曰以愛民為念。大臣圖座右以愛民為政。御史諫官奏疏論事。曰以愛民為說。而州縣田里之間。實未有愛民之效。有仁心仁聞而民不被其澤。則貪吏之害未去也。朝廷立交承錢物之數。本至公也。彼則以增羨為名。而掩入私室。朝廷付守臣節制之權。本良策也。彼則以私役為常。而脅以威令。籍義兵以備緩急。本善計也。彼則拘之城郭。而失其生業。耕營田以實儲蓄。本古道也。彼則彊之鄉夫。而奪其農事。邊鄙之民。怨懟盈耳。至有緩急。將何所恃。必須懲其一二明示播告。使之改行。率德庶幾百姓安業。此所謂愛民也。有此五者而後可以為國。如其不然。臣竊憂之。至於擇將。臣不敢易言之也。以今之將為皆不可用耶。則將以何人而易之。以今之將為必可用耶。則又不敢以為然也。夫使守道之策行。固本之議定。通財之說明。則識事者必應時而起。稽衆之計廣。愛民之政傳。則好事者必舉賢而進。可以類求。可以意使矣。若夫練兵。則又為將之事。非朝廷之所憂也。臣受國厚恩。無所補報。傾倒所學。不過如此。惟陛下留神。

戴栩奏禦邊劄子曰。臣請言天下之大憂。今殘虜不足憂矣。近而可憂者。淮孽也。遠而可憂者。韃人也。淮甸之孽。雖迹名未彰。而逆節已露。我之耕牛。則倩客以致之。我之戰馬。則昂價以誘之。我之材木。則資以為舟筏之具。朝廷方計糧而為之餉。廣糴以應其需。稍拂其意。則起而殺官吏。焚城郭。暴骨草莽。積聚為之蕩然。一得其善言。則置而不問。夫朝廷不先事以激變。誠大體也。而臣揆之事宜。自可並行而不相悖。陛下與大臣務為恩言以存其終。始申勅制閫。常為之備。俟其有變而誅之。彼之未動。則有所忌憚。動而欲為不善。則天人共憤。而曲不在我矣。韃人之擾我邊陲。西起巴蜀。中經襄漢。東並淮泗。橫亘數千里。度其勢未能如是。汗漫意其群盜潰卒。假托名字。游魂竊息。不然。則所過郡縣。驅其丁壯老弱。以為前鋒耳。若是者當精間諜以伺之。不可聽其自為去來也。然臣謂二者實所當慮。而先為不可勝。以待彼之可勝。則必有措慮之地矣。陛下所恃為攻戰者。將非吾兵乎。所恃為保障者。將非吾民乎。今自三衙達于屯駐。將帥掊刻日甚。借貸之責償。差使之納賂。征行戍守。反利其死。而名糧口券。動占虛籍。甚者家貲豐餘。與夫材力之出衆者。往往貪忌百計以害之。而陛下之兵怨矣。自內郡達于沿邊州縣。朘剝尤為苛峻。稅賦之重。輸贓罰之過倍。楮幣貼入。自為折閱。而茗鹽酒麴。動致破家。甚者和糴城築之類。科抑百端。朝廷雖給本費。以巨萬計。反席卷而藏之。而陛下之民怨矣。兵怨民怨。陛下不得而知。所恃以為耳目者。嵐憲之職而已。間有背公徇私。竊弄威柄。尺牘所馳。轅門鈴閣。無日無之。其營求囑託。如裨校之補陞。掾屬之辟薦。至將州郡。能順適其意。則過雖山積。且曲為之地。尚奚肯為陛下告哉。唐文宗有言。去河北賊易去朝中朋黨難。是雖有激而云。亦未俗之通患也。臣不識忌諱。位卑言高。何所逃罪。惟陛下留意自治之策。使可慮者不至於可慮。則天下幸甚。

湖南安撫大使兼知潭州兼節制廣南李曾伯上禦邊五事奏曰。臣一介踈庸。誤蒙聖恩拔拭。畀以閫寄。冒昧領事。倏又閱月于此。竊伏念職守所在。任一道之寄。則當思一道之憂。邊防所關。得一日之暇則當為一日之備。臣所部廣右。遠在天南。地雖介於蠻徭。民不知於兵革。十數年以來。始傳韃有假道斡腹之計。見於中外奏疏。前後凡幾。其為隱憂。豈待數述。第以抵戍之始。莫急守邊之宜。雖近諜之未有所傳。以前聞而詳考其故。叅之管見。敢以條陳。謹開具如後

一邊防所急。間諜為先。本路與淮蜀不同。盖由為蠻徭所隔。種類不一。語言不通。一介欲前。寸步有礙。稽之前牘。類以為難。前者數年以來。屢下邕宜諸郡。選差体探。邕州嘗遣周超往羅殿。磨

良臣潘住往自杞。宜州嘗遣吳世聰等往特磨道。其去大理。路程尚賒。而況蜀羌以西。又在遐邈。其所刺探。或傳賊犯烏母國。賊攻赤里國。往往得之諸蠻所傳。韃之進退。實不得而知也。中間僅有淳祐五年。因遣屬官謝圖南出邊。得於招馬官所報。始知大理告急自杞。有破三城殺三節度之報。直至謝濟自大理回。經涉兩年。又得一信。始知韃與大理九和之戰。公子和之死。此外俱無聞焉。以此見得自廣遣間探韃。實非易事。今臣到任不敢以此自沮。見與邊州守臣及諳歷南事之人。多方商確。重賞招募有能識蠻路曉蠻語之人。令其結約諸蠻。深入遠探。以伺動息端的。但叅之衆論。皆謂虜若自沈黎以西之諸羌透漏南詔。則蜀閫當先知。虜若自思播一帶之諸蠻透漏沅靖。則荊閫當先知。其與本司欲自邕宜以探大理。自融州以探思播。其去韃境地里委相遼絶。欲望睿慈劄下荊蜀兩閫。應有探到賊動息。以時關牒本司。庶幾本司得以隨機應接。極力備禦。

一韃虜謀人之國。多出間道。嶺蜀相去雖遠。道路可通。實在我者之所當備。其數年以前諸處探報。不暇一一泛考。但觀淳祐五年以來。節次備錄所報。或傳諜入思播。以窺沅靖。或聞取道蕃部。徑趨南詔。或謂吐蕃已得韃賊旗號。為鄉道入廣。此等之報不一而足。是賊之姦謀。委是不淺。及至近歲事勢。雖若少寬。然丁未冬。所傳韃南闖。連為蕃蠻所沮。至戊申冬。復傳韃賊向吐蕃境內。相近南詔。以此觀之。則是虜之進退。遠在諸蠻之外。正自叵測。本司連月以來。未見續報。意者去冬。沈黎奏巖州之捷。虜既北遁。遂寬南侵。由是諸羌據險以自防。若使韃兵無間之可入。則廣中賴以無事。豈不甚幸。第因閱蜀中去年一報。謂虜若

行吐蕃界中。初不經四川地分。且舉甲辰直至大理之九和鎮。丁未則捨九和熟路而取青羌。丁未失利於西莫。先諸蕃又安知不捨諸蕃之熟路。而繞出邕宜。臣以此推之。則戊申既失利於巖州。又安知不捨巖州之熟路。而取他道。有如蜀帥久在西邊。識戎情。於萬里外。其為廣右深慮如此。夫豈可玩。臣近得邕守王雄。畫到地圖。及以謝濟行程互相叅考。大槩廣自邕州入大理界。凡四十程。又二十程至其國。蜀自沈黎至大理之姚府二十八程。又五程至其國。以地理計之。則是自黎雅諸羌由南詔趨廣界。殆無一百程之隔。必南詔之藩籬常固。則廣右之門戶無虞。一罅稍踈。無厭將及。本司遣間既難。豈容坐視。臣妄謂大理諸臣。知慕中國。雖謝濟之已去。有特磨之可通。向後西覺若無警報。本司固不敢外交。萬一虜再窺南。則恐大理之信未

可與絶向来謝濟之徃前帥遣之實奉朝命今臣若不預行申
請臨期豈敢自專伏望聖慈付有司行下以憑遵守
一竊考本司自傳聞斡腹之計講明備邊之宜其遠者不暇考姑
舉淳祐甲辰以来五六年間朝廷之所施行司存之所經畫大
槩以廣右之兵備單弱邕宜融三郡兵屯不滿千經司静江所
管亦不過二千人以上於是有增招新軍之請以廣右之糧餉
匱乏設有邊警非漕計所能支吾於是有科降和糴之請以廣
右之城池卑淺覆之以屋尚不可禦雨豈能禦寇於是宜邕二
州有修築城池之役此三者為備邊之要此外則輯約溪峒團
結民丁備器械練士卒前後樞府經司條陳規畫委曲詳盡蓋
已屢申于公朝矣臣誤膺委寄此来要亦不過遵前人之已行
盡愚力之所至事事而備之旦旦以思以期保固封守然以廣右
事力僅可隨宜而措畫豈敢過有於作為臣之所憂其他姑置
惟以兵力太弱未能自彊非但為韃寇窺闖之防亦欲為諸蠻
控制之計蓋馭輕必先於居重非彊本不可以折衝城池雖修
非兵莫守器械雖備非兵莫持如溪峒民丁之類非有兵不足
以制其命此理甚易見也今一路二十五郡禦諸蠻備海道制
盗賊防溪峒皆仰本司二千餘人調用之中常苟安無事則可
或小有寇擾則可若遇稍稍猖獗則亡具甚矣何以運掉臨期
請師于朝如近歲已備九江之兵已調五羊之戍秪付之文移
報應而已必無救於事也本司昨請招安邊軍三千人迫於錢
糧僅招及八百止今三百人屯邕宜融五百人屯静江若蒙朝
廷更令增招一二千人併與科舉一項錢米以給券食庶幾廣
右聲勢稍壯可以消弭外寇
一廣右之藩籬在邕邕之藩籬又在兩江習南方形勢者素有此
論蓋以右江通大理水路左江與安南接境兩江羈縻州峒險
隘不一先朝疆以周賴此以控制之故也考之邕州圖經兩
江如横山永平等處皆是慶曆景祐間祖宗盛時朝旨措置城
築見得以其地為重如此至於諸峒丁壯則先朝團結訓練建
炎初年再行抄點結成保隊兩江總計二百八十一指揮共計
一十九萬餘人比之熙豐舊數為增其封境之廣闊丁民之蕃
庶又於此可見所置提舉都巡檢使四員分隸兩江左江則永
平太平兩寨各一員右江則横山寨有東西二員平居則與之
平讎殺禁掠賣有寇則調兵於諸峒協力以合戰其次知寨以
下官屬共不啻十餘員中間至差文臣朝請郎為提舉其請給
並依提舉市舶官條例其官名之重又如此臣竊謂祖宗當承
平時其為區區嶺表一隅措置若是周密無非為藩籬計況止
備蠻非備韃也近年以来上下狃於循習事勢日以陵夷諸寨
兵戍既廢舊屯提舉四員秪存虛闕蓋有以身而犯難未聞有
功而見知既無俸可以養廉且終滿艱於得代遂致無人願注
類畀攝官貪婪小人損失人體取輕納侮皆久成風以此永平
之被焚徃見於交人横山之奪即復見於溪峒向也輸納稅米
及錢以供提舉官請俸今皆失隱無復有之向也首領至寨廷
參今率相抗禮甚者反加慢罵矣戕忠祖宗成規百年羈縻以
相安比歲廢壞之若此積輕之勢有自来矣嘉定年間經漕兩
司商議漕司歲撥塩四百籮以支兩江半年俸給亦嘗有意經
理近歲守臣謝子彊王雄條具邊防事宜申明經司湖南憲宋
慈條畫團結峒丁等事申樞密行府與夫本司前帥皆嘗講畫

欲得措置修復固已辟廖一飛者充左江提舉矣今兩江仍前未有正官諸峒未免仍習前態南邊一層藩籬尚止一二千里纔自毀撤置弗葺理深為惜之以臣愚見今欲復四提舉官未易有此事力盍若且復其二左江則駐永平右江則駐橫山蓋此二處人皆知為今日控扼陜理防備幹腹之要地略倣祖宗之制消重提舉之權許令經司踏逐武臣優其資格假以添差本路兵馬副都監以居其官其餘諸寨皆分聽兩提舉總轄許及二年不候替離任照例推行到任任滿酬賞任滿與本路州壘差遣亦猶瓊州將領任滿就除海外軍壘之例併從經漕司措置任責以多寡分認各官俸給經司儻無此力請之於朝且未得催索諸峒苗稅除見管兵外經司各假以戍兵數十人隨往各處俾令行之以漸徐就經理未可為之太驟以啓猜疑如

是而得人任之加以數年蠻心稍知漸復舊觀必能隱然為吾國保障但患行之不力耳經司去邕十八程自邕至兩江又復數程此則全在邕守之任其責有扶持無沮撓臂指相應痛痒相關顧何事之不濟哉否則亦徒言耳欲望朝廷裁酌如其說可行且乞下邕州守臣條畫始末取朝廷指揮施行此乃南中備邊第一事消尾大之患釋齒寒之憂莫切於此

一言備邊於廣右者數年以來講明條畫一則曰輯約溪峒二曰團結民丁監司帥守之建明樞密行府之經畫與夫游談奏議率以此為先務今臣檢照前牘所謂輯約溪峒則類是損犒沫之禮物給借補之資帖取名作帳狀曰已令措置關險糾集保守其實相與羈縻而已稍有實作區畫即生猜疑如融之大步嶺宜之隴標寨屢立蠻僮即焚前帥董槐侍郎固嘗見於申請亦以惹事端為慮今官司輯約使之不為我梗諭令自保鄉井姑為籬落則可未可恃之固吾圉也所謂團結民丁則沿邊民丁之在省地者有限居溪峒者為多先儒所謂養兵數百而獲十萬民兵之用皆峒丁也往時邊州紀綱修明號令信服乃得以疆理之雖其說如此蓋亦未嘗用之也況今時異而事不同乎前帥蔡範侍郎嘗申陳民兵利害亦慮邊民鄰境易致疑愕論述甚詳今官司團結其間散在徭峒號召之既難使之自備器糧資費之豈易必盡得其首領之心然後可賴其丁壯之力此姑用之以壯聲勢則可亦未可全恃之為吾用也臣非材被命此來所部尺籍既虛於此三者亟討論措置乃職分所當先豈敢不加之意近略檢照邕宜融三州二三年間案牘之所載溪峒之在邕州則樞密行府嘗差邕倅黃夢應者團結右江

唐興歸樂等州一十八隘又新置古細首領黃賢能等一十九隘宜州則守臣曹暕亦嘗結約矢地蘭州等州峒首領羅光具等一十二處融州則差曾有開結約所部諸款以路萬里為諸款首或遺以銀牌鹽錦或假以資帖名目或與之結立盟誓諭以無事則守險隘有警則協力勦逐此近年溪峒之見於已行者也民丁之在邕州則已具之前項左右江之所陳不暇遠攷近自淳祐八年經司嘗行下團結兩江諸州峒丁壯右江則黃夢應具到名帳共計一萬九百六十二人左江則廖一飛具到名帳共計二萬二千六百人其本州民丁在外如宜融兩州則淳祐五年亦有團結舊籍在宜州則有土丁民丁保丁義丁義效撞丁共九千餘人其猗撞一項可用在融州則有土丁峒丁大款丁保丁共九千餘人其款丁一項可用淳祐八年本司亦

嘗行下團結。却未見申到。大率出於省地者。以家業充丁。或老
弱。或冗雜。未免備數。出於溪峒者多習於戰鬬。如藥箭如標槍
皆其所長。此近年民丁見於已行者也。臣抵此雖未久。朝夕考
求始末。即欲申嚴行下屬。以邕宜兩郡守皆將吏易難以責之
措置。融守謝圖南近却申本司。欲乘此農隙教練民丁。已即從
其所請勉之究意矣。第臣私竊過計近自蜀西少緩窺闖之報
便覺嶺右浸寬備禦之憂。前項結溪峒團民丁。纔一有所施為
未免即生疑慴。前者朝廷行下閫臣奉命經理。上下知所遵承
今臣雖為此來。亦未準朝廷指揮邊防戒飭一字。臣若安於循
習。則失於先事而慮之防。若亟於講行。則恐有無事自擾之誚。
蠻猺環境。動生猜疑。舉動稍輕。大係觀聽。茲不容不謹如此。臣
欲且行下三郡。各照已申經司之舊籍。其溪峒則諭令首領遵

守成規。布恩信以示撫綏。葺險隘以作隄備。民丁則因其名帳
常加覈實。以彊壯而補老弱。因閒暇以加訓練。庶幾近年之所
已行。不至既久而付文具。俟其逐州申到。或有合作更革措置。
又當隨時區處。若州郡事力不及。經漕兩司却當與之通融助
給施行。欲望朝廷劄下邕宜融三郡守臣遵守
貼黃。臣前項開畫之陳。雖為幹腹之慮。載念自古兵家有出間道
以謀人之國者。類以偏師濟。如深入險阻。重兵所難。今者韃戎
窺闖之討。固難喻度。所當預防。然以臣涉歷淮事覘之。每歲虜
當隆寒草枯風夏蝨出。不容不去。今自西羌越南詔。欲以窺我
馬力所及。容或有之。然謂大勢遠來。其謀恐未至此。但當申嚴
邊備。常若敵至。區區所陳。蓋又慮慢藏誨盜。如舊歲南丹它寇
之驚。交人假道之報。有不得不防者。非止為備韃計也。

曾伯判閫回奏四事劄子曰臣猥以庸謬本無他長遭逢聖時叨
被煩使。戍淮圖績曲荷保全。入嶺無何。曾蔑補效。自天申命易地上
流。任重恩隆。犬馬難報。恪共賤次。亦已兩旬。事雖多端。未易縷數。竊
伏恭念乃者季春三日奎畫誕頒。預授閫規。其條有四。曰推廣屯田
勸督耕種。可以代和糴。建置榷場南北互市。可以省科降。修復城池
可以壯藩屏。撫輯流徙。可以固人心。大哉聖謨。此真守邊之良策。當
世之急務也。臣不武。何足以上副隆委。然自服膺訓飭。顧竭涓塵。
斯夕斯念。此至熟。今者既臨疆埸。親訪軍民。聿昭聖主萬里之明。可
無愚臣一得之獻。臣謹不避天威。為陛下條陳之。臣竊見京湖自江
北諸城往罹狄難。閑田曠土。彌望荊榛。皆二十年前禾麥膏壤也。然
而不患無可闢之地。所患無可耕之人。在我固無出因田之謀。在敵
則當防因糧之患。比連政制臣所以艱於經畫。未易廣於開拓也。本

司所管江南江北屯田人。謂孟珙嘗云尚餘九百萬畝。以臣愚料。珙
亦誇言。儻計夫而授田。以何人而充募。稽其舊籍。汗漫難考。珙存日
歲耕。今已莫得其實。但聞其末年歲上朝廷物斛不過二十餘萬石
賈似道以盛年精力極意經理。田萊加闢。稱人成功。視珙時固已推
廣倍半矣。然歲租之上。僅能及三十餘萬石。計諸項畝所收。固不止
此。然軍民雜耕。官吏程督。牛種器具。歲時賑貸。工本於此乎仰。而又
司存生券貼支。無藝頭目。添給月廩。浩繁。南北之應酬。緩急之樁備。
舉是數者。皆取給焉。譬諸常產之家。仰為卒歲之計。似道非不欲具
以成數來上。蓋以此也。臣今驅馳入境。已是六月初旬。勸督耕種。已
非其時。方幸諸屯將遂一稔。積雨成潦。江湖泛溢。田禾類傷。於戶淡
歲事已乏於全功。而況本司今春優恤佃戶。又以每畝減租二分。有
差。今年所收。其視似道連年之數。決是不及遠矣。君曰欲以收[illegible]

代和糴則恐其間秋收雜斛豈是以充軍餉歲科經費必至於誤邦儲糴時一失糴價倍蹋將徙咎無及也昔羊祜屯田襄陽始至軍無百日之糧季年乃有十年之積此亦須遲之歲月功效乃見固未可責之旦暮也臣愚欲望陛下念邊寄之匪輕期田功之經久堅持定畫委任責成容臣自今以往廣招農佃墾闢荒閑親率勸課思廣積貯他時稍增塞下之耕或可少寬湟中之糴此推廣屯田之說也臣竊惟南北互市所以懋遷有無通惠商賈往年與金為隣沿邊置場之利公私共之近歲韃與中國交兵嚴貿易之禁始於邊州守將傅易馬足繼之藥物錢貨私相交關臣在淮時已親其事然其交猶有場其來猶有限未至如近日淮邊之皆可自為也財計所入固宜歸之公家豈邊臣可私但臣竊觀京湖之互市與淮間之互市異蓋淮去北境止隔一河北客率是賫已貨載吾土以求鬻於我京湖則置

場所在此襄彼樊惟此一處可通自江陵賫貨而往何啻千里載以舟楫衞以軍兵泝流而上尤費月日所歷無異生界以此淮之互市不拘冬夏之候荊之互市惟在夏潦之時秋水一枯舟不敢踰郢矣昨自孟珙至賈似道任內每夏僅止一兩次貿易似道視珙時固已有加然聞之舊歲不過得銅錢數萬餘則如當歸甘草雜藥之類皆滯貨也計其息若贏羨之可數視其本或變轉之尚難所得幾何厥費尤甚司存徒以置場則可以覘虜情可以得韃馬可以通襄陽一綫之脉志不盡在利也邊臣能為公計苟籍此有餘積亦猶國之外府然若曰目前欲指擬以省科降則恐藥物之類從來得錢軍務等需何所取辦此場必至於廢而不敢為矣又況北方頭目大抵多貪可以利誘昔良平以金啗秦楚之將高祖聽其用而未嘗計卒能成大功其可不略假之乎臣愚欲望陛下寛邊臣以責大體通北貨以

疑敵情異時閫計之可支斯亦國費之自省臣聞自今樊城略有北客正欲遣舟辨貨而往初為交易宜亦優容若欲定其成規當俟嗣歲此建置互市之說也至於脩復城池則臣竊惟方城漢水自昔用武之國向也壁壘相望藏護風寒今惟南郡一城巋然江北與夫下而漢陽耳漢陽距郢一葦虜不易窺如南郡城池則近歲賈似道一新規模從事畚築亦既浚淺而培薄轉瑕而為堅矣此外諸城多在窩治鑿斯築斯固未有及是者臣伏讀脩復之詔睿謨宏遠蠡管莫窺悚然未知所措竊計陛下披輿地圖指示郡國不忍墮甑之視將復金甌之全聖意蓋有為而發也臣自抵戍所訪諸故老諸校皆謂虜自十數年來沿邊無可覓食稍遠區脫人非城是山河不殊曩時擊柝之地往往嘷狐狸而長荊棘矣有志之士豈不感歎況以睿訓之丁寧如此臣子之責任當然諸酋之骨肉方爭中國之機會難得

陛下念慮及此真宗社之福也然前此閫臣志在王室亦皆有經略之意或者養威伺釁來見可為處力揆時將有所待歷年雖久抑亦教訓生聚根本之未立陛下不以臣無狀今欲付之以此捐軀効力固不敢辭但今兩路城之未復者曰襄郢隨棗安信鄧復武當荊門凡十郡（房元無城）未暇一一枚舉而襄陽天下之脊國之西門古郢荊州通襄脉絡將大為經理之計抑姑為徐進之規私慮我必守者彼所必爭其進銳者其退易速昔趙普論幽燕之伐曰以取以翰守以至於孰可為代規圖天下大事反覆深慮如此猶恐成敗利鈍不可以逆睹不然則徒為褚裒商浩稽貽笑方冊也今將為脩復某城計則當度有司量功日兵用幾人從何而調（不可盡撤見屯兵力當防其乘虛）糧支某歲從何而取（須是令外辨此一項粮食不妨常泰）器械從何而辦財用從何而給城未成而敵已至則將何而應凡

畀草實所需物物預圖事事經慮一毫不可以欠闕當如孫叔敖城
沂之舉使封人先慮而授之庶可不愆于素無虛役而有成績更惟
聖慈與大臣熟圖而措授之至於撫輯流徙則臣竊惟兩淮頻年受
兵而民之避寇江南者猶頗衆京湖連歲稍戢而民之復業江北者
已漸多且聞去歲以及今春邊民之携老幼驅牛畜歸返其舊土者
鱗鱗不絶于道遠而隨棗襄光之郊亦有人矣其尚寓近裏者則又
公家給之牛種處之耕佃聽其酤販弛其色役其視往時哀鳴嗷嗷
大不侔矣此固衆人視之以為喜有識思之猶以為憂也蓋由近日
以來邊人相傳虜哨不入將謂疆場自此無事恭然散居郊野不復
隄防深恐對壘非衍驚擊必匿慢藏啓侮將厚盜資臣夙夜思之方
此申諭諸郡俾相告戒類為保伍無事則耕以自給有急則收之入
保所行雖若遲鈍不可人意實切於為邦本計也伏讀撫輯之訓敢
不益加勞徠安集以稱明天子德意然臣仰窺聖慮俾固人心意者
為藩漢之撫摩不專為吾民之流徙與言及此臣罪不勝所恃明主
可為忠言愚臣豈敢有隱蓋自孟珙招納太廣不為居重馭輕之思
似道恩結雖優浸成外彊中乾之勢今則諸屯典旅多是其徒有持
阿授柄之憂滸岸列營撫如驕子有積薪厝火之慮華而不發苟以
無虞爕食安居梟將既用臣觀京湖之所處者其視東淮不及遠矣
臣今雖恭奉宸旨撫輯兩字銘著諸心待之南北之一家俾無爾汝
之形迹然以前人養虎常飽猶恐拂之所謂詐狙作使求易御者臣
嘗觀東漢末年處降胡於近塞異時劉石輩多出其中符堅不聽王
猛之言亦受鮮卑之患皆可鑒也此豁養成要已非一歲于此往者
則幾藉以脅繼者則惟辛其弭若不及今商確預作圖惟如療病於
未病而使醫如治水勿與水爭勢涵洪優裕勿露機括思所以處

之之地用之之方陰消而潛革之臣恐異時不能不勤宵旰之憂也
光武推赤心置人腹裴度待蔡人即吾人明良一堂恩深義結固無
是慮臣之此言似過然亦出於拳拳發緯之心爾伏望聖慈密與大
臣而圖全之以上四事皆恭因聖明之訓用輒進狂瞽之言要濟靈
威謹跼蹐以俟鈇鉞此外猶有祈控於陛下者臣自頻年災患百念
彫零思慮不及於前時材力豈堪於重任封疆盡瘁所不敢辭餽餉
攸司實難兼二蓋人品智愚之既異而物理盈縮之相因人知為閫
費廣之類以相通臣則懼總計支吾久將不逮陛下且謂日用如故
歲入頓虧其可以有立乎譬如中年之人氣血豈能與盛年比病證
方異而醫者謂上充盈攻而朘削之使盛年處此亦不可同前日語
況衰竭者乎強曰精榮以養衛正恐不日榮衛之俱虛也臣愚欲望
聖慈早賜別選計臣俾臣專意兵事若或委令兼任亦須少存舊規
使得求肩一心展布四體誓當九殞以報乾坤之大德乃若胸臆所
蘊筆舌難窮併乞睿照。

曾伯為淮東制置使奏詔言邊事上奏曰臣所準御筆指揮仰見陛
下申飭三邊廣延群策將以圖回實政豫伐敵謀臣恭體神謨兢釐
愚慮伏讀密札所載自兵備而下條目有七臣之所部兩道下有四
州所在皆當風寒我馬一入無所限障凡而隄防備禦之具千條萬
緒未易枚舉大要一城之兵當使可自為一城之守臨急望援決是
誤事其有戍卒不及急當先期分布臣竊計諸州守帥仰承上命必
能殫智畢慮見之敷奏矣臣竊謂沿淮城壁連年修浚粗周惟壽泗
暨漣越在淮北雖葺理不廢而疎略尚多沿淮糧食諸處運發無闕
惟豐濠及壽遠在淮西雖向後譏可支而所憂在難繼此二者未免
尚屢廟堂之問乃若賊情所在則老罕諸酋睥睨於我者也非一朝

于此。春秋更哨。盖将以歲月弊我。兩年以前，河南宿亳應求間賊猶棄弗守。去歲以來，廢壘城矣，闢田耕矣，而且積粟於境，治舟於河。此其姦謀，非有所圖，而河北據招泗濠梁，報到賊中事宜。今秋之入，又欲早於去歲。臣已申之密院矣。彼之謀我若是其至，我之待彼，然則又其可忽。乃舟楫之當戒，險阻之當治。臣熟觀已事，遠慮未然，晝夜以思。今日邊頭之事，淮面湖面為急。博采衆論，亹亹然非不可聽，然不要其利害之實，甲可乙否，徒費空言。臣請別白而言之。臣竊見長淮諸隘，如安豐之上則潁河口，濠梁之上則渦河口，招泗之上則五河口、達河口，淮安之上則大小清河口，皆是賊舟可以出淮之路。往年下流謹舟師之備，而上流無隘口之防，賊亦未習於舟，不敢輕突。近年、來安豐則防潁口，濠梁則防渦五二口，淮安則防大小清河口，如達河等處招信亦往防托，規模布置，似若嚴密，非不欲遏截此

虜使不得渡。然觀近年與賊應接，止是壬寅之秋，劉虎始以舟師在五僅收一捷。然不能過虜舟之不出，虜馬之不渡也。是年主將幾陷賊矣。逮至去春，賊之圍壽由潁出，冊豐壽兩郡差調謝天祐、石閏等諸郡舟師防遏隘口。兵力不為不多，賊船一出，蕩不可禦。去秋五河措置趙亮連月整葺堡圍，備竭心力，臨期益以劉虎、湯孝信舟師，何啻萬兵，與賊相持累日，弗能遏。賊兵張濟、呂文德雖以捷告，然僅收之桑榆耳。至于今春，以文德、文充聚重兵於此堡南北之銳在馬轉戰幾晝夜，賊勢四集，圍堡亦遂弗支。若非文德見幾急急收斂入濠固守，豈不中賊毒手。即是數節，反復以觀前項諸隘，今始未知備禦之策。盖舟師本我長技，賊乃習而用之。由諸隘出淮，皆順流建瓴之勢。而此賊又於南北兩岸夾以馬步，翼以砲弩，每每我以一面而受敵三面之鋒。而又衆寡相絶，勢所難禦，非我師之不盡命也。今

來秋防[illegible]。即方欲再責諸將措置堡圍，則觀諸已然之事，深恐緩急徒損威[illegible]。稍闊防置而弗備，則賊舟上下往來，蕩無限禁。長淮千里與我共之。我之咽喉脉絡，為彼所斷，諸州糧援，豈不可憂。今只得思變通之策，姑捨諸隘一備，而於沿淮諸州擇要害去處，各置舟師大屯。城擺泊臨流，扼抗以虎視諸隘往來，隨宜防托。自五河而上舟用輕捷，招泗而下則用巨艘，使賊有所顧忌，縱或侵犯，我得以臨機制之，猶有取勝之道。此淮面舟師之當戒者也。至若淮東射陽一湖，地跨三州，自上口以至廟灣，上下三百餘里，所謂湖者，初無澎湃瀰漫之勢，秋冬之間不過一衣帶水，投鞭可涉，往時山東紅襖之兵皆能習知湖澳地里。賊之垂涎，薦食非一朝夕。連年出沒湖西，雖抄掠之患猶淺，而賊之來路已熟，血入于牙，殆浸淫未已。兩淮自十餘年來，生齒蕩析，半成荊榛，根本之地得此湖在，良田沃壤，稻粱所生。

民食兵儲，歲所取辦。其中資貨人畜聚落，實繁中間。所謂水鄉可恃不過如德勝湖、博支湖二水面稍闊，胡馬難侵。其餘雖名湖灤，非有巨浸。至於海岸，丈皆平川，我之能往，賊亦可到，果何恃而不恐。臣往在京湖，嘗聞復州諸湖，非不恃水，卒亦不能禦此寇之入。繼在淮西，親見和州麻湖，乃丙寅間居人避虜之地，亦為賊以計取，卒用其衆轉而他攻。此皆往事之鑒。臣嘗慮及此事，將來為淮東之患者，必自射湖始。壬寅之秋，賊分兩路侵犯，一從平河過湖西，一從泰州沿海溝而入。是年湖中全無兵備，其不至滋蔓者，幸也。次年臣嘗委官白事廟堂，乞令項招湖兵五千，置一總管駐之，與從事令為湖中之備。此策弗售，徒能言耳。後來朝廷命高郵守臣節制[illegible]湖，亦不過行團結之政，分委水寨頭目，各相保聚，自為防托。寇至則淮、郵、泰、楊各調少舟師以防遏之。然亦僅可分布控扼，使此賊不敢徑涉，虞吾之襲

其後耳若曰可以遏此賊之不渡未敢以為然也而况湖中舟備如
自平河過湖西一路則猶或可遏萬一賊用故智復由海濤幹腹透
漏則我之舟楫反在賊背豈可不慮近自賊退後訪之各郡守將及
士夫父老有謂團結恐誤民不若聽其遷避者有謂守射湖不若守
運河者有謂宜復寶應舊壘者有謂宜築堡于平河黃浦者詳玩數
說見各不同深思其宜各有得失若曰盡令遷避則一湖數十萬之
生靈何地容之若曰欲守運河則自維揚至淮安三百餘里除水灤
隔絕外其可入湖者不止一路又安得有此一項兵力以分守此河
若曰再復寶應則又添此一城之守既坐寶應亦不能遏此賊之不
過若曰築平河黃浦責之高沙淮安則高城大池猶懼賊犯臨河小
堡何以抵當臣憂心如灼實未得其長策近見委官再往郵淮兩郡
謀之守將臣意欲得團結遷避兩說並行水鄉之深闊可恃賊所不

可到者從其團結以避寇其他令淮安泰州高郵各從其境預行告
諭委責頭目遇到秋防寇至入城遷避惟有此策尚或可行此外寶
應及湖濱亦量用舟師往來耀敵以防賊由平河入之路泰州堡城
一帶亦用官民船張耀以防賊由海濤入之路然亦止可以為賊勢
小入之備儻其大至則地勢綿亘之廣兵力散布之難可不深憂此
湖面險阻之當治者也凡此二者切於目前臣憂此熟矣今雖待罪
將去敢不力疾以聞伏望睿慈速下有司更加商確如臣言可採早
乞處分行下秋風不遠顧軫淵衷江淮相為表裏藩籬堅密門户自
安惟陛下亟圖之

貼黃臣有少管見言之若涉於臣之利害然實切於國之利害淮
西安撫使王鑑與淮西招撫使呂文德近來名位相將意嚮不
同其守廬守濠事績自不待辯然臣觀鑑又不樂制司之居其
上文德則不甘鑑之居其下同舟遇風豈宜自為胡越臣得近
日左相緘示廟堂條具奏請亦已明知維揚兼制淮西地遠勢
均運掉不行而招司自謂贅員常懷觖望非更張不可是說也
已在神謨廟筭中矣此聲已出恐難置之不問兼臣今日據文
德所申既欲辭新除之命且欲免招司之權明有贅員觖望之
言而遺臣書其言頗激若只仍此局面決貽顧憂他時設有疎
失無謂臣不具奏臣雖將罷去敢不盡言以臣愚慮莫若罷淮
西制置司或併歸王鑑權管却分呂文德過淮東界以沿流一
大郡分淮東安撫一司以界之仍界兼節制沿淮諸州策應軍
馬如揚州則只以淮東制置使兼知庶幾東西兩道得兩大將
臨其前各有責任無相推托如淮西湖西俱有可恃權時制宜
無易此策伏乞睿斷

李鳴復上奏曰臣蜀人也三仕劍外蜀之安危成敗嘗身履而目擊
之今蜀民困於科擾之煩蜀兵壞於驕縱之久蜀財竭於費用之繁
其可慮者多矣而關外五州所以蔽捍全蜀利害尤重謹摘其切於
邊防者二事以進陛下幸垂聽焉一曰復家計寨之舊二曰增忠勇
軍之額寨之有家計向者吳玠實創之岷曰仇池鳳曰秋防原階曰
揚家崖成曰董家山是四者皆有險可恃有泉可飲又為之糧以食
為之屋以居無事則寓于州有事則歸于寨其為慮蓋甚悉也自紹
興至開禧虜嘗侵犯矣視之而不敢攻以有險在前也過之而不敢
越懼吾之襲其後也古人設險守國殆不過此曦變以後一時邊帥
欲築城以為守而家計寨之實遂廢曩時蜀帥又欲刱柵以為固而
山寨之役遂興夫謂之山寨與前所謂家計寨若類矣而實非也蓋
家計寨凡四擇地利之絕險者為之而山寨則為數七十無其險也

家計寨之設乃官與民相保聚其力是以捍敵而山寨則家自為活無其力也彩畫成圖但誇觀美多張虛勢無補實用是驅之使就死地也以山寨之受禍也而併與其足以避禍者廢而不葺亦未之思耳臣故謂家計寨當復其舊者此也軍之有忠勇初以陝西弓箭手法為之興洋曰義士金州曰保勝京西曰保捷而關外則謂之忠勇是兵也可以攻可以戰而尤利於守蓋有墳墓屋廬以繫其志有妻子骨肉以堅其心其勢當效死弗去也關外之賦總不過四十萬若盡蠲以為軍二人執役數人荷戈隨之籍一萬人可得數萬人用古者寓兵於農何以異此韃靼之入制司懼其勢之難以支也徧給旗榜以招忠義事定之後又知忠義之不容散遣也創置軍籍以行屯田夫謂之忠義與前所謂忠勇若一矣而實殊也蓋忠勇軍自給衣粮器械而忠義則給之於官者也忠勇軍有常產故有常心而忠義則皆烏合者也責以屯田未必果能執耒耨其實數未必果皆按籍此蓋不能無弊也創增官券以養忠義而其不費官券者乃寢而不行亦幾倒置矣臣故謂忠勇軍當增其額者此也家計寨復則保聚有要地而人心安忠勇軍增則備禦有勁兵而人心固臣之所論非特為五州計為四蜀計也陛下如以臣言為可采乞下四川制置司參酌施行

鳴復為侍御史論今日當議備邊之實上奏曰臣竊聞韃使之來朝廷議所以待之今之議和猶昔之議戰也臣以為和戰皆不必多議所當議者邊備之實爾臣嘗觀班固論漢一代御戎之策至其終則曰來則懲而禦之去則備而守之其慕義而貢獻則接之以禮遜羈縻不絕此聖人制御蠻夷之常道也夫懲而禦備而守此最邊防急務不容一日闕者而今焉上下皆忽之問之朝廷則曰已行下戒約

行下隄備矣問之邊帥則曰某處差某防遏某處差某屯戍矣驗之以事實未見其實也何以知其無是實往者汴京之得捷報飛來謂全子才陳兵以護關庭趙葵諭衆以宣德意又申諭諸將益整六軍渡河陰之師奪孟津之險朝廷亦信其言第功行賞矣小戰纔卹望風皆潰守禦之實安在已而趙范至浮光齎書告廟堂曰淮北之守已遣五千人屯息二千人屯蔡矣又遣李寬孫軍勝守鈞守許厚犒而往斷可得其死力矣雖使敵國有韓信復生亦恐未能勝范也其詞甚壯若無復可慮矣而哨馬一至數州俱陷守禦之實何有前日無其實而徒欲僥倖乎戰之捷今日無其實而又欲僥倖乎和之成謀國若此豈不大有可憂也哉臣謂韃使之來隨宜區處視其貢獻之物隆其賜予之禮寧過乎厚毋傷乎薄使一二犬羊弭耳而退足矣若曰仗一王檝可堅兩國之新好遽恣一鄉伸之可復中原之故境恐無是理也金昔以和誤我韃復以和誤金商鑒不遠而猶欲蹈其覆轍乎為今之計當移所以議韃使者議邊備舉所以講虛文者講實政財必欲其豐糧必欲其足器械必欲其備人心必欲其固士馬必欲其壯健而又擇良將以任之使吾邊陲之間屹然長城隱若敵國則有所不和和無不成有所不戰戰無不勝矣此上策莫如白朝廷所宜加意者在此不在彼也惟陛下垂察

貼黃臣既謂韃使當隨宜區處不必多議矣似聞朝紳有以借吉服一日爲言者此隨時俯仰不知大體者之說關係甚重有不容默夫中國所以異於夷狄者以有禮義也國家大典禮豈宜為夷狄一小使輕易陛下方以孝治天下行之三年而遽壞之一日可乎併乞睿照

鳴復又論和議不足恃當以守備為急上奏曰臣竊見韃使之來引

見已畢。此既待之以有常之禮。彼亦不肆其無厭之求。由中及外。咸謂自今可以發干戈為玉帛矣。而臣愚不識事勢。獨有憂焉。臣之憂非於今日而後發也。往歲之秋。適當輪對。是時朝廷。安襄陽遣使銜命而往。猶未出疆也。臣妄謂虜之情有不可測者二。有深可憂者一。既踰一年。而虜使再至。其狀猶前日也。臣之憂亦猶未釋也。臣之所謂不可測者。人皆見之。不敢贅述。所謂深可慮者。人未必皆知。蓋其可不申言。以冀中外之警悟乎。往者寶慶丁亥。虜嘗遣兩金牌至蜀。大書偽號于牌之上。自謂為天所錫。附以幅紙幾百有餘言。狂僭異常。悖嫚無禮。其桀只欲吾投拜。否則廝殺耳。彼所謂投拜。即吾之所謂和也。吾以講好為和。彼則以投拜為和。舍非不通好也。通好而不投拜。其禍卒不可解。於他國亦然。此豈可不深致其慮哉。王檝之來以宣撫為使名。只此一端。便覺可怪。臣閱邊報。虜人蹂踐關隴。占據河南。有所謂宣差矣。有所謂元帥矣。名曰宣撫。獨於王檝見之。雖往時密院劄下襄陽。亦曰蒙國偽宣撫。此名何為而至吾國也。臣觀檝之為人。外雖恭順。內實姦詐。意其涉吾境也。固例曰通好也。曰議和也。其反命虜酋也。未必不曰。吾使事畢矣。由鄰境至國都。皆聽吾之宣撫。不吾拒矣。異日見之國書。萬一有如金牌之僭嫚。我其何以待之。將卻之乎。抑受之乎。卻之則貽禍目前。受之則貽羞萬世。利害既廹。吐吞不能。臣恐紹興故事。將復再見。宰相不免為秦檜。執政不免為孫近。在朝忠憤之士。將有如胡銓者出。寧欲赴東海而死矣。陛下試觀鄒伸之等。草草來。能如富弼肯與虜酋爭獻納二字乎。肯辭官不拜。謂虜或敗盟。死且有罪乎。一意詭隨。首端捏合。是亦王倫耳。慮事當察之於始。防患當謹之於微。先事而為言。則亦當先事而為備。然則策將安出乎。自昔待夷狄之說有三。曰和。曰戰。曰守而已。和戰蓋

相反。而守則行乎二者之間。不容以一日闕。不戰則和。不和則戰。此所謂相反也。能守則可以和。可以無和。能守則可以戰。可以無戰。此所謂不容一日闕也。為今之計。嚴吾守備以待其勢之自定。斯得之矣。天險不可升也。地險山川丘陵也。王公設險以守其國。此以勢為守者也。鑿斯池也。築斯城也。與民守之。效死弗去。此以人為守者也。固國不以山谿之險。威天下不以兵革之利。得道者多助。失道者寡助。此以道為守者也。得其道則人為我用。得其人則勢為我有。其說雖三。其理則一而已矣。且所謂道何道也。其要為三綱五常。其序為君臣上下。其用為禮樂刑政。脩之身者此道也。達之天下者亦此道也。使綱紀森嚴。法度峻整。衆賢聚於內。群邪屏於外。六典治邦國。而見之政事者無不舉。八柄馭群臣。而施之賞罰者無不當。則此道行乎朝廷。役簡刑清。政平訟理。循良者必用。貪暴者必黜。布中和之化而嘆息愁恨之聲以消。行寬大之書。而安靜和平之福以集。則此道行乎郡國。峙乃糗糧。備乃器械。有功則賞。雖小校必旌其勞。有罪則誅。雖大將必正其法。使皆有仗節守義之志。而無畏死貪生之心。則此道行乎邊鄙。言必忠信。行必篤敬。彼以暴。吾則以仁。彼以力。吾則以德。自治以定其立國之本。權特以施其應變之宜。則此道行乎蠻貊。果能此道矣。人心愛戴。國勢安彊。因斯民歸往之情。符上天助順之意。雖以混一區宇。掃清中原。蓋將有自然而然者。豈必待惴惴而為戰。汲汲而為和。而後足以固吾圉哉。邇者恭承陛下頒示宰相鄭清之章疏。臣以濫陪經幄。例獲諦觀。篇末奏陳。理盡而詞切。諒陛下亦犂然有當於聖心矣。雖然。宰相事無不統。非但發於言而止也。乃言底可績。然後相之職為無負。漢申公曰。為治不在多言。顧力行何如耳。此人主事。亦宰相事也。惟陛下與大臣益加之意。

貼黃臣近見四川制置趙彥呐備申韃寇犯蜀直至武階調遣諸處軍馬併力鏖戰賊遂敗績然則使地利在我人和在我韃未嘗不可勝也韃方遣使議和而亦遣兵入寇和果足恃乎和不足恃則守備之實尤不容一日不講行也併乞睿照

嗚復乞宣引兩督視使各陳已見上奏曰臣竊謂今日之邊患皆邊臣有以致之致韃使之來者嵩之也致韃騎之來者范葵熄也蔡息不共事則韃使未必經造闕庭河洛不出師則韃騎未必指為仇敵和戰雜用處置失宜啓釁召戎實基於此今范守襄峴葵守維揚熄守合肥皆曩時之主戰者也韃若抉我藩籬入我門戶為三帥者其戰乎其守乎兵凶器戰危事戰或不捷策將安施苟嬰城固守而長二險敵遂與我共之計又安出陛下亟建督視蓋謂朝廷去邊面遙遠就遣二重臣假以便宜從急應接耳五大帥不得為之事兩督視當為之朝廷不及行之事兩督視當行之抑不知為督視者將調遣淮襄以掃除寇賊邪或欲捍禦江面以固護根本也若止於捍禦則沿江兩制帥足矣奚必督府而後能辦如志在掃除而且聽賊之自為去來諸帥之自為戰守諸軍之自為叛服則今日之患正坐此爾局面既新而積弊如故奚以督視為哉和戰守之孰是孰非兵將帥之孰勇孰怯沿邊之地利孰險孰易沿江之津渡孰緩孰急大帥或不職誰可捂任大將或不利誰可御衆此皆大節目所當講貫留次者夫有此規模然後有此措置有此措置然後有此成就凡事豫則立不豫則廢安危利害之機決在俄頃恐非徒事繁文務為觀美可以虛聲了辦也高帝一登壇而漢楚勝負已決於韓信之數言先主三顧草廬而魏吳蜀形勢已定於諸葛亮之數語陛下曷不宣引二臣使各陳已見聽其有何等籌策伏乞睿照

貼黃臣竊聞趙范有樊城之報賊衝我軍不動退走數里亦足振起士氣未可言捷也儻朝廷因此玩弛二督視因此懈怠悠悠其出坐失事機警報忽來倉皇無措矣陛下限之以五日君命顧可違乎陛下之令不行於督視督視之令顧可行於將帥乎無以事上恐無以使下併乞睿照

嗚復知福州乞嚴為廣西之備上奏曰臣七年去國放浪江湖未許乞身猶縻廩祿事有關於國家之大利害者不容不以奏聞臣近得四川茶馬司準遣卒申之十一月書謂今歲韃兵分兩道入寇一由利閬一由巴山利閬之寇至嵯子溪我軍發伏頗捷餘衆却轉入巴山合而為一未知向後如何制帥遮邏捜田已抵合陽觀賊所向而圖之最是交廣之憂不可不慮前此入蜀之兵本三十萬忽抽二十萬入雲南覓茂州所申自曲納族節節透入已至渭節村風節村千八族多已投拜若得此蠻長驅而往則大理危矣邕宜其可不警臣向者己亥之歲僑寄毗陵曾聞蜀帥陳隆之具申朝廷謂韃賊欲由大渡河攻破大理等國斡腹入寇密院劄下廣西經畧徐清叟嚴行體探預作隄防後來清叟到大理自杞等國回報繳申今可覆視也近又從邸報見樞密都承旨蔡節奏章稱廣西經畧蔡範申到事宜謂邕宜深為可慮與今來年申之所言及向來陳隆之所申大槩一同臣竊惟韃虜向與雖卯穴舉巢自燕徙汴盤旋積歲竟不能過黃河以遂其不奪不屑金之曰河之尾有路可以轉入於是破西夏蹂積石踐蜀境竟以快其欲而後已今其與我為鄰也虔劉我兩淮荐食我西蜀所幸天限南北長江洶湧未容輕涉然數年以來嘗竄過萬州以下之胡灘透漏黎州以後之大渡河彼其姦謀詭計未必不曰河之尾有路可以蹙金則江之尾亦必有路可以

窺我天道好華而惡夷不義而彊其斃必速彼其貪惏無厭其亡可
立而待然在聖賢每思患而預防之必於無事之時先為有事之備
亦曰無恃其不來恃吾有以待之可也臣心於憂國不能自已惟陛
下與二三大臣深慮而亟圖之天下幸甚宗社幸甚伏乞睿照

歷代名臣奏議卷之三百三十九

禦邊

宋理宗時李鳴復知樞密院事上奏曰臣比者伏蒙聖慈擢置樞筦繼又從宰臣之請以兵財楮幣分而為三委之執政臣以綿膚仍獲任兵戎之責朝夕惟念夫懼無以稱塞嘗攷究其利病竊謂有一時權宜之策有萬世經久之慮審思事勢而定其應補葺罅漏以周其防此一時策也規模欲其宏遠法度欲其整肅此萬世慮也自三關失險內郡摧殘一時軍將蕩無綱紀寇來則散而為盜以擾害百姓寇去則聚而為兵以仰食縣官其為數至十有三萬而蜀之兵不如昔自襄陽不守荊鄂繼失連戚帥閫急欲隄防創軍籍以招無業之民抑餉所以贍無額之兵其為數至二十餘萬而荊鄂之兵不如昔蜀去天萬里閫外之事不可遙制故擇兩帥以分其憂荊鄂正今要衝列戍分屯權當歸一故命督府以總其勢莫遠於蜀莫重於上流委寄得人則區處有道趯趯雄斷是用出此兩淮所以蔽江浙而自浮光陷虜惴惴然常有抱虎之憂長江所以限南北而自淮堧被兵凜凜乎常有飲馬之懼故收彊壯以實軍籍兩淮皆然沿江亦然不如是恐反以資寇勢實使之不容斬也廣科降以修戰備兩淮皆然沿江亦然不如是恐無以禦寇勢實為之不容吝也蜀楚之兵雖已溢額而不可驟減江淮之兵雖無虧額而不可不增蓋敵勢尚彊國威未振撫事應變權時施宜凡以為一時備禦計爾若曰立國之宏規禦戎之上策盡在於是則非也昔太祖受天明命撫有大寶戰士不過十餘萬北禦契丹西捍河東猶以其餘威開荊楚包湖湘卷五嶺吞巴蜀掃江南服吳越太宗繼之遂拔晉陽一統四海兵固不在衆也南渡以來諸大將陳兵以捍虜各以數萬計事定之後內而三

衙外而沿江遠而四蜀皆有旨立定軍額其溢額人依舊存留惟日後更不作闕額招收而已措置得宜遵承惟謹兵固當有限制也人皆以為今之患在乎兵少不足以強國臣獨以為今之患在乎兵多反所以蠹國兵非惡其多也多而不足用不若少而精之為愈也以其不足用也而又求多焉抑惑矣今天下兵數視祖宗時何啻數倍廂禁軍散在郡國殿步司拱衛京都御前軍分屯要害皆官軍也蜀有忠勇襄漢有保捷兩淮有義士皆民兵也禁軍本以備征戰今供雜役矣御前軍專以充調遣今多占破矣散在郡國者動千紀律而每懷不逞之志號為御前者屢增券廩而且有無厭之心竭天下之力以養兵而流弊至此尚足為國乎臣嘗伏而思之革積弊者當以漸振頹綱者當以理老弱交雜而　之壯者無以自伸精粗混殽而藝之強者無以自見此今日之弊也吾能明訓練之法壯而強者雄而別之使自為一軍無事則溫飽以養其勇有事則激勵以作其氣彼既有進取之望則必無非僻之心而所謂老且弱者待之如常闕則勿補將見數年之後天下皆可用之兵而凌犯之風不期而自息矣名隸尺籍而半為市人月破廩給而安居他所此今日之弊也吾能嚴占破之禁某處投充則仍隸某處教閱某郡支請則仍於某郡居住嚴加訓練而且緩招刺將見數年之後天下皆實在之兵而僥倖之習不令而自消矣由前而論特一時應變之權由後而言實萬世常行之理臣願陛下以萬世為慮而勿以一時為安以兵之冗為可憂而勿以兵之多為可恃孜孜然思之斷斷然行之整今日之新規復先朝之舊觀生靈之幸宗社之福也

貼黃臣近見田慶宗具到步司所管在寨軍一萬三千六百餘人老病借差約五千有零外止管強壯八千二百四十二人三千人充采石捍禦五千人僅可管幹寨柵及隨營收拾臣竊疑焉閒之同列則曰權要借使吏房占破皆於焉取之存實靈硌無之怪一司如此他可類推也臣曩在會稽嘗攷覈軍籍對請給者三千三百餘人而日就教閱以充祇應者僅及其半朝士差借雖補外而甲乙相傳權貴占留雖易世而執持不遣鄉官之借出其數猥多浙漕之抽差視他司獨多計二百有八人以私僕而掛公籍者有之以虛名而竊實廩者又有之一郡如此他可想見也夫支請有定限雖頃刻不容稽違對勘有定數雖錙粒不容虧欠上下煎熬為養兵計也文移旁午為養兵設也平居耗不貲之費倉卒無可用之人其可聽其自為縱弛而略不加察哉伏乞睿照

貼黃臣竊見平江置戍以拱衛名慮遠識高蓋有深意但數以萬計經始實難欲徑從荊鄂召募而或慮其太遲欲分委州郡招收而或疑其紛雜欲且就諸屯抽摘以實其半而二三其說竟亦未定以臣觀之在內與在邊不同徐為之計似亦未晚夫五材並用誰能去兵然兵可止亂亦足兆亂顧所以御之者何如耳御得其道則紀律脩明雖舊管之軍皆可使為吾用御失其道則風聲交扇雖新招之卒安知不重吾憂舍舊以圖新而吾之法度紀綱蕩然如故恐亦無益也臣謂創軍額不如修軍政急招刺不如精訓練愚見如此併乞睿照

貼黃臣竊見全蜀并分為四而利州一路實為三路屏蔽韃人連歲蹂踐自利以上半為盜區去歲有興洋間土人數十輩赴制司陳狀謂韃人屢出榜招安乞急調兵收復其等輩為內應不然則無以自活是祖宗德澤在人者深而人心愛戴猶一日也

今宜行下本路安撫陳隆之密加搜訪擇其土人之可任一郡
者俾守一郡官得自辟財得自用如能捍禦外寇顯立隽功當
議特許世襲如古方鎮之法類而推之京西一路悉倣而行之
實當今經理之一策也。
貼黃臣聞兵之與財本相為用制司主兵總司主財欲其專也蜀
之財計邇年以來困於供億之勞司存徒移寇盜劫掠今無一
孔之遺矣總所積弊其端非一戎司虛籍為蠹尤甚若仍舊貫
兵財各分財匱而主兵者不知兵增而主財者無以為應已然
之弊不容甚救未然之憂蓋未艾也今宣威新建而總餉乃楊履
正制副帥權宜兼此時蓋將總所之權併歸宣司以蜀之財養
蜀之兵有無虛實皆得以相通兵無虛籍財無橫費而蜀庶乎
其可為矣所有合置掌財官屬併令宣司具名辟奏朝廷審度

除授。
貼黃臣聞守國之道莫先設險蜀自韃虜犯邊以來昔之恃以為
險者今蕩然矣鑿斯城以固吾圉非所當講明者乎益昌舊為
制總置司之地有寶峯山以屏其左有嘉陵江以限其右邇者
蜀士聚議謂宜於此郡築城移沔戎司一屯固守以扼賊騎衝
突之路臣已嘗移書楊履正陳隆之令相與叶濟以圖其成未
知目即有無已行措置去秋風無幾欲乞睿旨行下促令作緊
計辦外此如潼川重慶府各據兩江之會亦乞行下本路監司
帥守相度形勢若可恃以為險即任責城築以為節節屯守之
計如事力不足仍自朝廷量與科降如此則虜必有所畏而不
致長驅吾亦有所恃而可以為守矣。
舍人袁甫上疏曰臣竊謂今日事勢不當論安危當論存亡夫

關於國家存亡之最急者莫急於韃虜秋高馬肥必謀大舉傳聞將
以三路並進按只䚟與逆全妻將自山東窺我淮甸速不䚟將自木
波界窺我西蜀僭盜將自陝州窺我襄漢萬一果如所聞國家何以
禦之僭盜本主和者也近者淮安叛兵僭盜舉兵相應所以致此者
蓋亦有說武僊田八韃之深仇襄州輕於接納已為失策李伯淵又
以詐奪愛頃焉由是僭盜之怒愈甚然則和好已難諧矣始輕戰而
挑韃中議和而欲師今戰既不可和又不成勢甚迫矣尚覬和而忘
備懸懸度日敗在眼中奚止累卵之危而已哉然則為今之計不破
拘攣之格顯幽拔滯則英才必不出不除張皇之禁披肝露膽則下
情必不通不掃壓冗之務一意變邊則神志必不專不去浮淫之蠹
舍虛就實則功程必不著不振朝廷之綱信賞必罰則氣勢必不奮
不併江淮之勢合異為同則事權必不一不紊卒伍之情賑乏賙急

則軍心必不安此皆通國之人明知其當然而上之人遲疑顧慮不
能果於有為者正以未知其職耳夫天下之所以治安者以內外上
下各得其職也欲守邊人人稱職必先任大閫者不失其職欲閫寄
人人稱職必先臺諫給舍不失其職欲臺諫給舍人人稱職必先廟
堂之上不失其職今兩淮荊襄四蜀衝要之地處處榜虛邑邑凶恭
身居大閫亡不暇問朝夕之所計慮者不過互相猜疑巧為傾陷謀
邊甚疎謀身甚密外謀甚拙內謀甚工讎虜甚淺私讎甚深帥臣若
此邊守何貴臣所謂必先閫寄不失其職者此也自輕啓兵端經營
京洛喪師辱國愁痛尚新恥過作非復事唐宿麥棄軍取笑黠虜
絕以國法罪何可逭而臺諫給舍重於抗章國有丘山之損罰無毫
毛之加精采既頹折衝何賴臣所謂必先臺諫給舍不失其職者此
也范葵父覬襄淮朝廷未得其代甚類一則杜杲二則杜杲之說此

在廟堂平日儲才耳昔之儲才者預事先定某死則某代之今事急矣何暇言儲敗證既形勢當更改臨敵易將之疑此拘常襲故之論不足信也亟求可代者大作規模弁謀合智推誠付託勿掣其肘事力雖匱不可吝財兵難隃度不可中御任責在閫寄而主張在廟堂讜言莫入論議歸一庶或有濟今閫寄之誤國者臺諫給舍不敢言而廟堂亦不問使代之者果得其人臺諫給舍或以風聞動搖而廟堂又輕信之則國事去矣臣所謂必先廟堂不失其職者此也而臣又有疑而未諭者天下之事緩則緩圖急則急著今勢呼吸危亡之秋而不厲卧薪嘗膽之志猶雍容鎮靜之量而不為救焚拯溺之舉方且牽於常調拘於吏議狃於苟安惑於坐談大敵臨前袖手無措則不得已而行守江之下策淮襄既不可守江其果可守乎今淮襄尚無恙也不肯破拘攣之格不肯除張皇之禁不肯掃塵冗之務不

肯去浮遷之蠹不肯振朝廷之綱不肯合江淮之勢不肯收卒伍之心坐待北風一起遠近響震則財為誰之財民為誰之民與其一擲而輕棄曷若先事而亟為與其疑醫而待亡曷若信醫而圖存自古有病者未必死而諱病者必死今朝廷諱言病矣縱使開不諱之門而未能確然信任可用之人束縛墨斬吝脂膏不捐反間數萬之金反聽市虎三至之說臣恐韃不在外而在內兵不動草地而起於蕭墻矣抑臣復有愚慮請盡瀝衷悃為陛下精言之孟軻曰入則無法家拂士出則無敵國外患者國常亡此言人君當納其身於戒謹恐懼之地雖有敵國外患乃可為進德之助也韃虜迫我人皆憂畏臣獨謂陛下進德之機正在於此伏願陛下杜女謁遠閹宦戒旨酒親忠賢精明不衰則昏怠不起畏忌常存則邪僻莫干凜凜然常有履霜堅冰之念而後可以壯元氣消外患強中國禦韃虜矣臣猥以

淺學備數經帷正以推明經誼論說古今開導上心為職臣今此疏自廟堂臺諫給舍以至閫寄邊守皆以不失其職為言臣豈不自知其職乎若陛下乾剛日進敬心匪懈齠宮闈如坐朝廷對妃嬪如對儒生則無怠無荒而四夷來王天下將曰講說之官不失其職如此如或不然純一有間怠荒乘之緣飾雖多真實反寡則清議將以臣之責人者移而責臣矣豈不甚可懼哉臣赤心愛君不識忌諱盡吐肝膈惟陛下裁赦

甫又奏曰臣聞艱事勢孔棘之時與常日不同有大幹旋則可以運動事幾有大力量則可以鎮壓人心有大識慮則可以消伏變故史冊所載亦可觀矣胡為今日之事獨不然耶邊遽方聞寇態已露楮幣一事耳論說紛起施行倉卒實效未獲疑謗先騰臣甚惑焉且克敵一軍痼根伏蔵久矣諸帥不叶互相猜貳狼子野心竊窺間隙於

是渾決而不可制任閫寄者各執所見朝廷持兩可而聽其所為遂折而歸於招之一說然既招之後憂慮萬端今邊報又急矣韃犯鳳州又犯蔡息三道並進已驗于此淳光棗陽失關正守此為何時拱默坐視齊安制閫精銳消耎濟陽江面守備尤疎朝廷非不明知柰何不為拯溺救焚之計而尚爾遷延翫愒耶自古主於綏懷則不輕用武主於敵愾則不屑招納今既許其勦之許其招雜用錯施初無定守有謂秦鞏不可棄者矣而又惑於鞭不及馬之論有謂秦鞏不可納者矣而又搖於獸窮則搏之說委恢珙以通好於倚盞然今之窺我者倚盞也和安可輕信任范葵而加兵於唐宿然今之為吾患者唐宿也兵豈可輕舉首鼠兩端莫知所為宵旰之憂其有既乎履畝輸券可謂下下之策曩嘗議及此矣其時尚畏公論未敢犯此惡名遽改而為鬻祠牒之舉已而怨謗譁然亟從寢罷曾幾何時今又

歸于優戲鬻牒信不美也猶有物以予之今優戲則白取矣鬻牒數配僅及大家今優戲雖云有官之家而七色雜流與已仕而亡殁者咸不免焉則所及者亦泛濫矣一命之微官與故官之子孫伏臘不周事育不繼者何限今乃使與窮官顯爵家溫祿厚者一槩同科州縣之吏亦不能皆良覬望回護避貴虐賤有力者頑未應令而追呼迫促破家蕩產悲痛無聊者大抵皆中下之戶先受其害昔之謀國興利貽笑千古若括商若僦質若稅間架若除陌錢彼豈以為得已不已耶蓋亦曰不得已而為之耳然上焉不得已而虐其下則下焉亦不得已而叛其上涇原之變此亦激於不得已之至耳非獨前古然也本朝熙豐間若青苗若助役若市易若手實彼其施行之初人言籍籍主國論者惟曰是不足恤也然始於不恤人言而終於不恤國家被害之民在在嗟怨我不恤彼則彼亦不恤我矣王安石誤國之

罪至於激成靖康之禍皆不恤之一念為之也然則為今邊事之計當如何曰臨敵雖不可易將宜急擇忘身徇國有謀知義之帥以為之儲和戰雖不可執一說宜痛懲獨運祕密之弊使舉朝群臣得以獻其謀屏目前常程細務而廟堂謀謨專一以料敵制勝為急令淮襄西蜀之血脈俾與朝廷為一家而無一毫壅閼蒙蔽之患則邊事其庶幾矣為今楮幣之計當如何曰行法自貴近始凡將相勳戚之家斷不得貸緣幸免而使貧弱者偏受無窮之毒恢洪朝廷寬恤之意凡產去稅存有名無實者一切務從闊略勿為迫促急蹙之態以激天下等死之心昭示大信上下交孚勿使疑吾徒有截鑿之空言而終行刻忍樁留之實意收斂多則數愈少數愈少則價愈昂非獨國利亦為民利則楮幣其庶幾矣顧臣迂愚之質實懷國體之忠每見聖上有仁心仁聞而今乃為寧考所未為之事二揆絜已奉公而今乃為故相不屑為之舉心誠痛之故嘗謂厥今有大患六人輕上幸災樂禍此風滋長真可寒心若邊事區處合宜楮幣施行有序尚可弭輕量之心消意外之變如其不然邊事搖軍心於外楮幣搖人心於內內阻外訌不亦岌岌乎殆哉臣之愚策如上所陳皆自肺肝不識忌諱惟陛下財幸

甫又奏乞降詔撫諭四蜀劄子曰臣竊謂韃兵犯蜀憂慮萬端今趙彥吶隔在仙人原音問久曠陳隆之離興元見住米倉山高稼在沔州亦無音耗朝廷就令四川總領安癸仲撫諭軍民陛下宜降手札勞勉制帥及撫諭使又宜命詞臣草詔具述陛下憫傷蜀民囊經韃虜蹂踐痛猶未定今又重遭兵禍皆由和戰不決舉措不審召釁納侮悔其可追老弱死於流離士卒戕於鋒鏑惕然愧懼食息靡遑即此大意更加深切庶幾遠民明知上心亦使軍士生其氣勢臣之愚

慮蓋見故相當國以言為諱詞臣揣摩意見多所避忌語不懇惻豈能動人陛下更化以來曠然與天下為公今者詔旨丁寧所貴明白洞達臣不暇遠引三代誥命只如漢武末年兵戈不息深陳往悔吐自肺肝與夫唐德宗奉天詔書自謂天譴不悟人怨不知痛心醜面罪實在予下至封敕草陣傷邊將詔有云傷居爾體痛在朕躬如此等語頗得王言之體願陛下明諭詞臣使之展意無所依違勅書誕敷將見歡聲如雷賈勇敵愾韃兵不足慮也僭瀆愚忠惟陛下採擇

甫又奏備邊四事劄子曰臣濫叨班綴賜對便朝竊見陛下軫念邊疆憂形玉色微臣恨無良策少濟時艱姑竭愚慮畫為四條皆至緊至切汲汲行之如拯溺救焚庶克有濟

一曰固江陵以重上流之勢臣聞去年撥襄鄂隨郢復岳德安漢陽信陽屬沿江副司而置司於鄂撥江陵均房歸峽光化荊門

屬京湖副司而置司於江陵襄陽距郢千里而聲勢不接江陵介居襄郢之間而孤城無助今德安棗陽隨郢襄陽皆破而復與信陽漢陽僅存空城而已均房光化歸峽荊門或破或潰而江陵遂成孤立矣顧乃責沿江副司以復襄陽責京湖副司以守江陵地勢隔越事權不專彼此牽制决至蹉跌莫若以京湖諸郡仍舊併歸一帥總治江陵且撥湖南九郡隸之庶幾形勢便順事力從容經理上流莫急於此

二曰堰瓦梁以壯東淮之防臣聞韃虜往年首犯襄境連年遂入西淮至去冬又擾東淮直抵維揚三邊之禍歲甚一歲今荊襄已失止守江陵孤城西淮屢擾蕩無藩籬可恃儻東淮守禦又復不固則虜馬飲江而江浙震矣豈容玩視而弗戒乎昔孫吳築瓦梁堰以抗彊魏江南恃以為安者六十年南唐李氏悉力

經營堰不及成淮已盡失今制臣建議修復病於工力浩瀚宜從朝廷亟助其費乘此虜退作急經畫併日興工猶可有濟

三曰勸流民俾復生業臣聞淮民少長習兵為國保障去冬虜騎奄至西淮義勇憤激思鬬任邊閫者惟恐摧鋒而怒敵但知撤花以媢冦驅逐老弱焚蕩生聚謂之清野重以胡馬蹂躪腥焰熏炙扶攜渡江不可勝計勞來之使中輟賑貸之令徒須彼留江南別無所得食返江北又無以為生不亟圖之非但失扞敵之利必且重蕭牆之憂謂宜申飭江淮帥臣亟行賑恤朝廷亦合貼助支費假以資糧俾復生業或團結以助聲勢或揀刺以填闕額或選擢材武優補軍職兼此數端實區處淮民之切務

四曰責邊閫遣回韃使臣聞比者朝廷已嘗戒飭邊臣遣回韃使中外之人方幸廟謨堅定不墮姦謀稍有生意但見王檝盤旋窺覘久未出境覘聽已惑近者傳聞猶為可疑豈其不稟朝命邀宣歙而來耶朝廷周慮曲防固萬無是事不知道路之言何為有此黠虜變詐每得價便既有輕量之心恐肆玩弄之計今茲復來非前日比包藏叵測必有出於邀索之外者兼邊疆効死之臣無非與韃為仇復有訛言煽搖可憂非一儻慮阻遏其來貽禍目即則專在邊閫委曲區處豈無良策或謂茲事當密難使戶知恐欲愚國人而人終不可愚耳以臣管見主機之欲來者乃邊臣誘其事於朝廷而止其勿來者在朝廷當專其責於邊閫廢置少差噬臍何及臣所陳四事雖雜樸拙情實懇至儻陛下以臣言為可采伏乞睿斷速賜施行

許應龍進故事曰慶曆六年詔曰西北多故虜態難常預備不虞理當先物又詔陝西河東經略司謂西人雖納款稱臣犬戎之心詭譎難信恐諸路罷兵之後漸弛邊備其務練兵卒全城壁常若寇至有不如詔者

丞以名聞

臣聞先為不可勝以待敵之可勝此用兵之至計也急則倉皇而失措緩則玩弛以苟安事變猝來莫之能禦其患有不可勝言者書曰不見是圖易曰君子以思患預防此正今日之所當謹也仁宗當天下全盛之日尚慮虜態之不常西人納款之後猶恐詭譎之難信況今日韃兵之出沒不時而荊襄之敗壞已極西蜀之関隘未固而外郡之寇攘間作東支西撐近獲少息而根本不立備禦無策其可不焦心勞思以求安邊固圉之術乎權宜通好意猶少安而敵情叵測尤當為自治之謀開邊拓境盍監覆轍而量時度力豈宜為輕進之舉殘破之郡尚費經理歸附之卒未易調服儻優游歲月不思處置此去秋高馬肥能幾何日萬一赤白囊交至然後料瑣邊吏無乃大寒而索裘乎今日之事功其所以弗立者蓋由於議論之

不定而事權之不一夫議論不定則或進或退莫知適從事權不一則相忌相傾各欲求勝緩急誰復應援兵力遂至單弱是以邊陲靡寧上勤憂顧為今日之計莫若先定其規模而使諸將有所稟承先正其體統而使諸閫勿相矛盾如此則上令而下從謀弁而智合以守則固以戰則勝升平之効日月可冀矣

應龍又進故事曰藝祖命李漢超等守關南凡十七年郭進守西山賀惟忠守易州姚內斌守慶州董遵誨守環州各十餘年管榷貿易悉以給之又使之私募驍勇以為爪牙軍中之事復許其便宜二十年間曾無西北之憂真宗朝錢若水上言曰今日之所患在戰守不同心伏望陛下選武臣有謀素諳邊事者任為邊郡刺史令召募武勇為隨身部曲官為廩給然後嚴亭障明斥堠毋得事宜密相報示寇來則齊出討除寇去則不命遠追各務安靜苟無大過不輕替移儻立微

功就加爵賞如此則戰守如同心戎虜不敢近塞矣

臣謂極邊州郡與敵對境烽燧警報無時無之若用文臣則不請戰鬪或遇侵擾慄慄危懼多至退遁若用武臣則驍勇敢為遇寇不懾惟患無兵可用耳今若命其招募武勇給以廩賜而復久其職任筦榷貿易悉以予之俾得以激厲士卒固結其心則孰不思奮而又嚴斥堠精間諜寇至則互相救應併力捍禦寇去則各嚴備守不務窮追聲勢既張敵自讋伏斬獲則視其功績就加旌賞苟無大過不輕替移則士卒相孚同心協力如手足之捍頭目何患疆埸之不寧哉今之邊郡多任左選兵畧素不講究行陳又非涉歷安平無事僅可自保一聞警急率至奔逃間有究心備禦差強人意則又委之不專任之不久財用既無積蓄士卒又非素練無一可恃無怪乎邊陲之不固也今若遵太祖之策用錢若水之言以為守邊備塞之計則兵威振而外侮消矣

禮部尚書魏了翁進故事曰唐陸贄奏議第十六卷興元賀吐蕃尚結贊抽軍回歸狀右欽溆奉宣聖旨適得渾瑊奏比日尚結贊頻使人計會擬自領兵馬尅期同收京城緣春來蕃軍多有疾疫近得探報尚結贊等並抽兵退歸未知遠近朕意緣吐蕃士馬強盛又以和好之義自請將兵助國討賊朝夕望其成功今忽抽軍退歸甚失准擬渾瑊李晟等諸軍兵馬並不至絕多若無蕃軍應援深慮被賊衝突卿試料量事勢如何者臣質性孱昧不習兵機但以人情揆之時亦偶有所得自承此旨欣賀良深竊謂蕃戎退歸乃是社稷遐福昨日已附欽溆口奏訖伏恐未盡愚款尚勞聖憂謹復披陳庶解疑結彼吐蕃者犬羊同類狐鼠為心貪而多防狡而無耻威之不格撫之不懷雖或時有盛衰大抵常為邊患陰詐難御特甚諸夷陛下但舉

建中以來近事準之則戎心難知固可明矣頃者方靖中夏未遑外虞因其乞盟遂許結好加恩降禮有欲無違而乃邀求寖多翻覆靡定託因細事積有煩言首尾凡歷四年要約竟未堅決立碑纔畢復請改移猜矯多端於斯可驗逮至盜驚都邑駕幸郊畿結贊總戎在邊因請將兵赴難陛下推誠允納厚賂招來逗留持疑竟不肯進無濟討除之用但攜將帥之心懷光遂至猖狂頗亦由茲促禍及皇輿再駕移蹕漢中陛下猶望蕃兵以寧內難親倚之情彌厚屈就之事亦多豺狼野心曾不知感翻受朱泚信使意在觀變推移頻與諸軍尅期至時皆不赴會致令群帥進退憂虞欲捨之獨前則慮其懷怨乘躡欲待之合勢則苦其失信稽延既姦且驕曷望成績非惟變態難測且又妨擾實深戎若未歸寇終不滅但願陛下謹於撫接以奮起忠勇之心勤於砥礪以昭蘇遠近之望中興大業旬月可期不宜

尚眷眷於犬羊之群以失將士之情也

臣聞善為天下者不計夷狄之盛衰而計在我之虛實中國夷狄一氣耳其盛衰誠無與於我昔先王以其叛服去來荒忽無常故雖懷之以德接之以禮未嘗逆示猜閒然亦豈引而致之倚與為援而略無防慮也德宗每事猜忌雖內焉陸贄外焉李晟猶疑之不釋而獨於尚結贊乃用其信何哉方其自請入援其情不難知也德宗慮渾瑊李晟兵少幸其可以為助即聽之不疑至於結贊抽兵自退人情驟失倚仗各懷畏懼則德宗又以為憂以一結贊之來為喜一結贊之去為憂安有堂堂中國而直為此廩廩也陸贄獨曰此社稷遐福也拜疏入賀臣以為藉令倚仗結贊幸而成功猶懼無以賞之而況狼心貪狠狙詐橫生求欲無厭去來自若可以遂為之憂喜乎詩曰夙興夜寐洒埽廷內維民之章修爾車馬弓矢戎兵用戒戎作用逷蠻方古之所謂待夷狄者亦惟盡吾所以自治之道而已顧舍其在我以資乎人祇見其害未睹其利也結贊既退旋復舊京初無賴乎蕃戎贄之言既信矣而德宗尚眷眷於犬羊之群以貽後日刼盟之悔為千古笑至是而贄益有知言之名然已無及於損威辱國矣比年以來夏人既約而復渝韃使已來而自卻此正所謂荒忽無常者故臣敢以贄之所言者為今日獻願陛下與大臣力圖所以自治之實而常為不可勝之勢則叛服去來吾皆有以待之也

劉克莊進故事曰石虎死蔡謨曰胡滅實為大慶然度德量力非時賢所及商浩北伐王羲之曰區區江左營綜如此識者寒心桓溫謀遷洛孫綽曰趨死之憂促返舊之樂出晉書

臣竊惟居重御輕者安虛內事外者危胡運寖衰士氣稍振荊甲擣虛重關土疆蜀兵攻堅犬獻俘馘向也我師畏韃如虎今遂能袒裼而暴下車而搏雖未遽收卞莊子之功然亦頗奮馮婦之勇矣此皆陛下廟謨雄略長駕遠馭所致如聞閫臣忠憤激發荊狃一勝蜀謀再舉識者憂之臣觀晉人畫江自守精兵名將往往分布沿流重鎮如庾翼在襄陽陶侃在武昌褚裒在京口桓溫在姑孰之類故昔人有長江千里如人七尺之軀護風寒者不過數處之喻而自江以北之地則付之祖逖劉琨輩使自疆理琨握空拳守并逖以素隊千人布三千匹渡江不給鎧仗晉人能量事力權輕重如此偏安一隅而不害其立國非偶然也今之閫臣握兵柄操利權朝家又抽摘科降以助之適值目前之安靜遂有分表之經營比之晉人則似輕堂奧而重極邊虛根本而事遠略臣不敢援引前古姑以近事言之趙范欲圖唐鄧唐鄧不可得而襄陽先失於是安隨郢復均房之地皆為丘墟趙彥呐欲圖秦鞏秦鞏不可得而劍關不守五十四州蕩覆豈非外重而不能御內虛而無以守其勢必至此歟臣竊私憂過計謂江陵重然後可以援襄樊重慶實然後可以圖漢中范與彥呐即吾龜鑑夫蔡謨王羲之孫綽之言蓋英雄豪傑之所誚侮以為怯懦者然自晉至今欲保守金甌使之無缺者終不能易此論也惟陛下詔閫臣熟籌之

監察御史吳昌裔同臺論邊防事宜疏曰臣等嘗兩上章留徐清叟又各上疏乞畀叢祠一無報行自切兢懼自合居家待罪未當復有所陳然事關危急存亡不容自默臣等每謂今日邊事蜀中之患不在韃而在秦鞏淮襄之患不在韃而在北軍昨聞鞏州汪世顯等已

辟於韃為之引兵直窺階文則秦鞏之患已有證矣近者訪聞襄陽城中北軍挾李伯淵以叛半殲南軍制帥趙范帶親兵而出僅以身免雖傳聞未可盡信若其果爾則是北軍之患又有證矣竊惟荊襄東連吳會西通巴蜀古人以為國之西門又謂天下喉襟若為寇賊據其門戶扼其喉襟則吳蜀中斷自上流渡江直可以控湖湘若得舟而下直可以擣江浙形勢順便其來莫禦萬一有此則人心動搖望風奔潰雖有勇智將焉用之況自去年以來郭勝叛於唐范用吉叛於均尚全等克敵叛於德安皆以北軍相率叛去今李伯淵素號膽勇為三軍所推又遂人往來江浙稔知地利若群兇並嘯四叛連衡守我城池據我糧食則其謀深計狡將不止掠抄邊疆而已加以韃騎往來不常此輩為之向道則憂在社稷恐有不忍言者昔宣和間童貫開邊郭藥師以常勝軍來降又招雲朔漢兒以為一軍謂之

義勝厥後金虜南牧二軍首叛以降遂導虜軍傲擾中土時宦官尚閟其事不以上聞竟成靖康之禍臣等讀國史至此不勝痛心今日之事雖未遽至是其危證亂階亦已畢露不知陛下亦嘗憂及此乎大臣亦嘗以此告陛下乎臣等忝在言責得之風聞若不亟為陛下言之何以自解不忠之罪用敢不識忌諱冒犯奏陳欲望陛下明諭大臣思所以靖難保邦之計若趙范果已離襄急令收聚諸郡餘兵固守江陵以為上流捍蔽鄂渚與江陵相近陛下已嘗命帥而尚未啓行即宜申命督促疾馳以往如其方命乞改畀有威望忠略之人以鎮武昌與江陵犄角併乞行下淮西帥尤儆嚴作隄備所有淮東之地亦多北軍雖聞分戍新復州軍然恐聞風相挺而動亦乞下趙葵疾速措置毋使噬臍區處既定則守江之策尤不可緩乞專以責之陳韡如戰艦軍糧防江民兵等宜日下辦集以防不測其他所合

思患預防之事並自廟堂同心區畫不可循習故態苟安目前不可畏避張皇謾為覆蓋夙夜憂懼惟恐禍至無日而亟圖利之庶或可以扶顛持危而不至淪胥以敗也臣等不勝憂念懇切之至謹錄奏聞伏候敕旨。

貼黃臣等昨與清叟以開邊論及首相又因發下條具邊防事宜見其所具多有疎略已同諫官疏其不可行者以復廟堂但知控𢷬愚忠不知觸忤時忌今外有虎視之狂韃內有鴟張之叛兵不待秋防患已立至國勢凜凜危於綴旒大臣於此不能憂邊思職為君父計而乃徒事猜防空擲歲月甚可憂也今清叟既已出臺臣等自難安職惟君臣義重冒言及此又將不免廟堂之疑欲乞陛下以社稷大計為念毋以人情牽制為拘君謂臣等不能靜嘿安處乞早罷黜或與以祠庶使大臣不以臣等

多言為慮專為陛下區處邊防臣等雖退歸山林實為大幸

昌裔又論三邊備禦狀曰臣聞射不志吾雖巧無用藥不當病雖良無益臣不量愚分冒進瞽言前疏六條於陛下之心之身家國之事粗陳其槩矣今事有至急至切者又何敢隱情惜已不為陛下終言之臣聞之道路見之諜報竊知韃靼聚兵牧馬決意南來一渡河洛以窺江淮一由唐鄧以窺襄漢一託秦鞏以窺四川三道並入衆號百萬甚至修搭橋路將帶羊皮浮環以為飲江之計兵有先聲雖虛實未審然三伍見聞殆有深可慮者胡不以金人之初起觀之五月傳箭於國中令鄉兵備戰至八月則點集今秋風已動非草地點集之時乎四月放馬入泊逐水草至七八月則取馬出濼以備戰鬬今童馬兒乳非出牧戰鬬之時乎漢備匈奴率以秋冬唐遣戍卒謂之防秋中國於秋高馬肥之時每每嚴作隄備如此豈可以候卒流傳

之縷遂謂疆吏張皇之言欺我邊陲懈我守備恃其不來而不恃吾有待之患紹興庚申兀术分四道入寇外則張燾等豫言之內則陳淵等繼言之下則京局小官亦言之而秦檜忍恥忤和浚不為戰守之備使無劉錡順昌一捷則鐵浮屠必南牧矣紹興辛巳逆亮分四道入寇舊相張浚首言之老將楊存中力言之從官金安節等交議之陳康伯雖決戰守之策然江沱燕安之久使非虜酋自斃以歸則紫茸軍必絕江矣以今事力視紹興時將無河北山西之舊也兵無背嵬鐵山之勇也器械無銳首駐隊之犀利也舟師無戈船海鰍之堅壯也況京洛潰師以後精銳殲於鋒鏑糧械委於蒿萊京帑耗於充楮邊儲空於生券四總所科降之數日積月壓無以給其乏然而邊民調度之餘冰銷火燎靡敝不知其幾也以空虛無可恃之邊備而當飄忽不可測之虜兵脫或哨騎一來直闖籬落則沿邊鎮戍關

風蕩搖惟有卷甲以南趨必不能北向為陛下發一矢矣秦師伐鄭蹇叔曰師之所為鄭必知之勤而無所必有悖心夫勞師襲遠而敵國先知尚且肆其貪殘不肯徒返矧犬羊無厭鄙我猶憾若知而不為之備則其悖心豈不烈乎今之授任者考敵未有釁則抵掌虛喝欲營分表之功及寇已有萌則搏手周章不為局內之慮我之將士不豫附而乃釀其賞賜過待新附之軍我之田野不加闢而乃供其饑羣外招遺燼之衆軍實無楚師之儆師乘無晉卿之和端居無事互相猜防萬一事會之來而望其首擊尾應難矣哉事之急者不可以舒緩圖寇之深者不可以浮淺應臣愚欲望陛下少垂聖思明詔二三大臣不拘旦暮延見議事如建炎詔書許令侍從臺諫聚議都堂講明軍政如紹興典故取張守四路帥守之議經理淮甸以為外禦之防取袁臣七處備禦之策控制長江以為裏處之備取允文三

峙防托之說保護蜀口以為上流之固兵食之數有幾當置講議一司以考登耗之源風寒之處有幾當置修攘一司以議攻守之要偏裨材武當有格法遂軍事藝當有掌記軍書之措畫來上者擇行之邊守之貪懦不職者易置之事事精思日日申儆而又命一重臣視師江上董督諸將以訓齊三軍如張浚汪澈葉義問故事庶幾統體一而國勢張忠慮集而人心奮臂指服役而精神折衝吾圉有備又何憂虜兵之暴至乎天下之事難平敵人之情難料佳兵者殆忘戰者危老師弗戰既一失於前時玩寇養安難再誤於今日若頻復而數誤則國事非矣詩曰猶之未遠是用大諫臣不勝拳拳

昌裔又論三邊防秋狀曰臣聞防秋之說尚矣儆作而遣戍剛而歸說者曰周之戍役猶今防秋之兵也瓜時而往及瓜而代傳者曰齊之戍期即今防秋之候也蓋北虜風俗四月放馬入泊令逐水草禁

人乘騎八月取馬出濼飼以麥豆準備戰鬪方隆暑則筋解膠緩力不及遠至秋高則勁弓折膠銳不可當故漢軍備胡率以秋冬唐兵戍北謂之防秋皆時吾戰備遏彼寇虐也國家當海東崛起之虜立中國自治之規每於秋時常若寇至靖康有防秋詔建炎有防秋議謂夏已及半去秋不遠非早圖之則虜又奔突者李剛之疏也謂時已中夏去秋無幾惟博謀群議則尚可捍虜者劉珏之策也謂防秋之期才一兩月而控扼守禦蓋非一塗者張守之言也謂秋防事迫僅有兩月而防托戰守尚無定謀者綦崈得之請也君臣之間日夜凜凜惟恐一事蹉跌此豈故為是過計哉撤桑牖户之謀折柳樊圃之戒昔人所以無日不申儆於國中也今計秋風不十日矣韃之驃悍過於殘金師之出沒飄若風雨但聞其以草青為放牧之候棗紅為出哨之期則避暑而遁逐涼而來乃狼子之常也不知上之所以

憂邊思職下之所以料敵禦戎者亦有如中興之深略乎分上下流
守淺隘口修戰艦閱水軍此防江上之秋也歛淮東戍厚淮屯募土
豪訓義甲此防淮堧之秋也一招水手葺海艘結固民船選擇嶼長此
防海道之秋也援忠勇集流移繕修城壁開浚海櫃此防京湖之秋
也固三關天險嚴諸道支徑備兵糴峙軍糧此防蜀口之秋也備風
寒者不下數處為秋防者非止一條所當愛日惜陰并手合力如撲
原火如拯溺舟旦旦而為之猶恐不蘇而今朝廷之上首辟晏然言
論多於施行浮文妨於實務右族王宮之冗費列曹坐局之常程群
工閑慢之差除諸道非泛之申請以至土木營繕時御宴游神霄禱
祈災禬錫賚藻飾治具亦以異於平時至於治兵足食之方修車備
器之事則反皆闕略不暇精講方且今日一人而出疆進取曰吾將
以厚藩籬明日一人而遣使求成曰吾將以寬歲計京湖焚蕩者一
十四郡而區撥地界之未明蜀口委棄者二十三關而分布司存之
未定勢均者持意見權抵者快恩讎膽薄者徇顏情氣揚者亡紀律
蛇豕荐食此為何時而汎無規模擔閣日子脫或游騎闖陸浮牌渡
江而後調兵符科邊瑣為應急草草之謀則亦晚矣昔靖康之難虜
方退師上下恬嬉遂謂無事方建議立東宮開講筵復春秋罷配饗
有言責者曰論京灊之黨當事任者謀遂許李之賢密院欲追擊賊
三省欲護出境宣司欲調戰士廟堂欲止援師行移二三命令反復
王幹之家爭議未定而鐵騎已過河矣故當時有不理會防秋却理
會春秋等語吁此豈二酋之善戰哉亦一時謀人之不臧有以致寇
而深之耳昔胡安國有言軍政未修既不可戰疆弱不敵又不可和
惟有講求防守之方以為攘狄之備最為上策臣謂今日之事當置
和戰不議而專議秋防三省幾至之際盡屏細務非備禦不謀樞密

本兵之地略去彝章非兵食不講侍從不拘早晚許以邊事請對臺
諫不限月課時以邊警奏聞百僚師師日以敵國外患儆儆而陛下
又鑒靖康之所以失法建炎之所以興屏聲色節燕飲帑以貂帽思
將士之勞抑倖賞減浮費務以金帛代軍儲之糴躬率內外以弘濟
時艱則敵來而應可以伸吾威敵去勿追可以成吾信虜雖吞噬諸
國橫截八荒而終不敢干中華正統之所在矣惟陛下宵旰亟圖之
宗社幸甚

貼黃臣近收鄉人書言戎帥曹友聞得諜者報草地欲以八月入
寇則是臣防秋之說於蜀尤不可緩也蓋蜀自去冬虜退之後
尚留哨騎出沒並邊或伏草間以待麥熟董鵬飛以守城死時
當可以刼寨亡陳瑀以行邊執不三月間失三太守皆西陲才
勇之人以此邊氓愈更畏怯又東有李伯淵竊上津西有汪世
顯伺仇池種類寔繁景色可畏兵無三萬之數糧無十日之儲
色色築底惟有民氣一髮僅存而數年間捐財以助邊儲擔以
供餉不知其幾猨畝矣近聞總所有對糴之法制司有起夫之
令臣為之駭然此說果行則民病困極之餘將引繩而絕之矣
欲望聖慈申勅制總罷戰科需而於驅磨所之失陷者撫諭司
之科撥者嘗鹽户之輸借者留意審核以應支梧庶可寬民一
分實非小利所有三太守死事得之公論謂董鵬飛為上時當
可次之陳瑀又次之欲乞行下密院等第推賞施行伏候勅旨

昌裔又奏曰準御史臺牒輪當十二月一日視朝轉對有已見下項
事須至奏聞者

一臣比以一介孤忠待罪分察每於時政空臆盡言旁忤宰臣幾
負大譴尚賴聖恩天覆曲賜存全疊拜命卿又兼史事自知無

以稱塞責當轉對其敢隱情惜己而有愧於初心哉臣聞天之所以職覆君之所以司牧不過曰仁而已天之仁在於與民物以為生君之仁在於承天心之所生故好生惡殺三代之所以得人心也大兵大獄漢唐之所以祚國脉也洪惟本朝以仁立國其得天下也不妄殺一不辜其謹刑獄也不誤入一有罪其待遠人以恩不加以侮慢不恭之誅其體近臣以禮不坐以曖昧不明之過漢以王恢首邊釁兵連不解者踰三十年而本朝謀臣務存大體不曰澶淵卻敵之後十九年不言兵則曰陛下即位之初二十年不可道用兵不曰首兵必有實禍則曰用兵不是好事蓋恐干戈一啓有貽根本之憂唐以林甫陷善良羅織被罪者幾數百家而本朝議論務從忠厚不以女奴之偽書而誣正人不以奏邸之傲歌而網名士不以詠檜之詩而終棄奇才不以興甲之語而深罪舊弼蓋恐刑獄一興有以開荆棘之路此皆列聖仁厚之德大臣深遠之慮所以培護元氣而祈天永命於無疆也不幸其間小人相繼用事以深入之說而啓兵端以陰中之術而造黨禍然仁聖相傳神武不殺未嘗一墮其姦謀故熙河之師王韶實倡之而當宁歎息深咎廷臣之不言涇原之築李憲實繼之而中使奏聞乃痛邊民之疲敝鄜延之復朝廷初無堅决之謀而童貫造釁師敗者數十萬人燕雲之取聖訓嘗有全師之戒而蔡京首謀兵潰者五十萬衆是皆厲者之罪也而何足以傷祖宗之仁華亭之獄安石之子雱為之會上察其誣而事遂寢同文之鞫蔡確之子渭為之會事無其證而計不行元祐之籍等定者三百九人天示其威而碑仆不立矣趙汾之案根連者五十三家夫奪其魄而欵具不書矣

是讒者之過也而何足以累祖宗之聖上天有祚我宋之心祖宗無咈人心之事故雖王室屢經多難而國勢安若泰山蓋其所以貽謀者至深且長也陛下蹈規祖武祗事天明小心抑畏惟恐傷乎民生盛德温恭惟恐咈乎物論咨儒臣以講學柔嘗不盡下之情導諫臣以敢言未嘗有拒人之色中更大化庶事厲精思欲取濁亂之政習而一新之天下翕然莫不有升平之望矣獨惟宰揆非人不能仰承聖意方其始也輕躁寡謀而首興京洛之師及其久也猜忌深中而陰造縉紳之謗佳兵之禍至于甲卒喪亡膏血沾漬有目者所得而見也而中傷士夫之穽則猶隱而不彰徙謫之苦至于室家離散哭聲流傳有耳者所得而聞也而傾陷善類之罟則幾發而幸免若非陛下翻然感悟洞燭其非則大兵之後又將醖成衣冠之禍矣夫有司失一死罪責尚不輕今以無罪而驅民於兵凡不附己者誅中以危法安知羈夕雷雨之異非其處心積慮之慘有以上干至和乎邇者德音一播丁寧罪己而三邊莫不屬心廷制一揚奮發拜罷而多士為之吐氣所謂兵獄三事皆自忠卿發之者今已昭昭暴白於天下矣然而仁足以回震霆之怒而不能以華夷狄之侮心明足以開積潦之陰而未能以釋中外之疑慮豈可不求其故乎孟子曰是乃仁術也善推其所為而已矣不殺羔小善爾我真宗推之至於家富人之聿成景德和平之風不踐蟻微事爾我哲宗推之至於役減刑清坐韓元祐安靜之福今陛下有悔過之大德有洗冤之盛心盡不以其隱之於中者而推之庶政百度耶由是而禮行葬之厚以篤兄弟之戚按棠之燕以懷死喪之戚則親親之仁也由是而復胎養之令以

培元良之本。立內學之教。以選宗藩之英。則幼幼之仁也。召用
衆正。勿以好名之嫌。而絕為善之路。則敬賢之仁也。優容言者
勿以約鬧之說。而杜敢諫之門。則好善之仁也。舊姦宿慝。芟夷
蘊崇。勿使是殖是長。則惡惡之仁也。僑戶流民。還定安集。毋使
靡室靡家。則愛人之仁也。念一覺悟。而天下無冤民。心一惻怛
而萬物皆生意。則陛下之仁。實與天地同其大。彼以暴。吾以仁。
彼以嗜殺。吾以好生。雖草地窮漠之夷。亦不能干中國正朔之
所在矣。先儒程頤有曰。充拓得去。則天地變化草木蕃。充拓不
去。則天地閉賢人隱。惟願陛下善推而力行之。臣不勝拳拳。
一臣聞聽言之道。固不可偏。亦不可雜。偏則所受狹隘。無以公天
下之言。雜則所聽混殽。無以一天下之善。不失之偏。以來衆正。
不鄰於雜。以杜多門。而後兼聽盡天下之美矣。且當今急務莫

大於朝政邊事也。在廷則有大命之出納。庶政之廢興。百吏之
進退。在邊則有幾事之翕張。帥權之分合。敵情之去來。此皆國
家之命脈。天下之機括所關係也。故昔之議朝政也。命令必出
於人君。政本必歸於中書。令有不當者。必使給舍審覆。事有不
便者。必許臺諫盡言。所以政令詳審。而朝廷尊。行之於天下者
無一事之闕。議邊防也。處分必出於廟堂。謀謨必參於都省。侍
從之知兵事者。許以論思。廷紳之歷邊任者。責以條具。所以處
置得宜。而軍情服。行之三邊者。無一籌之誤。此古今之常理。亦
祖宗之家法也。蓋自人君喜獨斷之名。而耳目之司。或偏於所
寄。宰相操獨運之說。而幾事之密。或徇於所私。於是始有以近
習干公議。有以小臣與朝政。而事權雜出。徒為群下梯進之謀。
有以私人通密報。有以遊士與邊機。而意見背憎。適為外臣交

賄之地。紀綱之所以隳壞而不振。血脈之所以壅塞而不通。由
此其積也。臣不敢遠引先朝故事。姑以乾淳之間。聞見之所接
者。為陛下言之。孝宗皇帝睿斷明謨。雖博采於衆議。而虛心聽
受。實公聽於外庭。熊克以曾覿薦而權直。則宰相入奏言之。劉
甄夫以王淇薦而得召。則政府援牘問之。葛揆以內臣薦而欲
除要官。則宰執又留班奏之。是議政之地。未嘗使小臣與聞也。
有邊事。則令侍從兩省至都堂會議。乏將才。則令制領將佐赴
樞密院審察。議恢復。則令朝士之可與大計者。今兼局官。幾密
之地。未嘗許游士請謁也。孝宗二十八年之治。所以光明俊偉
而不可及者。豈非朝廷邊鄙之事。操執綱要。而微賤冗散之士
不得以輒與其議哉。今陛下慨念時艱。復置元輔。人心固喜政
本之有所歸。大臣留意邊事。博詢廷紳。人言亦知國論之無所

倚。然或者過慮邇言之聽不察。而小臣密啟。猶習於命相之前。
遠猶之告不聞。而游士私謁。尚狃於前相之舊。則體統不明。事
宜失當。其弊反有甚於前日之所為矣。臣願陛下一以孝宗為
法。政事歸於三省。而勿以親信近臣與差除。議論公於外朝。而
勿以遠游纖士與邊議。則小不間大。私不勝公。朝政清明。邊塵
弭息。乾淳之治。可坐而致矣。伏乞睿斷。留神天下幸甚。
貼黃。臣蜀人也。向在臺時。屢言蜀事。謂趙彥呐年老智窮。所當儲
代。又於秋防一疏。論蜀必危。而朝堂廷臣之言。曾不留意。今聞
虜騎徑破閬中。分為兩隊。一沿江至順慶。一絕流指潼川。曹友
聞以轉戰敗于芭蕉谷。劉孝全以食盡潰于雞翁隘。趙彥呐以
羸卒退保劍門。今又之江油。楊恢以無兵禦閬寇。今已趨東關。
辛紐以按部行。項容孫以新除去潼。遂順慶皆無守臣。驚移之

舟邀截于虜拚西赴江死者以數十萬計此得於著作郎李心傳十月十七日成都書報如此吁蜀亡矣或者但知以斬將之虜捷告于廟而不以敗亡之實證聞于朝廷衆議欲除一宣諭從夔門經理今已旬月而未見施行又聞有臺臣有言欲斥逐小吏之壅蔽蜀事者公論咸以為快而亦未見檢會行遣豈朝廷之議殆類於棄蜀耶夫蜀猶首也荊猶咽喉也江淮則猶股臂也今病在頭目日瀕危亡而猶翫愒恬嬉不知救療欲為保其四體之謀抑難矣臣願陛下明諭大臣亟圖以救蜀之策不勝鄉國父老之望

右臣前項所奏一論本朝仁政謹刑息兵二論朝政邊議貼黃論蜀危急事謹録奏聞伏候勅旨

呂喬又論湖北蜀西具備奏曰臣自就列以來使閱廣西經畧司據

岑邈諭濟所申以為敵已破大小雲南雲南與廣西為鄰番如所申廣西事體直可寒心今廟筭深長必能選有威風大臣控扼廣西如招兵積粟等事或通湖南或通廣東想皆次第施行第無遺策矣而臣之愚見則以為上流尤所當備臣十年前聞敵有幹腹之謀欲借路雲南圖我南鄙當時說者皆以為迂今聞瀘州安撫司所申密院事稱西蜀南蕃蠻王阿永申敵攻打大理國并殺死姚州高慶節度兒在大理國內屯駐四向生蠻悉皆投拜烏蒙國都蠻王阿呂申本蕃鬼婆帶領軍馬往後蕃見敵兵深入攻打卭部川界分使破散小雲南國見敵兵在大理國界分駐扎言說今冬再由求路要出漢地此皆去歲事也若然則是小大雲南悉皆狼狽迫我後戶矣詎可不為關防哉試將蜀西湖北之與南蠻接者為陛下條陳之南方諸蠻之大者莫如大雲南其次小雲南次烏蒙次羅氏鬼主國其他小國或千百家為一聚或二三百家為一族不相臣屬皆不足數而其他皆蜀之徼外諸蠻接黎州大渡河之對有所謂卭部川卭部川之後即小雲南也卭部川之下即兩林虛恨蠻虛恨之下即馬湖大江蠻之部族夷都蠻也馬湖大江蠻每借兩林虛恨卭部川路販馬于青羌彌羌時有好馬至叙州互市皆得之西方馬湖一江自叙州入江至開邊寨右去為大江蠻左去為小江蠻小江即烏蒙部落也烏蒙疆界稍大於諸蠻可為雲南之次所有之地隨小江而上遠出大江兩林虛恨之後與小雲南相接烏蒙之下即呂告蠻呂告之下即阿永蠻其他皆與蜀之諸郡接由卭部川可通黎州大渡河由虛恨可通峨眉縣中正寨由夷都可通犍為縣沐川寨由大江蠻可通宣化縣崖門及叙之開邊寨由呂告可通長寧由阿永河可通瀘水之江門寨此皆通行往來之路今小雲南已困小雲已亡若烏蒙次第皆

破則驅諸蠻行熟路嘉定瀘叙長寧皆可至矣而臣之所憂又恐其捷於湖右蓋阿永與播接而瀘之仁懷綏遠寨實出播州之境又與思播相連而思播可連南平珍黔以出鼎澧初無關隘止以山箐為限可十日自烏蒙來呂告亦可十日自呂告來阿永可八九日阿永來播州可七八日播至鼎澧亦不過旬日而羅氏鬼主國在思播之後亦可透辰沅萬一計出於此不但蜀邊腹背受敵而湖右之腹心先潰可不畏哉臣謂廣西固當備蜀西之南徼湖北之南鄙尤當備蓋廣西猶可諉曰炎瘴之毒非彼所宜在蜀西在湖北則併炎瘴無之矣以冀北之馬而行於無所障礙之鄉其鋒何可當耶臣以為叙州兩江之會當用桑愈之說增兵屯駐扼塞要衝思播田楊之族當推赤心置其腹中相為犄角以為烏蒙國之藩籬伐借兵出漢之謀不得逞則西蜀之南徼屹然如金城之不可拔辰沅之間當用史子

犖之策。增兵屯鼎澧之間。當臣寮之說。選擇忠臣以為羅鬼國之前拒。使斡腹旋出之師不可得進。則湖北之南鄙帖然如中防之制水矣。然在蜀者宜申勑蜀帥使之用力關防。毋為輕敵之舉。在湖北者宜亟建荊閫使之盡心區處。毋為漫浪之計。不然則長江在吾北。不足為吾之限制。而江以南為其所蹂躪。宗廟社稷將何地而置安哉。臣連疏求去。蒙陛下宣諭強顏復留。偶聞廣西之事。其敢自嘿。比之經筵雖嘗畧言其槩。猶未詳。今為陛下底裏言之。惟陛下密與二三大臣圖之。臣不勝俟命。

金世宗時。宗叙嘗請募貧民戍邊屯田。給以廩粟。旣貧者無艱食之患。而富家免更代之勞。得專農業。上善其言而未行也。十七年上謂宰臣曰。戍邊之卒。歲冒寒暑往來番休。以馬牛往戍。往往皆死。且奪其農時。敗其生業。朕甚閔之。朕欲使百姓安於田畧。而邊圉彊固。卿等何術可以致此。左丞相良弼曰。邊地不堪耕種。不能久戍。所以番代耳。上曰。卿等以此急務為末事耶。往歲參政宗叙嘗為朕言此事。若宗叙可謂盡心於國者矣。今以兩路招討司。烏古里石壘部族。臨潢泰州等路。分置堡戍。詳定以聞。朕將親覽。上追念宗叙。聞其子孫家用不給。詔賜錢三千貫。明昌五年配享世宗廟庭。

金東海侯大安初。北兵南嚮。召平定州刺史趙秉文與待制趙資道論備邊策。秉文言今我軍聚於宣德。城小。列營其外。涉暑雨器械弛敗。人且病。俟秋敵至。將不利矣。可遣臨潢一軍擣其虛。則山西之圍可解。兵法所謂出其不意攻其必救者也。

金宣宗貞祐三年。朝廷欲起代州戍兵五千。河東路兵馬都總管胥鼎上言。嶺外軍皆已南徙。代為邊要。正宜益兵保守。今更損其力。一朝兵至。何以待之。平陽以代為藩籬。豈可撤去。尚書省奏宜如所請。詔從之。

鼎為尚書左丞兼樞密副使。上言。自兵興以來。河北潰散軍兵。流亡人戶。及山西河東老幼。俱徙河南。在處僑居。各無本業。易至動搖。切慮有司妄分彼此。或加迫遣。以致不安。今兵日益感。將及饑饉。倘復誘其失職之衆。使為向導。或驅之攻城。豈不益資其力。乞朝廷遣官撫慰。及令所司嚴為防閑。庶幾不至生釁。上從其計。

詔諭道按察司講究防秋。按察轉運使盧庸陳便宜曰。自鄜延至積石。雖多溝坂。無長河大山為之屏蔽。恃弓箭手以禦侮。其人皆剛猛善鬬。熟于地利。夏人畏之。向者徙屯他所。夏人即時犯邊。此近年深患也。人情樂土。且耕且戰。緩急將自奮。又曰。防秋之際。宜先清野。又曰。掌軍之官。不宜臨時易代。兵家所忌。將非其人。屢代何益。無何有言庸老不勝任者。即罷之。

興定二年。樞密院以海州軍食不足。艱于轉輸。奏乞遷于內地。詔問資德大夫兼三司使尚書右丞侯摯。奏曰。海州連山阻海。與沂莒邳密皆邊隅衝要之地。比年以來。為賊淵藪者。宋人資給之故。若棄而他徙。則直抵東平。無非敵境。地大氣增。後難圖矣。臣未見其可。且朝廷所以欲遷者。止慮糧儲不給耳。臣請盡力規畫。勸喻農民趨時耕種。且令煑鹽易糧。或置場宿遷以通商旅。可不勞民力而辦。仍擇沭陽之地。可以為營屯者。分兵護邏。雖不遷無患也。上是其言乃止。

元世祖時。成都失利。帝遣人問所以失之之故。及今措置之方。昭勇大將軍夔東路招討使李忽蘭吉附奏曰。初立成都。惟建子城。軍民止於外城。別無城壁。宋軍乘虛來攻。失於不備。軍官皆年少不經事之人。以此失利。四川地曠人稀。宜修置城寨。練習軍馬。措畫屯田。規運糧餉。創造舟楫。完繕軍器。六者不可缺一。又當任賢速謀。信賞必罰修內治外戰勝攻取選用良將隨機應變則邊陲無虞矣。

中統元年六月郝經備禦奏曰臣經言臣初離闕廷未知朝廷用兵次第[illegible]條奏新政不敢遽言但舉備預大略一條而已。今聞西北阻命[illegible]遂廢置自遼東至于豐靖以及河西其關隘備禦必無缺綻未知西域回鶻諸國及土波大理繞出西南嘗為備禦否其土地廣遠兵力豪勁且其酋長多變詐懼秉虛作變與西北連衡遏截旭烈大王在所蟻聚轉相警惑使有反顧之憂又西蜀兩川新集或為搖蕩使有意外之變宜遣一大官知兵者選集回鶻諸國土波大理一帶軍馬於好水草險要處駐劄與關西宣撫司肱脾相應是斷西北右臂且張聲勢以要應[illegible]諸國[illegible]以実[illegible]以來[illegible]人[illegible]不可不為之備[illegible]自成都至興元接上均州置[illegible]自鄧至宿泗置一帥。山東[illegible]西河鄧中處置一大行[illegible]亦當如此。臣愚[illegible]以及此伏取聖裁。

[illegible]臣奏議卷之三百三十九

夷狄

周靈王三年無終子嘉父使孟樂如晉因魏莊子納虎豹之皮以請和諸戎晉侯曰戎狄無親而貪不如伐之魏絳曰諸侯新服陳新來和將觀於我我德則睦否則攜貳勞師於戎而楚伐陳必弗能救是棄陳也諸華必叛戎禽獸也獲戎失華無乃不可乎公曰然則莫如和戎乎對曰和戎有五利焉戎狄荐居貴貨易土土可賈焉一也邊鄙不聳民狎其野穡人成功二也戎狄事晉四鄰振動諸侯懷德三也以德綏戎師徒不勤甲兵不頓四也鑒于后羿而用德度遠至邇安五也君其圖之

漢高帝罷平城歸韓王信亡入胡當是時冒頓為單于兵強控弦三十萬數苦北邊上患之問建信侯劉敬劉敬曰天下初定士卒罷於兵未可以武服也冒頓殺父代立妻群母以力為威未可以仁義說也獨可以計久遠子孫為臣耳然恐陛下不能為上曰誠可何為不能顧為奈何劉敬對曰陛下誠能以適長公主妻之厚奉遺之彼知漢適女送厚蠻夷必慕以為閼氏生子必為太子代單于何者貪漢重幣陛下以歲時漢所餘彼所鮮數問遺因使辯士風諭以禮節冒頓在固為子婿死則外孫為單于豈嘗聞外孫敢與大父抗禮者哉兵可無戰以漸臣也若陛下不能遣長公主而令宗室及後宮詐稱公主彼亦知不肯貴近無益也高帝曰善欲遣長公主呂后日夜泣曰妾太子一女奈何棄之匈奴上竟不能遣長公主而取家人子名為長公主妻單于使劉敬往結和親約

孝惠帝時單于嘗為書嫚呂后不遜呂后大怒召諸將議之上將軍樊噲曰臣願得十萬衆橫行匈奴中諸將皆阿呂后意曰然中郎將

季布曰。樊噲可斬也。夫高帝將兵四十餘萬衆。困於平城。今噲奈何以十萬衆橫行匈奴中。面欺。且秦以事於胡。陳勝等起。于今創痍未瘳。噲又面諛。欲搖動天下。是時殿上皆恐。太后罷朝。遂不復議擊匈奴事。

武帝元光元年。主父偃西入關。見衛將軍。衛將軍數言上。上不省。資用乏。留久。諸侯賓客多厭之。偃迺上書闕下。朝奏暮召入見。所言九事。其八事為律令。一事諫伐匈奴。曰。臣聞明主不惡切諫以博觀。忠臣不避重誅以直諫。是故事無遺策。而功流萬世。今臣不敢隱忠避死。以效愚計。願陛下幸赦而少察之。司馬法曰。國雖大。好戰必亡。天下雖平。忘戰必危。天下既平。天子大愷。春蒐秋獮。諸侯春振旅。秋治兵。所以不忘戰也。且怒者逆德也。兵者凶器也。爭者末節也。古之人君一怒。必伏尸流血。故聖王重行之。夫務戰勝窮武事。未有不悔者也。昔秦皇帝任戰勝之威。蠶食天下。并吞戰國。海內為一。功齊三代。務勝不休。欲攻匈奴。李斯諫曰。不可。夫匈奴無城郭之居。委積之守。遷徙鳥舉。難得而制。輕兵深入。糧食必絕。運糧以行。重不及事。得其地。不足以為利。得其民。不可調而守也。勝必棄之。非民父母。靡敝中國。甘心匈奴。非完計也。秦皇帝不聽。遂使蒙恬將兵而攻胡。卻地千里。以河為境。地固澤鹵。不生五穀。然後發天下丁男以守北河。暴兵露師十有餘年。死者不可勝數。終不能踰河而北。是豈人衆之不足。兵革之不備哉。其勢不可也。又使天下飛芻輓粟。起於黃腄琅邪負海之郡。轉輸北河。率三十鍾而致一石。男子疾耕不足於糧餉。女子紡績不足於帷幕。百姓靡敝。孤寡老弱不能相養。道死者相望。蓋天下始叛也。及至高皇帝定天下。略地於邊。聞匈奴聚代谷之外而欲擊之。御史成諫曰。不可。夫匈奴獸聚而鳥散。從之如搏景。今以陛下盛德攻匈奴。臣竊危之。高帝不聽。遂至代谷。果有平城之圍。高帝悔之。乃使劉敬往結和親。然後天下忘干戈之事。故兵法曰。興師十萬。日費千金。秦常積衆數十萬人。雖有覆軍殺將。係虜單于。適足以結怨深讎。不足以償天下之費。夫匈奴行盜侵敺。所以為業。天性固然。上自虞夏殷周。固不程督。禽獸畜之。不比為人。夫不上觀虞夏殷周之統。而下循近世之失。此臣之所以大恐。百姓所以疾苦也。且夫兵久則變生。事苦則慮易。使邊境之民靡敝愁苦。將吏相疑而外市。故尉佗章邯得成其私。而秦政不行。權分二子。此得失之效也。故周書曰。安危在出令。存亡在所用。願陛下孰計之而加察焉。書奏。上迺拜偃為郎中。

五年。番陽令唐蒙風曉南越。南越食蒙以枸醬。蒙問所從來。曰。道西北牂柯江。牂柯江廣數里。出番禺城下。蒙歸問蜀賈人。賈人曰。獨蜀出枸醬。多持竊出市夜郎。夜郎臨牂柯江。江廣百餘步。南越以財物役屬之。然亦不能臣使也。蒙乃上書曰。南越王名為外臣。實一州主也。今以長沙豫章往。水道多絕。竊聞夜郎精兵可十餘萬。浮船牂柯出其不意。此制越一奇也。請通夜郎道。為置吏。上乃拜蒙為中郎將。

元狩元年。博望侯張騫自月氏還。具為天子言西域諸國風俗。大宛在漢正西。可萬里。其俗土著。耕田。多善馬。有城郭室屋。其東北則烏孫。東則于窴。于窴之西。則水皆西流注西海。其東水東流注鹽澤。鹽澤潛行地下。其南則河源出焉。鹽澤去長安可五千里。匈奴右方居鹽澤以東至隴西長城。南接羌。鬲漢道焉。烏孫康居奄蔡大月氏皆行國。隨畜牧。與匈奴同俗。大夏在大宛西南。與大宛同俗。臣在大夏時。見邛竹杖蜀布。問安得此。曰。市之身毒。身毒在大夏東南可數千里。其俗土著。與大夏同。度大夏去漢萬二千里。居漢西南。今身毒又居大夏。從羌中險少北。則為匈奴所得。從蜀宜徑又無寇。天子既聞諸國多奇物而兵弱貴漢財物。誠得而以義屬之。則廣地萬里重九譯致殊俗威德徧於四海帝欣然以騫言為然。乃令騫因蜀犍為發間使四道並出求身毒國各行一二千里其北閉氐筰南閉嶲昆明殺略漢使終莫得通於是始通滇國。乃復事西南夷。

元鼎二年。騫又建言烏孫王昆莫本為匈奴臣。後兵稍強。不肯復朝事匈奴。匈奴攻不勝而遠之。今以厚幣招以益東居故渾邪之地。則是斷匈奴右臂也既連烏孫自其西大夏之屬皆可招來而為外臣。上以為然拜騫為中郎將。齎金幣帛直數千巨萬至烏孫。久之。不能得其要領。因分遣副使使大宛康居。大月氏。大夏。安息身毒于窴。及諸旁國烏孫送騫還。使數十人馬數十匹。隨騫報謝。是歲騫還到後所遣使通大夏之屬皆頗與其人俱來於是西域始通於漢矣。

元狩中匈奴渾邪王率衆來降漢發車二萬乘縣官無錢。從民貰馬民或匿馬馬不具。上怒欲斬長安令。汲黯曰長安令無罪。獨斬黯民乃肯出馬。且匈奴畔其主而降漢漢徐以縣次傳之。何至令天下騷動罷弊中國而以事夷狄之人乎。上默然。及渾邪至賈人與市者坐當死者五百餘人黯請間見高門曰夫匈奴攻當路塞絕和親中國興兵誅之。死傷者不可勝計。而費以巨萬百數。臣愚以為陛下得胡人皆以為奴婢以賜從軍死事者家。所鹵獲因予之。以謝天下之苦塞百姓之心。今縱不能。渾邪率數萬之衆來降虛府庫賞賜發良民侍養譬若奉驕子。愚民安知市買長安中物。而文吏繩以為闌出財物于邊關乎。陛下縱不能得匈奴之資以謝天下又以微文殺無知者五百餘人。是所謂庇其葉而傷其枝者也。臣竊為陛下不取也。上默然不許。曰。吾久不聞汲黯之言。今又復妄發矣。

武帝時。匈奴求和親。羣臣議前博士狄山曰。和親便。上問其便。山曰。兵凶器。未易數動。高帝欲伐匈奴。大困平城。乃遂結和親。孝惠高后時。天下安樂。及文帝欲事匈奴。北邊蕭然苦兵。孝景時。吳楚七國反。景帝往來東宮間。天下寒心。數月吳楚已破。竟景帝不言兵。天下富實。今自陛下興兵擊匈奴。中國已空虛。邊大困貧。由是觀之。不如和親。

宣帝五鳳元年。匈奴亂。五單于爭立。漢議者多曰匈奴為害日久。可因其壞亂舉兵滅之。御史大夫蕭望之曰。春秋晉士匄帥師侵齊。聞齊侯卒。引師而還。君子大其不伐喪。以其恩足以服孝子。誼足以動諸侯。前單于慕化鄉善。請求和親。未終奉約。不幸為賊臣所殺。今而伐之。是乘亂而幸災也。不以義動兵。恐勞而無功。宜遣使弔問輔其微弱。救其災患。四夷聞之。咸貴中國之仁義。如遂蒙恩復其位。必稱

臣服從。此德之盛也。上從其議。

甘露二年。初匈奴呼韓邪單于來朝。詔公卿議其儀。丞相黃霸御史大夫于定國議曰。聖王之制。施德行禮。先京師而後諸夏。先諸夏而後夷狄。詩云。率禮不越。遂視既發。相土烈烈。海外有截。陛下聖德充塞天地。光被四表。匈奴單于鄉風慕化。奉珍朝賀。自古未之有也。其禮儀宜如諸侯王。位次在下。望之以為單于非正朔所加。故稱敵國。宜待以不臣之禮。位在諸侯王上。外夷稽首稱藩。中國讓而不臣。此則羈縻之誼。謙亨之福也。書曰。戎狄荒服。言其來服荒忽亡常。如使匈奴後嗣卒有鳥竄鼠伏。闕於朝享。不為畔臣。信讓行乎蠻貉。福祚流于亡窮。萬世之長策也。天子采之。

元帝建昭三年。郅支單于叛逆未服。甘延壽陳湯上疏曰。臣聞天下之大義當混為一。昔有唐虞今有強漢匈奴呼韓邪單于已稱北藩。

唯郅支單于叛逆未服其辜大夏之西以為強漢不能臣也郅支單于慘毒行於民大惡通於天臣延壽臣湯將義兵行天誅賴陛下神靈陰陽並應天氣精明陷陳克敵斬郅支首及名王以下宜縣頭槀街蠻夷邸間以示萬里明犯強漢者雖遠必誅事下有司丞相匡衡御史大夫繁延壽以為郅支及名王首更歷諸國蠻夷莫不聞知月令春掩骼埋胔之時宜勿縣車騎將軍許嘉右將軍王商以為春秋夾谷之會優施笑君孔子誅之方盛夏首足異門而出宜縣十日廼埋之有詔將軍議是

成帝元延二年康居遣子侍漢貢獻然自以絕遠獨驕嫚不肯與諸國相望都護郭舜數上言本匈奴盛時非以兼有烏孫康居故也及其稱臣妾非以失二國也漢雖皆受其質子然三國內相輸遺交通如故亦相候伺見便則發合不能相親信離不能相臣役以今言之結配烏孫竟未有益反為中國生事然烏孫既結在前今與匈奴俱稱臣義不可拒而康居驕黠訖不肯拜使者都護吏至其國坐之烏孫諸使下王及貴人先飲食已乃飲啗都護吏故為無所省以夸旁國以此度之何故遣子入侍其欲賈市為好辭之詐也匈奴百蠻大國今事漢甚備聞康居不拜且使單于有自下之意宜歸其侍子絕勿復使以章漢家不通無禮之國敦煌酒泉小郡及南道八國給使者往來人馬驢槖駝食皆苦之空罷耗所過送迎驕黠絕遠之國非至計也

河平元年單于遣右皋林王伊邪莫演等奉獻朝正月伊邪莫演言欲降即不受我我自殺終不敢還歸使者以聞下公卿議議者或言宜如故事受其降光祿大夫谷永議郎杜欽以為漢興匈奴數為邊害故設金爵之賞以待降者今單于詘體稱臣列為北藩遣使朝賀無有二心漢家接之宜異於往時今既享單于聘貢之質而更受其逋逃之臣是貪一夫之得而失一國之心擁有罪之臣而絕慕義之君也假令單于初立欲委身中國未知利害私使伊邪莫演詐降以卜吉凶受之虧德沮善令單于自疏不親邊吏或者設為反間欲因而生隙受之適合其策使得歸曲而直責（歸曲於漢而義來責也）以此誠邊境安危之原師旅動靜之首不可不詳也不如勿受以昭日月之信抑詐諼之謀懷附親之心便對奏天子從之遣中郎將王舜往問狀伊邪莫演曰我病狂妄言耳遣去歸到官位如故不肯令見漢使

哀帝建平四年單于上書願朝五年時哀帝被疾或言匈奴從上游來厭人自黃龍竟寧時單于朝中國輒有大故上由是難之以問公卿亦以為虛費府帑可且勿許單于使辭去未發黃門郎楊雄上書諫曰臣聞六經之治貴於未亂兵家之勝貴於未戰二者皆微然而大事之本不可不察也今單于上書求朝國家不許而辭之臣愚以為漢與匈奴從此隙矣匈奴本北地之狄五帝之所不能臣三王之所不能制其不可使隙甚明臣不敢遠稱請引秦以來明之以秦始皇之彊蒙恬之威帶甲四十餘萬然不敢窺西河廼築長城以界之會漢初興以高祖之威靈三十萬眾困於平城士或七日不食時奇譎之士石畫之臣甚眾也（石言堅固如石畫計策也）卒其所以脫者世莫得而言也（祕也莫得而言謂自免之計其事醜惡故不傳）又高皇后嘗忿匈奴羣臣庭議樊噲請以十萬眾橫行匈奴中季布曰噲可斬也妄阿順指於是大臣權書遺之然後匈奴之結解中國之憂平及孝文時匈奴侵暴北邊候騎至雍甘泉京師大駭發三將軍屯細柳棘門霸上以備之數月廼罷孝武即位設馬邑之權欲誘匈奴使韓安國將三十萬眾徼於便墜（徼要也墜古地字）匈奴覺之而去徒費財勞師一虜不可得見況單于之面乎其

後深惟社稷之計。規恢萬載之策。廼大興師數十萬。使衛青霍去病操兵。前後十餘年。於是浮西河。絕大幕。破寘顏。襲王庭。窮極其地。追奔逐北。封狼居胥山。禪於姑衍。以臨瀚海。虜名王貴人以百數。自是之後。匈奴震怖。益求和親。然而未肯稱臣也。且夫前世豈樂傾無量之費。役無罪之人。快心於狼望之北哉。以為不壹勞者不久佚。不暫費者不永寧。是以忍百萬之師。以摧餓虎之喙。運府庫之財。填盧山之壑。而不悔也。至本始之初。匈奴有桀心。欲掠烏孫。侵公主。廼發五將之師十五萬騎。獵其南。而長羅侯以烏孫五萬騎。震其西。皆至質而還。（質信也數謂）時鮮有所獲。徒奮揚威武。明漢兵若風雷耳。雖空行空反。尚誅兩將軍。故北狄不服。中國未得高枕安寢也。逮至元康神爵之間。大化神明。鴻恩溥洽。而匈奴內亂。五單于爭立。日逐呼韓邪攜國歸死。扶伏稱臣。（伏蒲北反）然尚羈縻之。計不顓制。（顓與專同。專制謂以為臣妾也）自此之後。欲朝者不距。不欲者不彊。何者。外國天性忿鷙。形容魁健。負力怙氣。難化以善。易隸以惡。其彊難詘。其和難得。故未服之時。勞師遠攻。傾國殫貨。伏尸流血。破堅拔敵。如彼之難也。既服之後。慰薦撫循。交接賂遺。威儀俯仰。如此之備也。往時嘗屠大宛之城。蹈烏桓之壘。探姑繒之壁。（姑繒西南夷種也）籍蕩姐之場。（羌屬也。籍猶蹈也。姐音紫）艾朝鮮之旃。拔兩越之旗。（艾讀曰刈。刈絕也）近不過旬月之役。遠不離二時之勞。（離歷也。三月為一時）固已犂其庭。掃其閭。（犂耕也）郡縣而置之。雲徹席卷。後無餘菑。惟北狄為不然。真中國之堅敵也。三垂比之懸矣。前世重之茲甚。未易可輕也。今單于歸義。懷款誠之心。欲離其庭。陳見於前。此乃上世之遺策。神靈之所想望。國家雖費。不得已者也。柰何距以來厭之辭。疏以無日之期。消往昔之恩。開將來之隙。夫款而隙之。使有恨心。負前言。緣往辭。（言單于因緣往昔和好之辭以怨漢也）歸怨於漢。因以自絕。終無北面之心。威之不

可。諭之不能。焉得不為大憂乎。夫明者視於無形。聰者聽於無聲。誠先於未然。即蒙恬樊噲不復施。棘門細柳不復備。馬邑之策安所設。衛霍之功何得用。五將之威安所震。不然。壹有隙之後。雖智者勞心於內。辯者轂擊於外。（轂擊言使車交馳其轂相擊也）猶不若未然之時也。且往者圖西域。制車師。置城郭都護三十六國。費歲以大萬計者。豈為康居烏孫能踰白龍堆而寇西邊哉。廼以制匈奴也。夫百年勞之。一日失之。費十而愛一。臣竊（為于偽反）為國不安也。惟陛下少留意於未亂未戰。以遏邊萌之禍。書奏。天子寤焉。召還匈奴使者。更報單于書而許之。

新莽建國四年。烏孫大小昆彌遣使入貢。莽以烏孫國人多親附小昆彌。欲得烏孫心。乃遣使者引小昆彌使坐大昆彌使上。師友祭酒滿昌劾奏使者曰。夷狄以中國有禮義。故屈而服從。大昆彌君也。今序臣使於君使之上。非所以有夷狄也。奉使大不敬。莽怒。貶昌官。

漢光武皇帝建武十一年。先零諸羌數萬人屯聚寇鈔。距浩亹隘。馬成與馬援深入討擊。大破之。徙降羌致天水隴西扶風。是時朝臣以金城破羌之西。塗遠多寇。議欲棄之。馬援上言。破羌以西。城多完牢易可依固。其田土肥壤。灌溉流通。如令羌在湟中。則為害不休。不可棄也。帝從之。民歸者三千餘口。援為長吏繕城郭。起塢候。開溝洫。勸以耕牧。郡中樂業。又招撫塞外氐羌。皆來降附。援奏復其侯王君長。帝悉從之。乃罷馬成軍。

十七年。莎車王賢復遣使奉獻。請都護。帝賜賢西域都護印綬。及車旗黃金錦繡。敦煌太守裴遵上言。夷狄不可假以大權。又令諸國失望。詔書收還都護印綬。更賜賢以漢大將軍印綬。其使不肯易。遵迫奪之。賢由是始恨。而猶詐稱大都護。移書諸國。悉服屬焉。

二十四年。匈奴南邊八部立日逐王比為南單于。款五原塞內附。願

永為藩蔽。扞禦北虜。事下公卿議。議者皆以為天下初定。中國空虛。不可許。五官中郎將耿國獨以為如孝宣故事受之。令東扞鮮卑。北拒匈奴。率厲四夷。完復邊郡。帝從之。於是分為南北單于。

二十七年。北單于遣使詣武威求和親。天子召公卿廷議不決。皇太子言曰。南單于新附。北虜懼於見伐。故傾耳而聽。爭欲歸義耳。今未能出兵。而反交通北虜。臣恐南單于將有志。北虜降者且不復來矣。帝然之。告武威太守勿受其使。

二十八年。北單于復遣使詣闕貢馬及裘。更乞和親。并請音樂。又求率西域諸國胡客與俱獻見。帝下三府議酬荅之宜。司徒掾班彪奏曰。臣聞孝宣皇帝勑邊守尉曰。匈奴大國。多變詐。交接得其情。則却敵折衝。應對入其數。則反為輕欺。今北匈奴見南單于來附。懼謀其國。故數乞和親。又遠驅牛馬與漢合市。重遣名王。多所貢獻。斯皆外示富彊。以相欺誕也。臣見其獻益重。知其國益虛。歸親愈數。為懼愈多。然今既未獲助南。則亦不宜絕北。羈縻之義。禮無不荅。謂可頗加賞賜。略與所獻相當。明加曉告以前世呼韓邪郅支行事。報荅之辭。令必有適。今立藁草并上曰。單于不忘漢恩。追念先祖舊約。欲修和親。以輔身安國。計議甚高。為單于嘉之。往者匈奴數有乖亂。呼韓邪郅支自相讎隙。並蒙孝宣皇帝垂恩救護。故各遣侍子。稱藩保塞。其後郅支忿戾。自絕皇澤。而呼韓附親。忠孝彌著。及漢滅郅支。遂保國傳嗣。子孫相繼。今南單于攜衆向南。款塞歸命。自以呼韓嫡長。次第當立。而侵奪失職。猜疑相背。數請兵將。歸埽北庭。策謀紛紜。無所不至。惟念斯言。不可獨聽。又以北單于比年貢獻。欲修和親。故拒而未許。將以成單于忠孝之義。漢秉威信。總率萬國。日月所照。皆為臣妾。殊俗百蠻。義無親疏。服順者褒賞。畔逆者誅罰。善惡之效。呼韓郅支

是也。今單于欲修和親。款誠已達。何嫌而欲率西域諸國俱來獻見。西域國屬匈奴。與屬漢何異。單于數連兵亂。國內虛耗。貢物裁以通禮。何必獻馬裘。今齎雜繒五百匹。弓鞬韥丸一。矢四發。遣遺單于。又賜獻馬左骨都侯右谷蠡王雜繒各四百匹。斬馬劍各一。單于前言先帝時所賜呼韓邪竽瑟空侯皆敗。願復裁賜。念單于國尚未安。方厲武節。以戰攻為務。竽瑟之用。不如良弓利劍。故未以齎。朕不愛小物於單于。便宜所欲。遣驛以聞。帝悉納從之。

明帝永平中。益州刺史梁國朱輔好立功名。慷慨有大略。在州數歲。宣示漢德。威懷遠夷。自汶山以西。前世所不至。正朔所未加。白狼槃木唐菆等百餘國。戶百三十餘萬。口六百萬以上。舉種奉貢。稱為臣僕。輔上疏曰。臣聞詩云。彼徂者岐。有夷之行。傳曰。岐道雖僻。而人不遠。詩人誦詠。以為符驗。今白狼王唐菆等慕化歸義。作詩三章。路經邛來大山零高坂。峭危峻險。百倍岐道。襁負老幼。若歸慈母。遠夷之語。辭意難正。草木異種。鳥獸殊類。有犍為郡掾田恭與之習狎。頗曉其言。臣輒令訊其風俗。譯其辭語。今遣從事史李陵與恭護送詣闕。并上其樂詩。昔在聖帝。舞四夷之樂。今之所上。庶備其一。帝嘉之。事下史官。錄其歌焉。遠夷樂德歌詩曰。大漢是治。與天合意。吏譯平端。不從我來。聞風向化。所見奇異。多賜贈布。甘美酒食。昌樂肉飛。屈申悉備。蠻夷貧薄。無所報嗣。願主長壽。子孫昌熾。遠夷慕德歌詩曰。蠻夷所處。日入之部。慕義向化。歸日出主。聖德深恩。與人富厚。冬多霜雪。夏多和雨。寒溫時適。部人多有。涉危歷險。不遠萬里。去俗歸德。心歸慈母。遠夷懷德歌曰。荒服之外。土地墝埆。食肉衣皮。不見鹽穀。吏譯傳風。大漢安樂。攜負歸仁。觸冒險陝。高山岐峻。緣崖磻石。木薄發家。百宿到洛。父子同賜。懷抱匹帛。傳告種人。長願臣僕。

八年帝遣鄭衆持節使匈奴衆至北庭虜欲令拜衆不為屈單于大怒圍守閉之不與水火欲脅服衆衆拔刀自誓單于恐而止乃更發使隨衆還京師朝議復欲遣使報之衆上疏諫曰臣伏聞北單于所以要致漢使者欲以離南單于之衆堅三十六國之心也又當揚漢和親誇示鄰敵令西域欲歸化者局足狐疑懷土之人絕望中國耳漢使既到便偃蹇自信若復遣之虜必自謂得謀其羣臣駮議者不敢復言如是南庭動搖烏桓有離心矣南單于久居漢地具知形勢萬分離析旋為邊害今幸有度遼之衆揚威北垂雖勿報答不敢為患帝不從復遣衆衆因上言臣前奉使不為匈奴拜單于恚恨故遣兵圍臣今復銜命必見陵折臣誠不忍持大漢節對氊裘獨拜如令匈奴遂能服臣將有損大漢之強帝不聽衆不得已既行在路連上書固爭之詔切責衆追還繫廷尉會赦歸家其後帝見匈奴來者聞衆與單于爭禮之狀皆言匈奴中傳衆意氣壯勇雖蘇武不過乃復召衆為軍司馬

章帝建初五年軍司馬班超率疏勒康居于寘拘彌兵一萬人攻姑墨石城破之斬首七百級超欲因此叵平諸國乃上疏請兵曰臣竊見先帝欲開西域故北擊匈奴西使外國鄯善于寘即時向化今拘彌莎車疏勒月氏烏孫康居復願歸附欲共并力破滅龜茲平通漢道若得龜茲則西域未服者百分之一耳臣伏自惟念卒伍小吏實願從谷吉效命絕域庶幾張騫棄身曠野昔魏絳列國大夫尚能和輯諸戎況臣奉大漢之威而無鉛刀一割之用乎前世議者皆曰取三十六國號為斷匈奴右臂今西域諸國自日之所入莫不向化大小欣欣貢奉不絕唯焉耆龜茲獨未服從臣前與官屬三十六人奉使絕域備遭艱戹自孤守疏勒於今五載胡夷情數臣頗識之問其

城郭小大皆言倚漢與依天等以是效之則葱嶺可通葱嶺通則龜茲可伐今宜拜龜茲侍子白霸為其國王以步騎數百送之與諸國連兵歲月之間龜茲可禽以夷狄攻夷狄計之善者也臣見莎車疏勒田地肥廣草木饒衍不比敦煌鄯善間也兵可不費中國而糧食自足且姑墨溫宿二王特為龜茲所置既非其種更相厭苦其執必有降反若二國來降則龜茲自破願下臣章參考行事誠有萬分死復何恨臣超區區特蒙神靈竊冀未便僵仆目見西域平定陛下舉萬年之觴薦勲祖廟布大喜於天下書奏帝知其功可成議欲給兵平陵人徐幹素與超同志上疏願奮身佐超五年遂以幹為假司馬將弛刑及義從千人就超先是莎車以為漢兵不出遂降於龜茲而疏勒都尉番辰亦復反叛會徐幹適至超遂與幹擊番辰大破之斬首千餘級多獲生口超既破番辰欲進攻龜茲以烏孫兵彊宜因其力乃上言烏孫大國控弦十萬故武帝妻以公主至孝宣皇帝卒得其用今可遣使招慰與共合力帝納之

章帝時北單于遣使貢獻求欲和親詔問羣僚議者或以為匈奴變詐之國無內向之心徒以畏漢威靈逼憚南虜故希望報命以安其離叛今若遣使恐失南虜親附之歡而成北狄猜詐之計不可玄武司馬班固議曰竊自惟思漢興已來曠世歷年兵纏夷狄尤事匈奴綏御之方其塗不一或修文以和之或用武以征之或卑下以就之或臣服而致之雖屈申無常所因時異然未有拒絕棄放不與交接者也故自建武之世復修舊典數出重使前後相繼至於其末始乃暫絕永平八年復議通之而廷爭連日異同紛回多執其難少言其易先帝聖德遠覽瞻前顧後遂復出使事同前世以此而推未有一世闕而不修者也今烏桓就闕稽首譯官康居月氏自遠而至匈奴

雖析名王來降。三方歸服。不以兵威。此誠國家通於神明自然之徵也。臣愚以為宜依故事。復遣使者。上可繼五鳳甘露致遠人之會。下不失建武永平羈縻之義。虜再來。然後一往。既明中國主在忠信。且知聖朝禮義有常。豈同逆詐示猜。孤其善意乎。絕之未知其利。通之不聞其害。設後北虜稍彊。能為風塵。方復求為交通。將何所及。不若因今施惠。為策近長。

元和二年。武威太守孟雲上書。北虜既已和親。而南部復往抄掠。北單于謂漢欺之。謀欲犯邊。宜還其生口以安慰之。詔百官議朝堂。公卿皆言夷狄譎詐。求欲無厭。既得生口。當復妄自誇大。不可開許。太僕袁安獨曰。北虜遣使奉獻和親。有得邊生口者。輒以歸漢。此明其畏威而非先違約也。雲以大臣典邊。不宜負信於戎狄。還之足示中國優貸。而使邊人得安。誠便。司徒桓虞改議從安。太尉鄭弘司空第

五倫皆恨之。弘因大言激勵虞曰。諸言當還生口者。皆為不忠。虞廷叱之。倫及大鴻臚韋彪各作色變容。司隸校尉舉奏。安等皆上印綬謝。帝詔報曰。久議沈滯。各有所志。蓋事以議從。策由眾定。誾誾衎衎得禮之容。寢嘿抑心。更非朝廷之福。君何尤而深謝。其各冠履。帝竟從安議。許之。乃下詔曰。昔獫狁獯粥之敵中國。其所由來尚矣。往者雖有和親之名。終無絲髮之效。墝埆之人。屢嬰塗炭。父戰於前。子死於後。弱女乘於亭障。孤兒號於道路。老母寡妻設虛祭。飲泣淚。想望歸魂於沙漠之表。豈不哀哉。傳曰。江海所以能長百川者。以其下之也。少加屈下。尚何足病。況今與匈奴君臣分定。辭順約明。貢獻累至。豈宜違信自受其曲。其敕度遼及領中郎將龐奮倍雇南部所得生口。以還北虜。其南部斬首獲生。計功受賞。如常科。

章和二年。鮮卑擊破北匈奴。而南單于乘此請兵北伐。因欲還歸舊

庭。時竇太后臨朝。議欲從之。尚書宋意上疏曰。夫戎狄之隔遠中國。幽處北極。界以沙漠。簡賤禮樂。無有上下。彊者為雄。弱即屈服。自漢興以來。征伐數矣。其所剋獲。曾不補害。光武皇帝躬服金革之難。深昭天地之明。故因其來降。羈縻畜養。邊人得生。勞役休息。於茲四十餘年矣。今鮮卑奉順。斬獲萬數。中國坐享大功。而百姓不知其勞。漢興功烈。於斯為盛。所以然者。夷虜相攻。無損漢兵者也。臣察鮮卑侵伐匈奴。正是利其抄掠。及歸功聖朝。實由貪得重賞。今若聽南虜還都北庭。則不得不禁制鮮卑。鮮卑外失暴掠之願。內無功勞之賞。豺狼貪婪。必為邊患。今北虜西遁。請求和親。宜因其歸附。以為外扞。巍巍之業。無以過此。若引兵費賦。以順南虜。則坐失上略。去安即危矣。誠不可許。會南單于竟不北徙。遷司隸校尉。

漢和帝永元四年。北單于既亡。其弟於除鞬自立。遣使款塞。竇憲請

立為單于。置中郎將領護。如南單于故事。事下公卿議。袁安任隗以為光武招懷南虜。非謂可永安內地。正以權時之算。可得扞禦北狄故也。今宜令南單于反北庭。領降眾。無緣復更立於除鞬以增國費。安又獨上封事曰。臣聞功有難圖。不可豫見。事有易斷。較然不疑。伏惟光武皇帝本所以立南單于者。欲安南定北之策也。恩德甚備。故匈奴遂分。邊境無患。孝明皇帝奉承先意。不敢失墜。赫然命將。爰伐塞北。至乎章和之初。降者十餘萬人。議者欲置之濱塞。東至遼東。太尉宋由光祿勳耿秉皆以為失南單于心。不可。先帝從之。陛下奉承洪業。大開疆宇。大將軍遠師討伐。席卷北庭。此誠宣明祖宗。崇立弘勳者也。宜審其終。以成厥初。伏念南單于屯。先父舉眾歸德。自蒙恩以來。四十餘年。三帝積累。以遺陛下。陛下深宜遵述先志。成就其業。況屯首唱大謀。空盡北虜。輟而弗圖。更立新降。以一朝之計。違三世

之規。失信於所養。建立於無功。由秉實知舊議。而欲背棄先恩。夫言行君子之樞機。賞罰理國之綱紀。論語曰。言忠信。行篤敬。雖蠻貊行焉。今若失信於一屯。則百蠻不敢復保誓矣。又烏桓鮮卑新殺北單于。凡人之情。咸畏仇讎。今立其弟。則二虜懷怨。兵食可廢。信不可去。且漢故事。供給南單于。費直歲一億九十餘萬。西域歲七千四百八十萬。今北庭彌遠。其費過倍。是乃空盡天下。而非建策之要也。詔下其議。安又與憲更相難折。憲險急負勢。言辭驕訐。至詆毀安。稱光武誅韓歆戴涉故事。安終不移。憲竟立匈奴降者右鹿蠡王於除鞬為單于。後遂反叛。卒如安策。

永元六年。時南單于與中郎將杜崇不相平。乃上書告崇。崇諷西河太守令斷單于章。無由自聞。而崇因與行度遼將軍朱徽上言南單于安國疏遠故胡。親近新降。欲殺左賢王師子及左臺且渠劉利等。

又右部降者謀共迫脅安國起兵。背畔。請西河上郡安定為之儆備。帝下公卿議。皆以為蠻夷反覆。雖難測知。然大兵聚會。必未敢動搖。今宜遣有方略使者之單于庭。與杜崇朱徽及西河太守并力。觀其動靜。如無他變。可令崇等就安國會其左右大臣。責其部衆橫暴為邊害者。共平罪誅。若不從命。令為權時方略。事畢之後。裁行客賜。亦足以威示百蠻。帝從之。

安帝永寧元年。北匈奴率車師後王軍就共殺索班。擊走前王。略有北道。曹宗請出兵擊匈奴以報之。因復取西域。公卿皆以為宜閉玉門關。太后聞軍司馬班勇有父風。召問之。勇上議曰。昔孝武皇帝。開通西域。論者以為奪單于府藏。斷其右臂。光武中興。未遑外事。故匈奴驅率諸國。河西城門晝閉。孝明皇帝深惟廟策。命將出征。然後匈奴遠遁。邊境得安。間者羌亂。西域復絕。北虜遂遣責諸國。逋租高其價直。嚴以期會。鄯善車師皆懷憤怨。思樂事漢。其路無從。今曹宗徒欲報雪匈奴。而不尋出兵故事。要功荒外。萬無一成。兵連禍結。悔無所及。況今府庫未充。師無後繼。臣愚以為不可許也。宜於敦煌復置營兵三百人。及護西域副校尉。遣長吏將五百人屯樓蘭。西當焉耆龜茲徑路。南彊鄯善于窴心膽。北扞匈奴。東近敦煌。既為胡虜節度。又禁漢人侵擾。如此誠便。公卿難曰。前所以棄西域者。以其無益而難供也。今欲通之。班將能保北虜不為邊害乎。勇對曰。今置州牧以禁盜賊。若州牧能保盜賊不起者。臣亦願要斬保匈奴之不為邊害也。今通西域。則虜勢必弱。為患微矣。孰與歸其府藏。續其右臂。若棄而不立。則西域望絕。屈就北虜。恐河西城門。必須復有晝閉之儆矣。今不廓開朝廷之德。而拘屯戍之費。豈安邊長久之策哉。難者又曰。西域遣使求索無厭。一旦為匈奴所迫。當復求救。則為役大矣。勇

對曰。今設以西域歸匈奴。而使其恩德大漢。不為鈔盜則可矣。如其不然。則是富仇讎之財。增暴夷之勢。且西域來者。不過廩食。今若拒絕。勢歸北屬。夷虜并力以寇并涼。則中國之費不止十億。置之誠便。於是從勇議。復營兵。置副校尉居敦煌。雖以羈縻西域。然亦未能出屯。其後匈奴果數與車師入寇。河西大被其害。

順帝永建四年。虞詡言安定北地上郡。山川險阨。沃野千里。土宜畜牧。水可溉漕。頃遭羌亂。郡縣兵荒。一十餘年矣。棄沃壤之饒。捐自然之財。不可謂利。離河山之阻。守無險之處。難以為固。今三郡未復。園陵單外。而公卿選懦。計費不圖其安。宜開聖聽。考行所長。從之。使謁者督徙者各歸本縣。繕城郭。置候驛。又浚渠屯田。省費歲一億計。遂令諸郡儲粟周數年。

永和元年。武陵蠻反。初太守上書。以蠻夷率服。可比漢人。增其租賦。議

者皆以為可尚書令虞詡獨奏曰自古聖王不臣異俗非德不能及威不能加知其獸心貪婪難率以禮是故羈縻而綏撫之附則受而不逆叛則弃而不追先帝舊典貢稅多少所由來久矣今猥增之必有怨叛計其所得不償所費必有後悔帝不從其冬澧中漊中蠻果爭貢布非舊約舉種反叛

晉惠帝時關隴屢為氐羌所擾山陰令江統深惟四夷亂華宜杜其萌乃作徙戎論其辭曰夫夷蠻戎狄謂之四海九服之制地在要荒春秋之義內諸夏而外夷狄以其言語不通贄幣不同法俗詭異種類乖殊或居絕域之外山河之表崎嶇川谷阻險之地与中國壤斷土隔不相侵涉賦役不及正朔不加故曰天子有道守在四夷禹平九土而西戎即敘其性氣貪婪凶悍不仁四夷之中戎狄為甚弱則畏服強則侵叛雖有賢聖之世大德之君咸未能以通化率導而以恩德柔懷也當其彊也以殷之高宗而憊於鬼方有周文王而患昆夷獫狁高祖困於白登孝文軍於霸上及其弱也周公來九譯之貢中宗納單于之朝以元成之微而猶四夷賓服此其已然之效也故匈奴求守邊塞而侯應陳其不可單于屈膝未央望之議以不臣是以有道之君牧夷狄也惟以待之有備禦之有常雖稽顙執贄而邊城不弛固守為寇賊彊暴而兵甲不加遠征期令境內獲安疆埸不侵而已及至周室失統諸侯專征以大兼小轉相殘滅封疆不固而利害異心戎狄乘閒得入中國或招誘安撫以為己用故申繒之禍顛覆宗周襄公要秦遽興姜戎當春秋時義渠大荔居秦晉之域陸渾陰戎處伊洛之閒鄋瞞之屬害及濟東侵入齊宋陵虐邢衛南夷与北狄交侵中國不絕若綫齊桓攘之存亡繼絕北伐山戎以開燕路故仲尼稱管仲之力加左衽之功逮至春秋之末戰國方盛楚吞蠻氏晉翦陸渾趙武胡服開榆中之地秦雄咸陽滅義渠之等始皇之并天下也南兼百越北走匈奴五嶺長城戎卒億計雖師役煩殷寇賊橫暴然一世之功戎虜奔却當時中國無復四夷也漢興而都長安關中之郡號曰三輔禹貢雍州宗周豐鎬之舊也及至王莽之敗赤眉因之西都荒毀百姓流亡建武中以馬援領隴西太守討叛羌徙其餘種於關中居馮翊河東空地而与華人雜處數歲之後族類蕃息既恃其肥彊且苦漢人侵之永初之元騎都尉王弘使西域發調羌氐以為行衛於是群羌奔駭互相扇動二州之戎一時俱發覆沒將守屠破城邑鄧騭之征棄甲委兵輿尸喪師前後相繼諸戎遂熾至於南入蜀漢東掠趙魏唐突軹關侵及河內及遣北軍中候朱寵將五營士於孟津距羌十年之中夷夏俱斃任尚馬賢僅得克之此所以為害深重累年不定者雖由禦者之無方將非其才亦豈不以寇發心腹害起肘腋疢篤難療瘡大遲愈之故哉自此之後餘燼不盡小有際會輒復侵叛馬賢狃忲終於覆敗段熲臨衛自西徂東雍州之戎常為國患中世之寇惟此為大漢末之亂關中殘滅魏興之初与蜀分隔疆埸之戎一彼一此魏武皇帝令將軍夏侯妙才討叛氐阿貴千萬等後因拔棄漢中遂徙武都之種於秦川欲以弱寇彊國扞禦蜀虜此蓋權宜之計一時之勢非所以為萬世之利也今者當之已受其弊矣夫關中土沃物豐厥田上上加以涇渭之流溉其舄鹵鄭國白渠灌浸相通黍稷之饒畝號一鍾百姓謠詠其殷實帝王之都每以為居未聞戎狄宜在此土也非我族類其心必異戎狄志態不与華同而因其衰弊遷之畿服士庶翫習侮其輕弱使其怨恨之氣毒於骨髓至於蕃育眾盛則坐生其心以貪悍之性挾憤怒之情候隙乘便輒為橫逆而居封域之內無障塞之隔掩不備

之人收散野之積故能為禍滋蔓暴害不測此必然之勢已驗之事也當今之宜宜及兵威方盛眾事未罷徙馮翊北地新平安定界內諸羌著先零罕开析支之地徙扶風始平京兆之氐出還隴右著陰平武都之界廩其道路之糧令足自致各附本種反其舊土使屬國撫夷就安集之戎晉不雜並得其所上合往古即敘之義下為盛世永久之規縱有猾夏之心風塵之警則絕遠中國隔閡山河雖為寇暴所害不廣是以充國子明能以數萬之眾制群羌之命有征無戰全軍獨克雖有謀謨深計廟勝遠圖豈不以華夷異處戎夏區別要塞易守之故得成其功也哉難者曰方今關中之禍暴兵二載征戍之勞老師十萬水旱之害薦饑累荒疫癘之災札瘥夭昏凶逆既戮悔惡初附且款且畏咸懷危懼百姓愁苦異人同慮望寧息之有期若枯旱之思雨露誠宜鎮之以安豫而子方欲作役起徒興功造事使疲悴之眾徙自猜之寇以無穀之人遷乏食之虜恐勢盡力屈緒業不卒羌戎離散心不可一前害未及弭而後變復橫出矣答曰羌戎狡猾擅相號署攻城野戰傷害牧守連兵聚眾載離寒暑矣而今異類瓦解同種土崩老幼繫虜丁壯降散禽離獸迸不能相一子以此等尚挾餘資悔惡反善懷我德惠而來柔附乎將勢窮道盡智力俱困懼我兵誅以至於此乎曰無有餘力勢窮道盡故也然則我能制其短長之命而令其進退由己矣夫樂其業者不易事安其居者無遷志方其自疑危懼畏怖促遽故可制以兵威使之左右無違也迨其死亡散流離逷未鳩與關中之人戶皆為讎故可遐遷遠處令其心不懷土也夫聖賢之謀事也為之於未有理之於未亂道不著而平德不顯而成其次則能轉禍為福因敗為功值困必濟遇否能通今子遺弊甲之終而不圖更制之宜愛易轍之勤而得覆車之軌

何哉且關中之人百餘萬口率其少多戎狄居半處之與遷必須口實若有窮乏糝粒不繼者故當傾關中之穀以全其生生之計必無擠於溝壑而不為侵掠之害也今我遷之傳食而至附其種族自使相贍而秦地之人得其半穀此為濟行者以廩糧遺居者以積倉寬關中之逼去盜賊之原除旦夕之損建終年之益若憚暫舉之小勞而忘永逸之弘策惜日月之煩苦而遺累世之寇敵非所謂能開物成務創業垂統崇基拓跡謀及子孫者也并州之胡本實匈奴桀惡之寇也漢宣之世凍餒殘破國內五裂後合為二呼韓邪遂衰弱孤危不能自存依阻塞下委質柔服建武中南單于復求降附遂令入塞居於漠南數世之後亦輒叛戾故何熙梁觀戎車屢征中平中以黃巾賊起發調其兵部眾不從而殺羌渠由是於弥扶羅求助於漢以討其賊仍值世喪亂遂乘釁而作鹵掠趙魏寇至河南建安中又使右賢王去卑誘質呼廚泉聽其部落散居六郡咸熙之際以一部太強分為三率泰始之初又增為四於是劉猛內叛連結外虜近者郝散之變發於穀遠今五部之眾戶至數萬人口之盛過於西戎然其天性驍勇弓馬便利倍於氐羌若有不虞風塵之慮則并州之域可為寒心滎陽句驪本居遼東塞外正始中幽州刺史毋丘儉伐其叛者徙其餘種始徙之時戶落百數子孫孳息今以千計數世之後必至殷熾今百姓失職猶或亡叛犬馬肥充則有噬齧況於夷狄能不為變但顧其微弱勢力不陳耳夫為邦者患不在貧而在不均憂不在寡而在不安以四海之廣士庶之富豈須夷虜在內然後取足哉此等皆可申諭發遣還其本域慰彼羇旅懷土之思釋我華夏纖介之憂惠此中國以綏四方德施永世於計為長帝不能用未及十年而夷狄亂華時服其深識

宋明帝太始七年單于猛叛屯孔邪城武帝遣婁侯何楨持節討之楨素有志畧以猛衆悍非少兵所至乃潛誘猛左部督李恪殺猛於是匈奴震服積年不敢復反其後稍因忿恨殺害長吏漸為邊患侍御史西河郭欽上疏曰戎狄彊獷歷古為患魏初人寡西北諸郡皆為戎居今雖服從若百年之後有風塵之警胡騎自平陽上黨不三日而至孟津北地西河太原馮翊安定上郡盡為狄庭矣宜及平吳之威謀臣猛將之畧出北地西河安定復上郡實馮翊於平陽已北諸縣募取死罪徙三河三魏見士四萬家以充之裔不亂華漸徙平陽弘農魏郡京兆上黨雜胡峻四夷出入之防明先王荒服之制萬世之長策也

齊高皇帝建元元年王奐進號左將軍明年遷太常領鄱陽王師仍轉侍中祕書監領驍騎將軍又遷征虜將軍臨川王鎮西長史領南蠻校尉南郡內史奐一歲三遷上表固讓南蠻曰今天地初闢萬物載新荊蠻來威巴濮不擾但使邊民樂業有司脩務本府舊州日就殷阜臣昔遊西土較見盈虛兼日者戎燼之後瘡毀難復雖復緝以善政未及來蘇今復割撤大府制置偏校崇望不足以助強語實安能以相弊且資力既分職司增廣衆勞務倍文案滋煩非獨臣見其難竊以為國計非允見言

齊武帝永明中虜遣使求書朝議欲不與丹陽令中書郎王融上疏曰臣側聞僉議疑給虜書如臣愚情切有未喻夫虜人面獸心狼猛蜂毒暴悖天經虧違地義逋竄燭幽去來豳朔綿周漢而不悛歷晉宋其踰梗豈有愛敬仁智恭讓廉脩愧犬馬之馴心同鷹虎之反目設槀秣有儲筋竿足用必以草竊關燧寇擾邊疆寧容款塞卑辭承衣請朔陛下務存遵養不時侮亡許其膜拜之誠納褻之貴況復願同文軌儻見款違悉奉聲教方致猜拒將使舊邑遺逸未知所寘衰胡餘燼或能自推一令蔓草難鉏涓流泛酌豈直疥癬輕痾容為心腹重患抑孫武之言也因則數罰窘則多賞先恭而後畏其衆者虜之謂乎前中原士庶雖淪偭殊俗至於婚葬之晨猶巾構為禮而禁令苛刻動加誅轘于時獯粥初遷犬羊尚結即心徒怨困懼成逃自其將卒奔離資待銷闕北畏勁蠕西逼南胡民背如崩勢絕防斷於是曲從物情偽竊平服歷年將絕隱蔽無聞既南向而泣者日夜以覬北顧而辭者江淮相屬凶謀歲窘淺慮無方於是稽顙郊門問禮求樂若來之以文德賜之以副書漢家軌儀重臨畿輔司隸傳節復入關河無待八百之師不期十萬之衆故其提漿佇俟揮戈願倒三秦大同六漢一統又虜前後奉使不專漢人必介以匈奴備諸覘獲且設官分職彌見其情抑退舊苗扶任種戚師保則后族馮晉國總錄則邽姓直勤渴侯台鼎則丘頹苟仁端執政則目凌鉗耳至於東都羽儀西京簪帶崔孝伯程虞虯久在著作李元和郭季祐止于中書李思沖飾虜清官游明根泛居顯職今經典遠被詩史北流馮李之徒必欲遵尚直勤等類居致乖阻何則匈奴以氈騎為帷牀馳射為糇糧冠方帽則犯沙陵雪服左衽則風驤鳥逝若衣以朱裳戴之玄頍節其揖讓教以翔趨必同艱桎梏等懼水淵婆娑蹩躃困而不能前矣及夫春草水生阻散馬之適秋風木落絕驅禽之歡息沸脣於桑墟別醍乳於冀俗聽韶雅如聾聵臨方丈若爰居馮李之徒固得志矣虜之凶族其如病何於是風土之思深愎戾之情動拂衣者連裾抽鋒者比鏃部落爭于下酋渠危于上我一舉而兼吞卞莊之勢必也且棘寶薦屢晉疆弥盛大鍾出智宿氏以亡帝器遠孚無思不服鑒光幸燭匪暮思朝臣請收籍伊瀍茲書復掌猶取之內府藏之

外篇於理有惬即事何損若狂言足採請決敕施行世祖答曰吾意
不異卿今所啓比相見更委悉事竟不行
齊明皇帝建武初南郡太守孔稚珪以虜連歲南侵征役不息百姓
死傷乃上表曰匈奴為患自古而然雖三代智勇兩漢權奇筭略之
要二塗而已一則鐵馬風馳奮威沙漠二則輕車出使通驛虜庭摧
而言之優劣可覩今之議者咸以丈夫之氣恥居物下況我天威寧
可先屈吳楚勁猛帶甲百萬截彼鯨鯢何往不碎請和示弱非國計
也臣以為戎狄獸性本非人倫鴟鳴狼跳不足喜怒蜂目蠆尾何關
美惡唯宜勝之以深權制之以遠筭弘之以大度處之以蟊賊豈足
肆天下之忿捐蒼生之命發雷電之怒爭虫鳥之氣百戰百勝不足
稱雄橫尸千里無益上國而蟻聚蠶攢窮誅不盡馬足毛羣難與競
逐漢高橫威海表窘迫長圍孝文國富刑清事屈陵辱宣帝撫納安
靜朔馬不驚光武卑辭厚禮寒山無霜是兩京四主英濟中區輸寶
貨以結和遣宗女以通好長轡遠馭子孫是賴豈不欲戰惜民命也
唯漢武藉五世之資承六合之富驕心奢志大事匈奴遂連兵積歲
轉戰千里長驅瀚海飲馬龍城雖斬獲名王屠走凶羯而漢之棄甲
十亡其九故衛霍出關千隊不反貳師入漢百旅頓降李廣敗於前
鋒李陵沒於後陣其餘奔北不可勝數遂使國儲空懸戶口減半好
戰之功其利安在戰不及和相去何若自西朝不綱東晉遷鼎群胡
沸亂羌狄交橫荊棘攢於陵廟豺虎咆於宮闈山淵反覆黔首塗地
逼迫崩騰開闢未有是時得失略不稍陳近至元嘉多年無事末路
不量復挑彊敵遂廼連城覆徙虜馬飲江青徐州之際草木為人耳
建元之初胡塵犯塞永明之始復結通和十餘年間邊候且息陛下
張天造曆駕日登皇聲雷寓宙勢壓河岳而封豕殘魂未屠劍首長

蛇餘喘偷窺外甸烽亭不靜五載於斯昔歲蟻壞瘻食樊漢今茲蟲
蠆浸淫未已興師十萬日費千金五歲之費寧可貲計陛下何惜匹
馬之驛百金之賂數行之詔誘此凶頑使河塞息肩關境全命蓄甲
養民以觀彼弊我策若行則為不世之福若不從命不過如戰失一
隊耳或云遣使不受則為辱命夫以天下為量者不計細恥以四海
為任者寧顧小節一城之沒尚不足惜一使不反曾何取慙且我以
權取貴得我略行何嫌其恥所謂尺蠖之屈以求伸也臣不言遣使
必得和自有可和之理猶如欲戰不必勝而有可勝之機耳今宜早
發大軍廣張兵勢徵犀甲於岷峨命樓船於浦海使自青徂豫候騎
星羅沿江入漢雲陣萬里據險要以奪其魄斷糧道以折其膽多設
疑兵使精悉而計亂固列金湯使神茹而慮屈然後發衷詔馳輕驛
辯辭重幣陳列吉凶北虜頑而愛奇貪而好古畏我之威喜我之賂
畏威喜賂願和必矣陛下用臣之啓行臣之計何憂玉門之下而無
款塞之胡哉彼之言戰既慇懃臣之言和亦慊闔伏願察兩塗之利
害撿二事之多少聖照玄省灼然可斷所表謬奏希下之朝省使同
博議臣謬荷殊恩奉佐侯岳敢肆瞽直伏奏千里帝不納
後魏世祖蒐于河西詔崔浩詣行在所議軍事浩表曰昔漢武帝患
匈奴彊盛故開涼州五郡通西域勸農積穀為滅賊之資東西迭擊
故漢未疲而匈奴已弊後遂入朝平涼州臣愚以為北賊未平征役
不息可不徙其民案前世故事計之長者若遷民人則土地空虛雖
有鎮戍適可禦邊而已至於大舉軍資必乏陛下知此事闊遠竟不
施用如臣愚意猶如前議募徙豪彊大家充實涼土軍舉之日東西
齊勢此計之得者
氐羌慕璝奉表歸國尋討禽赫連定送之京師世祖嘉之遣使者策

拜慕璝為大將軍西秦王。慕璝表曰：臣誠庸弱，敢竭情款，俘禽僭逆，獻捷王府。爵秩雖崇而土不增廓，車旗既飾而財不周賞。願垂鑒察，亮其單款。臣頃接寇逆疆境之人，為賊所抄，流轉東下。今皇化混一，求還鄉土。乞拂白連窟略寒張華等三人，家弱在此，分乖可愍，願并敕遣。使恩洽遐荒，存亡感戴。世祖詔公卿朝會議答施行。太尉長孫嵩及議郎博士二百七十九人議曰：前者有司處以為秦王荒外之君，本非政教所及，來則受之，去則不禁。皇威遠被，西秦王慕義畏威，称臣納貢，求受爵號。議者以為古者要荒之君，雖人土衆廣，而爵不擬華夏。陛下加寵王官，乃越常分，容飾車旗，班同上國，至於繒絮多少，舊典所無，皆當臨時以制豐寡。自漢魏以來，撫接荒遐，頗有故事。呂后遺單于御車二乘，馬二駟；單于答馬千匹。其後匈奴和親，敵國遺繒絮不過數百，呼韓邪称臣，身自入朝，始至方伯。今西秦王若以土無桑蠶，便當上請，不得言財不周賞。昔周室衰微，齊侯小白一匡天下，有賜胙之命，無益土之賞；晉侯重耳破楚城濮，唯受南陽之田，為朝宿之邑。西秦所致，唯定而已。塞外之人，因時乘便，侵入秦涼，未有經略拓境之勳，爵登上國，統秦涼河沙四州之地，而云土不增廓。比聖朝於弱周，而自同於五霸，無厭之情，其可極乎。西秦王忠款於朝廷，原其本情，必不至此。或左右不敏，因致斯累。撿西秦流人賊時所抄，悉在蒲坂，今既称藩，四海咸泰，天下一家，可勅秦州送詣京師，隨後遣還。所請乞拂三人，昔為賓國之使，來在王庭，國破家遷，即為臣妾，可勿聽許。

高祖時，楊椿為太僕卿，加安東將軍。初顯祖世有蠕蠕萬餘戶降附，居於高平薄骨律二鎮。太和之末，叛走略盡，唯有一千餘家。太中大夫王通、高平鎮將郎育等求徙置淮北，防其叛走。詔許之。慮不從命，

乃使椿持節往徙，馬椿以為徙之無益。上書曰：臣以古人有言：裔不謀夏，夷不亂華。荒忽之人，羈縻而已。是以先朝居之於荒服之間者，正欲悦近來遠，招附殊俗，亦以別華戎，異內外也。今新附者罷，若舊者見徙，新者必不安。不安必思土，思土則走叛，狐死首丘，其害方甚。又此族類，衣毛食肉，樂冬便寒，南土濕熱，往必將盡。進失歸伏之心，退非藩衛之益。徙在中夏而生後患，愚心所見，謂為不可。時八座議不從，遂徙於濟州緣河居之。冀州元愉之難，果悉浮河赴賊，所在鈔掠，如椿所策。

孝明帝熙平二年，蠕蠕主醜奴遣使來朝，抗敵國之書，不修臣敬。朝議將依漢答匈奴故事，遣使報之。司農少卿燕州大中正張倫表曰：臣聞古之聖王，疆理物土，辨章要何，荒遐之俗，政所不及，故禮有壹見之文，書著羈縻之事。太祖以神武之姿，聖明之略，經略帝圖，日有不暇，遂令豎子遊魂一方，亦由中國多虞，急諸華而緩夷狄也。高祖光宅土中，業隆卜世，赫雷霆之威，震熊羆之旅，方役南轅，未遑北伐。昔舊京烽起，虜使在郊，主上按劒，璽書不出。世宗運籌帷幄，開境揚旌，衣裳所及，舟車萬里。于時醜類款關，上亦述遵遺志，今大明臨朝，澤及行葦，國富兵彊，能言率戰，何憚而為之？何求而行此？往日蕭衍通敵求和，以誠肅未純，拒而不許。先帝棄戎於前，陛下交夷於後，無乃上乖高祖之心，下違世宗之意。且虜雖慕德，亦來觀我，懼之以彊，儻即歸附；示之以弱，窺覦或起。春秋所謂以我卜也。又小人難近，夷狄無親，疎之則怨，狎之則侮，其所由來久矣。是以高祖、世宗知其若此，來既莫逆，去又不追，不一之義，於是乎在。必其委質玉帛之辰，屈膝蕃方之禮，則可豐其勞賄，籍以珍物，至於王人遠役，銜命虜庭，優以匹敵之尊，加之相望之寵，恐徒生虜慢，無益聖朝。假令選衆而舉

使乎称職資鄭生之辯騁終軍之辭憑軾下齊長纓繫越奇異襄時
猶為不顧而况極之以隆崇申之以宴好臣雖下愚輙敢固執若事
不獲已應須制詔示其上下之儀寧臣致書諷以歸順之道若聽受
忠誨明我話言則萬衆之盛不失位於域中天子之聲必籠罩於無
外脫或未從焉能損益徐舞干戚以招之敷文德而懷遠如迷心不
已或肆犬羊則當命辛李之將勒衛霍之師蕩定雲沙掃清逋孽飲
馬瀚海之濱鏤石燕然之上開都護置戊己斯亦陛下之高功百世
之盛事如思按甲養民務農安邊之術經國之防豈可以戎夷兼并
而遽虧典制將取笑於當時貽醜於來葉昔文公請隧襄后有言荊
莊問鼎王孫是抑以古方今竊為陛下不取又陛下方欲禮神嶽瀆
致禮衡山登稽嶺窺蒼梧而反與夷虜之君酋渠之長結昆弟之忻
抗分庭之義將何以暇文命之遐景迹重華之高風者哉臣以為執

使甚失如彼不報甚得如此願留須臾之聽察愚臣之言。
正光二年詔遣楊鈞送蠕蠕主阿那瓌還國諫議大夫張普惠謂遣
之將貽後患上疏曰臣聞乾元以利貞為大非義則不動皇王以博
施為功非類則不從故能始萬物而化天下者也伏惟陛下叡哲欽
明道光虞舜八表宅心九服清晏蠕蠕相害於朔垂妖師扇亂於江
外此乃封豕長蛇不識王度天將悔其罪所以奉皇魏故荼毒之辛
苦之令知至道之可樂也宜安民以悅其志恭己以懷其心而先自
勞擾艱難下民興師郊甸之內遠投荒塞之外救累世之勍敵可謂
無名之師諺曰唯亂門之無過愚情未見其可當是邊將窺竊一時
之功不思兵為凶器不得已而用之者也夫白登之役漢祖親困之
樊噲欲以十萬衆橫行匈奴中季布以為不可請斬之千載以為美
況今旱酷異常聖慈降膳乃以萬五千人使楊鈞為將而欲定蠕蠕

忤時而動其可濟乎阿那瓌投命皇朝撫之可也豈容困疲我兆民
以資天喪之虜昔莊公納子糾以致乾時之敗魯僖以邾國而有懸
胄之恥今蠕蠕時亂後主繼立雖云散亡姦虜難抑脫有井陘之
慮楊鈞之肉其可食乎高車蠕蠕連兵積年飢饉相仍須其自斃小
亡大傷然後一舉而并之此卞氏之高略所以獲兩虎不可不圖之
今土山告難簡書相續蓋亦無能為也正與今舉相會夫其或者欲
以告戒人不欲使南北兩疆並興大衆脫狂狡構鬬於其間而復辜
連中國何以寧之今宰輔專欲好小名不圖安危大計此微臣所以
寒心者也那瓌之不還負何信義此機之際北師宜停臣言不及
義文書所經過不敢不陳兵猶火也不戢將自焚也彼焚滅之形可以
為殷鑒伏願輯和萬國以靜四疆混一之期坐而自至矣臣愚昧多
違必無可採匹夫之志願以呈獻表奏答曰夫窮獸歸人尚或興惻

況那瓌嬰禍流離遠來依庇在情在國何容勿矜且納亡興喪有國
大義皇魏堂堂寧庇斯德後主亂亡似當非謬此送彼迎想無拒戰
國義宜表朝筭已決卿深誠厚意朕用嘉戢俾此睽機畧不獲相從
脫後不逮勿憚匡言。
莊帝時蠕蠕主阿那瓌返國其人大飢相率入塞一表請臺賑給詔
尚書左丞拓跋孚為北道行臺詣彼賑恤孚陳便宜表曰皮服之人
未嘗粒食宜從俗因利拯其所無昔漢建武中單于款塞時轉河東
米糒二萬五千斛牛羊三萬六千頭以給之斯即前代和戎撫新柔
遠之長策也乞以牸牛產羊餬其口命且畜牧繁息是其所便毛血
之利惠兼衣食又尚書奏云如其仍住七州隨寬置之臣謂人情戀
本寧肯徙內若依臣請給賑雜畜愛本重鄉必還舊土如其不然禁
留益損假令逼徙事非久計何者人面獸心去留難測既易水草痾

恙將多憂愁致困。死亡必甚。兼其餘類。尚在沙磧。脫出狂勃。翻歸舊巢。必殘掠邑里。遺毒百姓。亂而方塞。未若杜其未萌。又貿遷起於上古。交易行於中世。虞與胡通。亦立關市。今北人阻飢。命懸溝壑。公給之外。必求市易。彼若願求。宜見聽許。又云。營大者不計小名。圖遠者弗拘近利。雖戎狄衰盛。歷代不同。叛服之情。畧可論討。周之北伐。僅獲中規。漢氏外攘。裁收下策。昔在代京。恒為重備。將帥勞止。甲士疲力。前世苦之。計未能致。今天祚大魏。亂亡在彼。朝廷垂天覆之恩。廓大造之德。鳩其散亡。禮送令返。宜因此時。善思遠策。竊以理雖萬變。可以一觀。來事雖懸。易以往卜。昔漢宣之世。呼韓款塞。漢遣董忠韓昌領邊郡士馬。送出朔方。因留衛助。又光武時亦令中郎將段彬置安集掾史。隨單于所在。參察動靜。斯皆守吉之元龜。安邊之勝策。計今朝廷成功。不減曩時。蠕蠕國弊。亦同疇日。宜準昔成謨。畧依舊事。借

其所閑地。聽使田牧。粗置官屬。示相慰撫。嚴戒邊兵。以見保衛。馭以寬仁。縻以久策。使親不至矯詐。踈不容叛反。今北鎮諸將。舊常云一人代外邏。因令防察。所謂天子有道。守在四夷者也。又云。先人有奪人之心。待降如受強敵。武非專外。亦以防內。若從處分。割配諸州鎮遼遠。非轉輸可到。悔叛之情。變起難測。又居人畜業。布在原野。戎夷性貪。見則思盜。防彼肅此。少兵不堪。渾流之際。易相干犯。驅之還本。未必樂去。配州內徙。復不肯從。既其如此。其費必大。朝廷不許。

隋文帝開皇元年。突厥攝圖曰。我周家親也。今隋公自立。而不能制。復何面目見可賀敦乎。因與高寶寧攻陷臨渝鎮。約諸面部落謀共南侵。帝新立。由是大懼。修築長城。發兵屯北境。命陰壽鎮幽州。虞慶則鎮并州。屯兵數萬人以為之備。奉車都尉長孫晟先使突厥。知攝圖玷厥阿波突利等。叔姪兄弟。各統強兵。俱號可汗。分居四面。內懷猜忌。外示和同。難以力征。易可離間。因上書曰。臣聞喪亂之極。必致升平。是故上天啓其機。聖人成其務。伏惟皇帝陛下當百王之末。膺千載之期。諸夏雖安。戎場尚梗。興師致討。未是其時。棄於度外。又復侵擾。故宜密運籌策。漸以攘之。計失則百姓不寧。計得則萬代之福。吉凶所係。伏願詳思。臣於周末。忝充外使。匈奴倚伏。實所具知。玷厥之於攝圖。兵強而位下。外名相屬。內隙已彰。鼓動其情。必將自戰。又處羅侯者。攝圖之弟。姦多而勢弱。曲取於衆心。國人愛之。因為攝圖所忌。其心殊不自安。迹示彌縫。實懷疑懼。又阿波首鼠。介在其間。頗畏攝圖。受其牽率。唯強是與。未有定心。今宜遠交而近攻。離強而合弱。通使玷厥。說合阿波。則攝圖迴兵。自防右地。又引處羅。遣連奚霫。則攝圖分衆。還備左方。首尾猜嫌。腹心離阻。十數年後。承釁討之。必可一舉而空其國矣。上省表大悅。因召與語。晟復口陳形勢。手畫山

川。寫其虛實。皆如指掌。上深嗟異。皆納用焉。

七年。突厥攝圖死。遣長孫晟持節拜其弟處羅侯為莫何可汗。以其子雍閭為葉護。可汗處羅侯因晟奏曰。阿波為天所滅。與五六千騎在山谷間。伏聽詔旨。當取之以獻。乃召文武議焉。樂安公元諧曰。請就彼梟首。以懲其惡。武陽公李充曰。請生將入朝。顯戮以示百姓。上謂晟曰。於卿何如。晟對曰。若突厥背誕。須齊之以刑。今其昆弟自相夷滅。阿波之惡。非負國家。因其困窮。取而為戮。恐非招遠之道。不如兩存之。上曰善。

二十年。都藍大亂。為其部下所殺。晟為驃騎將軍。因奏請曰。今王師臨境。戰數有功。賊內攜離。其主被殺。乘此招誘。必並來降。請遣染干部下分頭招慰。上許之。果盡來附。達頭恐怖。又大集兵。詔晟部領降人為秦川行軍總管。取晉王諱節度。出討達頭。與王相抗。晟進策曰。

突厥飲泉易可行毒。因取諸藥毒水上流。達頭人畜飲之多死。於是大驚曰。天雨惡水。其亡我乎。因夜遁。晟追之。斬首千餘級。俘百餘口。六畜數千頭。上大喜。

開皇中。容納突厥啓民居於塞內。光祿大夫段文振恐為國患。上表曰。臣聞古者遠不聞近。夷不亂華。周宣外攘戎狄。秦帝築城萬里。蓋遠圖良筭。弗可忘也。竊見國家容受啓民。資其兵食。假以地利。如臣愚計。竊又未安。何則。夷狄之性。無親而貪。弱則歸投。強則反噬。蓋其本心也。臣學非博覽。不能遠見。且聞晉朝劉曜。梁代侯景。近事之驗。衆所共知。以臣量之。必為國患。如臣之計。以時喻遣。令出塞外。然後明設烽候。緣邊鎮防。務令嚴重。此乃萬歲之長策也。

文帝征高麗。文振為左候衛大將軍。出南蘇道。道病。上表曰。陛下以遼東未服。親降六師。夷狄多詐。深須防擬。口陳降款。毋宜遽受。水潦

方降。不可淹遲。惟願嚴勒諸軍。星馳速發。水陸俱前。出其不意。則平壤孤城。勢必可拔。如不時定。脫遇秋霖。兵糧必竭。彊敵在前。靺鞨出後。遲疑不決。非上策也。及卒。帝甚惜之

煬帝大業三年。幸榆林。欲出塞外。陳兵耀武。經突厥中。指于涿郡。仍恐染干驚懼。先遣長孫晟往喻旨。稱述帝意。染干聽之。因召所部諸國奚霫室韋等種落數十酋長咸萃。晟以牙中草穢。欲令染干親自除之。示諸部落。以明威重。乃指帳前草曰。此根大香。染干遽嗅之曰。殊不香也。晟曰。天子行幸所在。諸侯躬親灑掃。耘除御路。以表至敬之心。今牙中蕪穢。謂是留香草耳。染干乃悟曰。奴罪過。奴之骨肉。皆天子賜也。得効筋力。豈敢有辭。特以邊人不知法耳。賴將軍恩澤而教導之。將軍之惠。奴之幸也。遂拔所佩刀。親自芟草。其貴人及諸部爭效之。乃發榆林北境。至于其牙。又東達于薊。長三千里。廣百步。舉國

就役。而開御道。帝聞晟策。乃益嘉焉。

西域諸蕃。多至張掖。與中國交市。帝令尚書左丞裴矩掌其事。矩知帝方勤遠畧。諸商胡至者。矩誘令言其國俗山川險易。撰西域圖記三卷。入朝奏之。其序曰。臣聞禹定九州。導河不踰積石。秦兼六國。設防止及臨洮。故知西胡雜種。僻居遐裔。禮教之所不及。書典之所罕傳。自漢氏興基。開拓河右。始稱名號者。有三十六國。其後分立。乃五十五王。仍置校尉都護。以存招撫。然叛服不恒。屢經征戰。後漢之世。頻廢此官。雖大宛以來。畧知戶數。而諸國山川未有名目。至如姓氏風土。服章物產。全無纂錄。世所弗聞。復以春秋遞謝。年代久遠。兼并誅討。互有興亡。或地是故邦。改從今號。或人非舊類。因襲昔名。兼復部民交錯。封壃移改。戎狄音殊。事難窮驗。于闐之北。葱嶺以東。考于前史。三十餘國。其後更相屠滅。僅有十存。自餘淪沒。掃地俱盡。空有

丘墟。不可記識。皇上膺天育物。無隔華夷。率土黔黎。莫不慕化。風行所及。日入以來。職貢皆通。無遠不至。臣既因撫納。監知關市。尋討書傳。訪採胡人。或有所疑。即譯衆口。依其本國服飾儀形。王及庶人。各顯容止。即丹青模寫。為西域圖記。共成三卷。合四十四國。仍別造地圖。窮其要害。從西頃以去。北海之南。縱橫所亘。將二萬里。諒由富商大賈。周遊經涉。故諸國之事。罔不徧知。復有幽荒遠地。卒訪難曉。不可憑虛。是以致闕。而二漢相踵。西域為傳。戶民數十。即稱國王。徒有名號。乃乖其實。今者所編。皆餘千戶。利盡西海。多產珍異。其山居之屬。非有國名。及部落小者。多亦不載。發自敦煌。至于西海。凡為三道。各有襟帶。北道從伊吾。經蒲類海鐵勒部。突厥可汗庭。度北流河水。至拂菻國。達于西海。其中道從高昌焉耆龜茲疏勒。度葱嶺。又經鏺汗蘇對沙那國。康國。曹國。何國。大小安國。穆國。至波斯。達于西海。其

南道從鄯善于闐朱俱波喝槃陀度葱嶺又經護密吐火羅挹怛帆延漕國至北婆羅門達于西海其三道諸國亦各自有路南北交通其東女國南婆羅門國等並隨其所往諸處得達故知伊吾高昌鄯善並西域之門戶也總湊敦煌是其咽喉之地以國家威德將士驍雄汎濛汜而揚旌越崑崙而躍馬易如反掌何往不至但突厥吐渾分領羌胡之國為其擁遏故朝貢不通今並因商人密送誠款引領翹首願為臣妾聖情含養澤及普天服而撫之務存安輯故皇華遣使弗動兵車諸蕃既從渾厥可滅混一戎夏其在茲乎不有所記無以表威化之遠也帝大悅

帝巡于塞北幸啓民帳時高麗遣使先通于突厥啓民不敢隱引之見帝矩為銀青光祿大夫因奏狀曰高麗之地本孤竹國也周代以之封于箕子漢世分為三郡晉氏亦統遼東今乃不臣別為外域故先帝疾焉欲征之久矣但以楊諒不肖師出無功當陛下之時安得不事使此冠帶之境仍為蠻貊之鄉乎今其使者朝於突厥親見啓民合國從化必懼皇靈之遠暢慮後伏之先亡脅令入朝當可致也帝曰如何矩曰請面詔其使放還本國遣語其王令速朝覲不然者當率突厥即日誅之帝納焉

歷代名臣奏議卷之三百四十

歷代名臣奏議卷之三百四十一

夷狄

唐高祖武德三年謂左右曰名實須相副高麗雖臣於隋而終拒煬帝何臣之為朕務安人何必受其臣溫彥博等諫曰遼東本箕子國魏晉時故封內不可不臣中國與夷狄猶太陽於列星不可以降乃止

五年突厥寇并州命太子建成秦王世民禦之唐主謂羣臣曰和戰孰利鄭元璹曰戰則禍深不如和利封德彝曰突厥恃犬羊之衆有輕中國之意若不戰而和示之以弱明年將復來臣愚以為擊之既勝而後與和則恩威兼著矣唐主從之

六年并州總管劉世讓除廣州總管將之官唐主問以備邊之策世讓對曰突厥比數為寇良以馬邑為之中頓故也請以勇將戍崞城多貯金帛募有降者厚賞之數出騎兵蹂其禾稼敗其生業不出歲餘彼無所食必降矣唐主然其計曰非公誰為勇將命世讓戍崞城突厥患之

七年突厥入寇或說上曰突厥所以屢寇關中者以子女玉帛皆在長安故也若焚長安而不都則胡寇自息矣上欲從之秦王世民諫曰戎狄為患自古有之陛下以聖武龍興所征無敵奈何為此舉貽四海之羞為萬世之笑乎願假數年之期臣請係頡利之頸致之闕下若其不效遷都未晚上曰善

八年西突厥統葉護可汗遣使請昏上以問裴矩對曰今北寇方彊國家且當遠交而近攻臣謂宜許其昏以威頡利俟數年之後徐思其宜耳上從之

太宗即位梁師都所部離叛國浸衰弱乃歸於突厥勸令入寇於是

頡利突利二可汗合兵十餘萬寇涇州頡利進至渭水便橋之北遣其腹心執失思力入見以觀虛實思力盛稱二可汗將兵百萬今已至矣乃請返命上讓之曰吾與汝可汗面結和親贈遺無筭今汝可汗背盟入寇於我無愧汝雖戎狄亦有人心何得全忘大恩自誇強盛我今先斬汝矣思力懼而請命蕭瑀封德彝請禮而遣之上曰不然今者放還必謂我懼乃遣囚之上乃自與高士廉房玄齡等六騎徑詣渭水上與頡利隔水而語責以負約突厥大驚皆下馬羅拜俄而諸軍繼至旌甲蔽野頡利見思力不返而上輕出軍容甚盛有懼色上麾諸軍使却而布陳獨留與頡利語蕭瑀叩馬固諫上曰突厥所以敢傾國而來者聞我家國新有內難又聞朕新即位謂我不能抗禦也我若示之以弱虜必放兵大掠不可復制故朕輕騎獨出示若輕之震耀軍容使知必戰虜既深入必有懼心與戰則克與和則固制服突厥在此舉矣是日頡利來請和詔許之斬白馬與盟于便橋之上突厥引兵退蕭瑀請曰突厥未和之時諸將爭欲戰陛下不許而虜自退其策安在上曰突厥之衆多而不整君臣之志唯賄是求昨其達官皆來謁我我若醉而縛之因擊其衆伏兵邀其前大軍躡其後覆之如反掌耳然吾即位日淺國家未安一與虜戰結怨既深彼既懼而修備則吾未可以得志也故卷甲韜戈啗以金帛彼得所欲志必驕惰然後養威俟釁一舉可滅也將欲取之必固與之此之謂也瑀謝不及頡利獻馬三千匹羊萬口上不受詔歸所掠中國戶口

貞觀初突厥政令煩苛國人不悅加以兵革歲動連年饑饉内外離怨言事者多請擊之上問群臣蕭瑀以為擊之便右僕射長孫無忌曰虜不犯塞而棄信勞民非王者之師也上乃止

突厥寇太原且遣使和親帝問計群臣咸請許之可紓戰內史舍人封倫曰不然彼有輕中國之心謂我不能戰若乘其急擊之勢必勝勝而後和威德兩全今雖不戰後必復來臣以為擊之便詔可

頡利政亂薛延陀回紇等叛之頡利不能制會大雪羊馬多死民大飢鴻臚卿鄭元璹使還言於上曰夷狄興衰專以羊馬為候今突厥民飢畜瘦將亡之兆也群臣多勸上乘間擊之上曰背盟不信利災不仁乘危不武縱其種落盡叛六畜無餘朕終不擊必待有罪然後討之

武候將軍張公謹副李靖經略突厥條可取狀於帝曰頡利縱欲肆凶誅害善良昵近小人此主昏於上可取一也別部同羅僕骨回紇延陀之屬皆自立君長圖為反噬此衆叛於下可取二也突利被疑以輕騎免拓設出討衆敗無餘欲谷設師無託足之地此兵挫將敗可取三也北方霜旱廩糧乏絕可取四也頡利疏突厥親諸胡胡性翻覆大軍臨之內必生變可取五也華人在北者甚衆比聞屯聚保據山險王師之出當有應者可取六也帝然所謀

竇靜為夏州都督會頡利部屬其衆河南靜上書曰夷狄窮則搏噬飽則群聚不可以刑法繩仁義教也衣食仰給不侍耕桑今損有為之民資無知之虜得之無益於治失之不害於化況首丘未忘剗一旦變生犯我王略矣不如因其破亡假以賢王一號妻之宗女披其土地部落使權弱勢分易為羈制則世為藩臣矣

三年高昌主麴文泰將入朝也西域諸國咸欲遣使乃敕厭怛紇干使隨西域引諸國使入朝魏徵以秘書監參預朝政諫曰中國始平瘡痍未復若有勞役則不能安往年高昌王來入貢馬纔數百匹所經州縣猶不能供況復加於此焉則願塞州縣必致罪者眾若任

其興敗。邊人則獲其利。若引為賓客。中國則受其弊矣。漢建武二十二年。天下寧晏。西域請置都護送侍子。光武不許。不以蠻夷勞弊中國。今若許十國入貢。其使不減千人。使緣邊諸州將何取給。事既不濟。人心萬端。後方悔之。恐無所及。太宗然其議。乃追壓但放千還。

四年。突厥既亡。其部落或北附薛延陀。或西附西域。其降唐者尚十萬口。詔群臣議區處之宜。朝士多言戎狄自古為中國患。今幸破亡。宜悉徙之河南兗豫之間。分其種落。散居州縣。教之耕織。可以化為農民。顏師古請置之河北。分立酋長。領其部落。李百藥以為突厥雖云一國。然種類區分。各有酋帥。宜因其離散。各署君長。使不相臣屬。則國分勢散。不能抗衡中國矣。仍於定襄置都護府。為之節度。此安邊之長策也。中書令溫彥博議。請於河南處之。准漢建武時置降匈奴於五原塞下。全其部落。得為捍蔽。又不離其土俗。因而撫之。一則實空虛之地。二則示無猜之心。故是含育之道也。太宗從之。秘書監魏徵曰。匈奴自古至今未有如斯之破敗。此是上天剿絕。宗廟神武。且其世寇中國。萬姓冤讎。陛下以其為降。不能誅滅。即宜遣還河北。居其舊土。匈奴人面獸心。非我族類。強必寇盜。弱則卑服。不顧恩義。其天性也。秦漢患之若此。故發猛將以擊之。收其河南以為郡縣。陛下奈何以內地居之。且今降者幾至十萬。數年之後。滋息過倍。居我肘腋。甫邇王畿。心腹之疾。將為後患。尤不可處以河南也。溫彥博曰。天子之於物也。天覆地載。有歸我者必養之。今突厥破除。餘落歸附。陛下不加憐愍。棄而不納。非天地之道。阻四夷之心。臣愚甚謂不可。宜處之河南。所謂死而生之。亡而存之。懷我厚恩。終無叛逆。魏徵曰。昔代有魏時胡落分居近郡。郭欽江統勸逐出塞外。武帝不用其言。數年之後。遂傾瀍洛。前代覆車。殷鑒不遠。陛下必用彥博言。遣居河南。所謂養獸自

遺患也。彥博又曰。臣聞聖人之道。無所不通。突厥餘魂。以命歸我。收居內地。教以禮法。選其酋長。遣居宿衛。畏威懷德。何患之有。且光武居河南單于於內郡。以為漢藩翰。終於一代。不有叛逆。太宗竟從其議。自幽州至靈州。置順祐化長四州都督以處之。其人居長安者近且萬家。十二年。太宗幸九成宮。突利可汗弟中郎將阿史那結社率陰結所部。并擁突利子賀羅鶻夜犯御營。事敗。皆捕斬之。太宗自是不直突厥。悔處其部眾於中國。還其舊部於河北。建牙於故定襄城。立李思摩為乙彌泥孰俟利苾可汗以主之。因謂侍臣曰。中國百姓。天下之根本。四夷之人。乃同枝葉。擾其根本以厚枝附。而求久安。未之有也。初不納魏徵言。遂覺勞費日甚。幾失久安之道。

帝與侍臣議安置突厥之事。中書令溫彥博對曰。隋文帝勞兵馬。費倉庫。樹立可汗。令復其所。欲河南河北。任情居住。各有酋長。不相統屬。力散勢分。安能為害。給事中杜楚客進曰。北狄人面獸心。難以德懷。易以威服。今命其部落散處河南。逼近中華。久必為患。至如鴈門之役。雖是突厥背恩。自由隋主無道。中國以之喪亂。豈得云興復亡國以致此禍。夷不亂華。前哲明訓。存亡繼絕。列聖通規。臣恐事不師古。難以長久。太宗嘉其言。方務懷柔。未之從也。自突厥頡利破後。諸部落首領來降者。皆拜將軍中郎將。布列朝廷。五品已上百餘人。殆與朝士相半。惟拓拔不至。又遣招慰之。使者相望於道。涼州都督李大亮以為於事無益。徒費中國。上疏曰。臣聞欲綏遠者。必先安近。中國百姓。天下根本。四夷之人。猶於枝葉。擾其根本以厚枝附。而求久安。未之有也。自古明王化中國以信。馭夷狄以權。故春秋云。戎狄豺狼。不可厭也。諸夏親暱。不可棄也。自陛下君臨區宇。深根固本。人逸兵強。九州殷富。四夷自服。今者招致突厥。雖入提封。臣愚稍覺勞費

未悟其有益也。然河西民庶，鎮御藩夷，州縣蕭條，戶口鮮少，加因隋
亂，減耗尤多。突厥未平之前，尚不安業，匈奴微弱以來，始就農畝。若
即勞役，恐致妨損。以臣愚惑，請停招慰。且謂之荒服者，故臣而不內。
是以周室愛民攘狄，竟延七百之齡。秦王輕戰事胡，故三十載而絕
滅。漢文帝養兵靜守，天下安豐。孝武揚威遠略，海內虛耗，雖悔輪臺，
追已不及。至於隋室，早得伊吾，兼統鄯善，且既得之後，勞費日甚，虛
內致外，竟損無益。遠尋秦漢，近觀隋室，動靜安危，昭然備矣。伊吾雖
已臣附，遠在藩磧，民非夏人，地多沙鹵。其自豎立稱藩附庸者，請羈
縻受之，使居塞外，必畏威懷德，永為藩臣。蓋行虛惠而收實福矣。近
日突厥傾國入朝，既不能俘之於江淮，以變其俗，乃置於內地，去京不
遠，雖則寬仁之義，亦非久安之計。每見一人初降，賜物五匹，袍一領，
酋帥悉授大官，祿厚位尊，理多糜費。以中國之租賦，供積惡之凶虜，其

眾益多，非中國之利也。太宗不納。
十四年，侯君集平高昌之後，太宗欲以其國為州縣。魏徵曰：陛下初臨
天下，高昌王先來朝謁。自後數有商胡稱其遏絕貢獻，加之不禮大
國詔使，王誅載加。若罪止文泰，斯亦可矣。未若因撫其民而立其子。
所謂伐罪弔民，威德被於外遐，為國之善者也。今若利其土壤以為
州縣，常須千餘人鎮守。數年一易，每來往交替，死者十有三四。遣辦
衣資，離別親戚。十年之後，隴右空虛，陛下終不得高昌撮穀尺布以
助中國。所謂散有用而事無用，臣未見其可。太宗不從，竟以其地置
西州，仍以西州為安西都護府。每歲調發千餘人防遏其地。黃門侍
郎褚遂良亦以為不可，上疏曰：臣[illegible]臨朝，明王創制，必先
華夏而後夷狄，廣諸德化，不事遐[illegible]薄伐，至境而反；始皇
遠塞，中國分離。陛下誅滅[illegible]威[illegible]親，以為州縣。然則

王師初發之歲，河西供役之年，飛芻輓粟，十室九空，數郡蕭然，五年
不復。陛下每歲遣千餘人而遠事屯戍，終年離別，萬里思歸。去者資
裝，自須營辦，既賣菽粟，傾其機杼，經途死亡，復在其外。兼遣罪人增
其防遏，所遣之內，復有逃亡，官司捕捉，為國生事。高昌塗路，沙磧千
里，冬風冰冽，夏風如焚，行人去者，遇之多死。易云：安不忘危，理不忘
亂。設令張掖塵飛，酒泉烽起，陛下豈能得高昌一夫斗粟而及事乎？
終須發隴右諸州，星馳電擊。由斯而言，此河西者方於腹心，彼高昌
者他人手足，豈得糜費中華，以事無用？陛下平頡利於沙塞，滅吐渾
於西海，突厥餘落，為立可汗，吐渾遺萌，更樹君長。復立高昌，非無前
例，此所謂有罪而誅之，既服而存之。宜擇高昌可立者，徵給首領，遣
還本國，負戴洪恩，長為藩翰，中國不擾，既富且寧，傳之子孫，以遺後
代。疏奏不納。至十六年，西突厥遣兵寇西州，太宗謂侍臣曰：朕聞西

州有警急，雖不足為害，然豈能無憂乎？往者初平高昌，魏徵、褚遂良
勸朕立麴文泰子弟，依舊為國，朕竟不用其計，今日方自悔責。昔漢
高祖遭平城之圍而賞婁敬，袁紹敗於官渡而誅田豐，朕恒以此二
事為誡，寧得忘所言者乎？
帝常御瑤池殿，顧謂侍臣曰：西蕃通來幾時？魏徵對曰：禹貢云：西至
流沙。又云：西戎即叙。不明覽域所至。漢武帝置燉煌、張掖等郡，自此
以後，漸通西域。帝又曰：朕聞漢武帝時為通西蕃，中國百姓死者太
半，此事著在史籍，不能具道。但隋後主欲開葱嶺，巳西鎮守俱未當，
死者繼於道路，如聞流沙巳西，仍有隋破壞車轂，其邊即有白骨狼
籍，北築長城，東渡遼水，征伐不息，人無聊生，天下叛之，聚而為盜。煬
帝安然，恣其所欲，遂至滅亡，抵為不聞其過。朕以此事永為鑒誡。今
與諸公共理百姓，但有不可行，即向朕言，勿得面從，而相悅譽。且朕

素無學術。未聞政道。一日萬機。不能盡經耳目。所有處斷。恐獨見不明。致有失所。所以委公等。公等善相輔弼。使兆庶得所。此乃長保富貴。蔭及子孫。若尸祿曠官。苟貪榮利。必加黜辱。終不容捨。朕既以漢武帝隋後主為龜鏡。公等亦須常將此事相規諫也。群臣並拜謝。徵進曰。陛下思弘至化。祇勵群下。臣等敢不竭股肱之力。但恐識度愚淺。無益萬分。臣聞漢武帝承五代之資。天下無事。府庫充實。士馬彊盛。遂思騁其欲以事四夷。聞蒟醬而開邛僰。貪良馬而通大宛。老弱疲於轉輸。丁壯死於軍旅。海內騷然。戶口減半。至於國用不足。府庫空虛。乃推估鹽鐵。征稅關市。課算舟車。告緡賣爵。侵漁百姓。萬端俱起。外內困窮。無以給邊費。議以營田代卒。冀以助軍。迄於暮年。方始覺悟。下哀痛之詔。封丞相為富民侯。僅以壽終。幾及大亂。煬帝恃其彊盛。思欲追蹤漢武。戎車屢動。人不聊生。十餘年間。亡身殞國。陛下

威加海外。無遠不臻。深惟二主。以為殷鑒。所謂一人有慶。兆民賴之。臣等奉以周旋。不敢失墜。太宗曰。朕過千慮一失。必望有犯無隱。

太宗時遣使者至西域。立葉護可汗。未還。又遣使賷金帛諸國市馬。徵曰。今立可汗未定。即詣諸國市馬。彼必以為意在馬。不在立可汗。可汗得立。必不懷恩。諸蕃聞之。以中國薄義重利。未必得馬。而先失義矣。魏文帝欲求市西域大珠。蘇則以為惠及四海。則不求自至。求而得之。不足貴也。陛下可不畏蘇則言乎。帝遽止。

貞觀十六年。帝謂侍臣曰。北狄代為寇亂。今延陀倔彊。須早為之所。朕熟思之。惟有二策。選徒十萬。擊而虜之。滌除凶醜。百年無事。此一策也。若遂其來請。與之婚媾。朕為蒼生父母。苟可利之。豈惜一女。北狄風俗。多由內政。亦既生子。則我外孫。不侵中國。斷可知矣。以此而言。邊境足得三十年來無事。舉此二策。何者為先。司空房玄齡對曰。遭隋室大亂之後。戶口太半未復。兵凶戰危。聖人所慎。和親之策。實天下幸甚。帝曰。善。許以新興公主下嫁。召突利失大享群臣侍。陳寶器。奏慶善破陣盛樂及十部伎。突利失頓首上千萬歲壽。詔夷男親迎。帝將幸靈州以成昏事。夷男大喜。謂曰。我鐵勒部人耳。上以我為可汗。公主以女我。乘輿為我幸邊。誰與我榮。乃搜賦諸下羊馬為貲。或說夷男曰。可汗與唐皆一國主。柰何往朝。有如見執。尚可悔。夷男曰。不然。吾聞唐天子有德。四方共臣之。藉獨留我。磧北亦須有主。然舍我而求他。非計也。下乃不敢言

薛延陀真珠可汗使其姪來納幣。獻羊馬。契苾何力上言薛延陀不可與昏。上曰。吾許之矣。可食言乎。何力對曰。願且遷延。敕夷男使親迎。彼必不敢來。則絕之有名矣。上從之。乃詔幸靈州。召真珠可汗會禮。真珠欲行。其臣曰。不可往。必不返。真珠曰。天子聖明。遠近朝服。今

親幸靈州。以嫂主妻我。我得見天子。死不恨矣。薛延陀何患無君。又多以羊馬為聘。經沙磧。耗死過半。乃責以聘禮不備。絕之

薛延陀請婚。帝已納其聘。復絕之。遂良曰。信為萬事本。百姓所歸。故文王許枯骨而不違。仲尼去食存信。貴之也。延陀蠢一俟斤耳。因天兵北討。蕩平沙塞。威加諸外。而恩結於內。以為餘寇不可無酋長。故璽書鼓纛。立為可汗。負抱之恩。與天無極。數遣使請婚於朝。陛下既開許。為御北門。受獻食。今一朝自為進退。所惜少。所失多。虧信夷狄。方生嫌恨。殆不可以訓戎兵。勵軍事也。且龍沙以北。部落牛毛。中國擊之不能盡。亦猶可北敗。芮芮興。突厥亡。延陀盛。是以古人處外實內。懷之以德。使為惡在夷不在華。失信在彼不在此也。惟陛下裁察。不納。

貞觀十七年。遣太常丞鄧素使高麗。素還。請於懷遠戍增兵。以逼高

麗。上曰。遠人不服。則脩文德以來之。今未聞一二百戍兵能威絶域
者也。
十八年。帝將伐高麗。其莫離支貢白金。黃門侍郎褚遂良諫曰。莫
離支虐殺其主。九夷所不容。陛下以之興兵將事弔伐。爲遼山之
人報主辱之恥。古者討弒君之賊。不受其賂。昔宋督遺魯君之郜
鼎。桓公受之於太廟。臧哀伯諫曰。君人者。昭德塞違。今滅德立違
而置其賂於太廟。百官象之。又何誅焉。武王克商。遷九鼎於商邑。
義士猶或非之。而況將昭違亂之賂器。置諸太廟。其若之何。夫春
秋之書。百王取則。若受不臣之筐篚。納弒君之朝貢。不以爲愆。何
所致伐。臣謂莫離支所獻自不合受。帝從之。謂其使者曰。蓋蘇
文弒逆。汝曹不能復讎。更爲游說以欺大國。罪孰大焉。悉以屬
大理。

十九年。高麗王高藏及莫離支蓋蘇文使獻二美女。帝謂其使曰。朕
憫此女離其父母兄弟於本國。若愛其色而傷其心。我不取也。並卻
還之本國。帝謂羣臣曰。蓋蘇文殺君攘國。朕取之易耳。不願勞人。若
何。司空房玄齡曰。陛下士勇而力有餘。戢不用。所謂止戈爲武者。司
徒長孫無忌曰。高麗無一介告難。宜賜書安慰之。隱其患。恤其存。彼
當聽命。
貞觀中。突厥俟利苾可汗有衆十萬。不能撫御其衆。悉南度河。請處
於勝夏之間。上許之。羣臣皆曰。陛下方遠征遼左。而置突厥於河南。
距京師不遠。豈得不爲後慮。願留鎭洛陽。遣諸將東征。上曰。夷狄亦
人矣。其情與中國不殊。以德洽之。則可使如一家。且彼不北走薛延
陀。而南歸我。其情可見矣。俟利苾既失衆。輕騎入朝。上以爲右武衛
將軍。康國歸附。上謂侍臣曰。前代帝王大有務廣土地。以求身後之

虛名。無益於身。其人甚困。假令於身有益。於百姓有損。朕必不爲。況
求虛名而損百姓乎。康國既來歸朝。有急難不得不救。兵行萬里。得
無勞於人。若勞人求名。非朕所欲。所謂歸附不須納也。上又謂侍臣
曰。天道福善禍淫。事猶影響。昔啓人亡國來奔。隋文帝不悋粟帛。大興
士衆。營衛安置。乃得存立。既而強富。當須子子孫孫不忘報德。纔至
失脫。即起兵圍煬帝於鴈門。及隋國亂。又恃强深入。遂使昔安立其
國者。身及子孫。並爲頡利破亡。豈非背恩忘義所至也。羣臣咸曰。誠
如
聖旨
武后時。四夷質子多在京師。如論欽陵阿史德元珍孫萬榮皆因入
侍。見中國法度。及還。並爲邊害。左補闕薛登諫曰。臣聞戎夏不雜。古
所戒也。故斥居塞外。有時朝謁。已事則歸。三王之法也。漢魏以來。革
襲[illegible]冠。築室京師。不令歸國。較其利害。三王是而漢魏非。拒邊長而

質子短。昔晉郭欽江統。以夷狄處中夏。必爲患。武帝不納。卒有永嘉
之亂。伏見突厥吐蕃契丹往因入侍。並被獎遇。官戎扶步黌門。服改
氈罽。語習楚夏。窺圖史成敗。熟山川險易。國家雖有冠帶之名。而狼
子孤恩。患必在後。昔申公奔晉。使子狐庸爲吳行人。教吳戰陣。使之
叛楚。漢遷五部匈奴於汾晉。卒以劉石作難。竊計秦并天下。及劉項
用兵。人士凋散。以冒頓之盛。乘中國之虛。而高祖困厄平城。匈奴卒
不入中國者。以其生長磧漠。謂穹廬賢於城郭。氈罽美於章綺。既安
所習。是以無窺中國心。不樂漢故也。元海五部散亡之餘。而能自振
者。少居內地。明習漢法。鄙單于之陋。竊帝王之稱。使其未嘗內徙。不
過劫邊人繒綵麴糵。歸陰山而已。今皇風所覃。含識革面。方由余效
忠。日磾盡節。然臣慮備豫不謹。則夷狄稱兵。不在方外。非貽謀之道。
臣謂頒充侍子。可一切禁絕。先在國者。不使歸蕃。則夷人保疆邊邑。

無事。武后不納。
時吐蕃九姓叛。詔田揚名發金山十姓討之。十姓君長以三萬騎戰
有功。遂請入朝。后責其嘗不奉命擅破回紇。不納。麟臺正字陳子昂
上西蕃邊州安危事三條疏曰。臣聞聖人制事。貴於未亂。所以用成
功。光濟天下大業。臣伏見國家頃以北蕃九姓亡叛。有詔出師。遣田
揚名發金山道十姓諸兵。自西邊入。臣聞十姓君長。奉詔之日。若報
私讎。莫不為國家克翦兇醜。遂數州之內。自率兵馬三萬餘騎。經途
六月。自食私糧。誠是國家威德早申。蕃戎得効忠赤。今者軍事已畢。
情願入朝。國家乃以其不奉璽書。妄破回紇部落。責其專擅。不許入
朝。便於涼州發遣各還蕃部。臣愚見竊為國家危之。深恐此等自疑
成隙。何以言之。國家所以制有十姓者。本為九姓強大。歸服聖朝。十
姓微弱。勢不能動。所以委命臣妾。為國忠良。今者九姓叛亡。北蕃喪

亂。君長無主。莫知所歸。迴紇金水。又被殘破。磧北諸姓。已非國家所
有。今欲持角亡叛。維持邊疆。唯倚金山諸蕃。尚為形勢。有司不察此
理。乃以田揚名妄破回紇之罪。坐及十姓諸豪。拒而遣還。不許朝覲。
臣愚以為非善御戎狄。制於未亂之長策也。夫蕃戎之性。人面獸心。
親之則順。疑之則亂。蓋易動難安。古所莫制也。今阻其善意。逆其歡
心。古人所謂放虎遺患。不可不察。且臣昨在甘州。日見金山軍首領
歸入朝者。皆蕃中豪。已負其功。見蕭然軍漢兵不多。頗有驕色。察其
志意。所望殊高。與其言寡。又詞多不順。今更不許入朝。謫異之以罪
與回紇部落。復為大讎。此則內無國家親信之恩。外有回紇報讎之
患。若使狼心有顧。懷不自安。亡叛沙漠。則河西諸蕃。道恐非國家所
有。且夷狄相攻。中國之福。今回紇已破。既往難追。十姓無罪。未宜自
絕。今者妄破回紇。有司已罪揚名。在於蕃情。足以為慰。十姓首領。國

家理合羈縻。許其入朝。實為得計。今北蕃既亂。此虜不安。廟勝之策
良恐未爾。事既機速。伏乞早為圖之。臣伏見今年五月勅。以同城權
置安北府。此地逼磧。南口是制匈奴要衝。國家守邊。實得上策。臣在
府日。竊見磧北歸降突厥。已有五千餘帳。後之來者。道路相望。又甘
州先有降戶四千餘帳。奉勅亦令同城安置。磧北喪亂。先被飢荒。塗
炭之餘。無所依仰。國家開安北府。招納歸降。誠是聖恩洪流。覆育戎
狄。然臣竊見突厥者。莫匪傷夷殘羸。飢餓並無人色。有羊馬者。百無
一二。然則其一作所以攜幼扶者。遠來歸降。實將以國家綏懷。必有賑贍。
望冀恩覆獲以安存。故其來者。日以益眾。然同城先無儲蓄。雖有降
附。皆未優矜。蕃落數數。不免飢餓。所以時有劫掠。自相屠戮。君長既
不能相制。以此盜亦稍多。甘州居者。鈔竊尤甚。今安北府見有官羊
及牛六千頭口。兵糧粟麥萬有餘碩。安北初置。庶事草創。城孤兵少。

未足威懷。國家不贍恤來降之徒。空委此府安撫。臣恐降者日眾。盜
者日多。戎虜桀黠。必為禍亂。夫人情莫不以求生為急。今不以此粟麥。
不以此羊牛。大為其餌。而不救其死。人無生路。安得不為群盜。群
盜興。則安北府城必棄全理。府城一壞。則甘涼以北。恐非國家所有。
後為邊患。禍未可量。是乃國家故誘其為亂。使其為賊。非所謂綏懷
經遠之長策也。且磧北諸蕃。今見大亂。亂而思理。生人大情。國家既
開綏撫之恩。廣置安北之府。將理其亂者。以慰喻諸蕃。取亂存亡。可
謂聖圖弘遠矣。然時則為得。事則未行。何者。國家來不能懷。去不能
制。空竭國用。為患於邊。取亂之策。有失於此。況夷狄代有其雄。與中
國抗衡。自古所病。倘令今有動起。遂雄於邊。招集遺散。收強撫弱。臣
恐喪亂之衆。必有景從。此亦國家之大機。不可輕而失也。機事不容
則害成。聖人之至戒。今北蕃未定。降者未安。國家不早為良圖。恐坐

而生變乞得啚奏指陳其利害邊境幸甚幸甚

武后方謀開蜀山由雅州道翦生羌因以襲吐蕃子昂上書以七驗諫止之曰臣聞亂生必由於怨雅州羌未嘗一日為盜今無罪蒙戮怨必甚怨甚則蜂駭且亡而邊邑連兵守備不解蜀之禍搆矣東漢喪敗亂始諸羌一驗也吐蕃黠獪抗天誅者二十餘年前日薛仁貴郭待封以十萬衆敗大非川一甲不返李敬玄劉審禮舉十八萬衆困青海身執賊廷關隴為空今乃欲建李處一為上將驅疲兵襲不可幸之吐蕃舉為賊笑二驗也夫事有求利而得害者昔蜀與中國不通秦以金牛美女啗蜀侯侯使五丁力士棧褒斜鑿通谷迎秦之饋秦隨以兵而地入中州三驗也吐蕃愛蜀富思盜之矣徒以障隧隘絕頓餓喙不得噬今撤山羌開阪險使賊得收奔亡以攻邊是除道待賊舉蜀以遺之四驗也蜀為西南一都會國之寶府又人富粟多浮江而下可濟中國今圖僥倖之利以事西羌得羌地不足耕得羌財不足富是過殺無辜之衆以傷陛下之仁五驗也蜀所恃有險也蜀所安無役也今開蜀險役蜀人險開則便寇人役則傷財臣恐未及見羌而姦盜在其中矣異時益州長史李崇眞託言吐蕃寇松州天子為盛軍師趣轉餉以備之不三年巴蜀大困不見一賊而崇眞姦贓已鉅萬今得非有姦臣圖利復以生羌為資六驗也蜀士尫孱不知兵一虜持矛百人不敢當若西戎不即破滅臣見蜀之邊垂且不守而為羌夷所暴七驗也國家近廢安北拔單于棄　茲疏勒天下以為務仁不務廣務養不務殺行太古三皇事今徇貪夫之議誅無罪之羌遺全蜀患此臣所未諭方山東饑關隴弊生人流亡誠陛下寧靜思和天人之時安可動甲兵興大役以自生亂又西軍失守北屯不利邊人駭情今復舉興師投不測小人徒知議夷狄之利非帝王至德也善為天下者計大而不計小務德而不務刑據安念危值利思害願陛下審計之

子昂又為喬補闕論突厥表曰臣某言臣以專蒙叨幸近侍陛下不以臣不肖特勅臣攝侍御史監護燕然西軍臣因遊關塞涉歷秋夏徒居邊徼無尺寸之功臣誠暗劣孤負聖明然臣久在邊陲夙夜勤灼莫不以蕃事為念比按察已北突厥離亂事迹參驗委曲窮問往來竊有以得其真莫不自為饑餒逾相吞食流離殘餓莫知所歸臣誠愚不識事機然竊以往古之變考驗於今乃知天亡凶醜之時陛下收功之日然臣聞難得而易失者時也易遇而難見者幾也聖人所貴去禍於未萌今陛下體上聖之資開太平之化匈奴為中國之患自上代所苦矣今天降其災以授陛下百代之業在於今時臣請以秦漢已來事迹證明之伏願陛下少留聖聽尋繹着察天下幸甚

臣聞秦始皇之時併吞六國制有天下按劍叱咤八荒奔馳然匈奴強梁威不能伏收馬河內以侵邊疆始皇赫然使蒙恬將四十萬衆北築長城因以逐胡取其河南之地七百餘里當時燕齊海岱饋糧給費傜役困苦人以不堪故長城未畢而閭左之戍已為其患二世而亡莫不始於事胡也至漢興高帝受命率羣豪雄一作乘利傳以三十萬衆窘困白登七日被圍僅而獲免自是歷呂太后至孝文帝單于桀驁益凌漢家文帝徒以遜辭致獻金帛但求其善和而已不敢有圖賈誼所以哭之痛文帝以天子下一作之盛而畢事戎夷以倒懸天下也至景帝時邊受其患於是漢武帝赫怒以承六代鴻業屬乎文景玄默之化海內又安太倉之粟紅腐而不可食內府之錢貫朽而不可校財力雄富士馬精強念一匈奴之驕慢將報先帝之辱遂使王恢韓安國將四十萬衆以馬邑誘單于師出徒費竟無毫髮之功於是

大命六師導以擊戎（戎一作胡）為務首尾二十餘年中國騷然大受其弊
至於國用不足軍興不給租及六畜算及船車盜賊群聚京師起亂
竟不能制單于之命一日而臣服之漢宗衰殘幾自覆社稷也故漢
武晚年厭兵革之弊乃下哀痛之詔罷輪臺之田封丞相為富民侯
將以蘇中國也至宣帝代單復出師屬匈奴數窮天降其禍虛閭權
渠單于病死右賢王屠耆代立骨肉大臣自不相服又立閏振單于
子為呼韓耶單于擊殺屠耆諸名王貴人各自分立為單于更相攻
擊以至大亂殘虐死者計萬億數畜產耗減十至八九人以飢饉相
燔燒以求食於是寄命無所諸名王貴人左伊秩訾且渠當戶以下
將眾五萬稽首來降於是北方晏然靡有兵革之事直至哀平之際
邊人以安臣竊以此觀匈奴之形察天時之變盛衰存亡之事可見
也然則匈奴不滅中國未可安臥亦已明矣夫以漢祖之武武帝之

雄謀臣勇將勢盛雷電窮兵黷武傾天下以事之終不能屈一吞伏
一國宣帝承衰蠲之後撫瘡痍之人不敢灼然為（有一作出）征（一作）之
意然而未有遺矢之費而臣僕於單于其故何哉蓋盛衰有時理亂
有數故曰聖人修備以待時是以正天下如拾遺陛下爾恭神明德
動天地今上帝降匈奴之災萃遺陛下之良時不以此時順天誅遺
大業使良時一失凶虜復興則萬代為患後雖悔之亦不及矣古語
曰天與不取反受其殃（一作咎）今天意厚矣陛下豈可違之哉臣比在
同城接居延海西逼近渠南口其磧北突厥來入者莫不一一臣所
慰察比者（一作）化首尾相仍攜幼扶老已過數萬然其瘡殘羸憊皆無
人色飢餓道死頗（一作）先右（一作姓）中遭大旱經今三年野皆赤
地少有生草以此羊馬死耗十至七八今所來者皆是稍能勝致始
得度磧磧路既長又無水草羊馬因此重以死盡莫不掘野鼠食草

根或自相食以活性命臣具委細問其磧北事皆與口同辭又皆云
云自有九姓來未嘗見飢餓之甚今者同羅僕固雖為逆首僕固都
督早以伏誅為亂之元既自喪滅其餘外小醜徒侵暴自賊耳本無
遠圖多獵烏復自相離人被塗炭逆順相半莫知所安迴紇諸部落
又與金州橫相塗戮群生無主號訴嗷嗷臣所以願陛下（一作）建大策行
遠圖大定北戎不勞陛下指麾之間事業可致則千載之行（一作）遺鄙無
憂（一作）中國之人得安枕而臥豈不在陛下一斷哉且匈奴為中國
患非獨秦漢之間臣竊惟先帝時衛公李靖蓋中庸之一老臣假（一作）
先帝之威用廟勝之策當願利可斫全威之日因機遂使大破虜庭
遂繫其侯王裂其郡縣六十年將於今矣使中國晏然無斥候之警
書之唐史傳之無窮至今天下謂之為神況陛下統先帝之業履至
尊之位既虜狂悖大亂邊陲皇天遺陛下以鴻業之時陛下又得先

帝之跡德之大者其何以加若失此機事以過往使李靖豎子獨成
千載之名臣愚竊惟陛下不取也伏見去月日敕令於同城置安
北都護府以招納亡叛扼匈奴之候愚臣伏慶陛下見機於萬里之
外得制匈奴之上策臣聞隗囂言漢光武見事於萬里之外（一作）明應
變未嘗有遺今陛下超然神鑒遠照實所謂聖明之見觀於無形也
臣比任（一作仕）同城周觀其地利又博問諳知山川者莫不悉得其地
東西及北皆是大磧磧並石鹵水草不生突厥嘗所在（一作）入莫
過同城今居延海澤接張掖河中間堪營田處數百頃水草畜牧是
供具萬人又甘州諸屯犬牙相接見所蓄粟麥積數十萬田因水利
種無不收轉軍（一作運利）同城甚省功費又居延河海多有魚鹽可謂
強兵用武之國也陛下若調選天下精兵揀拔名將任以同城都護
臣愚料之不用三萬陛下大業不出數年可坐而取成臣比者屢

家興兵但循於常軌主將不選士卒不練徒知驅市人以戰耳故臨
陣對寇未嘗不先自潰散遂使夷狄乘利輕於國威兵愈出而事愈
屈蓋是國家自過計於敵耳故非小醜能有異圖臣竊以為陛下今
日不更為之圖以激厲天下忠勇但顧以今日之兵今日之將冀收
功於異日難矣臣不勝踴躍之至

聖曆三年拜諾曷宣超左豹韜員外大將軍襲故可汗號餘部詣涼
甘肅瓜沙州降宰相張錫與右武衛大將軍唐休璟議徙其人於
秦隴豐靈間令不得畔去涼州都督郭元振以為吐谷渾近秦隴則
與監牧雜處置豐靈又逼默啜假在諸華亦不遷移其姓也前日王
孝傑自河源軍徙耽爾乙句貴置靈州既其叛乃入牧坊掠群馬驅
涼州縣是則遷中土無益之成驗往素和貴叛去於我無損但失吐
谷渾數十部豈與句貴比邪今降虜非彊服皆突矢刃棄吐蕃而來

宜當循其情為之制也當甘肅瓜沙降者即其所置之因所投而居
則情易安磔數州則勢自分順其情分其勢不擾於人可謂善奪戎
心者也歲遣鎮遏使者與宣超兄弟撫護之無令相侵奪生業固為
有如叛去無損中國詔可

武后時吐蕃乞和其大將論欽陵請罷四鎮兵披十姓之地乃以郭
元振充使因覘虜情還上疏曰利或生害害亦生利國家所患唯吐
蕃與默啜耳今皆和附是將大利於中國也若圖之不審害且隨之
欽陵欲裂十姓地解四鎮兵此動靜之機不可輕也若直遏其意恐
邊患必甚於前宜以策緩之使其和望勿絕而惡不得萌固當取捨
審也夫患在外者十姓四鎮是也患在內者甘涼瓜肅是也關隴屯
戍向三十年力用困竭脫甘涼有一日警豈堪廣調發耶善為國者
先料內以敵外不貪外以害內然後安平可保欽陵以四鎮近己畏

我侵掠此吐蕃之要然青海吐渾密邇蘭鄯易為我患亦國家之要
今宜報欽陵曰四鎮本扼諸蕃走集以分其力使不得併兵東侵今
委之則蕃力益彊易以擾動倘後無東意當以吐渾諸部青海故地
歸於我則俟斤部落還吐蕃矣此足杜欽陵口而和議不絕且四鎮
久附其倚國之心豈與吐蕃等今未知利害情實而分裂之恐傷諸
國意非制御之算后從之又言吐蕃倦徭戍久矣咸願解和以欽陵
欲裂四鎮專制其國故未歸款陛下誠能歲發和親使而欽陵常不
從則其下必怨設欲大舉固不能斯離間之漸也后然其計

中宗時郭元振為金山大總管時烏質勒之將闕啜忠節與娑葛交
怨相侵元振奏請闕啜入宿衛許之闕啜遂行經略副使周以悌
說之且教以重賂宰相無入朝闕啜即勒兵擊于闐元振知之上疏
曰國家往不與吐蕃十姓四鎮而不讓邊者蓋其諸豪泥婆羅等屬

國自有攜貳故贊普南征身殞寇庭國中大亂嫡庶競立將相爭權
自相翦屠士畜疲癘財力困窮顧人事天時兩不諧契所以屈志於
漢非實忘十姓四鎮也如其有力後且必爭今忠節忽國家大計欲
為吐蕃鄉導主人四鎮危機恐從此啓吐蕃得志忠節亦當在賊掌
股若為復得事我哉往吐蕃於國無有恩力猶欲爭十姓四鎮今若
效力樹恩則請分于闐疏勒者欲何理抑之且其國諸蠻及婆羅門
方自嫌阻儻令求我助討者亦何以拒之是以古之賢人不願夷狄
妄惠非不欲其力懼後求無厭益生中國事也臣愚以為用吐蕃之
力不見其便又請阿史那獻者豈非以可汗子孫能招綏十姓耶且
斛瑟羅及懷道與獻父元慶叔僕羅兄俀子俱可汗子孫也往四鎮
以他匐十姓之亂請以元慶為可汗矣卒亦不能招來而元慶沒賊
四鎮淪陷忠節亦嘗請以斛瑟羅及懷道為可汗矣十姓未附而碎

業幾危。又吐蕃亦嘗以俀子僕羅并拔布為可汗矣。亦不能得十姓
而皆自亡滅。此非他。其子孫無惠下之才。恩義素絕故也。豈止不能
招懷。且復為四鎮患。則斛瑟羅及懷道子孫其効固試矣。獻又遠於其父兄。
人心何繇即附。若兵力足取十姓。不必要須可汗子孫也。又請以郭
虔瓘蒐兵救馬於拔汗那。往虔瓘已嘗與忠節擅入其國。臣時在疏
勒。未聞得一甲一馬。而拔汗那挾怨侵擾南道。吐蕃將俀子以擾四
鎮。且虔瓘往至拔汗那。圍四面無助。若履虛邑。猶引俀子為擾。況今
北有娑葛。知虔瓘之西。必引以相援。拔汗那倚堅城而抗于內。突厥
邀于外。虔瓘等豈能復如往年得安易之幸哉。疏奏不省。
玄宗開元三年。突厥默啜為拔曳固所殺。其下多降。既而稍稍叛去。
原州都督王晙上言。突厥向以國亂故款塞。與部落無間。延儻北風。
何嘗忘之。今徙處河曲。使內伺邊釁。久必為患。比者不受要約。兵已
屢動。擅作蜂豆。閉障行李。虜脫南牧。降帳必與連衡以相應接。表裏
有敵。雖彭韓孫吳無所就功。請至農隙。令朔方軍大陳兵。召酋豪告
以禍福。啗以金繒。且言南方麋鹿魚米之饒。並遷置淮右河南寬鄉。
給之程糧。雖一時之勞。然不二十年。漸服諸華。料以充兵。則皆勁卒。
議者若謂降敵不可以南處。則高麗舊俘置沙漠之西。城傍編戶居
青徐之右。何獨降胡不可徙歟。臣復料議者必曰。故事置于河曲。前
日已寧。今無獨異。且往者頡利破亡。邊鄙安寧。故降戶得以久安。今
虜少殘滅。與降人皆戚屬。固不與往年同也。臣請以三策料之。悉其
部落置內地。獲精兵之實。關黠虜之患。此上策也。亭障之下。蕃華參
處。屯戍為備。撫費甚人勞。下策也。置之朔塞。養成禍萌。此無策也。
不然。歲至將求。且必有變。書未報而虜已叛。
玄宗時。吐蕃金城公主請文籍四種。玄宗詔秘書寫賜。正字于休烈
上疏曰。戎狄國之寇也。經籍國之典也。戎之生心。不可以無備。昔東平王
求史記諸子。漢不與之。以史記多兵謀。諸子雜詭術也。東平漢之懿
戚。尚不示征戰之書。今西戎國之寇讎。豈可貽以經典。且吐蕃之俗
標悍果決。善學不回。若達於書。則知戰。深於詩。則知武夫有師干之
試。深於禮。則知月令有廢興之兵。深於春秋。則知用師詭詐之計。深
於文。則知往來書檄之制。此何異假寇兵。資盜糧也。臣聞魯秉周禮。
齊不加兵。吳獲乘車。楚屢奔命。變法危邦。可取鑒也。公主下嫁異國。
當用夷禮。而反求良書。恐非本意。殆有姦人勸導其中。若陛下慮失
其情。不得已請去春秋。夫春秋當周德既衰。諸侯盛強。征伐競興。
情偽於是乎生。變詐於是乎起。有以臣召君。取威定霸之事。誠與之。
國之患也。狄固貪婪。貴貨易土。正可錫以錦綵。厚以金寶。無足所求。
以資其智。疏入。詔中書門下議。侍中裴光庭曰。吐蕃不識禮經。孫背
國恩。今求哀稽顙。許其降附。漸以詩書。陶以聲教。斯可致也。休烈但
見情偽變詐於是乎生。不知忠信節義亦於是乎存。帝曰善。遂與之。
中書令張九齡賀奚契丹並自離貳廓清有期狀曰。右適高力士宣
示臣等張守珪奏契丹及奚並自離貳。兼安祿山復有殺獲賊數將
盡。鷁[?]緒猜攜。邊鎮勤兵。伺隙而動。誅翦有日。廓清可期。此皆天威遠
臨。遠醜自滅。臣等不勝慶躍之至。答曰。比未窮巢穴。有憤往者。果自
猜攜。人神所棄。折衝轉俎。遠可圖之。所賀知。
九齡又賀誅奚賊可突干狀曰。右高力士宣示張守珪所上逆賊契
丹屈烈及可突干等首級。此等惡積禍盈。畏將多故。天誘其衷。既降又
貳。而慕義之士惡其翻覆背恩之賊。既已誅鋤。幽障廓清。華夷俱聲[?]
計其餘燼。求無動搖。陛下邊任先擇。聖謀獨斷。克柬成命。樹此戎功。
且知河朔無轉輸之勞。林胡為賦稅之地。臣等忝在樞近。預聞遠績。

奬書之至喜倍恒情謹奉狀陳賀以聞謹奏答曰用兵之上者備致
於廟堂折衝千里之外此之謂也小寇逃竄猶爲翻動邊軍除蕩有
國常刑朕方事籍田而今獻捷當歸飭戟以爲農器慰也
九齡又賀破突厥狀曰右張守珪表奏突厥四萬騎前月二十五日
至能訖離山契丹涅禮等前後斬獲俘馘數十萬突厥可汗弃甲逃
亡奚王李歸國及平盧軍將等追奔逐北計日殲滅更聞奏者伏以
突厥新喪軼事用兵彼之威衆在於一舉又兩蕃與其結隙交搆未
深在於邊陽猶勢天算陛下料其終始指授規撫知其舉種盡來本
自無策勞師襲遠必合成擒使蕃騎先鋒漢軍堅壁坐觀成敗自戰
蠻夷今契丹繞交突厥已破計其奔北必至喪亡縱脫身獲全亦舉
衆皆棄北虜震懾從此氣衰東胡保邊永不携貳寬懷羈析自此可
期斯皆遲怠遠覃皇威遐振事無遺策舉不失圖臣忝跡樞近親承

睿略抃躍之至倍百恒情謹奉狀陳賀以聞謹奏答曰兩蕃歸義因
用禦邊北虜猖狂欲有侵率何則馳騁之驕突厥頗殄弓矢之功契
丹稱勁彼强也歷遠已弊此勁也襲近而摧勢自不敵况遠天意廟
堂良算亭障稜威故合而有成豈朕之獨斷所貿知
九齡又賀東北累捷狀曰右今日劉思賢至奉宣聖旨垂示臣等破
賊所由兼見守珪表奏具承契丹累捷伏以聖武所加制勝者無失
天威不抗犯順者自亡突厥負衆皆思窮山遠塞兩蕃懷德視死如
歸三軍奉國從命如指遂使一戰便剋已聞殺傷無算慟哭而奔則
知主將必死且蠻夷相伐我則不勞疆埸有虞戰亦奚失固知無慮
信於漢牙有大造於蕃陲此實獨斷神謀事皆有預萬全之策求靜
邊隅薄伐之師匪勞千萬凡在黎庶孰不欣躍臣等忝預樞近倍百
恒情無任慶忭之至答曰東歸兩蕃不從合有北制孫虜自知威信自相攻伐

猜警邊隅屢有奔亡非無違順朕之早預於亦常圖今乃歸功得無同體
九齡又賀依聖料赤山北無賊及突厥要重人死狀信安郡王褘承王
忠副警固牒云赤山有賊狀以右先得前件牒云今九月三日奚探見
賊無數前坐日臣等面奉聖旨料此必安祿山所將之兵奚疑是賊
便有此牒也臣等當時又奏突厥舉國大來徵有輸失便去年料此
意恐其有謀陛下又云必應彼有要重人死所以即去今日幽州節
度判官監察御史張曉至云今月十一日從幽州發來赤山元自無賊
奚所見者正是安祿山下兵馬又云契丹有蕃落人走來云突厥之
兵馬平章事第一人死所以狼狽即去在路每日於衙帳前哭此並
聖心懸照有如目擊臣等親奉睿旨及此符同萬里無差不勝驚喜
無任踴躍之至仍望宣付史館答曰朕臨御有年更事多矣天人之
際先意後合此亦賊意可量非朕謀之必中將有可知宜付史館

九齡又賀突厥小可汗必是傷死狀曰右牛仙童宣勅送前件契丹
令問委曲者臣等借問突厥退散所由其伊吐于被擒將隨五日因
夜卻走迴每日實見突厥諸將皆於衙帳前哭及整正面是實據此
必是小可汗傷死若其不然不合如此審觀伊吐于情狀亦即不敢
妄言必其不虛乃是天敗比其歸至本處固應更有餘殃醜虜破亡
必自此始也陛下聖德無遠妖沴自銷不勞師徒已清朔漠臣等獲
奉廟算不勝抃躍無任喜慶之至
九齡又賀聖料突厥必有亡徵其兆今見狀曰右林招隱宣勅示臣
等張守珪云契丹婦女屈將得突厥出來知可汗死是實又云黃頭
突厥與默啜突厥爭言氣兵馬欲鬭驚軍屈將然得走來者驗前
後從突厥來者說事多同況此婦人尤爲指實死既非謬天實誅之
且諸蕃之中北虜爲桀不待征戰而自取殲夷此誠天助有道坐清

妖禍陛下當有聖料者知其必有亡徵今云兵馬自爭其兆已見何
聽其敗但只納降亭障息兵將自此始不勝欣慶之至
九齡又賀蓋嘉運破賊狀曰右高力士宣奉勅示臣等王尚客奏狀
知蓋嘉運至突厥施店密城逢賊便鬬多有殺獲且凶黨大衆見在
邊城方擬經春圖為邊患忽聞嘉運此入復有破傷必其驚忙當有
攜散皆是聖略先密萬里懸同尚客所言合符前旨臣等不勝慶躍
之至答曰方隅難警乃圖其事不出意外且有殺傷雖復嘯聚邊城
故應知難而退卿臣參佐何獨朕躬所賀知
代宗永泰元年吐蕃遣使請和詔元載等與之盟上問郭子儀子儀
對曰吐蕃利我不虞若不虞而來則國不可守矣乃遣兵戍奉天
大曆八年元載嘗為西州刺史知河西隴右山川形勢言於上曰四
鎮北庭既治涇州無險要可守隴山高峻南連秦嶺北抵大河今國家
西境盡潘原而吐蕃戍摧沙堡原州居其中間當隴山之口其西皆
監牧故地草肥水美平涼在其東獨耕二縣可給軍食故壘尚存吐
蕃棄而不居每歲夏吐蕃畜牧青海去塞甚遠若乘間築之二旬可
畢移京西軍戍原州移郭子儀戍涇州為之根本分兵守石門木峽
漸開隴右進達安西據吐蕃腹心則朝廷可高枕矣幷圖地形獻之
會田神功入朝上問之對曰行軍料敵宿將所難奈何用一書生語
欲舉國從之乎載尋得罪事遂寢
德宗建中元年命回紇使者突董盡帥其徒歸國輜重甚盛至振武
留數月求資給踐果稼人甚苦之留後張光晟欲殺之先奏曰回紇群
胡自相魚肉陛下不乘此際除之乃歸其人與之財正所謂借寇兵
齎盜糧者也請殺之上不許
貞元元年翰林學士陸贄賀吐蕃尚結贊抽軍迴歸狀奏曰右欽溆

奉宣聖旨適得渾瑊奏比日尚結贊頻使人計會擬自領兵馬剋期
同收京城緣春季蕃軍多有疾疫近得探報尚結贊等並抽兵退歸
不知遠近朕意緣吐蕃士馬強盛又以和好之義自請將兵助國討
賊朝夕望其成功今忽抽軍退歸甚失准擬渾瑊李晟等諸軍兵馬
並不至絕多若無蕃軍應援深慮被賊衝突卿試料量事勢如何者
臣質性昏昧不習兵機但以人情揆之時亦偶有所得自承此旨欣
賀實深竊謂蕃戎退歸乃是社稷遐福昨日已附欽溆口奏乾促恐
未盡愚懇尚勞聖憂謹復披陳庶解疑結彼吐蕃者犬羊同類狐鼠
為心貪而多防狡而無恥威之不格撫之不懷雖或時有盛衰大抵
常為邊患陰詐難御特甚諸夷陛下但舉建中已來近事唯之則戎
心難知固可明矣頃者方靖中夏未遑外虞因其乞盟遂許結好加
恩降禮有欲無違而乃邀求寖多翻覆靡定託因細事嘖有煩言背
屍凡歷四年要約竟未堅決立碑纔畢復請改移猜矯多端於斯可
驗洎至盜竊都邑駕幸郊畿結贊擁戎在邊因請將兵赴難陛下推
誠允納厚賂招徠追留持疑竟不時進蕃滸討除之用但攜將帥之
心懷允邇至猖狂頗亦由茲促禍及皇輿再駕移蹕漢中陛下猶望
蕃兵以寧內難親倚之情彌厚屈就之事亦多豺狼野心曾不知感
翻受朱泚信使意在觀變推移頻與諸軍剋期至時曾不赴會致令
羣帥進退憂虞欲捨之獨前則慮其懷怨乘躡欲待之合勢則苦其
失信稽延既茲且驕昌望成績非唯變態難測且又妨擾實深戎若
未歸寇終不滅臣請復為陛下根本其說則人情物理昭然皆可得
而察焉向者謀務蕃兵本是使臣失策陛下急於戡亂喜彼効誠唯
恐後時不暇詳議遽降優詔促令進軍遠近聞之莫不危懼將帥意
陛下不見信任且患蕃戎之奪其功士卒恐陛下不恤舊勞而畏蕃

戎之專其利。賊黨懼蕃戎之勝。不死則悉遺之禽。百里畏蕃戎之秦。有財必盡為所掠。是以順於王化者其心不得不急。陷於寇境者其勢不得不堅。懲我之師。旣寇之眾。戎心變詐。復來可虞。以此益兵強拓其損耳。以此靖國。適資其亂耳。昨蕃戎未退。臣又竊有過憂。流聞結贊好謀。悉其潛蓄姦計。儻或幸朝廷播越之際。乘賊泚窮蹙之時。輕犯近郊。若升虛邑。耀兵牧馬。不却不前。外奉國家。內通兇逆。兩峙誘脅之勢。俱納賂遺之資。旁觀戰爭。坐乘衰弊。如此則王師不得戈叛。烝黎不得寧居。賊必耗亡。我亦困竭。京甸所有。勢無孑遺。千里丘墟。得將安用。是乃戎有萬全之利。我有不測之危。臣所以痛心傷悴。晝驚夕惕。若慮其意及於此也。所賴天奪其魄。神降之災。觀撓若睹遘癘旬遁。寔昊穹悔禍之應。列聖垂祐之期。廓清妖氛。慶必非遠。何以知其然也。且賊泚之亂。始於暴兵。困徵役之繁。興衛禁之闕。備誘扇蠱惑。遂謀大逆。逆天僭君。窮肆攻逼。凡有血氣。皆[illegible]悅羞。[illegible]伊忠良。孰不痛憤。獨惡無與。何能以存。加以聖德日新。改過不吝。布革弊之詔。弘恤隱之懷。天下黎元。翕然遷善。易心改觀。[illegible]思慕。和風既揚。昏祲自斂。蠢茲狂悖。以合殲夷。頃屬懷光昏迷。[illegible]吐蕃干撓。生事惑人。故使義士無施。厲階猶梗。今懷光剽[illegible]吐蕃遠遁。封疆形勢既分。腹背無患。殲殄諸帥。才力得伸。[illegible]許多資糧。向竭若不除賊。即須建功。此輩寵任已崇。貴位已極。建功則寵增而位固。降賊則名辱而身危。況賊之兇惡。滅亡可必。賊之孤勢。剿撲非難。孰肯捨安而就危。違寵而從辱。棄垂成之業。臣將滅之虜哉。既牽於利害之情。理不同惡。又迫於單之之急。勢難以居。勢理相[illegible]。安能無戰。渾瑊亦戴休顏韓遊瓌乘其西北。李晟率駱元光尚可孤攻其東南。同病相資。自當合力。但願陛下慎於撫接。以奮起忠勇之心。勤於砥礪。以昭蘇遠近之望。中興大業。旬月可期。不宜尚眷眷於犬羊之群。以失將士之情也。臣愚不任懇悃之至。輒以私懷忖度。謹冒昧以聞。謹奏。

上發吐蕃以討朱泚。許以安西北庭之地與之。及泚誅。吐蕃來求地。上欲與之。李泌曰。安西北庭。人性驍悍。控制西域五十七國。及十姓突厥。又分吐蕃之勢。使不得併兵東侵。柰何拱手與之。且兩鎮之人。勢孤地遠。盡忠竭力。為國家固守。近二十年。誠可哀憐。一旦棄之戎狄。彼必深怨中國。他日從吐蕃入寇。如報私讎矣。況日者吐蕃觀望不進。陰持兩端。大掠而去。何功之有。眾議亦以為然。上遂不與之。

貞元三年。回紇使使者獻方物。請和親。帝蓄前恚未已。謂宰相李泌曰。和親待子孫圖之。朕不能已。泌曰。陛下豈以陝州故憾乎。帝曰。然。朕方天下多難。未能報。且毋議和。泌曰。辱少華者乃牟羽可汗也。知陛下即位必償怨。乃謀先寇邊。然兵未出。為今可汗所殺矣。今可汗初立。遣使來告。垂髮不剪。待天命。而張光晟殺突董等。無[illegible]使人。然卒完歸。則為無罪矣。帝曰。卿言則然。顧朕[illegible]何負少華等。泌曰。臣謂陛下不負少華。少華負陛下。且北虜君長身赴難。陛下在藩。春秋未壯。而輕度河。入其營府。謂冒豺虎之場也。為少華等計。當先定會見禮。臣備危之禁。何乃然赴哉。臣昔為先帝行軍司馬。葉護來。先帝敕使宴於府。及議征討。則不見也。葉護邀臣至[illegible]營。帝不許。使好謂曰。主當勞客。客反勞主耶。東收京師。約曰。土地人眾歸我。玉帛子女予回紇。戰勝。葉護欲大掠。代宗下馬拜之。回紇乃東向洛。臣猶恨以元帥拜葉護於馬前。為左右過。然先帝曰。王仁孝。足辦朕事。下詔慰勉。葉護乃牟羽諸父也。牟羽之來。陛下以元子不拜於帳下。而可汗不敢少有失於陛下。則陛下未嘗屈矣。先帝拜葉護全京城。

陛下乃不拜可汗，固伸威於虜，尚恨焉。然計督積陝州事，以臣已為過乎。伸威為是乎。藉令少華輩以陛下見可汗，開壁五日，與陛下張飲，天下豈不寒心哉。而天助威神，使豺狼馴服，牟羽母捧陛下以貂裘，叱左右促命騎射送出營，此少華輩負陛下也。假令牟羽為有罪，則今可汗已殺之，立者乃牟羽從父兄，是為有功，渠可忘之邪。且回紇可汗銘石立國門曰：唐使來，當使知我前後功云。今請和，必舉部南望，陛下不之答，其怨必深。上謂李晟、馬燧曰：朕素怨回紇，今聞泌言，自覺少理，卿以為如何。皆對曰：誠如泌言。泌曰：臣以為回紇不足怨，向來宰相乃可怨耳。回紇再復京城，今可汗又殺牟羽，復有何罪。吐蕃幸國之災，陷河隴數千里之地，又入京城，使先帝蒙塵於陝，此乃百代必報之讎，為可怨耳。上曰：今與之為怨已久，今往與之和，得無復拒我，為夷狄之笑乎。對曰：臣請以書與之約，為臣子，往來不過二百人，印馬不過千匹，無得攜中國人及商胡出塞，五者皆能如約，則主上必許和親。如此，威加北荒，旁讋吐蕃，足以快陛下平昔之心矣。上從之。既而回紇可汗遣使上表廷命，上太喜，謂泌曰：回紇何畏卿如此。對曰：此乃陛下威靈，臣何力焉。上因問招雲南、大食、天竺之計。對曰：回紇和，則吐蕃已不敢輕犯塞矣。雲南昔吐蕃賦役未嘗一日不思復為唐臣也。大食在西域為最強，與天竺皆慕中國，代與吐蕃為仇，臣故知其可招也。遂遣其使者歸，許以公主妻之。

貞元三年，吐蕃卑辭厚禮求和於馬燧，燧信其言，為之請於朝。李晟言於上曰：戎狄無信，不如擊之。韓滉曰：今兩河無虞，若城原、鄯、洮、渭，使晟及劉玄佐等守之，河湟二十餘州可復也。上欲從之，會滉卒。張延賞與晟有隙，數言和親便，上亦素恨回紇，欲與吐蕃擊之，遂從燧、延賞計。

貞元三年，渾瑊與吐蕃盟于平涼，吐蕃劫盟。初，瑊之發長安也，李晟深戒之以盟所為備，不可不嚴。張延賞言於上曰：晟不欲盟好之成，故戒瑊以嚴備。我有疑彼之形，則彼亦疑我矣，盟何由成。上乃召瑊，切戒以推誠待虜，勿為猜疑。瑊奏吐蕃決以辛未盟，延賞集百官，稱詔示之曰：李太尉謂和好必不成，今盟日定矣。晟聞之，泣曰：吾生長西陲，備諳虜情，所以論奏，但恥朝廷為犬戎所侮耳。上始命駱元光屯潘原，韓遊瓌屯洛口，以為瑊援。是日上視朝，謂諸相曰：今日和戎息兵，社稷之福。柳渾曰：戎狄豺狼也，非盟誓可結，今日之事，臣竊憂之。李晟曰：誠如渾言。上變色曰：柳渾書生，不知邊計，大臣亦為此言邪。皆頓首謝。是夕，韓遊瓌表言虜劫盟者，兵臨近鎮。上大驚，謂渾曰：卿書生，乃能料敵如此其審邪。

憲宗時，回紇使者再朝，遣伊難珠再請昏，未報，可汗以三千騎至鵜鶘泉，於是振武以兵屯黑山，治天德城備虜。禮部尚書李絳奏言曰：回鶻盛彊，北邊空虛，一為風塵，則弱卒非抗敵之夫，孤城為不守之地。陛下懷此增甲兵，飭城壘，中夏長策，生人大幸也。臣觀今日處置，未得其要矣。竊憂有五，請歷言之。北狄貪沒，唯利是視，比進馬規直，再歲不至，豈厭繒帛利哉。殆欲風高馬肥，而肆侵軼，故外撲內備，必煩朝廷，一可憂。兵力未完，斥候未明，戈甲未備，城池未固，飭天德則虜必疑，虛西城則積道無備，二可憂。夫城保要害，攻守險易，嘗謀之邊將，今乃規河塞之外，裁廟堂之上，虜猝犯塞，應援失便，三可憂。自脩好以來，山川形勝，兵戍滿虛，虜皆悉知，賊掠諸州，調發在旬朔外，其係累人畜，在旦夕內，比王師至，則虜已歸，寇能久留，役亦轉廣，四可憂。北狄西戎素相攻討，故邊無虞，今回鶻不市馬，若與吐蕃結約解仇，則將臣閉壁憚戰，邊人拱手受禍，五可憂。又淮西吳少陽垂死苟乘其變，諸道與羣役且十倍。臣謂宜聽其昏，使守蕃禮，所謂三利也。和親則烽燧不驚，城堞可治，盛兵以畜力，積粟以固軍，一也。既無北顧憂，可南事淮右，申令於垂盡之寇，二也。比虜恃我戚，則西戎怨愈深，內不得寧，國家坐受其安，毋掠長息，三也。今舍三利取五憂，甚非計。或曰：降主費多。臣謂不然。我三分天下賦，以一事邊。今東南大縣，賦歲二十萬緡，以一縣賦為昏貲，非損寡得大乎？今惜昏貲不與，假如王師北征，兵非三萬、騎五千，不能扞且馳也。又如保十全之勝，一歲輒罷，其饋餉供擬，豈止一縣賦哉？帝不聽。

元和三年，山南東道節度使于頔憚上英威，為子季友求尚主。上以普寧公主妻之。李絳諫：頔虜族，季友庶孽，不足以辱帝女。上曰：此非卿所知。頔大喜。上因使人諷之入朝，頔遂奉詔。

文宗太和五年，吐蕃請和，約弛兵，而大酋悉怛謀舉維州入之劍南。

於是李德裕上言：韋皋經略西山，至死恨不能致。今以生羌三千人燒十三橋，擣虜之虛，可以得志。帝使羣臣大議，請如德裕策。僧孺持不可，曰：吐蕃綿地萬里，失一維州，無害其強。今修好，使者兩來，乃違反其言。且中國禦戎，守信為上，應敵次之。彼來責曰：何故失信？養馬蔚茹川，上平涼坂，萬騎綴回中，怒氣直辭，不三日至咸陽橋。此時西南數千里外，得百維州，何所用之？徒棄誠信，有害無利。此匹夫所不為，況天子乎？上以為然，詔德裕以其城及悉怛謀等歸之吐蕃，吐蕃誅之境上。

武宗會昌中，時回鶻先為黠戛斯所破，烏介可汗挾公主牙塞下，種族大飢，以弱口重器易粟於邊。退渾、党項利虜掠，因天德軍使田牟上言：回紇叛將嗢沒斯等侵迫塞下，願以部落兵擊之。議者請可其奏。德裕曰：窮鳥入懷，猶當活之，況回紇於國屢建大功，今為鄰國所厄，以窮來歸，而遽擊之，非漢宣帝待呼韓之義，不如與之食，以待其變。陳夷行曰：資盜糧，非計也，不如擊之便。德裕曰：沙陀、退渾不可恃也。夫見利則進，遇敵則走，雜虜之常態，孰肯為國家用邪？天德兵素弱，以一城與勁虜角，無不敗。請詔牟無聽諸戎討。帝於是賚粟三萬斛。會嗢沒斯殺赤心以降，赤心兵潰去。於是回紇勢窮，數丐羊馬，欲藉兵復故地，又願假天德城以舍公主。帝不許，乃進逼振武，保大柵杷頭峯，以略朔川，轉戰雲州。刺史張獻節嬰城不出，回紇乃大掠。党項、退渾皆保險莫敢拒。帝乃知向不許田牟用二部兵之驗，乃復問以計。德裕曰：杷頭峯北皆大磧，利用騎兵，不可以步當之。今烏介所恃公主爾，得健將出奇奪還之，王師急擊，彼必走。今銳將無易石雄者，請以蕃渾勁卒與漢兵銜枚夜擊之，勢必得。帝即以方略授劉沔，令雄與擊可汗於殺胡山，敗之，迎公主還。回紇遂敗，進位司徒。

黠戛斯遣使來，且言攻取安西、北庭。帝欲從黠戛斯求其地。德裕曰：不可。安西距京師七千里，北庭五千里。異時繇河西、隴右抵玉門關，皆我郡縣，往往有兵，故能緩急調發。自河隴入吐蕃，則道由回紇。回紇今破滅，未知黠戛斯果有其地邪？假令安西可得，即復置都護，以萬人往戍，何所興發？何道饋輓？彼天德、振武於京師近，力猶若不足，況七千里安西哉？臣以為縱得之，無用也。昔漢魏相請罷田車師，賈捐之請棄珠崖，近狄仁傑亦請棄四鎮及安東，皆不願貪外以耗內。此三臣者，當全盛時，尚欲棄割以肥中國，況久沒甚遠之地乎？是特實費市虛事，滅一回鶻而又生之。帝乃止。

德裕又請遣使訪問太和公主狀，奏曰：右狀以元和中回鶻屢請和親，憲宗不許。至長慶初，穆宗以北虜代結姻好，中國無虞，邊境晏然，生人受福，所以割慈下嫁，用示懷柔。今回鶻國已破亡，公主未知所

在君不遣使訪問慰其艱危戎狄必謂國家降主虜庭本非愛惜使
懷輕易之意永無敬重之心非止甚傷虜情實亦負於公主臣等商
量望令苗稹將一二十騎齎詔書先至嗢沒斯處令其轉差人送
入至公主所在君嗢沒斯便受詔旨回表恭順之心若辭拒此行是
彰背叛之跡因此偵察無所隱情伏希聖旨特賜省察
德裕又論田牟請許党項讎復回鶻嗢沒斯部落狀奏曰右臣等雖
不習兵鈐昧於邊事然酌其物理情實可知伏希聖慈特賜詳覽比
者陛下常慮回鶻國中離散未是實情今據我阿泥及伊難殊合等
書云此間更無活處即是實然又回鶻安孝順云亦心牢相問漢國
中看你回鶻好無足知依倚大國意甚懇懇今若許田牟徇党項貪
利之心不自量力犯必死之虜絕歸款之誠事誠亦損兆中兵大虧
恩信不成則永為邊患取笑四夷況窮鳥入懷尚須矜憫遠人慕義

曾未犯邊自六月至今未曾捉烽戍一人奪党項一物拔誠無害章
開交鳴昨者所獻表章詞懇意順棄而不納兇務誇義此不可一也
若回鶻國中頡斡種落皆安嗢沒斯叛逆而來即須拒絕可許既自
失國有頃已無攜挈傷殘寄命也嗢沒斯尋追於鐵圍谷欲求生
田牟執稱背國亡命是去年為惡徒饑鄭似與德舞雪屬為党項報
警察其用情殊非體國此不可二也漢宣帝五鳳中匈奴大亂議者
多曰匈奴為害日久可因其壞亂舉兵滅之蕭望之對曰宜遣使弔
問救其災患四夷聞之咸貴中國之仁義其後南單于果自臣服六
十年邊境無事今縱不能扶其微弱豈宜因此幸災此不可三也伏
望且詔太原振武排比驛兵於邊上戒嚴防其侵軼待犯國家城鎮
然後以武力驅除若只共党項相凌小小自惻奪任部落自相仇殺亦
未可助以甲兵常今大信不渝懷柔得所彼雖戎狄必合感恩待張

賈使回具知情實亦望詔田牟不得擅出詭詞妄邀奇功兼詔仲武
不得納將吏感詞為國生事如蒙允許伏望付翰林約與意處分又曰
比者只待張賈使回今到已數日須早遣緣回鶻已入邊界未測
多少天德兵力寡弱須務懷柔伏以自古禦戎只有二道一是厚加
撫慰二是以力驅除此事利害較然前古皆有明效漢宣帝厚撫呼
韓代享其利邊境六十年無事漢武力制匈奴海內疲弊生人減半
今嗢沒斯若不稍如恩意盡歡心須至以力驅除必恐永為邊患
假使其衆殘破摧伏不難亦須先加以恩不令疑貳古人云將欲取
之必固與之正謂此也臣等商量縱不與糧食接借其賜物恐不可
太薄若止於所賜特勒宰相實恐逆來得須是稍令優厚於朝廷
君無費損可以保全朝野群情皆望如此伏希聖慈特賜容納
黠戛斯阿熱遣使行三歲至京師武宗大悅班渤海使者上以其處

窮遠能脩職貢命太僕卿趙蕃持節臨慰其國詔宰相即鴻臚寺見
使者使譯官考山川國風德裕上言貞觀時遠國皆來中書侍郎顏
師古請如周史臣集四夷朝事為王會篇今黠戛斯大通中國宜為
王會圖以示後世有詔以鴻臚所得繢著之
三年德裕言維州據高山絕頂三面臨江在戎虜平川之衝是漢地
入兵之路初河隴盡沒惟此獨存吐蕃潛以婦人嫁此州門者二十
年後兩男長成竊開壘門引兵夜入遂為所陷號曰無憂城從此得
以併力西邊憑陵近甸韋皐欲經略河隍須此城為始急攻數年卒
不可克臣到西蜀空壁來歸南蠻震懾山西八國皆願內屬可減八
處鎮兵坐收千里舊地且維州未降前一年吐蕃猶圍魯州豈顧盟
約當時不與臣者望風疾臣詔遣悉怛謀等令彼自戮臣累表陳論
乞垂矜捨答詔嚴切竟令執還特更蕃臣無不隕涕蕃帥即以此人

戮於境上絕忠款之路使兇虐之情乞追奬忠魂各加褒贈詔贈悉
恒謀爲右衛將軍
宣宗時濮陽判官李義山爲節度使王茂元奏吐蕃交馬事宜狀右
臣得所由狀報吐蕃請於鳳翔交馬者臣伏以吐蕃衆則犬羊心惟
虵豕不思率服但逞姦欺國家務以懷柔枉其撫御數必好於非類擇
使命於本朝容蓄甚弘錫賚非薄昔魏酬倭國止於銅鏡紺文漢遺
單于未過黃門綈綺並一介之使將萬里之恩豈若陛下還彼周行
取於宗屬而乾淹停曠日留止彌年久已迴車又請交馬觀其莬詭
雖以保明將籌機宜未可容許臣又見蕃中來人說其國尚蕃素已
年侵陵頗心疾不恤其衆連誅舊臣差徵無時以[illegible]說以與遠邇
盟約仍致遷留念恐事出多端兵由釁下上欺聖德薄擴廣[illegible]闌覆
難知善惡未決竊計君來合有表章伏望更勅羣臣商量且令界首

奏議卷之三百四十一　二十四

止絕儻須存遠馭要示殊恩但言彼蕃來往不時邊將奏論甚切亦
無妨國體未阻戎心臣自擁節旄要踰星琯修葺器械蓄積糧儲又
時巡訪川原討尋蹊隧每當衝要必有隄防增築故城穿濬新壍緬
稍廢角未易可當木柹魚膏未曾虛棄雖臨搖落免有窺撩恃彼物
情未能動衆甚若便侵亭障自起烟塵臣且率勵當軍猶可獨當一面
況其隣道悉是強兵敢忌充國之請行不慮張宗之辭難伏乞聖恩鑒
臣鐵石納臣愚見使其畏懾威靈挫平奸宄臣不勝憤激懇迫之至
懿宗即位南詔豐祐卒子酋龍立僭號遣[illegible]陷播州咸通二年同平
章事杜悰上言南詔彊盛西川兵食單寡未可輕與之絕且應遣使
弔祭諭以新王名犯廟諱故未行冊命待其更名謝恩然後遣使
僖宗時南詔酋龍卒子法立請和親吏部侍郎崔澹等上言不可從
高駢劾澹沮議西川節度使崔安潛上言蠻蓄鳥獸心不識禮義安

可以賤詞[illegible]貨卒失國家大體澹等議可用臣請募義征子率一戶
一保願發山東鋭兵六千戍蒲州比五年蠻可爲奴久之帝手詔問
安潛和親事答曰雲南姚州[illegible]一縣中國何負於彼而遣重使加厚
禮彼且妄謂朝廷畏怯無能爲貌有它請陛下何以待之且天宗近
屬不可下小蠻夷臣此移書不言勞揚其所僭也有如蠻使者不復
至當遣諜人伺其隙可以得志
晉高祖天福六年成德節度使安重榮執契丹使者上表稱吐谷渾
兩突厥渾契苾沙陀各部衆歸附党項等亦納契丹告牒言爲虜
所凌暴願自備十萬衆與晉共擊契丹陛下屢敕臣承奉契丹勿自
起釁端其如天道人心難以違拒大抵[illegible]晉主父事契丹竭中國以
媚無厭之虜又爲書遺朝貴云已勒兵必與契丹決戰晉主患之時
鄴都留守劉知遠在大梁泰寧節度使桑維翰密上疏曰陛下免於

奏議卷之三百四十一　二十五

晉陽之難而有天下皆契丹之功不可負也今重榮恃勇輕敵吐渾
假手報仇皆非國家之利不可聽也臣觀契丹士馬精彊吞噬攻取
其君智勇過人其臣上下輯睦牛馬蕃息國無天災此未可與爲敵
也且中國新敗士氣彫沮又和親既絕則當發兵守塞兵少則不可
以待寇兵多則饋運無以繼之我出則彼歸我歸則彼至臣恐禁衛
之士疲於奔命鎮定之地無復遺民今天下粗安烝民困弊靜而守
之猶懼不濟其可妄動乎契丹與國家恩義非輕信誓甚著彼無間
隙而自啓釁端既使克之後患愈重萬一不克大事去矣議者以歲
輸繒帛謂之耗蠹有所卑遜謂之屈辱殊不知兵連禍結財力俱匱
耗蠹孰甚焉武吏功臣過求姑息屈辱孰大焉臣願陛下訓農習戰
養兵息民俟國無內憂民有餘力然後觀釁而動動必有成矣又
鄴都富盛國家藩屏今主帥赴闕軍府無人乞陛下略加巡幸以杜

奏議。晉主謂使者曰。朕比日以來煩懣不決。今見卿奏如醉醒矣

歷代名臣奏議卷之三百四十一

歷代名臣奏議卷之三百四十二

夷狄

宋太祖時趙普上禦戎策曰。夫禦戎之道有三策焉。前代聖人論之詳矣。繕修城壘。依憑險阻。謹戎聚穀。分屯塞下。來則備戍。去則勿追。策之上也。偃革櫜弓。卑辭厚禮。降王姬而通其好。輸國貨以結其心。雖屈萬乘之尊。暫息三邊之戍。策之次也。練兵選將。長驅深入。擁戈鋌而肆戰。決勝負于一時。策之下也。國家自戎馬生郊。邊防失禦。兵連禍結。累載于茲。郡卿致蹂踐之虞。上谷失藩籬之固。飛芻輓粟。千里騷然。丁壯斃于轉輸。膏血塗于原野。尚賴聖君宵旰。廣運宸謀。今夏以來。方隅稍定。糇糧以濟。城邑粗安。然而胡虜之情。變詐難測。或慮朔風高引。塞草具腓。乘大漠之苦寒。奉穹廬之醜類。南下秦趙。復恣憑凌。則成敗存亡。未可量也。況河朔之地。困阨方深。豈至丘墟暴元蕩析。儻後日之戰。覆車之禍。則趙真定。疇能守之。人心一搖。天下之事去矣。國家素失薊北關塞之險。亡控守之處。是上策不能舉也。頃兵草野。與匈奴轉戰。勞弊已甚。勝負未分。是下策不足恃也。審觀天下之形勢。憂患未已。唯與之通好。或可解紛。今山東諸侯。近不交戰。訪問匈奴。休兵馬退在虜庭。宜因此時舉和親之策。夫屈信變化。與道汙隆。轉危就安。聖人之務也。將載成于四海。豈凝滯于一方。昔高祖奮布衣。起豐沛。誅暴楚。滅強秦。不五七年。平定天下。而雄圖大略自軒昊以降。未見其倫。以天子之尊。唯有魯元一女。及出師朔野。困于白登。蓋從說士之詞。遂舉和親之策。迨及文景。承先人之業。開太平之基。至道興行。兆民胥悅。海內田賦。三十而稅一。太倉之粟。紅腐而不可食。內府之錢。貫朽而不可較。亞夫賈誼為謀議將帥之臣。三十年間。天下刑措。巍巍功業。與三代比隆。及其火照甘泉。兵屯細

抑。宗室之女。出聘單于。夫以高祖之神才。文景之淳化。豈力之不足而德之不至也耶。然而與之通好者。蓋視夷狄猶禽獸爾。安肯耗竭中國事無用之虜。傷害德義。而與犬豕爭。前代論夷狄之侵。譬猶蚊虻螫軀。驅之而已。豈求功業于其間哉。觀典策之遺文。審安危之大計。降志戎虜。惟聖人能之。結好息兵。正在今日。儻或上天悔禍。醜類依仁。奉二國之歡盟。息邊鄙之烽燧。誠祖宗之福也。夫盛衰之理。其機存焉。聖賢因之以定其業。昔者隋季版蕩。唐室勃興。高祖太宗肇登天位。英衛房杜。為佐命之臣。而頡利可汗。遽犯京邑。太宗躬枉車駕以敦其夙好。廣輸財貨。以厭其貪心。歲月荐更。犬戎浸弱。李靖以數萬之眾。擒而滅之。此王者蒙垢俟時。殲強敵之明效也。今契丹姦臣擅軸。牝雞司晨。單于幽居。權移于母。治越于強大。地震于燕薊。大旱之眾。雖叢攻奪之形已露。況滔天泯夏。極惡窮凶。以人事言之。星氣未

周。冒頓之謀。必興于虜帳矣。國家暫時屈已。以濟艱屯。而取亂侮亡。其則何遠。若契丹恃憑種落。張皇寇暴。逆天悖理。不奉綏懷。囂聖人屈已濟物之誠。已彰灼于天下矣。豈獨回昊穹之眷命。固亦奮義士之鬭心。曲直實在我。又何愧。利害斯見。宜賜察焉。

太宗太平興國五年。左拾遺張齊賢上奏曰。臣竊惟方今海內一家。朝野無事。關聖慮者。豈不以河東新平。屯兵尚眾。幽薊未下。輦運為勞。以生靈為念乎。臣每料之。此不足慮也。自河東初降。臣即權知忻州。捕得契丹納米典吏。皆自山後轉般。以援河東。以臣料契丹能自備軍食。則於太原非不盡力。然終為我有者。蓋力不足也。河東初平。人心未固。嵐憲忻代未有軍寨。入寇則田收頓失。擾邊則守備可虞。而反保境偷生。畏威自固。及國家守要害。增壁壘。左控右扼。事甚嚴。息信已行。民心已定。乃於鴈門陽武谷來爭小利。此則戎狄之智

力可料而知也。聖人舉事動在萬全。百戰百勝。不若不戰而勝。若重之謹之。戎虜不足吞滅。燕薊不足取。自古疆場之難。非盡由戎狄。亦多邊吏擾而致之。若緣邊諸寨撫御得人。但使峻壘深溝。畜力養銳。以逸自處。寧我致人。李牧所以稱良將於趙。用此術也。所謂擇卒不如擇將。任力不及任人。如是則邊鄙寧矣。邊鄙寧則輦運減。輦運減則河北人民獲休息矣。獲休息則田業增而蠶織廣。務農積穀。以實邊用。且戎狄之心。固亦擇利避害。安肯投死地而為寇哉。臣又聞家六合者。以天下為心。豈止爭尺寸之事。角戎狄之勢而已。是故聖人先本而後末。安內以養外。人民本也。戎狄末也。中夏內也。戎狄外也。是知五帝三王。未有不先根本者也。堯舜之道無他。廣推恩於天下之民爾。推恩者何在乎安而利之。民既安利。則戎狄斂衽而至矣。陛下愛民利天下之心。真堯舜也。臣所聞多以纖微之利。尅下之術。侵苦窮民以為功能者。彼為此效。相習已久。至于生民疾苦。見之如不見。聞之如不聞。斂怨速尤。無大于此。伏望審擇通儒。分路採訪兩浙江南荊湖西川河東有偽命日賦斂苛重者。改而正之。因而利之。使賦稅課利。通濟可經久而行。為聖朝定法。除去舊弊。天下諸州有不便於民事。委長吏聞奏。如敢循常不以上聞。自當嚴加典憲。使天下耳目皆知陛下之仁。戴陛下之惠。此以德懷遠。以惠利民。則幽燕竊地之醜。沙漠偷生之虜。擒之與屈。勝在術爾。

七年。李繼遷擾西鄙。保安軍奏獲其母。至是太宗欲誅之。以寇準居樞密副使。獨召與謀。準退過相幕。呂端告疑謀大事。邀請準曰。上戒君勿言於端乎。準曰。否。端曰。邊鄙常事。端不必與知。若軍國大計。端備位宰相。不可不知也。準遂告其故。端曰。何以處之。準曰。欲斬於保安軍北門外。以戒凶逆。端曰。必若此。非計之得也。願少緩之。端將覆

奏。八日。昔項羽得太公欲烹之。高祖曰。願分我一杯羹。夫舉大事。不
顧其親。况繼遷悖逆之人乎。陛下今日殺之。明日繼遷可擒乎。若其
不然。徒結怨讎。愈堅其叛心爾。太宗曰。然則何如。端曰。以臣之愚。宜
置於延州。使善養視之。以招來繼遷。雖不能即降。終可以繫其心。而
母死生之命在我矣。太宗撫髀稱善曰。微卿。幾誤我事。即用其策。其
母後病死延州。繼遷尋亦死。繼遷子竟納款請命。端之力也。
左拾遺知相州田錫論邊事。上奏曰。臣聞動靜之機。不可妄舉。安危
之理。不可輕言。利害相生。變易不定。用捨無惑。思慮必精。是以動靜之
機。不可妄舉者。動謂用兵。靜謂持重。應動而靜。則養寇以生奸。應靜
而動。則失時以敗事。動靜中節。乃得其宜。今北鄙繹騷。盖亦以居邊
任者。規羊馬細利為捷。捕斬小勝為功。賈怨結仇。來狄致寇。召戎起
釁。職此之由。伏願申飭將帥。謹固封守。勿尚小功。許通互市。索獲蕃

口。撫而遣之。如此。不出五載。河朔之民。得務三農之業。亭障之地。可
積十年之儲。前歲併擾邊陲。親迂鸞輅。今茲張皇聲勢。頗動人心。若
玁狁來侵。六龍風駕。戎羯既退。萬乘方歸。是皆失我機。先窮其術。内
所以弃不得分也。農人不得收斂。勞頓數耗。可勝言乎。軍國大端。固
當謹始。戎族來亂。無煩強圖。狄勢未衰。何勞力取。待其亂而取之。則克
乘其衰而兵之。則降。既心服而志歸。則力省而功倍。自古貪利務食不
獨匈奴。邀功起戎。多自邊將。當鑒前軌。以恢永圖。昔漢安帝時。東夷
犯境。連年不息。漢頗患之。其主云亡。其子繼立。漢乃命使弔之。東夷
感悅。還漢生口。一隅晏然。至於南蠻。亦嘗畔渙。始由邊吏增賦。乘怨
寇掠。光武時。西戎犯邊。班彪請置護羌校尉。通其貨賄。有撫治其人
之寬枉。塞垣遂安。誠願依古道。務遠圖。示綏懷萬國之心。用駕馭四
夷之策。事戒輕發。理在深謀。臣又謂安危之理。不可輕言。國家務大

體。求至理則安。務近謀。遠勞而無功則危。為君有常道。為臣有常職。
是務大體也。上下相諫。下不隱情。是求至理也。帝王之道。惡崩欲心。
漢武帝窮兵武以登單于之臺。唐太宗手結兩衣。往伐遼東之國。
率義勇之衆。徇無厭之求。輸常賦之財。奉不急之務。是捨近謀遠也。
沙漠窮荒。得之無用。夷狄遺種。殺之更生。是勞而無功也。臣又謂利
害相生。變易不定者。兵書曰。不能盡知用兵之害者。則不能盡知用
兵之利。蓋事有可進而退。則害成之事至焉。可退而進。則利用之事
去焉。能審利害。則為聰明。以天下之耳聽之則聰。以天下之目視之
則明。故書曰。明四目。達四聰。惟此聰明。無壅塞蓋去。相蒙之弊。乃協
知幾之神。臣又謂取捨不可以有惑。故曰孟賁之狐疑。不如童子之
必至。思慮不可以不精。故曰差若毫氂。繆以千里。自國家圖燕以來。
連兵未解。財用不得不耗。人臣不得不憂。恢復舊戎之名。雖是洪業。

可否禍福之實。宜留聖心。願陛下精其思慮。決其取捨。無使曠日持
久。窮兵極武。為國大計。不得不然。
雍熙中。詔詢文武群臣之策。殿中侍御史趙孚奏議曰。臣愚以為不
用干戈。不勞飛輓。為萬世之利者。莫敢獻其說。惟明主擇之。古者兵家
使在其間。雖飛矢在上。走驛在下。蓋信義不可廢也。昔苗民逆命。帝
乃誕敷文德。而有苗格。又仲尼曰。有能一日克己復禮。天下歸仁。只
如并門一方。歷代難取。聖謀英斷。一舉成功。當其逆城危於累卵。生
聚懷伏。而陛下猶遣通使舍人薛文寶入城諭之。曰。若此遽未賓伏。
衆猶梗。再興軍旅。將復土疆。臣竊計屯戍邊陲。故非獲已。暴露原野。
豈是願為。欲望朝廷通達國信。近鑒唐高祖之降禮。遠法周古公之
讓地。聖人以百姓之心為心。君子見幾而作。諭以禍福。示以恩威。議
定邊疆。永息征戰。養民事天。濟時利物。莫過於此。臣又計彼雖嗜好

不同。然去危就安，厭勞喜逸，亦人情之所同也。上嘉之。
端拱二年，吏部侍郎李至乞懷柔北狄。上奏曰：臣今月十一日奉宣
御札，以北虜犯邊，廣延群議。天慈惻隱，睿訓丁寧，俯矜屈己之仁，俯
愧素餐之責。伏聽綸旨，戰汗交并。臣謬以庸虛，叨塵侍從，國家之事，
首合上言。但以章句之能，記問之學，徒欲循先賢之陳迹，習迂儒之
懦謀。豈敢自衒於多士之朝，輕瀆於至聖之鑒。今陛下戒臣以鉗口，
責臣以借言。既迫威嚴，輒陳狂瞽。臣竊惟北狄為患，自古而然。不足
致怒。唯在御之得其道爾。若綏之以德，則其用功也逸，其經費也約，
其見效也速，其保安也久。而無衒耀勳烈之名，但有安樂富壽之實。
若懾之以威，則在良將勁兵，奇謀詭道，士冒鋒鏑，霜露民竭，寶財糧
蓄。伏屍流血，搴旗斬將，然後振旅凱樂，奏功清廟。此誠天下之壯觀，
臣非不欲之也。直以非被堅執銳之士，無運籌借箸之智，欲之而不

能致之也。春秋傳云：人有能有不能。臣豈強以所不能，而誣惑於天
聽哉。若其懷柔之術，粗能言之，請陳其一二。昔者漢高祖既定天下，
唯匈奴為梗。奉春君獻議，請以魯元公主妻之，望其執子婿外孫之
禮。高祖欣然納之，臣以為奉春之策，愚之甚者也。彼單于冒頓親殺
其父，而奪其位，肯顧外祖哉。以高祖聰明神武，豈不知此謀之拙，蓋
有以也。是時民困已久，皆望息肩，高祖所以屈萬乘之尊，捨骨肉之
愛，為百姓請命於匈奴爾。百姓見高祖如此，則仁義浸於骨髓，感激
盈於胸臆，始肯奮不顧命以扞國。天意見高祖如此，始肯霈然垂祐
以致和平。遂以至愚之策，而獲萬世之福。此理出於杳冥微妙，非尋
常所能見也。至于孝文能遵前訓，亦不以萬乘為貴，而海為大卑事
匈奴，所以海內富壽，粟腐貫朽，幾致刑措。至于孝武，承累代之業，任
雄武之才，奮兵而出，收河南之地，取渾邪之域，推窮絕塞，功冠前古。

及其連兵不已，國家疲弊，戶口減半。於是韶輪臺之洛，下哀痛之詔，
然後僅安。則知威懾之與德綏，利害不侔矣。此乃前古之顯效也。近
者李繼遷以叢爾之衆，侵擾西邊，為我疥癬之患。陛下尚能憫西民
之勞苦，下惻隱之命，赦繼遷之罪，加保以恩，化狂悖為忠順，變殺戮
為生成。凡在含識，莫不上感聖德。此又目前之顯效也。昔者仲尼垂
持滿之誡，曰：聰明睿智，守之以愚；功被天下，守之以讓；勇力振世，守
之以怯；富有四海，守之以謙。此天道也。夫四德者，陛下可謂兼之矣。
而有邊寇之患者，天意將儆戒陛下，欲遵仲尼之教，守不世之烈，以
永八百年之基業。所以臣昧死上言，願陛下上恭天意，下徇民情，審
雷霆之威，霈雨露之澤，追禹湯罪己之旨，下漢武哀痛之詔，開懷以
待之，玉帛以撫之，文告以諭之，明神以要之，使彼服義懷仁，則我無
遺鏃之費，保覆盂之安。如使驕很不悛，則我之士民怒氣自倍，則後

日之戰，必無前日之遷延也。臣心暗昏耄，叩見止此，塵瀆天鑒，伏侯
刑書。謹奉表以聞。
至道一年，出李重貴為衛州團練使。未行，會令將五路討李繼遷，以
重貴為麟府州濁輪砦路都部署，將對，便殿，固言賊居沙磧中，逐水
草牧畜，無定居，便戰鬭，利則進，不利則走。今五路齊入，彼聞兵勢太
盛，不來接戰，且謀遠適，欲追則人馬乏食，將守則地無堅壘。賊既未
平，臣輩何顏以見陛下。太宗善之，出御劍以賜。
真宗即位，拜李至工部尚書參知政事。○日上訪以靈武事，至上疏
曰：河湟之地，黃夏雖居，是以先王置之度外。繼遷異類，驕動疆埸，然
臍不足彌其患，擢髮不足數其罪。然聖人之道，務屈己含垢以安億
民。蓋所損者小，所益者大。望陛下以元元為念，不以臣愚介意，料彼
脅從，亦厭兵久矣，苟朝廷含之不問，必以厚利縻以重貲，恭安肯違

而不復記於論育哉昨鄭文寶絶青鹽使不入漢界粜粒食使不及
羌夷致彼有詞而我無謂此之失策雖悔何追今若復禁止不許通
糴恐非制敵懷遠不戰屈人之意昔唐代宗雖罪田承嗣而不禁糴
蓋陛下宜行此事以安邊鄙使其族類有無交易售鹽以利之通糴
以濟之彼雖遠戎必然向化互相告諭一旦懷恩舍逆效順則繼遷
豎子孤而無輔又安能為我蜂蠆哉今靈州不可不棄非獨臣愚以
為當然若移朔方軍額於環州亦一時之權也或指靈州為咽喉之
地西北要衝安可棄之以為敵有此不智之甚非臣之所敢知也後
軍武卒下能害
時邊人屢寇知虢州謝泌上疏曰臣竊惟聖心所切者欲天下朝夕
太平爾雍熙末趙普錄唐姚崇太平十事以獻未幾普復相時辦致
治之策無出於此尋普病又遼騎擾邊因循未行今北邊謐寧尚遷

請命則可行於今日矣臣以為先朝未盡行者俟陛下爾陛下自臨
大寶邇不加兵西北肅然民安歲登則太平之象復何遠哉至於嘗
不急之務削煩苛之政抑奔競來直言斯皆致太平之術又豈讓唐
開元之治也議者或謂方今用兵異於開元且開元邊戎孔熾明皇
平興之初至如漢高祖亦然此皆屈己以寧天下豈以輕大國而競
小忿哉請以近事言往歲討交阯王師一動蜀方數擾先皇以為得
之無用棄之實便及授官為藩屛則至今帖伏石晉之末私講和契
丹遂致天下橫潰豈得為強或者有言敵所嗜者貪色所貪者財利
飲樂他智計先朝平晉之後若不舉兵臨之但與財帛則幽薊不日
納土矣察此乃知其情古猶今也漢祖明皇所用之計豈可以弭其
心臣伏觀近詔以不遑之徒所陳述皆聞閫事臣聞古先哲王詢
于芻蕘採於邇言者蓋廣視聽之藪故採此以達物情亦罕行其言

也先朝有侯莫陳利用陳廷山鄭昌嗣趙贊之徒喋喋利口賴先帝
聖聰尋翦除之然為患已深矣
咸平三年知雄州事何承矩上奏曰夫榷場之設蓋先朝從權立制
以惠契丹縱其渝信犯盟亦不之廢似全大體今緣邊榷場因其犯
塞尋即停罷去歲以臣上言於雄州置場賣茶雖貲貨並行而邊氓
未有所濟乞延訪大臣議其可否或文武中有抗執獨議是必別有
良謀請委之邊任使施方畧責以成功苟空陳浮議上惑聖聽甚如
靈州足為證驗況西契丹又非夏州之比也
真宗時契丹聚兵幽薊聲言將入寇議者請城洛陽司空呂夷簡謂
契丹畏壯侮怯遽城洛陽亡以示威景德之役非乘輿濟河則契丹
未易服也宜建都大名示將親征以伐其謀或曰此虛聲爾不若修
洛陽夷簡曰此子囊城郢計也使契丹得渡河雖高城深池何可恃

耶乃建北京
仁宗時陝西經畧安撫使夏竦奏策曰臣聞犬戎狗態春食邊境為
日久矣周道中興宣王薄伐獫狁孔武逐之塞北雖殘長城終非良
策漢[illegible]伐師困白登奉春獻議乃約和親俟給至豐寇掠無厭太
宗中年侵軼岐雍孝武窮兵棄衛秉律精銳深入擾敗聚甘露之
中呼韓款塞當是之時虜勢微弱中國懷撫蹂蹇有宜新莽盜漢寇
心復炎世祖中興鮮分南北勢既攜離邊防稍泰竇憲窮師遂破其
種遼及桓靈後患寇鈔漢祚殘絶中原分割種類大盛亂華猾夏周
隋之際突厥驕矜胡后外入宗女外降唐室初開邊境多虞渭橋之
陣文皇盟載李靖之師討蘇定方之破滅邊鄙之間不能無害聖
宋龍興廓有諸夏棄穀死賊山海之利勇悍之士金革之物無有遠
邇皆入縣官擒執之寇孰比漢唐非勇之不足械梧抑虜之梗於時

昔自幽薊陷虜之餘。重季蒙壓之後。中國若度工功。衣冠士族。多為
犬戎所有。迨今六十年。閒益檢究。跋多誘中原亡命之徒。害侵塞下。
生聞之輩。狼貪嘯聚。苦於邊邑。前年冬寇我北鄙。暨于澶淵。將帥之
臣。嬰城自守。生靈膏血。腥汙原草。自非陛下拯救元元。親馳華輅。匈
奴之氣未易當也。洎乎天威震耀。醜虜喪膽。遁逃無所。獻款歸命。陛
下赦其鯨鯢。寬其剪滅。要以日月之盟。質以丹青之信。若能悛變野
心。永懷季德。紓民偃革。夫為長策。誠恐犬羊之性。不恥貪戾。若絕乘
塵之寇。必有無已之求。從之則虛府庫而資寇讎。拒之則積怨心而交
驕侵。為國計者。其猶病諸。莫若明待以信。陰為之圖。以臣料之。非難
事也。夫匈奴之眾。勝兵者不過二十萬。糧儲不過數日。輜重不過數
乘。長於寇鈔。短於守禦。利於騎鬥。拙於步戰。便於弓矢。拙於劍戟。以
其兵則不及中國五分之一。以其用則不及中國十分之一。以其長

則不及中國三分之一。比年寇盜而疆場之臣不能扞者。豈天時未
抑亦將之不省兵乎。夫虜之寇盜。無代無之。若其畏滅。固有時矣。陛
下必欲恢復塞垣。清謐邊隩。在擇將帥而後議之。
寶元元年。右司諫韓琦論外憂始於內患。上奏曰。臣伏聞元昊狂悖僭
命。朝貢不修。輕犯天誅。人神共怒。陛下雖寬詔厚澤。姑務懷柔。其如
逆狀已然。必為邊患。今獻策陳事者。大抵不過欲朝廷選擇將帥。訓
習士卒。修利戈甲。營葺城隍。廣蓄資糧。以待黠羌之可勝。此乃安邊
扞寇之切務也。然而凡人之慮。皆能及之。臣切謂此特外憂而已。雖
漢唐全盛之際。豈能使四夷常自竄伏。而保不為盜哉。若乃綱紀不
舉。忠佞不分。賞罰不明。號令不信。浮費靡節。橫賜無常。務宴安之逸
游。縱宮庭之奢靡。受女謁之干請。容近昵之僥倖。此臣所謂內患也。
且四夷內窺中國。必觀釁而後動。故外憂之起。必始內患。臣今為陛

下計。莫若先治內患。以去外憂。內患既平。外憂自息。譬若木之有蠹。
未有本固而枝葉不盛者也。臣欲望陛下深惟祖宗所　內患者盡
革而去之。則陛下威德遠暢。外夷高視於漢唐之上。元昊小醜。孰能
為國家之患哉。如外憂已兆。內患更滋。臣恐國家之憂。非自元昊一
夷而已。臣切為陛下憂之。臣猥備諫員。不敢循默。言涉狂直。惟陛下
憐其納忠。貸其萬死。
仁宗時。趙元昊且叛。為嫚書來。覘得譴絕。以激怒其眾。通判睦州張
方平請順適其意。使未有以發。得歲月之頃。以其閒選將厲士。堅城
除器。為不可勝以待之。雖終於必叛。而兵出無名。吏士不直其上。難
以決勝。小國用兵三年而不見勝負。不折則破。我以全制其後。必勝
之道也。時天下全盛。皆謂其論出姑息。決計用兵。方平上平戎十策。
以為入寇當自延渭。巢穴之守必虛。宜屯兵河東。卷甲而趨之。所謂

攻其所必救。形格勢禁之道也。
慶曆元年。方平知諫院。請因郊禋肆赦。招懷西賊。劄子曰。伏以前景
祐五年。有事於圜丘。西戎貢職不至。始發釁端。次年春。遂舉兵犯邊。
殺掠吏民。邊將備禦無策。賊數入寇。輒以勝歸。濟其兇謀。氣驕益盛。
今自陝西四路。河東麟府。遠近屯戍。輸輓供給。天下為之勞弊。而弭
嚴息甲。未可以日月期也。臣嘗問自邊來者。詢賊中事。蓋今羌戎乃
漢唐郡縣。非以逐水草射獵為生。皆待耕種而食。賊每點集資糧器
用。人自為備。須歲年為討。乃能一大舉。雖破城寨。未能有我寸土也。
而又絕其俸賜。禁其關市。賊中尺布直錢三數百。邊防守禦備繕完
益固。賊情見勢屈。自當改圖。然猶驕虎未可復下。雖有悔心。亦何自
自通誠款。朝廷雖欲招來。若非時無名。事亦難舉。僅因今來郊禋覃
霈之時。特開曠蕩之恩。示　以綏懷之意。或特降一詔。兼著之赦書。其

辭意大略則曰。夫王者以天下為家。含生之類。罔不亭育。況朔方靈武。河西三郡。聲教所暨。莫非王民。頃自德明已來。克保外臣之節。朝廷眷待恩禮至隆。去年元昊遣使人來。稱為本蕃推戴。緣其附順三十餘年。忽此奏陳。不無疑駭。見情未審。遽至興兵。使邊人不寧。師徒暴露。今親郊上帝。盛禮告成。慶賜大行。囚繫盡釋。乃眷西顧。惻然矜念。豈於撫育吾甚傷之。今後夏州或有使人至者。候人不得遏絕。或有願通於朝廷之意。即令邊臣受而上聞。且遂告邊臣。以謹守封略爾或生事。令榜而揭諸塞上。或邊臣之有威望者。遣單使以朝旨往為開諭。是彰陛下德義之厚。無損朝廷威重之體。且賊妄自尊大於巢窟中久矣。王者固宜以鳥獸畜之。豈足與之辨名器尊威之邪哉。賊若有悔禍之心。稱蕃納貢。陛下優為封爵名號以服擾之。出府庫之餘以歲時奉餌之。使天下知陛下深誠遠慮。為生靈計。至於天地鬼神亦當助仁而佑順。仁者無敵於天下。況一賊夥。若賊悍然自恃凶慢不移。亦足以驕怠彼心。激怒我眾。邊臣必曰。天子之恩意如此。賊無革心。我不可以不奮身而為國致討矣。戰士必曰。天子不以賊之不義而必窮誅。是哀吾屬之久戍也。今賊無革心。吾屬不可以不效死。今一鬭戰矣。自邊之人至於天下之民必曰。天子所以赦賊。蓋心賊役亡。憂吾人之困勞。今賊無革心。吾人不得不竭力以奉邊。忿賊黨必曰。夫子幸加恩而不我誅也。而其主苟不思焉。是驅我於鋒刃之下。以濟其欲而已。夫兵猶火也。不戢將自焚。使我怨彼。怨賊有自焚之勢。則成敗有所分矣。今議者聞臣之說。必難臣曰。賊自入寇。無不剋。何困之有。今雖招懷之。徒示國之弱。賊肯革心乎。臣請對曰。昔遷賊之為邊患也。號為驍悍有謀略者。陷朔方靈武。國家喪地且千里。而其眾亦大弊。羸時繼遷雖不為六合所殺。勢亦不支矣。故其死

時。戒德明曰。爾當傾心歸順朝廷。如一兩表未蒙開納。但連上封章以祈見聽。故德明款附。畢世不渝。今賊非遷比也。不幸自其初叛而我守邊匪人。是故賊累得志。而其眾嗜為寇之利。向使我無大敗。彼無大獲。而以賊之虐用其下。尋應疲潰矣。今朝廷廢害邊事。曾過蓄固。將卒用命。財用不乏。雖未能大殘其眾。然使來無所掠獲。即賊自窮蹙。今先開其歸路。以為後圖。縱賊未懷。與國何損。必又難臣曰。賊雖致款。戎心可保乎。即有其實。邊備得以徹之乎。臣請對曰。昔景德初。契丹大入河朔。先帝親駕北狩于澶淵。虜主始遣使議通和好。儀又其統軍撻覽中伏弩以死。和議遂定。于時邊陲可保戎心。徹警備而謂繼好至今之臣乎。在朝廷所以撫納控馭而已。今事邊之費歲且千萬。用師以來。係累殺戮幾十萬人。故自古以來。論邊事者莫不以和戎為利。征戍為害。蓋深念此也。伏願陛下延召二府大臣。試詳此議。儻蒙採聽。則生民之福實所繫賴。臣不勝區區之懇。

方平議西北邊事上奏曰。今月五日中書樞密院聚廳奉傳聖旨宣示契丹來書并朝廷回答書本。始所見有異。今具陳奏者。今朝廷答書大意欲且納元昊。故書宋有理難阻絕之語。臣竊詳今來契丹與元昊猶豫虛實未保。且以來書大體言之。其辭以元昊不順朝廷之故。因緣攜貳遂已興兵。恐深入討伐。後元昊却歸朝廷。故乞拒而不納。今若答書直云理難阻絕。則是峻拒契丹之請。堅納西人之盟。得新附之小義。失久和之強虜。況契丹見屯兵甲。近在邊際。因此違言。或成忿隙。控強近塞。有以為名。則河朔邊防素備何若。恐有遲速。事有輕重。廟算折衝。屬階自弭。事要允當。義在兩全。今西鄙遣人已到境上。欲乞朝廷降詔元昊。大約言昨者朝廷納卿款誠。亦緣契丹啓露嘉其善意。遂議加封。今聞卿招誘契丹邊戶。頗失甥舅之懽。契丹遣使為言。朝

廷睦隣有體。撫之大義。有慚于懷。始宜審處事宜。早除嫌隙。則誓書
封冊便可施行。仍乞於契丹回書中。具及此意。如此。則朝廷於西人
有恩意之厚。於北鄰無搆怨之端。中國禮義。容覆大矣。若將來契丹
却與元昊通和。遣人復請開納。則今詔勅已具後命。元昊被此德音
應知感戴。懷其恩德。復為旅拒。則較其輕重。羌虜之患小。契丹之患
大。斷可知矣。叨蒙訪逮。敢罄愚瞽。擇用捨。繫之朝廷。
方平又奏曰。臣等近為中書樞密院傳聖旨宣示所答契丹國書本
各陳所見。已於初六日同上劄子。具陳事意。竊聞朝議改定回答契
丹書。以為元昊若盡如要約。即朝廷難為辭却者。臣等竊懷未盡。須
至再有敷陳。蓋當今可慮於西者三。可慮於北者五。何者。若朝廷已
納元昊措書。勢必便行封冊。而虜使復至。固邀我以拒絶。此其可慮
一也。若朝廷已納元昊措書。遲留未行封冊。是使西人窺我有可牽

制。此其可慮二也。必不獲已而封冊之命中止。是中國無復信義。未
斷拒懷之理。此其可慮三也。若報至虜廷。見我辭拒意堅。言切為一
雖盱生忿。固或急變。則河東河北。忽為所乘。邊備何若。此其可慮一
也。且以西人搆難於我。虜曾約束使來納款。今西人起釁於虜。義乃
遂納。不同其患。持此責我。虜為有辭。此其可慮二也。今二虜相持事
形可見。元昊權譎無恥。狙詐多端。縱負屢勝之強。必不兩延大敵。虜
兵既迫。或迎而伏罪。則虜之獅今。元昊未敢逞。安知已和之約。不
能復使之離。是我不能弭患於西。徒以致怨於北。此其可慮三也。今
虜聚兵馬近在境上。擇利而動。勢不虛歸。若元昊旦而受封。虜必怒
而望報。但恐事之以金帛米糴其所欲也。故不如叩其兩端之中。徐
觀二虜之變。逗留日月。繕完守備。不當乘其方逞激之卒發。此其可
虞四也。夫二虜之隙。誠偽未明。就使信然。尤宜審處。畢情則獲。直往

必逞。而我以新附難保之叛人。怨久和可患之強敵。既從尋戈之釁
翻墜元昊之交。此其可虞五也。凡此可憂可虞之事。若朝廷深謀長
策有以善其後。臣等所不敢知。儻未有以待之。則若虞撫張犄括期
於必中。願臣等前議。姑顧示以大義。要之兩全。且未納西人措表。時
降詔書。或遣一介之使。往申告諭。垂於和約。又非阻絶。即具以此意
回報契丹。因令使人邀其終始。於北則言遜而體正。於西則名拒而
實通。凡諸事機。後皆可救。臣等位叨侍從。義均休戚。國之大議。複蒙
訪逮。愚慮所及。不避再三。伏望朝廷更賜採覽。
仁宗時。知諫院蔡襄論趙元昊狂僭之計。上奏曰。趙元昊棄其祖父
盟約。妄為狂狡。僭稱大號。不臣之迹。彰著朝廷。大臣論議者皆謂
元昊遣人入朝。不從其所請。必寇邊郡。以肆狂心。臣切謂不然。戎狄
之心。見利則動。若元昊欲寇邊。當去年未備之時。舉衆而來。勢或難

禦。於其時尚不入寇。今乃先自狂悖。待我邊之皆有禦。然後入寇。亦
有何利。臣切料元昊本無寇邊之心。但張聲勢。欲求中國歲與貨財
耳。
襄又論地形勝負。上奏曰。論者或以西虜之俗善騎射。善戰鬭。以為
北虜之比。臣切謂過也。夫九騎軍利平地。步卒利險阻。得地形之利
者勝。勢常多。趙魏之地千里。無關塞之險。虜善騎射。故勝勢多在彼
也。今西邊之地。自鄜延環慶涇原沿邊三路。皆是山險要塞之處。此
乃步卒之地。非騎軍之利。若以其俗善騎射。樂戰鬭。則不獨北虜若
論步騎之利。則地形異矣。故勝勢常在我也。
襄又論虜騎強弱。上奏曰。臣聞景德中。契丹大舉攻瀛州。經二十日
不破。而虜衆死傷者數萬人。南略趙魏之境。所攻下者唯通利德清
兩軍而已。以北虜之強。舉國而來。又趙魏之地。無險隘之阻。尚不能

必取中國州郡。況趙元昊以數郡之卒，入險隘之地，頓於堅城之下，豈能必勝哉。設元昊當無備之時，不敢伺隙而來，但遣使人虛說尊名，以探朝廷之意，幸朝廷怯其勢而聽其請。此乃元昊狡心能計利害之深者也。爲國家計者，當知其不足懼，但深察情實，審於處置，則狡謀自破矣。

襄又料元昊擾邊境，上奏曰：或問元昊既無來寇之心，今者遣使人入朝，不得如其所請，元昊之計，其將安出。臣切謂趙元昊必自處邊塞險阻，難於進攻，若大舉甲兵，既一敗衂，則窮蹙之勢日見，是爲中國擒也。此必[illegible]時以輕騎偏軍往來邊境，鈔畧畜產，若此不已，是中國邊郡之兵，不可一日罷去，年歲之間，歲月之久，運費[illegible]內中勢當疲擾，此虜常佚，而我常勞，利害可明也。臣故謂番衆[illegible]大舉，[illegible]偏師鈔擾邊境者，此也。

襄又論契丹遣使之意，上奏曰：契丹舉兵征元昊，以助中國，仍責以勸畧之罪。或曰：二虜互相殺戮，勢不兩雄，必有釁隙。臣謂契丹與元昊久爲親好，元昊爲中國邊患，若與契丹結隙，則腹背受敵，元昊黠賊，豈有如此失策。假使契丹凌辱百端，元昊亦卑屈而議之，必無自下結隙之理。契丹今日之謀，出於自邀通和之功耳。或曰：契丹既欲邀功，理當趣和，今乃請朝廷不與元昊通和，何也。臣謂虜有朝廷使者在彼，契丹多出元昊之書以示之，然以功不顯著，既和之後，中國[illegible]者必輕。又元昊必自恃己力，能與中國通和，不[illegible]契丹爲重。故契丹假兵脅我之絕，而示元昊；又以兵制元昊之和，而示我左右，[illegible]之而自收其功，是爲威武之勢。臣謂今雖請與元昊絕和，朝廷若從之，非久必遣使請與元昊通和。

襄又乞拒元昊之和，上奏曰：元昊非久必有使來，若更有所求，乞因而絕之。若無所求，奉正朔，正名分，貢方物，相續而至，朝廷以何事拒之。若以契丹之故而拒之，相次又以契丹之故招與之和，元昊以中國之言足爲信。今既絕和，元昊必以重兵窺麟府之間，陽防契丹，又窺河東。又輕兵出陝西沿邊州郡，朝廷不敢輕移陝西兵馬，河東一路不增兵則不可以守，增兵則糧運難繼，不戰已困。況乘時觀隙，奔突難防，非細故也。

襄又乞不聽議者許西賊不臣事，上奏曰：臣伏見元昊遣人乞和，名分不正，須索過多，必朝廷深究事體，已有定議。然臣切慮有昏謬之人，請損名分，且與和好，務從權變，以寬民力，此實苟且之論，非長久之策也。今邊兵久戍，饋運繁數，誰不欲通和以就休息，奈何名分不正，須索過多，使生北虜之心，立見危亡之患，非特執一端之說，與邊戎爭氣而已。伏望陛下深思熟慮，拒絕小人之言，主持天下之計，大凡百事處置失錯，徒可更改。若此事一失，更無可救之理。欲絕後患，莫若斷之在前。區區愚情，不勝披瀝肝膽之至。

襄又乞早降元昊冊書，上奏曰：伏見元昊使人至已數日，如聞誓書大體頗有朝廷約束，兼余靖使北已有回奏，別無齟齬之意。切謂宜速行封冊者，今契丹兵西嚮，在未勝負以前，遣使報之，慮其勢必假乞議，苟有所俟，契丹幸而勝元昊，其心益驕，或於貢謝之外，轉有所求，何以處之。臣故謂莫若速之利也。若報聘之禮已行，契丹雖欲乘間生端，則曲不在我。況存元昊之和，則契丹未敢輕絕中國而爲患也。伏惟陛下端慮，事勢不可緩也。

寶元二年，直集賢院富弼上奏曰：臣切聞去歲十二月中，趙元昊反，自立爲大夏皇帝，改元稱制，引兵犯邊，遣使致書，割地邀質，陛下召輔相於宴會，不容食頃之間，輔相馳車馬於康衢，綵乘坐鎮之，事變起倉卒事形準繩朝議紛挐人心皇駭不逾旬浹傳布四方衆皆謂之忽然臣則知其有素請陳有素之狀其狀有六焉昔者德明尚存元昊方幼常勸厥父勿事中朝安能舉我國家終久爲人臣妾且謂所得俸賜只以自歸部落寔繁窮困頗甚苟或失衆何以守邦不若練習干戈杜絕朝貢小則恣行討掠大則侵奪封疆上下俱豐於我何恤德明以力未甚盛不用其謀豈有身自繼立而不行其說耶此元昊反狀有素者一也自與通好略無猜情門市不譏商販如織縱其來往蓋示懷柔然而迹稔則容姦事久則生變故我道路之出入山川之險易邦政之否臧國用之豐寡莫不周知而熟察又比來放出宫女任其所如元昊重幣市之內之左右不唯朝廷之事爲其備詳至於宫禁之私亦所窺測濟以凶狡之性貪欲之謀豈肯固守盟約坐受羈制此元昊反狀有素者二也西鄙地多帶山馬能走險瀚海

彌遠永泉不生主旅欲征軍須不給窮討則遁匿退保則襲追以逗撓爲困人之謀以遲久爲匱財之計元昊恃此艱險得以猖狂復知先朝加兵於我而終棄靈夏況我彊盛百倍往時今若私兵必難待志此元昊反狀有素者三也朝廷累次遣使元昊多不致恭或託作詐留而不迎或佯爲怨遼而見迫或欲負扆而對或欲專席而居雖捆見之初暫御臣下之服而送出之後便具帝者之儀蓋久已稱尊成其驕態怒下編於臣列深恥見於國人且講異圖自求是志此元昊反狀有素者四也頃年靈州屯戍軍校鄭美奔戎德明用之持兵朝廷終失靈武元昊早蓄姦險務收豪傑故我舉子不第貧賤無歸如此數人自投於彼元昊或授之以將帥或任之以公卿推誠不疑倚爲謀主彼數子者既不得志於我遂奔異域觀其決策背叛發憤包藏肯教元昊爲順乎其勸鄭美必矣此元昊反狀有素者五也西北相

結華亂爲虜自古聞之今乎見矣頃者元昊接契丹爲鄰[illegible]自[illegible]共謀寇難緩則相爲聲勢急則假其所使至有掎角爲奇首尾相應彼若多作牽制我則困於二處蓋先已結大虜之強方敢立中原之敵此元昊反狀有素者六也是六者歲月已久中外共聞而天子不得知朝廷不爲備養成深患遂至大驕此乃兩府大臣之罪也此外元昊大抵復知朝廷以久安自恃不悟邊鄙之防以無戰爲常不求帥將之具士卒驕惰諸用凋零無謀臣策士以經營四方無宏綱大紀以控制萬國以此故元昊敢以一方之衆抗我天下之師輒稱皇帝殊不忌憚其爲小戎輕蔑也如此畧遣數介乎致尺書而大臣不知所爲措置乖失以致調發軍旅塞滿邊陲戰陸未嘗一捷饋餉已聞屢空闕中大擾人心不寧而元昊宴安自居一毫無損坐觀其勢切笑所爲其爲小戎侮玩也又如此臣雖賦性至昧語才不長然自

臨驗得常切憂憤況臣知元昊必爲今日之患十年于茲矣懷不能已遂於景祐元年嘗進文數軸內關將一篇頗叙其事當時朝廷方謂天下大定四夷無虞臣不敢極陳西戎不賓之由但述選將預備之策而已不見省納華爲空文今變故已成邊事爲梗致陛下憂勞在念旰昃唯勤專委任於輔臣謀削平於寇亂僅周歲序尚留天誅且自用武以來作事多失凡降一詔未嘗合朝廷之宜凡建一謀未聞恢天下之望寬猛不中動靜皆違謂之德則人不肯懷謂之威則人不肯懼威德既弛戎夏何觀臣今畧舉八條止爲戎事未論其他伏惟至明詳擇

一事伏聞元昊遣使全擬虜庭部伍甚雄辭禮俱亢觀其勇悍難制強辦自高若非使者請行即是元昊遣差取其蕃書推爲腹心必謂不敢加誅得以恣行彊暴以修機以情爲有智以不辱君命爲得

賢。我若察其所叛之謀。知其所以叛之意。得之則元昊遂其志。誅之
則元昊喪其魄。所以始至之日。出於都市。事出不意。梅其本謀。即
時宣聞。遂行削奪。然命將致討。出兵備邊。上則可以示大邦不
測之威。下則可以杜小人奸亂之漸。豈不雖哉。戎人必憚而失國戰
之心。必爲之增氣。而反遠。從境上召至都下。資其貿易。待以雍容。重幣
遣還。優辭慰恤。意者豈非冀其回心易慮。而伏義向化乎。夫朝廷
結以恩信。幾四十載。尚無懷感之意。終至反常之禍。豈茲姑息。遂
可悛移。且以放還謂之懷柔耶。則元昊悖逆之性。何懷柔之肯馴。
謂之矜恕耶。則元昊僭竊之罪。何矜恕之可忍。謂之他貳。奉無可
觀。只是執事者畏懦自苟。優游不斷。殺之恐其急擊。囚之恐其有
辭。遂至放還。優示寬貸。若未能加戮。只宜境上交界。使其不測
淺深。猶可謂之[illegible]。而復遣理有何長。乃是大國之善。甚爲小
戎所料。遂其所以能揣敵情之智。成其所以不辱君命之賢。況當時
詞裝正當輦運相屬。道路雜沓。民口沸騰。使之往來。盡得聞見。謀
事若此。取侮之過也。臣嘗觀前史見隗囂遣將高峻擁高平。光武
使寇恂往降之。峻命皇甫文出謁。辭禮不屈。恂立斬之。峻即日降。
諸將曰。殺其使而降其城。何也。曰。文者峻之腹心。今者辭意不屈
必無降心。全之則文得其計。殺之則峻亡其膽。是以降耳。又唐太
宗即位。突厥入寇。至涇州。突厥遣其腹心執矢思力入朝爲覘
自張形勢。云百萬之衆今且至矣。乃請反命。帝誚之曰。我先戮汝
蕭瑀封德彝請禮遣之。帝曰。不然。今若放還。當謂我懼。遂縛思力
因於門下。勒兵欲戰。突厥懼。遂請和。伏惟陛下觀寇恂唐太宗之
所爲。復思今日。元昊殊不悔過。則當誅其來使。果是耶非耶。機會
之[illegible]沐念此。痛惜萬萬也。其事皆此類。禍未可知

二事。伏自元昊稱亂。西鄙震驚。或帥臣乞師。或朝議遣使。沿邊要害
宿兵猥繁。雖與舊日不侔。然亦不過一二十萬。京師屯衛。則差減
天下禁旅。則尚多。起爲應兵。未嘗之使。切見自去年十二月至今
年四月。未半年之內。相繼三度揀軍。皆遣使臣傳布宣命。妄至一
郡。無不張皇。仍帶殿侍數負。番次押人赴闕。村民恐懼。未點鄉軍。
致有奔竄山林。鑽鑿支体。不顧傷毀。務避涅點。及乃知其非然。其
如終是已惑。三揀兵士。厥數臣則不知。然觀此施爲。所獲必鮮。若
其事頻驚衆。則莫甚於茲。臣又伏思內則省庭。外則轉運司。以今
州縣勤勞供職。嚴峻用刑。所急之須。唯財是務。盡農畝之稅。竭山
澤之利。舟車屋宇。虫魚草木。凡百所有。無一不征。共知困竭。都爲
賦歛。自來天下財貨。所入。十中之九贍軍。軍可謂多。財可謂耗。竟
今始用武。邊郡之人。即不知向者所贍之軍何在。所耗之財何從。
殊未戰鬪。已大驚擾。萬一或至敗衂。頓有殺傷。須行補添。別設應
援。至時又不知調發者何所揀選。若更番民之今來。恐大興作。凡
係兵籍。既已不充。所謂鄉軍。豈免強配。此時百姓所保。將來必有
不[illegible]。若果行之。爲患非細。
三事。伏見今年四月降中書劄子。應[illegible]辦臣寮上封。財賦所出各有依
司。由外以充內。自下而奉上者也。又曰。仍取義登用備供入。已裁
諭諸路轉運司。如用度或闕。須管自贍。畫支贍者的是圓融不出
即許於隣道穀有剩處支那。不得更似日前乞自京般請錢銀之
類。備行下者。臣聞民者本也。存心於民。則邦國寧。財者末也。屬意
於財。則黎庶畔。是以王者以天下之財。養天下之民。不聞誅求以
害生靈。蓄積以奉私欲。易曰。何以聚人曰財。禮曰。財散則人聚。此
經典之明文也。伏以國家肇造之時。疆境甚隘。財賦至微。而征伐

不停用度亦足。洎太祖盡取川蜀、河東、江南、兩浙、荊南、湖南、廣南、閩粤之地，何啻萬里，不計遠方所積寶貨，當時盡歸京師。且以後來賦輸無不經度，逐年只留實約軍費，其餘每歲盡數上供，民力所輸，秋毫無隱，不問遠近，不問炎涼，輦運縱橫，水陸奔湊，官司督責，時無暫休。凡天下如此者已七十年矣，豈非由外以充內，自下而奉上矣，而又干戈不作，華夏底寧，唯是常須，別無他費。臣謂都下財貨，固當在處如岡如阜，有入無出，莫知紀極。諸路運司以逐州實約之費，無多羨餘，其間年歲有凶歉，則必蠲除，朝廷有要索，則必應副，多行搜括，誠可張羅，若又分外督之，不知出於何所。朝廷既行誠諭，運司不敢冒違，無計以供，唯民是取，民若可出，豈復行仁，民又不禁，必生怨懟，損和氣，馴致深憂。是元昊擾邊，陝西被害，士馬日滋，芻粟頓竭，繕治甲兵，修築城壘，百役興作，萬倍艱難，復阻旱災，無收農賦，中糴之入既不厚，鬻爵所得又不盈數十萬，兵所仰給，坐觀困弊，不行救卹，而執事者尚曰：財賦者由外以充內，自下而奉上，爾之不足，爾自營求，是何奪方之深也。夫上下相繼，中外一体，是何豐上而剝下，空外而實中，下苟困則上豈得安，外若搖則內豈能安。况以七十年天下所入而救此日一方之急，豈為難哉。若但誅求取足，人民無所逃避，變亂豈有不害乎？是之患未除，心腹之疾又作，則臣深為執事者危之。臣不敢遠引古事，恐煩省察，只以本朝事驗之。切聞太宗皇帝初實內帑，嘗謂侍臣曰：河東敵境甚近，吾心取之，至時不免擾民，今內帑所積，以備調發，戒重擾也。其後皆如詔，卒不擾下。今元昊背畔，關中用兵，要在安民，國共禦寇，而反斂中帑無用之物，擾四方已困之民，惜財費人，大非太宗皇帝之所用心也。臣又聞王者貴為天子，富有天下，藏於天下者，天子之富也；藏於國內者，諸侯之富也；藏於室廬篋笥者，庶人之富也。今執事勸陛下行庶人之事，何庶人不儉也。且又云，的是圖難，不出許於鄰道支那，若鄰道貨財各有用度，必難假藉，徒費規求。臣又敢以近日一事為證，切見河北轉運司奏乞割河東五州十三縣稅賦充河北支用，本路自來一路之費，卷頼五州之資，若遂割移，殆難供給，尋具聞奏，事已寢停，道支那徒虛語爾。唯是朝廷逐急救濟，乃為良圖。竊向者居無事之時，已行假貸，豈今來當用武之際，復致艱難，前後不侔，利害可見。臣謂建此計者，不姦則妄，贊其說者，非愚則諛，惟陛下察之，以明斷之以果，則大事不失，而帝業可保矣。

四事：切見去歲降詔，令內外兩省官及諸司使副在邊者并軍職刺史等近百人，各結罪保舉殿直京官已上，委無贓私，堪充邊任者。

臣聞有德者然後知人之德，有才者然後識人之才。無德者見有德必憎，非才者見有才必忌，唯憎與忌，固非存公，萬一才德兼備，憎忌不作，其如所見相疾，所為相乖，使之擇人，何由得士。切以兩省官及諸司使副，雖名顯官，豈必皆賢，多由積累而陞，亦有容易而得，軍職刺史，本是武夫，較力則多，語識全寡，盡令舉將帥之吉，便以委邊塞之權，不問舉主之才德如何，安知所舉者善惡，若忌憎已有所害，乖戾復更相乘，所舉之人，豈堪任事。臣又聞官大者德未必大，位高者才未必高，京朝殿直之流，固有可採，借職選人之輩，豈盡無能，設有兩省官識一選人，果有奇才，又有諸司使副識一借職，果有異術，借可薦舉，實于過隱而限以銘儀，須且棄置究轉尋訪，切得兩聞，又諸與旋擇，固殊自觀與耳聞，又邀限官而選，得士為難。臣又聞善任人者，必適其所用，善御物者不盛其不能蓋以輪輳異宜盤柄殊制苟只取其無過而不問其用之所有秖重其守廉而不究其謀之所存則臨事必懦當官必敗廉而無過者行也用而有謀者才也行則主於化導才則主於經營居治安之時宜乎化導以行在擾亂之日則當經營以才大凡儤邊任者小則於一障大則守一州或驅馳戰陣之間或出入戎狄之境或經度芻草或熟習山川或選驍勇以雄邊或行反間以㬎敵或陳討伐之策或[illegible]之術如此數事皆須藉才必求非常之人乃立非常之効若但取謹畏規規守廉施之邊方萬必無用不止無用必誤軍機徒令舉者易與而自便爾後有喪師失律其若我何臣謂此路舉官蓋因循平日所行甚非今時之宜也臣伏望兩省官諸司使副或軍職刺史在邊者不可一例受詔宜令兩府精擇有才識必譽然為人所稱者方令舉官仍宜不限品秩

自借奉職選人已上皆得充舉所保之事須保堪任邊上重難任使如上之所陳或本人邊事不集並當同罪則人人自畏豈敢容易而舉哉十得十百得百不虛擾不濫賞斷可知矣倘有所舉詐其自新得出沉埋必有植立夫先擇舉主則所舉者不誤矣不限品秩則下位有才者不遺矣不免責罰則負犯者激勵而自奮矣利害甚燦可舉而用然須能否既著賞罰必行國無虛辭人則皆勸

王事切聞鄜延路嘗與蕃兵接戰有一寨主為蕃兵所得及虜去軍民甚衆西頭供奉官閤門祗候馬遵引兵迎戰即時奪回延帥范雍及副部署劉平奏乞酬奬朝命只遷東頭供奉官而已伏以元昊僭尊西陲被擾方勵武節以寧邊患其要在乎善惡必辨賞罰必明則人各有心孰不爭效力賞若當則有功者倍勸罰若當則有過者自悛賞罰不明功過兩泯轉相效尤誰肯奮激武節不勵戎心益生有敗而無成有亂而無治漸潰不救淪胥以鋪蓋由乎辨之不早也夫馬遵者出死力突堅圍引既陷之兵入不存之地奪已擒之將去援已陷之師徒雖非大功亦可謂之奇節矣况范雍劉平者國家方大倚注保奏理合超遷只進一官殊乖輿論當並始初用武尤在賞勸激人苟未得宜必難勵衆臣切聞河北一都巡檢王守琪捉獲得獨流寨潰散兵士二三十人自禮賓副使轉供備庫使仍差知隴州又見京東都巡檢李知和捉得劫賊七人自內殿崇班轉供備庫副使此二賊徒者只是草竊之輩固非勁敵之人獲之不足震天威縱之不能成大患而王守琪則驟遷十餘級李知和亦超轉兩資至於馬遵者出境討賊不顧存亡護兩路蕃皆得全活上可以壯朝廷之威下可以抑僭國之氣比王李

之功効則度越有餘比王李之遷酬則數倍不足遂臣見之失也元昊聞之長蔑用人若斯致寇之道也

六事近於七月中伏聞中書樞密院同進呈募擒元昊科格遂告示天下者切以拓跋異類西戎諸羌自唐末亂離五代爭戰並乃土宇侈其封疆時肆獝狂寧能懷服常致邊患每勞王師歷代以犬豕畜之寘諸度外國家引為宗屬付以節旄割賜名城世襲王爵稟給甚厚賞遷弗停其國富強皆我資用蠢彼戎醜變為華風則我於西羌恩德豈不大哉盟指弗渝始終無負而元昊不圖報效輒肆頑兇欺誣上天僭竊大號合行誕告速寘明誅庶俾征伐之權以快人神之憤况自西陲變動天下震驚衆目而視傾耳而聽或謂朝廷有上策廟算有奇兵豈容有臣敢行稱亂顒顒佇聞以日繫時殆踰半年不聞下令又乃舉削奪之罰行募賞之科曾

其臨哉。夫始未有為。人實莫測。一旦告諭。共知非謀。孰不疑朝廷自怯。未能加誅於元昊。而又慮久無處置。姑設賞募。以示天下之望乎。適足示弱。不足威人。示人以彊。猶懼不振。示人以弱。其敎何勝。故書曰。安危在出令。存亡在所任。若謂元昊小戎。宜寬民力。但誅首惡。運致和平。則臣請終始陳之。切聞自邊事初興。即行調募。師徒合離。器械堆盈。官私俱勤。道路如沸。易置邊吏。屢集軍糧。関輔大騷。黎庶已困。何民力之無費焉。募令一施。敵情愈[illegible]。知有切募。益自固防。增置守衛之兵。廣募禦侮之士。寢食必以謀。出衆必以權。動則有謀。大為之備。何首惡之可募焉。況夫募者。起於亂。養用於末世。三代已往。不聞有此。豈我太平之世。天下一統。偶有小醜背叛。稽之典策。自有討伐。而執事者不為良畫。遽勸陛下行亂秦末世之事乎。既非至公之謀。又匪常行之法。然有不得已者亦或為之。何則。昔於用兵。將來獲敵。思為助兵之術。則募之漢高祖於項羽是也。兵力驟敗。敵勢轉盛。內懷震懼。計無所出。則募之王莽於劉演是也。用兵不可。困於支離。敵又相乘。力不能應。則募之梁太祖於劉知俊是也。一夫跳走。不知所從。雖有兵甲之衆。無以加討。則募之楚平王於伍員之類是也。募賞雖設。無一獲者。是募賞為無益。不可全任明矣。今元昊初叛。未嘗大戰。非昔於用兵也。師旅屯聚。空食邊陲。非兵力驟敗也。諸方不得獨西鄙有警。非用兵不一也。元昊大擾全夏。擁衆不伏。非一夫跳走。不知所從也。臣以此觀之。甚非用募賞之時。且以我大邦坐視小醜。況我直彼曲。莫所憚焉。正朝廷之大刑。副天下之公議。舉不失體。動則有辭。欲征則征之。足以示猛。欲守則守之。姑以示寬。豈以大御小之權。行禁暴安民之道。號令天下。豈不偉哉。何乃偷募苟求。濟謀切取。似同

盜法。不敢公行。謂之容。則元昊之惡不可容。謂之怒。則元昊之謀不可怒。謂之惜用。則用已費矣。謂之憐民。則民已勞矣。況又濟師已衆。遣將已多。邊境騷然。曠日持久。而反止於用募。更無他圖。御之筭安。謂已得策。以此慰天下之望。以此安君上之心。臣深為執事者羞之。兵既不行。募又無得。為此逗撓。不減戍糧。國用且殫。民財是耿。怨叛必作。表裏合攻。臣亦甚為陛下憂之。夫元昊既懷逆謀。彼必大為禦備。今聞上下募賞。自知高枕無虞。戎狄之心。是強侮弱。因而肆暴。遂成深憂。若誘之使來。自有方略。則非臣所知。萬一執事者謀之不臧。技止於此。遂延玩寇。益浚養奸。禍已成而計窮。敵已大而力屈。則誰復為陛下圖之。

七事。伏聞秋初。夏守贇為樞密使。夫樞密之任。秉國大權。起於有唐始用宦者。降及後世。更以武臣。國家恩禮益隆。委任尤重。本天下之兵柄。代天子之武威。勢均中書。號稱兩府。苟為轉授。不若闕官。夏守贇早事先朝。嘗參儲吏。既緣攀附。漸被顯榮。惟事貴驕。罔思畏謹。毋更劇。頗乏清名。才術無聞。公忠弗有。一旦擢居冢宰之上。伴贊萬務之機。朝命則行。人心不允。又況元昊作梗。而膺用兵。一資睿聖之謀。下取樞臣之畫。庶臻泰定。以安黎衆。所宜妙擇才能。削平禍亂。而問詢厥德。遽用斯人。不問賢愚。皆所輕笑。夫樞密者。內陶鑄武臣。外鎮撫夷狄。無事則坐制機軸。以修武備。用兵則指畫方略。以殄寇讎。是四者皆非守贇所能知其髣髴。而正當用武之際。使謗論兵之職。不誤國事。復何為哉。雖樞府之柄。不專一人。然大抵任賢。豈當如是。傳曰。得賢則能為邦家立太平之基。書曰。罔有立政用憸人。惟吉士用勵相我國家。是則賢者可以立太平。而憸人不可與於政也。今陛下用守贇。蓋以為賢者可立太平

故用之而知其愉人，則必不用矣。使陛下用而不知其姦，此賊黙之過也。用之和平之日，已曰濫官；委於艱難之時，尤爲非據。英傑爲之解体，姦雄爲之生心。唯是得賢，乃能靜亂。臣又聞爲國家者得人則安，失人則危；得人則重，失人則輕。唐郭子儀係乎安危者也，入則天下安，出則天下危。裴晉公係乎輕重者也，進則朝廷重，退則朝廷輕。今守贇反是。其在朝廷也，雖未即致危，亦可謂取輕矣。亟宜罷免，以重觀瞻，所以示陛下不私於一人，而蓋爲萬世也。臣又慮者，以其嘗爲攀附，而謂之親信；可使以其久歷寄任，而謂之耆舊可尊；以其官是節制，而謂能知兵；以其親甚狎昵，而謂能鎮俗。是皆不然。唯盡公者可以親信，不主乎攀附之過；唯宿德者可謂耆舊，而不至乎寄任之多。有才武而好學，則能知兵，不在乎官；有器業而不佻，則能鎮俗，不在乎親狎。伏惟陛下察守贇之所爲

驗守贇之所爲，可謂盡公宿德者乎？可謂有才武而好學者、器業而不佻者乎？臣於守贇愛惡不相干，聲迹不相接，非有家世之嫌、祿位之嫌而進是說也。但聞諸公議，有是惜者，區區之愚，實難究隱。

八事。伏聞西鄙用兵以來，不住差移武臣往彼。每有過闕下而求見者，不多許見。臣切詳所謂未見其宜。謂之天子至尊，不可令小臣褻瀆，則非所以詢芻蕘而廣接納也。謂之循守舊例，未嘗許小臣求見，則今用兵要在開通，非循舊例阻絕人臣之時也。謂武臣多鄙，不可令容易而對，則既已委任，用爲好人，非宜鄙之也。謂朝廷差除自有命令，本職所管自有局分，不必令對，則用兵之際事興蕃殊，本職或有更張，局分亦有規制，何由聞達？非以待究利病而剪除先蘖之患也。以此四事求之，臣故曰切詳所謂未見其宜。

今邊寇方興，陝西大擾，朝廷多差兵將選任武臣，雖則直樂疆戎，蓋亦分備冲盜。儻有武臣求對，必於邊事有所陳，陛下聽朝之餘，何惜一見？召於咫尺，待以從容，霽其威顔，加之善誘，使無懼懾，盡日敷陳。然後觀其奏對之是非，察其趣向之邪正。可者則獎激而遣之，不可者亦優容而罷之。如此，則自謂官家知我姓名，身心有所分付，不患邊事不習，不憂權臣害能，各盡所懷，無不感悅，勇銳而去，發竭爲期，思效死立功。郭主局分，豈有不寧？聖人所以感人心而天下和平者，蓋用此矣。又何憂乎敵寇、恤乎用兵？陛下勤勞之心，豈不至哉！接納之禮，豈不優哉！聞見之事，豈不得哉！今卻其所求，不與之見，義對之是非無由辨，趣向之邪正不得發。又自謂朝廷雖然遣行，官家未嘗識面，但從職任，罔察事情，曾虛不停，括囊而去。至則邊事擬奏而不敢奏，兵機欲陳而不敢陳。或虞誤

明，不聞載籍，臣見忌。人皆懼禍，誰肯盡心？縱有跡聞，豈如面奏？陛下勤勞之心則怠矣，接納之禮則疏矣，聞見之事則隘矣。禍不滋蔓，已爲大幸。如望寇之速平，兵之速弭，則不可得也。議者又謂臣曰：此非主上怠於勤勞而疏於接納，蓋執政者自知致寇，常慮獲罪，不欲許人非次上殿，或論奏四方之事，或有陳兩府之罪闕，悟聖人聰明，則非己之利也。故但奏云某人已有差使，未入已與遷補，所求入見，不宜允從。只欲徼望恩榮，別希錫賜，以此罔上，上以爲然。意欲阻絕天下是非，蔽塞天子耳目，自以爲安身之計也。臣謂果有是事，則非臣所知。唯在陛下察其忠邪而進退之，則蒼生之福也，宗社無疆之慶也。

粥又上奏，論不可待西使太過，略曰：臣近者切聞昊賊遣人僞大宅見買之，勅遣書到闕，欲議通好事須邦寄。臣不知當實但得人傳說

昊賊來書。未肯稱臣。別圖位號。蕪臣昨在西京。閒居養疾。切見傳宣下河西一路州軍。排備祗候西使。次第甚盛。又令逐州通判。監押奢靡。酒管領。臣甚憂事體太過。必恐下面難為供置。有失中國制馭夷狄之術也。臣又切聞西使之來。非自然之意。蓋契丹持遣使往河西說之。令來。既是元昊稟畏契丹。使來貢奉。元昊不敢不從。卻不假怒怯。所以持重與之商議。急待下來。合必有後圖。今來請和。既不由元昊使人。豈能專其有。若以此思之。須進待西使。不必過當。大凡措置機事。在乎制之於始。若失之於始。則難救於後。今日切聞西使入界。賜與甚多。既許人使為官之糊。[illegible]難止過。前一一遂其所欲。臣不知向去事體如何。況臣去年兩使北虜。所議西事。甚是分明。臣前後邀勒度數頗多。不能一一記憶。臣今首僭舉去時與館伴劉六符所說一節。臣謂六符云。北朝將來。令元昊如何歸附。須是卻令依舊納款。不可令別有所望。六符云。固是如此。況元昊自來稱臣於南朝。今來更待望甚。是須令納款稱臣。況南朝與北朝書云。彼若翻然效順。此必待之如初。臣今記得上項一節甚明。伏乞朝廷檢會臣再泰使過日別錄照對。方見的實。向者所許北虜歲添金帛之數。蓋為令他指揮西事。初既不避張此名聲。今來又却不依舊約。則是虛受前恥而不獲後效。甚可痛惜也。此事朝廷須是廣為思慮。何者。北虜元許卻令稱臣。今來自是朝廷過有許可。亦恐北虜意不欲。謂元昊於中國尚不肯稱臣。於我豈肯甘從。則是因此教他北虜亦難制元昊。元昊亦自此所圖愈大也。若北虜遣使以此來問。則朝廷何辭以對。又慮元昊若不稱臣於朝廷。則北虜必曰元昊本稱臣於南朝。今元昊既於南不復稱臣。漸為敵國。則是元昊與南朝等。唯我獨尊矣。臣謂北虜因此益熾。必自喜名分增崇。異日稍有釁隙。緣此若有所求。則未知朝廷何以待之。臣旦夕思此二事。轄夕一為。不可不深圖。不可不早慮。願朝廷且執北虜所約。更加戒飭。不可容易過許。則不至別生後患。臣又恐延州與京師幹當事人。急貪成功。不為國家思後來之患。伏乞陛下與兩府臣寮。深切計慮。必無後悔。然後從而行之。則天下之幸。宗社之福。臣不勝懇悃之至。

歷代名臣奏議卷之三百四十二

夷狄

宋仁宗康定元年知樞密院事陳執中論西邊事宜上奏曰臣伏見元昊乘天下久不用兵而竊發西陲以游兵而困勁卒用甘言而悅守臣一旦連犯亭障延安幾至不保范雍納詭詐之說失於戒嚴劉平任輕躁之心喪其所部上下紛擾遠近駭驚自金明李士彬族破而沿邊籬落大壞塞門至金明二百里潰列修三城每城屯精卒千人招土民為弓箭手寇大至則入保城壘小至則自可驅逐每城選閤門祗候以上寨主都監別以諸司使為鷹閣一路都巡檢以填士彬之闕仍以兵二千人為三寨之援使上下應援左右相顧為不可攻之勢並邊熟羌久居漢地未嘗逃徙者委邊臣柎存之潛通賊謀及覆者破逐之至於新附黠羌尤為難信議者欲結西域諸國為

天兵之援且戎狄貪而無親勝不相下恐徒耗金帛而終誤指蹤涇原康奴滅藏大蟲巉數族久居內地常有翻覆之情更瞎氈以沿邊巡檢彼既不孝於父安可納忠於國若交兵之際與賊互出首尾則疆場之憂首倍於前邊兵小屈皮膚之傷也民力既窮腹心之疾也凡軍須一出於民夫運而妻供父挽而子荷道路愁歎井落空虛今復備修城池欲如河北之制及夏須成使神運之猶未及況民力乎當四路用兵之郊列城禦寇之地騎不並轡車不方軌唯涇州鎮戎軍似少平易若不責外守而勞內營誠取笑狂童未為上策大役既興春種不入食竭必亡力竭必亂嘯聚千百為黨相從小則掠道路大則攻縣鎮賊兵外擾群盜內侵臣恐宵旰之憂不在於一方矣請且修沿邊城池其次邊如延州之鄜同環慶之邠寧不過五七處量為營葺則科率既減民亦稍蘇仍須土兵漸減騎卒蓋土兵增則守禦有備騎卒減則轉餉可蠲優爵秩之科以誘蕃帥寬茶鹽之法以邀入中靜守以驕其心畜銳以挫其鋒更須主張將臣使橫議不及則忠臣得以盡節虎士得以忘生也

慶曆三年侍讀學士歐陽脩論廷議元昊通和事上奏曰臣近有奏論今後軍國大事不須秘密請集百官廷議近聞元昊再遣使人將至闕下和之與否決在此行竊計朝謀合思成算臣謂此宗大事也天下安危係之今公卿大夫愛君憂國者人人各為陛下深思極慮唯恐廟堂之失策落夷狄之奸謀衆口紛紜互有論議一曰天下困矣不和則力不能支少屈就之可以紓患一曰慮夷險詐雖和而不敢罷兵則與不和無異是空抱屈就之羞全無紓患之實一曰自屈志講和之後不過退而休息練兵訓卒以為後圖然此亦必不能者以河朔之事可知蓋虜纔和之後便忘發憤因循弛廢為患轉

深縱使元昊稱臣西邊減費不弛武備不忘後圖然猶有大可憂者北戎將攬通和之事以為己功過有邀求遂興兵去是輕息小患於關西復生大患於河北臣忝為耳目之官見國有大事旁採外論所聞如此異同然大抵皆謂就和則難不和則易不和則害少和則害多然臣又不知朝廷之意其議如何臣見漢唐故事大事必須廷議蓋以朝廷示廣大不欲自狹謀臣思公共不敢自專舉事多感衆心皆服伏思國家自兵興以來常秘大事初欲隱藏誠惜不使人知及其處置乖違豈能掩蔽臣謂莫若採大公之議收衆善之謀待其都無所長自用廟謀固亦未晚其元昊請和事伏乞於使人未至之前集百官廷議臣只自朝夕已來諸處詢訪已聞衆說如此若使並集於廷各陳所見必有長策以裨萬一

脩又論元昊來人不可令朝臣管伴狀奏曰臣風聞朝旨欲以殿中

承任顯管伴元昊遣来一行人等臣竊知元昊此来全無好意未肯稱臣索物太多其志不小乃是欲以強相迫脅爾朝廷既不能從則待其来人凡事不可過分至於禮數厚薄賜與多少雖云事小不足較量然於事體之間所係者大凡兵交之使来入大國必須窺伺將相勇怯覘察國家強弱若見朝廷威怒未息事勢未削必内憂斬戮次恐拘留使其偶得生歸自為大幸則我弱形未露壯論可持今若便損國威過加厚禮先為自弱長彼驕心使其知我可欺則議論愈難合矣必欲成就其事尤須鎮重為先況其議必不成可惜空損事體前次元昊来人至少朝廷只以一班行待之今来漸多遂差朝士若其後次来者漸盛則必須差近侍矣是彼轉自強我轉自弱況聞邵良佐昨来往彼僅免屈辱而還則彼雖夷狄不為無謀今其来人必須極驕辭辯以圖相勝若能先薄其禮以折其姦亦拙之一端也其元昊来人欲乞更不差人管領遂置驛中不須急問至於監視鎖擕傳道語言了事班行足矣臣料今國家若不能曲從其意即不須尊寵来人厚加禮遇元昊不免出兵攻寇逞彼忿心等是不和何必自虧事體不若急修邊備以圖勝筭

脩又論西賊議和利害狀奏曰臣伏自知定等到京以来竊聞朝議必欲令其稱臣然後許和乃國家大計廟堂得筭蓋由陛下至聖至明不苟目前之事能慮向去之憂斷自宸衷決定大議然數日来風聞頗有不識之人妄陳愚見不思遠患欲急就和臣雖知必不能上惑聖聰然亦慮萬一少生疑沮則必壞已成之計臣職在言責理合辨明伏自西賊請和以来衆議頗有同異多謂朝廷若許賊不稱臣則慮此戎别索中國名分此誠大患然臣猶謂縱使賊肯稱臣則北戎尚有邀功責報之患是臣與不臣皆有後害如不得已則臣而通

好猶勝不臣然於後不免也此有識之士憂國之人所以不願急和者也今若不許通和不過懼賊来寇耳且數年西兵遭賊而敗非是賊皆善戰蓋由我自繆謀今如遣范仲淹處置邊防稍不失宜則賊之勝負尚未可知以彼驕兵當吾整旅使我因而獲勝則善不可加但得兩不相傷亦足挫賊銳氣縱仲淹不幸小敗亦所失不至如前後之戰是比於通和之後别有大患則所損猶少此善筭之士見遠之人所以知不和害小而不懼未和也臣謂方今不羞屈志急欲就和者其人有五一曰不忠於陛下者欲急和二曰無識之人欲急和三曰姦邪之人欲急和四曰疲兵懦將欲急和五曰陝西之民欲急和自用兵以来居廟堂者勞於斡運在邊鄙者勞於戎事若有避此勤勞為欲陛下屈節就和而自偷目下安逸他時後患任陛下獨當此臣所謂不忠之臣欲急和者也和而偷安利在目下和後大患伏而未發此臣所謂無識之人欲急和者也自兵興以来陛下憂勤庶政今小人但欲苟和之後寬陛下以太平無事而望聖心怠事因欲進其邪佞惑亂聰明大抵古今人主憂勤小人所不願也此臣所謂姦邪之人欲急和者也屢敗之軍不知得人則勝但謂賊来常敗此臣所謂懦將疲兵欲和者也此四者皆不足聽也唯西民困乏意必望和請因宣撫使告以朝廷非不欲和而賊未遜順之意然後深戒有司寬其力役可也其餘一切小人無識之論伏望聖慈絶而不聽使大義不沮而善筭有成則社稷之福也

脩又論西賊議和請以五問詰大臣狀曰右臣伏見張子奭奉使賊中近已到闕風聞賊意雖肯稱臣而尚有數事邀求未審朝廷如何處置臣聞善料敵者必揣其情偽之真能知彼者乃可制勝負之謀今賊非難料難知但患為國計者昧於遠見落彼姦謀苟一時之暫

安名無涯之後患自爲削弱助賊姦謀此左傳所謂疾首痛心賈誼所以太息慟哭者也今議賊肯和之意不過兩端而已欺罔天下者必曰賊困窘而求和稍能曉事者皆知賊權詐而可懼若賊實困窘則正宜持重以裁之若知其詐謀則豈可厚以金繒助成姦計昨如定等回但聞許與之數不過十萬今子奭所許乃二十萬偶聞賊意來已更有過求先朝與契丹通和只用三十萬一旦劉六符輩來又添二十萬今昊賊一口許二十萬到他日更來又須一二十萬使四夷窺見中國廟謀勝筭惟以金帛告人則邈川首領豈不動心一旦興兵又須三二十萬生民膏血有盡四夷貪歡無厭引之轉來何有限極今已許之失既不可追尔外過求尚可抑絶況今北虜往來尚在沿邊市易豈可西蕃絶遠須要直至京師只用此詞自可拒止至如青鹽弛禁尤不可從於我雖所損非多在賊則爲利甚博況鹽者民間急用既開其禁則公私往來姦細不分若使賊捎百萬之鹽以啗邊民則數年之後皆爲盜用矣凡此三事皆難允許今若只爲目下苟安之計則何必愛惜盡可曲從若爲社稷久遠之謀則不止目前須思後患臣願陛下試發五問詢於議事之臣一問西賊不因敗衂忽肯通和之意或用計困之使就和乎或其與北虜連謀而僞和乎二問既和之後邊備果有徹而寬國用乎三問北使一來與二十萬西人一去又二十萬從今更索又更與之凡廟謀爲國計者止有此策而已乎四問既和之後能使北虜不邀功責報乎虜或一動能使天下無事乎五問元昊一議許二十萬他日保更不邀求乎他日有求能不更添乎陛下赫然以此五事問之萬一能有說焉非臣所及若其無說則天下之憂從此始矣方今急和繆議既不可追許物已多必不能減然臣竊料元昊不出三五年必更別猖獗以邀增添而將相大臣只如今日之謀必須更與添物若今日一頓盡與則他時何以添之故臣願惜今日所求其如西賊雖和所利極

鮮若和而復動其患無涯此臣前後非不切言今無及矣伏望陛下留意而思之且可不與彼若實欲就和雖不許此亦可若實無和意與之適有後釁

四年脩改右正言論與西賊大斤茶劄子曰臣伏覩昨者西賊來議通和朝廷許物數目不少內茶一色元計五萬斤緣中國茶法大斤小斤不同當初擬議之時朝廷謀慮不審不曾明有指定斤數竊慮西賊通和之後須要大斤若五萬斤大斤是三十萬小斤之數如此則金帛二十萬茶三十萬乃是五十萬物真宗時契丹大舉至澶州只用三十萬物三十年後乘國家用兵之費兩國交爭方添及五十萬今元昊一隅之敵一口便與五十萬物臣請畧言爲國家大患一兩事不知爲國計者何以處之三十萬斤之茶自南方水陸二三千里方至西界當今民力困乏陛下不恥屈志就和本爲休民息力若歲般輦不絶只此一物可使中國公私俱困此大患一也計元昊境土人民歲得三十萬茶其用已足然則兩榷場榷茶之外須至別將好物博易賊中無用之物其大患二也契丹常與中國爲敵國指元昊爲小邦若見元昊得物之數與彼同則須更要增添何以應副不過云茶不比銀絹本是麤物則彼必須亦要十數萬大斤中國大貨利止於茶鹽而已今西賊一歲三十萬斤北虜更要三二十萬中國豈得不困此其大患三也昨與西賊議和之初大臣急欲事就不顧國家利害唯恐許物不多及和議將成契丹語泄兩府方有悔和之色然許物已多不可追改今天幸有此一事尚可罷和臣乞陛下特召兩府大臣共議深思久遠供給四夷中國不困則雖大斤不惜若其爲患如臣所說不至妄言即乞早議定計

脩又論乞不遣張子奭使元昊劄子曰臣竊聞昊賊來人議論數日全無遜順之意朝廷又欲遣張子奭復往賊中仍聞且只在延州伺候賊意待其來迎方敢前進未知果有如此議否若實有之大爲不便臣謂方今兩議未決正是各爭名分之時尤不可自虧事體元昊

既見朝廷議論不合。必料邊防須為準備。其僞以好辭來迎子爽使
我。望和而少弛。然後不意以出攻。子爽或被拘留。或遭虐害。以為中
國萬世之辱。則悔何及。焉雖不如此。使子爽端坐延州。不來省問。欲
歸則又慮來迎。久待則寂然無報。進退不得。何恥如之。蓋元昊已與
中國三次商量。必知難合。子爽之往。又別無議論未盡之事。彼不求
相見。則於臣二說。慮有一焉。臣不知朝廷以昊賊為可臣乎。不可乎。
若有可臣。則自當以重兵壓境。仍選忠學知謀之士。直入賊中說令
臣伏。如其不可。則何必遣人。或但欲遷延歲月。不拒絕之。則只當因
如定之回。賜以甘言。許其原納。論以若能遜順。則使通意邊臣。俟得
其實。然後定議。乃是未絕其來之意也。不可令天子使臣待賊命而
進退。萬一遭其拒絕。或被拘執。則於事無益。空損國威。為今計者。宜
急速遣范仲淹嚴備邊境。候放如定等還。當自為謀以求勝算。

條又論元昊不可稱吾祖劄子 奏。曰。臣伏見如定等來。西賊欲稱吾
祖。鄉聞朝議已不許之。今日風聞議却未定。不知虛的。深切驚憂。且
吾祖兩字。是何等語。使當拒絕。理在不疑。安有未定之說哉。夫吾者
我也。祖者。俗所謂翁也。今匹夫臣庶尚不肯妄呼人為父者。欲許其
稱此號。則今後詔書須呼吾祖。是欲使朝廷呼蕃賊為我翁矣。不知
何人敢開此口。且蕃賊撰此名號之時。故欲侮玩中國而已。今若得
其稱臣。則此二字尤須論辨。今自元昊以下。名稱官號。皆用夷狄。若
蕃語兀卒。華言吾祖。則今賊中每事自用蕃禮。安得惟於此號獨用
華言而不稱兀卒。且彼於我稱臣。而使我呼為祖。於禮非便。故當以
此折之可也。朝廷自有西事以來。處置乖方。取笑於人者多矣。未有
如此一事最可笑也。竊慮小人妄有議論。伏乞拒而勿聽。
條又論孫抃不可使契丹劄子 曰。臣伏見差孫抃等充契丹人使臣

謂朝廷新遣契丹侮慢陵辱之後。必能發憤。每事掛心。凡在機宜。合
慎措置。及見抃等被選。乃知意忽慮患。依舊因循。今與賊議和事連
北虜。中間屢牒邊郡。來問西事了與未了。今專使到彼。必先問及。應
對之際。動關利害。一言苟失。為患非輕。豈可四人之中。令抃先往。抃
本蜀人。語音訛謬。又其為性。靜默自安。軍國之謀。未嘗與議。凡關機
事。多不諳詳。臣聞古者遣使最號難才。不授以辭。許其專對。蓋取其
臨事而敏。應卒無窮。今抃既不可預教以言。則將何以應卒。苟一疎
脫。取笑四夷。其孫抃欲乞不令出使。或恐中書不能逆於人情。尚執
前議。即乞別命一人言語分明。料知朝廷事者先往。貴不誤事。且醜
虜君臣。頗為強黠。中國常落其計。不可不知。今欲雪前恥。雖知未能
其如後患。豈可不慮。伏望聖慈早命兩府別議。
條知諫院。又論乞放還蕃官胡繼諤劄子 曰。臣竊見朝廷前歲以延

州蕃官胡繼諤。因為邊臣所疑。移入內地。見任亳州都監。以子守清
悉領父之諸部。風聞近為不服亳州水土。死亡却家族。身又疾病。曾
有奏陳。乞移一京西地涼之處。臣謂方今西鄙用兵之際。朝廷宜廣
推恩信。撫御蕃夷。既欲守清盡死於邊。豈當厚遇繼諤。保全其家族。
豈有既任其子。又疑其父。繼諤求還內地。其實異鄉。雖曰居官。乃是
囚繫。致其失所。身病家亡。況彼初心。又無顯過。在繼諤之身。已有幽
囚冤枉之嘆。於守清之分。又失駕馭[illegible]之方。萬一繼諤疾病死而
不歸。守清父子之心。豈得無恨。反視中國。乃為世讎。必與邊隙別生
患害。其餘部族。亦必離心。國家自用兵以來。凡有計謀。未聞勝算。尤
於招撫蕃夷之術。常失恩威。致使蕃叛者多皆願附賊。在於繼諤處
置。特乖。臣欲乞因其有請。召至京師。與雪前疑。厚加禮遇。放還本族。
示以推誠。守清得父子復完。必思盡節。繼諤感國家之遇。必有所施

若朝廷猶以為疑臣乞先以此意詔閤守清詰其必無叛父之理若彼自不欲其歸則他日可無後患

四年脩又論乞與元昊約不攻唃厮囉劄子曰臣風聞魚周詢余靖孫抃等奉使北虜皆有事宜為北虜中詰問元昊通和之意將來必須因此別興朝廷生患又聞虜人已欲議移界至漸示相侵禍亂之萌其端可見臣自去年春始蒙聖恩擢在諫列便值朝廷與西賊初議和好臣當時首建不可通和之議前後具奏狀劄子十餘次論列皆言不和則害少和則害多利害甚詳懇切亦至然天下之士無一人助臣言朝廷之臣無一人採臣說今和議垂就禍胎已成而韓琦自西來方言和有不便之狀余靖自北至始知虜利急和之謀見事何遲雖悔無及當臣建議之際眾人方欲急和以臣一人誠難力奪眾議今韓琦余靖親見二虜事宜中外之人亦漸知通和為患臣之

前議稍似可採但願大臣不執前議早肯回心則於後悔之中尚有可為之理昨来許賊之物數已太多然尚有禁青鹽還侵地等事非賊所利幸其因此自絕不遣人来朝廷深戒前非慎自持重因而罷議不落賊計則轉禍為福後策可為況賊志愈驕貪心未滿復遣人使更有須求則假此為名亦可拒絕今通和之事為中國之患大為二虜之利深萬一西賊貪深利而不惜侵地更無他求急来就和則此時取舍便繫安危陛下宜詔執議之臣定果決之計認賊肯和之意知我望彼利之謀尤須多方以事拒絕臣計西賊無故而請和者不止與北虜通謀共困中國無欲詐謀欵我併力以吞唃厮囉摩旃瞎旃之類諸族地大力盛然後東向以攻中國耳今若未有他計拒其和則當賜以詔書言唃厮囉等皆受朝廷官爵父子為國藩臣今若講和則不得攻此數族且攻此數族是賊本心所貪聞我此言必難聽納用此為說亦可解和臣所以區區惟願未和者蓋臣愚慮知不和患輕易為處置和後患大不可枝梧臣前後奏章論列已備此乃天下安危大計聖心日夜所憂臣為言事之官見利害甚明若不極言罪當誅戮伏望聖慈特賜省覽

脩為河北轉運使上奏曰臣伏見契丹宣徽使劉三嘏挈其愛妾兒女等七口向化南歸見在廣信軍聽候朝旨竊慮朝廷只依常式拒来人等依例約回不納國家大患無如契丹自四五十年来智士謀臣晝思夜筭未能為朝廷出一奇策坐而制之今天與吾時使其上下乖離而親貴臣忽来歸我此乃陛下威德所加祖宗社稷之福竊慮憂國之臣過有思慮以謂納之則恐引惹臣請畧陳納之卻之二端利害伏望聖慈裁擇其可往年山遇捨元昊而歸明邊臣為國存信拒而遣之元昊甘心山遇盡誅其族由是河西之人皆怒朝廷不

納而痛山遇以忠而赤族吾既自絕西人歸化之路堅其事賊之心然本欲存信以懷元昊而終至叛逆幾困天下是拒而不納未足存信而反與賊堅人心此已驗之効也其後朝廷悟其失計歸罪郭勸悔已難追矣此事不遠可為鑒戒伏望陛下思之此不可拒而可納一也三嘏是契丹貴臣秉節鉞兼宣徽可謂至親且貴矣一旦君臣離心走而歸我是彼國中大醜之事必須掩諱不使人聞必不敢明言求之於我此其可納二也況彼來投又無追者相繼既絕蹤跡別無明驗雖欲索之於我難以為辭此其可納三也三嘏既彼之貴臣彼國之事無不與知今既南來則彼之動靜虛實我盡知之可使契丹日夕懼我攻取之不暇安敢求索於我自起兵端若使契丹疑三嘏果在中國則三四十年之間卒無南向之患此又納之大利其可納四也彼既窮来歸我若懼而遣之使其受山遇之禍則幽燕之間

四五十年來心欲南向之人盡絶其歸路而堅其事狄之心思為三
報仇於中國又終不能困契丹之信此為謀討其失尤多且三報
在中國則契丹必盡疑幽燕之人是其半國離心常恐向背凡契丹
南冦常藉幽燕使其盡疑幽燕之人則可無南冦之患此又可納大
利五也古語曰天與不取反受其咎此不可失之機也其劉三嘏伏
望速降密旨與富弼令就近安存津送赴闕惟乞決於睿斷不惑羣
言

嘉祐二年脩又上奏曰臣伏見契丹所遣汎使蕭扈為御容而來中外
之議皆謂前歲既已許之於理不可中止失於不早議言至彼非時
遣使及朝夕以來傳聞頗異或云大臣共議欲遂拒而不與若然則
臣恐釁隙之端自此而始禍患之起未易遽言大凡為國謀事者必
先明信義審曲直酌人情量事勢四者皆得然後可以不疑苟一有

未然尚恐敗事況四者俱失豈可不思契丹與中國通盟久矣而嚮
來宗真特於信好自表慇懃別有家書繼以畫像聖朝納其來意許
以報之而乃遷延至今遂欲食言而中輟是則彼以推誠結我我以
不信待之失信傷義甚非中國待夷狄之術而又其曲在我使彼易
以為辭自南北通和以來信問往復之際每於報答常從優厚假借
既多其心已驕況此畫像之來特表慇懃之意是則於平常之禮厚報
以驕之慇懃之來則不報以沮之沮之彼必怒不報彼必恥懷恥蓄
怒何所不為此人之常情也許其父不許其子厚薄之際此亦人情
之難處也臣竊見契丹來書初無寒溫問候之言直以踐言孤約為
說其意在於必得若此時被沮勢必更來事既再三豈能堅執若待
其失於邊陲已成釁隙然後與之則重為中國之辱又使夷狄謂中
國難以恩意交惟可以勢力脅困之引惹別有他求則為後患何可

涇我今虜主雖弱而中國邊備未完蘊謀未勝未可生事而欲執我
曲彼直之義以起戎而結禍未察彼事勢必不能中止豈我事勢久
未能必沮之臣故曰四者俱失也臣又聞虜使入境之日地震星殞
變異非常先事深防猶恐不及失計招禍豈可自為臣願聖意出於
獨斷勿泄其善意無失我信言臣今欲乞回諭虜中告以如約直候
今冬因遣常使時與之則於事體稍便伏乞速下兩府商議上繫國
家利害臣不敢不言

寶元二年吳育論元昊不足以臣禮責上奏曰臣聞聖人統御之塞
夷夏不同雖有戎虜之君尚化賓服終待以外臣之禮羈縻勿絶而
已或一有背叛來則備禦去則勿追蓋異俗殊方視如犬馬不足以
臣禮責之今元昊若止是抄掠邊陲當置而不問若已見叛狀必須
先行文告以詰其由若是同中國叛臣即加征討大凡兵家之勢征

討者貴在神速守禦者利在持重況夷狄之性唯事剽急因而傷道
多誤王師武夫氣銳輕進貪功或陷誘詐之機今但明烽燧堅壁清
野以挫剽急之鋒而徐觀其勢此乃廟堂之遠算也

仁宗時契丹與元昊搆兵元昊求納款契丹使來請勿納元昊朝廷
未知所荅育為禮部郎中因上疏曰契丹受恩為日已久不可納一
叛羌失繼世兄弟之懽今二蕃自鬬闕久不解可觀形勢乘機立功
萬一過計並納元昊臣恐契丹窺兵趙魏朝廷不得元昊毫髮之助
而太行東西且有烟塵之警矣宜使人諭元昊曰契丹汝世姻一旦
自絶力屈而歸我我所疑也弗若他者當順契丹如故然後許汝歸
欵告契丹曰已詔元昊如能投謝韓門即聽內附否猶堅拒當為討
之如此則彼皆不能歸罪我矣於是召兩制出契丹書令兩制同上
對不易育議

西鄙厭兵元昊請和議增歲賜右正言余靖言景德中契丹舉國興師直抵澶淵先帝北征渡河止捐金繒三十萬與之今元昊艱於所勝皆由將帥輕敵易動之故數年選將練兵始知守戰之備而欲意解仇所望至二十六萬且戎事有機國力有限失之於始雖悔何追夫以景德之患近在封域之內而歲賜如彼今日之警遠在邊鄙之外而歲賜如此若元昊使還益有所許契丹聞之寧不生心無厭之求自此始矣儻移西而備北為禍更深但思和與不和皆有後患則不必曲意俯徇以貽國羞

宋祁議西人劄子曰臣伏見元昊遣使進納誓書西人在館以待答報伏知朝廷議欲降詔遂相開納止留冊命未便舉行又聞余靖使回北虜謂本朝君必行元昊封冊勿令使命深入恐契丹兵馬一例殺傷又其答書有俟平定西鄙遣人來報之意此皆含糊未決之辭包藏畜怨之語也臣愚不敏不知大計竊謂機危之會理須審思事脫一失悔將難救且西北二虜連兵構難中國之利也方當整勒兵馬陰扶弱親撫其大擊小者乃可以逞今若遽許元昊同其誓文則二國要約因已先定不待封冊方正君臣如此則元昊之貢獻必且續至朝廷之金幣亦須分假使北虜能勝西則契丹必歸而朝廷以謂撫彼叛臣逆其來信負力恃慢勢必稱兵而元昊得朝廷詔必且恥重外鄙亦怨耶律肆其狡獪因為間諜得我金幣以救敗亡是乃紓賊禍於一時懷虜怨於中國矣使西能勝北則一賊之怨必深契丹士力更當備塞則朝廷却與元昊歡[illegible]情我契丹之怨朝廷益深則元昊之結朝廷益固者非[illegible]為人[illegible]交也彼賊藉我之賄徼我之援今境徼所以誓知我[illegible]瞪目熟視流散不得侵略然後有鼠竊狗偷養成對[illegible]又

料契丹毒螫忍損戰窮反噬未能得志於元昊先且取償於河北避強擊弱有何不可是朝廷免西鄙之小鬪結北方之巨釁輕重之擇安得不慮且契丹言恐一例殺傷又云俟平定西鄙此何等語朝廷忽而不計耶臣伏見元昊誓書中要結天地誓及子孫書雖[illegible]勢亦窘急何者彼蓋迫契丹之用兵畏我境之乘便略其邊塞[illegible]老小重復詛誓務在速成必知朝廷已賜開許不肯先違信於[illegible]一心捍此永無東顧之虞此賊昊之計事在目前確然可辨臣以為當今計者不如且遣彼使賜以存問詔書詰難誓文更令備正遣延來往以賒後期無令彼州騰報虜帳俟其雄雌之決更議拒納之宜撫西懷北兩得其便伏望略回聖慮一賜財擇

知諫院司馬光論環州事宜狀曰右臣竊知環州熟戶蕃部屯聚攻劫殺傷兵民雖犬羊之眾人面獸心緩之則驕急之則叛固其常性亦由將吏恩不能懷威不能服信不能結勇不能斷平居無事則擾之使亂及其陸梁又不能制是使戎狄順服王化則侵苦不安桀驁跳張則富饒熾大凡邊境所以多事未有不由此也夫以偏國小醜背誕不恭而國家不能擒討使西北二虜聞之豈不益有輕漢之心伏望陛下特詔陝西不干礙監司體量蕃部所以叛亂之因若果由將吏撫御乖方所致即乞明行誅責以謝邊民更選良將能吏有方畧者使之鎮撫分別蕃部善惡附順者撫而安之以壞散其黨逆者討而誅之使永久懾服不然臣恐其日月浸深凶惡愈熾首知不為朝廷所容將外連西夏內結諸部黨與益眾氣燄益大乃為朝廷旰食之憂非特鼠竊狗偷而已也

英宗即位司馬光為殿中侍御史論夏國入弔劄子曰臣伏聞[illegible]國所遣使人前日不肯門見固求入對朝廷不許勒歸館舍臣愚竊

陛下繼統之初四夷之人皆欲奉望天表窺覘聖德又聞鄉曾不爭意謂未能親朝所以犬羊之心敢爾桀黠今若深閉固拒不聽入見則必疑有所隱避益延使之驕慢況即日陛下已御正殿臣謂何惜紫宸數步之地使之稽首拜伏瞻仰清光庶幾得識陛下神武之姿知必能鎮服四海歸至其國轉相告語使其蠶蟻之衆心服氣沮不敢窺邊此所謂上兵伐謀不待戰而屈敵者也

同知諫院呂誨請重遣蕃部兵帳上奏曰臣聞兵家之說國雖大好戰必亡天下雖平忘戰必危此先哲之深戒也國家承平日久自元昊納款兵防不葺邊備皆弛臣切謂最可憂者陝西四路熟戶蕃部久失制馭將恐離落盡壞亭障不固邊事或起必為深患昨聞保安軍蕃官胡守清身死後有弟擦也香於前年走投夏國乞兵卻來本族界上招誘自己手下人馬及於次年春西界賊馬來攻掠胡守清

地界熟戶相殺經畧司亦曾差官檢驗戰場胡守清弟守中相繼走投西界保安軍累行公牒取索得守中等雖已處斬訖素何人情携貳其必有因多是蕃官侵牟或即首領酷暴良亦主管兵官失恩威制馭之然也況胡守清族下從來富庶人馬強壯鄜延倚以為固若朝廷更不為存郵則人不安居又焉知其他蕃部不有擦也香守中之志萬一倡率皆逃邊城危矣如李金明三十餘族尚時失於存撫盡為元昊以利招誘逐部首領臨陣皆無鬭意故李金明失利年師陷沒至今邊人以為深痛昔四路所管熟戶不下數十萬人自寶元用兵以來相繼陷沒十無四五存焉復慶曆以後兵帳未嘗改造二十年間逃亡死損不可勝數忽有調發仍緣點集是見邊臣因循擾納小深矣況蕃部雖居漢界自有田業並是父子相承與買住佃但無稅賦此外別不露累也有濟布俸錢遇戰陣則首當前鋒計其賞效勝正兵遠甚居無事之際尤宜存撫逐部族令所任者卻有外來散戶依附其間或是連親或即庸力混雜居處例各年深察其情意未有不願為漢民者是彼有鄉順之心而我失羈縻之策爾儻不收附兵籍徒使蕃息於王土非但緩急不得其用而又容庇在內使往來作過此必然之事不可不慮也臣欲乞朝廷委自四路帥臣選差有心力官員與逐處州縣堡寨勒本部蕃官供析見在人數未附籍者與舊管人一處造帳收係或逐處更有係官閒田盡令均勻給受候造帳了畢應舊管蕃官及蕃族首領各與轉資酬獎所貴窮邊人衆仰戴國恩樂其效用各盡死節況蕃族首領自來給俸至薄軍主都虞候每月不過二貫文以次等級從而可知雖遷轉一二資無所損費推是恩信結之必固無大段添收得人數庶幾邊防離落漸次修葺所有胡守中等逃背因由伏乞指揮下鄜路密切體量詣

實本地分主管官員乞重行責降所貴今後邊臣撫存蕃部不敢懈慢今來因胡守中等逃背點檢蕃部整齊兵帳不為生事於體甚便

治平初知桂州陸詵言交州來求儂宗旦男日新及欲取溫悶洞等地帝問交趾於何年割據輔臣對曰自唐至德中改安南都護府梁貞明中土豪曲承美專有此地韓琦曰向以黎桓叛命太宗遣將討伐不服後遣使招誘始效順交州山路險僻多瘴霧瘴毒之氣雖得其地恐不能守也

治平二年參知政事歐陽脩論西邊可攻四事上奏曰臣伏見諒祚狂僭釁隙已多不越歲年必為邊患臣本愚庸不達時機輒以外料敵情內量事勢鑒往年已驗之失思今日可用之謀雖兵不先言候見形而應變然坐而制勝亦大計之可言謹具條陳庶裨萬一臣所

謂外料敵情者諒祚世有夏州自繼遷克叡以前止於一鎮五州而已太宗皇帝時繼捧繼遷始為邊患其後遂陷靈鹽盡有朔方之地蓋自淳化咸平用兵十五餘年既不能剪滅遂務招懷適會繼遷為潘羅支所殺其子德明乃議歸欵而我唯以恩信役其王封歲時俸賜於於優厚德明既無南顧之憂而其子元昊亦壯遂併力西攻回紇拓地千餘里德明既死地大兵強元昊遂復背叛國家自寶元慶曆以後一方用兵天下騷動國虛民弊如此數年元昊知我有厭兵之患遂復議和而國家待之恩禮又異於前矣號為國主僅得其稱臣歲等之物百倍德明之時半於契丹之數今者諒祚雖曰狂童然而習見其家世所為蓋繼遷一叛而復王封元昊再叛而為國主今若又叛其志可知是其欲自比契丹抗衡中國以為鼎峙之勢爾此臣切料敵情在此也夫所謂內量事勢者蓋以慶曆用兵之時視方

今邊備較彼我之虛實強弱以見勝敗之形也自真宗景德二年盟北虜於澶淵明年始納西夏之欵遂務休兵至寶元初元昊復叛蓋三十餘年上下安於無事武備廢而不修廟堂無謀臣邊鄙無勇將將愚不識干戈兵驕不知戰陣器械朽腐城郭隳頹而元昊勇鷙桀黠之虜也其包蓄奸謀欲窺中國者累年矣而我方恬然不以為慮待其謀成兵具一旦反書來上然後茫然不知所措中外震駭舉動倉惶所以用兵之初有敗而無勝也而朝廷用韓琦范仲淹等付以西事極力經營而勇夫銳將亦因戰陣稍稍而出數年之間人謀漸得武備漸修似可枝梧矣然天下已困所以屈意忍恥復與之和此慶曆之事爾今則不然方今甲兵雖未精利不若往年之腐朽也城壘粗嘗修緝不若往年之隳頹也士兵藩落增添訓練不若往年之寡弱驕怠也大小將校曾經戰陣者往往尚在不若往年魏昭炳夏

隨之徒膏粱子弟也一二執政之臣皆當時宣力者其留心西事熟矣不若往年大臣茫然不知所措者也蓋往年不知邊事之謀臣駁不識干戈之將用驕兵執朽器以當桀黠新興之虜此所以敗也方今謀臣武將城壘器械不類往年而諒祚狂童不及元昊遠甚往年忽而不思今又已先覺可以早為之備苟其不叛則已若其果叛未必不為中國利也臣謂可因此時雪前恥收後功但顧人謀如何爾若上憑陛下神威睿算係累諒祚君臣獻於廟社此其上也其次逐狂虜於黃河之北以復朔方故地最下盡取山界奪其險而我守之以永絕邊患此臣內量事勢謂宜如此臣所謂鑒往年已驗之所失者其小失非一不可悉數臣請言其大者夫夷狄變詐兵交陣合彼佯敗以為誘我貪而追之或不虞橫出而為其所邀或進陷死地而困於束手此前日屢敗之戒今明習兵戰者亦能知之此雖小事

也亦不可忽所謂大計之繆者攻守之策皆失爾臣視慶曆禦邊之備東起麟府西盡秦隴地長二千餘里分為路者五而分為州為軍者二十有四而軍州分為寨為堡為城者又幾二百皆須列兵而守之故吾兵雖眾不得不分所分既多不得不寡而賊之出也常舉其國眾合聚為一而來是吾兵雖多分之而寡彼眾雖寡聚之為多以彼之多擊吾之寡不得不敗也此城寨之法既不足自守矣而五路大將軍所謂戰兵者分在二十四州軍欲合而出則懼後空而無備欲各留守備而合其餘則數少不足以出攻此當時所以用兵累年終不能一出者以此也夫進不能出攻退不能自守是謂攻守皆無策者往年已驗之失也臣所謂可用之謀者在定出攻之計爾必用先起制人之術乃可以取勝也蓋列兵分地而守敵得出而撓於其間使我處處為備常如敵至師老糧匱我勞彼逸昔周世宗以此策

臣李景於淮南。昨元昊亦用此策以困我之西鄙。夫兵分備寡。兵家之大害也。其害常在我。以逸待勞。兵家之大利也。其利常在彼。所以往年賊常得志。今誠能反其事而移我所害者乎敵。奪敵所利者在我。則我當先為出攻之計。彼疲於守禦。則我亦得志。凡出攻之兵。勿為大舉。我每一出。彼必呼集而來拒。彼出於東。則別出其西。我歸彼散。則我復出而又集。我以五路之兵。番休出入。使其一國之衆。聚散奔走。無時暫停。則無不困之虜矣。此臣所謂方今可用之謀也。蓋往年之失在守。方今之利在攻。昔至道中。亦嘗五路出攻矣。當時將相為謀不審。蓋欲攻黠虜方強之國。不先以謀困之。而直為一戰必取之計。大舉深入。所以不能成功也。夫用兵難事也。故謀既審矣。則其發也果。故能動而有成功也。凡用兵之形勢。有可先知者。有不可先言者。臣願陛下遣一重臣出而巡撫。徧見諸將與熟圖之。以定大計。

凡山川道路。蕃漢步騎出入。所宜可先知者。悉圖上方畧。其餘不可先言。付之將帥。使其見形應變。因敵制勝。至諒祚之所為。宜先屈意含容而以說之。既以驕其心。亦少緩其事。以待吾之為備。而且嚴戒五路。訓兵選將。利器甲。蓄資糧。常具軍行之計。待其反書朝奏。則王師暮出以駭其心。而奪其氣。使其枝梧不暇。則勝勢在我矣。往年議者亦欲招緝橫山蕃部。謀取山界之地。然臣謂必欲招之。亦須先藉勝捷之威。使其知中國之強。則方肯來附也。由是言之。亦以出攻為利矣。凡臣之言者。大略如此。然臣足未嘗踐邊陲。目未嘗識戰陣。以一儒生偏見之言。誠知未可必用。直以方當陛下[illegible]西事。廣詢衆議之時。忘竭愚慮。備芻蕘之一說耳。

脩又上奏曰。臣近嘗上言諒祚為邊患。朝廷宜早圖禦備。及乞遣一重臣。親與邊將議定攻守大計等事。至今多日。未蒙降出施行。臣竊見慶曆中。元昊作過時。朝廷輕敵玩寇。無素定之謀。每遇邊奏急來則上下惶恐。倉卒指揮既多。不中事機。所以落賊姦便。敗軍殺將。可為痛心。今者諒祚以萬騎寇秦渭兩路。焚燒數百里間。掃蕩俱盡。而兩路將帥。不敢出一人一騎。則國威固已挫矣。諒祚負恩背德如此。陛下未能發兵誅討。但遣使賫詔書賜之。又拒而不納。使者羞媿俛首。懷詔而回。則大國不勝其辱矣。當陛下臨御之初。遭此狂童威沮國辱。此臣等之罪也。臣謂陛下宜赫然發憤。以邊事切責大臣。至於山川形勢。有利有不利。士卒勇怯。孰可用孰不可用。何處宜攻。何處宜守。何兵宜屯某地。何將可付某兵。如此等事甚多。皆陛下聖慮所宜及者。臣謂陛下宜因開時御便殿。召當職之臣。使案圖指畫。各陳所見。陛下可以不下席而盡在目前。然後制以神機。督責將相以成功。而陛下以萬機之繁。既未及此。兩府之臣。如臣等日所進呈。又

皆常程公事。亦未嘗聚首合謀。講定大計。外則四路邊臣。自賊馬過後。亦不聞別有擘畫。臣恐上下因循。又如慶曆之初矣。近者韓琦嘗將慶曆中議山界文字進呈。此邊事百端中一端爾。蓋琦亦患事不講求。假此文字為題目。以牽合衆人之論爾。自進呈後。尋送密院差今多日。亦未嘗擬議。臣以非才。陛下任之政府。便是國之謀臣。若其謀慮淺近。所言狂妄。自可黜去不疑。臣亦昨因目疾。懇求解職。曲蒙聖恩未許其去。既使在其位。又棄其言而不聞。使臣尸祿厚顏。何以自處。所有臣前來所上奏狀。欲望聖慈降付中書密院。與韓琦山界文字一處商量。若其言果不足取。棄之未晚。

英宗時。陝西轉運副使范純仁奏乞早遣夏國封冊使臣。疏曰。臣近聞朝廷許西人納款。先遣梁交齎賜詔書。而封冊之使。未聞進發。竊以夷狄之性。荒忽無常。惟在朝廷結以恩信。今既納其善意。賜以德

責則封奬之恩亦宜早下。名實相副。示我推誠。犬羊之心。感恩必固。不可更自稽緩。益彼姦心。遂詐啇疑。恐貽後患。又聞陝自春少雨。邊計未豐。難於此時與較毫末。漢祖行封南粵。稽首頃藉。刻印英雄離心。況如聖謨不可不慎。伏望聖慈指揮夏國封冊使臣速令進發。庶得疆埸早寧。兵民安賜。縱彼別懷狙詐。固亦曲不在我。但使彼國生靈。先感朝廷好生之德。則其酋首自無能爲。

治平四年神宗即位。御史中丞司馬光上言橫山劄子曰。臣竊聞陝西邊臣有上言欲招納趙諒祚國內人戶。漸圖進取者。臣竊惟諒祚驕僭之罪。宜伏天誅爲日固久。今國家新遭大憂。陛下初承寶命。公私困匱。軍政未講。恐征伐四夷之事未易輕議也。況諒祚雖內懷桀驚。而外存臣禮。方遣使者奉表弔祭。尚未還國。而遽令邊臣誘納其亡叛之民。臣恐未足以削損諒祚。而失王者之體多矣。伏望陛下且

以拊循百姓爲先。以征伐四夷爲後。速詔邊臣。務敦大信。勿納亡叛。專謹斥候。防其侵軼而已。俟諒祚俗惡既熟。中國兵穀有餘。然後奉辭伐罪。不爲晚也。

光又論納橫山非便。上奏曰。臣聞王者之於夷狄。或懷之以德。或震之以威。要在使之不犯邊境。中國獲安則善矣。不以逾葱嶺。誅大宛。絕沙漠。擒頡利。然後爲快也。竊聞有邊臣趙諒祚部將輕泥嚷側欲以橫山之衆。攻取諒祚。歸命聖德。朝廷已有指揮。許令招納。臣近者雖嘗論列。以爲非宜。尚懼語言疎畧。未盡本末。不敢不再爲陛下陳之。今進謀者但言其利。不言其害。臣請試言其害。雖逆盛意。願陛下勿遽加棄置。略賜省覽。與進謀者參校其是非。臣聞戎狄之俗。自爲兒童則習騎射。父子兄弟相與群處。未嘗講仁義禮樂之言也。唯以詐謀攻戰相尚而已。故其民習於用兵。善忍饑渴。能受辛苦。樂鬬死而耻病終。此中國之民所不能爲也。是以聖王與之校德則有天地之殊。與之校力則未能保其必勝也。以舜禹之明。征二苗而三旬逆命。商高宗之賢。伐鬼方而三年乃克。漢高祖之雄傑。爲冒頓所圍。七日不火食。國朝以太宗之英武。北舉河東。南取閩浙。若拾地芥。加之猛將如雲。謀臣如雨。天下新平。民未忘戰。當是之時。繼遷背叛。太宗以鄭文寶爲陝西轉運使。用其計策。假之威權以討之。十有餘年。卒不能克。發關中之民。飛芻輓粟。以饋靈州及清遠軍。爲虜所抄掠。及經沙磧。饑渴死者什七八。白骨蔽野。號哭滿道。長老至今言之。猶歔欷酸鼻。及真宗即位。會繼遷爲潘羅支所殺。真宗因洗滌其罪。吊撫其孫。賜節鉞使長不毛之地。訖于天聖明道四十餘年。爲不侵不叛之臣。關中戶口滋息。農桑豐富。由是觀之。征伐之與懷柔。利害易見矣。及元昊背恩。國家發兵調賦。以供邊役。關中饑渴。延及四方。東自

海岱。南踰江淮。占籍之民。無不蕭然。苦於科歛。自其始叛以至納款。纔五年耳。天下困弊。至今未復。仁宗屈己。賜以誓詔。冊爲國主。歲與之物凡二十五萬。豈以爲不足誅。而功可賞哉。計不得已也。向者諒祚雖時有偃蹇禮節不備。或誘掠熟戶。驚擾邊民。然猶稱臣奉貢。未敢顯然自絕也。今乃誘其叛臣以圖之。縱使誠梟諒祚之首。復靈夏之土。以王者之兵言之。猶可耻也。況其成敗未可知乎。臣恐邊事之興。生民之苦。由此而始也。王者之於諸侯。叛則討之。服則撫之。是以諸侯懷德畏討。莫不率從。去歲諒祚攻大順城。殺掠吏民。今春朝貢之使。不以時至。當是時不能討也。今朝廷既赦其罪。與其賜物。受其使者。納其貢獻。又使而誘其叛臣。激其忿心。是常欲其叛而不欲其服也。信義賞罰。將安在乎。議者或以爲彼誘我民。我誘彼臣。何爲不可。是特閭閻小人之語。非知國家大體者也。彼僻陋小羌。切誘我民。

以益其衆仍欲以天子億兆之富而救其所為邪僻亦鄰人竊己之
財已以正議責之可也豈可復竊彼之財以相報邪臣聞諒祚陰蓄
姦謀為日固久招納不逞之人以為謀主誘脅熟戶以撤中國之藩
籬常有據關中窺河東之心雖未必能然若縱其毒亦足以為亭
鄣之患未可以小種之羌孱弱之人待之也國家不幸比遭大憂帑
藏空虛關中之民自經西事以來仍苦鐵錢財力凋弊蕃戶屢經殺
掠亡失太半縱其在者亦懷二心非復得如景祐寶元之時也當此
際陛下深詔邊吏崇信誓保分界嚴守備明斥堠以待之猶懼諒祚
狼子野心不識恩義乘我釁隙侵噬疆埸又況彼不動而擾之不來
而召之乎臣又聞虜中間諜所在甚多中國動靜豪髮皆知其嚷側
自程戡在鄜延時已有聲聞云欲歸降自是至今已經數年朝廷屢
召邊臣與之謀議外人往往知之亦有鄜吏傳報四方安有虜中獨
不覺悟寂然無事曾無誅討之意乎臣切疑其內挾詐謀未可信也
或者諒祚久懷逆計以朝廷待之恩禮優厚無因而發故遣其部將
詐降以卜之若朝廷受之則將歸曲而責直得以為背叛之名或者
使其部將詐言勢孤力微不能獨制諒祚乞朝廷遣將出師為助而
陰設伏兵以徼大利此二者皆未可知也若萬一有之則今日受之
正墮其計中矣縱使嚷側實欲降心蓋亦私有忿恨或別負罪惡反
側不安欲倚大國之威以逼其主其所部之民未必肯盡從也雖其
自言權勢之強甲兵之盛有謀善戰為民所附蓋欲自誇以求售耳
未必然也借令實能舉兵以與諒祚為敵戰而勝之則是滅一諒祚
生一諒祚也若其不勝必引其餘衆南奔中國諒祚乘其境內之兵
以追之怒氣直衝長驅入塞當是之時非口舌文移所能解也臣恐
朝廷不惟失信於諒祚又將失信於嚷側也若嚷側餘衆無幾猶可

以縛而送之以緩諒祚之兵然形迹已露諒祚必叛亦疑也若嚷側
餘衆尚多還北不可入南不受窮無所歸必不肯如山遇束手就死
將突據邊城以救其命更為中國之患未有涯也陛下不見侯景之
事乎臣聞羽翼未成不可以高飛近者未悅不可以來遠上自堯舜禹
湯文武之王下至齊威晉文之霸未有不先治其內而能治於外者
也故孔子曰善人教民七年亦可以即戎矣又曰以不教民戰是謂
棄之今陛下新即大位尚未逾年朝廷之政未盡修也封域之中未
盡治也內郡無一年之蓄左帑無累月之財民間貧困十室九空小
有水旱即化為流殍承平日久戎事不講將帥乏人士卒驕惰上下
姑息有同兒戲教閱稍頻則愠懟怨望賜與不時則揚言不遜被甲
行數十里則喘汗不進遇鄉邑小盜則望塵奔潰此乃衆人所共知
非臣敢為欺罔兵法曰知彼知己百戰不殆知彼不知己一勝一負
不知彼不知己每戰必殆陛下視今天下如此而欲謀境外之事起
兵革之端挑陸梁之虜冀難立之功此臣所為寒心者也為今日之
計莫如收拔賢俊隨才受任以舉百職有功必賞有罪必罰以修庶
政謹擇監司澄清守令以安百姓屏絕浮費沙汰冗食以實倉庫詢
訪智畧察驗武勇以選將帥申明階級翦戮桀黠以立軍法料簡驍
銳罷去羸老以練士卒修整犀利變更苦窳以精器械俟百職既舉
庶政既修百姓既安倉庫既實將帥既選軍法既立士卒既練器械
既精然後惟陛下之所欲為復靈夏取瓜沙平幽薊收蔚朔無不可
也今八者未有其一而欲納邊吏之狂謀信黠虜之詭辭臣恐不能
得其降者數百而虜騎大至覆軍殺將邊城晝閉朝廷乃為之宵衣
旰食焦心勞思興兵運財以救其急使天下愁困如康定慶曆之時
已而卒無可奈何然後忍恥以招之卑辭以諭之尊其名以悅之

其賂以來之。其為損也不亦多乎。斯乃國之大事。安危所係。非特邊境之憂而已。願陛下深留聖思。勿為後悔。乃天下之福也。彼進謀者。皆非實為國家斬將搴旗。拓土開境。追衛霍甘陳之功也。但以利口長舌。虛辭大言。一時誑惑聖聰。欲盜陛下之官職耳。他日國家有患。不預其憂。是豈可哉。凡邊境有事。則將帥遷官。士卒受賞。無事則上下射射無因徹章。此乃人臣之利。非國之利。陛下不可不察也。

夷狄

宋神宗熙寧元年。王韶詣闕上平戎策三篇。其畧以為西夏可取。欲取西夏。當先復河湟。則夏人有腹背受敵之憂。夏人比年攻青唐不能克。萬一克之。必併兵南向。大掠秦渭之間。牧馬于蘭會。斷古渭境。盡服南山生羌。西築武勝。遣兵時掠洮河。則隴蜀諸郡當盡驚擾。瞎征兄弟。其能自保邪。今唃氏子孫。唯董氈粗能自立。瞎征欺巴溫之徒。文法所及。各不過一二百里。其勢豈能與西人抗哉。武威之南。至于洮河蘭鄯。皆故漢郡縣。所謂湟中浩亹大小榆枹罕。土地肥美。宜五種者焉。幸今諸羌瓜分。莫相統一。此正可併合而兼撫之時也。諸種既服。唃氏其敢不歸。唃氏歸。則河西李氏在吾股掌中矣。且唃氏子孫。瞎征差盛。為諸羌所畏。若招諭之。使居武勝或渭源城。使糾合宗黨。制其部族。習用漢法。異時族類雖盛。不過一延州之李士彬環州慕恩耳。為漢有肘腋之助。且使夏人無所連結。策之上也。神宗異其言。

翰林學士承旨王珪乞令木征不得還熙州劄子曰。臣早來伏奉聖諭。王韶欲令木征復還熙州。臣甚惑之。竊惟熙河一道。俗本羌戎。自唐以來。乘中原盛衰。或得或失。然失之莫不易。得之莫不難也。今得其地環數千里。據大河上游。使夏國有腹背之憂。董氈失脣齒之附。不為不要矣。顧非陛下獨奮英武。蓋未易得之。前日得巴氈角瞎吳叱董谷數人。皆授以官而遣之。蓋欲招致木征爾。木征既出。而韶意欲復還者。不過以南山猶有未附之人。臣以為不然。且木征屢殺害邊吏。衆亦知其出而不還。非如巴氈角等之比。因而縻之。足使未附之人。皆憚漢之威靈。却易為撫輯。況西番大首領。其桀黠更無有過木征者自韶經制一方捕斬無慮數萬級其威名益立今所遺一二種落豈待木征還而後定觀木征之降蓋勢不獲已即非誠有向漢之心如使居熙州我之動靜虛實一以得之其種人皆腹心又怨漢深一旦引夏國與董氊乘間發兵扼通遠之衝絕抱罕之餉四面番部合力而攻熙州洮岷疊宕連衡而撓階秦方是之時恐熙河非復我有也踏白之變虜猶可以復勝者彼內無應也儻謀出木征變起熙州則事安可測也不但失之四夷又從而見侮棄前功遺後患不可不思也竊以為木征之還利小而害大如陛下必欲慰羌人之心且令居秦州為便臣之愚見如此不敢自默更繫聖裁

二年翰林學士司馬光論召陝西邊臣劄子曰臣嚮任御史中丞日聞國家招納夏國降民曾上言方今百職未舉庶政未修百姓未安倉庫未實將帥未選軍法未立士卒未練器械未精八事不完不可興兵智慮迂疏不合聖心俄而种諤等起綏州之役楊定為夏虜所殺陝西騷然因於餽餉朝廷悔前之失故譴降种諤等以謝夏虜再三招撫方能得其稱臣奉表復遵舊約朝廷特遣使者以誓詔冊命及金帛雜物賜之尚未返命今竊聞陛下復召种諤等詣闕引對不知陛下欲何所興為中外聞者無不寒心夫布衣不守信義猶見輕於鄉黨況王者臨御四夷當叛則威之服則懷之使信義之明皎如日月若戎狄辜而臣服然故擾之及其背誕則從而嫗煦之得其臣服又從而擾之其於信義威懷如何哉國家以信義臣畜戎狄百有餘年前日种諤等舉而棄之興兵掩其不備以邀一時之功僅能得不食之地百餘里飢虜萬餘人耳今地則歸之虜庭民則逃散略盡朝廷有何所得而發兵守衛轉粟饋餉公私之費以鉅萬計其為失策豈不昭然今瘡痍未復憂患未弭臣前所言八事一無所修虜疑忌中國警備已嚴怨毒之心蓄而未發諤等乃欲復為前日所為臣見其無復綏州之功而必有大敗覆沒之事兵連禍結不可救解公私困竭盜賊將生此乃社稷之憂非獨邊鄙之患也孔子曰過而不改是謂過矣伏望陛下留神深念至于再至于三當先修內政未可輕議用兵實天下幸甚

六年韓琦判相州契丹來求代北地帝手詔訪琦琦奏言臣觀近年以來朝廷舉事似不以大敵為恤彼見形生疑必謂我有圖復燕南意故引先發制人之說造為釁端所以致疑其事有七高麗臣屬北方久絕朝貢乃因商船誘之使來契丹知之必謂將以圖我一也強取吐蕃之地以建熙河契丹聞之必謂行將及我二也遍植榆柳於西山冀其成長以制蕃騎三也剏團保甲四也諸州築城鑿池五也置都作院頒弓刀新式大作戰車六也置河北三十七將七也契丹素為敵國因事起疑不得不然臣昔年論青苗錢事言若輒肆厚誣非陛下之明然及大戮自此聞新法日下不敢復言今親被詔問事係安危言及而隱死有餘罪臣昔竊計始為陛下謀者必曰治國之本當先聚財積穀募兵於民則可以鞭笞四夷故散青苗錢使民出利為免役之法次第取錢造置市易務而小商細民無所措手新制日下更改無常官吏茫然不能詳記監司督責以刻為明今農怨於畎畝商歎於道路長吏不安其職陛下不盡知也夫欲攘斥四夷以興太平而先使邦本困搖衆心離怨此則為陛下始謀者大誤也臣今為陛下計謂宜遣使報聘具言向來興作乃修備之常豈有他意疆土素定悉如舊境不可持此造端以隳累世之好以可疑之形如將官之類因而罷去益養民愛力選賢任能疏遠奸諛進用忠鯁使天下悅服邊備日充若其果自敗盟則可一振威武恢復故疆攄累

朝之宿憤矣。疏上，會王安石再入相，悉以所爭地與契丹東西七百里，論者惜之。

神宗時，吏部尚書蘇轍論北朝政事大略疏曰：臣近奉勑差充北朝皇帝生辰國信使，尋已具語錄進呈訖。然於北朝所見事體，亦有語錄不能盡者，恐朝廷不可不知，謹具三事，條列如左。

一、北朝皇帝年顏見今六十以來，然舉止輕健，飲啗不衰，在位既久，頗知利害，與朝廷和好年深，蕃漢人戶休養生息，人人安居，不樂戰鬬。加以其孫燕王幼弱，頃年契丹大臣誅殺其父，常有求報之心，故欲依倚漢人，託附本朝，為自固之計。雖北界小民亦能道此。臣等過界後，見其臣僚年高曉事，如接伴耶律恭、燕京三司使王經、副留守邢希古、中京度支使鄭顓之流，皆言及和好，咨嗟歎息，以為自古所未有。又稱道北朝皇帝所以館待南使之意極厚。有接伴臣等都管一人，未到帳下，除翰林副使；送伴副使王可離帳下不數日，除三司副使。皆言緣接伴南使之勞。以此觀之，北朝皇帝若且無恙，北邊可保無事。惟其孫燕王骨氣凡弱，瞻視不正，不逮其祖，雖心似向漢，未知得志之後能彈壓蕃漢，保其祿位否耳。

一、北朝之政寬契丹，虐燕人，蓋已舊矣。然臣等訪聞山前諸州祗候公人止是小民爭鬬殺傷之獄，則有此弊。至於燕人強家富族，似不至如此。契丹之人每冬月多避寒於燕地，牧放住坐，亦止於天荒地上，不敢侵犯稅土。其賦役頗輕，漢人亦易於供應。惟是每有急速發調之政，即遣天使帶銀牌於漢戶須索，縣吏動遭鞭箠，富家多被強取玉帛子女，不敢愛惜，燕人最以為苦。兼法令不明，受賕鬻獄，習以為常。此蓋夷狄之常俗。若其朝廷郡縣，蓋亦粗有法度，上下維持，未有離析之勢也。

一、北朝皇帝好佛法，能自講其書，每夏季輒會諸京僧徒及其羣臣，執經親講，所在修蓋寺院，度僧甚眾。因此僧徒縱恣，放債營利，侵奪小民，民甚苦之。然契丹之人緣此誦經念佛，殺心稍悛。此蓋北朝之巨蠹，而中朝之利也。

右謹錄奏聞，乞賜省閱，亦足以見鄰國向背得失情狀。取進止。

強幾聖論邊事劄子曰：臣聞契丹之於中國，其勢未可常也。弱則臣附，強則相抗，或至於侵軼而不已，遂有闚中原之心。繇三代以迄五季，其間臣以附者無幾，若代侵而代抗，未之或絕也。既尊大於石氏之晉，又得燕地而勢益張。始以胡人為腹心，而眂燕人猶行路也，以是群胡樂為之用，膠固而不可已。而燕人桀黠而巧事，旁親燕人，而群胡日寖以疏，故金城宗元之變起於蕭墻，相殘者未幾，而西夏遂攻其右脇，而軍中往往出叛語，女真諸種又乘釁而動。今契丹雖欲復置群胡於腹中，而人心亦已去矣。又逐水草，習騎射，此胡人之所利，今反棄之，但坐啗中國之金繒，而漸嗜奢佚之為樂，此特天亡胡時也。萬一虜衆兵其主而南報怨於燕，燕人懼其塗炭也，必求救於我，朝廷即當遣良將勁卒以拊援燕人，且行復吾境，否則幽薊之地皆漢有也。如曰未能，則是朝廷坐眂燕人之將斃而授其首於群胡，俾得血肉也。其必反怨於朝廷，而愈懼胡人之仇，已無難矣。設有慷慨豪俠如荊軻輩復出於其地，一呼其徒而響應之，南驅以避仇釋怨，竊恐大河以南不得而有也。臣兩使河朔，頗究邊事，今既耳剽其說，心惟其勢，豈敢嘿焉而不言。為今計者，莫若練兵實邊，逆為北備，使胡馬不敢牧於南，此先時之長策也。朝廷垂聽而留意焉。

鄭獬論西夏事宜狀奏曰：臣近獲賜對，條列西羌狀，陛下不以臣愚陋，垂屈天意，咨其長論，至於還綏州，赦楊定，陛下雖以臣言為是，然竊觀聖語躊躇而不盡似有隱計不欲暴於外者臣退而惑之豈有執議之臣趨時窺利將有所邀乎蓋邊隙之萌其曲不在彼是以諒祚敢肆其禍心誘楊定而戕之自定之死如朝廷能鞭撻四夷之暴則宜聲鐘鼓而伐之何為忍愧至今未能發一卒以問罪是不獨無辭其實力不足耳則瘡痛之在邊猶未愈也今幸而諒祚死稚子方在人股掌之間酋豪相謀懼未能固其國故馳使以告其禮甚順不失藩臣之體陛下所宜照其肝膽而存撫之既已納其衆則不宜反有所邀以怫其向義之心若責其殺楊定必使割地乞盟然後還其綏州而貸其顯殺之誅如此則恐非帝王綏遠之大略乘人之喪欺其孤兒因告哀之使屈之以圖利夷狄聞之不有窺中國之淺深乎而議者乃用此為奇貨將以售寵市功於己之小智則可而豈不謬為國之大計哉方元昊之梟張竭天下之力而距之而竟不覩獻廟

奏議卷之三百四十四　六

之俘又冊之以主號啗之以金繒乃得其歸款而盟不於此時摧其兇焰以示威德之强乃於孤兒之喪謀其小利是豈足稱雄哉彼綏以零丁不支惟天子之命是從匍伏請盟割橫山之地歸于我我得之猶且不武況彼君臣尚能倔强於一方萬一如有不奉詔則我又將柰何遂爾刼持其使而使之必從耶遂循遣將練兵必討其不恭耶是二者又非至理既無可柰何而復置之則我無乃返屈與是無疾而自灸也故不若不邀之為善誠能講襲故事立其幼子明告之曰殺楊定者爾父也罰不及嗣我已赦之向之邊臣擅城綏州又欲歸汝以楊定之死故不可今還汝如此則中國之恩威重于夷狄如泰山矣彼雖鳥獸豈無啾唧躑躅之感而疑之禍由此可解夫釋金石之成議圖圭黍之末利虧損國家非全計也朝廷如欲經營四裔則今之羌雖孱孫酋家用事必不能相下方且有釁因機制變陛下

少進之然非今日之事也臣自种諤結隙已來以為朝廷之憂無大於此者故曉夕講劘思有以弭其患少報陛下收柔之恩所以每當機會屢言之不已伏望陛下奮獨見之明攘斥邪議一舉而夷狄懷遂安中國豈不美歟前日誅种諤之機既以失之遂有楊定之恥則今日之議不宜再失恐有甚於楊定者矣臣之慺慺不勝至願

熙寧九年樞密使文彥博上奏曰臣以衰拙昏耄何足仰承聖問然以久當柄任蒙國恩深義激於中敢不罄露庶伸補報之萬一夫戎狄之情貪利忘義從古以來載於書史者詳矣自真宗朝與通好所以息民幾八十年未嘗犯順惟慶曆初來我西事未弭故有邀求餌之而已當時載立誓書亦古尋盟之義也歷觀前代中國與戎狄通好未有如今

奏議卷之三百四十四　七

之悠久蓋朝廷謹守信誓至雖瑣瑣細故亦不夠生變改是以戎人亦不敢輕有希求自數年前累來妄理白溝館地及要拆去鋪屋況誓書之中明載雄州所管白溝兩朝遵守已久且信誓之辭質於天地神祇告於宗廟社稷此而可渝何以享國今蕭禧重來又決於雄州北亭交割禮物其意欲以雄州北亭為界其如誓書何誓書若不為憑即代北之地止以圖籍照驗宜其不以為據原其貪心亦因慶曆初西事未平之際求黃嵬之地朝廷容易棄與之又致今日妄有侵理誠如聖詔所謂虜情無厭勢恐未已臣亦謂虜因此妄起釁端聖意謂萬一不測何以待之臣以謂中國御戎守信為上必以誓書為證彼將何詞以允縱騁詭詞難奪正論臣又以事理度之事固有逆順理固有曲直順而直天必助之逆而曲人不與之若虜人不計曲直

利害。肆其貪狠。敢萌犯順之心。朝廷固已嚴於預備之要。足食足兵。堅完城壁。保全民人。以戰則勝。以守則固。止此而已。臣又聞用兵之道。兵應者勝。不得已而用之。此所以天必助之。大抵中國之兵。利在為主。以主待客。以逸待勞。理必勝矣。亦應兵之道也。臣伏詳詔書曰。思所以待遇之要。禦備之方。切料聖意慎於舉動。尚慮發言盈庭。各有異論。或曰先發制人。意在輕動。或曰乘其未備。襲取燕薊。事不審處。恐將噬臍。非王師萬全之舉也。伏願陛下垂意熟察之。今朝廷分置將官。整齊器械。固得之矣。然將校偏裨。更須慎擇其人。又河朔頻歲飢荒。糧餉用度窘之。充索計置。若兵連未解。物力殫屈。即誤國大事。切要先事而辦。乃無後艱。至於不急煩費事。須裁節。在臣本道者。亦當續次奏聞。臣識淺才薄。思慮不周。伏望聖慈稍垂省覽。寬其罪戾。臣無任惶恐之至

元祐六年。夏人款塞乞還侵疆。戶部尚書安燾言。地有非要害者固宜予。然羌情無厭。常使知吾宥過而息兵。不應示以厭兵之意。哲宗立。復仍前議。二府遂欲并棄熙河。燾固爭之曰。自靈武而東。皆中國故地。先帝有此武功。今無故棄之。豈不取輕於外夷。於是但以葭蘆等四砦歸之。元祐二年。進知院事。時復洮河。擒鬼章。燾宜然。二邊小靖。而亞塞猶苦寇掠。燾言為國者不可好用兵。亦不可畏用兵。好則疲民。畏則遭患。今朝廷務戒疆吏非舉國入寇。毋得應之。則固畏用兵矣。雖僅保障。實墮其計中。頗復講攻擾之策。且乾順幼豎。梁氏擅權。族黨酋渠。多反側傾望。若有以離間之。來必不田戈而復。必此一奇也。其後夏人自相攜貳。使來修貢。悉如燾策

元豐間。中書舍人曾鞏乞存恤外國。請著為令。上言曰。臣昨任明州日。有高麗國界託羅國人崔舉等。因風失船。飄流至泉州界。得捕魚船援救全度。從此隨捕魚船同力採捕。得食自給。後於泉州自願來明州。候有便船。却歸本國。泉州給與沿路口券。差人押來。臣尋為置酒食犒設。送在僧寺安泊。逐日給與食物。仍五日一次別設酒食。具狀奏聞。臣奏未到之間。先據泉州奏到。奉聖旨。令於係官屋舍安泊。常切照管。則臣存恤舉等。頗合朝廷之意。自後更與各置衣裝。同天節日。亦令冠帶得預宴設。竊以海外蠻夷。遭罹禍亂。漂溺流轉。遠失鄉土。得自託於中國。禮義所出。宜厚加撫存。令不失所。泉州初但給與口券。差人徒步押來。恐於朝廷矜恤之恩。有所未稱。檢皇祐一路編勅。亦只有給與口食指揮。今來聖旨。令於係官屋舍安泊。常加照管。事理不同。緣今來所降聖旨。未有著令。欲乞今後高麗等國人船。因風勢不便。或有飄失到沿海諸州縣。並令置酒食犒設。送係官屋舍安泊。逐日給與食物。仍數日一次別設酒食。闕衣服者。官為置造。路道隨水陸給借鞍馬舟船。具析奏聞。其欲歸本國者。取稟朝旨。所貴遠人得知朝廷仁恩待遇之意

神宗時。晁補之上書論北事曰。臣窮年把經。志願局促。綠衣紵絮。多學無益。竊甘野人自曝之溫。輒昧廣廈重裘之燠。退無尸祝尊俎之位。進于庖人操刀之職。不計僭越。冒言天下之事。陛下赦其狂瞽而矜其市井草莽。有介然之心。一賜察省。天下幸甚。天下之治。莫大於制禮作樂。而臣之愚。以謂二事有在於施設之後者。其所先舉者已定。天下晏然。則禮不制而備。樂不作而洽。凡此所缺。特北胡一事而已。臣思之至深。以謂陛下神道

設教紀綱既正天下大定燕居而高拱百工安職四民樂業矣而不能無一朝之事或經聖慮者庶幾在此延臣之狂瞽而深思所至有取萬一則臣區區窮年抱經志願局促猶不為綠衣紵絮多學無益夫豈惟天下幸甚臣之師教臣亦若此也北胡猖狂竊冐故疆使天下百年有為兵不得藏令四野肅清邊不告遽而縉紳先生四方寒士或北首憤悱爭道利害者非願於太平無為之時生事覔功特以中國之地前王之舊有未復而已獻言陳計者踵相接於國陛下優而容之如假種借耕久貸不償亦不以券責豈非周慎再思萬舉萬全以謂將欲取之必固予之不欲以所重試所輕哉內治未具不遑外憂心腹既寧手足當治以今準昔莫利此時置而不念何以異夫宿兩坳池科斗所泳不以時去設不害事而鼃黽日喧乃臣之所願為陛

下深思者特曰以中國之師責中國之地得地而師解未為無名如此而已陛下知兵之道愈於黃帝復古之功過於宣王披圖在目長想遠慮則窮髮龍堆螻蟻藏情不待前箸而臣私憂過計竊不自揆忘己之愚不敢膠柱鼓瑟御馬以書陛下一發天光使得竭忠則言而有罪非臣所敢避也夫北胡之盛莫盛漢唐而所以制胡亦漢唐為得三王以前事則經見戰國之際人自為防編舉悉數則孰與四庫之書終始為備百執之謀同異致詳故臣輙皆置而不論漢唐之所以制其彊者其彊可制則方其弱時不論可知漢病匈奴唐病突厥至於畿內鳴鏑渭橋按轡後宮辱於氈裘宗室降於絕域其形如此之逼也然而列五單于滅而突厥擒回紇制延陀漢南塞北皆漢之賊盧龍松漠皆唐之府臣深思至此然後知北胡之盛雖莫盛於漢唐

而所以制胡亦漢唐為得也冒頓烏維力足以弊漢而武帝雄才數戰不倦匈奴絕幕自以漢不能至而漢率二三歲一出或二千里不見一人故匈奴至於孕重墮殰罷極苦之夫搏鼠當庭善遁易失灑垣燻穴則生無聊賴故欲戰在我則不欲戰在敵此其情自昔然也頡利突利進如飈風而太宗知兵善戰虜在其術中而不悟兩陣馳語二主坐擒六騎臨水群酋奪魄盡朔之境曰我將滅之命有司更所與書為詔若勑思摩孱懦至感恩流涕願為一犬守吠北門蓋五十年無突厥患臣嘗壯二主以謂得一時之權置三王之事則漢唐之事猶在中策何遽無策乎今臣又計之耶律雖桀驁其彊亦未有以過匈奴突厥者陛下神武不殺高越前世制之得術可使繞指惟上之命何至越百餘年而不暇營哉臣請為陛下言契丹可取之形五古

者北胡無大君長種落部族不相統攝捽搏鬬擊彊者為制往往而聚者百有餘戎勝不相推敗不相憂尺地一民不自保而有也無城郭邑居故其民遷徙難制無耕田作業故其人食足不勞無文書約束故其人一而易使無營陣行伍故其人戰自趨利彼以其智力之全不治四者而一之於鞍馬射獵中國亦以其智力雜治四者日夜不息而以應夷狄之專鬬其自視常以無法勝中國利則為合謀而從人不利則雲散四去欲追無所自冒頓盡有北垂之地胡人始不安其舊而有侈心尺地一民皆欲保而有之不能去也其後衞律教單于穿井築城治樓以藏粟或者以謂胡不能守降及唐世尤以合中國之好為重至佩印綬服爵命廢一置一皆決於朝廷亡虜之在中國者或樂而忘歸胡人自是益雜中國之俗乃臣以今料之則盧龍

范陽中國故地。又非特如此而已。城郭邑居。耕田作業。文書約束。營陣行伍。四者皆因漢俗而胡無一焉。雜處而交治。欲其胥而胡不知彊勉之難堪。此其可取之形一也。昔頡烏維伊稚皆席匈奴之始彊。能以其力為中國患。武帝中年力盡於北。胡而朔方之患無歲無之。然匈奴卒不能踰塞而南。以有漢尺寸之地。而陰山草木茂盛。單于之所依阻者。漢輒奪焉。匈奴失陰山之後。過之之人未嘗不哭也。頡利突利延陀之兵。皆號精悍。數入寇唐。一旦至渭上。薄畿內。唐亦以其南征北伐之餘。力完不孝日削月剝。至奪之地而隸都護府。不敢輒怨。蓋未有坦然肆志窟宅中國之地。咸獲諸夏之民。如耶律之多者。至嘗計之。其君亦非有冒頓頡利等輩。況毅雄勇之姿。阿保謹特有天命。而德光之暴。以謂晉之立自我。晉亦不勝其德而屈之。驕子不制。日益侈大。割地弗厭。至

踐中國。此如黔中之驢。土所不產。方其一鳴。虎為遠遁。而其技止此。亦足悲也。夫人之情。勝則驕。驕則不自彊。秉秋未霜。則水濱之腐草猶足以爭明於陰夜。天寒既至。萬物將肅。則莫或使之一夕而零。其理然也。璟與明賢皆柔懦不事事。隆緒稱多謀。未能復振焉。宗真好樂。兩世爭權。至內相殘。當是時。皆有可乘之隙。而中國不取。迄於今四十年。彼其君苟非有過人之才。臣知今日之治。與璟明宗真未大異也。夫知敵之主。知敵之將。則每戰不殆。彼曲我直。我整彼亂。此其可取之形二也。石氏之割地。當其需人之力。制命在外。無以異於晉鼠穴河外之列城。買人而已。無積仁累義之資。一朝而有天下。舉天下之大。偲偲然常恐其不能守。何暇重割地哉。譬窮室之人。驟獲千金。未能經營。販夫孺子。皆得以起而制其弊。當家臣室。力足以仁其四鄰。則四鄰之外。所衣食者。猶我有也。尚誰得而齒之哉。石氏既亡

京師不守。中國為之一虛。當時人君內憂其腹心。外病其四鄰。中國狼顧自救之不暇。故胡人得以竊計其不及圖。已而跳踉虛喝。求以堅中國不動之心。至於柴周。天下小定。以其享國之日淺。乃能用一朝之議。一戰而勝。以復三關。由是言之。胡雖陵中國。雖積衰之餘。猶足以勝之。況治朝哉。耶律明時。胡已浸盛。柴周之取三門。蓋人有告之者曰。此本漢地。何惜之有。然則彼其平居鷙然不顧。跳踉虛喝。豈固敢吝其非已有之。今為所常守之資哉。求以堅中國不動之心而已。今國家百年太平。而陛下神武不殺。高越前古。心有所懷。威動萬里。叔世臣豈敢議。然以今天下言之。適偶聖人。時在千一。富萬柴周。力萬柴周。將賢則萬柴周。士勇則萬柴周。斷而必行。鬼神且避。以幡小寇。勢易破竹。此其可取之形三也。太祖龍興。不折一矢。不馳一馬。而有天下。天下稽顙而稱臣。五國委命而下。吏夏商之興。莫若此之捷也。

當是時。舉中國之兵十二萬而已。太宗皇帝繼以神武之資。經營四方。至于大定。并汾之討。師久於外。雖迄奏功。然倉廩之費。士卒之銳。殫憊於河東。太宗為社稷長慮。慨然太息。有恢復心。士不施弓。馬不解勒。倍道兼行。越數百里。一日出塞。金鼓之聲。如在天上。虜不素備。而燕城遂圍。分軍收城。所向輒靡。天下以謂遂無胡矣。幽燕之人。老弱登埤而望乘輿。無意復戰。虜之計自謂力不足抗。乃為先聲張言兵至號五十萬。太宗重愛民命。不肯以力服虜。欲退脩德以懷之。而師久翱翔。士馬南首。亦有怠意。幾舉而拾燕。既釋圍而諸將所下輒復為胡。蓋臣聞之。城中有謀執其帥而降者。王師既還。莫不泣下。雖然胡入自是始有疑中國之心。四方已定。中國厭兵。景德之後。乘中國下虞。大舉來寇。章聖北巡。天意助順。張弩竊發。遂隕撻覽。虜初頑自失。屈首請命。亦無復鬭志。當時之議。以謂不勝席卷而翼避詩大

軍從後可使無遺噍而天子哀其既服亦棄不戮虜始痛自懲艾以謂中國不可得而侮也夫太宗以收并汾之餘力計議無素倉卒北狩然而一舉幾復章聖以寇出不虞至犯輔郡出師逆擊然而一戰逐却况今陛下席祖宗積累之舊虜不加彊而中國之盛則倍前日肉食之謀芻蕘之言甚數十年已審已備計成而動何慮不獲此其可取之形四也太祖神武有希世之謀御將訓兵臨機料敵出人意表舉天下之衆宰制役使如視嬰兒嘗謂胡人之衆不過二十萬吾以十縑購一胡二百萬縑足矣以太祖神武左右之將不減衛霍滅越滅吳滅江南滅蜀滅河東天下已安四方之金帛充於內府士卒平居無事奕博超距志意無所騁當是時中國特不舉設有為虜孰能禦之者天下百年無水旱兵革法度致備人物阜安以三十年之通制國用山積水委漢唐所無則成太祖之志臣以謂在於今日

陛下建學設科使為士者知兵須教立法使為兵者知戰十有餘年墮慢疲軟之氣既復拯矣而堅甲利兵羨於四邊備州小戎不移而且臣竊以北道三數者言之通都要路一庫之藏足以衣被十萬況濟之以大司馬之備驃騎西征艫師南略河湟六城交州九郡歸命內附而飛輓之煩不及於邊民此其前古未有也舉事動衆宜百日之費者今千日之費不憂之宜百金之賞者今千金之賞不憂匱蓋非徒以厚賞重賞為得也要以為前世之所不為者知今日之能為之而已順流建瓴如風靡草以臨不加彊之虜此其可取之形五也兵法曰取兵之極陛下亦既知形則不圖而何待臣請為陛下言所以入胡之策夫欲興大事所病者兵不衆食不充天下之言者必曰舉二十萬衆費百日糧鳴鼓而攻之以臨不加彊之虜如孟賁之戰嬰兒何往而不可入而臣獨計以謂非勝之難所以入虜者實難以

樊噲之驍悍自意得十萬之衆足以橫行於匈奴而或者曰樊噲可斬夫使好奇之人不度是非不量利害高論而忼慨其言固甚可喜然空語無施於實事則陛下尚誰取之今臣則不然舉二十萬衆費百日糧非三年經營之不可借使以國家之盛一朝而可集銜枚縛馬口千里奄至雖計甚秘而人固有知之者矣繇十許州塘水之濘以彼入非易故我入亦難阻塞而陣燕亦起而拒白溝之南兵雖衆食雖充非勝不能入也臣請為陛下效臣之狂計蓋昔者尉陀畔越漢兵出豫章出會稽而唐蒙獨上書發巴蜀罷人下牂牁以出越人不意卒擒尉陀蜀姜維拒劍閣鄧艾乃潛自陰平馳無人之地七百里卒降劉禪兩人者若校之以事而索其情則皆近乎不知迂直之計而臣則以謂論越與蜀者不如是則不可得而入今虜之勢亦何以異此臣請先為樓船百艘精甲萬人浮膠東待渤海而勿發使大

軍出次於王畿聲言以十萬出瓦橋瓦橋敵所備出亦此入亦此在兵法則所謂以正合者也潛軍其東以五萬則自滄趨平州同時而偕發潛軍其西以五萬則自代趨雲州同時而偕發平雲非敵之所素備則滄代之兵宜易入而翼偕縱則燕之東西可援矣東軍入平州戰且誘以稍西行附於瓦橋之軍矣西軍入雲州戰且略朔翔乎蔚朔之間而東以牽制敵勢敵必分軍以禦雲州然後瓦橋之大軍與東軍合勢南偕入則涿州新城不戰而可收東軍既棄平州平州備少鮮然後渤海之精甲可以乘間入平州平州下則營并舉矣乃間使渤海之師通高麗曰中國責故地高麗宜以爾兵從而祈渤海之精甲三千背道絕險以徑中京之南繞古北之後奪關而守之謹守勿戰虜狼狽自救然後雲州之西軍鼓而東以取易州而與大軍合吾兵益張乃稍乘勝逐北則燕城可圍矣度燕城之大二十七里

而止一人而守地六尺三圍之則滿卒三萬守地無餘以二十萬衆
頓燕南攻而圍之若適三萬則是野戰以拒虜之大軍者猶十七萬
也度虜之大軍亦不過二十萬盡燕城之大而以五萬人實之不能
容矣虜之名統軍在燕城者其所護契丹奚渤海兵馬數才滿三萬
而其曰侍衛在燕城者騎一萬步一萬而止借使臣所聞未實虜能
益之度燕城之大不過容五萬則既勃蹊矣而大軍相持倉囊未決
其勢不相救以三萬銳師濟以臨衝雲梯之械并力而急攻間使張
良陳平不愛千金從反間以蹈城中臣虜之子孫能以禍福諭其衆
使內附者許以封侯萬戶之賞彼其在虜或身居將相而服衣食飲
不免於輿皁之賤一聞德音宜有發憤內應如望幷汾之師者一人
有心則舉燕城之內其勢搖矣燕城可圍則山前後之地雖未盡復
可徐致也臣又率臣之意料之使虜能出上策中國之師始動虜無

空國逆戰亦以二十萬拒大軍而更練奇兵間道他徑反乘我隙我
大軍遠戍深討而虜兵出於不意釋燕而自圖則前功一發而盡廢
欲勿釋耶而自治未可安能治人然而舉塞上十許州言之大軍出
尾橋矣又五萬出滄五萬出代虜亦以其軍三析之而應我滄翼其
右而霸與信安保定介其間使堅壁勿戰則虜雖出奇兵亦必不能
入霸入信安入保定代翼其左而保與廣信安肅介其間使堅壁勿
戰則虜雖能出奇兵亦必不能入保入廣信入安肅何則吾為之守
者素也置是數者自渤海之東言之操舟於水固非虜之所宜便而
其所不當忽萬一可虞意者其西北之疆乎昔唐安祿山以范陽亂
稱兵道胡中犯京兆不朞月耳臣嘗考之圖志則祿山所行自燕而
西其跡具存不可不察也國家方恢復河湟全秦之力河湟之所仰
或者思患而豫防之蓋全秦之地以待虜之出於不意如此而已臣

又率臣之意料之今單于之才未聞其沈毅雄勇敢為難制如冒頓
烏維頡利突利等輩比者其左右賢王谷蠡亦非有如張說所稱闕
特勒暾欲谷之徒超卓過人之才帖帖然慕中國學文字工語言是
口尚乳臭安知出上策哉虜計出於數者而皆不能逐則臣之所料
不過舉國興師烏合蟻聚而已使虜先能扼古北口而守之渤海之
舟師無以伺其利則我東軍扼弥老符家私亭口之右以西軍扼挑
峪紫荊金坡口之左使其東西不能出奇而後大軍鼓行而陣以挑
其南虜進不能拒退無所逃不力戰求勝則必有內顧自保之心此
在兵法所謂窮寇臣請勿薄勿逼緩而持之置曹王居庸等關而無
奪以開其生路我亦視白溝之南塘水之浸所徑歸者狹何以異於
淮陰泜水之傳食東西與北三面薄阻而背阻塘水則士卒無所往
其心宜固當是時陛下得人如韓信使乘其會則擽而扼之於井陘

莫利乎此願為陛下將者如何耳臨衝雲梯器械致脩士力致完以
中國之善攻而加不能善守之虜則二十七里之城而已何為而不
下燕城下空其積以賞戰士以臣度之三年可以無飛輓自京東西
與河朔之列郡更輦繙數以實之臨以重臣列亭障於外燕可守也
陛下以河湟六城之富孰與全燕河湟邊遠城中素空匱中國且能
保而實之則全燕之富其易守可知也惟其城郭邑居耕田作業文
書約束營陣行伍無一不出中國之舊今以中國之法守之其民宜
易安燕城既守則凡石氏之故地猶不盡舉者未之有也雖然臣猶
有說者則在乎先勝而後戰夫入人之地欲其不迷不可以不知地
索人之情欲其不匿不可以不明間地可知間可明而軍無選鋒則
兵不可以交有選鋒而不較長短不合外助則雖多猶寡也臣請為
陛下言所以必勝之道陛下誠得數十將用之則何患夫四五者為

今之處士已知兵兵已知戰而臣獨過計以謂今選於班列以將名
官者悉未試而已矣將欲興大事不可以無重臣重臣君所信功業
已試可使士卒素附可使四夷知畏可使位重德亦重可使擁重威
亦重可使舉一軍二十萬之衆而重臣得其人事之命定矣千夫長
萬夫長才各不同則舉二十萬之軍大吏偏裨二百人而後可也夫
安能皆得重臣者而使之將要之有司之選耶則天下必有蕭何之
至明然後可以知韓信之未試不然則趙括之易言不窮天下幾何
其不以言而信之人之才有不能治一妻一妾者有不能耘三畝之
宅者持籌挾筴擐甲百萬守地千里翛然不勞乎其間忘昔之短也
平居自喜袒裼而摟搦志如飄風而聞金鼓之聲失氣而死此人之
情也然則將其可以不試哉天下之言兵曰微妙者祖孫吳然臣以
謂是何以異於宋人之遺券密數其齒而曰吾富可待豈不誤哉陛

下知人能若與大事遂大將帥既已得其人矣凡此臣不敢議然臣
以謂舉二十萬衆而為之吏者二百人所試者在此而已子文之治
兵終朝而罷不戮一人子玉之治兵終日而罷鞭七人貫三人耳然
而君子與子文李廣之行軍逐水草不擊刁斗程不識之行軍嚴斥
候擊刁斗自衛然而士卒樂李廣將之才固不可而一也孫武之試
於吳也以婦人孫臏之試於齊也以上中下馬用之於婦人用之於
馳馬非將之常也兩人者唯其無所不可用以成功故卒之武能將
吳以入郢臏能將齊以卻魏豈不用其試哉驪山之閱天下擐戎服
以令賢如郭元振幾以失軍容而誅而薛訥縱礮乃獨有不動之軍
教使然也今天下之吏以將名官擁兵栖習軍事者環列於輔郡近
數十人平居無事夫車駟馬洋洋乎國中與之言兵而不能者幾人
若此臣豈敢以為遂乏才哉凡所以必待試而後可用者特不敢以

能之於平居無事而信其用之於倉卒擾攘也陛下知人則哲能官
人用人之仁去其貪用人之勇去其暴用人之智去其詐皆得其所
以用則向之四五者凡可以委之大將而已以二十萬之衆度百日
而後罷廝役在焉人日糒二升則率兩日而食非萬石不可百日則
百萬千日則千萬邊儲不足以給則不可不權而入之於民今天下
之買爵者緡錢五千髙得一尉下乃助教極矣為之說者曰商賈之
子孫不可以揭而加之於民上此為說者之過也天下無賴之民游
手不業計窮力盡者皆起而為兵能犯矢石致顛首有一日之勞則
紆朱懷金美爵厚廩往往而加之民上者皆是也何獨至於民而疑
之天下之民不幸而陷於盗賊白日殺人而奪之財亦可棄矣甚者
竄山林晨夜聚嘯州里為之搖動其中有一人焉造利而自言則賞
千金而命之官未始疑也則夫商賈之子孫雖其類則賤矧未至於

盗賊哉臣請為賣爵如漢故事惟勿為郎而已其餘皆可易之以他
秩得比朝籍與京師官悉能入粟於邊滿三萬石者為之等級以擢
事定而止不過假百人粟可充也昔武帝用晁錯議卒弱匈奴乃臣
區區意竊在此陛下幸聽焉則其詳有司可得而講也何謂知地夫
四夷之與中國其土地風俗剛柔險易之不同猶之城市之與山林
並得其宜各便其欲未嘗同也百蠻之地阻山負海遠者去王畿
數千里一隅有故不得已而應就其近者調之則兵少不足以用欲
置大軍則病道里之遼首尾衡決倉卒不救設或遂能致之其土地
風俗皆非國之所習知舉百萬之衆而頓絕徼之下欲深入不可欲
致敵不能譬之逐兎叢林遇穴而失則良鷙逸足猶翺翔傍徨雖巧
而無所效其理然也東南西南群夷皆絕遠致險論其近而與中國
比者則莫若北胡古者北胡則本非與中國近且此也踰塞而北至

於寒露遠野人跡所不至者乃稍稍屯聚蓋李牧破林胡雖斥地千里而胡不能吞自漢至唐迄於五代始侵尋曼衍寖有中國之地自王畿而言則白溝之南千里而近耳置驛十數則舉朔漢之事十日而傳之可聞城郭邑居漢也耕田作業漢也文書約束漢也營陣行伍漢也舉山前後之地而言之無為而非漢者臣嘗披圖而觀起白溝趙燕城二百里而止居庸曹王大安黍谷崆峒之山環抱如箕而燕城峙其中自白溝而北衆山而南燕城之四隅在箕中者其地如掌由燕城之三隅東西與北衆山之塞川關要害遠者不過四百里近乃二百里而止山非不可陟也水非不可涉也土地風氣水泉百物之產又非中國之所不習也徒可徒騎可騎車可車何動而不可圖正可正奇可奇伏可伏何動而不如欲願為陛下將者如何耳何謂明間夫書生之論以謂仁義之兵無術而自勝此臣讀孫子至所

謂賞莫厚於間事莫密於間非聖智不能用間非仁義不能使間非微妙不能得間之實臣始不信今乃知之夫使仁義之兵無術而自勝則敵衆我寡亦勝敵彊我弱亦勝敵實我虛亦勝敵逸我勞亦勝敵有備我無備亦勝而聖人者何事乎教民七年而後即戎而其曰不教民戰是謂棄之者又何用也夫仁義王者所以無敵於天下不得已而去焉兵可去而去仁義則不安至於不得已而用兵仁義非可忘而所謂權焉者蓋聖人亦多有之而未嘗去也孫武無王佐之才而其言有用於王者之事間非平日之所宜先也故非聖智不能用非仁義不能使非微妙不能得其實始此而已聖君恭之以獲夷狄之心賢將持之以制三軍之命士卒獲之以幸封侯之賞夷狄聚之則四境不能以是一日而安其理然也秦得由余而八國賓燕入秦關而東胡破漢厚闕氏而冒頓解唐語突利而頡利疑此中國之

以間勝夷狄者也韓王信在胡而匈奴入太原盧綰在胡而匈奴入上谷中行說在胡而漢不得美幣市匈奴以至於唐突厥以萬榮侍子而寇瀛州回紇以僕固懷恩而入涇陽此夷狄之以間勝中國者也自昔兵家之用間者一勝一負不可得而數姑以中國夷狄之制勝負者言之在中國則夷狄憂在夷狄則中國病此其理易知而其事難成不可不察也今臣以北胡之勢言之山前後之民大槩皆思漢并汾之事王師在燕有謀執其帥而降者誠能得張良陳平不愛千金以致內應猶反掌耳唐周鼎失沙州州人胡服而臣虜歲時祀父母衣中國之服號慟而藏之河廣武梁故時城郭未[illegible]龍支城耋老見唐使者拜且泣曰頃從軍沒於此朝廷尚念之乎臣讀史書至此則慨然知燕之地士大夫之子孫宜有發憤不辱欽氣南首而望王師者徒患無以發之耳以契丹之舊法言之其得漢人皆僕妾役

之仕宦而顯者歸見其主如舊禮殺漢人而以牛馬償之弗誅也迨蕭氏乃始徙漢人盡北居而以契丹奚渤海之民雜處幽薊殺漢人者如殺人之罪自以謂漢人之子孫可懷矣然臣處之燕之人皆謹厚朴茂世漢種也終不能胥而胡白溝新城峙立而相望漢之俗良美也不幸而子孫世世為虜[illegible]人不忘起盲者不忘視勢不可矣天下誠不乏張良陳平之智[illegible]千金仗社稷之神靈所麾前移所指前死五間俱起莫知其道是謂神紀裹幽薊之城百日而平使彼粟實可因而食使彼粟廩可因而墟也地可知間可明矣然後合三軍之士而表其拔且勇者此之謂選鋒越有君子五千人秦之鬭士倍於晉若此皆選鋒也凡兵尚義而保氣義之所勝愚可明氣之所加柔可彊人之情非有頓利之殊也顧上所以表之者何如而已一夫當死市袒裼而不呼則千人為之失色童子授劒而先登則七尺之

丈夫全軀保妻子者猶為之卻也然則人之情豈固難知也哉前有大壑臨之則睨墮而懼狼狽卻踵則身在平地夫誰肯舉足而蹈其危使為士卒者知有死之榮無生之辱夫然後碩平地不為安蹈大壑不為懼則攻何患堅城戰何患堅陣哉吳起臨陣有一夫不勝其勇還前取首而還吳起曰雖勇非吾法也斬之吐蕃逼奉天渾瑊進單騎馳之挾虜一將躍而出二軍皆譟臣以為若此者皆可賞勿誅而吳起反之此用兵之過也鋒可選然而不校長短則臣以謂兵不可以交何則天下皆以北胡為善用兵而臣獨計胡非能出奇合變循環無窮也頎其長在騎射而已自圖志言之多馬之地率出於胡而其能挽弓騎射蓋亦天性使然趙武靈王變服從胡騎射而由是以取中山此其為策之得者非以其所長制其長哉冒頓控絃百萬白登之圍騂駹驪白各以其方之色自古以馬戰未有如此之盛者

也漢武帝中年銳意馬備阡陌之間咸戎成群比戰數勝匈奴罷極矣而其後亦以馬少不能復出則度漢之能以其長弊匈奴亦在騎不在徒明矣唐薛延陀不知以所長抗中國而自恃其數以徒勝執馬者既收而徒不能復為卒以取敗胡人自是益自知其短於徒而中國亦暴其所長而銜制之比者朝廷置騎射又教民畜馬意良而法美矣而或者民之馬雖畜而未教故臣以謂置義勇置保甲則民馬皆可以假而習夫馬生其水土則人心可知然而教訓之不安以之當胡馬之新羈朝夕馳騁乎荊棘斥澤之地體安而心調者恐非敵也陛下誠用臣說則義勇保甲之籍於民者方其教時皆使之習騎騎不足則更借之乎民馬嘗入而籍諸官者番假之則民力不勞而馬不病不過三年天下皆可用之馬以是佐軍則漢之戰何以易此雖然猶有所需者則外助而已自昔為國未嘗不以夷狄制夷狄

其談以謂海瀆之蚌鷸兩自斃而後人能并得之匈奴方病漢而烏孫昆彌亦自以不得與中國通漢籍烏孫撫諸夷以孤匈奴之外援校尉常惠護五將軍兵擊胡而昆彌常力戰為漢軍鋒所殺過當匈奴遂虛於是丁令攻其北烏桓入其東烏孫擊其西而匈奴析其兵支三敵國以南與漢爭一旦之命卒以困弱至於裂五單于昆彌與有助也臣嘗譬之鄉邑之小盜三人而為輩則百人不得以力擒一人焉爭財而不平則二人者不制而自斃何則其素相知者審也陛下南面負扆冠帶而朝百夷四海之內八荒之外心有所懷唯上之所命適者高麗折於胡不敢越遼而西以効其一日之力於中國陛下能撫之至絕海蹈越綿數千里而入貢闕廷陛下嘉納遣使報聘增美於祖宗之禮臣聞之其國見使者至皆懽喜擁道自慶未始獲也彼其折於胡久矣宜有以逞其志如烏孫昆彌者而臣未敢言焉凡

此數者陛下得一重臣而委之與在廷一二之士嘗得預聞腹心者皆可以使之雜而議然後臣之策庶幾乎可効也兵既定石氏之故地已復臣請謹封疆嚴斥候戒邊吏無得以非中國之地而利絲毫以為功且示聖人以天下為度而致誠信以結之虜雖失燕知其本中國之舊而不以為吝中國亦與之講好修聘懽猶昔時可使如伯氏之奪邑沒齒而無怨言此百世之計也臣身未嘗為吏則凡國中之議是非利害未知其果何從姑以臣深思所得發於畎畝憤悱之患而不能以自揜者獻之闕下陛下好問如虞舜亦幸擇焉韓愈曰凡此蔡功惟斷乃成故臣至此猶願致其愚者則曰必行而已以臣之幼而學壯而欲行之心而又幸出於聖人之世三代之時以戴非常之治沐無窮之休褒衣博帶學古人之事而名諸生之列每聞陛下德音雖在六井草莽欣喜自幸如第五倫其所願佛嚎道說以求

補於萬一者。豈特此書之所叙而已。然臣竊以謂禮樂為大。而必其所先舉者已定。天下晏然。然後禮不制而備。樂不作而洽。區區之愚蓋在於此。臣身賤跡外。其學甚野。輒敢不避鈇質之誅。而冒言其所不當預之事。懷不能忍。憤悱自致。無以異於傳之所謂怒鼃。而幸人君之一式。陛下揭日月之光。而蔀屋之幽得以容。則臣踈遠之言庶乎可採而無罪。若乃安畎畝之賤。而不知聖人之世。三代之時。非常之治。無窮之休。親逢之會為難遭。則臣之倀倀。不出門庭。其失時亦極矣。伏惟陛下萬機之閑。一留神聽焉。天下幸甚。天下幸甚。臣無任俯伏待詔激切之至。臣補之誠惶誠恐。謹昧死再拜。

歷代名臣奏議卷之三百四十四

歷代名臣奏議卷之三百四十五

夷狄

宋哲宗元祐元年。門下侍郎司馬光論西夏劄子曰。臣伏見神宗皇帝以夏國主趙秉常為臣下所囚。興兵致討。奮揚天威。震動沙漠。虜擒其種落。竄伏河外。諸將收其邊地。建米脂義合浮圖葭蘆吳堡安疆等寨。此蓋止以藉口用為己功。皆為其身謀。非為國計。臣竊聞此數寨者皆孤僻單外。難於應援。田非肥良。不可以耕墾。地非險要。不足以守禦。中國得之。徒分屯兵馬。坐費芻糧。有久戍遠輸之累。無拓土闢境之實。此衆人所共知也。三師既收靈州不克。狼狽而歸。卒疲食盡。死亡頗多。西人知中國兵力所至。自此始有輕慢之心。是以明年邊臣築永樂城。虜潛師掩襲。覆軍殺將。塗炭一城。久之又舉一國之衆攻圍蘭州。期於必取。將士堅守。僅而得全。虜自是銳氣小挫。不敢輕犯邊矣。臣聞此數寨之地。中國得之。雖無所利。虜中失之。為害頗多。何則。深入其境。近其腹心。常慮中國一朝討襲。無以支吾。不敢安居。是以必欲得之。不肯棄捨。二年前虜嘗專遣使者詣闕。深自辨訴。請臣服如故。其志無他。止為欲求其舊境而已。朝廷既許其臣服。虜來請舊境。則朝廷乃降指揮。其前則云。所以興舉甲兵。本欲執取罪人。救拔幽辱。非有意侵取疆埸土地而已。其後乃云。兵將已得些小邊土。聊示削罰。豈可更有陳乞還復之理。此則朝旨首尾已自相違。又興師本為振拔秉常。拒命者國人之罪。豈可更削秉常之地。於理差似未安。王者以大信御四海。羌戎雖微。恐未易以文辭欺也。於是虜既失望。憤怒怨懟。移文保安軍。辭理不遜。云今來賀正旦人使。難議發遣。自是正旦生辰。乃至陛下繼明。皆不遣使入賀。其不臣大矣。然而去歲四遣使者詣闕弔慰祭奠。告其母喪。并進遺物。理雖不備

稍示屈服。臣竊料虜意不出於三。一者猶冀朝廷萬一赦其罪戾。返
其侵疆二者陽為恭順使中國休息陰伺間隙入為邊患。三者久自
絕於王國其國中貧乏使者往來得賜賚之物且因為商販耳。昔衛
貳於晉晉取戚田。及衛人既服郤缺曰曰衛不睦故取其地今已睦
矣可以歸之叛而不討何以示威服而不柔何以示懷非威非懷何
以示德遂歸戚田于衛今西人所為如此朝廷既不能拒絕勿受其
使。又不能招納與之更始俟來則迎送館穀以賓客待之。不來則一
無所問。曰復一日將踰二年。臣竊意朝廷謂西人勢已衰弱心實內
附故來則不拒去則不追置之度外不以為虞殊不思數年前王師
大舉深入將士所過烈於猛火。割其疆場暴請而不還彼怨毒欲讎
報之心寢寐欲乘釁之意日夜不忘若渴者不忘飲盲者不忘視也。
譬如有虎狼在屋側垂頭熟寢人豈可見其不動狎而侮之循其頭躡

其尾邪。臣每思之終夕寒心。以臣愚慮於今為之。止有二策。一者返
其侵疆。二者禁其私市。何謂返其侵疆凡天子即位。天地一新滌瑕
蕩穢。小大無遺。昔趙佗自稱南越武帝。僭強嶺南。漢文帝即位赦其
大罪。遣單使往諭之。佗稽首請服。累世為臣。李繼遷似據西陲十有
餘年。關中困弊。真宗皇帝即位。赦其大罪割靈夏等數州除其子趙
德明為定難軍節度使由是邊境安寧者四十年。此乃前世及祖宗
之成法。非無所依據也。今秉常之罪不大於繼遷也。米脂等寨。不多
於靈夏也。陛下誠能於此踰年改元之際特下詔書數其累年不來
賀正旦生辰及登寶位等不備之禮嘉其弔慰祭奠使國母喪遣遺
物之勤。曠然推恩盡赦前罪自今已後。貢獻賜予悉如舊規廢米脂
義合浮圖葭蘆吳堡安疆等寨令延慶二州悉加毀撤除省地外。元
係夏國舊日之境並以還之。其定西城蘭州議者或謂本花麻所居。

趙元昊以女妻之。羈縻役屬非其本土。欲且存留。以為後圖猶似有
名。其夷狄者不一而足俟其再請或留或與徐議其宜亦無所傷。至
於會州尚在化外。而經略司遽稱熙河蘭會虜常疑中國更有闚境
之心。不若改為熙河岷蘭經略司如此則西人忽被德音出於意外。
雖禽獸木石。亦將感動。況其人類。豈得不鼓舞抃蹈。世世臣服者乎。
議者或曰。先帝興師動衆。所費億萬。僅得數寨。今復無故棄之。此中
國之恥也。昔漢元帝棄珠崖。詔曰。朕日夜惟思議者之言。羞威不行。
則欲誅之。通於時變。則憂萬民。夫萬民之饑餓與遠蠻之不討。危孰
大焉。遂棄之。此乃帝王之大度。仁人之用心。如天地之覆燾。父母之
慈愛。盛德之事。何恥之有。國家方制萬里。今此尋丈之地。惜而不與。
萬一西人積怨憤之氣。逞凶悖之心。悉舉犬羊之衆。投間伺隙。長驅
深入。覆軍殺將。兵連禍結。如曩日繼遷元昊之叛逆。天下騷動。當是

之時。雖有米脂等千寨。能有益乎。不惟待其攻圍自取。固可深恥。借
使虜有一言不遜而還之。傷威毀重。固已多矣。故不若今日與之為
美也。此國大事。伏望陛下留神熟慮。更與執政詳議。以聖意斷而行
之。不可後時。失此機會。悔將無及。何謂禁其私市。西夏所居氐羌舊
壤。地所產者。不過羊馬氈毯。其國中用之不盡。其勢必推其餘與他
國貿易。其三面皆戎狄。鬻之不售。惟中國者羊馬氈毯之所輸。而茶
綵百貨之所自來也。故其民如嬰兒。而中國乳哺之矣。寶元慶曆之
間。元昊負恩僭亂。屢犯邊境。大入則大利。小入則小利。中國未嘗蹈
其境。破其軍。禽其將。屠其城。有害於社稷也。而首尾六年。元昊遣使
因緣邊吏。卑辭納款。頓顙稱臣。雖其惡積罪盈。欲懷音革面。原其私
心。未必不貪中國之財。思私市之利故也。舊制官給客人公據。方聽
與西人交易。傳聞近歲法禁疏闊。官吏弛慢。邊民與西人私交易者

日夕公行彼西人公則頻遣使者商販中國私則邊鄙小民竊相交易雖不獲歲賜之物公私無乏所以得偃蹇自肆數年之間似恭似慢示不汲汲於事中國由資用饒足興事中國時無以異故也陛下誠能却其使者責以累年正旦生辰及登寶位皆不來賀何獨遣此使者拒而勿內明勅邊吏嚴禁私市俟其年歲之間公私困弊使自謀而來禮必益恭辭必益遜然後朝廷責而赦之許通私市待之如初然邊民與西人交易為日積久習既為常一旦禁之其事甚難何則若以常法治之則有司泥文動循繩墨追問證左逮捕傳送之人停匿之家奏裁待報動涉半年如此則徒使邊民麗刑者衆獄犴盈溢而私市終不能禁也夫三尺之限空車不能登峭峻故也百仞之山重載陟其上陵夷故也今必欲嚴禁邊民與西人私市須權時別立重法犯者必死無赦本地分吏卒應巡邏者不覺透漏官負衝替兵士降配仍許人告捉獲者賞錢若干當日內以官錢支給更不以犯事人家財充如此則緣邊六路各行得一兩人則庶幾可以聳動人耳目令行禁止人不敢犯矣然人存政舉此事全在邊帥得人昔龐籍為河東經略使下令禁邊民與西人私市有熟戶犯禁籍斬於犯處妻孥皆送淮南編管一境凜然無敢犯者其後施昌言為環慶路經略使亦禁私市西人發兵壓境昌言遣使問其所以來之故西人言無他事只為交易不通使者懼其兵威輒私許之法遂復壞若邊帥未能盡得其人則此法恐未易可行不若前策道大體正萬全無失也

光又乞未禁私市先赦西人劄子曰臣於今月三日上言以西人未服中國不得無憂而邊備不敢少弛不自揆其狂妄獻二策上策欲因天子繼統曠然赦之歸其侵地與之更始下策欲嚴禁私市俟其

屈服然後赦之然禁私市甚難立法極嚴又邊帥得人然後能行不若前策之道大體正萬全無失也今竊聞執政用臣下策止令禁私市又立法不嚴邊帥未盡得人若邊吏拘文獲一漏百私市滔滔如故或此路禁絕而彼路放行如隄防一存一亡將何所益如此適足以激怒西人使益發悖心安肯屈服萬一微犯邊境或表牒中形不遜語至時朝廷轉難處置悔之無及不若用臣上策早相彌縫縱未欲還其侵地且下詔書責而赦之使彼此安心時難得而易失不可忽也況本欲因天子繼統蕩滌其罪今日行之已為太晚若更遷延則赦之無名茲事繫國安危若俟執政論議僉同恐失機會誤國大事伏望聖意獨斷行之勿復有疑天下幸甚若有執政立異議乞令其人自入文字若依從其議他日因此致引惹邊事當專執其咎

光又乞先赦西人劄子曰臣於今月十二日上言乞以天子繼統曠然更始宜下詔數西人之罪而赦之縱未還其侵地且行此策以安邊境至今聞執政議尚未決臣之愚意以為封內未安未可圖外故欲急行臣前策以羈縻西人且可數年邊鄙無事朝廷得休息戍兵安養百姓待國力完備家給人足然後奮揚天威討貳柔服何所不可若行臣前策可以萬全行臣後策有得有失豈可弃上策而用下策捨萬全而就有失也太平興國中李繼遷反西陲不解甲者十餘年關中困竭寶元慶曆之間趙元昊叛屢入為寇覆軍殺將自是中國虛耗不復富實今國家理財未得其道民力困窮於下府庫窘乏於上又新遭大喪山陵纔畢自去年十月初以來不雨雪干勢甚大若萬一激怒西人微出一不遜語則并臣前策亦不可行矣今因天子即位未久西人外迹未有不順故臣願朝廷旦夕汲汲行之機會難得時不可失此臣所以惓惓進言不已者也若萬一激怒西人致

生邊患。兵連禍結。士卒殄盡於鋒鏑。生民困竭於轉餉。餓殍蔽地。盜賊蜂起。為國家慮。豈不危哉。而執政方以為西人微弱。不敢復動。數遣使來。誠心內附。置之度外。不以為虞。今復因執先禁私市之議。又立法不嚴。邊帥不才者。不先易去。行之太早。不能中節。一旦禍生所忽。邊鄙震驚。乃始歸罪戎狄。豈不害國事乎。臣於今月三日所上言措置兩邊事。雖盡二策。因以還其侵地。責而赦之。為上策。嚴禁私市。待其數年貧困來服。然後赦之。為下策。所謂絕私市。非立法至嚴。師臣智勇。此法恐未易可行。不若前策道大體正。萬全無失。非臣前後返覆。靜言庸違也。朝廷比來擢臣於冗散之中。使預聞國論。蓋亦誤謂臣微有益於國家。非徒采其虛名也。臣之不敢終辭。亦欲竭盡疲駑。少酬大恩。非苟貪於祿位也。今盡忠謀國。而為衆所嫉。臣尚留此。有何所用。此國大事。伏望陛下早審察二議。從其長者。若聖意以臣言為然。乞御批依臣前策。若降付三省樞密院。執政仍有固守已見。爭之最力者。乞如臣前奏。令自入文字。言先禁私市。保得他日必不致引惹邊事。如其不然。身執其咎。

光又乞不拒絕西人請地劄子曰。臣近具劄子奏乞於今月八日隨執政延和殿進呈文字。復蒙聖慈遣中使封還。令依前降指揮。臣不敢再三固違聖旨。然臣區區之心。所以欲於八日入對者。竊見夏國宥州有牒。稱已差人詣闕計會。所侵疆土城寨。竊慮其日進呈上件文字。此乃邊鄙安危之機。生民休戚之本。不可不察。臣自今年二月初以來。累曾上言。乞因新天子即位。西人恭順之際。早下詔書。赦其罪戾。待遇如故。如此則控縱在我。天子之體正。休兵息民。夷夏之心安。不幸虜人有一語不遜。一騎犯邊。則此詔不可復下。無何臣在病假。不得面論。人心不同。為衆所奪。日復一日。遷延至今。虜先遣使來且求侵地。指陳兵端。辭意寖慢。前所議詔書。已不可下矣。既失此機會。即日使至。應答亦難。若悉從其所請。則彼益驕而無厭。若悉拒而不從。則邊患由此而起。今就二者之中。寧為百姓屈己。少從所請。以紓邊患。不可徼令憤怒。致興兵犯塞。以困生民。所以然者。靈夏之役本由我起。新開數寨。皆是彼田。今既許其內附。豈可猶靳所侵地而不與。彼必曰。我自天子新即位。卑辭厚禮以事中國。庶幾歸我侵疆。今猶不許。則是恭順無益。不若以武力取之。彼小則上書悖慢。大則攻陷新城。當是之時。不得已而與之。其為國家之恥。無乃甚於今日乎。以小喻大。譬如甲奪乙田。未請而與之。勝於請而後與。若更請而不與。則彼必興鬬訟矣。此是非利害。明如白黑。臣竊慮進呈之際。群臣猶有見小忘大。守近遺遠。惜此不毛無用之地。結成覆軍殺將之禍。兵連不解。為國家憂。伏望陛下決自聖志。勿聽浮言。為兆民計。

文彥博輔佐四朝。熟知虜情。此可謂軍國重事。願陛下詢彥博以決之。

光又乞撫納西人劄曰。臣先於二月中曾上言。乞因新天子繼統。下詔悉赦西人之罪。與之更始。雖未還其侵疆。且給歲賜。待之如故。此道大體正。萬全無失。既而執政所見。各有異同。遲難遷延。遂屏棄不行。臣竊聞今來西人已有關報。定使副詣闕賀登寶位。國家若於此際。又不下詔開而納之。萬一西人蓄怨積憤。肆其悖心。或有一騎犯邊。或於表牒中有一語不遜。當是之時。雖欲招納。乃是畏其陸梁。威毀重傷恥如之。臣之前策。亦不可行矣。伏望陛下令三省樞密院將臣三月三日、十二日、十六日并今來所上文字。一處進呈。臣愚欲為國家消患於未萌。誠惜此機會。夙夜遑遑。廢寢忘食。陛下若候詢謀僉同。然後施行。則執政人人各有所見。臣言必又屏棄。邊境安則中國安。此乃國家安危之機。伏望陛下以臣所言甚易行而無後

害可使華夷兩安為利甚大斷自聖志勿復有疑取進止
辭維諭息兵弃地上奏曰臣竊見先帝時大興甲兵西討夏國始以
問罪為名既亦收其土地遂致夏人有辭違失恭順夷狄之俗以不
報仇怨為恥今其國力漸復必來攻取故地若不幸復為奪去則先
帝累年勞師所得一旦失之已為可恥若興師攻戰則邊隙自此復
開兵連禍結未有已時臣切思兵之不可不息者三地之不可不弃
者五請為陛下陳之伏惟皇帝春秋尚富太皇太后深處九重豈嘗
習聞軍旅之事萬一寇兵犯塞調撥兵應接不暇或恐震驚上心焦
勞聖慮此兵之不可不息一也自靈州之役永樂之敗關陝之力凋
耗上風未復今若再興大役必有失律違命散而為盜賊者外虞方
作內患又起臣恐朝廷之憂不在夏國此兵之不可不息二也綿地
千里屯兵數十萬必藉沉謀重望之臣為之統御忠義英勇之將出

當戰鬬幹事宣力之臣促辦錢糧歷數見在之臣復推近事之驗恐
未足以充此任者又器械皆捐弃之餘帑庾有乏絕之憂此兵之不
可不息三也先帝以秉常受朝廷爵命而國母擅行囚廢故發兵問
罪今梁氏已死秉常復位所為恭順有藩臣之禮若復其故地則神
宗問罪之名不為虛語嗣皇賜地之意實成先志此地之不可不弃
一也朝廷自得熙河之地歲費緡錢五六百萬以上所得愈多所費
愈廣拓地之無利亦已明矣此地之不可不弃二也議者或以為蘭
州距夏人巢穴至近最為形勝自餘亦有要害可以增置城壁弃之
非便陛下欲再興師旅收復靈夏之地則存之可也若無此意勞人
費財以奉空虛之地則是又添一熙河也陛下以清淨為心仁惠為
政切恐此事不當更興於今日此地之不可不弃三也遼夏二國世有
婚姻且有脣齒之勢萬一遼國移書援先帝興師之辭以梁氏死秉

常復位為其請所失之地則先得我之義理而奪我之機會矣此時
朝廷欲與地則是聽遼國之命而恩歸於彼若不與則是彰先帝之
過虧大國之信而邊患復興矣此地之不可不弃四也中國之所以為
可貴者為有禮義恩信也夷狄之可賤者以其貪狠暴虐也今操可
貴以臨所賤則中國可與其所欲以成吾所不欲則夷狄服此地之
不可不弃五也臣聞古公亶父居邠為夷狄所攻欲得地與民民皆
怒欲戰古公不忍乃去邠而居于岐山之下邠人舉國扶攜老弱從
公于岐山之下旁國聞古公行仁亦多歸之古公周之先也其後世
因其仁愛得民至於文武遂有天下今乃奪人之地又欲殺人之父
兄而守之與古公異矣陛下試計修德行仁之榮與用兵拓地之利
孰為多少誠能於此時特降明詔盡以向者所得之地賜還夏國則
其君長荷陛下之恩意人民感朝廷之惠澤至於隣敵聞中國之行

仁政吾民與兵知人主之惜民命其懽忻之聲戴荷之心將有甚焉
伏惟陛下鑒古公之修德亮愚臣之忠計發自誠心斷而行之臣料
不獨夷狄感悅上天鑒德助順亦且福祐無疆矣書曰惟德動天又
曰至誠感神矧茲有苗此皆前代帝王行之已有成效願陛下勿疑
若夫計已往之費除難保之地耗金帛動兵甲以爭不可知之勝負
而且有後患皆世俗之常談豈足為陛下道哉
維又乞息兵棄地劄子曰臣近具奏聞除論兵之不可不息者三地
之不可不棄者五利害甚明極有義理竊恐邊防之機陛下或未盡
經聖慮乃不避喋喋再有陳述且思當今所宜無出此策願陛下詳
覽而深思之若爭地用兵則向後患禍不可知矣陛下若發誠心以
息兵愛民為意自足以動天感人亦不須待其求請地然後賜之也
又古人以禽獸待夷狄但當自計利害不當與之校也臣竊謂朝廷

今日未是用兵勞人之時前代聖王屈於夷狄非一皆是此意今之
所處義理甚高非有屈也又臣今所言須及時為之乃可若夏國與
兵來犯北虜貽書為請地則失我機會不可用矣古人脩德行仁
不計一時利害何則脩德行仁之功大世俗所計利害小相去如天
地之遠又臣此策可以實先帝問罪之意廣陛下行仁之德內厭士
民之心外消夷狄之患願聖意速行天下幸甚
司諫王岩叟論西人請地狀奏曰臣累月前嘗上疏論天下之大害
曰莫如熙河蘭會之坐弊中國願陛下早圖之今聞西人入朝以請
地為事陛下念生靈安樂遠久之計深以此事屬謀國大臣而聞大
臣議論參差無一定之策切度聖心感之未有以處臣以謂聽言之
道必以事觀之則一言可決國家未開拓以前唯以信義為重夷狄
之心不敢輕侮故邊患少邊患少故民力紓民力紓故人心安人心

安故兵威彊兵威彊所以能制夷狄而不坐弊中國開拓以來以有
限之財供無窮之費以無窮之費資無用之地國力已困而不可支
人心已危而不可保兵威已沮而不可恃於此時當修復信義為天
下休息計豈可固執更增後日之患也昔漢桑弘羊輩請田輪臺之
田以威西國武帝下詔深陳既往之悔曰前有司奏請欲益民賦三
十助邊用是重困老弱孤獨也今又請遠田輪臺是擾勞天下非所
以愛民也今朕不忍聞乃封丞相田千秋為富民侯以明休息富養
也今議者欲請留蘭皐而田之何以異此惟陛下鑒武帝之所以悔
於終者早悔之幸甚至宣帝時魏相請罷車師之田元帝時賈捐之
請弃朱崖郡唐相狄仁傑亦請弃四鎮立斛瑟羅為可汗又請弃安
東卻立高氏李德裕亦請勿保安西是數人皆一時之賢豈不為國
家惜威靈重弃其地哉蓋不欲貪外耗內疲竭生靈徇虛名受實弊

遺國家之患也今窮荒之地於國家之勢不以得為強不以失為弱
識者皆曰去大患以自全乃所以彊耳夫得地不如養民防人不如
守己今因其有請而與之足以示懷柔之恩結和平之信又失此時
後日兵連禍結中國厭苦而為腹心之患陛下雖欲舉而弃之將不
能矣臣竊議者不過曰十餘年間竭天下之力而得之寧忍一旦弃
之乎此不知經遠者之論也夫已耗之民財已傷之民命既非悔可
追矣而後日之患猶不慮之乎今則當何時而已耶又不過曰恐啓
無厭之求益生邊患不如勿與此不知自處者之慮也夫彼求者無
名則我報者有辭無名之求勢當自屈且彼雖夷狄既已與之寧不
知恩尚何無厭之請耶若有恩以結之猶恐其來則無恩以與之將
如何哉臣聞開邊之初其費不可以數言罷兵之後歲歲常費猶不
減數百萬一有騷動其將柰何陛下須念此皆出於中原生靈膏血

夫中原者陛下據之以制四夷者也而以生靈膏血塗窮荒不毛之
地欲為垂世長久之計豈不誤哉此事萬萬無可疑惟陛下留神早
賜睿斷天下幸甚
元祐中殿中侍御史呂陶乞早定蘭會議上疏曰臣聞朝廷之安危
不繫於疆土之廣狹中國之盛衰不在於夷狄之違順取與守難易
不同其術內與外輕重各異其宜知守之為難則不敢易於所取知
內之為重則不忍輕以事外此得失成敗之機也昔之聖人大有為
於天下者莫不欲震耀皇武以威四夷空其巢穴絕其種類使之竄
伏奔走而惟令之從其規模權略豈非恢宏深遠哉然天下之勢或
至於不能成者此雖可為後世惜亦可為後世利也臣恭聞太祖皇
帝嘗出幽州圖以示趙普普對曰此必曹翰所為翰往必可得幽州
然陛下既得幽州則以何人代翰太祖於是默然持圖歸內臣又聞

太宗皇帝太平興國中，既平汾晉，車駕遂北，欲乘勝取范陽，王師所至皆克，棣降者亦衆，竟以士卒疲頓，轉輸迴遠，乃班師而歸。雍熙中，又嘗詔欲親征，會有岐溝之敗而止。夫以二聖之睿謀英算，徘徊指顧，而四海混合，豈獨一幽州而不能取哉？蓋不欲以大定之天下而耗其力以事一方也。恭惟神宗皇帝聖智高廣，有削平夷狄之志，既取熙河，又復蘭會，方將一舉而滅西夏，不幸棄四海矣。則今日之計，固宜權其輕重，審其難易，而決其予奪也。夫元元之疲瘵，可謂甚矣，陛下深知其然，加意惠養，仁澤流行，非特一事，夙夜焦勞，既勤且至，然而邊鄙有深憂，國家有大費，則生民何時休息哉？所謂蘭州、定西城、龕谷寨者，久在封域之外，一旦取而有之，地不可耕而食，人不可牧而使，廢垣頹壘，如狐兔之宂，輦金帛以具版築，而郡縣力困於饋挽，驅士卒以嚴戍守，而肝腦或至於塗地。今日運鏹數百乘，明日致粟數百鍾，然後有累月之用，環而視之，則帑廩又空矣。平居無事，一歲之費凡二百萬緡，烽候忽警，安可勝計？坐耗中國，莫甚於斯。如火銷膏，不自知覺，非朝廷之福也。臣嘗觀有唐之盛，其君臣不勤遠畧，不賞邊功者，蓋不欲使國家捐虛名而生民受實害爾。儻得無用之地，終則捨之，或因而封其酋長，俾之自守，請舉一二以明之。太宗既擒頡利，剖其故地，置都督以統之，擢其長為郎將者五百人。又嘗克平九姓，冊李思摩為可汗，使率所部建牙於河北。又嘗以鐵勒迴紇等十三部內附，遂置六府七州，各以酋帥為都督刺史，叛則誅之，服則懷之，得推亡固存之義，無費財勞人之役，何必利其土地，然後為勝哉？魏鄭公、褚遂良、溫彥博、狄仁傑輩皆持此議，莫不欲肥中國而綏生民也。以今天下民力凋弊之後，太母垂簾保祐聖君，措置為事，尤宜安靜，以享太平之福，彼窮遠荒徼無用之地，固當割棄以

賜其酋長，如唐故事，因而封之。一則全恩信懷柔之體，二則息饋運轉輸之勞，三則免攻戰死亡之憂。朝廷大利，莫過於此。然則大臣之議，遷延而不決者，必曰先帝神武聖機，有鞭笞四夷之意，復數百年陷沒之地，其功可謂大矣，今輙棄之，無乃隳大功，損盛德乎？臣愚竊謂不然。夫中國之待夷狄者，惟恩威二柄而已。方其未服，則威以屈其力；及其既從，則恩以懷其心。於是取與之權，我嘗兩得於內，而逆順之勢，彼不能逃乎其外。先帝昔取之者，威也，故其力屈。陛下今與之者，恩也，故其心懷。然則何累於功德哉？亦足以成先帝之志矣。向日大臣不能堅守誓書，沮折虜使，乃捨緣邊數百里襟要之地而與北狄矣，豈數百里之襟要則可捐，而數城之孤虛則不可弃乎？且彼數百里者，存之未有損，去之未有益，而遂去之；此一州二寨者，去之則為利，存之則為害，而反存之，又非通論也。況守之與弃，義不相須，可與不可，一歸於必有必可守之策，然後有必不可弃之理。今一州二寨之地，久陷異域，一日復歸於我，則事將至於必爭，爭則有勝負，是未可必守也。處未必可守之勢，持必不可弃之論，臣恐異時之悔有甚於今日矣。昔貞觀既平高昌，彼其地為郡縣，號西昌州。魏鄭公諫以謂不出十年，隴右且空。既而置安西都護府，調兵徙罪人以戍。褚遂良諫以謂宜擇高昌可立者立之，召其首領悉還本土，書皆不報。其後突厥寇西州，太宗悔不用褚魏之計，亦可為今日監也。臣願陛下參酌古今之變，早決蘭州之義，無使重困生民，久生邊患，則天下幸甚。

諫議大夫范純仁乞誅鬼章狀曰：臣近日親聞宣諭，欲留鬼章在邊，以招其子。臣等奏對，不若且令到京，再蒙德音，三省密院且更商量。止鬼章於洮路，所到處別聽指揮。臣有管見。已曾錄與文彥博已下

看詳亦合上瀆聖聰具畫一條件如右一朝廷獲罪人若畏其子弟之強防其讎嫌而不誅則典刑廢矣如梁乙逋之輩假設獲之若有強子弟則亦將費蔡養矣若止欲存鬼章而招其子則有逐件利害一若存鬼章以招其子必曰我父之存由我輩在我若皆往則父子俱死如此固無束身歸朝之理若使復統部族効力伸報則鬼章常宜存在忽然死亡則適足為其怨叛之資却貽後日之患一鬼章本非君長止緣誘殺景思立而覆其軍干犯先朝罪大而告于裕陵設若留之有用尚恐不快神明之怒今留之無益則告陵之典乃是虛行一鬼章今已七十餘歲設使可系其子之心亦無多日況更因處異鄉憂愁寂寞其死朝夕可待既死之後其子必却歸怨朝廷雖諭以善終亦必不信兼是解紛向罪人之子深損朝廷威重若任其疑怯則彼必曰既悞我降而殺我父則將怨叛有名一存鬼章若不稍

使寬足則必無聊而死若使之寬足則戰士當星霜矢石之苦皆有不如之歎一鬼章自先朝以來前後殺害中國兵將番漢人民萬數極多死者冤憤莫伸其家孤寡窮獨之人恨不臠食其肉今得朝廷生獲日望藁街之戮以快存歿之冤而得存養供飼過於有功之人徒使激憤幽明有傷和氣一朝廷賞功雖不繫鬼章存歿然用命死戰之人見朝廷將其所獲怒而誅之則其心喜快若釋而養之則其心憤鬱今大冦未平尤當體察將士之情一鬼章之獲本由熙河蕃將怨其害已故對游師雄憤怒請行今既冒死獲之使其不得甘心亦恐惰其鬭志一交趾方欲妄起事端若鬼章戮於京師則四方易得傳聞交人亦將寢謀兼使其他夷狄尊畏中國一阿里骨昨令兼籤來求鬼章俟得然後納貢若存鬼章近邊不惟阿里骨以不如所請邀延為名未肯納貢兼其詞已曰鬼章在漢在胡一般若今留之

在邊厚加奉養卹其羸瘵則正行阿里骨之言彼將市恩於鬼章之子何暇復感朝廷哉一誅鬼章則上可伸先帝之怒其次可正朝廷之法使夷狄知畏又其次可雪踏白南川之讎增戰士之勇快人神之憤又可使阿里骨知朝廷果於誅惡不敢侮慢邀求早肯納貢此一舉而數利從之也

純仁為尚書右僕射論不當許阿里骨與鬼章相見疏曰臣竊見昨日文彥博與樞密院堅欲令阿里骨來使與鬼章相見欲其子結叱捉得知父在審實可以繫累其心臣愚以為不然鬼章是西蕃驍將身繫其國輕重未擒之前敢與中國相抗既擒之後遂便狼狽納欵則其要藉鬼章灼然可見然其謝罪之始既已推過本人雖與劉舜卿蕃字中曾乞放還未敢便於朝廷陳請今若得與其使相見其心必猜朝廷別有意謂歸國却須生心或請放鬼章歸國如夏國乞還城

寨之類至時必須堅拒却致嫌怨復生若更於不與之間忽然病死則必謂朝廷因其請而殺之尤可為阿里骨舉兵之名則是今日使見未必為利適足為他日之害也又況大國舉動當使夷狄難測使其知存足以示恩使其知亡不能生怨今區區欲悅其子悉使見我之情恐生輕慢之心亦似有虧大體若陛下以大臣之言須至依從則乞假將來常貢之使因事漸通消息則亦足以使知陛下容貸之恩伏望聖慈更將臣言子細審詳庶於幾事無害蓋鬼章就擒已久彼國自已絕望故於納欵蕃字之內一切歸罪鬼章若却使之相見深恐復生覬望之心結叱捉等既知朝廷顯示其父必以得見為期後若不遂其心而死却恐嫌隙再生更乞聖意深加詳察

純仁又論不當授鬼章陪戎校尉疏曰鬼章自先朝作過陷沒將卒最多近日南川之圍殺害邊人亦衆百里之地為之一空邊人素重

悉雖發只往報偶得檢獲昭告裕陵阿里骨失其強臣亦使納欵既釋先朝宿憤亦快天下人心陛下曲示至慈特貸其死延使族類懷感已是國家權宜今更命之以官於事却恐過當伏惟陛下視民如子賞罰至公今殺匹夫者必就大刑殺衆人者乃獲爵位不惟刑賞倒置看秦典常兼恐被害之家冤憤難訴人情天道兩皆有違伏望聖慈特以臣言子細詳察又言鬼章曾授團練使仍賜金帶尚自不顧恩義謀叛殺害邊人今一校尉何足以收其子心若朝廷久遠要與一官可俟他日不必太速以違人心兼已具劄子奏入昨日同樞密院進呈依已得旨與官則恐臣言未能上動天聽臣以備位宰執叨預朝廷國之刑賞尤當盡心竊緣鬼章俘獻之日親受聖旨令招喚其子歸漢或納質之時與貸生命後來鬼章並不曾肯依詔旨寫蕃字招喚只稱我唯一死如此悖慢違命朝廷尚貸其死已是優恩今更與官恐傷信令所有樞密院關到聖旨未[illegible][illegible]行兼劉[illegible]卿回報溫溪心文字正用鬼章[illegible]遣[illegible]及昨來說邊[illegible]歸罪鬼章圖得不見阿里骨罪過為解今却與[illegible]章官爵即是令[illegible]朝廷不以為鬼章之罪不唯赦阿里骨無名兼使邊臣失辭今後難為應答又欲使阿里骨人使畧見鬼章止欲使知生存寄貸今既有文字來乞則是彼國已知鬼章之存今來人使自亦不消使見却恐[illegible][illegible]別生覬望

勘會捉到西蕃大首領鬼章昨引見日奉聖旨假[illegible][illegible]蕃字招喚得結吼捉等歸漢或納質時與貸生命仍免囚禁[illegible][illegible]於場安下其鬼章後來雖寫到蕃字到熙州及阿里骨亦遣使詣闕謝罪兼朝廷已降回詔訖乞賜詳察

龍圖閣直學士判慶州范純粹乞不妄動以觀成敗之變奏曰臣惟樞密院劄子諸路探報自秉常身死梁氏族人侵擅國事遂致諸部酋豪往往不伏變亂交攻日相屠害雖不住據逐處奏報終未見的確事情緣自來賊中事宜多是歸順人口通說事必真實慮兩界近上酋首因此變亂離析各懷去就或欲據元有州城自守遣託朝廷應援或欲率其部族直謀歸漢願為近塞藩籬若縱而開納即慮從轉生事難保成功若一切拒之又慮反為他國所有為國患轉甚乞審於當今邊情合如何處置致不失事機右三省同奉聖旨令河東鄜延環慶涇原秦鳳熙河蘭會路帥臣密切指揮沿邊官吏若有投來西人如審驗得委知次第即仰相度可否收留仍更切厚與賞物募人遠探所有西界首領若謀歸獻中國仰詳前項所問各以目今邊情向去利害縷細詳究措置條畫實封入急遞聞奏親自收掌不得下司今劄付臣准此右臣除已依劄命施行外伏詳詔旨所問蓋邊防機事尚繫中外安危之本猶如臣之愚頑何足以語此然臣忝膺任使久在邊陲採接審料粗若有得伏見陝西諸路邊防自元豐用兵之後未即解嚴乃者秉常失職諸酋並奮相與吞噬未有寧日方其自顧之不暇尚能為中國患耶在朝廷正宜安不妄動用觀成敗之變今詔旨以謂近上酋首或欲據元有州城自守遣託朝廷應援夫夷狄蟻聚烏散盛衰無常先王列於荒服之外弃而不擾縻而弗絕御戎之策無以過此今彼酋豪於變亂艱危之時欲以內附為名而請朝廷為應援苟可而許之臣不知一日急難有請則朝廷將真應而援之乎應援之舉名正而理勝乎邊兵之衆樂援而悅行乎不為之援則害大信乎凡此數者皆不可不慮也聖朝方以安靜治天下息兵止殺重農務本太平之迹始於今日尚何此策之議哉又詔旨以謂或欲率其部族直謀歸漢願為藩籬昔漢武帝時降胡數萬仰給縣官天子出御府禁藏以贍之後日之害大不可救是知夷狄

為欵附之名。則中國受勞弊之實也。今沿邊諸路自元豐以來所納降羌無慮二萬口。而羌稚無用者十有七八。增耗邊廩。為害已大。其心之向背未可知。故平日間有引而去者。則警急之際。安知其非諜也。然則降羌之無益中國亦已明矣。況彼之存亡興衰有未可知者。異時彼事旣定。復有君長。必曰前日某部某族某人之亡歸中國者。我國叛人也。奈何受之。我今請之。則朝廷將若為處乎。豈不理屈而詞沮乎。此又不可不慮也。或謂彼旣附我。奈何不受。何辭以却之。臣以謂不然。彼之部酋若有以梁氏之禍來告者。若請兵于朝廷者。若據地而願附者。若挺身以降者。朝廷當使邊臣諭之曰。若主不幸。爾乃臣子。當盡死節之義。善為若主討賊而已。尚何來告耶。何但欲脫身而內附耶。我之邊兵方備他盜。而不為爾捕寇也。夫如是則中國豈不甚尊。而名體豈不甚正乎。如此。則彼於異時必曰我變亂患禍

之中。朝廷不乘我之不幸。而存我有德。接我有道。尚得志而負之乎。夫如是。則朝廷之義豈不甚勝。而彼之德我豈不甚重歟。又詔旨以謂若一切拒之。慮為他國所有。臣觀戎狄之性。以種族為貴賤。故部酋之死。其後世之繼襲者。雖繈稚之子。亦足以服老長之衆。何哉。風俗然也。唯秉常父子有國綿久。國人歸心焉。今諸路諜者之言雖曰秉常之死不明。梁氏之族侵擅國事。此特目今之勢然耳。若謂遂能滅李氏之宗而有其國。則臣未之信也。蓋一國之衆。豈無豪傑推李氏族子以繼後者乎。豈遂甘心為梁氏屬乎。臣所謂借使李氏遂有絕滅之禍。尚當爭奪反覆。屠戮相仍。曠日持久。然後定也。夫困獸猶鬬者。冀其或生也。彼有力者方互為爭奪。各將以衆自守。乘隙而奮。覬覦而動。夫必并小。強必吞弱。縱未敢統一諸部。豈不據一隅以自全。固願束手為他國虜乎。臣知他國未能遽有者。斷可識也。借有亡命避患而他附者。不過逋逃之餘種耳。顧何足道哉。夫夷狄相吞并者。中國之利也。若天祐聖世。遂使此羌卒至離析。凡力等而勢均者。各隨土地。自為一部。則於時庶幾有思附大國者矣。雖然。大河之南橫山之地。必附于中國。大河之北。賀蘭之封。必附于契丹。酒泉武威之地。必牽於西域。蓋勢力遠邇之異也。昔呼韓裂為五單于。匈奴分南北庭。自是漢之邊候遂無匹馬之蹤。我之所利。正頗如此。故臣所謂在朝廷今日唯安不妄動。用觀成敗之變者。蓋謂此也。夫中國者禮義之所由出也。臣願朝廷靜占往鑒熟以禮義。參稽古昔。無蹈後患。深敕諸邊將吏。使積粟養士。勵兵戒嚴。從容無為。坐觀其變。應夏國酋領及部族生口有欲歸漢者。並依前降詔旨。一切約回。決無收受。以全中國尊大之體。以破夷狄反覆之謀。如此。則詔旨所謂日今邊情向去利害者。臣愚妄意切以為盡之矣。若夫一得一失。小利小

權。私已喜功。為國生事者。非臣所知也。伏惟聖慈特賜省察。

五年。純粹為環慶路安撫使。論息兵失於欲速疏曰。臣伏見熙延兩路與夏國所劃封疆至今未決。外議謂朝廷務在息兵。失於欲速。故狂寇要索。日益滋彰。雖聖朝懷來四夷。固為上策。若邊臣不究利害。但務委隨。則國體事機不無虧失。何以言之。二聖臨御之始。夏人來朝。繼而秉常訃哀。乾順嗣立。使者往返五六。賈販貿易。隨已豐富。雖脩好甚恭。蓋亦為自資之計耳。在朝廷固宜開納。容彼自新。然於畫土疆未經決議。當徐觀向背。以察姦謀。而朝廷即遣使人往加封冊。欲速之意。為賊所窺。果致侮慢。使人不即稱謝。起兵入寇。延渭被殘。反覆不恭。宜在誅絕。後日復有所請。但可一委邊臣與之要約。示以閑暇。使望望焉唯恐朝廷之拒而不納也。則輕重之權。豈不在我乎。所謂要約者。凡疆界之地。與夫後日之可慮者。皆當條畫具書。必

使異日莫得而變也事既審決邊人始以謝罪請盟之辭聞于朝廷然後明詔中外貸其既往之罪聽其乞盟之請歸吾陷歿之人賜汝既許之地如是則朝廷之體豈不甚尊而制冦之策豈不甚簡歟昨不為此計而聞其有請即許遣朝此又欲速之意為賊所窺者也使人既至朝廷凡朝夕議論往復酬對寧不知皆廟堂謀臣之言乎是碩接太重而許可太輕此又欲速之意為賊所窺者也朝廷既許以陷虜之衆易新造之壘又有品色多寡之異地有形勢遠邇之差約當素明謀當素定定必皆著見于書然後受人割地兩相付與而彼尚何能為乎今謀不素定約不素明彼以疲殘百餘人塞命而已我乃不復較問亟以四壘付之則彼計固已行矣聞四壘付之即已平徼而熙延二境始議畫疆固不晚乎欲速至是其理固然外議但見朝廷旌賞邊臣切意朝廷謂事已平無足慮者豈以其目今貢奉不

爽謂其無事乎彼貢奉不爽者是覆為賈販計耳恐不足恃也前日事之已然者固不可追今日事之可為者若審計而徐圖之未晚也如聞夏賊於塞門金城之地重有邀求之請聲言與西隣為合從之謀將以動我外議恐朝廷不以為重而輕弃之信如是則欲速亦已甚矣朝廷所以謂金城塞門為不可弃者非以兩孤壘之為利也謂其形勢險阻足以藩籬邊徼土田沃壤足以贍給邊兵也利害所繫他壘莫比故獨不在給賜之限令畫疆之議乃欲苟目前之小休弃形勢之要地舍數千戶已耕之土斷數百里斥堠之衛屏蔽無餘出門遇敵道路梗塞運餉艱虞孤壘僅存我將安用譬猶欲保一身而捐去四體是大不可也然則前日詔旨所不予之地徒虛名耳且彼之所求我必與之臣不知真足以厭其所欲而不為他日之患乎失要害之地濟無厭之求虧國體勢墮賊計謀養虎開端不可不謹臣伏思邊隅設暫追今十有餘年未為不久也朝廷不惜十年之費不憚十年之勞而務為堅守者何哉為形勢人民惜也今日之議信如所傳是能久而不能近也前日諸路大舉繼覆巢之計尚能為之今安以待敵而屑就如此是能大而不能小也能大而不能小能久而不能近棄前功於垂成開後艱於不測臣切為朝廷惜之臣願朝廷舍其淺近計於久長其所取予並以元降詔書從事如其偃蹇豈而不問但飭邊吏嚴備如昔希功造事則固所不可護邊待敵則宜無甚難以區區內亂之小羌尚能與中國久抗乎期以歲年決可竟事在朝廷不惑而已臣聞自陝以西議者靡不知此而莫有為朝廷言者是亦以出位為誡耳雖朝廷前此議論邊事專委鄜延他路邊臣無得干預而臣任忝帥寄職在論思今以所得衆人之論妄進狂說則亦未為出位也伏惟聖心採擇不勝大幸

七年純粹任延州乞不許蕃官自改漢姓上奏曰臣契勘本路蕃官自來有因歸順或立戰功朝廷特賜姓名以示旌寵如嵬名山為趙懷順朱令唆為朱保忠是也後來有蕃官無故自陳乞改姓名經略司不為止遏據狀申陳省部亦無問難遂改作漢姓如乙格為白守忠兀乞為羅信是也亦有不曾陳乞衷私擅改作漢姓如盧唆之子為周明是也見今更有蕃官攀援陳乞蓋是自來未有禁約致蕃部無故自以衷私撰改漢姓切詳古者賜姓命氏皆朝廷所以酬功德別忠勤也今乃使夷狄醜類無故自易姓氏混雜華人若年歲稍遠則本原汩亂無由考究漢蕃弗辨非所以尊中國而別異類也須至奏陳乞立法止絕者欲乞諸路蕃族除係朝廷特寵賜與姓名外即不許陳乞改作漢姓所有今日以前不因朝廷賜姓之人並行追改各令依舊如允所奏亦乞朝廷訪聞立法行下

歷代名臣奏議卷之三百四十五

歷代名臣奏議卷之三百四十六

夷狄

宋哲宗元祐中。御史中丞傅堯俞奏曰。臣聞夏人款塞。傳者謂必緣請地而來。臣竊思之。方今邊備未豐。士氣未振。民力未完。賞罰不明。將帥難倚。其尤可慮者議論不齊。平居講事。或經時曠日而不能合。苟必至於用兵。豈能迎機應務。制變於千里之外哉。臣竊為陛下憂之。夫自古和戎未有能抗天威而快人意者。惟所屈者益深。則所伸者益遠。願陛下姑務柔之以德。專以繼好息民為意。則天下幸甚

四年。龍圖閣學士朝奉郎知杭州蘇軾狀奏曰。臣伏見熙寧以來。高麗人屢入朝貢。至元豐之末。十六七年間。館待賜予之費不可勝數。兩浙淮南京東三路築城造船。建立亭館。調發農夫。侵漁商賈。所在騷然。公私告病。朝廷無絲毫之益。而夷虜獲不貲之利。使者所至。圖畫山川。購買書籍。議者以為所得賜予。太半歸之契丹。雖虛實不可明。而契丹之強。足以禍福高麗。若不陰相計構。則高麗豈敢公然入朝中國。有識之士以為深憂。自二聖嗣位。高麗數年不至。淮浙京東吏民有息肩之喜。唯福建一路。多以海商為業。其間凶險之人。猶敢交通引惹。以希厚利。臣稍聞其事。方欲覺察行遣。今月三日准秀州差人押到泉州百姓徐戩。擅於海船內載到高麗僧統義天手下侍者僧壽介繼常頴流。院子金保裴善等五人。乃齎到本國禮賓省牒云。奉太國王旨。令壽介等齎義天祭文來祭奠杭州僧源闍黎。臣已指揮本州選差職員二人兵級十人。常切照管。不許出入接客。及選有行止經論僧伴話。量行供給。不令失所外。已具事由畫一奏稟朝旨去訖。又據高麗僧壽介有狀。稱臨發日。奉國母指揮。令齎金塔二所。祝延皇帝太皇太后聖壽。臣竊觀其意。蓋為二聖嗣位。數年不敢輕來入貢。頓失厚利。欲復遣使又未測聖意。故以祭奠源闍黎為名。因獻金塔。欲以嘗試朝廷。測知所以待之之意輕重

厚薄。不然者豈有欲獻金塔爲壽而不遣使奉表上。因祭奠亡僧遂致國母之意。蓋疑中國不受。故爲此苟簡之禮以卜朝廷。若朝廷待之稍重。則貪心復啓。朝貢紛然。必爲無窮之患。待其已至。然後拒之。則不傷恩。恭惟聖明灼見情狀。廟堂之議固有以處之。臣忝備侍從。出使一路。懷有所見。不敢不盡。以備採擇。

八年。軾爲端明殿學士兼翰林侍讀學士左朝奉郎守禮部尚書。論高麗買書利害劄子。臣近准都省批送下國子監狀。准館伴高麗人使所牒。稱人使要買國子監文字。請詳此印造。供赴當所交割。本監檢准元祐令。諸蕃國進奉人買書。具名件申尚書省。今來未敢支賣。蒙都省送禮部看詳。臣尋指揮本部。令申都省。除可令收買名件外。其策府元龜歷代史太學敕式。本部未敢便令收買。伏乞朝廷詳酌指揮。尋准都省批狀云。勘會前次高麗人使到闕。已曾許買策府元龜并北史。今來本部並不檢會體例。所有人使乞買書籍。正月二十七日送禮部指揮許收買。其當行人吏上簿者。臣伏見高麗人使。每一次入貢。朝廷及淮浙兩路賜予餽送燕勞之費。約十餘萬貫。而脩飾亭館。騷動行市。調發人船之費不在焉。除官吏得少餽遺外。了無絲毫之利。而有五害。所得貢獻。皆是玩好無用之物。而所費皆是帑廩之實。民之膏血。此一害也。所至差借人馬什物。攪擾行市。修飾亭館。民力倍有陪費。此二害也。高麗所得賜予。若不分遺契丹。則契丹安肯聽其來貢。顯是借寇兵而資盜糧。此三害也。高麗名爲慕義來朝。其實爲利。度其本心。終必爲北虜用。何也。虜足以制其死命。而我不能故也。今使者所至。圖畫山川形勝。窺測虛實。豈復有善意哉。此四害也。慶曆中。契丹欲渝盟。先以增置塘泊爲中國之曲。今乃招來其與國使頻歲入貢。其曲甚於塘泊。幸今契丹恭順。不敢生事。萬一異日

有桀黠之虜。以此藉口。不知朝廷何以答之。此五害也。臣心知此五害。所以熙寧中通判杭州日。因其餽送書中不稱本朝正朔。却退其物。待其改書稱用年號。然後受之。仍催促進發。不令住滯。及近歲出知杭州。却其所進金塔。不爲奏聞。及畫一處置緣路接待事件。不令過當。仍奏乞編配狡商猾僧。并乞依祖宗編敕。杭明州並不許發船往高麗。違者徒二年。沒入財貨充賞。并乞刪除元豐八年九月內創立許舶客專擅附帶外夷入貢及商販一條。已上事並蒙朝廷一一施行。皆是臣素意欲稍稍裁節其事。庶幾漸次不來。爲朝廷消久遠之害。今既備員禮曹。乃是職事。近者因見館伴中書舍人陳軒等申乞盡數差勒相國寺行鋪入館鋪設。以待人使買賣。不惟移市動衆。奉小國之陪臣。有損國體。兼亦抑勒在京行鋪。以資吏人廣行乞取。弊害不小。所以具申都省。乞不施行。其乖方作弊官吏。並不蒙都省略取問。今來只因陳軒等。不待申請。直牒國子監收買諸般文字。內有策府元龜歷代史及敕式。國子監知其不便。申稟都省。送下禮部看詳。臣謹按漢書。東平王宇來朝。上疏求諸子及太史公書。當時大臣以謂諸侯朝聘。考文章。正法度。非禮不言。今東平王幸得來朝。不思制節謹度。以防遺失。而求諸書。非朝聘之義也。諸子書或反經術。非聖人。或明鬼神。信物怪。太史公書有戰國縱橫權譎之謀。漢興之初。謀臣奇策。天官災異。地形阨塞。皆不宜在諸侯王。不可予。詔從之。臣竊以謂東平王骨肉至親。特以備位藩臣。猶不得賜。而況海外之裔夷。契丹之與國乎。臣聞河北榷場禁出文書。其法甚嚴。徒以契丹故也。今高麗與契丹何異。若高麗可與。則榷場之法亦可廢。兼竊聞昔年高麗使乞賜太平御覽。先帝詔令館伴以東平王故事爲詞。却之。近日復乞。詔又以先帝遺旨不與。今歷代史策府元龜及北史。切

以謂前次本不當與。若便以為例。即上乖先帝遺旨。下與今來不賜
御覽聖旨異同。深為不便。故申都省。止是乞賜詳酌指揮。未為過當。
便蒙行遣吏人。上簿書罪。臣竊為無罪可書。雖上簿薄責。至為末事。
於臣又無絲毫之損。臣非為此奏論。所惜者無厭之虜。事事曲從。官
吏能徇其意。雖動衆害物。不以為罪。稍有裁節之意。便行結責。今後
無人敢逆其請。使意得志滿。其來愈數。其患愈深。所以須至極論。仍
具今來合處置數事如後。
一臣在杭州日。奏乞明州杭州。今後並不得發舶往高麗。蒙已立
條行下。今來高麗使却搭附閩商徐積舶船入貢。及行根究。即
稱是條前發舶。臣竊謂立條已經數年。海外無不聞知。而徐積
猶執前條公憑。影庇私商。往來海外。雖有條貫。實與無同。欲乞
特降指揮。出牓福建兩浙緣海州縣。與限半年內。令繳納條前

所發公憑。如限滿不納。敢有執用。並許人告捕。依法施行。貼黃。
據陳軒所奏語錄。即是高麗知此條。
一今來高麗使所欲買歷代史。策府元龜及敕式。乞並不許收買。
貼黃。准都省批狀指揮。人使所買書籍。內有敕式。若令外夷收
買。事體不便。看詳都省本謂策府元龜及北史。前次已有體例。
故以禮部並不檢會為罪。未委敕式有何體例。一槩令買。
一近日館伴所申。乞為高麗使買金箔一百貫。欲於杭州粧佛。臣
未敢許。以申稟都省。切慮都省復以為罪。切緣金箔本是禁物。
人使欲以粧佛為名。久住杭州。搔擾公私。切聞近歲西蕃阿里
骨乞買金箔。朝廷重難其事。節次量與應副。今來高麗使朝辭
日數已迫。乞指揮館伴。令以打造不出為詞。更不令收買。
一近據館伴所申。乞與高麗使抄寫曲譜。臣竊為鄭衛之聲。流行海

外。非所以觀德。若畫朝旨。特為抄寫。尤為不便。其狀臣已收殺
不行。貼黃。臣前在杭州。不受高麗所進金塔。雖曾密奏聞。亦已
作臣意度拒絕。兼自來館伴虜使。若有所求請。不可應副。即須
一面説諭不行。或其事體大。即候拒訖密奏。今陳軒等事事曲
從。便為申請。若不施行。即顯是朝廷不許。使虜使悅己而怨朝
廷。甚非館伴之體。
右所有申都省狀。其歷代史。策府元龜及敕式。乞詳酌指揮。事並出
臣意。不干僚屬及吏人之事。若朝廷以為有罪。則臣乞獨當責罰。所
有吏人乞不上簿。
貼黃。臣謹按春秋。晉盟主也。鄭小國也。而晉之執政韓起欲買玉
環於鄭商人。子產終不與。曰。大國之求。若無禮以節之。是鄙我
也。又晉平使其臣范昭觀政於齊。昭請齊景公之觴為壽。晏子

不與。又欲奏成周之樂。太師不許。昭歸謂晉侯曰。齊未可伐也。
臣欲亂其禮。而晏子知之。欲亂其樂。而太師知之。今高麗使契
丹之黨。而我之陪臣也。乃敢干朝廷求買違禁物。傳寫鄭衛曲
子譜。褻慢甚矣。安知非黠虜欲設此事。以嘗探朝廷深淺難易
乎。而陳軒等事事為請。恐失其意。臣竊惑之。又據軒等語錄云。
高麗使言海商擅往契丹。本國王捉送上國。乞更賜約束。恐不
穩便。而軒乃答之。風訊不順。飄過乃是與閩中狡商巧説詞理。
許令過界。切緣私往北界。條禁至重。海外陪臣。猶知遵稟。而軒
乃為歸咎於風。以薄其罪。豈不乖戾倒置之甚乎。臣忝備侍從。
事關利害。不敢不奏。
軾又劄子奏曰。臣近奏論高麗使所買書籍及金箔等事。准尚書省
劄子。二月十二日三省樞密院同奉聖旨。所買書籍曾經收買者許

依例收買金箔特許收買餘依奏吏人免上簿者臣所以區區論奏者本為高麗契丹之與國不可假以書籍非止為吏人上簿也今來吏人獨免上簿而書籍仍許收買臣切惑之檢會元祐編敕諸以熟鐵及文字禁物與外國使人交易罪輕者徒二年看詳此條但係文字不問有無妨害便徒二年則法意亦可見矣以謂文字流入諸國有害無利故立此重法以防意外之患前來許買策府元龜及北史已是失錯古人有言一之謂甚其可再乎今乃廢見行編敕之法而用一時失錯之例後日復來例愈成熟雖買千百部有司不敢復執則中國書籍山積於高麗而雲布於契丹矣臣不知此事於中國得為穩便否昔齊景公田招虞人以旌不至曰招虞人以皮冠孔子韙之曰守道不如守官夫旌與皮冠於事未有害然且守之今買書利害如此編敕條貫如彼比之皮冠與旌亦有間矣臣當謹守前議

不避再三論奏伏望聖慈早賜指揮

貼黃臣點檢得館伴所公案內有行下承受所收買文字數內一項所買策府元龜敘兵雖不曾賣與然高麗之意可見矣

又貼黃臣已令本部備錄編敕條貫符下高麗人使所過州郡約束施行去訖亦合奏知

軾又劄子曰臣近再具劄子奏論高麗買書事今准敕節文檢會國朝會要淳化四年大中祥符九年天禧五年曾賜高麗九經書史記兩漢書三國志晉書諸子曆日聖惠方陰陽地理書等奉聖旨依前降指揮臣前所論奏高麗入貢為朝廷五害事理灼然非復細故近又檢坐見行編敕并具論奏並不蒙朝廷詳酌利害及編敕法意於行但檢坐國朝會要已曾賜予便為收買切緣臣所論奏所計利害不輕本非為有例無例而發也事誠無害雖無例亦可若其有害雖百例不可用也而況會要之為書朝廷以備檢閱非如編敕一一皆當施行也臣只乞朝廷詳論此事當遵行編敕耶為當檢行會要而已臣所憂者文書積於高麗而流於北虜使敵人周知山川險要邊防利害為患至大雖曾賜予乃是前日之失自今止之猶賢於接續許買蕩然無禁也又高麗人入朝動獲所欲頻歲數來馴致五害如此之類皆不蒙朝廷省察深慮高麗人復來遂成定例所以須至再三論奏聞今來高麗人已發無可施行

五年御史中丞蘇轍論不可失信夏人狀奏曰臣聞善為國者貴義而不尚功貴信而不求利非不欲功利也以為弃義與信雖一快於目前而歲月之後其害將有不可勝言者矣昔晉公圍原命三日之糧原不降命去之諜者曰原將降矣軍吏曰請待之公曰信國之寶也民之所庇也得原失信何以庇民所亡滋多退而原降晉荀吳圍

鼓鼓人或請以城叛吳弗許左右曰師徒不勤而可以獲城何故弗為吳曰吾聞諸叔向好惡不愆民知所適事無不濟或以吾城叛吾所甚惡也人以城來吾獨何好焉使鼓人殺叛人而繕守備三月鼓人請降使其民見曰猶有食色姑脩而城軍吏曰獲城而弗取勤民而頓兵何以事君吳曰吾以事君也獲一邑而教民怠將焉用邑鼓人告食竭力盡而後取之克鼓而反不戮一人以世俗言之此二人者可謂踈於事情而怠於功利矣然要其終文公以霸天下荀吳以強晉國則信義之效見於久遠如此臣切觀朝廷之所以御西夏者可謂異矣方元祐三年既受冊命不肯入謝再以大兵蹂踐涇原大臣畏之明年遣使請以所許四寨易蘭州塞門朝廷雖不許大臣務行姑息不俟其請而以歲賜等事許之一歲所賜凡二十萬夏人亦以為命雖以一歲之入易蘭州塞門可也而奈何與之盡自次歲賜

以來朝廷蕩然無復可以要結夏人者然此既往之事臣不復追咎矣頃者夏人既得歲賜始議地界朝旨許以見今州城堡寨依綏德城例以二十里為界十里外量置堡鋪其餘十里為兩不耕地約束既定大臣中悔又欲堡寨相照取直議猶未定而熙河將佐范育种誼欲於見今城堡之外更占質孤勝如二堡大臣僥倖拓地之功不以育等為非從而助之尋為夏人所破所殺兵民皆不敢以實聞繼脩城門并被焚毀其事至今未寒然夏人迫於內患不敢堅抗朝命許以照直為界其言猶未絕口而大臣又悔欲以堡鋪之外對留十里通前共計三十里此命既出有識之士以為失信尤甚非中國之體若使邊臣稍知義理必不忍自出反覆之言以彰不信幸而夏人終以內患未解不欲違拒黽勉從之十里之地得之不足為強失之不足為弱雖小人以為得計而君子謂之失策何者要約未定今歲

已添屯重兵前後十將有餘十將之衆凡五萬人使五萬人西食貴粟其費已不貲而夏人順否又未可必雖復暫順要之久遠不信朝廷為患何所不至然此亦既往之事臣復何言哉臣之所憂但恐大臣狃於小利睥睨夏國便利田地貪求不已訪聞近邊穩衙與邊臣計議既欲取質孤勝如兩城一帶良田凡數十里又欲於秦鳳路隴諾城與熙河路定西城照直地僅一百里規畫極大聞者驚愕若此謀復作夏人不堪其忿竊出作過我曲彼直何以禦之且先朝用兵所得四寨朝廷猶務息民弃而不惜況於其餘何足計較在兵法有之曰有其有者安貪人有者殘又曰利人土地貨財者謂之貪兵兵貪者破今之所為正犯此禁臣切惟大臣皆一時儒者而皆棄所學貪求苟得為國生事一至於此外人皆言前後計畫皆出种誼誼本小人妄知大慮而舉朝廷以從之乎要之不出數年此患必見患至

而後言言雖易信而已無及矣伏乞陛下以社稷生民為念斷之於心止其妄作則天下幸甚

貼黃琇屯數月臣見陝西轉運使李南公言自元祐以來朝廷不起邊事凡自前邊臣欺罔殺略熟戶計級受賞鹵掠財物私自潤入及邊民幸於擾攘貿賤賣貴如此等事皆不得為故上下鼓唱頗有邊釁凡此皆姦人自作身計非國之利也今勝如質孤等處良田實西邊第一等膏腴豈我獨知以為利而夏人不知耶彼知愛之則不免於爭爭端一起則兵革不息此正墮邊臣之姦計矣臣訪聞夏國栖臣梁乙逋者內有篡國之心然其為人狡而多算冀而得衆方欲內安豪酋外結朝廷竢內外無患然後徐篡取之所以朝廷近日打量地界前後要求反覆而乙逋一一聽從蓋見議地界止於二三十里之間於彼國不繫

利害故也今朝廷若見其易與因而別有大段求索使彼不能堪忍或至忿爭兵難一交必非朝廷所願至此而後返欲求和則所喪多矣

轍又乞罷熙河修質孤勝如等寨劄子曰臣伏見西夏輕狡屢臣屢叛為患莫測昨與延安商量地界遷延不恭捨歸本國招之不至遂人之議始謂地界自此不可復議而坤成賀使亦當不至矣今者天誘其衷使者既已及境而地界復議如故方其未遣告絕招懷之計猶可復施此實中國之利也然臣恐朝廷忽而不慮不於今日窮究端由塞其釁隙必竢邊患既起而後圖之則無及矣臣聞熙河近日創修質孤勝如二堡侵奪夏人御莊良田又於蘭州以北過河二十里議築堡寨以廣斥候夏人因此猜貳不受約束其怨寖邊吏不信朝廷不言可見矣徒以歲賜至厚和市至優是以勉修臣節其實非

德我也。設之稍有便利，豈肯帖然不作過。者何。中國既失大信，則夷狄不可復責故也。臣竊惟朝廷之於西夏，棄捐金帛，割裂疆土，一無所愛者，蓋厭兵久矣。而熙河帥臣與其將吏不原朝廷之心，徼求尺寸之利，妄覬功賞，以害國事，深可疾也。頃年熙河築西關城，繼言次築龕谷。鬼章疑懼，遂舉大兵攻擾，一路瘡痍，至今未復。今既城質孤勝如，其勢必及龕谷。夏人驚疑，正與鬼章事同。由此言之，則曲在熙河挑夏人之釁也。夫蘭州之為患，所從來遠矣。昔先帝分遣諸將入界，本意當取靈武，是法不敢深入，遂以此州塞責。自是以來，築城聚兵，完械積粟，勞費天下，動以千萬為計，議者患之久矣。好事之臣因此講求遺利，以為金城本漢屯田舊地，田極膏腴，水可灌溉，不患無食，患在不耕，不患不耕，患無堡障。凡西關、龕谷、質孤、勝如，與過河築城，皆所以為堡障也。從來熙河邊兵侵耕此地，皆為夏人所殺，況於築堡，致寇無疑，而朝廷恬不為怪，坐視邊釁之發，深可惜也。夫蘭州不耕，信為遺利矣。若使夏人背叛，則其為患比之不耕蘭州，何翅百倍。故臣以為朝廷當權利害之重輕，有所取捨。況蘭州頃自邊患稍息，物價漸平，比之用兵之時，何止三分之一。若能忍此勞費，磨以歲月，徐觀間隙，俟夏人微弱，決不敢爭，乃議修築。如此施行，似為得策。臣不知邊臣何苦而為此怨怒也。昔唐明皇欲取吐蕃石堡城，隴右節度使王忠嗣，名將也，以為頓兵堅城，費士數萬，然後可圖，恐所得不酬所失，請厲兵馬待釁取之。帝意不快，忠嗣由此得罪。其後帝使哥舒翰攻拔之，雖開屯田，獲軍實，不為無補，而士卒死亡略盡，皆如忠嗣之言，唐史以為深戒。此則今日之龜鑒也。若朝廷不用臣言，臣料夏人久必復叛，用兵之後，不免招來，其為勞恥，必甚今日。敵人強梁則畏之，敵人柔伏則陵之，恐非大國之體也。惟陛下留神省察。

貼黃：臣聞朝廷欲遣孫路以點檢弓箭手為名，因商量熙河界至。

臣觀孫路昔在熙河，隨李憲等造作邊事，由此蒙朝廷擢用。深恐路狃習前事，不以夏人逆順利害為心，而妄圖蘭州小利，以失國家大利。伏乞明賜戒敕，若因界至生事，別致夏人失和，勞民蠹國，罪在不赦。

元祐中，轍又奏乞裁抑高麗人使狀曰：臣伏見高麗北接契丹，南限滄海，與中國壤地隔絕，利害本不相及。本朝初許入貢，祖宗知其無益，絕而不通。熙寧中，羅拯始募海商誘令朝覲，其意欲以招致遠夷，為太平粉飾，及掎角契丹，為用兵援助而已。然自其始通，及今屢至，其實何益於事。徒使淮浙千里，勞於供億，京師百司，疲於應奉。而高麗之人，所至遊觀，伺察虛實，圖寫形勝，陰為契丹耳目。或契丹常遣親信，隱於高麗三節之中，高麗密分賜予，歸為契丹幾半之奉。朝廷勞費不訾，而所獲如此，深可惜也。今其復至，既朝廷未欲遽絕，謂當痛加裁損，使無大饒益，則其至必疏，而我得其便矣。切見近日已降朝旨，自明州以來州郡，待遇禮節，率皆減舊，而京師諸事，未加裁定。臣以謂朝廷交接四夷，莫如遼夏之重，而目前所以遇高麗者，幾比二虜，非獨於本朝事有不便，儻使二國知之，亦為未允。況高麗之於契丹，大小相絕，有君臣之別。今館待之數，出入之節，或皆如一，或更過厚，其於事體，實為不便。臣欲乞允館待送遺，並量加裁抑。

五年，范育知熙州，論禦戎之要，上奏曰：臣切以禦戎之要，防患在於無形，制勝在於未然。患至而後圖安，未有不危者也；兵交而後求勝，未有不敗者也。臣觀本路有無形之患，其端已具，其憂甚大。臣蒙朝廷假以方面之寄，容身自謀，依違不言，使患至形成，上貽朝廷憂，下一方寄則臣上負明主不忠之罪大矣。故臣敢極陳其說。臣伏見近朝廷詔本路與夏人分畫疆界，依綏德例，非所賜城寨外，以二十里為界。通遠軍定西通西榆木等城寨，朝廷指揮據邊相照取直，西人執以定西寨外取二十里。蘭州質孤勝如堡，前日朝廷令常作守據之計，本路按視合取二堡外立界，西人指為非舊堡寨，要自龕谷寨打量。此二事若朝廷從夏人之請，則於本路邊面形勢有無窮之大害。若不從夏人，必起兵爭占。有害今日和議，而西兵未有可息之期。臣請陳其故。蓋定西北與夏人接境，通西榆木等處，則賊境在東。若皆取二十里，則今日所占邊面多於已立二十里所從弓箭手已數百十戶，失膏腴之地數千頃。人定西孤絕，賊兵可從中斷其歸路。其勢決不可守，則通遠之邊面所蹙不啻數十里，而賊兵每出可至通遠。通遠受敵，則熙河一路有扼吭不通之患矣。蘭州向藉質孤勝如川地五十餘頃，皆膏腴上田。有水田可以灌溉。其收畝數斛，無慮置弓箭手三千人。昔之堡障未立，不敢就耕，而以名目占坐不去。已千有餘人。若從龕谷二十里為界，則二堡之地皆不可耕。蘭州捨此，北距河，南介山，東西境壤無餘其耕種之地。既不足以自食，其州糧日益貴，費日益廣。又況賊兵一出，則立至州之西野，增兵備無時而已。豈不危哉。此所謂從夏人之請，於本路邊面有無窮之大患者也。臣訪聞定西一帶川原廣闊，昔花麻所居，西市夏人置倉以積谷。質孤勝如川，偽號御柱，自歸於路，其土人皆號天都山及會州之境，地瘠人貧，未嘗一日不回思其地。又聞夏人常使北方之人，自謀爭奪之計。昨正月中西界所差分畫首領與邊臣議論不合而去，今其再差探得集兵數萬屯於境上，時出遊騎，道不遜之語。度其意，蓋將必爭而後已。雖至於用兵，廢絕和事，皆且不顧。此所謂不從其請，將見兵

釁而不解，未有可息之期者也。以臣計之，不與則用兵雖速而患小。蓋吾邊有易守之形也。與之則用兵雖緩而患大。蓋吾邊有難安之勢也。然此二者不可不慮也。臣請終言之。切聞青唐阿里骨昔以篡得國，朝廷既行封爵，常與夏賊伺謀寇邊。頃朝廷威斷，邊將出兵生擒鬼章，斷河橋以挫其鋒，遂寢姦謀，納質效順，息數歲之邊患。今聞阿里骨常疑其下有怨懟之謀，自屬誅殺，易置首領，且與夏賊結約甚懼。遣人往夏國，詰其與漢和。激其用兵之意。蓋夷狄氣類既同。其嗜欲既一。犬羊之黨，勢必相為，而又阿里骨篡於前，梁乙逋篡於後，昔也相視而成其謀，今也同心而濟其惡，理必然也。臣恐二賊締交，夏賊出兵通遠金城之郊，本路嚴兵以禦之。西賊又出兵河岷之郊，則本路分兵而力不給。朝廷方且益發兵增備，未知幾何而止也。商者不得安於途，耕者不得安於野，則所仰之粟不知幾何而足。五州之境，邊面二千餘里。二賊據吾腹背，歲歲不可弛備，一日不可蔵兵。備其東則西出，備其南則北出，左提右挈，四面受敵，朝暮相救之不暇。一有交兵，則五州之勢岌岌乎皆有動搖之憂。又況萬有一至於敗撓而不可支，可不慮哉。此臣所謂無形之大患，可為朝廷之憂者也。以臣愚計，欲防此未形之患，必制勝未然之術。臣願朝廷無聽無忽。臣昨累經畫青唐邈川利害，朝廷未賜俞允。近阿里骨拜召溫溪心。愈懷疑懼。邈川人情亦不安。又殺圭落族四人，錮其因首，又勾隴逋喬家族首領徒杓六心娘其人戶，不從，遂拘執首領，致有五百餘戶走入河州界，約攔未去。自朝廷除結嗯捉鎮州刺史，勾在青唐拘留不還。又勾界邊廝波結，亦留青唐。其國人携二酋[illegible]愈甚於前。又近探得阿里骨病甚。或云死，匿哀不發，欲傳國日[illegible]之迹。此逆酋之暴虐與人情之怨叛，較然可見矣。臣[illegible]之邈川地

近西鄙則使青唐情通而利害同。彼兩地之動息夏人知之。因孰徒以乙逋始發及經議未決。故遲遲計未發爾。使其志得謀行移兵以與邈川併青唐。若振槁木之易。其為西邊大患。臣前日已嘗具奏于朝矣。就其未能。二賊方且合謀為患。如臣所陳其勢必矣。臣又聞古之善為謀者因禍而為福。轉敗而為功。今本路欲與夏人交議地界。二賊兵之鋒而爭口舌之勝。臣未見其可也。不若緩其所當爭。而出其所未發。先為之計。發夏賊之謀。而絕其交。乘青唐之釁而定其國。用臣前策以趙醇忠繼董氊。後醇忠既立。忠順戴漢。因撫諸酋悉皆內向。則二賊之交絕矣。董氊繼世。人心皆服。暨亂既除。國內舉安。則青唐之變定矣。夏賊失青唐之援。則有背腹之憂。本路得邈川歸順。則有形勢之利。彼之所恃者復在我。吾之所患者復在彼。如此則區區之夏賊將假息於巢穴而不敢窺吾邊鄙。通遠金城之疆埸之則

為朝廷之德。不與則亦不敢爭。吾兵不用而可以制夏賊之猖獗。華西賊之禍亂。威行萬里。義服四夷。雖唐虞三代之禦戎不過是矣。將見本路州民有臥鼓息鋒之安。趣耕稼而成樂俗矣。復何邊患之憂哉。此所謂制勝於未然之術也。臣伏思朝廷大計務欲安邊息民。不用兵革。臣為此謀。其始雖議趙醇忠假兵力。因其人心。助其聲勢。過此以往。更不煩兵。其津遣趙醇忠鎮撫部族。合措置事件。如蒙朝廷如可臣言。則具條析開奏。頃臣雖述此利害。或恐更有未盡事理。朝廷若行詰問。卻致往復。已依近降朝旨。選差本司幹當公事种朴。乘遞馬赴闕。前去樞密院稟議。其說伏乞朝廷檢會臣累狀。及今奏事一處看詳。早賜指揮。

畢仲游論復境土上言曰。自漢以來言夷狄之利害者。不知幾千人矣。然其說不過漢元朔唐正觀之間。則夷狄之強弱有不過中國者也。由三代以前夷狄之患雖不免。然終不能害中國也。故詩曰。征伐玁狁。蠻荊來威。又曰。戎狄是膺。荊舒是懲。以玁狁戎狄。雖始有其患而終至於威懲者。此不能害中國之實也。故所以不能害中國者。以御之有道。而有軍旅之制也。有威德之施也。有地勢之利也。今國家軍旅未制。制之可也。威德未施。施之可也。地勢未利。雖欲利而已失也。故議者未嘗不惜幽薊之土。以至晉石氏所割十六州者。皆中國之大險也。以大險之利。而久失之於胡。故太宗始因太原之捷。直抵其地。幾拔易順薊三州。中又嘗駕幸大名。未至於雍涿。遂選十八將同出飛狐雍州鴈門之三道。環湖雲應涿五州之民。已望其更生矣。然以貪將之累而不成功也。及章聖景德間。虜嘗至鸞趙魏之地。賴天地宗廟之神靈。酋死虜散。故國毋奉誓求和。至今為萬世計。此皆以地利失得而致者也。今上欲強中國弱四夷。追祖宗之成

畫。復先王之故地。則在知其兵之本。兵之主。兵之教。兵之用。然後可也。故省費寬徭。厚其輸畜者。兵之本也。孰察將帥。試之以事者。兵之主也。習勤戰士。四時不廢者。兵之教也。脩完械用。並使堅利者。兵之用也。今械用不利。是無用也。士不習勤。是無教也。將不察使。是無主也。輸畜不厚。是無本也。無用則不可敵。無教則不可勝。無主則不可戰。無本則不可以。四者不備。則雖百勝之畫。無虜之地。不可追復也。四者備而用之。是黃帝之兵也。昔者太宗倚高麗安定渤海而北征。章聖封爵潘羅而弱繼遷。此可追之成畫。而晉石氏所割十六州。皆不待痛而復矣。

仲游論棄熙河蘭會上言曰。天之生民。初無中國夷狄之別。以其不可以冠帶禮義治也。然後謂之夷狄。而自漢已來。爭取其不可治之地而治之。是以府庫空虛。人民死亡。僅能得之。而還為夷狄之地者

多矣昔大王之治邠狄人攻之事之以玉帛皮幣狗馬子女而皆不免乃曰狄人之所欲者土地也為吾臣與為狄人臣奚以異因杖馬捶去之岐山之下中國之地至其不可有也則猶不欲強治之況欲強取夷狄之地而治之乎雖嘗為中國之郡縣而本夷狄之地者則亦無所用之雖欲用之而多不能有故武帝不能有輪臺元帝不能有朱崖光武不能有西域而本朝亦棄靈武則今日熙河蘭會之計議足以斷矣然事有既得之復棄而與未得同者有既得之復棄之而與未得不同者武帝棄輪臺則不耕而已矣元帝棄朱崖則勿擊而已矣光武棄西域則謝其質子而已矣本朝棄靈武則置之度外而已矣此所謂與未得同者而今日棄熙河蘭會則與未得不同徹舊障而為新障棄之則新障已淪而舊障未完一不同也伐其山林平其道路棄之則無險阻而胡人將牧馬於階成之境外二不同也立

城郭置倉廩實以穀粟錢幣而棄之則瘠中國而肥夷狄三不同也然此猶小小者爾蓋熙河之未取也為唃氏而蘭會之未取也為華麻氏雖羈屬夏人而非夏人之所有故猶足以分中國之寇今舉熙河蘭會而棄之則唃氏華麻氏者勢不能反而將為夏人之所有是以中國之力而為夷狄[illegible]除此大不同者也而不棄之則歲運府庫之財以填黃河之磧又非中國長久安寧之策昔西羌反叛如趙充國者可謂知兵矣而曰難於遙度願馳至金城圖上方畧其後烏孫圍都護而陳湯於數千里之外逆知有吉語期以五日而四日至非充國之拙而陳湯之巧也蓋烏合之兵易為料而長久之計難為功今熙河蘭會制之於未取之前則固無事今已取之而復棄之棄之之利如彼其害如此守之之利如此其害如彼則殆非遙度之所能盡必有馳至河隴而圖上方略者然後可決

歷代名臣奏議卷之三百四十六

夷狄

宋徽宗即位殿中侍御史龔夬論青唐狀奏曰。臣竊聞夷狄之勢分而不一。則為中國之利。自頃夷狄強盛。必賴比近部族自相攜貳。偵伺虜情。為國藩翰。臣伏見青唐一族。世受封爵。堅心依漢。又歲出善馬以供和市。自熙寧元豐巳來。朝廷待之尤厚。昨因強臣盜有其地。至其嗣子國人不附。逃難來奔。特青唐之一虜耳。而朝論以為納大之降王。引對闕庭。超受節鉞。為夷狄之笑。至於道路宴犒之費。以巨萬計。關輔搔擾不可具道。今則不惟不得其地。而使青唐之人遂無向漢之心。其勢必與夏人解仇結約。以為邊患。和市善馬不復出矣。數年之後。夏賊兵力稍全。青唐不復附漢。而合從於虜。臣恐朝廷西顧之憂未易言也。今既往之失無所云救。將來之策尚或可圖。伏望

聖慈特詔邊臣多方誘諭。放其罪戾。使之自新。待其入貢。因撫而有之。庶幾復堅向漢之誠。不復歸心於虜。以為預備不虞之計。邊氓幸甚。

建中靖國元年侍御史陳次升論西蕃市馬上奏曰。臣切以戎狄勢合則強。勢分則弱。強則難禦。弱則易制。神宗皇帝熙寧元豐間。以夏人為中國患。乃優撫青唐一族。世襲封爵。俾伺間隙。竊其腹心。而又歲市善馬以強兵。深得禦戎之要道也。其後青唐衰弱。土地為強臣之子繼立。國人不附。棄位為僧。逃不自安。窮來歸我。特一亡虜爾。邊臣張皇招納。以致种朴敗衂。為國家辱。所得亡虜。道路將迎。甚勤朝廷。恩賜甚渥。費用不貲。為夷狄笑。已往之失。不可救。未來之患深可慮。夫兵家制勝莫如馬。步兵雖多。十不當馬軍之一。故自古論兵。必以馬為先焉。今西戎既叛。馬不出市。國家每歲所失二萬餘疋。數年後馬必甚闕。萬一夏人與青唐解仇連衡。入寇併力衝突。其將何

又訪聞今日邊將乃是前日招納之人。多行庇護。冀免譴責。患害並不以實聞。伏乞睿旨令本路帥臣將佐各具的實利害。結罪保明敷奏。朝廷詳酌施行。或令多方開諭。許其自新。依前入貢。待遇如初。可益強兵勢威聲。遏儆夏人不敢窺邊。國家之福也。

龍圖閣學士范純粹乞令蕃官不得換授漢官差遣。上奏曰。臣久忝帥任。殆遍諸邊。切見諸路蕃官近年以來。志意驕滿。習於惰慢。緣數有立功之人。敘述祖父曾任漢官。或帥臣姑息。特為陳乞。遂得輕授漢官差遣。致互相攀援。不安守分。訪聞各有覬望。不肯專意訓習弓馬。管幹部族。以至遣使探諜。講論邊事。無復留心。做傚成風。事有未便。切緣屬羌部族。既始祖元是羌人。即雖綿隔世代。因功授官。不論高卑。要之終是蕃種。豈容輙有變易。雜亂華人。況自來應蕃官首領侵刻部族。或犯餘罪。罪雖至死。止是罰納羊馬。以至婚姻亂倫。喪葬

異制。皆與漢戶禮法不同。兼條禁不得與漢官婚姻。亦不許置買產業。固有深意。今昔不殊。雖功大官高。不過充蕃將。享厚祿而已。而其位著。久來不以官品高卑。並敘在漢官之下。所以尊中國而賤夷狄也。故每遇差點驅使。並聽漢官統馭指呼。命無不伏。今則輙容僥倖。改授漢官差遣。不惟上下姑息之風。既已增熾。而於漢蕃區別之體。遂致陵夷。因此又多與漢人婚姻。敗亂中國禮法。各自置買田產。廢格朝廷典刑。胡種亂華。不可不戒。兼逐人皆是近上使額。或至遙郡防團。一旦既敘漢官。多在舊統轄官之上。事屬倒置。人情不甘。犬羊之徒。豈可如此。積弊在後。毋有已時。若不別作申明。來者未易止息。兼誘致諸路蕃官子弟。儇衣豐食。驕恣相尚。不肯伏從。若後緩急之際。更無可使之人。雖有得力蕃兵。亦無舊人統領。臣恐積久之後。部族減耗。離落凋殘。遠畫長謀。為損不細。輙有短見。謹具下項。

一乞朝廷明降指揮今後諸路帥臣不得奏乞與蕃官換授漢官
差遣其蕃官亦不得輒有陳乞
一乞朝廷契勘諸路蕃官已換漢官差遣之人並與改換就差充
元舊部族都巡檢或官職甚高者即與某路蕃兵統領兼本地
分沿邊都巡檢名目並在將副之下仍明降指揮並令久任不
限資考
一乞立法應蕃官雖已換授漢官如遇舊曾統轄將副城寨官不
以官職高下依舊在舊統轄官之下
一乞立法應蕃官已換授漢官差遣之人並止終其身其弟姪子
孫雖因薦奏得官並只得充舊管本族蕃官各依蕃官條貫施
行
一乞立法應蕃官已換授漢官差遣之家婚姻及置買產業並依
蕃部舊條施行
右伏乞朝廷更賜詳酌如臣言可採即乞以臣今奏潤色立法速賜
施行仍乞不坐臣所奏行下
崇寧五年知鳳翔府馮澥論湟廓西寧三州疏曰臣伏覩陛下比年
以來知關陝勞獘罷兵偃武與之休息和氣充塞年穀豐稔百姓快
樂道路歌舞臣於今年三月到任首問民間疾苦皆云自罷兵之後
人若更生疾苦事十已去九唯支移一事尚為民害自本府至湟州
千有餘里唯道里迂遠支為經涉生界民間勞困不勝輿誦臣遂即
敷奏蒙恩第加寬免上等不過千數下戶不出府界旨下之日萬口
歡呼言自今以去更無餘事太平如此尚復何言而臣切有所憂者
病本尚在陛下雖欲罷兵而兵安可得罷雖欲息民而民安可得息
臣切以湟廓西寧三州本不毛小聚大河之外天所限隔陛下空數

路根內帑竭生靈膏血而取之收復以來何嘗得一金一縷入府庫
一甲一馬備行陣而三州歲用以億萬計仰於官也而帑藏已空取
之民也而膏血已竭有司束手莫知為計塞下無十日之積戰士飢
餒人有菜色冬殘冠遊魂未即歸順黠羌阻命公為唇齒窺伺間隙
忽肆姦侮則兵將復用役必再籍殘弊之後尚安可堪陛下以四海
九州之大德被萬方威震四夷奈何以二三小聚困弊關陝一方生
靈長為朝廷西顧無窮之憂乎臣愚欲采前世羈縻之義擢其酋豪
授以旄鉞其首領等級命官使失地無歸之虜復得其巢穴犇禽遁
獸各安其故巖其權約結以恩信彼將畏威懷德稽顙聽命輸誠效
順長為漢守有得地之名無費財之患兵革不用藩籬永固而又可
以逆絕北虜之辭旁擇西羌之怨一舉而衆利得策無上於此者或
以謂朝取暮與取與無常為已甚者此大不然始朝廷慮其為邊患
也一舉而取之易於探囊今知無所用也一舉而與之輕若擲芥其
擒縱在我取與不計大度無所不包神機不測終日利便所在何常
之有又謂棄地之議未遠罪斥之人未復今而為此彼將有辭又大
不然羈縻之義使為臣屬與夫捐棄自不同且此輩沮壞先帝功烈
宜加罪誅今之利害彼復何異議方陛下以邊鄙生靈為念含垢忍
恥然或不辭況茲小嫌尚何所恤臣望陛下下臣言於本路帥府使
之㕘詳或遣近臣臨察可否然臣言一出必為衆所咻沮何者盡無
邊事則朝廷之福有邊事則臣下之福自用兵以來州縣小官反掌而
登侍從行伍賤夫發足而專斧鉞金鐵充棟宇由懷素所陋下至幕
府僚裨趨走廝役計其所得略皆稱是故大者稱功德小者論利害
賊因熒惑自陳於前陛下雖欲不作邊事尚安可得雖變民如赤子
亦無暇顧矣臣願陛下懲既往之失塞方來之路奮威斷而絀一二

以示好惡以絕欺罔則朝廷之福天下之幸臣遠方疎賤不避忌諱荷陛下非常之遇蒙陛下不次拔擢念非捐軀隕命無以報稱冒萬死為獻使狂瞽獲效萬一則臣雖死之日猶生之年

大觀四年安堯臣上書論燕雲之事其言曰宦寺專命倡為大謀燕雲之役興則邊釁遂開宦寺之權重則皇綱不振昔秦始皇築長城漢武帝通西域隋煬帝遼左之師唐明皇幽薊之寇其失如彼周宣王伐玁狁漢文帝備北邊元帝納賈捐之之議光武斥臧宮馬武之謀其得如此藝祖撥亂反正躬擐甲冑當時將相大臣皆所與取天下者豈勇略智力不能下幽燕哉蓋以區區之地契丹所必爭忍使吾民重困鋒鏑章聖澶淵之役與之戰而勝乃聽其和亦欲固本而息民也今童貫深結蔡京同納趙良嗣以為謀主故建平燕之議臣恐異時唇亡齒寒邊境有可乘之釁狼子蓄銳伺隙以逞其欲此臣

所以日夜寒心伏望思祖宗積累之艱難鑒歷代君臣之得失杜塞邊隙務守舊好無使外夷乘間窺中國上以安宗廟下以慰生靈上然之

宣和間承平日久兵將驕惰蔡攸童貫貪功開邊將興燕雲之役引女真夾攻契丹以宇文虛中為參議官虛中以廟謨失策主帥非人將有納侮自焚之禍上書言用兵之策必先計強弱策虛實知彼知己當圖萬全今邊圉無應敵之具府庫無數月之儲安危存亡係茲一舉豈可輕議且中國與契丹講和今踰百年自遭女真侵削已來嚮慕本朝一切恭順今捨恭順之契丹不羈縻封殖為我藩籬而遠踰海外引強悍之女真以為鄰域女真藉百勝之勢虛喝驕矜不可以禮義服不可以言說誘持卞莊兩鬬之說引兵踰境以百年怠惰之兵當新銳難抗之敵以寡謀安逸之將角逐於血肉之林臣恐中國之禍未有寧息之期也

四年童貫蔡攸等師既行即降旨議北事者必罰無赦廷臣皆無一言獨朝散郎宋昭論女真決先敗盟上疏曰臣聞犬戎之性不可以信義結去來無定叛服不常雖成周盛世尤有玁狁之難故自古禦戎未見上策漢唐以還或盛或衰乍叛乍服其禦之之術率非良策皆不足為聖世道故略而不論逮我有宋寰區之內靡不歸順而景德中亦有澶淵之役真宗皇帝天威一震賊勢瓦解當是時將[illegible]遂北則腥膻之種無噍類矣真廟聖慈深厚特以兩國生靈為念故推天地之量貸螻蟻之命以厚利與之議和為天下後世萬萬年安全之計故虜人謹守盟誓不敢南下而牧馬者誠以天地之洪恩不敢忘也自爾聖聖相承明明繼照雖睿智神武堯仁湯德足以懷柔然實亦恃此以為長城神宗皇帝熙豐之間銳意北伐選將練卒

積穀理財葺城郭修器械十九年間倉廩實府庫充貔貅之士無不一當百當是時鼓噪而前則自燕以北其人皆俎上肉矣亦以河朔祖宗興王之地不忍驅而安可快一時之忿失百年之好故終莫之舉也陛下即位以來禦戎之術實得上策虜使之來[illegible]于恩數曲盡故懷德畏威尚風慕義稽首稱藩介胄之士[illegible]假息黔黎之民鼓腹謳歌歷觀三代以來傾心悅服至誠面內[illegible]今日實太平希世之盛事也比者王黼童貫力引狂生李[illegible]之徒妄興邊事致煩寢廳遣大臣提重兵久屯塞上[illegible]空官帑民兵死亡無數前所奏陳悉皆誕妄財用尚可作[illegible]死者何由更生欺君罔上蠹國害民罪不容誅臣願斷此數人頭以令天下不唯慰安虜人之心使明知陛下德意無復猜忌謹守盟好亦庶幾奸臣賊子欺君罔聖妄興邊事僥覬功賞者有所懲戒臣固知陛下聖慈不忍誅

戮臣下。然此數人不誅。則虜人猜忌之心未易可解。臣願陛下勿以
馭賢臣之禮。馭此姦賊。則不勝幸甚。臣聞虜中頻歲不登。斗米千錢。
雖或請和。恐非本心。特出於不得已耳。萬一養銳數年。歲穀小稔。秋
高馬肥。士氣稍振。復來侵擾。則干戈相尋。無時而已。較其利害輕重。
則姦臣數人之誅不足恤也。又況李良嗣董才皆北虜叛臣。心懷怨
望。故附會邊臣。撰造虛語。欲假中國之勢。以復私讎耳。實兩朝之姦
賊。豈復忠義之可望哉。臣切料議者謂歲賜浩瀚。虛蠹國用。是不知
祖宗建立榷場之本意也。蓋祖宗朝賜予之費。皆出於榷場。歲得之
息。取之於虜。而復以予虜。中國初無毫髮損也。比年以來。榷場之法
寖壞。遂耗內帑。臣願遴選健吏。講究榷場利害。使復如祖宗之時。則
歲賜之物不足慮也。或者又謂九州中國之地。皆上饒膏腴之田。歲
得甚厚。是曾不慮屯戍守禦之備。戰鬪犒賞之費。歲幾百萬計耶。貧

其所得既不足以償所失。而又戰鬪死亡之士。橫被屠戮之民。幾人
也哉。徒有闢國之虛名。而無補國之實利。或者又謂山後之民皆有
思漢之心。咸欲歸順。此尤誕妄之易見者。不唯北虜為備日久。山後
之民往往徙居漠北。又自唐末至於今數百年間。子孫無慮已易數
世。今則盡為蕃種。豈復九州中國舊民哉。皆由邊臣用人無術。致探
報者利於所得。恣為誕謾。帥臣庸暗。更加緣飾。妄議邊事。僥覬功賞。
或者又謂北虜比年以來為女真所困。侵城掠地。幾亘千里。勢以迫
蹙。願與女真合從。腹背攻射。則撲滅之易。甚於反掌。是亦弗思之甚
也。滅一弱虜而與強虜為鄰。恐非中國之福。徒為女真之利耳。且北
虜雖夷狄。然久漸聖化。粗知禮義。故百餘年間。謹守盟誓。不敢妄動
者。知信義之不可渝也。今女真性剛狠。善戰鬪。茹毛飲血。殆非人類。
北虜以夷狄相攻。尚不能勝。儻與之鄰。則將何術以禦之。不過修盟

誓以結鄰國之外好而已。本朝與北虜通好百有餘年。一旦敗之。女
真果能信其不渝乎。異日女真決先敗盟。為中國患必矣。此理之必
然。事之必至。雖使伊周復生。不能易此議也。臣又聞兩國之誓。敗盟
者禍及九族。陛下以孝理天下。其忍忘列聖在天之靈乎。陛下以仁
覆天下。其忍致河北之民於塗炭之中。而使肝腦塗地乎。臣切謂凡
今之人臣。不負陛下諮訪之意。憂君憂國。論奏忠赤者。間亦有之。其
希意承旨。背公營私。苟求陛下富貴者。不可勝數。遂使忠赤之臣志
不得伸。言不見用。此臣所以痛心疾首。扼腕憤悶。犯顏逆鱗。以蹈萬
死者。豈得已哉。誠以國之大事。實係安危。下情壅遏。不得上達。今而
不言。其如後患何。譬猶人之一身。中氣痞隔。陽不降。陰不升。則百脈
不調。四體不充。久而不治。病在膏肓。雖有良醫。不能愈也。今疾幸在
膚腠。是正宜投藥石之時也。臣願為陛下出疆。說諭虜人云。比因虜

中亡失。虜主深慮擾攘之時。疆陲不戒。姦人作過。邊臣生事。故遣近
臣使之防邊。果有群寇妄託北朝。驚劫邊民。雖降處分。不得殺戮。止
牒北界緊行捕捉。切慮尚懷疑貳。妄興兵馬。務在謹守祖宗之盟。無
失百年之好。如女真侵削不已。力不能勝。則許求援於中國。報使復
來。厚加恩禮。以釋其疑。使之外扞女真。內屏中國。則陛下奠枕。永無
憂於北顧。百姓安業。得盡力於南畝。實天下萬萬年無窮之利。古人
謂夷狄相攻。中國之福。正謂是矣。臣固知疏遠微賤。輒以狂瞽。自[illegible]
忘於外。愛君之心切。則慮患之志深也。況頑石五色。尚有補天之功。
天威難逃誅戮。然臣聞忠臣徇義。志士徇名。故忠義發於內。則[illegible]
愚夫千慮。豈無一得之長。願陛下勿以人廢言。留神聽察。則撮土之
微。尚能增山嶽不厭之高。爝火之光。尚可裨日月不照之明矣。臣向
任陝州靈寶知縣日。因論列陝右錢法。蒙恩召對。面奉德音。欲除監

司諫致煩言猶叨貳郡未到任間復蒙聖恩除臣提舉江南茶鹽以歲課增衍又蒙特轉一官臣每以未能仰報天地為恨今者伏覩姦賊敢爾欺君義當竭節圖報消埃是敢越職輒貢芻蕘萬一臣言可采乞不降出庶使天下皆知斷自宸衷不由人言是以竦動神霄激昂士類於北虜歸之恩歸陛下則臣報上之心足矣儻或上誤聖聰置諸鼎鑊亦臣之所甘心也惟陛下擇而處之

真定府路安撫趙遹乞撫存北虜疏曰臣伏准今月十三日樞密院劄子奉御筆虜界為女真所侵兵勢瓦解切慮奔潰侵軼逼犯邊境仰河北諸路帥司依降指揮團結兵馬編排器甲准備不測勾抽上邊使喚仍先具知委奏聞除已具知委及遂時探到北界事節次附入內內侍省遞奏聞去訖臣切詳北虜自澶淵既盟之後歲省用兵之費國享重幣之利虜自知得計守盟修好皆其誠心然累年以來虜酋失德上下離叛人不為用女真勃海寇亂其國征伐不已敗衂相繼境土侵削士馬凋殘財力匱耗常疑中國密有窺伺左枝右梧困弊日甚恭惟陛下好生之德深洽民心帝王之舉必慮萬全設嘗親奉王旨屢被詔劄每念南北歡好方固祖宗盟誓謂非細事方可少有引惹邊端生事而虜殊不知聖神加惠兩國之意如此今茲釁已萌特慮他寇與奔潰之衆不測侵軼姑示備禦之計虜諜甚遠故為之防然臣叨承閫寄職所當言嘗有管見豈敢緘默伏覩邊報近者虜酋親率兵自水川女真掩其無備全軍陷沒虜酋不知存亡虜中震擾未見所立若復調兵上邊當有論謂中國起乘其弊疑隙既開何可復釋惟當示之安靜致其懷服臣愚切謂耶律氏既有沙漠歷年甚多虜人習熟貴其姓氏設有姦雄誰肯推服仰惟朝廷與虜兄弟之國共守盟好百有餘載今虜酋一叔兄子弟甚衆若虜酋真遂不還願陛下用家人禮特遣重臣將命彼國推急難之義念外侮之虞慰諭其宗族臣下專加撫勞勉以忠孝雪恥戡難就其虜酋叔兄子弟取虜酋之所愛國人之所慕擇賢立孤以主虜衆隆其恩禮錫封冊申結信誓以繼好息民俾之知戴中國虜既倚中國為重得存其宗社則中國有大造於虜也陛下雖不責報虜歸故地減歲幣必有一以報陛下矣如是則中國不得汗馬之勞遺鏃之費萬無失一而安享大利機會之來間不容髮伏望聖慈特加採擇速奮睿斷施行實天下大幸

貼黃臣愚切謂虜失其酋未知所立方疑中國乘間而攻之然陛下兼愛南北生靈務隆義好若即恤其禍難援立新酋當此孤遺危助之時得倚朝廷以存其國名正言順勢無不從則恩歸于我必復披心中國盟誓為利無窮若使彼新酋自立則恩非我出立而衆附則勢將復彊增戍緣邊過為隄備徒足生釁以啓戎心願陛下與邊增戍開先時之隙毋緩立孤貽不及時之悔孔子曰興滅國繼絕世天下之民歸心焉惟聖神亟圖之

貼黃臣契勘女真最爾小夷自昔臣屬北虜勢不過虜之一大族其衆彊弱與虜不侔徒以虜酋失德乘其離心遂致以寡敵衆以弱凌彊者非女真之能皆虜所自取也然北虜大國其人素不畏女真女真今雖得志亦豈能久橫行於虜中哉虜之新酋既立得國人心事將反掌也陛下仁聖被於四海普天率土罔不臣妾若速於斯有以深結虜心使之懷服自削其平日之貪傲今若止增戍之役收援立之恩以守盟存國之大義蠻貊革心固不難矣臣所謂用力小而見功多也

徽宗時趙鼎臣代條具北邊事宜曰臣竊以耶律氏自五季以來盜

狄今[illegible]抗衡中國惟國家以仁德撫四夷在以休兵與之講好息兵祖宗百年務[illegible]得私其土宇其人民蓋自古昔以來其盛未有如此者也自[illegible]之後[illegible]無復法度葬至燕京窮怯[illegible]人痛[illegible]入骨髓而又出入[illegible]防衛嫂我使人然亦驕倨者人怨神怒罪已貫盈譬如猛虎不自[illegible]而終日跳踉持其其勢窮力困當自斃矣殆天亡胡之時也今又有亂破其三州兵勢甚盛據諜報所傳亦未衰息密邇漢境休戚[illegible]而守邊之吏未有深謀遠慮條畫上聞致煩聖訓委曲訪逮網羅設張究極終始此臣所以被詔震恐竊自訟其不敏而無所辭誅也臣材質駑下愚鄙狂淺何足以贊廟謀之末議顧以方乏人冒領帥事不敢不自竭其愚以塞聖問臣聞古之善用兵者在於觀釁而動所謂釁者固有小大強弱之形遲速遠近之迹善觀其幾而應以謀則動無不剋

矣今愚人叛虜衆已盈萬止殺契丹不殺漢人其意蓋欲陰結其黨以為己助雖曰草竊固亦未易可量然既破三州未能長驅有所深入尚且屯聚於採涼山中不聞諜者言其有窺覦燕薊之意則虛實強弱亦未可以前度也臣竊料之彼與虜戰而勝也則其志將愈大志將愈大必不肯復以吾國以結中國之恩明矣使彼戰而不勝耶一旦豕突敢犯吾境則是乃吾之賊也邊吏當亟捕之尚復何疑其或戰既不勝而擬其孤軍扣關請命則是特虜之一叛將耳以中國之大而納其亡人善何賴焉又況藂盟約以啓釁端決非朝廷之所樂為也臣愚以謂窮來歸我宜不可受深閉固拒理不獲已既足以昭睦鄰之德又是以示中國之義僖雖虜虜將感激沒齒不敢忘陛下之賜矣至其或者虜不勝賊賊敗北擾亂而思漢之恩悉舉燕地來歸有司方是之時勝負之數既可見強弱之勢又可知應接斷於一割竊謂未可遽決其去取也何則漢宣因匈奴亂五單于爭立然後擁護呼韓邪單于臣其國光武因匈奴自分為南北單于然後立日逐終襲其利唐失河湟舊封至宣宗時吐蕃衰弱大臣相攻兵挐不解然後唐不血刃而復三州七關已而沙州人張義潮以瓜沙十一州歸于有司蓋存亡之數成敗之形天時人事率相符合故臣願徐觀其釁收策之上也恭以本朝和戎之久講信之嚴自三代以來未見其比今褚雖荒縱不悛其於奉事中國亦未敢大失禮也然其國內不靖如山之或是滅亡之萌兆是天所以右助我宋而付爲陛下以燕之遺黎蓋必有曰雖不可以後時而縮然尤不可以先時而起也自古王師之出要必有名故臣深願陛下靜而俟之不勝幸甚臣伏誦聖訓所以咨謀臣者可謂至矣而必繼之以有備無患仰見陛下凡所以周旋戒敕臣者要使之先備而預謀耳臣聞宣王攘夷狄復

疆土必使之修車馬備器械漢高祖欲伐魏聞其三將皆不及吾所遣也然後進兵自古待敵未有不先於自治者矣今防邊之備可謂致嚴矣然臣竊嘗以謂一堡寨官之能否乃一路之休戚一隊部將之勇怯乃一軍之勝敗故臣守邊日久每以選人材為最急自邊事平息以來本路奏舉大小使臣率多以不應格報罷今雖未有他警然求於倉卒願安足以及事故臣愚乞聖慈特降睿旨應河東河北緣帥司所舉大小使臣負闕權許不以有無違礙特行差注一次庶幾官無鉅細皆得其人敵至則戰未至則守陛下雖高枕可以無北顧之念矣至於軍中儲蓄尤為急務而邊臣廩粟每以匱乏為憂伏乞嚴飭計司多方積貯或果有急闕仍許帥司申請措置支降施行邊境之上既得可用之人又有可食之粟奉陛下之威靈稟廟堂之成算區區鼠盜不足置齒牙間也臣不勝昧死謹上

宋欽宗靖康元年尚書右丞李綱上徽宗疏曰臣聞中國夷狄相為盛衰非徒人為殆亦天數一昨金賊緣藥師叛既陷燕山浸窺河北城壘相望而無藩籬之固牧守相視而無封疆之臣老將持兵望風先遁大河解凍乘桴競浮駿騎長驅於中原勁兵直指於魏闕以正月初七日廹邇都城刼掠士民焚蕩廬舍以大火船鐵騎攻水西門守禦之具辦於倉卒臣奉皇帝旨率勵將士誓以死守設械拒於汴流之中殺獲數千人迫曉方息復以銳兵攻酸棗門一帶犬戎之衆蜂屯蟻附渡壕臨城梯長如雲箭落如雨天地改色風沙晝昏人心震驚宗社危急臣奉皇帝旨將諸班直弓弩手救撥躬冒矢石以摧其鋒令敢死士焚爇雲梯殺獲首領一人攻破其黨獲級甚衆賊兵乘機以強弩射之往往沒溺障汴河水令歸城壕水勢漲溢自卯及午賊兵方退却知我城中有備始遣使人同李鄴等計議臣等糾集將士欲以死戰皇帝以宗社生靈之故務令持重始議通和使者旁午冠蓋相望累日而後議成皇帝聖德格于曠古變鴟鴞為好音化虎狼為善類不愛金幣務保要害之地遂遣康王張邦昌使軍前悉如所請賊方退舍誅犒師之物以歸然邀求數多殫竭帑藏空匱民力不足以給之虜情難窺尤當預防臣見修治守禦之具訓練出戰之兵使虜覬覦所須之數果如期而退夫復何言萬一有跋扈之憑陵欲危宗社臣等當陳師鞠旅以圖進討神人共憤天必助之恭惟道君太上皇帝祗適神考以武繼文天下稱其孝傳位聖子法堯禪舜天下稱其高翠華南幸臣拘以職守不敢負羈紲以從艱難之秋冒瀆政機誓將肅清畿甸奉迎鑾輿天心已明殞首何悔

綱又上奏曰臣伏蒙聖慈以臣乞罷職任特降親筆令安心職事及蒙宣諭和議解圍兩不相妨若虜人必欲三鎮不免戰爭今則解圍

之事不可少緩臣伏讀聖訓第深感懼竊以今春賊馬犯闕倉卒無備自當議和但一切如其所欲許以三鎮及金幣之數太多則為非是臣所以當時與宰執力爭者正恐貽今日之患非為不欲和而主戰也賊馬既退河北兩鎮幸自保全而太原之圍至今未解陛下既出師以解圍又遣使以約和議雖兩不相妨然虜情狡獪自春徂秋頓兵堅城之下而不退又以重兵侵犯河朔我師屢北而議和之使始行臣恐中國之勢益弱而黠虜之氣益驕矣且自秋以來沿邊探報金人日聚兵為南牧深入之計朝廷日罷兵如太平無事之時今中山河間真定諸郡乞兵告急羽書狎至宣撫司無兵可遣申奏朝廷又只行下宣撫司措置是徒以空文往復初無補於實用虜騎猖獗復有今春之虞將何以禦之臣累具劄子乞再行起發後來罷止防秋人兵團結弓手之類未蒙施行伏望留神為宗社計募兵擇將以圖自強無謂和議之使便可恃以為安也如臣書生不習兵法不歷行陣大帥之任誠非所宜況今春危城之中陛下之所驅策者悉已去位而臣獨以非材尚叨重寄恐不知者謂臣黷武貪功為國生事招致人言陛下雖欲保全不可得也仰冀聖慈終始哀憐特降睿旨許臣守本官致仕糜捐之報期於異日干冒天威不勝戰越待罪之至

吏部侍郎程振上言曰柄臣不和論議多駮詔令輕改失於事幾金人交兵半歲而至今不解者以和戰之說未一故也裁抑濫賞如白黑易分而數月之間三變其議以私心不除各敵其黨故也今日一人言之以為是而行明日一人言之以為非而止或聖斷隃度而不暇疇咨或大臣偏見而遂形播告所以動未必善慮未必宜乃輒為之反汗其勢不得不爾也時金兵至河北振請糾諸道兵掎角擊之

曰彼猖獗如此陛下尚欲守和議而不使之少有懲艾乎上嗟味其言而牽於外廷不能用

監察御史余應求乞將相勿爭私忿早定和戰之計上疏曰臣嘗讀六月之詩有曰文武吉甫萬邦爲憲又有曰侯誰在矣張仲孝友蓋宣王既使文武之將征伐於外矣若內無孝友之臣以與王居則讒毀之言日至忠謀不見用雖有吉甫烏能成其功哉至唐穆宗則不然裴度以元臣宿望出討幽鎮烏重胤李光顏皆一時名將勢若甚易而元稹用事恐度有功妨已進取所畫軍事皆從中沮壞之故也守踰年迄無成功夫內外之事相須如此可不鑒哉方今強虜入寇四郊多壘講和之計雖決而金帛之數未足兵將之勢已振而師出之日無期是宜內外之臣同心一意共議國事以雪恥辱之時也而道路籍籍皆言宰執大臣與將相異謀朝夕諠爭未有定論審如此

豈誠心爲國者哉夫和親征戰之說廷臣論之詳矣今日之策未可偏廢然金帛既不足虜人必不肯退師又三鎮三關之地向以兵力寡弱不得不姑從之今老將援師繼至而城下要盟神弗信也若虜人必要金幣之足與三鎮三關之地又豈得憚於用兵哉陛下既以兵事委李綱與諸將矣願詔執政大臣以孝友張仲爲心和以濟事無爭私忿先公而後私庶幾大功可立如或不悛與夫妨功害能之人當顯出之求所謂孝友者而任之可也雖然戎馬在郊城門未啓中外不通已再旬矣和戰之計亦宜早定願詔宰執將帥僉議於黼座之前使將帥出師與之對壘然後遣辯士以利害禍福成敗曲直與之言若能休兵講和以繼好息民策之上者苟貪婪而無厭旅拒而不受陛下雖欲勿戰得乎又況事直師壯人有鬭心以宗廟社稷之靈何憂不克所可慮者窮寇遠來自居死地困獸猶鬭之時也願更詔將帥持重審幾無輕接敵以取萬全之策不勝幸甚臣一介書生不知兵謀忠憤所激欲默不能惟陛下財擇

晁說之應詔上封事曰二月十六日朝請大夫賜紫金魚袋臣晁說之謹昧死再拜上書皇帝陛下比者皇帝眷命陛下即位之七日下詔求直言天下幸甚微臣居山邑距京師纔百里而近踰月得隨士庶垂泣以伏讀干戈風塵阻絕如此不謂國家遭陽九之厄也女真小醜猾辣入塞擁馬渡河曾不淹時勢如壞山直抵王城之下嗚呼天乎忘我祖宗配天澤民二百年之基業乃一日有斯酷耶在昔春秋之時周室衰微天下無王諸侯相侵莫酷於城下之師莫辱於國中之盟孔子春秋用是作也矧謂國家聖聖相繼重光洽熙天下太平自結繩而來未之或有天子坐廣內朝四夷而牧萬國曾不足以爲輕重威至廣也乃於女真小醜卒昔僕役高麗臣事契丹者遂巡

偃蹇乃有城下之師國中之盟何其甚耶義士痛心壯夫瀝血竊甚於斯時耶臣至愚且老敢齒於義士壯夫而巡視撫收思諫妾婦思勇之際寧無一言以自効哉況臣一門七世食祿高祖迥咸平景德之際極禮樂文章之譽曾祖宗慤寶元康定之時專任西鄙之役遂參大政罷兵息民自爾以來海內推臣族爲文學之家微臣之言亦其職也雖然臣在元符末上皇即位之初嘗應詔有封事家有司第臣爲邪等著籍刑部初禁入京城漸許仕宦而猶斥卑冗二十餘年矣其所言皆天下大利害今莫能悉記惟是二事不能忘也一曰國家累聖功德巍巍無所與二而近日諂諛大姦獨推尊考廟是觀德不在七世之廟而下同庶士祭行於寢乎二曰自古喪世暗君乃有誹謗先烈之言以鉗天下之口唯我神宗皇帝何所負於天下天下內外罔有一人不足於恩德者尚何謗毀之有彼諂諛大姦濟以凶

愚徒以資一身之欲而不知上累先帝之明也臣愚欲因此二事申言當今之急務豈顧卞和之玉再刖其足邪竊惟城下之師明主夙夜焦勞憂慮之時狂夫之言未暇擇也伏覩戊申大赦封分逋逭齊民人安凡有血氣之屬咸以更生相賀又不必自言也含哺鼓腹以沐太平之澤不知其已雖死猶生也然赦文有新邊之語讀者疑焉識者則歎妄以謂涿州易州之地竟不能保而復棄之為新邊也既而乃知所謂新邊者河間府中山府太原府三大鎮無慮二十餘州五六十縣自州外之為府而未幾乃自中國棄之為新邊也耶嗟夫斯地可棄也斯民其可棄乎斯民可棄也吾祖宗艱難之業其可棄乎嗟乎誰為陛下而為此策乎昔賈誼不忍以文帝之明承天下之資而久為戎人欺傲乃嘆曰可謂中國無人矣臣竊考之當是之時高祖之舊臣猶有在者如陳平周勃灌嬰季布之徒其後進者議論有袁盎鼂錯賈

山馮唐守正有宋昌申屠嘉司刑有張釋之司兵有周亞夫柴武誼尚何恨哉使誼尚在諸今之日有人無人乎臣於是乎忘其至愚且老不能默已請專以割地為言未暇及天下事也唯陛下幸察臣元符中知磁州武安縣嘗作朔問二篇因杜牧之論而發也牧之意則勤矣其論失之迂而不密蓋山東不足以兼河北而河北為能制山東牧安得以天下之勢專之於山東也哉凡君天下者得河北則得天下失河北則失天下凡有國者得河北則其國興失河北則其國弱又有其國雖不正而得河北則強其國雖正而失河北則弱其國雖無道而得河北則強其國雖不至無道而失河北則弱秦漢晉隋十一之有天下宋武帝之不能有天下符堅之秦拓跋之魏朱氏之梁李氏之後唐石氏之晉劉氏之漢其國所以強弱之勢與夫曹氏之魏[illegible]於劉氏巴蜀之漢高氏之齊殲於宇文氏崤函之周其迹昭然

在方策可考不誣是謂河北之形勢臣敢為陛下畧言之陛下幸察臣既言河北重於天下矣乃敢復言三鎮之重於河北者不必繁引遠古唯事與國家造邦相因者則不得而畧昔周世宗之英武雄毅實漢光武唐太宗之流承石晉父事契丹之後劉漢禍亂於契丹之餘即位僅踰兩月黃鉞親征而師出之日四壘奔北為我有宋驅除既以數千之師伐契丹不血刃而取益津關繼取瓦橋關又繼取高陽關是三關者晉人棄之以為契丹之元首非特為其右臂也何則契丹之所盜據者六國時燕地也唐方鎮中盧龍也六國之燕最弱非韓魏趙之比河北方鎮中盧龍亦最弱朱滔朱克融輩非魏博田承嗣鎮冀王武俊之比而其人堅忍奇倔臧禍心畜凶謀前有太子丹荊軻之風後有安祿山史思明之態易以興亂而難與圖治也以故雖曰弱燕而常重於趙魏雖曰陰燕而常動搖乎魏博鎮冀之上

棄之以奉契丹固非所宜況以奉契丹之叛臣女真小醜者譬之黠鼠得幽薊則潛竄壞得三關則遊衆積其勢倍萬也然克是三關者雖曰周世宗之英武而我太祖太宗實在師間也世宗嘗以千人之軍溺於亂流叢葦之中而契丹不敢以一鏃來加者以三天子之威靈在是也其克瓦橋關者又專在太祖之功也夫以三天子之威靈而得之者乃一日無名而棄之於一荒裔小醜豈勝慟哭之痛哉又如晉開運之末出帝之醜先自梁漢璋覆師于高陽關遂使契丹侵鎮定入京師縛晉帝而北其在咸平中康保裔敗于高陽關契丹遂得犯澶淵儻如康保裔無高陽之敗則不勞真宗皇帝為澶淵之役矣高陽關之勝敗猶繫中國之輕重如此忍論高陽關之存亡邪廊廟之上肉食者宜為陛下念之中山府唐義武軍也此軍甲兵雄於天下城壁堅高自昔有揖客三年不得上之語況又其帥獨知臣節

昔號河北四叛之時義武不與後稱河北二寇之時義武亦不與也逮黃巢之亂中原四方諸鎮孰為勤王之師獨義武王處存擁兵渡河以解關中之急不幸石晉之梁漢璋敗于高陽契丹遂得犯鎮定攻中山然契丹之兵亦豈能必勝而前為入京師之舉哉亦且屢危矣唯是張彥澤杜重威以禁旅重兵至中渡橋降于契丹而中山李商者納契丹于中山使契丹遂得入京師成晉出帝之禍為中國之醜向使高陽完師中山堅壁寧至是邪咸平中康保裔既敗于高陽而定州之壁都且復失守遂勞真宗皇帝華輅親征而傅潛擁十數萬精兵屯中山不出一騎當斯之時遠邇愚智無不憤疾潛者恥與之俱生無幾何華輅班師之後潛議罪當斬真宗特賜其首領竄斥之衆議甚欝也至今聞者擊指奮袂而起孰知真宗聖意自有在也豈臣下所易窺哉蓋潛實白首老將耳目親接晉開運之禍變今坐擁十萬精兵以完中山示怯於契丹勿擊堂堂之陣勿當得意之鋭脫彼能至澶淵必不能渡河待其將成渡河之役我出中山十萬畜鋭請戰之師一舉而殲之彼契丹雖衆豈堪填吾洪流而代吾洒掃也哉彼或不克渡河我以此師覆其歸路片馬隻輪定不返矣恭惟祖宗無失刑真宗豈特私一傅潛也哉真宗清淨垂拱之君不惑於群策而決意親征不以王超石普楊延斷契丹之歸路不斬傅潛之不濟師巍巍然振乎千古之上矣中山之形勢其何如哉唯我祖宗為能用中山之形勢也何則在戰國時介於魏趙之間屹然自成一國其地雖狹而謀至廣其人雖寡而材最武西足以抗秦北足以制燕無論趙魏也所謂中山君者是也太祖太宗時每歲防秋之兵全師聚于定州真宗躬置禦戎之陣以鎮定高陽諸路之兵並會定州夾唐河為大陣量蕃寇遠近出軍建柵仁宗謹是祖宗之制積粟則

中山為多畜兵則中山為重命帥則得韓琦焉至今廟而祀之歲時發也太原府劉氏盜有之太祖皇帝親往而未之克留以待太宗皇帝特封太宗為晉王逮夫晉王即皇帝位之四年親征克之於是有宋受天明命平一天下萬國罔不臣妾逮今將二百年重惟太祖皇帝號令之所如鼓鼙之所及一日削平唐末暨五代百年之僭亂當不足以摧枯拉朽諭之乃於太原獨艱難如此何邪劉繼元雖孺子也有郭無為之謀佐霸榮之忍其兵嗜戰不怯死其民樂土不輕去且從念曰太原吾父兄之世有也吾家所以華晉為漢者自太原基之也彼石氏有天下者亦自晉而得之遂以晉自命也晉篡李氏之唐而李氏所以為唐奪朱氏之梁者初實起諸晉也其上則高祖太宗所以為唐者晉奉之也楊氏所以為隋者晉肇之也高氏所以為齊者晉大之也司馬氏以晉自命者實謂受命於晉也其在成周宣王承厲王之亂號為中興者伐玁狁於太原也其後王師敗績於姜氏之戎王乃料民於太原是太原為成周之盛衰者又如此也嗚呼太原之為鎮可輕畀付哉重以太宗皇帝之神武念太原久未下詢視群臣誰可與議者首詢之張暉暉曰戢兵育民待富庶而後為謀繼詢之張求德求德曰太原兵少而悍加以北虜為援未可倉猝取也莫若先離其戎心又詢之薛居正居正曰太原自古難克之國周世宗之伐至於師老太祖破北虜於雁門關南[illegible]其人民居虎牢以西雖巢穴尚存而危困已甚卒得曹彬而謀之[illegible]開寶兩征太原以當時兵力不能克何也帝意豈不深哉彬能身任其役帝遂決意親征躬貫介胄曹彬潘美郭進等為之將先以進守石嶺關禦北救乃降繼元平太原保全其人民而毀築其城郭將貽萬世之安也噫夫兩朝三帝二十餘年而得之者一日甘心而棄之邪或謂唐

自安史之後河北遂非朝廷所有亦何害乎為唐也哉臣應之曰唐之河北固重而失之然其據太行津太河以制河北太原猶在朝廷也此李德裕相武宗毅然以身許國不赦澤潞卒能號令鎮魏以誅劉稹成一代偉績也以兵論之河北之銳師固為三鎮而飛揚然太原青州各有兵十萬邠寧宣武各有兵六萬自足以制彼三鎮矣今又并太原而棄之古未之有也太原唐重兵之地今棄之矣而青州賊盜久熾又未必有如唐之重兵也邠寧之兵凋殘於近歲未易並言唐之宣武是謂今之汴都祖宗以重兵威天下千百倍於唐宣武之兵也太宗時張洎為能言京師之兵制固於唐之兵制仁宗時尹洙又能言京師兵制出於秦漢上非特與唐室論也後來者宜不復措意開口於斯也柰何初變更於王安石卒殲盡於童貫天下之勢墊矣惟陛下念之天下萬方臣妾不勝至願而三鎮之形勢臣愚畧

陳之矣臣前謂國家無名而賜之者敢復言之大凡王者慎一嚬一笑不易以假人不知此三鎮於一嚬一笑孰輕重哉謂此小醜為有功則隋唐因突厥之兵以有天下唐郭子儀嘗以回紇南蠻大食之兵而興復中國矣安得人人賜之土田也哉惟石瑭父事契丹假其兵力以即帝位割燕以委契丹而魏趙之地猶不與也謂其能戰則彼荒絕遐陬疆埸不相接未嘗一日當中國仁義之師也亦未嘗一日聞中國雷霆之音也果孰怯而孰勇哉但聞渤海者高麗之別種也女真者渤海之別種也高麗臣事契丹而女真國因高麗以臣事契丹者也在祖宗時嘗因高麗以入貢而昔困於契丹之三柵求救於淳化之初也其後國家絕高麗而不與之通女真遂亦自絕於中國逮熙寧初國家復與高麗通而女真方狃於契丹不得與也柰何一旦兇謀傾奪契丹之國出其故君空其寶貨而豺狼之號不能自

已遂欲陸梁於中國哉在祖宗時嘗來寇我白沙寨畧官馬三匹民一百二十八口適其貢馬之使在京師遂執之不得還無幾何渤海入貢而渤海之酋為謝女真之過遂詔還女真之使不知今日女真之暴逆不恭自干天誅視與三馬百人多少在祖宗之令當如何哉議者曰柰其頓兵城下何請責之曰唐廣德初突厥自涇州犯長安至於代宗幸陝而郭子儀帥師則吐蕃望風遁去越二年僕固懷恩以吐蕃回紇羌渾二十萬寇京畿郭子儀以回紇伐吐蕃而難平皆未有割土田以奉之者也恭惟陛下始初清明之時天以小醜警懼陛下增修盛德巖廟之上肉食者必有長駕遠馭之術三鎮已復歸於職方氏矣顧惟疎遠小臣必待百官班賀之後乃得與昆蟲共慶也雖然臣猶將有所陳者唐杜牧最善論兵謂上策莫如自治漢皇甫規善用兵而先零諸種羌慕其威信相勸降者十餘萬則以威信

為干櫓也規之言曰力求猛敵不如清明勤明孫吳未若奉法皆自治之道也又如程苞於板楯蠻但選明能牧守自然安集不煩征伐亦知自治者也陛下誠得如皇甫規之有威信者為帥師程苞之明能者為州郡則三鎮之復為王土可指日而期也然而此則邊埸之臣自治之道也若夫人君之自治者無時而不然尤見於變亂之際猶之治兵也漢路溫舒嘗為宣帝言之曰齊有無知之禍而小白以興晉有驪姬之難而重耳用霸近趙王不終諸呂作亂而孝文為太宗禍亂之作將以開聖人也文帝永思至德以承天心崇仁義省刑罰通關梁一遠近禮賢如大賓愛民如赤子內恕情之所安而施於海內是以囹圄空虛天下太平夫繼變亂之後必有異舊之恩此聖賢所以昭天命也溫舒於是遠不及高祖近不及武帝可謂知務矣其視東方朔對武帝之化民不言堯舜而言文景尤著明也今陛下

繼變亂之後思所以昭天命者。其不在仁宗乎。凡溫舒之稱文帝者。實爲吾仁宗而云爾也。核而論之。仁宗於斯天德加以恭儉畏翼翼而純矣。漢文未必無愧色也。且文帝在位。二十三年。於其歲晚頗惑異端。孰如仁宗在位四十二年。日昚一日。圖治愈切。求言愈急。用賢愈勤。立德愈厲。使漢文加之二十年之後。不知又果如何也。語曰。不知其君視其臣。漢文之臣畧如前之所陳者矣。孰如仁宗初相王曾。李迪。呂夷簡。晚得杜衍。文彥博。韓琦。富弼。其在內外大小華國命世之臣。蔚乎不可稱數也。其用之未盡。留以遺子孫者。呂誨。范鎮。司馬光。呂公著。皆社稷之衛也。陛下今日繼變亂之後。誠能得臣如仁宗時。不開邊以玩兵。不專利以殘民。不急刑以殺士。不禁言拒諫以自蔽。則何慮乎女真小醜。是謂大有上九天祐之吉無不利之時也。是謂洪範九疇彝倫攸叙之時也。儻或不然。使梟鳴嘉木之上。蝮毒清池之中。如漢幸而有皇甫規張奐爲將。而不幸胡廣趙戒爲相。其中則張遜段珪曹節輩宄閹爲之。唐幸而有郭子儀李光弼爲將。而不幸元載盧杞爲相。其中則李輔國程元振魚朝恩輩宄閹爲之虎狼。則天下之事去矣。是謂困之六三。困于石。據于蒺蔾。入于其宮。不見其妻凶之時也。是謂洪範九疇彝倫攸斁之時也。嗚呼。天下治亂興亡之跡。出一轍也。如此。其在治世。既有明君。則有賢相。而將臣自出矣。臣雖至愚。不顧國家。獨以將稱而無相也。昔者賈誼慟哭於明時。不勝其忠也。阮籍慟哭於衰世。不勝其憂也。當今執政大臣必有撥亂之才。幹國之器。請爲陛下命之。臣所謂大有上九自天祐之吉無不利者。乃自乎六五之君。厥孚交如威如吉也。六五有信以交乎天下。終以威乎天下。是謂德威。故能以一柔用五剛。使上九受天人信順之助。吉無不利也。大有之君。於是乎得以遏惡揚善順天休命。如其惡者不遏。則善亦無自而揚。何以爲大有之休命也。大有一變而爲乾。乾之德首在剛健。而後曰中。曰正。曰純曰粹曰精也。人君之德。固宜先之以剛健。而繼之以中正。歸之於純粹精。而天下何難乎爲治哉。臣愚言不識忌諱。陛下赦其死幸甚。臣前所謂胡問二篇者。今輒隨封事上進。以備乙夜之覽。重增死罪。陛下赦之幸甚。臣說之昧死再拜。

侍御史胡舜陟論高麗人使所過州縣之擾狀曰。臣伏以漢建武時西域請置都護。遣侍子。光武不許。唐貞觀中高昌王將入朝。西域諸國欲悉遣使奉獻。魏徵以爲不可。太宗從之。皆不欲以蠻夷弊中國也。高麗弊我國家五十餘年矣。政和以來。人使每歲一至。淮浙之間不勝其擾。所過州縣。官私船盡爲用。驅村保挽舟。一縣有至數百人。日桑之時。農業盡廢。州縣前期勾集保丁。多致凍餓失所。沿流亭館寺觀悉陳設排辦。所用之物。皆出於民。官吏督迫急如軍期。吏緣爲姦。民無所訴。更有官爲之提轄事。適有須索。州縣充畏之。鞭笞取辦於民。故淮浙間言高麗一過。甚於遭寇。朝廷所得貢獻。皆玩好無用之物。所費皆帑藏之實。民之膏血。近歲錫予。充牣所費不貲。而有一路饋遺燕勞之用。約數十萬緡。高麗人貪利。唯欲於至。臣不知朝廷蠹國害民。以待此小醜。果何用耶。有爲害之大者。彼昔臣事契丹。今必臣事大金。二虜能制其死命。而我無如彼何。故畏虜而不畏我。所得賜予。聞與虜分。我之山川形勢。兵旅衆寡。財用虛實。往往窺測以報虜人。如此不唯有所煩費。實養虎遺患。豈非爲害之大者乎。臣近見兩浙路申。高麗人使入朝非久到明州。臣恐復如前日騷動淮浙。蠹耗邦財。今日聖政一新。悉革弊事。以撫養吾赤子。伏望陛下以漢光武唐太宗爲法。勿使入朝貢。圖之利。如使人已到明州。止令本州遼表入進遣還使人。大率麗人入貢於國於民有害焉。於州縣贓吏小人有利焉。臣願睿明察此去數十年之弊病以慰天下企望之情。

歷代名臣奏議卷之三百四十八

夷狄

宋高宗建炎元年。知開封府宗澤上䟽曰。臣聞天下者我太祖太宗肇造一統之天下也。與世聖人繼繼相承增光共貫之天下也。陛下為天眷佑為民推戴。入紹大統固當兢兢業業思傳之億萬世。奈何遽議割河之東。又議割河之西。又議割陝之蒲解乎。此三路者太祖太宗基命定命之地也。奈何輕聽姦邪附賊張皇者之言而遂自分裂乎。臣竊謂淵聖皇帝有天下之大。四海九州之富。兆民萬姓之衆。自金賊再犯。未嘗命一將出一師厲一兵秣一馬。曰征曰戰。但聞姦邪之臣朝進一言以告和暮入一說以乞盟。惟辭之卑。惟禮之厚。惟虜言是聽。惟虜求是應。因循踰時終致二聖播遷后妃親王流離北去。臣每念是禍。正宜天下臣子弗與賊虜俱生之日也。臣意陛下即位必赫然震怒旋乾轉坤。大明黜陟。以賞善罰惡。以進賢退不肖。以再造我王室。以中興我大宋基業。今四十日矣。未聞有所號令作新斯民。但見刑部旨揮有不得謄播赦文於河東河西陝之蒲解。茲非新人耳目也。是欲蹈東晉西遷既覆之轍耳。是欲裂王者大一統之緒為偏霸耳。為是說者。不忠不孝之甚也。既自不忠不孝。又壞天下忠義之心。梳天下忠義之氣。俾河之東西陝之蒲解皆無路為忠為義。是賊其民者也。臣雖駑怯。當躬冒矢石為諸將先。得捐軀報國恩足矣。臣衰老不勝憤痛激切之至。

三年澤又奏。給公據與契丹漢兒及本朝被虜之民。䟽曰。臣契勘金人一族。本大遼之臣。蒙緣群臣姦謀。苟以目前之利相結。壞亂耶律天祚。使金人假大遼之衆侵犯中國。竊緣契丹漢兒自與我宋盟約幾百年。實唇齒之邦。兄弟之國。偶被金人殺虜忿怨不已。止緣一時之勢未由報寃今若復盟會但得回戈共力破敵一舉便可滅亡臣已措置彫印文榜公據令生獲漢兒齎往傳報自相激發設契丹漢兒未知所措金人知之必想疑貳即與契丹漢兒互相併力自分賊勢所有本朝被虜良民臣亦依此措置曉諭外今繳連文榜公據共三本在前者

元年開國伯李綱上封事曰自古夷狄為中國患所以待之者不過三策曰和曰戰曰守而已長驅深入吾城池堅而人心固則可守凌犯無已吾士卒勇而形勢利則可戰虜氣既懾吾辭理直而威力強則可和故能守而後可戰能戰而後可和三者雖殊其致一也臣不敢遠引前古請借景德靖康之事以明之真廟景德中契丹百萬入寇廷臣之議有欲幸江南及蜀以避之者賴寇準一言而決遂幸澶淵渡河而親征既殺其酋撻攬虜有畏怖遣使請和損金幣三十萬而約成是景德之事非獨能守而於戰與和兩得之所以盟好之固踰百年而兩國生靈皆賴其利也至靖康初金人稱兵以犯中原當時亦有為避狄之計者而後卒堅守虜騎薄城攻圍連日殺傷甚衆賊氣挫矣而吾之援師日集和非所難朝廷主謀之臣苟欲脫一時之禍而不為長久之計其所邀求一切許之既割三鎮又質親王又取犒師之物金銀幣帛不可勝計千倍於澶淵之時而歲賂之數又不與也有以死爭之而弗能得者迨援師之集既衆士氣勇銳可以施周亞夫困七國之策以與之再盟而朝廷懲姚平仲刼寨小衂遂寢用兵之謀及其退也又不復邀擊遂使金人志得氣滿有輕中國之心是靖康之事止於能守而於和與戰兩失之也其後三鎮之兵民為國堅守朝廷始以保塞陵寢之故遣使計議願以租賦代割地之約金人唯阿遂為釁端以寇邊而許和猶自若也主議者信之以為其和必成而凡欲治兵設備者皆以為害於和議而沮罷之虜將渡河猶以為割河北河東之地奉之以袞冕輅車尊號而師可解及既登城矣猶逼朝廷降詔假和議遂定之說以欺勤王之師盡取都城之子女玉帛然後刼質二聖六宮宗室百官以行然則自今觀之所謂和議者果如何也夫金人自用兵以來専以和議疑敵人以取勝其與契丹二十餘戰每戰得地輒和既和復求釁端以戰而卒滅之今於中國復用此策中國信之而不悟至於今日禍故如此豈不重可痛哉或謂吾之兵力不逮金人遠甚靖康之初雖欲坐困邀擊必無成功徒結深怨故不得已而信其和此殆不然夫論兵當論其機會一失機會弗可為也靖康之初金人初無犯闕之意兵不過六萬太半雜種而河北邊郡帥府既不設備沿河又無控扼之兵是以乘勢直擣都畿而吾之守禦既嚴援師既集進不能攻退不能卻以重兵臨之而以餘軍特其擄掠而行掩擊則糧餉絕而虜可圖矣既歸渡河驅掠婦女輜重徧野半濟擊之其法必勝而朝廷皆不以為然失此機會致有今日之患夫夷狄者小人之類猶之盜賊也小人無以制御之而欲乞憐以望惻隱之心不可得已盜賊白晝入主人之室探囊發篋得其所欲當不為之捍敵則何憚而不再來何為而不盡取哉若夫吾之將士昔於軍政久廢之後固難得人然以忠義激其心以賞罰作其氣豈無可用者將士猶手足也朝廷猶腹心也今與人闘腹心怯而望手足之強必無此理朝廷議論二三而望將士之用命蓋亦難矣此皆前事不可追悔而臣之所以痛心泣血者二聖沈于虜廷生靈陷於塗炭自古夷狄之禍中國未有若此其甚也天佑我宋必有英主為宗廟社稷之所傾依萬邦群黎之所戴仰撥亂反正以圖中興故使陛下聖躬得脫於屢危之際去春奉命使

虜而去其軍中去冬出自危城而總師朔部乃有今日入繼大統之事皆天地神示之所顯相非人力也恭惟皇帝陛下英睿之姿天動辭聽孝友之德實形四方然而嗣位之初當宗社艱危之秋中國衰弱之日上則欲還二聖之鑾輿下則欲拯生靈之危陷捍禦大敵保綏萬方以惟艱哉思其艱以圖其易則今日待夷狄之策所謂和戰守者當何所從而可也欲和乎則前日之和其效如此而金人北歸雖宗室亦盡徙以行其意爲如何而二聖之辱實不共戴天之讎和豈可復信欲守乎則朝廷已失河北山東兩路士民之心或爲金人之所得或爲豪傑之所據密邇畿甸易爲侵陵守豈復易圖欲戰乎則去冬將佐卒伍之人撫御皆散而爲盜賊兵力益弱經此禍亂士氣益衰所謂勤王之師多募之於田畝之間不習兵革戰豈可必勝是三者今日國論以何爲宗顧臣日夜思慮念之至熟因時施宜有策於此及當今之務數十條皆急切而不可緩者非得望清光於咫尺之間未易殫言也夫以今日之國勢而望靖康之初其不相侔豈止相什哉然而猶有可為者祖宗德澤在人者深陛下英明天下仰望以謂必能濟大業轉危而為安也且害菑之臻國家代有或多難以興或將墜復續故無知禍齊而小白實長五霸驪姬亂晉而重耳實盟諸侯司馬晉罹聰曜之酷而元帝起於江東李唐有安史之亂而肅宗起於靈武況我有宋幅員萬里生齒之衆士民猶足用哉儻能嘗膽勵句踐之心枕戈懷子胥之志駕馭豪傑攬用賢材法創業之雄謀革天下之弊事則中興之功亦不難建昔少康以一旅之衆滅澆羿而祀夏以至不失舊物光武以數千之卒破尋邑而克清大憝漢以再興況陛下之明而臨御九有之師哉然大患之後百孔千瘡夏已及半去秋不遠非早圖之則秋高馬肥虜騎又將奔突不能

支梧四海且有橫流之勢可不為之寒心以夜繼日而為其所當為者也臣素愚直平日惟知讀書深考古今治道欲推之當世以尊上而芘民又嘗願以忠義自奮以徇國家一日之急當宣和之初蒙道君皇帝採其虛聲擢置左史得侍清光竊見天下有危亂之兆因奏疏論水事其意以謂變異或虛發必有感召之因災害未易弭必有銷復之策乞因侍立面奏其故譬猶失火之家欲為曲突徙柴之謀而權臣忌之沮抑使不得對因而遷謫流落七年其後有盜賊兵革之事道君皇帝感悟以奉常召還然已晚矣靖康改元金人犯闕前皇帝於倉卒擾攘之中聽用其言擢與大政竊見和議不可保信因力陳兵備之策其意以謂夷狄之性貪婪無厭不可恃其不來當恃我之有備益治兵收將士之心以禦外侮欲以身任其責譬猶救火之家實為燋頭爛額之客而忌嫉者衆讒譖百端使其身不得一日安於朝廷其策百不得行於一二卒謫以罪竄之遠方其後虜騎再犯都畿而前日以和議為然者舉皆誤國前皇帝感悟復有今日之召然又已晚矣臣荷二聖之知遇悼孤忠之失圖雖心馳魏闕九重之中而身在江湖萬里之外不獲執干戈衛社稷以伸臣子犬馬之誠疾首痛心泣盡而繼之以血恭承召命即日戒塗率湖南義兵倍道前進欲趨元帥行府以造闕庭而行次江淮恭聞二聖羽衛北還遠狩沙漠痛憤徹骨絕而復蘇繼覩陛下[illegible]纘嗣登寶位悲喜交集不能自勝夫人君大正始故於即位之初宜改用人必有以大慰天下之望者況於國勢削弱天步艱難之時其可忽哉恭儉者人主之常德也英哲者人主之雄材也繼體守文之君則恭儉是以優於天下至於興衰撥亂之主則非英哲不足以當之惟其哲故見善明足以任君子而不為小人之所間惟其哲故用心剛足以斷大事而

不為小故之所搖。在昔人君體此道者，惟漢之高祖光武、唐之太宗、本朝之藝祖太宗為然。臣願陛下深考漢唐三帝與藝祖太宗之所以創業中興大過人者，了然於胸次。物至而應之，則天下之事，雖未底績，固已定於心術之中矣。臣以疏遠，未覩清光，輒敢以芻蕘之言求籲天地，誠以愛君憂國，心迫而情切，故不自知其不可。伏惟聖慈留神幸察，使愚者千慮或有一得之可採，則臣所以盡忠於陛下者，乃所以報二聖之知遇也。干冒天威，無任惶懼戰越之至。

紹興間李綱又論金人失信劄子曰：臣竊觀金人自宣和靖康以來，憑陵中國，其所以為起兵之辭者，不過以失信二字加於中國而已。文撽之中，動輒及此，而中國之士大夫與夫兵民將士不察其故，亦自以為失信於夷狄，而致此擾攘也。語之則愧恥而扼腕，用之則望風而奔潰，職此之由。殊不知失信在金人，而不在中國。彼方恃虎狼

之威，假信義之說以責我。吾之人謀回遹，方震怖之不暇，豈敢與之爭是非曲直哉！徒受失信之名，使士大夫與夫將士兵民茫然不知所伏。此不可以不辯也。臣請為陛下詳言之。方宣和間，遣使與金人結約海上，同謀契丹，厚與之賂，而得燕雲之地。以為失信於契丹則可，以為失信於金人則不可。其後金人敗盟，以陷燕山，遂犯京城。此則金人之失信一也。虜騎犯闕，勤王之師未集，人情震駭，主和議者不為久長之計，一切以不可許者許之，結成禍根，至今為梗。然當時所許乃城下之盟，神所弗聽，元約肅王至河而反，不肆侵掠。而金人挾肅王以渡河，虜掠子女玉帛，殺戮尤甚，黏罕復陷威勝隆德等州。淵聖嘗降詔書，謂金人渝盟，必不可守。此則金人失信者二也。朝廷遣使交割三鎮，而三鎮之民守死不從。此特中國之人不願淪於夷耳。淵聖奉書請增歲幣，以代三鎮租賦。人一人挾此，遂有再入之舉。朝廷遣執政卿官分行割地，奉使虜中，往往為兩河之民所殺，如聶山王雲之流是也。由是觀之，三鎮之民，朝廷豈能令之哉！虜騎既破汴都，登城不下，猶假和約已成之說，以欺勤王之師，遂邀二聖巻六宮而北，之策立逆臣易姓建號，此則金人失信者三也。金人負大失信者三，反以此名加於中國，以為起兵之辭，正猶盜賊劫掠主人，恃其兇威，靡所不至，而猶自以為己之直而主人之曲也。小人橫逆，君子猶以禽獸蓄之，況夷狄強暴，中國豈可以信義與之較曲直哉！然臣聞師直為壯，曲為老，興師動眾，奉辭伐罪，以直為先。願陛下降臣此章與大臣熟議，發德音，下明詔，詳述自宣和靖康以來信失在彼而不在此，使中外士大夫與夫將士兵民，周知其故，曉然不疑，庶幾在我有辭，人百其勇，士氣日振，戡亂定功，莫此為先。伏惟陛下留神幸察。

高宗時，戶部侍郎葉夢得奏論金人劄子曰：臣伏見黠虜去冬雖未嘗長驅入塞，然今春以來，散遣醜類，西陷關陝，東殘青濰，南破許蔡。至今或聞尚屯集於同華河洛之間，阻河自守，伏料捍禦攘却之道，聖智先物，廟論深遠，必已朝夕講求，非外廷所得知。然臣竊召自遠方留寘從橐，感激恩遇，思報萬一，不無螻蟻過計。妄意虜若但守今日疆土，力疲志怠，稍知悔禍，則我徐為後圖，當未為晚。若以西北諸路郡縣焚劫殆盡，玉帛子女皆其所有，犬羊貪婪，吞噬未已，不肯徒守空地，既闚東南富貴素為陰懷窺伺，則不得不過為預備。臣嘗逆其為策，不過有三。宿師河洛，分兵鼓行，直趨襄沔，橫據荊渚，困我舟楫人卒，順流西下，進逼江左，上也。盡悉其衆，自許蔡而南，一出歷陽，徑斷釆石，以趨金陵，一入滁壽，旁引涂泗，以擊山陽，中也。循汴衞進，量力而動，左掠徐鄆，以擣楚海，右輾陳潁，以衞宋宿，下也。若出上策

長江之險我恃以為固者彼已共之則王濬入吳高景入陳皆由此則利害大約可考而見若出中策則蘇峻所從亂昔本朝曹彬下江南亦用以成功若出下策則曹徽柴榮連年從事於孫權李景之間勝負得失進退相半然聞道途之言多及其下未能深計中上兵法曰無恃其不來恃吾有以待之又曰先為不可勝安危之幾間不容髮臣以謂寧可有備而無事不可事至而無備今天下大勢可見矣衆晉之事固不足道是時以備西北則劉琨在太原李矩在平陽祖逖在淮陰以備西南則郗鑒在壽陽溫嶠在武昌陶侃在江陵此固未為至計是以適幸劉聰石勒內自殘擾無意再動故此數人粗能枝梧卒不能掃平僭叛混一區宇況今虜勢方張未見其隙而盜賊竊發興戎相繼乎夫窮兵深入渡淮越江誠非虜利彼以甲兵為強舟楫亦非其便然古之善治夷狄者以夷狄攻夷狄今虜之狡謀若

反用此術欲以中國攻中國故兵不必皆其民惟所驅虜糧不必皆其物惟所剽劫形勢不必皆其有惟所占據器械不必皆其備惟所奪取役我之人因我之食竊我之勢用我之器彼但威以殘暴啖以重利使我欲守則威屈而破隱欲戰則氣潰而奔逃則彼雖長驅深入何憚而不為乎是必有以禁之使其術不得施至於詭譎變詐作出乍入或佯為講和以疑我之師或誘為敗衂以驕我之氣或聲為欲退以弛我之備或驟為侵侮以駭我之衆其情亦不可盡測此皆所宜熟慮素計以為萬全之策者也臣愚伏願陛下益廣睿筭深詔大臣歷考古今之變及此防秋之時深察虜情之所在而審觀其所用之術其或出於前三策則我所待之而為不可勝者當以何道有合先事而為則早謀之以一二行於前有宜待事而應則預計之以次第施於後大抵曰形曰勢曰氣而已形以地理山川為本勢以城池芻糧器械為重氣以將帥士卒為急形固則可恃以守勢強則可資以立氣振則可作以用如是則虜皆在吾度內矣臣區區不勝大願

嚮得為兩浙西路安撫使乞差人至高麗探報金賊事宜狀奏曰右臣竊惟善用兵者莫先於廣耳目以明斥堠善覘國者莫深於審形勢以察情實蓋耳目廣則意之所不及有愈於意之所及形勢審則迹之所不見有出於迹之所見此不可不知也春秋之時秦欲伐鄭師次于滑鄭商人弦高遇之矯以告鄭穆公得聞而警因以圃田之事謝秦客孟明知其有備而不敢進鄭之使秦者不知其何人而逆為之備以捍其鋒遂以保國乃得於逆旅之商人非意之所不及有愈於意之所及者乎漢高帝欲擊匈奴使者十輩皆以為可惟奉春君知其匿壯士健馬以為羸見短伏奇兵以爭利高帝不之信乃以

三十萬衆困於平城以高帝之智而不能詳奉春君之言以漢在廷謀臣策士而惟奉春君能測匈奴之隱非迹之所不見有出於迹之所見者乎竊見金賊陰懷不道欲為封豕長蛇荐食上國之日久矣燕晉疆吏初不以時聞至前年冬全師大入將欲渡河而京師始知之其罪固不容誅去歲解圍之後朝廷宜少警矣然八九月之間尚聞持和議以為必成而謂秋冬決不復再入傍觀者為之寒心而廟堂以為得計此雖玩習苟簡更相觀望之過然亦耳目不廣形勢不審有以致之此天下所共痛憤而不能釋者也臣所部浙西并浙東路並外連海道與高麗跨海相望去賊境不遠嘗聞賊有妄窺東南之意若北自登萊東假高麗揚帆而來或出於二浙皆遠不過二十日近五七日可至臣自到任常有私憂於此本州舶船舊許與高麗為市間有得與其國人貿易者往往能道其山川形勢道里遠近因

令舶主張綬招致大商柳悅黃師舜問之。二人皆泉州人。世從本州給憑賈販高麗歲一再至留高麗者率嘗經歲因為臣圖海道大畧言賊境舊與契丹蘇州正直登萊高麗東北與賊接界有關門為限賊舊事高麗每歲入關。即遣使進奉。崇寧三年。始與高麗稱兵。大觀元年高麗遂取其六洞於南境。以築九城實以甲兵糧食。後復為賊以況羅黑水堆洞人奪之。自是與高麗絕。政和五年契丹為賊所敗取其沿海六十餘州高麗乘間誘得賊用事首領一人。賊屢來求不與。及賊滅契丹宣和七年高麗復遣使通好為賊留不歸去年賊擾我幾甸之後高麗遂兩遣人使賊賊亦兩報之。併欲使之稱臣而脩貢。正副使共二人。其一為契丹人。其一為金國人高麗去年亦自為其小大父謀蓋焚其宮室積聚器械甚廣。未能如前日之盛見出避於別都勢恐不能與賊重抗。然賊所得契丹傍海六十餘州皆荒陋

單弊其地與高麗隔鴨綠江每歲冬深鴨綠江凍冰堅可勝車馬此皆柳悅等親供說如此。臣既有聞未敢隱默竊以鄭弘高之事觀之柳悅等雖商賈冗賤然在高麗久所聽探皆得其國人之言初本無意若因使伺賊萬一欲謀擾我或得其道里所出期會所定或其國中自有變亂先事而達有出於我耳目所不及形勢所不見者則不為小補輒肆管見欲委此二人許以名目。陰令如常歲之高麗賈販應得賊中動息皆亟使來告俟參驗得實有補於事即厚賞旌之責以軍令無得張皇漏泄其人皆感奮願自效欲以此月末渡海約冬初復還臣以申奏不及已一面各權借以承信郎名目給與公據令趁時前去伏望聖慈詳酌。如有可採乞降睿旨密付臣施行遣臣採報深入敵境雖理之常然今跨海越國創始之初迫於幾會未先陳請專輒自決罪當萬死更乞矜察以臣職守粗欲圖報激於忠憤別

無他勝特賜容貸所有柳悅等畫到海外圖一本緣連在前謹錄奏聞。伏候勑旨。

貼黃。臣伏聞朝廷見欲遣迪功郎劉蠡等使高麗臣雖不知遣蠡等所謀然今來柳悅等止是因其賈販使密自刺賊動息以廣耳目俟有實驗然後賞之有利而無損禁令無得漏泄恐萬一或得以為用即於今來使命並無相妨伏乞睿察。

侍御史孫覿和戎劉子曰臣聞人主之行異布衣者飾小行競小廉自託於鄉里人主惟天下安社稷固否耳陛下即大位坐席未暖而強胡犯闕長驅萬里所過州縣無一人嬰其鋒者中外之憤孰不欲一戰驅之以為快。然茲事體大陛下當飭將相大臣深思熟慮為萬全之計差之毫釐使有莫大之悔遺社稷之憂不可忽也。臣竊讀國史見寶元康定間趙元昊為嫚書邀大名以怒朝廷規欲譴絕以激

使其衆舉朝忿然皆曰蕞爾境小醜耳時吳育為諫官奏言承平日久將不知兵士不知戰民不知勞若驟用之必有喪師蹶將之憂兵連民疲必有盜賊意外之患且當順而撫之使未有以發得歲月之頃以其間選將擇士堅城銳器為不可勝以待之雖元昊終於必叛而吾戰守之具立矣。疏入宰相張士遜見之大笑曰人言吳舍人患心風果然於是決意用兵所向輒北。一方騷然大將劉平石元孫任福相繼戰沒大盜王倫轉掠江淮間契丹聚重兵境上邀請三關之地中國耗虛邊民疲斃天子屈兵卒賜元昊夏國主如育初議今女真暴滅契丹為北方大種非元昊小醜之比舉國大入直抵京師又非元昊犯塞擾邊之寇天子之郊宗廟社稷太上皇兩宮在焉亦非戰地至於將帥不才士卒驕惰軍政隳壞器械朽鈍財用空竭法度廢缺。又非仁宗皇帝之時臣熟思之莫如和戎為上策。強胡乘勝

頓兵觀闕之下。彼見天子宮室城池苑囿之大。而西兵日至。芷疑懼不測之時。陛下戒諸將堅壁固守。不施一鏃。不交一刃。使野無所虜掠。然後與之議和。群胡竦然聽命。卷甲而歸。是以為德矣。以其暇日蒐擇名將。選練將士。謹蓄積。修法度。成中國安彊之勢。所謂屈於一時。信於萬世之下者也。陛下受太上皇投艱之託。至大至重。豈若匹夫之勇。小不忍。遂校勝負於一擲之間耶。伏望聖慈以趙元昊校北胡之強弱。以寶元康定校今日之盛衰。臣一人雖不能勝衆論。而憂國之言。或有合於吳育。特賜採納。不勝幸甚。

覿又論和戎劄子曰。臣聞道有經有權。事有常有變。知道之權者。能摧剛而為柔。適事之變者。亦轉禍而為福。今者強胡乘百戰百勝之威。合諸種控弦之士。超邑越都。鼓行而至。直抵京室。以為中國有人乎。此臣區區之愚。力排群議。進和戎之策。庶幾甘言重幣。是以厭虎狼貪暴之心。紓一旦倉卒非常之變。而後徐圖天下國家善後之計。其權固在於此也。昔漢高帝仗一劍誅秦蹙楚。以定天下。而冒頓亦崛越於東胡。呂太后稱制。冒頓遺嫚書。出惡言。虐戲醜詆。可謂甚矣。當是時。謀臣猛將。如陳平周勃灌嬰之儔。固無恙。而上將軍樊噲請以十萬衆橫行匈奴中。豈不壯哉。獨季布以謂夷狄如禽獸耳。得好言不足喜。惡言不足怒。第當自計利害。何足與論是非。呂后飜然稱善。詔大謁者張澤持書幣。奉車馬報謝。遂結和親。呂氏雖故本推轂高帝就天下。而季布為任俠。以勇名關中。一言從容。消弭兵端。貨兩國數百萬生靈肝腦之禍。非所謂大勇者乎。豈若小丈夫悻悻然拊劒疾視斬頭穴胷。以報睚眦之怨者哉。臣又嘗讀國史。澶淵之役。諸道兵大會行在。虜懼請和。諸將爭欲以兵會界河邀其歸。可勦殺無噍類也。真宗皇帝曰。如何殺得盡。秖結怨為邊患耳。詔按兵勿戰。縱使歸國。自是諸將讙言秋高馬肥。復入寇矣。或曰未也。邊儲稍實。復為盜糧矣。真宗顧近臣曰。將帥之臣。平居無事。瞋目抵掌。欲赴功名。臨時便誤事。卿等豈不知此輩情狀。乃相為和附信其說耶。陛下觀今日之勢為如何。大將劉延慶屯重兵於燕山。一夕無故投寨而遁。人馬相藉躪。蹄踵交道。委棄金帛穀粟如山積。虜人長驅萬里。無所忌憚。職此之由也。伏望聖慈監觀炎漢之興。受命而帝。群臣佐命。百姓歸仁之初。真宗皇帝駕幸澶淵。殺其驍將撻覽。兵威大振之時。尚不忍計校一時小利。摧剛為柔。以為萬世無疆之福。固不俟臣諜諜瀆亂聖聰。而爭奪之計已默定於聖心矣。

御史中丞廖剛狀奏曰。臣聞成大功者不謀於衆。守大信者不懷其私。國家昨遭艱危喪亂。弗支淮北土疆。悉非我有。日者上天悔禍。虜遣和使。盡歸河南陝西之地。紓以休兵。陛下念生靈困苦之甚。亟如其議。謀國之計得矣。詎容邊吏以細故而搖其成哉。竊惟二三大將繕甲治兵。雖有敵愾之志。是誠可尚。然今日之事。方且以守為戰。以弱為強。以不取為得。此烏可以不知。而或不能戒飭師徒。謹固封守以聽朝廷之命。輒復招納叛亡于彼之境。是將以小而害大。其不体國甚矣。昔景德初。既與契丹盟于澶淵。代州送[illegible]降契丹九人。赴闕。真宗詔以請盟後者。付總管司還之。因詔緣邊州軍。自今得契丹牛馬。並仰牒還。其後又詔北界盜賊亡命至緣邊州軍者。所在即捕還之。蓋不如是之嚴。則不足以昭示大信。而堅和議之約也。臣願陛下亟降處分。約束諸將。自今毋或誘致他界之民。其有盜賊遭迫逐而入吾境者。自合捕還。毋得容匿。敢有違者。必寘之罪。庶幾二境交和。而大計以定。所係實不輕也。

樞密行府參謀鄭剛中請放西夏捕獲人王樞等狀奏曰。臣准今年

六月四日尚書省關滿生環慶路經畧安撫使趙彬奏逐處申到西
賊出沒事奉聖旨令臣相度措置務要彼此情通各獲安帖仍詳具
聞奏者臣契勘李世輔捉到西夏招撫使王樞見在四川宣撫司收
管看養并據趙彬申到前後捉獲夏國一百九十四人送邠寧州慶
陽府等處羈管臣相度關陝初復正與夏國為鄰欲令將帥通書恐
計議未必周盡而於國體有傷置而不問則彼此疑礙莫之或先情
亦無自而通矣兼前項人留之無益於事還之則感恩懷德更相告
諭理或有補臣愚欲望聖慈將王樞并趙彬羈管一百九十四人許
臣呼至行府犒勞放還夏國不惟使夷狄有感嚮之心實可以示朝
廷廣大之意如蒙允許乞作聖旨行下
王元漖論過虜之策曰臣聞中國之於夷狄未易以力勝也能使夷
狄之人自相攻討則虜寇可還矣西漢之屬國都護東京之南單于

與唐回鶻之師皆此道也金人用兵以來七年于茲而四夷之兵未
聞效順虜兵以是日熾中國以是日陵禦過之術未見其善必能合
群夷之情捍強梁之勢然後虜寇可殄中國可安或曰中國之使夷
狄夷狄之事中國各有常勢胡可強議今中國之勢既陵夷狄之勢
方盛安能間激使相戰爭臣曰不然今者中國之財貨子女奇技珍
巧金人奄取而盡有之固諸國之所欲也使諸夷取之之謀利則中
國啗之之術行況今四夷諸國一介未通在此者既不示以撫安之
情在彼者安知其無向化之意臣謂宜常遣單使齎持尺書使知中
國之勢尚可振起若諸國有能助順則金人行可破之何必輶軒旌
旗然後增光遠之華籍寵厚恩乃可明遣使之禮申包胥之救楚但
哭秦庭燭之武之使秦不聞厚幣此所謂不可不為者不可以不為
而廢功也事有不可為者固難以必為冒進亦有不可為者安得以

不為而廢功
黄次山奏劄子曰竊聞明州申有高麗人金稚圭劉待舉等附舶到
州裏契勘高麗自神宗以至前朝許之來貢賜書入學宴樂賡詩其
甚至於臨遣王人龍黙言者所以為之賜者甚寵而屬意者亦深艱
難以來首鼠兩端坐觀成敗終賴謀臣獻討勇士竭力乃能立國由
此觀之結納遠夷初未有益徒自取紛紛爾方今排決和議師律漸
張若因循故事許至行朝必將記游說之詞脅制人主使兵威自屈
而和議復伸恐臣不得遂其謀烈士無所奮其勇從違之間利害不
細昔劉琨欲結石勒勒答其賜而辭其言竊謂聲報方嚴防秋正急
當厚其賜幣就彼遣還折衝消萌於計為得如有可采伏望敷奏施
行
陳長方代人上殿劄子曰詩云迨天之未陰雨徹彼桑土綢繆牖戶

今女下民或敢侮余孔子曰為此詩者其知道乎能治其國家誰敢
侮之臣伏見去歲僭叛之臣外連強虜陛下聖心果斷元戎北指天
威皇靈截然而下如雷如霆震驚醜類故其野心奸計不自晉窮然
自賊師行逾已後半年臣雖遠在闕庭之外廟謀勝算有不及知而
臣竊觀金人緣自靖康所向必得去歲之舉猶循故智不謂朝廷遣
將四出六飛親駕前控大江後隔長淮頓兵老師不能寸進是自金
人犯順以來未有若去歲少挫其鋒者也大凡狃勝者恥於少衄好
利則不憚興師安知醜虜不於秋高馬肥之時猶恐奮其螳臂臣愚
深恐議者妄意賊情因此畏怯僉軍調發勢難再舉以悅耳諛佞之
詞上誤國家大計欲望聖慈敕諭輔臣內嚴師儲外飭諸將謹長江
淫帶之方講漕一　諸司庶務斥候要經絡不單舉素定以
視敵人之進退　所謂能治其國家孰敢侮之者臣於今

見之矣。
金國使人張通古在館吏部員外郎許忻上疏論和議不便曰臣兩蒙召見擢寘文館今茲復降審旨引對令見陛下於多故之時欲求千慮一得之說以廣聰明是臣圖報萬分之秋也故敢竭愚而效忠。臣聞金使之來陛下以祖宗陵寢廢祀徽宗皇帝顯肅皇后梓宮在遠母后春秋已高久闕晨昏之奉淵聖皇帝與天族還歸無期欲屈己以就和遣使報聘茲事体大固已詔侍從臺諫各具所見聞矣不知侍從臺諫皆以為可乎抑亦可否雜進而陛下未有所擇乎抑亦金已恭順不復邀我以難行之禮乎是數者臣所不得而聞也請試別白利害為陛下詳陳之夫金人始入寇也固嘗云講和矣靖康之初約肅王至大河而返已而挾之北行訖無音耗河朔千里契掠無遺老稚係纍而死者億萬計復破威勝隆德等州淵聖皇帝嘗降

詔書謂金人渝盟必不可守是歲又復深入朝廷制置失宜都城遂陷敵情狡甚懼我百萬之衆必以死爭也止我諸道勤王之師則又曰講和矣乃邀淵聖出郊次邀徽宗繼往追取宗族殆無虛日傾竭府庫靡有孑遺公卿大臣類皆拘執然後僞立張邦昌而去則是金人所謂講和者果可信乎此已然之禍陛下所親見今徒以王倫縷悠之說遂誘致金人責我以必不可行之禮而陛下遂已屈己從之臣是以不覺涕泗之橫流也而彼以詔諭江南為名而來則是飛尺書而下本朝豈講和之謂哉我躬受之真為臣妾矣陛下方寢苫枕塊其忍下穹廬之拜乎臣竊料陛下必不忍為也萬一奉其詔令則將變置吾之大臣分部吾之諸將邀求無厭靡有窮極當此之時陛下欲從之則無以立國不從之則復責我以違令其何以[illegible]乎況犬羊之群驚動我陵寢戕毀我宗廟劫還我二帝據守我[illegible]一地

塗炭我祖宗之民而又徽宗皇帝顯肅皇后鑾輿不返遂致萬國痛心是謂不共戴天之讎彼意我之必復此讎也未嘗頃刻而忘我豈一王倫能平哉方王倫之為此行也雖閭巷之人亦知其取笑外夷為國生事今無故誘狂敵悖慢如此若猶倚信其說而不寤誠可慟哭使賈誼復生謂國有人乎哉無人乎哉古之外夷故有不得已而事之以皮幣事之以珠玉事之以犬馬者曷嘗有受其詔惟外夷之欲是從如今日事哉脫或包羞忍恥受其詔諭而彼所以許我者不復如約則徒受莫大之辱貽萬世之譏縱使如約則是我今日所有土地先拱手而奉外夷矣祖宗在天之靈以謂如何徽宗皇帝顯肅皇后不共戴天之讎遂不可復也豈不痛哉陛下其審思之斷非聖心所能安也自金使及境以來內外惶惑倘或陛下終以王倫之說為不妄金人之詔為可保臣恐不惟墮外夷之姦計而怨外之釁將

有不可勝言者矣此衆所共曉陛下亦嘗慮及於此乎國家兩嘗敗外夷於淮甸雖未能克復中原之地而大江之南亦足支吾軍聲粗震國勢粗定故金人因王倫之往復遣使來嘗試朝廷我若從其所請正墮計中不從其欲且辱携我之金幣而去亦何適而非彼之利哉為今之計獨有陛下幡然改慮而告中外以收人心謂祖宗陵寢廢祀徽宗皇帝顯肅皇后梓宮在遠母后淵聖宗枝族屬未還故遣使迎請冀遂南歸敵之來邀朝廷以必不可從之禮責王倫賣國之罪當行誅責以釋天下之疑然後激厲諸將謹捍邊陲無墮敵計進用忠正黜遠姦衺以振紀綱以修政事務為實效不事虛名夙慮朝謀以圖興復庶乎可矣今金使雖已就館謂當別議區處之宜臣聞萬人所聚必有公言今在廷百執事之臣與中外一心皆以金人之詔為不可從公言如此陛下獨不察乎若夫謂梓宮之已死外夷与

亂契丹林牙復立故今金主復與我平等語是皆行詐款我師之計非臣所敢知也或者又謂金使在館今稍恭順如臣之所聞又何其悖慢於前而遽設恭順於後敵情變詐百出豈宜惟聽其甘言遂忘備豫之深待其禍亂之已至又無所及此誠切於事情今日之舉存亡所繫愚衷感發不能自已望鑒其惓惓之忠特垂采納更與三二大臣熟議其使無貽異時之悔社稷天下幸甚

金人遣張通古蕭哲來議和禮部侍郎兼侍講尹焞上疏曰臣伏見本朝有遼金之禍亘古未聞中國無人致其猖亂昨者城下之戰詭詐百出二帝北狩皇族播遷宗社之危已絕而續陛下即位以來十有二年雖中原未復仇敵未殄然而賴祖宗德澤之厚陛下勤撫之至億兆之心無有離異前年徽宗皇帝寧德皇后崩問遽來莫究不豫之狀天下之人痛心疾首而陛下方且屈意降志以迎奉梓宮請

問諱日為事今又為此議則人心日去祖宗積累之業陛下十二年勤撫之功當決於此矣不識陛下亦嘗深謀而熟慮乎抑在廷之臣不以告也禮曰父母之讎不共戴天兄弟之讎不反兵今陛下信仇敵之譎詐而覬其肯和以紓目前之急豈不失不共戴天不反兵之義乎又況使人之來以詔諭為名以割地為要今以不戴天之讎與之和臣切為陛下痛惜之或以金國內亂懼我襲已故為甘言以緩王師倘或果然尤當鼓士卒之心雪社稷之恥尚何和之為務

金使至境詔欲屈已就和令侍從臺諫條上吏部尚書張燾言金使之來欲議和好將歸我梓宮歸我淵聖歸我母后歸我宗社歸我土地人民其意甚美其言甚甘廟堂以為信然而群臣國人未敢以為信然也蓋事關國體臣請推原天意為陛下陳之傳曰天將興之誰能廢之臣考人事以驗天意陛下飛龍濟川天所命也敵騎屢犯行闕不能為虜甲寅一戰敗敵師丙辰再戰却劉猊丁巳酈瓊雖叛寶為偽齊廢滅之資皆天所贊也是蓋陛下躬履艱難側身修行布德立政上副天意而天祐之之所致也臣以是知上天悔禍有期中興不遠矣願益自修自彊以事天心以俟天時時之既至吾無不利則何戰不勝何功不立今此和議姑為聽之而必無信之可恃也彼使已及境勢難固拒使其果願和好如前所陳是天誘其衷必不復彊我以難行之禮如其初無此心二三其說責我以必不可行之禮要我以必不可從之事其包藏何所不有使當以大義絕之謹邊防厲將士相時而動願斷自淵衷毋取必於彼而取必於天而已乃若暑國家之大恥置宗社之深讎躬率臣民屈膝于金而臣事之而覬和議之必成非臣所敢知也上覽奏愀然變色曰卿言可謂忠然朕必不至為彼所紿方且熟議必非詐偽而後可從不然當再使審虛實禍

其使人

魏矼上言曰臣素不熟敵情不知使人所需者何禮陛下所謂屈已者何事賊豫為金人所立為之北面陛下承祖宗基業天命所歸何藉於金國乎傳聞奉使之歸謂金人悉從我所欲必無難行之禮以重困我陛下何過自取侮乎如或不可從之事儻輕許之他時反為所制號令廢置將出其手一有不從便生兵隙爭在彼失信在我非計之得也雖使還我空地如之何而可保雖欲寢兵如之何而可寢雖欲息民如之何而可息非計之得也陛下既欲為親少屈更願審思天下治亂之機酌之群情擇其經久可行者行之其不可從者以國人之意拒之庶無後悔所謂國人者不過萬民三軍爾搢紳與萬民一體大將與三軍一體今陛下詢于搢紳民情大可見矣欲望速召大將各帶近上統制官數人同來詳加訪問以塞他日意外

憂。夫將以為不可則其氣益堅。何憂此敵。
戶部侍郎李彌遜論和議不當先事致屈劄子曰。臣昨對日面奉玉音。訓諭金人許歸梓宮還母后兄弟宗族事。臣不勝感歎欣幸之至。數日以來。竊聞朝廷計議禮儀未定。兼使人之言。多不可從。臣以所聞反復思之。有不可先事以致屈者。願為陛下陳之。仰惟陛下聖孝之至。不顧萬乘之尊。求和異類。而金人止以畫地講和為辭。初不及母兄宗族也。是豈可先事以致屈耶。虜人狂悖吞噬。欲盜混一之名。故以陛下之所大欲邀陛下。以信其空言。遽從其請。彼既得所欲。則尚復何求。而以土地宗族歸陛下耶。是又不可先事以致屈也。金人敵國也。卿士大夫國人所賴以為國者也。陛下欲為親而屈使梓宮至。母后還。猶有口實以慰國人。今事未一得。而坐失四海之心。亦不可不慮。是又不可先事以致屈也。臣所陳三事。於今日和議利害甚明

甚切。若儻陛下篤於愛親。盡排群議。內懷欲速之心。外示自弱之狀。以謂必先致屈。而後和議可成。臣恐啓敵人窺伺之意。別生無厭事愈難從。反害和議也。臣願陛下厚禮使人。館之闕下。先遣報謝使致所以謝之之禮。因令致書道廷臣國人衆情未孚。強以難從。慮或生變。有害兩國之歡。請致梓宮母后兄弟宗族于近地。卜日可迎。然後議所以禮之。則不失虜人之情。而陛下之欲可得也。臣自草萊。驟被親擢。沐天地之恩。異於倫等。夙夜思所以上報陛下者。唯盡忠而已。苟或緘默。顧避知而不言。致陛下墮敵人之計。失國人之心。以貽後患。則臣之罪不容誅矣。故敢以狂愚上瀆。睿聽伏惟陛下少寬萬死。察其拳拳之忠。而採擇焉。臣無任恐懼激切屏營之至。
彌遜又答和議劄子曰。準紹興八年十一月十九日樞密院劄子三省樞密院同奉聖旨。大金遣使至境。朕以梓宮未還。母后在遠。陵寢宮闕。久稽汛掃。兄弟宗族。未得會聚。南北軍民。十餘年間。不得休息。意欲屈己就和。在廷侍從臺諫之臣。其詳思所宜。條奏來上。各限一日進入。右劄付臣準此。臣近於今月四日陛對。嘗具奏陳金人遣使請和事。當緩而圖之。謀以致之。必於有成。至於先事致屈。有大不可者。伏蒙陛下聽納。以謂當然。茲承溫詔明諭聖意。至於屈己就和。臣仰體陛下孝慈哀痛。有不得已者。亦知涕泗之下也。陛下欲還梓宮迎母后。修陵寢宗廟之奉。復兄弟宗族之懽。以與軍民休息之期。誠臣子之深願。天下之至望也。然虜情險詐。姦謀詭計。未易測度。應之得其道。則不必致屈。而陛下之欲可得。應之非其道。則雖屈己從之。求吾所欲。未必可得。而後日之患。不可不慮也。金人之擾中國。十有餘年。豺狼蠶䖸。不足喻其毒。殘我人民。毀我城邑。貪婪凶暴。莫知窮極。而一旦欲舉土地宗族以與我。是大可疑也。謂其衆離勢分。為欵

我之計。則彼既弱矣。尚何自屈之有哉。謂其幣重言甘。為誘我之策。則屈己從之。是墮其計中也。或云來使之辭。以謂酋主厭兵。欲施大恩。以釋前日之怨。狼子野心。萬無是理。設或有之。但當復我土地。歸我宗族。休兵息民。不相侵伐而已。何至先之以難從之禮。責我必從而後議哉。陛下受其空言。未有一毫之得。乃欲輕祖宗之所付託。屈身委命。自同下國。而尊奉之。是倒持太阿以授之柄也。授之以柄。危國之道。而謂之和可乎。借使虜人姑從吾欲。假以目前之安。異時一有無厭之求。意外之欲。從之則害吾社稷之計。不從則釁端復開矣。是今日徒有屈身之辱。而後患良未已也。陛下痛念梓宮不返。母后未還。不顧一身之屈。求和異類。彼乃先持割地之說。以邀陛下。使真得之。陛下能與三軍百執事共守之耶。不過分兵遣將以疆理之爾。是未必為我大利。已能致陛下之屈。則梓宮母后兄弟宗族。相繼以

邀陛下何所不至必得其欲而後已其可不預防之耶國家之禍曠古罕聞陛下冒犯險艱取神器而有之四海之内欣戴聖德無有窮已者識以祖宗流澤入人之深天下皆知忠於君上為不易之大節今陛下率在廷之臣以君夷狄後何以責於盡忠於況三軍之士四海之衆視朝廷以為柝鬭而強之以其所不欲一夫不從則有不可勝慮者矣是又大不可者臣所謂應之非其道則吾之所欲未必可得而後日之患不可不慮者此也臣愚切料金人之失在於疑黏罕而廢劉豫黏罕疑則其國人之心離劉豫廢則中原之人不附所以恐懼自疑為求和之計而賊性詭譎變詐欲以自蓋尚持強大之勢以感我是不足畏也願陛下深謀遠慮緩而圖之不待屈已就和而可以得聖心之所大欲苟内懷欲速之心外示深畏之跡寔啓其窺伺之意事未易可成也為今日計者莫若遣使境上從其割地之約

俟其復我境土歸我宗族則重幣以報之必欲先屈我而後議其所以是將欺我也明矣則謝其使卑辭厚禮以遣之勿絕也陛下縱未還與天討亦當申飭將師厲兵秣馬固守疆場俟釁而動然後修德布政下至誠惻怛之詔動人心激士氣使人人皆有報讎強虜之志則國威日振戎事日修彼將聞風震慴求附之不暇陛下端拱南面梓宮可還母后可迎宗族境土可得而保一舉而二善成不亦可乎臣所謂應之得其道則不必致屈而陛下之欲可得者此也陛下聖孝誠恭篤念宗社若以謂必先屈己而後和議可成則十年之間陛下之屈亦甚矣虜人所以報陛下者如何尚復可以有加耶懷王絕齊以和秦而商於之地終不可得太公呂后之歸乃在項羽食盡少卻之後果在於致屈以求之耶此又往古之明監也安危存亡之機實在於此伏惟聖慮詳擇之臣蒙被聖恩之厚迫於愛君敢竭其愚冒犯天聽伏望陛下廓天地之量貸臣萬死而取其一得焉天下幸甚臣不勝惶懼忠憤激切屏營之至謹錄奏聞

紹興八年宰臣秦檜決策主和金使以詔諭江南為名中外洶洶樞密院編修官胡銓抗疏言曰臣謹按王倫本一狎邪小人市井無賴頃緣宰相無識遂舉以使虜專務詐誕欺罔天聽驟得美官天下之人切齒唾罵今者無故誘致虜使以詔諭江南為名是欲臣妾我也是欲劉豫我也劉豫臣事醜虜南面稱王自以為子孫帝王萬世不拔之業一旦豺狼改慮捽而縛之父子為虜商鑒不遠而倫又欲陛下効之夫天下者祖宗之天下也陛下所居之位祖宗之位也柰何以祖宗之天下為金虜之天下以祖宗之位為金虜藩臣之位陛下一屈膝則祖宗廟社之靈盡汙夷狄祖宗數百年之赤子盡為左衽朝廷宰執盡為陪臣天下士大夫皆當裂冠毀冕變為胡服異時豺狼

無厭之求安知不加我以無禮如劉豫也哉夫三尺童子至無識也指犬豕而使之拜則怫然怒今醜虜則犬豕也堂堂大國相率而拜犬豕曾童孺之所羞而陛下忍為之耶倫之議乃曰我一屈膝則梓宮可還太后可復淵聖可歸中原可得嗚呼自變故以來主和議者誰不以此說啗陛下哉然而卒無一驗則虜之情偽已可知矣而陛下尚不覺悟竭民膏血而不恤忘國大讎而不報含垢忍恥舉天下而臣之甘心焉就令虜決可和盡如倫議天下後世謂陛下何如主況醜虜變詐百出而倫又以姦邪濟之梓宮決不可還太后決不可復淵聖決不可歸中原決不可得而此膝一屈不可復伸國勢陵夷不可復振可為痛哭流涕長太息矣向者陛下間關海道危如累卵當時尚不忍北面臣虜況今國勢稍張諸將盡銳士卒思奮只如頃者醜虜陸梁偽豫入寇固嘗敗之於襄陽敗之於淮上敗之於渦口

敗之於淮陰校之往時蹈海之危固已萬萬儻不得已而至於用兵
則我豈遽出虜人下哉今無故而反臣之欲屈萬乘之尊下穹廬之
拜三軍之士不戰而氣已索此魯仲連所以義不帝秦非惜夫帝秦
之虛名惜天下大勢有所不可也今內而百官外而軍民萬口一談
皆欲食倫之肉謗議洶洶陛下不聞正恐一旦變作禍且不測臣竊
謂不斬王倫國之存亡未可知也雖然倫不足道也秦檜以腹心大
臣而亦為之陛下有堯舜之資檜不能致君如唐虞而欲導陛下為
石晉近者禮部侍郎曾開等引古誼以折之檜乃厲聲責曰侍郎知
故事我獨不知則檜之遂非愎諫已自可見而乃建白令臺諫侍臣
僉議可否是蓋畏天下議已而令臺諫侍臣共分謗耳有識之士皆
以為朝廷無人吁可惜哉孔子曰微管仲吾其被髮左衽矣夫管仲
霸者之佐耳尚能變左衽之區而為衣裳之會秦檜大國之相也反

驅衣冠之俗而為左衽之鄉則檜也不唯陛下之罪人實管仲之罪
人矣孫近傅會檜議遂得參知政事天下望治有如飢渴而近伴食
中書漫不敢可否事檜曰虜可和近亦曰可和檜曰天子當拜近亦
曰當拜臣嘗至政事堂三發問而近不答但曰已令臺諫侍從議矣
嗚呼參贊大政徒取充位如此有如虜騎長驅尚能折衝禦侮耶臣
竊謂秦檜孫近亦可斬也臣備員樞屬義不與檜等共戴天區區之
心願斷三人頭竿之藁街然後羈留虜使責以無禮徐興問罪之師
則三軍之士不戰而氣自倍不然臣有赴東海而死爾寧能處小朝
廷求活耶

高宗時金好成直秘閣湖南提刑辛次膺極陳其詐畧曰臣昨在諫
省嘗有疏論金人變詐無常願陛下為宗社生靈深慮近觀邸報樞
密院編修官胡銓妄議和好歷詆大臣除名遠竄已而得銓書藁乃
知朝廷遽欲屈己稱藩臣未知其可大臣懷奸固位不恤國計婾安
趨和謬以為便臣不知天下之人以為便乎父之讎不與共戴天兄
弟之讎不反兵棄讎釋怨盡除前事降萬乘之尊以求說於敵天下
之人果能遂亡怨痛以從陛下之志乎書奏不報

高宗時直秘閣喻汝礪論和好上言曰古之人君恢然有帝王之度
而其明哲英睿是以權天下強弱利害之勢者西京之文帝東京之
光武是也臣嘗讀兩漢書有以少識文帝光武之用心留於用兵而
孚於惜天下之力所以為後世計至深遠也漢遺單于書以尺一牘
單于乃以尺二牘又印封皆同廣長大倨傲其辭曰天地所生日月
所置匈奴大單于文帝乃復夷然安之不異也未嘗復加大名而勝
之也光武用兵機速若神然天覆北胡極容隱納曠然而外之
於寒露不毛之地臧宮馬武誦言而欲誅之帝猶其言弗用也由是

觀之是二聖人者其真有帝王之度哉遠我巨宋道德寬大淵然有
帝王之度者仁宗皇帝是也慶曆中富弼以知制誥資政殿學士尚
書戶部侍郎使契丹劉六符館之既謁虜主退請崇侈弼乃委曲曉
之虜謀遂折增歲賂二十萬弼還復命仁宗寵嘉之以為樞密副使
王拱辰之譏弼也曰弼第能弊中國以奉夷狄耳胡功之為仁
祖委其語待弼滋厚遂升右府□而相之臣切考漢家故事供給南單
于費直歲一億九十餘萬西域歲七千四百八十萬永初中羌有鉄
心剥亂西鄙十有四年靡二百四十萬億永和之末復經七年八十
餘億段紀明之平東羌也凡百八十戰而費四十四億由是論之王
拱辰以增幣為中國之弊是蓋不知自漢以來也戎轉輸歲與虜者
其費可勝支哉吳克齊子胥懼晉侯敗楚子變趙孟先蔑信聞諸
侯悼公和戎威伯中夏然則天下利害強弱之勢未即其隱密之所

而逆刈之姑幸於一勝而忘其敗姑恃其細娛而忽其大憂此固有
天下之至禁也臣又嘗攷唐之中葉方鎮猖獗狃恩恃功侮嫚不忌
唐之巨臣引兵而戰魏博析鎮冀臨淄青然皆斬馘而復擾陽假而
陰拱困而不支唐日以微論者乃謂其源肇於天寶乾元之初其流浸
於大曆貞元之後自臣觀之太宗所以為後世計者過也左舉而頡
利亡右舉則高昌亡中舉則吐谷渾薛延陀之衆亡唐之武威亦能
振於天下矣迺復悉卒并軍而身恃之於遼水之上夫太宗侈於用
兵而厚於費天下之力其毒延於代宗德宗之世日鬬天下之士而
唐之謀臣不知所以解之也方鎮之士復專兵一方共起而危唐而
唐之謀臣不知所以禁之也唐日鬬天下之士以弊方鎮方鎮鬬河
北之士而弊唐而唐日以微也臣故曰唐太宗所以為後世之計者
過也故曰天生五材而用之力盡而弊之不可復振此有天下之至

禁也臣切伏覩陛下肆信締好以交兩國之歡寢兵休士以重萬民
之命省征伐之用肥仁義之訓綏靜方國以承天休然則陛下之神
謀昭鑒固知兵力之不可盡而思有以嗇之也固知天下之力不可費
而思有以息之也固知後世生事邀功之臣開邊以蠹中國而思有
以戒之也然臣區區之愚尚有謁焉宋國不競楚國請交羊祜務德
吳人胥悅一境交和國家賴之伏願陛下飭邊吏各守分界無隱姦
無專利無邀功以仰副陛下睦鄰好紓吾民之嘉惠永為萬世不窮
之休

宗正少卿史浩請安反側劄子曰臣聞金虜不道違天叛盟陛下至
仁弔民伐罪干戈所指犬羊咸奔迺者變起蕭牆刃戮酋首普天率
土同知我宋之方興掠地屠城正非今日之所急貴在先安於反側
乃能盡撫於流亡蓋靳賽張中孚之徒徐文施宜生之輩若非海納
厚彰曠蕩之恩則必狐疑別立姦宄之主勿謂肉已登於几上其如
敵尚在於舟中敢冀聖恩並須曲赦高其爵賞示以腹心使彼曉然
而無他則必愁爾而弗叛中原之版地於是可復寰海之生靈於是
可安儻不速赦群胡必定後生一虜時當其可間無容髮之機今捨
弗為決有噬臍之悔臣識非通敏言又闇疎仰冀聖聰赦臣死罪

紹興三年臣僚言武岡軍溪峒舊嘗集人户為義保蓋其風土習俗
服食器械悉同猺人故可為疆埸捍蔽雖曰籍之於官然亦未嘗遠
戍請依閒調之以勸手其後湖南盜起征斂百出義保無復舊制困
苦不勝乃舉其世業家依蠻峒聽其驅役州縣猶驗舊籍催科胥隸
及門則挈家遠徙官失其税蠻獠日强兼武岡所屬三縣悉為猺人
所有邊戍之實已無而鄉户弩手之名尚存歲取其直人户咨怨乞
擇本路監司詳議以聞詔從之

紹興十四年十月湖南安撫使劉昉奏武岡軍猺人有父子相殺者
宜出兵助其父俾還省地上以問輔臣秦檜檜曰恐輕舉生事上曰
恩威不可偏廢可懷則示之以恩否則威之不侵省地則已或有所
侵柰何不舉俾知所畏哉

夷狄

宋孝宗隆興元年顯謨閣直學士虞允文論虜遂衰弱乞和四州不可棄上奏曰臣今日伏准三省樞密院劄子盧仲賢齎北界書回議用敵國禮講和其南北歸附人彼此各不發遣臣除已施行外臣竊念虜兵威彊凌夸中國餘四十年今陛下嗣位之初虜遂衰弱通書乞和亟正名分上天右序昭若日月大勲之集實基於此而臣惓惓之忠謂陛下宜審今日之機以答天之休賜盖虜揭榜蔡州有云歲幣舊疆如故遠近傳録竊有所議以虜所不惜者虛名所必取者實利也虜自逆亮死虜兵一散馬多死亡衰既嗣立而昏庸契丹渤海之族因得以乘其釁隙而信其讎憤中原起義之師迭作於山東兩河之間內阻外訌殆無以植立其國特其用事之臣猶欲掘彊繆爲

大舉以要我之和不頓一戟而得地得財何虜之每能用其術而我每墮其計中也虜謂海泗唐鄧四州以兵取則有勝有負以兵守則有得有失而知中國之意常汲汲於名分之正故棄虛取實大言夸我而不知亮與兵舊約已亡我之名分我自正之何待虜之從違而後有不正之名也士大夫懲靖康之禍不敢言兵亦垂四十年矣虜欲戰則上下憂懼如不可以朝夕虜欲和則輕於割地惟恐一失其意獨不思今日與靖康之初虜兵盛衰之勢如何官軍之可用不可用又如何也且海泗二州襟帶山東淮北之地得之所以繫其民之心而唐鄧二州利害尤重以之而守則上流之勢固以之而戰則窺洛趨汴外連兩河之民漢光武諸葛亮恢復漢祚其規摹皆出於此光武得之而中興亮不得之而馳驅於蜀漢之遠故大功終以不遂方册可考也竊意朝廷之議必不出於此而臣去國萬里偶當衰漢

一面苟有所見敢不盡誠再三披露願陛下深察之如曰本朝事力未給姑從其請若虜退而歸得以全力平其內難數年之後馬益蕃庶兵財兼裕不知我所積事力能與之相當否也一失此時之機臣恐後患有甚於今日比見探報虜今以迫促之期脅我以和恭惟陛下方以祖宗陵廟中原萬姓爲心必不惜一介幅紙申命大臣别與之議如其不從臣雖已匄祠苟一日未去尚當躬率三軍嚴陣以待必不與此賊俱生天地神明實臨之惟陛下財幸

允文又論不當棄四州地與虜和上奏曰臣比准朝廷行下以敵國禮講和臣輙二具奏疏虜已衰之迹乞不棄四州之地方以冐昧日積憂惶伏奉御劄許臣以忠勤諭臣以能副陛下之意恩禮加重腹心示眷臣之欲報言之爲淺伏讀聖詔所謂四郡之地虜人若許我則當遣使以欵之若不許我則不復議和睿謀閎深聖斷英果固非臣

所及亦非在廷將相大臣百執事所能及也傳曰有君如此其忍負之臣尚願畢其說惟陛下裁擇竊謂自古中國之於夷狄或戰或和必因盛衰之勢而用之若當戰而和與當和而戰此安危存亡之機不可不察也漢高祖唐太宗皆起於秦隋大亂之後其所遭之時所用將相所集兵車所都勝勢大率皆略相似及天下初定高祖和匈奴太宗征突厥其不同遽如此何哉冐頓方盛而頡利衰故也二君者豈能爲天下之機特因其機而不失爾臣不知士大夫以今日之虜爲盛耶衰耶方虜盛時力苟不足尚以和而訹我我每墮其計中自宣和靖康而來可迭考而究見之也虜欲取契丹始訹我以海上之盟虜未得太原又訹我以城下之盟撻辣以蒙國爲患棄河南之地而訹我以盟兀术既引兵臨淮知江南不可下又訹我以盟數十年之間凡四與我盟而率自叛之而謂和猶可恃耶虜力不足雖戰必

和虜力有餘雖和必戰往事歷歷可鑑而世不悟有識者不知渤泗之橫集也虜今已衰不止於力之不足一和之後虜之力有餘未知今日之盟士大夫能保其不叛否也況逆亮死舊盟已亡皇帝者我自帝也上天之所畀付也大國者我自國也祖宗之所傳授也何有於不正之名而汲汲於正之乎姪國之稱豈無猶子之嫌未可以言敵國而四州之地與和尚原商於一帶之險皆不可以輕棄願陛下深思而熟計之當前歲之冬逆亮敗於釆石死於揚州虜兵散亡逃去我乘其機僅能得此四州而官軍以戰而死者幾人戰騎殁於陣者幾乘輸財發軸所費者不知其幾千萬計第功行賞所遷補者又不知其幾千萬官也而一旦忍棄之乎棄之之後虜無可乘之機如舋時又可以必取之乎使必取而得之國家之所以耗蠹費用士馬之所以散佚死傷又不知幾倍於前日也士大夫厚祿於朝者亦嘗遠慮卻顧一念及此乎或者謂太上皇帝得和戎之福陛下所宜循守而不知太上當漢高祖之機休養民力積兵積財堅忍二十年之久以待虜之衰而以唐太宗之機付陛下於今日也繼伐之功孰大焉浮言熒惑古所深慮願陛下於問安之餘從容及臣之說二聖合謀教寧天下開聖子神孫萬世之丕基臣不勝大幸

允文又論虜中情僞不可棄四州之地上奏曰臣於二月初得探報虜帥拘留胡昉等嘗於初五日奏虜必不敢執我使人已而又報大酋取昉往燕山臣心實笑之今據探報二月十一日自燕山發回昉等相傳以爲大酋不欲和必至於戰臣竊有二疑若虜庭君臣果不欲和何不執我使人即日發兵尅期會戰今二小介且不敢留發之使歸當是有相就之意於文移中或有大言亦是用弱之勢當如此其不出於戰一也春今已三月若和議不成境上之虜必整斂會合

分道窺邊自旬日來方且於界首置擺鋪每鋪三十騎以伺我動息又盡淮河汝河闊狹處爲圖冊劃量步口淺深又驅虜邊居民使之內徙皆是反爲防我之計其不出於戰二也使其恥於怯名便出忿兵僥倖一戰我徐以兵應之主客勞逸之勢分曲直之理著官軍破之必矣況迫於暑月虜無深入久留之便要是四州之地必不可棄當如陛下神謨聖斷無疑也臣已遣官團結鄧州人丁得一萬三千七百九戶凡三萬七千五百六十一口選壯丁及一萬四千六百五十二人而中丁之數又三千七百一十四人視襄陽戶口丁數乃三四倍果可輕棄之乎先正司馬光嘗論三晉者齊楚之藩蔽齊楚者三晉之根抵形勢相資表裏相依安有撤其藩蔽以媚盜曰盜將愛我而不攻豈不悖哉臣竊於今日海泗唐鄧之勢亦云伏惟陛下運獨斷之明下不移之令以就大功或羣言一搖棄地請和臣聞命之日即掛衣冠而去決不敢先負陛下也冒昧再三伏用震恐

允文又論召回信使當殿議中外戰守之備并安集歸正流民上言曰臣准金字牌遞御前封降三省樞密院劄子通問使王之望等赴行在奏事三月二日奉聖旨劄下荊襄川陝嚴爲邊備仍不得先事妄舉臣已具知稟狀聞奏訖臣於前月初五日嘗具劄子論胡昉之歸虜之弱勢可見冒昧以二策上干天聽不自意臣之上策有合於淵衷伏惟陛下勇智如成湯爲天所錫方略如漢高爲天所授中外小大之臣實榮千載之遇効謀効力誰敢不自盡以赴功名之會報萬分之一臣竊詳諸處探報虜兵率多內徙或聚於亳州或聚於應天府或聚於汴洛二京如其內難未平當自此稍稍遠去若只留近郡即是已迫暑月爲歇泊之計發民料馬以俟秋冬入寇則必勝之算不一之備凡在我者不可緩也春已垂莫虜又寢退必無深入久戰之

憂。況天誅亟決。羣疑自定。事當歸于一。虽指防秋之日。不過數月間。士馬之增損。金穀之盈虛。戎器之有餘不足。山川形勢之險夷。與兵出入或守或戰之地。有司所宜豫計預定。借分陰而不敢息之時也。虜比下令盡驅旁邊之民逃避者。論以軍法。民相驚譁。謂當徙於黃河之北。老幼扶攜。或來歸正者。纍纍不絕。而藏匿於山林間者又甚衆。怨咨之聲盈於道路。天將亡胡。遽奪其魄至此。所謂爲淵驅魚爲叢驅爵。以迓陛下湯武之興也。應天順人之舉。當動而風行。臣與江漢草木。日月以冀。所有歸正之民。臣亦已遣官賫錢米賑給而安集之矣。伏乞睿照

允文又論虜中衰弊。今兩軍習拒馬法。上奏曰。臣伏讀明詔。以軍政之弊。有虜人雖弱。而我不得志之歎。臣常與有識之士。日夜歎此恨久矣。今陛下明以訓臣。是臣千載之遇。令其敢不勉。臣竊見虜自逆亮竭其國兵財之力。大舉以渡江。一敗之後。亟抵滅亡。虜氣頓索。中原之民。因見虜之力果不可以勝天也。起義兵而歸正之人相與而超起。延及渤海契丹之族。而虜勢遂孤。虜中始多事。外訌內阻。日有變災之變。況頻年旱蝗。今山東河北斗米千錢。燕山之價倍之。咸平黃龍之價又兩倍之。人皆相食。所至盜起。識者謂天之亡虜其在茲矣。臣見荊鄂兩軍諸將多以其兵不能戰於平原爲憂。臣比與王彥商量造木拒馬。用陝西陣法教習。兩軍蓋中原平夷。騎兵所利。而議者多欲造車以當騎。而不知拒馬之用如車。而其便利捷疾。兵不能潰去。車所不若也。自三國南北時。用以取勝。載於正史。近歲吳璘用於西邊。數致大捷。而王彥自謂尤精其法。臣之孤忠。不獨使荊鄂之兵爲陛下守漢上一面而已。伏乞睿察

乾道六年。盧陽西擾獠楊添朝冠邊。知沅州孫叔傑調兵數千討之

敗績。死者十七八。初猺人與省戶交爭。殺二人死。叔傑輒出兵破其十三柵。奪還所侵地。於是猺人相結爲亂。諸司請調常德府城兵三百人。益官兵三千人合擊討之。宰臣虞允文奏曰。蠻夷爲變。皆守臣貪功所致。今猺人仇視守臣。若更去叔傑。量遣官軍示以兵威。徐與盟誓。自可平定。帝允其奏。俾葉行代叔傑。開示恩信。諭以禍福。遂招降之。邊境悉平。前知武岡軍趙善穀言。武岡與湖北廣西隣壤。爲極邊之地。溪峒七百八十餘所。七峒隸綏寧縣。五溪峒隸臨江縣。紹興二十年。減冗員。改縣爲臨口砦。然五峒之猺俗尤獷悍。釁生毫髮。則操戈相讐。砦官不能爲重輕。況本軍巡防砦柵。惟真良三門兵溪香平有土軍可倚守禦。餘有官無兵。其關硤武陽等砦設巡檢二員。徒費廩祿。以臣所知。宜復臨口砦爲縣。則猺蠻易於制服。汰去冗員。則官廩亦無虛費。實邊郡之利也

隆興二年。胡銓爲兵部侍郎。上疏曰。自靖康迄今凡四十年。三遭大變。皆在和議。則醜虜之不可與和彰然矣。肉食鄙夫。萬口一談。牢不可破。非不知和議之害。而爭言爲和者。是有三說焉。曰偷懦。曰苟安。曰附會。偷懦則不知立國。苟安則不戒鴆毒。附會則覬得美官。小人之情狀具於此矣。今日之議若成。則有可弔者十。若不成。則有可賀者亦十。請爲陛下極言之。何謂可弔者十。眞宗皇帝時。宰相李沆謂王旦曰。我死。公必爲相。切勿與虜講和。吾聞出則無敵國外患。如是者國常亡。若與虜和。自是中國必多事矣。旦殊不以爲然。旣而遂和。海內乾耗。旦始悔不用文靖之言。此可弔者一也。中原謳吟思歸之人。日夜引頸望陛下拯溺救焚。不啻赤子之望慈父母。一與虜和。則中原絕望。後悔何及。此可弔者二也。海泗。今日之藩籬咽喉也。彼得海泗。且決吾藩籬以瞰吾室。扼吾咽喉。以制吾命。則兩淮決不可保

兩淮不可保。則大江決不可守。本江不可守。則江浙決不可安。此可
弔者三也。紹興戊午。和議既成。檜建議遣二三大臣如路允迪等分
往南京等州交割歸地。一旦叛盟。刼執允迪等。遂下親征之詔。虜復
請和。其反覆變詐如此。檜猶不悟。奉之如初。事之愈謹。賂之愈厚。卒
有逆亮之變。驚動華轂。太上謀欲入海。行朝居民一空。覆轍不遠。忽
而不戒。臣恐後車又將覆也。此可弔者四也。紹興之和。首議決不與
歸正人。口血未乾。盡變前議。凡歸正之人。一切遣還。如程師回趙良
嗣等聚族數百。幾爲蕭墻憂。今必盡索歸正之人。與之則反側生變。
不與則虜決不肯但已。夫反側則肘腋之變深。虜決不肯但已。則必
別起釁端。猝有逆亮之謀。不知何以伐之。此可弔者五也。自檜當國
二十年間。竭民膏血。以餌犬羊。迄今府庫無旬月之儲。千村萬落生
理蕭然。重以蝗虫水潦。自此復和。則蠹國害民。殆有甚焉者矣。此可

弔者六也。今日之患。兵費已廣。養兵之外。又增歲幣。且少以十年計
之。其費無慮數千億。而歲幣之外。又有私覿之費。私覿之外。又有賀
正生辰之使。賀正生辰之外。又有泛使。一使未去。一使復來。生民疲
於奔命。帑廩涸於將迎。瘠中國以肥虜。陛下何憚而爲之。此其可弔
者七也。側聞虜人嫚書。欲書御名。欲去國號大字。欲用再拜。議者以
爲繁文小節。不必計較。臣切以爲議者可斬也。夫四郊多壘。卿大夫
之辱。楚子問鼎。義士之所深恥。獻納二字。富弼以死爭之。今醜虜橫
行。與多壘孰辱。國號大小。與鼎輕重孰多。獻納二字。與再拜孰重。臣
子欲君父屈已以從之。則是多壘不足辱。問鼎不必恥。獻納不必爭。
此其可弔者八也。臣恐再拜不已。必至稱臣。稱臣不已。必至請降。請
降不已。必至納土。納土不已。必至銜璧。銜璧不已。必至輿櫬。輿櫬不
已。必至如晉帝青衣行酒。然後爲快。此其可弔者九也。事至於此。求

爲匹夫尚可得乎。此其可弔者十也。竊觀今日之勢。和決不成。備乾
剛獨斷。追回使者。魏杞康湑等。絶請和之議。以鼓戰士。下哀痛之詔。
以收人心。天下庶乎其可爲矣。如此則有可賀者亦十。省數千億之
歲幣。一也。專意武備。足食足兵。二也。無書名之恥。三也。無去大之辱。
四也。無再拜之屈。五也。無稱臣之忿。六也。無請降之禍。七也。無納土
之悲。八也。無銜璧輿櫬之哭。九也。無青衣行酒之冤。十也。去十弔而
就十賀。利害較然。雖三尺童稚亦知之。而陛下不悟。春秋左傳謂無
勇者爲婦人。今日舉朝之人皆婦人也。如以臣言爲不然。乞賜流放
竄殛。以爲人臣出位犯分之戒。
孝宗時銓又上疏曰。臣嘗讀商書。伊尹作咸有一德。言君臣皆有純
一之德也。其初曰。皇天眷求一德。俾作神主。惟尹躬暨湯咸有一德。
克享天心。其中曰。非天私我有商。惟天佑于一德。非商求于下民。惟

民歸于一德。德惟一。動罔不吉。又曰。終始惟一。時乃日新。又曰。惟和
惟一。又曰。善無常主。協于克一。其終曰。俾萬姓咸曰。大哉王言。一哉
王心。說者謂一德之言。故曰大能一德則一心。臣謹案是篇言一字
凡九。蓋明人主德與心不可二三。何則。二三則方寸亂矣。竊嘗譬之
稽天之潦。不能終朝。而泰山之溜可以達石。一與不一故也。側行之
蟲。無爪牙之利。上食槁壤。下飲黃泉。蟹六跪而二螯。非蛇蟺之穴無
所寄託者。顓與不顓故也。一則顓。二三則不顓。此必至之理也。顓則
成。不顓則敗。亦必至之理也。大凡人之立事。無不鋭始而工於初。以
其用志不分。顓且一也。至其半則稍怠。卒而漫漶不振。志分故也。陛
下初登寶位。以剛徤之資。奮然欲大有爲於天下。嘗語臣朕決不與
虜和。一日侍從之臣。同班上殿。葉顒等皆格和議之請。陛下面折之
曰。卿等不知主辱臣死之義乎。嗜嗚流涕。顒等羞縮而退。臣是時親

聆玉音。服膺慕息。知陛下眞撥亂興衰之主。是年冬。臣被旨措置海道。以禦虜寇。纔出比關。而和議之使已在道矣。和議旣講。犬羊無厭之欲難塞。日務求釁。或鳥擾我邊鄙。或憑陵我城邑。和雖在口。禍實藏心。陛下見幾於未奔況之先。慨然有恢復之志。四海之內。皆引領而望曰。吾君果撥亂興衰之主也。然臣竊有疑焉。何也。以和議之使未絕。而恢復之言曰彰也。夫和議未絕。則吾歲幣之害無時弭也。恢復之言日彰。則彼講和之議必不堅也。然而陛下持兩端之說。無一定之論。爲陛下謀主者。豈不曰姑與之和。而密圖恢復之計乎。臣竊以爲大不然也。夫不費歲幣。姑與之和。議猶不可。況哀民膏血以爲歲幣。而和議不堅。是無益也。和而無益。是舉生靈之膏血委之溝壑也。而忍乎。難臣者則曰。安知和議之不堅。曰。召公戒成王以祈天。成湯誥萬方曰請命。祈請二字。乃人主所以尊敬天命也。陛下爲陵寢

遣使。以祈請爲名。是尊之敬之與天等也。彼乃謂我妄有僥求。夫以尊之敬之爲妄。則和議之不堅。彰彰矣。議者必曰。彼強我弱。彼衆我寡。彼實我虛。彼大我小。彼盛我羸。吾安得不出其下。吾又安得計校生靈之膏血也哉。臣又以爲不然。臣聞秦以僕顛。徐由遯絆。可以強弱論乎。紂臣億萬。周士三千。可以衆寡論乎。隋洛口倉。唐資以興。可以虛實論乎。魯雖不期。蜀雖不亡。可以大小論乎。尫羸致壽。盛壯暴亡。可以羸壯論乎。然則亦顧吾自治之道如何爾。苟能自治。彼又何足畏耶。臣雖惷愚。竊謂陛下有高世之行九。醜虜有取滅之理三。是我能自治而彼不能也。請索言之。臣聞陛下受教盡於事親。高世之行一也。友于兄弟二也。九族以睦三也。平章百姓四也。任賢勿貳五也。克勤于邦六也。克儉于家七也。樂善不倦八也。惠鮮鰥寡九也。醜虜虐用其民。取滅之理一也。阻兵安忍二也。惡直醜正三也。以彼取滅之理。當吾高世之行。已不戰而勝矣。臣謂亦顧吾自治之道如何者此也。然則焉用以民膏血委溝壑之爲快哉。臣願陛下一德一心。應天順民。俾萬姓咸曰。大哉王言。一哉王心。罔俾阿衡專美有商。臣雖不敏。請事斯語矣。惟聖神少加意焉。

銓爲中書舍人。論復讎疏曰。臣聞前車覆。後車戒。自紹興初。肉食者不能遠謀。遂墮虜計。和議三十年。廢防弛備。干戈朽。鈇鉞鈍。上下偷生。不戒宴安之酖。一旦逆亮肆封豕長蛇之毒。宗廟社稷。幾不血食。天下寒心。陛下卽位以來。懲羹吹虀。誓不與醜虜共天。日夜厲民秣馬。蒐乘補卒。志馳於伊吾之北。氣軼乎甌脫之外。不復鴈門之踦。不已也。不濯二殽之恥。不已也。醜虜知陛下銳意興復。知吾力修守備。知吾將士思奮。近者輒移書請和。非甘言誘我。卽詭計欵我。陛下宜鑒前車之覆。益脩守備。益張吾軍。益固吾圉。且戒將士曰。醜虜虎

狼之國。犬羊之群。忘我祖宗之大德。而謀動干戈。是以有靖康之禍。殘毀我宗廟。陵蔑我社稷。劫遷我二帝。垢衊我兩宮。皇室淑女。婉於穹廬。掖庭良人。汙於沙漠。玉牒帝胄。僕於龍荒。尚忍言之哉。又有甚可憤者。我徽宗皇帝梓宮雖返。而大讎未報。我欽宗皇帝。訃音雖聞。而梓宮未返。興言及此。爲之酸鼻。又有大可憤者。我國家山陵發掘殆徧。我哲宗皇帝陵寢旣發。而又暴其骨。昨者太常少卿方庭實請命祈哀。歸奏其實。所不忍聞。臣是以痛心疾首。飮恨歔泣。思欲知古人枕戈待旦。以雪吾恥。思欲如古人卧薪嘗膽。以逞吾憤。未嘗一日不北望慨然痛哭流涕也。尚忍與之盟哉。如此。則將士激勵。不戰而氣已倍。不然。雖增歲幣。還故疆。如前日屈膝請盟。臣恐復有如逆亮者竊發於近甸矣。

銓又上奏曰。臣竊謂自昔夷狄憑陵中原。未有如今日之甚者也。非

夷狄有常勝之勢蓋中國御之失其道爾何謂御之失其道自靖康之變二聖蒙塵兩宮執辱非有他也講和禍之也自維揚之變太上皇浮海生靈屠戮大内飛羅綺之灰九衢轔公卿之骨非有他也講和禍之也自逆亮之變淮甸丘墟原野饜人之肉川谷流人之血遺毒至今非有他也講和禍之也夫自靖康迄今凡四十年三遭大變皆坐和議則醜虜之不可與和彰彰然矣

范成大内殿論虜使生事劄子曰臣竊聞前日金國遣使來奉壽觴其正使沿路於瑣瑣末節多欲少變舊例皆非國體重輕特出一時無稽之說陛下待之有法一不得志而去然自近年未嘗敢爾其所以敢爾者士大夫竊議謂有兩說或謂山東饑旱民多流徙恐爲吾所窺測故爲此驕狀以示泰然而堅盟信或謂彼國以陛下天錫神武不忘中原經理邊陲江淮增勢必慮和好不久虜之君臣或有計議使者恐預知之故敢肆然出此二說是非固未易決要之皆所以啓陛下自治待時之計何則從前之說彼憚於興役而懼吾有謀耶則安知其無可乘之機從後之說彼疑吾經畧而不恃和好耶則安知其無先事之舉故曰皆所以啓陛下自治待時之計臣愚欲望聖慈與帷幄大臣乘此閒暇之時稍紓不急之務益講待敵之策蚤夜孜孜更甚前日以待事至而應焉臣去年面對嘗陳三力之說一曰日力寸陰可惜者是也二曰國力資用所出者是也三曰人力愚慮智術之所及者是也此二力者有限未可糜費於不急之地盡用以待敵猶恐不給臣區區愚忠因使人之來又有所感故復爲陛下略言之伏惟留神省察

乾道四年敷文閣待制汪應辰轉對論自治劄子曰右臣準御史臺牒十一月一日視朝當臣轉對者臣愚不肖不足以論天下之事然

竊以爲天下者先後本末之序要須有一定之計然後從事所謂事豫則立也昔班固論夷狄之患以爲漢興忠言嘉謨之臣運籌策相與爭於廟堂之上總其要歸兩科而已縉紳之儒則守和親介冑之士則言征伐皆偏見一時之利害而未究匈奴之終始臣亦以爲國家自艱難來所以待夷狄者不過和戰兩說然而皆未得其本也欲和者則以無事爲安諱兵而不言偃武而不修欲戰者則不相時不量力而姑徼幸於一勝此二者皆非也二者皆非則將何適而可亦曰反其本而已反其本者自治之謂也吾所以自治者周密堅固無所不備則或和或戰特應之而已詩人之稱文王曰肆不殄厥慍亦不隕厥問柞棫拔矣行道兌矣昆夷駾矣維其喙矣夫夷狄而侵中國此文王之所當慍怒而不釋者也故不殄厥慍國與夷狄爲鄰則聘問之禮有所不可已也故不隕厥問苟吾之政事井井乎其有條理所植之木則拔而茂盛所行之道則兌而成蹊以中國之治而制夷狄之亂則彼將遁逃而日以困窮矣文王之政其先後本末之序如此萬世所不可易也恭惟陛下有勤勞恭儉之德有剛明果斷之才又有將大有爲之志而適當艱難之運祖宗陵寢越在異域中原士民淪之左衽豈可以殄厥慍哉惟是國勢未強民力未裕聖明遠覽備就和議慰薦撫循交接賂遺所以待夷狄者甚備蓋非淺見狹聞者所能窺測度量之萬一臣願陛下無欲速無見小利而專以自治爲本譬如農夫是穮是蔉人事既盡天時自至然後可以收其成若不芸其田或揠苗而助之長皆爲不知時矣此臣所謂無欲速也孫權時江邊諸將多陳便宜有所掩襲求相饋遺以爲兵法戒於小利此等所陳欲邀功名而爲其身非爲國也宜禁制之苟不足以耀威損敵皆不宜聽此臣所謂無見小利也富弼使虜歸言於仁宗皇

帝顧常思夷狄輕慢中國之恥坐薪嘗膽不忘戒備內則修政令明
賞罰辨別邪正節省財用外則選將帥練士卒安輯疲癃崇建威武
臣所謂身以自治為本者此其司也仰惟陛下以勤勞恭儉之德而
持之以久以剛明果斷之才而慮之以審以將大有為之志而養之
以晦凡自治之策如冨弼所云者無不畢舉真積力久其效自見天
意人事若合符節必將有不麾而吝不祈而獲者矣臣不勝仰望之
至
孝宗時廣西提點刑獄林光朝陛辭劄子曰臣聞近日有自嶺外來
者謂南丹馬路不可開白皮鹽場不可罷緣此二事關涉蕃溪即非
州縣泛泛議論恐亦不可不早定也陛下不以臣為駑劣使之按刑
嶺右是宜宣布陛下寬簡好生之意至如招誘買馬及鹽場發置各
有主此者然事關蕃溪嫌隙一開是二三有司者之責故不得不為

此過計夫冠賊姦宄多出於夷今舜嘗以是命皐陶皐陶一治刑獄
之官而舜輒以是命之蓋為冀州之外即蠻夷種落是夷人迫近中
割必有為此冠賊姦宄之事者故舜以是責之治刑獄之官上古夷
狄皆小小垂落為甚易治自秦人鞭笞六國各為一家匈奴於是時
亦效中州併吞他部是以有控弦三十萬之衆上古夷狄與秦漢以
來不同使唐虞三代遇秦漢之夷狄不知禦戎當出何策漢之郡縣
過交州數千里唐之安南都護府即漢之日南也本朝以交州為荒
梗不毛之地置之度外今南方夷狄正如唐虞之時乃小小種落耳
宜州邊南面為高峯寨高峯去南丹州止一程羅殿多產馬每來邕
州互市即為自杞蠻所梗數年前羅殿欲取道南丹徑來宜州賣馬
南丹蓋嘗主此說而其說亦甚可聽自後議者又復多端謂南丹之
外乃為永樂州永樂從來不與南丹相下往時南丹為永樂所攻尚

恐宜州不出救兵若置場南丹則南丹所以望我者又非前比也南
丹一件雖未得其要領然無妨吾事惟白皮鹽場忽然罷去一帶亭
戶往往失業遂逃入交州蓋緣溪洞不得白皮場鹽卻轉食交州鹽
溪洞數十為吾扞蔽惟知有內地鹽豈可令交州鹽卻流入溪洞傳
聞交州界上前此有產鹽地分故易成爭奪後來不聽交人於近地
煑鹽是以白皮鹽場自紹興之初官賣帳曆一一可驗未應令交州
鹽卻過來溪洞若此一事縱而不問恐積月累歲非必一與刑獄之
官所能治也臣愚謂南丹馬路白皮鹽場是皆邊面細事下常聽以
太驟欲望睿斷行下本路令逐從措置此為有司所當為之事未宜
上瀆旒扆緣是關涉蕃溪有此隄防故不避喋喋
光朝直寶謨閣輪對劄子曰臣聞古之為關也蓋以禦暴惟譏異言察
異服不使奇衺之人變亂於國中此為關之本意也是故蠻夷猾夏

冠賊姦宄舜嘗以是命皐陶豈唐虞所都與狄人相近深恐羣狄變
亂中華而為是冠賊姦宄之事此不可不責之治獄者天下釁端常
生於所忽釁之未萌以簡書治之為有餘及其已甚以甲兵取之為
不足唐虞盛時所以治夷狄者如此是治之於其早未嘗攻之於末
流也東南有海道所以扞隔諸蕃如三佛齊大食占城闍婆等數國
每聽其往來相為互市遂於嶺南之廣州福建之泉州各置市舶一
司諸蕃通貨舉積於此荊淮湖外及四川之遠商賈絡繹非泉即廣
百貨所出有無相易此亦生人大利也臣昨在嶺外見諸蕃之貨近
年以來多是蕃人以厚貲停場而責商賈以數倍之息所以如是者
謂其自有貨賣之處近聞蕃客十十五五嘗在都下自賣蕃物而以
金銀為回貨今又聞轉而之他中國禁令如此闊疎非所以待夷狄
也夫金銀可貴吾之所實以塗金銷金為服用則坐罪為不輕若之

何棄其所可貴者於化外窮髮之鄉。此物一去。即不復相流通。豈不重可惜也。然中國所得蕃物。往往可以充耳目之玩。若用之於救水旱行軍旅。一皆為無用之物。至如金銀可貴。自古而然。豈可使之日蠹月耗。而不加恤焉。臣之過計。又不特此一事。如前年於吉陽軍買馬。今年復於泉州買馬及器仗。此釁漸生。焉可縱而不問。往時海外有一種落。俗呼為毗舍耶。忽然至泉州之平湖。此尚在一絕島。續又至北鎮。去州治無二十里之遠。其視兵刃一無所畏。啗食生人。乃如芻豢。每得尺鐵。爭先收拾。所過之處。刀斧鉤鑿為之一空。及散走嶺外。殺人為糧。挾舟而行。出沒水中。猶履平地。潮惠一帶。莫不戒嚴。此曹禽獸也。初不知所託在何等處。尚能為吾民之害。況所謂熟蕃往來中都者乎。臣願聖慈戒勅嶺外。及福建一路。所有蕃客。止令於廣州泉州相與貿易。不得輒出二州之界。庶幾他處金銀可貴之物。不至泄之界外。且無往日意外之患。不勝幸甚。

韓元吉進故事曰。唐書李大亮傳。時突厥亡。帝遂欲懷四夷。諸部降者。人賜袍一領。帛五疋。首領拜將軍中郎將。列五品者贏百員。又置降胡河南。詔大亮為西北道安撫大使。以綏大度設拓設泥熟特勤及七姓種落之未附者。大亮上言。屬者突厥傾國入朝。陛下不即俘江淮變其俗。而加賜物帛悉官之。引處內地。豈久安計哉。臣以為諸稱藩請附者。宜羈縻受之。使居塞外。長威懷德。永為藩臣。所謂行虛惠收實福。河西積困夷狄。州縣蕭條。願停招慰。省勞役。使邊人得就農畝。此中國利也。帝納其計

臣聞唐太宗之平突厥也。降者尚十餘萬。帝用溫彥博之議。度朔方地。建順祐化長四州。置定襄雲中二都督統之。然擢酋豪為將軍郎將者尚五百人。奉朝請者且百員。入長安自籍者數千戶也。當時廩給之費。蓋亦可見。故大亮安撫伊吾。而陳羈縻塞外之策。蓋既往者不咎。姑欲無事招徠於七姓種落。以寬河西州縣而已。且漢置降匈奴五原塞下。以為捍蔽。未始官於朝也。太宗之降突厥。遂官於朝矣。夫取其才而用之。固足以見聖王之大。至於奉朝請者多。籍長安者衆。則是煩費中國。以養裔夷之俘。亦不可不慮者。故大亮有言。太宗遂悟。可謂明矣哉。仰惟國家履中興之運。虜勢就亡。慕義効順者。襁負來歸。既已處之州縣矣。則異時系踵而至者。臣亦願聖神鑒此。而預為之謀也。

元吉權吏部尚書進故事曰。唐書太宗引諸衛將卒習射於顯德殿庭。諭之曰。戎狄侵盜。自古有之。患在邊境小安。則人主逸遊忘戰。是以寇來莫之能禦。今朕不使汝曹穿池築苑。專習弓矢。居閑無事。則為汝師。突厥入寇。則為汝將。庶幾中國之民可以少安乎。數年之間

悉為精銳。

臣觀太宗可謂不忘突厥也。當時羣臣不察。以為兵刃至御在所。而後世諸儒亦議太宗閱武殿庭。以人主之尊。而行將帥之事。臣知太宗之志在突厥者。以其非得已也。蓋唐初夷狄之患莫甚於突厥。自隋即以公主妻之。高祖得天下。羣盜角立。懼其為助。故卑詞厚幣。約以連和。其禮有為之屈者。及連歲內侮益甚。至欲遷都避之。不勝其憤。武德八年。命有司削其敵國之禮。更所與書為詔若敕。虜酋頡利因自將其衆襲武功。而瞰渭橋。時太宗方即位。以六騎直出。與頡利隔水語。僅成白馬之盟。虜始退舍。由是言之。高祖之憤。幾貽大悔。未若太宗之能忍也。然帝雖能忍。而其志不一日忘虜。故虜退未踰月。即殿庭以教戰士。校其射藝。誘以厚賞。此特其一端爾。他所以備虜者從可知也。貞觀之治。用賢納諫之方。選

將練兵之法皆足以自致於安强然後堅坐不瞬以待其隙友頡
利勢衰羊馬多死又内與突利相攻擊諸部皆畔逺貞觀四年始
命李靖以六總管之師纔十萬人破之陰山擒頡利以獻觀帝之
告羣臣有曰國家初定太上皇以百姓之故奉突厥詭而臣之朕
常痛心病首思一刷耻於天下其勸高祖不必移都則曰願假數
年係頡利之頸致之闕下至是果酬其言嗚呼有志者事竟成必
有忍其乃有濟太宗之謂矣何則夫待夷狄之禮或可屈而志不
可屈也唯禮或可屈故權時之宜容所不校若太王事獯鬻文王
事昆夷於傳有之矣唯志不可屈也勾踐之報吳太宗之擒頡利
皆是道也臣竊仰國家今與虜和豈異是哉曰者奉使之臣辱命
而還陛下既已備正典刑矣虜之驕慢吾使而禮有未得伸者譬
猶狂犬之吠毒虺之螫固不能不爲之動亦何足與之校是非曲

直哉臣所願陛下沉鷙先物擴帝王之度以容之堅忍不顧厲太
宗之志以圖之如聞虜境旱蝗已久民心離貳諸雜各擅兵柄互
相窺伺矣道好還豈患無頡利之變陛下聖德英武遠邁於太宗
假以歲月則渭上之耻未必不啓吾定襄之功也臣是以因貞觀
之事以證之云
員興宗上殿輪對劄子一察虜情曰臣聞聖人有外懼故有微權有
容機權以忍而後濟機以忍而後發忍不忍之間安危繫焉使其
伸縮在我平日晦之一日伸之大事不足定矣外懼何爲也哉昔
勾踐爲國蕞爾國也奉夫差以玉帛文奉之以子女常人所不忍
者勾踐一切忍之此豈其真情也哉彼其奔走事人之日皆陰謀
生聚教訓之日也故吳不有越而越卒有吳者勾踐得此微權也
曹公之於袁紹也地不如紹兵不如紹紹未除大將軍操不拜也

則避紹而與之曹公豈避人者哉彼其曲意奉紹者所以怠紹之
心而緩河北之兵也故袁不併曹而曹卒併之者曹公有此容機
也彼兩人興而機權用機權用而曹之王易王越之覇易覇臣固
知其忍而後動者也恭惟陛下稟希世之明天錫之勇常有掃清
中都囊橐宇宙之意矣然而即位四年遵養時晦敵有小大勢有
堅脆陛下權敵以御時俯已爲和柔之盟陛下意豈在是哉機權
之在是也陛下忍之亦至矣越王曹公之事規模雖小亮而用之
必在陛下度内也然臣近者聞諸道路敵有無故之形和有不堅
之意衆說紛紛不可執取議者猶欲以祖宗待契丹之禮以待之
是不知彼已者也自紹興至今敵凡幾和和亦幾變信書在道綦
胥在野前日已不可保後日庸可保乎豈可見其形不察其實信
其僞不昭其奸音事揚揚猶類平日上下復欲長此安窮也爲今

日之應當堅籌謀當預措置江淮諸處也兵幾所執要孰害兵甲
增減爲數幾何孰訓孰愼諸將可倚者凡幾何人軍食可理凡幾
何事惟精應敵惟長守狩至纖至悉不暫解弛臣猶恐其未也若
將相循循尚猶偷玩今日得報則四面倉皇明日無報則整容間
暇謀國如此抱虎而寢虎未及起固謂之安未有不爲傷矣夫四
夷執道兵甲不興誰不願之不幸或有外禦雖宣王不免也臣竊
恐近臣大吏轉以籌書期會爲務[illegible]弗畜一忽有警持循將何
及也詩曰維彼雨雪先集維霰而知雨雪者見其兆也陛下察敵
之兆而預計之機權在中應變在外陛下舉能辨此願戒小大之
臣勿爲媮怠而已杜牧曰國家大事小臣不當言臣與牧同一罪
也惟陛下幸赦
二恤歸附曰臣聞天下歸往謂之王四夷觀赴謂之中國繫於[illegible]

而極其歸往聖人之能事於此在矣臣竊觀鄉者江淮歸正士卒捨氈裘襲禮義此豈一都督府有以諭而來之耶誠以吾宋有大義中國有至仁北方將士樂歸陛下之德者也臣前自上流過沿江諸郡歸正之士往往而見其間遊談坐作意態慘慼多不自聊者臣退窮所聞則所在統軍宿將不能推原陛下德意接之不以恩惠是以羈旅相從於此臣竊思之華夷萬里異生不異情人之士去親戚而捨墳墓甘酸苦而受困折者皆非情之所安者也設若諸將能為朝廷相親相比布露恩私如待寵子如支漏甕則歸附之士未暖席而得此生矣近聞諸將敢有奴隸服役之者臣恐歸附生心後不以義則其徇義之意輕撫不以情則其効上之心薄待不以恩則其投命之意衰風塵忽警是縱虎狼於檻而保其不噬齧者也如是其可乎臣以為諸將無見於此矣昔唐初有事

於突厥中葉有事於中原回鶻特勒之徒何力國昌之將其人皆番衆也其兵皆蕃兵也唐有恩意以寵之巍官劇職共濟其用而共復京師唐於歸附一日不輕如此未聞諸將服役之陵藉之也臣愚伏望陛下垂厚恩布明旨凡歸正士卒分戍所在深詔沿江督將與逐路帥臣務加存恤賜給之間務加優厚使其客主之勢一委曲相濟則情自相通然後旌其首領功狀最白忠款最篤者陛下特賜勞問亦寵矣後有緩急出入死地彼又何辭安知無國昌何力之徒為我用為我守哉揚雄曰御得其道則天下狙詐咸作使此事是也惟陛下幸察

知婺州李椿奏曰臣竊見自紹興十年以後節次歸正中原之人或在軍中或散民間此皆國家赤子頃因南渡遂成隔絕今既來歸如子投父固宜存撫以繫中原人心惟是降虜我之仇讎狼子野心天資殘忍固敗來降蓋非本意逃死而已夷狄之性不可以義理曉不可以恩信結弱則服彊則叛其來久矣若必以謂將欲收而用之則當置之於有用之地有以要束之雜於大衆之中使不得恣肆以勢力恐或可用今散在州郡間驕橫凌民無所不有又多頗猾不習軍務高官厚祿無用而有害豈宜置而不議為今之計當因其任滿悉添差上江屯駐中分配隊伍毋令管事其官高頭首令充不釐務兵將官庶幾有以關防其出入禁衛者切乞聖慈遠之臣伏願陛下鑒唐太宗之處突厥幾至狼狽晉武帝之處諸胡竟亂中華符秦之信慕容垂鮮卑猖獗當時有識之士皆知其必然臣愚慮實憂之所以不避瀆聖之誅冒昧言之臣不勝恐懼待罪

椿為司農卿上奏曰竊見朝廷區處降虜未盡其宜私心深憂自北而來者皆曰歸明歸正然我中原之人偶因國家南渡隔絕數十年

身雖陷於異類其心豈忘祖宗二百餘年仁厚之恩又豈樂與夷狄同處今既來歸固有可用之理其間猶有不逞好亂之人自疑南北之異時於沿邊作梗者其人皆有人心可以利害誘之恩信結之也如降虜我之仇讎狼子野心天資殘忍弱則服強則叛不可以恩信結不可以道理曉其來久矣故晉武帝時諸胡雜居中國不用郭欽江統之言六十二年濁亂中華秦符堅委信慕容垂不用王猛之言鮮卑猖獗唐太宗愛突厥之降不用魏徵之言幾至狼狽宣和間契丹郭藥師歸朝朝廷待之至厚不逾年乃為金虜前驅首來犯順此古今之明驗也今降虜或布州郡或掌事軍中或往來闕下或宿衛禁庭此臣所以深憂者也臣年齒衰暮疾病相仍死亡無日矣固未必見其為害近見耶律适哩所為觸類而思之恐為害於它日伏望朝廷於閒暇之際酌古驗今思患而豫防不動聲色有以處之措宗

社於泰山之安。天下幸甚。若直待臨事而慮。則無及矣。如臣愚言可
採。乞賜敷納。竊切施行
制置四川兼知成都趙汝愚論羌賊降後乞修德任賢狀奏曰。臣昨
據黎州申報羌賊奴兒結之弟三開以疾自斃。賴苗率其餘黨悉降。
伏蒙至恩除臣龍圖閣直學士。臣自惟守邊亡狀。何敢論功。嘗瀝悃
誠。乞賜免茲奉溫詔。尚闕俞音。臣義當固辭。豈容虛受。實緣臣近
方辭免召命。陳乞祠祿。不敢再三煩瀆天聽。已於今月十九日望闕
祇拜新命訖。伏念臣蒙陛下之知最深。荷陛下之恩最厚。敢因前事。
少效愚忠。臣伏見黎州自太祖皇帝玉斧畫河之後。二百餘年。三隣
晏然。一塵不動。蠢茲小醜。敢為亂階。殺略吏民。擾我西鄙。覆亡將士。
犯我王略。積十餘稔。罪惡貫盈。狡計益深。乍服乍叛。犁庭掃穴。理無
可赦。陛下神武不殺。惟務羈縻。聖度有容。屢行恩宥。夫力行者遠無
不至。真積者隱無不彰。終之帝德升聞。天鑒昭格。渠魁送死。授首窮
荒。餘黨悉平。歸心大化。是知人衆者勝天。天定亦能勝人。非虛語也。
書曰。惟德動天。無遠弗屆。滿招損。謙得益。時乃天道。臣愚伏願陛下
視天道為甚邇。信聖言為易行。推其所既為。增其所未至。内以修德
為本。外以用賢為助。自然天意悅於上。人情協於下。雖以之掃清中
原。克復境土。宜無難者。區區小羌。顧何足為陛下道哉。臣學術淺陋。
無所知識。嘗究觀羌賊本末。而竊有感焉。故因茲摧謝而輒獻其誠。
惟陛下留神幸甚。
汝愚論金國人使生事狀奏曰。臣叅來在幕次侍班。承閤門傳旨。令
改別日朝見。臣詢問得今來使人頗失恭順。奉書不虔。觸犯天威。罪
當萬死。陛下盛德全度。曲示含容。天地人神。孰不慶幸。然臣竊謂禮
者。體也。義者。宜也。得體合宜。雖彊必服。萬一調護之際。稍失事宜。竊
恐賊虜益驕。更貽後患。故臣謂莫若且令館伴臣寮委曲開諭。俾之
以义例。曉之以至理。我直彼曲。夫復何辭。然後令就館中封進國書。
徐降指揮朝見。蓋陛下威尊固不宜再屈。兼恐臨期復有變態。則於
朝廷事體。將來益難區處。若彼堅執愚暗。倔彊不從。則當致饋有司。
稍加常禮。移文對境。告以事因。但當曲折其詞。亦不至遽生邊釁。說
諭使人。此意料彼安敢不從。然須示以優游待之閑暇。稍遲旦暮。使
自憂疑。若欲姑務曲從。別加厚賜。非惟有傷國體。亦恐別啓戎心。或
謂國家連歲旱傷。未宜輕舉。敵情難測。將起爭端。臣則謂不然。使虜
誠有深謀。決非卑詞可已。若秖是使人生事。正可伐之以謀。臣伏抱
愚誠。輒陳管見。惟聖明裁擇。幸甚。

歷代名臣奏議卷之三百四十九

夷狄

宋寧宗嘉定四年著作佐郎真德秀奏曰臣竊惟今日北虜有必亡之勢二可為中國憂者二蓋自有天地以來夷狄盛衰不常然未有昌熾百年而無憂變者也女真盜據中原九十載矣自其立國唯以刑威殺戮劫制上下非有歡然心服之素也持此而欲久存雖秦隋不能況區區無道之女真乎此其必亡者一方阿骨打粘罕之崛興窮海之濱茹毛飲血雲合鳥散用夷狄所長以憑陵諸夏故所嚮莫能當今數十年豢養之餘已復前日堅悍之氣而達靼小夷欻起而乘之干戈相尋情見力詘蓋今之女真即昔之亡遼而今之達靼即鄉之女真也以垂亡困沮之勢既不足以當新勝之鋒而衆叛親離安知無他變乘之者此其必亡者二方其隆時用民力如犬馬戕

民命如草菅人情攜離已一敢畔者積威約之久也今其潰散四出猶川決防不可遏止至用撤以安之危解土傾其形已露豈待智者而後知哉此其必亡者三嗟夫堂堂中華蛇豕穴之翼翼故都禾黍生之有志之士思欲盡洗久矣而憂者病於機會之難逢聞者敗於權姦之輕舉顧今何幸彼自阽危而臣復以為憂何也蓋傳有之自非聖人外寧必有內憂孟子亦曰無敵國外患者國常亡方陛下更化之初和議未堅邊警未徹君臣上下惕然有不敢康之心迨夫聘覿交馳邊已狃目前之安而忘前日之患萬一此虜遂亡莫或余毒上恬下嬉自謂無虞則憂不在敵而在我矣此臣所謂可憂者一也事會之來應之實難毫釐少差禍敗立至設或外夷得志邀我以夾攻豪傑四起奉我以為主從之則有宣和結約之當戒張覺內附之可懲如將保固江淮閉境自守彼方雲擾我欲堵安以此為謀尤非

易事此臣所謂可憂者二也今之議者大抵以為夷狄之衰適中國之利抑不思匈奴五單于之爭漢嘗獲其利矣拓拔氏河南之墜須反為蕭梁之害何耶蓋有國者不當問敵人之盛衰惟當計吾政之修否當漢宣時內有股肱之良外有爪牙之勇朝廷紀綱本末備具邊陲備禦斥候精明使匈奴盛彊尚當賓服況於浸微弱之後乎若梁武則不然舍正道而溺異端棄人事而談空寂內則三蠹弄權輕作威福外則諸王忿鬩骨肉相圖保境靖民猶懼不足況欲乘人之敝以徼幸萬一之功哉繇是觀之使今日能為漢宣之所為則虜之存亡俱不足恤抑猶未也多事之端方自此始臣愚竊獨憂之伏惟陛下日與二三大臣深求自治之策勿以懲羹之故而謂儆恥可忘勿為視蔭之謀而謂幸安可恃修實德以格天命敷仁政以結民心獎忠實以作興天下之材省科斂以培養天下之力至於某人可將

某兵可用某城當繕某器當修無日不討于朝而申訓之庶幾國勢日尊敵人自懾明乘機取勝可以制蚌鷸之危養威俟時足以保金湯之固矣惟陛下毋以臣愚賤而忽其言

十年袁燮上已見劄子曰臣區區愚忠二月三日獲對威顏具陳正月雷雪非常之變宜修邊防為戰守之計臣非敢為此臆說也按春秋魯隱公九年三月癸酉大雨震電庚辰大雨雪周之三月夏之正月也孔子以八日之間再有大變故謹而書之又臣恭覽國史紹興三十一年正月丁亥風雷雨雪一夕交作侍御史汪澈殿中侍御史陳俊卿皆以為陰盛陽微夷狄窺中國之象是冬逆亮果提兵大入今殘虜衰微雖非亮比而雷雪作孽無異曩時臣所以不得不先事言之累月以來淮襄間幸稍寧息然犬羊之心變詐萬端安知其不養力蓄銳伺隙而作乎蜀被其害所過為墟雷雪之變既昭然矣秋

冬之間。又將若之何。夫備禦有素。雖強大之敵不足多畏。苟安無策。雖僅存之虜亦能肆毒。而武者之論則曰。我朝累變南北。間不免於用兵。而終歸於和好。今亦和而已矣。豈必他求。臣以為不然。曩時戎虜窟穴。去中國甚遠。糧運難繼。故不敢輕動。而和可以久。今假息之地。密邇于我。利苟在焉。猝焉而至。豈復顧盟好哉。不可一也。汴都四平。難以立國。欲奪我險要為駐足之地。首犯浮光。肆及襄漢。駸駸以至蜀。觀其志。顧非專為歲賜也。彼無求和之意。而我強欲與通和。大有邀索。何以堪之。不可二也。且所以欲和者。圖省費爾。往年四月聘使之還。甫入吾界。而犯順之虜亦以是日入。難信如此。和可恃乎。戎可撤乎。輸轉之費。生券之費。猶自若也。夫何省之有。不可三也。忠義之流。排難解紛。實賴其力。既與虜為仇矣。彼方仇之。我則和之。倒戈反噬。莫與為禦。不可四也。堂堂大朝。卑辭厚禮。謹奉垂亡之虜。自示

削弱。誰不悔之。不可五也。推此以往。其不可者尚多有之。夫既不可和。則計將安之。曰。自古立國。固有終不與戎虜通好者。石勒來聘。晉焚其幣。苻堅雖強。晉不少屈。而卒成淝水之功。何獨今日欲通好歟。毋溺於宴安。而常軫淵冰之慮。毋樂於順從。而急聞藥石之言。思夫變之可畏。懼國勢之將危。無一日不修攻戰之具。無一日敢忘從侮之恥。選擇將帥。如恐不及。練習士卒。常若寇至。而絕口勿言通和。此則帝王之雄畧也。嗚呼。財用未足。兵力未強。姑從和好。以為體國。以通和為戒者。非體國者。究其實而言之。求和自我。不保其往。將有無窮之悔。絕不通和。事雖難辦。是乃久安之策。然則臣之愚忠。為國慮也深矣。雖然。謀之寡不若謀之衆。臣願陛下肆頒明詔。博謀群臣。凡可以制服戎虜者。畢陳於前。而擇其至當者亟施行之。古者國有大疑。謀及卿士。至于庶人。蓋所以廣其聰明也。庶人猶且及之。而況在廷之臣乎。惟陛下留神。則天下幸甚。

寧宗時。衛涇論治內備外曰。臣聞憂先於事。故能無憂。事至而憂。無救於事。臣觀中國之與北虜。其勢決不能以兩立。而較今日之事體。恐不能如日前之久安無事。所當先事而憂者也。何以明之。夷狄盜據中原。莫如元魏之久。然考其傳序。雖十六主。而不克令終者十世。始終雖百餘載。而號稱全盛。不過五六十年。蠢茲醜虜。崛起東夷之窟穴。盜我中原之土宇。六十有四年。靖康之禍。考之前古。又為已甚。誠宗社不磨之辱。子孫必報之讎也。高宗皇帝至仁兼覆。隱忍三十二年之間。大志未獲伸。至尊壽皇遵養時晦。勤勞二十八年之久。大業未獲就。陛下以英武神聖。嗣臨大寶。宸謨廟畧。得於問安侍膳之餘。凡高宗未獲伸之志。壽皇未獲就之業。皆陛下今日所身任也。彼據非所有。未必懷不自安之心。而犬豕亡厭。猶毋有不相忘之意。是則

名為和好。而實則仇讎。名為息兵。而實則覬釁。復讎之舉。直須時耳。故曰其勢決不能以兩立。自昔之有天下。未有更一二君之身。歷五六十年之久。晏然無一日之危動者。前代之君不暇悉論。惟祖宗混一太平極治之世。亦莫不然。矧今以偏方之勢。與虜約和。自紹興以來。五十餘年無大戰。自隆興以來。幾三十年無小鬪。今之虜酋。非前之虜酋比也。亡胡歷嘗患難。遠其得位。志在偷安。新雛少不更事。血氣方剛。必有馳騖喜功之心。國內稍安。必謀外畧。釁隙之生。遠不過五六年耳。故曰不能如日前之久安無事。此明識遠見者所以爲國深憂也。今為偷安之說者乃曰。胡運將終。滅亡可待。又曰。彼有內難。必不能動。又曰。雛虜庸才。不足多忌。夫五行之數。終於六七。以其時考之。固為已盈之運矣。此雛得國不以序。群酋頡頏肘腋之變。識者可保。然其新立之後。措意造事。類若有謀。恐未易以庸才忽也

內難也果庸才也遠炎紹興之間亦有之矣然一番弊一番出其勢愈熾曷嘗為中國利哉古人有言無恃其不來恃吾有以待之天下之事豈當計其在彼者亦須其在我者如何耳使吾內治具舉外備素備敵雖強不足慮苟吾自治之策闕然不講左支右吾僅足以了目前敵雖弱猶有可憂何暇乘敵之隙哉臣誠願陛下奮發英斷規恢遠圖脩德以感天心施惠以固民志不以小康為已足不以富貴為可娛念讎耻之未復念版圖之未歸念壽皇付託得人之望為甚深念中原遺黎思漢之心為久鬱卧薪嘗膽未忘也鄉聖志先定然後與二三大臣日夕孜孜講求大計委任而責成之國計未強所以足國計者何策民力方困所以寬民力者何策將偷而未練何以為擇將帥之方兵冗而未精何以為勵士卒之術君臣之間悉心悉意不存形迹休戚憂樂相與同之凡足以為內治外備之具無不脩舉

人事既盡天時自來則大讎可復大義可舉矣儻陛下立志不堅大臣不知任責首執事苟且以安祿位歲月悠悠大計不立天下委靡日趨於弱一旦有變皆諉曰非我責獨以憂勞遺陛下臣恐後時之悔無及矣孟軻曰國家閑暇及是時明其政刑雖大國必畏之矣國家閒暇般樂怠敖是自求禍也臣愚不勝拳拳憂國愛君之私惟陛下赦其狂僭

涇奉使回奏事劄子臣等猥以庸虛誤叨隆委將聘虜廷陛辭之日玉音宣諭令因而詢訪難艱事宜不可張皇臣等竊謂覘國者春秋之法咨詢者使臣之事欽承聖訓夙夜究心道塗往來必加體問有如虜酋荒淫無度主德之不脩頻歲水旱相仍天時之不順百姓科歛煩急人心之已離凡比年使者之所條陳近日廷臣之所論奏雖或未免過實而亦有所由來臣等得於見聞不過若此數事第虜法素嚴今尤疑畏初至北境聞有言者而未敢謂然及抵偽都正欲詢求而防閑甚密深懼無以稱塞明詔今參考事迹復撫其一二言之大抵北虜狃於宴安習成驕惰非復曩時之舊而韃靼生長西北其人驍勇剽悍地產壯馬加以新集之衆意氣方銳倏來忽往捷於風雨契丹遺類蒙國諸戎挾其世讎環視而動左枝右梧之不暇雖修宮室盛儀衛外示強大之形臣等見其在廷班行人才委靡上下窘蹙若有旦夕肘腋之變而所過河南州郡凋弊太甚供備牛馬取辦軍須十室九空殆同清野怨讟並作至有及汝偕亡之謠遺老尚存咸起徯我來蘇之望蓋非特中原之民素不懷附而簽兵部落亦有離心公出怨言無復顧避河北河東羣行劍每戰輙敗或望風犇潰士馬物故糧械喪亡部送餽運至於乏使防護使客騎兵類多疲駑老弱今兩敵相持猶在亘撫等州而臨潢被圍踰時未解在邊

之兵僅三十萬復期以九月決戰臣等回至涿州安肅軍屢見介使奔馳謂發軍馬曾無虛日觀其事勢韃靼諸種雖未足以滅虜而侵擾者衆轉鬬未休久而禍結兵連必至民愁盜起危亡之兆端在於斯天道好還胡運將盡豈非天開陛下以大有為之期邪然臣等區區愚衷有不能自已者觀人之國雖古不廢而自治之策尤今日所宜素講使吾治具畢張備禦無闕敵雖強不足畏儻偷安歲月僅了目前一弱虜滅一強敵生猶未足以為喜也臣等伏願陛下奮發英斷規恢遠圖旰食宵衣急於自治強君德隆主威振紀綱守法度謹爵賞此自治之本也選將帥厲士卒蓄財用備器械審形勢此自治之末也君臣交修本末具舉平居暇日國勢尊安威望震疊有以繫中原思漢之心絕姦雄窺伺之望逮其機會之至則乘瓦解之勢與席卷之師一舉而版圖可歸讎耻可雪矣若不量其在我而徒欲乘

敵之多事釁之賁育與有力者鬭未知孰勝者一人焉幸其不戒而
搏其虛或不足以制賁育之命後患將若何傳曰㤀姑內省德乎無
闕而後動惟陛下留神幸甚

涇又進故事曰漢文帝十六年冬匈奴寇邊上親勞軍勒兵申教令
欲自征匈奴皇太后固要上乃止後元二年六月匈奴和親詔曰間
者累年匈奴並暴邊境夫久結難連兵中外之國將何以自寧今朕
夙興夜寐勤勞天下憂苦萬民為之惻怛不安未嘗一日忘於心故
遣使者冠蓋相望結轍於道以諭朕志於單于今單于反古之道計
社稷之安便萬民之利新與朕俱棄細過偕之大道結兄弟之義以
全天下元元之民和親以定始于今年

弭兵者帝王之遠謀息民者國家之實利夫民猶支體也兵猶爪
牙也支體充盈氣血強壯而後爪牙可用之禦侮自昔仁賢之君

明智之臣非無剛健之志忠憤之謀審事量力終于屈志以保民
待時而養晦者此非舉事而輒沮圖功而不竟也所以為國計者
至深長也蓋民力之虛實乃命脈之根本傷耗慮在目前而事機
之成否他時猶可圖也漢文帝其知此矣平城之仇嫚書之辱皆
文帝之耳目所親聞見候騎烽火之警至通甘泉金絮采繒之奉
頗疲縣官文帝豈一念慮忘此虜哉方十四年身御鞍馬銳志親
征真有長驅殄滅之意及其熟察中外事勢之詳載念水旱疾疫
之變而堅忍和親確然不搖非與始謀自異也能發而能收者真慮
國保民之善圖也其和親詔書曰朕憂苦萬民為之惻怛不安又
曰計社稷之安便萬民之利以全天下元元之民可見其以民
為心而灼知國計之當出乎此也是以文帝弭兵而海內安富武
帝興師而戶口減半其利如此其害如彼前事之驗後事之師可

不監歟

理宗紹定六年知泉州真德秀應詔上封事曰臣恭覩正月一日
御筆令內外小大之臣悉上封事凡朝政得失中外利病盡言無隱
者臣愚不肖往者陛下龍飛五位召自長沙一對便朝再侍經幄玉
色睟然傾訪甚寵臣於是時仰窺聖學之高明已知為不世出之主
矣狂疎妄發自速辠戾投迹山林繫念宸極一飯弗舍此心如丹陛
下以天地之仁不棄小物復收拭而使令之政雖捐軀未足論報而
天佑我宋默啟聖心躬攬大權更張庶政乾動雷發觀聽一新方且
勞謙弗居親御翰墨誕告中外凡曰臣子皆許盡言伏想薦紳之士
洋洋動心直辭正論交進闕下況如臣者受恩思報其敢忘言而伏
念旬時未知所以言者適者竊聞京湖帥臣以八陵之圖來上陛下
恭覽再三悲喜交集命卿監郎官以上詣省恭睠集議以聞蓋將稽

按舊章遣使朝謁以慰一祖六宗之靈而遠方傳聞未知其的或謂
韃人以河南歸我而朝廷因有經畧中原之謀審如所傳是將復蹈
宣和之轍也日夕恐懼不知所云及觀從臣集議之辭乃知朝廷之
上務存審重遣使一節猶不敢輕經畧之謀斷所不苟然臣區區猶
以為憂者蓋強虜暴興接我疆埸虎狼之敵近在藩垣應接少差毫釐
變難測臣自嘉定四年國信使余嶸歸自燕境適因面對論金虜必
亡者三中國當圖者二其後叨塵柱史宿直玉堂中夜以思惕然不
寐亟陳祈天永命之說未幾銜命聘虜道梗莫前歸對延和深陳所
以備敵之策既又直前奏事謂韃能越三關之阻以攻燕豈不能踰
黃河一帶之水以趨汴盡圖自立之計以謹未然之防而一時儉人
交相姍笑臣以孤直不勝衆訕因以便親匄外而去陛辭之日猶獻
瞽言及在江東復上封奏舉宣和之十券願今日之深懲蓋臣愚忠

知國家異日必與韃鄰既與之鄰安能無隙既與之隙未免交兵孰
所必然理當豫慮故不敢徇衆人之所忽而獨陳私己之深憂欲於
未雨之時大為徹桑之備距今二十有四年矣不幸故相諱聞人言
獨任私智凡臣所陳一一不省乃今中原無主遺黎思宋掃清河洛
茲惟厥時而士無智愚僉曰未可者以二十餘年之間政出私門謀
猶回遹隳祖宗之法度壞朝廷之紀綱民力朘剝而無餘人材衰颯
而不振雖陛下赫然振起風采頓殊然非堅持一意行之十年未可
以冀中興之效也然以今日之名義揆諸宣和固有不同者蓋宣和
之於契丹與國也今日之於女真世讎也伐與國為非義滅世讎為
當然幽燕之失虜取之於前代中原之失虜取之於本朝前代之憾
可指而祖宗之恥不可以不雪惟其名義之不同故或以規恢為當
舉然名必有實之相副義非徒說之可行求之在我力未足為而欲

借助於夷狄則臣未見其可也臣觀判巢露布之上具述得蔡之由
若盡出於我者然以微盧燕貉等語觀之是又不能不藉於韃何邪
自有載籍以來與夷狄共事者未嘗無禍惟周漢之興無求於彼而
彼自樂從所謂多助之至天下順之者也若唐高祖則求助於突厥
矣肅宗則求助於回紇矣然伐隋之役主謀者太宗而奮力者諸將
下西河破霍邑者太宗而非突厥也略扶風渡渭水者諸將而非突
厥也入關之師二十萬而康稍利以兵至者纔五百人豈嘗專恃之
乎其復長安也郭子儀為主將李嗣業王思禮副之王師取勝於前
而回紇始擊於後廣平王俶統蕃漢之兵十五萬而葉護以兵至
者纔四千人豈嘗專恃之乎高祖肅宗惟求助於夷狄是以有後日
之禍惟不專恃於夷狄故其禍未至於極焉乃若宣和則異於此童
貫圖幽燕不能得而女真得之譚稹圖雲中不能得而女真得之我

師敗於蘭溝甸又敗於白溝又敗於燕城而女真之兵所至輒克我
不能自取寸土而即復以求之故歲幣百萬之須吾不能卻也借糧
之請犒師之請各以二十萬計吾不能拒也驅職官富戶以往而遺
我空城吾不能爭也背雲中之約而自取之吾不能校也我無可恃
之實而惟虜是恃故其禍至此而極臣尚忍言之哉今觀從臣所議
蓋已深得事宜獨慮帥臣既以為功欲其亟遂虜情未順必求好以
悅之道塗尚梗必借力以通之如此則今之恃韃如昔恃金國家多
事從此始矣夫犬戎之性冒沒貪惏一與之接焉能中絕獨不觀宣
和海上之盟乎方其齎詔市馬亦未決然與之共事也其後裕陵悔
悟固嘗中輟而虜責元約欲止不能侵尋蹉跌稔成大咎今帥臣既
遣小使與之往來又命師徒與之會合雖曰未嘗交通不可得已若
朝陵之行又復賴之臣恐無饜之求難塞之辭自此狎至雖竭吾力

以奉之未足以飽豺狼之欲也或謂故疆之復天實命之天與不取
反受其咎臣以為不然當宣和之世契丹潰敗涿易來歸不可謂非
天予也而人謀弗臧適以賈禍今治化修明固非昔比然圖恢復之
功必有恢復之人有恢復之人必有恢復之具謀臣勇將者恢復之
人也聚財積粟者恢復之具也宣和之時群邪用事寧有遠謀然西
兵宿將盡萃闕下老成持重有如种師道驍悍敢戰有如楊可世而
驅之即敵每向輒北今群賢在列豈曰乏材大抵文致雖優往往弗
閑武略宣威制閫實難其人輸取輸守孰可以繼儲材待事所宜蚤
圖而環睇諸將亦未見有种楊比者以种與楊猶不克濟而況弗若
者乎此臣之所甚憂者一也宣和承平熙洽公私富實可知用兵累
未幾時而改鹽鈔法科免夫錢所至騷然民不堪命版圖未復群盜
蝟興今之事力視昔何若權門有丘山之積公家無旬月之儲在在

枵虛人人愁歎江湖閩浙寇警甫平民未懷生幸禍者衆拊之以循
吏䘏之以寬條疾痛呻吟庶幾少息而師期一起科歛必繁官吏緣
此以誅求姦雄因之而煽動豈細故哉此臣之所甚憂者二也況於
移江淮之甲兵以守無用之空城運江淮之金穀以治不耕之廢壤
其費甚鉅其力甚難富庶之效茫未可期根本之虛其弊立見方女
眞以燕城遺我也其臣有漏言者曰此可僅保三年蓋謂我之葺理
粗成彼之奪攘必至及其背盟入寇果如所云犬羊之情今昔豈異
此又臣之所甚懼也伏惟陛下親政以來淸明在躬志氣如神二三
輔臣虛懷無我進退用捨多叶物情正塗方開善類吐氣此鄉治之
機也但能持之以堅忍守之以兢畏姦聲亂色不汨淸明俾臣懿戚
不竊威福廟堂行事常公而無私臺諫言事有直而無枉君子得行
其志而小人不敢爲欺正論益以開明而邪說不容眩惑則雖慶曆

元祐之治指日可期國家安榮社稷長遠爲陛下計孰便於此若乃
釋樂成之業而冀難必之功聽可喜之言而忘立至之患此又臣之
所甚惜也臣雖懦庸亦知英主有爲之志臣子所當奉承顧今更張
俶爾百度闕然譬猶宿疾方瘳正須保養蓄當厚壅漸培以固元氣
不當輕舉妄動以搖本根願陛下日與輔臣籌之委常務於有司講
安危之大計緩謁陵之禮而急扞塞之防修理內之政以爲禦外之
本凡可以自強其國者汲汲而圖之使吾之元氣實根本牢則形勢
自張氣燄自著雖強暴豈能干有道之國哉然後審度事情爲之
應接或用祖宗交遼之典故或倣東晉絶虜之規模因時制宜期於
適當至於中原舊物豈可弭忘必量吾力之能爲然後隨機而善應
與其藉虜以啓後患未若俟時姑固吾圉昔晉建元中北方潰亂商
浩將謀討伐王羲之諫曰今雖有可喜之會而內求諸己所憂乃重
於所喜功未可期遺黎殲盡莫若先爲不可勝之基須根立執攀訴
之未晚既而洛陽有變浩遂帥師以往修復園陵王彪之亦言未宜
輕進皆不見從浩果喪敗而歸晉室益以不競今雖未有此釁然二
王之言可爲龜鑑惟陛下審之重之毋使制閫之臣誤事如商浩而
臣竊知言之名不勝大願

貼黃臣竊見宣和平燕之議本自姦臣徼廟初無固必其始也布
衣堯臣上書斥童貫蔡京妄開邊釁大臣乞加竄殛上曰言路
蔽塞久矣豈可重罪即命以官此徽廟本心也故其時內而執
政外而邊臣猶有以正論進者其後邪說浸淫上[illegible]聖聽師行
之日詔妄議北事者必罰無赦而宋昭以上書狂妄編竄海南
於是言路絶而禍階成矣陛下盛德謙沖開道求諫羣臣仰體
聖意當此大議必有昌言之異同均於爲國惟陛下悉加容

納毋以沮事罪之

理宗時侍御史李鳴復論韃使引見不必臨軒上奏曰臣竊聞韃使
之來引見有日都司官僚具欲陛下臨軒以接之道路傳聞虛實未
可盡信若果有此恐於禮未安臣竊以謂更宜商確或曰臨軒擇士
臨軒釋囚聖天子未嘗不臨軒也何獨於此而用其靳臣謂不然三
歲一取士宰執讀其程文呼名而進之謂公卿大夫由此其選也每
歲一釋囚宰執讀其情犯呼名而釋之謂淸問下民不可不親也今
綏使之來無國書可進如常儀引見賜之例物足矣必異其禮臨軒
以接之何爲也哉或者又曰彼犬羊也來自外國未知陛下爲何如
主也臨之以天威咫尺彼將心悅而誠服光武之於馬援是也臣又
謂不然龍鳳之姿天日之表儼然人望而畏之帝王固自有眞也倘
必進移黼座而後足以悅其心乎下堂而見諸侯昔人以爲失禮臨

恃以見夷狄今顧以為得禮乎且又有一說都司條具之始聞覽引臨軒釋放罪人為例萬一使人知之必謂陛下臨軒乃是以待罪人之例待己將以悅敵反以怒敵矣臣愚切以謂一如常儀為便乞陛下與二三大臣更加商確

貼黃臣檢閱國史紹興三年金國元帥府遣使副李永壽王詡等到闕議事上特御後殿引見八年金國軍前遣烏陵思謀石慶充等來朝朝辭宣陛殿烏陵思謀以下執禮甚恭然則勞使之來御後殿引見則有之朝辭而宣其陛殿則有之還御座以受其禮則未之前聞也今引見韃使如欲使之稍近天顏當發其果有恭順之實候朝辭日特宣陛殿以示恩意却有前朝故事可以遵行併乞睿照

元世祖時東平布衣趙天麟上太平金鏡策宥不庭曰臣聞文德者

養平之膏粱武威者定亂之藥石當太平之時而耀威振武所謂以藥石代膏粱之用其為害也寔曰非輕是以定亂右武守成上文乃國家久長之計也方今龍飛九五臣服億兆太祖以神武開基受天眷命奄有區夏誕服多方先帝以聖德乘時繩其祖武纘荊沐化異域來庭今陛下若稽上古之勳光紹前王之蹟普惠黎庶誕降德音今臣幸生於太平之世竊見國家近年以來越山浮海征討不庭謹獻愚議惟陛下察之臣伏以殊方遼邈風壤特異天下有故則窺隙而先叛天下已定則觀化而後服五帝之所不決羈三王之所不強臣然其見利則趨見害則避之心與中國之人一也若將縻之以辯計良圖震之以長槍大劍則彼方據險依阻聚力偷生遂使吾之軍士身膏異域之風沙及其納款則吾之軍士亦已傷矣且吾之軍士皆中國之民也中國之民皆國家之赤子為民父母者固無用之地而傷其赤子獨何心哉臣固知斯非國家之本心但恐馴未之思而過聽下言或有此事也昔舜帝舞干羽於兩階而有苗格文王脩德政於西土而崇國降臣亦非謂放牛歸馬不用兵也但中國遐衝則越裳不召而自來肅慎效誠而自至矣安用征討為哉伏望陛下載宣天旨明諭軍帥厲兵秣馬藩衛邊疆春夏屯田秋冬校武于其無事則備之而內守脫有不虞則應之而不逐殊方之屬欲來則聽其來不來則不以威脅之但務內崇文化發政施仁振我皇綱一我王度信我賞罰興我禮樂風以之移俗以之易上下和悅內外無虞體舜之無為希大庭之不宰欲致越裳肅慎之類亦豈難哉此蓋太平當務之資守成上文之理故曰元氣調而無不順之四時心術定而無不安之四支中國盛而無不來之四遠聖人極致要在於茲又

金鏡策務柔服曰臣聞群生有類萬物分方施仁於一類而同類咸

臻擴化於一方而餘方並至此寔王者任化之聖也天道無私降生庶物得五行之全鍾二氣之正者其惟人乎彼四遠之外雖不沾先王之化聖人之治然其懷仁慕義好是懿德之心則無異焉中國者四遠之根柢也四遠者中國之枝幹也自萬殊而言之分雖不同以理一而推之其趣一也攞之以兵而欲其知畏則彼方恃其釜魚之餘命而挾怨以相敵矣結之以信而欲其來服則彼方將邀其天日之明鑒而舒盪以相陵矣諭之以言而欲其回心則彼方將背其盟擔之大約而持強結援以輕中國矣然則何為而可哉莫若柔已服以感之而已矣柔之法奈何崇其道以臨之昭其禮以制之厚其誠以孚之寬其命以逸之定名分以曉之降優詔以撫之置諸度外以待之如是則使餘國未服者聞之而皆曰彼已服者既能托大國以自固而又無刻剝督責之苦吾屬奚為而獨逆呈天所輔有道之君

哉。自然相率而来服矣。今國家六合羣辟奔執豆籩。中華之區貢賦有常。其邊裔已服之域。正宜行此柔之之道。以盡感之之意。又何須徒費錢粮犒賞。以興當偃之師。以征荒僻之地。以勞不可下之民哉。其所以柔之者。非但感未服之國。亦所以盡其在我者當然之理也。郤缺有言曰。叛而不討。何以示威。服而不柔。何以示懷。非威非懷。何以示德。臣是以知討以威之。服以懷之。皆所以示其德也。或者以為四遠可以威威。不可以德德。臣愚以為不然。成湯解三面之網。文王息二君之訟。漢南諸侯聞之而歸者四十餘國。又聞至治之極。鳥獸魚鼈咸若。豈有不可以德德之人哉。或者以為不服則已。既服而置諸度外。不亦甚乎。臣亦以為非也。夫王者之臨下。其理本於安人也。非欲求土地之廣也。隆周之時。越裳自至。周公猶以為德澤不加。君子不享其質。政令不施。君子不臣其人。豈宜殺人以求之哉。然而方

今或有是事者。皆羣下不能副朝廷之意。而曲說請行故也。伏望陛下幸從臣議。凡已服之國。行柔之之道焉。將見銘心刻骨。荷乾坤再造之恩。同類餘方。仰父母一家之化矣。

秘書監趙良弼奉使日本還。入見。帝詢知其故。曰。卿可謂不辱君命矣。後帝將討日本。三問良弼。言。臣居日本歲餘。覩其民俗狠勇嗜殺。不知有父子之親。上下之禮。其地多山水。無耕桑之利。得其人不可役。得其地不加富。况舟師渡海。海風無期。禍害莫測。是謂以有用之民力。填無窮之巨壑也。臣謂勿擊便。帝從之

歷代名臣奏議卷之三百五十

國家圖書館出版品預行編目資料

歷代名臣奏議

(明)黃淮、楊奇士編著. – 再版. – 臺北市：臺灣學生，1985.03
冊；公分(中國史學叢書)
國立中央圖書館珍藏善本

ISBN 978-957-15-1953-1 (全套：精裝)

1. 奏議 2. 史料

652 113011963

中國史學叢書
吳相湘主編

國立中央圖書館珍藏善本
歷代名臣奏議 全六冊

編著者：明．黃淮、楊奇士
出版者：臺灣學生書局有限公司
發行人：楊雲龍
發行所：臺灣學生書局有限公司
臺北市和平東路一段七十五巷十一號
郵政劃撥戶：〇〇〇二四六六八號
電話：（〇二）二三九二八一八五
傳真：（〇二）二三九二八一〇五
E-mail:student.book@msa.hinet.net
http://www.studentbook.com.tw

本書局登記證字號：行政院新聞局局版北市業字第玖捌壹號

定價：新臺幣七〇〇〇元

一九八五年三月再版
二〇二五年四月再版二刷

6580101